一看就停不下来的明朝史

上

时拾史事 著

哈尔滨出版社
H.P.H
HARBIN PUBLISHING HOUSE

图书在版编目（CIP）数据

一看就停不下来的明朝史.上／时拾史事著.—哈
尔滨：哈尔滨出版社，2021.1
ISBN 978-7-5484-5612-4

Ⅰ.①一… Ⅱ.①时… Ⅲ.①中国历史—明代—通俗
读物 Ⅳ.①K248.09

中国版本图书馆CIP数据核字（2020）第200377号

书　　名：**一看就停不下来的明朝史.上**
YI KAN JIU TING BU XIALAI DE MINGCHAO SHI. SHANG

作　　者：时拾史事　著
责任编辑：赵　芳　王　健
特约编辑：朱若兰
责任审校：李　战
封面设计：杨　龙

出版发行：哈尔滨出版社（Harbin Publishing House）
社　　址：哈尔滨市松北区世坤路738号9号楼　　邮编：150028
经　　销：全国新华书店
印　　刷：天津中印联印务有限公司
网　　址：www.hrbcbs.com　　www.mifengniao.com
E－mail：hrbcbs@yeah.net
编辑版权热线：（0451）87900271　87900272
销售热线：（0451）87900202　87900203

开　　本：710mm×1000mm　　1/16　　印张：60.5　　字数：891千字
版　　次：2021年1月第1版
印　　次：2021年1月第1次印刷
书　　号：ISBN 978-7-5484-5612-4
定　　价：168.00元（全三册）

凡购本社图书发现印装错误，请与本社印制部联系调换。　　服务热线：（0451）87900278

引 子

"金鳞岂是池中物，一遇风云便化龙"，放牛娃朱元璋经过十几年的打拼，正式拉开了大明帝国的帷幕。随后你方唱罢我登场，为大明日后发展打下基础的朱元璋，"下落成谜"的朱允炆，缔造"永乐盛世"的朱棣，开创"仁宣之治"的朱高炽与朱瞻基，这些人如走马灯般轮番登台表演。然而，这近百年间皇权的交接虽然不时伴着血雨腥风，但明朝的画风不仅没崩坏，相反却蒸蒸日上，后宫的钩心斗角，宦官把持朝纲，朝臣打架斗殴，皇帝修仙死宅这些都还在酝酿之中。反之，天朝上国、万邦来朝才是这一时期的常态。郑和抬头望了望天空，海面之上红日正在缓缓升起，他又要扬帆起航了，此一行，不仅是大明看世界，世界也在看大明。山河明月，盛世辉煌，千秋之后留诸后人评。

目 录

一 | 洪武开国，江山定鼎

大明开国之南征北战 _003

一个围绕农业生产的社会是这样运转的 _010

废丞相、诛功臣，丧钟为谁而鸣 _020

朱元璋的贤内助——母仪天下的大脚马皇后 _035

朱元璋对草原敌人的死磕到底 _048

封建亲戚，以藩屏国——朱元璋在开历史倒车 _059

大明不可动摇的储位动摇了 _071

皇帝的错觉，朕很稳、朕能赢 _083

建文四年的那场大火 _096

二 | 永乐盛世，万邦来朝

逆风翻盘，皇位天上来 _109

皇帝的正名计划 _120

盛世之下的阴霾——从唐赛儿起义说起 _134

明成祖朱棣最爱的白月光 _142

五出漠北，三犁北边 _149

郑和之后再无郑和——中国大航海时代的终章 _161

解缙的传奇一生：从神童到"首辅"，再到阶下囚 _168

大胖子朱高炽，才是太子的最佳人选 _181

天子守国门 _189

三 | 仁宣之治，盛世余晖

我当太子那些年 _203

"仁宗"之"仁"：朱高炽的皇帝生涯 _214

大明最厉害的婆婆 _224

太孙、太子、皇帝的三级跳 _237

三"杨"开泰保大明 _248

中国历史上第一个被做成"烧烤"的皇叔 _260

大明第一位废后 _272

四 | 六朝遗音，帝国架构

皇帝也心慌：明朝特务机构的设立 _285

九五之尊也要遵守经济的客观规律 _295

太监不可怕，就怕太监有文化 _307

明朝的内阁是君主立宪的先声吗？ _316

大移民 _324

参考文献 _331

一

洪武开国，江山定鼎

大明开国之南征北战

"话说天下大势，分久必合，合久必分"，这是中国的一个特有现象，然而，这样一个特殊现象中竟还有特殊之处。自秦始皇于公元前 221 年称帝建立秦朝算起，直到 1912 年 2 月 12 日溥仪逊位清朝灭亡结束，中国一共经历了 2133 年的封建帝制时期，在这两千多年间涌现出数十个王朝，这些王朝建立的时间、背景等各不相同，但它们却都有着相似的经历，就算建立之初地盘都不算太大，也不会因此偏安一隅，逐鹿中原、一统天下就是这些政权的终极目标，只是有的成功了成为大一统王朝，有的失败了变成了割据政权。

统一天下这一点无可厚非，但统一中国这个任务受限于中国的地理因素限制。北方多为平原，南方河网纵横，因而相比于南方，北方更容易形成一个大的政权，进而席卷南方统一全国。这也就是为什么中国历史上大多时候都是北方统一南方，而南方政权的北伐大多劳而无功。但凡事总有例外，中国历史上确实存在着一个南方开局，并通过北伐一统天下的王朝。纵观中华上下五千年，只此一例，它就是号称"不和亲，不纳贡，不称臣，不割地，天子守国门，君王死社稷"的明朝。

朱元璋草莽出身，早年跟着郭子兴闹革命，后来势力不断地发展，成为逐鹿天下的种子选手。随后逐渐扫平了陈友谅、张士诚、方国珍等江南势力，令南方大部分地区都在朱元璋的掌握之中，洪武元年（公元 1368 年）在南京称帝，建立大明。明朝建立后，朱元璋将目光放到了仍处于割据状态中的四川、云南及北方的元朝中央政府。我们讲朱元璋这个人有股子韧劲，不达目的不罢休，他想弄死你，你跑到天涯海角都没辙，所以他制订了一个十分周密的统一全国的计划。这样，明初统一全国的军事行动，南征北伐就开始了。

1. 南征篇

朱元璋建立明朝后，南方的割据势力还有两处，这两处割据势力都位于西南地区，距离明朝的核心统治地区较远，因而能够存活到明朝建立之后。一个是占据今四川、重庆等地区由军阀明玉珍建立的明夏政权。另一处便是元朝梁王把匝剌瓦尔密把持的云南地区。从元朝至正二十年（公元 1360 年）开始，老朱就集中力量先后灭掉了陈友谅、张士诚等周边势力。之后又派遣征南将军汤和、副将军廖永忠率军直取浙东的方国珍、福建的陈友定及两广的何真。洪武元年（公元 1368 年），朱元璋在南京称帝建立了大明朝，此时老朱家的天下可以说是将中国南部的东半部全都占领了。所以下一步朱元璋把目光放到了四川和云南。

前面讲了，四川这片地方的老大叫明玉珍，这人也是个老革命，他当年曾经和陈友谅一块在徐寿辉手下办事。后来陈友谅干掉老大哥徐寿辉自立为帝之后，明玉珍心想，你小子够坏啊，灭了大哥自己当皇帝，我不跟你玩了。于是明玉珍趁机与陈友谅决裂，并自己跑到重庆称帝，建元天统，建立了大夏政权，史称"明夏"。从此明玉珍就在巴蜀之地安定下来，巴蜀地区既有天险保障，由于当时他和朱元璋之间隔着陈友谅，朱元璋也没时间管他，所以几年下来明玉珍在四川、重庆一带混得还不错，小日子很是滋润。

至正二十三年（公元 1363 年）陈友谅被干掉之后，明玉珍认为朱元璋很厉害，自己肯定打不过朱元璋，所以就主动示好。多次向朱元璋写信表明心意，夸赞老朱。老朱就很高兴嘛，想着明玉珍这小子还是很知趣的，至少不像那陈友谅一样不知好歹。所以朱元璋就派人带着自己的亲笔信去慰问明玉珍，信中朱元璋表示，明玉珍和自己就像三国时期的刘备和孙权一样，北边地区相当于曹操统治区域，咱哥俩得合作，只有这样才能干掉元朝，恢复汉人的天下。所以从此这哥俩就像写情书一样，隔三岔五地就互相写一封信，聊聊天叙叙旧。

老朱本来想得很好，先把北方政权干趴下，再来收服明玉珍，但是人算不如天算，至正二十六年（公元 1366 年），亲亲好笔友明玉珍下线了，年仅十岁的儿子明升继位，当时明夏政权的局势是臣强主弱，皇帝明升和自己母亲彭太后是孤儿寡母，根本就压制不住手下的这些个大臣。所以明玉珍死后，明夏国内就是内战不止，先是右丞相万胜杀掉知院张文炳，接着张文炳的养子明昭又把万胜干掉，这一下子导致明夏大乱，最后以司徒吴友仁把控大权而告终。而这时候的朱元璋也刚好腾出手，看着神交已久的老朋友明玉珍的地盘被弄得乌烟瘴气，十分的"痛心"啊，这帮乱臣贼子，居然欺负我兄弟的媳妇儿和儿子，那我能坐视不理吗？所以为了明玉珍，也为了自己老朱家的天下，洪武四年（公元 1371 年）正月，朱元璋派遣征西将军大将汤和与傅友德率军分南北两路攻占四川。当时南路军由汤和率领先行进攻瞿塘，但是由于地势险峻，再加上接连暴雨，汤和大军一度被阻挡在湖北等地；而此时的北路军一路势如破竹，很快就围困住了重镇汉州（今四川广汉）。紧接着先锋朱亮祖率军援助南路军，而此时的明夏的将军们得知汉州被围想要率军回救，不料却被汤和趁机强攻瞿塘，大败明夏大军，使得明夏遭到重创。前面说到多年内乱使得明夏国力衰微，当时手底下的大臣们劝说明升和彭太后，咱现在抓紧跑，跑到成都去，借助蜀道天险还可以据守。彭太后虽然没有吕雉、武后那样的能力，但是为人宽厚仁慈，她跟大臣说可以去四川成都，但这也只能稍微延长政权的寿命，而自己实在是不忍百姓再遭战火，所以还是投降吧。明夏投降之后，朱元璋封傀儡小皇帝明升为归义侯，并赐居京城，就这样仅仅存在八年的明夏政权灭亡。

而随着明夏的灭亡，朱元璋将目光瞄向了更远的云南地区。

朱元璋称帝后陆续灭掉了南方的诸多割据势力。并且派遣以徐达为首的大军北上进攻元大都，元顺帝带着一家老小跑到了大漠。随后朱元璋多次派遣大军进行北伐，熬死了元顺帝、元昭宗，直到天元帝时期，明军将北方绝大多数地区都攻占下来，只剩下东北地区尚未收服。而此时的南方仅剩下云南一地处于割据状态，其实在平定四川的时候，朱元璋曾经想一举收复云南，统一南方，所以就多次派人想要劝降梁王把匝刺瓦尔密，但是梁王作为元朝人，就是放不下自己的面子，是铁了心要跟明朝死磕到底，不仅不投降，还把朱元璋派去的使臣给了好几波。所以我们说在朱元璋手下当使臣真的是一个高危职业，老朱碰上的对手都太不讲文明了，一个个都喜欢杀使臣，前面福建的元朝忠心臣子陈友定，现在的梁王都喜欢干这事，难道不知道两国交战不斩来使吗？但是当时的朱元璋一方面考虑到北方形势严峻，因而希望云南能够和平解决；另一方面云南当时并不是汉族大规模居住的地方，换句话说就是还没有完全汉化所以朱元璋一直没有下定决心征服云南。

直到洪武十四年（公元1381年），当时的北方大部分地区都已经被收复，只剩下东北一时之间比较费事。所以朱元璋觉得云南一而再再而三拒绝自己的收复，决定直接动手。于是明朝派遣大将傅友德、蓝玉等人率领三十万大军直取云南。明军先是在曲靖用明修栈道、暗度陈仓之计大败元军大将达里麻，使得云南的东大门被打开。之后如狼似虎的明军杀进云南，兵分两路很快就将云南占领下来，梁王把匝刺瓦尔密在得知兵败后自知无力回天，不过这哥们也确实忠心，到底没有投降，而是自杀殉国了。紧接着明朝远征军的副将沐英又将盘踞在大理的段氏家族连根拔起，就这样用了不到一年的时间云南就被平定。

至此自明朝建立后，南方长达十几年的战乱终于全部结束了，朱元璋数年之后又将东北平定，完成了他自出道以来的愿望，实现了大一统。

2. 北伐篇

上面讲述了朱元璋称帝之后进行的南征，陆续平定了方国珍、陈友定、何真、明升及最后的云南梁王。但是我们讲朱元璋的根基在南方。而当时朱元璋在南京称帝的时候，整个偌大的北方依旧在元朝的手里，并且当时元朝的悍将，后来被老朱称为"世间第一奇男子"的王保保正率领蒙古铁骑虎视眈眈。所以朱元璋最头疼，也最迫切的就是要进行北伐。

当时整个北方以元大都（今北京）为中心一直由元朝牢牢掌控，人家中央政府都还存在，你这个新生的大明王朝就显得名不正言不顺。所以老朱北伐的重点，首先就是干掉元顺帝，占领元大都。为此朱元璋制定了一套详细周密的北伐计划，别看朱元璋出身不高，军事战略眼光那是没话说。他的战略核心思想就是围城，先将元大都周边的地方全部占据，使元大都成为一座孤城，耗我也耗死你。

但是朱元璋的战略一开始并没有得到底下一些大将像常遇春等人的认同，虽然当年对付张士诚的时候用这一套很好用，毕竟当时实力不够，这种迂回的打法很奏效。但是现在不一样了，南方的反对势力已经基本上被扫除干净了，经过这么多年的南征北战明朝的军事实力可以说是爆表了，武将们的自信心也爆表了，还这样畏畏缩缩地干吗？当然是掌控全场比较爽。因此常遇春等人认为干脆就率军直取元大都，浩浩荡荡兵锋直指，定然势如破竹。朱元璋一听就急眼了，你懂什么，元大都那是什么地方，蒙古人盘踞在此地近百年时间，把大都城修建得是又高又深，难以攻克。如果明军直接攻打元大都，短时间内肯定攻不下，这时周边的像山东、山西、河北这些地方的元朝臣子就会率军来救，到时候孤军深入再加上粮草不足，大败之期不远了啊。所以就听我的，咱一步步地来，不怕费时间，心急吃不了热豆腐，我比你们还着急，但是我需要的是稳赢，省得到时候兵败亏输，那可真是有多大脸现多大眼。

所以按照朱元璋的计划，分为三步。第一步由徐达率军先将山东占领，继而再攻取河南，占领潼关，破除大都的藩篱屏障，令其陷入孤立无援的地步，并且严守潼关起到阻挡陕甘地区元军前来救驾的作用。第二阶段河南和山东的大军汇聚在一起，从河北出发直取大都，最好能俘虏元顺帝。接下来最后一步，占领大都之后，南下攻打山西，进而攻占陕西甘肃等地区，最终实现北方的统一。朱元璋谈完自己的计划后，底下人都惊呆了，不愧是老大，领导的想法就是高，纷纷大拍马屁，于是轰轰烈烈的北伐行动就展开了。

至正二十七年（公元 1367 年），朱元璋封徐达为征虏大将军，统率二十五万大军北伐。按照计划首先攻占山东，遇到了沂州守将王宣玩战术，搞假投降，想要拖延时间争取到儿子王信搬来救兵，但是朱元璋是什么人啊，听到消息后就向徐达下指示，让他小心有诈。果不其然，随后徐达派去的使臣被王宣扣留，徐达一看，好啊，我好心待你，你给我玩阴的。于是数十万大军蜂拥而上，围住沂州城，但是徐达为人宽厚，直到此时仍不愿武力破城，所以再次劝降王宣。但王宣此人反复无常，表面上对徐达言听计从，发誓这次一定归顺，然而当徐达率军入城时，王宣竟然下令紧闭城门，放箭射杀明军。这一下确实把徐达惹急了，看来软的不吃，那就来硬的吧，于是挥军攻城，数天之内就逼得王宣只能投降。面对反复无常的王宣父子，徐达为了对山东各地元朝守将示威，直接就杀了这二人。这一招确实产生了威慑力，山东各地的守将纷纷都投降。所以很快，山东就被徐达占领。

而就在北伐大军高歌猛进之际，朱元璋接受了手下大臣的劝进，正式登基称帝，改元"洪武"，定国号"大明"，一个崭新的王朝就此诞生。

当时的南方已经平定，所以朱元璋下令让汤和率军北上配合徐达夹击河南。并且朱元璋当时为了顺利平定北方，收复大都，他告示天下，说你们谁不想接受我老朱家统治的，可以跑到北方大漠去，我不拦你们。所以这样一来明军很快就攻下了南阳、洛阳、潼关等地，几乎将潼关以东的地区全部占领，并且在潼关设置重兵，防守关中地区的元兵，以防他们影响明军攻占大都的完美计划。而就在明军已经摩拳擦掌、蓄势待发，准备一举拿下大都的时候，元朝内部却发生了严重的内讧。

当时元朝廷最为依仗的就是兵马大元帅扩廓帖木儿，也就是史书上记载的王保保，但是元朝的大势已去，各地的将领听宣不听调，王保保根本调动不了像李思齐、张良弼这些手握重兵的地方军阀，所以就将讨伐朱元璋的事情搁置了。并且后来元顺帝干了一件思路诡谲的事，因为各地将领不服从王保保的将令，所以王保保不打朱元璋了，先去攘内了。元军内乱，元顺帝站出来平息怒火，拉架说你们谁都别争了，以后每人就管自己的地盘就行了。这样一来王保保不干了，这兵马大元帅是你封的，我揍这些不听话的人，还不是为了你吗？现在你做好人，我倒里外不是人了。干脆撂挑子不干了，元顺帝心想我可以阴你，但是你因为我阴你就生气闹分手，那就是你的不对了！于是下令告知元军说王保保是叛徒，元朝的将领不论是谁都能瓜分王保保的地盘。这下好了，不仅是王保保的政敌，就算是王保保手下的人一听这命令都乐了，大敌当前，却沉迷于抢地盘，纷纷去瓜分王保保占据的河南，弄得王保保只能跑到了山西避难。

这样一来，元顺帝算是成功地把自己唯一的忠臣给赶跑了。所以徐达、常遇春等人就屯兵在山东临清，沿着大运河一路由河北直奔大都，元朝廷根本无力阻挡数十万大军的脚步，被逼无奈的元顺帝一看手底下人内讧内行，外战外行，只好再次下诏恢复王保保的官职兵权，希望王保保能够率军来救。但是作战讲究兵贵神速，朱元璋他们能让元顺帝的企图得逞吗？还没等到援军来救，明军就到达了通州，所以很快洪武元年八月，元顺帝带着一家老小包袱款款朝着老家的方向跑去，明军占据了大都。于是朱元璋就将大都改名为北平，至此，自从后晋石敬瑭割让给契丹人，这块在北方民族政权统治之下四百余年的土地，现在终于又回到了汉人手里。

随着国家建立、天下统一，一个迫在眉睫的问题摆在了朱元璋的面前，作为这个新生的大明王朝的统治者，他的第一个任务是什么？

一个围绕农业生产的社会是这样运转的

经过多年征战，朱元璋终于建立了大明，然而此时的朱元璋并不能喘口气，因为更严重的问题摆在了他的面前，那就是此时国家的经济已经完全崩溃了。元朝末年由于吏治腐败加上长期战乱，明朝初建后又一直南征北战，直到此刻才发现偌大的国家中百姓流离失所，人口十不存一，民不聊生，因而恢复经济就成了当时国家的最高领导人首先要解决的重大问题。朱元璋从小吃尽了饥饿的苦，再加上又是在江南建立政权，也就特别明白粮食的重要性。因此，明朝从创立之初就是一个农耕帝国，一个以农业为经济基础建立起的中央集权国家。

明朝以农立国，这是时代的选择，也是时代的必然，是由当时的社会经济条件与王朝特定属性所决定的，甚至可以说这就是当时的最优选择。我国封建社会的统治基础一直都是自给自足的自然经济，基于此，农民和土地就成为封建时期自然经济社会的两个最基本的落脚点，可以说，封建国家的经济命脉全赖于此。

朱元璋曾用一句话道出了我国古代社会赋役制度的根本原则，他说："民有田则有租、有身则有役，历代相承，皆循其旧。"可以说，这条原则是历朝历代统治者维护其统治的基本出发点。所以我国古代为了实现长治久安，保障赋税收入，那就要让农民有田可耕，能产粮交税，并且因为这些农民老实本分，也会让整个国家有一个稳定的统治基础。

明朝末年商品经济得到了发展，很多历史学家都认为这是张居正"一条鞭法"的副产品。如果顺着这个思路去考虑确实如此，毕竟把实物税换成了银两实在是好处多多。不仅方便储存运输交易，也有了一个更统一的定价，甚至在交易的时候也会省事不少。尤其是对于那些商人来说，交税直接交银钱就可以，可以省了很大的运输的脚力多带点货物了。不过回看明朝初年，朱元璋可并不喜欢这些商人，洪武年间的社会是欣欣向荣的农业社会，所以要看洪武年间的经济，那一定得从农业经济入手。

1. 湖广熟，天下足

明朝时期各地都有不同的地方经济特色，弘治年间，明朝政治家、文学家何孟春在所撰《余冬录》一书中写道"湖广熟，天下足"，可见到了此时湖北地区已经是明朝粮食出产的重要地区了。其实这句话最早的时候是"苏湖熟，天下足"，出现在宋朝时期。那么是什么原因，使得原本天下粮仓的江浙变成了整个洞庭湖平原，以及湖北的江汉平原呢？这一切的问题都要回到明朝初年去找寻答案，洪武年间朱元璋在湖广地区制定的一些农业政策促进了该地区农业的飞速发展。

"湖广熟，天下足"，湖广的粮食储备能周济全国还有余粮，这种富足景象的形成，可以大概分成两个阶段。第一阶段是十五世纪中叶，也就是明初朱元璋统一全国后，一直到宣德时期。第二阶段是从明英宗正统年间，一直到明孝宗弘治年间。这里我们重点谈明初，尤其是朱元璋时期。

明初的湖北就像是一块几千头神兽来回狂奔后的草地，元朝末年先是被元政府辣手摧花一轮，而后这里又曾经归属大盐商陈友谅统治，由于陈友谅比较能打，朱元璋多次派兵攻打才成功占据，使得该地区民生凋敝。明朝建立后朱元璋吸取历史教训，轻徭薄赋，休养生息。这些政策中，移民垦荒，解放奴婢，限制土地兼并，保护自耕农等措施，对于快速排除蒙古统治时所带来的因素，恢复生产力，推动社会经济恢复发展发挥了积极作用，而这些措施在湖广地区也得到了较好的执行。明朝社会经济机构基本上是宋元经济结构的延续或恢复，湖广地区农业仍属于"完全以农民世代使用的各种生产要素为基础的农业"。因而这一时期的湖广农业和宋元经济有着密切的连续性。在农业生产领域，耕地的大面积开辟，田赋等税收的增长，也接近甚至超过前代的最高水平。

没有规矩不成方圆，没有完善的制度法规，不可能管理好地方，甚至会引发一系列的社会问题。而中央政府的法规，也需要自上而下，完善的机构去执行实施，可以说，地方经济的发展，从根源上来说就是法规制度，是机构部门。制度作为一种公共物品，其对经济活动有着直接影响，土地、劳动等生产要素，唯有在制度的指引下才能发挥其作用，构建相对稳定的生产秩序和社会预期。所以要探究明朝初期湖广地区农业经济快速崛起的原因，也得从制度着手。

2. 从中央到地方，全面的农业管理

以农业生产的经济效益为主要载体的农业生产力是社会进步发展的基石，关系着百姓的生产生活，也影响着国家和民族的兴衰成败。在早期社会，国家并未设立专门的农业机构，政府分工也比较模糊，农业管理职能被分散在各个不同的部门中。虽然"普天之下莫非王土，率土之滨莫非王臣"，可古代社会的帝王也不能事必躬亲地管理农业，也会指派机构和人员具体负责实施，就这样专门的农业管理部门逐级发展起来。

我国古代社会的农业管理相关部门设置由来已久，秦汉时期农业管理机构就已经日趋完善。隋、唐时设立的三省六部，其中尚书省下设户部管理农业。时间到了宋朝真宗年间，真宗特别设置了劝农使，说白了这个官职就是鼓励和督促农民从事农业生产，并且把劝农作为考核官吏政绩的标准。到了元朝时期，虽然元朝是马背上的民族建立的政权，但他们在农政的机构设置并不单薄，甚至相较

宋朝更加完善。先是设置了大司农，这个职位其实就是宋朝时的劝农使；后来又设置劝农司、司农司。元朝的大司农司不仅负责劝农的工作，还掌管了农桑、水利、学校、救荒方面的事权。在这个时期，地方上与农桑有关的事宜均需申报大司农司。

明朝的农业制度上承袭了宋元时期的重农思想，为了尽快从元末的战争中恢复元气，明朝的政府在农业管理方面做出了极大的努力。明朝设置户部负责农业事务的管理，由于中国幅员辽阔，所以明朝将全国分成浙江、江西、湖广、山西等十三清吏司，这十三清吏司除了掌管核实本省钱粮之外，还兼管其他衙门的部分政务。另外户部下设不同职能的民科、度支、金科、仓科分别管理地理图志、夏税秋粮、市舶渔盐、漕运军储等经费物资。

在明朝的各部门职能分布中，工部其实也负责一部分和农业相关的管理。工部尚书掌管水利工程兼领航运政务，工部侍郎则辅佐尚书处理相关工作。中央政府在工部下属设立了总部、屯部、虞部、水部四个部门。总部掌管工部日常庶务与营房建设相关的政务；屯部顾名思义掌管天下田地的开垦；虞部掌管全国山川水泽之利；水部掌管全国水利，后来朱元璋又将这四部改为了四吏司。

说完了中央农业方面的机构设置，那就得深挖一下地方上农业生产的机构设置。毕竟老话说得好"皇权不下乡"，中央的政策再好，对于百姓来说，基层的机构设置才是更加实际的。为了充分开发湖广地区的粮食产能，为了充分发挥两湖平原（湖南洞庭湖和湖北洪湖之间）的土地的优势，也为了能建造一个支援全国的大粮仓，明朝中央政府在湖北、湖南地区设置了湖广布政使司作为农业管理的最高机构。

湖广布政使司作为一个管理机构，内部设有左右布政使、左右参议等官职。其中左右布政使职位最高，各一人，官职为从二品。湖广布政使司所辖各府和直隶州的机构则是地方上的二级行政机构，各府设有知府一人，正四品；同知一人，正五品；通判若干，正六品。州县是地方上的三级行政机构，州一般在习惯上称为属州。属州的政府结构和直隶州相同，只是官员设置上一般较少。县设知县一人，正七品；县丞一人，正八品；主簿一人，正九品。知县掌管一县之政，包括赋役、每年收支、每十年造一次的黄册、人口田产的核定等工作。可以看出，州县的县官主要任务也是管理农业、负责农村社会的一切社会事务。

再到更基层的，平头老百姓直接能接触到的行政机构就来自中国古代封建时期，在乡村治理方面的一大创举——里甲制度。里甲是州县之下直接管理农业的基层组织，其职能非常广泛。里甲管理人员称为里长和甲首。洪武朝时，明太祖朱元璋曾颁布《教民榜文》规定里长、甲首的职责，主要是协助县官治理乡村，管理农事，包括催收钱粮、兴修水利、裁判诉讼等。不难看出这个以农业为主的封建国家，上至户部、工部，中至布政使司，下到州县的里甲，共同构成了从中央到地方一套完整的农业管理系统。这一系统主要负责土地权属的界定、对农业人口的监管、对赋税的征缴及徭役的安排分派等诸多详细到执行层面的工作。

3. 机构搭台，法制唱戏

有了完善的机构，有了能够干活的人，那他们就需要有国家来授予他们干事依照的法规制度。明太祖朱元璋为了加强统治，可以说十分重视法制建设。在洪武朝时，就有"法贵简"的思想，参照《唐律疏议》，依据《元典章》的六部编排体例，经过三十多年的修改，终于在洪武三十年（公元 1397 年）时刊印颁布了明朝的法律《大明律》。

由于明太祖严令变更法律，所谓"祖宗之法不可改"，所以终明一朝，这部洪武年间刊印的《大明律》再没有更改。但社会的发展总是向前的，一部陈旧的法律必然跟不上社会发展的脚步，所以在明朝之后的几位统治者时期，根据当时的社会国情，颁布诏令或者单独制定条例，专门对社会上新的事物和人际经济关系进行规定。不过这些都是后话了。明朝通过加强立法和法制宣传教育，不仅加大了对豪强官吏不法行为的防范和惩治，在明朝许多的法规条例中，还能看出对农业或农村事项的规定涉及面也是极广。

首先是土地政策。元末的战乱导致百姓大量逃亡，造成了许多土地荒芜。为了恢复生产，朱元璋建朝后采取了一系列奖励农耕、招抚流民的政策。洪武五年（公元1372年）颁行的《正礼仪风俗诏》中就申明，对于战乱之后，复归乡里的人民，如果遇到田多人少，或者田少人多的情况，单独分成不同的管理办法。到了洪武十三年（公元1380年），又令各地将荒闲的土地给人耕种，并且这些土地可以作为这些农民以后永远的产业。这一系列的政策极大地调动了垦荒者的积极性，并且因为朱元璋的格外重视，后来又多次下令扩大屯田的规模。渐渐地，军队、商人等社会其他行业的人士也都加入到了垦荒大潮中。政府在奖励垦荒，加快恢复经济生产的同时，还开始关注勋亲贵族土地兼并的问题，并下诏进行限制或者禁止。特别是颁布的《铁榜》文中对公侯强占官民私产，对功臣之家或其家属亲眷侵夺田产，欺凌百姓的都有相关惩处。不仅是对于公侯、勋贵强占土地进行了限制和制止，对于僧道等出家人士兼并土地的问题也颁布了相关诏令进行限制和制止。

垦荒作为一种方式却不可能推广到全国各个角落，对于那些无荒可垦的土地就需要依靠屯田制。

屯田作为明朝的一项重要的农业经济措施，洪武年间特别颁布的《军士屯田则例》就对屯田军士的任务、时间、屯田的数额、赋税等问题都进行了规定。在之后的建文朝、永乐朝也都规定了相关的屯田条例。明初《军士屯田则例》的颁布，对于全国范围内屯田面积的增长，发挥了重要的作用，客观上刺激了军士屯田的积极性。

有人垦荒，有人屯田，那么这些人都垦了多少亩的荒地？那些人又屯了几亩的田地？这些问题就需要依靠土地清册来解决。历代来说丈量全国土地进行清册都是一项艰巨的任务，尤其是对于一个新的朝代，刚从战乱中统一正在恢复的朝代来说更是如此。不仅是官方的土地账册不知所踪，原本居于此地的百姓也是四散逃离，所以明朝便决定重新丈量土地整理造册。土地的清册是政府在丈量土地基础上制定的田亩清册，因为图中所绘排列如鱼鳞，所以叫作"鱼鳞图册"。鱼鳞图册在宋元时期已经作为土地清册而存在，在明朝时，鱼鳞图册形成于洪武二十年（公元 1387 年），是朱元璋诏命国子监巡行全国各州县，对土地进行清丈，勘实田亩。对于类似坟地、山地、沙漠荒地、盐碱地这些不能作为耕地的土地也分别进行了注明。

可以说这种鱼鳞图册使明朝中央政府的赋役征收有了较为真实的凭据，同时对于那些长期隐匿的土地，政府也可以重新掌控。到了万历年间，张居正重新丈量全国土地，丈量结果又多出三百多万顷。因为洪武时鼓励各界人士进行垦荒，许以"永为己业"的承诺，人民手上有了田产，所以也就出现了土地买卖的情况。不过明朝对于官田和民田的买卖则有不同的态度和政策。对于官田不许私自典卖，而允许民田以典卖、继承、赠予等形式进行流转交易。

明朝初年的情况，一般是豪绅地主从农民手中购买土地，然后逐渐形成了土地的私人占有。发展到明朝中期，随着富商巨贾资金的日积月累，商品交换的繁荣，土地买卖不仅在一般地主与自耕农之间进行，还出现了大宗土地买卖，甚至变成了剩余资产最好的投资出路。

再来是土地立法规定。在农业立法上，明初的统治者比较重视农民与农业生产问题，农民出身的朱元璋及他之后的明朝的统治者们在总结唐、宋、元各朝管理农业经验的基础上，制定了一些调整农业经济关系的规定，这些法律法规主要体现在《大明律·户律》中。

《大明律·户律》中对于保护生产资料、保护生产者、督促农民从事农事生产活动、加强农业生产管理、加强仓库管理、兴修水利、保护水利设施等方面都有很明确的规定和惩罚措施。明朝通过立法保护农业的传统始于朱元璋。朱元璋出身贫寒，尤其是对民间疾苦，有着切身体会和非常深刻的认识，对政府管理横征暴敛欺压百姓有切肤之痛。同时他是以暴力起义夺取政权，以一介平民跃居权力巅峰，所以在他的立法活动中可以看出很多早年经历对他的影响。一方面他童年受苦，明白农业对国家的重要性，田地对农民的重要性；另一方面，他的起义经历让他清醒地知道"饥民不可驭，民急则乱"的道理。为了缓和阶级矛盾，朱元璋制定了一系列保护农业、保障农民利益的法律制度，这些制度主要体现在严格税赋、减轻农民负担、治国重在治官、重刑首重治赃、重视水利农田建设，甚至在保护自然资源和环境方面，朱元璋也有一定的认识。

最后是劝农制度。法律制度的建立和相关管理监督机构的设置，为农业生产、经济恢复提供了客观条件。在鼓励农民从事农业生产上，还有一个"劝农制度"在发挥作用。在劝农制度的安排上，明朝基本继承了历代劝农制度的本意，便是由统治者规劝引导民众以务农为本、悉心耕种田亩。在《管子》中就有言"劝农功以职其无事，则小民治矣"。

从劝农的方式来看有两种方式，其一是君王亲自下田耕种，为天下做出表率；另一种是通过里甲等基层组织督导民众不要耽误了农事。朱元璋的亲耕表率行为在洪武二年（公元 1369 年）时就有体现，他甚至命令皇后也亲自务农养蚕，这种种表现都能体现出朱元璋对待农事生产的重视。朱元璋对于农事的重视，对于劝告民众从事农业生产方面有多次体现，不仅是将劝农作为各级官吏的考课这种形式上的诏令，还将劝农的职责延伸到了最基层，命户部在天下各村设置一面鼓，每逢遇到农桑时节，早晨就敲响这面鼓，召集村民在田间集合，如果有偷懒不愿起来的，由里正负责将他们叫起来，如果这些人不服从的，可以由里正督促进行相应责罚。当然，如果里正有偷懒的情况，也是要受罚的。

朱元璋对于农业的重视不仅体现在规定了各种监督制度保障实施，还将劝农督农的制度措施具体化、细致化。甚至对栽种数目、方法等都亲自做出安排，《明太祖实录》中就对洪武二十八年（公元 1395 年），湖广布政使司上报的各州县果树数目做了翔实记载，栽种的桑、枣、林、栗、胡桃等植株共 8439 万株。

在朱元璋的励精图治，各级官员的用命下，湖广地区各级官吏亲自劝课桑、麻、棉、茶等的生产，取得了不少佳绩。不过明朝的劝农制度也和历朝历代一样，只是在开国之初有比较好的效果，在朝代进入中期甚至晚期，便因为政令无法到达地方乡里，或者地方官吏阳奉阴违，而变成了一纸空文。

4. 收钱最重要

国库充盈与否，很大程度上和当时的赋税制度相关，也和民众缴纳的赋税挂钩。国家建设，南征北战，兴修水利国防设施，赈济灾民，无一不是从国库拨款，开仓赈济。赋税政策是一个国家治理的重要决策工具，对社会人口迁徙与流动能产生巨大的影响。我国古代的赋税制度经历了从人头征税向土地田产征税，再由实物税向货币税的转变。

明朝作为中国封建社会发展的重要阶段，在明朝中期甚至出现全国范围的赋役几倍增加的严重局面。可以说在任何一个朝代，土地制度、赋税制度和户籍制度都是三位一体的民本制度，而在这其中最重要，占有核心地位的则是赋税制度。

赋税作为官僚机构、军队和宫廷的源泉；它同样也是行政权力整个机构的源泉。归根到底，强有力的政府和繁重的赋税是同一个概念。在明朝，对赋税徭役的具体项目和内容，因为缺乏严格的限制，因此在相关政策的执行实施过程中，基层官员，甚至是里甲的负担都被无限放大。施加在他们身上的压力，最终只能转向民众，民众不堪重负，只能选择举家逃逸，流民问题也由此而生，转而加剧。到了明朝中叶，这个问题愈演愈烈，终于成了影响明朝政权存亡的一个重大社会问题。

从明初尤其是洪武年间的制度不难看出，在元末战争之后，朱元璋作为布衣天子登上皇位，受限于他的见识，能想到的办法极为有限，对于恢复国家经济，他首先选择了农业，甚至为了恢复农业生产，抑制了商业的进程。不过我们在看到这些时，也需要对朱元璋的很多做法，尤其是农业方面的举措表示肯定，也因为他在明初的一系列政策，才有了明朝永乐时期强盛的国力，有了后来的仁宣之治。甚至在农业上的很多举措，也为万历年间张居正的变法创造了条件。

随着经济问题的逐渐好转，国家行政层面的问题逐步暴露出来，而对于朱元璋来说，在他的心中一直有一个远大的目标，那就是废除一个在中国流传了上千年的、坚不可摧的制度。

废丞相、诛功臣，丧钟为谁而鸣

　　古代中国王朝更迭之际会出现一个特殊的现象，那就是新朝会承袭旧朝的制度。比如汉承秦制、唐承隋制、清承明制，以及我们今天要说的明承元制。按理来说旧朝之所以会被新朝推翻，大多是因为太腐朽了，官僚系统办事能力低下，那么为什么新朝还要沿用旧朝的制度呢？这就涉及打天下和治天下的区别了，打天下重在一个"破"字，要尽可能破除旧政权对基层、对地方、对经济、对军事等一切方面的掌控，才能将旧政权连根拔起。

　　但等到新政权夺取天下后，新的问题出现了，我们以朱元璋为例，朱元璋在拿下集庆（今南京）的时候地盘很小，不过就是江浙一带，小的好处就是不需要太多人就能管得过来，命令传达也很快，朱元璋在处理政务方面是一个劳模，大大小小的事情他都能处理很好，而这令朱元璋集团的向心力增强。即使后来兼并陈友谅后，朱元璋的地盘有所扩大，但也就是几个省的规模，虽然大了些，事情也多了些，但只要再勤劳一点，还是能管理得过来的。

　　但当明朝建立以后事情发生了变化，此时明朝的疆域比起朱元璋还是吴王的时候已经膨胀了几倍，从帝国的北疆到南疆要花费数个月的距离，这种时候帝国的统治者已经不可能再靠之前的小集团来治理大帝国了，这就需要有一套新的政治体制来帮助统治者管理国家。这时矛盾就出现了，因为新朝的统治者之前是以武力起家，并没有过多的国家治理经验，而构建一套新的政治体制是需要花时间的，但对新生的国家来讲要显然是不可能说等统治者将新体制构建好再继续运营的。

于是一项伟大的创举诞生了，它就是——和稀泥。没错，新朝暂时拿不出制度来，但是旧朝有啊，虽然不是那么的优秀，但至少从中央到地方的体制是完备的，可以直接政令下达，只需要将中央和地方上的一些大官换掉，底层的吏员可以留用。而且沿袭前朝的制度也不是一成不变，相反给了新朝以时间去改造升级，所以我们看到虽然历史上新朝承袭旧朝的制度，但随着时间的推移，新朝的制度总会呈现出与旧朝不一样的地方，这就是所谓的与时俱进。

1. 皇权与相权

随着大明的建立，新一轮的和稀泥开始了。所谓明承元制，就是元朝有什么制度，明朝就照抄什么，比如元朝的中央最高行政机构是中书省，中书省有丞相、平章等长官，中书省之下设有吏、户、礼、工、刑、兵六部，而明朝建立之初的中央机构设置和元朝那是一模一样，连名字都没改直接搬过来就用。但是说实话，朱元璋本人从心底里压根不喜欢元朝的这一套政治制度，因为元朝的政治制度压根就抄得不好。中国古代中央有一对矛盾，那就是皇权和相权，秦汉时期丞相的权力是极大的，丞相的主要职责就是"上辅佐天子，下管理百官"，甚至可以驳斥皇帝的意见，用今天的话来说丞相就是一个职业经理人，但这个经理人的权力太大了，大到大老板不喜欢，所以大老板就想要削弱丞相的权力。

主要办法有两条，首先是虚化丞相的权力，用自己信任的小官来掌握实际权力。汉朝时期丞相可以开府，有自己的一套行政班子，称之为外朝，有外朝自然就会有内朝，所谓内朝就是皇帝的一些近臣，如尚书令、侍中、常侍等，这些人品级不高但是由于深得皇帝的信任，因而得以掌握大权，汉武帝时期开始任用内朝官员制衡外朝官员，将不少原属于丞相的职权划归内朝，久而久之丞相就变得位高权不重了，到了东汉则干脆不设丞相了。但是这种做法有一个缺点，那就是内朝官会因为手握权力而逐渐膨胀，最后会成为新的丞相。比如尚书令在汉朝时期只是不入流的小官，但是到了唐朝时期李世民曾担任该职，成为真正意义上的丞相，尚书令的品级、待遇等也在几百年间不断提高，最后已经脱离内朝官行列了，所以历朝历代都会陷入这样一个循环，就是用品级低的官职取代丞相，等品级低的官职获得丞相的实权后，再用新的低级官职取代它，这样一来问题还是没有解决，总会产生实际的"丞相"。

因此第二个方法就出现了，那就是增加丞相的数量。丞相权力过大的一个原因就是人数少、权力大，秦汉时期的丞相一般不超过两位，可想而知是真正的一人之下万人之上，由于人数少，政策的施行很便捷，从魏晋南北朝开始，皇帝开始增加丞相数量，毕竟丞相人数多了，相互之间就可以制衡，保证皇权一家独大，经过长期的摸索后到了隋唐时期形成三省六部制，三省的长官都是丞相，每人的分工又不同，既有合作又有对立，方便极了，从独相到群相可以说是中国古代政治制度的一大创举。到了宋朝这套制度被玩得登峰造极，有时候丞相权力过大了，皇权就打压一下；过小了，皇权又扶持一下，令其能够保持一个适度的平衡。可以说到了宋朝，唐朝留下来的三省六部制已经被宋朝构建得十分完美了，相权已经很难再威胁到皇权了，如果明朝承袭的是宋朝的制度，相信朱元璋一定会很满意，但偏偏是元朝。

元朝虽然也承袭了部分宋朝制度，但更多的制度来源于金朝。他们长期采取的是"一省制"。元朝后来继承了这一制度，中央只设立一个中书省，这就将原来分散的权力又集中起来了，元朝的中书省设左右丞相，下面还有一堆的副丞相，但与前朝相比元朝左右丞相的权力远远高于副丞相，这就使得副丞相根本制约不了丞相，只能踏踏实实为丞相打工，相应的中书省丞相的权力也就变得极大，有多大呢，这么说吧元朝的丞相"上承天子，下总百司，领六部"，但凡能想得到的，丞相全部管得了。可以说中书省左右丞相的权力已经快跟皇帝持平了，然而在左右丞相之上还有个中书令，相当于大丞相，其权力可想而知，不过也正是由于这个职位权力太大了，所以中书令一般不设，或者直接由皇太子兼任。

俗话说得好，"权力越大，责任越大"，那么权力如此大的元朝丞相是不是能够一展抱负，好好治理国家呢，显然元朝的丞相们明显没有领会到这句话的意思，有元一代"贤相"屈指可数，相反"权相"特别是"奸相"反倒层出不穷，废皇帝、弑君、挑起内战，只要能想到的祸乱朝纲的事，元朝丞相全都干过，而且有的丞相不止干过一次。朱元璋作为汉家儿郎，在传统儒家文化下长大，要他去理解元朝的根本矛盾显然是不可能的。朱元璋从他的见闻中，最直观的感受便是元朝权臣辈出，危害天下。

因而他曾经当着开国功臣徐达等人的面，对元朝的政治制度进行过评价，认为元朝的没落主要是制度不行，造成权臣层出不穷，即使中间有些皇帝想要有所作为但受制于权臣，改革根本推行不下去，最后皇帝也就得过且过成为昏君了，这样一来搞得天下人心涣散，法令不能有效地传达到各地，如果这样元朝还不灭亡那真是没有天理了。作为元朝后期政治混乱的亲历者和最大既得利益者，可想而知朱元璋内心深处对元朝这一套政治制度的看法，朱元璋的话很明白，元朝的制度导致权力过于集中在中书省，而皇帝的权力反而受到限制，这对于白手起家的朱元璋是不能忍的，因为自己辛辛苦苦打下来的江山干吗要分给别人管呢？所以中央集权（主要是皇权）必须加强。

加强有两种办法，一种是对制度进行改革，另一种是推倒重来，这个问题朱元璋仔细考虑过，别看朱元璋文化水平不高，但是这么多年的南征北战下来，朱元璋本人也是见多识广了，虽然其内心不喜欢元朝这个制度，但是考虑到实际情况，他知道想要推倒重来是不可能的，难度大先不说，万一效果不理想那对新生的明朝来说可是毁灭性的打击，因而还是对这个制度进行改革，使其达到自己的要求吧。明朝刚刚建立那会儿事务繁多，当时朝廷上淮西集团和浙东集团斗得不亦乐乎，朱元璋就算有心要改革，估计也不会有人配合，而随着明朝逐渐步入稳定期，朱元璋感到改革政治制度可以提上日程了。

2. 朱元璋出手了

所有制度中朱元璋最不喜欢的就是中书省，因而针对它的改革也是最早的，有多早呢？早到明朝才建立，朱元璋还在照抄元朝制度的时候，朱元璋就向下面官员表示中书省这一项咱们能不能别全抄。

前面说了元朝时期，中书省除了左右丞相以外，还有一个最高长官是中书令，并且通常由皇太子来担任，可谓是天字第一号官员。在明朝建立之初，刘基等人也曾上书朱元璋询问中书省是否要继续设立中书令，并由皇太子担任。但是，国家的储君担任国家的最高官职想想就太刺激了，朱元璋直接否定了这一提议，于是明朝中书省的最高长官就是丞相，并且和元朝一样是左右两位丞相，从而实现丞相之间的互相牵制。从实际来看，这种丞相之间的互相牵制是有很大的灵活性，所谓的牵制完全是看左右丞相个人，如果其中一位丞相过于强势或者能力突出，那么这种牵制根本发挥不了作用，不然元朝也不至于会出现那么多"权相"。折腾了一圈虽然把中书省的最高长官给废除了，但是中书省的权力还是十分大，中书令本来也不常设，所以废除这一职务更多是形式上的，因此朱元璋要想削弱中书省的权力还得接着发功。

在当时朝廷所有的奏章都要先交由中书省处理，中书省整理之后再汇总给皇帝，实际上上交给皇帝之前，中书省的官员就已经提出了处理对策，一般情况下皇帝盖个章就行了，这显然太不集权了，因而朱元璋于洪武十年（公元 1377年）正式设立通政司（全称为"通政使司"），这个机构的主要职责是"出纳帝命，通达下情，关防诸司出入公文，奏报四方章奏，实封建言，陈情申诉及军情声息、灾异等事"，看起来很多，实际上就一条，那就是越过中书省直接将所有奏章呈给皇帝。概括来讲，通政司总的职责是"受内外章疏敷奏封驳之事"。同时，这一机构的设立便侵夺了中书省原有的"关白"之权（"关白"一词出自《汉书·霍光金日磾传》中的"诸事皆先关白光，然后奏天子"，指上级所拥有的下级必须向其汇报各项事务的权力）但是做到这一步，朱元璋还是不满意，因为通政司的设立只是侵夺了中书省的"关白"之权，而不是取代了中书省的"关白"之权，中书省依然拥有"关白"之权。于是，针对这一情况，朱元璋决定更进一步，在设立通政司的第二年，也就是洪武十一年（公元 1378 年），朱元璋正式下令有司以后不需要再向中书省汇报了，只需对皇帝负责即可，从而彻底废除了中书省的"关白"之权。

朱元璋能够轻而易举做到削弱中书省的权力，是因为他作为开国皇帝大权在手，想要加强皇权也无可厚非，很多皇帝都这么干过，大家也就习以为常了，而随着承平日久，新皇帝的上位，相权总会得到一定程度上的复苏，所以中书省的官员们也没在意，毕竟你朱元璋能蹦跶几年，等日后那些"生于深宫之中，长于妇人之手"的新皇帝继位了，不还得靠中书省治理天下吗？但没有想到，朱元璋在对中书省动手的过程中，越来越上瘾，觉得太简单太没挑战性了，所以想玩把大的，什么是大的呢？就是在中国流传了一千多年的丞相制度。

朱元璋要对丞相制度下手，有两方面的原因，其一是历史遗留原因，丞相制度和丞相的存在妨碍了皇帝加强皇权，并且丞相位高权重还可能对皇权造成威胁，历朝历代篡位的权相是多不胜数，这是自丞相制度出现就固有的；另一个则是现实原因，因为朱元璋任命的几位丞相都不是什么安分的角色，都比较喜欢搞一些"专权乱政"的事情，这无疑加重了朱元璋内心的不满和猜疑。

朱元璋在立国之初任命的两位丞相分别是左丞相李善长和右丞相徐达，但是由于徐达作为武将经常外出作战，所以当时的全国政务主要由李善长一个人来负责。要说李善长这个人呢，能力是有的，并且还是极高的，朱元璋当年还是吴王的时候需要四处亲征，而李善长则负责留守的重任，并且将大后方治理得井井有条，将士服从命令，百姓安居乐业，给朱元璋大军的后勤保障也是源源不断，正是如此大的功绩，因而大明建立后朱元璋大封功臣之时，把李善长比作汉代的萧何，并且在众多功臣中亲自选定李善长功劳排名第一。

人无完人，说完李善长的优点再来说说他的缺点，如此有能力的人，自然是锋芒毕露，因此李善长自身存在的问题也是很明显的，《明史》是这么形容李善长的，说李善长面相像个忠厚长者，对谁都是一团和气，但实际上这个人心胸很刻薄，睚眦必报。并且李善长本人权力欲望极强，绝对不能容忍有人染指自己的权力，比如当时担任参议的李饮冰、杨希圣两人只是稍微越过了界（不排除是朱元璋故意安排的想借此牵制李善长），结果李善长直接上书朱元璋说这两个人有问题，自己合作起来不愉快，直接罢免了这两个人。但我们知道朱元璋本人也是个权力欲极强的人，李善长的这种做法无疑是跟朱元璋杠上了。因为李善长是首席功臣，所以朱元璋也不得不给他个面子，但忍耐终归是有限度的。

"朋党政治"是皇权所不能容忍的，而李善长在这方面又惹怒了朱元璋，李善长还是明朝初年朝中淮西集团的领军人物，淮西集团的成员大多是大明开国功臣、武将，都是实力派，在朝中势力极大，本来朝中还有以刘基为首的浙东集团能稍微牵制李善长，但是浙东集团的成员比起淮西集团那就是小巫见大巫了，因而在淮西集团的反击之下很快就节节败退，根本无力再牵制李善长等人，甚至连首领刘基都被迫告老还乡，老实说王朝建立之初，大部分功臣都是死人堆里滚过来的，同僚之间抱团取暖不可避免，因而对皇帝来说如果能有多个集团相互牵制，避免一家独大，这种选择也不错，但淮西集团的举动无疑打破了皇帝的希望，而作为首领的李善长自然要被皇帝记恨。同时，李善长在担任丞相期间所奉行的用人原则便是"非淮人不用"，这无疑是一种招纳党羽、排斥异己的行为，令朱元璋对他的疑心更重了。

伴君如伴虎，汉初的丞相萧何也曾被刘邦怀疑，萧何为了自保而不得不自污，以及收敛行为。随着朱元璋对于李善长的不满也越来越明显，李善长本人也有所察觉，所以便采取了一招"欲擒故纵"，主动上书朱元璋请求退休。李善长的小算盘打得很好，在古代朝中像李善长这种级别的大臣辞职时，皇帝都会下诏挽留，一般都是大臣辞三次，皇帝挽留三次，以表示对大臣的不舍。后来发展出了套路，如果大臣不想辞职只是想做个高姿态，那么第一次辞职被挽留之后就打消想法了，留下来继续鞠躬尽瘁；而如果大臣是铁了心地想辞职的话，就走完流程，让皇帝表现自己的爱才之心连续挽留三次，三次之后批准辞职。

李善长想矫情一下，通过辞职试探一下朱元璋对自己的态度，毕竟自己位高权重，大明王朝离不开他李善长，当时是洪武四年（公元 1371 年），李善长才58 岁，这个年纪远没有到老迈昏庸的时候，但李善长还是上书朱元璋，说常年的战争生涯导致自己体弱多病，估计没几天活头了，所以想回家享享清福，他没有想到的是朱元璋早对自己不满了，只是一时没机会罢免他而已。如今，李善长主动请辞，对于朱元璋来说简直就是"瞌睡递枕头——正是时候"，根本没有走流程，第一次就直接就同意了李善长的请求，说已经为他在家乡准备好了良田豪宅，安心回家养老吧，估计李善长当时心都凉了。一年后李善长上书表示自己病好了，这就是想要暗示朱元璋重新起用自己，但是朱元璋心想：当初是你要分开，分开就分开，直接派他去濠州修建宫殿了，意思也很明确，中央您老就别想回来了，好好在地方待着吧。

3. "权相"胡惟庸

在李善长之后接替担任丞相一职的是汪广洋，不过汪广洋在任时间不长很快就去职了，汪广洋之后便是胡惟庸，从洪武六年（公元 1373 年）七月到洪武十年（公元 1377 年）九月都是胡惟庸一人担任丞相（右丞相）一职。在洪武十年九月，胡惟庸被任命为左丞相，汪广洋则再次被任命为右丞相，但权力不如胡惟庸。从汪广洋两次被任命为丞相来看，朱元璋的意图已经很明显了，汪广洋在政治上既不属于浙东集团，也不属于淮西集团，孤立无援的汪广洋所能依靠的只有朱元璋，而朱元璋任命他为丞相也正是看中了他没有派系这一点，一方面可以使其对自己保持忠心，另一方面则可以牵制这两大集团。

但是朱元璋千算万算却没有算到汪广洋是个"扶不起来的阿斗"，他看到胡惟庸大权独揽，知道自己斗不过，竟然在政治上采取明哲保身的方法，中书省的事他什么都不管也什么都不问，胡惟庸怎么安排就怎么做。朱元璋刚开始还想敲打敲打汪广洋，多次对其进行告诫，结果汪广洋是铁定了心要当个甩手掌柜，这就使得朱元璋的计划落空，中书省仍然是胡惟庸一家独大。

让我们再来看看大明朝也是中国历史上的最后一位宰相胡惟庸。从个人能力上来看，胡惟庸明显比不上之前的李善长，甚至是对他唯唯诺诺的汪广洋。当年，朱元璋曾和刘基讨论过丞相人选，刘基对胡惟庸的评价是"譬之驾，惧其偾辕也。"这句话是以驾车来比喻胡惟庸担任丞相，在刘基看来胡惟庸就是一匹劣马，让他来驾车连车辕都会被他拉坏，潜台词就是说胡惟庸根本没有担任丞相的能力。但是最后朱元璋还是任命了胡惟庸为丞相，究其原因主要有两点，一方面胡惟庸是李善长举荐的，朱元璋当时虽然趁着李善长大意同意了其辞职，但李善长的势力依然很大，不能赶尽杀绝；另一方面则是因为胡惟庸这个人曲意逢迎迎合上级，十分会讨朱元璋的欢心，并且胡惟庸资历远远比不上李善长，在朱元璋看来这种人没啥能力也没啥势力比较容易控制，也便于朱元璋实施自己的大计。于是在这种情况下，胡惟庸被任命为丞相并且大权独揽，这应该说是朱元璋有意放纵的结果。

然而也正如刘基当年所说的那样，胡惟庸在担任丞相大权独揽之后也开始变得无法无天了，贪污受贿这些都是轻的，胡惟庸开始弄权，遇事甚至都不禀报朱元璋，自己就直接处理了，同时，还曾试图毒杀徐达未遂，并成功毒杀刘基。随着胡惟庸担任丞相的时间越来越长，他的野心也就越来越大，他经常伪造一些祥瑞来为自己造势，并且还勾结吉安侯陆仲亨、平凉侯费聚让他们在外面收集兵马，暗中联络中丞涂节、御史大夫陈宁和已经告老还乡的李善长，甚至招揽倭寇并向北元嗣君称臣。种种行为已经触及了朱元璋的底线了，事实上朱元璋对其所做的一切都了如指掌，并且上面所曾提及的朱元璋削减中书省的权力都是发生在胡惟庸担任丞相的时候，从中便可看出朱元璋已经对胡惟庸不放心了。

终于，洪武十三年（公元1380年）朱元璋以谋反罪名诛胡惟庸九族。在诛杀胡惟庸之后，朱元璋正式下令"革去中书省"并"罢丞相"，同时立下祖训"以后子孙做皇帝时，并不许立丞相，臣下敢有奏请设立者，文武群臣即时劾奏，将犯人凌迟，全家处死。"至此，在中国古代实行了一千多年的丞相制度正式被废除并且之后再也未曾恢复，朱元璋也借此加强了皇权。是不是觉得朱元璋干这一切干净利落，是不是觉得胡惟庸的所作所为十分弱智，那就要恭喜看到这里的各位看官了。

其实就朱元璋废丞相这件事很早就有阴谋论，认为胡惟庸的所作所为背后都有朱元璋的纵容，丞相制度流传了一千多年，如果想要废除必然要有站得住脚的理由。朱元璋故意放任胡惟庸，使他膨胀，令他灭亡，从他这个人下手，树立一个典型，进而论述丞相制度的不合理，容易导致大臣被权力腐化，所以必须要废除这一制度。而胡惟庸的诸多罪名，有些可能是真的，有些可能是假的，是被强行安上去的，比如向北元皇帝称臣，这要是真的，那胡惟庸图个啥呢。所以很可能的解释就是，朱元璋虽然没读过什么书，但是"郑伯克段"这个故事他听过。

4. 大杀功臣

回到明朝的轨道上，明初朱元璋加强皇权的主要障碍有两个，一个是当时的中书省和丞相制度，另一个便是当年和朱元璋一起打天下的那些功臣了。随着胡惟庸被杀，丞相制度被废，中书省被罢，皇权在政治制度上的限制已经被扫除了，剩下的就只是那些功臣了。以胡惟庸被杀为契机，朱元璋便开始对那些和自己打天下的功臣下手了，这也就酿成了明初四大案中第一大案——"胡惟庸案"。在胡惟庸被杀的同年，朱元璋又处决了六部中依附胡惟庸的大小官员一万五千多人，之后，朱元璋继续扩大战果，利用株连之罪开始把那些开国功臣中的一部分人给牵扯进来。

洪武二十三年（公元 1390 年），朱元璋正式对开国功臣进行反攻倒算。在这一年，先是李善长的家奴告发李善长曾和胡惟庸联络，导致李善长被朱元璋以"明明知道胡惟庸要谋反，却首鼠两端"的罪名诛杀，当时李善长已经快八十岁了，其全家男女老幼七十余口也悉数被杀。其实早在十年前胡惟庸被杀时就已经牵连到了李善长，毕竟胡惟庸是李善长举荐的，但朱元璋考虑到李善长是元勋皇亲（李善长之子李祺于洪武九年迎娶朱元璋长女临安公主，因此李善长也就和朱元璋成了儿女亲家，变成了皇亲，而李善长全家被诛杀之时，李祺因为驸马身份被免死只是和妻儿们一同被流放至江南），所以就没有深入追究。

本来在经历过胡惟庸之事后，李善长也看出了朱元璋的手段，开始谨言慎行起来，但是随着时间的流逝，李善长看到"张昶、杨宪、汪广洋、胡惟庸皆获罪"，只有自己什么事都没有，看出朱元璋是有意要放过自己了，便又开始放松警惕了。再加上洪武二十三年（公元 1390 年）有人上书朱元璋称天象有变，占卜的结果是要由大臣来禳灾。就这样，在多方面因素的影响下李善长及其全家老小被朱元璋诛杀。李善长被杀之后，吉安侯陆仲亨的家奴又举报陆仲亨和延安侯唐胜宗、平凉侯费聚、南雄侯赵庸都曾和胡惟庸通谋。于是朱元璋将四人处死，并永久废除他们的爵位。除此之外，荥阳侯郑遇春、宜春侯黄彬、河南侯陆聚、靖宁侯叶升这些功臣也先后被划定为胡惟庸党被处死。除此之外，受到牵连的还有已故的营阳侯杨璟、济宁侯顾时等若干人。前前后后，共有一公二十一侯被牵连进"胡惟庸案"中导致身死、爵除、族灭。"胡惟庸案"前前后后持续十多年，前后共诛杀 3 万余人，这是对开国功臣的第一个重大打击。

随着"胡惟庸案"逐渐落下帷幕，躲避过此次清洗的开国功臣也长出了一口气，以为自己"大难不死，必有后福"。然而，后续事件的发展让这些开国大臣发现是自己想多了，自己提心吊胆的日子还要再继续过下去，因为就在"胡惟庸案"结束后不久，朱元璋又掀起了"蓝玉案"，这也是明初四大案中的最后一次大案。蓝玉既是大明朝的开国将领，又是洪武后期最能打的大将，其最出色的功绩便是在捕鱼儿海中大破北元。也有人说，如果当初朱元璋没有杀害蓝玉，那么后面就没有朱棣什么事儿了。然而随着蓝玉自身功劳不断提升，再加上朱元璋的厚待，蓝玉也开始变得恃宠而骄与居功自傲了。

《明史》中记载了他恃宠而骄、居功自傲的几个表现，一是手下蓄养着大量庄奴和假子（干儿子），这些人也仗势欺人，这个在朱元璋看来是培植自己的势力，算是大忌；二是私占民田，御史过来调查取证，结果被蓝玉直接给赶了出去；三是北征归来途中半夜抵达了喜峰口，由于当地官员没有及时给他开门，便直接让手下的士兵把关给毁了；四是有人上书朱元璋揭发蓝玉曾对北元王妃下手，结果导致王妃的自杀；五是不听朱元璋告诫，仍然我行我素；六是在军中大搞"一言堂"，越过朱元璋直接自己来决定军中将校的奖罚升退。

结果到了洪武二十六年（公元 1393 年）二月的时候，锦衣卫指挥蒋瓛亲自告发蓝玉试图谋反，随后经过一番调查坐实了蓝玉的谋反罪名，相关负责调查蓝玉谋反罪行的官员还指出景川侯曹震、鹤庆侯张翼、舳舻侯朱寿、东莞伯何荣、吏部尚书詹徽、户部侍郎傅友文等人都是蓝玉的同谋，而随着案件的深入调查，所牵连的人也越来越多，并且其中很多人都承认自己或者指认别人和胡惟庸一案有关（不排除朱元璋有意想把这两个案件牵扯到一起）。蓝玉案最后的结果是"列侯以下坐党夷灭者不可胜数"，之后朱元璋在九月份颁布关于蓝玉案的诏书的时候，亲口承认"族诛者万五千人"。经此一案，大明朝的开国功臣也就不剩几个了。朱元璋也借此机会在军队发起了一场大清洗，最终将军权彻底置于皇权之下。如果说"胡惟庸案"打击的主要是明初文官集团的话，那么"蓝玉案"所针对的则主要是明初武将集团。

对于朱元璋这种大杀功臣的行为，清代史学家赵翼曾评价说朱元璋的这种行为无疑是为了加强皇权，巩固老朱家的统治及对其身死之后的担忧，这种担忧在"蓝玉案"上表现得淋漓尽致，正所谓"朱标不死，蓝玉不亡"。事实上，朱元璋大杀功臣以加强皇权的目的是大家都承认的，这也是朱元璋的最高目标。但是在这里就出现了一个问题，朱元璋大杀功臣的行为真的只是因为朱元璋一个人的原因吗？我们固然承认朱元璋将加强皇权作为自己的最高目标，但是"大杀功臣"这件事则不只是朱元璋的一厢情愿，正所谓"一个巴掌拍不响"，那些功臣之所以被杀部分便是因为他们"咎由自取"。不信可以看下大明另一位开国名将——汤和，其因酒后失言一直被朱元璋怀恨在心，并多次遭到朱元璋的打击报复，但是汤和却最终落得了个好下场，其病重时朱元璋不仅亲自前往探望，而且在其死后朱元璋还追封其为王。究其原因，就在于汤和不仅懂得急流勇退，而且知道谨慎做事。

朱元璋在建国之初对于这些和自己一起打天下的功臣是十分重视的，可以说是恩宠有加。在政治上，赐予功臣们丹书铁券，虽然后人戏称此为"追命符"，但是在当时获得丹书铁券就代表自身及其家族地位的提高，并且还可以获得许多政治上的特权，可以说是大臣们所能期望获得的最高荣誉了；在经济上，朱元璋不仅给这些功臣丰厚的俸禄，而且还赐给他们大量的地产，并且除了"均工夫"（指将地方农民于农闲时征召到京城服役）外的其他徭役一概免除。朱元璋甚至都做到了在功臣与其他官员发生冲突时毫不犹豫地选择相信和自己打天下的功臣，而不是其他官员。比如永嘉侯朱亮祖在镇守广东时与番禺知县道同矛盾极深，不仅阻扰道同处理当地豪强，还曾故意找事把道同给鞭笞了一顿。道同忍无可忍便上书朱元璋弹劾朱亮祖，结果朱亮祖先行一步弹劾道同蔑视上司傲慢无礼，朱元璋想都没想就直接判决道同死刑了。虽然后面朱元璋在看到道同的上奏之后反应过来了，但为时已晚，道同还是被诛杀。

然而大明这些开国功臣的表现却让朱元璋越来越失望，在洪武三年（公元1370年）的时候便已经出现了功臣依仗功劳大而行事骄横，迫害百姓的情况，洪武五年（公元1372年）更是出现功臣仰仗自己手握丹书铁券，而纵容仆人杀人的现象，为此朱元璋还特地颁布《铁榜》来提醒功臣们要不忘初心、善始善终。然而朱元璋的苦口婆心并没有起到太大的作用，那些功臣们依旧我行我素，比如武定侯郭英私养家奴一百五十余人，甚至擅自杀害了男女五人。但是直到这时念旧的朱元璋仍没有打算对这些功臣下死手，其在洪武二十一年（公元1388年）又先后颁发保身敕、《大诰武臣》再次劝诫功臣们尤其是那些武臣要谨慎行事，然而朱元璋的这些行为依然是收效甚微。面对这些功臣一而再再而三地挑战自己的底线，朱元璋终于下定决心要让他们付出血的代价了，随后到来的便是大规模的屠杀这些功臣元勋。由此可见，朱元璋诛杀功臣元勋可以说也是他们的咎由自取，如果他们和汤和一样察觉出政治风向已经发生了变化，选择明哲保身的话，估计也不会落个身死族灭的下场。

对于朱元璋大杀功臣的这一行为，《明史》中的评价应该是最为中肯的，即"治天下不可以无法，而草昧之时法尚疏，承平之日法渐密，固事势使然。论者每致慨于鸟尽弓藏，谓出于英主之猜谋，殊非通达治体之言也。夫当天下大定，势如磐石之安，指麾万里，奔走恐后，复何所疑忌而芟薙之不遗余力哉？亦以介胄之士桀骜难驯，乘其锋锐，皆能竖尺寸于疆场。迨身处富贵，志满气溢，近之则以骄恣启危机，远之则以怨望抒文网。人主不能废法而曲全之，亦出于不得已，而非以剪除为私计也。亮祖以下诸人，既昧明哲保身之几，又违制节谨度之道，骈首就僇，亦其自取焉尔。"翻译过来就是打天下的时候可以不拘小节，但一旦坐了天下就要按规章制度来办事，功臣也好，草民也罢，不以规矩不能成方圆。都说"飞鸟尽良弓藏"，但那些百战将领，一个个才能卓著、锋芒毕露，这种人承平时代如果不知道明哲保身，而是一味骄纵，不守法纪，只希望躺在功劳簿上，希望皇帝能对自己网开一面，这是在自取灭亡啊。

其实朱元璋早年的时候虽然对朝中大臣也很苛刻，但此时重臣的下场还没有后来那么惨，这都归功于当时的后宫之中还有一位可以规劝朱元璋的人。

朱元璋的贤内助——母仪天下的大脚马皇后

传说朱元璋当了皇帝之后，喜欢微服私访，到民间去体察民情，有一年元宵节，朱元璋又去秦淮河与民同乐去了。

元宵节就要猜灯谜，朱元璋装扮成一个富商，吃着鸭血汤、烧饼，开心地猜着灯谜，忽然他看到有一个灯笼上画着一位妇人，光着脚怀里抱着一个大西瓜，要说这朱元璋虽然没上过学，但是脑子很聪明，一看就知道这个灯谜什么意思，所谓的谜底就是"淮西妇人好大脚也"。

猜出来很高兴啊，但是高兴着高兴着，老朱就感觉不对劲了，哎呀，这帮刁民是在讽刺皇后啊，那还得了，于是画那幅画的居民及他们周边邻居可就惨了，皇帝很生气，说杀你全家就杀你全家。

这个故事正史没有记载，后来被考证应该纯属瞎编，编这个故事是为了彰显朱元璋的残暴，小老百姓讽刺你一下，就杀人全家。不过也从侧面体现出来朱元璋对马皇后的爱，要说起朱元璋那可真是个情种，他跟马皇后的故事也多次搬上大荧幕，但凡这夫妻二人出现那就没有不恩爱的，哪怕是拌嘴那也透着甜。现在的网红电视剧喜欢搞点吸引眼球的，比如给皇帝找个白月光啊，再寻觅个朱砂痣啊，爱恨情愁，但是在朱元璋这里这套用不上，因为甭管什么电视剧怎么胡改，朱元璋就从来没爱过别人，这辈子就死爱一个马皇后，搞得很多电视剧甚至都懒得拍朱元璋后宫的其他妃子了（虽然朱元璋后宫人还不少）。

朱元璋和马皇后的爱情，那可是可歌可泣，能单独拎出来拍部大女主后宫戏。洪武十五年（公元1382年），马皇后病逝以后，刀头舔血、死人堆里摸爬滚打出来的朱元璋竟然哭得像个孩子一样，当时马皇后51岁，这个年龄在古代说不上很大，但肯定也不能算早逝了，然而朱元璋还是放声痛哭，不能接受。此后，直到朱元璋去世再也没有立过皇后，在老朱看来别的女人都代替不了马皇后，自己这辈子就只有马皇后这一个妻子，相比起他儿子朱棣在原配过世后，民间有朱棣想要立小姨子的野史传闻，朱元璋连这种绯闻都没有，可见其对马皇后永清自身，野史都觉得编排了没人信。

朱元璋作为大明开国皇帝，经历过刀山火海，内心应该是十分冷硬的，但此刻其却丝毫不顾及自己的帝王仪表，可见朱元璋对马皇后的感情有多深。马皇后去世后葬入明孝陵，这座明代第一皇陵得名自马皇后的谥号——"孝慈皇后"，也就是说明代开国皇帝的陵寝得名自皇后而不是皇帝，这在历史上也是比较少见的。不光朱元璋和皇子们痛哭流涕，就连后宫中的宫人们在马皇后死后，也抑制不住对马皇后的思念，都说一入后宫深似海，但由于马皇后待人和善，后宫中的宫人们都将其当作长辈。马皇后一死，全天下的子民如丧考妣。古代称得上贤德的皇后很多，受人敬仰的也不少，但像马皇后这样，从民间女子起家，协助丈夫成就帝业，兼具相夫教子、母仪天下、受人爱戴等多种优点于一身的皇后，翻遍史书还真找不出来几个。要理解马皇后为何如此优秀，朱元璋为何如此爱戴，以后的皇后为什么多以她为榜样，那就不能说她传奇的一生了。

1. 艰辛的早年

马皇后是归德府宿州（今安徽宿州）人，跟朱元璋算是老乡，史书记载她的父亲叫马公，这个马公就跟刘邦的父亲叫刘太公一样，是个尊称，用今天的话翻译过来，就是马老头或者老马头，是不是听着很亲切，马皇后的母亲则叫郑媪，和马皇后的父亲一样，只知姓而不知道名字，郑媪就是郑老太太。马皇后父母的名字都不见记载，其实跟当时元末混乱的情况有很大关系，档案的丢失，马皇后又自幼离开父母，自然就没人记得这二位了，不过马公、郑媪这种称呼说明马皇后的父母在当地也是有一定地位的，事实上马皇后她们家是当地的地主，算是有钱人家，否则如果按照元朝的传统，马皇后一家会被怎么称呼呢？

虽然有钱，但是马皇后的童年是有遗憾的，她的母亲很早就去世了，她从小就是由父亲抚养长大的，马家有钱，马公是当地有名的"散财童子"，人缘也比较好，加上马公只有马皇后一个孩子，自然将她视为掌上明珠，所以马皇后的童年还是挺不错的，至少比朱元璋同学的童年不知道高到哪里去了。不过马公这个人好像没什么经营头脑，赚钱的速度比不上花钱的速度，家里又不是有金山银山，因此马家就跟《红楼梦》里面的贾府一样开始家道中落，但俗话说得好"瘦死的骆驼比马大"，虽然马家开始家道中落，但是仍属于地主富豪之列，马皇后一家生活得还是很滋润的。按照这个形势继续发展下去的话，马皇后大概就是在自己家里好好长大成人，最后嫁到一个门当户对的家庭，然后相夫教子度过自己的一生，那她也就没有皇后的命了。然而人算不如天算，马皇后十几岁的时候，马公不知因为什么原因竟然杀了人，在元朝末期，按理说什么都可以用钱来摆平，即使杀了人这样的罪，如果只是花钱那倒没什么，反正马家有钱，但是被害者一家也不是当地的普通人，家族扬言要报复马公，考虑到元朝地方政府的公信力根本靠不住，因而为了避免仇人的报复，马公决定远走他乡。但此去一路凶险，如果带着女儿一起逃亡，恐怕弄不好会被团灭，为了女儿的安全，马公在逃亡之前将马皇后托付给了自己生死之交的好兄弟。不得不说马公的这一做法还是很有先见之明的，因为逃亡之后没多久马公就客死他乡了，如果当时带着女儿一块走，后续会怎么样还真不好说。

马公去世的消息传来，马皇后就成了孤儿，马公的这个兄弟特别心疼这位孤苦伶仃的侄女，为了让她感受到家的温暖，决定收马皇后为养女。这位养父也不是别人，正是元末大名鼎鼎的红巾军领袖——郭子兴，不过这时候郭子兴还没有起兵，只是定远（今安徽定远）的一个大地主。转了一圈马皇后从一个地主家到了另一个地主家，虽然只是养父，但据说马皇后在郭子兴家里过得还是挺不错的，史书记载因为郭子兴与马公感情很深，九拜之交，所以特别疼这个养女，差不多是当作自己的亲女儿来养。虽说是封建时代，但郭子兴很有觉悟知道"知识就是力量"，因而他亲自教导马皇后读书识字，文化水平跟上了，女子的基本功也不能差，于是郭子兴又让夫人张氏教导马皇后女工、刺绣，在郭子兴两口子的悉心教导下，马皇后可以说是文体两开花。这种简单又富贵的生活看起来也不错，过几年郭子兴再给马皇后找个老公，那就齐活了。但是没想到郭子兴不按剧本来，他不想当地主了，他想当老大，至正十二年（公元1352年），元末红巾军起义席卷全国，郭子兴也乘势而起，学人家造反，并且还造得有声有色，势力还不小。

起兵后的郭子兴对比历史上众多的造反事件，总结出了一个经验，那就是造反的那么多，但要想成功必须要有人才，刘邦为什么能成功，靠的是萧何、张良、韩信；李渊为什么能躺赢，因为他有个开挂的李世民，所以人才特别重要。于是郭子兴发布告示，四处招揽人才，郭子兴运气很好，招到了一个叫朱元璋的和尚，由于小朱在郭子兴的起义军里的表现十分耀眼，业务能力突出，郭子兴特别赏识这个小伙子，古代如果特别赏识一个人就会招他做女婿，朱元璋在郭子兴账下屡立战功，可能郭子兴也觉得这个年轻人奇货可居，于是在他的张罗下将养女马氏嫁给了朱元璋。这个故事看上去是不是很和谐，就像电视里经常上演的那样，公司董事长将爱女嫁给有为的下属，然而正如电视剧会有反转一样，历史也有阴暗面，事实上朱元璋当时不过是一个小军官，与郭子兴大帅的身份相差甚远，就算郭子兴特别欣赏他，提拔他就是了，按道理不至于将爱女下嫁给门不当户不对的朱元璋，此外马皇后当时已经21岁了，今天看来还是个孩子，但在当时却已经是大龄剩女了，为何马皇后在郭家这么多年都没有出嫁，史书记载是郭子兴夫妇想给她挑一个好夫婿，但选夫婿能拖这么长时间，也是很罕见的，蛛丝马迹折射出了一个问题，就是马皇后在郭子兴家似乎过得并不如史书上写得那么好，她与朱元璋的结合，可能更多的是一场政治婚姻。

当时与郭子兴一同起兵的还有孙德崖等四人，加上郭子兴一共五人，各称元帅，互不相让，并不是郭子兴一家独大。而孙德崖等四人刚烈而鲁莽，经常打劫抢掠，郭子兴有意要削弱他们，四人为此不悦，便合谋想推翻郭子兴。朱元璋为人有勇有谋，拉拢他无疑能增加郭子兴在这场政治斗争中的胜算，后来事实证明正是由于有朱元璋，郭子兴才得以逃过一劫。

2. 夫唱妇随

虽然有政治成分，不过万幸的是，年轻的朱元璋和马皇后对这桩婚姻并没有不满，花轿没上错，郎也嫁对了，小夫妻的婚后生活十分美满。朱元璋当时可能想的是，这以后就是郭大帅的自家人了，只要好好在干岳父手底下混，白富美已经娶了，以后就是升职加薪，走上人生巅峰了。

然而正所谓"木秀于林风必摧之"，这对新婚夫妇的磨难来了，主要是朱元璋平常的表现太耀眼了，要说这郭子兴也真是，当初是他主动招揽人才的，结果这么大一个人才在这，他又怕自己镇不住他，刘邦有言"用人不疑，疑人不用"，到了郭子兴这儿全忘得一干二净，郭子兴怎么样呢？用书上的话说那叫性情暴躁，忌才护短，又好听谗言，迟疑寡断，郭子兴虽然还没当上皇上，但是昏君的架势就出来了，要不是朱元璋算他女婿，说不定就真能整死了。民间盛传的马皇后送炊饼的故事就此登场。

据说有一次郭子兴又作妖了，下令囚禁朱元璋，并且还不许给朱元璋吃的，打算活活饿死朱元璋。马皇后一看，这是要让本姑娘守寡啊，这哪行啊，但是郭子兴又明令禁止任何人去送吃食，万般无奈之下，马皇后只好把刚做好的炊饼藏在怀里，借口探望朱元璋，老婆见老公这个不过分吧，就是判了死刑也得让人探监啊，趁着这个机会把炊饼送给朱元璋吃，事后马皇后发现胸口都被炊饼烫伤了。光送饼只能保证老朱不被饿死，要想根治，还得继续捞人啊，马皇后为了拯救朱元璋开始走夫人外交，去讨好郭子兴的妻子，甚至拿出小夫妻并不多的积蓄去贿赂郭子兴的夫人张氏，请她在郭子兴面前多说说好话，这才救出了朱元璋。从这件事便能看出，马皇后的在郭家的地位绝不会很高，不然不会要靠采取夫人外交才能救自己的丈夫，而所谓如亲生母亲一样的张氏竟然要收了女儿的钱才去救女婿，关系又能亲密到哪里去了。朱元璋被关这件事给马皇后留下了很大的心理阴影，从此以后，每次朱元璋出征，马皇后都会为朱元璋备下一些粮食肉干，生怕朱元璋没有饭吃。

这样提心吊胆的日子一直持续到郭子兴父子去世，朱元璋凭借着自己的威望和能力收揽了郭氏余部。成为一方统帅后的朱元璋到处跟人火并，不断扩大自己的势力范围。而每次去砸人场子的时候，马皇后都跟着朱元璋，老朱也觉得谁也没有自己媳妇值得信赖，于是打仗时候的上至公文、军令、书信，下至随手记下的备忘录小纸条之类的东西，朱元璋都交给马皇后来整理，还好马皇后当年念过书，要不说知识就是力量，马皇后把这些文书进行分门别类整理，等朱元璋要的时候，立马就能取出来给他，从来没有出错的时候，朱元璋看了也特别高兴，媳妇真好。

前面说过马皇后是文体两开花，所以不光是能做朱元璋的机要秘书，有时候不打仗了，马皇后就带领着军队的家眷熬夜为前线部队织造军衣，马氏后勤保障有限公司出产的军装那在战场上是有口皆碑的。至正十五年（公元1355年），朱元璋攻克太平（今安徽当涂）后，率领主力部队渡江，当时马皇后和其他将士妻儿老小们则留在原地休整。但机智的马皇后考虑大部队走了，剩下这么一帮老弱妇孺，这要是敌人来了，后果不堪设想，于是当机立断，率领后勤和将士们的妻儿老小紧急渡江，马皇后前脚刚走，元军就正好来进攻，只差一点，明朝就没开国皇后了。元军走了，陈友谅又来了，至正二十年（公元1360年），陈友谅大举来攻，直逼集庆（今南京），朱元璋率军于龙湾和陈友谅展开激战。

陈友谅财大气粗这是当时都知道的，所以当时南京城内人心惶惶，感觉朱元璋就得交代在这了，为了不给老朱家陪葬，从官员到老百姓都在收拾细软，准备逃跑。马皇后一看这还得了，后方若乱了，前线必然军心大乱，为了安抚城中百姓，马皇后把宫中的钱财全部拿出去发红包，人人有份。官民们一看朱元璋集团还能有钱发红包，没有想象中那么差劲，看来还有前途啊，就不跑了，而前线部队听到家里面收到红包，一个个也是士气大振，这要不打赢，回头红包全得给了陈友谅，最终大败陈友谅。据记载，在与陈友谅的交战过程中，朱元璋曾被追击中伤，这个故事在很多历史人物身上都发生过，危急时刻总有大将挺身相救，护下主公，至于大将，有的死了，有的还能冲出重围。

到了明朝这边，故事变成了美人救英雄，故事的主角换成了马皇后，马皇后不顾危险背着朱元璋一路奔跑，最终使朱元璋逃过一劫，看起来马皇后平常干活力气还是挺大的。就这件事，后来太子朱标还专门为此事画了一幅画，记录父母爱情。朱标从小到大和老爸的斗智斗勇，非常知道怎么治他这个老爹，画好以后他就时刻揣在怀中。有一次太子朱标和朱元璋政见不合，在朱元璋追打他的时候，朱标故意把画掉在地上，看到画，朱元璋大哭一场，从此再也没有打过儿子。马皇后的事迹可以看出她不仅仅是朱元璋的妻子，不仅仅是起义活动中一个可有可无的点缀，更是朱元璋创业集团的参与者。

虽然明朝规定后宫不得干政，但那是明朝建立以后的事情，而在朱元璋创业之初，马皇后作为他最亲近的人，是理所应当的第一位创业合伙人，于情于理都能够分享、参与朱元璋的机密事件，而马皇后早年良好的教育也使得其能够承担起这一重任，从记载来看，马皇后对政事的参与做得也很好。既有机会又有能力，马皇后在明朝建国之前参与政事所表现出来的心胸和能力使得其在明朝开国功臣集团中树立起崇高的威信，建国后，马皇后能够正位中宫，母仪天下，不仅仅是皇后的头衔所给予的，也是自己早年拼搏努力换来的。

3. 开国皇后

大明洪武元年（公元 1368 年）正月，朱元璋登基于应天府（今南京），国号大明，建元洪武，册封马氏为皇后。至此，马皇后正式成为一国之母，其角色也从辅助朱元璋南征北战转变为协助其处理国政。要知道，朱元璋继位后吸取前代"女祸"的经验教训，特地命文臣们编撰了《女诫》一书，规定后宫不得干政，但是这不包括马皇后，马皇后仍能向朱元璋提出建议。

不过两人之间也曾发生过一次小冲突，有一天，马皇后问朱元璋，老朱你那么厉害一统天下，现如今也不打仗了，听说家家户户也都分到了田安心种地，不知道老百姓现在过得怎么样，能不能吃饱饭了。朱元璋一听这话，立刻警惕起来，皇后询问天下百姓过得怎么样，这是想要干政啊，但既然皇后问了，总得有个回答吧，于是朱元璋对马皇后说，这不是你应该问的问题。马皇后一听就知道老朱又敏感了，随后就开始敲打起了老朱，说道："陛下天下父，妾辱天下母，子之安否，何可不问！"马皇后话里有话，一方面体现出马皇后爱民如子，另一方面则是告诉朱元璋，我知道你心里在想什么，你不就是怕我干政吗？但本后要提醒你，关心黎民百姓不只是出于政治上的，更是出于情感道德上的，不仅打消了朱元璋的胡思乱想，也从法理层面确立了她对政事有限的干预所具备的合法性。

马皇后的爱民如子不仅仅只是嘴上说说，也体现在实际行动上，每当百姓遇到灾年，马皇后就率领后宫吃粗茶淡饭，节省开支（朱元璋时代的公务员真不容易），并为百姓祈福，尽管这种行为对缓解灾荒没多大用处，但首先作为帝制时代的皇后，她这样做已经是尽最大努力了，其次，她营造的同甘共苦的舆论氛围最大程度降低了百姓因为吃不饱饭而可能对统治者产生的不满情绪。朱元璋是一个疼老婆的男人，看到马皇后都不吃饭了，特别心疼，他开导马皇后的方法也很有趣，竟然是对马皇后说已经派人前去赈灾了，皇后不必如此苦着自己，马皇后手眼通天，还不知道朱元璋的伎俩嘛，但是夫妻相互关爱真的很有爱。

事后，马皇后提醒朱元璋"事后赈灾比不上事前做好准备积蓄"，咱们要是平常多存点米，不就不至于饿死人了吗，朱元璋听后认为马皇后说得很有道理，随后便下令全国设立预备仓，以防备荒年。由此观之，马皇后的干预政治，不是没事找事的晒存在感，每次都能提到点子上，是对朱元璋提供帮助，有借鉴意义的。由此观之，朱元璋虽然规定后宫不得干政，但是这一规定也是要分人的，遇上马皇后这样能力与智力并存的"干政者"，朱元璋也是会虚心接受的。

虽然马皇后提出了许多利国利民的建议，但是真正令马皇后名垂千古的却是她对大臣的护犊子。我们都知道，朱元璋性格急躁，并且崇尚"乱世用重典"，对于大臣说打就打，说杀就杀，在他手下当官那滋味可不好受，担惊受怕，早上去上朝，晚上不一定回得来。而这个时候，唯一能让朱元璋消气的只有马皇后一个人，马皇后在劝谏朱元璋的时候也是很有智慧的，他知道朱元璋正在气头上，她不会直接指出朱元璋判断有误，与朱元璋互怼，要是这样朱元璋估计早受不了了。

马皇后深知倔驴就要顺毛撸，就像当年的长孙皇后劝谏唐太宗一样。作为明朝开国文臣之首的宋濂，就是初中课本中《送东阳马生序》的作者，本来已经告老还乡，在家安心养老。但是他的孙子宋慎却被牵扯进胡惟庸案中，受其牵连，宋濂一家遭祸，宋濂本人按律当斩。为了说情，马皇后摆事实讲道理，宋濂为明朝宗室特别是太子普及文化有功，对老朱家有师恩，而且一个退休多年的老干部，一个退居二线后不再参与政治的老头子，本来就行将朽木，活不了多少年了，杀个老头子又没啥意义，说出去还不好听，杀他干吗？结果遭到朱元璋无情拒绝。于是，当天马皇后在为朱元璋准备的御膳中，只有素菜，没有酒肉，朱元璋对此大为不解，于是问马皇后这是何意，马皇后答道自己是在提前为宋先生做福事，搞得朱元璋很不愉快，一怒之下扔了筷子就走，连饭都不吃了。但是第二天，朱元璋还是改了对宋濂的处罚，免去死刑。

参军郭景祥守和州（今安徽和县），有人向朱元璋告发，说他的儿子试图谋杀他，以子谋父，别说是在古代，在现代都是大不孝，对于注重孝道的朱元璋来说绝对不能忍，于是当场就指示，郭景祥的这个儿子必须干掉，这个时候又是马皇后出面出来劝阻，但是马皇后没有直接说告发不实，知道此时此刻说了也没有用，朱元璋气头上不会信，而是先提醒朱元璋郭景祥就这么一个儿子，如果直接听信告发，贸然杀了他，郭家可就绝后了，弑父这么大的事皇上难道都不派人再查证一下，他杀他爹图啥，又不是家里有皇位，朱元璋想了想觉得有道理，于是就派人前往调查，果然发现告发不实。事后，朱元璋感谢马皇后，如果不是她的劝阻，可能就真错杀了郭景祥的儿子。

当时，朱元璋和马皇后的义子兼外甥李文忠镇守严州（今浙江西部），位高权重，有人告发他有不法行为，以李文忠的地位，所谓不法行为就是造反嘛，朱元璋不假思索便立即将他调回，命他移守扬州，扬州距离京师特别近，朱元璋调他回来方便检查。关键时刻，马皇后再次出面，先是提醒朱元璋严州是军事重镇，突然调换大将是不合时宜的，然后又提醒朱元璋，李文忠是他们看着长大的，平日的表现是怎么样的朱元璋难道不知道吗，不可轻信小人的挑拨。朱元璋听后觉得依然有道理，便让李文忠还镇严州，之后李文忠果然立功，不法行为之说不攻自破。

除此之外，在朱元璋严厉要求大臣们的同时，马皇后则用自己的方法来抚慰朝中大臣，明制规定，若早朝议事过晚就留议事的大臣们吃午饭。一天，马皇后让宫人把大臣们用的午餐取来品尝，发现味道不好，于是在下朝后便提醒朱元璋要改善官员伙食，从而收拢贤才之心。本着教育强国的理念，马皇后还建议朱元璋在供养太学生的时候，也要供养太学生的妻儿们，当时也没有半工半读这么一说，一大家子少了一个壮劳力，实在度日艰难，这样一来，太学生们就免去了学习的后顾之忧。正是在马皇后建议下，朱元璋专门设立了"红板仓"，使这些学子们对朝廷感恩戴德，表示这辈子就死心塌地跟着大明干了。因马皇后在政治上发挥的作用，所以朱元璋将其比作唐太宗的长孙皇后，并称"家有良妻，犹国之良相"。

除了政治上的帮助外，马皇后在家务事上也是处理周到，她知道朱元璋处理政务已经很费心力了，所以在后宫管理和子女教育上从不让朱元璋操心，更何况，就算让朱元璋管，就他那说风就是雨，非黑即白的性子，马皇后也不放心呀。马皇后虽然贵为国母，但生活俭朴不喜欢奢靡华丽，不像一般的后妃，出门就必须满身名牌，丝绸得苏州的，首饰得杭州的，除了必要的朝会外，马皇后平常穿的就是用粗布织出来的衣服，破了也不舍得扔，缝补一下继续穿。

后来马皇后不知道从哪听说元世祖忽必烈的皇后用煮熟的旧弓弦织成衾绸，缝制衣服，就下令让宫女如法炮制，织成被褥和衣服赐给民间孤苦伶仃的老人，一时间大明后宫成了大型服装生产厂。朱元璋的儿女们从小吃香的喝辣的，没有经历过社会的毒打，马皇后为了让他们忆苦思甜，就命人用裁剩下的零碎帛、丝制成次等的绢帛，分赐给诸王、后妃和公主们，让他们懂得蚕桑的来之不易。甚至在朱元璋因在位日久都开始变得有些不注重节俭的时候，马皇后仍然坚持着，并且还劝告朱元璋不要忘了之前的苦日子。

朱元璋每次吃饭，马皇后都亲自操持，如果在饭菜上出了什么问题，马皇后都一力承担，绝不会牵扯其他人。对于那些受宠有孕的妃子，马皇后则仔细安排人员照顾，大臣们的妻子们来拜见时，马皇后也不会端着皇后的架子来接见她们，而是像家人一样对待她们，令其倍感亲切。朱元璋有一次因宫女服侍不当，大声责骂宫女，马皇后马上也装作生气的样子，并下令将宫女送宫正司，朱元璋对此大为不解，问马皇后她平常那么和善的人怎么也这么大火气，马皇后则笑着答道"皇上在生气之下所做的处罚可能会加重，我将她交给宫正司，这样就能正常处罚了。"朱元璋又问道"你不是也生气了吗？"马皇后答道"我是帮陛下生气呀，我生气了，陛下就少生一点气！"朱元璋听了之后哭笑不得。

为了更好地管理后宫，马皇后询问宫中的女史们，哪一朝的家法最好，女史们回答宋朝的家法最好，于是马皇后干脆就让她们把宋朝后妃的行为规范从史书中抄录出来，做成小册子，自己经常翻阅学习。有人曾劝告马皇后说宋朝的家法过于仁厚，马皇后反问道过于仁厚难道不比过于刻薄好吗？

在对于后宫子女上，马皇后更是做到了无论是否亲生，都一视同仁地对待。每当朱元璋和子女有什么矛盾的时候，马皇后都会主动斡旋。在得知皇子们开始攀比时，马皇后将所有孩子都叫到一起，教育他们古代圣人是如何做的，他们的父皇又是如何做的，他们现在应该做的是好好读书，开明心志，不可沉迷于奢侈并心生攀比。因此，马皇后虽然仁厚，但是在王子公主中的威望很高。举个例子，马皇后的儿子朱橚（还有一种说法称朱橚生母为碽妃）被封为周王并就藩开封，由于朱橚小的时候就比较调皮，长大了性格也比较放荡不羁，所以马皇后十分不放心，于是委派江贵妃同行监督，并赐给江贵妃自己身上穿的一件旧衣和一根木杖，告诉江贵妃如果周王不听话，江贵妃就穿上马皇后的衣服拿着马皇后给的木杖，代表马皇后体罚周王，如果这样周王还不认错，就直接上报朝廷。所以马皇后在世的时候，周王一直都老老实实待在自己的封地，生怕犯错惹马皇后不开心。在对待外戚上，马皇后也特别有原则，坚决不同意朱元璋为自己的家人加官晋爵，因此朱元璋最后只是赐给了马皇后族人金帛而已。

可惜天不佑贤，马皇后在洪武十五年（1382年）八月因病去世，享年51岁。在其病重的时候，群臣上书朱元璋请求为马皇后举行祈祷仪式并寻求名医，马皇后拒绝了这些请求，并告诉朱元璋生死有命，不须做这些，并嘱咐朱元璋不要因为自己的缘故来怪罪那些为自己治病的医生。最后马皇后还是不放心朱元璋，在临死时还嘱托朱元璋"我知道陛下很爱我，希望我死以后，陛下能将这份爱分给世人。"马皇后说这句话不是无缘无故的，在她去世的前两年刚发生了胡惟庸案，其中被杀的、被牵连的官僚多不胜数。

也许马皇后从这件事中看出朱元璋是可以和群臣共患难的，但是要与群臣共享乐就比较难了，正所谓"金杯同汝饮，白刃不相饶。"正因此，马皇后担心自己死后再也无人敢劝谏朱元璋，朱元璋会变得更加偏激（事实上也确实如此），所以才会在临终时嘱咐朱元璋不要忘了当初和群臣共患难的日子，希望朱元璋日后能够宽和一些。

最后说一说马皇后的子女问题，据《明史》记载马皇后生有五子二女：长子懿文太子朱标，次子秦愍王朱樉，三子晋恭王朱棡，四子明成祖朱棣，五子周定王朱橚，以及两个女儿宁国公主、安庆公主。但是据当今史学家考证，懿文太子、秦王、晋王三位皇子为李淑妃所生，燕王、周王之母为碩妃，只有宁国公主、安庆公主为马皇后所生，也就是说马皇后并没有自己的儿子。但是五位皇子全部寄养在马皇后膝下，并且认马皇后为亲生母亲，应当是朱元璋从中干涉，从此也能看出朱元璋对马皇后的感情。

纵观马皇后的一生，可以看出其一生基本上都在为朱元璋的事业而操劳。如果要对马皇后的一生做一个评价，最合适的可能就是清朝所编纂的《明史》中记载的那样"高皇后从太祖备历艰难，赞成大业，母仪天下，慈德昭彰。"

马皇后死了，朱元璋很伤心，但他知道自己只能伤心一会儿，必须擦干净眼泪，因为很多人一直在盯着新生的大明王朝。当年朱元璋攻克元大都的时候，从元大都的府库缴获了一大批元顺帝没来得及运走的宝物，马皇后看到运输车队故意问朱元璋从元府库里拉来了什么东西，朱元璋觉得马皇后这个问题问得很奇怪，府库里能有什么东西，不就是宝物吗？不明白马皇后为什么问这个问题，但还是告诉马皇后运来的是宝物。随后，马皇后便追问朱元璋，元朝有这么多宝物，为什么却丢了天下了？

这个时候，朱元璋恍然大悟，明白了马皇后的意思，表示皇后是在告诫我宝物是死的，要想守住天下，得有人才，人才才是最大的宝物啊。朱元璋从此不看重宝物，但是失去这些宝物的元顺帝却追悔莫及，身在草原的元顺帝时时刻刻都想回中原拿回自己的东西。

朱元璋对草原敌人的死磕到底

洪武元年（公元 1368 年），征虏大将军徐达和副将军常遇春正一路唱着歌、跨过江，带着手下的弟兄们一路挥师北上，他们此行的目的就是要端掉元朝的老巢——大都（今北京），拿下前朝的国都这是何等的功绩，徐达和常遇春是知道的。这票要是干成了，等班师回朝后，升职加薪还不是想怎么来怎么来，而且中原王朝丢掉几百年的地方，咱哥俩夺回了，日后这可是要上史书的啊。于是这次北伐，徐达和常遇春是特别起劲。

徐达和常遇春特别高兴，但是身在大都的元朝皇帝可就坐不住了，他当了三十年皇帝，整个元朝就他和忽必烈在位时间最长，但忽必烈那会儿大元是蒸蒸日上，再看看现在，江河日下啊。现如今手下能打的兵已经都打光了，仅存的兵马还都不在大都附近。想想当年蒙古大军拿下南宋都城临安（今杭州）的场景，他不寒而栗，蒙古人入主中原几十年下来汉化程度近乎为零，但他本人应该接触过汉族的文化，因为他知道有一招叫"三十六计走为上计"，于是在当年八月，正当北伐大军即将兵临城下的时候，这位元朝最后一位皇帝带着一家老小和文武百官连夜脚底抹油，逃回上都（今内蒙古自治区锡林郭勒盟正蓝旗境内）去了。

几天以后兵不血刃的明朝的大军占领了这座曾经的亚洲政治中心。后来朱元璋回忆起元朝皇帝这次跑路的行为，认为他这是知道大元气数已尽，顺应天命之举，因而称他为"元顺帝"，别看朱元璋没上过私塾，损起人来倒是有一套。明朝北伐成功以后，按理说就应该"刀枪入库，马放南山"，好好整治整治元朝末年以来连年战乱导致的民生凋敝，但朱元璋并没有放弃对北方动武。北伐后仅仅两年即洪武三年（公元1370年）朱元璋就派遣大军继续与元朝残余势力死磕，史称"明太祖第一次北征"，一直到洪武二十九年（公元1396年）"明太祖第八次北征"，这场战争断断续续打了26年，几乎贯穿朱元璋的整个统治生涯。但凡新朝建立首要任务便应当是与民休息、恢复国力，然而朱元璋却反其道而行之，难道不怕新生的大明王朝承受不住年年征战吗？

1. 宜将剩勇追穷寇

皇帝尤其是开国皇帝，其实并没有我们想象中那么好战，举个简单例子，不少开国皇帝在创业之初经常御驾亲征，然而江山一旦稳固之后，就甚少看到皇帝再在战场出没。都是刀头舔血过来的，如果能安安稳稳过日子，没几个在坐了江山以后还喜欢继续征战的。所以说到底不是朱元璋想打，而是他不得不打。在大多数人印象中好像徐达、常遇春北伐之后，明朝就是一统江山，打遍天下无敌手了。但其实远不是这样，元顺帝当年脚底抹油跑得确实很快，甚至都没抵抗就跑了，但这也意味着元朝大量有生力量也跟着他一块撤退走了。元顺帝退守上都，只是结束了元朝在中原的统治，而此时的蒙古政权依然控制着广袤的漠北地区，元顺帝认为他依然是天下的皇帝，只是暂时战略收缩跑到草原来避避难而已，后世称这之后的蒙古政权为"北元"。

元顺帝逃回上都没多久就厌烦这里了，虽说这里曾经是大元帝国的首都，也算是比较大的城市，但此地偏处漠北，经济条件、物质条件什么的当然比不上纸醉金迷的大都了，元顺帝每天看着沙尘暴，心里那叫一个苦啊。但朱元璋很快让元顺帝知道什么叫"没有最苦，只有更苦"，上都住了才一年，元顺帝就在明朝的进逼之下，再次举家搬迁到了应昌（今内蒙古自治区赤峰市克什腾旗）。连番北逃使得蒙古人彻底退回到了草原游牧的生活，但显然元顺帝并不喜欢在草原放羊。对大城市生活的向往，使得元顺帝整个人发生了蜕变，元顺帝在历史上是以昏庸无能的典型反面形象出名的，但是自从逃奔到漠北后，元顺帝突然转了性情，颇有一番要励精图治的意思，元顺帝太想回大都了，但大都已经在朱元璋手上了，要想回去就得打败大明，二次入主中原。

看起来好像天方夜谭，毕竟蒙古人刚刚灰溜溜离开大都，但是前面说了元顺帝是带着大队人马一块撤走的，所以在环顾四周后，元顺帝发现自己可能有这个资本。当时北元丞相纳哈出在辽东一带拥兵二十万，坐镇云南的梁王也有十万大军，在甘肃被朱元璋称为"奇男子"的王保保也有不下二十万的大军，以上合计五十万军队，这还不算元顺帝自己的直属部队，这些大军阀至少在名义上都奉元顺帝为正朔，听其调动。古代史书记载军队可能有夸张成分，但就算打个对折北元也还有不下二十万的军队，蒙古人又都是骑兵，在冷兵器时代机动作战能力那叫一个强啊。退一万步说就算北元不打算二次入主中原了，但是凭借手里的军队，干干打家劫舍的老本行，要想小日子过得滋润点那也是绰绰有余，而这就够明朝边境地区的军民喝一壶的了。此时的朱元璋就像一个长工通过自己多年努力好不容易挣下一大份家业的，然而前东家整天带着一群保镖提着刀在朱家门口转悠，想趁朱元璋不注意抢点东西，最好能将老朱家据为己有。卧榻之侧，岂容他人鼾睡，为了自己这份家业，为了大明能够休养生息，必须打垮北元，朱元璋不得不拔刀。

2. 朱元璋从不轻易拔刀

洪武三年（公元 1370 年）正月初三，明太祖朱元璋正式开始第一次北征，古代过年时间很长，一般从小年一直持续到元宵节才算结束，由此看来这朱老板一点儿都不体恤员工，大年初三就开工了。不过这也体现朱元璋这一战志在必得，为此朱元璋组织起一支常胜军团，让我们先来看一看这份长长的出征名单，征虏大将军徐达、左副将军李文忠、右副将军冯胜，同时又任命邓愈为李文忠副将、汤和为冯胜副将，以及随从他们的数十万大军。明朝开国之初封了六位公爵，某种意义上可以说明朝的建立这六位公爵的功劳最大，六位公爵中除了文官李善长（韩国公）、早逝的常遇春（郑国公）外，剩下的四位魏国公徐达、曹国公李文忠、宋国公冯胜、卫国公邓愈悉数出征，如此超豪华的指挥团队自朱元璋与陈友谅决战后就很罕见了，足以证明朱元璋对此次战役的重视。

考虑到元顺帝据守在应昌，而王保保盘踞在定西（今甘肃定西）的实际情况，朱元璋又将大军分成两路，西路军由徐达率领，出潼关直奔甘肃，与王保保决战。战争过程十分顺利，西路军在与王保保军队相遇后，徐达明白明军远道而来，如果速战速决，会让等候在此地的元军以逸待劳，因而徐达没有急着与王保保交战，徐达决定玩战术，他想出一个很损的主意，他将部队分成两部分，一到晚上，一部分军队休息，另一部分则到王保保军营附近不断制造噪音，时不时还做出要冲锋的样子，蒙古人兵少，既不能分兵休整，又得忍受明军的噪音污染，时时刻刻精神处于高度紧张状态。

就这么玩了几天以后，元军都快被明军整出精神病了，这时候徐达又突然下令让士兵们回营别闹腾了，王保保手下的军队连日来得不到休息，一个个站着都能睡着了，见到明军偃旗息鼓，赶紧抓紧时间休息。而这正中徐达下怀，趁着敌军睡觉的机会，徐达率军进攻，一举全歼敌军主力，可怜元军睡着觉就成了俘虏，由此西北地区全部被收复。王保保被打成了王跑跑，带着老婆孩子和几个贴身护卫灰溜溜向北逃窜，这位曾经手握几十万大军的主帅在跑到黄河边上的时候竟然连船都找不到，最后只能抱着片木板冲浪渡河，死里逃生回到北元的都城和林（今蒙古哈拉和林）。

北元的都城不是在应昌吗，怎么又跑和林去了？因为应昌的元顺帝更惨，徐达进军的同时，李文忠率东路军，出居庸关，直扑应昌。元顺帝自从大都跑路以后就一切事情都不顺，连家都搬了好几回，明朝的连番打击也令曾经想有一番作为的元顺帝日渐消沉，后来他干脆就直接宅在后宫也不上朝了，跟后来的万历皇帝一样。李文忠出兵后，得知消息的元顺帝又惊又怕，不久就在应昌病逝了，其子继位，是为"元昭宗"。

虽然古语有云"义不伐丧"，但在李文忠看来元顺帝既亡，元昭宗新君刚立，应昌城内肯定人心惶惶，处于极度不稳状态，而且以蒙古人内斗内行外斗外行的传统来看，说不定还会发生宫廷政变，因而这是个好机会，必须趁他病要他命。不过带着几十万大军太招摇了，而且行军速度也太慢了，容易给北元防备的时间，名将都很喜欢用"奇袭"这一招，李文忠作为名将中的名将自然也不例外，为此李文忠从大军中挑选精兵强将，组成突击小队，自己亲自率领星夜兼程奇袭应昌，元昭宗知道李文忠要来，但没想到他能来这么快，压根没做好准备，打是打不赢了，元昭宗想学他爹那样跑路。不过他的技术比起他爹元顺帝差了不是一点半点，元顺帝当年虽然打不赢，但至少每次跑路的时候都是从容不迫、指挥有度，带着老婆孩子、文武百官及一众护卫有序搬家。而元昭宗就自己带着十余名贴身护卫慌不择路，一路狂奔才到达和林，这里居于漠北深处，明军一时半会儿追不上来，不过元昭宗的老婆孩子全成了明军俘虏，偌大的家业说丢就丢光了。

至此明太祖第一次北征大获全胜，本来元顺帝北逃后与辽东纳哈出、西北王保保互成掎角之势，迁都应昌后，此地距离北平（即原来的大都）骑马不过两三天路程，对明朝北部威胁巨大。而此战之后彻底消除了这一军事威胁，蒙古二次入主中原的美梦被无限期延后。王保保的败逃也使得西北地区重新安定下来，原来有西北这个通道的时候吐蕃与北元一直眉来眼去，现在走廊被切断了，吐蕃就只能跟着大明混了。同时西北地区的稳定又对割据蜀中的明夏政权造成空前压力，一年后这个政权即被朱氏集团兼并。可以说朱元璋这一仗，相当于一笔生意做成了几笔买卖。但对朱元璋来说这还不够。

中国由于南北地形的差异，北方的海拔要高于南方，所以从北方进攻南方往往居高临下，北方又多是大平原很容易形成统一政权，南方则河网密布易割据，因而自古以来北方统一南方屡见不鲜，而南方统一北方则较为罕见。并且实话说，北方往南方打有一个确定边界，打到海边就完事了，元朝当年灭南宋就是一路从浙江追到福建，最后到广东；但从南向北，边界在哪没人知道，漠南、漠北，还是贝加尔湖，也许到北冰洋确实算边界，但以当时的后勤保障来说不太可能。这种情况下只要北方民族一有喘息机会，过不了多久就能重整旗鼓，再度南下劫掠。王保保跑到和林以后见到了元昭宗，这对难兄难弟是抱头痛哭，王保保虽然一而再再而三战败，但元昭宗认为既然连朱元璋都称为"奇男子"的人肯定有过人之处，因而不计前嫌重用王保保，让他重新主管军事，一时间这个在和林临时搭建的草台班子颇有振作之势。眼看着北元在那热火朝天地搞着复兴大业，身在应天府（今南京）的朱元璋就坐不住了，洪武五年（公元 1372 年）大明集团召开董事会就北元势力复苏这一问题进行新一轮探讨。

董事长朱元璋认为北元以骑兵为主，机动力强，行动迅速，而明军是步骑混杂，要想找到北元主力决战并不容易，因此主张采取守势，只要北元不主动挑衅，就不搭理他了，但防守并不是什么事都不干，相反明朝可以加固北边防御，一旦北元南下，那么明军便可以逸待劳。而以执行总经理徐达为首的一众董事则觉得，区区北元，何足挂齿，既然上次没能一举打垮北元，那么这次一定要一劳永逸，他不是已经搬家到和林了吗？干脆这次多派点人直接帮他搬到应天府算了。

针对北元问题，明朝统治核心出现分歧，两种路线之争其实是由于身份不同导致的，朱元璋在群雄争霸的时期是军队的主帅，那时的主要目的就是击败群雄统一全国，而到了承平时期，作为新王朝的开国君主当务之急是恢复国力，保证大明的长治久安，北元上次已经被打废了，虽然现在看上去张牙舞爪但不过是跳梁小丑罢了，掀不起什么大风大浪了，既然没什么实质性威胁了就随他去折腾吧。而以徐达为首的武功集团，其价值正是靠一场场军事胜利体现出来的，现如今中原已经安定，只有漠北尚有天地供他们施展拳脚，如果不抓住这个机会再立战功，武功集团将逐渐丧失对文治集团的优势，因此即便基于此也要继续对北元残余势力作战。尽管历史一再证明，来自草原的敌人是不可能被肃清的，一个塞外民族消亡，很快会有其他民族来代替它，匈奴、鲜卑、契丹、蒙古概莫如此，然而在武功集团的强烈要求下，在第一次北征巨大的胜利影响下，朱元璋最终接受了主动进攻的意见，并提出了"永清沙漠"的目标。

这一次明朝还是以徐达为征虏大将军，曹国公李文忠为左副将军、宋国公冯胜为右副将军，分中东西三路出征。而在三路大军中徐达一路是主力，诱敌来战，打歼灭战；李文忠打袭击战，作为辅助；而冯胜一路则是打分散元兵力的疑兵战，目的清晰，分工明确。但计划赶不上变化，虽然李文忠和冯胜的两路大军一开始达成了作战目标，然而徐达的主力军却由于前期进展比较顺利，犯了轻敌冒进、孤军深入的兵家大忌，王保保在初期的几次交战中佯装战败，诱敌深入，实则是想以逸待劳打明军一个措手不及。徐达作为沙场老将，按理来说不应该被轻易迷惑，但或许是求胜心切，或许是经验主义让他感觉王保保也不过如此，最终他踏进了王保保的圈套，徐达被击败，其所率明军遭到毁灭性打击，几乎全军覆没，这是徐达军事生涯中少有的大败。徐达兵败后，三路明军陆续撤回国境，虽不至于说是狼狈而逃，但撤退的形象并不好看。

总的来说洪武五年的第二次北征整体以失败告终，明军的挫败保住了北元王朝的一线生机，朱元璋也从这次战争中意识到北元还是有一些实力的。此后多年明军没有再深入草原作战，即使洪武八年（公元 1375 年）王保保病逝，明军也没有趁势进攻，可见第二次北征给明军带来的阴影有多深。北元则通过这次战争争取到了难得的喘息时间，此后双方只在边地地区时不时爆发一些零零碎碎的小冲突。

3. 改弦易张

第二次北征失败后，明朝改变了作战战略，由主动进攻改为积极防御，但防御不代表被动挨打。朱元璋通过这次战役认识到，要想一鼓作气灭掉北元暂时是不可能的，于是朱元璋又回到了惯用的迂回战略上。自从元昭宗打赢了这一仗后着实有点飘了，接连整合云南、辽东各方势力，定下了"三年训练，五年反攻"的计划，以求打回中原去过年，将元顺帝重新迎进大都太庙。基于此朱元璋认识到必须要切断北元与各方势力的联系，各个击破，才能取得最终胜利。北元军队为什么不断南下，道理很简单，草原物资少，不到明朝边界抢点东西根本养不活那么多人，别看元昭宗整天叫嚣要反攻中原，但在明军严密防守下平时能抢点东西就谢天谢地了。于是朱元璋采取了第一步，坚壁清野，将边地地区的居民内迁，没人了看蒙古骑兵还能抢到啥。

但边民都内迁以后，出现了新问题，边地地区的土地就这么白白浪费了吗，于是乎朱元璋走出第二步，在边地地区强化卫所制度，并让卫所的兵士在当地屯田，平时种地，有战事的时候就出战，寓兵于农、兵农合一，所以后来朱元璋得意地说自己养兵百万不费百姓一粒米。稳固边地以后，朱元璋又开始军事、政治、外交等手段并用，意图瓦解北元政府。洪武十三年（公元 1380年）二月、洪武十四年（公元 1381 年）正月、洪武二十年（公元 1387 年）正月，朱元璋先后组织第三、第四、第五次北征，不过这几次作战不再是直扑北元中央政府，转而蚕食北元军事要地，招降北元军政大员，不断消耗北元有生力量。特别是第五次北征，盘踞在辽东近二十年的北元重臣纳哈出在明朝的恩威并施下出降，北元一下子损失了二十万大军，加上此前洪武十五年（公元1382 年）明朝已经平定云南，北元朝廷左膀右臂被切断，使得形势发生了巨大变化。

朱元璋决定趁热打铁，认为"肃清沙漠，在此一举"。洪武二十年（公元

1387 年）朱元璋以蓝玉为征虏大将军（主帅），发动规模浩大的第六次北征。当时元昭宗已经病逝，他的弟弟（也有说是儿子）继位为帝，是为天元帝。天元帝觉得明军前不久才与纳哈出作战，粮草匮乏，不会深入北方再战，因此没有作迎敌的准备，只是将自己的老营远远迁到捕鱼儿海（今贝尔湖）之畔，每天吃好喝好，想等明军师老兵疲后主动退兵。应该说天元帝想得很好，但他忘了他的对手是蓝玉，洪武五年蓝玉曾经败于王保保之手，他做梦都想打败王保保来证明自己，虽然现在王保保已死，但蓝玉不会放弃复仇的机会，他将用北元的灭亡来证明自己的军事才能，证明他蓝玉才是如今最优秀的将领。洪武二十一年（公元1388 年）四月风尘仆仆的蓝玉赶到捕鱼儿海，元军的松懈出乎他的意料，蓝玉没有多想立即对北元发起猛烈进攻，突如其来的袭击打得天元帝措手不及，除了他与长子天保奴等几十人逃脱以外，剩下的人马全部被明军俘虏，这一次北元将老底全丢光了，复兴大业再无从谈起。

天元帝逃脱以后也只是多活了几个月，他和其子天保奴在逃亡过程中被其部将（忽必烈的弟弟阿里不哥的后裔）缢杀，其部将自立为蒙古大汗，成为自忽必烈以来首位非忽必烈后裔的蒙古大汗。天元帝死后蒙古大汗不再有庙号、谥号、年号，可以说捕鱼儿海一战北元政府彻底崩溃。在此之前，北元的统治者一直以正统王朝自居，相信有朝一日能重新入主中原，而在此之后蒙古的统治者完全去除了身上的汉化痕迹，显示出他们已经彻底放弃了对中原地区主权的占有。明朝与北元经过二十余年的反复拉锯战，朱元璋终于取得了他想要的胜利，在这以后明朝与蒙古的作战再也不是新政权与前政权之间争夺合法性的战争，而降级为统一王朝应对北方游牧民族攻扰的反击。况且经过蓝玉一战，蒙古元气大伤，就连扰边都是心有余而力不足了。然而朱元璋北征的脚步并没有停止，并且北征的意义也开始发生变化。

洪武二十三年（公元1390 年）正月朱元璋开始第七次北征，然而这一次北征的主帅人选却很有意思，是朱元璋的两个儿子燕王朱棣和晋王朱㭎。此前的几次出征，徐达也好，李文忠、冯胜、蓝玉也罢，不是开国元勋就是百战功臣，而这一次却派了朱元璋两个儿子，虽然他们也曾跟随徐达等人出征过，但终究没有独立作战的经验，难道朱元璋不怕重蹈第二次北征的覆辙吗？一点也不怕。此次出征晋王朱棡从山西出塞，一路上压根没发现蒙古军队，转了几圈，无功而返；燕王朱棣倒是打赢了几场小仗，但也没达成什么战略性目标，总的来说第七次出征收获不大，但朱元璋还是组织了这次北征，因为自从第六次北征彻底打废北元后，朱元璋北征的目的就已经发生了质的变化。

之前几次作战每次都是名将往上怼，然而随着时间的推移，开国老将们在逐渐凋零，到第七次北征的时候，徐达、李文忠等人都已经过世，没有过世的诸如冯胜、蓝玉等人也因为功高震主受到朱元璋的猜忌，虽然现在蒙古已经降级成边患了，但也不能放任不管。功臣信不过，那就得靠自己的儿子了，于是朱元璋自洪武十年（公元 1377 年）其陆续在边地地区设立镇守边地的藩王，即九大塞王，相比于内地的王爷们，这九位王爷兵强马壮、守备要隘，并且在前几次北征中多有跟随元老名将们出战，学习经验。到了第七次北征，朱元璋终于将身为塞王的晋王和燕王任命为主将，令他们率军出征，其实找不找得到敌人，打不打赢都不是最重要，能赢最好，退一步说只要不输就是赢，此次出战的主要目的便是锻炼一下这几个儿子，树立塞王们的军威，使军事统帅权从功臣名将手中转移到明朝宗室手里。

此后几年随着最后的一批老臣名将，或病死，或被朱元璋诛灭，边地地区的防务大权彻底落到了九大塞王的肩上，洪武二十九年（公元 1396 年）朱元璋最后一次组织北伐，这次是燕王朱棣单独领兵出征，目的比较明确，就是消灭在大宁（今内蒙古自治区宁城）一带活动的蒙古军队，因为此地离朱棣的封地近，就是他的菜了，与上次一样小胜蒙古军队，收编了一些蒙古人，燕王朱棣为此还得到了朱元璋的嘉奖，可见朱元璋此时的目的已经不再是彻底消灭残元势力了，而是有计划地扶持自己的儿子们。

4. 洪武北征

纵观明太祖的八次北征，可以很明确的分为三个阶段。洪武初年的第一、第二次北征，目的简单明了，就是一鼓作气消灭北元，但在经历第二次北征的大败后，朱元璋意识到北元实力仍在，暂时啃不动，转而采取新的策略；从洪武中期开始，朱元璋外交、政治、军事等手段并用，并接连组织第三、第四、第五次北征，切断北元的外部支援，同时该时期出征的将领也从徐达等元老重臣，慢慢替换为蓝玉这样的开国武将，最终第六次北征蓝玉在捕鱼儿海大破北元，从此北元丧失了与明朝争夺正统性的实力；此后在洪武末年的两次北征中，朱元璋开始扶持自己的儿子们的作战能力，其北征的目的也转为积累塞王们的军事经验，以便更好镇守边疆，放弃了不靠谱的"永清沙漠"目标。

最后，明朝在刚刚建立，各种残余势力还没消除殆尽，国内也是百废待兴的情况下进行北征，可以说完全是勒紧裤腰带硬着头皮在和北元玩命。但正是在这种情况下，彻底打废了北元，使其没有能力再南下，为明初社会恢复和经济发展提供了稳定的环境。

我们发现在朱元璋北征的后期，他已经在开始有意识地扶持自己的儿子们了，也就是九大塞王，但其实除了这九位之外，朱元璋在全国各地也分封了许多藩王。由于有西汉七国之乱、西晋八王之乱的先例，后世王朝一直对封邦建国引以为戒，而朱元璋建立明朝后，却逆时代潮流，大封藩王，难道他不知道这样做的隐患吗，以至于后来给大明酿成惊天大乱？

封建亲戚，以藩屏国——朱元璋在开历史倒车

　　分封制好，还是中央集权制度好？这在秦汉时期曾经是一个值得争论的话题。秦朝采取中央集权的郡县制，然而秦二世而亡，继之而起的汉高祖刘邦认为秦朝之所以灭亡正是因为没有搞分封，使得大厦将倾时竟然没有宗室力量可以依靠。因而西汉建立后，刘邦实行了具有大汉特色的"郡国并行"制度，然而事实证明宗室子弟也并不可靠，分封制实行了仅仅五十年便酿成"七国之乱"。自此以后的王朝为了防止裂土封王造成"倒逼皇权"的形势，大多采取"虚封"的政策，即被册封的诸王只能享受封地的食禄，而无封地的行政权，至于军队，那是想都不要想。

　　但历史的车轮行驶到明朝的时发生偏转，在朱元璋登基称帝的第二年，也就是洪武二年（公元 1369 年），朱元璋便给中书省下令让他们编纂一部《祖训录》，并且要求中书省要在这本书中正式把"分封制"作为大明不可动摇的一项基本国策给确定下来。紧接着，在洪武三年（公元 1370 年）四月的时候，朱元璋又专门和手下的大臣们就分封诸王的问题进行了一场深入的交谈。在这场交谈中，朱元璋公开表示自己之所以推行分封，是因为天下太大了，必须要进行分封，从而实现"上卫国家，下安生民"，不是因为自己对自己的儿孙们有私心，是为了国家的长治久安，为了国家的长治久安。

　　西汉之后，西晋不信邪，大搞分封制，结果"八王之乱"成为西晋灭亡的直

接原因。所以分封制在此以后成为历朝历代的禁忌，唐朝中晚期的藩镇割据与分封制类似，但那是不得已而为之，并不是唐朝一开始的设想。由此可见分封制的危害巨大，而朱元璋作为开国皇帝自然明白拥兵自重的危害，那么为什么他还要一意孤行呢？

1. 满朝上下一致通过

其实说一意孤行好像还不对，因为朱元璋决定采取分封制的时候曾询问过手下大臣的意见，而所有大臣全部都表示支持朱元璋的分封决定，并称赞朱元璋这一决定是能够令大明朝长治久安的良策。随后，朱元璋又给大臣们举例子来表明自己的决策是经过历史验证的，认为分封制"周行之而久远，秦废之而速亡"，将周秦享国时间的长短归结于是否推行分封制，从而证明自己的决策并不是突发奇想。这下大臣们更是一个个都高呼"皇上圣明"了，比如被朱元璋誉为"开国文臣之首"的宋濂便称朱元璋这一决定使得"天子如首，诸王如手足"，依靠分封制将整个大明宗室连成一体，牢不可破。看到自己的手底下的这班大臣都十分懂得"揣摩圣意"，朱元璋也是很开心的，可以说是龙颜大悦。

于是，同月朱元璋便开始启动了分封诸王的程序，而在同年十一月份的时候朱元璋才大封开国功臣。对于自己先分封诸王，再分封开国功臣的这一举措，朱元璋还专门在册封诸王的诏书中进行了解释。其大意就是，本来分封诸王应该是在分封开国功臣之后再进行的，但是尊卑次序还是应该早点确定比较好。也就是说你们这些开国功臣固然为大明朝立下了汗马功劳，但是从尊卑次序上来讲你们还是比不了我这些皇儿的，毕竟他们都是龙子龙孙。正所谓尊卑有序才是正道，所以我先把我这些皇子皇孙们都分封了，然后接下来才方便再给你们论功行赏。可以说，通过这份诏书，朱元璋便直接确定了各地藩王的政治地位要高于朝中大臣。要知道，连开国功臣和各地藩王相比都属于"卑"的一方，更不用说朝中的其他大臣了。

怎么看洪武三年（公元 1370 年）的这次分封？看上去皇帝说的在理，确实嘛，"周朝享国长久"这话当年也有人对秦始皇进谏过，始皇帝没听，因此"秦二世而亡"。而大臣们也从国家、宗室、皇权等多方考虑，最后纷纷点赞：老大说的对啊。但是这种说法靠谱吗？

打脸来得太快，朱元璋去世不到三十年，他的重孙子明宣宗朱瞻基在位的时候曾和手下的大臣们就分封制的利弊进行过一次详细的讨论，在讨论过程中，朱瞻基自己就直接表示周朝和秦朝的享国时间之所以会有长有短，并不是因为有无分封诸侯王的原因，而是周朝以仁德治国，秦朝则以刑罚治国。朱元璋说的对还是朱瞻基说的对呢？这里不做讨论，但可以说明宣宗的这番说辞直接否定了朱元璋所说的实行分封制的根本原因。

说到这里问题就来了，朱瞻基手下的大臣能看出问题来，难道朱元璋的大臣看不出来？当年朱元璋手下的李善长、刘基、宋濂等人，这些都是一时之人杰，而且他们中不少人熟读史书，按道理来讲对分封制的弊端十分了解啊。但是令人诧异的是，他们在朱元璋推行分封的这一问题上都集体失声了，不仅不反对，反而还十分赞成。因此要想理清楚明朝推行分封制的原因，得分成两个方面，一是皇帝怎么想的，二是大臣怎么想的。

一个个来，先说大臣。前面已经说过，朱元璋的说辞糊弄普通人还说得过去，但是想蒙混他手下的那帮老油条没那么容易。而他们之所以赞同朱元璋的提议，主要是大臣们对分封制的提出早有心理准备，因为这并不是朱元璋的突发奇想。早在朱元璋还在参加元末群雄逐鹿的时候，他就经常派自己所收的一些义子去镇守新被攻克的城池，即"太祖于国初以所克城池专用义子作心腹，与将官同守"。一个"专用"说的好，这些被派去各要塞的义子奉命镇守一方，对所管辖区域拥有绝对大权。而朱元璋之所以要选用义子，是因为相比将领，他更信任义子，元末将领反叛主公的现象十分频繁，因而朱元璋有此一招。开国之后行分封制，不过就是镇守城池的翻版，只不过是把义子换成了自己的亲生儿子，顺带扩大了镇守范围而已。至于为什么不在元末的时候就直接派亲儿子镇守一方，有两个原因，一来朱元璋的亲儿子们当时岁数还小，连打酱油都还不够格；二来干儿子再亲也没有亲儿子来的亲，元末如此凶险的环境下，派毫无军事经验的亲儿子去送死，朱爸爸还是舍不得的。而建国之后，天下太平了，儿子长大了，自然也就不一样了。所以说一直跟随朱元璋的大臣们，早已经对朱元璋推行分封做好心理准备了，因而并不意外。

另一方面，这些大臣们都是和朱元璋相处多年，对朱元璋动辄杀人，性好猜忌也是相当了解，他们知道朱元璋推行分封制心意已决，这种情况下如果还要去反对，除非是活腻了。果不其然，六年后的洪武九年（公元 1376 年）就真的有人亲身证明了当初老油条们的决定是多么的明智。洪武九年因天象有变，朱元璋特地下诏求直言，这时担任平遥儒学训导的叶伯巨便上书朱元璋，指出这是由于朱元璋开历史倒车，大行分封制，搞得上天都看不下去了，希望朱元璋能够吸取教训，废除分封制。结果朱元璋看了他的上书后勃然大怒，并直接说道："这个小人是在离间我们父子骨肉啊，快将其速速抓来，吾要亲手弄死他！"后来虽然在大臣的劝解下朱元璋没有直接将其杀掉，但最终叶伯巨还是病死在了狱中。

最后，朱元璋虽然推行了分封制，但是并没有损害到这些开国功臣的利益和地位，相反还有了进一步的提高。因为朱元璋让他们也兼任了藩王府的官员，而那批顶尖的功臣们则兼任了东宫的官员，这就等于彻底把他们和老朱家绑在了一辆战车上了。既然待遇不变，荣誉还有所增加，自然犯不上拿着自己的饭碗跟朱元璋死磕，反正老朱家的天下，他爱怎么弄怎么弄。

司马迁在《史记》中曾经说过"天下熙熙，皆为利来；天下攘攘，皆为利往"，天下人做事首先要考虑的是利益。大臣们从自身利益角度出发，赞同分封制。而朱元璋坚持分封制是什么原因呢，也是为了利益吗？答案是肯定的。

有种说法认为朱元璋大搞分封制，是骨子里的老农思想在作怪，这就导致朱元璋尽管当了皇帝，但由于对家人的溺爱，不惜用最高规格来犒劳大明的宗室。这种说法有一定的道理，但不全面，朱元璋行分封制主要还是吸取了元朝的教训。元朝一开始入主中原后，并没能形成一套合理的权力交接制度（事实上直到元朝灭亡也没有），而元朝宗王权力都较大，这就导致元朝中后期经常发生宗室争夺皇位的现象，更为要命的是，相当一部分王爷夺位还成功了，这就造成元朝大统不断转移的现象，为了保住皇位，元朝的历代皇帝都在想方设法限制宗王的势力，最终也确实形成了"限制宗室"的格局，元朝末年宗王造反的现象比起中期要大为减少。但凡是制度自然有利有弊，皇帝要削弱宗王的权力自然要有帮手，而从宗王手中收回的权力也需要有人分担，元朝的皇帝将目光投向了朝臣身上，削弱宗王此举虽然使得宗室无法威胁皇权，但也导致"主轻臣重"，元朝后期权相频出，把持朝政、废立皇帝的事例比比皆是。

即使到了元朝快要灭亡的时候，还发生了权臣孛罗帖木儿"清君侧"这样的事件。因而朱元璋认为，元朝的所为使得皇帝失去了宗室力量的倚仗，一旦天下发生变故，皇帝连个帮手都没有。而分封制便可以解决这一问题，即使将来有藩王反了，至少江山还是朱家的，况且，朱元璋非常自信，认为凭借自己的精密设计，藩王造反这种事不会发生。

2. 朱家藩王欢乐多

就这样明朝开启了分封制，朱元璋子嗣众多，儿子们年龄跨度特别大，因而其在位期间先后三次分封诸王。其中，第一次分封便是洪武三年的分封，其他两次则分别是洪武十一年（公元1378年）正月的分封和洪武二十四年（公元1391年）四月的分封。洪武三年的分封中，朱元璋把自己的九子一孙全部封为了藩王，其中第二子朱樉封为秦王，第三子朱棡封为晋王，第四子朱棣封为燕王，第五子朱橚封为吴王，第六子朱桢封为楚王，第七子朱榑封为齐王，第八子朱梓封为潭王，第九子朱杞封为赵王，第十子朱檀封为鲁王，侄孙朱守谦封为靖江王。洪武十一年的分封中，封第十一子朱椿为蜀王，封第十二子朱柏为湘王，封第十三子朱桂为豫王，封第十四子朱楧为汉王，封第十五子朱植为卫王，同时把吴王朱橚改封为周王。洪武二十四年的最后一次分封中，皇十六子朱栴为庆王，皇十七子朱权为宁王，皇十八子朱楩为岷王，皇十九子朱橞为谷王，皇二十子朱松为韩王，皇二十一子朱模为沈王，皇二十二子朱楹为安王，皇二十三子朱桱为唐王，皇二十四子朱栋为郢王，皇二十五子朱㰘为伊王。

至此，洪武一朝的二十五位藩王彻底确定下来了。之后的洪武二十五年（公元 1392 年）又把豫王朱桂改封为代王，汉王朱楧改封为肃王，卫王朱植改封为辽王。到这个时候，明朝初年的九大塞王也正式形成了，九大塞王即辽、宁、燕、谷、代、晋、秦、庆、肃九王。其中秦王朱樉建藩陕西西安府，晋王朱棡建藩山西太原府，燕王朱棣建藩北平，代王朱桂建藩山西大同府，肃王朱楧建藩平凉府，辽王朱植建藩广宁府，庆王朱栴建藩韦州，宁王朱权建藩于大宁卫，谷王朱橞建藩上谷宣府（今河北宣化）。事实上，这二十几位藩王所在的封地都是经过朱元璋精心安排的，这些藩王的封地要不就是在军事要地，要不就是在名都大邑，正是"据名藩控要害，以分制海内"。

同时，朱元璋分封到各地的藩王并不是到自己的封地去做闲散王爷去了，而是赋予了他们相当多的特权，涉及各个方面。

首先是经济特权。朱元璋早年吃不饱饭，当然也怕自己的子孙后代受苦受累，所以朱元璋给予其丰厚的俸禄。明朝的藩王分亲王和郡王两个级别，亲王一年俸禄一万石大米，郡王少点但也有两千石。这还只是俸禄，还不包括平常的一些赏赐和藩王们所拥有的田庄。相比之下，正一品官员的月俸是 87 石，而一个正七品县令一年的俸禄才 90 石，而且还时刻面临着贪污就被剥皮充草的高压工作环境。两相对比之下就知道明朝的宗王待遇多么优厚。

其次是政治特权。朱元璋规定藩王可以在自己的封地建立王府，可以设置官署。朱元璋明确规定朝中大臣不管你是三公还是大将军见了藩王都要行礼，并且要行四拜礼，而四拜礼可以说是明代最隆重和最正式的大礼了。惹不起总躲得起吧？不好意思，不许躲。朱元璋还规定如果朝中大臣故意绕路走从而避开去拜见藩王，那么论罪当诛。由此可见藩王地位极高。同时，各地的藩王对于自己藩国内的"文武官吏并军士"拥有生杀予夺的大权，朝廷还不能干预。此外，各地藩王也拥有对封地内大小文武官员的人事任免权，如果藩国内的老百姓有侮慢藩王的行为的话，也都交由藩王来处理，朝廷依然不得干预。对于诸王犯罪一事，朱元璋则规定只有皇帝才有权干预，朝廷相关机构无权干涉。更重要的是朱元璋还赋予了各地藩王干预朝政的权力，也就是所谓的"若大臣行奸，不令王见天子，私下传致其罪，而遇不幸者，到此之时，天子必是昏君。其长史司并护卫，移文五军都督府，索取奸臣奏斩之，族灭其家。"这就给了后来"靖难之役"以借口。

最后也是最为人诟病的一点就是，朱元璋赋予各地藩王军事大权。第一，各地藩王都拥有者直属于自己的军队。朱元璋规定，每个王府可以设有亲王护卫指挥使司，护卫的士兵少者 3000 人，多者可达 19000 人。一般来说分封在内地的藩王所拥有的兵力比较少，而分封在边地或者军事要塞的藩王则有着较多的兵力，像九大塞王之一的宁王朱权便是"带甲八万，革车六千"，拥有 8 万将士，战车达 6000 辆，远远超过了三卫的军队规模。并且各地藩王所统率的军队都是明朝的精锐部队，再加上每个月藩王都要亲自操练军队，操练次数也十分频繁，基本上隔个三四天就要操练一次，其军队战斗力可想而知。除此之外，藩王所统率军队里的各级武官都是由藩王亲自任命的，所以他们也因此与藩王形成了密切的从属关系。

各地藩王也能干预自己封国内的卫所军队。当时在各地藩王的封国内存在着两支军队，一支被称作"守镇兵"，也就是隶属于朝廷的都司卫所；另一支则被称作"护卫兵"，直属于藩王。当时护卫兵是由藩王自己管理的，而守镇兵则是由相应的指挥使来负责管理的。看上去似乎两支军队毫不相干，井水不犯河水，其实不然。虽然都司卫所下辖的军队由指挥使来管理，但是如果藩王要征用他们并且征用的理由合理的话，他们也只能听命。如果是封国位于险要之地的藩王，要是遇到紧急情况的话，比如外敌入侵，那更是不用说了，藩王一声令下，不管是守镇兵还是护卫兵都要跟着藩王上战场。

除了能够征用封国内的卫所兵之外，各地的藩王还能干涉自己封国境内卫所军队的调动。凡是朝廷要调动藩王封国内的卫所军队之时，都会颁布两份"御宝文书"，其中一份要给藩王，另一份则要给守镇官。但是守镇官在得到了皇帝的旨意之后并不能立即发兵，必须要等到藩王的旨意也颁布了下来之后才能发兵，否则"无王令旨，不得发兵"。除此之外，那些开国元勋们要奉旨调动藩王封地内的卫所军队时，也要向藩王汇报一下，之后才能调动军队。这一条的规定，使得亲王成为地方上守军的监视器，亲王也就成了大明皇帝在地方上的军事代表。

第三，各地藩王不仅能亲自率兵作战还能节制勋臣大将。洪武十八年（公元1385年）四月，铜鼓、思州诸势力作乱，朱元璋便命楚王桢与信国公汤和、江夏侯周德兴共同率军征讨。洪武三十年（公元1397年），古州势力发生叛乱，朱元璋则令楚王桢和湘王柏率军出征平叛。在平叛的过程中，由于楚王桢先是请饷三十万，又不亲临军队统率作战，引起了朱元璋极大的不满，严厉的训斥了楚王一顿。可见，洪武一朝藩王受命亲自率兵作战已经成为约定俗成的事情了，如果没有做到的话反而会受到斥责。洪武二十三年（公元1390年）正月朱元璋发动了对北元的第七次北征，此次北征的征讨对象为故元丞相咬住、太尉乃儿不花、知院阿鲁帖木儿等人。此次北伐的统帅则为晋王朱棡和燕王朱棣，同时朱元璋又任命颍国公傅友德为征虏前将军，南雄侯赵庸、怀远侯曹兴为左右副将军，定远侯王弼、全宁侯孙恪为左右参将，共同参与此次北伐。但在北伐过程中，傅友德、赵庸、曹兴、孙恪四人全都要接受燕王的节制，而王弼则要接受晋王的节制。洪武二十六年的时候，朱元璋又规定"凡军中应有机务，一奏朝廷，一启王知，永著于令。"同年，蓝玉案爆发，大批勋臣大将被杀，朱元璋担心军队内人心浮动，专门给晋王和燕王两位王爷下诏"各统所辖都司军马，凡军中赏罚大者以闻，小者从宜处分"，让他们直接接管了军队。

可以说，朱元璋赋予了各地藩王极大的权力，也正因此后人称朱元璋分封诸王的行为使尾大不掉局面的出现，而"靖难之役"的爆发更是证明了朱元璋推行分封制的错误。但是若翻开这一段时间的史书，会发现其中有很多自相矛盾的地方。首先，如果朱元璋分封在各地的藩王都有着极大的权力的话，那为什么这些藩王在建文帝进行削藩的时候，一个个毫无抵抗之力，甚至连最后获得胜利的燕王朱棣都被逼得要装疯呢？其次，燕王朱棣在发动"靖难之役"的时候，其手下只有800亲卫军，他的其他军队哪里去了呢？最后，建文帝当年征讨燕王朱棣的时候动不动就组织几十万大军出征，这些军队哪儿来的呢？这样看起来根本没有一点尾大不掉的迹象。

3. 扶持与打压并存

因而朱元璋所推行的分封制绝不能单纯地看作是给各地藩王极大的权力，正如赵翼在《廿二史札记》中所说的那样"明祖初定天下，分封诸子于各省、各府，盖仿汉、晋、六朝及有元之制而参酌之，外以壮藩卫而实无事权，其有才者，如燕、晋诸王，或统兵以镇边塞，然不为例；其分封内地者，不过设三护卫，不致有尾大不掉之患。其用意亦深远也。"可以说，朱元璋所推行的分封制是经过深思熟虑的，最终实现"分封而不锡土，列爵而不临民，食禄而不治事"的目标。

事实上，在朱元璋推行分封制赋予诸王极大权力的同时，朱元璋也在一步步限制诸王，使其拥有的权力不能与中央冲突，并且保证中央能够居重驭轻。而且，朱元璋还时刻都在提醒分封在各地的藩王要老实行事，不要产生什么非分之想。

洪武六年（公元 1373 年），就在中书省完成《祖训录》编纂的同一年，另一本涉及藩王的书籍也编纂完成了，即《昭鉴录》。该书的主要内容是介绍中国古代一些著名藩王的事例，有好有坏。朱元璋让大臣们编纂本书时曾说"必时时进说，使知所警戒。然赵伯鲁之失简、汉淮南之招客，过犹不及，皆非朕之所望也"。而这也点名了本书编撰的目的，朱元璋在这句话中涉及了两个人物，一个是赵伯鲁（春秋时期晋国赵氏家族领袖赵襄子的哥哥）因为过于平庸最终不堪大用，另一个是淮南王刘安则是因为锋芒毕露结果招来杀身之祸。朱元璋举这两个人的例子就是想告诉分封各地的藩王们既要允文允武，担当大任，又要安分守己，老实听话，把握好中间的度，不要过犹不及。洪武二十六年，朱元璋又将《永鉴录》颁赐诸王，其内容主要是"辑历代宗室诸王为恶悖逆者，以类为编，直叙其事。"告诫诸王要恪敬守礼、体恤百姓。

除了加强对诸王的思想教育之外，朱元璋还采取实际行动来限制诸王的权力，上面所提到的诸王所拥有的各项权力基本上都是洪武六年编纂而成的《祖训录》中规定的，但是在实际操作过程中，朱元璋也发现《祖训录》赋予诸王的权力过大，于是在接下来的时间中对《祖训录》进行了多次修改，最终于洪武二十八年（公元 1395 年）将其改定为《皇明祖训》。在《皇明祖训》中便对诸王的权力进行了进一步的限制，比如诸王之前拥有对封国内文武官员的生杀予夺大权，但是在《皇明祖训》中则规定诸王要按律判决，并且对于诸王封国内有老百姓侮辱诸王的情况，其处理办法则是不再由诸王判决，而是押送到京城来由朝廷决断。还有对于所谓的"大臣行奸，不令王见天子"也不再让诸王前去索取奸臣，而是由都督府抓捕，从而避免诸王过多干涉朝政。此外，诸王王府内的文官不再由诸王任命而是由朝廷选任。最终形成了诸王不得干预地方上的民政，王府之外的事务，均归各级地方官吏治理，亲王无权过问的局面。

而对于诸王来说最为倚仗的军队也有所限制，朱元璋规定诸王封国内卫所军队只能在紧急情况下征用，换句话说就是只能在战争时期征用，而在和平时期不论诸王理由多么充分，也不能征用卫所军队。

不过既然讲到了卫所军队，那接下来就看看诸王到底拥有多大的军事权力。的确，各地藩王都有直属于自己的军队，但是诸王能够调动这些护卫兵，皇帝也能调动，并且皇帝拥有的是最高权限。朱元璋在位期间就曾多次越过各地藩王直接调动他们的护卫兵到其他地方参与作战。洪武二十八年（公元1395年）三月，朱元璋便曾颁布诏令"敕总兵官周兴，令都督金事宋晟领辽王府中护卫、都督刘真领宁王府中卫，指挥庄德领三万卫军马，征剿野人"，而辽王和宁王两位王爷并没有参与此次征剿。此外，建文帝在位时期为了对付自己的四叔燕王朱棣，也曾采用这一招数，建文帝命令都督宋忠征调军队屯聚在开平卫，而这些被抽调的军队大多是燕王府护卫中的精兵强将，又将燕王麾下的护卫胡骑指挥关童等入京，以此来削弱燕王朱棣，这样一来燕王朱棣的护卫军们一夕之间被抽调一空，只剩下了八百亲卫，这就是为什么朱棣刚刚起兵的时候，势力如此单薄。

还有关于卫所军队的调动，固然没有诸王的旨意驻扎在其封地的卫所军队不能随意调动，但是诸王旨意起作用的前提条件是要有皇帝颁布下来的诏书，这就意味着如果没有皇帝颁布的诏书，仅仅依靠诸王的旨意来调动卫所军队也是不可能的，即"有王令旨而无朝命，亦不擅发"。除此之外，驻扎在诸王封国之内的卫所军队还有一个作用就是钳制诸王，固然诸王的护卫军比任何一个卫所的军队都要多，但是在诸王的封国内并不是只有一个卫所，而是有着众多的卫所，这些卫所的军队加起来足可以取得对诸王军队的绝对优势，这也是朱元璋亲口承认的，即"王府置护卫，又设都司，正为彼此防闲"，就算皇子们野心作祟，手里区区数千到数万不等的军队也根本无力抗衡中央军。

还是要以燕王朱棣为例，"靖难之役"正式爆发前，被建文帝任命为北平都指挥使的谢贵事先接到建文帝的密旨，于是"以在城七卫并屯田军士布于城内，填溢街巷，追围王城外墙，又以木栅断端礼等四门"，可以说是把燕王府围了一个水泄不通，逼得燕王只能靠装疯卖傻来麻痹他们。这件事也反映出了朱元璋当初的设计是多么的巧妙，也表明了卫所军队的指挥权最终还是在朝廷手中掌握着。还有便是关于节制勋臣大将的问题，其实各地藩王能够节制勋臣大将的权力有无完全取决于皇帝的决定，皇帝让他们节制他们便能节制，皇帝不让他们节制，他们便节制不了。例如在洪武二十七年（公元 1394 年）的时候，朱元璋曾要求陕西都指挥使司训练将士，同时规定"北自延安、绥德，西自兰州，从魏国公徐辉祖等节制"，直接越过了当时驻扎在陕西境内的秦王、肃王、庆王三位王爷。由此可见，各地藩王所拥有的节制权也是不完整的。

总之，对于朱元璋的分封诸王一事，不能单纯地看作是朱元璋的"昏招"，最终还导致了"靖难之役"的爆发。事实上，"靖难之役"的爆发有着很大的偶然性，并且正如赵翼所说的那样，朱元璋在推行分封制的时候是在充分参考了前朝分封制所造成的影响之后，经过深思熟虑和仔细谋划之后才推行的。只是朱元璋没有想到的是自己的孙子朱允炆实在太"孙子"，手握 4 个王 3 个炸的情况下还会被燕王朱棣逆风翻盘。

而朱棣所以能够意外赢得皇位，也与一个人的过早去世有关。

大明不可动摇的储位动摇了

明朝有多位皇帝因为意外而痛失帝位，比如土木堡战神英宗朱祁镇，吊死在煤山的崇祯皇帝，还有本篇文章的主角建文帝朱允炆。这几位皇帝都有一个共同点，那就是他们的父亲死的太早了，尤其是朱允炆的父亲懿文太子朱标，英宗和崇祯的父亲好歹还当过皇帝，朱标却倒在了通向皇位的最后一步上。

有人说如果朱标不死，能多活几年处理好后事，那么建文帝的皇位将稳如磐石。但实际上如果朱标真的多活几年，乃至于做了皇帝，那么朱允炆还能不能当上太子，这都不好说。其实朱允炆四年的皇帝生涯就跟他的储君之位一样，得来的太过戏剧性，就像是一场梦，醒了很久还是很懵，而所有这一切的由头都要从朱标的去世说起。

1. 大明不可动摇的储君

朱标出生的时候朱元璋已经28岁了，他是朱元璋的第一个儿子，在那个时代朱元璋得子的年纪已经算相当晚了，所以对这个孩子特别关爱。朱元璋当时如此重视朱标还有一个原因，就是当时的朱元璋手下已经有了些地盘，也算是一方小霸了，朱元璋农民出身，既然有了产业自然要传给儿子，所以打朱标降生起就被当作接班人来培养。朱元璋当大帅的时候，朱标是少帅；朱元璋被封为吴王的时候，朱标是吴王世子；朱元璋当了皇帝，朱标就成为名正言顺的皇太子了。

建立大明以后，朱元璋对朱标的培养更是用心，暴发户培养孩子的原则就是：把最好的都给整上！朱元璋自幼穷苦出身，没什么文化，大字都不认识几个，乃至于其登基后不少圣旨竟然是大白话，但老朱这辈子就是吃了没有文化的亏，深知再穷不能穷教育，尤其一个王朝的继承人必须有特别高的文化修养，因而朱元璋为朱标配置了明朝最强大的师资力量，当世的大儒宋濂等人均做过朱标的老师，后来宋濂还因为这个捡了一命。有这么多的名师一对一辅导，文化上看来不用担心了，然而一个太子要想坐稳位置就得有自己的班底，方便日后接班，纵观历代王朝开国时期的权力交接绝对是最凶险的时刻，这是从开国的武功皇帝向守成的文治皇帝的过渡阶段，稍有不慎必将给王朝带来巨大风险，历史上举凡这一时期经常伴随着腥风血雨，譬如唐太宗玄武门之变，宋太宗斧声烛影等。朱标能不能镇住场子很重要，所以朱元璋决定帮他一把。

在中国古代皇太子有自己的一套班子，俗称东宫，说白了就是个小朝廷，比如朝廷有少师、少保、少傅俗称"三孤"，太子的东宫也有这批官员，不过都要在前面加"太子"二字，以显示其是太子的官署，理论上这些东宫官吏都是太子的亲信。朝廷官员与东宫官员这本来应该是两套人马，然而在朱元璋的关怀下，朱标的东宫僚属直接由大明的开国元老功臣兼任，不再另设，例如左丞相李善长兼太子少师，右丞相徐达兼太子少傅，中书平章录军国重事常遇春兼太子少保，以及我们熟悉的刘伯温、冯胜等都既是朝廷官吏，又在太子东宫兼职。朱元璋这么做倒不是怕朱标搞小集团造反，故意安插自己的人监视太子，虽然老朱总是怀疑满朝文武想害朕，却对自己的孩子们一直信任有加。

朱元璋之所以搞这么一套，其目的就是想让朱标事先熟悉了解这些元老功臣的秉性，培养相互之间的默契，所谓一朝天子一朝臣，权力更迭后，朝堂上往往大批先帝旧臣会遭到清洗，这虽然有助于新皇帝树立威信，但也会导致一段时间的朝政空转，朱元璋这么做是想要将这些元老功臣作为朱标的亲信，等朱标继位后便可以直接任用这帮人了，省去了麻烦，而且元老功臣兼任东宫官署还可以培养朱标的执政能力，一举多得。朱标是太子，总有一天是要自己独立处理政务的，为了防止朱标到时候手忙脚乱，也为了让他可以做出成绩镇住场子，洪武十年（公元1377年）朱元璋便开始让朱标以皇太子的身份监国理政，提前接触国家大事，这一年朱标23岁，已经做了10年太子了。

从以上种种便可以看出朱元璋对朱标的重视，这既是父亲对儿子的爱，更是皇帝对储君的绝对信任，纵观整个大明朝，再也找不出第二对这么和谐的皇帝与储君。而朱标也没辜负朱元璋的期望，虽然朱标为人随和，其执政理念也相对温和，不像他爹那么杀伐果断，但是其治国理政的能力还是得到了朱元璋的肯定，朱元璋也知道可以马上得天下，但不能马上治天下。在朱标病逝前一年，其还亲自前往西安考察迁都事宜，并在回京后向朱元璋陈述了自己的意见，迁都这么重要的国家大事朱元璋都能让其去负责，可见对朱标的信任与肯定。可以说，于公于私，朱标都是一个完美的继承人，嫡长子身份，自幼被立为太子，父皇信任，个人能力过硬，文武百官信任，只要他活着其储君地位就不可能受到动摇，而大明朝权力的交接也将在平稳的环境下进行。

2. 国有长君，社稷之福

然而历史就喜欢开玩笑，大明洪武二十五年（公元1392年），对于大明朝来说注定是不平凡的一年，这一年的四月丙子日（公历5月17日），已经当了二十五年大明朝继承人的完美皇太子朱标于这一天病逝，这件事情彻底改变了明初乃至整个明朝的历史走向。朱标死的时候年仅38岁，而朱元璋已经65岁了，属于那个时代的高龄老人，老年丧子无疑对朱元璋造成巨大打击，可是朱元璋来不及为白发人送黑发人而一味悲伤，他面临的是建国刚刚20年的大明未来继承人缺位的恶劣局面，朝野动荡，人心惶惶，他必须要处理好这一问题。其实也没什么可多想的，在朱元璋之前历朝历代也曾多次出现过储君先一步去世的情况，一般来说这之后只有两种选择，要么是立太子的弟弟，要么选太子的儿子，当然无论哪种选择都各有利弊。

为了体现民主性，也为了展现新储君具备广泛的民意基础，在朱标去世仅三天后，朱元璋便召开大明第一届储君（递补）选拔大会。据《明太祖实录》记载，该次大会由主持人兼裁判的朱元璋首先发言，朱元璋致开幕词，阐述了本次大会的中心主题——立储，并且提出来立储的选拔标准，标准只有一个那就是老话说得好"国有长君是社稷之福"，这意思就是打算立自己的儿子，毕竟朱元璋孙子辈中最大的还不到 20 岁。在这一标准之上朱元璋进一步阐述自己的第四个儿子（朱棣）聪明、仁厚、英武都很像自己，话里话外的意思已经很明显了，看来老朱都已经做好打算了，大会讨论就是准备走个过场。

然而这时唱反调的出来了，翰林学士刘三吾站出来对朱元璋说道："国有长君是社稷之福，皇上说的很有道理，但是皇上这么做把秦王和晋王置于何地呢？"秦王和晋王是朱元璋的二儿子和三儿子，根据明朝官方记载他们和朱棣一样也是马皇后所生，就是所说的嫡出，因而如果要立朱元璋的儿子的话，这哥俩在继承顺位上要优于朱棣，刘三吾的这番言论使得朱元璋立朱棣为继承人的前提条件不攻而破，既然长君是社稷之福，那么秦王和晋王不是更有福吗？正因为如此朱元璋无奈之下只得作罢。但朱元璋这样一位雷厉风行的皇帝竟然因为一个小小的翰林学士反对就作罢了，好不科学。《明太祖实录》上的这段记载是否真实，是有疑问的，毕竟朱棣在篡位以后曾经几次修改《明太祖实录》，所以一般认为这段记载是朱棣登基后为了打造自己人设给自己脸上贴金，在对《明太祖实录》修改的时候加上去这一段，抹黑朱标、朱允炆一系是完全可以理解的。

不过如果回到当时的情景，我们会发现当时的朱元璋正处于一个两难的地步，因为摆在朱元璋面前的有两大难题。其中之一是分封在各地的藩王和嗣皇帝的关系，朱元璋十分担心自己死后，继位者管不住这些坐镇一方的藩王。朱元璋这个担忧也是很合理的，当时分封在各地的诸王在其封地内可以说是为非作歹，仗着自己爹是皇帝，什么坏事都干，比如朱棣的同母弟周王朱橚什么坏事都做，罄竹难书；再比如齐王朱榑强抢民女入王府，对于不喜欢的宫女直接打死烧成灰扔出去；谭王朱梓动不动就打杀自己手下的官吏们；鲁王朱檀死后朱元璋赐其谥号"荒"，可见这王爷生前有多混账。

然而以上这些都还是手中没有什么军队的王爷，如果要是手握重兵的秦王、晋王、燕王在自己死后突然起兵作乱，那该如何处理。另一方面，朱元璋又担心嗣君可能会不顾骨肉亲情，为了皇位对这些叔叔痛下杀手，这也是朱元璋所不能接受的。并且朱元璋的这种担忧并不是在朱标去世后才出现的，实际上在朱标还在世的时候，朱元璋就已经担心这个问题了。朱标还在当太子的时候，朱元璋经常给自己分封在全国各个地区做王爷的儿子们写家书叙叙亲情，但是在家书中他又提醒儿子们要小心谨慎，之所以他们现在胡作非为却没受到惩罚，是还有老爹给他们兜着，如果自己死了之后，大哥朱标继位了，你们还这样屡教不改，到时候后果自负啊。比如朱元璋在敕谕秦王的文书中便毫不客气地指出秦王"不晓人事，蠢如禽兽"，所以自己作为父亲才会惩罚他，如果自己死了之后，你秦王还是这么蠢，那么什么后果都是你咎由自取的，到时候大哥要是发怒了，秦王就算想做个富贵王爷恐怕都是不能的。在给晋王的诏书中，朱元璋老调重弹，先是告诉晋王，你晋王"机根浅露，轻薄妄言"，我在位的时候还知道敲打里面，让你们兄弟几个夹着尾巴做人，保家卫国立下点功绩，等你皇兄继位后，恐怕就不是这么好说话了，到时候别管大哥让你们干什么，你们都得忍着。

朱元璋穷苦出身，因而格外重视亲情，所以即使那么多的儿子不成才，他也依然不忍对他们苛责，他朱元璋刀头舔血好不容易挣下这么一大份家业，他给子孙什么都安排好了，就希望朱家子孙能和平共处，健康快乐地繁衍下去，他在世时能够很好处理这些矛盾纠纷，他更希望在他死以后嗣君也能够将这一份亲情延续下去。朱标作为朱元璋心目中最完美的继承人，朱元璋都担心在他死后，朱标以大哥的身份都可能处理不了与藩王之间的关系。如果选择朱标年幼的儿子，那么等朱元璋驾崩，年轻的侄儿如何镇住这些有虎狼之心的叔叔们，一旦镇不住这些王爷，更容易发生皇室内乱。相反，如果另立长君，以兄制弟则会大大降低这种可能性，因此不能说朱标死后朱元璋没有考虑过立长君的问题。

除了嗣皇帝和藩王的关系让朱元璋放不下心外，还有一个更让朱元璋放不下心的问题，就是那些武将。相较于嗣皇帝和藩王可能在自己死后才兵戎相见，朱元璋更担心继位者根本镇不住这些和他一起打过天下的悍将。当然，如果是朱标继位的话，朱元璋是完全不会担心这一问题的，就像上面提到的朱标做太子多年，个人业务能力是有目共睹的，而且太子的僚属和当年和朱元璋打天下的元老功臣是高度重合的，可以说当时还活着的开国大将基本上都兼领着东宫僚属，并且朱标与他们的关系都还不错，再加上朱元璋之前的几次清洗，基本上把可能的刺儿头都给清理得差不多了，所以朱元璋完全不担心自己死了之后朱标会驾驭不了这些武将。

对了，这里还要再提一个人，就是蓝玉。蓝玉可以说是朱元璋在位后期大将中最能打的大将了。而蓝玉这个人他的出身也不一般，他是常遇春的妻弟，而常遇春又是太子朱标的岳父，所以作为太子妃的舅父，蓝玉是铁杆外戚，因而朱标在世时其极力维护太子的储君地位，是坚定的太子党。抛开这层亲戚关系，蓝玉本人与朱标的关系也极好。

好到什么程度呢？蓝玉在朱标面前可以毫不忌讳地说朱棣有不臣之心，必须提防。要知道，蓝玉这已经参与到了皇室的内部事务上了，人家朱标与朱棣是亲兄弟，你一个太子妃舅父这关系远了点吧，一不小心就可能背上一个离间皇室关系的罪名被杀。但是蓝玉对此毫不在乎，由此便可看出蓝玉对于朱标是极其信任的，可以说是已经到了推心置腹的地步，因而才会说出这种禁忌的话，并且朱标也并没有惩罚蓝玉，可见朱标对自己有信心，能压住蓝玉这等悍将。如果朱标不死，还顺利登基了，那蓝玉一定会是朱标倚重的左膀右臂，但是朱标死了，风向大变，嗣皇帝驾驭武臣的问题一跃而起，超过了皇族内斗问题，成为朱元璋最头疼的问题。

据《太祖皇帝钦录》记载，在朱标去世三年后的洪武二十八年（公元1395年），朱元璋对自己的儿子们说了一段意味深长的话，朱元璋表示虽然俗话说"龙生龙凤生凤，老鼠的儿子会打洞"，但是看看自己分封在各地的儿子都是些不成器的家伙，资质平庸，见识短浅，只知道吃喝玩乐，除了好事不干以外，什么都干，对于国家防务等军事问题一概不知，完全不能承担起朱元璋对他们的初心，从这段话中，便可看出朱元璋对自己死后政治局势演变的浓浓担忧之情。

朱元璋时期，为了抵御撤退到草原上的北元势力，于是在北方边地设立重镇、安置重兵，以此来保卫北方边地的安全，但是出于对武将的担忧，朱元璋选择分封诸王，由自己的儿子来守卫一方、保家卫国，其中最位高权重的就是手握重兵的九边塞王，朱元璋觉得这样做能让他们起到拱卫帝室的作用。可能在朱元璋看来，分封诸王固然可能会造成尾大不掉，威胁皇权的现象，但是最起码能保证皇位还在他们老朱家流传，总好过自己辛辛苦苦打下来的天下被外姓大臣给夺了去。但随着时间的推移朱元璋看到分封在各地的诸王明显没有达到自己所设想的目标。如今，太子走了，再立一个年幼的皇太孙为继承人，他是否能够驾驭这些武将大臣们还是一个未知数，就怕到时候群魔乱舞，在这种情况下，选一个比较年长的继承人也是合乎情理的。

总之，出于对宗室关系和驾驭武将的考虑，朱元璋可能有过另立长君的打算，但不一定是燕王朱棣，当时比朱棣年长的秦王和晋王也都在呀，非要立长君的话立他们两个更合理。朱棣不比朱标，无论是立嫡还是立长，他都不占优势，朱元璋自己编的《皇明祖训》还在那摆着呢，不能啪啪打自己脸啊，非要强行跳过两位哥哥去立弟弟，到时候要是掀起什么风波，年迈的朱元璋能不能承受还是一个未知数。退一万步说，朱元璋铁了心了就非得立朱棣，行不行，也可以，如果一定是朱棣的话，必须等秦王和晋王都去世后才有可能，熬死了老大，老二上；老二死了，老三上；等老三一死，不就可以名正言顺到老四了嘛。但是秦王和晋王都啥时候去世的呢，秦王朱樉去得比较早，洪武二十八年（公元1395年）就没了，不过老三晋王朱棡就比较坚挺，直到洪武三十一年（公元1398年）三月才恋恋不舍离开人间，四个月后的洪武三十一年闰五月朱元璋也驾崩了。

也就是说晋王朱棡去世到朱元璋驾崩这四个月里燕王朱棣确实是朱元璋活着的年纪最大的儿子，说他是长君无可厚非。但是朱元璋作为大明开国之君，他会为了立朱棣为继承人而冒险悬空储位，然后天天注意养生和自己的两个儿子赛跑，最后成功熬死秦王和晋王，扶持燕王上位，并且在比赛的这些年中朱棣还不能出事，要是朱棣提前挂了，朱元璋所做的一切都将变得毫无意义。想象一下，一位六十多岁的老人为了确保自己的四儿子上位，和自己两个三十多岁正当年的儿子比谁活得长，这是一种怎么样的精神，这绝对是缺心眼才干的。因而这明显是不可能的事，朱元璋也不敢冒这个险。

3. 幸运的皇太孙

朱元璋或曾考虑过另立长君，但是大臣们的反对及以往的历史教训，再加上朱元璋对朱标的偏爱，使得朱元璋最终放弃了另立长君的想法，仍从朱标这一支系中挑选继承人。这是不是意味着朱允炆就能躺赢呢，并不是，相反朱允炆最大的挑战才刚刚开始。

既然又回到了选孙子的议题上，那么接下来就来看看朱标的子嗣。朱标的妃嫔不多，史书可查的只有两位，看来朱标这个人不太好色，一位是元妃常氏，是开平王常遇春长女；另一位是继妃吕氏，是太常寺卿吕本独女。朱标的子嗣则有六位（还是不少的），分别是虞怀王朱雄英，常氏生，早夭；建文帝朱允炆（洪武十年生），吕氏生；吴悼王朱允熥（洪武十一年生），常氏生；衡闵王朱允㷒（洪武十八年生），吕氏生；徐简王朱允熙（洪武二十四年生），吕氏生；第六子，吕氏生，早夭，未命名。

在朱元璋考虑接班人的问题时，朱标儿子中最有可能的就是朱允炆和朱允熥这两位了，两位皇子年龄相仿，在当时都已经十几岁了，也勉强算作"长君"，其他都太小了不予考虑。但这时候又有一道难题摆在了朱元璋面前，那就是朱允熥绝对不能立，只能选择朱允炆。其实从名分上来说，按照朱元璋自己定的《皇明祖训》来选择的话无疑朱允熥是最合适的，其生母太子妃常氏是朱标的原配，从宗法上来讲朱允熥属于嫡次子，由其继位完全名正言顺，并且常氏早在洪武十一年（公元 1378 年）就去世了，朱元璋也不用担心自己死后发生什么后宫干政的事情。但是朱允熥有一大劣势，那就是背后存在的母家势力，其母是常遇春的女儿、蓝玉的外甥女，常、蓝两家属于开国功臣家族，本来就已经势力颇大，如果由朱允熥继位，其势力会不会进一步膨胀，到时候主弱臣强，外戚干政，而看看历史上那么多外戚干政夺取皇权的例子，朱元璋想起来都害怕，自己辛辛苦苦打下的江山绝不能拱手相送，这对于朱元璋是绝对不能容忍的，因而朱允熥出局。

这样一来就剩朱允炆了，但如果要选择朱允炆的话，在名分上又有点说不通，因为朱允炆出生的时候，太子妃常氏还没去世，其母亲吕氏只是一个侧室，这也就使得朱允炆的地位在宗法上来看属于庶子，尽管后来吕氏被扶正了（朱元璋干预的结果），但其实在宗法制的规定下，根本没有什么侧室扶正一说，继室可以有，但得重新续娶，并且继室所生之子是要低于原配所生的。退一步讲，不那么严格，就让吕氏扶正了，但其扶正后生的孩子才属于嫡子，而朱允炆的身份仍是庶子，名不正言不顺啊。

不过朱元璋考虑到立朱允炆为继承人后，就不用担心外戚势力做大。基于这种想法，再加上朱允炆在太子朱标患病后尽心侍奉，在朱标去世后更是因过度哀伤而消瘦，爷爷看了好感动，亲自出面安慰他要好好保重自己的身体。最终，在经过一番思想斗争后，朱元璋带头违反了自己《皇明祖训》"有嫡立嫡，无嫡立长"的誓言，在朱标去世的同年立朱允炆为皇太孙，朱允炆就这样幸运地成为大明的新一任储君。而那个倒霉的朱允熥在朱允炆登基后被封为"吴王"，吴王曾经是朱元璋称帝之前的封号，按理说不应当再授予他人了，但可能是对朱允熥的一种补偿吧，朱允熥成为明朝唯一的一位吴王。

4. 叔叔们造反该怎么办

既然朱允炆的皇太孙地位确定了，那么朱元璋接下来要做的就是要给自己的这位继承人扫清障碍了，这一套他熟门熟路，当年也给朱标做过相同的事，现在是手握攻略重新加载。在确定朱允炆为皇太孙的第二年，也就是洪武二十六年（公元 1393 年），朱元璋掀起了明初四大案中的最后一件大案——"蓝玉案"，一连诛杀了十三位开国功臣武将，分别是：凉国公蓝玉、开国公常升、会宁侯张温、鹤庆侯张翼、普定侯陈桓、景川侯曹震、舳舻侯朱寿、怀远侯曹兴、全宁侯孙恪、沈阳侯察罕、西凉侯濮兴、宜宁侯曹泰、支平侯韩勋、徽先伯桑敬、东莞伯何荣。朱标还在世时，这一批人都可以算作其手下的军功集团，但是朱标能够控制住这些军功集团，不代表朱允炆能控制住这些军功集团，更不用说蓝玉这位悍将了。所以为了老朱家的天下，这些人必须死。

在诛杀蓝玉时，朱元璋还下令蜀王从成都赶到南京观刑，为什么是蜀王，因为他是蓝玉的女婿，朱元璋特地让蜀王前来观刑，其中的深意想必蜀王和其他没来观刑的诸王也都懂得。后来朱元璋又分别赐死周王的岳父——开国名将冯胜，被朱元璋称为"论将之功，傅友德第一"的晋王的亲家傅友德。同时，朱元璋又将藩王的俸禄和职权进行大规模的压缩削减，并且还规定未经皇帝允许诸王不许进京，就算皇帝允许诸王也只能一个个的进京，不可同时进京，严禁诸王之间交通往来，从而为朱允炆继位后和诸王的相处之间留下更大的活动空间。

做完这些事情后，朱元璋对于功臣武将的问题已经不再担心，于是在一次和朱允炆的交谈中，不无得意地告诉朱允炆不用担心外敌入侵，有他的几位叔叔在可保边地安宁，而朱允炆则问道，外敌不老实，诸位王叔可以应对，但是诸位王叔不老实，又该如何应对？朱元璋对此的表现是"默然良久"。

可以说，朱允炆的这一问再次牵动了朱元璋对于朱允炆和诸王之间的关系的担忧。朱元璋并不是没有领会朱允炆这个问题背后的深层含义，但是手心手背都是肉，那些分封各地的诸王也是自己的儿子，自己已经对他们进行了限制，不过朱元璋也知道自己死后朱允炆可能会推行削藩，但是朱元璋更担心的是自己死后朱允炆会对这些王爷下死手，从而导致他最不想看到的局面出现。于是朱元璋便又将这个问题给朱允炆踢了回去，"如果你的叔叔们造反，你该怎么应对"，想看看朱允炆在自己死后会如何处理诸王。朱允炆对于这个问题则给出了一个完美的答案，首先以德服人，然后再以礼制人，还不行的话就消减他们的封地，仍然不行的话就更改他们的封地，最后没有办法的话只能兵戎相见了。可以说，朱元璋对于朱允炆的答复是十分满意的，甚至亲口承认没有比这更好的办法了，更加相信自己没有选错接班人。

在为朱允炆安排好一切，同时也确定朱允炆是个合格的继承人之后，大明洪武三十一年（公元1398年），朱元璋驾崩于应天皇宫（今南京故宫），遗诏命皇太孙朱允炆继位。几天后，朱允炆于灵柩前继位，改明年为建文元年。民间野史传闻，当年朱元璋召刘伯温进宫给他算命，算算大明江山能延续多久，自己能在位多长时间。刘伯温告诉朱元璋："陛下能在位三十五年，不过其中有四年被人偷走了。"朱元璋听完哈哈大笑，觉得凭自己的威望什么人能从他手下将江山偷走四年。时间来到建文四年（公元1402年），这一年燕王朱棣攻克应天府（今南京），登基为帝，并且为了向天下宣示朱允炆的皇位得来不，宣布将朱允炆在位四年的年号全部改为洪武，建文四年也就变成了洪武三十五年，也不知是刘伯温预言精准，还是民间段子手深谙内涵。

　　大明在迎来自己第二位皇帝朱允炆的同时，也将迎来自己历史上的第一个大转向。

皇帝的错觉，朕很稳、朕能赢

中国历史上有很多将一把好牌打废的皇帝，朱允炆不是唯一一位，但绝对是最著名的一位。能在王朝开国仅三十年，综合国力处在明显的上升期，手握百万大军，而且还在大义方面处于绝对优势的稳赢局面下，竟然短短四年（杨广还足足造作了十四年）就将皇位拱手相送给了一介藩王，这在大一统王朝中是第一次也是唯一一次。可以说朱允炆在靖难之役中的微操无比清奇，充分体现了"不作死就不会死"的至理名言。

1. 皇帝的烦恼

洪武三十一年（公元 1398 年）闰五月明太祖朱元璋驾崩，之前虽然太子朱标早逝曾经造成储位动荡，但此后朱元璋在人生最后的五六年间早已将身后事都安排妥当了，因而朱元璋刚一驾崩，皇太孙朱允炆便凭借太祖遗诏，以大明第一正牌继承人的身份登上皇帝宝座，并昭告天下，成为大明王朝的第二位皇帝，史称建文帝，就这样大明王朝的第一次权力交接特别平稳。

朱允炆登基的时才 22 岁，正是年富力强可以有一番作为的时候，然而这位年轻皇帝却每天吃不好睡不香，整个人都恍恍惚惚的，因为一个困扰他多年的问题始终萦绕在他的心头，本来皇帝有烦恼，使个眼色手下的大臣应该就能立刻心领神会，帮助皇帝解决问题，但无奈的是朱允炆手底下全是书呆子，皇帝的眼睛都快眨瞎了，就是没人能猜出来皇帝啥意思。时间久了朱允炆自己都受不了了，索性自己挑破，他问自己的亲信黄子澄："先生还记得当年咱俩的悄悄话吗？"黄子澄表示从来不敢忘记。朱允炆想谈的就是"削藩"，建文帝登基后摆在面前最大的问题就是分封在各地的藩王尾大不掉。正所谓"卧榻之侧，岂容他人鼾睡"，藩王割据令刚即位的建文帝无法忍受，如果其父朱标登基，这个问题本不用建文帝操心，但谁让老爹死得早，这刀只能朱允炆自己来挥了。

虽然从实力等各方面来看，明朝中央政府对这些分封在各地的藩王有着绝对的优势，一般来说藩王是不会轻易作乱的，就算作乱了，就他们手上那几杆枪还能是朝廷的对手？但建文帝不这么看，他认为朝廷如果继续纵容藩王就是"姑息养奸"，毕竟好几个藩王皇叔，爷爷还在的时候就不遵守法纪，现在自己这个侄儿上台，辈分小根基不稳，他们还会将皇帝放在眼里吗？所以不如"快刀斩乱麻"，尽快地进行削藩，进而维护中央政府的统治。同时还可以利用削藩来提高皇帝的权威，向世人展示自己是正统所在、天命所归，简直一举两得，想到这建文帝决定将这"新官上任三把火"中的第一把火烧向自己的叔叔们。

现在来看建文帝的削藩做法操之过急，然而建文帝自己并不这么看，削藩的这个想法其实并不是在其即位后的突发奇想，相反朱允炆还是皇太孙的时候早已经不知道在心里面盘算过多少遍了，所以如果问朱允炆本人，或许他觉得自己已经算是深思熟虑了吧。朱允炆还是皇太孙的时候曾问他的伴读黄子澄："分封在各地的藩王骄纵不守法纪，并且还手握重兵，万一到时候他们不想住封地了，想住京城了，这可怎么办？"这话的意思已经很明显了，就是怕自己登基后镇不住场子，这些叔叔们拽得跟二五八万似的不服管教，轻者不守君臣之礼，重则抄家伙造反该如何是好？

黄子澄能作为皇太孙伴读自然是学富五车，因而他引经据典告诉建文帝不用担心这个问题，为此还特地举了一个西汉七国之乱的例子，向建文帝证明在朝廷的绝对实力之下，这些分封在各地的藩王不会作乱的，退一步就是想谋反也不会成功。建文帝听了黄子澄的答复很满意，之后便开始尊称黄子澄为"黄先生"。由此可见，早在此时，建文帝就已经开始谋划未来该如何处理这些分封在各地的藩王了，但是碍于此时朱元璋还在世，建文帝也只能想想不敢多说，毕竟朱元璋是分封诸王最大的后台。

2. 建文帝的王八拳

等到朱元璋一死，朱允炆立刻行动起来准备完成自己的宏图大志，但俗话说得好，"一个好汉三个帮"，建文帝虽然想要削藩，但是如果让他自己一个人来处理削藩的事项是不可能的，他又不是朱元璋那样的劳模，所以必须找帮手，不过好在其作为大明王朝最高统治者，手下有数不清的人才任其调动，这不建文帝继位不久就组建了自己的智囊团。

洪武三十一年（公元1398年）六月，以建文帝征召方孝孺入京担任翰林侍讲为标志，朝中正式形成"齐、黄、方"三人智囊团。智囊团中的第一位是兵部尚书齐泰，朱元璋临终前指定其辅佐建文帝，他可以说是名正言顺的辅命大臣；第二位是黄子澄，曾担任东宫伴读，被建文帝尊称为黄先生，他是建文帝的亲信，朱允炆即位后，任命黄子澄兼翰林学士之职，与齐泰同参国政；第三位是方孝孺，也就是在野史中被朱棣诛杀了十族的那位仁兄。

虽说智囊团组建起来了，但真正要开始削藩的时候，建文帝发现事情没有自己想象中那么容易，当时朝廷在削藩问题上分为了三派，一派就是以"齐、黄、方"三人智囊团为代表的强硬派，认为必须用强硬措施才能削藩，必要时刻可以采取武力讨伐，从而一劳永逸地解决藩王问题；第二派是以前军都督府左断事高巍和户部侍郎卓敬为代表的温和派，他们认为新帝刚刚登基，削藩不宜操之过急，正所谓"父在观其志，父没观其行，三年无改于父之道，可谓孝矣。"朱元璋刚刚去世，就磨刀霍霍向叔叔，武力削藩会给皇帝的形象抹黑，因而主张可效仿汉武帝的推恩令，也对藩王推行"推恩"之策，同时这一派还建议建文帝对各地藩王实行更改封地的措施，比如把南边的藩王和北边戍边的藩王互相调换，其目的是使得各地藩王离开自己经营多年的大本营，这样一来各地藩王就无法在封地形成有效统治，对封地的控制力自然要大打折扣；最后一派则是反对派，就是反对朝廷削藩，不仅反对削藩，还要求朝廷要以更加优厚的条件去厚待这些藩王们，这一派以御史郁新等人为代表，他们认为分封政策是太祖皇帝所立，其目的是为了巩固大明江山万世一系，"祖宗之法不可变"，理应作为大明的基本国策，不能动摇。

三派之中，反对派和建文帝的既定方针南辕北辙，所以建文帝选择不听。那么剩下的就是强硬派和温和派了，其实以当时的局势来看，温和派的方法是最稳妥的。建文帝继位之初，虽然他本人很反感藩王，欲除之而后快，但此时的朝廷对藩王是占据绝对优势的，并没有到非得在战场上大打出手的地步，如果朝廷接纳温和派的方案，对藩王采取"温水煮青蛙"的办法，各地藩王就算是有任何不满或者知道朝廷背后的心思，他们也不敢反啊，因为朝廷已经占据大义了，推恩令也是推给藩王的儿孙啊，肥水也没流外人田啊。并且朝廷只是要夺他们兵权，没有触及他的根本利益，所以他们也只能捏着鼻子接受，削藩之后王爷们是歌照唱舞照跳，照样可以吃香的喝辣的，在当地作威作福。但是，建文帝思前想后，可能是怕夜长梦多，也可能是是觉得自己牌这么好不一把梭哈实在憋屈，最终还他是选择相信自己的三人智囊团，直接硬刚各地藩王，这是建文帝削藩路上走错的第一步。

好，既然皇帝已经决定以强硬的手段来削藩了，那么大臣们也就不再纠结这个问题了，接下来要讨论的问题就是从哪个藩王开始下手。当时朱元璋的次子秦王和三子晋王都已经过世，剩下的儿子中年龄最大的就是四子燕王朱棣，并且作为守卫边地的塞王，朱棣的实力也是当时众多藩王中最强的，大臣们也都知道对朝廷威胁最大的就是燕王朱棣，正所谓"射人先射马，擒贼先擒王"，所以大部分官员都主张先对燕王下手，这样不仅可以一举消灭朝廷的心腹大患，还可以敲山震虎，大大减轻后续削藩工作的难度。

建文帝三人智囊团中的齐泰也支持先对燕王下手，但这时三人智囊团中的另一位站出来反对了。这一位是谁呢？不是别人，正是当年建文帝的东宫伴读黄子澄。其反对的理由很令人无语，竟然是对燕王下手师出无名，容易引起天下人的非议，为了避免非议，应该选择那些可以让朝廷师出有名的藩王，说实话当时都已经决定要削藩了，还在乎什么名义，随便给燕王捏造一个罪名不就得了吗？总之，最后黄子澄建议可以先对周王朱橚下手，因为周王是燕王的同母弟弟，对他下手就是在清除燕王的支持力量。智囊团中的两大重量级人物意见相左，建文帝几经考虑，最后还是觉得陪伴自己时间更长的黄子澄更加可靠，因而最终采纳了他的建议。

于是，在朱元璋去世两个月后，建文帝便正式对周王下手。可怜的周王，老老实实地在自己的封地正进行方剂学和救荒植物的研究工作，就被自己的二儿子举报了（现在认为周王二儿子举报自己的老父亲可能是受到别人的煽动或者想趁机争夺继承权），举报的罪名就是试图谋反，从周王谋反一事就可以看出黄子澄的"师出无名"压根就是个幌子，周王的罪名明显也是捏造的，这样难道就算师出有名了吗？早这样黄子澄完全可以给燕王朱棣也来一个啊，朱棣的手下那么多，随便收买一个很容易的，为了反对而反对，总之就要不一样，黄子澄的脑回路就这么清奇。

说回周王，周王被揭发谋反后不久就被削爵并流放云南。建文帝一看这削藩活动刚开始就迎来了个"开门红"，好像也不是那么难啊，爷爷再也不用担心我削藩了，更是放开手脚干了。建文元年（公元1399年）四月，建文帝一口气削齐、湘、代三王，并且全部废为庶人。其中，建文帝还派士兵包围了湘王的府邸准备将其押解入京。要知道湘王素有名声，并且是藩王里面最无害的一位，在朱元璋去世后，湘王就已经产生了弃世的想法。面对如此羞辱，湘王为保全自己的名节，举家自焚。据说建文帝得知消息后，内心十分自责，并称"何以自解于天下"，然后反手就给自己这位叔叔上了个恶谥"戾"。前面还说自己对叔叔举家自焚十分自责，掉头就给叔叔上个恶谥，这不是自己打自己脸吗？紧接着，建文帝再接再厉，又于同年六月，废岷王为庶人。朱允炆曾对朱元璋说过，日后就算是逼不得已要削藩，也一定要用仁义道德来折服各位叔叔，但是老朱一死，小朱就把这一切都抛到九霄之外了，什么以德服人，上来就是一套王八拳，打死一个算一个。

随着一个一个弟弟被削藩，朱棣明白下一个就是自己了，并且在发生这一系列事后，远在北平（今北京）的朱棣发现自己这位大侄子不仅仅是要夺他们的权，更要夺他们的命。要想保住一家老小就得先下手为强，但"君要臣死，臣不死是为不忠"，虽然建文帝做法粗暴，但也不能以此为借口推翻皇帝啊。在能够起兵这一点上朱棣一定十分感谢他爹，朱元璋生前曾亲自主持编撰规范皇室成员行为的《皇明祖训》，其中规定："如朝无正臣，内有奸恶，则亲王训兵待命。天子密诏诸王统领镇兵讨平之。"朝中有小人，藩王可以起兵勤王。清君侧，这条本意是为防止朱家皇权旁落，现在却成为朱棣起兵的绝佳借口。

3. 微操大师

建文元年（公元 1399 年）七月，燕王朱棣正式起兵，并打出了"清君侧，靖国难"的口号，要清除的自然就是黄子澄、齐泰、方孝孺这帮挑拨皇帝与各位藩王叔叔亲密关系的险恶小人。虽然朱棣起兵了，但是当时整个大明朝上下就没人会认为朱棣能够战胜建文帝。要知道，朱棣在北平举事时，手下只有八百亲兵归他用，等他稳定好北平周围的局势时，手中也不过才三万多军队。就算朱棣后来联合了十七弟宁王朱权（这里心疼朱权一波），把宁王的军队也夺了之后，其所掌握的军队也才不过八万人左右。那么朱棣的对手建文帝掌握有多少军队呢？将近一百四十万，这还只是建文帝拥有的中央军，八万对一百四十万，相信以朱棣的数学水平一定知道这是什么样的差距。再加上建文帝还占据正统地位，可以说朱棣靖难成功的概率无限接近为零。然而，接下来建文帝的一顿微操直接让人看得傻眼，最终昏招迭出的建文帝输掉了自己的皇位，下面就来看看建文帝在靖难之役期间的表现。

第一，表面仁慈，假装不想杀叔父。朱棣在七月起兵后连战连捷，得知消息的建文帝迅速采取了反制措施。八月，建文帝起用洪武年间的老将耿炳文率领三十万大军北伐平叛。但是在大军出征之际，建文帝又当着大军的面说了一句令人匪夷所思的话"勿使朕负杀叔之名"，前面搞死了那么多无辜的叔叔了，现在要紧关头，真的来了个谋反的，倒开始假惺惺了。这句话可能在将士们听来，充分展现了建文帝的仁义，即使自己的叔叔造反了还不忍心杀害。

但是在耿炳文听来就有些不对劲了。要知道，耿炳文也不是一个只知道打仗不知道政治的小白，其能够毫发无损地度过明初四大案，尤其是"胡惟庸案"和"蓝玉案"就能看出其政治敏感度之高。等大军开拔之后，耿炳文越想建文帝的这句话越不对劲，皇帝是真的想要保全自己这位皇叔吗？如果是的话，他可以直接说不要伤害朕的老叔啊，为啥非要说"勿使朕负杀叔之名"呢？况且那么多叔叔死的死、残的残，也没见皇帝陛下有多伤心难过啊，为何突然对四叔这么关心。等下，耿炳文突然想到什么叫不要让皇帝背上杀害叔叔的名声，皇帝不背谁来背？就算自己活捉了燕王，皇上要是以谋反的罪名处决燕王，人还是建文帝自己杀的，这不还是要背上杀叔的名声吗？

想到这里，耿炳文突然明白了建文帝这句话的潜台词，就是建文帝只需要一个死了的皇叔，不需要一个活着的皇叔，打起仗来刀枪无眼，谁知道会不会伤到燕王，皇叔在战场上死了也很正常，而如果燕王阵亡，那这头功必然是大将耿炳文的。好嘛，皇上这是想让耿炳文来背锅呀。背锅也不是问题，但是看皇帝这个表现，最后很有可能为了保住自己的名声，让耿炳文来陪葬他的皇叔呀，毕竟皇帝可以宣布自己没想让燕王死，是耿炳文自作主张。想通了这一点，耿炳文也明白自己这仗该怎么打了。

在初战不利的情况下，耿炳文充分发挥自己擅长打防御战的特性，坚守真定城，就是要活活耗死朱棣，使得朱棣最后没有办法只能投降，投降之后押送回京，怎么处置朱棣就是皇帝的事了，他耿炳文自然就可置身事外。不过这种可能很小，以朱棣的性格如果最后起兵失败，他很可能就会选择"杀身成仁"，而这才是耿炳文想要的。这样既完成了皇帝的任务，也避免自己被皇帝用来背黑锅。也正因此，耿炳文在兵败被征召回京后，曾给建文帝上书，其中毫不客气地指出，燕王是皇帝的嫡亲叔叔，各地的藩王都是太祖的亲儿子，皇帝为何全不顾亲情要加害于他们，这是令亲者痛仇者快的事情啊。可见，若不是建文帝曾试图搞骚操作扣锅给耿炳文，他也不至于此时大胆上书指责皇帝。

从现存史料来看，还真看不出建文帝这句话对朱棣起到了什么"保护"作用。朱棣在战场上并没有因为这句话就所向披靡，相反多次战争中不是所乘的马被刺翻在地，就是多次差点被兵器所伤，要不就是"直前刺王（朱棣）"，可以说是九死一生啊。如果不是朱棣命大，可能建文帝的目标就真实现了。

第二，用人不明，明人不用。建文帝最大的昏招就是在用人上的识人不明。这个问题从他的三人智囊团就能看出，齐泰、黄子澄、方孝孺三人全是儒士，并且还属于腐儒那一种。三人不仅不懂军事，而且尽出瞎主意。其实在他们哥几个看来，削藩这些事都是次要的，他们最大的理想是撺掇着建文帝以《周礼》为蓝本，实行改革，从而恢复古制。一会儿要把郡县的名字改回周朝的名字，一会儿又要把官职的名字恢复周官制度，更厉害还是，方孝孺这位仁兄竟然主张恢复井田制，井田制这一土地制度早在王莽时期就已经用血的教训来证明行不通了，但方孝孺不管，在他看来古代的什么东西都比当代要好。这一改又给朱棣那边送借口了，朱棣阵营一个破坏祖制的帽子就扣过来了。

其实要只是智囊集团不行也就算了，毕竟打仗还是看前线将领的军事才能的，要是建文帝选一个战斗力爆表的军事大才，直接一战拿下朱棣，叛乱也就解释了。然而，万万没想到，到了后边双方开打的时候，建文帝识人才能更进一步，他的三人智囊团全部选择性眼瞎了。耿炳文在和朱棣初次交战中落了下风是不假，但战后耿炳文及时调整作战方针，死守真定城，朱棣几次攻打劳而无功，无可奈何之下朱棣只得退回北平。本来在战场上，胜败乃兵家常事，并且这个失败对于朝廷一方来说也是无关紧要的，中央家大业大，损失几个兵马压根就不叫个事。但是我们的建文帝和他的智囊团受不了了，受不了就要开始作妖来了，建文帝在黄子澄的建议建议下颁布诏书怒斥耿炳文，指责他丢盔卸甲，手握三十万大军不思直捣黄龙，却在一个小小的真定城驻扎下来，传出去朝廷的面子还要不要了。

朝廷决定临阵换将，于是将其征召回京，随后派开国名将李文忠之子李景隆来代替耿炳文。李文忠战功显赫，又是朱元璋的外甥（算下来李景隆是朱允炆的表哥），妥妥的皇亲国戚，用起来也放心，建文帝和他的三人智囊团对于李景隆是有着厚望的，认为老子英雄儿好汉，希望他能像他爹那样横扫"燕贼"。结果"战神"李景隆可不是吹的，率领着几十万大军围攻北平将近两个月愣是没打下来，要知道当时李景隆可是占据着绝对优势的，带去的几十万大军全是生力军，而北平这边为了防守，最后连士兵的家属都派了上去，孰强孰弱一看便知。可饶是这样，李景隆就是没打下来，打不下来就打不下来吧，但没想到李景隆还扯后腿。李景隆这个人打仗不行，耍起心眼来那可是老手，嫉妒心还特别强，不允许别人和他抢功。在攻城期间，都督瞿能好不容易把北平的张掖门打开了个缺口，李景隆不仅不赶紧派兵支援，反而下令瞿能，不得轻易攻城，等他率领大军过来后再打。

等李景隆大将军点齐大军晃晃悠悠过来已经是第二天了，燕军早已经把缺口给补好了，李景隆也只能望城兴叹了。有这样的统帅，朝廷一方的战绩就可想而知了。先是围攻北平的功亏一篑，随后郑村坝之战、白沟河之役和济南城下的一败再败，更是让朝廷一方损失惨重。但就是在这种情况下，建文帝都没有严厉地处罚李景隆，只是免去其统帅之职，当时就连举荐李景隆的黄子澄都上书建文帝要求杀了李景隆，给下面一个交代。但是建文帝就是没有同意，就算朱允炆顾念亲情吧，但是李大将军的所作所为建文帝应该明白这个人绝不能再用了吧。

都说吃一堑长一智，可这话在建文帝身上一点都没体现，之前下耿炳文的职的果断却被丢到了九霄云外，后来朱棣已经打到南京的时候，竟然还派李景隆去守卫最重要的金川门，可能建文帝是认为李景隆是自己的至亲，不会背叛自己。但是建文帝忘了一件事，李景隆是他的表哥，但也是朱棣的侄子啊。这眼看表弟就要失败了，表叔就要胜利了，现在开城门迎叔叔还能立个大功，想到这李景隆迅速忘记了表弟对自己的种种优待，立刻做出了自己的选择，开城门迎接燕王朱棣，本来还能抵抗一下的南京城就这样轻易沦陷。

如果单纯只是李景隆一事还凸显不出建文帝的"优秀"，那么再举一个例子，朱棣即将打到南京的时候，建文帝委任驸马梅殷镇守南京的门户淮安。结果这位被朱元璋密诏辅佐建文帝的梅驸马，率领着四十万大军去镇守淮安，真的只是镇守，能不主动出击绝不出击，朱棣要打他就防守，朱棣不打他也不反攻，后来朱棣想明白了干吗非得和梅殷在淮安干耗着，于是朱棣绕过他直接去打南京了，而梅驸马依然坚守着淮安，等到朱棣打下南京之后，梅驸马还是坚守着淮安。他这是守给谁看呢？当然，史书中称最后是朱棣逼迫梅驸马的妻子宁国公主写了一封信，还是血书，招降了梅驸马。当时，朱棣已经即位称帝了，这件事的真实性大家就仁者见仁智者见智了。

说到这里，大家可能会说，任人不明这个锅不能全扣在建文帝头上，当时建文帝手里能用的人本来就不多，那些能打的大将在朱元璋晚年为了给建文帝扫清障碍时已经杀得差不多了，剩下这些所谓的"军二代"又应了那句老话"麻布袋、草布袋，一代不如一代"。不可否认的确存在这方面的原因，但是在上面讲李景隆的问题就可以看出这个锅建文帝背的不冤枉。耿炳文只是因为一次战败就被免去统帅之职，而李景隆多次战败丢盔卸甲，使得朝廷对燕王朱棣的优势不断缩小，在群臣强烈要求处决他时，建文帝竟然也只是免去他的统帅之职。要是建文帝有识人之明的话，他在李景隆第一次战败的时候就应该撤掉他，或者就不该让他担任统帅，而不是一味纵容他。反观，朱棣一眼就看出李景隆难成大器，称其骄奢淫逸、色厉内荏，平常又不喜欢看兵法，就是一个放荡的公子哥，建文帝敢给他五十万人马，简直是自己给自己挖坑。

如果说建文帝手上确实没有可用的大将也就算了，但当时建文帝手下并不是没有能打的"军二代"，徐达的长子徐辉祖可以说是当时能征善战的大将了。靖难之役时，他作为南军主将，先是在白沟河之战中掩护李景隆撤退，全师而还；接着又在齐眉山大胜燕军，此次大胜之后，燕军都打算撤回北平了。但是建文帝却猜忌徐辉祖是朱棣妻弟，将其召回并控制起来。南军失去了统帅，战斗力大为削弱，淮北的何福、平安等中央军也因为失去南军支援而先后被燕军击败。要知道，徐辉祖可不像他弟弟徐增寿那样私通燕军，反而始终忠于建文帝，当初朱棣派三个儿子入京的时候，徐辉祖就直接上书建文帝，朱棣其他两个儿子可以放，但第二个儿子朱高煦必须扣下来，因为他"勇悍无赖，非但不忠，且叛父，他日必为大患"，要知道这也是他的亲外甥。但是就算徐辉祖做到了这份上，建文帝还是不相信他。同样是亲戚，徐辉祖不被信任，李景隆却被当个宝，可以说建文帝的想法是很清奇的。

第三，苛责宦官，自掘坟墓。建文帝在位时期大大提升文臣地位、减轻刑罚，大力推崇儒学，还时不时给老百姓减轻赋税负担，在文官集团看来，建文帝简直就是一位千载难遇的明君，这就是为什么建文帝后来被推翻了还有那么多官员缅怀他的原因。但是，就是这么一位"明君"，却十分看不上自己身边的宦官，朱元璋在位时曾三令五申"宦官不得干政"，这一点上朱允炆倒是遵循祖制了，并且和他的祖父朱元璋相比有过之而无不及。宦官但凡稍出差错，绝对会受到严厉的惩罚，平常建文帝也不曾给过他们什么好脸色看。历史经验告诉我们，轻视宦官这些"身边人"是要付出惨痛代价的。

在建文帝的这种"打压"下，宦官们纷纷转换阵营，开始投向朱棣的怀抱，朝廷的不少消息就是经由宦官暗中传递到朱棣阵营的。朱棣最终决定直接进攻南京，就是在建文三年（公元 1401 年）的时候，宦官们给他传来了消息，告诉他京师防务空虚，只需派奇兵南下定能一举攻克。于是朱棣当机立断，绕过自己一直打不下的山东地区，直接攻打南京。建文帝最终为自己的苛责宦官付出了代价，只是这个代价有点重。

第四，未能御驾亲征。建文帝未能御驾亲征也是他的一个昏招，如若建文帝御驾亲征，那么凭借古代的"君为臣纲"，对于燕军的士气无疑是一次重大的打击，而燕王起兵口号的煽动性也将受到极大的冲击，你燕王不是说要清除皇帝身边的奸佞吗？如今皇帝御驾亲征，你继续打就是造反，就代表你所谓的"靖难"是有私心的。并且，建文帝出现在战场上，无疑会使北伐的朝廷军队找到主心骨和靠山，会放手一搏，同时各地的官员也会纷纷支援朝廷，不至于像之前那样隔岸观火或坐山观虎斗。

反观后面宣宗时期，宣宗刚即位时，其叔父汉王朱高煦也效仿自己老父亲打算再来一次"靖难"，结果宣宗吸取建文帝的教训，直接率兵亲征，一举解决汉王叛乱一事。如果说靖难之役前期朝廷优势巨大，建文帝犯不着以身犯险，深入敌境，那么到靖难之役后期战事已经处于胶着的情况下，建文帝就应该果断挥师北上，震慑叛军，虽然也曾经有大臣提出过这一举措，但建文帝可能有他的考虑，最终没有上战场，也就失去了最后的机会。

如果建文帝在削藩过程中没有昏招迭出，可能大明朝也不会出现一个明成祖，中国历史上也不会出现一个永乐大帝。但可惜的是，历史没有如果，在建文帝昏招跌出的情况下，朱棣以八百亲兵举事，最终打败了坐拥百万大军的建文帝，使得大明朝的轨迹发生重大变化。

朱棣虽然胜利了，但其在位的二十多年间始终有一个巨大的阴霾笼罩着他的皇座，让他坐卧难安，那就是今晚吃……不是，是朱允炆你到底在哪？

建文四年的那场大火

朱允炆这辈子也当过四年皇帝，四年说长不长、说短不短，因而他在位期间还是推行过不少措施的，例如去除洪武年间的一些苛法、以宽厚法律治国、减轻赋税等，但这些都没能留下来。朱棣登基以后，为了宣扬自身的正统性，大肆诋毁建文帝的改革是在坏了祖宗家法，其在位期间推行的种种措施基本上都被朱棣废除了，甚至就连"建文"这一年号都被朱棣革除，以此表明新朝不承认朱允炆的正统地位。但无论朱棣承认也好，不承认也罢，朱允炆的地位得来得要比朱棣正的多，只要他还活着，必然会对朱棣造成冲击。其实一般来说像朱允炆这种失去皇位的皇帝，下场一般都很简单，就是死路一条嘛，要么自己死，要么新皇帝帮他死。然而朱允炆不是一般的皇帝，他这一辈子有两件事被后世提起最多，一件是削藩，关于这件事后世赞同的不多，批评的不少；另一件则是他的下场，这才是朱允炆传奇的开始。

而这一切的一切都要从建文四年（公元1402年）的那场大火开始说起，那一年燕王朱棣已经打到南京城下了，被建文帝任命守卫南京金川门的李景隆与谷王朱橞（朱元璋十九子）看到建文帝大势已去，果断抛弃旧主另投新君，打开了南京金川门，迎朱棣大军入城。而就在燕王大军进入南京城的同时，南京城内的皇宫突然燃起了熊熊大火，看到这一情况朱棣立刻派人前去救火，救火是假，其实是想要趁乱抓住朱允炆，最好能在乱军当中送建文帝去见他的皇爷爷。

因为如果建文帝不死，朱棣接下来的情况会很麻烦，朱棣起兵的名义是"清君侧"，其目标是皇帝身边的小人，不是皇帝本人，那么胜利后的燕王朱棣见到失败后的皇帝该怎么办，清完君侧接着回自己的封地去，别闹，只有傻子才会这么干，就是朱棣答应手下的将士们也不能答应啊，咱们刀头舔血过来，这毒酒、遗诏、劝进表都准备好了，哪能现在打退堂鼓啊，架也得给朱棣架上去。好，朱棣必须要当皇帝，但建文帝如果还活着，哪怕被囚禁起来，之后突然暴毙，这传出去全天下都知道是怎么一回事的，所以这件事很麻烦。所以最好的选择就是建文帝葬身火海，而朱棣希望能够确认这件事实。

大火扑灭四天后，燕王朱棣正式登基称帝，改年号"永乐"，是为永乐大帝。朱棣登上了皇位，然而绚丽的皇冠上始终有那么一点不完美，那就是皇宫大火扑灭以后，朱允炆的下落成了一个谜，建文四年的那场大火所带来的不仅是新的统治者，也掩盖住了建文帝的结局和行踪，直到现在建文帝的下落都是一个争议问题。

1. 建文帝真的死了？

朱棣"认为"如此大的火势之下建文帝应该死了，所以明朝的官方记载中朱允炆确实是死了。《明太宗实录》更是记载得十分详细，说燕王朱棣进城以后，宫里的太监宫女都开始四处逃难，建文朝的大臣们这时候也都不知去向了，建文帝在宫中看到大势已去，虽然还有一些心腹劝他趁着皇宫还没陷落，赶快逃出去再做打算，君子报仇十年不晚，陛下您四叔都四十了，还能活几年，您出去招兵买马再打回应天来，到时候我们还给您做接应。但朱允炆觉得自己百万大军都失败了，哪还能东山再起，就算逃还能逃到哪去，总不能逃到其他藩王那去借兵吧，算了还是去见皇爷爷吧。

建文帝决定去死，但自己就算是死也得轰轰烈烈，所以他在皇宫里放了一把火，想要通过熊熊大火告诉世人朱棣弑君夺位的恶行。侄子虽然不懂事，但是朱棣是知道这个孩子是被奸人蒙蔽的，所以看到皇宫突然起火，知道这孩子要做傻事，于是赶紧派人去救大侄子，顺便救火，并且千叮咛万嘱咐一定要救出他的好侄儿，一如当年朱允炆嘱咐将领不要让他背负杀害叔父的罪名一样，但最终还是晚了一步，救火人员虽然扑灭了大火，但是也从火堆里找到了建文帝的尸体。朱棣得知后，急忙跑过去，抱着建文帝的尸体那是放声痛哭，一边哭还一边说，这傻孩子怎么这么傻呀，四叔还能害你吗？怎么这么想不开啊。但人死不能复生啊，所以哭完以后朱棣就为建文帝发丧，还是用的天子礼仪安葬的建文帝，同时派遣官员作为代表前去陵前祭拜并辍朝三日以表示哀悼，顺便反手就把"建文"的年号抹了。

这是官方记载，后来朱棣在对大明的藩国谈及建文帝下落时也都是说其自焚而死，比如朱棣在给朝鲜国王的国书中便称建文帝是受奸人逼迫，阖宫自焚。在这里多说一句，后来朝鲜也效仿明朝搞了一次朝鲜版"靖难"，成功之后派遣使者朝见，当时明朝礼部官员问了一句你们原来的皇帝哪里去了？结果朝鲜使者立马回复"他乘着白云去找建文帝了"，礼部官员一听就不敢再向下问了。

2. 出逃的皇帝

事实上，建文帝"自焚而死"的说法是朱棣自己认定的，并且自此以后有明一代的官方史书基本上都采取这一说法，按理来说既然官方都给建文帝的下场定调了，至少在上层就不该再出现其他杂音了，就算有也只能是从下层升斗小民中传出坊间消息才对。但其实不然，早在永乐皇帝还活着的时候，朝中就有人站出来公然反对建文帝自焚而死的这种说法，并且这个人地位还不低，是大明众位藩王中的一位，可以说是位高权重。这个人是谁呢？不是别人，正是当年做了二五仔，和"战神"李景隆一块打开城门放朱棣进城的谷王朱橞。

　　永乐十五年（公元 1417 年），谷王朱橞试图发动叛乱，但是当年朱橞曾经背叛过建文帝，现在又要背叛朱棣，一叛再叛这在道义上说出去太难听了，虽然吴三桂要在这之后 400 年才出生，但是朱橞这样做的行为跟吴三桂是一样的。吴三桂起兵是找了理由的，所以朱橞也准备找个理由证明自己不是反复无常的小人，要不然谁能跟着他混，这时他想到了当年被他抛弃的建文帝，朱橞在叛乱之前曾公开放出消息来，宣称他当初打开金川门不是为了迎朱棣进城，恰恰相反他是想趁乱放建文帝出城，如今自己反叛也不是想自己做皇帝，而是想帮助朱允炆复辟。

　　谷王说这话主要是想表达两个意思，一是朱橞是一个忠臣，一直忠于建文帝的；第二就是建文帝当时还活着，要是建文帝已经死了，朱橞还怎么拥立他复辟啊。瞧瞧谷王这话说得多有水平，其实要不是他，建文帝当年还能再坚持一会儿的，现在他又把自己包装成一个大忠臣了。考虑到朱橞是在叛乱时说的这番话，所以存在利用舆论为自己洗刷罪名，并为自己的二次造反塑造合理性合法性的可能。当然谷王的军事能力实在是差得很，所以他的叛乱还没成型就被朱棣给镇压了，但是无风不起浪啊，朱橞的一番话还是引起了朝野内外的争议，也反映出当时人们对于官方说法就已经有所怀疑，如果全国上下都坚定地相信建文帝已经死了，朱橞编出这么一段瞎话是一点市场都没有的。事实上谷王的这番言论正是受到民间小道消息影响的结果，当时在民间和士人心中不愿意相信建文帝已经死了，他们更愿意相信建文帝没有自焚而死，而是借助皇宫火灾逃走了，而一些忠于建文帝的人士也故意在民间散布这样的消息，希望能动摇朱棣的皇位，正是因为建文帝未死的结局在民间很有市场，所以朱橞才打出这么一面旗帜。

　　到了明朝中后期，建文帝当年没有死的说法愈演愈烈，更是出现了两本专门讲述建文帝借火灾逃遁，继而云游全国各地的奇书。一本叫《致身录》，据说这本书的作者史仲彬曾多次接济流亡民间的建文帝；另一本叫《从亡随笔》，这本书的作者程济更是了不得，史仲彬只是曾经接济过建文帝，而程济则是直接参与了建文帝的流亡旅程，一直侍奉在建文帝左右。如果这两本书的记载无误的话，建文帝借皇宫火灾出走一事已经是板上钉钉的了，但是关于这两本书的真实性其实从明朝就一直有争议，像钱谦益、潘柽章等学者坚持认定这两本书是"伪书"，就是明朝中期的一些书商为了猎奇，炮制出来的；但陈继儒、胡汝亨、文震孟、张岱、钱士升却坚持认为这是"真本"。

这个争论到现在都没有个结果，因为要证明这两本书是"伪书"，其重要的前提是先得证明建文帝已经在皇宫大火中丧身，那这两本书便不攻自破；而如果要证明这两本书是真的，那还是得先证明建文帝没有在皇宫大火中丧身。在两种前提的影响下，使得双方的论证都给人一种"骑驴找驴"的感觉。但是从这两本书的出现及流传可以看出，当时的人们更愿意相信建文帝是借火灾出逃了，而且人数不在少数，都能出书发行了，相当有市场。

并且这种看法甚至都影响到了大明朝的最高统治者，据《明神宗实录》记载，万历皇帝曾询问张居正有关建文帝下落一事，可见这时的皇帝自己已经不太相信官方的记载了，而作为大明朝首辅的张居正也没有采用官方说法，而是回答万历皇帝，这种事国史没有记载（国史明明记载建文帝是自焚而死），然而听一些老人说建文帝在城破之时伪装成僧人逃出去了，此后不知所踪。由此可见，张居正也比较偏向建文帝未丧身火海，而是出走避难，同样也可看出明朝的官方其实也不能确认建文帝的下落，要不然如果官方有确凿记载万历皇帝不至于问张居正。

有时候时间越久，历史反而更加详细，前面提到的两本书只是说建文帝出逃了，而到了这个时候建文帝不光是逃跑了，而是化装成僧人出逃的，这就跟后世流传的传说很像了。当然后来建文帝没死的事传得越来越神，乃至于说朱元璋在世之时就算定孙子有此一难，特地留下锦囊，让建文帝化装成僧人，甚至连建文帝的逃跑路线都安排妥当，这就属于瞎扯淡了，朱元璋要是能有这预言能力，肯定会直接砍了胆大包天的朱棣或者嘴强草包的朱允炆，省得闹心。等到了清朝编撰《明史》的时候，更是不确定建文帝具体是哪种下场了，明朝官方的记载和民间传说似乎都不那么可靠，于是就直接来了个"宫中火起，帝不知所终"的判断。至此，建文帝的下落就彻底成了一个历史谜案。

通过上面的描述，我们可以看出尽管有明一代官方坚持建文帝死于火灾，但是民间人士和士大夫们对此种说法则不以为然，甚至最后连大明朝的最高统治者都开始怀疑了。其实建文帝或许没有死于火灾，而朱棣本人也很有可能知道这个事实，说实话最后从火堆中抢救出来的尸体都烧焦了，谁能确定那就是建文帝，当年也没有 DNA 鉴定，但是朱棣仍然坚持宣称建文帝死于火灾，并对抢救出来的尸骨进行厚葬，其实更多的是出于政治目的。就是为了掩人耳目、"绝天下人望"，毕竟如果正牌皇帝没死的消息传出去，指不定哪个藩王就打着建文帝的旗帜再来一场靖难了，而这是朱棣不能接受的，因此无论朱允炆死没死，对朱棣来说并不重要，他要的是一个死透了的朱允炆，这样看来焦尸反而更符合朱棣的需要，都烧的辨认不出是谁了，谁能说他不是建文帝，只要朱棣说他是建文帝，那他就是建文帝。朱棣为建文帝发丧的行为确实起到了效果，当时各省为对付燕王而招募的士兵在得知其厚葬建文帝的消息后纷纷自行解散，使得朱棣登基并没有触发新的战争。

然而如果焦尸不是建文帝的话，那朱棣厚葬的又是谁？焦尸很有可能是建文帝的皇后，大明朝第二位马皇后，史书记载朱棣攻入南京城的时候马皇后是自焚而死的，同样有明确记录，然而史书却没有提及朱棣对这位死去的侄媳妇的后续处理措施，这是很不合常理的。要知道建文帝的生母吕氏在建文帝在位时被尊为皇太后，朱棣即位后为了法统自然不能承认这个"伪太后"了，所以特地将其改封为皇嫂懿文太子妃，并安排其住到懿文太子陵旁边，为太子守陵。同样是"自焚"而死的建文帝也得到了朱棣的厚葬了，马皇后毕竟曾经当过皇后，是朱允炆的原配，那么相应的马皇后也应该得到厚葬，而且按照礼制来说应该跟建文帝合葬在一起。

　　但是有关这一时期的任何史料都没有记载马皇后最后跟建文帝合葬，甚至连马皇后是否得到了安葬都没有提及。对了，几百年后的《明史》倒是提到马皇后跟建文帝一块合葬了，但是《明史》中前面还说建文帝"不知所终"，后面就又说把马皇后和建文帝合葬了，这种自相矛盾的言论难以让人信服。而在《明史·后妃传》中提到马皇后时只是说她死在火灾中，后续的故事只字未提。明末清初的史学家谈迁撰写的《国榷》中记载了一件特别有意思的事，就是当时南京城的一些老人们都指不出建文帝葬在哪里了，连大概方位也不知道。

　　那么这里问题就来了，如果连世世代代居住在南京城的老人们都不知道建文帝葬在哪里了，这有点说不通，因为《明实录》记载朱棣是下葬了建文帝的，那就是说南京附近应当有建文帝的陵墓，朱棣又是以天子礼仪下葬的建文帝，其阵仗一定很大，既然是天子陵寝，那么建文帝的陵墓也会有相应的配套措施，地面建筑、神道、石兽之类的啊，到明末的时候才过去两百多年，当时朱家天下还在，不存在盗墓的问题，而两百年的时间也不是很长，不至于沦落到最后连陵墓在哪里都不知道了吧，要知道朱元璋和朱标的陵墓至今还在紫金山上耸立着。要解释这一切只有一个可能，那就是朱棣葬压根就没安葬建文帝，或者安葬的不是建文帝，因为是随便找的人，所以虽然书上记载葬礼的仪式规模很大，但实际上比较草率，也没能留下什么显著建筑，几代之后就被人们忘记了，那么只有葬的是马皇后的话，这一切才可以解释得通，为什么史书没有提及马皇后的安葬事宜，因为她是代替建文帝下葬了，一提就暴露了。

　　证明建文帝没有死的还有一个有力证据就是建文帝本人的人生观，建文帝本身不是个会厌世自杀的人，《明史·方孝孺传》记载在燕军渡过长江时，建文帝感到很恐慌，当时有人劝他出城投奔他处，号召天下勤王，然后再徐图东山再起，建文帝被说得有些动心，后来是因为方孝孺力劝他不要出逃他处，即使南京城沦陷了，皇帝大不了一死了之，建文帝犹豫再三才勉强接纳了方孝孺的意见。事实上，建文帝有这个想法是情有可原的，因为当时虽然燕王已经打到南京城下了，但是明朝的大部分江山依然是在他的掌握之下，他完全可以逃出去再谋划东山再起。此外，就在燕军攻进南京城的当天，建文帝还亲手斩杀了朱棣的妻弟徐增寿，可见建文帝此时并没有产生厌世自杀的想法，还是想有所作为的。如果到后来他有机会逃跑，相信建文帝是会知道该如何选择的。

3. 朱棣行动起来吧

除了上面的种种疑点外，朱棣即位后所采取的种种措施，也在向天下展示皇帝本人好像都不相信建文帝已经死了，因为他的这些行动背后都带有寻找建文帝的含义。总的来说朱棣寻找建文帝是通过水陆两路并行的。先说陆路，朱棣登基后不久就立刻派遣自己的心腹胡濙巡访全国各地。当时，朱棣派遣胡濙出巡天下，其对外打出的名号是寻找仙人张邋遢（即张三丰），顺便考察天下的民情，但实际上是让他寻找建文帝的下落。胡濙这一巡访就巡访了十几年，在巡访途中其母因病去世，按照礼法规定胡濙是要为母守孝三年的，三年待在老家那还得了，于是朱棣直接下令"夺情"，即胡濙不必去职回乡守孝，直接以素服办公，继续巡访天下。从中可见朱棣内心的急切，也可看出胡濙寻张三丰是假，寻建文帝为真。如果真的只是寻张邋遢，顺带再巡视各地民情，朱棣不至于这么着急和不近人情，这些只能说明胡濙所担负的任务十分重要，重要到朱棣容不下一丝拖沓，而这一行动绝不可能是去寻访一位行踪缥缈的仙人。

胡濙是从永乐五年（公元1407）年正式开始出巡天下的，其间在永乐十四年（公元1416年）胡濙返回南京，短暂待了一段时间。永乐十七年（公元1419年），胡濙再次从南京出发巡视天下，继续他的任务，永乐二十一年（公元1423年），胡濙经过四年的查探似乎有所收获，结束出巡返回北京（此时，明朝已迁都北京），想要告诉朱棣自己寻访所得。不巧的是此时朱棣正在进行第五次北征蒙古的军事行动，并不在北京。胡濙到京城后，发现朱棣不在京城后，于是顾不得休息又紧急赶往前线，最终在宣府（今河北宣化）追到了朱棣。胡濙到达宣府时已经是深夜，朱棣已经就寝，但是胡濙表示事情紧急让宦官赶紧通报，而在宦官汇报后果然朱棣连忙接见胡濙，两人彻夜长谈。至于具体谈的什么内容，现在已经不得而知了，但《明史·胡濙传》记载了此次交谈的结果是朱棣"疑始释"，由此可见，胡濙所带回来的消息很有可能是关于建文帝的消息，并且很大可能是建文帝已经去世，所以朱棣才放下心来，不再纠结建文帝的行踪。

而水路就是举世闻名的郑和下西洋一事了。郑和下西洋固然一方面是为了宣扬国威，但是可能也带有探寻建文帝的意图，因为当时也有传言说建文帝一路出逃，后来觉得在朱棣统治下的大明朝实在是无处可逃，于是就泛海出国，乃至于有传说建文帝在海外招揽旧臣，积极培植势力，只等时机一到就要反攻回国，种种传说让朱棣感到不能放松警惕。

而另一方面郑和下西洋的人员配置也透露出寻访建文帝的蛛丝马迹，郑和下西洋的船队里面带有锦衣卫，这就有意思了。要知道，锦衣卫的职能通常有两个，即"掌直驾侍卫、巡查缉捕"，而他们跟着郑和下西洋所要履行的职能绝对不是护卫皇帝，那就只剩下"巡查缉捕"了，当然锦衣卫有时候也负责刺探敌情、策反军将，但是当时朱棣并不想发动对海外征伐，那些小国又远又小，不值得朱棣下手，所以这个职能也就作罢了。如果他们跟着郑和下西洋是为了"巡查缉捕"的，那他们巡查缉捕的对象是谁呢？郑和吗？肯定不是，朱棣对于郑和是十分信任的，不然也不会把这么重要的任务交给他。或者是因为朱棣担心郑和的安全，所以派锦衣卫协同来保护郑和，但是郑和每次出航都会有上万的士兵跟随，如果在这种情况下还不放心郑和的安全的话，那么干脆一开始就别让郑和出航了，老老实实在皇宫里服侍朱棣岂不更安全。

所以郑和下西洋船队中的锦衣卫所肩负的职能有且只有一项，那就是巡查缉捕，其巡查缉捕的对象就是建文帝，看看建文帝到底有没有逃亡海外。如果他真的逃亡海外的话，那么在航行途中或多或少都会得到他的消息，在这时锦衣卫就可以发挥他的巡查缉捕功能，把建文帝给抓回来。不过从胡濙出巡的结果来看，建文帝应该还是在大明的疆土上四处躲藏，并没有选择出逃海外。此外，朱棣除了派遣郑和下西洋外，还曾多次派遣郑和率领一支小队前往云南、贵州等地，其目的也是为了寻找建文帝的踪迹。

永乐十六年（公元1418年）朱棣靖难之役首席谋臣，有着"黑衣宰相"之称的姚广孝于庆寿寺病逝。在姚广孝病重期间，朱棣多次亲自前往探视，并询问姚广孝有没有什么愿望要求。姚广孝则表示希望朱棣放了僧人溥洽，朱棣最终看在姚广孝的面子上同意释放溥洽。

溥洽是在朱棣攻入南京的同一年被朱棣关起来的，到这个时候已经关了十六年了。那么为什么朱棣会无缘无故地关一个僧人，还一关就是这么多年年。因为溥洽除了僧人之外还有一个身份，即他还是建文帝的主录僧，所谓主录僧就是指帮助皇帝或亲王做法事的一群和尚中的首领，明朝有这一传统可能和朱元璋的经历有关，而溥洽就是专门帮建文帝做法事的那群和尚的首领。所以两人的关系可想而知，正所谓"瓜田李下"，朱棣刚入京的时候就有传言说建文帝当了和尚，而溥洽作为建文帝的主录僧则知道具体经过，甚至还有人在朱棣面前举报溥洽曾收留过建文帝。

本着"宁可错杀一万，不可放过一个"的原则，朱棣随便找了借口把溥洽给关了起来。这件事也表明了建文帝根本没有在大火中丧身，朱棣虽然名义上葬了"建文帝"，但也知道那是假的，因此才会把溥洽给抓起来，想从他那里得知建文帝的下落，但是从溥洽被关十六年的结果来看，显然他也不知道建文帝下落，但是他可能知道建文帝确实从皇宫逃离了，不然朱棣不会一关就关他十六年，甚至直到姚广孝临死前请求将他释放才同意释放出来。

因此，从朱棣即位后的种种表现来看，建文帝并没有死于建文四年的那场大火，而是趁大火逃离了皇宫，开始了自己的流亡生涯。人们则多认为建文帝在大火中追随了其爷爷明太祖朱元璋早年的脚步，出家为僧。明英宗正统五年（公元 1440 年）在广西思恩府便出现了一个九十多岁的僧人公开宣称自己是建文帝，当地官员不敢怠慢，连忙将这个情况上报给了朝廷。英宗下令将这个僧人带到京城，命令有司进行调查，一调查就发现是假的，因为首先年龄就对不上，如果建文帝此时还活着那差不多有六十多岁，九十多岁这个年龄跨度有点大啊，经过调查发现这个所谓的"建文帝"实际上是钧州人杨行祥，朝廷当即将其下狱，不久之后其便死于狱中。

尽管最终朝廷证明了这是一起事先谋划的事件，但是也表明了建文帝出家为僧并四处流亡这一说法的广泛流传。甚至在我们上面所提到的张居正在回答万历皇帝的问题时，都提到了建文帝出家为僧，但是，关于建文帝的最后下场，连张居正也没有给出一个确定的答复，他所做的也只是在回答完万历皇帝的问题，把那首著名的据说是建文帝出逃路上所作的诗上奏给了万历皇帝。

至于建文帝到底去了哪里呢？到现在都没人能给出一个确切的说法，有人说他去了云南，有人说他去了四川，还有人说他去了浙江，也有人说他去了陕西，林林总总的说法加起来也有十几种了，为了确定建文帝的最终下落，所运用的史料连地方志、笔记小说、摩崖石刻甚至连民间传说和地方民俗都列入了考察范围，但最终任何一方都没有成功说服其他人。或许，建文帝的一生根本没有一个确切的落脚点，建文四年的那场大火不仅烧毁了皇宫，也烧毁了他的家，他唯一能落脚的地方，从此之后，他只能做一个无家可归的流浪者在曾经属于他的大明江山上流浪。

二

永乐盛世，万邦来朝

逆风翻盘，皇位天上来

洪武三十一年（公元 1398 年）明太祖朱元璋病势逐渐沉重，闰五月，崩于西宫。临终前留下遗诏说："朕顺应天命登基为帝，三十一年来，担忧天下危亡，日夜勤于政事不敢有所懈怠，务求有益于黎民。无奈见识局限于出身寒微，又无古人之博学卓识，惩恶扬善之事，不及古人远矣。现在顺应自然万物的天理，溘然故去，没有什么值得哀伤的。

这位雄才大略的千古一帝，临死之前的心思淡然而澄澈，充满了乐天知命的睿智与豁达。他平静地安排着自己的身后之事：皇太孙朱允炆继位为君，要求内外文武大臣们齐心协力辅弼他。丧礼上不用金银玉器，以示节俭。孝陵不要再扩建，以节约民力。天下臣民百姓哀悼三天，全部释服，以免影响百姓的婚丧嫁娶。各位诸侯王都留在封地，不要来京拜祭等。却好像全然忘记了一月之前，他曾亲自颁发给燕王的另一道诏令："朕的几个儿子中，唯你最有才智，秦、晋二王已死，诸王之中以你为长，安定天下，舍汝其谁？……你要统率着诸王，审时度势，防边爱民，不要辜负朕的心意！"这道诏令中，似乎又隐隐约约地暗示着某种别的意思。

这个意思，不能明言，却又真真切切地根植于燕王朱棣的心中，让他不得不强力压抑住那时时刻刻躁动不安的心跳。如今遗诏一出，尘埃落定，朱棣能够接受这突如其来的，让他只能做侄儿的臣子的天命吗？如果不能的话，他又该怎么做呢？

1. 太祖余威犹在，建文稳定内外局面

朱棣刚听到朱元璋去世的消息，就第一时间离开北平急赴南京奔丧，逼得朱允炆不得不把他截在半路，派人亲自将遗诏送到他的手中。朱棣接到遗诏，只得心不甘情不愿地停住了前行的脚步。朱棣心里一直有一种期望，目前，朱元璋初崩，南京城中一片混乱，只要自己第一时间赶到南京，一切都是未定之数。但是，面对着朱元璋的亲笔书写的遗诏，他还是克制住了心中欲望。朱元璋的权威，在他心中是一堵高墙，让他一直心有余悸，无法逾越。寻思良久，还是决定放弃这个争取皇位的机会，掉头返回了北平。

朱棣的退让，令朱允炆长出了一口气，开始腾出手来抓紧稳固自己的地位。五月大赦天下，改明年为"建文元年"，葬朱元璋于孝陵，诏令为朱元璋服三年的丧。六月，改革省县行政区划，裁撤冗余官员，提拔曾在太子东宫任职过、自己信任的齐泰为兵部尚书，黄子澄为太常卿，让他们共同主持朝政。七月，任命方孝孺为翰林院侍讲，以加强天子在朝中的影响力。八月，发布诏令，兴州、营州、开平诸卫军中，有全家男丁都在军中服役的家庭，可免除一人的兵役，家中只有独子在军中的，免除兵役，听任其回家中种地，以此仁政收敛天下人心。九月，简拔贤能，以何福代替殁于军中的云南西平侯沐春，统领其部队，十二月，何福就平定了麓川的土司叛乱，斩其头目刀干孟，可见朱允炆继位之初还是颇有章法的。十一月，下诏书让群臣直言己过，又要求臣工推荐山野中有才德之士。十二月，天下次年田租减半征收，与民休养生息，并释放被因犯法被刺配军中效力的军人及囚徒让他们返回乡里。经过一系列整顿，内外局面趋于稳定，朱允炆对政局的掌握力空前增强，可以安排下一步的行动了。

在朱元璋在世时的余威震慑下，朱棣不敢轻举妄动，这也给朱允炆赢得了时间，让他有精力有时间去稳定朝中的政治局面。然而，在此之后，这对叔侄的最后对决终将到来！

2. 山雨欲来风满楼

由于朱允炆忌惮燕王为首的诸王强横不法，采纳了齐泰和黄子澄的建议决定削藩。不过，两人意见还是略有不同的，齐泰的意见是先对实力最强的燕王下手，而黄子澄则认为，应剪除燕王羽翼，对付实力较弱的诸王。最后，朱允炆经过权衡，采纳了黄子澄的意见，以查处诸王不法行为借口，着手开始布置削藩。一时之间，诸王罪状纷纷败露，不到一年，周王、岷王、湘王、齐王、代王先后因各种罪名被废黜，其中湘王朱柏自焚，死得异常惨烈，皇帝与诸王们的关系，骤然紧张起来。

十一月，朱允炆任命张昺为北平布政使，并让谢贵和张信执掌北平都指挥使司，密令他们暗中查找燕王谋反的证据。张信是朱棣的旧部，假作服从，却和朱棣暗通款曲，将消息传递给朱棣。朱棣得到消息后，心中暗中自危，就装起病来，他狂呼乱叫，看起来像是癫狂症发作，完全失去了神智。张昺、谢贵被他迷惑，渐渐放松了警惕。朱棣明里装病，暗地里却命令手下，在王府地窖里打造兵器，地窖上面放养鹅鸭，整日喧闹，以掩饰打造兵器发出的声音。

此时，谢贵、张昺派兵把守住王宫，禁止任何人出入。朱棣也秘密与自己的谋士道衍（姚广孝）商议，让手下指挥使张玉、朱能从地道将勇士八百人送进王府，这些人可称得上是朱棣的死士，暗中加强王府的守卫。北平的局势，表面上看起风平浪静，暗地里却剑拔弩张，暗流涌动，形势波谲云诡，空气中充满了浓重的火药味，大战一触即发，正所谓"山雨欲来风满楼"。

3. 图穷匕见，靖难师出

建文元年（公元 1399 年）六月，燕王军队中的一名百户倪谅告发燕王谋反，齐泰将燕王使者邓庸下狱，大刑之下，邓庸招认燕王有谋反的行为。齐泰立即下令张昺逮捕了燕国护卫中的军官于谅、周铎，并处死了他们。朱允炆下诏严厉斥责燕王，并派太监来到北平，逮捕了燕王府的僚属。齐泰给张信写密信要他逮捕燕王，不料张信早已投降朱棣，成为他的心腹。朱棣得信后，放出消息称自己病已非常严重，随时可能死去，暗地里却加强了起兵的准备。七月，燕王朱棣令张玉、朱能引八百死士隐匿在端礼门，诱骗张昺、谢贵入门后，一举将二人擒杀。

随后，张玉、朱能引八百死士趁夜攻击北平九个城门的城防守军。守军无人指挥，乱成一团，很快被张玉、朱能率领的死士突破了防守。而朱棣在北平掌军已久，士兵们素来服其威望，故纷纷放下武器，投降燕军，战斗显得并不激烈。朱棣兵不血刃轻而易举地占领了九门，北平落入燕王之手。参政郭资、副使墨麟、金事吕震等大批官吏投降，不肯臣服于朱棣的长史葛诚、指挥卢振、教授余逢辰等被当场处死。指挥马宣逃往蓟州，俞瑱逃到居庸关，宋忠正在前往北平的路上，听说北平燕王叛乱后退保怀来。

朱棣上书天子，指齐泰、黄子澄为奸臣，奏书中引用《皇明祖训》说："朝中没正直的大臣，尽是奸恶之辈，燕王训练兵士以待天命，接到天子密诏，将率诸王讨平天子身边的奸佞，以清君侧！"奏书发出之日，朱棣就自己任命官署官员，誓师起兵，并将此次出师称为"靖难"。燕兵一出，不到二十天相继攻陷蓟州、居庸关、怀来、遵化。马宣、宋忠、俞瑱、彭聚、孙泰等守将战死，通州、遵化、密云和永平的守将投降，至此，燕军兵力已经达到数万人。一场历时四年的"靖难之役"，慢慢拉开了序幕。

4. 兵出真定，累战皆捷

建文元年（公元 1399 年）八月，朱允炆任命太祖旧臣耿炳文为征虏大将军，李坚和甯忠为左、右副将，起兵讨伐朱棣。耿炳文在太祖开国众臣中，能力并不算出色。但因为朱元璋晚年大肆屠戮功臣，元勋宿将凋零，朱允炆能拿得出手的将领并不多。耿炳文也勉强算是打过大仗的人，朱允炆选他为将，也算是无可奈何之举。当然，起兵也免不了誓师，朱允炆在誓师时祭告了天、地、宗庙和社稷，宣布削除朱棣的王爵。下诏令说："国家和宗族不幸，朕的骨肉宗亲多次出现谋逆的行为……朕因为朱棣血脉关系亲近的缘故，没有忍心认真追究他谋逆之事，现在朱棣居然不念恩德，举兵造反作乱。意图危及宗庙社稷，这种行为被天地祖宗所唾弃，罪不容诛……"等，要求天下各色人等，与国同心，齐心协力扫荡叛乱，安定天下。

耿炳文引军三十万，兵发真定，前锋抵达雄县时，遭遇燕军埋伏，全军被朱棣骑兵突袭，阵形被冲散，溃不成军。残兵退守雄县县城。朱棣夜渡白沟河，包围了雄县，未几破城，杀九千余人。取胜后燕王马不停蹄又赶到真定，与张玉、谭渊两面夹击耿炳文主力，再次大败耿炳文，活捉李坚、甯忠及顾成，歼敌三万余人，取得大胜。耿炳文引残军退守真定，朱棣引兵围真定，连续二日不克。朱棣恐牵延时久，夜长梦多，怕耿炳文援军到来，腹背受敌，于是引兵退去。

真定之战，燕军以精锐骑兵突袭，冲击耿炳文部，以少胜多，取得大胜。由此也可看出明军统帅的军事素养与士兵的战斗力与燕军存在着巨大的差距。对明军而言，最恐怖的时刻即将到来，他们能扛住燕军的下一波重击吗？

5. 奔袭大宁，实力骤增

因为耿炳文惨败，朱允炆以勋戚李景隆代替耿炳文为将。其后又担心诸王参与燕王叛乱，下令召辽王朱植、宁王朱权到南京。朱植奉命到京后被变相软禁，朱权不奉诏，朱允炆下诏削去他的护卫。不过，这已经没什么作用了，朱允炆鞭长莫及，已经不能对不奉令的诸王怎么样了。九月，朱允炆令吴高、耿瓛、杨文率领辽东的军队，包围永平，李景隆合兵五十万驻兵河间，燕军支援永平，吴高见无法破城，退兵而还，坚守山海关。九月二十五日，朱棣在山海关大败吴高，斩俘数千人，吴高坚守不出。

朱棣苦于兵力不足，听说朱权不奉朱允炆号令后，燕王大喜，如果能得到朱权手中的精兵锐卒朵颜三卫的支持，则自己与朝廷对抗，就胜率大增了。朵颜三卫又称兀良哈三卫，是归附于明朝的蒙古骑兵，号称有"带甲八万，革车六千"，全是骁勇善战之徒。为此，燕王亲率精锐前往朱权驻地大宁，留太子朱高炽守北平。朱高炽是朱棣的长子，是个体形和心性都十分端庄稳重的年轻人，喜欢宅家读书，或者和读书人交流，做事靠谱，朱棣留他守自己的根本之地，也是信任他的表现。

此时，宁王朱权保持中立，与大宁的明军守将朱鉴不相统属。朱棣从刘家口走小路偷袭大宁，守将朱鉴猝不及防，战败被杀。朱棣前去拜见宁王朱权，为消除担忧，他未带一个随从，单骑入城与宁王相见。其后，部属混在进城的平民百姓中，向城中渗透，并秘密拉拢宁王手下蒙古将领和宁王手下护卫军官。朱棣与宁王朱权商谈竟日，朱权还是不愿与朱棣一起造反。朱棣声称要返回，宁王置酒饯行，送至郊外。朱棣伏兵胁持宁王，并召集蒙古骑兵及护卫军士，所有的人都愿意随朱棣返回北平，城中为之一空。朱棣得到朵颜三卫的兵力支持，实力大增。

但是，此时李景隆也得到了朱棣引兵倾巢而出、城中空虚的消息，他大举兴兵，越过卢沟桥向北进军，包围了北平，日夜进攻不止。朱高炽这个文弱的胖子，能够撑起保卫北平的重任吗？

6. 力战北平，竟克全功

朱高炽此时正守卫北平，朱棣将自己最重要的谋士道衍和一道坚守不许出战的命令留下来给他。除此之外，给他的兵力只有万人，这样做的原因，大概是缘于对李景隆的轻视。据说朱棣听闻朱允炆以李景隆取代耿炳文统兵之后，评价道："李景隆是个膏粱之徒，无能小子！没什么谋略而且容易骄傲，表面上看起来厉害其实内心胆怯。从未打过什么像样的仗，建文帝随意地让他统率五十万军队，是自己坑害自己啊！"朱棣坚信只要朱高炽听从自己的教导，加上有当世最厉害的谋略大师道衍的辅佐，北平坚城一定能坚持到自己带着朵颜三卫归来。

实际情况正如其所料，朱高炽出色地完成了他交代的任务，力守坚城不出。成功阻击了 50 万敌军的屡次进攻，为朱棣的回军，赢得了时间。其间，朱允炆遣人赐书给朱高炽，许以封王，引诱他归顺朝廷。朱高炽马上把信件原封不动地送给朱棣。此前，朱高炽的兄弟朱高煦、朱高燧都聪明能言善辩而有宠于朱棣，宦官黄俨因此党附他们。朱高燧得知此事后，指使黄俨到朱棣面前通报说："世子与朝廷私下交通，现在朝廷的使者到了！"话还没说完，朱高炽使者就到了，朱棣拆开书信看完后，感慨地说："差点就听了你的谗言，误杀了我的儿子！"

十一月，朱棣从大宁回师，路过白河，河水汹涌又无舟楫，大军无法渡河。第二天，突遇寒流河水上冻，燕军从冰上过河。朱棣向部下宣称是自己向神祈祷所致，燕军闻言士气大振。渡河后，燕军遇到李景隆手下都督陈晖统率的偏师，朱棣迅速组织进攻，陈晖兵败。败军争相渡河，河上冰突然化开，淹毙的李景隆军败兵多不胜数。随后，燕军在郑村坝遭遇李景隆主力部队。朱棣以朵颜三卫精锐骑兵先行，攻破李景隆部七座营寨，其余部队源源不断地赶来，李景隆大败，引残部退保德州。

朱棣又计划攻击大同，他说："我军攻击大同，李景隆必然会去救援，大同冬季寒冷，李景隆军士兵都是南方人，不习惯于寒冷天气，必定会疲于奔命！"出兵后，经过广昌时，守将投降。建文二年（公元 1400 年）正月，朱棣攻破蔚州，逼近大同，李景隆果然从紫荆关前来救援。此时，燕军已经退兵，退回居庸关，李景隆士兵冻饿而死者众多，未能找到敌人，无功而返。朱允炆被迫将齐泰、黄子澄两个罢职，向朱棣示好，想延缓燕军攻势。

北平保卫战是朱高炽在靖难战役中最高光的时刻，他的胜利对于整个靖难战役而言，具有重要的意义。朱高炽力保北平城不失，给朱棣的回军争取了时间，朱棣的冒险出击夺取了朵颜三卫的指挥权，实力大增，使击败李景隆50万大军成为轻而易举的事情。两军之间攻守之势易位，实力对比发生了实质性的逆转。

7. 燕师惨败，士气大挫

建文二年四月，李景隆引军进逼河间，与郭英、吴杰、平安会师于白沟河。大军驻扎在河边与燕军相持。此时，一阵龙卷风刮过，吹折了李景隆的帅旗。朱棣下令乘风放火，在李景隆军忙于救火之际，燕军发起了进攻。李景隆军中混乱，无法组织防御，被燕军乘乱斩杀数万，其余掉进河里淹死的也有十余万人。都督瞿能、越巂侯俞渊、指挥滕聚等全部死于此役，李景隆向南而逃，退守德州。

五月，燕军进攻德州，李景隆再败，又逃往济南。燕军随即集中兵力进攻济南，李景隆军在城下列阵，又被击败。燕军进攻济南城，铁铉、盛庸坚守不出，燕军死伤惨重，不克而还。

九月，朱允炆下令撤换李景隆，任命盛庸为平燕将军，代替李景隆为将。盛庸能力比起李景隆还是略胜了好几筹的，至少拥有优势兵力的情况下不会昏招迭出，他上任后，组织攻势，又夺回了德州。盛庸分兵四部，与吴杰、平安、徐凯互为掎角，以围困北平城。

燕军出战，与盛庸会战于东昌，盛庸用火器和强弓劲弩远程射击燕军，燕军全军溃散。此后，平安率军赶到，与盛庸合围燕军。朱棣大败而逃，拼命突围，仅以身免。此战燕军阵亡数万人，连主帅张玉都战死了。过了几天，再次会战，又击败了燕军。朱棣引残兵，败退到馆陶。盛庸军势大振，发檄文要求天下各地合击燕军，断绝其退路。见战势顺利，朱允炆心情大好，下诏恢复了齐泰、黄子澄的官职。可能是觉得胜利在望，他又下了一道诏令，再次要求诸军见朱棣不许伤他的性命，"毋使朕负杀叔父名"。这当然是迂腐之举，两军阵前若缩手缩脚，又怎么能打得好仗。

此次战役是盛庸代替李景隆后重新发起的攻势，李景隆志大才疏，草包一个，因为指挥失误与勇气不足，造成了明军的大量伤亡。盛庸代替李景隆后，战场形势大见起色，取得非凡的大胜，打破了燕军不可战胜的神话。

8. 南京陷落，靖难功成

建文三年（公元 1401 年）二月，燕军再度出击，三月，与盛庸大军相遇于滹沱河。朱棣带着十多个骑兵前往盛庸大营侦察，当夜就宿营在盛庸大营不远处。第二天，起来才发现已经陷入了重围，朱棣从容地骑着马，吹响号角穿过大营而去。盛庸手下众将，因为建文帝曾下诏令不许伤害燕王性命，只能眼睁睁地看着他离去，不敢引弓去射他。当日再战，正混战中突然东北风起，盛庸军处在下风口，尘埃遮目，形势极为不利。燕军乘机发起进攻，盛庸军大败。吴杰、平安引军接应盛庸，在藁城与燕军相遇，两军交战，吴杰、平安又败，逃往真定，两方战局进入胶着状态。朱允炆放逐齐泰、黄子澄，让他们外出招募军队勤王。

建文四年（公元 1402 年），有建文帝处罚过的太监到燕军中告密，申言南京城中空虚，防守兵力薄弱，可以攻取。朱棣听说，慨然说："年年打仗，什么时候是个头？应该尽全部之力决一死战，不能再回头了。"于是十二月再次出师，欲倾全部兵力，直捣南京。

四月，燕军在馆陶渡过黄河，平安派四万骑兵从背后进攻燕军，被燕军击败。紧接着又与平安、何福带领的大军会战。两军混战中，燕军几次危亡都有惊无险，最终战胜平安、何福大军，活捉平安、陈晖以下明军将领三十七人，何福逃走。

五月燕军接连攻下泗州、盱眙，进逼扬州，驻军江北。朱允炆派朱棣的堂姐庆成郡主来到朱棣军中，请求割地而和，被朱棣拒绝了。

六月，江防都督佥事陈瑄带领水师叛变，归附燕军。朱棣组织盛大的仪式，祭奠长江，事后，从瓜州渡过长江。盛庸带领海船来攻击燕军，被燕军击败，燕军轻而易举地占领镇江。大军进至龙潭时，建文帝派大臣和诸王前来议和，被朱棣拒绝。进至金川门，谷王朱橞与李景隆开金川门投降燕军，南京自此陷落。

关于朱允炆的下落，有说他化装逃走的，也有说他自焚而死的。朱允炆的行踪在历史上是一个未解之谜，其中头绪众多，错综复杂，要分析起来，需要更多的篇幅，不在本文探讨范围之内。

9.“天佑”靖难

朱棣是朱元璋最有才能的儿子，却不是他最喜爱的儿子和最放心的儿子。朱元璋选定的继承人是长子朱标，他自幼以宋濂为师，受到儒家经典熏陶，性格仁慈宽厚，朱元璋对其寄以厚望。他的英年早逝，打乱了朱元璋的计划。仓促之间，又选定性格柔仁懦弱的朱允炆。但朱允炆空有其父的仁慈却无其治国之才能，威望也无法让他几位强横狠戾叔叔臣服，这是“靖难”之役发生的根本原因。

朱元璋刚去世时，余威尚在，朱棣不敢违反他的遗命，从而失去了争夺皇位的最佳机会。其后，随着朱允炆一步步稳固政权，施恩于天下，朱棣夺取天下的希望越来越渺茫。就在人们认为朱棣终将以一个王爷的身份郁郁而终的时候，朱允炆却犯了致命的错误。

他削藩步子迈得太急太猛，最终将诸王全部逼到了自己的对立面。而朱允炆方面，则因为朱元璋晚年对功臣屠戮过甚，一旦乱起，手中竟无能打仗的将军可用，这也是他在“靖难之役”失败的直接原因。

“靖难”之役历时四年，转折点是在于北平保卫战，这一战朱棣收获了朵颜三卫的全部兵力，这支彪悍的骑兵也成为他手中王牌，让他屡次在绝境中转危为安，反败为胜。而朱允炆方面则因为李景隆的软弱无能，导致 50 万大军被白白葬送。双方实力此消彼长，形势逆转。明军虽然也打过几次胜仗，却未能从根本上改变战局。胜负的天平正一点点地向朱棣一边倾斜，虽然缓慢，却绝不停息。

最后，南京的陷落表面上的原因是叛臣的出卖，实际上也是大势所趋。就算是没叛臣出卖，朱允炆也不过是多坚持些时日罢了，改变不了大局，他的失败其实也是一种必然。

其实朱棣根本不相信什么天命，他坚信的是自己的实力。通过他的坚持，实现了外人看来根本不可能的逆风翻盘，皇位从天而降。现在，历史是朱棣自己的了，由着他任意挥洒，去书写属于自己的华章。

皇帝的正名计划

建文四年（公元 1402 年）的一天，朱棣正坐在奉天殿的宝座上，不久之前这里还属于他的侄儿——建文帝朱允炆。现在历时四年之久的"叔侄大战"终于落下了帷幕，建文帝输掉了一切，包括他的皇位，就连朱允炆自己都是下落不明。今天的奉天殿格外吵闹，满朝文武认为国不可一日无君，因而请求朱棣为了天下苍生，不辞辛劳，登上皇位。朱棣本人也倒是有此意，正准备松开时，突然一位大臣站了出来对朱棣说道："殿下就这么急着继位吗，难道不打算去孝陵祭拜一下吗？"这句话犹如当头棒喝，一下子将飘飘然的朱棣拉回现实，朱棣立即表示当然要先去祭拜孝陵，马上立刻的那种。所谓孝陵就是明太祖朱元璋和皇后马氏合葬的陵寝，朱元璋活着的时候大权在握，整个帝国全在他的掌控之下，无人敢不服，而现在朱元璋已经死了好几年了，人走茶凉这个道理同样适用在皇帝身上，因而在皇位和谒陵之间，朱棣果断选择谒陵，这其实并没有什么实际意义，更多的是为了表明一种态度，至于是什么态度，我们先按下不表。而那位提醒朱棣的大臣也不是一般人，他就是后来名噪一时的三杨之一的杨荣。

朱棣是造反起家，那么朱棣为什么要造反？往小了说是为了避免建文帝的迫害，毕竟当时那么多藩王都已经被大侄子干掉了，不出意外很快就到朱棣了；往大了说是为了夺取皇位，这里面也离不开姚广孝等人的撺掇。这是朱棣起兵的真正原因，但这种理由上不了台面，"君要臣死，臣不死是为不忠"，所以朱棣有自己的一套说辞，就是所谓的"奉天靖难"，朝廷里面出现了像黄子澄、齐泰这样的奸臣了，建文帝被他们蒙蔽了，作为正义的使者朱棣要起兵勤王匡扶正义，道德的制高点必须抢占。

最后朱棣打下南京城了，按照成王败寇的定律，朱棣说的什么都是对的，他确实是为了起兵勤王，一心报国，避免老朱家的江山被奸臣祸乱，这些都没问题。但所有这一切只能说明朱棣的起兵是没有问题的，但没有一条理由表明朱棣打下南京城就能做皇帝了。朱棣刚到南京的时候和方孝孺有一段对话，方孝孺问朱棣你是来干什么的，朱棣说我是来学周公辅佐成王的，方孝孺又问那成王呢，朱棣回道成王自焚了，方孝孺再问那成王的儿子和成王的弟弟呢，朱棣自知没趣，只好回了一句，这是我们老朱家的家事，先生你就别再问了。方孝孺与朱棣的谈话点出了朱棣当皇帝最大的一个问题——合法性。建文帝是朱元璋指定的皇位接班人，正统地位无可撼动，这一点就是朱棣自己也承认的，四年靖难之役其间，朱棣尽管列举了朝廷的许多过失，但从来没有否认建文帝是正统皇帝，或许朱棣当时也没想到自己能赢，想给自己留条后路，要是直接称呼建文帝是"伪皇帝"，一旦朱棣战败，肯定是死路一条。

好，那么问题就来了，从双方的身份来看，也就是说靖难之役是皇帝与藩王之间的战争，如果皇帝赢了，那就是平定叛乱，如果藩王胜了，那就是清君侧。战争的结果是第二项，朱棣掌握了解释权，此事被定义成"清君侧"，朱棣给自己的定位是周公，朱允炆是周成王，但周公就是周公，根据历代以来的包装宣传，他可以独揽大权，甚至一人之下万人之上，但从来没有听过周公干掉成王，自己就能登基坐皇帝的，那样性质就变了，不是周公了，而是王莽了。

朱棣想当皇帝是吧，简单，承认自己就是造反，什么诛杀奸臣都是扯淡，反正建文帝现在也死了（朱棣认定），朱棣拳头最大，谁敢反对就灭了他。但这样不行，因为皇帝的脸面很重要，说糙一点就是当了那什么，还得立牌坊。再说了，因为拳头大就可以当皇帝，那是不是有其他藩王能干掉朱棣，也能当皇帝啊，所以继位的合法性很重要，不然会造成皇位的不稳，甚至连明朝的大臣都会看不过去。

1. 请叫我皇帝陛下

建文帝"三人智囊团"中的黄子澄就曾对朱棣继位的合法性表示质疑和反对。靖难之役后期，黄子澄奉命在外地招募勤王军队，南京陷落后，朱棣派人将黄子澄抓到南京来，并亲自下场进行审问。黄子澄作为建文帝的心腹，他的态度在建文帝旧臣中有风向标作用，所以朱棣很希望他能服个软，别像方孝孺一样那么犟，但没想到黄子澄当着朱棣的面一口一个"殿下"，皇帝应当被称为"陛下"，黄子澄公开表示自己只知道朱棣凭借武力打赢了仗，但自己不知道朱棣已经继位当皇帝了，表明他只承认朱棣是一个藩王，绝不是皇帝。并且黄子澄还特别恶毒地咒朱棣说："殿下您本人不守祖训，做出这等为逆之事，不错你现在是大权在握了，但你有没有想过，你开了这个恶例，恐怕你的子孙后代会以你为榜样哦。"这一下子就戳中了朱棣的痛处，要知道朱棣虽然自己靠造反起家，但是他最怕的就是自己的后世子孙也学自己来个"靖难"。到了这个时候了，本来想好言相劝的朱棣也坐不住了，脸色大变，直接呵斥黄子澄道："我能当皇帝是有天命保佑的，哪里是你这种小人能够议论的，我听说你还打算去海外搬救兵啊？"他不说这个还好，一说这个黄子澄更激动了，对朱棣所宣称的天命无情驳斥，黄子澄表示，什么是天命啊，元朝末年，民不聊生，你爹揭竿而起，救斯民于水火，这个叫天命；殿下英勇无比，你爹当年派你镇守北疆，拱卫大明，你好好干，这就叫天命。现在你带头起兵造反，推翻合法皇帝，这就是逆天而行，我黄子澄要是真去海外搬救兵，引狼入室，这不就跟你一样了吗。一番话说下了，搞得朱棣哑口无言。

黄子澄是铁杆建文党，他这么说不奇怪，那一般的大臣怎么看呢？还是刚进南京那会儿，朱棣刚专门下旨征召大明开国功臣诚意伯刘基（即刘伯温）的二儿子刘璟入京，可能是因为刘基威望很高，朱棣希望他的家族能够带头，在群臣中做个表率。结果刘璟直接说自己生病了，来不了，您另请高明吧。朱棣一怒之下直接派人把刘璟从他老家给抓到京城来，刘璟本来就不想来，结果被强迫过来，心情可想而知，在觐见已经登基为帝的朱棣时，仍称其为"殿下"，拒绝称其为"陛下"，并且还给朱棣放了一句狠话，那就是"殿下百世后，逃不得一'篡'字。"得，这比黄子澄还直接，朱棣最讨厌别人说他篡位，这句话可以说是彻底戳中了朱棣的痛处，于是刘璟就被下狱了，朱棣打算好好审审他，但没想到刘璟也是一个宁折不弯的人，在狱中自杀身亡了。朱棣本来召见刘璟是想千金买骨，在群臣中起个表率作用，结果鸡飞蛋打，还落得个迫害功臣后代的罪名。

2. 行动起来吧朱棣

从上述的两件事便可看出，朱棣虽然夺得了皇位，但是其继位的合法性仍有待进一步加强。朱棣本来也知道这个问题，所以在进入南京城后就开始采取行动了。还是拿靖难之役来说吧，朱棣当初起兵之际曾打出"清君侧，靖国难"的口号，要知道这个口号可不是一拍脑袋想出来的，这是根据姚广孝的建议，朱棣援引朱元璋所下令编撰的《皇明祖训》中的内容，用爷爷来压孙子，体现自己起兵的正当性，朱元璋在位的时候曾经考虑到如果朝中出了奸臣，而天子无法制约的特殊情况，所以他《皇明祖训》中写道：如果朝廷中出了奸臣，而且中央已经没有力量纠正了，这种情况下皇帝可以下密诏给各地藩王，让他们起兵进京勤王。

朱棣当时找这么一条理由就是随手翻的，但当南京真的被打下来以后，朱棣发现自己这个理由中有一个漏洞。《皇明祖训》中是规定藩王可以起兵勤王，但是有着十分严格的条件的，其中最重要的一条就是必须要有"天子密诏"，很显然朱棣起兵的时候并没有"天子密诏"，或者说他当时没想到自己能赢，忘了伪造一份了，所以他起兵的合法性也是有漏洞的。但后来朱棣要继位了，就得严谨起来了，手下的参谋发现了这个漏洞，正所谓"亡羊补牢未为晚也"，那就修补吧，于是朱棣在其即位诏书中直接将朱元璋的《皇明祖训》给改了，去掉了起兵程序中需要的"天子密诏"这一项，也算是对自己起兵的合法性进行进一步确立了吧。

但说了这么多，到目前为止只是解决了起兵的合法性，但当皇帝的合法性还是没能树立起来啊，依然是任重道远，所以还得接着来。

朱棣做的第一步是立人设，在朱棣进入南京城的同时，建文帝在皇宫中放了一把火。那么朱棣赶忙派人去救火，但是晚了，人没救到，只发现一具焦尸，至于朱棣救火的原因和这具焦尸是不是建文帝本人，前几章有提过，所以这里就不多说了，反正朱棣觉得尸体就是建文帝的。这里主要说一说朱棣之后的表现，朱棣也不怕烫、也不嫌脏，抱着焦尸就是一顿号啕大哭，一边哭还一边说："你这个傻孩子怎么这么想不开啊，四叔来是帮你的，你这么就做了这种傻事啊。"紧接着便下令厚葬自己这位已经烧焦了的侄子。

可以说朱棣通过这些行为把自己完美的塑造成了一位"慈祥"的叔叔，似乎刚才的大军攻城和之前连续四年的互相厮杀都是假的一样，朱棣通过这么一番举动是想要撇清自己弑君的责任，毕竟通过弑君当上皇帝是很不光彩的，当然别看这里演的这么有情有义，后面朱棣为了塑造自己的正统性，毫不留情面打压朱标、朱允炆一系，这就是后话了，只是不知道那时朱棣想起当年抱着尸体痛哭的场景会不会感觉有点硌硬。然而仅凭这一点就想把自己继位的合法性给确立起来，那是远远不够的，朱棣自己也清楚自己要确立继位合法性还有很长一段路要走。

要想合法登上皇位还得接着演，不过演戏这种东西啊，不能光有演员，朱棣自己一个人演的再足，那也是个独角戏，不热闹，所以还得有捧场、叫好、鼓掌的。这个时候呢，就轮到朝中大臣们上场了。前面说了，朝中虽然有像黄子澄、刘璟这种耍大牌的，但这毕竟是少数，识时务者为俊杰，天下现在尽在燕王手中，大臣们也看得明白，只要我们的荣华富贵能保住，你们老朱家谁当皇帝不是当啊，既然老大要配合那就配合吧，谁还不是个演技派呢。

于是啊，助演就登场了，助演呢主要分为两种，一种是和朱棣一起打天下的靖难功臣们，像姚广孝、朱能、丘福等人，这一派属于从龙功臣；另一派则是投降于朱棣的"建文旧臣"，其中以被明太祖朱元璋称作"中外一人，中流砥柱"的建文朝兵部尚书茹瑺为代表，此外还包括夏原吉、蹇义、杨士奇、杨荣、杨溥、解缙等人。靖难功臣们的动机很好理解，毕竟他们是跟朱棣绑在一条绳子上了，可谓一荣俱荣，所以他们需要通过拥立朱棣继位来消除自己"以下犯上"的罪名，而建文旧臣则需要通过确立朱棣继位的合法性来避免自己被指责为"卖主求荣"。那么两派之中哪一方的表演最卖力呢，当然是建文旧臣们，靖难功臣已经在战场上证明了自己的功绩，至于拥戴朱棣登基，这个属于锦上添花。而建文旧臣们则不一样，靖难之役的时候他们谁没在朝廷上唾弃过朱棣，现在虽然朱棣接受了他们的投诚，但难免心中会有芥蒂，而且靖难功臣派肯定打心眼里看不起他们，所以必须通过拥戴朱棣继位来争取主动权，打一个漂亮的翻身仗。

要说建文帝的旧臣办起事来就是快，在朱棣刚进入南京城的当天，茹瑺便带领着群臣进行劝进，以"国不可一日无主"的名义请求朱棣赶快登基称帝，这阵仗连朱棣都被吓了一跳，建文帝刚死自己就急着登基，传出去太难听了，所以朱棣对此表示推辞。朱棣一拒绝，建文帝的旧臣们就有些纳闷，朱棣这是什么意思，要试探咱们吗？还好有聪明人一拍脑袋想了起来，做皇帝不是去菜场买菜，拿起来就走，这得有一套流程，叫"三辞三让"，一次就答应的显得太猴急了，所以咱们还得接着来。

于是紧接着到了第二天，诸王和文武群臣们一同上书朱棣，请求他顺从天意即皇帝位，到这里朱棣的登基就被换了一个概念，就是顺应天意，言下之意就是建文帝是不顺天意的，要不然怎么被赶下皇位了。朱棣一看这按照流程来了，大臣们很上道啊，那就走起吧，于是朱棣再次拒绝，并且表示自己的本意只是替国家除去奸凶，做周公那样的人，至于皇位，对不起并没有太大的兴趣，所以各位还是另请高明吧。对于朱棣的说辞，诸王和文武群臣们也知道就是说说而已，于是，这些王爷和大臣继续劝进，劝进得再换套说辞啊，这次他们给出的理由是，朱棣是太祖皇帝的嫡子，而且是现存儿子中年龄最年长的，按照朱元璋的规定"有嫡立嫡，无嫡立长"，朱棣不光是"嫡"还是"长"，简直再合适不过，从嫡和长两个角度来劝进，可见这个时候诸王和群臣就已经开始在确立朱棣继位的合法性了。

但是朱棣对此再次表示拒绝，于是在第三天继续劝进，不过换了一批人，由和他一起打天下的那些武将来劝谏，这次这些大将以"天命"角度来宣传朱棣继位的合法性，认为朱棣自起兵开始，战无不胜攻无不克，凭借十万人大败朱允炆百万大军，堪称奇迹，如果不是上天保佑的话，实在想不出还能怎么解释，不过朱棣觉得火候还是不足，于是再次表示拒绝。到了第四天由诸王再次上表劝进，结果又遭到朱棣的拒绝。但是在诸王劝进被拒绝之后，文武群臣并没有表示退却，而是在诸王劝进的当天再次上书劝进，结果朱棣再次表示拒绝，并声称要从明朝的王爷里面选一位才德俱全的王爷来继承皇位。早前诸王已经劝进过朱棣一次，广义上来讲明朝的王爷都有一定的概率继承皇位，但他们既然都已经上表劝进了，就表示他们已经放弃了这个权利，而朱棣依然要从王爷中选，只能说明他在试探。

于是，大臣们再次老调重弹，从天命和嫡长的角度入手来确立朱棣继位的合法性。那么到这个时候大臣们已经劝进了五次了，朱棣也已经辞让了五次了，远远超过之前那些皇帝禅让时的"三辞三让"了，如果再次辞让那就太假了，等于拿天下人当傻子耍着玩一样。

到了第五天的时候，朱棣打算即位了，这时候我们前面所说的杨荣就跳出来了，对朱棣说你要不要先去拜拜你爸妈的陵寝啊，使得朱棣恍然大悟，推迟了继位的典礼。那么杨荣的话为什么能够改变朱棣的行动呢？杨荣这句话的意思就是"殿下是先祭拜皇陵呢？还是先登基称帝呢？"通常来说皇位的交接都是在老皇帝死后，新皇帝登基，也就是所说的灵前继位，那么刚刚死去已经朱棣刚刚为其发丧的皇帝是谁，不是别人，正是建文帝朱允炆，也就是说如果朱棣选择先登基称帝，那么他所继承的皇位就是他侄子建文帝的皇位，那么之前文武群臣和朱棣为塑造继位合法性所做的种种努力都白费了，叔承侄位本来就从大义上说不过去。但是如果朱棣选择先去祭拜皇陵，那就代表着朱棣所继承的皇位是来自朱元璋，与建文帝没有任何关系，而从朱元璋那里继承皇位，再加上群臣之前所宣传的"嫡长"和"天命"就使得朱棣继位的合法性进一步得到加强。

因此，在听完杨荣的这句话后，朱棣迅速调转方向去祭拜明孝陵了。就这样在建文四年（公元 1402 年）六月，朱棣先是祭拜明孝陵，在祭拜完之后便前往奉天殿正式登基称帝。然而朱棣和朝中文武大臣乃至诸王们虽然通过前期的种种行为尽可能地塑造了朱棣继位的合法性，但是朱棣夺取自己侄子皇位的事毕竟是天下人有目共睹的，这对于塑造朱棣继位的合法性来说是一个十分不利的因素。那么在这种情况下，只能委屈建文帝了。

3. 史上最差劲的皇帝

首先，是对建文帝一系的否定。建文帝是朱元璋指定的继承人，要否定他的正统性，就得先从他这个人开始下手，提起建文帝，大家首先想到的是个什么印象呢，一定是一个文质彬彬，有些柔弱，勤学上进的好青年形象吧。这个形象实际上是经过后世，特别是晚明和清朝翻案美化后的形象了。在朱棣一朝的时候，朱允炆是一个集暴力、偏执、变态等各种标签于一身的皇帝。

朱棣登基不久之前还抱着建文帝的尸体大哭，叔侄之间好不和谐，但等到朱棣登基的时候，在他的即位诏书中建文帝已经完全变了一个模样，诏书中罗列了建文帝在位四年的各种胡作非为，像什么残害诸王，重用奸臣，偏听偏信这些都是小意思，朱允炆在位四年间大兴土木，搞得天怒人怨，地震、蝗灾这种自然灾害频发，这都是上天给他的预警，他不仅不有所悔悟，反而更加荒淫无度，而且还重用宦官，将太祖皇帝的祖训都抛诸脑后了，说实话建文帝在打击宦官这一块那是很遵守祖训的，甚至有过之而无不及，因而才逼得宦官投靠朱棣，也正因为宦官立下大功，朱棣上台后才重用宦官，明朝宦官干政的源头实则在朱棣。

但不管了，反正能扣的帽子全给朱允炆扣上，当然在否定建文帝同时朱棣也不忘继续塑造自己的合法性，先是称自己起兵靖难实在是在万般无奈之下不得已的行为，之后又声称自己能接连击败建文帝的军队并最终取得胜利，是因为有"天地祖宗之灵"的保佑，最后更是说自己对皇位不感兴趣，只是诸王大臣们再三请求自己无奈之下才为了天下苍生才登基称帝的。

即位诏书中黑了朱允炆一波，但是朱棣即位之后又觉得自己当初诏书中所写的相关内容不够详细，对朱允炆黑的力度还不够大，而且只是说了朱允炆在位期间的不法作为，这只能说明朱允炆不是一个好皇帝，朱元璋看走眼了，至于朱元璋将皇位传给朱允炆这一点依然没有突破，不管朱允炆是一个怎么样的人，朱元璋将正统传给了他这是大家都看到的。所以要继续对建文帝否定，力度还得加大，于是，在朱棣的授意下，以其即位诏书中的相关内容为蓝本，一本奇书——《奉天靖难记》诞生了。

在这本书的记述中，对建文帝一系的抹黑达到了一个巅峰，不光描述了建文帝的种种恶行，甚至一路追溯到朱标做皇太子的时候。书中说到早在朱标还是皇太子的时候，朱元璋就特别欣赏朱棣了，认为这个儿子有勇有谋，最像自己，甚至有了让朱棣继位的想法，而朱元璋之所以会产生这种想法的原因，是因为看出了朱标这个人不行，当时朱标的所作所为丧德败行，生活上也是骄奢淫逸，相当腐化，更有甚者，朱标竟然在东宫阴养死士三千余人，这是要干吗？这是打算造反啊，说实话如果朱标做到这一步，都不用朱棣日后来揭发，朱元璋当时就能给他灭了。但朱棣就是认为这才是真正的朱标，一个阴谋家，根本不配做皇位的继承人。

朱标死后，朱元璋赐其谥号"懿文太子"，朱允炆登基之后呢，追尊其父朱标为"皇考孝康皇帝明兴宗"，相比百余年后嘉靖皇帝朱厚熜为了追尊自己的父亲为皇帝，掀起轰轰烈烈的"大礼议"事件，朱允炆追尊父亲的行为不仅没有遭到群臣反对，相反还挺受支持。这是因为，朱允炆的父亲朱标本身就是朱元璋立的太子。如果他不是死在朱元璋的前面，他当皇帝是肯定的。只不过因为他死的时候，朱元璋还没死，因此，不可能立他为皇帝。由于朱允炆的皇位，是直接从爷爷朱元璋那里传下来的，中间隔了一代，因此谱系便不是很连贯。为了表示谱系的连贯性，朱允炆必须追尊他父亲为皇帝，并且给他父亲上庙号。

这样一来，太庙里的祖宗牌位，才比较完满。朱允炆追尊父亲是有先例可循的，而朱棣继位后立刻取消朱标的庙号、谥号，恢复其"懿文太子"的称谓，这里有两层意思，一来朱标的庙号是朱允炆给的，朱棣不承认朱允炆的一系列行为，而"懿文太子"是朱元璋赐的，朱棣要遵祖训，所以改了回来，这也堵了群臣之口；更重要的是朱允炆追尊朱标是为了体现权力交接的完整性，即朱元璋到朱标再到朱允炆，而朱棣直接从朱标这里截断，导致朱标朱允炆一系的谱系直接断了，让朱允炆成为非法皇帝。

黑完了朱标，接着再来黑朱允炆，《奉天靖难记》称朱元璋临死之前曾下诏让燕王朱棣入京，但是建文帝和齐泰等人矫诏强制朱棣返回自己的封国。对于建文帝的继位，书中称他是矫遗诏嗣位，潜台词就是朱元璋临死前的遗诏是让朱棣回来继位的，是朱允炆等人篡改了遗诏，所以朱允炆才是篡位者，朱棣只是拿回原来就属于自己的东西而已。对于建文帝继位后的所作所为，书中也有所记载并且记载得十分详细。据说朱元璋活着的时候对朱允炆很严格，所以朱允炆怀恨在心，在朱元璋出殡的时候，朱允炆和他的弟弟朱允熥拿着剑站在宫门口，指着朱元璋的梓宫（棺材）说道："老东西，你现在还能说话吗？还能再斥责我们兄弟了吗？”说完大笑不止，喜悦之情溢于言表，仿佛兄弟二人老早就等着爷爷归天了。

朱允炆当了皇帝以后更是肆无忌惮，大兴土木、不理朝政这些就不说了，他甚至没事的时候喜欢焚烧朱元璋和马皇后的画像来取乐，这在古代可是大不敬的啊。而且这个朱允炆啊，别看年龄不大，色心可不小，经常派人去宫外搜集美女回来供自己淫乐，就连王爷府中的女眷，但凡有些姿色的，通通留在后宫，这个就算乱伦了，更有甚者朱允炆特别喜欢吃春药，一吃春药就容易进入迷幻状态，那么朱允炆通过什么来缓解药力呢，朱允炆很会玩，他强暴老太太，甚至和老母猪交配，就能做出这种事情的，别说皇帝了，正常人肯定干不出来，这个朱允炆一定有精神病。

正是因为朱允炆的所作所为引起人神共愤，所以他在位的时候什么荧惑守心、山崩地震、水旱疫疠，那是连年不断啊，这都是上天给的预警啊。反正在这本书的记载中，建文帝就是一个十恶不赦的恶人，是中国历史上最坏的皇帝，而朱棣起兵是替天行道的，是名正言顺的。篡位者抹黑前朝皇帝，这是一个惯例，将被废黜的皇帝描绘成这个典型的被迫害妄想者，他们的行为举止已经不能用正常人的思维来考虑了，在中国古代历史上尤以南北朝在这方面最为突出，根据后世研究南北朝被废的众多君王，他们的罪行几乎是一模一样，明显就是一个模子刻出来的。

而朱棣的这本《奉天靖难记》可以说是集古往今来之大成，但凡历史上有的罪名恨不能全给懿文太子和建文帝安上，不过用力过猛，明眼人一看就是怎么回事，所以后世没几个人相信这本书的记载，并且直接指责这本书是胡编乱造的。虽然后世没人信，但是从这本书的出现和流传也能看出当时朱棣塑造自己继位合法性的迫切心情，乃至于不惜改写历史，这也正应了“历史是由胜利者书写的”这句话。

人身攻击完了之后，朱棣开始对建文一朝否定。朱棣直接下令把建文四年改为洪武三十五年，第二年则为永乐元年。以此类推，建文元年为洪武三十二年，建文二年为洪武三十三年，建文三年为洪武三十四年，这就等于不承认建文帝在位的四年，这样做是为了直接将建文帝从明朝的皇位继承顺序中除名，也再次向世人证明朱棣继承的朱元璋的皇位，和建文帝没有任何关系，毕竟洪武之后就是永乐了。

朱棣打出来的另一个旗帜是"恢复祖制"，之前建文帝在位期间曾对朱元璋所确立的各项政治制度进行过调整和改革，其中固然有一些不合实际的措施，但有一些还是合理的，毕竟朱元璋的政策实行了三十多年已经有一些跟不上时代了，但朱棣不管这些，他宣布这些都是朱允炆的恶行，于是凡是建文帝所制定的策略，凡是与朱元璋时代所相抵触的，一律废除，一切以洪武旧制为准，就这样，朱棣打着维护祖制的名义，将建文帝在位期间所有的政治措施全盘否定，不仅让建文帝背上了违背祖制的罪名，更是表明了自己是祖制的维护者，是朱元璋的正统继承人。但是朱棣这种"一刀切"的做法连手下的大臣们都有异议，比如时任吏部尚书的蹇义便曾对朱棣进行过劝谏，表示建文帝的政策也不全是坏的，应该取其精华去其糟粕，但朱棣不听不听就是不听。

对于那些在建文朝遭受贬斥的官员，特别是因为建文帝削藩而受到牵连的大臣们，朱棣都一律恢复他们的职务。除此之外，朱棣还下令把建文一朝的文书档案资料全部销毁干净，从而进一步抹去建文一朝的影响。在做这些事情的同时，朱棣又对《明太祖实录》下手了。要知道，在中国古代基本上每一个王朝中一位新皇帝继位，就会组织修撰前一位皇帝的实录。《明太祖实录》于建文元年（公元 1399 年）开始修撰，前后历时三年，于建文三年（公元 1401 年）修撰完成，既然是建文帝修的，那么实录自然是要维护建文帝一系的。而这一段时间正好也是"靖难之役"进行得如火如荼的时候，所以其中的内容可想而知，里面直接说朱棣一伙是逆党。这种说辞朱棣绝对是难以接受的，于是在建文四年（公元 1402 年）十月，此时距离朱棣即位过去还不到四个月，朱棣迫不及待下令重修

《明太祖实录》。

此次重新修撰仅用时八个月，在永乐元年（公元1403年）六月便修撰完成。但在这么短的时间内修撰完成，内容可想而知，史称这个版本的实录是急于求成，所以质量堪忧。不过朱棣当时急于证明自己的合法地位对此也没有表示不满，反而对这个版本的实录大加称赞。然而过了八年之后，朱棣发现了这个版本的问题，并且很有可能这个版本没有充分证明其继位的合法性。因为朱棣在下令第三次修撰《明太祖实录》时，曾公开指责第二个版本的监修官李景隆等人"心术不正"。第三次修撰耗时将近七年，从永乐九年（公元1411年）开始到永乐十六年（公元1418年）结束，正所谓"慢工出细活"，因此朱棣对于此次修撰完成的《明太祖实录》十分满意，史称"披阅良久，嘉奖再四"，并称这个版本的实录很符合朱棣的心意。

说了这么久朱棣的证明行动，可见朱棣抹黑建文帝一系可谓是想尽办法、不遗余力。以至于有人认为朱棣继位后的所作所为都是为了证明自己更适合当皇帝，比如有人认为朱棣在位的时候的几次北伐和组织编纂《永乐大典》都是朱棣为塑造自己继位的合法性而采取的措施，朱棣想利用这些来证明自己比朱允炆做得更好，更适合做皇帝。这里就要稍微为朱棣鸣个不平了，因为这种看法实际上是有点牵强附会了，因为朱允炆只做了四年的皇帝，如果他能继续做下去最终会有一个什么样的结果，谁都不能给出一个肯定的答复。也因此他和朱棣在做皇帝这件事上根本没有可比性，所以不能因为朱棣是起兵夺位的缘故，就把朱棣在位期间所做的所有事情都想当然的看作是朱棣在塑造自己继位的合法性。

可以说，朱棣为了塑造自己继位的合法性做了极大的努力，不惜虚构事实将自己的大哥和侄子塑造成反面人物，并且还将自己大侄子在位的四年从整个明朝的历史中抹去。然而在当时的情况下，朱棣也只能这样做，身为礼法中名不正言不顺的篡位者，如果他不这样做的话那么他和他的后世子孙都逃脱不了"篡位"的罪名，将会始终背着"来路不正"的包袱，屁股下面的皇座也会一直坐不稳。

朱棣的后世子孙们明显也明白自己这位老祖宗的意图，所以虽然在朱棣去世之后随着时间的流逝，明朝士大夫们都呼吁要给建文帝正名，但朝廷或者说是皇室都对此不置可否，一直到了万历年间才勉强承认了建文帝的年号和帝位，但是仍然拒绝给建文帝封个庙号，而没有庙号建文帝就进不了太庙不能受到后世的祭祀。这个问题一直拖到了清朝才得到了解决，乾隆元年（公元 1736 年），乾隆皇帝下旨追谥曰"恭闵惠皇帝"。事实上，南明的弘光帝曾给建文帝定庙号为惠宗，谥号为嗣天章道诚懿渊功观文扬武克仁笃孝让皇帝。但是由于南明政权在中国历史上并没有被视为正统政权，所以这里还是以清朝的追封为准。

盛世之下的阴霾——从唐赛儿起义说起

朱棣通过战争推翻了侄子建文帝的皇位，之后他成为历史上赫赫有名的永乐大帝。虽然登上了皇位，但却始终有一点不完美，毕竟在其他人看来他的这个皇位并不是正常得来的，而是篡位而来，尽管朱棣为了证明自己皇位的合法性开展了轰轰烈烈的"正名计划"，但编的公关词连他自己都觉得不可信。好在中国历史还给了这种皇帝另一个洗白的方案——建功立业。通过政绩来证明自己是一个更合格、更适合的皇帝，前一个皇帝不行，所以新皇帝才能够取而代之。唐太宗李世民就是领路人，现在朱棣打算重走这条路，而要做出成绩来，就必须有大手笔。朱棣大手一挥表示"没问题"。于是一批大的工程就此上马，由此朱棣亲手缔造了辉煌的"永乐盛世"。

建文四年（公元 1402 年）朱棣在南京登基，下发的第一道旨意便是迁都。将原先的国都从南京迁移到自己的龙兴之地北平，并改名为北京。永乐五年（公元 1407 年），明廷征调了多达三十万的民兵，历时公元 14 年，在永乐十八年（公元 1420 年）时，终于将这座气势磅礴的宫殿建造完毕了，一年之后朱棣便浩浩荡荡地将国都迁至了北京。紫禁城一座占地面积约 724250 平方米（未含护城河与城墙绿化）的宏伟建筑，就此成为我国历史上最著名的建筑之一，也成为中央集权，帝王至高无上权威的象征。

因朱元璋时期废除丞相制度，让朱棣早期登基之时，事无巨细都要亲自处理。久而久之，便让朱棣察觉到了其中存在的弊端，故而为了能够使政务能够顺畅运作，他便完善了文官制度，组织成立新内阁（朱元璋时期产生萌芽），协助皇帝处理政务，发展到后世甚至皇帝政务或其他事务繁忙时，内阁能够代替皇上处理政务。内阁制度的成立，无疑将大臣们的能力进行了妥善的利用，而自身也能够得以解脱，不必为大小不一，且毫无章法的事情烦心。这个制度到后来一直被明清政府所采用。

朱棣在位期间共发动了五次对蒙古的征讨。虽然后三次征战有些虎头蛇尾，但前两次征战取得了巨大胜利，保证了明朝北地安全，遏制了蒙古部落的南下劫掠，为明朝北地的和平和经济恢复发展争取了时间。

朱棣在位时期还发动了安南战役，并取得了巨大成功，使得这个自唐末以来就独立的地区再次回归。朱棣对安南的征讨无疑是成功的，而随后的东征西讨更是开疆扩土，《明史·地理志第十六》详细记载："计明初封略，东起朝鲜，西据吐蕃，南包安南，北距大碛，东西一万一千七百五十里，南北一万零九百四里。据考证永乐极盛时期，国家的国土面积居然高达 1000 万平方千米，还是有点厉害的。

随着航海业的发展，朱棣对南海诸岛也进行了多次的勘查及妥善的经营。从永乐三年（公元 1405 年）开始，郑和便奉朱棣的命令，开始海上探险。从永乐三年（公元 1405 年）起至宣德八年（公元 1433 年），郑和先后 7 次下西洋，拜访了 30 多个国家。为明朝外交的巩固，以及西洋朝贡体系的建立奠定了基础。这其中，也为经济的发展，提供了好的契机。海上贸易因此形成。

而除了大的举措，在一些细微方面也能看出永乐盛世的繁华。永乐年间，是一个多重产业高速发展的时期。农业、畜牧业、手工业、造船业等多重产业在永乐年间并存。其中尤以造船业与制瓷业最盛。明初的造船业曾位列世界前位。造船的种类众多，包含战船、浅船、遮洋造等。其中以遮洋造最为巨大，可载粮食五百石。造船等优良技术也为郑和下西洋提供了先决条件。永乐年间的瓷器业也属于鼎盛时期。直至宣德年间，在景德镇的官窑便有 58 座之多。永乐年间，瓷器的制造开始采用了新的加工方法。其中以釉彩的成就最为突出。永乐年间所造，现存于世的瓷器，因其色泽鲜艳，工艺复杂，无不被奉为佳品。

古代的运输，走水路是比陆路更方便快捷的选择。故而，为了运输可以顺畅地运行，永乐年间，朱棣亲自下达了修复与重开大运河，疏浚黄浦江及开浚吴淞江的命令。使南北商业可以得到贯通，成为往来交易的主要动脉。随着运河等江域的修复，百姓也不必再为水患所苦。

除去以上，今天我们提到最多的就是永乐年间，朱棣主持编纂的《永乐大典》，它被称为中华民族最宝贵的文化遗产。《永乐大典》是当时全世界最大的百科全书。比我们熟知的《大英百科全书》的出版还要早上 300 年。除此之外，朱棣还推崇儒家思想，尊重道教发扬。为当时的政治、经济、军事等巩固与建立奠定了基础。经济上的税负减免，军事上的疆域扩充，制度的完善建立，贸易的往来加强等措施的颁布与实施，将其称为盛世倒也相得益彰。然而盛世之下却出现了阴霾。

1. 唐赛儿起义：以百姓的名义

永乐十八年（公元 1420 年），正是北京紫禁城竣工的当年，一场轰动全国的农民起义在山东打响。令人诧异的是这场农民起义的领头人物，居然还是一个女子。这个女子不是别人，正是"白莲教"的首领唐赛儿。

唐赛儿是谁？后世给予唐赛儿的评价，大多是女中豪杰、巾帼英雄，甚至后世为其修建雕像，以此作为纪念。但用如此高规格的待遇对待一个反朝廷军队的头领，却让人有些摸不着头脑，尤其是这个"反贼"还出现在永乐盛世，按理说不应该啊，她不是应该被历史唾骂吗？要想理解这一切，要结合当时的历史环境来看。

这要从唐赛儿的家庭讲起。唐赛儿为山东蒲台人，自幼习武，后嫁给了同县的林三为妻。日子过得清苦，但总也算是一家齐全。所以，这个身怀一身武艺的女子也并没有想过要成为什么首领。然而，明初的政权是动荡的。建文元年（公元 1399 年）朱棣发动靖难之役，虽成功登上帝位，但也对明初以来好不容易稳定下来的社会造成了不小的影响，而后朱棣执意搞修皇宫迁都修大运河这样的大工程，这些大工程的成功背后意味着无数人民的鲜血和家庭的眼泪。屋漏偏逢连夜雨，那几年的山东天公不作美，连年旱灾，瘟疫肆虐，弄得是民不聊生，十室九空。"卖妻鬻子，以求苟活"的事情更是不在少数。唐赛儿的父亲便是在这个时期，被抓去做了徭役，丈夫为了活命去官府抢粮，然后也被杀死。原本幸福美满的一家人，最终却只剩下唐赛儿一个人孤苦伶仃。看着寸草不生的土地，以及哀苦连天的百姓，起义的种子就此埋在了唐赛儿的心中。

然而，凭借着一个女子自然是无法组织这么一场声势浩大的农民起义活动的。这时唐赛儿山东人的身份却恰巧给了她一个绝佳的机会。因为长期的食不果腹，生灵涂炭，滨州的百姓在现实生活苦无希望之下，都以信奉白莲教来当作精神寄托。唐赛儿便想到了办法，她在为丈夫扫墓的归途中，偶获了一个石匣，内藏有宝剑与兵书，她得到之后便勤奋学习。待到学有所成，她便向世人宣称她手中握有"白莲教"法宝（兵书与剑术），而她则是能够通晓过去未来的"白莲教佛母"。以此开始在山东蒲台、安丘、寿光等县城传教。贫苦的农民大多信奉她，而后信奉的人数居然数以千计，这为她成立"起义军"奠定了基础。永乐十八年二月，唐赛儿在益都县内的卸石棚寨内以红白旗为号，发动了起义。但是，很快就被朝廷知道了消息，青州卫都指挥使高凤率军前往石棚寨镇压。然而，在强敌面前，唐赛儿表现得更是英勇果断，足智多谋。她借着黑夜发起了袭击，一举便剿灭了前来围剿的明军，更是将指挥使高凤当众斩杀。初战告捷，这无疑壮大了起义军的声势，而后，唐赛儿将石棚寨作为根据地，开始攻打占领了莒州、即墨等县城。"毁官衙，烧仓库"，打击地主豪绅，接济贫苦百姓，惹得一众民众纷纷揭竿而起，加入了"起义军"的队伍，星星之火就此燎原。这么一响应，原先只有千人的军队，瞬间就壮大到了两万人之多，而后震惊朝野。

唐赛儿在不断攻城略地，明军在拿她没有丝毫办法之下，朱棣做出了"招安"的决定。但是，唐赛儿不仅拒绝了招安，而且将来使斩杀于军前。这使得朱棣大为恼怒，随即派出五千精兵，交由提督总兵官柳升和都指挥使刘忠前往镇压。柳升此人一生征战沙场，立下赫赫战功，因此得以封官拜候。但就因为这累累战功，也让他落下了狂妄自大的弱点。唐赛儿便以此作为突破点，以"寨中食尽，并且无水"为由诈降。柳升居然不疑有他，直接重兵把守在东寨附近，准备将起义军活活困死在寨内。是夜，唐赛儿便趁此向防御薄弱的敌营发起突袭，不时便攻破敌营，将刘忠斩杀。待到柳升赶到时，唐赛儿已顺利将部众转移。此役亦是大获全胜，更助长了起义军的信心。

但随着镇压军队的各路集结，起义军便开始连连受挫，在经历了安州、莒州、即墨、诸城之战后，最终还是宣告失败了。然而唐赛儿却在群众的掩护下顺利脱险，而后不知所踪。朱棣震怒之下，在全国范围内对唐赛儿进行了大规模的逮捕。因唐赛儿是削发声称"佛母"起家，朱棣便下令将山东、河北等地的尼姑、道姑全部逮往京师，唯恐唐赛儿就此逃脱，但是依旧无获。无奈之下，朱棣便以"纵盗"和征讨不利的罪名，将山东布政使、按察使等一众官员诛杀，并拘捕了柳升，泄愤出气，至此才罢休。

这场起义前前后后只历经了短短两月余，规模也不算大。但是，最后却不得不出动大批军队去镇压，甚至接连被斩杀了两员大将，这不仅驳了朱棣这个帝王的脸面，戳破了他即位以来苦苦营造的盛世景象，也足以暴露出明初朝廷存在的致命缺点。起义最终虽以失败告终，然唐赛儿仍旧成为百姓口中口口相传的女中豪杰，巾帼英雄。这不得不让朱棣这个帝王引起反思。为了不再重蹈覆辙，以及维护自己的统治，朱棣最终还是向被剥削及压迫的农民做出了让步。

据明史记载："是月，赈青、莱饥。"也就是在唐赛儿起义失败的当月，明成祖朱棣便赈灾青州、莱州。而后的第二年更是罢免徭赋及受灾的田粮。这种措施的颁布，与唐赛儿的起义是密不可分的。唐赛儿最终的踪迹还是无处可寻。但是她仿佛成了一种信念，一种传言活在了百姓的心中。或许唐赛儿的行为在明朝的朝廷看来是罪无可恕的，是大逆不道的。但是在贫苦的百姓心中，唐赛儿无疑成了英雄的存在。她说出了百姓的心声，甚至愿意为了百姓抛头颅洒热血。故而，滨州的百姓为了纪念唐赛儿，在滨州多处修建了唐赛儿雕像、唐赛儿祠，以此来歌颂这位农民起义女首领的功德。

"水能载舟，亦能覆舟"。这是唐太宗李世民极为推崇的一种理论。在与朝臣讨论国家治理问题时，均多次采用了这一观点。唐太宗明白人民的力量是十分巨大的，而懂得依靠这股力量也十分重要的。后世的帝王也大多采用了李世民的这一观点，而后懂得尊重民情民意，执政为民。然而，朱棣则是在唐赛儿起义后才明白了这一道理，并为之付出了不小的代价。

2. 盛世之下的阴霾与真相

军事、经济、政治的并存发展，使朱棣成为一个兼具"雄才大略"的千古一帝。也让后世对他做出了"永乐盛世"的评价。然而，这个盛世的背后，是复杂的，也是布满阴霾的。迁都北京、五征漠北、七下西洋虽都是永乐帝的功绩。然而这功绩的背后，却处处不透露着劳民伤财，人民身处于水深火热之中。

朱棣轻易做出迁都的决定，但历时十四年，才将那座气势恢宏、美轮美奂的宫殿打造完成。而打造一座宫殿的先决条件，便是人力、土地与钱财。普天之下莫非王土，但紫禁城的选址一被敲定，那么，注定贫苦的百姓就要面临流离失所的结局。和现在的拆迁种种补偿不同，那会儿的拆迁都属于"强拆"。只要在皇城范围内的民居，且又是黄土瓦片结构，只待"开发商"的一声令下，便在顷刻间夷为平地。紫禁城有多大，那么意味着被推倒的民居范围就有多广。当然朝廷也不会再管后期的安居工程，为此背井离乡的百姓不在少数。

除却迁都造宫殿的劳民伤财，因北京地处北边，离鱼米之乡的江南甚是遥远，所以每年都要花费很大的人力及物力将粮食运往北京。然而，这高得吓人的运输成本却还是要老百姓自己承担的。明朝这个"小气朝廷"倒真做的是名副其实。

朱棣的好大喜功，终究是让一众无辜的百姓为其买单。或许是天道轮回，朱棣迁都仅三月余，一场天火便将紫禁城内的三座宫殿付之一炬，也算是上天给朱棣的一种警示吧！

比起迁都，更为严重的是吏治腐败。朱元璋是著名的"乞丐皇帝"，因而他的为人也是小气的，或许是穷怕了，所以在朱元璋底下干活的朝臣无疑是拿着低收入高压力在办公的。在朱元璋看来，属下干活是应当的，给予的薪水只要不让人饿死就可以了。要知道，当时的一品大员能拿到的月俸米仅有八十七石。而随着官位的递减，至从九品官只有五石的俸禄。虽然达到了朱元璋饿不死的标准，但是这样微薄的俸禄下，官员不贪污才是一件神奇的事情。朱元璋时虽然大力惩治贪官污吏，然而因为这"小气的朝廷"，贪污事件自是屡禁不止。而后到了永乐年间，这种低廉的"用工制度"并没有得到改善，而朱棣也继承了父亲朱元璋小气的性格，永乐年间，即使为了公务出差也是要自费的。

故而，巴结上级需要钱，过日子需要钱，出公务需要钱……那么多钱从哪里来呢？自然是搜刮民脂民膏。

另外一面，因为永乐帝开创的东厂，也让一众宦官变得气焰嚣张。因是掌握着情报的机密组织，基本上是掌握了大臣与百姓的生杀大权，从这点来说宦官基本上是拥有了无上的权力。然而，我们严谨地说，宦官得势，少有不是残忍的、贪婪的，至此便开始了长达数百年的宦官敲诈之风。

敲诈的范围包括：通过利用采办、岁办的皇权，向地方勒索贡品。什么是岁办？岁办就是各地方每年要向朝廷上贡的物品，包含地方特色的特产。而采办就范围更广了。皇帝要什么，就去买什么。仅此两项，光是敲诈便可榨出很多油水，其中以岁办数量大得最为惊人。

征商税。中国古代封建社会提倡的是"重农抑商"，针对商业活动的收税相当高，故而，宦官掌握税务机构后，商税更是多如牛毛，大大加重了商人的负担。

以上还只是宦官敲诈的九牛一毛，例如我们熟知的生辰纲、建生祠等，都在宦官的敲诈范围内。所以在宦官及官员的双重夹击下，百姓只剩下了被剥削的命运。叫天天不灵，叫地地不应，苦不堪言啊！

除了经受剥削与压榨，百姓生活的环境也是水深火热。靖难之役将原本已经初见成型的明朝经济，瞬间打回了原形。然而，这时朱棣又是要迁都，又是要打仗，又是要下西洋，尽搞一些形象工程，这一系列的决定虽然在助长着大明朝的声威，但潜移默化间却在加重百姓的负担。百姓一方面要抵御着贪污官员的搜刮，其次还要承担庞大的税赋。

因为紫禁城的营建，四处不断的征战，无数农民、囚犯都被充当了劳动力拥入了京城。其中大多都是来自河南、山东等中原地带。唐赛儿的父亲便是因此被充当徭役，被抓走的。要知道，仅营造紫禁城就耗费了 30 万的人工。

就这些形成了恶性循环，随着劳动力的流失，许多地方的田地也就落得无人耕种。而后又是遇上旱灾，又是遇上瘟疫，又是遇上连年的战火。朝廷更是没有半分减免税赋的打算，可以想见贫苦百姓过的是怎样的生活。食树根，食草皮，为了能够吃饱，百姓已经无所不食。然而，就这样活活被饿死的人，不在少数。抢粮、暴乱等活动也是时有发生。因此唐赛儿起义绝非只是偶然。皇帝要功绩，官员要活命，然而贫苦的百姓却已经没有活路。迫于无奈之下，揭竿而起是必然。

永乐一朝前后共达二十二年。然而，"永乐永乐"，身处在无尽的剥削与食不果腹困苦中的百姓，自然是不知道什么是永乐的。充斥在他们身边的，只有无尽的痛苦与想要生存的希望。朱棣用种种功绩，战果辉煌，将自己塑造成了一个明君，一个贤主。然而与贫苦百姓所正在遭遇的悲惨生活相比。所谓的"永乐盛世"，也只能算作是属于朱棣一个人的盛世，一块经不起推敲与琢磨的"遮羞布"罢了。

明成祖朱棣最爱的白月光

永乐五年（公元1407年）明成祖朱棣的皇后徐氏在南京应天府（当时还未迁都）病逝。徐皇后是朱棣的原配，15岁那年嫁给了17岁的燕王朱棣，徐氏的父亲乃是大明第一功臣——徐达，朱元璋为自己的儿子娶了徐达的女儿，应该说这是一桩政治联姻。不过虽说是政治联姻，但并不代表着朱元璋仅仅是看中了徐皇后的出身，徐皇后自身的能力也是其被选中为"燕王妃"的一个重要原因，毕竟当年徐皇后还在幼年时便人送外号"女诸生"。朱元璋也正是在得知了徐皇后贤淑的消息后，才决定和徐达联姻的。

1. 夫妻和睦

一般来说，政治婚姻完全是出于政治上的目的，基本上不考虑个人的因素，或者说就是相互牺牲双方的幸福而满足政治目的和经济目的。在这种情况下，联姻的双方是没有什么感情而言的，基本上一生就是按照所谓的"相敬如宾"来度过的。起初，估计朱元璋和徐达也只是希望朱棣和徐皇后两人能"相敬如宾"地度过一生，这样不仅对两人好，对朱棣身后的大明皇室和徐皇后身后的魏国公府也是大有好处的。然而没想到是，朱棣与徐氏婚后却意外地恩爱。

说起明朝皇帝与皇后感情的深厚，有人或许会想到明太祖朱元璋和马皇后这对患难夫妻；又或许会忆起超时代践行"一夫一妻"理念的明孝宗朱佑樘；甚至是明宪宗和万阿姨至死不渝的爱情缠绵。然而这方面，我们的明成祖朱棣和徐皇后也是不遑多让。明朝的皇帝普遍寿命不长，基本上一过三十岁就可以下去见祖宗了，在十几个皇帝中开国太祖朱元璋活到71岁荣登冠军，而朱棣以65岁屈居亚军，但是朱棣在子嗣这方面比老爹差远了，朱元璋这辈子光儿子就26个，等老朱驾崩的时候活着的儿子、孙子加起来一百多号人，顶一个连。朱棣这方面就差多了，一共才四子五女，而且三十五岁之后就没再有过子嗣，乃至于后世有好事者认为朱棣在靖难之役中那方面出问题了。

不过在这四子五女中，长大成人的只有三子五女，其中三子五女都出自徐皇后，这么高的比例意味着什么，说明徐皇后专宠于朱棣。朱棣的封地在北平（今北京），虽然地处北方，天气、物资不如应天（今南京），但天高皇帝远，生活自在。有疼爱自己的丈夫，有可爱的孩子，这样的生活，对一个女人而言，是幸福的。

除了夫妻和睦之外，徐皇后在处理婆媳关系上也是相当有智慧的。据《明史》记载，徐皇后是十分讨马皇后喜欢的，都到了"深爱之"的地步。在马皇后死后，徐皇后更是为马皇后守孝三年，并且在守孝期间按照礼制只享受一些粗茶淡饭。除此之外，马皇后去世时所说的遗言中可以诵读的部分，徐皇后都能够做到一字不漏地背出来。徐皇后的这种种行为一方面可以看出其与马皇后之间的感情是十分深厚的，另一方面无疑也为朱棣加了分，向世人展现了马皇后和燕王朱棣这一支感情深厚。

2. 弟以姐贵

如果单单是生了这么多孩子，还不能说明徐皇后的受宠，那么接下来的事例绝对可以说明，朱棣对皇后家族的待遇和明朝其余皇后不同之处，徐皇后的长弟，也就是朱棣的大舅子徐辉祖（徐达长子，承父爵）十分效忠建文帝，当年朱元璋死的时候，朱棣派三个儿子来京城吊丧，徐辉祖就建议朱允炆软禁他这三个外甥，特别是朱棣的次子朱高煦，此人勇猛无比绝不能放虎归山，后来还是朱允炆觉得这样做不地道，才放了哥仨，不然朱棣起兵肯定会投鼠忌器。在靖难之役的时候徐辉祖曾领兵两次大破燕军，要不是朱允炆脑子坏了，怕徐辉祖勾结朱棣，将他从前线调了回来，靖难还有得打呢。

朱棣攻入南京后软磨硬泡要徐辉祖归顺自己，这哥们就是不干。朱棣甚至将他下了大狱，史书记载当时所有的武将都投降朱棣了，就徐辉祖一人死扛到底，坚决不降。对于忠于建文帝的旧臣，朱棣可以说残忍无比、无所不用其极，齐泰、黄子澄这些书生杀头不说，还全家惨遭灭族，妇女充为官妓，方孝孺这样的死硬派更是诛灭十族，而徐辉祖这个头号"反革命分子"各种作死，在朱棣进入南京后，不仅不去迎接反而就徐达的祠堂里待着，后来朱棣亲自召见他给他个台阶下让他口头表示一下拥戴自己登基称帝，结果徐辉祖一言不发沉默以对。要是别的大臣敢这么和朱棣对着干的话，以朱棣的暴脾气不知道已经死了多少回了，但是朱棣却因为徐辉祖是"元勋国舅"最后竟然只是被幽禁。后来徐辉祖死了没几个月，朱棣就跟群臣讨论，徐达有大功于明朝，不可无后，就让徐辉祖的儿子又袭了爵。

表面上看是因为徐达的原因，但其实徐达还有其他儿子，要是朱棣真这么恨徐辉祖完全可以将爵位由徐达其他的儿子继承。比如徐皇后还有一个弟弟徐增寿，也是建文帝重臣，但和大哥完全不同的是这哥们暗中倒向姐夫一家，一直充当奸细给姐夫送情报，后来被朱允炆察觉，亲手杀死于宫中，朱棣进南京后"抚尸痛哭"。

徐增寿这位小舅子这么好，那为啥不让他袭爵呢？因为朱棣登基后，迫不及待追封小舅子为侯，第二年又想追封为国公。有明一代，国公作为异姓功臣最高爵位给的十分稀少，前后不过寥寥十几家，而且都是开疆扩土保家卫国的大功臣（多为开国和靖难大将），徐增寿只不过干了点偷送情报的事情就被封为国公，因此就连皇后也看不下去了，坚决制止。然后朱棣居然偷偷把徐增寿追封了定国公，由其子承袭，世袭罔替，再得意扬扬地告诉皇后，我封你弟弟为公爵了你看着办吧。犯了错的大舅子不罚，有点功劳的小舅子大赏，虽说朱棣早年跟徐达有点交情，也犯不上这么报答的，因此这个原因还是出在徐皇后身上，朱棣太爱徐皇后了，连她的家人都不忍伤害，还得仔细照顾。

3. 女中诸葛

朱棣这么尊崇徐皇后，不光是因为爱她，还因为徐皇后是立有大功的。当年靖难的时候，尽管朱棣对发动靖难之役做足了充分的准备，但是从当时的实力对比来看还是建文帝略胜一筹。一次在朱棣领兵远征的时候，建文帝一方的李景隆率兵乘虚攻北平（今北京），试图一举端了朱棣的老窝。而当时驻守北平的就是朱棣的长子朱高炽和徐皇后。

朱高炽身有残疾，且没有带兵打仗的经验，部署防御之事均由徐氏指挥。当时，朝廷大军有五十多万人，而北平城中，连老幼孱弱加起来也不过几万人，面对敌强我弱的危险局势，徐氏与长子及守城将官，沉着冷静地部署着守城各项事务。按照古代的道理来说打仗这么重大的事，妇道人家不该多管，但是徐皇后有管的资本，因为徐皇后本身出自将门，其父亲为明朝开国元帅徐达，从小耳濡目染，对行军布阵有所了解。除此之外，在面对李景隆大军来犯，而北平城中兵力不足的情况下（兵全让朱棣带走了），徐皇后采取的对策竟然是在男人不足的情况下，令朱高炽率领城中将领的妻子们组成娘子军，一起披甲守城。最后徐皇后甚至亲自登城督战，最终北平守将在徐皇后的带领下坚持到了朱棣回师救援。

甚至徐皇后为了证明朱棣继位的合法性不惜欺骗神灵和天下百姓。据史料记载，徐皇后是一个虔诚的佛教徒，其生前曾亲自撰写过一部佛经名为《大明仁孝皇后梦感佛说第一希有大功德经》。在这部佛经的序言中徐皇后直言不讳地说出自己撰写这部佛经的原因，原来在洪武三十一年（公元1398年）正月的时候，徐皇后（当时还是燕王妃）对佛教还不太感冒，只是偶尔会读读佛经，但是那天在府中的佛堂读佛经的时候，也不知道是焚的香太迷人了，还是太累了，总之焚香就睡着了。这一睡可不得了，徐皇后梦到观音菩萨给她托梦，夸了她一通，并且告诉徐皇后因为她平常礼佛特别虔诚，所以将来必有好报，所以徐皇后醒了以后成了一个佛教徒。

观音菩萨在梦中告诉徐皇后日后会当皇后，好像很普通，因为徐皇后后来确实也当上皇后了。但是这个梦境出现的时间有些令人玩味，书中明确称徐皇后做这个梦的时间为洪武三十一年（公元 1398 年）正月，那么这一年大明朝发生了什么呢？这一年的闰五月初十日，明太祖朱元璋去世，皇太孙朱允炆继位，也即后来的建文帝。一般在古代，新皇帝即位，神仙托梦给皇帝的臣下（藩王也是皇帝的臣子）或臣下家属所涉及的情况无外乎两种，一种是你要倒霉了，新皇帝看你们全家不顺眼，要办你们，你得想办法解除厄运，最好的方案就是烧香拜佛，甚至于辞官回家，但是徐皇后的梦显然不属于这一种，那就是第二种了。

第二种就大不一样了，一般来说预示着好日子就要到了，你们全家得要好好准备准备，要走大运了。徐皇后的梦中，观音大士说她能当国母，这可不是撞大运了吗？但是在中国古代能被称为"国母"的只有一个人，那就是皇后，正月到闰五月这四五个月之间不谈，因为当时在位的还是朱元璋，但是朱元璋的马皇后死得早，所以当时皇后之位空缺。但是闰五月以后朱允炆登基了，其即位之初就册封了自己的原配马氏为皇后，空悬了十几年的中宫之位又迎来了主人。在大明已有皇后的情况下，观音大士却对当时还是燕王妃的徐皇后说"后妃将为天下母"，这可不是在暗示朱棣能当皇帝嘛，没有皇帝哪来皇后啊。要知道根据所有史书中对于"靖难之役"的记载都是称朱棣早已做好准备，在万事俱备之后，高举"清君侧"的旗帜开展了声势浩大的夺位之战，并最终取得皇位，而徐氏也就顺理成章地成了皇后。在这种情况下，徐皇后提出自己的这个梦境，无疑是在向世人宣告朱棣称帝是顺应天意的。

徐皇后在《大明仁孝皇后梦感佛说第一希有大功德经》中表示自己在得到这个梦后，更加虔诚地信仰佛教，甚至到了日夜颂念佛经的地步。甚至徐皇后在书中说自己能够守住北平，都是其由于她念经十分虔诚最终守住了北平，潜台词就是北平也是在佛祖的庇佑下才能在围攻中坚持下来的，所以徐皇后为何如此信佛，因为佛真的能保佑他们一家。

但事实不是这样的。我们前面说了，北平能够守住，全靠徐皇后指挥得当。但是徐皇后再回忆起这段经历时，却把原因归结为佛祖的庇佑，为什么？因为她要为朱棣的夺权行动塑造合法性和正当性。同时，在佛经中徐皇后将朱棣最终夺权成功的原因归结为"皇上承天地眷佑，神明协相。荷皇考太祖高皇帝、皇妣孝慈高皇后盛德大福之所垂荫。"也就是说朱棣称帝是顺应天意，也是顺应朱元璋和马皇后的意思。总的来说，徐皇后的这部经书从始至终都在塑造朱棣夺权的正当性和合法性。对这样为自己着想的妻子，朱棣怎么能不感动呢？

徐皇后虽然只当了五年皇后，但是功绩可不小。比如在朱棣即位之初，徐皇后就提醒他经过多年征战，现在最需要的就是与民休息。同时也提醒朱棣在用人的时候不要一味地重用靖难功臣和燕王府的"老人"们，也要任用那些前朝旧臣们，要尽量一碗水端平，毕竟他们都是朱元璋留下来的老人。事实上，徐皇后劝说朱棣也要任用前朝旧臣就是在为那些建文朝的大臣们争取机会，也是在帮助朱棣调和政治矛盾，毕竟那些所谓的朱元璋留下了人才也是在建文朝混过的。除此之外，朱棣在前朝管理那些文武百官，徐皇后就在后宫召见文武百官的命妇们，告诉她们在日常要记得劝谏自己的丈夫，努力地为大明服务。

徐皇后最大的成就还是帮助长子朱高炽稳定了储君之位，稳定了大明江山。徐氏的三个儿子，性格各异。长子朱高炽，自幼体弱多病，还有点瘸，据说是小时候得过小儿麻痹落下的残疾，但身残志坚，性情温和，沉静好文，为人宽厚，性格上完全遗传了徐氏；而次子朱高煦和三子朱高燧，性格上更像朱棣，刚毅，残暴。对于这三个儿子的教育，徐氏因材施教。对老大的教育，徐氏深知其是担任国家大任的不二人选，所以很注意培养他处事果断，大智大勇的能力，并教育他体恤百姓，待人宽厚。而老二老三，性格比较暴躁，专横，不拘礼法，徐氏认为他俩不但不能重用，还要为他们选择敢于监督劝诫的僚臣。其实，朱棣是更喜欢老二的，因为老二朱高煦最像他，所以一直都想废朱高炽立朱高煦。知子莫如母，徐氏则认为，老二为太子，以后定为暴君，所以主张立朱高炽为储君，也多次劝谏朱棣，指出老二老三性格上的缺陷。虽然徐氏对老二老三性格上多有指责，但对他们的生活也是极为关心体贴，劝谏他俩珍惜手足之情，切勿胡作非为。也正因如此，徐氏在世期间，他俩虽有不臣之心，但也不敢胡作非为。

4. 死后哀荣

明朝初年，马上得天下，因而功臣勋贵众多，皇子宗王多与之联姻，比如皇太子朱标娶的就是开平王常遇春长女，而燕王朱棣的原配徐氏乃是第一功臣徐达的女儿。与开国功臣联姻是王朝建立伊始的普遍做法，但是这样一来可能会造成外戚势力做大的悲剧。朱标死后，朱元璋立朱标继妃吕氏所生的朱允炆为皇太孙，而舍弃元妃常氏所出的朱允熥，就是担心自己死后，新君年幼压制不住外戚。不仅如此，要知道当时常遇春虽然死了，但是朱允熥的舅舅蓝玉还在，为了防止这个悍将在自己死后搞小动作，朱元璋痛下杀手除掉蓝玉及其党羽，为朱允炆铺路。当然后来朱元璋失算了，除掉大将，反为朱棣做了嫁衣。朱棣登基后册封徐氏为皇后，但从徐皇后之后的所有明朝皇后皆出自普通人家女子，因而徐皇后也就成为大明第一位也是唯一一位娘家势力强大、出身权贵家族的皇后。

永乐五年（公元 1407 年），徐氏病重，临终前，仍不忘劝谏朱棣，希望他关心百姓，广求贤才，恩待宗室，不要娇纵外戚。对靖难之初为守住北平城而作战将士们的妻子们，徐氏没有忘记，本想着回去慰问抚恤，却已经来不及了。就这样一位善良又颇有智慧的女人，当了五年皇后就去世了。

徐皇后是朱棣一生最爱的女人，是朱棣的白月光，她的死无疑给朱棣的内心笼罩上一层阴影，或许是想要转移内心的悲痛，在妻子去世后，朱棣决定找点事做，于是这位伟大的皇帝他将目光投在茫茫大漠。

五出漠北，三犁北边

民间野史有一种记载认为永乐皇帝朱棣的母亲是蒙古人，或者是高丽国进献给元朝的妃子，总而言之一句话就是朱棣跟蒙古人的关系特别亲密，甚至认为其是蒙古人的遗腹子，还从多方论证朱棣迁都北京就是为了能够离这个蒙古老家近点。当然野史传闻不过是胡编乱造、无稽之谈，有朝野政敌对朱棣抹黑的成分，而随着时间的推移，也就真真假假了。但民间的捕风捉影也是需要皇帝本人配合的，如果朱棣登基后对蒙古漠不关心，相信就算有谣言也不至于流传这么广泛。而事实上朱棣登基后对蒙古那叫一顿死磕，可谓"关爱有加"，先后组织多次围剿蒙古的军事行动，光是亲征就不下五次，所以也不排除朱棣的一些谣言是怀恨在心的蒙古贵族故意编排的，再传到长城以南经过民间文学家的加工、润色。

朱棣为什么对蒙古这么上心呢？应该还是要从他的早年经历来分析，朱棣早年受封燕王，作为明朝镇守北边的塞王之一，常年与蒙古作战，因而他比其他人都要了解蒙古人。一般而言汉族君主除了开国皇帝以外，很少御驾亲征，但朱棣为了打击蒙古，一连五次出征塞外，最后自己也死在了北征的路上，可谓壮烈。对比同时期被拿下的安南，朱棣就只是选派了将领过去而已，明显在朱棣的心中，蒙古要重于安南。另一方面，朱棣御驾亲征也或许是对自己放任蒙古做大的一种弥补吧，而这就得追溯到靖难时期了。

1. 草原民族是打不死的小强

洪武年间明太祖朱元璋为了消除北元残余势力，曾组织八次大规模北征，史称"明太祖八次北征"，战役断断续续持续二十多年，彻底将北元及其残余势力打残，曾经草原的霸主们，被打得听到明朝骑兵的马叫就落荒而逃，北元从前朝正统被削成了草台班子，再也对明朝的正统地位不构成威胁了。到了洪武末年，蒙古已经降级成了明朝的边患，甚至东北地区的蒙古兀良哈部还被明朝招降，成了明朝的雇佣兵、职业打手，朱元璋还为其改了个名字叫"朵颜三卫"，平时朵颜三卫的重要职责就是跟不服管的其他蒙古人开战，算是大明王朝版的"以夷制夷"了吧。然而这种本来良好的边疆模式到了建文帝继位后却发生了变化，走向彻底崩坏。

朱元璋末年在明朝的北境建立了一整套的防御体系，以抵御塞外游牧民族的侵扰，由于朱元璋不太相信异姓大臣，想来想去还是自己的儿子们可靠，因而分封藩王守边成为朱元璋北边防御体系中最重要的一环，然而朱元璋的心腹恰恰成了建文帝的心腹大患。建文帝要削藩，边境诸王自然是主要开刀对象，但如果诸王都被干掉，边地由谁来防守，一旦边地陷入真空状态，那这样一来朝廷对蒙古诸部的压制力度自然会下降，但显然急着削藩的建文帝并没有过多考虑这个问题。事实上不要说武力压制建文帝没有考虑过，就连怀柔政策建文帝都没有过多操作，从史书来看朱允炆在位四年并没有与蒙古部落有何交流，而对蒙古人来说中原王朝的内战真是天大的好消息。

靖难之役期间蒙古趁机做大，首先是镇守北平（今北京）的燕王朱棣举兵造反，朱棣本来是朝廷安排在北部抵御蒙古的重要藩王，他在戍边期间曾多次出塞，打得蒙古诸部抱头鼠窜，草原的牛羊看到燕王的旗帜都被吓得跑路，有他在北平那一片甚是安全，但是现在朱棣起兵了，建文帝的朝廷在南方，所以朱棣也得往南方打，主力部队自然也都带走了，霎时间蒙古诸部的压力顿时减轻，压在头上的一座大山自己长腿跑了。

　　然而朱棣的起兵才只是牵动明朝北部局势的第一步，朱棣起兵以后，建文帝立刻派兵北上围剿，当时镇守在宣府（今张家口宣化）的谷王朱橞害怕两军交战误伤到自己，又仔细比较了一下建文帝和燕王之间的实力，最后觉得还是建文帝的大腿比较粗，但燕王离自己的封地比建文帝要近得多，要是自己旗帜鲜明地支持建文帝，朱棣引兵来攻打自己，就自己这两下子肯定不是四哥的对手，怕是朝廷大军还没来自己就要被朱棣干掉了，所以他做了一个大胆的决定——放弃封地，连夜逃回南京。

　　朱橞回到南京以后，建文帝的心腹兵部尚书齐泰看着他若有所思，于是向建文帝建议道："燕王封地不远处就是辽王朱植和宁王朱权，这可都是重量级的藩王，燕王朱棣一个人起兵倒不怕，万一他们哥几个勾结起来，将手里的兵马聚集在一块，那势力可就大了，为今之计应该尽快将辽王和宁王召回京师，断了朱棣的左膀右臂。"建文帝觉得齐泰的提议很有道理，因而下诏让两位王爷赶快回南京，辽王在接到消息后立刻启程，但如果从陆路返回途中要经过朱棣的势力范围，太危险了，所以辽王是从海上坐船回到的南京，方案也很新潮了。

　　而宁王就没有这么幸运了，被朱棣摆了一道，他本人连同麾下精锐全都被燕王朱棣裹挟着参加了靖难，顺便说一句宁王部下的军队就是精锐的朵颜三卫。朱元璋为了防范游牧民族攻入长城以内，在明朝北地自东到西安排了九大藩王镇守边疆，他们分别是——辽王、宁王、燕王、谷王、代王、晋王、秦王、庆王、肃王。一场靖难之役导致辽王、宁王、燕王、谷王全部离开了自己的防守辖区，加上此前已经被建文帝废为庶人的代王朱桂，实际上这个时候明朝的北地已经被撕开了一个巨大的豁口，几乎丧失了防御蒙古诸部南下的功效。不仅如此，燕王朱棣为了增加自己的胜算还主动与蒙古交好，希望他们不要袭击自己的后方，至于好处想来也是不少的。而对于跟随自己作战的兀良哈部，朱棣也表示一旦靖难成功，就将宁王朱权管辖的大宁卫（今内蒙古自治区赤峰一带）割让给兀良哈部。

2. 皇帝也想要和平共处

永乐皇帝登基以后，对蒙古诸部没有扯自己后腿的行为非常满意，并履行自己的承诺将大宁卫赠予兀良哈部。然而当朱棣只是一个起兵造反的藩王时，他的唯一目标就是取胜，所以他可以跟蒙古人合作，乃至于放弃一部分国家利益，但成为皇帝后朱棣已经完成了身份的转变，作为大明王朝的最高统治者他明白了明朝北地防御体系的重要性，因而其登基以后就开始逐步恢复北地的防御体系。但怎么个恢复法让朱棣头疼，藩王起家的永乐帝深知藩王戍边对中原王朝的危害，既然藩王不能用了，就得想其他方案来代替，而方案一时半会还拿不出来，这就需要争取时间，恰好此时蒙古的局势让朱棣觉得可以暂时与蒙古交好，赢得时间。

不得不说永乐皇帝的运气很好，他登基的时候由于蒙古贵族内部长期为了利益自相残杀，到这个时候已经发生了分裂，蒙古一分为三，其一就是上面提到的兀良哈，他们的势力范围在东北一带，而且由于曾经跟朱棣有过合作，所以双方关系还不错；而在蒙古高原上的蒙古诸部又分裂成两大部分，即东部地区的鞑靼，占据蒙古本部，鞑靼自认为自己是成吉思汗黄金家族的后裔，是最正统的蒙古人，他们的势力也是三部蒙古之中最强的，朱元璋当年打击的以及朱棣当年在北平镇守时防的就是鞑靼；西部地区则是瓦剌，瓦剌的血统没有鞑靼那么高贵，但他们通过与成吉思汗后裔（尤其是阿里不哥后裔）长期通婚，成为蒙古重要的一部分，朱元璋时期鞑靼受到明军重创，而远在西北的瓦剌则没有受到太大损失，相反势力逐渐强大起来，以至于有与鞑靼分庭抗礼之势。

介绍完蒙古三部，我们再来看看朱棣的举措，三部之中兀良哈势力最小，也最听明朝的话，不需要过多笼络，所以永乐帝极力交好的对象就是鞑靼和瓦剌。与瓦剌的交好比较顺利，建文四年（公元 1402 年）八月、永乐元年（公元 1403 年）四月，刚刚继位不久的朱棣先后两次派遣使者出使瓦剌，致书瓦剌领袖马哈木、太平等人，传达明朝想要与瓦剌和平共处的愿望。在朱棣看来明朝强大，瓦剌弱小，瓦剌对付一个鞑靼尚且捉襟见肘，是断然不会再给自己招揽一个大敌的，然而信心满满的朱棣却迟迟没有等到瓦剌的回信，尽管朱棣表现得十分有诚意，但瓦剌那边就是爱答不理，这倒不是瓦剌摆谱，实在是因为此时的瓦剌自顾不暇。

永乐初期瓦剌部先是因为内部权力分配而展开了一场大混战，最后马哈木等人胜出，但也是损失惨重；内部矛盾处理完没多久马哈木等人又率领瓦剌与鞑靼进行交战，接二连三的战争使得瓦剌实在没有时间回复明朝的好意，这不等瓦剌刚一稳定下来，永乐六年（公元1408年），马哈木等人便麻溜地派人前往大明，表达特别想要与明朝交好的愿望，而且向永乐帝请求册封，意思是瓦剌以后就是大明的臣属，以后就跟着大明混了。看到瓦剌竟然这么识相、这么乖以后，朱棣龙心大悦，当即下令册封瓦剌首领马哈木为顺宁王、太平为贤义王、把秃孛罗分为安乐王，其他人等各有封赏，从对几人的封号便可以看出朱棣想要和平的心愿，一时间明朝与瓦剌进入了蜜月期。

虽然与瓦剌的交好过程很顺利，但跟鞑靼可就一波三折了，并最终导致平静多年的边地再次爆发战争。鞑靼自认为是黄金家族的直系后裔，也是北元的继承人，而这成为横亘在鞑靼与明朝之间的最大障碍，虽然经过明朝轮番打击，鞑靼实力大伤，连"大元"的国号和大汗保有的"帝号"都去掉了，但这并不妨碍其继续与明朝死磕，尽管朱元璋时期明朝就曾经数次派遣使节想与鞑靼交好，但鞑靼对此的态度就是"不回应、不接洽、不谈判"。朱棣登基的同年，非黄金家族后裔出身的鬼力赤（又名布里牙特·乌格齐）篡夺蒙古大汗之位，然而由于其血统问题不能服众，鞑靼部爆发了内战，尽管朱棣登基以后也曾派遣使节表达想要与之和平共处的愿望，但不知道是鬼力赤无暇顾及，还是为人比较傲娇，对于明朝的多次声明皆没有回应。

鞑靼不比瓦剌，其活动区域更加逼近永乐帝的老巢北平，为了防范鬼力赤、为了转移内部矛盾南下劫掠，永乐帝一边加固边地防范；另一方面更加积极派遣使者出使鞑靼，想要摸清鞑靼的底，然而鬼力赤一方却始终拒绝迎接明朝使者进入。随着一次又一次的拒绝，永乐帝的耐心也逐渐见底，后来更是不惜表示如果鞑靼再不正面回应大明的诉求，那么明朝将不惜动用武力，远征沙漠。朱棣如此强硬表态，是想以战促和，然而依旧石沉大海，鬼力赤一方毫无回应。永乐五年（公元 1407 年）随着明朝征安南战役的巨大成功，为了证明自己说话算数，永乐帝心中产生了想要通过战争来解决鞑靼问题的想法了，但这时候一件事情的发生推迟了战争的到来。

永乐六年（公元 1408 年），明朝得知了鬼力赤兵败，被权臣阿鲁台所杀的消息，元顺帝的曾孙孛儿只斤·本雅失里被拥立为新大汗，黄金家族闪亮回归，得知对方换了管事人后，明朝决定做最后一次努力，派遣使者前往鞑靼，一来是祝贺新大汗继位，二来是表达希望两国交好的愿望，如果鞑靼接受，那么明朝将对其封赏，并赐予大量财货，双方和平共处。这一次鞑靼终于有人回应了，而且相当强硬，不光不接受明朝交好的愿望，而且斩杀了明朝的使者，"两国交战不斩来使"，现在两国还没开战，鞑靼就敢杀天朝的使者，传出去大明的脸面往哪搁，朱棣再也不能忍了，对鞑靼作战就此提上日程。

3. 亲征沙漠

永乐七年（公元 1409 年）七月，明朝正式与鞑靼开战，朱棣任命靖难功臣、淇国公丘福为主将率领大军出征漠北，出征之前永乐帝一再告诫丘福不可轻敌冒进，一定要稳扎稳打。但俗话说得好，越怕什么越来什么，丘福压根没把朱棣的话放在心上，在前期取得几场小胜利之后，志得意满的丘大将军便不把鞑靼放在眼里了，接着便重蹈前辈徐达的覆辙中了鞑靼人诱敌深入之计，孤军深入，最后全军覆没，丘福本人也战死。丘福的战败打乱了朱棣的部署，虽然本次战败的责任看似全在丘福，但有一个重要原因不容忽视，那就是当时整个明朝存在轻敌思想，包括朱棣本人，几年之前征伐安南的过于顺利，加上鞑靼此前几十年早已被打残，明朝上下普遍存在"跳梁小丑，不足为惧"的思想，而这种思想影响了明军的作战。

但这次战役以后，打醒了明朝，经过朱家两代人的努力，大明此时已无可用大将，为了消除边患，朱棣决定御驾亲征。永乐八年（公元1410年）二月，北征大军举行出征仪式，这是朱棣登基之后的第一次出征，为了确保作战胜利，永乐帝集结了五十万大军（丘福只有十万），必须一次击垮鞑靼部使其不敢再攻边地。朱棣对这次亲征信心满满，认为此次必胜有五个原因："以大击小，以顺取逆，以治攻乱，以逸待劳，以悦吊怨。"当北征大军路过朱棣藩王时期出征抵达的旧地时，朱棣还特地仿效当年的霍去病封狼居胥，亲自作了一篇记载此次北征经过的铭文，以给后世留下他曾经亲征漠北的文字记录，也顺道激励军官将士奋勇杀敌，报效大明。

而此次大军也一改去年的轻率冒进，相反步步为营、稳扎稳打，又因为装备先进，后勤保障充足，五十万大军进展相当顺利。而更大的好消息即将到来，五月明军行至胪朐河（今克鲁伦河，朱棣将之更名为"饮马河"）流域，明军从俘房口中得知了蒙古大汗本雅失里与太师阿鲁台不和的消息，说起二人的不和也是搞笑，原来在得知明朝五十万大军即将来临的消息后，鞑靼高层明白打肯定是打不过的了，那就跑吧，可是在往哪儿跑的问题上，二人起了争执，大汗本雅失里主张往西逃，最好逃到瓦剌去，可以受其庇护，太师阿鲁台跟瓦剌部关系一向不好，还打过仗，自然不愿意寄人篱下，所以他主张往东跑，双方就这样僵持不下，最后索性一拍两散，本雅失里往西跑，阿鲁台往东跑，谁能躲开明军就算谁命好了，事实证明他俩的运气都不好。

他们之前的扯皮错失了逃跑的良机，永乐帝在得知这一重要情报后当即做出决定，本雅失里是鞑靼乃至蒙古名义上的最高首领，但他只是阿鲁台拥立的傀儡，因此实力不强，打败他不费吹灰之力又能敲山震虎，投入小回报大，性价比那是相当高，因而朱棣决定大军就在胪朐河扎营，自己亲率精锐追击本雅失里，只用了几天的时间，朱棣就在成吉思汗的龙兴之地，斡难河追上了本雅失里的部队。本雅失里本想着明军远道而来，乘着明军立足未稳，率先发动冲击，但是没想到明军登山布阵，抢占了制高点，不等鞑靼骑兵冲到，顺着山势迎面向鞑靼军冲去，利用兵力优势彻底击溃鞑靼骑兵，本雅失里只能率领七骑遁逃。随后永乐帝很快回师与大部队会合，挥师向东攻击阿鲁台，刚刚得胜的明军士气高涨，一举击溃阿鲁台主力，阿鲁台抵挡不住，坠马逃遁。

　　永乐帝的第一次北征即以大获全胜而告终，虽然鞑靼已经溃不成军，但朱棣并没有赶尽杀绝，因为朱棣对于蒙古诸部的战略是先以武力加以威慑，然后通过怀柔的手段使其归附，而不是一味追杀，所以战争一结束，便释放了不少俘虏回去，宣扬大明的怀柔政策，经过这一番攻心之策，鞑靼的不少部落派遣使节来到永乐帝大营表示愿意臣服，后来就连阿鲁台本人都上表向明朝表示归顺投诚，对于阿鲁台的请求，永乐帝并没有因为阿鲁台过往的叛逆之举而拒绝，相反为了平息边地的战火，为了维持蒙古各个部落势力的均衡，朱棣同意了阿鲁台的归降，册封其为"和宁王"。明朝与鞑靼之间暂时和平下来。

　　但所谓"按下葫芦浮起瓢"，鞑靼这边一安静下来，瓦剌那边可就不老实了。此前鞑靼部不可一世，态度嚣张，朱棣才决定教训他们一下，现在鞑靼已经老实了，朱棣也不打算赶尽杀绝，毕竟对中原王朝来说维持草原上平衡才是最重要的。但瓦剌部不这么想，瓦剌首领马哈木跟鞑靼人打了一辈子，其做梦都想统一蒙古诸部，在他看来现在鞑靼部已经元气大伤，正是消灭其的好机会，因而其借着进贡的机会，多次派遣使者来挑拨明朝与鞑靼的关系，希望明朝能够再次出兵打垮鞑靼，然后瓦剌再坐享渔人之利，统一蒙古。但是就瓦剌的这点小伎俩还能瞒得过明朝大皇帝？挑拨离间，借刀杀人，坐山观虎斗，这都是中原王朝玩剩下的东西，翻翻史书找出来的案例太多了，所以对瓦剌的请求，朱棣也就是笑笑不说话，瓦剌派来的使者明朝好生招待，并且告诉他们瓦剌和鞑靼也可以和平共处嘛，意思很明确，大明不想蹚这趟浑水。

　　面对大明的无动于衷，马哈木觉得可能是瓦剌缺乏诚意，致使大明不愿意出兵，因而永乐十年（公元1412年）马哈木攻杀了鞑靼大汗本雅失里，并且据说还缴获了元朝的传国玉玺，马哈木派人带着传国玉玺来到明朝向永乐帝表示，鞑靼名义上的最高领袖我已经帮大明干掉了，并献上传国玉玺，这投名状是不是诚意十足啊，希望大明能够趁此机会出兵讨伐阿鲁台，一举消灭鞑靼，大军出征之际我瓦剌必定为大明鞍前马后，这一下子朝廷的边地一定就能彻底安宁下来。明朝对此的表示是，传国玉玺啊，当年太祖皇帝北征的时候也缴获过一枚，不过你们还是有心了，朝廷会有赏赐的，然后就没有然后了。

　　这一次瓦剌明白了，明朝是指望不上了，终究是错付了，最后只能自己扛下了所有，此后瓦剌多次进攻鞑靼阿鲁台部，打得阿鲁台叫苦不迭。这有悖于明朝的平衡各个部落势力的政策方针，因此明朝多次想要调停，但既然明朝不愿意答应瓦剌的请求，瓦剌又怎么会理会大明呢，双方的关系就这样日益紧张，永乐十一年（公元1413年）瓦剌领袖马哈木派遣使者前来进贡，这一次马哈木提出来相当无礼的要求，要朝廷将甘肃、宁夏等地区原来隶属鞑靼的部落划给瓦剌管辖，并且擅自扣留了朝廷的使者。

　　小小一个瓦剌竟敢如此嚣张，假以时日那还得了，朱棣勃然大怒，他感到此时的瓦剌由于明朝的长期放任，势力已经强大到足以影响到明朝北地，继续坐视不理，总有一天会酿成大患。但天朝上国不能像野蛮的瓦剌一样无礼，因此朱棣决定先礼后兵，如果瓦剌不听从劝告再教训他，永乐帝派人给马哈木送去了一封信，信中严厉谴责马哈木狂妄自大的行为，并且表示如果马哈木再不知道收敛，那么明朝将会派大军来讨伐瓦剌。明朝不惜以威力威胁，而马哈木也表示自己不是被吓大的，明知山有虎偏向虎山行，宣布从此以后不再向明朝朝贡。永乐十一年（公元1413年）十一月，马哈木进兵胪朐河，声称要攻击阿鲁台，实际上是向明廷施加压力，基于此朱棣决定第二次北征。

　　永乐十二年（公元1414年）朱棣又率领五十万大军从北京出发，并且这一次朱棣还特意带上了皇太孙朱瞻基，想要让他跟随自己历练一番。明军有五十万，而瓦剌只有三万骑兵，虽然瓦剌依托山势，分三路阻抗，一时间跟明军打得难分难解。但随着时间的推移明军的火器优势逐渐发挥出来，狠狠地压制住了瓦剌骑兵的优势，最终结果是瓦剌大败，马哈木逃窜。第二年春天，被打老实的马哈木派遣使节来到大明，呈上进贡的马匹，送回了被扣押的使者，毕恭毕敬请求明朝的原谅，言辞十分恭顺，朱棣表示："早点这么识相不就不至于有今天了吗，算了，大明不会跟你们一般见识的，就这么原谅瓦剌吧。"通过第二次北征，收拾了猖狂的瓦剌，永乐帝达到了他维持蒙古诸部势力均衡的目的，此后数年间明朝的边境相当安宁，朱棣也十分高兴，认为北征还是卓有成效的。

然而按下葫芦浮起来瓢，瓦剌这边安静了，鞑靼又开始蠢蠢欲动了，瓦剌被明军打败，鞑靼趁此机会经过几年的发展，势力日益强盛起来。永乐十四年（公元1416年）瓦剌领袖马哈木战死，令本来已经实力受损的瓦剌又雪上加霜。马哈木在世时，鞑靼的阿鲁台被其逼打到墙角，现在马哈木一死，阿鲁台就又有些飘飘然了，在阿鲁台看来自己当年依附明朝实乃不得已而为之，他本人与明朝的矛盾还是颇大的，加之鞑靼部要发展就必须南下劫掠，而这迟早会与明朝撕破脸，晚撕不如早撕，于是鞑靼便开始时不时对明朝边地进行骚扰的劫掠，发展到后来甚至侮辱或拘留明朝派去的使节，一改对明朝的依附政策，以草原霸主自居。为了证明自己还是拿得动刀的，永乐二十年（公元1422年）永乐帝第三次率领大军出征沙漠，决定给阿鲁台一个教训。

出征之后没多久，探子来报阿鲁台得知皇帝亲征，害怕了，已经跑了。明朝大军一出征，鞑靼部就跑了，这个已经成为基本操作了，所以永乐帝手下的将领们都建议率兵追击，与阿鲁台决战。然而朱棣拒绝了众将的提议，他之所以没有去追击敌军有他自己的想法，鞑靼是游牧民族，军队都是骑兵，跑起来很快，而明军如果去追击必然要带着大批辎重（火枪、火炮这些都得运输啊）去追击，这样速度太慢，不一定追得上，如果也派骑兵去追，轻骑突进又十分危险，后防给养也不容易跟上。况且此时的朱棣已经年过六旬，作战讲究稳扎稳打，不能像当年那样啥也不顾，就是干了。

但也正是因为这样，此次北征始终没有找到阿鲁台的主力，随着明军粮草日益匮乏，朱棣决定班师回朝。此次出征大军劳而无功，朱棣是越想越气，这回去太没面子了，得打一仗啊，突然永乐帝灵光一现想到了兀良哈。此时的兀良哈早已不是永乐初年听话的朵颜三卫了，这些年兀良哈蠢蠢欲动，不时袭扰大明边境，虽然没有鞑靼那么猖狂，但也是特别烦人，而且朱棣听说兀良哈的首领还曾与鞑靼暗中勾结，想到这朱棣决定就顺便教训他，杀鸡给猴看。兀良哈可就倒霉了，实力本来就不如鞑靼、瓦剌，关键他压根没想到朱棣的大军会冲着他来，因此几个回合下来，兀良哈大败。得胜的朱棣保住了些许面子，就此得胜回朝。

第三次北征并没有达到既定目标，阿鲁台的主力也没有被消灭，不时还会骚扰明朝边地，因而永乐二十一年（公元 1423 年）七月，永乐帝第四次北征，希望能够完成未完成的目标。大军出发不久，探子来报，早前几个月阿鲁台就被瓦剌领袖脱欢（马哈木之子）击败，已经没有实力再来对抗大明了，所以这次出征不会有敌人了，转了几圈之后果然是这样，大军只得原路返回，就这样永乐帝的第四次北征空手而归。

永乐二十二年（公元 1424 年）恢复了一点元气的阿鲁台又来骚扰大明边地，此时的朱棣已经 65 岁了，身体也不是很好，按理说各方面条件已经不允许他再次亲征了，然而面对阿鲁台（这位老兄这几十年来真是锲而不舍啊）多年来一而再、再而三的挑衅，朱棣不能忍，因而他不顾朝中大臣反对，坚持再一次北征，这就是明成祖第五次北征，也是最后一次。尽管做了充足的准备，军队众多，后勤保障也足够，然而这次到了草原之上还是没能发现阿鲁台主力，明军就在草原之上晃荡了好几个月，尽管朱棣几次下令大军追击，但别说鞑靼人了，羊都没一只，看来这次是不能决战了，永乐帝无可奈何地宣布撤兵。大军班师回朝的路上，明成祖朱棣带着遗憾驾崩于榆木川（今内蒙古自治区多伦西北）。

4. 明成祖的北征

如何评价明成祖朱棣的五次北征？相比于明太祖的八次北征都是皇帝坐镇京师，派遣大将领兵出征，朱棣的五次北征都是御驾亲征，因而无论是军队人数、后勤保障等各方面都要比朱元璋的北征规模更大。但若以其效果来说却不如明太祖的八次北征，朱元璋的北征虽然没能完成全部目的，但瓦解了北元，消除了正统性危机，使得蒙古成为边患，而且到朱元璋晚年时蒙古诸部已经无力南下了。对比来说，朱棣的北征虽然被后世称为"五出漠北，三犁虏庭"，看起来很威风。但明成祖北征的战略目的是为了让草原上的鞑靼、瓦剌两部臣服于明朝，以达到一劳永逸的目的，但这个目的显然没有达到。

无论是鞑靼还是瓦剌都没能真正臣服于明朝，所以朱棣只能退而求其次，希望能够保持蒙古诸部的势均力敌，以减轻大明的边地压力，所以鞑靼也好，瓦剌也罢，乃至于兀良哈，谁敢冒头，朱棣就打谁，但正所谓"按下葫芦浮起瓢"，一部势力削弱，会另一部崛起，继而明军北征讨伐，最终陷入这样一个循环。尤其是虽然第一、第二次北征重创了鞑靼与瓦剌，战术上还是蛮成功的，但朱棣的后三次亲征并不算成功，几次出征都没能遇到敌军主力，劳而无功，而且耗费了大量的人力物力。

但也并不是说五次北征就毫无用处，至少北征确实抵御了蒙古诸部对明朝边地的攻扰，使得北部边民能够在永乐时期较为安定的生活；此外多次北征使得蒙古诸部落的许多民众归附了明廷，促进了民族融合。从这些方面来说北征有其一定的功效，只是付出的代价也很大，投入产出比不划算罢了。也许正是由于意识到一味动武是不能解决明朝边患的，加上大军多次出征的不便，朱棣才决定将首都迁往北平，当然这个就是后话了。

在追逐草原敌人的同时，朱棣的眼光并没有局限于此，"万邦来朝"才是朱棣最大的野望，于是明朝最壮丽的大航海时代即将拉开帷幕。

郑和之后再无郑和——中国大航海时代的终章

所谓太监就是宦官，但是宦官可不都是太监，在明代宫廷里面有 12 个专门服侍皇室的衙门，称为 12 监，下属人员大多是阉人，按照规定每个衙门的头头才能被称为"太监"，所以太监就是对级别高的宦官的尊称。郑和就是一个太监。一般来说成为宦官都是因为家里活不下去了，吃了上顿没下顿，不得已才进了宫，但郑和可不是这样。

1. 从大太监到航海王

很久很久之前，有多久呢？大概郑和还是一个小孩，那时候的郑和用今天的话来说，过着吃穿不愁、优哉游哉的童年生活，忘了说了郑和当时生活在云南，那地方四季如春，小孩子必须喜欢。

然而这样无忧无虑的生活被一个叫朱元璋的人打破了，老朱自从把蒙古人赶回老家放羊去以后，那心里甭提多爽了，又当了皇帝生活质量爆表，用当时升斗小民的话来形容，皇帝肯定每天早上都在金銮殿上支口大锅，想吃油条炸油条，想吃烙饼做烙饼。但老朱其实不开心，不开心的原因是还没统一，当年大部分的蒙古人确实被他赶回老家草原了，但是还有相当一部分盘踞在云南一带，云南残余的元军天天叫嚣着要"反攻中原"，听得朱元璋都烦了，所以腾出手来以后，洪武十四年（公元 1381 年）朱元璋就派了几员猛将去云南教训一下这些不知天高地厚的人，没想到这一教训用力过猛竟然收复了云南。郑和就是在这次战争中被俘虏、阉割的，后来明军班师回朝，因他模样俊俏、办事伶俐，便将他带回了应天府（今南京），此后几次辗转郑和又成了年轻的燕王朱棣的贴身太监。

后来的事我们都知道了，十几年后燕王朱棣起兵造反，而郑和在靖难过程中是立了功的，他本来姓"马"，因为立功才被朱棣赐姓"郑"，而他又是朱棣的贴身太监，地位自然也就水涨船高。朱棣当了皇帝以后，郑和升任内官监太监，可以说郑和已经是永乐朝的一号太监了，后来《明史·宦官传》记录的第一个太监就是郑和。等等好像有什么不对，某本书里面不是说最高太监是——司礼监掌印太监吗？是这样的，朱元璋在的时候规定"宦官一律不得干政"，所以他老人家在的时候什么大太监、小太监都只是帮皇帝打杂的，平时哪凉快哪待着去，想干政，门都没有，后来朱老四篡位成功，老担心手下人不服，这才开始重用宦官，但是毕竟明成祖也是一代雄主，不像后来的皇帝那么懒，重大事项都得亲自过目，什么批红、盖印，明成祖让太监们干啥就得干啥，所以那时候的司礼监远没有后来的权势滔天。因此永乐一朝如何比较宦官手上的权力大小，关键看皇帝的信任，内官监主要负责皇室的工程建设，绝对的肥差，可见郑和地位之高。

但如果只是到这，那么日后提起郑和，不过就会想起他是永乐朝知名的太监，而不会今天青史留名。郑和能有今天的地位，还是朱棣给他的，永乐三年（公元 1405 年）明成祖朱棣首次派遣郑和下西洋，以后郑和又六下西洋，从东南亚到印度，再到东非海岸，可以说但凡船队能到达的地方，大太监郑和都留下了身影，因而郑和也成为西方大航海时代之前的第一代"航海王"。

下西洋这么大个事朱棣为什么会派一个太监去，难道大明就没人才了吗，其实还是上面提到过的那个原因，朱棣篡位以后对手下大臣极为不信任。文臣也好、武将也罢，他们跟皇帝都只是君臣关系，按今天的话来说，就是领导和下级的关系。甭说你立了多大功劳，对朝廷有多忠心，在皇帝的眼里，你终究还是个外人。虽然皇帝嘴上说信任你，可说到底还是有道坎儿。但宦官就不一样了。首先，宦官跟皇帝是主仆关系，也就是皇帝的用人，试想想，就算你天天996，跟领导同事在一起时间再久，你跟他们有亲密关系吗？所以嘛，文臣武将再能干、再忠心，也比不过天天同皇帝打交道，二十四小时伺候皇帝饮食起居的宦官跟皇帝亲密贴心。况且据说郑和下西洋的一个重要目的就是为了寻找建文帝，要是派一个大臣去，万一到时候反水了，带领全部船队归降建文帝，在海外占地为王，瞅准时机再打回来，那朱棣可受不了，所以比来比去还是太监可靠。

郑和并不是一个特例，朱棣特别喜欢任用太监，朱棣派去西藏出使的是藏族太监侯显，派去东北宣示主权的是女真太监亦失哈，修建北京故宫的是安南太监阮安，所以朱棣这个人的爱好就是发现并使用太监里面的人才。当然这些太监中名气最大的还是我们郑和大大。

说起郑和下西洋其实还蛮可惜的，宣德八年（公元1433年）年事已高、体弱多病的郑和在返航途中病逝于古里（今印度西南部）。60多年后葡萄牙航海家达·伽马也抵达古里，此后几百年英国、法国等国纷至沓来，印度逐渐沦为西方殖民地，打通印度，是西方地理大发现最具标志性的事件，为欧洲的资本主义发展提供了来自东方的神秘力量。

相比于西方，郑和来得早、次数多，但大明的这个资本主义始终就是萌芽，萌到最后也就是个芽。说到这有人就要跳出来解释了，西方是靠掠夺完成了资本主义的原始积累，而我们的郑和率领的是一支"和平使团"，西方殖民者对所到之地实行"三光政策"，而郑和的船队不光不贪人家东西，还在海外到处大撒币，所以这个资本主义发展不起来是有原因的。事实果是如此吗？

2. 王者之师保护下的和平贸易

据说郑和下西洋的一个重要目的就是为了宣扬国威，明成祖朱棣登基后觉得家大业大，要向海外诸国嘚瑟一下，享受一下万邦来朝的感觉。既然这样那就要给郑和配上最好的装配，让海外那些不开眼的小国看看什么是天朝上国。

以下是郑和船队的配置：宝船长一百五十多米，宽六十多米，比今天一个足球场还大，郑和的船队里面这样的船大概有几十艘，供郑和船队的指挥人员、使团人员及外国使节乘坐。同时，用它来装运宝物，有明朝皇帝赏赐给西洋各国的礼品、物品，也有西洋各国进贡明朝皇帝的贡品、珍品，还有郑和船队在海外通过贸易交换得来的物品。然而宝船还只是郑和船队的主体部分，除此之外还有很多其他种类的船只，有的用于运粮，有的用于作战，有的用于居住，甚至还有专门用来运马的船，各类船只大大小小加起来两百多艘，宛如今天美国的航母编队。

那这么大的船队得多少人才能操作起来啊，这个问题郑和船队里面有一位叫马欢的翻译官可以回答。马欢曾多次跟随郑和出海，后来在景泰二年（公元1451 年）他将自己在下西洋过程总的所见所闻写成一本《瀛涯胜览》。据这本书记载，郑和每次下西洋携带的人员两万七千多人，其中光军队就有两万六。这是个什么概念，这么说吧 400 年后鸦片战争的时候，世界第一工业强国英国够牛了吧，那么强大的工业实力几个月也就送过来四千军队，跟郑和一比，小巫见大巫。浩浩荡荡这么多人下西洋，能把海外小国吓死，要知道郑和去的很多国家总人口加起来都没两三万，哪见过这么多天兵天将啊。到这有人就又要解释了，带这么多人主要是为了防范海盗，海上海盗可猖狂了，吃人不吐骨头。

这种说法有一定道理，但不绝对，因为郑和船队碰到势力最大的海盗是马六甲一带的陈祖义。陈祖义是广东潮州人，洪武年间下南洋，曾盘踞在马六甲一带为祸十余年，是当地赫赫有名的海盗王，这样一个海盗王势力得有多强呢？在他最强大的时候。手下才万把乌合之众，最大的船只还没郑和最小的船长，所以后来当他遇到郑和的时候，轻而易举就被郑和押送回国内处死。

那郑和带领这么多人这么多人究竟是干吗的，我要说是做生意，听到的人都会认为是开玩笑吧，其实还真的是为了做生意。很多人认为明朝朝贡贸易是散财赚面子输里子，这其实是种误读。如果大明皇帝是坐在家里等海外番邦来进贡，然后加倍回礼，那赔本赚吆喝的指责还有点在理，但是现在郑和走出去了，情况发生了天翻地覆的变化。

举几个例子啊，宣德五年（公元 1430 年）郑和最后一次下西洋，郑和的使团在古里进行了一次涉及众多货物的巨大交易，一次性购买了"各色奇货异宝及麒麟（长颈鹿）、狮子、驼鸡等物"，也就是当地的金银珠宝和特产，并且这次交易不属于赏赐性贸易，因为如果属于赏赐性贸易，史书一定会大书其书所赏赐的东西，但是史书并没有提及明朝赏赐这一环，仅用了一个"买"字，这就表明此次贸易属于正常交易，是一手交钱一手交货的。除此之外，郑和每次出航还会买一些香料回国，比如占城国出产一种伽蓝香，号称除占城国外"天下再无出处，价甚贵，以银对换"。既然全天下只有这里有，那么郑和每次经过占城都会将当地所产的伽蓝香全部购买一空，甚至连当地王室都没得用了，并且由于买的多，郑和的船队还经常跟当地压价，怎么看都不像是厚往薄来。

说了这么多都没谈到军队，那军队到底有什么用啊，军队的作用就是保证郑和船队的正常贸易，因为毕竟在人家的地盘上，人少了镇不住场子，别人坐地起价怎么办。当然这还不是军队贸易的最主要功能，大头还在后面。南洋的九州山（今马来西亚境内）一带盛产沉香，要知道在沉香在大明可是个好东西，但是每次郑和都买不了多少。倒不是当地土著不卖，实在是科学技术是第一生产力，而当地居民技术落后，坐守金山银山却只能望山兴叹，根本采不到生长在深山老林里的沉香，所以郑和每次来这里都会发扬人道主义精神，派大批官兵去山里面采沉香，每次都是收获颇丰，采到的都是当地人都没见过的上好沉香，至于采了之后给不给钱，书上没说，毕竟凭本事采的沉香为啥要给钱。而在苏门答剌时，郑和也曾帮当地人开采硫黄，并用丝绸、瓷器与当地酋长交换，酋长看到大明的丝绸、瓷器都高兴坏了，说句实话，丝绸和瓷器在明清时期的产量是极大的，其对于航程中途经的国家虽然是稀罕物，但是对于大明来说则不一定是稀罕物，并且其所交换的东西如沉香等，在大明的价格绝对要高于瓷器和丝绸。

其实根据史书的蛛丝马迹，郑和下西洋是挣了钱的，而且还不少，因此皇帝才会一而再再而三派遣郑和下西洋。说到这里，最关键的问题也出现了，郑和下西洋赚的钱都去哪呢？或许一则考古消息可以告诉我们答案，2001年在湖北省钟祥市梁庄王朱瞻垍（明仁宗朱高炽第九子）墓中发现了一块金锭，上面刻有："永乐十七年四月囗日西洋等处买到八成色金壹锭伍拾两重"铭文。从金锭上面的铭文就可知，这块金锭就是郑和下西洋所带回来的宝物之一。除此之外，墓葬中的随葬品还包括红宝石、蓝宝石、祖母绿、金绿宝石、金绿宝石猫眼、石英猫眼等名贵宝石，而这些宝石的产地均来自东南亚。事实上，梁庄王墓的发掘就给我们揭示了这样的一个事实，郑和下西洋所携带回来的大批宝物和金银珠宝首先并没有归入国库，也没有投入市场流通，而是全部流入了内库，流入了皇室宗亲的口袋里。皇室宗亲用这些东西来满足自己的奢侈需要，甚至当时宫中的宦官和宫女也以得到一件来自西洋的宝物为荣。

满足了皇室的需要之外，郑和下西洋所带回来的货物才会投入到市场之中，进行交易，并且投入的量应该还不少，乃至于有部分商人甚至靠倒买倒卖这些商品发家致富了。在这里还有一个大胆的猜测，就是朱棣在位时期所进行的大型活动，如征伐蒙古、迁都、编纂《永乐大典》等似乎背后都有郑和下西洋所带来的金银宝物的支持，因为朱棣的这种种行动并未引起社会的剧烈动荡。要知道当时明朝应当还属于恢复元气的阶段，并且朱棣在位时期所采取的几个行动可不是分批次进行的，多数情况下是几项活动同时并举的，但是老百姓并没有因为朱棣的种种大动作而发生大规模的骚动。这该怎么说呢，其实在朱棣的这几项大规模活动之下，老百姓的负担的确是很重了，但是还在他们的承受范围之内，而超出他们承受范围之外的部分则很有可能是由郑和下西洋的收获来承担了。也正是郑和下西洋使得大明的内库充盈了起来，朱棣看着自己那充盈的内库，腰板儿也直了，也有信心搞一些大动作了。

这样看来郑和下西洋利国利民啊，皇室从海外获得珍宝满足了享受，就不会去搜刮百姓了，多出来的钱还能上马大型工程、军事行动可谓一举两得啊，但这么好的下西洋怎么就突然停了呢？

3. 郑和之后再无郑和

郑和下西洋虽然是赚了很多银子，但是几乎全部进了皇帝的腰包，要说皇帝派船队出去挣点钱也没啥说的，但问题是造船的钱是让国库来买单的。于是永乐朝就形成了这样有意思的循环，国库出钱，郑和出海，贸易往来，皇帝挣钱，贴补国用。在官僚集团看来，这是亏了国库肥了皇帝一个人，国库亏损国家财政就得出问题，虽然皇帝能自掏腰包补足亏空，但是总觉得哪里怪怪的，因此道貌岸然官僚集团当然不能答应下西洋继续下去。

之所以说官僚集团道貌岸然当然是因为他们也不干净，叫停下西洋也是有私心的。事实上朱元璋时代虽然实行海禁，但是海外贸易虽然禁是禁不掉的，那就只能走私，所以到永乐年间的时候东南沿海已经形成了很多华人为主的海盗贸易集团，比如上文提到的陈祖义。海盗集团进行走私贸易，但毕竟见不得光，走私来的货物怎么处理，这就少不了东南地区的官僚集团帮助销账，逐渐就形成了海盗——官僚集团这种奇怪又合理的黑色渠道。然而郑和的横空出世打碎了这一切，国家队一出手，这些个人势力无论在武力还是具备的商品财货方面都完全无法与皇家政府的代表相竞争，而且最要命的是郑和的行为是合法的，而他们的地下贸易是违法的，这就连堂堂正正的较量都没可能。断人财路，如杀人父母，郑和此举，和掘了这些官员的祖坟无异，不知被多少官员所诅咒，污名化运动早已在舆论场展开较量，这也就是为什么明清两代官场一直对郑和下西洋一事持坚决反对态度的根本原因。

而郑和的贸易收入大部分又是供皇家的奢侈消费，这就跟大航海时代最早的带头大哥——西班牙和葡萄牙两个牙一样，挣的钱全被贵族炫富花完了，哪还有闲钱再去发展资本主义，不能形成可持续发展，所以后起之秀荷兰、英国一起来，这些老牌国家全靠边站了。

解缙的传奇一生：从神童到"首辅"，再到阶下囚

很多人知道解缙应该是通过单口大王刘宝瑞先生的相声《解学士》，《解学士》是民间艺人根据话本小说《解学士诗》和民间传说改编而成的中篇单口相声，后来刘宝瑞又择其精华，整理成篇。《解学士》中描绘了一个"神童"解缙的形象，以及他和当朝曹丞相斗智斗勇的故事。

解缙确实以智慧闻名天下，但故事就是故事，里面的一些瑕疵是经不住推敲的，因为明朝根本没有姓曹的丞相，其实在更古老的版本中与解缙斗文采的是一位财主，那么为什么后来要改成一个丞相呢，这可能是因为历史上的解缙做到了事实上的内阁首辅（当然那时候还没有出现"首辅"这个头衔），首辅在明朝中后期等同于丞相，而那个时候恰好民间曲艺之风兴起，这样一来小时候的解缙打嘴炮赢了一个土财主自然就不算什么稀罕事了，毕竟土财主太多了，而换成当朝丞相就不一样了，这就符合解缙"神童"的形象了，而普通小老百姓就喜欢听这样的故事。不过虽然小时候的解缙没有与丞相斗智斗勇，但历史往往比故事更精彩，因为后来解缙打交道的对象是皇帝。

1. 神童出世

解缙，字大绅，一字缙绅，号春雨、喜易，江西吉水鉴湖（今江西吉水县文

峰镇）人。在明清时期江西那可是科举大省，几百年间光状元就层出不穷，更不用说进士了，那就是一抓一大把。所以江西自古以来文风昌盛，能够在省内以才华出名都是一件很困难的事，但我们的解缙实在是太优秀了，优秀到省内已经容纳不下他了，优秀到连时间和空间都限制不了他了。解缙和明朝中后期的两大文学巨头杨慎、徐渭共同组了一个叫"明朝三大才子"的组合，当时就成为了大明第一天团，什么"吴中四才子"这只是地方偶像，"明朝三大才子"这才是全民天团。

虽然三大才子中，杨慎被公推首位，但杨慎和徐渭所处的时代已经是明朝中后期，那时候明朝的市民经济已经相当繁荣，用书上的话来说资本主义萌芽都出现了，经济基础决定上层建筑，所以当时的文化昌盛是正常现象，而解缙所处的时代正是元末明初，整个中国刚从战乱之余缓过来，饭都吃不饱，哪还有多少精力去搞文化研究啊，而成长于此时的解缙精力能从明朝两百多年间的才子中脱颖而出，为明初扳回一局，跻身"明朝三大才子"之列，可见解缙自身的才学水平有多高。

解缙能有如此高的才华，虽然离不开天赋异禀，但是成长的环境也十分重要。《解学士》中说解缙的父母是卖豆腐的贫苦夫妇，这当然只是为了突出解缙是个"神童"而在立人设了。解缙出生于洪武二年（公元 1369 年）十一月七日，前面说过这时元末战乱刚刚结束，新建立的大明朝百废待兴，许多人连饭都吃不饱，更不用说读书了，在当时可没有"再穷不能穷教育"的思想，如果解缙的父母真是卖豆腐的，那解缙日后的人生大概就是接过父母的小作坊了。幸运的是解缙诞生于江西吉水解氏家族，这可是江西著名的名门望族，不仅是书香门第还是官宦之家，根据族谱记载，解氏一族从古至今光是封王封公（这里可能是一种夸张的说法）的就有好多位，所以才能在江西置办下如此庞大的产业，供后人耕读传家，而解缙在这样的家族中长大学费什么的肯定是不用愁了。

物质问题解决了，接下来就看解缙的了，毕竟学习这东西还是得靠自己努力的，好在这方面解缙更让人省心，解缙在很小的时候就展现出了自己异于常人的地方，当解缙周岁的时候，家族为这个孩子准备"抓周"，结果在"抓周"上，解缙从四书五经、李白杜甫的诗集、文房四宝、琴棋书画那是抓了个遍，而且对这些东西那是爱不释手，所谓异人必有异象，家族中的长辈看到这种情况就知道这孩子将来必成大器，因而十分用心去教育他。而以此次"抓周"为起点，之后的解缙是表现得越来越出色，先是其母教他认字的时候，发现其有过目不忘的本领，后来还能够出口成诗，之后那就更不用说了，反正到了十三四岁的时候能看的书都已经被解缙看完了。

正所谓"学而优则仕"，所谓"十年寒窗"，但很多人穷其一生在学问上都没有太大突破，而年纪轻轻的解缙如今在学习上已经没有什么瓶颈，那么接下来要做的就是通过科举踏入仕途了，解缙作为文人士大夫中的一员自然也不例外。于是解缙就去参加科举，科举可比今天的国考难多了，到了明朝的时候科举分为好几个流程，共分为童试、院试、乡试、会试、殿试五级，一级比一级难。拿最简单的童试来说吧，这是县一级的考试，能够考上的人被称为童生，就说明你是个文化人了，很多读书人考到须发皆白，仍是一介童生，比如《范进中举》里的范进五十多岁还在参加童试。

童试过后是院试，能够考中的人被称为"秀才"，到了秀才这一级别就脱离平民阶层，称为"士"了，能享受很多待遇了，比如可以开办私塾，见了官也不用下跪。很多人穷其一生到达这个级别就谢天谢地了。但我们解大才子可不是常人，在洪武二十年（公元 1387 年）的时候，年仅十八岁的解缙就已经参加江西的乡试了，也就是说解缙还没成年的时候就过了童试和院试了，那么乡试的难度怎么样呢？太简单了，解缙一举夺得江西乡试的第一名，乡试相当于今天省一级的考试，当然难度前面说过了比今天难很多，考试的人从小孩到老头应有尽有，而十八岁的解缙无疑是其中最年轻的，这么一个小娃娃考了第一，令当时许多考试的学子感到吃惊，由于古代乡试的第一名又被称作"解元"，所以时人又称解缙为"解解元"，听起来还蛮好听的。乡试考中的被称为"举人"，明清两代举人就可以做官了，但途径很难，而且在升迁上会有障碍，因而绝大多数考中举人的人会再去京城参加会试。

解缙这么有才当然不会只满足于一个举人了，因而紧接着在第二年的时候，解缙便入京参加会试，和解缙一同入京参加会试的还有其兄长解纶、妹夫黄金华。解缙作为大才子自然有自己的目标，那就是"连中三元"，也就是一个人集乡试第一（解元）、会试第一（会元）、殿试第一（状元）于一身，这在所有读书人中是莫大的荣誉，截止此时明朝还没有出现"连中三元"的现象，如果解缙能够达成，那必然是创下了历史。结果还别说，解缙三人都挺争气的，不仅顺利通过了礼部的会试，还顺利通过了殿试，最终全都考上了进士，这"兄弟同登第""一门三进士"的消息一出可以说是轰动了整个南京城。

然而美中不足出现了，自幼便颖敏绝人的解缙在此次会试中却只拿了个第七，虽然这个名次已经能让许多人羡慕了，但是跟解缙的要求还是相差甚远，而在殿试中解缙的表现更是不佳，只拿了个三甲第十名，似乎和解缙幼年时候的表现不符合啊，难道是解缙已经江郎才尽了吗？其实不然，因为此次殿试的第一名也就是所谓的"状元"任亨泰在史书中也有所记载，然而查阅其相关资料记载却发现任亨泰无论是在文学上还是在政治上的建树都无法和解缙相提并论，所以在京城参加会试和殿试时，解缙依然还是那个"颖敏绝人"的解缙。那难道是因为此次考试中有人暗箱操作，为了自己的利益而把解缙的名次给往下压了？

还别说，这次倒是说的八九不离十了，但是压解缙的名次却不是因为要顾及他人的利益，而是出于对解缙的保护。根据史书记载，解缙名次的不高不是因为他在考试中答得不好，而是答得太好了，让主考官们都生了爱才之心，但是主考官们在看到解缙的试卷后，觉得解缙这个人真是锋芒毕露了，有时候在官场上一个人太优秀反而不是一件好事，加上解缙这个人自视甚高，使得主考官们担心"木秀于林风必摧之"的现象发生在解缙身上，为了保护他也为了历练一下解缙，就将他的名次给压低了。而这一压就使得明朝的第一位"连中三元"又往后推迟了几年。

2. 政坛菜鸡

但不管过程如何，考中进士的解缙就算是正式进入官场之中了，他的第一个职位是庶吉士，按照惯例这个职位一向挑选年轻而才华出众者担任，前途很远大。由此可见虽然殿试中成绩不是那么突出，但解缙的才华还是遮盖不住的，而就在此时解缙又受到了一个人的赏识，而这个人可以说彻底改变了解缙的命运。这个人不是别人，正是大明现任皇帝，明太祖朱元璋，当时的朱元璋已经六十多岁，但却十分喜欢这个还没自己年龄三分之一大的小孩，认为他才华卓越，经常将他带在自己身边，甚至跟解缙推心置腹地说："我和你虽然身份上是君臣，但我一直将你看作自己的儿子，所以你一定要好好报效国家，勇于进谏，知无不言哦。"此话一出让解缙大为感动，由此成了朱元璋的小迷弟。

朱元璋跟解缙认识时间不长，为何会说这么一番话，或许解缙确实很有才华折服了朱元璋，但还应该考虑到当时的时代背景，当时朱元璋已经年迈，已经在开始为后事做准备了，朱元璋是打天下的皇帝，而他的继任者是需要守天下的皇帝，那么守天下的皇帝需要什么样的大臣呢，朱元璋认为饱读儒家经典，精通道德伦理的书生是最好的选择，既不会威胁皇权，又能拼死为皇帝效力，这从他后面留给朱允炆的方孝孺、齐泰等人便可以看出，而如果从这方面来看，解缙无疑是其中的佼佼者，因而朱元璋才这么欣赏他。但是解缙相比起方孝孺等人有一个缺点，就是这个人太高傲了，他听了朱元璋的话感觉"士为知己者死"，既然朱元璋让他提意见，那么就提吧。

于是就在朱元璋说完这句话的当天，解缙便上了一封《大庖西封事》，洋洋洒洒一万多字，涉及政治、经济、文化、社会各个方面，别看方向这么多，其实主要内容就一点，批评朱元璋这么多年的施政，认为朝廷的法律太苛刻了，应当简明律法并赏褒善政。朱元璋在看到解缙的这封上书之后，称赞了一番解缙的才华，能在这么短的时间交上了这么厚一份上书，很厉害，但夸完之后就算了，朱元璋并没有采纳解缙的任何一条建议。

可见有时候领导夸人只是场面话，实际上可能并不赞同下属的想法。事实上也正是如此，朱元璋也是个相当自负的人，他治理国家二十余年自认为已经将方方面面都处理得很好了，而解缙作为一个初出茅庐的年轻人，政治能力几乎为零，对国家民生缺乏深入了解，他的建议更多的是从圣贤的思想出发，根本不具备可操作性。但解缙误会了，在得到朱元璋称赞之后，解缙更是备受鼓舞，认为可能是之前的上书还不够完善，于是沉寂了几天后便又上了《太平十策》。该上书的主要内容为"一曰参井田均田之法，二曰兼封建郡县之制，三曰正管名，四曰兴礼乐，五曰审辅导之官，六曰新学校之政，七曰省繁冗，八曰薄税敛，九曰务农，十曰讲武。"从"井田""封建"等字眼便可看出解缙的这封上书是带有浓厚的复古色彩的，而这些操作根本不符合当时的时代要求，由此可见解缙在治国上是一个理想化的人，面对解缙的上书朱元璋只是再一次称赞解缙的才华，但依然没有采纳任何方案，解缙却发生了变化。

解缙其实是一个十分高傲的人，初入官场的时候可能还收敛点，但在受到朱元璋的两次称赞之后，解缙的心态开始膨胀起来，认为自己真的是天选之人，而且有朱元璋在背后撑腰，以后一定是国家的栋梁，所以在与同僚相处的时候也开始趾高气扬起来，而同僚们一来看在他年轻，二来皇帝好像真的喜欢他，便给他一个面子，而解缙也就越来越变本加厉。一次解缙前往兵部索要差役，但是在索要时态度十分傲慢，加上解缙曾经弹劾过兵部，新仇旧账加起来，于是兵部尚书沈潜便上书朱元璋弹劾解缙。然而在接到沈潜的上书后，朱元璋不仅没有斥责解缙，反而还给解缙找借口，说他之所以会这样是因为平常太闲了，这次就算了。

随后，朱元璋就给解缙调动了一下差事，任命他为御史，负责监察百官，其本意就是想让解缙尽快了解官场中的一些潜规则，从而能更好地为老朱家的天下服务。但是令朱元璋没有想到的是解缙不仅没有体会到他的深意，反而依旧行事无所顾忌，加上御史的特殊身份解缙更加肆无忌惮。而出来混，迟早是要还的，洪武二十三年（公元1390年），朱元璋借"胡惟庸案"的余波对已经告老还乡的李善长进行反攻倒算，一时间李善长连同家族七十余口被牵连诛杀。李善长为官多年，在朝中关系网十分密，按道理来说，在这种情况下人人自危，朝中大臣应当都赶紧撇干净关系，避免自己会受到李善长的牵连，但这时解缙的书生脾气又上来了，不仅没有独善其身，反而还主动替郎中王国撰写《论韩国公冤事状》，为李善长鸣冤申诉，虽然没有署名，但是朱元璋一看奏疏的内容就知道是解缙代笔写的。

除此之外，解缙还曾为御史夏长文代疏《论袁泰奸黠状》，弹劾都御史袁泰。简单来说就是充当搅屎棍，搞得朝廷内外不得安生，或许解缙是想通过这种方式来向朱元璋证明自己是一个特立独行的人，只要国家需要，自己绝不会明哲保身。但解缙的这种做法首先招来了朝中同僚的不满，毕竟这种时候逞能，可不是什么好事，万一就把别人牵扯进去了呢。更重要的是解缙这次真的得罪朱元璋了，朱元璋觉得解缙管的太宽了，本来这种情况随便按个罪名算到"胡惟庸案"中杀了就得了，但是朱元璋觉得解缙是个人才，所以又给了他一个机会，并没有对其进行严厉的惩罚。只是在解缙的父亲解开来京觐见的时候，对解缙的父亲说道："你的儿子是个人才，但是目前来看他还不能适应官场，你把他带回去好好的教育一番，等十年后我再重用他也来得及。"就这样，解缙带着和朱元璋的十年之约，和他的老父亲解开一同返回江西老家了。解缙的第一次仕途生涯就这样结束了，不过解缙直到最后都没有觉得自己有什么问题，只是觉得正是因为自己没有曲意逢迎朝中的小人才被人陷害的。

解缙回家后每日熟读圣贤书，修身养性，期待十年之后再得到朱元璋的重用。然而事与愿违，解缙没有想到自己在老家等到的不是朱元璋召回他的诏书，而是朱元璋的死讯，洪武三十一年（公元 1398 年）朱元璋因病逝世，而此时距离当初两人定下的十年之约还有两年的时间。皇帝之死，天崩地陷，这时在家中得知消息的解缙也坐不住了，想到朱元璋曾经那么器重自己，自己应该去送他这最后一程，于是解缙急忙奔赴京城奔丧，同时也希望新皇帝能够看在自己这么忠诚的份上起用自己。然而这一去京城解缙可就失算了，因为现实情况对他很不利，一方面朱元璋和解缙定下的十年之约尚未满期，虽然朱元璋本人没有撑过这十年之约，但问题是朱元璋是皇帝，他不遵守约定没关系，而你解缙身为一个被贬在家的臣子却不能不守约。

固然情况比较特殊，但你解缙背弃与大行皇帝的约定，私自来京这可是一大罪过呀，真要追究起来，"不忠"这个罪名解缙是跑不了。另一方面，古代可是十分看重"孝道"的，解缙的母亲于洪武三十年（公元 1397 年）的冬天去世，古人讲究居家守孝三年，现在一年还不到，甚至在解缙奔赴京师之时，他的母亲还未下葬，与此同时解缙的父亲此时也已经九十多岁了，正所谓"父母在不远游"，现在解缙丢下老父独自进京，这种行为无疑是"不孝"。当然这些事说大不大说小不小，如果没人借此举报解缙的话，这事也就过去了，毕竟建文帝都不一定知道皇爷爷跟解缙有一个十年之约，也不知道解缙的母亲去世了。

然而不幸的是，当年解缙在朝中任官时桀骜不驯，因此得罪了很多人，而这些人现在还在朝中任官，之前早就想整整解缙了，只是因为其一直待在江西老家找不到机会而已，如今解缙自己撞枪口上了，那就别怪他们不客气了。于是解缙刚一离家，消息便传到了京城的政敌耳中，而当解缙刚一踏进京城，便立刻便受到了举报，罪名就是前面提的"不忠不孝"，本来建文帝听说解缙来了还很高兴，想见见这位大才子，但建文帝是一个特别尊崇礼法的人，一听解缙的这些行为，那还得了，发配边疆。就这样，解缙背着个不忠不孝的罪名被贬到了河州卫（今甘肃临夏西北）当了一名小吏，他的希望又破灭了。

这一次的贬黜对解缙影响巨大，他的人生信仰开始出现动摇，难道刚正不阿注定没有前途，只有阿谀奉承才能得到赏识吗？不管解缙有多么不情愿，塞外的黄沙终究磨去了他的心气。万般无奈下的解缙终于向现实弯腰了，他向当时深受建文帝信任的礼部侍郎董伦写了一份言辞恳切的书信，希望董伦能够帮助自己。董伦在接到解缙的书信后便向建文帝推荐了解缙，在董伦的推荐下建文帝便将解缙从河州卫给召了回来，并任命他为翰林待诏。就这样，解缙成了他早年最讨厌的那一类人，但解缙就是解缙，他发誓即使是趋炎附势，他也要成为其中的佼佼者。不过虽然解缙重新回到了京城，并且还担任了翰林待诏，重新回到了中央，比之前在河州卫的情况要好多了，但建文帝没有给他什么机会，终建文一朝解缙都没有得到重用，始终就是一个翰林待诏。

眼看不出意外的话，解缙可能就要在翰林待诏这个职位上待到死了。但是很快大明历史上的第一个大意外发生了，那就是燕王朱棣打赢了"靖难之役"，成功从自己的皇侄建文帝朱允炆手中夺得了皇位。伴随着建文失国，燕王夺位而来的便是政治上的大洗牌，此时已经沉寂多时的解缙也看到了此次机会，经过这么多年的宦海沉浮，这时的解缙自认为已经在政治上成熟起来。由于建文帝对自己的轻视，所以解缙对建文帝并没有太大的感情，既没有在南京城陷落时为建文朝殉难，也没有退隐不仕，而是选择主动归附了朱棣。

在解缙归附燕王朱棣前，还曾发生过一个小故事。当时南京城即将陷落，解缙、吴溥、王艮、胡靖几位同僚在吴溥府上聚会，聊着聊着就谈起城破之时该怎么做。解缙态度最为激动，怒斥朱棣造反作乱，背弃了祖宗，天理难容；胡靖也跟着附和解缙，只有王艮没说什么话，只是不住地哭泣，表面上看解缙和胡靖两人似乎都要为国尽忠，而王艮似乎想要投降屈服。就连吴溥的儿子也是这么认为的，聚会散了以后他跟父亲谈起这件事，没想到吴溥却不以为然，告诉儿子，王艮哭是因为他抱定了必死的心态，而解、胡二人只是在摆摆高姿态罢了。果然后来的发展一如吴溥预料的那样，王艮服毒自杀，而解缙跑得比谁都快，去投降了朱棣。朱元璋曾经那么器重解缙，而解缙却抛弃了朱元璋的继承人朱允炆，归顺了朱棣，这一行为被一些人认为是解缙一生中最大的污点，但不可否认的是解缙这么做将他带上了政治生涯的巅峰。

3. 走向人生巅峰

朱棣早已听说过解缙的大名，他来归降肯定能起到很好的表率作用，因而朱棣特别高兴。既然要立一个标杆，那就得优待解缙，让别人知道归降朱棣是明智之举。于是在归附朱棣不久，解缙便由翰林待诏（九品）升为翰林侍读（六品），级别一下提高了六个档次，虽然朱棣要立一个标杆，但解缙之所以会得到如此快的升迁，也有自己的努力。解缙归顺朱棣后不久便接下了一个大活，那就是撰写朱棣的即位诏书，因为解缙文采好，所以朱棣指定他来写。要知道这可是许多人求而不得的差事，如果办好了，皇帝一高兴绝对是前途无量。因而解缙在写诏书时十分卖力，诏书中将朱棣一顿猛夸，凡是能够用来形容皇帝英明神武的词汇全给朱棣用上了，搞得朱棣龙心大悦，解缙在朱棣心中的地位自然也是水涨船高。

随后，明成祖朱棣成立文渊阁，并且令解缙与黄淮、杨士奇、胡广、金幼孜、杨荣、胡俨等进文渊阁参预机务。文渊阁也就是明朝内阁的前身，解缙也就成了大明朝的首批内阁大学士，虽然此时"首辅"这个称号还没出现（明朝"首辅"称号的出现要到明英宗时期了），但是在解缙担任内阁大学士期间，每次朱棣对内阁下达命令的时候，说的都是"解缙等"，那个"等"字就代替了解缙之外的其他六位内阁大学士，因而某种程度上解缙就是明朝的第一位内阁首辅。之后解缙又被任命为编撰《太祖实录》和《列女传》的总裁官，后来深受器重的解缙更是被朱棣亲自下令负责主编《永乐大典》，而到这时候解缙的官职也变为翰林学士兼右春坊大学士，位居上品之列。而解缙办事干练更让朱棣喜欢不已，甚至曾表示"天下不可一日无我，我则不可一日少解缙"，可以说，这时候的解缙已经到达了自己人生的巅峰。

4. 大才子的凋零

　　然而伴随着解缙的一步步高升，危险也在一步步临近，而此时的解缙还浑然不觉。解缙之所以会跌下神坛，很大一个原因就是他参与到了永乐初年的储位之争。要知道储位之争是中国古代朝堂之上最险恶的政治斗争了，历朝历代因争储而丧命亡族者无数，而对皇家来说储位之争更是禁忌，很多时候是严禁大臣参与其中的，而解缙仗着朱棣的宠爱我行我素。当时按照道理来说，朱棣的长子朱高炽是当仁不让的太子人选，但是朱棣的次子朱高煦曾和朱棣一起打天下，也立下了赫赫战功，再加上其性格也比朱高炽更像自己，所以朱棣便在立太子一事上迟疑了起来。

　　由于朱棣的迟疑，朝中大臣们也分成了两派，其中文官们主要站在朱高炽这边，而武将们则主要站在朱高煦这边，双方针锋相对互不退让。在这个过程中，朱棣曾在私底下询问过解缙的看法，应当说经过多年的官场训练，解缙的表现还是可圈可点的，作为文官同时也是嫡长制度的拥护者，解缙自然属意朱高炽，于是解缙先是向朱棣表示"朱高炽仁孝忠厚，天下的臣民都已经归心于他"，从舆论上面来支持朱高炽，但是朱棣对此并没有什么反应。于是在这种情况下，为了让朱棣决定下来，解缙祭出了自己的杀手锏，直接说道："好圣孙。"所谓的圣孙就是朱高炽的儿子朱瞻基，他的故事会在后面讲到，这里就不铺开了，只要知道一点就是朱棣很喜欢这个孙子，于是这一下说到了朱棣的心坎里，就这样朱高炽的太子之位终于确定了下来。

　　然而解缙虽然帮助朱高炽当上了太子，但也招致了朱高煦的记恨。朱高炽虽然被立为太子了，但是朱高煦的地位不但没有因此下降，反而更加受到宠爱。这种情况的出现其实是朱棣有意为之，用朱高煦来制衡朱高炽，防止一家独大，好让自己的皇位安稳，但对于解缙来说是难以接受的，他认为既然太子之位已定，就不应该再这么纵容朱高煦，于是他再次上书称朱棣这样做会导致皇家纷争，不可取。从这里也可以看出尽管这么多年下来，解缙一直在学习为官之道，但他所学的都是最表面的、最浅显的，为官之道的核心——揣摩上意解缙依然没有学到，或者说他学不会，他看了那么多的史书但没有明白朱棣真正想要的是什么，于是这一下算是捅了马蜂窝了，但朱棣毕竟不好说出自己的真实意图啊，于是朱棣给解缙安了一个离间骨肉的"罪名"。

除此之外，之前朱棣打算讨伐安南的时候，解缙曾表示反对，朱棣计划迁都的时候，解缙也表示反对，反正是朱棣想干的大事，除了《永乐大典》，解缙很少有不反对的，这些事情加在一起就使得朱棣开始疏远解缙了，一个重要表现就是在永乐四年（公元1406年）朱棣曾赐黄淮等大学士二品纱罗衣，但是却直接越过了解缙，这里面就有些点意思了。最了解你的不是朋友，而是敌人。

解缙没有察觉，但是朱高煦发现了这一点，看来朱棣与解缙之间终于有间隙了，可以对解缙展开打击报复了，于是朱高煦开始下手。先是说解缙大嘴巴，将朱棣与他说的悄悄话传了出去，这可是大忌，后来又放出风声，指责解缙在监考的时候有猫腻。朱高煦说的这些都是诬陷吗，可能是，不过，解缙的作为或许说明某些指责可能也不是空穴来风，永乐二年（公元1404年）解缙担任殿试的主考官，他所录取的第一至第七均为江西吉安学子，其中的状元曾棨更是他的学生。或许江西的学子真的很出色，但在明朝曾有"南北榜案"的先例下，解缙也没有吸取教训，于是这次科举成了朱高煦等人攻击他的借口。面对朱高煦的来势汹汹，再加上"失宠"，解缙的命运可想而知，于是解缙被赶出了中央，前往广西担任布政司参议。

正所谓墙倒众人推，再加上解缙之前仗着朱棣的宠爱得罪了不少人，所以解缙刚出发没多久，礼部郎中李至刚便上书朱棣称解缙对朱棣的决定颇有不满，私下里觉得朱棣这么做不公平，结果解缙还没到广西就接到了让他去交趾的命令，交趾就是今天的越南。而解缙能有这个下场某种程度上也是他自己作的，因为这个李至刚本来是解缙的好友，按道理来说是不应该在这个时候落井下石的，但是李至刚这么做也是有原因的。早前朱棣曾给过解缙一份大臣名单，并让解缙进行点评，而名单之中便有解缙的好友李至刚，按照道理解缙应该替好友美言两句，然而解缙在评价的时候却丝毫没有顾及情面，直接称李至刚这个人趋炎附势，虽然有才但是品行不端。所以李至刚在解缙落难之时落井下石也是情有可原的，不过有趣的是李至刚也没落得个好下场，因为在解缙最后被抓之时，李至刚也被牵连了进去，最后二人还是难兄难弟。

永乐八年（公元1410年）解缙入京奏事，但是来得不是时候，朱棣不在京城而是率兵北征了。于是，解缙便只拜见了皇太子朱高炽就离京了，这可就犯了大忌了，皇帝外出，太子私自结交大臣，这等罪名一旦扣下去必然是死路一条。朱高煦正愁找不到机会搞垮太子，结果解缙自己送上门来，于是朱高煦直接上书朱棣，参了解缙一本。朱棣正想要杀鸡儆猴，没想到解缙这么不长眼，就这样刚回到交趾没多久的解缙又被朱棣派锦衣卫抓了回来，并投进了锦衣卫的诏狱之中。可能是因为朱棣的态度很明确，因而在解缙落难之时，几乎没有人去援助解缙，其中也包括皇太子朱高炽。

大明永乐十三年（公元1415年），锦衣卫指挥使纪纲奉命对关押在锦衣卫诏狱中的犯人进行了一次摸底排查，并进行登记造册。随后便将相关名单呈交到了明成祖朱棣面前，朱棣在看到其他在押犯人的名字时都没有任何表示，但是在看到"解缙"这个字的时候，却对纪纲淡淡地说了一句"缙犹在耶？"翻译过来就是解缙还活着呢？作为皇帝心腹亲信的纪纲当然立刻便明白了皇帝的意思。

于是纪纲回到锦衣卫后便将解缙从诏狱中给提了出来，用酒将其灌醉。等解缙已经醉得人事不省的时候，纪纲一声令下将解缙埋在了雪堆里，将其活活冻死。在解缙死后，朱棣也没有放过他的家人，一纸诏书将其妻子宗族全部迁到了辽东。就这样这位大明第一才子，以这样一种方式离开了人间。

解缙之死的直接原因是他不知道避嫌，私下与太子结交，但是这至少证明解缙是倾心太子的，为什么太子没有去搭救他呢，难道不怕寒了追随者们的心吗？或许太子自己也是自身难保。

大胖子朱高炽，才是太子的最佳人选

朱高炽是明朝的第四位皇帝、第四位储君，也是第一位成功上位的太子，某种意义上来说他很幸运。朱高炽之前的明朝三位皇帝的皇位得来都很戏剧性，开国皇帝明太祖朱元璋是在元末天下大乱中一刀一枪杀出来的；其后的建文帝朱允炆皇位本来不应该轮到他，但奈何老爸死得早；明成祖朱棣更不必说，造反起家。

而朱高炽则不同，作为太子他继承皇位本应该是理所当然，不应该有这么多的波澜。然而相比他的前任，朱高炽迈向皇帝之路只能用心酸来形容，朱高炽之前的两位储君——朱标和朱允炆，他们的储位在一经确立后便不可动摇，其地位之稳固远不是朱高炽可以比的。再看朱高炽，他当太子的二十多年间几乎无时无刻不在提心吊胆，担心太子之位不保，因为他知道一旦失去储君之位，他失去的不只是皇位，甚至还有他的身家性命。

1. 太子人选的难产

朱元璋在世的时候曾为每一个儿子的后代都定好了"行辈字"，比如太子朱标家的就是"允文遵祖训，钦武大君胜，顺道宜逢吉，师良善用晟"。按照朱元璋的设想，自己死后，皇位将会在朱标一系代代相传。然而大明朝的皇位仅在太子朱标这一支的"允"字辈（朱允炆）待了四年左右就发生了翻天覆地的变化。

燕王朱棣夺取了皇位，明朝皇帝的统序发生了转移，后代皇帝的行辈字也就变成了燕王燕王朱棣家的"高瞻祁见祐，厚载翊常由，慈和怡伯仲，简靖迪先猷。"

朱棣登基后面临的第一件大事就是立太子，根据中国古代王朝不成文的惯例，新皇登基不久就应当册立储君，以示皇位稳固。于是受这个传统影响，永乐元年（公元1403年）正月，此时距离朱棣刚刚登基才半年，朝中群臣便上书请求皇帝立皇太子。群臣请求皇帝立太子，不过并没有建议皇帝该立谁为太子，也就是说大臣给了皇帝很大的自主权，皇帝爱立谁就立谁，但事实真的是这样吗？

其实不然，表面上看朱棣的选择范围还算宽，毕竟他有四个儿子，虽然不如朱元璋那么多，但也能凑够四个选项。但四个儿子中老四朱高爔幼年就去世了，自然不在选择之列，因而只能从活着的三个儿子中选择。中国古代礼法讲究"有嫡立嫡，无嫡立长"，这个问题在三个儿子中不存在，因为长子朱高炽、次子朱高煦、三子朱高燧都是朱棣的嫡妻徐氏所生，因此朱高炽、朱高煦、朱高燧这三人均属于朱棣的嫡子，身份上不分高低。不过还是有些细微差别，那就是其中的长子朱高炽不仅是"嫡"而且是"长"，是名副其实的嫡长子，而朝臣虽然没有明说立谁为太子，但明眼人一眼就能看出这是要拥立朱高炽的节奏。

说起朱高炽的太子生涯，只能用"风雨飘摇"来形容，然而在此之前朱高炽也曾有过一段不可动摇的继承人生涯。朱高炽是朱棣的嫡长子，早在朱棣还是燕王时期他就已经是燕王世子了，而这个世子的身份还不是朱棣给他的。洪武二十八年（公元1395年）朱元璋正式册立朱高炽为燕王世子。明朝初年朱元璋曾就皇室管理等各方面问题写成《皇明祖训》一书，其中特别提到明朝上到皇帝下到诸王的继承人一定要挑选"嫡长子"，只有在没有嫡长子的情况下才能考虑其他人选，因而朱高炽的世子地位是经过朱元璋亲自认证的。

到洪武三十一年（公元1398年）朱元璋驾崩的时候，朱高炽已经做了三年燕王世子，其地位之稳固无人能及，也没有听说过这期间朱棣有对朱高炽有什么不满想要更换他的，因而这段时间可以说是朱高炽最平稳的继承人生涯。而也正是因为这样朱高炽等于朱棣接班人的形象就此定格下来，既然燕王可以摇身一变成为皇帝，那么燕王世子当然就是当仁不让的皇太子了，况且朱高炽的继承人身份还是朱元璋选定的，朱棣登基之后事事表示要效法太祖皇帝，既然这样，太祖皇帝亲自选的继承人当然就应当立为皇太子了。册封朱高炽为皇太子是大家都心照不宣的，而这一点朱棣本人也是清楚的，因而他在回应大臣们的敕书中只提到了朱高炽，而没有提及其他两个儿子，表明朱棣心里也知道朱高炽是皇位的第一顺位继承人。

但知道并不等于就接受现实，面对群臣们册立太子的请求，朱棣给予了明确拒绝。并且还给出了理由，称"然今长子属当进学之时，俟其智识益充，道德益进，克膺付畀，议之未晚。"朱棣这句话的意思翻译过来就是说朱高炽现在的主要任务是好好学习，以充实提高自己，等他真正有长进了，再讨论皇太子的事也不晚。就这样，群臣们的第一次上书以失败告终，但是朝中大臣们对此并不气馁，反而是再接再厉。于是在永乐元年（公元 1403 年）三月，文武百官们再次上书要求册立皇太子，结果再次被拒绝。同时，朱棣也再次给出了自己的拒绝理由"矧在长子，智识未广，德业未进，储贰之任，岂当遽承"，也就是还是认为长子朱高炽的能力不足。然而还没等朱棣在这个问题上松一口气呢，同年四月，朱棣的胞弟周王朱橚也上书明成祖要求册立皇太子，结果朱棣依然老调重弹，再以长子能力不够拒绝了周王朱橚的请求。

朱高炽能力真的很差吗？朱高炽生于洪武十一年（公元 1378 年），到永乐元年（公元 1403 年）的时候已经二十五岁了，这个年龄在当时早已经是成人了。明代宗室子弟一般十岁左右就要开始进学受教了，到永乐元年（公元 1403 年）的时候朱高炽已经上了十五年学了，九年义务教育早已达标。而此时朱棣却还认为他能力不行，让他学习，难道朱高炽是晋惠帝一样的人物吗？当然不是，有重量级人物可以做证，史书记载朱元璋还活着的时候曾经亲自考验过朱高炽，从军事到政治再到民生等各方面，而朱高炽对朱元璋的问题是对答如流，博得朱元璋的喝彩，夸赞朱高炽有人君风度。连朱元璋都认可的孙子难道会如朱棣所说的那般不堪！

看到这里很多人就已经明白了，所谓的学习不够、能力不足都只是借口，朱棣推迟立太子是有别的原因的。至于什么原因，大多都是认为朱棣偏爱自己的二儿子朱高煦，所以在立太子这件事上有私心。

确实如此啊，在朱棣的三个儿子里面，朱棣最喜欢的就是自己的次子朱高煦，对于老大朱高炽，朱棣是死活看不上眼，主要就是觉得这个儿子看起来一点没有自己的风范。朱棣是著名的武功皇帝，而朱高炽身材肥胖，腿还有毛病，走路都要有侍从搀扶，朱棣当年曾让朱高炽兄弟三人练习骑马射箭，结果朱高炽太胖了，连靶都上不去，朱棣看到这一幕十分不满，认为这一切都是朱高炽太胖导致的，因而命令削减朱高炽的日常饮食，想通过强制节食的方法来帮助朱高炽减肥，当然最后减肥没有成功，这就更导致了朱棣厌恶朱高炽。反观朱高煦则是"英武颇类上。长七尺余，轻娇，两腋若龙鳞者数片"，不光身材高大，骑马射箭样样精通，而且长得颇有异象，可以说朱高煦就完全对朱棣的胃口了。因为后来朱高煦造反失败，所以历史书中将其刻画成一个有勇无谋的武将形象，并且不爱学习，就知道惹是生非。

但事实上朱高煦的文化水平也不低，当年朱高煦还是王子的时候曾撰写《拟古感兴诗》二十八篇，他的臣僚曾夸赞过朱高煦的文采，并将诗集印刷发行，而且朱高煦还好书法，他的书法被人称作雄健有理，由此来看朱高煦的文采即使比不上朱高炽，但也还是不错的。正是由于能文能武，朱棣对这个儿子更加偏爱。

本来这种偏爱还在正常范围之内，尽管朱棣不喜欢，但朱高炽并无大过，而朱高煦也无大功，最终朱高炽还是能顺利继承朱棣的王位，然而靖难之役打破了平衡。靖难之役中朱棣曾多次身处险境，几次将要丧命于南军之手，而关键时刻朱高煦总能挺身而出救朱棣于危难之中。白沟河之战中，朱棣差点被南军都督瞿能擒获，危急时刻，是朱高煦挺身而出，率领精骑数千，斩瞿能父子于阵前。东昌之战中，建文帝一方的平燕将军盛庸以火器打败燕军，甚至连朱棣手下的大将张玉都在这场战争中阵亡，朱棣本人只身逃走，紧要关头又是朱高煦率领大军赶来支援，击退南军。之后的浦子口之战中朱棣又被自己的大舅子徐辉祖给击败，危急时刻又是朱高煦奋力一搏才打退南军。

可以说，朱高煦的英勇表现不光令朱棣对自己这个二儿子刮目相看，而且欠下了朱高煦一份情，后来朱棣之所以对朱高煦如此纵容，有靖难之役的原因在里面。正是在战争过程中，朱棣说出了那句名言——"世子多病，汝当勉励之。"这句话直接翻译过来就是你大哥身体不好，你要好好努力啊。潜台词就是你大哥身体不好，最后的大任还是要由你来继承。在其他的史书记载中，朱棣说得更加直白，比如《鸿猷录》中记载的朱棣的原话是："吾疲甚，汝往督战。世子久疾，事成，当以汝为东宫。吾儿勉之！"

此外，《明史》的《金忠传》和《杨士奇传》中也明确记载朱棣曾经许诺朱高煦太子之位。不过也有一种观点认为朱棣跟朱高煦说这句话纯粹是为了激励朱高煦的斗志，就和当年朱棣鼓动宁王朱权一起出兵说事成之后中分天下一样属于空头支票，当不得真。其实不然，如果朱棣真的只是糊弄朱高煦的，那么他不会在永乐元年（公元1403年）大臣们上书请求册立太子时，一直找借口拖延。事实上，朱棣登基后，太子问题考虑了近两年，在此期间，文官集团四次上书要求册立皇太子，但朱棣一直在犹豫。朱棣的行为证明他确实曾在长子朱高炽和次子朱高煦之间产生过迟疑。

2. 朱高炽的支持者

朱棣登上皇位已经是用暴力方式打破了朱元璋制定的法度，这就导致朱棣登基后地位并不稳固，这种情况下再打破一次制度，强行立朱高煦势必会导致相当大的风险，而且会给后世留下恶例。为了使脆弱的政治平衡得以保持，朱高炽背后的势力开始出手，扶持朱高炽登上太子之位。

朱高炽的第一个支持者是他的母亲——明成祖徐皇后。徐皇后之所以会支持朱高炽主要有两方面的原因，一方面朱高炽的身体状态使得徐皇后在三个儿子中比较关注自己的这位长子，而长期相处下来，徐皇后发现朱高炽的仁厚，若日后为君必能造福天下；另一方面当年的北平保卫战中徐皇后也是参与其中的，北平保卫战的胜利使徐皇后认识到了朱高炽的能力，知道其足以担当大任。正因此，徐皇后在储位问题上坚决支持朱高炽，并且还曾在朱棣面前公开批评另外的两个儿子，说他们性格不好，难当大任。徐皇后与朱棣感情深厚，她的态度无疑会影响朱棣立太子的立场。

同时徐皇后的表态也在一定程度上为其争取到朝中部分武将的支持，长期以来朱高炽的支持者主要是文臣，徐皇后的支持无疑弥补了朱高炽的短板。徐皇后是大明开国功臣徐达的长女，其家族属于大明顶级武将勋贵家族，势必也与其他武将勋贵家族有着联系，因此，徐皇后的表态无疑会影响这些武将勋贵家族的选择。朱高煦对朱高炽的最大优势就是军事方面，由于朱高煦陪同朱棣四处厮杀征战，因此在军队中有着较高的声望，很多依靠靖难之役起家的武将都支持朱高煦当太子。但奇怪的是，明朝开国武将功臣及他们的后代甚少有人公开支持过朱高煦。虽然当时明朝的开国武将在经过朱元璋的清洗和靖难之役后政治地位有所下降，但是在朝堂之上仍是一股不可小觑的力量。正是在徐皇后的影响下，这批元老功臣在立太子问题上没有倒向任何一方，在形式上保持着中立态度，而这减轻了朱高炽的压力。于是朱高炽背后最强大的一股力量开始行动起来。

朱高炽身后最重要的支持力量就是朝中的文官集团，文官们不仅坚决支持朱高炽当太子，还坚决反对朱棣立朱高煦为太子。其中，兵部尚书金忠曾在朱棣面前历数废长立幼导致的祸事，反对立朱高煦为太子，说得朱棣哑口无言。之后朱棣又召见解缙、黄淮、尹昌隆三人并将金忠的观点告诉他们，询问他们对此的看法，结果三人全部支持金忠的观点，要求朱棣"立嫡以长"。并且朝中的这些文官还抓住了朱棣的一个死穴，那就是祖制。

要知道，朱棣当初起兵"靖难"的一个借口就是要恢复祖制，他继位后也的确把所谓的"建文新政"全部废除并恢复到朱元璋在位时的样子。且不说朱高炽是朱元璋亲自选定的朱棣继承人，就但从《皇明祖训》"居嫡长者，必正储位。"这句话来看，朱棣也必须要立朱高炽为太子。文官集团抓住了朱棣的弱点，你不是要恢复祖制吗？那嫡长子继承制就是祖制，你承不承认这条祖制，如果承认那就立朱高炽为太子，如果不承认那你为证明自己夺权合法的一切行为都将白费。这样一来朱棣连狡辩的机会都没有。

文官集团之所以全力支持朱高炽，有恪守儒家礼制的原因。但更重要的是文官集团看中了朱高炽仁厚的性格，朱高炽十分符合儒家思想中的理想君主形象，如果他登基做皇帝，文官集团一定能与皇帝建立良好的合作关系。相反朱高煦如果成为太子乃至登上皇位，以他类似朱棣的性格必然极力压制文官集团，而且朱高煦一旦登基，文官集团对他并无拥立之功，他起用的必然是与自己交好的武将，那到时候文官集团就会被边缘化，所以即使从文官集团的整体利益来考虑也必须死保朱高炽。这也可以解释为什么后来那么多大臣因为与朱高炽密切交往而被下狱，但他们依然忠心朱高炽的原因。

除了这些外因之外，朱高炽本人的能力也是不容小看的。许多人可能由于固有的印象认为朱高炽能文不能武，因而凭借武力起家的朱棣才更喜欢朱高煦，但其实朱高炽是有军事才能的。当年在靖难之役中，朱棣任命朱高炽镇守北平，而朱高煦则跟随他四处征战厮杀。朱棣在外出征，北平城中的精锐全部被带走，留给朱高炽的只剩不到一万的老弱病残。但是朱高炽对此并没有表示不满，反而积极进行防御工程建设，同时安抚城中军民以避免引发骚乱。

果然，在朱高炽构建好北平防御工程后没多久，建文帝便派李景隆率领着几十万大军来攻打北平城了，打算端掉朱棣的老巢。面对数十倍于自己的大军，朱高炽临危不乱、严肃部署、奋力抵抗，取得了北平保卫战的胜利。北平保卫战的胜利虽然不能与朱高煦多次救下朱棣的功劳相比，但也显示出朱高炽是一个文武双全的人。既然长子朱高炽本身这么有才，背后又有那么多势力的支持，再加上按礼法来说确实要立朱高炽，渐渐地朱棣心中的天平也就向朱高炽一方倾斜了。

而最后完成临门一脚的就是"好圣孙"朱瞻基了。朱高炽的长子朱瞻基深受朱棣宠爱，在朱棣看来朱高炽虽然有些懦弱，但朱瞻基是真有自己当年的风范啊。正因如此，在朱高炽还是太子的时候，朱棣又册立朱瞻基为皇太孙，也许在朱棣看来将皇位交到朱高炽手中，再由朱高炽交给朱瞻基是一个相当好的选择了吧。

因而永乐二年（公元 1404 年）四月在经过长时间的考虑后，朱棣正式册立朱高炽为皇太子。至此，朱高炽也正式开启了自己从永乐二年（公元 1404 年）到永乐二十二年（公元 1424 年）这长达二十年的太子生涯。在朱高炽这二十年的太子生涯中曾因为朱棣巡狩北京和北伐蒙古诸部的原因而先后六次监国。从这一点上看，似乎朱高炽已经成为大明朝名副其实的"一人之下，万人之上"。但其实不然，朱高炽的这二十年的太子生涯不仅不是一帆风顺，反而是处处危机。

朱高炽当太子时期，经常在南京处理国政，因为朱棣经常在外征战。南京是大明的首都，但其实在朱棣心中，南京并不是他的家，而他一直想要回家。

天子守国门

谈到明朝，很多明朝历史爱好者那是热血沸腾，如果问其缘由，那么他们会用网上流传甚广的那段话来回应："不和亲、不纳贡，天子守国门，君王死社稷"，这段话充分展现了明朝的血气。不和亲、不纳贡这点好理解，但凡朝廷如果硬气一点，那么可以做到这一点。而君王死社稷是一个很高的要求，主要是说明朝崇祯皇帝在煤山上吊这件事，历朝历代有很多亡国之君，在国破家亡之际还是舍不得死的，北宋靖康之变，徽钦二帝被金人俘虏，在北国受尽屈辱，但即使在这种情况下二帝依然没有选择死亡，其中宋钦宗更是在金国活了三十多年。

这么一比，崇祯皇帝的形象顿时高大了许多，但君王死社稷只是一个结果，它的前提是天子守国门，即皇帝亲自坐镇在军事前线，具体到明朝来说，明朝原来的都城在南京，距离国境线很远而且相当富裕，但自从朱棣开始，明朝的首都迁到了长城边上的北京，直接与游牧民族相邻，一旦北方有战事，那么北京立刻就会进入到戒严状态，这就是天子守国门。朱棣当年为什么执意迁都北京，众说纷纭，直到今天都有很多讨论，但有一件事可以确定，那就是迁都北京影响了明朝后来两百多年的历史走向。

1. 早有预谋的迁都

大明永乐元年（公元 1403 年）正月十三日，这一天的早朝本来应当是很平淡的，但没想到突然炸出一声惊雷，朝会上礼部尚书李至刚上书朱棣称："北平布政使司是皇上的龙兴之地，因此应该效仿当年太祖高皇帝（即朱元璋）把自己的家乡凤阳设为中都一样，把北平布政使司也立为京都。"这封上书可是说到朱棣的心眼里去了，朱棣立即批准这封上书，紧接着就下诏把北平改为北京，使其正式成为大明朝的国都之一。从这时候开始大明就有三个首都了，一个是朱元璋的老家中都凤阳，一个是朱棣的发家地北京，另一个就是明朝中央政府所在的南京，虽然都是明朝的首都，但是差别还是有的。

此时三都之中地位最高的当然就是南京应天府了，南京作为明朝的首都已经快四十年了，三代皇帝（包括朱棣自己）都在南京办公，这里是权力的核心，是明朝的中枢，而此时的北京从地位上来说和上面所说的中都凤阳一样，不过是一个陪都，表面上是首都，但实际上要人没人要钱没钱，某种程度上北京还比不过凤阳，毕竟凤阳还有老朱家的祖坟。另一个特别尴尬的是北平也是从其他城市手中夺过来的，事实上，在把北平改为北京之前，大明朝是有着自己的北京的，不过当时的北京是开封，这还是朱元璋在位时确定下来的。但正所谓"一朝天子一朝臣"，开封虽然也是古都名城，但始终是比不上北平"龙兴之地"杀伤力大，所以只能黯然退居二线了。

李至刚的这封上书就好比打开了朱棣心中的"潘多拉魔盒"，从里面彻底放出了朱棣想要"迁都北京"的想法，朱棣想要的并不是一个作为政治花瓶的北京，他想要的是一个集政治、经济、文化等优势于一身的帝国首都。因而在北平升格不久，朱棣便正式开始了自己的"大明北京城市规划建设"，并且由其本人亲自担任北京城规划建设的总设计师。

永乐元年（公元1403年）二月，朱棣宣布改北平府为顺天府，从名义上来讲北京就与南京应天府持平了。紧接着朱棣又对北京政治、军事、教育等方面的建制进行改动，改动的方向只有一个就是一切和南京的建制看齐，最好是超过。基础建设跟上了，大项目就要上马了，永乐四年（公元1406年），朱棣下诏以南京的皇宫为蓝本筹建北京宫殿，同时又宣布之前的北京城建设还是不够大气，因而对北京城进行重新设计改造。

此后朱棣更是多次移驾北京，因为到了北京，权力部门也得跟着移动，为了方便皇帝办公，明朝在北京设立行在六部，处理朝廷大事。同时，朱棣感到北京城人气还不够旺盛，这里以前是军镇，当兵种地的比较多，所以尽管城市建设搞得红红火火恍恍惚惚，但是整个城市看上去不是很热闹，为了改变这一现象，明成祖朱棣命令江浙等多地的富商迁徙到北京城来充实北京，当然不让他们白来，如果这些富户自愿去北京那么他们将免除差役五年。另一方面朱棣还命令建造船只 200 艘，督运粮食 492637 石到北京作为军用储备粮。永乐七年（公元 1409 年）朱棣巡狩北京，之后便开始在北京营建自己的陵墓，到这个时候明眼人都能看出来朱棣真正想要的绝不只是一个陪都了，现在就等着捅破窗户纸了。

永乐十五年（公元 1417 年），规划了十一年之久的北京改造工程正式开工，当时群臣都一致认为北京会是极好的帝王之都，希望朱棣能够早日建完，这是一件于国于民都大有好处的事情。在大环境的推动下，最终仅仅耗时三年，永乐十八年（公元 1420 年）新的北京城正式竣工交付。朱棣在北京完工后进行了一次视察，十分满意，特别是北京皇宫在"高敞壮丽"方面完全超过南京皇宫，尽显帝王霸气，于是朱棣正式下诏明年迁都北京。

永乐十九年（公元 1421 年）正月初一，北京正式成为大明朝的京师，南京则降格为留都。至此，永乐帝的迁都工作正式宣告结束，大明朝也正式形成了"两京十三布政使司"（俗称"两京十三省"）的行政布局。永乐迁都前后历时十八年之久，在这期间朱棣始终密切关注着迁都的相关事宜，从整个迁都过程来说，一开始的时候北京是"行在"附都的形式存在，南京的地位比北京高。但是就算是以行在的形式存在，北京所具有的权力却是南京比不上的，皇帝多次驾临北京，并以此地作为桥头堡进攻蒙古，可见军事、政治权力都集中于北京，而南京则成了大后方。在迁都准备的十多年间，朱棣一直在想方设法提高北京的地位，想办法充实北京人口、提高富商数量。可见朱棣之所以会迁都北京绝不仅仅是因为礼部尚书李至刚的那封上书。应该说，朱棣做出迁都的决定是在综合各方面因素后，慎重考虑的结果，而这个考量是涉及多方面的。

2. 迁都可不是一件小事

首先是地理位置因素。中国古代在考虑一个地方能不能成为国都的时候，首先要看的就是它的地理位置，正所谓"自古建邦之国，先取地理之形势"。南京虽然有着长江这个"天险"作为防守屏障，但是东吴、东晋、南朝时期的宋齐梁陈、五代南唐、南宋等以它们惨痛的历史经验告诉后世，长江这个"天险"是可以攻克的。更要命的是，一旦长江失手，南京就再也没有任何可以用来防卫的屏障了，就像砧板上的鱼一样，任人宰割。

除此之外，从整体的地理位置来看，南京偏居中国的东南。要知道，在古代宣传的是"王者受命创制建国，立都必居中土"，这也就是为什么每个朝代在建都时洛阳都是重点关注对象，洛阳位于中原居天下之中，从地理上来说便于控制全国，所以在这一点上，南京又不符合了，它的辐射范围局限在东南一带，而明朝疆域广阔，往北南京就有点力不从心了。而且南京的城市布局也不是特别好，比如南京的皇宫是凭借填湖造陆建起来的，这就导致皇宫的地基不平，出现了"前高后低"的格局。这一点又犯了忌讳了，因为古人信奉的是"圣人之处国者，必于不倾之地"，也就是说皇帝居住的皇宫必须是一眼望过去平平整整、不高不低的。但是反观北京就不一样了，其"环沧海以为池，拥太行以为险，枕居庸而居中以制外，襟河济而举重以驭轻，东西贡道来万国之朝宗，西北诸关壮九边之雄碟，万年强御，百世治安。"

可以说在地理位置上，北京确实超过了南京，北京不仅西北东三面环山，同时还拥有居庸关，做到了有险可守，有关可拒。但北京不会太偏北了吗？其实不会，因为北京还有个优点就是靠近港口（天津），能够做到既方便和西边各国交往又方便和东边各国交往，并且还能节省招待东西各国使者的花费，最起码在路程上就少了一大半。

其实早在明太祖朱元璋时期，朱元璋就有点看不上南京了，之前朱元璋定都南京是因为北中国还在元朝手中，但随着北伐的胜利、全国统一，朱元璋也意识到了南京的弊端，因而一直在考虑迁都的问题。当时的备选方案有三个，第一个是西安，也就是古代的长安，长安的优点自不必说了，这里地势险要，并且在这里建都的王朝在中国历史上都是较为强盛的王朝，比如汉朝和唐朝，文化底蕴也是十足啊。为此，朱元璋专门派太子朱标前去考察，但是最终考察结果是由于常年水土流失，供养不起首都庞大的人口，容易造成粮食短缺（这是长安无法解决的一个难题，在唐朝时皇帝就经常因为长安粮食短缺而率领文武百官去洛阳"就食"，所谓"就食"就是到粮食多的地方去谋生），长安的优点是地势险要，但它的缺点也是地势险要，由于地理因素，交通十分不便，很难将粮食运进去，退一步讲就是运进去，花费都是巨大的。并且以大明的版图来看，长安的地理位置就比较偏处西北，既然因为南京偏处东南才想要迁都，那为什么要费劲迁都长安呢，所以这个提议被淘汰了。

第二个是洛阳，还是太子朱标前去考察的，不过此次朱标对洛阳比较满意，考察完后就把考察报告上交给了朱元璋，还对朱元璋做了详细论述，列举了迁都洛阳的理由，似乎大明马上就要迁都洛阳了，但是"人算不如天算"，朱标考察完洛阳没多久就因病去世了，迁都洛阳的动议因此也被搁置。

第三个就是北平了，但是翰林修撰鲍频公开表示反对，其反对理由是北平连续成为辽、金、元三代的首都，这里的王气早已经消耗殆尽了，定都在这里会造成国家根基不稳，古人都是比较信这个的，加上朱元璋虽然想迁都但是并不想去那么远，所以北平也就被淘汰了。讲到这里，可能有人要问，那么朱棣不担心北平的王气消耗完了吗？这就要涉及上面的"龙兴之地"了，既然朱棣能够在北平起事并顺利夺取皇位，这就表明北平的王气还是很多的，是可以当国都的，至少对朱棣来说这是个福地。

清朝学者赵翼就主张，唐代以后，王气就开始由西边向东北方向移动。朱元璋虽然后来还想过迁都，但是随着年龄的增长其自身已经没有太大的精力来统筹这件事了，况且此时天下刚稳定下来，他也不想劳民伤财，渐渐也就放弃了这个想法，太子朱标的去世更使朱元璋彻底断掉了迁都的念头，迁都就只好由后代君主来完成了。

第二是军事因素。自秦始皇以来，中央集权就是历朝历代首选的政治制度。而中央集权背景下的首都对周边地区往往具有最强大的控制能力！因此，历代首都往往距离最需要控制的地方不远，这样方便及时应对外部威胁。汉唐时期，中国最大的外部威胁来自北方的游牧民族。比如汉唐时期，游牧民族的主要活动范围在西北地区，所以定都长安有利于控制西北地区。而东汉定都洛阳，对西北地区的控制力就会显著下降，因而东汉后期西北的羌族多次起义，东汉政府与叛军反复拉锯，消耗了东汉的国力。

北宋最大的外部威胁来自契丹，所以宋朝为了控制河北地区，也为了方便日后北上对辽作战，就将都城定在了开封。不过宋军因为重文轻武的体制导致军队战斗力孱弱，未能达到既定目标，实在可惜。

明朝最大的外部威胁来自哪里？自然是北元残余势力，而这就凸显出北平在军事上的重要地位了。当年徐达率领大军直取元大都，大军开拔之前，徐达曾上书朱元璋问道："如果元都攻克，但元帝向北边跑了，我们要不要追击？"以徐达当时的兵力和士气来说，追是可以追的。结果不知道朱元璋怎么回事，突然爆发了仁义之心，特别认真地告诉徐达："元朝的国运已经衰落了，将会自行灭绝，不需要我们出兵，把他们赶到塞外后，固守边地，防止他们攻扰就行了。"这就直接导致元朝虽然被消灭了，但是残余势力还十分强大，号称"引弓之士，不下百万众也；归附之部落，不下数千里也。资装铠仗，尚赖而用也；驼马牛羊，尚全而有也"。

如此强大的军事势力必然会对明朝边地造成巨大压力，事实也正是如此，北元残余势力时不时就来骚扰一下边地，这个时候为了应付北元的残余势力，北平的军事地位开始直线上升，北平作为明初的九边重镇之一，可以凭借居庸关和山海关作为自己的东西方门户，顺利地实现防御蒙古，巩固边境的目的。所以在明太祖朱元璋时，北平的军事地位就一直深受重视，其驻兵达十几万，之后大明经常派大将率领大军北伐北元残余势力，而每次讨伐出兵都是以北平为军事基地，同时明朝开国大将中有很多大将都曾镇守北平以抗击北元残余势力，这便显示了北平军事位置的重要性。

洪武中期，朱元璋大封诸王以为国家镇守边地，当时被分封在北部边地的除了燕王（治北平）之外，还有秦王（治西安）、晋王（治太原）、代王（治大同）、辽王（治广宁）、谷王（治宣府）、宁王（治大宁）。这些边塞亲王都有着较大的军事权力，朱棣凭借"靖难之役"以边塞亲王身份起兵夺得王位，因此他十分担心其他边塞亲王也会效仿他的行为，起兵争夺王位，所以其即位后继续推行削藩政策，将边塞亲王军权全部解除，这就导致北部边地边防力量受到极大的削弱，此时一旦北元残余势力再次入侵，朱棣在南京遥控指挥相关事宜无疑会影响战局的进行，正所谓"若金陵则僻在东南，不足控驭西北"，万一有什么紧急情况就来不及了。在这种情况下，北平在军事上的进可攻，退可守就显得更加重要了。

但是北平在军事位置上也是有其不利的一面，其不利的一面就是和北方民族太过于接近，这就需要明朝必须拥有强大的军事实力。固然，当年朱棣迁都时国家实力雄厚，主动权还掌握在大明手中，所以朱棣会时不时带着几十万人马去蒙古草原转悠转悠，打击北元残余势力，教鞑靼、瓦剌、兀良哈好好做人、认清现实，在这种情况下建都北平无疑有利于大明的对外进攻。但是，朱棣没有想到自己的儿子（明仁宗朱高炽）和孙子（明宣宗朱瞻基）还是可以的，在他们在位时大明仍笑傲群雄。但可惜的是这两位都是短命的主，加起来在位时间还不到十一年。

等朱棣的重孙也就是明英宗朱祁镇继位后，在他的统治下大明朝开始江河日下，而北京也就从这时起失去了进攻的目的，相反草原民族倒是经常打到北京城下，为了防御敌人来攻，北京长期保持着庞大的军队，而军队是不从事生产的，这对城市来说无疑是一种压力。所以明末清初的大儒黄宗羲就在其著作《明夷待访录》里面抨击对朱棣迁都北京的不满，其列出的反对理由便有一条是"上下精神敝于寇至，日以失天下为事，而礼乐政教犹足观乎！"并且这个理由还放在了众多反对理由的最前列，属于重中之重。在黄宗羲看来，朱棣迁都北京就使得大明朝君臣上下时刻都在担心警戒敌人的进攻，每天都在提防着天下会不会丢失，从而忽略了文化建设，导致大明礼乐政教的落后。并且黄宗羲还指出皇帝的职责本来是治理天下，保证百姓安居乐业，像守卫国门这种事本来就是该交给武将干的，朱棣倒好自己迁都北平，这就等于一个家庭的主人去代替家里面的仆人去守门一样，本末倒置了。

那么黄宗羲的观点对不对呢？应该说他看到了一些问题，但看得并不全面。事实上，黄宗羲只看到了朱棣迁都北京，而北京又离敌人太近的威胁，却没有看到其积极的一面。的确，我们承认迁都北京导致了京师多次被外族包围，闹得京城人心惶惶，但是纵观明朝一代历史，有哪个外族在包围京师之后能把京师给打下来呢？

"天子守国门"不仅能激发守城将士的士气，极大地提升其战斗力，也能使得君臣上下一心团结抗敌。此外，在中国古代，都城算是修筑最坚固的城池了，并且驻扎有大量部队。这样在北方他族攻入时，明朝以都城迎敌，将敌人死死地阻挡在京都一代，并且在阻挡的同时又召集天下勤王之师汇集北京，在这种情况下，历次围困北京城的他族军队只能在京师周边地区进行洗劫并且很快就退兵返回塞外，无法深入明朝内地。如果还是把京都设在南京，那么中央对北方的控制力度将会大大削弱，以明朝中后期军队战斗力的表现，北方很可能守不住，到时候将会再一次造成南北分裂。

第三是政治因素。从政治上看，朱元璋的开国班子中大多是淮西人，他们的根据地在淮西，所以并没有选择把都城建在北方，虽然朱元璋曾经有想过将首都定在凤阳，但淮西这个地方没什么像样的大城市，又无险可守，在这里建都实在不是好主意，因而最后决定了南京，其实从地理上来讲南京和淮西离得很近，我们都知道今天南京对安徽的部分城市都有很强的辐射能力。但是朱棣不一样，朱棣的龙兴之地在北平，朱棣的统治集团多是朱棣在北平做燕王的时候的幕僚，朱棣"靖难"成功之后所封的功臣将士们大都是和朱棣一起在北平举事的人员，他们的基础力量基本上都在北方，如果仍以南京为都城的话，那么他们就需要重新在南京置办产业，夯实基础，无疑会劳神费力。这些功臣巴不得赶快回到北平去，他们的人脉关系都在北平啊，现在在外地人生地不熟的，正所谓"富贵不还乡，如锦衣夜行"。

因此，从现实和心理出发，朱棣的这些功臣将士也希望朱棣可以迁都北京，这些功臣整日在朱棣左右影响着朱棣，即使从安抚角度来看，迁都北京也是一个明智之举。此外朱元璋当初在北方封了好几位手握重兵的藩王，这些藩王个个都实力不凡，虽然靖难之役中有几个藩王被斗垮了，但剩下的那几个是不是就能从此服了朱棣，这很难说，保不齐就有第二次靖难，而南京距离北方实在太远了，如果不能及时得知战事，那么情况就可能有变，因而为了有效控制这些藩王，避免再出现第二个朱棣，迁都北京是一个很好的选择。

除此之外，朱棣在"靖难之役"结束后，对支持建文帝的江南士大夫和江南地主集团进行了血腥的镇压和清洗，屠杀虽然起到了震慑作用，但是这一做法也失去了南方民众的拥戴，使得江南士大夫和江南地主集团对于朱棣抱有很大的敌意。朱元璋在位时对江南士大夫和江南地主集团一直是种种压制，比如对江南地区征收重税，严禁苏州或松江人氏被任命为户部尚书，借此防范这些出身于富庶地区的人士借机把持财政，偏私家乡。

　　而这些政策都被朱允炆废除了，但是，朱棣在位后又有果断恢复了其父朱元璋在位时种种压制江南地区的措施。两相一对比使得江南士大夫和江南地主集团更加怀念自己的旧主建文帝了，再加上建文帝下落不明，朝野汹汹。如果继续定都南京，处于江南士大夫和江南地主集团的包围之中，对于朱棣来说绝对不是什么良好的体验，而迁都北平则可以摆脱他们的包围，同时可以继续加强对他们的压制，而北平成为都城后势必会取代南京成为大明朝新的政治中心和军事中心，这些江南士大夫和江南地主集团就算想搞什么事情，也终究是"秀才造反，十年不成"。

　　第四是宣传因素。要知道，当初朱棣起兵反对自己的侄子建文帝时，所列的起兵理由就有建文帝信任"奸臣"，更改祖制。朱棣成功夺得皇位之后，为了表示自己起兵的目的真的是为了恢复祖训，还下令将建文帝所修改的一切太祖皇帝制定的成法和官制全部恢复原样，建文帝在位时颁布的法令中如果有与太祖皇帝颁布法令冲突的，则全部废除以太祖皇帝的法令为主。

　　具体到迁都来说，迁都北平也是太祖皇帝生前所考虑过的一个选项，这时朱棣迁都北平也是表明自己是继承太祖皇帝遗志的举动，也再次表明自己行动的正当性，是为了恢复祖训。同时，这一点也使得朱棣站在了道德的制高点，可以凭此堵住朝中大臣的悠悠之口，省得他们再作妖反对自己迁都。正所谓"吾朝迁都北京，虽成祖弘规远略，然本太祖之意也。"

　　第五是心理因素。朱棣迁都北平这一举措，也是其心中志向的反映，相对于仅仅防御北元残余势力而言，朱棣心里更想实现的是其"威制万方""君主华夷""控四夷创天下"的志向。其以北京为中心，就是想实现"北穷沙漠，南极溟海，东西抵日出没之处，凡舟车可至者，无所不屈"的盛况，真正地做到世界各国都来臣服在大明的脚下。

　　要知道，朱棣是元末明初人，其封地又在元朝的故都，对于当年元朝凌驾诸国之上，囊括一切的盛世应早有耳闻，其内心也想像当年大元一样建立一个举世无双的大帝国。也正因此，他更加重视北平的中心位置，定都于此既能统治广大汉族人民占据的中原和南方地区，又能统治广大他族所占据的北方地区。当然，除了朱棣这种英雄远见外，朱棣心中还是有自己的小九九的。因为不论朱棣再怎么宣传自己即位的合法性和合理性，但他终极是以叔叔的身份夺了自己侄子的皇位，终究是违背了其父太祖皇帝的遗志。所以当他在面对祖宗陵寝和太祖皇帝的神位时总是心中有愧。

如果朱元璋地下有灵的话，看到自己定下的合法皇帝被自己的儿子给推翻了，以朱元璋的暴脾气，等和朱棣在地下见面后绝对会狠狠地揍朱棣一顿，甚至这都是轻的。朱棣本人也是知道自己父亲的暴脾气的，再加上南京的皇位和皇宫都是自己父亲和侄子坐过和住过的地方，本来朱棣就心中有愧，如今每天睁眼看到的都是自己最不想想起的人用的东西，朱棣的心里得有多硌硬，可想而知。而且如果一直定都在南京，那么就代表着他死后也要葬在南京，并且不出意外的话就会葬在朱元璋陵墓的旁边，这无疑更是朱棣难以接受的。

古人缺少唯物主义思想，对鬼神特别敬仰，朱棣虽然是一位雄才大略的君主，但是他终究还是个人，还是有自己害怕的东西，他最害怕的可能就是死后朱元璋对他的愤怒。也正因此，朱棣在位时经常请僧人入宫大作法事，希望能够为朱元璋和马皇后祈福，他的目的可能是希望通过这种方式祈求太祖皇帝朱元璋和马皇后的原谅。除此之外，还有御史景清想在早朝时行刺成祖，结果被当场搜查出利器，朱棣一怒之下，下诏将景清"磔死"，并"族之"。但是做完这一切后，朱棣有天白天做梦竟然梦到景清了，并且景清在梦里对自己破口大骂。朱棣从梦中惊醒后，便怀疑景清化成厉鬼找自己报仇了，内心十分不安，更加不愿意再待在南京了。

3. 如何评价明成祖迁都

总之，在经过多方面综合考虑之后，朱棣决定迁都北平，并且为了迁都北平不惜一切代价，甚至到了不顾民生的地步。在朱棣一开始宣布准备迁都时，绝大多数朝中官员都强烈反对，他们的理由是北平偏处北地，远离大明的经济中心，如果从南方往北京运送物资途中必然消耗巨大，而这些负担最后都会由百姓来承担，会使百姓疲于奔命，动摇国之根本。确实迁都期间的种种物资需要和建设需要，这些归根结底都压在了老百姓的身上，而且本来老百姓的负担已经够重了，但是在迁都期间北方地区又发生了灾荒，而此时国库为了迁都已经消耗得差不多了，根本无力赈灾，使得北方地区的老百姓沦落到"老幼流移，颠踣道路，卖妻鬻子，以求苟活"的境地。然而即使这样，朱棣也没有推迟迁都进程。

事实上，朱棣的这些举措和迁都行为在大臣中早已有所非议，只是碍于朱棣的个人威望使得他们不敢直言而已。巧的是，上天给他们创造了这个机会，永乐十九年（公元1421年），就在朱棣举行完京师宫殿告成礼百日之后，奉天、华盖、谨身三殿同时罹灾尽毁。

这下朱棣也慌了，认为这是上天示警，于是下诏让大臣们直言，结果大臣们的上书都是批评朱棣迁都决定的，要求朱棣把都城迁回南京。这下朱棣的暴脾气又上来了，为了展现自己定都北平的决心，所有上书要求迁回南京的大臣们全部遭到惩处，其中主事肖仪更是因为言辞过于激烈，被朱棣认定为"乌足以达英雄之略"，当了杀鸡儆猴故事里面的那只鸡，落了个身首异处的下场。从此之后，再也没有人敢向朱棣上书要求还都南京了。如今，以我们后来人的角度来看，朱棣迁都北平的确有其弊端，但是其利则远远大于弊，也正因朱棣迁都北平，才使得大明在今日得到了"天子守国门"的称赞。

三

仁宣之治，盛世余晖

我当太子那些年

永乐二十二年（公元 1424 年）明成祖朱棣病逝在北征的归途中，当了二十年太子的皇长子朱高炽由此转正，成为明朝的第四位皇帝。朱高炽这个人在历史上评价还是不错的，然而这位体弱多病的明仁宗在位仅九个月就去世了，然而就是在这短短的九个月时间，朱高炽下诏停止下西洋，对外军事上也一改朱棣时期的咄咄逼人，转而采取守势，甚至如果不是其早逝，大明的都城还会搬回南京去。

古人讲究"父在观其志，父没观其行，三年无改于父之道，可谓孝矣"，然而朱高炽登基后迅速把朱棣执政时期没做完的事全给推翻，丝毫不顾及外界给他扣上"子改父"的大帽子。这或许是朱高炽的执政思路本来就与朱棣相左，但还有很大的可能是长达二十年的储君生涯中朱高炽对朱棣积聚了极大的不满，而这一切都要从朱高炽的太子生涯说起。

1. 来自弟弟们的野望

永乐二年（公元 1404 年），在经过一年多的犹豫后，在多方的压力下（主要是文臣集团、徐皇后及朱棣自身的清楚认识），朱棣终于还是妥协，宣布立其嫡长子朱高炽为太子。朱高炽终于当上了储君，但这并不是他苦难的结束，相反这才是他历练的开始。

朱高炽被册立为太子的同时，朱棣还册封自己的嫡次子朱高煦为汉王，嫡三子朱高燧为赵王。在考虑立谁为太子的这一年多的犹豫期中，朱棣似乎也察觉到自己的这三个儿子因为储位问题而暗流涌动。于是在册封完三个儿子后不久，朱棣紧接着就给他们安排了各自的去向。大儿子朱高炽作为太子自不必说，当然要留在大明朝的首都南京，二儿子朱高煦的封地则在云南，三儿子朱高燧则被朱棣安排在了自己的龙兴之地——北京，并且还规定"有司，政务皆启王后行"，可以说给予朱高煦和朱高燧的权力特别大。

对于朱棣的这种安排，三子朱高燧没有什么不满，老老实实地去了北京，并且据史料记载朱高燧在镇守北京的时候干得还挺不错的，史称"上有以宣朝廷之恩，下有以安邦域之大。"而次子朱高煦就不一样了，对于朱棣的这种安排很是不高兴，在得知自己的封地在云南之后，更是觉得让自己去云南简直是在流放自己，坚持不去封地，一定要留在南京。朱棣在立储时最后没有选择自己所喜爱的次子朱高煦，之后可能是出于对朱高煦失信的愧疚，使得朱棣十分纵容朱高煦，最终就默许他留在南京了。而朱高煦从朱棣的举动中看到了机会，看来当太子还有戏啊，于是朱高煦继续向大哥朱高炽的太子之位发起了进攻。

特别是徐皇后于永乐五年（公元 1407 年）去世，本来徐皇后特别欣赏朱高炽这个大儿子，她活着的时候经常在朱棣面前袒护朱高炽，稳住了朱高炽的地位，现在随着徐皇后这个给力队友下线，再也没有人能压制住朱高煦和朱高燧了，所造成的后果就是"两王合而间太子，帝颇心动"，老二老三合起来要对付老大，对朱高炽来说，是真的乌云压顶了。

文官集团是朱高炽最重要的支持力量，朱高煦和朱高燧也视其为眼中钉，欲除之而后快。因而在永乐一朝前期，大批太子东宫的属官和朝中支持太子的官员不断被朱棣逮捕下狱，如解缙、三杨、蹇义等，在永乐朝没有被皇帝进诏狱"同窗"过的官员都不好意思说自己是"太子党"。其中包括解缙在内的不少官员甚至被迫害致死，起因大多就因为四个字："以汉王谮"，就是说这都是朱高煦向朱棣打小报告的。大批忠于太子的官员被捕被杀，无疑导致太子一方人心惶惶，朱高炽面临的压力可想而知。而打击文官集团只是朱高煦的第一步，他的更深层次目标是打击朱高炽本人，朱棣在位期间经常外出征战，所以太子朱高炽经常留守京师（南京）监国，距离是异地恋的最大敌人，父子也一样。而这对朱高煦来说真是天赐良机，他经常借机诬陷朱高炽。

事实上，以解缙失宠被贬为开端，支持朱高炽的文官集团在之后便都遭到了朱高煦和朱高燧的残酷打击报复。首当其冲的便是解缙，可能是因为他在当年的储位之争中一直在冲锋陷阵的最前线，所以就成了朱高煦和朱高燧的头号打击对象了。永乐八年（公元 1410 年），朱高煦诬陷解缙私自觐见太子，"无人臣礼"。结果朱棣为此震怒，直接将解缙扔进了锦衣卫的诏狱，拔出萝卜带出泥，还牵涉了大理寺寺丞汤宗、宗人府经历高得抃、中允李贯、赞善王汝玉、翰林院编修朱纮、检讨蒋骥、潘畿、萧引高并及御史李至刚等人。

解缙这一关就是五年，直到永乐十三年（公元 1415 年）在朱棣的授意下，锦衣卫指挥使纪纲将解缙杀害。永乐十二年（公元 1414 年）文官集团的处境变得更为危险，该年朱棣结束了第二次北征回到南京，这次的北征可不得了，因为这次朱棣是带着朱高煦一起去的，所谓"近水楼台先得月"，朱高煦有机会天天待在朱棣面前诬陷太子，而本来朱棣对朱高炽就有所不满，这下在朱高煦的长期挑拨下彻底爆发了。

既然爆发了，那就整太子吧，于是仅仅是因为朱棣的銮驾返京时，朱高炽的欢迎仪式稍微怠慢了一些，怒火中烧的朱棣便认为这一定是太子手下的官员辅导不力的结果，于是尚书蹇义、学士黄淮、谕德杨士奇、洗马杨溥、芮善等大批辅导朱高炽监国的官员被下狱，危急时刻，还是杨士奇挺身而出，把所有的罪名都揽到了自己身上，最终在杨士奇的努力下，朱棣没有追究下去，但在这件事中朱高炽的地位可以说是岌岌可危。而这样的事例在朱高炽的太子生涯中经常发生。

面对两个弟弟的步步紧逼，朱高炽并没有公开表示不满。甚至在永乐十二年

（公元 1414 年）辅助自己监国的大臣们大部分被下狱时，朱高炽都没有表示任何不满，在当时有人曾询问朱高炽"殿下想知道是谁向皇帝进的谗言吗？"结果朱高炽回道自己不知道，也不想知道。其实，朱高炽在成为太子之后所采取的措施就是"以退为守"，一方面对于朱棣对自己的训斥和惩罚全盘接受从不争辩，从而不给朱棣抓住自己犯错的机会，另一方面对于两位弟弟的进攻则以防守退让为主，从而让自己的这两位弟弟放松警惕并且更加行事嚣张。

不得不承认，朱高炽的"以退为守"起到了很好的效果，朱棣开始对朱高煦和朱高燧二人不满。永乐十三年（公元 1415 年）朱棣将朱高煦的封地改封到山东青州，并要求他前往封地就藩，结果朱高煦又拒绝就藩，并上书称想一直留在朱棣身边服侍。不过这次朱棣就没有那么好说话了，直接下诏狠狠地斥责了朱高煦一顿，认为先前朱高煦说云南远，现在改封到山东他还诸多借口推辞，这种不遵守大明法度的行为简直岂有此理，要求朱高煦必须就藩。但是朱高煦还没察觉出朱棣对自己的态度已经有所改变，反而继续肆意妄为，甚至还亲手挝杀兵马指挥徐野驴并且僭用乘舆器物。

终于在永乐十四年（公元 1416 年），朱高煦作大死，想要仿效朱棣再来一场靖难，结果被朱棣发现，将其囚禁起来甚至要废为庶人。这个时候，还是朱高炽这个大哥不计前嫌为朱高煦求情，最终朱高煦免于处罚，仅仅被遣送到山东就藩。就这样，朱高煦被彻底清除出局，而少了朱高煦在京城的煽动，朱高炽才稍微好过了点。朱高煦出局后，三子朱高燧不仅没有收敛自己的行为，反而认为自己的机会到了，继续我行我素，甚至计划在永乐二十一年（公元 1423 年）发动政变来夺取皇位。

当然这些技巧在政变大师朱棣看来都是小儿科，朱高燧的作乱也被扼杀在萌芽之中，而在朱棣想要严惩朱高燧时，又是朱高炽挺身而出为朱高燧求情，保下了这个弟弟的性命，而这无疑会在朱棣的心中给朱高炽加不少分。但要知道作为皇帝朱棣对朱高炽的打压，不能仅仅用一个偏爱一带而过，这件事还有其他原因。

2. 皇帝与太子的"矛盾"

是的，朱棣对朱高炽的过分"重视"说到底还是由于皇权天然的警惕性。皇帝有自己的势力，而太子作为未来的皇帝身边也有自己的小集团，太子势力强盛必然会对皇权有威胁，但另一方面皇帝又不能不让太子培养势力，否则权力将不能顺利交接。有了不同的集团就会造成竞争，自古以来皇帝与储君的权力相争，父子喋血朝堂的案例屡见不鲜，尽管后来随着皇权的强大这种矛盾关系有所调和，但却不能根本解决。

朱棣就陷入了这个矛盾之中，他是皇帝不假，但朱棣在外期间经常或外出征战或巡视北京等，总之经常不在正牌首都南京待着。皇帝可以外出，但全国汇聚到南京的政务需要有人处理啊，于是朱棣就让太子监国，替他处理政务。太子如果处理得不好，朱棣自然是要大发雷霆的，但即便太子行政得当，朱棣还是会感到不快，因为太子越能干，追随他的人就会越多，朱棣感到被架空的威胁就会更大。所以我们会在史书中看到朱棣经常做出一些自相矛盾的举动。朱棣每次出征前都要赋予朱高炽相应的理政权力，根据朱棣的指示除了文武官员的升降、藩属国的朝贡，边境军队调拨这几件大事需要向朱棣请示以外，其余的政务全都由朱高炽自行处理。

看起来朱高炽的自主权很大，然而多疑的朱棣又不断对朱高炽的行为加以限制，比如朱高炽处理政务就必然要接触大小官员，但朱棣为了防止百官和朱高炽私下勾结，又特别规定但凡太子与大臣见面必须在公众场合，而且大臣不能单独与太子见面，必须结伴才行，并且这一切都需要有专门人员进行记录，以方便朱棣随时查阅。前内阁首辅解缙就是违反了这一条，被朱高煦趁机告发，最后被迫害致死，而解缙之死很难说没有朱棣杀鸡儆猴的成分在里面。

杀鸡儆猴之后，就该敲山震虎了。永乐七年（公元 1409 年），朱高炽因看不惯朱棣的宠臣——刑部尚书刘观的贪赃枉法，便趁着朱棣在外出征的时候对刘观加以训斥，没想到消息很快通过朱棣在南京的耳目传到了朱棣耳中，因为这远在漠北的朱棣派遣使者传诏书回南京，严厉地批评了朱高炽："文武群臣皆朕所命，虽有小过，勿遽折辱，亦不可偏听以为好恶。"就是说所有的官员都是朱棣一手提拔的，即使他们有什么过错，朱高炽也没有资格动他们。

仅仅是几句训斥便受到指责，可想而知朱高炽的监国生涯有多艰难。而这样的案例在朱高炽监国期间不胜枚举，甚至早在靖难时期，朱高炽就差点因为朱棣的猜忌而横死。靖难时期，当时留守北平的宦官黄俨支持朱棣第三子朱高燧，他多次指使党羽在向朱棣汇报北平情况时趁机诬陷朱高炽，最后更是声称朱高炽已经投靠了建文帝，并且要占据北平来反抗朱棣。朱棣本身性格多疑，在这种情况下更是对朱高炽产生了极大的怀疑，因而他询问朱高煦怎么看这则消息。

朱高煦的回答可谓杀人诛心，明面上他虽然说朱高炽这个人很仁孝，应该不会做这种事情的。但他又提醒朱棣，朱高炽和堂兄建文帝的关系很好，潜台词便是朱高炽很有可能会投靠朝廷。正好这个时候建文帝也采用了方孝孺的离间之策，派遣使者给朱高炽送过去一封书信。黄俨一看觉得自己这次抓住朱高炽的把柄了，于是赶紧派人到前线去向朱棣汇报。眼看朱高炽就要玩完了，结果这个时候朱高炽的使者也来了，并且这名使者还带来了建文帝的书信和使者，而且建文帝的书信还没有启封。最终朱棣看望信之后才大呼："几杀吾子"。"几杀吾子"这几个字表明当时朱棣真的对朱高炽动杀心了。在朱棣的严防死守下，朱高炽既要妥善地处理朝中的大小事务，又要给朱棣的亲征做好后勤保障，还要时刻提防越权行为招致朱棣的不满，长期下来本来身体就不好的朱高炽在朱棣的高压下变得"忧惧成疾，面无人色"。

朱棣明白朱高炽最大的支持者就是文官集团，所以要想压制朱高炽的势力就必须分化他与文官集团之间的关系。但实话实说朱棣的手段并不怎么样，通过强制手段来限制朱高炽与文官的关系，表面上看双方是得保持一定的距离了，然而既然朱高炽主要负责处理政务就必然要与大臣接触，而且他又是未来的皇帝，不管朱棣再怎么严防死守依然会有众多的追随者聚集到朱高炽身边的。所以即便朱棣有意地清除一部分大臣，却依然不能阻止朱高炽支持势力的壮大，而朱高炽为了保护自己支持者的安全，有时也会被迫和朱棣杠上。都察院左都御史陈瑛是朱棣的亲信，都察院的主要职责是监察弹劾百官，因而凡是朱棣看不顺眼的官员，就由陈瑛来上奏弹劾，而这期间不少忠于朱高炽的官员就是被其扳倒的，所以朱高炽对陈瑛极其厌恶。永乐九年（公元 1411 年）一次朱高炽终于抓住了机会，向朱棣痛陈陈瑛的罪状，并表示此人罪大恶极必须严惩，以儆效尤。或许是陈瑛公愤太大，也或许是要安抚朱高炽，朱棣最后放弃了陈瑛，陈瑛因罪下狱，最后被处死。

朱高炽就是在这种与朱棣既有合作又有对抗的氛围下走完了他的太子生涯，在这二十多年间，朱棣手握皇权居于最高位置，始终在为了找寻皇帝与太子之间的平衡而苦苦思索。而朱高炽虽然处于弱势方，但随着时间的推移，其地位越来越不可动摇，因而其也能在一定范围内进行反击，文官集团对他的支持也越来越坚定。朱棣找不到合适的替代者，也只能在更加严密的监视中听之任之。

朱棣在位期间，为了证明继位的合法性，也为了实现自己的抱负，不断上马大型工程，修《永乐大典》、营造北京、亲征漠北、收复安南、下西洋等，要办好这么多事，就涉及大量的关于后勤、营建、漕运、水利、人员调配等方面的协调、管理和组织，但朱棣是个甩手掌柜，仅凭朱棣一个人是难以完成这些的，所以就需要一个强大的执政班子。而朱高炽和文官集团的出现恰好满足了这个需求。

特别是在永乐十五年（公元 1417 年）后，朱棣看出来次子朱高煦难当大任，而三子朱高燧只擅长阴谋，连次子朱高煦都不如，朱棣要想打造盛世最合适的助手只有长子朱高炽，可他又担心太子权力过大对自己产生威胁，因此，朱棣在位后期他一直处在矛盾之中，一方面他知道太子羽翼已丰，自己应当要放权了，但另一方面皇权的特性使得他又要继续打压朱高炽。

比如永乐七年（公元 1409 年），朱棣曾经规定朱高炽监国时，朝中和地方各级别文武官员如果犯罪，朱高炽都可以过问。到永乐十五年（公元 1417 年），次子朱高煦被赶出京城后，没有了牵制朱高炽的人选，朱棣马上加大限制，改为大小文官但凡有罪，五品以下的官员，朱高炽才可以过问，四品以上的必须要请示朱棣后再做定夺。不但免去了朱高炽管辖武臣的权力，还限定了管辖文官的品级。并且，朱棣还安排最信任的密探胡濙（负责调查建文帝下落）调查朱高炽是否有不轨的行为，好在胡濙虽然是密探但也是文官集团的一员，在汇报朱高炽的情况时，只报告好的方面，朱棣这才逐渐对朱高炽放下心来。在不断地监察、试探后，逐渐老去的朱棣开始放手给朱高炽权力。

永乐十八年（公元 1420 年），朱棣曾向朱高炽表示，日后朝野大事朱高炽可以自行处理，不必什么都向自己汇报，但转头又把朱高炽的主要支持者杨士奇、蹇义、吕震等高级官员下狱，虽然只关押了十天就释放出来，可朱棣的矛盾心态也显露无遗，国事已经离不开朱高炽，但皇帝的疑心病也还继续存在。

永乐二十二年（公元 1422 年），在第五次亲征蒙古的归途中，朱棣甚至表示朱高炽经过这么多年的历练，处理政务的水平已经足够了，自己打算返回京城后将国事全部交给朱高炽，而自己安享晚年。可见到了这个时候朱高炽的储君地位已经无可动摇，就连朱棣本人都乐于接受了。当然朱棣最后并没有等到退休的那一天，他在北征归途中病逝于榆木川（今内蒙古自治区多伦西北），而朱高炽则顺利继位，成为明朝的第四位皇帝。

3. 太子监国

在上面的讲述中，似乎朱高炽这二十年的太子生涯过得十分憋屈，甚至在奉命监国的时候似乎都因为父亲的猜忌和弟弟的诬陷而束手束脚，英雄无用武之地。其实不然，纵观朱高炽的二十年太子生涯，其本人在朱棣允许的权力范围内做了不少大事。朱高炽这一期间所处理的种种事件大致可以分为两个部分，一个是选拔官员，另一个则是关注民间。

首先来看看朱高炽的选拔官员。在朱高炽监国期间共提拔任用官员将近五百余次，而其提拔任用的官员们大体上又可分为三类。其中，第一类是东宫官，也就是朱高炽自己身边的官员。东宫官员的职责便是好好辅导皇太子，对皇太子施加积极的影响。朱高炽在提拔东宫官员时有很大的倾向性，其所提拔的基本上都是儒家精英分子，也就是经世文士和博学鸿儒们，这些人在朱高炽身边形成了一个东宫官员集团从而成为朱高炽在监国和登基之后推行仁政的人才基础。

第二类官员是科道官，也就是所谓的六科给事中与都察院十三道监察御史。这批官员属于大明朝的监察官员，他们的职责为"侍从、规谏、补阙、拾遗、稽察六部百司之事"及"察纠内外百司之官邪"。通过对监察官员的大量任用，就能尽量地保证朱高炽监国时的上情下达和下情上传，使其所制定的各项措施能够很好地下达到地方并且还能够了解各地民情。同时，朱高炽所任命的科道官大部分都是初入官途的儒家知识分子，此时的他们还怀有儒家理想主义思想，还想着要"致君尧舜上，再使风俗淳"，尚未被官场中的不良风气给同化，因此在监察一事上还是比较富有战斗力的。

第三类官员则是地方官员，主要涉及布政司参政、参议和按察司副使、佥事及各地知府、知县等官员的任命。其中布政司参政和参议的主要职责是"分守各道，及派管粮储、屯田、清军、驿传、水利、抚民等事，并分司协管京畿"，而按察司副使、佥事的职责则是"分道巡察，其兵备、提学、抚民、巡海、清军、驿传、水利、屯田、招练、监军，各专事置，并分员巡备京畿。"知府的主要职责是"掌一府之政，宣风化，平狱讼，均赋役，以教养百姓"，知县的职责则是"掌一县之政。凡赋役，岁会实征，十年造黄册，以丁产为差。……凡养老、祀神、贡士、读法、表善良、恤穷乏、稽保甲、严缉捕、听狱讼，皆躬亲厥职而勤慎焉。"从这些官员的职责就可以看出，这些官员对于各地的民生是有着很大的影响，而朱高炽注意对这些官员的选拔任用，无疑是为了保证各地的民生。

再来看看朱高炽监国期间的关注民间。在朱高炽监国期间十分重视对灾民的救助，一旦大明朝某个地方因发生灾害而影响到了当地老百姓的日常生活，朱高炽都会及时做出反应。或是派遣相应的官员到当地视察军民疾苦，或是免除受灾地方田租和劳役，或是官方出资将那些迫于艰难而被典卖子女全部赎回，或是直接发官粮来赈济灾民。

而在很多时候朱高炽是上述举措同时并举的，比如在永乐八年（公元 1410 年），朱高炽听说扬州淮安凤阳一带发生了灾荒，老百姓因为交不上税而被迫卖儿卖女，生活苦不堪言，于是朱高炽立刻派遣都察院右副督御史虞谦、户科给事中杜钦前往上述这些地方，考察灾情，免除当地的租税，并督促当地政府帮助穷苦人家赎回被迫典卖的子女。事实上，在此次灾情处理中由于虞谦等人救济不够及时（其实严格来说也不算不够及时，他们是想好了救济措施之后上书朱高炽请求批准，但是朱高炽对他们先上书后救济的行为不是很满意），朱高炽还专门派遣使者前去斥责他们救灾不力，由此便可看出朱高炽对于救济灾民一事的关心，而在史书记载中朱高炽救助灾民的事迹比比皆是。

除了救济灾民之外，朱高炽还特别关注在日常生活中老百姓是否受到欺压。比如在永乐七年（公元 1409 年），朱高炽便专门下了两道旨意，其中一道旨意针对的是官员对运送赋税民丁的敲诈，旨意中明确表示，各地关口凡是遇到运输赋税的民丁，必须立即放行，而赋税运抵目的地后，当地的官员也必须立即接收，以此来杜绝各地官员敲诈百姓的行为；另外一道旨意则针对的是士兵扰民之事，朱高炽明确指出，如果士兵胆敢骚扰百姓，百姓可以将其押送到军营，接受军法处置。除此之外，朱高炽对于地方奏请的有利于民生的事情几乎是没有拒绝过，一概应允。

总之，对于朱高炽来说他这二十年的太子生涯绝对不是一段快乐的经历。在这二十年里，他一方面要面对老父亲时不时的训斥和敲打，另一方面也要面对两

个弟弟的明枪暗箭。不过，好在朱高炽最后都坚持了下来，并且并没有因此放弃
对政事的追求，并且还在监国期间展示和锻炼了自己的能力。而朱高炽在二十
年的太子生涯中的所作所为也为其最后会在历史上被称作"仁宗"打下了一定的
基础。

"仁宗"之"仁"：朱高炽的皇帝生涯

洪熙元年（公元 1425 年）五月，在位仅九个月的大明皇帝朱高炽驾崩于北京皇宫的饮安殿，时年 48 岁。一般皇帝死了之后有一个专用名称叫"大行皇帝"，朱高炽就是明朝不到一年内的第二位大行皇帝（之前一位是他父亲朱棣），但是这个称号是临时的，因为古人讲究盖棺定论，皇帝死了之后，会由新任皇帝及大臣总结先皇一生的经历，而为大行皇帝上一个属于他的专门称呼，称呼有两种——谥号和庙号。

谥号是皇帝死后用来评价其功过的文字，本来有这样几个特点，一是短小精悍，通常是一两个字；其次就是意含褒贬，也就是说谥号不一定都是美谥，也有平谥和恶谥。但是随着朝代的推移，谥号的选定发生了质变，基本上只要不是亡国之君或被政变推翻的皇帝，其死后都能得到美谥，平谥和恶谥越来越少，而从武则天开始谥号不光是对皇帝一味地溢美，而且字数也不断增加，到了明朝时期皇帝的谥号已经达到了十几个字。比如朱高炽之子朱瞻基登基后，为朱高炽所上的谥号为"敬天体道纯诚至德弘文钦武章圣达孝昭皇帝"，如此长的谥号充满了溢美之词，显然已经失去了评价皇帝功过的作用。

好在还有庙号，庙号这种东西，一开始并不是每个皇帝都能享有的，只有有大功大德的帝王才能享用，一个王朝可能每个皇帝都有谥号，但是只有那么几个特别厉害的皇帝才能有庙号。唐朝以后庙号逐渐泛滥，几乎每位皇帝都拥有了庙号，正好谥号这时候已经被玩坏了，所以后来庙号反而起到了对皇帝盖棺定论的作用。朱高炽的庙号是"仁宗"，在中国几千多年的正统王朝中，庙号为仁宗仅有四位。

除了明仁宗朱高炽之外，另外三位分别是宋仁宗赵祯、元仁宗孛儿只斤·爱育黎拔力八达、清仁宗爱新觉罗·颙琰。仁宗的"仁"取自"仁者圣人"，应当说这是一个极好的庙号，体现这位皇帝是有大作为的，而在这四位"仁宗"皇帝中明仁宗朱高炽仅有短短一年，按理来说在位时间如此之短能有多大的作为，所以明仁宗在凭什么能够被称为仁宗呢？

在之前的章节里提到过朱高炽虽然当皇帝的时间短，但是他当太子监国的时间长啊，由于朱棣经常出征在外，所以很多具体政务是朱高炽负责的。朱高炽监国期间十分关注民生，针对保障民生采取了种种举措，所以有人认为这二十年的太子生涯为其死后被称为"仁宗"起到了很大作用。但是要注意的是，不可因此过分夸大朱高炽监国期间的功绩，因为当时朱棣还活着，大明朝的最高统治者不是朱高炽，而是朱棣，这一事实就在一定程度上限制住了朱高炽的手脚，使其不敢有太大的动作，总体还是按照朱棣的执政方针进行的。

而关于朱高炽为什么能被称为"明仁宗"，《明史·仁宗本纪》中有一段记载最为准确，称其"在位一载，用人行政，善不胜书"，就是说别看朱高炽仅在位不到一年，但是这一年所施行的仁政是数不胜数啊，甚至最后还十分惋惜地说道，如果朱高炽活的时间够长，那么他足以和汉文帝、汉景帝这两位皇帝相媲美。由此观之，朱高炽之所以能被尊为"仁宗"，主要还是依靠这不到一年做出的不朽功绩，那么朱高炽这么短的时间究竟都做了些什么呢？

1. 朱高炽掌舵下的大明转向

首先就是人事调整。朱高炽即位后做的第一件事甚至都不是操办朱棣的丧事，而是将已经被朱棣关了将近三年的原户部尚书夏原吉释放出来，并官复原职，夏元吉出狱后立刻成为新朝的领导核心的一员。以此为信号，朱高炽向朝中大臣们和天下的士人们传达了这样一个消息，那就是他登基之后的为政风格将与其父朱棣截然不同。那么为什么释放夏原吉就代表着朱高炽将会推行与朱棣迥然不同的措施呢？

这就要回到夏元吉为什么会被下狱了，夏原吉是因为反对朱棣北征而被下狱的。永乐十九年（公元 1421 年）朱棣计划再次北征草原，打仗打的就是后勤保障，夏元吉作为明朝的户部尚书这一块是归他负责的，然而年年征战给了明朝朝廷财政相当压力，而夏元吉是知道这一点的，所以当朱棣召见夏元吉咨询后勤问题时，夏元吉以"比年师出无功，军马储蓄十丧八九，灾眚迭作，内外俱疲"为理由反对朱棣出兵，夏元吉认为北征劳而无功只不过空耗国力，之前是这样，这次一定也是这样，与其如此还不如与民休息的好。之后觐见的工部尚书吴中也反对朱棣出兵。

一个负责后勤、一个负责工程，两位重臣全都反对朱棣出兵，朱棣很生气，后果很严重，由于夏元吉反对最激烈，因而朱棣一怒之下将其下了大狱。不过虽然夏原吉说的话惹得朱棣不高兴了，但是正所谓"忠言逆耳"，夏原吉的这番话一定程度也上反映了当时的社会现实。众所周知，朱棣统治明朝的这二十二年里明朝大动作不断、大项目接连上马，北伐蒙古、南征安南、迁都北京、六下西洋、大兴土木等，这些每一项都能够名垂千古的壮举竟然在短短二十二年间纷纷开工。固然通过这些举动朱棣开创了历史上有名的"永乐盛世"，但却也给明朝造成不小的负担。

前文说到郑和六下西洋给大明朝带来了不小的财富，在一定程度上减轻了民众的经济负担，但是这种种大动作下，除了经济负担以外，人力负担和人员伤亡也是不容小觑的。换句话说，朱棣统治时期大明就像一台超负荷运转的机器，一旦彻底超出大明朝这台机器的承受范围，那么后果将不堪设想（顺带提一句，这一情况也是朱高炽后来制定国策时的一个出发点）。

夏原吉等人的劝谏就是想提醒朱棣不要重蹈隋炀帝的覆辙，而朱棣也用行动表明了自己的态度：做自己，不在意他人的眼光。由此我们可以将永乐朝后期的政治势力分成两拨，以夏原吉等人为代表推崇"守成"策略，希望放弃好大喜功的行为，换取实实在在的利益，恢复过度透支的国力；而以朱棣为代表的一派则坚持"开拓"政策，要用赫赫文治武功来体现明朝的昌盛。虽然"开拓"这一派人数很少，但是行不行，说你行你就行，有了最高统治者朱棣的支持，反对派夏原吉等人被惩处，代表了开拓派压过了守成派，而现在夏原吉的释放则代表守成派压过了开拓派，也是在宣示大明朝的国策将由开拓转为守成。

其次是国家政策的调整。随着夏原吉被重新起用，朱高炽也开始对朱棣在世所制定的种种政策进行大刀阔斧的变革。首先体现这一点的便是朱高炽的即位诏书。众所周知，中国古代几乎每位皇帝即位之时都会颁布即位诏书，并且大赦天下，而在新皇登基所颁布的即位诏书宣告着新朝的到来，其中一个标志就是诏书中涉及的政策变动。朱高炽的即位诏书也不例外，在夏原吉的建议下，朱高炽在即位诏书里正式宣布"罢西洋宝船、迤西市马及云南、交阯采办。"所谓的"宝船"便是郑和下西洋的船只，"罢西洋宝船"就代表着大明朝下西洋壮举就此终止，下西洋既然被停了，那原来的航海人员也别在船上待着了，在朱高炽的授意下，明朝在陪都南京设立了一个新的官职——"南京守备"，由下西洋活动的主要领导者郑和担任首任南京守备太监，而一直跟随其下西洋的士兵也被安排守备南京，明朝的大航海时代来到低谷期。

"迤西市马"则是指在朱高炽即位之前，由于朱棣的长年北征导致明朝十分缺少马匹，蒙古诸部是不可能将马匹卖给敌国的，于是朱棣便采取迂回政策，经常派遣官员前往失剌思及撒马儿罕等西北诸国去买马，买了马回来自然是要装备骑兵的，有了骑兵自然是要跟草原民族开战的，而现在朱高炽废除这一项政策，也意味着明朝在对蒙古三部的政策上将会有所改变，至少不会继续死磕了。

至于"云南、交阯采办"则是指明朝在当时经常派人在云南、交阯等地以官方的名义向当地商民采购宝石、金珠、香货等奢侈品，运回明朝国内供达官贵人享受。尽管这三项措施涉及的方面各不相同，但在当时都被看作是劳民伤财之举或者扰民行为，而朱高炽在即位诏书中宣布取消这些事务，也等于是再一次表明大明这架马车在他的驾驭下将要开始转向了。

在君臣关系上，朱高炽试图构建一种良好的君臣关系并鼓励大臣积极进言。这一点是吸收了朱棣的教训，朱棣在位时期一直以威权压制臣僚，导致百官十分惧怕朱棣，在其手下做事唯唯诺诺，缺乏主观能动性，而朱高炽认为这一点限制了大臣的办事能力，因而要改。比如朱高炽在即位后不久便对杨士奇、杨荣、金幼孜三人嘱咐道："你们三人及吏部尚书蹇义、户部尚书夏元吉都是先帝遗留下来的旧臣，朕刚刚继位正准备倚重你们辅导朝政。朕读史书曾看到以前有的朝代的君主厌恶忠臣直言进谏，君主所宠幸的宠臣多是些曲意逢迎之辈，这样的国家怎能不倾覆，咱们从今以后应当引以为戒。现在朕与你们交交心，以后如果对国事有什么想法，你们直言相告、但说无妨。"之后，朱高炽又赐给蹇义、杨士奇、杨荣、金幼孜四人一人一枚银章，上面刻着"绳愆纠缪"四个字，要求他们四人如果发现有什么官员有过失，想要纠察的话，可以用这个印密封奏章，直接上书给自己，保证通畅无阻。

明仁宗的一番言论，表明自己是喜欢臣子仗义执言的，他是这么说的，也确实是这么做的。当时担任大理少卿的弋谦曾上书言事，但是词语过于激烈惹得朱高炽很是不悦，当然也只是不高兴，如果换作朱高炽的父亲朱棣或者他爷爷朱元璋，估计弋谦早就被廷杖甚至打入大牢了，乃至有生命危险，得到一个身首异处的结局。由于此时朝堂之上的不少大臣还处在"后朱棣"时代，一时没缓过劲来，以礼部尚书吕震、工部尚书吴中、刑部右侍郎吴廷用及大理卿虞谦为首的四人自以为揣摩透了朱高炽的意思，纷纷上书弹劾弋谦，想以此来讨好皇帝。而与此同时，都御史刘观也让手下的一众御史联合起来弹劾弋谦沽名钓誉，想利用皇帝的震怒来为自己争个好名声。此时众人都以为弋谦这次必死无疑了，但令人意外的是朱高炽仅仅免去了弋谦的朝参，也就是说不再让其上朝参拜皇帝，这种处罚可以说是微乎其微。

并且，朱高炽还指出吕震等人的行为是迎合皇帝，这种做法不可取。但是这件事到此并没有结束，朱高炽在免去弋谦的朝参之后便感觉进言的人变少了，为了鼓励大臣们继续进言，朱高炽接受杨士奇的建议，颁布了一封诏书。在诏书中朱高炽称"朕于谦一时不能含容，未尝不自愧咎。尔群臣勿以前事为戒，于国家利弊、政令未当者，直言勿讳"，这份诏书定性弋谦的进谏是没有问题的，而所有的问题都是由于皇帝朱高炽不能容忍大臣，希望群臣不要以此为戒，继续直言。这等于是下了一份小型"罪己诏"，将这件事的所有责任全部揽到了自己身上，最后朱高炽还表示弋谦可以继续上朝，继续进谏，自己一定会吸取教训的。可以说，在朱高炽这位最高统治者的带动下，从此大臣们的上书都是正义直言，不再仅仅是一些阿谀奉承之词了。

2. 明仁宗治国

针对朱棣在位时期屡兴大狱、刑法严苛的情况，朱高炽在即位后也开始进行调整。在此次调整中，最为突出便是是对建文旧臣的处置。换句话说，这也可以算得上是朱高炽在位时期所采取的最激进的措施了。众所周知，朱棣对于建文朝的人和事都是深恶痛绝的，其在夺得皇位后不仅革除了建文一朝的历史，还对那些仍效忠于建文帝的大臣们进行残酷的打击与清洗。在建文帝旧臣中，最让朱棣深恶痛绝的当属方孝孺了，不然也不会给他定了个"诛十族"的罪名。但是就是这么一位让朱棣深恶痛绝的"奸党式"人物，在朱高炽的眼中却成了一名"忠臣"。

朱棣去世后不久，朱高炽便对身边的侍臣说了一句意味深长的话，"方孝孺辈皆忠臣也，宜从宽典"，就是建文帝的忠臣也是忠臣，应该宽大处理。不久之后，朱高炽便对礼部下达了一封诏书，要求对建文诸臣的政治问题重新审视，赦免他们的罪名，恢复其人身自由，并且发给土地使他们能够自食其力。朱棣在世时期严格打压建文帝的旧臣，而朱高炽对所谓"建文奸臣"的赦免也是在一定程度上承认了建文帝一朝的正统性，从另一角度来看也是在揭朱棣的短。

除了宽宥建文帝旧臣之外，朱高炽还对刑狱进行了调整。朱高炽曾在召见大学士杨士奇、杨荣、金幼孜时表达了自己对永乐一朝刑狱的看法，在朱高炽眼中永乐一朝法司判定的很多罪名都是胡乱罗列的，只不过是为了讨好皇帝，虽然国家有严谨的法律程序，但是在实际操作过程中并不能很好地执行，以至于草菅人命的现象经常发生。为了解决这一问题，朱高炽要求从今往后每次审判重犯时，杨士奇、杨荣、金幼等人要共同出席审判过程。

此外，大理寺曾呈给朱高炽一份关于处决重犯的名单，但是朱高炽没有立即批准，反而谆谆教导大理寺的官员们不可无辜冤枉好人，制造冤案，从而"伤国家之和气"。为了确保此次名单没有问题，朱高炽下令进行复决，对此次的处决名单进行了又一次仔细检查。之后，朱高炽更是要求在审判犯人时一定要按照法律定刑，即使是犯人本人要求"法外用刑"时，法司、三公和大臣们也要联名上奏制止种不遵守法律的行为。与此同时，朱高炽还废除了肉刑、连坐法和举报法等为当时百姓深恶痛绝的苛法，明文规定："诸司不得鞭囚背及加入宫刑。有自宫者以不孝论。非谋反。勿连坐亲属。古之盛世，采听民言，用资戒儆。今奸人往往摭拾，诬为诽谤，法吏刻深，锻练成狱。刑之不中，民则无措，其余诽谤禁，有告者一切勿治。"

3. 内政外交

在关注民生上，朱高炽延续了其一贯的作风。朱高炽在监国时期便已经十分重视民生，而在当了皇帝之后更是"有过之而无不及"。别看朱高炽因为身体肥胖导致平时行动迟缓，但是在处理涉及民生的问题上完全是一个急性子。洪熙元年四月，朱高炽得知山东及淮、徐两地的老百姓粮食匮乏，但是有关税收部门却还在急切地征收夏税，于是便把大学士杨士奇召来让他起草一份诏书宣布免除今年夏税及科粮的一半。

此时，杨士奇提醒朱高炽要先告知户部和工部一下，没想到朱高炽这样一个很好说话的人竟然直接否决了杨士奇的意见，并解释道"救灾这种事情刻不容缓，如果层层通知，一旦遇到拖沓的官僚作风一定会误事"。随后便命杨士奇赶紧起草诏书，诏书起草完成后，朱高炽浏览一遍没有发现什么问题便直接盖上玉玺颁行下去。等诏书颁布下去之后，朱高炽才命人去通知户部与工部的大臣备案，由此可见朱高炽有多关注民生。

朱高炽虽然在位还不到一年，但是却多次下诏振恤灾民，这在封建帝王中很是难得。与此同时，对于各地不能及时救济本地灾民的地方官员，朱高炽经常对其进行惩治，并斥责他们的种种表现简直不配做父母官。在永乐一朝还存在着官府对老百姓强买强卖，以及强行要求百姓服役的现象，对此朱高炽专门颁布诏书规定，从今以后各地官员都要严格按照规定来，不得随意加派额外的赋税和徭役，胆敢顶风作案者，一经发现必定严惩不贷。朱高炽通过这些政令减轻了百姓的负担。

在进行内政建设调整的同时，朱高炽也对明朝的对外方针进行了调整。明朝最大的外敌便是蒙古诸部，因而朱高炽对外主要是调整明朝与蒙古诸部之间的关系。当时蒙古三部在朱棣五次北伐的打压下已经元气大伤了，掀不起什么大风浪来了，但是明朝想要彻底消灭蒙古三部也是不可能的。朱棣在第五次北伐的时候就曾颇为无奈地说道："虽然蒙古的敌人已经所剩无几，但是草原这么广阔，蒙古的骑兵四散逃窜，明朝的大军根本找不到其主力进行决战。"

最后只能乘兴而来败兴而归，连朱棣本人都在归国途中病逝。朱棣的五次北伐在明朝人眼中是"五出漠北，三犁虏庭"。固然在这种描述里面有着夸大的色彩，但是却也反映出了一个事实，那就是朱棣五次北伐中较为成功的是前三次，后两次则有些虎头蛇尾。而明朝自己也因为多次北伐造成自身较大的损耗，从而在短时间内无力再次进行北伐了。

正是在这一背景下，朱高炽上台后主动调整明朝和蒙古的关系。永乐二十二年十一月，朱高炽刚即位不久就派遣使者前往蒙古三部之一的兀良哈部传达自己的旨意，在旨意中朱高炽表示免去兀良哈部之前多次伙同鞑靼部攻扰明朝边地的罪过，并且允许其改过自新，仍可前来明朝进行朝贡贸易。以当时双方的实力对比来看，明显是朱高炽做出了很大的让步。朱高炽本人也十分清楚这是一个巨大的让步，但是在朱高炽看来通过"屈己"可以实现"安百姓"那就是值得的。同时朱高炽即位这件事也被蒙古三部之一的鞑靼部（也是蒙古本部、蒙古大汗的"正统"所在，朱棣历次北伐想要打击摧毁的就是这个部落）看作是改善与明朝关系的好机会。在明朝的连番打击下，鞑靼部也是怕了，所以朱高炽刚即位不久，鞑靼部便以"贡马"为名义向明朝求和。看到鞑靼部这么上道，朱高炽便下旨免了鞑靼部之前屡次犯边的罪过，重新与其交好。

就这样，在朱高炽的努力下蒙古三部中鞑靼部和兀良哈部再次和明朝建立朝贡关系。至于蒙古三部中的最后一部瓦剌部在此之前始终保持着和明朝的友好朝贡关系，积极向明朝进贡。究其原因，则是因为当时瓦剌部和鞑靼部处于敌对状态，为了能获取明朝的支持或者最起码能让明朝保持中立，瓦剌部在朱棣第二次北伐中被击败后便向明朝称臣内附了。不过在这里还要指出的一点是，虽然朱高炽积极主动地改善与蒙古的关系，以实现明朝北部边地的安定，但是这并不代表着朱高炽彻底对蒙古三部放松了警惕。

朱高炽在位时期，每次蒙古三部尤其是鞑靼部和兀良哈部来明朝朝贡或者是进行马匹交易的时候，朱高炽都会敕谕沿边各卫所、各城地屯堡及各关隘口官兵们整顿人马保持警惕，以防鞑靼部和兀良哈部突然发难打明朝一个措手不及。除了在北线进行战略收缩之外，朱高炽也计划在南线进行战略收缩，打算找一个合适的时机承认安南独立，从而减少明朝在安南的人力财力消耗。

纵观朱高炽在位期间所采取的种种措施，可以看出其主要的施政方针便是"休养生息，以安百姓"，彻底放弃其父朱棣在位时的那种高压统治方式。从长远来看，朱高炽在位时期的这种种措施也为"仁宣之治"的出现打下了坚实的基础。也正因此，朱高炽在死后庙号被定为"仁宗"也是顺理成章的事情，正如《明实录》中所记载的那样，"庙号曰仁，天下之公言云。"而当朱高炽在洪熙元年五月去世的消息传出后，大明朝军民的反应是如丧考妣。由此可见，朱高炽在位时间虽短但是在大明朝军民的心目中却有着极高的地位。

不过正所谓"人非圣贤，孰能无过"，朱高炽虽然制定推行了许多利国利民的措施，但是他也是凡人，也会犯错误的，不会像圣人一样十全十美。朱高炽在继位后曾对"靖难之役"及北征蒙古中阵亡的将领进行追封，但是却唯独没有追封靖难功臣之首的丘福，一方面是因为其在北征途中固执己见使得明军全军覆没，另一方面则是因为在当年的储位之争中，丘福支持的对象是朱高煦。此外，洪熙元年，时任翰林侍读的李时勉上书言事结果惹得朱高炽勃然大怒，直接把李时勉召到便殿里进行对质答辩，结果在答辩过程中，李时勉坚决不肯退让。朱高炽一怒之下，命令武士用金瓜击打李时勉，可怜的李时勉肋骨被打断三根，抬出去的时候差点就要死了。

之后，朱高炽更是不等李时勉把伤养好就将其扔进了锦衣卫的诏狱里。直到朱高炽临死时，都还生着李时勉的气，史称"仁宗大渐，谓夏原吉曰：'时勉廷辱我。'言已，勃然怒。"可见朱高炽对李时勉的怨气有多大，致使不能忘怀。朱高炽这么愤怒，也是有原因的，起因是李时勉的上书，指责朱高炽在为朱棣服丧期间曾宠幸后宫嫔妃，这就等于直言朱高炽"不孝"，对于那个时代来说，是相当严重的指控，朱高炽当然接受不了。然而瑕不掩瑜，这些事情并不能否定朱高炽的种种功绩，更不能否定朱高炽的"仁宗"庙号。

应当来说朱高炽在位期间虽然短，但是功绩还是不小的，不过由于朱高炽身体不好，所以有时候需要人来协助他。这时候就体现出贤内助的作用了。

大明最厉害的婆婆

2019 年底热播电视剧《大明风华》为我们讲述了明朝初期的盛世荣光，其中可萌可甜可逗的太子夫妇更是为该剧吸了一大波粉。剧中的胖太子就是后来的老好人明仁宗，而可爱的太子妃正是后来明朝的第一位太皇太后——诚孝张皇后。不过《大明风华》号称历史正剧，但是其中还是有很多历史错误的。而关于张皇后的描述就更有很大偏差了，比如将这样一位女中尧舜拍成了一个傻白甜，而她的很多功绩都被编剧移植到了儿媳妇孙皇后身上。如果要问剧中对张皇后最大的史实误差在哪里，那么一定是向天再借七年寿命了。

剧中在大明正统十四年（公元 1449 年）明英宗率领大明五十万精锐大军打算仿效其曾祖父永乐大帝朱棣御驾亲征的壮举，教训一下不知天高地厚的瓦剌，然而这位"生于深宫之中，长于妇人之手"的富贵皇帝根本没有永乐帝那两把刷子，土木堡之变全军覆没、丧师辱国不说，连自己都被瓦剌俘虏，明英宗本人也十分荣幸地成为大明朝第一个也是唯一一个被外族俘虏的皇帝。

土木堡之变影响深远，可以说这是自"靖难之役"后大明朝面临的第二个历史大转向。而后来明英宗南宫复辟后，派人在宫中清洗反对派，将士们一直追到了太皇太后居住的宫殿，并看到了已经老态龙钟的太皇太后。而实际上早在正统七年（公元 1442 年）十月张皇后就已经去世了，所以后人在谈及土木堡之变时，曾好不惋惜地说道："如果张皇后能活到正统之十四年，就一定不会发生这等剧变了。"

那么问题就来了，为什么世人都认为张皇后活着就能阻止土木堡之变呢？

1. 太子妃的早年

张皇后，名不详，所以为了便于称呼她，我们下面就称其为"张氏"吧。张氏是河南永城人，家境普通。洪武二十八年（公元 1395 年）张氏被册立为燕王世子妃，朱棣登基后又进位太子妃。这过程与明朝大多数妃嫔的经历并无不同。

但不同的是，早在张氏还未出嫁的时候，便已经展现出了自己的非凡之处，据说张氏年幼的时候长得很难看，结果后来生了一场病，病好了以后小姑娘竟然长开了。而且出落得愈发标致，与之前简直判若两人。还有一次张氏在盆里洗手的时候，突然从盆里跳出两条金鱼来，但是当张氏想要伸手捉住它们晚上加菜的时候，这两条金鱼又消失不见了。就冲这么几点来看，小姑娘能是一般人吗？当然不能，所以张氏成为世子妃乃至于后来当上皇后，这是天赐的啊。其实不然，根据咱们古代名人成名的传统套路来说，异人必有异像，张氏后来成为明朝的太皇太后，因而史书对其记载当然要渲染一番，以显示其从小就不同凡响，异于常人。

而张氏能够嫁入皇家，实际上得益于明朝皇室特殊的联姻制度，张皇后的出身反映了明初皇室婚姻的变化趋势。明朝建立以后，明太祖朱元璋为了避免大明朝重蹈之前朝代的覆辙，再次出现后妃和外戚干政，导致皇权旁落的现象，危害大明朝的长治久安，便专门下诏规定大明天子和诸王在选择后妃宫嫔的时候要从民间选拔，选一个普通人家的女儿就行了，不能和朝中重臣、功臣联姻，以防后妃和大臣互相勾结，或许在朱元璋看来，前朝出现外戚干政的现象，正是由于后妃的母家势力太强了，那么自己就釜底抽薪，不娶大家族的女儿，反其道而行，找个普通人家，最好在地方上也没什么势力，这不就利于大明朝的长治久安了嘛。

不过说是这么说，但正所谓"形势比人强"，明朝初年，马上得天下，因而功臣勋贵众多，明太祖朱元璋和明成祖朱棣时期出于巩固统治的需要，还是选择和大臣勋贵们进行联姻，比如皇太子朱标的原配就是开平王常遇春长女，而燕王朱棣的王妃乃是第一功臣徐达的女儿，这种联姻在当时是必须的，但随着明朝逐渐稳固，皇帝的权力不断上升，形势悄然在变化。

说回张氏，张氏的父亲张麒官至指挥使，按道理来说品级也不低了，这样看张氏的出身似乎也不符合朱元璋当初所定下的规定。其实不然，某种程度上张氏可以说是大明朝第一位出身平凡的皇后了（马皇后作为开国皇后情况特殊，不算在里面）。因为其父张麒的官职并不是靠自己的努力获得的，只因为女儿是燕王世子的妃子，才被封了一个官，并且一开始还不是指挥使，而是被授予兵马副指挥，官品为正七品。后来张氏晋封为太子妃后，其父才被升任为京卫指挥使，官品为正三品。所以对于张氏他们家来说，不是"女以父贵"，相反则是"父以女贵"。以张麒的身世、地位来说，如果不是女儿，其根本做不到这个位置，更别说以外戚身份干涉朝政了。

也正是从张皇后开始明朝历代皇后多出自普通良家女子，由于母家身份低微，加之明朝皇帝寿命都不长，外戚既没有实力也没有时间来培植自身的势力，因而整个明朝没有发生严重的外戚干政现象，而这个政策就开始于张皇后。

如果按照正常的剧本来说，成为燕王世子妃就应该是张氏这辈子能达到的顶峰了，张氏接下来的一生就是在燕王府里相夫教子，等自己的丈夫成为燕王后，自己也就成为燕王妃了，等丈夫死后，自己也就变成燕王太妃，等自己死后再和自己的丈夫合葬，也就彻底走完自己的一生了。但是张氏没有料想到，自己遇到了不按套路出牌的两个人，其中一个是太祖皇帝朱元璋去世后新即位的建文皇帝，从辈分来看建文皇帝还是张氏的丈夫朱高炽的堂兄，其一上台就开始削藩，一顿操作猛如虎，燕王府起初对此根本无力招架，被其步步紧逼。紧接着，张氏便遇到了第二个不按套路出牌的人了，那就是她的公公，当时还是燕王的朱棣，其以自己的实际行动展示了什么叫"忍无可忍，无须再忍"，直接起兵"靖难"，并且最终还成功了。

就这样，张氏从燕王封地北平搬到了大明朝的首都应天府（今南京）。不过，"靖难之役"这段经历对于张氏来说估计不是什么美好的经历。当初朱棣率领北平的精兵倾巢而出，留在北平的只有一些老弱病残，紧接着朝廷大军就来围困北平城了，虽然最终在朱高炽和张氏的婆婆燕王妃徐氏的率领下打赢了北平保卫战，但其中的凶险可想而知，甚至当时为了鼓舞士气，也为了防止士兵溃退，就连士兵的妻儿老小都被动员一起守城了。史书没有记载张氏在北平保卫战中的表现如何，不过根据后面张氏与自己的婆婆徐氏的关系来看，张氏的表现应该是很不错的，如果直接就惊慌失措，乱了阵脚，那么徐氏作为将门虎女是绝对不会看得上自己这位儿媳的。

2. 太子保卫战

靖难之役结束后，本来应该是收获的时节，然而张氏发现自己面前又出现了新的难题，而这道难题的凶险情况不亚于当年的北平保卫战，这道难题就是储位之争。按道理说，张氏的丈夫朱高炽作为朱棣与皇后徐氏的嫡长子，在朱棣夺得皇位登基为帝后，朱高炽理所应当成为皇太子了。但是问题就出在了朱高炽身上，朱棣对于自己的这位长子并不是十分喜欢，甚至可以说有些讨厌。据史书记载，朱高炽生性仁厚，甚至可以说是性情柔弱，并且喜欢读书写字，不喜欢骑马射箭。除此之外，朱高炽还特别胖，一胖就容易体弱多病，他一条腿还有点残疾，走起路来一瘸一拐的，得有太监搀扶着才能走路，这让马上夺天下的朱棣老觉得这个儿子不像自己。

那么朱棣喜欢谁呢？相比起来朱棣更喜欢自己的第二个儿子朱高煦。都说大孙子、老儿子，夹在中间的老二没人疼，朱高煦作为次子，按理来说应该是爹不疼、娘不爱的命运，但恰恰朱棣就喜欢这个二儿子。为什么呢？还不是因为这个朱高煦在许多方面特别像朱棣，而且在"靖难之役"中随着朱棣南征北战，始终冲杀在最前线，多次在危难之中保护朱棣，也是为革命立过功、流过血的，而这么英勇的朱高煦着实让老父亲喜爱得不得了，甚至公开对朱高煦说："勉之！世子多疾。"潜台词就是好好干，说不定哪天你大哥不行了，位置就是你的了。由于朱高煦以武功出身，所以在武将中很有声望，当时靖难之役的不少武将都倾向于朱高煦。相对的，朝中的文臣们则大都支持朱高炽。

如果说朱高炽比朱高煦有什么优势的话，那就是朱高炽的世子位置是当年的太祖皇帝亲自册封的，并且朱元璋还公开称赞朱高炽有君王的风度。你朱棣不是一直都在说要恢复建文帝废弃的祖制吗？要遵循太祖皇帝当初制定的各项规定吗？怎么现在你反要废掉太祖皇帝亲自册封的世子，这不是自己打自己脸吗？同时，再加上朱棣虽然自己的皇位来得名不正言不顺，但是即位之后其反而更加强调名正言顺了，可能是越缺什么就越重视什么。那么在这种情况下，朱高炽被立为太子是名正言顺。

最终，在朝中文臣的坚持下，朱棣于永乐二年（公元1404年）正式册立朱高炽为皇太子，确定了其正统地位，张氏也就摇身一变成为太子妃了。然而，朱高炽虽然成了皇太子，但是并不意味着他可以高枕无忧了，一方面朱棣虽然把朱高炽立为了太子，但是始终对朱高炽不满，几次都想废了朱高炽，甚至还曾因为他太胖了，下令削减太子宫膳食，但就是这样朱高炽也没被饿瘦，看来胖是天生的；另一方面，朱高煦一直虎视眈眈，并没有因为朱高炽成为太子而死心，反而更加猖狂了，时不时地挑拨朱棣和朱高炽之间的关系，同时还拉上朱棣的三儿子朱高燧一起对付朱高炽，朱高煦认为只要老头子一天不死，自己就还有机会。

在这种危急时刻，张氏再次站了出来，为维护自己夫君的正统地位而战。

张氏一方面宽慰朱高炽，哭有啥用，得振作起来，让他不要灰心丧气，并为其出谋划策，张氏觉得朱棣这辈子是瞧不上朱高炽了，所以朱高炽也就不要去想着讨父皇欢心了，这点上他永远比不上朱高煦，所以他能够做的就是尽量不要惹朱棣生气就行；另一方面张氏开始走起了长辈路线，决定搞好婆媳、翁媳关系，朱高煦和朱高炽都是徐皇后所生，所以老实讲哪个儿子当皇帝对徐皇后来说都没关系。但是由于张皇后孝谨温顺，侍奉公婆尽心周到，所以很得朱棣与徐皇后欢心。张氏的一言一行打动了徐皇后，徐皇后特别喜欢这个媳妇，所以每当朱棣有想要换太子的想法时，徐皇后都多加劝解，而其中一个理由就是张氏有母仪天下的风范，老二家那个媳妇一看就不是当皇后的料。张氏做得这么好，徐皇后又一直在旁边这么说，久而久之朱棣也越来越喜欢这个儿媳妇。

一次朱棣在皇宫举办家宴，本来挺高兴的，但是朱棣一看到朱高炽忽然就感觉心里很硌硬，等再看到朱高炽旁边站着的张氏时，才又豁然开朗笑着对朱高炽说："你这个媳妇好，日后必定能当好咱们这个家，要不是看在她的面子上，就你小子我早废八回了。"张氏听了之后，急忙起身拜谢。宴会继续进行，但是过了一会儿却找不到张氏的踪迹了，朱棣感到很纳闷，儿媳妇跑哪去了，于是赶快命人去寻找张氏，结果发现张氏竟然亲自下去为自己夫妇二人准备酒菜。随后，张氏端着酒菜出来，恭敬地放到朱棣夫妇二人面前，请朱棣夫妇品尝，为他们祝寿。看到此情此景，朱棣夫妇二人大为感动。至此朱棣也彻底打消了废黜朱高炽太子之位的想法，虽然之后朱棣还是看不上朱高炽，但是再也没有将其废掉的想法。从这一件事便能看出张氏与长辈关系处得多好，张氏在维护自己丈夫的太子之位上发挥多么大的作用。

徐皇后虽然特别喜欢这个儿媳妇，但是永乐五年（公元 1407 年）就去世了，少了这个婆婆的帮助，张氏又走出了第二步——孙子攻略。张氏所生的长子朱瞻基深得朱棣喜爱，朱棣认为朱高炽虽然懦弱无能，但是这个孙子确实是老朱家最好的继承人，满朝文武也都称赞这位皇长孙，大才子解缙就曾当着永乐帝的面说到"好圣孙"，永乐九年（公元 1411 年）朱瞻基更是被朱棣立为皇太孙，皇太孙与太孙虽然只是一字之差，太孙只是皇帝的孙子，然而"皇太孙"却是法理意义上的皇位继承人，通常有太子的时候，不会册立皇太孙。而在朱高炽健在的情况下，朱瞻基被立为皇太孙，一方面可以看出朱棣对朱瞻基的喜爱；另一方面皇太子、皇太孙俱在，也可以看作是朱棣对朱高炽一系的肯定。而朱瞻基能这么得朱棣的喜爱，离不开张氏日常的教育。

3. 太子妃升职记

永乐二十二年（公元 1424 年）朱棣在北征返京的途中病逝，我们的皇太子终于"媳妇熬成婆"，当上了大明的皇帝，是为明仁宗。登基为帝的明仁宗忘不了自己在当太子时，太子妃张氏对自己的帮助，于是即位后立即册封张氏为皇后，在册封诏书中对张氏不吝赞美，追忆其与自己二十余年患难与共，自己今日能荣登大位离不开贤内助的支持。因此明仁宗登基以后不仅仅把张氏看作自己的皇后，更把张氏看作自己在政治上的助手，朝中大事小事都让张氏知道，甚至与其商量如何处理，可见明仁宗对她的重视。

张氏为太子妃二十余年，终于当上了皇后。但是这个皇后仅做了不到一年就到了头，这不是张氏本人有什么问题，而是洪熙元年（公元 1425 年）五月，在位仅九个月的朱高炽驾崩。明仁宗的驾崩令张氏倍感伤心，但现在还不是哭的时候，因为一个难题摆在了张氏的面前，那就是皇太子朱瞻基能否顺利继位。因为明仁宗生前曾计划迁都回南京，为此特意派皇太子朱瞻基到南京去拜谒太祖朱元璋的皇陵，并留在那里，负责准备迁都事宜。然而明仁宗的猝死打破了这一切，此时皇太子朱瞻基仍在南京，以当时的交通条件来看，朱瞻基至少需要一个月的时间才能赶回北京，然后处理先帝的后事并继位。要是在平常，这一个月等就等了，但问题是当时已经被赶回封地的汉王朱高煦仍贼心不死，一直想夺取皇位。在其从安插在北京的密探处得知仁宗可能已经去世后，便计划在朱瞻基归途中拦截朱瞻基，从而夺取皇位。

　　张氏深知自己这位小叔子不是个什么安分的主，因此对其早有提防，在猜到朱高煦可能会趁乱夺权后，张皇后迅速采取措施，来制止这种情况的出现。首先，张皇后下令严格封锁仁宗皇帝已经去世的消息，并安排时任户部尚书的夏原吉继续如常处理军国大事，制造一个仁宗皇帝还在世的假象，从而迷惑朱高煦。果然，朱高煦上当了，对于是否立刻起兵作乱迟疑起来；其次，张氏命大臣为仁宗皇帝起草遗诏，传位于皇太子朱瞻基，从而稳定人心；最后，派遣大学士杨荣出宫去迎接皇太子入京。可以说，在张皇后的果断措施之下，朱瞻基顺利继位，是为明宣宗，张皇后也由皇后升格为太后。

　　明宣宗在位期间，对张太后特别尊敬，可能是知道自己母亲在政治上的能力，所以虽然明朝规定"后宫不得干政"，但朱瞻基凡是遇到军国大事均先禀告张太后，得太后允许之后方才施行，而张太后呢，也十分摆得清自己的位置，虽然也听听皇帝的汇报，但从来不敢称自己是听政，更不会擅自更改外廷的朝议。从朱瞻基一朝政令的执行情况来看，这种禀告可能只是形式上的，国家大权依然在朱瞻基手中，但朱瞻基对张皇后的孝顺是真心的。

　　宣宗皇帝除了在政治上尊重自己母亲的意见，在生活上对于张太后也是十分孝顺，宣德三年（公元1428年），张太后游玩西苑，皇后和皇妃在一旁服侍，宣宗则亲自扶车和张太后同登万岁山，并且还奉酒、写诗为太后祝贺；宣德四年（公元1429年），张太后前往长、献二陵（明成祖和明仁宗的皇陵）进行祭拜，宣宗皇帝则骑马在前引导，等到了河桥时，宣宗皇帝又下马扶着张太后的车辇。当时京畿一带和皇陵旁的百姓都夹道拜迎，张太后见到此情此景，便借机告诫宣宗皇帝"百姓拥戴的原因，是君主能让他们安居乐业，你应牢记在心。"在回程中，正好经过了一户农家，张太后专门召见农家中的老妇人，询问他们的生计如何，并进行赏赐。有的农户则献上蔬菜食物酒水，张太后取来赐给宣宗皇帝，并告诫他："这是农家的口味。"

　　并且，在此次祭拜过程中，张太后还特地在临时行殿召见英国公张辅，吏部尚书蹇义，大学士杨士奇、杨荣、金幼孜和杨溥等朝臣，对他们的忠心报国表示称赞，还对他们进行勉励，希望他们再接再厉，使"国家蒙福"，大臣的子孙也"安荣永世"。之后，张太后又担心宣宗皇帝对这几位大臣不够了解，还专门向宣宗皇帝介绍了这几位大臣的性格特点，以便于皇帝更好地任用这些大臣。据《明史》记载，仁宣两朝时忠直大臣都能得到重用，朝政风气为之一新。

4. 大明第一位太皇太后

只是母慈子孝的时光并没有持续多久，朱瞻基在位虽然比较长久，但也只是相对于父亲朱高炽而言，宣德十年（公元 1435 年）朱瞻基驾崩，年仅 38 岁，也算是英年早逝了。随着宣宗的去世，皇位继承问题再一次摆在了张太后面前。朱瞻基英年早逝，太子朱祁镇才 8 岁，幼主临朝，政局不稳，当时宫里宫外传出风声说张氏要废幼立长，立明仁宗的第五子朱瞻墡（也是张氏所生）为帝，一时间人心惶惶。张太后意识到如果继续坐视不管可能会直接动摇大明的统治，为了维护"嫡长子继承制"的皇位继承法则，张太后急召大臣至乾清宫，指太子朱祁镇哭着说："此新天子也。"就这样太子朱祁镇顺利继位，是为明英宗，张太后也因此地位再次得到升格，成为大明朝第一位太皇太后。至此，一场皇位之争又在张太后的干预下消弭于无形，从这件事也可以看出张太后在政治上始终坚持以社稷为重。因为新皇帝年纪太小，根本无法掌控朝政大事，于是有大臣请求张氏"垂帘听政"。

也许，这些大臣的逻辑是：身为太皇太后非要立 8 岁的小孩子当皇帝，肯定是想"垂帘听政"，独揽大权。但是张太后果断拒绝了这些人的请求，并且将辅佐新君的任务交给了内阁。并表示："祖宗之法不能破坏。今天下太平，没有紧急的事务，只要勉励皇帝不断学习，同时委任厚道的大臣辅佐就行。"由此群臣上下无不佩服张太皇太后。除此之外，张氏还时常劝英宗皇帝要一心向学，在政务上则要委任股肱之臣。事实上，自英宗即位到张太皇太后于正统七年去世，在大明朝廷上形成了一个以张太皇太后为核心的辅政团体，团体主要成员包括英国公张辅和杨士奇、杨荣、杨溥及礼部尚书胡濙等人。

可以说，在张太皇太后辅政的这几年，大明朝仍然在有条不紊地向前发展，但是在这一时期宦官势力开始逐渐抬头了。本来明太祖朱元璋在即位的时候，吸取前代宦官祸国的教训，专门铸造了块铁牌，并且上面刻着"内臣不得干预政事，预者斩。"在明太祖时期和建文帝时期，对于宦官的压制力度是极强的，不然在靖难之役的过程中也不会出现大批宦官像燕王传递军情消息的现象。但也正是因为宦官在靖难之役中立下了功劳，所以从朱棣开始便大力任用宦官做事，明成祖时期比较著名的太监就是我们所熟知的郑和下西洋里的郑和。不过，明成祖、明仁宗、明宣宗都是成年后即位，所以宦官对他们的影响不是很深，他们仍然能控制住朝中宦官势力。

但是英宗即位后，形势开始发生变化，出现了王振这样的"权监"。王振在英宗小时候便服侍英宗，并且因为善于察言观色和揣摩人心，所以深受英宗喜爱，英宗刚一即位就任命王振为司礼监掌印太监。王振成为司礼监掌印太监的种种表现也充分印证了那句老话，"子系中山狼，得志便猖狂"。凭借英宗皇帝的宠爱，王振常常干涉内阁决议，影响内阁的正常运行。针对这一情况，张太皇太后每过几天就会派自己信任的中官去内阁检查一下这几天处理的政务，如果发现司礼监在其中直接越过内阁处理政事，张太皇太后就会把王振叫到宫里来狠狠地斥责一顿。但是，就算这样王振还是不知道收敛，有一次不仅直接越过杨士奇处理政务，还在内阁中公然侮辱杨士奇，杨士奇一怒之下直接从内阁回家，连续三天都不来内阁办事，也不上朝。这下王振算是捅了马蜂窝了，就算他想掩盖也掩盖不住了。

张太皇太后得知事情原委后，大为恼火，直接赏了王振一顿鞭子，便命令他亲自去杨士奇府邸向杨士奇道歉。事后，张太皇太后对王振进行了严厉的警告，告诉他如果下次再敢犯，直接"杀无赦"。这件事过去后，张太皇太后觉得对王振的警告力度还是不够，于是决定要再次对王振进行威慑，让他以后夹着尾巴做人，不敢再对政事指手画脚。史载有一次张氏将王振招来，当着皇帝和大臣的面怒斥太监王振侍候皇帝不守规矩，应当赐死，吓得王振浑身颤抖。只是由于皇帝朱祁镇和大臣都跪下为王振讲情，张太皇太后才饶了王振。但还是厉声警告王振："你们这种人，自古多误人国，皇帝年幼，哪里知道！现因皇帝和大臣为你讲情，且饶过你这一次，今后再犯，一定治罪不饶。"

张氏最终没有杀了王振，虽然有明英宗求情的成分，但其中也不能说没有自己的小算盘，当时的明朝皇帝幼弱，甚至都无法处理政事，这种情况还是大明开国以来头一次，虽然有内阁处理政事，谁能保证不会出现权臣，张氏考虑到皇家孤儿寡母的情况，不得不有所警惕，而历史的经验一再表明，宦官绝对是能制衡大臣的好帮手，所以别看张太皇太后动不动就恐吓王振，但张氏活着的那些年，王振还是时不时地干涉朝政，如果张氏想要禁止的话，一次就可以了，但王振接二连三地指手画脚，一点都不知道害怕，因而有理由相信这里面有张氏和王振一个唱红脸，一个唱白脸的成分在里面。张太皇太后最终也没有对王振痛下杀手，因为王振自始至终都是其手上平衡内外的一枚棋子，当然后来张氏死了以后，王振不受控制，这个就是后话了。

除了压制朝内宦官势力外，张氏对外戚的约束也是十分严格的。张氏的父亲张麒在张氏还是太子妃的时候便去世了。后来，仁宗即位封张氏为皇后，并推恩其家族，追赠张麒彭城伯，赠谥"恭靖"，后又再进为彭城侯。张氏的两位兄长张昶和张昇都曾参加"靖难之役"并立有战功，在"靖难之役"结束后，两人都论功行赏得到了提拔。但是随着张氏地位的不断升格，她两个哥哥的外戚地位也越来越高。面对这一情况，张氏多次告诫自己的两位兄长作为外戚一定要"谨守礼法，不敢逾越"，如果肆意妄为、仗势欺人的话，"朝廷必不私亲、废公道。"潜台词就是，如果你们两个犯了罪的话，自己绝对不会求情，还会让朝廷秉公处理。

除了平常的劝诫外，张氏还严禁自己的两位哥哥参与政事。大学士杨士奇曾上书张太皇太后指出张昇这个人还是蛮有才的，可以得到重用，请求张太皇太后允许张昇参与政事，但张太皇太后始终没有同意杨士奇的上书。正统年间，张氏更是亲自下令让杨士奇起草一份《太皇太后谕二兄书》，其中就明确地告诉自己的两位兄长安安分分守好自己的家业，朝政方面的事想都不要想。除此之外，张太皇太后在对待自己族人犯罪的问题上也毫不心软，坚持秉公处理。比如张昶的族孙、锦衣卫副千户张玘杀人，按律当斩，当时朝廷讨论打算以其外戚身份来为其减罪，但是张太皇太后坚决不同意，要求朝廷秉公处理，最终还是按律处斩。张太皇太后在外戚上做的唯一一件比较过分的事，可能就是在自己长兄张昶去世后，想到自己的外家仅剩下张昇一个人，于是破格加封其为惠安伯。可以说，在张太皇太后的影响下，张氏一族大都安分守己，从不仗着自己的外戚身份鱼肉百姓，也正因此，明世宗朱厚熜在嘉靖八年（公元 1529 年）革外戚世袭爵位时，只有张氏家族的彭城、惠安两个世袭爵位保留了下来，而这与张太皇太后当初的告诫不无关系。

朱元璋在世时曾立下规矩"后妃不得干政"，一旦有干政的行为则会遭到严厉的惩罚。从张氏的生涯来看，尤其是当上皇后以后，似乎她是有干政的，但当时的朝廷并没有觉得这样有什么不妥，这是因为张氏的"干政"非常有分寸。张氏有强大的人生经历、高超的政治智慧及在大事面前果断，但丈夫、儿子在的时候她只是在背后默默帮衬他们，从来不自己跳到前台来卖力表演，即使她成为太皇太后以后，由于英宗年幼，张氏不得不走到前台来，但她从不独断专行，也不擅自做出决定，政事基本是由内阁决断，张氏只负责最后把个关，如果感到合适就推行下去，安静的仲裁人的角色使得各方接受了张氏不那么明显的"干政"行为。

可以说，张氏后半生的全部精力和心血都投入了大明朝的建设管理上，甚至张氏在临死时还把杨士奇叫来，询问国家还有没有什么没有办的大事。杨士奇提出了三件事，第一件事是为已经被废为庶人的建文帝修撰实录，第二件事是取消当年明太祖所下的"有收方孝孺诸臣遗书者死"的诏书，第三件事还没来得及说，张太皇太后已经去世。

事实上，当她进宫的那天开始，她的一生便和大明朝纠缠在了一起，正统七年（公元1442年），张太皇太后崩逝，年约六十岁，而此时距离其长子明宣宗朱瞻基过世已经七年了。朱瞻基？这是个什么样的皇帝呢？

太孙、太子、皇帝的三级跳

大明洪武三十一年二月初八日（公元 1398 年 3 月 15 日）的晚上，住在北京燕王府里的燕王朱棣也在忙完了自己封地内的大小事务之后进入梦乡了。然而就在今天晚上，燕王朱棣做了一个很奇怪的梦，在梦里他看见了远在南京城的父皇朱元璋。朱元璋是皇帝，朱棣是臣子，自然要行君臣大礼，然而朱棣正要行礼时，朱元璋却制止了他的这一行为，不仅如此朱元璋还把自己手中拿着的大圭（古代皇帝所执的玉质手板，也被视为古代皇权的象征）传给了朱棣。随后，朱元璋又郑重其事地嘱咐朱棣道："传之子孙，永世其昌。"说完这一切之后，朱元璋就又从朱棣的梦中消失，而朱棣本人也从梦中惊醒。

此时已经是第二天了，朱棣来不及细想昨天晚上的梦便又开始按部就班地工作了。就在朱棣处理封地内的各项事务时，燕王府里的燕王世子妃张氏顺利为世子朱高炽诞下了嫡长子，这孩子同时也是燕王朱棣的嫡长孙。得知这一消息后的朱棣忽然想起了昨天晚上做的那个奇特的梦，两相结合，朱棣此时觉得搞不好自己昨天晚上的那个梦就应在了这位嫡长孙的身上了。

古人做梦都是有很强的象征的，而朱棣的梦无疑说明自己的这个孙子将来要贵不可言，但是为了保险起见，朱棣并没有声张自己的这个梦，毕竟他当时只是一个王爷，这种事情说出去可是僭越，必须小心谨慎，只能在四下无人处窃喜。等到嫡长孙满月的时候，朱棣终于见到了自己的这位嫡长孙。这一见，朱棣再也忍不住了，直接对家人说道："这个孩子一脸英武气，我觉得很符合我做的那个梦，看来咱家的指望就在这孩子身上了。"随后，朱棣更是嘱咐燕王妃徐氏，让她多留心这个宝贝大孙子。从此以后，朱棣这位嫡长孙的抚养教育事务就全部交由燕王妃徐氏来负责，史载："自是，仁孝皇后躬亲抚养，甚忠爱焉"，徐氏亲自抚养这个孩子，并且十分喜爱他。由此可见，朱棣对自己这位大孙子的看重程度和宠爱程度是相当高的。

1. 爷爷最喜欢的孙子

而这位嫡长孙也不是什么简单的人物，他就是日后大明朝的第五位皇帝——明宣宗朱瞻基，其于洪熙元年（公元 1425 年）即位，宣德十年（公元 1435 年）去世，共在位十年，去世时年仅三十八岁。虽然在位时间不算长并且也算得上是英年早逝，但是他却和他的父亲明仁宗朱高炽共同开创了大明朝的"仁宣之治"，并且在历史上享有极高的评价，史称："明有仁、宣，犹周有成、康，汉有文、景，庶几三代之风焉。"将"仁宣之治"与历史上的"成康之治""文景之治"相提并论，前面两大治世都是周朝和汉朝的皇帝历经四五十年才创下的功业，而"仁宣之治"总共才 11 年，竟然能有这样的评价，可见明仁宗和明宣宗的水平之高，由于明仁宗在位不到一年，所以这份功绩大部分都要算到宣宗头上了。

《明史·宣宗本纪》中更是称赞明宣宗"即位以后，吏称其职，政得其平，纲纪修明，仓庾充羡，闾阎乐业。岁不能灾。盖明兴至是历年六十，民气渐舒，蒸然有治平之象矣。若乃强藩猝起，旋即削平，扫荡边尘，狡寇震慑，帝之英姿睿略，庶几克绳祖武者欤。"这段话主要是夸赞明宣宗英勇无比，继位以后治国理政出色，使得百姓安居乐业，使得明朝建立六十年后呈现出一派升平的气象。用这段话评价宣宗应该说还是非常中肯的，明宣宗是明朝相当幸运的一位皇帝，他的一生可谓一路顺风顺水，并且在这种顺风顺水之中顺利地实现了从太孙、太子到皇帝的三级跳。

　　朱瞻基是朱棣的嫡长孙，如果按照正常历史发展下去，朱棣的王位最终会传给他，但一场"靖难之役"改变了这一切。随着朱棣夺位成功，朱瞻基的身份地位也迎来了一个质的飞跃。出于对自己这位嫡长孙的疼爱，再加上自己这位嫡长孙也在成长过程中展现了自己优于常人的一面，史载"比长，嗜书，智识杰出。"因此，朱棣在登上皇位之后便将自己这位嫡长孙内定为大明朝的隔代接班人。就这样，朱瞻基由藩王继承人摇身一变成为了大明朝的皇位继承人。

　　当年在大明朝的储位之争中，作为朱棣亲信的解缙就看透了朱棣的心思，在局势陷入僵持状态之时以一句"好圣孙"打破了僵局，成功为朱高炽争得了太子之位。由此可见，朱瞻基在朱棣心目中地位之高。其实不仅朱棣看重自己这位的嫡长孙，徐皇后也十分看重这位被自己从小看到大的嫡长孙。永乐五年（公元1407年）七月，徐皇后于南京病逝，在去世之前专门对守在床边的朱瞻基嘱咐道："你将来是国家社稷的希望，虽然你还小，但是一定要好好学习，立下大志，将来会有属于你的一片太平盛世让你去施展的。"从这句话便可看出在徐皇后的心中朱瞻基也是皇位的最佳继承人。

　　说完这些后，徐皇后还是不放心，又特意嘱咐朱棣道："咱们这个孙子将来必成大器，你一定要好好对待他。"在说完这一切之后，徐皇后才咽了最后一口气。永乐六年（公元1408年）十一月的时候，朱棣更是公开向一部分大臣宣布朱瞻基这个孩子天赋异禀，对于很多复杂的政事那是一点就通，自己对这个孙子特别满意，其潜台词就是在暗示这帮大臣，朱瞻基能够成为明朝的合格接班人。可见朱瞻基远比他的老爹朱高炽要讨朱棣喜欢，而他的隔代接班人地位更是坚如磐石。

2. 重点培养

　　既然已经将朱瞻基内定为了大明朝的隔代接班人，那么朱瞻基的教育问题就成了朱棣重点关注的重点内容。本着"再穷不能穷教育"的原则，在朱瞻基的教育问题上，朱棣十分注重理论与实践相结合。永乐五年（公元1407年）朱瞻基已经10岁了，也到了就学的年龄。这一年的四月，朱棣专门在奉天殿为朱瞻基精心挑选老师，一大批当世之名师被朱棣选中，其中就包括有着"黑衣宰相"之称的姚广孝。从朱棣选择让姚广孝来教导朱瞻基一事，便能看出朱棣绝对不只是想让朱瞻基饱读圣贤之书。

并且朱棣在接见以姚广孝为首的教育班子时就点明了他们的教育内容是什么了，即"凡经史所载孝悌仁义与夫帝王大训可以经纶天下者"，也就是说他们要教导朱瞻基如何治理天下。永乐六年（公元1408年）的时候，朱棣又下了一道命令规定金忠、杨士奇、杨荣、胡广、黄淮这些皇太子朱高炽的东宫官属在辅导皇太子的同时也要教导朱瞻基，对于他们的教导内容朱棣也做了规定，主要是教导一个守成的皇帝应当有哪些作为，并且朱棣还指出让他们教导这些内容的目的是为了使朱瞻基"涵养本源，恢弘智量"，最终成为大器。

通过朱棣两次给负责教导朱瞻基的大臣们所下达的旨意的具体内容，可以发现朱棣让朱瞻基学习的都是治国理政的内容或者说是帝王心术，其目的就是为了给朱瞻基日后的执政打下良好的基础。除了给朱瞻基安排专门的教导官员外，朱棣还专门赐给了朱瞻基两本书给朱瞻基开小灶，一本名叫《务本之训》，书中主要内容为"农事之勤劳，王业之艰难，与凡无逸，祭祀、为政、亲睦、用人、赏罚、内治、外戚、宦寺、饮食、防卫、理财等事"，是介绍古代帝王是如何用人理政，维护统治的。另一本书的名字则叫《圣学心法》，这本书是朱棣亲自编纂的，号称"帝王之要，备载此书"，也是讲帝王之术的。由此可见，朱棣始终都是在给朱瞻基传授帝王之道。

但是正所谓"纸上得来终觉浅，绝知此事要躬行"。朱棣也明白如果只是向朱瞻基传递这些书本上的知识，而不让他在现实生活中实际感受到，那么最后很有可能会功亏一篑。因此朱棣在给朱高炽传授帝王之道的同时，也在有意识地锻炼朱高炽的个人能力。永乐七年（公元 1409 年）朱棣为组织第一次北伐而巡幸北京，朱瞻基被朱棣钦点陪同巡幸。朱棣之所以会让朱瞻基陪同就是想让他"知稼穑之艰难"，毕竟朱瞻基从小也算是"生于后宫之中，长于妇人之手"，虽然养育他的可能是大明当朝最厉害的两个女人了（一个是朱棣的徐皇后，一个是朱高炽的张皇后），但是朱瞻基本人还是对于老百姓的生活缺乏一个直观的感受。

就是考虑到这一点，朱棣才会钦点朱瞻基陪同巡幸北京，从而使朱瞻基在前往北京的途中可以感受到地方上的风土人情，老百姓平常所做的一些农事，国家的税收都是从此而来，这样可以从小教导朱瞻基要体恤民力，可见虽然朱棣本人是一位开拓型的君主，但是他很清楚地认识到自己继承人的目标是做好守成。转眼到了第二年开春，朱棣率领五十万大军从北京出发讨伐蒙古三部之一的鞑靼部，朱棣在北征之前出于锻炼朱瞻基政务能力的考虑，专门下令由朱瞻基留守北京并负责处理相关事宜。同时考虑到朱瞻基这是第一次接触政务，可能会有些手忙脚乱，便专门指定由"通达政体，谙练章程，称股肱之任"的户部尚书夏原吉来负责协助朱瞻基处理留后事宜。

在此次留守中，朱棣赐予了朱瞻基部分的人事任命权和司法权，但同时也给他出了难题。史载当时北京行在面临的实际情况还是很严峻的，由于北京作为明军的大后方要负责远征大军的后勤保障，因而事务繁多，让人理不清头绪。况且这时候朱瞻基只有 13 岁，还是个娃娃，怎么能完成好这么重大的任务呢？因而连朱瞻基身边的人都觉得这是一份吃力不讨好的苦差事，但是朱瞻基本人却不以为然，不仅不担心处理不好政务，反而胸有成竹地说道："皇祖父出征之前已经安排好一切了，我们只要遵循他老人家的安排就行了。"就这样，在朱瞻基和夏原吉两人的合力之下，北京城是"民安政理"。

此外，据《明太宗实录》等相关史料记载，朱瞻基在留守期间曾亲自处理了两起监察御史弹劾事件，一个是监察御史白春巡视驿站时接受贿赂，另一个则是御史李公敏违反国家的法律规定，擅自迎娶寡妇为妻，并影响了当时北京的风气，不少官员纷纷迎娶寡妇为妻，败坏了社会道德。而小小年纪的朱瞻基将这两起案件处理得井井有条，展现了其行政能力，可见教育是有成果的。

当然，在培养朱瞻基政务能力的同时，朱棣也没有忘了培养朱瞻基的军事能力。在朱棣的眼中一个合格的皇帝必须是"上马能打仗，下马能治国"，并且在其心中对于"武"的重视程度要比"文"还要高上那么一点儿。不然他也不会在册立太子时犹豫不决了，虽然最后在综合考虑之下还是册立了"体肥硕不能骑射"的嫡长子朱高炽为太子，但是却始终对自己这个嫡长子不满意，其中的一个重要原因便是朱高炽在军事能力上的不足，以及他本人对骑射和行军打仗的不喜，不过好在朱瞻基没有遗传他老爹朱高炽这一点。早在永乐八年（公元 1410年），为了让朱瞻基在学习文化知识的空隙能够学习军事，朱棣就专门下旨挑选民间健壮勇敢的年轻子弟（岁数在十七至二十岁），由当地官府将他们一路送到京师来充当朱瞻基的随从，锻炼朱瞻基的指挥能力。

之后在永乐十二年（公元 1414 年）的时候，朱棣发动了第二次亲征漠北之战，此次出兵，朱棣没有再让朱瞻基留守北京处理行在事务而是让其陪同自己亲征。朱棣在之前也向大臣们透露了让朱瞻基随军出征的原因，就是想让朱瞻基"俾知用兵出奇之法，亦使躬历行阵，见将士之劳苦，知征伐之不易。"通过实战，让朱瞻基学习如何使用兵法，并且让他知道征战的艰难，将士的辛苦。在行军途中，朱棣更是亲自向朱瞻基传授行军打仗的知识。也就是在此次亲征途中，朱棣曾询问朱瞻基觉得自己发动北伐的目的是什么，朱瞻基毫不犹豫地回答道："别人都以为爷爷是好大喜功，其实不然，爷爷是想要在自己的手上打出一个太平盛世，令天下的百姓能够享受更久的和平。"朱瞻基的回答可以说是完全说到了朱棣的心坎儿里了，也正因此在听完朱瞻基的回答后，朱棣颇为感慨，认为自己的孙子真是太了解自己了。

在此次随军北伐中，朱瞻基也向朱棣展示了自己的武艺和军事才能。史载，在行军途中曾有兔子从朱瞻基的马前跑过，朱棣令朱瞻基亲自射杀，结果朱瞻基张弓搭箭，这个兔子"应弦而毙"，看到这一幕，众将士都欢呼，夸赞太孙的骑射本领，连朱棣自己也颇为欣慰地说道："射箭虽然只是小技艺，但是能一发即中也是很不容易的。"同时，在此次北伐中的忽兰忽失温之战中，朱棣率领明军将蒙古三部之一的瓦剌部彻底击败。

此战中，朱瞻基表现得十分沉稳冷静，在敌军溃败大明收兵之后，朱瞻基没有急于去面见朱棣，而是派遣骑兵四处巡视，以确定敌人是否真的败退了。在面见朱棣的过程中得知朱棣杀敌心切，要继续追击敌军时，朱瞻基苦口婆心地劝说穷寇莫追，大军出征这么久已经师老兵疲，当务之急应该是赶紧班师回朝，好生休养，日后再图谋也不迟。可以说，朱瞻基在此次北伐中的优秀表现也算是弥补了父亲朱高炽武功军事不行的遗憾，在一定程度上也缓解了朱棣和朱高炽之间的矛盾。

3. 从皇太孙到皇太子

在培养朱瞻基政务能力和军事能力的同时，朱棣也没有忘了提升朱瞻基的地位。永乐九年（公元1411年）十一月，朱棣正式册封朱瞻基为皇太孙（大明朝的第二位皇太孙，也是最后一位皇太孙），也等于正式向世人宣告了朱瞻基大明王朝隔代接班人的地位，在太子尚在的情况下册立皇太孙，这种行为在历史上特别罕见，而这既说明皇位在朱棣之后将会在朱高炽、朱瞻基父子之间相传，对稳固朱高炽的太子地位无疑是有帮助的，同时又显示了朱棣对朱瞻基的喜爱之深。在册封朱瞻基为皇太孙之后，朱棣则再次加强了对朱瞻基的培养力度，此后不管朱棣到哪里巡幸，都会带上这位皇太孙。此外，每次在和还是太子的朱高炽讨论朱瞻基的时候都会强调朱瞻基是"他日太平天子"，更可看出朱棣对朱瞻基的期望之高。

总的来说，朱棣对自己这位大孙子的培养可谓"煞费苦心""尽心尽力"，虽然在上面的讲述中为了方便将朱棣的培养措施分开来介绍，但是在实际培养过程中朱棣是各项培养措施都同时进行的。比如在朱瞻基陪同朱棣进行第二次北伐时，朱棣还特意嘱咐一同随行的胡光、杨荣、金幼孜等人，虽然现在是行军打仗，但是文化课不能落下，一有时间就要给朱瞻基好好上课，从而达到"文事武备，不可偏废"的效果。可以说，朱棣对朱瞻基政务能力和军事能力的关注与培养为朱瞻基日后的治国理政打下了很好的基础。

朱瞻基这皇太孙一共当了十三年，如果从永乐五年（公元1407年）朱瞻基就学开始算，他这大明朝的隔代接班人当了十七年。但是他这十七年的隔代接班人生涯过得要比他那当皇太子的老父亲的二十年太子生涯轻松快乐得多，虽然朱棣一直在狠抓朱瞻基的培养，但是朱棣对朱瞻基的疼爱再加上朱瞻基的表现，使得朱瞻基在朱棣心中的地位远远超过他的父亲朱高炽，朱高炽在朱棣面前经常受到斥责，而朱瞻基就不需要担心这一点，爷爷不光舍不得骂他，反而父亲朱高炽还要指望他，当有时候朱棣和朱高炽父子之间关系紧张时，皇太孙朱瞻基就要赶快去觐见，充当二人之间的"润滑剂"，而一看到孙子在跟前，朱棣往往也就不好意思训斥儿子了。

永乐二十二年（公元1424年），朱棣在第五次北伐的归程中病逝。朱棣病逝后，已经当了二十年太子的朱高炽将升级为皇帝，而当了十三年皇太孙的朱瞻基旋即升级为皇太子。此时，朱高炽开始将一些更重大事务安排给朱瞻基去做。比如在此次的朱棣病逝事件中，朱高炽接到朱棣的遗诏后便派遣皇太孙朱瞻基前去北征大军所在的行营迎接朱棣的灵车，这在当时可是明朝最为重要的大事了。同时还赋予了朱瞻基对于行营的最高管辖权，规定行营大小官军悉听皇太孙节制。不过在这个给过程中还曾出现过一个小插曲，朱瞻基在临行前上书朱高炽"出外有封章白事，非印识无以防伪"，就是为了防止他人用伪造封章密信来捣乱，要求朱高炽给他能够证明身份的印识。

但是当时时间紧迫，根本来不及做新的印识。这时，杨士奇建议朱高炽将当年朱棣所赐予的东宫印章交给朱瞻基，以表明自己的身份，等朱瞻基回京了再交还。这时，朱高炽也明白朱瞻基的实际心思了，他是想借此机会来确认一下自己是否还承认他的储君地位啊。这种事情要是发生在别的朝代早就引起父子之间的不愉快了，不过一来朱瞻基的继承人地位早就经过朱棣的确认了，再来从朱高炽死后的庙号"仁宗"来看就知道朱高炽这个老好人是不会因此处罚朱瞻基的。事实也是如此，朱高炽将东宫印章赐给了朱瞻基并嘱咐道："你拿去好好用，这个东西反正迟早都是你的，你就留着，用完不用还了"，从而让朱瞻基放心。

朱瞻基启程后，朱高炽颇有深意地对杨士奇说道："朕明白你们的意思，以前大行皇帝（朱棣）登基的时候在立储问题上举棋不定，搞得朝野上下人心惶惶，现在你们担心这一切重演，朕保证这是不会的。"永乐二十二年（公元1424年）八月朱高炽正式登基称帝，大赦天下并"以明年为洪熙元年"。同年十月，朱高炽正式册封朱瞻基为皇太子，朱瞻基由大明朝的隔代接班人变为大明朝唯一的储君。《明宣宗实录》曾经记载朱高炽登基后由于身体不好，国家大事都是由朱瞻基负责，考虑到朱高炽身体的实际情况，在当时朱高炽可能会让朱瞻基协助自己处理一些事务，但是绝对不会像《明宣宗实录》记载的那样"中外启事悉归裁决"。事实上，在《明仁宗实录》里朱高炽只是让朱瞻基先后负责了永乐二十二年（公元1424年）十二月和洪熙元年（公元1425年）二月的两次"兵部奏选武职"，并且选择由朱瞻基来负责很有可能是考虑到他自身的能力而不是因为他是太子。

如果朱高炽真的像《明宣宗实录》记载的那样把朝政全部交给了朱瞻基处理，那么朱高炽绝对不会在洪熙元年（公元1425年）春由于南京经常发生地震而选择派遣朱瞻基去镇守南京。在当时，朝中大臣都不太赞成朱高炽的这一决定，认为派一个亲王或者重臣去就足够了，然而朱高炽对于大臣们的请求予以拒绝，并指出："非皇太子不可，只有太子的仁德威望能够镇守南京。"之后朱高炽又指出，以前朱棣在的时候经常北巡，自己作为太子留守在南京，现在皇太子朱瞻基正是仿效自己当年的先例啊。于是在洪熙元年（公元 1425 年）四月，朱瞻基启程前往南京镇守，朱高炽为何力排众议要派遣朱瞻基去南京，一方面正如他所说是让朱瞻基在南京镇守以安人心、定天意，另一方面也为迁都南京做准备。但是朱瞻基在南京没待多长时间，就返回北京了。

因为在当年五月份的时候，朱高炽的身体状况急剧恶化，出于对身后政局的考虑，朱高炽派遣使者前往南京把朱瞻基给召回来。然而朱高炽还是没有等到朱瞻基回京，在朱瞻基回京途中便病逝了，去世前颁布遗诏传位给朱瞻基。不过在这里还要谈及另外一个问题，就是关于朱高炽的死。

4. 朱高炽谋杀案？

有一种观点认为朱高炽很有可能是被朱瞻基给毒害的，其主要依据有三点，一是朱瞻基本人急于登基，等不及朱高炽自然死亡，所以先下手为强；二是朱瞻基离开南京前往北京的时候，南京城里就传出朱高炽已经驾崩的消息，所谓"南京颇传言仁宗上宾"，但实际上当时朱高炽还并没有死，只能说当时已经有人预料到了朱高炽一定会死；三是朱瞻基在抵达南京镇守的时候曾说过"予始至遽还，非众所测"，这句话显示他有人们难以想象的重大安排。

看上去理由十分充分，但其实漏洞颇多。首先朱瞻基急于登基一事无法确认，并且就算他急于登基也没必要冒险弑父杀君，朱高炽本来身体状况就不好，再加上当上皇帝之后处理的政务增多无疑也加重了他的病情，所以以他的身体状况是绝不会像朱棣和朱元璋那样在位时间那么长的。反观朱瞻基当时则年轻力壮（虽然此时离他去世也只有十年左右的时间了，但是当时朱瞻基的身体状况绝对要优于朱高炽），对于朱瞻基来说只要等个一两年就可能登基称帝了，完全没必要冒险。再说了如果朱瞻基真的杀了朱高炽，那么朝中大臣和其母张皇后不会一点都不知情，并且民间也会有所传闻的，但是这些都没有。其次，"南京颇传言仁宗上宾"也完全可以理解，当时朱高炽身体情况不好应该是大家都有所耳闻的，朱瞻基在南京待了还不到一个月就有朝廷使者前来召其回京，这代表着北京一定发生大事了，皇太子必须回去主持大局。那么什么时候必须要皇太子主持大局呢，就是皇帝驾崩皇位空缺之时。最后，朱瞻基说的那句"予始至遽还，非众所测"并不是说他有什么重大安排，而是当时在其身边的大臣们劝他抄小路返回时，朱瞻基拒绝了他们的提议并且说了这句话，并且这句话的全部内容是："君父在上，天下归心，岂有他心，且予始至遽还，非众所测，况君父召岂可稍违。"由此可见，当时朱瞻基并不知道朱高炽已经去世了。

洪熙元年（公元 1425 年）六月，朱瞻基赶至北京，在群臣的拥护下奉遗诏登基称帝，"大赦天下，以明年为宣德元年。"至此，大明朝也迎来了自己的第五位皇帝。在朱瞻基十年的统治时间里，其所奉行的政策可以说是其祖父朱棣严苛政策和其父朱高炽宽仁政策的结合体。一方面像他父亲朱高炽在位时那样关注民生、推行仁政，比如减免受灾地区的赋税、取消一些扰民的事务等。另一方面又像他爷爷朱棣在位时那样杀伐果断，比如御驾亲征平息自己亲二叔的叛乱及北伐蒙古三部之一的兀良哈部。除此之外，朱瞻基在位期间还对监察制度、司法制度、漕运制度、科举制度进行整顿并创设巡抚制度，在朝廷上则重用贤臣及进一步提高内阁的地位和权力。但也是在其统治时期进一步重用宦官，并设置"内书堂"，教导宦官们读书。除此之外，朱高炽赋予宦官"批红"之权，从而埋下了明朝宦官专权干政的隐患。不过对于朱瞻基来说，最好的评价可能就是朱棣当年曾说的"太平天子"那四个字了。

而随着朱瞻基的去世，年幼的儿子朱祁镇被推上了皇位，尽管有太皇太后张氏的辅佐，但朝中的大事还得有人处理啊，于是明朝最厉害的辅政团队登场了。

三 "杨" 开泰保大明

明朝大臣杨士奇、杨荣和杨溥，三人都经历了永乐、洪熙、宣德、正统四朝，先后为朝中重臣，担任内阁阁员几十年，三杨之中的杨士奇更是担任内阁首辅长达二十一年之久，是整个明朝任期最长的内阁首辅，可以说明朝能有"仁宣之治"，三杨功不可没。正统年间三人更是以顾命大臣的身份辅佐年幼的明英宗朱祁镇，时人称之为"三杨"。而他们的传奇经历，确实值得书写一笔。

1. 初露头角

大明洪武十三年（公元 1380 年），明太祖朱元璋以胡惟庸谋反为契机，正式宣布罢中书省、废丞相、权分六部，雷厉风行、一气呵成，从而将国家大权全部集中于皇帝一人手中。朱元璋这一行为固然加强了皇权，但也使得皇帝的工作压力增大，本来丞相的作用是协助皇帝处理政务，而现在没有丞相了，这一切都得皇帝独自完成。据统计，朱元璋在废除丞相制度后，平均每天要批阅奏章二百多件，处理国事四百多件，工作压力之大，可想而知。这时的朱元璋就算权力欲望再大，也要考虑一下实际情况了，在这种情况下，内阁便应运而生了，但是朱元璋时期的内阁只是一个雏形，直到明成祖朱棣时期内阁制度才正式建立。

但是每一个新生事物最初的实力都是比较弱小的，力量也是不够强大的，内阁当然也不例外。在其建立之初，只是一个顾问机构，在国家政治中没有太大的话语权。然而，随着时间的流逝，内阁所拥有的权力和地位也在水涨船高，作为阁臣的内阁大学士（又被称作阁老）更是成了大明朝"无丞相之名，而有丞相之实"的实际丞相了。同时，在明朝二百七十六年（未算入南明政权的存在时间）既出现了"止知呼万岁耳"的"万岁阁老"万安，又出现了"屡为台谏所论，而上宠眷不衰"因"其耐弹"而人送外号"刘棉花"的阁老刘吉；既出现了"窃人主之喜恕为威福"的严嵩，也出现了"起衰振隳"的同时也"威权震主"的张居正。

如果让明朝的人们来投票选择三个自己最不满意的内阁大学士，可能一千个人会给出一千个答案来，但是如果让他们选出三个自己最满意的内阁大学士或是说大明一朝最名副其实的"贤相"，那么他们可能将会给出同一个答案——"三杨"。《明史》中称："是以明称贤相，必首三杨"，这一观点也在明人的著作里面得到了体现，明人焦竑在其著作《玉堂丛语》中也曾提到"故论我朝贤相，必曰三杨。"那么三杨是何许人也？

他们就是"西杨"杨士奇、"东杨"杨荣、"南杨"杨溥，同样在《玉堂丛语》一书中给出了他们称号的来历并对三人的能力做了概括性评价，该书记载道："正统间，文贞（杨士奇谥号）为西杨，文敏（杨荣谥号）为东杨，因居第别之。文定（杨溥谥号）郡望，每书南郡，世遂称南杨。西杨有相才，东杨有相业，南杨有相度。"就是说杨士奇和杨荣两家人一个住在西边，一个住在东边，所以得到这个外号，而杨溥的外号则来自其郡望。三人之中，杨士奇有宰相的才华，杨荣有宰相的功业，杨溥有宰相的气度，三人合作可谓相得益彰。讲到这里，接下来就要具体看看"三杨"在明初政局中都有何种表现，他们又是凭借什么成为大明朝"贤相"三巨头，他们在几十年的政坛起伏中又展现了什么样的能力。

"三杨"之中的"西杨"杨士奇为吉安府泰和县（今江西泰和澄江镇）人、

"东杨"杨荣为福建建宁府建安（今福建建瓯）人、"南杨"杨溥为湖广石首（今湖北石首）人，从三人的出生地来看似乎"三杨"这一辈子都可能没什么交集了。但是古语有云"学而优则仕"，"三杨"各自的学识是毋庸置疑的，在这种情况下三人进入仕途也就是顺理成章的事情了。有的时候历史就是这么神奇，"三杨"虽然出生地、成长经历不同，但他们却几乎是同时入仕的。

杨士奇这个人小时候家里是很穷的，但杨士奇非常好学，因而学问很高，他并非科举出身，甚至曾经为了糊口做过很多年私塾老师。杨士奇能进入仕途得益于别人的推荐，建文元年（公元 1399 年）朱允炆下诏召集文臣编修《太祖实录》，杨士奇因为才华出众得到举荐，被征召为翰林，纂修《太祖实录》。就这样杨士奇算是正式踏上仕途了。杨荣、杨溥二人则是通过正常的科举考试进入仕途的，并且杨荣、杨溥二人都是建文二年（公元 1400 年）的进士，因此两人也算是"同年"，两人考中进士后被授予的官职都是翰林编修（该官职的职责为诰敕起草、史书纂修、经筵侍讲等，该官职设置的目的是培养政府所需人才，担任此官职的人则类似于现代的实习生）。

由此可见，"三杨"进入仕途的时间十分接近，并且三人都在翰林院任职，年龄相仿加上志同道合，使得三人有所接触，并结下了友谊。但要指出的一点是，杨士奇虽然也在翰林院任职，但是与杨荣和杨溥不同，其在当时担任的官职并不是翰林编修，而是"吴王府审理副"（其职责为"佐审理正掌推按刑狱之事"，也就是各地藩王封国内掌管刑罚的二把手，一把手则是审理正）兼"实录纂修官"，直到明成祖朱棣即位后，杨士奇才改任为翰林编修。不过，"三杨"虽然在建文初年便进入了中央政坛，但是终建文一朝，"三杨"却并没有受到重视，处于一个边缘地位，估计都没怎么见过建文帝。

也正因此，想让他们对建文帝保持忠心乃至于在建文帝兵败失国之时宁死不屈或者以身殉国也是不可能的事了，"三杨"在朱棣打入南京之时就直接投靠了朱棣，这也成了他们三人在政治上崭露头角的开端。由于当时的朱棣正想要招揽人才，打开初入南京的政局，"三杨"的投奔无疑是很好的宣传，于是在投靠朱棣之后他们便迅速摆脱了当年在建文一朝的边缘地位，官职也直线上升，其中杨士奇、杨荣二人被朱棣选入内阁，负责处理一些机要事务，杨溥则担任"太子洗马"，辅佐太子朱高炽工作。

2. 在永乐大帝手下办事可不是好差事

在永乐一朝，"三杨"的主要职责为协助朱棣处理政务，辅佐太子朱高炽并捍卫朱高炽的太子之位。杨荣因其"警敏""达政务，善应变"，所以在这个时期主要是协助朱棣处理政务，尤其是军务。杨荣在处理军务方面的能力，连作为"三杨"之首的杨士奇都自叹不如，杨士奇曾公开承认，杨荣作为一个文官，能在军务方面有如此造诣，自己自愧不如。不过，杨荣之所以能够进入朱棣的视线之内则是因为他在朱棣打算即位时所说的那句话，即"殿下先谒陵乎，先即位乎？"凭借这句话，杨荣也算是"简在帝心"了。随后杨荣便被朱棣选入文渊阁，开始参与到政务处理中，也开始展示出自己在军务方面的能力。先是宁夏城被围的军报传来，朱棣紧急召见文渊阁的七位大臣（解缙、黄淮、杨士奇、胡广、金幼孜、杨荣、胡俨），但是当时天色已晚，只有杨荣一人还在文渊阁内，其余六人已经出宫回家了。

紧急之下，朱棣只得把杨荣一人召来与其商议此事，结果杨荣看到军报后一点也不担心，反而对朱棣说道："宁夏城池坚固，城中百姓经常参加军训，实战力量很强，没什么大问题，这份奏章是十几天前发出的，相信现在宁夏已经解围了。"果然，到了半夜，第二份奏章送到，宁夏已经安全了，这令朱棣对杨荣大感佩服。从此以后，朱棣就经常将一些军务交给杨荣来处理，比如永乐五年（公元1407年）的时候，朱棣曾命杨荣前往甘肃视察，并嘱咐杨荣将当地的山川形势、风土人情汇编一下，回来向自己报告。回朝后杨荣将相关情况一一上报给朱棣，朱棣对于杨荣的奏报十分满意，当时天气比较炎热，朱棣为了犒劳杨荣亲自切西瓜给他吃。永乐十年（公元1412年）十一月，朱棣又命令杨荣经略甘肃，结果这趟差事杨荣也办得极好。除此之外，朱棣每次北征时都钦点杨荣随行出征，由其处理北伐中的军务。

同时，随着朱高炽于永乐二年（公元1404年）被立为太子，杨荣也被晋升为右谕德，成为太子的属官之一，而从此以后他也成了朱高炽的坚定支持者。虽然杨荣时常陪朱棣北伐，平常和朱高炽接触的不多，但是他却在最关键的时刻展现出一个坚定的"太子党"的修养，当时朱棣病逝于榆木川，太子朱高炽远在京城，这种情况下极易发生变故，而杨荣作为军务的主要负责人，镇定自若、指挥大局，尽全力保证皇位能够顺利传给朱高炽。当时杨荣和金幼孜等少数人经过周密的筹划，秘不发丧，一切有如朱棣在世时一般，令军队没有起疑心。

除了协助朱棣处理军务之外，杨荣更是"事君有体，进谏有方。"《明史》中也曾记载"帝（朱棣）威严，与诸大臣议事未决，或至发怒。荣至，辄为霁颜，事亦遂决。"就是说朱棣这个人为人十分威严，与大臣商讨事情的时候经常容易发怒，而这个时候只要杨荣到来，朱棣必然能消散怒气。那么杨荣是如何实现这一点的呢？杨荣曾亲自举例说道，有一次他曾经看到朱棣读《千字文》，将其中的"天地玄黄"读成了"天地玄红"，这要是一般比较直的人可能就上去直接说陛下读错了，但这样一来会让皇帝很难堪，况且如果是皇帝故意读错，或者其中蕴含什么深意呢？所以直言是对双方都没好处的，而杨荣是这么做的，等皇帝再读几次，自己发现有不对劲的地方，询问杨荣时，杨荣也不直说是皇帝错了，而是回答自己小时候读《千字文》的时候好像记得是"天地玄黄"，不知道记得还对不对了，让皇帝自己去发现错误，这样一来自然就没那么大的矛盾了，这就叫劝谏的艺术。通过这一件事，便可看出杨荣之机敏。也正因此，杨荣成了"三杨"之中唯一一位未曾受到朱棣惩罚的人物。

至于杨士奇和杨溥二人在永乐一朝主要负责的是辅佐朱高炽及维护朱高炽的

太子之位。其中因杨士奇工作十分认真，而且公私分明，绝不会徇私舞弊，再加上他在皇帝面前举止恭顺、回答得体，所以深受朱棣的信任。也正因此，杨士奇也成为朱棣与朱高炽发生冲突之时的调和剂。在当时由于汉、赵二王的挑拨，再加上朱棣本人对朱高炽的不喜，使得朱高炽这太子每天是如履薄冰。朱棣每次北伐的时候，都会委任太子朱高炽监国，同时也会任命杨士奇等人辅佐太子监国。每次朱棣北伐回来后都会召见杨士奇询问太子监国的表现，但凡杨士奇在汇报的过程对朱高炽进行指责，那么朱高炽这太子之位就危险了。但是杨士奇从来没有这么做过，总是列举朱高炽在监国期间的重大作为，坚定地在朱棣面前维护朱高炽的形象，为朱高炽加分。

比如永乐九年（公元 1411 年）杨士奇回答朱棣的"殿下天资高，即有过必知，知必改，存心爱人，决不负陛下托"，永乐十二年（公元 1414 年）的"太子孝敬如初。凡所稽迟，皆臣等罪"等。除了力保朱高炽的太子之位外，杨士奇也曾在朱棣面前给朱高煦上眼药水。永乐十四年（公元 1416 年），朱棣对于朱高煦的不轨之举有所耳闻，因此特别召集蹇义进行询问，结果蹇义不敢应对。于是朱棣又召见杨士奇进行询问，杨士奇则回答自己与蹇义都是太子的属官，因而外人不会跟他们说汉王朱高煦有什么作为的。但是皇帝几次下诏让朱高煦就藩，而朱高煦一直要赖在皇帝身边不走，现在皇帝打算迁都北京，而朱高煦却希望能够留在南京，希望皇帝能够仔细考察其中的深意。杨士奇的回答可以说是十分巧妙，既没有检举朱高煦的种种不法行为，又没有为朱高炽抱不平，只是提醒朱棣要好好考虑一下，为什么朱高煦始终不肯前往自己的封地就藩，还在迁都北京的时候主动要求留守南京。

这些话都在引导朱棣往朱高煦有不臣之心的方面去想。果然，朱棣听完后沉默不语，没过几天就让朱高煦就藩了。至于杨溥在这段时间最突出的表现就是永乐十二年（公元 1414 年），当时朱棣追究朱高炽迎驾迟到的罪过，杨溥挺身而出揽下了这个罪名，而代价就是他自己被朱棣压入诏狱关了十年，直到朱高炽即位后才被放出来，这也使得杨溥在永乐一朝没有太多表现的机会。除了坚决维护朱高炽的太子之位，杨士奇、杨溥二人在辅佐朱高炽的时候也会提出自己的建议。比如针对朱高炽喜欢"诗词"，杨士奇便劝谏朱高炽，将这个当成一个小爱好就可以了，但是不可过分沉迷于此，以免玩物丧志。杨溥也曾因朱高炽夸赞汉文帝宽仁而将汉文帝的相关事迹进行收集分类，最后编纂成册呈给朱高炽，从而帮助朱高炽进一步理解汉文帝的"宽仁"。

3. 国之栋梁

永乐二十二年，朱棣病逝于北伐归途之中，朱高炽奉遗诏即位并改定明年为"洪熙元年"。然而朱高炽在位时间还不到一年，就在洪熙元年（公元 1425 年）五月，因病去世，随后太子朱瞻基即位，是为明宣宗。然而宣宗在位也只有十年的时间，宣德十年（公元 1435 年）正月便因病去世。就这样，大明朝在十年左右的时间里接连失去两位最高统治者。不过别看朱高炽和朱瞻基在位时间短，然而他们却开创了大明朝乃至历史上有名的盛世——"仁宣之治"。当然"仁宣之治"的出现是由多方面因素决定的，但是"三杨"在其中发挥的作用也不可小觑。由于朱高炽和朱瞻基两位皇帝对"三杨"的信任，所以在仁宣两朝，"三杨"的地位得到提高并且全方面地参与了大明朝的各项政务之中，正所谓"仁宣之间，政在三杨"。可以说，"仁宣之治"中也倾注了"三杨"不少的心血。

在之前也已提过，朱棣在位时期曾搞了许多大动作。不过由于郑和下西洋所带来的收获和朱棣所采取的各项鼓励农业发展的措施等，使得其在位时期虽然大动作不断，但是老百姓的赋税并没有增加多少。然而事情要一分为二看待，赋税虽然没有增加，但是老百姓的徭役却增加了许多，毕竟当时朱棣的很多大动作都是需要大量人力的，再加上天灾人祸，也使得老百姓疲惫不堪。因此在仁宣两朝，"三杨"针对当时由于朱棣在位期间大动作不断而导致民力凋敝的社会现实，主张与民休息、勤俭节约。

　　"三杨"之中的杨士奇更是多次上书仁宣二帝要注意与民休息、勤俭节约。比如杨士奇在得知"惜薪司传旨征枣八十万斤"之后便主动面见朱高炽进行劝谏，认为这些虽然是宫廷每年要用的，但是还是感觉太多了，现在诏书才刚刚下达，肯定还没能收集齐，所以希望皇帝能够减免一些，最后朱高炽也同意了杨士奇的建议，最后只征收了四十万斤。除此以外像什么"下西洋宝船、云南取宝石、交趾采金珠、撒马儿等处取马，并采办烧铸进供诸务"这些在杨士奇看来是铺张浪费的活动，全部在杨士奇的坚持下被停止。宣德五年的时候，杨士奇又借朱瞻基下诏体恤灾民的时机，趁机劝皇帝免除部分穷苦人家的税收，朱瞻基也同意了。除了劝谏皇帝要勤俭节约，关心民生之外，杨士奇和杨荣还以身作则，当时朱高炽在位时曾让杨士奇和杨荣等人"食三禄"，也就是拿三倍工资，但是杨士奇和杨荣坚决反对朱高炽的这一决定，认为他们"受二俸"就已经很过分了，怎敢再增收一份俸禄以增加国家和老百姓的负担。在他们的坚持下，朱高炽最终取消了这则命令。

　　事实上，在上述论及"三杨"关注民生的同时也展现了他们的另一个特点——敢于进言。但是"三杨"中进言的方式方法也不同，杨溥的进言多以密奏的形式进行，史载"尝密疏言事。帝褒答之，赐钞币。"朱高炽还钦赐杨溥弘文阁阁印，并且在赐予阁印的同时还嘱咐杨溥，以后有什么建议，就写下用这个印封好交给他就行了，自己对杨溥寄托了很大期望。由此可见，杨溥在当时也是积极进言、敢于直言的，只不过由于其多是采取"密疏言事"的形式，也就使得史书上对于杨溥的进言记载不多。而对于杨荣的进言方式，史书中则有详细的记载，也就是我们前面所提到的，杨荣并不直言，而是通过暗示、提醒的方式来轻点皇帝，因而他的话也最容易被皇帝接受。杨士奇则是最传统的仗义执言，有什么就说什么，而且不达目的不罢休，比如一次在劝谏朱高炽时，朱高炽可能有一些小执着就没同意，而杨士奇坚持多次上书并且等到大半夜，直到"待庭中至夜漏十刻"，朱高炽都看不下去了，同意了杨士奇的提议，这时杨士奇才退下。同时，杨士奇也积极保护朝中那些因直言而被怪罪的大臣，比如在朱高炽监国时曾忤旨的御史舒仲成、"言事不密"的大理卿虞谦、"以言事得罪"的大理少卿弋谦等人，从而在一定程度上也保证了言路的顺通。

此外，"三杨"也十分重视人才的选拔和举荐。针对科举考试中录取者大部分为南方人这一情况，出于巩固统治的考虑，杨士奇建议科举取士的人才应该兼顾南北两方，并给出了具体实施方案，即以后科举考试的试卷在封皮外书写南北二字。如一科考试录取一百人，那么就南方六十，北方四十，这样使得南北人才都能够被朝廷吸纳，这也使得从洪武年间开始闹腾的"南北榜"事件有了一个比较完美的解决办法。之后，杨士奇还曾建议即使是罪犯之家，如果后代中有有才华的子弟，朝廷也应当本着公平公正的心去录用。杨溥在和朱瞻基讨论人才问题时也曾建议，要严格举荐机制，规范科举过程，这样就不愁没有人才了。

除了在人才选拔上"三杨"提出了各自的建议，在人才举荐上"三杨"也是不遗余力。比如在英宗时期打赢"北京保卫战"的于谦不仅曾得到过杨士奇的推荐，而且在政治上也得到了"三杨"的鼎力支持，史载"是时居政者三杨，素重谦，朝请夕可，是以得行其志。"杨荣也曾举荐时任越府长史的周忱为"工部右侍郎，巡抚江南诸府，总督税粮"，周忱也不负众望在江南地区推行"济农仓之法"从而保证了江南地区顺利地渡过第二年的大旱。宣德八年（公元1433年），杨士奇和杨荣还曾"试吏部引进庶官六十八人，录其优者：知县孔友谅，进士廖庄、胡庄祯、宋琏，教谕黄纯、徐惟超，训导晏升七人"。除了以上种种，仁宣时期一改永乐时期的严刑峻法也与"三杨"的建议有关，其中杨士奇更是多次借自然灾害之际上书皇帝要以"敦用平恕，务求情实"的方式来解决"刑狱冤滥"的问题。

"三杨"除了在内政上积极进言献策之外，还参与到了大明朝的皇室纷争之中。宣德元年（公元1426年）八月，一直对皇位念念不忘的汉王朱高煦终于铤而走险起兵造反。朱瞻基起初计划派遣阳武侯薛禄率兵平叛，但是杨荣极力主张朱瞻基御驾亲征，从而达到"今出不意，以天威临之，事无不济"的效果。朱瞻基最终采取杨荣的建议，而此次平叛的结果也和杨荣预料的一样，朝廷军队一路旗开得胜，朱高炽被迫出城投降，叛乱顺利平定。

然而就在大军返程途中，户部侍郎陈山向朱瞻基举报"汉、赵二王实同心"，也就是说朱瞻基的三叔朱高燧也有不臣之心，并建议朱瞻基干脆趁机把朱高燧也一勺烩得了。对于陈山的这一建议，"三杨"之间发生了分歧，杨荣极力赞成陈山的建议，称"山言国之大计。"杨士奇则反，认为这种事情不能证实，也没有证据，如果就此把朱高燧抓起来，不合适啊。双发为此爆发了激励的争执，杨荣对着杨士奇厉声说道："这是国家大事，怎么能磨磨唧唧，况且朱高燧与朱高煦勾结是经过锦衣卫证实的，有确切的证据。"

杨士奇则针锋相对地回应道："锦衣卫拿出的那些东西能算证据吗，谁会信！"由此也可见当时的锦衣卫在大臣心中是多么声名狼藉。随后杨士奇又寻求蹇义、夏原吉两人的支持，但是两人也隐隐约约地站在杨荣一方。杨士奇只得又去劝说杨荣道："太宗皇帝（朱棣）只有三个儿子，除去仁宗（朱高炽）外，皇帝只有两个亲叔叔，现在已经抓了一个证据确凿的朱高煦，如果再把朱高燧也抓起来，天下人会怎么看皇帝。"但是杨荣仍不肯退步。

在此时只有杨溥和杨士奇是同一阵营，杨溥看到此情此景知道这件事只能由皇帝来做最终的决定，于是对劝杨士奇说，他们两个去求见皇帝，希望能够化解此事。然而没想到这件事被杨荣知道了，于是杨荣抢先去见朱瞻基，而等杨溥和杨士奇想要跟着进去的时候，却被门卫阻拦住了。眼看事情在向着杨士奇和杨溥反对的方向发展。不过好在朱瞻基稍后又召见了蹇义、夏原吉，两人向朱瞻基汇报了杨士奇和杨溥的意见，权衡之下，朱瞻基还是觉得杨士奇和杨溥的意见更加中肯，最终放过了朱高燧。事后，朱瞻基曾不无感慨地对杨士奇说道："赵王所以全，卿力也。"在这里要指出的一点是，"三杨"虽然在出兵袭赵一事上有着较为尖锐的对立，但是他们的出发点和落脚点都是为了维护大明朝的统治，并不是一般意义上的政争。

宣德十年（公元 1435 年），明宣宗朱瞻基驾崩，皇太子朱祁镇即位，是为明英宗，次年改元正统。"三杨"则成为明英宗的辅政大臣，但是"三杨"却在英宗一朝遇到了自己政治上最大的对手——宦官王振。最初由于张太皇太后的存在和对"三杨"的支持，所以王振对于"三杨"的冲击还不是很大。并且在和王振交锋时，相对于"不惮触忤"的杨士奇和"性恭谨"的杨溥，"警敏"的杨荣总能以曲线救国的方式来消弭王振的冲击。

比如王振曾以"三杨"都已"高年倦勤"为由暗示"三杨"要让位给别人了。对此，杨士奇的反应是直接给顶了回去，应答道："老臣当尽瘁报国，死而后已。"杨荣则回应王振，他们几个人已经老了，这天下的大事确实要交给年轻后生了。王振听完杨荣的回答后大喜过望，第二天在得知杨荣推荐曹鼐、苗衷、陈循、高谷等人时也没有在英宗面前上眼药阻拦，顺利使这几人被任用。事后杨士奇曾指责杨荣胡乱说话，杨荣随后解释了自己这么做的原因："彼厌吾辈矣，吾辈纵自立，彼其自已乎？一旦内中出片纸，命某人入阁，则吾辈束手而已。今四人竟是吾辈人，当一心协力也。"也就是以暂时的退让来保证入阁大臣的才能和德行，从而进一步保证朝政的稳定。

然而，好景不长，正统五年（公元 1440 年）七月二日，杨荣病逝，这就使得杨士奇和杨溥日渐孤单。紧接着，正统七年（公元 1442 年）太皇太后张氏也因病逝世，杨士奇、杨溥失去了在朝中最大的支持者。正所谓"屋漏偏逢连夜雨"，就在杨士奇和杨溥二人在政治上逐渐失势的时候，杨士奇本人也因受其子杨稷的拖累而生病，并于正统九年（公元 1444 年）三月十四日病逝。杨士奇去世后，"三杨"中仅剩杨溥一人还在朝中，然而他所面临的局势也不容乐观。正统十一年（公元 1446 年）七月十四日，作为"三杨"中仅存的一位的杨溥也与世长辞。至此，"三杨"彻底退出了历史舞台，成了一个历史名词，而随着"三

杨"退出历史舞台之后，发生的便是"土木堡之变"了，大明朝差点因此结束了
自己的统治。

　　前面说过三杨在朱高煦问题上发生了争执，那么朱高煦作为曾经皇帝的热门
人选，是怎么在作死的道路上越走越远的呢？

中国历史上第一个被做成"烧烤"的皇叔

朱高煦曾经是朱棣最宠爱的儿子，朱棣甚至一度想要立他为太子，但是在前面的章节我们讲了，出于各种考虑，朱棣最后还是理性压到了感性，选择了最合适的大儿子朱高炽为自己的接班人。但朱高煦并不死心，依旧在幕后活动，想要令父亲朱棣回心转意，然而随着时间的推移，朱高炽的地位越来越稳固，而朱高煦看到皇位离自己越来越远，他的心态也发生了变化。以前他不过是在朱棣面前打打朱高炽的小报告，挑拨一下父子二人的关系，但现在这一切显然已经很难奏效了，于是朱高煦决定铤而走险来硬的。永乐十四年（公元 1416 年）十月，朱棣从北京返回南京，但是刚刚返回南京没多久的朱棣就接到了手下密探的密报，得知朱高煦在皇帝不在的这段日子里私下小动作不断，"私造兵器，阴养死士，招纳亡命，及漆皮为船，教习水战等事"。招兵买马的朱高煦想干什么，很明显是要仿效朱棣再来一场靖难之役或者是明朝版的玄武门之变。

之前朱高煦的种种骄横行为已经引起了朱棣的不满，如今其不仅不知悔改反而还变本加厉，这无疑已经触碰到了朱棣的底线，朱高煦想当李世民。但朱棣可不是李渊。于是随着朱棣一声令下，朱高煦便被囚禁起来，准备将其废为庶人。眼看朱高煦这次是要彻底玩完了，谁知屡遭朱高煦陷害的皇太子朱高炽不仅没有趁机落井下石，反而积极地在朱棣面前为朱高煦求情。看着兄弟情深，朱棣最后还是心软了，同意了朱高炽的求情。但是死罪能免，活罪难逃，朱高煦被削去了两护卫（亲王有三卫），手上没兵自然掀不起什么大浪来了。而朱高煦的封地也被朱棣挪到了山东乐安州，这个地方也是朱棣精心挑选的，因为乐安州的地理位置是相当的不好，此地离北京特别近，就在皇帝眼皮子底下，一旦朱高煦想在封地搞什么幺蛾子，朝廷都能够及时发现，及时镇压。

朱棣拔去朱高煦的爪牙可能是担心自己死后朱高炽过于仁慈镇不住朱高煦，于是朱棣又对随侍一旁的皇太孙朱瞻基嘱咐道："我作为皇帝又是朱高煦的父亲，他尚且敢在我活着的时候做这些事情，将来你们父子登基后，恐怕他不会吸取教训，反而会变本加厉。如果到时候真的发生这样的事情，希望你们能记住我说的话，朱高煦将来如果想要造反，动摇国家的根基，你们一定不能仁慈，该下杀手的时候就要痛下杀手。"朱棣说这段话或许是他真的对朱高煦寒心了，又或许是他想要提醒朱高炽父子严加看管朱高煦，不要让他有作乱的机会，好好了此残生就得了。

1. 执迷不悟的朱高煦

然而，朱棣一定没有想到一语成谶，十年后的宣德元年（公元 1426 年）八月，汉王朱高煦真的在乐安起兵造反了。朱高煦的这次造反可以说是"有样学样"，为什么会这么说呢，看看他这次找的起兵借口是什么便知道了。史书记载，朱高煦直接派遣使者在朝堂之上声称"仁宗皇帝不当违洪武、永乐旧制，与文臣诰敕封赠"，这段话是斥责刚刚过世的仁宗皇帝违反祖制；之后又"谓上（明宣宗朱瞻基）不当修理南巡席殿等事，为朝廷过，遂斥二三大臣为奸臣，而指夏原吉为首，并索诛之"，这段话呢就是指出现任皇帝朱瞻基身边有奸臣作祟，祸乱朝纲。"违反祖制""重用奸臣"这几个理由是不是看着特别眼熟，没错朱高煦他爹朱棣当年就是以此为借口，打着"清君侧"的旗帜推翻建文帝朱允炆的，而在靖难之役中朱高煦可是跟随朱棣冲锋陷阵的重要人物，对这段典故那是信手拈来，当年只能演配角，现在终于能演主角了。

　　或许朱高煦认为只要汉王（朱高煦的爵位）的大旗一树，从乐安到北京定会畅通无阻，很快自己就能在北京的"奉天殿"（早前几年奉天殿已经被雷劈烧掉了，一直到明英宗时期才重建）登基了。然而朱高煦错误地估计了当时的形势，他不是当年的燕王朱棣，朱瞻基也不是当年的朱允炆，此时天下的格局也不是当年了，这决定了他发动的这场叛乱只能惨淡收场。果不其然，朱高煦的这场叛乱只持续了一个月左右的时间，正如朱棣当年所说的那样，乐安这个地方一旦有什么风吹草动，朝廷能很快派兵扑灭，而朱瞻基并没有像当年的朱允炆那样派个草包将军前去平叛，而是御驾亲征，以此鼓舞前方的士气，朱高煦的叛乱都没能出乐安城就被扼杀在萌芽中了。

　　两百多年后"清代文苑第一人"谷应泰曾对朱高煦发动的叛乱做出了精辟的评价："然而煦之谋，非有湘东刻檀之狡也；煦之才，非有曹植自试之铭也；地不过乐安，煦非有吴、楚七国之强也；人不过王斌、朱烜，煦非有贯高、伍被之佐也"，就是说朱高煦起兵之前也不掂量掂量自己的实力，这个人谋略不行，才华也不咋的，地盘小、兵马少，手下还没什么像样的人才，就这样还敢起兵造反，妄图颠覆中央，简直是"异想天开、以卵击石"。

　　那么朱高煦知道自己造反成功的希望不大吗？其实他应该是知道的。但他还是义无反顾地干了，只是为了心中那份执念，那句给了他希望的"世子多病，汝当勉励之"，在他看来只要有一丝希望，无论用什么方法也要去尝试一下。而朱高煦之所以会变成叛乱者，这个根还是朱棣种下的。要知道，当年觊觎太子之位（其实说到底就是皇位）的不是只有朱高煦一个人，还有朱棣的嫡三子朱高燧。尽管永乐一朝时朱高燧也曾经多次冲击皇位，但是自从明仁宗朱高炽登基之后，朱高燧就彻底认清了现实，知道自己这辈子是与皇位无缘了，但求后半生能平安度过就行了。

　　随后，朱高燧老老实实在封地就藩，并主动请求朝廷削去他的护卫，之后更是闭门谢客，不再过问政事，平日就待在自己的王府养花喝茶，朱高燧这顿教科书式的操作，简直值得历代夺嫡失败的王爷效仿，最终朱高燧一直安稳地活到宣德六年（公元 1431 年），享年五十岁，是他们兄弟三人中活得最长的。相比之下朱高煦就不一样了，在被放逐到乐安后，他的表现是"怨望，异谋益急"，首先是感到不满，其次是加紧密谋；而在朱棣驾崩后，他竟然多番派遣使者去京师打探消息，就等北京发生变故；没多久朱高炽驾崩后，朱高煦想要造反的心情更加急切，当时朱瞻基要从南京赶回北京，途中要经过山东，而朱高煦竟然打算在半路伏击朱瞻基，只不过由于朱瞻基早有准备，这场暗杀最后不了了之；随着朱瞻基的登基，朱高煦的心态更加扭曲，看到人家父子接连登上皇位，而自己只能待在小小的封地，朱高煦的不满达到了顶点，他的行为举止也是越来越猖狂。

同样是皇位竞争的失败者，一个是谨小慎微，低调做人；另一个却是肆意张扬，暗藏祸心。造成这一现象的一个重要因素就是二者对于皇位的痴迷程度不同，朱高燧虽然对皇位也有觊觎之心，但是他知道朱棣虽然疼爱自己，但是从来没有把自己纳入继承人的考虑范围，而在永乐二十一年（公元 1423 年）试图谋反夺权失败之后，其对皇位基本上是死心了。但是朱高煦不一样啊，当年"靖难之役"中朱棣那一句"世子多病，汝当勉励之"就等于亲口承认了朱高煦的继承人地位，和当时还是世子的朱高炽享有同等的继承权，甚至在一定程度上还要高于朱高炽，因为在这两个儿子中，朱棣无疑是更喜欢朱高煦的，毕竟朱高煦英武类己。

朱棣的这句话随着时间的流逝也成了朱高煦心中的执念，以至于在朱高炽被立为太子、朱瞻基被立为太孙、朱高炽登基为帝、朱瞻基登基为帝这一系列的事情发生之后，朱高煦还没有放弃对皇位的执念，他离皇位太近太近了，近到他的一生都在努力走那最后一步，却越走越远，甚至在朱高煦看来自己才是大明皇位最合法的继承人，朱高炽和朱瞻基两人则是"逆贼叛党"。此时朱高煦已经是完全被执念蒙蔽住了双眼，他现在想的只有一件事就是效仿他老爹来起兵夺取皇位。与此同时，朱高煦对自己军事才能似乎也有着一种盲目自信，毕竟当年在靖难之役中他也是一员大将屡立战功并且还多次救朱棣于危难之中，随着靖难老将的凋零，朱高煦更是认为当世之武将再没有能与自己一较高下的了，这也是他明知处于劣势却仍然铤而走险、起兵叛乱的重要原因。正是这份自负蒙蔽了朱高煦的双眼，使他没有发现如今的局势已经和他老爹当年发动"靖难之役"时大为不同了。

2. 无法重演的靖难

先来看看当时朝廷之上的局势。和当年建文帝身边存在着由方孝孺、齐泰、黄子澄三人组成的智囊团一样，在朱瞻基身边也存在着一个智囊团，主要由杨士奇、杨荣、杨溥、夏原吉、张辅和蹇义六人组成。其中，杨士奇、杨荣、杨溥、夏原吉、蹇义五人属于文臣，张辅则属于武臣。毫无疑问，这六个人的能力要远远胜过方孝孺、齐泰、黄子澄三人。方孝孺、齐泰、黄子澄三人虽然忠心耿耿，但都是腐儒，只知道纸上谈兵，一到关键时刻就掉链子，而朱瞻基的这六人团队可就不同了，他们都是靠谱的神队友。先看看和方孝孺等同属于文臣的那五位，"三杨"就不用说了，这可是大明的顶尖辅政阁员，其中的杨士奇更是明朝在任时间最长的首辅；而户部尚书夏原吉和吏部尚书蹇义二人也不容小觑，他们二人在政坛上发迹的时间比"三杨"还要早，朱元璋时期就已经崭露头角，两位重臣一个管财政，一个管人事，都长达二十七年，可见两人的处事能力有多强。

除此之外，在处理具体政务时这几位大臣还都有明确的分工，其中"事涉人才，则多从（蹇）义；事涉军旅，则多从（杨）荣；事涉礼仪制度，则多从（杨）士奇；事涉民社，则多出（夏）原吉"。这五位大臣在政坛摸爬滚打几十年，靠的可是真才实学，其中随便挑出一个来，都能在政治上秒杀埋头故纸堆、一心想要复古周礼的方孝孺、齐泰、黄子澄三人。再来看看朱瞻基智囊团中唯一的武将——张辅，年轻的时候参加"靖难之役"跟随朱棣征战，永乐时期先是四征安南，把安南叛军打得连连求饶，史称"凡三擒伪王，威镇西南"；之后又参与了朱棣的第三、第四、第五次北征，其作战经验和作战能力都是毋庸置疑的。所以在得知朱高煦叛乱之时，张辅相当自信地说道，只要给自己两万兵马，旋即能将朱高煦擒拿到北京来，而朱瞻基对于张辅的能力也是清楚的，认可张辅有镇压朱高煦叛乱的能力。

老实来讲，由这六位大臣组成的智囊团，只要皇帝别太过分昏庸（一个很好的反面教材明英宗朱祁镇），好好安排分工，各尽其才，基本上对朝政是不用太操心的，完全可以"垂拱而治"了。还要指出的一点是当年朱棣起兵"靖难"之时，虽然站在了中央朝廷的对立面，但是其中仍有不少大臣或是保持中立或是暗中支持朱棣，比如朱棣的小舅子时任右军都督府都督佥事的徐增寿便一直在给他提供消息，除此之外从南京皇宫跑出来的宦官也在为朱棣提供消息。但是这些对于朱高煦来说都是不可能出现的。要知道，在这一时期，朱瞻基身边的智囊团及朝中的其他大臣大部分都是当年明仁宗朱高炽当太子时的东宫旧臣，并且还曾负责教导过还是皇太孙的朱瞻基，这些大臣与朱瞻基之间的关系可想而知。

此外朝廷的官员和朱高煦还有天然的仇恨，当年朱高煦为了争夺太子之位，曾屡次陷害太子朱高炽及太子边的东宫臣属们和支持太子的朝中大臣们，文官集团中有的被杀，有的被抓，人人自危，被朱高煦搞得人心惶惶。在这种情况下，别说让他们给朱高煦传递消息了，他们不主动上书攻击朱高煦，都是读书人要脸，都是对朱高煦的仁慈了。至于宦官传递消息那就更不用想了，朱瞻基在位时一方面对宦官并不像建文帝时那么严苛，另一方面朱瞻基还设立内书堂教宦官读书识字，甚至还赋予他们批红的权力等，大大提高了宦官的地位。在这种情况下，想让宦官反水给朱高煦传递消息那也是完全不可能的。

不过讲到这里，可能就有人要问了，当年朱高煦争夺太子之位时，不是有着一批追随者吗？比如淇国公丘福、驸马王宁这批靠着"靖难之役"起家的军事新贵，怎么这个时候都不发声了呢？不是他们不想发声，而是他们不能发声了。其中淇国公丘福于永乐七年（公元 1409 年）七月率军北征鞑靼，结果丘福在北征过程中轻敌冒进，被鞑靼部团团包围，最终全军覆灭，丘福自己也被俘遇害，与其一同遇害的还有王聪、李远、王忠、火真等大将，而这些大将中有一大部分都是朱高煦的支持者。

至于驸马王宁起初在朱棣面前也是能说得上话的，朱棣曾称赞王宁"孝于太祖，忠于国家，正直不阿"，并且还封其为永春侯，赐予丹书铁券，可见，朱棣最初是颇为欣赏王宁的。但是王宁有一个问题就是他十分信佛，当然信佛没啥问题，宗教自由嘛，但是这个王宁不光自己信佛，他还是一个很虔诚的佛教徒，老想光大佛教，怎么光大佛教呢，王宁想到一个好办法，那就是劝皇帝朱棣信佛，这样不就能带动天下臣民都信仰佛教了嘛！可能王宁认为朱元璋曾经当过僧人，他们老朱家有这方面的基因。于是王宁凭借自己的身份经常劝说朱棣也信佛，作为封建皇帝，宗教是其维持统治的一种手段，但统治者知道不能过分沉迷宗教，必须要有一个度，除非是脑袋拎不清的昏君，否则没哪个皇帝会真的信佛，再说如果朱棣真要信佛，找姚广孝就行了，哪还轮得到王宁，但狂信徒眼中是看不到这些的，还是接二连三给朱棣传教，最终搞得朱棣烦了，对他的恩宠也就日益衰减，也是，皇帝都不想看到他了，哪还有什么宠信呢？之后不久王宁又受到其他事的牵连被下狱，被释放出来后没多久就因病去世了。

总之，当年支持朱高煦的那批大臣在永乐时期就基本上凋零殆尽了，到这个时候其实朱高煦在朝堂已经没有什么支持力量了。但是朱高煦并没有意识到这一点，还天真地以为自己能在朝堂之上争取到支持者。他选中的争取对象不是别人，就是英国公张辅，可能是以为当年曾一起参与过"靖难之役"，是老战友，所以就认为自己和张辅关系非同一般能够争取到他的支持。结果张辅毫不犹豫地就把朱高煦的使者给抓了起来，随后便上报朝廷。当时，御史李浚因为父亲去世回到乐安守丧，朱高煦也想把他拉到自己的队伍中来，结果李浚"不从，变姓名，间道诣京师上变"，跑回来告诉朱瞻基乐安出事了。由此可见，朱高煦叛乱时在政治上是何等的孤立无援、四面楚歌。

而此时在位的明宣宗朱瞻基的能力也不是当年的建文帝朱允炆可比拟的。打一个不太恰当的比喻就是，当年的建文帝很有可能是"读书读傻了"，结果才会让朱棣逆风翻盘。因此朱棣后来在培养朱瞻基的时候也吸取了建文帝的教训，多次提醒朱瞻基不要"死读书"，并且给朱瞻基制订了全面的培养计划，使其成为一个"文武双全"的君王。之后在朱棣的有意安排下，更是早早地接触到了政务和军务，其治国能力和军事能力都是建文帝无法比拟的。

早在朱瞻基还是皇太孙的时候，其散发的锋芒便已经让朱高煦十分忌惮了。当初朱棣曾让朱高炽、朱高煦、朱瞻基三人一起去祭拜孝陵（朱元璋和马皇后的合葬陵寝），在祭拜过程中由于朱高炽太胖加上有足疾，走路不太利索，因此就让两个小太监搀扶着他，以防止朱高炽失足跌倒。朱高煦看到后便从后面嘲笑朱高炽道："前人蹉跌，后人知警"，讽刺朱高炽行动不便。当时朱瞻基则跟在朱高煦的后面，听到朱高煦的话语后也朗声应对道："更有后人知警也"，意思"螳螂捕蝉黄雀在后"，朱高煦听后脸色大变。

等到朱高炽去世后，朱瞻基从南京返回北京奔丧并且继位时，朱高煦还计划在途中截杀朱瞻基，但是因为朱瞻基有所准备，没能成功。此次截杀失败，也使得朱高煦暂时收敛了一下。在朱瞻基继位的第二个月，朱高煦突然"陈奏利国安民四事"，朱瞻基看到朱高煦的上书后颇为感慨地对身边的侍臣说道："永乐朝的时候，皇祖父朱棣曾经跟皇考（朱高炽）及朕说过，二叔朱高煦是有异心的，应当早做防备。然而皇考没有对二叔生疑心，反而十分厚待他，或许这令二叔改过自新了吧。现在看他上书的这些利国利民的政策，应该是出于诚心了吧，如果他说的对，那么应该推行这些政策。"

随后便命令有司研究这些政策能不能执行，并向朱高煦回复致谢。宣德元年（公元1426年）正月的时候，朱高煦又派人来进献元宵灯，有人向朱瞻基指出朱高煦这是名为进献，实为刺探朝廷虚实，但是朱瞻基却说，只要自己推心置腹地对待二叔，那么一定能感动他的，随后派人向朱高煦致谢。朱瞻基即位之后并没有打算追究朱高煦此前的过失，反而是打算仿效他爹朱高炽在位时的举措，继续厚待自己这位叔叔，史载："帝即位，赐高煦视他府特厚。高煦日有请，及言朝政，上曲徇其意。索驼与之四十，索马与之百二十，索袍服又与之。"可见朱瞻基明面上还是很重视这位叔叔的。

3. 烧烤朱高煦

但可惜的是，朱高煦已经对皇位着魔了，他将朱瞻基的宽容看成了软弱好欺负，不仅不知道收敛，反而更加肆无忌惮，时刻都在谋划着起兵造反，在乐安城中打造兵器，强拉壮丁为兵，乐安是个小城，人口不多，召集不了太多的军队，朱高煦就将牢房里的死囚放出来，并从隔壁州县召集一些亡命之徒，将他们武装起来训练成敢死队，不过这种军队的战斗力可想而知。仅仅做了这些之后，朱高煦就已经有些飘飘然了，认为自己的造反一定能成功，甚至都已经许诺好太师、都督、尚书、侍郎等官员的任命了，只等日期一到，先占领济南城，然后拿下北京。

宣德元年（公元 1426 年）八月的时候，北京又发生了地震。在古代天人感应的观念下，京师地震代表着君主施政有误，这无疑给朱高煦提供了造反的借口，于是朱高煦便真的反了。起初，朱瞻基似乎还不太相信朱高煦造反了，虽然朝中官员、地方官员及老百姓们（瞧瞧朱高煦有多不得人心）都向朱瞻基举报朱高煦造反了，但是朱瞻基还是没有完全相信这个事实。直到朱高煦派遣的使者入京向朱瞻基传达朱高煦起兵的"理由"时，看着如此熟悉的起兵操作，朱瞻基才真的确定了自己这位二叔要造反了。

那么既然确定了朱高煦是真的反了，接下来要做的就是平叛了。随后朱瞻基便召集群臣商讨平叛事宜，在起初朱瞻基计划是派遣阳武侯薛禄率军平叛，但是"三杨"之一的杨荣表示反对，并提醒朱瞻基不要忘了当初建文帝任命李景隆的前车之鉴。与此同时，朱瞻基六人智囊团中的夏原吉也支持杨荣的提议，建议朱瞻基御驾亲征，以达到"一鼓而平之"的目的。在二人的劝说下，朱瞻基最终决定御驾亲征亲自领兵平叛，并且还向主动请缨的英国公张辅解释了自己之所以会御驾亲征的原因，不是不相信张辅的能力，而是朱瞻基自己刚登基要借此次平叛来树立起自己的威望，并震慑住那些心怀鬼胎的人。

在此次平叛过程中，朱瞻基向大明朝的臣民们充分展示了自己的能力，朱高煦发动的叛乱完全成为朱瞻基展示自己的平台。在行军过程中，朱瞻基曾和手下的大臣们讨论朱高煦在得知朝廷平叛后会采取什么样的行动，其中有人说朱高煦会去攻打济南，有人则说朱高煦会南下攻打南京。

但是朱瞻基却不同意他们的看法，认为朱高煦会固守乐安并给出了自己的理由：首先，济南虽然离着近，但是却不是那么容易就被打下来的，毕竟当年朱棣打济南城打了三个月都不能打下来，最后只能绕开济南城；其次，朱高煦的护卫军都在乐安，"安土重迁"思想必然使得他们不会跟随朱高煦；最后，朱高煦敢于造反的原因就是以为自己年少好欺负，不敢亲征，如今自己御驾亲征，朱瞻基绝对不敢出战，只会固守乐安城。事情的发展，也的确如朱瞻基所料想的那样，朱高煦一开始听到要派薛禄来的时候，大为喜悦，认为薛禄不足为惧，等听到朱瞻基要亲征的时候才感到恐惧。此时，乐安城中的士兵也有来投降的，并且把城中的虚实全部告诉了朱瞻基，朱瞻基厚赏了前来投降的乐安士兵，并且还让他回去劝说其他士兵，从内部瓦解朱高煦的军队。但是本着"能不打就不打"的原则，朱瞻基又给朱高煦写了一封书信进行劝告，并承诺只要朱高煦能认识到自己的错误、诚心悔改，那么自己也会既往不咎，像从前一样对待朱高煦。

然而，朱高煦还是执迷不悟。直到朱瞻基率领大军"蓐食兼行"，顺利抵达乐安城，并将乐安城团团包围，朱高煦彻底成了瓮中之鳖。朱瞻基先是让大军朝城中开炮，彻底打消叛军抵抗的勇气和信心。然后再次劝告朱高煦投降，不要做无谓的抵抗。在劝告失败后，朱瞻基又派弓箭手向城中射劝降信，告诉城中军队，只要能投降朝廷，一切既往不咎，这就使得乐安城中的叛军们开始逐渐走到了朱高煦的对立面，甚至出现"城中人多欲执献高煦者"，城里人想要将朱高煦抓起来献给皇帝的情况。

到了这个时候，朱高煦终于清醒了，终于认清事实了，然而这时的朱高煦已经"狼狈失据"，连抵抗的勇气都没了，看着城外密集的朝廷军队，知道自己已经无力回天了。万般无奈之下，朱高煦选择了投降。就这样，朱高煦所发动的这场叛乱最终落了个虎头蛇尾的下场。在得知朱高煦要投降的时候，汉王护卫指挥王斌力劝朱高煦，事情已经至此，不如拼死一战，投降只能任人凌辱，但是朱高煦心意已定，他先是把王斌等人骗到汉王府中，自己却偷偷溜出城外去向侄子皇帝投降，由此看来朱高煦的骨气也不过如此。

叛乱平定后如何处置朱高煦也被提上了日程，当时群臣希望朱瞻基处决朱高煦，杀一儆百，以防止这样的事以后再发生。并且这些大臣还为处决朱高煦找了一个很好的理由，那就是"《春秋》大义灭亲。"不过朱瞻基本着一颗仁慈的心最终还是拒绝了群臣们的请求，只是把朱高煦父子废为了庶人，并把朱高煦连同他的家属全部都带回了京师，软禁在西安门内，至于待遇方面，还和平常一样。随后，朱瞻基又亲自撰写了一本《东征记》，记载了这次平定朱高煦叛乱的过程，作为自己的一个功绩。

本来不出意外的话，朱高煦可能会被朱瞻基就这样软禁至死。但是朱瞻基突然有一天心血来潮，去探视了自己这位二叔。两人对视了很久，却始终相对无言，最后朱瞻基也觉得没意思了，于是便打算离开了。然而朱高煦可能还是不能放下被自己侄子击败的事实，想在某一方面胜过朱瞻基，于是乘朱瞻基转身离开放松了对自己的防备之时，一个扫堂腿就把朱瞻基给扫倒在地了。这下，朱高煦算是彻底把朱瞻基惹毛了，身为阶下囚居然还想害朕，朱瞻基一声令下让人用一个三百多斤的铜缸把朱高煦给扣起来了，结果朱高煦竟然把铜缸给顶起来了。朱瞻基更加生气了，直接用炭火把铜缸给埋了起来，把朱高炽活活地烤死在了铜缸里。就这样，朱高炽成了中国历史上第一个被做成烧烤的皇叔，而随着朱高煦的被杀，他的几个儿子也都被朱瞻基处决了。

大明第一位废后

皇帝废皇后在古代是一件大事，要经过很多的程序，但也不是什么罕见的事，因为历朝历代都有很多的废后。皇后被废的原因很多，有的是失宠，有的是无子，有的是扰乱后宫，不一而同。然而当历史的车轮行驶到明朝时，情况发生了一些变化，明初的皇帝好像每个都是情种，明太祖朱元璋特别钟爱马皇后，马皇后死后朱元璋再没立过皇后；朱元璋的儿子朱棣在这一点上很像朱元璋，原配徐皇后去世以后，终身不立皇后；而另外两位皇帝建文帝朱允炆和明仁宗朱高炽一辈子也就只有一位皇后，似乎"一夫一妻"成了明朝的一条隐形祖训。

然而历史的经验一再告诉我们，规矩就是用来打破的。大明宣德三年（公元 1428 年）春，也就是明朝建立之后的第六十个年头，即位三年的明宣宗朱瞻基突然抛出重磅炸弹，宣布废去皇后胡氏，改立贵妃孙氏为皇后。就这样，仅仅当了两年多皇后的胡皇后便成了大明有史以来的第一位废后。为什么胡皇后会被废，为什么孙贵妃会被立，这一切都要从朱瞻基、胡皇后、孙贵妃三者之间复杂的感情说起。

1. 天降情缘 vs 青梅竹马

在这场废后事件中，处于风暴中心的无疑是胡皇后本人。因此，就先来看看胡皇后这个人吧。史书中明确记载了她的名字，叫善祥，从胡皇后的名字来看，其父母应该是想她能够平平安安地度过一生，至于大富大贵倒没那么重要，毕竟富贵了自然麻烦事也就多了，但有的时候，你越担心什么就越会发生什么。胡皇后的父亲是胡荣，一生有二子七女，胡皇后是他的第三个女儿，他的大女儿洪武年间便入宫担任女官了，并且混得还挺不错的。胡荣本人呢，则担任锦衣卫百户，永乐初年免职回家，在回家的途中做了一个梦，梦中有一位神仙站在他面前对他说："你们家以后要显贵了。"古人做这种梦一般都是吉兆，果然第二天，胡皇后就出生了。随着胡皇后一天天地长大，也开始展现出自己的不平凡之处，先是有十几号人（应该是都懂些面相的人）对胡荣说，他这位女儿将来将会大富大贵，并且是贵不可言。

正所谓"三人成虎"，看着这么说的人越来越多，胡荣心里面也开始犯嘀咕了。时间就这样来到了永乐十二年（公元1414年），这一年明成祖朱棣下令为当时还是皇太孙的朱瞻基选太孙妃，因为朱棣本人特别喜欢这个大孙子，所以对朱瞻基的婚事极为重视，甚至亲自为选妃设置了条件，毕竟不出意外的话太孙妃可是未来的皇后啊。

首先，在地域上，必须是在直隶州府及北京、山东、河南、山西、陕西这几个地方选，这是考虑到地域平衡，明初的几位皇后都是南方人，不能总是重南轻北啊，所以这次往北一点；其次，在出身上，必须是出身于官员、军民及前朝故官之家，虽然朱元璋曾规定明朝宗室选妃，普通人家女子就行，但是朱棣怕一般的小家碧玉上不了台面，委屈了自己的宝贝孙子，所以把标准再往上拔一拔；第三，在年龄上最低不超过11岁，最高不超过17岁，这个好理解，太大太小了都不行，皇太孙当时是17岁，岁数差距太大不容易培养感情；第四，在家庭上必须父母双亲都健在并且家法严整，孩子要有一个良好的成长环境，别有什么心理问题。

既然条件已经定下了，那就开始吧，于是朝廷就四处派人寻访未来的太孙妃了，但是这时候钦天监官员又上奏朱棣说，根据天象显示，山东济宁（今山东济宁）那个地方将有贵人，最适合做太子妃了。既然天象都这么说了，那就去找吧，于是，朝廷使者便下到济宁去寻找，到了济宁在挨家打探的时候，使者忽然听到这样一件奇事，原来当地有个叫胡荣的人的女儿独自在一个小楼上居住，每天白天开门窗透气的时候，就会有红白气从她屋子飘出来，围绕在屋子周围，几个月都没有散开，引得附近的居民都来观看。贵人自有奇瑞，众人都觉得胡善祥必是贵人，使者一听，觉得这就是他们要找的太孙妃，再把胡善祥叫过来一看，模样周到、举止得体，得，这人选就是你了，当场就选定了胡善祥，于是就这样胡皇后就来到了皇宫。

结果到了皇宫之后再进行详细的检查，发现更了不得了，宫里有专门人员来检查胡善祥的面相，一看之下发现胡善祥的相貌简直就是天生的皇后长相，十分端庄得体大方。用当时的话来说叫"按之合法相"，不过这几个字也说明了胡善祥长得并不是很漂亮，只是面相庄重，适合母仪天下，而正是因为不那么漂亮，才导致她后来不受朱瞻基宠爱。不过这一切现在还没到来，朱棣特别满意这个孙媳妇，觉得她以后一定能母仪天下，于是经过一年的培训，永乐十五年（公元 1417 年）胡善祥被正式册封为皇太孙妃。婚后胡善祥待人一团和气，而且十分能干，能帮婆婆太子妃张氏处理不少事务，因而朱棣很满意这个孙媳妇，朱高炽和张氏也特别喜欢这个儿媳妇，但有人不高兴了，他就是胡善祥的丈夫朱瞻基，因为在他的心中早就有了自己的白月光，娶胡善祥只是奉了上意，不是自己真心的。

朱瞻基心中的最爱就是太孙嫔孙氏，也就是后来的孙贵妃。孙氏是山东邹平人，这么一看她和胡皇后还属于老乡，都是山东人。不过相比于胡皇后自幼就有贵人之相，孙贵妃的发迹得感谢一位河南人。孙贵妃小时候，她的父亲孙忠在永城县（今河南永城）当主簿，永城是什么地方呢，正是明宣宗朱瞻基之母，当时的太子妃张氏的老家，当时宣宗的外婆彭城伯夫人就住在永城，老人家作为当地的显赫人物，自然跟各级官吏都比较熟。一来二去就认识了孙忠的女儿孙氏，老太太看到这个小姑娘聪明伶俐而且特别漂亮，很是喜欢，后来老太太进宫看望自己的女儿时，闲聊就聊到了孙氏，老太太觉得这个姑娘这么优秀应该让她入宫，太子妃张氏听到母亲这么说也就同意了，就这样孙氏在彭城伯夫人的大力推荐下进入宫中。

孙氏刚入宫的时候年龄特别小，于是就由太子妃张氏亲自来抚养她，并教导她宫中的礼仪。孙氏特别机灵，教导的东西一学就会，所以宫里面的人特别喜欢她，尤其是太子妃的儿子皇太孙朱瞻基，皇宫里本来就缺少玩伴，现在来了个这么可爱的小姑娘，朱瞻基当然是喜欢得不行，经常与她一同玩耍，两人可以说是青梅竹马，时间一年一年过去，孙氏出落得愈发标致，而她跟朱瞻基的感情也越来越深。到了选太孙妃的时候，估计当时很多人包括彭城伯夫人和孙贵妃的家族都认为孙贵妃将是皇太孙妃子的不二人选。结果谁也没有想到，永乐十五年正式为宣宗选妃的时候，胡善祥成了杀出重围的黑马，一举夺得皇太孙妃之位，而孙氏则低胡皇后一头，只能做个皇太孙嫔。对于这个结果，明宣宗、孙贵妃、彭城伯夫人和孙贵妃的家族明显都是难以接受的，所以在封妃之后，每次彭城伯夫人入宫都会和女儿张氏絮叨这件事。但是可能张氏在教育孙贵妃的过程中觉得孙氏的性格不适合当皇后，而胡善祥则十分适合当皇后，或者是因为别的原因，反正最后是彭城伯夫人磨破了嘴皮，张氏都丝毫不动摇。

但朱瞻基没有死心，他还要继续为他爱的女人争取，永乐二十二年（公元1424年）六月，明成祖朱棣去世，八月仁宗继位，皇太孙被册立为太子，胡皇后被册立为太子妃。然而在册封皇太子妃的时候，虽然封胡善祥依照惯例被晋级为太子妃，但当时身为妾氏的孙氏却也被授予了太子妃的服饰，这应当是朱瞻基争取的结果，虽然不能改变孙氏的名分，但至少要让她享受太子妃一样的待遇，使得在礼制方面孙氏和胡善祥可以平起平坐。明朝初年还是特别重视礼制问题的，而朱瞻基却打破了册封惯例，表面上看是他宠爱孙氏，实则通过慢慢打破祖制为自己今后的布局开路，可以说从这时起朱瞻基心中就应该有了废后的念头了，只是基于当时的条件还不成熟，暂且搁置了。第二年六月，明仁宗驾崩，宣宗即位为帝，关于立两人谁为皇后又出现了争论。

其实本来没什么好争的，按照礼法规定，作为皇太子妃的胡皇后应该自动升格为皇后，但是相对于胡善祥，明宣宗更喜欢的显然是孙氏，所以他想立孙氏为皇后，但在这个问题上宣宗遭到了障碍。阻拦他的不是别人，正是自己的母亲，当时的皇太后张氏，张太后一直都更喜欢胡善祥，认为她是做皇后的不二人选，而且张太后自己也是从太子妃升级成皇后的，如果现在从了儿子的意，那天下会怎么看，祖宗之法还要不要了，所以张太后坚决不同意。太后的态度让宣宗意识到立孙氏为皇后还得缓一缓，但是既然做不了皇后了，怎么也得给孙氏争取点什么吧，于是宣宗向张太后提出了一个要求。

胡善祥被立为皇后，孙氏作为贵妃，明代规定册封皇后要授予其"金宝（金印）、金册"，贵妃及贵妃以下只有金册没有金宝，但是明宣宗向张太后提出希望能给孙贵妃也做一个金宝，并且希望能在孙贵妃的贵妃称号之前加了个"皇"字，称作孙皇贵妃，其地位比贵妃还要高一级，这也是宣宗为了孙贵妃进行的创举。张太后一方面比较溺爱儿子，另一方面也经不住朱瞻基的软磨硬泡，最后竟然也就同意了，祖制再一次被打破，这也让宣宗看到了希望，既然不能一步到位那就慢慢来。

2. 朱瞻基的废后步骤

而胡皇后这边也是屋漏偏逢连夜雨，被立为皇后以后，她与宣宗的关系不但没能缓和，相反日趋激烈。怎么回事呢？宣德年间大明四海升平，并且还处在"仁宣之治"的盛世中，而明宣宗本人则是一个明显的太平天子、守成之君，有钱又有闲，所以宣宗在日常生活中就十分喜欢游玩并且爱好游戏取乐，要不然后世也不会送他一个"促织皇帝"的"雅号"。皇帝喜欢玩这是个好机会，皇后可以陪他一块玩嘛，双方还能促进一下感情，但是前面说了，胡皇后的性格比较端庄严肃，因而她对宣宗这种游戏人生的行为十分瞧不上眼，经常对明宣宗的这些行为进行劝谏，并且在平常侍奉明宣宗的时候，胡皇后也十分淡然、不卑不亢，从她身上看不出一点曲意逢迎的感觉。可能这些行为在别人眼里看来（比如宣宗之母张太后）正是一个皇后应该做的，并且胡皇后还做得十分好，正直、严谨，且落落大方。

但是在明宣宗眼里可能就不是这个样子了，明宣宗一方面对胡皇后的屡次劝谏感到厌烦，感觉这哪里是老婆呀，简直是老妈，自己已经有一个管教很严的张太后了，现在又来一个胡皇后；另一方面本来他就不太喜欢胡皇后，胡皇后这么一搞，朱瞻基也就越发对其冷淡了。到了后来，更是每次在拜见张太后时，都要抱怨胡皇后做得不好。然而，张太后对于自己的这位儿媳则十分满意，任凭宣宗如何抱怨，张太后也没有为此训斥过自己的这位儿媳。但朱瞻基是铁了心了，一定要废掉胡皇后，扶孙贵妃逆袭上位。

但是问题也就来了，你要废掉胡皇后你没啥理由啊？胡皇后也没犯错呀？你要立孙贵妃为皇后也没啥理由啊？孙贵妃也没立啥大功啊？正好这个时候，宣宗皇帝还没有儿子，巧的是宣德二年（公元 1427 年）宫中突然传出消息说孙贵妃生了宣宗皇帝的第一个儿子。这等于就是为国立本啊，孙贵妃是立下了大功一件啊。但是关于孙贵妃这个儿子一直有争议，《明史》中就毫不客气的记载道："妃亦无子，阴取宫人子为己子，即英宗也，由是眷宠益重。"啥意思呢？就是孙贵妃上演了一出大明版的"狸猫换太子"。

涉及这段历史记载的史书大部分都称明英宗并不是孙贵妃的儿子，是孙贵妃为了争皇位抢的宫女为宣宗皇帝生的儿子。不过，也有人认为这件事是不值得推敲的，明英宗就是孙贵妃生的。但是不论最终结果如何，从这件事都能看出宣宗皇帝对孙贵妃的宠爱。虽然宣宗在废胡皇后时找的借口是"未有子，又善病"，但事实上胡皇后并不是没有生育能力，她之前已经为宣宗生了两位公主了，并且根据时间推算，胡皇后此时的年龄应该是二十多岁左右，并没有错过生育年龄，谁敢说皇后就不能生下儿子，那么为什么胡皇后到被废都没生下皇子呢？很有可能是宣宗皇帝担心胡皇后生下皇子后地位会更加牢固，于是干脆就不去宠幸胡皇后了。到了这里，孙贵妃成功诞下一子，可以说两人的废后计划已经成功一大半了，并且孙贵妃产子还不到三个月，宣宗皇帝就迫不及待地把自己这个儿子立为太子，意图太明显了，正所谓母以子贵，儿子是太子了，那么孙贵妃就应该是皇后了。孙贵妃生下明英宗后，朱瞻基就经常带这个孩子去张太后那，给她瞧瞧这个孙子。张太后虽然也很喜欢这个孙子，但是对于改立皇后一事只字不提，既然太后不同意，看来走上层路线是不行了，那就走下层路线吧。

果然，在立完太子不久，宣宗皇帝就召见了张辅、蹇义、杨荣、夏原吉、杨士奇，并且见面之后便开门见山地说自己打算废掉胡皇后，立孙贵妃为皇后，其所列出的理由也是胡皇后有病，不能生育。并且为了增加自己行为的合理性，宣宗皇帝还专门强调自己找了相师来为胡皇后算过命，说她这一生都不会生孩子，所以自己才会打算废掉她皇后位的。本来这事只是走个过场，朱瞻基以为很好办，毕竟没有涉及各方的利益，可是结果让人出乎意料。当时，朱瞻基并没有说张太后已经同意此事，就想看看大臣们的意见，说是征求他们的同意。杨荣一下明白了宣宗皇帝的意思，立马做出反馈，表示可以废后。宣宗皇帝又问之前有没有先例，蹇义则回答道当年宋仁宗废郭皇后为仙妃就是先例。朱瞻基觉得既然有先例，那就意味着事情可以按照自己想的那样子办。可是，当蹇义说完后，又没有人说话了。

朱瞻基见状，觉得只能一个个点名来说。当时杨士奇一直没有说话，而朱瞻基比较器重他，就让他说下意见，结果杨士奇来了一句："臣侍奉皇帝和皇后，就像儿子对待父母一样，从来没听说过儿子跟父亲商量废了母亲的。"朱瞻基听完也是一愣，杨士奇是摆明不赞同改立的，局面再次陷入僵持。一番话说得直接把宣宗给顶了回去，宣宗直接给噎得说不上话来了，于是又转过头问张辅和夏原吉，结果两人也支持杨士奇并且还要求朝廷上所有的大臣都要参与进来进行讨论。朱瞻基无奈之下，只好又问："如果发生废后的事情，外界会不会议论？"蹇义听后，说这是宫中事，外界是不能议论的。杨士奇听了蹇义的话，说："怎么会没有人议论？当年宋仁宗废掉皇后后，范仲淹等人上书反对，后来都被贬官，现在史书还记着。"

经过一番讨论后，双方谁也没能说服谁，宣宗没有办法只好让他们先退下。当时，会议散后，蹇义等人就劝杨士奇别犟了，这是皇帝铁了心要办的事。但是，杨士奇觉得这样不对，就说："这些所谓的罪状是不能够废掉皇后的，而且也不应该废，这不对。"杨荣听到杨士奇说罪名太少，就连编带造写了胡皇后的二十多条罪状，准备第二天交给皇帝。

第二天，宣宗皇帝又召见杨荣和杨士奇，再次问起废后之事。这时，只见杨荣把昨天晚上找了一晚上材料并且绞尽脑汁写的"后当废事"的纸条递给了宣宗皇帝，为了能实现宣宗皇帝的目标，杨荣是怎么过分怎么写，但宣宗皇帝本来心里就觉得对不住胡皇后，这下看到杨荣伪造的罪行极为恼火，毫不客气地说道："这也太离谱了吧，皇后哪里做过这些事？这有点过分。"就等于直接在说杨荣胡说八道。杨士奇则是仍然坚持自己原来的看法，于是双方又重走了昨天的老路。在接下来的几天，双方又就这个问题展开了争论，在此期间，杨士奇抬出张太后来试图压制宣宗皇帝，结果宣宗皇帝直接说找你们商量就是太后的旨意，这时，杨士奇才明白，皇帝根本不是征求意见，而是让他们去办这件事。

杨士奇没有办法，只好说："如果皇后和贵妃两人的关系好的话，就找件事让皇后力辞皇后，这样可以减少舆论。"希望宣宗皇帝在胡皇后退位后对待两宫要一视同仁，宣宗对此一口答应。就这样在宣宗的劝说下，胡皇后主动退位，退居长安宫为道姑，并赐号"静慈仙师"。那么胡皇后真的是在宣宗的劝说下主动退位的吗？其实不然，胡皇后很可能是被迫退位的，《明史》中的"帝令后上表辞位"，一个"令"字便赤裸裸地展示出了胡皇后退位的无奈和被迫。

那么对于这件事，孙贵妃作为最大的受益者是什么反应呢？孙贵妃在得知胡皇后上表请辞后，公开宣称："后病痊自有子，吾子敢先后子耶？"就是说，皇后病好了自然会有儿子，我的儿子怎么敢在皇后的儿子前面呢？是不是听上去很大义凛然，一副与世无争的样子，但好玩的是孙贵妃说这句话的前面还有两个字"伪辞"，这两个字是什么意思，想必大家都清楚。胡皇后生病时孙贵妃的表现也十分有意思，史载："后病，妃故朝夕视，阳为忧劳"，也就是说孙贵妃在胡皇后生病时故意装出了一副担心的样子。除此之外，在和宣宗皇帝相处时，孙贵妃也特别聪明，从来不违背宣宗皇帝的想法，更不用说劝谏了，也因此宣宗皇帝越来越喜欢孙贵妃，最后不惜背上世人非议也要把孙贵妃立为皇后。

3. 胡废后与孙皇后

但是，虽然孙贵妃当上了皇后，她起初的皇后日子也绝对不顺心，为什么呢？因为张太后对于宣宗废后这一事始终是不满的，胡皇后本来就招张太后喜欢，这次无故被废，更是让张太后心里过意不去，所以时常把胡皇后招入自己的宫殿清宁宫居住。并且每次内廷举办宴会在安排座位时，张太后都把胡皇后的位置放在孙皇后的前面，搞得孙皇后心里十分不舒服，但是碍于张太后的积威，也只能接受这一事实。甚至到了明英宗继位后，张太后成了太皇太后，孙皇后成了孙太后，张太皇太后在对待胡皇后时仍把胡皇后当作正宫皇太后来看待，孙太后对此依然是敢怒不敢言。至于宣宗皇帝呢，真应了那句老话"距离产生美"，胡皇后被废之后，宣宗皇帝反而想起胡皇后的好来，也开始为自己废后一事感到后悔，还自我解嘲道："此朕少年事。"意思就是说自己当初年少无知，犯了这么个错误。

然而，好景不长，正统七年（公元1442年），张太皇太后去世，胡皇后彻底在后宫中失去了庇护，孙太后则开始了对胡皇后的反攻倒算，在祭奠张太皇太后时，胡皇后的名字和位置竟然放在了妃嫔之中，不能和孙太后并列，这种羞辱让胡皇后彻底明白了自己如今的处境，不由痛苦不已，第二年便在郁郁寡欢中去世。胡皇后去世后，在关于她的丧礼问题上，朝中又出现了争议，杨士奇坚持要以皇后的丧礼规格下葬胡皇后，其他大臣们则明确地告诉杨士奇这种做法孙太后是不会同意的，杨士奇最终无奈地承认了这一事实，就这样胡皇后最终以妃嫔的规格下葬。直到孙太后去世后，在钱皇后的提醒下，明英宗才恢复了胡皇后的位号，并上上尊谥曰"恭让诚顺康穆静慈章皇后"。可以说，谥号中的"让"很好地概括了胡皇后的一生，她的一生都在退让，然而即使是这样，孙太后也仍没有放过她。

最后，朱瞻基作为大明王朝的第五位皇帝，在他之前的四位皇帝都没有改立皇后，为什么到他这里就变了？让我们来看看胡皇后之前的几位皇后，大明开国皇后马皇后既是朱元璋的原配，还是朱元璋的贤内助，朱元璋能够发迹，马皇后功不可没，而且明朝开国功臣集团里面不少功臣与马皇后关系深厚，这样一来，就算朱元璋想改立皇后，也是牵一发而动全身，会造成很大的社会舆论，影响国家的稳定，当然朱元璋与马皇后感情很好，压根不会想到去废皇后，即使马皇后过世以后也没有再立皇后。朱元璋之后朱允炆登基，朱允炆的皇后也姓马，这位马皇后没有多少政治势力，但是她与朱允炆感情应该不错，朱允炆总共有两个儿子，全是马皇后所生，所以自然也不会废后。靖难之役中，每当朱棣外出作战时，北平政务多是依靠徐皇后。正因为有徐皇后，北平才能够成功抵抗住李景隆的五十万大军，而且这夫妻二人感情甚笃。而朱高炽的妻子张皇后，更是为保住丈夫太子之位立了大功的，朱棣一开始不喜欢"身体肥胖"的朱高炽，频繁给朱高炽"穿小鞋"。幸亏张皇后贤惠，从中调解，取得朱棣和徐皇后的赏识，才让朱棣对朱高炽满意不少。

这样一来，就看到胡皇后和其他几位皇后的区别，作为一个没有任何政治背景的皇后，只不过是朱瞻基的一个妻子。而且，还不讨朱瞻基的喜欢，更不善权谋，不争不抢，自然就要"让位"。此时的明朝处于和平时期，朱瞻基就如同一个人生赢家，任何事情都是顺风顺水的，并不需要皇后的相助。而此时，皇后对于朱瞻基来说，就是一个配偶，自己喜欢就行。

四

六朝遗音，帝国架构

皇帝也心慌：明朝特务机构的设立

鉴于元朝以宽失天下，朱元璋决定在治国方式上采取"以猛治国"，从而达到"宽猛相济"的效果。为了让自己的臣民们做好准备，朱元璋特地在洪武二年（公元1369年）二月颁布谕旨来告诫臣民们，谕旨中称："元不重名爵，官及私昵，吏不恤民，惟酒色财货。朕在民间，心疾之。今考官事之治，唯重贪吏之禁，何以故？天禄不行虚也。夫廉公当官，犹行坦途、苛贪贿赇法，如入荆棘中，既出无完肤，唯尔群臣戒之。"

可以看出，朱元璋在诏书里是对自己的臣下们进行苦口婆心的劝诫，也告诉了他们自己的治国理念，希望他们能够明白并且在日常工作中保持警惕，不要和自己的治国理念冲突。然而随着时间的流逝，朱元璋这封诏书也逐渐变成了老生常谈，臣下们也很快就将之抛诸脑后了。朱元璋也明白无论自己在口头上强调多少次"以猛治国"，都不如采取一些实际措施来让他们感受一下什么叫"以猛治国"。

1. 朱元璋时代锦衣卫的"立与废"

与此同时，大明建立之初所面临的严峻形势也使得朱元璋不敢放松。元朝虽然被打败，但是由于朱元璋对形势的估计不足，导致元朝虽败而不亡，元朝残余势力的实力依然十分强大，并且盘踞在漠北高原，对明朝的北部边防造成很大的威胁。除了外患的存在，明朝建立后的内部形势也不是很乐观。

首先，由于长期的战争动乱，造成人口锐减，大量土地变成无主荒地，人民流离失所；其次，白莲教等民间组织十分活跃，并且时不时就搞个暴动，朱元璋自己就是明教起家，对这种打着民间宗教旗帜的造反活动那是相当有体会的，同时地方上的豪强们也开始故态萌生，尤其是江南地区的地方豪强们不仅大量兼并土地，还试图偷税漏税；再次，朱元璋发现从中央六部到地方衙门都兴起了一股贪墨之风，并且涉及了许多官员，其中既有从元朝那边投降过来的官员，又有大明朝建立后新提拔的官员，在贪污腐败问题上他们达成了高度的一致；最后，御史台本来是皇帝的耳目，专门负责监察各级官员和天下百姓的，但是其中官员的表现却多不称职。

比如洪武二年，朱元璋派监察御史谢恕去巡查松江，结果谢恕一口气抓了一百九十多人，罪名都是"欺隐官租"，就等于今天的偷税漏税，结果把这些人押送到京师之后，有一半以上的人都宣称自己是冤枉的。针对这一情况，治书侍御史文原吉急忙上书朱元璋对这一情况进行汇报。随后，朱元璋亲自召见其中的几个人进行询问，结果发现果然是冤枉的。于是在询问结束后，便召见谢恕对其进行了严厉的指责，在指责的过程中也表现了朱元璋对监察官员的期待。

朱元璋本来是希望他们作为"耳目之官"，能够了解事情的是非曲直，明辨是非，不能冤枉无辜之人，但是现在这帮官吏诬陷人倒是一套一套的，长此以往，朝廷的信用还要不要了，养这帮人还有什么用啊。最后的处理结果是把所有百姓全部释放，并且对谢恕贬职处理，对文原吉则进行了赏赐。要知道朱元璋本来就生性多疑，这件事的发生，已经使得朱元璋对御史台的信任大打折扣，而且这种事情下次要是再发生怎么办，不能每次都得皇帝亲自上场吧。

除了这些大的形势上的困境之外，朱元璋还面临着部分地主阶级和下层平民对其身份的质疑和不认同，尤其是江南地区的人们，此前这片区域是由张士诚统治的，而且张士诚还治理得不错，因而当地不少民众认同张士诚，这令在江南地区建都的朱元璋很不放心。民间传闻，朱元璋曾微服到京城之中行走，竟然听到一老太太在和他人交谈时称自己为"老头儿"，不由勃然大怒，紧急召唤维持地方治安的军官质问道："张士诚当年窃据江东，吴地的老百姓们现在还称呼其为张王。如今我是天子，这里的人们却叫我老头儿，这是为何呢，看不起我朱元璋吗？"当场下令对这一事件进行严查，既然皇帝都发话了，那必须要给个交代啊，于是官兵便展开了一轮轰轰烈烈的大清查，这导致许多百姓被当成歹人，因此被抄家示众。还有就是当年朱元璋因"淮西女人好大脚"的灯谜，直接在上元节（即元宵节）的第二天将可能涉及这则灯谜的居民全部斩杀殆尽。尽管上面这两则故事都充满戏剧性，很难让人相信这是真实发生过的。但是这两则故事却都出自明代士大夫之手，也在一定程度上反映了当时的社会现实，即明初的社会矛盾是相当激烈的。

可以说正是在这样的情况下，朱元璋感到很不安心，为此越发地觉得自己需要建立一个新的机构来对自己的臣民百姓进行监管，这样一来不仅能够巩固新生的大明政权，也能加强中央集权，还能进一步确立自己的皇帝权威。于是，在洪武十五年（公元1382年），朱元璋正式向世人公布了其所建立的特务组织——锦衣卫。事实上，锦衣卫并不是凭空出现的，而是一步步发展起来的。早在朱元璋还是吴王的时候，就成立了拱卫司，该机构主要负责统领校尉（武官官职），并且隶属于都督府，后来名称由拱卫司改为拱卫指挥使司，又改称都尉司。洪武二年的时候，朱元璋正式对拱卫司进行收编，将其改为亲军都尉府，其不再隶属于都督府，而是直接归朱元璋管辖，也就正式成为皇帝亲军。

此时的亲军都尉府负责管理左、右、中、前、后五卫军士（侍卫），并且下设仪鸾司（仪仗）。洪武十五年（公元1382年），朱元璋撤销仪鸾司，设置锦衣卫亲军指挥使司，同时把亲军都尉府的侍卫功能也并入了锦衣卫之中。不过在这里要指出的一点是，虽然现在都锦衣卫被看作是朱元璋成立的庞大特务组织，但事实上锦衣卫属于根正苗红的卫所，属于"上十二卫"之一，也正因此，锦衣卫中的各级官职基本上都和卫所制度下的各级官职吻合，毕竟怎么说锦衣卫也属于卫所制度中的一员，只是地位要高一些，不归五军都督府管辖，而是直接由皇帝亲自控制。只不过随着后来锦衣卫"恶名远扬"，再加上其所处理的事件的特殊性，使其也开始带有一些特务性质了，所以慢慢地锦衣卫也被看作是特务组织了。

说起锦衣卫的职能，大家可能想到的就是锦衣卫四处出动，神出鬼没，到处抓人，似乎这就是锦衣卫的唯一职能了。事实上，这只是锦衣卫的一项职能，当然这是最重要的职能。但是除了这项职能外，锦衣卫还拥有其他职能。

首先，便是仪仗队功能。在上面已经提到，锦衣卫是在朱元璋整合亲军都尉府和仪鸾司的基础上正式形成的。其中亲军都尉府主要负责的便是侍卫，而仪鸾司主要负责的则是仪仗，锦衣卫是在它们的基础上形成的，也就相应的把它们的职能一同给吸收了进来，从而也拥有了仪仗侍卫职能。可以说，每次朝廷举行郊祀、经筵及巡幸等重大礼仪活动时，锦衣卫都要参与进去，朝廷会在锦衣卫中选拔相貌俊美、身高出众的青年锦衣卫。一方面要侍卫在皇帝左右，随时听候皇帝的差遣，另一方面也要进行仪仗工作，比如布置现场、抬抬神主牌。并且锦衣卫除了侍卫皇帝之外，皇亲也是他们的侍卫对象，甚至亲王们要离开京城到自己的封地上时，锦衣卫都要安排专门的人手陪同前往。

其次，便是巡查缉捕的职能，俗称"特务"，这也是大家最为熟悉和锦衣卫最为重要的职能。可以说，朱元璋设立锦衣卫就是要让其发挥巡查缉捕的职能。由于朱元璋对朝廷官员的不信任，锦衣卫主要侦缉的对象就是朝廷中的高官，其侦缉范围则主要是在京师及其周边地区。一旦侦缉到官员有违法行为或者直接威胁到了皇权统治，这时锦衣卫中高级官员便会在朝堂上进行弹劾。洪武四大案（即胡惟庸案、"空印案"、郭桓案、蓝玉案）中均可发现锦衣卫活动的身影，其中蓝玉案更是直接由锦衣卫指挥蒋瓛告发蓝玉谋反。之后随着历史的发展，锦衣卫的侦缉范围和侦缉内容也逐渐发生了变化，慢慢在扩大。除了侦缉群臣之外，锦衣卫还负责捕盗，以及负责京城的治安。由于京城人口众多，仅仅依靠五城兵马指挥司来负责京城及其周边地区的治安工作，会有些"心有余而力不足"，在这种情况下，锦衣卫的出现就很好地弥补了这一缺点。事实上，除了负责京师及其周边地区的治安工作外，锦衣卫有时还会被派遣至外地抓捕盗贼。洪武二十五年（公元 1392 年），朱元璋就曾派遣锦衣卫指挥陶幹、锦衣卫力士曲连及薛才三人一同前往河南地区抓捕盗贼。

第三，便是司法职能。朱元璋在成立锦衣卫时，还在锦衣卫中设立了锦衣卫狱，也就是大名鼎鼎的诏狱。当时，里面关押的主要是官员，他们基本上都是因为某些原因触怒了皇帝，从而被下令关至诏狱，听候皇帝的最终发落。除了负责诏狱外，锦衣卫还负责廷杖工作。明朝第一个被廷杖的大臣是茹太素，受廷杖的时间是洪武八年（公元 1375 年），受廷杖的原因则是其在给朱元璋的上书中有一句话是说"才能之士，数年来幸存者百无一二，今所任率迂儒俗吏。"朱元璋一看顿时不高兴觉得茹太素这是在指责自己任人不明，然后带着这个印象，此后读茹太素的上书，越读就越觉得这个人出言不逊。于是，朱元璋直接将茹太素招来，先是质问他一番，然后直接拉出去打板子。从此，便正式开启了大明朝堂上的廷杖。后来锦衣卫正式成立，就由锦衣卫专门来负责行刑。

第四，其他职能。除了上面所列举的职能外，锦衣卫还具备一些其他职能，比如外交职能。比如洪武二十五年（公元 1392 年）有外邦准备来大明进贡，朱元璋觉得人家这么大老远来一趟太不容易了，还得走到江南地区，当时道路又不便，经常容易水土不服，所以就派锦衣卫指挥使张政去慰劳他们，还赏赐了许多礼物。从此之后，锦衣卫就经常被外派到其他各国处理外交事务。

以上便是朱元璋设置锦衣卫后，锦衣卫在其一朝主要的职能。之后，随着历史发展，锦衣卫的职能有所扩充，但也是在这些职能的基础上进行扩充的。可以说，锦衣卫在初创之时的确特别风光，但是这种风光并没有持续很长时间。锦衣卫的设立是由于明初朝廷内外出现不作为的风气，导致国家的行政效率低下，而且腐败之风日益盛行。因此，明太祖为了巩固皇权，也是为整肃吏治，保持"国家机器"的有效运行，于是设立了锦衣卫。当时，明太祖给予锦衣卫的权力很大，使其在明初"法制不健全"的情况下，发挥了很大的作用，很好地扼住了这股歪风。后来，随着《大明律》《大诰三编》的颁布，明朝的法制已经健全了，皇帝的权威也树立了，明太祖不再需要锦衣卫的辅助。并且由于锦衣卫直接触及朝廷官员的核心利益，因此锦衣卫刚设立，便有大臣提出反对意见和质疑。特别是锦衣卫内部设立诏狱开始插手刑狱一事，更是引起了朝中多数大臣的反对和质疑。再加上锦衣卫自身在审理犯人的时候的确存在严刑拷打的情况。结果发展到最后，连朱元璋都知道锦衣卫用刑过严了。

于是在洪武二十年（公元 1387 年）的时候，朱元璋下令将锦衣卫内的刑具全部焚毁，将锦衣卫内囚犯全部移交给刑部处理。到了洪武二十六年（公元 1393 年）的时候，朱元璋更是进一步规定一切案子都要经过司法部门（刑部、都察院、大理寺等）处理，锦衣卫不得擅自做主，这就进一步削弱了锦衣卫的权力，甚至可以说使得锦衣卫元气大伤。原来锦衣卫既可以抓人，又可以审人，结果到了现在锦衣卫只能抓人，并且抓了人之后不能审理，由刑部、都察院、大理寺等专门的法司机构来审理。这样一来，锦衣卫和衙门里的捕快没有什么区别。

自此以后，锦衣卫在洪武一朝的政治上开始衰落，逐渐淡出政治舞台。事实上，朱元璋之所以选在洪武二十六年（公元 1393 年）大力打压锦衣卫，原因便是朱元璋的政治目标基本上已经实现。洪武二十六年（公元 1393 年）蓝玉案爆发，同年蓝玉案结束，朱元璋利用此次事件，基本上把他认为会威胁到老朱家天下的大臣们屠戮一空，同时皇权至高无上的地位也已经得到真正的确立。但是朱元璋也明白，随着洪武四大案的接连发生，手下的大臣们难免会有怨言和不满，如果不让他们发泄出来的话，可能也会产生不良影响。正好锦衣卫都参与了四大案，这时将他们推出去当替罪羊是最好不过的，就这样锦衣卫成了"飞鸟尽，良弓藏；狡兔死，走狗烹。"等到了建文朝的时候，由于建文帝崇信儒家礼法，大力减轻刑罚，导致锦衣卫更是彻底被闲置起来了，基本上不再参与政治活动了。

2. 朱棣复设锦衣卫

长此以往下去锦衣卫很有可能会被彻底废除，从而退出政治舞台。但是，谁也没有想到一场"靖难之役"打下来，燕王朱棣成功以藩王的身份成功登上大宝。朱棣这个皇位比他爹朱元璋坐得还不踏实。当时，宫中一场大火，建文帝不知下落，生死未卜，时不时还会出现建文帝某地出现的消息，朱棣总担心他人会拥戴建文帝（即使是名义上的）起兵造反，撼动他的江山。另一方面原来的建文旧臣仍然心怀故主，很多人质疑朱棣皇位的合法性、正统性，这些旧臣明面上虽然没有像方孝孺那样激烈地反抗，但是会在暗中与朱棣较劲。

一开始，朱棣对建文旧臣是采取了"瓜蔓抄"式的诛杀，但是后来他发现再这样诛杀下去，会面临无人可用的境地。因为朱棣兴起于北平，根基在北，而且府中的有才之士并不多，根本无法弥补官位的缺失。这样一来，明成祖必须得妥善处理建文旧臣，处理好两者的关系，而且得尽快。想来想去，明成祖决定改变用人策略，他觉得重用建文旧臣，一可以缓解官位人员的缺失，二则是可以收买人心，争取其他建文旧臣的支持，稳定朝局。但是，人心难测，难免有官员会有异心。到时候，被重用的若是有异心之人，就会对政局造成负面影响，危及皇权。如果不想让这样的威胁存在的，就必须采取一些切切实实的措施来监控旧臣，规范其行为。

在这种情况下，朱棣决定再次让锦衣卫活动起来。不仅恢复了锦衣卫内的诏狱，而且在锦衣卫内增设北镇抚司，原来的镇抚司改称为南镇抚司。其中北镇抚司专门负责受理钦案，旗下还掌管着令人闻之色变的诏狱。北镇抚司可以在自认为有必要的情况下逮捕任何嫌疑对象，并可在诏狱中对其进行不公开的审讯，三法司（刑部、大理寺、都察院）均无权过问，所以锦衣卫中真正有权的部门就是北镇抚司。而南镇抚司负责锦衣卫内部法纪，没多少抛头露脸的机会，因此所以无论小说还是电视剧，一般都不会提到南镇抚司。由于有朱棣的支持，重新设立的锦衣卫功能十分强大，不仅调查文武百官和普通百姓，连皇室成员也不能幸免。比如朱棣曾安排锦衣卫暗中监视他的异母弟弟宁王朱权和他的长子朱高炽。管理的事情多，人员编制自然就多了，按照标准编制，明朝一个卫应该有5600人，下辖5个由1120人组成的所。可是锦衣卫在巅峰时期下辖17个所，人数将近20000。

由于锦衣卫的权力没能得到有效制约，所以很快又出现滥用权力的情况。朱棣即位任命的锦衣卫指挥使（锦衣卫的最高长官）是纪纲，在最初纪纲的确为朱棣抛头颅洒热血，并且特别能领会朱棣的意思，对于朱棣不喜欢的大臣绝对不会让他们活着离开锦衣卫的诏狱。虽然纪纲起初所做的种种事迹对于朱棣巩固皇位的确起到了很好的帮助，但是随着时间的流逝纪纲也开始产生自己的野心，开始借着维护皇权的名义干一些危害皇权的事情。于是在这种情况下，朱棣果断对锦衣卫进行了一次清洗。永乐十四年（公元1416年）一名与纪纲有仇的太监向朱棣揭发纪纲的罪行，称其欲图谋不轨。

朱棣当即下令有关部门要严厉彻查此事。有关部门当天就向朱棣上报审查情况，最终朱棣做出裁定，纪纲凌迟处死，其全家老小全部发配戍边，他的党羽锦衣卫指挥庄敬、袁江和锦衣卫千户王谦、李春等人有的被诛杀，有的被发配。事实上，所谓的太监举报很有可能就是朱棣一手安排的，因为史书中对于纪纲与举报他的太监到底有何仇恨和到底怎样结下来的仇恨，根本提都没提，只是写了一句"内侍仇纲者发其罪"。并且以当时纪纲的权势和朱棣表现出来对他的信任，仅凭一个太监的告发就能让其倒台，还是难以令人信服的。除非朱棣此时已经打算对锦衣卫进行清洗，所以故意安排一个太监进行告发。

3. 厂卫并立

锦衣卫在纪纲统领后期的种种表现使得朱棣也开始不相信锦衣卫了，并且锦衣卫设在宫外，一方面使用起来不太方便，另一方面也不能及时了解其内部的动态，很有可能就会出现第二个纪纲。这时朱棣便想起自己身边的太监来了，在靖难之役中这些太监也是发挥过作用，立过功的，并且要不是他们通风报信，靖难之役还不会这么快结束，并且最终鹿死谁手还不一定呢。同时，这些人就在自己身边，联系控制他们也很方便，加上太监嘛，刑余之人，在朱棣看来一般来说也没什么野心。于是，朱棣在永乐十八年（公元 1420 年）正式成立东厂（全称为东缉事厂），其最高长官为钦差掌印太监，全称职衔为：钦差总督东厂官校办事太监，简称提督东厂，尊称为"厂公"或"督主"。起初，最高长官一职由司礼监掌印太监兼任，之后则由司礼监秉笔太监中位居第二、第三者担任。东厂的职能是"访谋逆妖言大奸恶等"，但是和锦衣卫相比，东厂只能够抓人不能够审讯，其抓到的人要交由锦衣卫的诏狱进行审讯。

事实上，朱棣设立东厂的最初目的只是监督，是为了防止锦衣卫抓到犯人之后徇私舞弊，所以特设东厂来制衡锦衣卫。但后来随着皇帝的信任倾斜，东厂的权势反而超过了锦衣卫。锦衣卫最重要的一项功能就是监视各级大臣，而东厂的监视程度超过了锦衣卫。举个例子，胡濙当初被朱棣派出去寻找建文帝的下落，但每当他在外奔波时，他的身后，始终另外有人悄悄地跟踪和监视。一次，有一个其他民族的酋长希望用他的樱桃和胡濙换书。胡濙爽快地将书送给酋长，却没有接受酋长的樱桃。等胡濙回京汇报工作时，朱棣突然问道："樱桃是小东西，路上也可以解渴，你为什么不接受呢？"胡濙立即明白，自己原来一直是被全程监控，不由得暗暗吃惊。不只是胡濙，朝廷中的大小官员也都会受到严密监控。即便是出门搜集情报的锦衣卫，也会受到多方"关照"。"关照"他们的人，则是宦官。

此外在永乐朝还形成了独特的厂卫关系。东厂的属官没有专职人员，其中有不少都是从锦衣卫招聘过来的。但并不是所有的锦衣卫都可以被东厂招收，而是要经过非常严格的选拔。选哪些人呢，东厂有个非常独特的标准：只选那些狡黠和乖巧的士卒，不要那些老实巴交的人。其中道理也很简单：如果不够狡黠，便没办法完成各种特殊任务；如果不够乖巧，就不能充分领会太监意图。另一方面东厂和锦衣卫都是强权部门，一旦发生紧急事件需要合作，由谁来领导谁也是一个问题，对此朱棣的做法是用没有军权的东厂来监控拥有一定军权的锦衣卫，这样可以在一定程度上避免纪纲这样的威权人物重新出现。而且虽然是由东厂主导，但是东厂的队伍中充斥着大量的锦衣卫，这也可以起到互相监督的作用，防止某一家机构独大。

总之，锦衣卫和东厂设立的根本目的就是明朝统治者为了加强皇权并且巩固自己的统治，而东厂锦衣卫的设立也的确实现了这一目标。虽然随着后期的发展，东厂锦衣卫的权势越发增强，但却始终在皇权的控制之下，其权力的大小和最高长官的任免完全取决于皇帝的个人喜好。事实上，锦衣卫东厂的设立正反映了这一时期皇权的衰弱，以至于必须依靠特殊机构才能加强皇权，维护皇权至高无上的地位。

九五之尊也要遵守经济的客观规律

我们在电视剧中经常看到大侠去饭店吃饭张口就是"来十斤女儿红，二斤熟牛肉，再来一只肥鸡"，然后大快朵颐，大侠吃完饭后一般是不结账的，如果有结账的镜头那也肯定是出手阔绰，随手就是一锭银子或者金子掏出来，还让小二不要找零了，侠之大也，就大在这个豪爽上面。好了那么问题来了，如果一个今天的人穿越到明朝初年，可以享受这么一顿大侠套餐吗？有人可能会说了，中国古代禁止宰杀耕牛，牛肉是吃不到的，但是明朝初年天下刚刚统一，很多禁令是贯彻不到底的，因而吃牛肉在某些地方是可以实现的。

然而想要像大侠一样如此潇洒地结账几乎是不可能的，因为在明朝初年私人胆敢用金银交易是犯法的。那就用铜钱？也不行，因为明朝初年铜钱奇缺，而且那玩意特别笨重，随身携带也不方便。那明初的人要想消费该怎么办，答案也是有的那就是用钞票，您没看错，就是跟今天一样用纸币（今天好像已经不怎么用纸币了）。

1. 横空出世

纸币制度起源于北宋，本是商品经济高度发达的产物，此后南宋、金、元等朝代觉得纸币十分好用，因而沿袭不改。明朝建立以后，朱元璋也觉得纸币制度相当好，应该继续沿用，但却没有立即印制大明的纸币，洪武七年（公元1374年）之前，明朝主要用的是铜钱，民间也会用实物来进行交易，对此朝廷也并未多加干涉。原因无它，元朝末年纸币大规模贬值，公信力早已丧失，在民间看来纸币就等于是废纸，甚至还不如废纸，这就是政府搞出来圈钱的东西，因而也压根不管到底是元朝的纸币还是明朝的纸币，反正就是觉得都不是什么好东西。加上这段时期国家草创，事务繁忙，也暂时管不了那么多。

但随着时间的推移明朝还是决定正式发行纸币，洪武八年（公元1375年）朱元璋正式下诏印制明朝的纸币，取名"大明通行宝钞（简称大明宝钞）"，新朝新气象，不得不说大明宝钞的样式也特别高大上，宝钞大概一张A4纸的大小，由于是用桑树皮纸制造的，所以宝钞呈现青色，耐腐蚀性也很强，上面有专门防伪的龙形花纹和防伪篆文，下面印制的是对伪造宝钞者的警告和处罚内容，宝钞中央则绘有钱串图案，以钱串画面的多少来代表面值，宝钞分别有一贯（1000文）、500文、400文、300文、200文及100文钱，六种不同的面额，满足民众的各种消费需求。同时明朝政府又规定每一贯钞能折换铜钱1000文，又或者可以折换白银一两，而每四贯钞则可对兑黄金一两，看起来很有经济学原理。

应当说洪武八年发行宝钞是明朝基于很现实的原因，我们知道中国自古以来就是贵金属稀缺国，别看古装剧里动不动就"赐黄金万两"，实际上古代中国还真没那么多黄金，连白银都少得可怜，真正将金银作为流通货币，还得到新航路开辟，中国赚到大把外汇，美洲金银大规模输入中国之后才行，不过这得到明朝末年才得以实现。而就是这不多的金银财宝，朱元璋也没拿到，金银哪里去了，这个得问蒙古人去。别看元朝垮得快，但手也快，败退漠北之前，值钱的东西全被卷走了，尤其是北方各府库的金银，几乎卷得一分不剩。有人说金银没了不是还有铜钱吗？说得对，中国古代大部分时期使用的是铜钱，然而当时市面上的铜钱也少得可怜，除了被元朝卷走的部分外，大部分都被地方豪族藏起来了，并且元末的各大割据势力都曾经铸造过铜钱，其面值分量差别很大，这就导致币制混乱，根本无法通用，因而明朝初年铜钱也很短缺。有人说没有铜钱不是还有铜矿吗？自己铸也行啊。铜矿蒙古人确实搬不走，但是元末经过连年战乱，明初种地都缺人手，哪还有人开矿，所以为了解决经济发展下日益严峻的货币不足问题就必须另辟蹊径，思来想去朱元璋才决定发行纸币。纸币制造起来速度、便捷，最重要的是这玩意制造成本相当低啊，有纸就行了，最适合解燃眉之急了。

在朱元璋和明朝政府看来大明宝钞的发行必将促进明朝经济的发展，流通全国，打造出辉煌的盛世。然而事情的发展却事与愿违，在明朝之前宋、金、元三代都曾发行过纸币，然而最后三个王朝也都发生了纸币崩溃的现象，但这都是在王朝末年才发生的事情，情有可原。然而明朝从洪武年间开始发行宝钞，到正统年间宝钞彻底不能通行为止，不过短短六十余年，而这段时间还处于明朝早期，在国家稳定强盛的时期，一国的法定货币竟然崩溃，以致退出市场流通，这实在令人匪夷所思。

2. 贬值再贬值

宝钞退出流通其实原因也很简单，那就是短时间内宝钞发生了严重的贬值现象。洪武九年（公元 1376 年），在大明宝钞发行一年之后，明朝政府下令禁止民间以金银及实物交易，凡是违法的一律严惩不贷。不久又下令实行"钞钱双轨"的制度，大的交易使用宝钞，而小的交易使用铜钱。之所以出台这么严格的措施，是为了保证宝钞的顺利推行，按照朝廷的设想如此严格的货币制度，必定能保证大明经济运转通畅，然而宝钞发行不到十年，令朱元璋最害怕的事情发生了——宝钞开始贬值了，力度还不小。

洪武十七年（公元 1384）朱元璋下令停止印制宝钞，给出的理由冠冕堂皇，说现在四海升平、经济发达、国库充足，就不用造那么多宝钞了，实际上经济发展如果真这么快，按道理来讲货币应该是不够的，所以不光不能停止印钞，反而还得加大力度印制宝钞，因而朱元璋在说谎，停止印钞的原因绝不是钱够用了，而是钱太多了，已经影响正常生活了。史书记载或许能告诉我们真相，先来看官方，古代官员的俸禄多是发粮食、布匹等实物，但因为宝钞是明朝政府的法定货币，加上明朝初年货物短缺，所以政府规定部分工资用宝钞来抵扣。洪武九年的时候朝廷规定"一石米折合宝钞一贯"，等到了洪武十八年（公元1385年）朝廷的折算标准已经变成了"2.5贯宝钞抵一石米"，不到十年时间宝钞的价值竟然下跌到仅剩原来的40%，而这还只是官方的，要知道朝廷给官员发工资那当然是能少给就少给了，所以政府定的宝钞价值还是偏高的。

当我们将目光投向民间，会发现宝钞的贬值更加惨不忍睹，两浙地区是商业发达地区，洪武二十三年（公元1390年）朱元璋了解到一贯大明宝钞在当地仅能兑换二百五十文铜钱，而到了洪武二十七年（公元1394年）大明宝钞一贯更是仅仅值钱一百六十文，尽管朱元璋曾三令五申要求民间必须按朝廷订立的比例兑换宝钞和铜钱，但并没有什么效果，也就是说在民间到洪武末年为止，宝钞的实际价值已经不到原始发行价的20%了，而这样的贬值还是在洪武十七年朱元璋下令停止印制宝钞有所遏制的情况下发生的。

宝钞以肉眼可见的速度进行贬值，从洪武末年开始民间的大宗交易，例如买地买房这些，交易双方在有白银和铜钱的情况下多用白银铜钱交易，如果没有，宁愿用米麦丝绸等实物来进行交换，也不愿使用大明宝钞（极少数情况会用），显然民间对大明宝钞的信用亮起了红灯。由此可见朱元璋晚年宝钞的状况已经岌岌可危，然而年迈的朱元璋也没有精力再去处理这一问题了，宝钞的问题只能留待后世皇帝解决，朱允炆在位四年，主要的工作就是跟朱棣干仗，既没有时间也没有余力去处理纸币问题，就这样皮球被踢到了朱棣脚下。

靖难之役后朱棣登上了皇位，然而四年的战乱也严重打击了明朝的经济，首当其冲的就是国家法定货币大明宝钞，战争使得无论是官方还是民间对宝钞的信心都降到了低谷，而宝钞的价值更是急剧贬值，到永乐元年（公元1403年）时，宝钞的价值仅剩原始发行价的十分之一了。在打赢了战场上的仗之后，自信心爆棚的朱棣宣布要在经济上同样要打一场胜仗，恢复大明宝钞的价值和流通。

在朱棣看来大明宝钞是没有问题的，朝廷的货币法的出发点也是好的，之所以流通不畅，是因为朝廷的法令没有得到良好的贯彻，不能上行下达，战场起家的朱棣觉得必须用重典才能让民间知道朝廷的决心，永乐元年（公元 1403 年）四月朝廷下令民间大宗交易必须使用宝钞，严禁民间私自用金银交易，若有违法者，也没什么其他处罚，一律格杀勿论，此法令一出一时间因违法交易而被诛杀者人数众多。有多少呢？多到最后连朱棣本人都看不下去了，觉得太惨烈了，因而一年之后修改了法律，违法交易的就不杀了，改为流放，流放是古代仅次于杀头的惩罚，也算是很重了。

朱棣的这一剂猛药确实刹住了民间的"不法"交易，大明宝钞渐渐又成为市面上的硬通货，然而宝钞贬值的问题依旧没有解决，这就需要新的办法。朱棣让群臣想办法，于是都察院左都御史陈瑛跳了出来，他指出之所以全国出现大范围的通货膨胀，归根结底还是宝钞太多了，货币一多自然贬值，因而朝廷必须设法回笼市场上多余的宝钞，宝钞的数量一少，价值自然也就提高了。朱棣虽然平常热衷军事和外交问题不是很懂经济，但还是觉得陈瑛说得很有道理，继而有询问他有什么办法能够平稳地从民间回收宝钞，毕竟朝廷也不能明抢啊。陈瑛既然能提出问题，自然就能解决问题，他向朱棣建议可以向百姓征收盐税，食盐是国家专营的商品，也是百姓生活的必需品，朝廷可以通过按户口配给食盐来征收盐税，而这征收的税必须用宝钞来支付，吃一斤食盐就缴纳一贯宝钞的盐税，以此来回笼宝钞，老实说明朝初年的盐价实际没有这么贵，而通常的食盐销售多是有国家将食盐承包给大盐商，再由他们去销售，现在改为由国家统购统销（一说只在部分地区实行），明显有变相加税的意思。

但即使是这样回笼，宝钞数量依然不够，宝钞还是在持续贬值中，因而到了永乐九年（公元 1411 年）朱棣进一步下令，规定民间可以用宝钞来折算部分赋税，当然抵算的宝钞价值肯定不是按照宝钞的面值来，经过一番仔细的估算，最后朝廷规定三十贯宝钞合一石大米，对比洪武八年（公元1375年）一石米折一贯宝钞，宝钞的实际价值仅剩当年的三十分之一，最可怕的是这还是朝廷自己认证的，等于朝廷带头承认宝钞贬值了，还贬值得不少，结果可想而知，这样做无疑进一步加剧了民间对宝钞的信任危机。并且朱棣在努力回收宝钞的同时并没有放弃印制新的宝钞，一边收一边印，而且印的速度比收的还快，这样做使得市场上流通的宝钞数量始终维持在一个相当大的份额，永乐十九年（公元1421年）继朱元璋之后朱棣也下令暂时停造宝钞，希望能通过这种釜底抽薪的办法稳定宝钞的价值，这种做法之前朱元璋早已实行过，效果是什么，大家也都看在眼里，所以停止印钞虽然出发点是好的，然而这却在事实上宣告了永乐一朝货币改革的失败。其后直到朱棣驾崩，永乐一朝再也没有推出过什么大的货币政策，问题只能继续留给子孙后代。

朱棣驾崩后，太子朱高炽登基是为明仁宗，仁宗刚刚登基没多久就发现自己的父皇留下来的是一个烂摊子，尤其在经济上是一塌糊涂，为了解决危机，明仁宗任用擅长理财的户部尚书夏元吉开始推动经济改革，首当其冲的自然是大明宝钞，夏元吉认为大明宝钞到了仁宗朝的时候已经不太流通了，究其原因还是市场上的宝钞太多了，价值贬值了。宝钞数量太多由此也可证明永乐朝回笼宝钞的做法并没有太大作用，只是流于形式。如何能切切实实地回收宝钞，夏元吉还是想到了食盐，只是他的办法比起陈瑛更加注重市场规律，陈瑛是主张国家来大包大揽，夏尚书则将目光瞄准了商人，他提议让商人向朝廷交纳宝钞，以此换取盐引去售卖食盐，通过商人，可以将民间零散的宝钞集中到商人手中再交纳给朝廷，朝廷不再需要挨家挨户一贯、两贯地回收宝钞，省去了大量的人力物力，此外仁宗皇帝在位期间也没有重印宝钞，这也减轻了市场的压力。

仁宗皇帝在位时间短，他的措施后来大部分都被其子宣德皇帝朱瞻基所继承，在宝钞制度上朱瞻基一开始也是很遵循父亲的规定，但计划赶不上变化，朱瞻基继位后不久就有大臣提议重印宝钞，所有人都知道增印宝钞的恶果，然而还是有人上书，这位大臣也不是什么奸臣，他之所以提议是因为朝廷财政收入不足了，北击蒙古，安南用兵等，用钱的地方多，收的税却一点不见涨。永乐朝的时候还有郑和下西洋，通过海外贸易为皇帝赚取大笔钱财贴补国用，仁宗一继位停了下西洋，他自己在位时间短体会不到，但财政赤字可苦了刚刚当家的朱瞻基了。

最终朱瞻基做出了一个大胆的决定，自己刚刚登基父亲的决定不能轻易更改，所以他派人去存放大明宝钞的库房整理回收回来的宝钞，表面上说要销毁已经被损毁的宝钞，但实际上除了损毁的之外，品相较为完好的就直接拿出来使用，重新投入市场，印制宝钞尚需原料和时间，朱瞻基的这一做法连这些都省了，朝廷使用宝钞的代价更低了，此后朱瞻基在位期间曾多次派人去库房捡取能使用的宝钞，以弥补国用的不足。而这样做的危害也是巨大的，这明显违背了经济规律，宝钞的价值一贬再贬，每石大米从永乐年间的三十贯涨到六十贯，再到七十贯，某些地方甚至达到一百贯，大明宝钞在宣德年间的贬值速度远远超过此前的洪武、永乐两朝。

并且由于朱瞻基将旧钞投放市场使得民间对宝钞的信任进一步降低，不少地方只收新钞而拒收旧钞。朱瞻基的做法成为压垮骆驼的最后一根稻草，从他开始即使有朝廷禁止金银交易的禁令，但民间金银交易仍然是屡禁不止，最后的结果是朝廷彻底放弃了，法令也逐渐放宽。首先，洪武年间私自用金银交易是死罪，永乐年间改为流放，到了宣德年间进一步减轻，只需要罚宝钞就行，这几乎就是没有惩罚。其次，朝廷虽然重申禁止金银交易，但也明白大势所趋，因而允许民间可以用实物进行交易，等到了明英宗正统年间，朝廷连金银的禁令也不再提了，睁一眼闭一眼地让民间使用金银。

大约明英宗以后，宝钞就彻底退出市场流通了，就连政府的税收也只要白银和实物，不要宝钞了。大明宝钞此后只在朝廷的某些典礼仪式上使用，算是朱元璋的子孙表面上遵守祖宗成法，实际上这是让大明宝钞名存实亡的妥协作法。从洪武八年正式发行到正统年间退出市场，大明宝钞实际上只流通了六十多年，不要说与朱元璋流传万世的愿望相去甚远，就是比宋、金、元三代纸币流通的时间也不如。问题究竟出在哪了呢？

3. 大明宝钞失败的原因

首先是超额发行。大明宝钞的发行很大程度上是为了弥补财政的亏空。朱元璋建国之后，元朝的残余势力退居漠北，史称"北元"，但北元的势力依旧十分强大，为此朱元璋曾八次进行北征，希望打垮北元，大规模的军事行动必须要有强大的经济后盾作支撑，出征的粮草，胜利后的犒赏三军，这些都需要钱，而明朝初期缺的就是钱，尤其金属货币严重不足，为了解决这一问题朱元璋想到了发行宝钞，确实宝钞的制作成本相比它的价值不值一提，而宝钞的发行又可以解决财政问题，为军事行动买单，一举多得。就在朱元璋发行宝钞的当年，明朝组织了第三次北征，可以说宝钞的发行奠定了北征成功的基础，因为据统计这一次北征胜利后，朱元璋光赏赐就花掉了价值千万两白银的宝钞，如果这些赏赐全部换成白银，明朝政府是无论如何都拿不出来的。

除了军事行动，宗室、功臣的食禄，以及各级官员的工资也有相当一部分是由宝钞支付，比如洪武二十年（公元 1387 年），宗室藩王藩食禄就支出 33.6 万贯，而随着宗室人口的增长，这一数字也在不断攀升。相比于军事行动这样的临时支出，发给俸禄这样的常规支出累积起来更是惊人。如果朱元璋之后的皇帝能够好好整顿这些支出，宝钞或许还不至于如此迅速地贬值，然而朱棣登基后，五征漠北，南伐安南，这些大规模的军事行动无一不需要宝钞买单。靖难之役更是造就了一大批领取宝钞的勋贵，大明的财政负担一步又一步地加深。

为了满足如此庞大的需要，朝廷就必须不断印制宝钞，洪武时期平均每年都要发行 515 万锭（一锭约合五贯）宝钞，洪武二十三年（公元 1390 年），大明宝钞更是发行到了 1500 万锭，此后的永乐朝比起洪武末年有所回落，但也在每年千万锭左右。而要知道以滥发纸币闻名的元朝，在其经济尚未崩溃的年代，每年发行纸币多在 150 万锭以下，两者一对比就知道明朝的宝钞滥发到了什么程度。总的来说大明宝钞的发行主要基于明代国家的财政开支，并不是立足于社会经济的发展水平，其发行目的不在于便民，而在于财政需要。加上朝廷也未对其发行量进行限制，导致宝钞存在超发的现象，堪比民国的金圆券。

　　其次是准备金不足。中国的纸币起源于北宋时期四川的"交子"，最初的交子实际上是一种存款凭证（类似于后世的银票），而且还是民间商户自发组织的。随着交子影响的逐步扩大，对其进行规范化管理的需求也日益突出，遂由朝廷接手承办。然而无论是民办还是官办，准备金制度一直是纸币的必须制度。我们知道，现代货币的发行一定要以一定数额的准备金作为基础，发行准备金制度是当代货币体系的重要组成部分。古代在金属货币制度下，货币发行以法律规定的贵金属作为发行准备。通俗地说，就是你发行 10 贯的纸币，国库里至少得有一两银子存在那儿，这样纸币才不会贬值。由于中国古代白银不足，所以多用铜钱来替代，当然效果是一样的。持有纸币的人可以在需要的情况下到政府指定地点，将纸币兑换成金属货币，当然需要扣除一定的手续费。这种制度在宋朝产生并被后世所继承，元朝虽然滥发货币，但是在准备金这一方面做得相当好，在其公信力丧失之前，一直是按规定办事。

　　而到了朱元璋这里情况发生了变化，因为朱元璋不懂经济规律，他只是发现纸币实在是一个好东西，不用什么本钱，只要在一张纸上印上几个字，就可以当真金白银使用，换来实实在在的财富，还不用背加赋的骂名，实在是无本万利的好买卖。然而他忘了纸币能当钱用的前提是政府必须拿出一定数量的准备金，朱元璋认为国家的公信力就是最好的准备金，因而大明宝钞从发行的那天起就没有准备金。

不光如此，朱元璋进一步规定，大明宝钞是不可兑换的纸币，即持有者无法将其兑换成金属货币，相反民间持有金银者可在政府指定地点兑换宝钞，这样一来金银等贵金属只有向政府单向流通，怎么看都像是空手套白狼的行为。现代经济学家普遍认为只有达到以下两个条件才可以不依赖准备金而发行纸币：一是社会经济发展的水平，足以应付一定数量的纸币流通，则无须准备金。二是人们必须相信政府会持续地紧守有限制地发钞，以及维持币值的原则。但在明朝显然这两个条件都不能达到，相反政府不顾经济规律，超额发行纸币，进一步打乱市场行为。

再来是信任的破产。既然发行数量超标，准备金制度也没有，那能让宝钞流通的就仅剩民众对政府的信任了。按理说明朝刚刚开国，不比日落西山的元朝，正是欣欣向荣的时候，朱元璋治国对待百姓也还行，普通民众对政府的信任应该爆表吧。但没想到朱元璋不按套路出牌，前面说了宝钞发行的主要目的是为了缓解政府的财政压力，因而宝钞的发行流通特别奇葩。朝廷印制的绝大部分宝钞是不直接投入市场的，有明一代宝钞主要是由皇帝来作为特殊用途，打胜仗了，犒赏一下军队啊；今年的新科状元看着不错啊，给点宝钞；番邦属国来进贡了，赐些宝钞；哪个省闹灾了，赶快下拨宝钞。其中赏赐无疑是宝钞最大项的支出，据记载仅在洪武二十三年（公元 1390 年）一年内，朱元璋在各种场合赏赐大明宝钞的总数额就达 9500 万贯，而这一年政府的收入只有 2000 万贯，也就是说政府的支出比收入多出来足足 7500 万贯。本来皇帝如果不发行，那么这些宝钞就只是废纸，但现在因为皇帝一句话，全国就必须承认这多出来的 7500 万贯纸币是有价值的，有购买力的。而显然整个大明一年的商品生产根本无法供应这多出来的宝钞的购买需要，最终的结果必然是供不应求，而宝钞就只有继续贬值的份了。

朱元璋及其后世的皇帝想不通，为什么民间冒着杀头的危险也要使用金银甚至实物交易，都不愿意使用样式精美、便于携带的宝钞，难道朝廷的信用在升斗小民面前就一文不值吗？但殊不知正是皇帝自己带头违反货币制度，随意滥发货币，罔顾市场规律，使得明朝政府由始至终都没有制定出一套系统的发行大明宝钞的制度。而这无疑打击了民众对政府的信任，继而丧失了对宝钞的信心，这一切可以说是皇帝们的自作自受。

最后是假钞和旧钞问题。尽管大明宝钞的印制已经相当完善和精美了，但那只是相对来说。事实上由于纸币制造制度有限，古代纸币的防伪比之于今天那真是天差地别。大明宝钞的制作材料虽然标准很高，但是桑树皮纸也不是很难得，纸币的模板等也多是木制，民间仿制起来还是有机会的，加上，随着明代手工业的发展与进步，必然会有人打起这方面的心思。至迟在洪武末年，市场上就已经流通相当规模的假币了，尽管朝廷多次下令严惩制造假钞者，但在丰厚的利益驱使下，这一行为依然屡禁不止。说来好笑，最终假币问题得以解决竟然是由于真钞已经无限贬值，制造假币已经无利可图，这才使众多造假高手退出了这一行业。

假钞问题已经对市场伤害巨大，而更大的伤害还来自朝廷自身。现代纸币最讲究耐用性，但古代中国纸币的材质根本不符合这一条件，这就使得宝钞用久了之后自然会出现破损、污迹，成为旧钞，而这会影响到宝钞的使用。明朝政府也想到了这一点，故而制定了"倒钞法"，就是在各地设置专门的机构回收旧钞，规定只要是真的宝钞，凡票面金额文字可辨认的均应继续流通使用，有破损的则由政府回收，然而实际操作起来，官府只收换破损的新钞，至于破损的旧钞则是哪凉快哪待着去吧。这样一来无疑是在向民间宣告旧钞等同废纸，这加速破坏了人民对大明宝钞的信心。民间对宝钞本来就不多的信任进一步破产。

4. 如何看待明朝的纸币制度

大明宝钞自发行之始就是为了缓解朝廷的财政困境，没有任何准备金，而且毫无节制地滥发，导致大明宝钞迅速贬值，物价上升。大明宝钞贬值、钞法不行，朝廷又将责任转嫁给民众，通过种种手段增加税收，回笼宝钞。即使这样依然无法改变大明宝钞的贬值，民间彻底丧失了对这种国家法定纸币的信任。大明宝钞从发行到消亡，自始至终，民众直都深受其苦，从这一角度看，大明宝钞的纸币政策可谓是失败至极。而这一切的根本原因在于明朝的皇帝和政府压根不考虑客观经济规律，妄图用行政命令来强制推行纸币，事实证明这种方法可能一时有用，但最终是要受到经济规律的惩罚的。

明代初期宝钞政策的失败使得后世的统治者不再轻易发行纸币，以北宋"交子"为开端，到"大明宝钞"为终结，纸币经过四个世纪的使用，最终在皇帝带头不遵守经济规律下宣告失败，中国从此放弃纸币，再次拿起了白银与铜钱，退回到了金属货币时代。

尽管经济建设搞失败了，但明朝的皇帝并没有心灰意冷，相反他们将目光转向了政治制度建设上来，并由此开创了一项与明朝存亡始终相关的重要政治制度，后世甚至有人说这项制度有点君主立宪的味道。

太监不可怕，就怕太监有文化

　　宦官专权是中国古代封建王朝中的一种常见现象，甚至在总结王朝覆灭的原因时，宦官专权也被看作是一个重要原因。

　　在中国古代，宦官专权最突出的三个朝代当属东汉、唐朝、明朝，赵翼在《廿二史札记》中便称"东汉及唐、明三代，宦官之祸最烈"。那么如果要在这三个朝代里选出宦官专权最厉害的那个，估计大家都会毫不犹豫地说是唐朝，毕竟东汉、明朝的宦官再怎么嚣张，他们也不敢废立皇帝，而唐朝则不同了，对于皇帝唐朝中后期的宦官们是说杀就杀、说废就废，甚至还出现了"定策国老，门生天子"的典故，可见唐朝的宦官已经嚣张到了何种地步，似乎宦官成了"皇帝"，皇帝则成了"家奴"。但是明末清初的大思想家黄宗羲却给出了不同的观点，在其看来明朝宦官专权是最厉害的，因为汉朝、唐朝乃至于宋朝的宦官顶多算是干预朝政并且朝中还有反对宦官专权的力量，但是明朝的宦官专权却是直接操控朝政，乃至于朝中的文武百官都要奉行宦官的旨意，内阁六部完全成了宦官的下属，给宦官打下手。

　　其实，黄宗羲所说的也的确是一种事实，在东汉虽有"十常侍"乱政，但却也有清流士大夫的反对和外戚集团的牵制；在唐朝宦官虽然可以废立皇帝，但是他们的权势基本上只能在长安城中生效，受藩镇割据的影响，驻扎在各地的藩镇节度使们不仅不怕朝中的"宦官"，反而对他们起到一种威慑作用；只有在明朝，

"士大夫之大有作为者，亦往往有宦官为之助而始有以自见"，到了后面更是"欲为士大夫任天下事，非得一阉为内主不能有济。"事实上，明朝宦官专权之所以会出现这种情形的一个关键原因就是司礼太监掌握了"批红"的权力，这就使得"内阁之拟票，不得决于内监之批红"，所造成的后果就是"相权转归之寺人"。同时，司礼太监掌握了"批红"权力的一个必要前提则是太监必须要有文化，不然的话他们根本看不懂内阁的"票拟"内容。所以如果用一句话来形容明朝的宦官专权，那就是"太监不可怕，就怕太监有文化"。那么讲到这里问题就来了，明朝的宦官是如何拥有文化的呢，又是怎样拥有文化的呢？如果想搜寻这些问题的答案，就要去看明朝前期的历史了。事实上，正是明朝前期几位皇帝赋予了宦官享受教育的权利，从而为后期的宦官专权埋下了隐患。

1. 自我打破规矩的朱元璋

其实在明朝初年，明太祖朱元璋吸取前代宦官之祸的教训，对于宦官是进行全方面的严格限制的。首先，严格控制宦官的人数，其在位时期皇宫内的宦官人数受到严格的控制，规模始终不是很大，最开始规定皇宫内的宦官人数不超过一百人，够用就行了，到了后期随着宫廷事务的增多也只是稍微增加了一些而已；其次，严格限制宦官所享受的待遇，明确规定宦官不能在外朝兼任官职，只能够在皇宫内廷行动，而且宦官的品级不得超过四品；最后，严禁宦官干政，一方面，朱元璋下令宫内宦官不许识字，通过限制宦官的文化水平来消除官宦专权干政的基础，另一方面又在洪武十七年（公元 1384 年）明文规定"内臣不得干预政事，预者斩"，并且为了防止后代子孙忘了自己这个规定，也为了震慑皇宫内的宦官，朱元璋还命令将这句话刻在铁牌上，并立在宫门内。

与此同时，朱元璋还要求朝中各部门不得和宦官有交往，如果有人违反了这条规定那朱元璋是不会手软的。朱元璋曾经对身边的侍卫之臣表达过自己对宦官的看法，对此《明史》中明文记载，朱元璋认为上古三代，宫廷宦官所用宦官不过百人，后世王朝宦官数目越来越多，朝政也就被他们败坏了。像宦官这种人，只能够用来打扫宫廷、供驱使。从中可以看出，朱元璋对于宦官是一种鄙夷的心态。除了制定各项规定来全面限制宦官之外，朱元璋还以自己的实际行动来震慑皇宫中尤其是他身边的宦官。当时在朱元璋身边有一个已经侍奉了他很多年的老宦官，很受朱元璋的信任和重视，但是这个老宦官在一次与朱元璋的交谈中，谈及了朝中政务，这一下算是触碰到了朱元璋的逆鳞。朱元璋勃然大怒，当天就让这个老宦官告老还乡了。

以上种种，似乎已经充分表明了朱元璋对宦官干政的警惕和严防死守。但是很讽刺的一点是，明朝宦官参与政事的开端就是在朱元璋在位时期。史载洪武二十五年（1392 年）朱元璋派司礼监的内侍聂庆童到河州去办理茶马事务，开了宦官参与政务的先河。应该说这一现象的出现是当时形势发展的必然结果，乃至于朱元璋本人都没发现已经打破了自己的规定了。朱元璋即位后为了加强皇权、巩固统治，废丞相、权分六部，权力是集中了，但是任务也加重了。据明史专家吴晗先生统计，洪武十七年（1384 年）九月十四日到二十一日，八日中内外诸司呈送皇帝的奏章为一千六百六十六件，涉及三千三百九十一件事。平均算下来的话，朱元璋每天要批阅奏章二百零八件，处理事情四百二十四件。不论朱元璋再怎么厉害，他毕竟也是一个人，人的精力都是有限的，每天都处理这么多政事，就算是朱元璋也会觉得吃不消的。在这种情况下，朱元璋势必会找一些人来协助自己，朱元璋也的确任命了一些大臣作为自己的顾问，但是朱元璋多疑的性格就使得朱元璋不会完全信任朝中大臣。因此，在这种情况下，朱元璋也开始在不知不觉中起用宦官了，其后洪武二十七年（1394 年）九月，派遣宦官前往陕西通知陕西都指挥使司训练将士；洪武二十九年（1396 年）六月，又派遣宦官前往桂林等地给屯田士兵购买耕牛。

宦官被派出的越来越多，涉及的事务也越来越广。不过要指出的是，在朱元璋的威压之下，这些被朱元璋派出去的宦官并不能作威作福，只能小心谨慎地处理事务。除了参与政事之外，"宦官不许识字"这条规定也是在朱元璋在位时期开始遭到破坏的。洪武十七年（1384 年），朱元璋设立了内官监，其职能之一便是掌管宫内"内史名籍"并且"所掌文籍，以通书算小内使为之"，小内使既然负责掌管文籍，这就表明这些小内使是有一定文化的，最起码是识字的，不是一个文盲。同时，小内使都是从小入宫的幼童，在宫外基本上没有接受教育的机会，所以他们能够"通书算"应该是在宫内接受教育的结果，不过此时宫内对他们的教育应该是让他们仅能识字，不知义理。由此可见，朱元璋在位时期虽然为了预防太监干政做了种种规定，但是受实际情况的影响，朱元璋也开始在不知不觉中违背了自己的规定，不过好在朱元璋始终对太监干政保持着警惕，使得他这一朝的宦官在政治上的表现还不是很明显。

2. 朱棣开启恶例

而在朱元璋之后有赖几任皇帝的纵容，使得宦官一步步走上权力舞台，并一跃成为朝堂上能和文官集团分庭抗礼的政治力量。而开启这个魔盒的正是英明神武的永乐大帝朱棣，朱棣的皇位来得不正，是通过造侄子建文帝的反搞到手的，一直都被尊礼守节的文官集团鄙视。执政期间还因为想要做出一番大事业，如五征蒙古、七下西洋、南征安南、迁都北京等，和政治上偏向内敛的文官集团关系紧张。而宦官就不一样了，在朱棣夺位过程中，南京宫中的宦官是立了大功的。正是由于这些被建文帝打压的太监偷偷向朱棣传递宫中消息，才令朱棣最后能够逆风翻盘。除原南京皇宫中的宦官外，朱棣身边的宦官还有直接参与靖难之役，并立下战功的，比如三宝太监——郑和，《明史》中便称其"从起兵有功"，郑和七下西洋的副手、太监王景弘同样也是在靖难之役中有军功，朱棣是个爽快人，太监们帮助了他，他也很乐意让太监们升官发财。可以说，一场靖难之役打下来，不仅使得朱棣认为宦官忠心，也使得朱棣认为宦官对于维护统治能起到很好的作用，宦官是完全依赖皇权而生的，在朱棣看来，他们才是最可信的。在这种情况下，朱棣开始重用宦官。

朱棣在位初年，围绕着太子之位，长子朱高炽和次子朱高煦展开了激烈的攻防战，双方势力你来我往，不断拉帮结派，几乎将朝廷的所有势力集团都牵扯进去了，里面甚至还包括皇帝最应该信任的天子亲军——锦衣卫。作为朱棣最仰仗的特务机构锦衣卫的首脑纪纲坚定支持汉王朱高煦。但这样使得皇帝对锦衣卫很不放心，锦衣卫本应该是皇帝的耳目，但现在在立储之事上竟然有了偏向，这还怎么让皇帝能够放心它的情报来源。锦衣卫不能信任了，怎么办？于是，朱棣想到了宦官。永乐十八年（公元 1420 年），在朱棣的示意下，明朝政府正式设立由宦官领导的东厂，用于监视锦衣卫。朱元璋的祖制是不让宦官干政，但东厂是监视和督促锦衣卫干活的，锦衣卫名义上是天子亲军，东厂的职责不涉及朝政，所以，它的建立没有遭到太多阻碍。

但是随着宦官越用越顺手，朱棣还想让他们负责其他事物，这就要涉及朝政了。而这时朱元璋"内臣不得干预政事，预者斩"的祖训就成了朱棣必须要克服的一个障碍，以遵奉祖训为起兵和即位借口的朱棣当然不会否定朱元璋的祖训，这等于是自掘坟墓。针对这一问题，朱棣采取了"曲线救国"的方法，他没有否定朱元璋的祖训，而是换了一个角度来解释朱元璋所规定的这条祖训。朱棣声称自己坚决遵奉太祖遗训，没有皇帝的命令，宦官不得擅自调发"一军一民"。表面上看，朱棣这句话似乎是在表明自己会遵循朱元璋制定的宦官不得干政的祖训，但潜台词则是在说，宦官只要服从皇帝的命令，那么他们就可以干政。朱棣的这一规定算是彻底打开了宦官干政的大门。

随着宦官所处理的事务越来越多，对他们文化水平的要求也越来越高，于是朱棣便安排专人进宫来教导宦官了，而随着宦官文化水平的提高，皇帝也相应地会让他们处理更多的事情。可以说，一方面皇帝对宦官的重用要求宦官拥有较高的文化水平，另一方面宦官文化水平的提高又使得皇帝对宦官更加重视。事实上，朱棣大规模起用宦官的根本原因还是为了维护自己的统治。

至于朱棣之后的明仁宗朱高炽虽然和文官集团关系密切，很多军国大事都采纳文官集团的意见，但是他却依然在一些事务上任用宦官。尽管朱高炽似乎对于宦官并不怎么感冒，比如宦官黄俨便"素为世子（朱高炽）所恶"，尽管朱高炽是一个儒学修养较高的君主，儒家经典中对宦官的评价也会影响到他对宦官的看法。但就是这样一位不太喜欢宦官的皇帝为什么还是任用宦官呢？原因很简单，就是要利用宦官来牵制外朝大臣们的权力。

事实上，宦官权力的增长是和外朝大臣权力的增长成正比的，朱元璋时期由于其对朝堂的多次清洗，使得朝中大臣基本上都"夹着尾巴做人"，不敢越雷池一步，所以在这种情况下，朱元璋根本不需要宦官来牵制外朝。但是，随着朱棣的即位及大明朝国家战略开始由外转向内，外朝的权力开始逐渐增强，此时为了牵制外朝，势必要推出一个人来和外朝打擂台，相对于外戚势力来说，更让皇帝放心的当属宦官集团了，于是在这种情况下，宦官开始逐渐得到皇帝的重用。不过在这里要指出的一点是，此时的朱棣及朱高炽虽然任用宦官帮自己处理一些事情，但是却还没有让他们参与到大政方针的运作中去。

3. 宦官的黄金时代

明朝的太监开始全面走向政治舞台是从明宣宗朱瞻基时期开始的，以至于后世有"宦寺之盛，自宣宗始"的说法。朱瞻基在位时期进一步完善内阁制度，并赋予了内阁"票拟权"，内阁的权力得到了极大的增强，乃至于压制住了朝中六部。这时朱瞻基为了限制内阁的权力设立了"批红"制度，并且将"批红"的权力下放给司礼监，利用宦官集团来牵制内阁。朱高炽在位期间重用文官集团，导致文官集团势力迅速扩大，到朱瞻基继位时，皇帝感受到在很大程度上要受限于文官集团，这令朱瞻基很不爽。朱瞻基其实是祖父朱棣培养出来的皇帝，他渴望做像永乐大帝那样的皇帝。但最后为什么朱瞻基反而成了一个守成之君呢？除了当时国力不足，难以支撑外，文官集团的掣肘也是一个重要因素，他们好不容易等到爱折腾的朱棣驾崩，可不希望再出来一个朱棣，朱瞻基无法和他们讲道理，所以想起了太监，用太监来对付文官集团。

宦官既然拥有了"批红"的权力，相应的对他们的文化素养要求也就变高，最起码他们得能够理解内阁上书的内容。于是，宦官的教育问题便提上了议程。为了解决宦官知识水平不够的问题，朱瞻基正式成立"内书堂"，"选小内侍，命大学士陈山教习之"。这一设置算是彻底打开了宦官干政的大门，如果说之前的宦官由于文化水平不高无法参与到大政方针的讨论运作上来，那么在经过内书堂的培训之后，这些宦官便也掌握了从政的基本技能了。而内书堂对于宦官干政主要有三方面的影响。

第一个影响主要体现在内书堂所教授的课程内容上，内书堂在教授小内侍时主要培养他们的"忠君爱国"思想和从政技能。为了培养小内侍的"忠君爱国"思想，内书堂一方面教授儒家经典，如《孝经》《大学》《中庸》《论语》《孟子》等，另一方面则教授专门的书籍内容——《忠鉴录》与《貂珰史鉴》，其中《忠鉴录》主要记载历朝历代奉公守法的宦官事迹，为小内侍树立学习楷模，《貂珰史鉴》则主要记载的是历朝历代宦官的善恶事迹并进行了总结评价。除了以上两项课程之外，内书堂还有一项课程就是"内令"，主要包括太祖、太宗以来明朝历代皇帝对宦官的戒谕。为了培养小内侍的从政技能，内书堂则为他们开设了"判仿"的课程，也是内书堂中最重要的课程，主要教授他们如何在日后对外廷奏章进行判答、对阁票进行批红，可以看作是他们正式掌握批红权力之前的训练。除此之外，内书堂还培训小内侍的书法技能和写作能力，要能写一手好字，做的一篇好文章。可以说，经过内书堂培训并且在培训过程中取得优异成绩的宦官在参与大政方针方面基本上是没有任何问题，并且在经过一系列"忠君爱国"

思想的灌输之后，明朝的皇帝也能更加大胆放心地起用他们了。

讲到这里，可能有人要问，向这些小宦官灌输一系列"忠君爱国"思想有用吗？还真的有用，比如明孝宗朱佑樘当太子时的宦官"老伴"覃吉便时常给孝宗教授《大学》《中庸》《论语》等儒家经典，同时在闲暇之时还常给孝宗讲授"台省政务、民间疾苦"，甚至还专门告诉孝宗前代宦官专权的危害。明神宗朱翊钧在位时期不理政事，纵然宦官为非作歹，时任司礼监掌印太监的张宏屡次上书劝谏，在苦谏无果的情况下"绝食数日而卒"，选择了以死谏君的方法。除了这些宦官之外，那些在明朝历史上为非作歹的大宦官也不是一无是处，像正德朝的大宦官刘瑾便曾在正德四年（公元 1509 年）闰九月"奏通盐法四事"，正德皇帝看了后称刘瑾的上书"经画周详，防范严密。"所以正德皇帝在怼大学士刘健、李东阳、谢迁等人时所说的"天下事岂专是内官坏了？譬如十个人中，也仅有三四个好人。坏事者十常六七，先生辈亦自知之"也不是没有道理的。

第二个影响则主要体现在内书堂的授课教师身上。进入内书堂授课的教师都是在朝中担任官职的官员，而随着他们被调入内书堂教授小内侍知识，相应地两者之间便建立了联系。这在一定程度上已经违背了朱元璋在世时制定的宦官不得与外臣结交的规定了，并且随着历史的发展，内书堂的教师由各种官员都可以担任演变成了专门任用翰林院的人员来担任。本来这件事看上去似乎没什么问题，似乎只是为了更好地培养小内侍的能力。但是，在明朝的官场上有这么一句话"非进士不入翰林，非翰林不入内阁"，也就是说这些教授小内侍的翰林将来很有可能会成为内阁大臣，而这些小内侍将来则很有可能会成为司礼监秉笔太监掌握"批红"权力，两相一结合最后的结果是什么可想而知。在这种情况下，司礼监和内阁不仅不会互相牵制，反而会互相举荐、亲密合作。

第三个影响则主要体现在内书堂小内侍完成学业后的出路上。小内侍们最好的出路是去文书房入职，因为"凡升司礼者，必由文书房出，如外廷之詹、翰也"，也就是说他们进入了文书房就等于一只脚踏入司礼监里面了。次一点的出路就是负责宫内教书，对他们的要求是"多读书、善措书、有德行、无势力者。"再差一点就是去二十四衙门负责文书工作。在这三条出路中，就算最差的一条出路都要比那些没在内书堂学习过的宦官好得多。事实上，除了上面的三条出路外，内书堂的小内侍还有一条出路就是担任太子老师，比如上面所提到的覃吉，史载"太子年九岁，吉口授四书章句及古今政典。"作为太子的贴身老师，在太子登基称帝后其地位会得到极大的提升，甚至可能一跃而起，直接成为司礼监秉笔太监，从某种程度上来说，这条出路才是小内侍最好的出路。因为常年陪侍太子左右，所以太子势必会对其极其信任，那么太子登基称帝后只要其不犯什么谋逆之类的大罪，基本上他的地位是不会受到任何威胁的。

由此可见，明宣宗朱瞻基设立内书堂等于是彻底松开控制宦官集团的缰绳，打开宦官专权最后的一道闸门。不过内书堂的设立虽然为宦官专权提供过了极大的便利并且扫清了最后的障碍，但是内书堂的存在也培养了一批比较正直的宦官，从而在一定程度上实现了宦官内部的互相牵制。不过要清楚的一点是这种宦官集团内部正直宦官与乱政宦官的对抗，属于宦官集团的内部清理整顿，对于宦官专权这个大的形势是没有任何影响的，最多就是换一个正直的宦官专权，内阁大学士和六部大臣们还能有点尊严和地位可言，毕竟他们还会尊重一下法律和正常的政治程序。事实上，当明宣宗正式设立内书堂时，明朝的宦官专权已经成了历史大势，没有人可以阻挡这股大势，虽然皇帝可以按照自己的心意任意处罚那些专权的宦官，但是却不会取消宦官的权力。

这其实也是明朝皇帝的无奈之举，一方面是因为担心外朝权力过大，所以需要宦官来对他们进行限制；另一方面则是有的时候朝中大臣实在是"烂泥扶不上墙"，自己的屁股也不干净。所以在指责明朝宦官专权的时候，不要只关注皇帝和宦官，也要看看朝中的大臣们。

明朝的内阁是君主立宪的先声吗？

"责任内阁"是我们今天看西方新闻经常听到的一个词，通常与这个词联结在一块的还有"君主立宪"，这是西方一种十分重要的政治制度。然而"内阁"这个听起来十分西方的词汇却来源中国，在六百多年前，建国不久的大明也产生了"内阁"，这算是明朝走向"君主立宪"的尝试吗？或许一切都要回到六百多年前去寻找答案。

1. 劳模朱元璋的烦恼

后世给明朝内阁的定位是在中央设立的帮助皇帝处理政务的机构。之所以会由内阁帮助皇帝处理政务是因为原来协助皇帝行政的"宰相制度"被废除了，因而源头还得追到明太祖朱元璋那儿。

大明新建之时，承袭旧制立丞相辅佐君王处理朝政。然而，自明初四大案之首的胡惟庸案爆发后，疑心甚重的明太祖朱元璋于洪武十三年（公元 1380 年）下定决心废除丞相制、中书省，亲自上阵统率百官。朱元璋的一顿操作使得皇权得到强化，但这样一来，大事小事就得皇帝一个人操劳了，无疑增加了皇帝的工作负担。根据《明太祖实录》记载，废除丞相后不久，朱元璋曾在八天内平均每天批阅 200 多件奏章，处理国事 400 多件。如此大的工作量纵然是朱元璋这样的劳动模范都不由得感慨工作的辛苦，以至于他曾经作诗一首表现自己的工作辛勤"百僚未起朕先起，百僚已睡朕未睡。不如江南富足翁，日高五丈犹拥被。"

终于高傲的朱元璋还是在现实面前低下了头，他明白想要一个人处理全国事务是不可能的了，因为明朝幅员辽阔并不是上古时期那种小国寡民的状态，最终朱元璋发出来"人主以一人御天下，不可无辅臣"的感慨。朱元璋要找帮手了。要说朱元璋不愧是雷厉风行的开国皇帝，办事效率就是快。洪武十三年（公元1380年）五月，朱元璋废除宰相制，到了当年的九月份，朱元璋就开始找人帮自己办事了。

朱元璋招来一批"耆儒"来协助自己处理政务，做一些抄抄写写的活，称之为"四辅官"。所谓的"耆儒"就是一些年老的儒生，为什么会选择这类人，其实是朱元璋深思熟虑后的结果，"耆儒"年纪大了，没有政治根基，不至于对皇权产生威胁，并且由他们出任的"四辅官"任期较短，并没有多大的权力，没有决策权只能负责为皇帝提供参谋意见。"四辅官"的设立表明朱元璋探索一种既能辅佐皇帝，又能够防止大臣专权的机构。当然，这个尝试后来失败了，主要原因还是"耆儒"年龄太大了，生活自理都成问题，根本没有精力来达成朱元璋的期望，所以第二年朱元璋就废除了这一机构。

第一次虽然失败了，但是朱元璋并没有灰心，洪武十五年（公元1382年）朱元璋又仿效宋朝的制度，设置殿阁大学士作为皇帝的顾问，殿阁大学士的设置成为明朝内阁制度的雏形。不过由于朱元璋在位期间十分勤政，重大政务必然亲力亲为，因此该时期的大学士很少能够参与决策，也没什么权力，只是参谋顾问而已，与后世的内阁相差甚远。朱元璋驾崩后，继位的朱允炆基本上沿袭了这一制度，也没有什么太大改动，直到朱棣登上皇位，一切就此改变。

2. 朱棣的平衡术

朱元璋逝世没多久，朱棣发动"靖难之役"夺得皇帝宝座。朱棣继位当年的七月下诏，令一批官员进入文渊阁，为皇帝提供参谋建议，这被认为是明朝内阁正式设立的标志。那么朱棣为什么要设立内阁制呢？

两个原因，一来朱棣虽然也是马上天子，但其生长于承平时期，他的精力难以比拟朱元璋，朱元璋尚且需要帮手，朱棣怎么会不需要呢，只不过相比起父亲，朱棣的智囊团人数更多、更专业而已；其次是为了交好文官集团，朱棣的皇位来源不正，在这件事上其与文官集团多有对立，设置内阁就是朱棣拉拢文官集团的一种手段。

但朱棣毕竟是一个经验丰富的政治家，他设立内阁并不是一味让渡权力给内阁成员，而是很讲究"平衡术"，这一点从内阁的设置就能看出，朱棣亲自选定的首批阁员有解缙、胡广、黄淮、杨荣、杨士奇、金幼孜、胡俨等人，朱棣对他们的要求是"并参国家政务，以低秩之官品佐朝廷之事"。这些人中既有前朝旧臣，又有新晋官吏，有能人才学之士，也有朱棣的忠诚心腹，且大多历经翰林院而供职（后代升内阁者大多经翰林院历练方可成阁老，这个规矩也是此时开始形成的），大多有才气显外，名声显赫，但官品不高，面对京城的大官不敢轻易冒犯，以此达到朝廷上的平衡。由此观之，不得不说朱棣设立内阁一事确实煞费苦心。

也正因为这样，永乐一朝时内阁的地位虽然比洪武时期有了显著上升（至少是一个常设机构了），但其握有的权力依然很小。从职责上来说，这只是一个供皇帝咨询政务的机构；从内阁阁员的品级来看，不过是五品的中级官员，其地位还抵不过外省的一个知府（四品），更不用说二品的六部尚书了；从内阁的机构设置来看，内阁没有专门的下属机构，不能直接掌握行政权力，朝中大臣可以直接向皇帝上奏，无须经过内阁。终永乐一朝，内阁不过是永乐大帝为了达成其盛世要求所使用的一个工具而已。

3. 仁宗、宣宗想偷懒

洪武时期内阁产生，永乐时期内阁正式建立，但无论是明太祖也好，明成祖也罢，这二位都是雄才大略之主，绝不将权柄假手他人，因而这几十年间"内阁"的地位始终被死死压制，比起内阁阁员，这一时期的六部尚书那才叫位高权重，然而随着朱棣的逝世，内阁逐渐走向明朝政治核心。

仁宣时期，内阁的地位和权力得到了迅速扩大。明仁宗朱高炽能够继位得益于文官集团的大力支持，因此他一旦登基后必然要投桃报李，此外，朱高炽身材肥胖、体弱多病，这样的身体状况也迫使他不得不寻找大臣分担自己肩上的重担。而内阁无疑是朱高炽能找到的最好帮手，早在其为太子监国时期，内阁便开始协助朱高炽处理政务，阁员中的不少人甚至就是"太子党"，加之内阁设立之初的定位本来就是皇权的附庸，因为他们比起外朝的官员更值得皇帝信任。

于是在朱高炽有意识的倾斜下，内阁的权力不断扩大，能够代皇帝处理一些简单政务，在皇帝的同意下能够参与核心政务决策。不过这也导致一个问题的出现，那就是内阁的权力与内阁成员的地位不匹配了，根据朱棣定下的规矩，内阁成员的品级只有五品，等级不高，但内阁没有直接的下属机构，其决策要能够推行就必须调动外朝部门，不幸的是这些部门的首脑品级大多要高于内阁阁员，这样一来导致各部门之间的合作并不融洽。因而为了解决这一问题，明仁宗朱高炽决定提高内阁的地位，他先将内阁大学士的官阶从正五品提高到正三品，从中级干部拔高到了高级干部，至少外地官员和大部分京官是不敢再轻视内阁了。

但新的问题又出现了，内阁阁员的官阶依然低于六部尚书（正二品），而六部尚书又是有很大实权的，即使将内阁阁员的品级提到与六部尚书一样高，六部尚书依然可以不买内阁的账。这样明仁宗又别出心裁地想出了"兼职"，即由六部尚书兼任内阁阁员（也可以看作由内阁阁员出任六部尚书），比如身为内阁阁员的杨荣任工部尚书、杨士奇为兵部尚书、黄准兼户部尚书、金幼孜为礼部尚书、杨溥也曾兼任礼部尚书。通过这么一番操作，内阁阁员可以说既有了朝政的决策权，又有了政策的执行权，其地位日渐尊荣。后来明仁宗又重设公孤官，将内阁列入其中。公孤官原本是为文武大臣加赠太师、太傅、太保、少师、少傅、少保官衔而设置的，虽然这些官衔为虚职，但是其地位却很高（一品），仁宗却把这些崇高的名号给了阁臣，可见其地位提升之快。

到了明宣宗朱瞻基时期，内阁获得一个重要的职权——票拟权。所谓"票拟"就是内阁阁员在处理臣僚所上的各种章奏时，将自己的处理意见用黑字撰写于纸上，然后附到奏章上请示皇帝如何执行。皇帝以朱砂红字批示于附加的纸上（称之为"批红"），多为可行、打回或额外的修改意见，再将"红本"（有时候是口谕）传至内阁，阁员们需要将皇帝的指示依照诏书规范写成正文，有时候言语也需要进行一定的修改。

"票拟权"其实出现得很早，洪武年间的殿阁大学士也曾拥有过类似的权力，当时被称为"视草"，即秉承皇上意见起草奏章，制定公文，修改辞藻，多是依据皇上的口谕落实于诏书，起草后的诏书仍然需要得到皇帝阅览后盖章方可生效，这样做自然大大降低了办事效率。而宣宗时期确立的"票拟权"则加强了内阁的权力，内阁掌握这一权力后，改变了过去大臣奏章直送皇帝手中的局面，所有奏章必须先呈送到内阁，而内阁做出的"票拟"皇帝一般不会驳回，这使得内阁阁员不需要兼任六部尚书也能掌握行政权，内阁的地位也进一步上升。

"票拟权"的出现标志着内阁正式成为大明王朝的权力核心之一，尽管在涉及地方灾荒、官吏升降考核等事务时必须经由皇帝亲自批阅，但在常规流程中由首辅带领的内阁成员基本可以独自处理大多事务，文官集团由此获得了立命的根基。在明前中期，不是所有的内阁成员都有票拟的权力，大多由皇帝亲信或者心腹执掌秉笔，而这些人大多担任内阁首辅或次辅。内阁首辅隐隐成为"百官之首"，象征着明朝时期权力的最高峰和皇帝的信赖。随着明朝内阁实力的不断膨胀，基本上所有的奏章都需要过一遍首辅的手，甚至皇帝直接任命起草的诏书（中旨），内阁首辅也有权力拦下发还诏书，称为"留中"。

这一权力看似不可思议，毕竟首辅之权来源皇帝，实则在历史上真实发生过，且受"内批"而升官加爵的官吏可能会被认为是阿谀奉承的小人，甚至有"中旨"下而百官不受之事。也正是因为此，内阁首辅负责制逐渐成为明朝政治体制中的权力核心，在明中后期甚至在明面上形成统领百官的局面。

4. 君主立宪？

前面提到"内阁制"是君主立宪制国家经常采用的一种制度，而从明朝的内阁来看其与英国的内阁制还颇有相似之处，譬如它们的成员都是由最高统治者任命，同样是集体负责。那么明朝的内阁制能否看作是君主立宪制的先声呢？

其实不能，这一点先让我们来看一看英国的君主立宪制和内阁制的形成过程。1688 年，英国资产阶级贵族发动光荣革命，英王詹姆士二世被迫流亡海外，第二年通过英国议会通过《权利法案》等限制国王权力的法案，确立了国王"统而不治"的地位。《权利法案》作为"宪法"文件成为英国政治制度中抑制王权的最重要武器，导致君王大权旁落。

而这种君王大权旁落的情况尤其在 1714 年来自德意志的乔治一世继位后更加突出，本来乔治一世之前的国王是会参加内阁会议的，并且对内阁的行政有很大的导向作用。但乔治一世是德国人，不会说英语（乔治一世继位时候已经五十多岁了，想学也学不会了），根本听不懂内阁大臣在讨论什么，后来他就索性不参加内阁会议了，这样内阁的行政权就越来越大（内阁本身通过议会有立法权）。乔治一世之后的几任国王也都因为各种原因无法参加内阁会议（乔治二世在位期间在欧洲大陆与法国开战，乔治三世患有癫痫病，乔治四世是个酒鬼，整天喝得醉醺醺的），阴差阳错之下英国内阁的权力也就越来越大，并形成了固定的机制。

等到 1837 年，维多利亚女王登基时，她发现自己只剩下一个同意权，而且只是形式上的同意权，因为内阁形成的决议，国王必须通过。现代内阁制度，也在这一过程中形成。

而明朝在这一点上就与英国完全不一样了。从英国的情况来看，是先有君主立宪，再有内阁的，内阁是向议会负责的；而明朝是先有强化君主专制，再有内阁，内阁是向皇帝负责的。

就明朝内阁制度而言有这样几个特点：首先，明朝内阁始终没有取得法定的地位，始终不是中央一级正式的行政机构，只是从明成祖朱棣时期开始形成的一种习惯，不具有法律约束的效力，皇帝可以凭自己的喜好自由选用辞退内阁阁员。其次，内阁与皇权矛盾重重，又始终屈服在皇权的重压下，明朝内阁只有票拟的权力，决策权依然在皇帝的手中，因此没有皇帝的同意，内阁阁员并没有能力发布任何具有效力的决议，甚至到了后期，明朝皇帝为了制衡壮大的内阁，而将"批红"权力交给宦官，使得内阁受制于司礼监。

总之，明朝内阁制是建立于"皇权至上"理念下的辅政机构，最根本的目的仍然是为了君王的政权稳固和绝对统治。因此，明朝的内阁制最终仍然摆脱不了对皇权的绝对尊崇和依附。因而不能把它看作是君主立宪的雏形。

5. 明朝内阁

从最开始设计可以看出，朱棣一开始只想将内阁作为一个辅政议政的平台，使之成为分担君王重责、减轻执政压力的助手，在相权废除的情况下为子孙后代谋万世。然而自朱棣之后，后世子孙少有出众者，不少皇帝为了偷懒，选择放权内阁，这使得内阁的权力越来越大，这显然与朱棣的设计大相径庭。到了明中后期，明朝皇帝们也认识到，内阁虽无宰相之名，却有宰相之实。面对日益庞大的内阁与文官集团，明朝皇帝为了不被架空，不得不开太监之启蒙，将大权分给宦官以制衡文官，但这也不过是饮鸩止渴。

而对于内阁和百官而言，内阁终究不是丞相。这一看似风光的政治机构必然依附在皇权之下，其运作也必然陷入与皇权、宦官、文官的权力争锋中。尽管在朝廷内部，内阁大学士有相对不低的官职匹配，但这些皇帝"亲信"在与六部百官的政务交接中常受到刁难、排斥和无视，这显然与过去的丞相差别极大。不管内阁到底是"自己人"还是皇帝的挡箭牌，四分五裂的文官集团都不可能完全信任他们。

于明朝而言，内阁只是在广袤的大明领土上不起眼的一隅，但在政治上的地位却随着王朝的兴衰时起时落，最终成长为庞然大物。作为君主身旁最贴心的文人集团，内阁大学士与皇帝的关系仅次于太监，而掌握的大权却远超宫中的一亩三分地。既要排解内忧，还要攘除外患，警惕时事，明朝内阁首辅们和内阁班子压力之大难以言表。不论如何，这种政治制度历经明清，在近现代仍有精华得以继承，这足以说明制度的设计有其独到之处，值得后人品味和学习。

大移民

元朝张养浩于晚年面对战乱下的黎民百姓，吟诵出"兴，百姓苦；亡，百姓苦"的千苦绝唱。然而经历百年之后，处于新的封建王朝——大明的人民仍未有定居安养天年的福分。大明初建，百废待兴，统治者出于各种各样的目的，迁移村落甚至市镇以开发土地、平均耕织，百姓也会因为生计远走他乡。七百年前的大明朝到底发生了什么，为什么本应平稳发展的封建帝制下会发生连续数十载至明中后期仍未中断的人民大迁移，这些都留下了浩瀚而又庞杂的神秘疑问。本文将带你走入大明初期大移民的时代，且看苍茫大地鱼龙混杂、大千世界人浮于事。

1. 黔东南：汉苗合一

历史上关于汉族与其他民族或其他国家融合的例子数不胜数，大明初期内地的汉族人民向黔东南方向的迁移正是其中一种，而这也受到了后世历史学家的关注。元末明初，政权更迭，新成立的政权为维护中央集权的权威和领土的扩张，下令四处征战。洪武年间，太祖朱元璋曾多次派兵从四川借道南下清理如南诏国等未归属的邻国。要知道，在中国历史上这一区域地理因素和风土人情与内地多有不同，中原统治者少有挥师清剿此地，大多与之谈判形成名义上的君臣关系或视而不见。

此外，中原向西南的道路交通不便（可曾记得李白的《蜀道难》），大军难以快速通达，粮草供给易被切断。长期封闭管理下出现的土司等地方势力极度排外。在大明之前，南宋抗元的防务正是在此地设立，直至蒙古西征结束而战斗不止。蒙古强征大理打通要道，多路大军直接围剿云南诸国，并在此后统治年间不断派兵清扫战场。战后，云南被元朝统治者所掌控，在大明建立后仍负隅顽抗。太祖朱元璋在和谈无效后令蓝玉、傅友德等开国大将分两路强攻云南。

由于明朝大军征伐并非良久之计，况且云南、贵州地处偏僻，但地理位置极为重要，把守大明王朝向印度半岛的咽喉要道。因此，进一步的统治管理势在必行。太祖令沐英常驻此地管辖地方事务，后者在此地立下家族、兴修水利、四处平叛、开通交通要道、传播中原儒家文化，病逝后被封王以祭奠功绩。此外，为保证大明王朝与此地文化语言沟通无碍，沐英奉朱元璋的命令将周边江苏、湖广地（正好是元末张士诚、陈友谅的割据地，分化当地忠于他的群众不亦乐乎）的百姓迁移到云贵地区，并将所携带的大军驻扎在这里，设立军屯和卫所，开荒土地。

要知道，此处群山林立，所间隔的平原多如盆地，仅高等植物就有上万种，红土地含金属元素较多较为贫瘠，而云贵高原的地方区域性决定其更适合种植草药，历朝历代长期缺粮。勤劳种地的汉民将耕种技术、优秀粮种和劳动力带入黔地，当地旧时的"刀耕火种"的旧生产方式被中原先进的生产工具和兴修水利后的高效灌溉所代替。农业生产上的合作和共融意味着汉族与苗族一体化进程在这一时期达到了高潮，而集权政治制度的渗透使中央王朝对这一片区域的管理能力大幅提升。随着之后朱元璋等明朝统治者对印度半岛附近的诸多国家发动战争，各府、司所管辖的区域也不局限于黔东南，在明前中期成为流动的大明版图，而包括苗民在内的大明百姓可以于此定居，虽然仍有土司的存在，但受大明的监督旧领主对属民还是要比以往收敛许多。

为镇守边疆，明朝对西南实行了土流并治等政策，设立五开卫以防暴乱、进攻。此时受战乱、时事的影响举家搬迁的百姓择地而居，官僚政府对落户民众予以减税免税政策，鼓励移民常住。黔东南、黔南正是其他民族集中居住的地区，苗民对于新来的邻居很热情，帮助汉民修建房屋，汉苗两族得以以较为和平的方式融合。

这种欣欣向荣的民族大团结局面真正打破了中国各民族之间的隔阂和仇视的界限。中原和西南地区（黔、云还有周边诸省，远达越南等）的沟通也随之加强，茶叶贸易成为明初开始兴盛的一个收益极高的产业，满足了其他民族对内地手工产品和粮食之需。在这一时期，西南接受了一批纺织手工业主的投资和产业转移，出现了一些大宗交易市场（今日的黔东南苗族侗族自治州还保留着的镇远古镇正是其中的代表），具备了一定的自给自足能力。

2. 北直隶：移民内迁

在华北京原上，隶属于明北直隶的百姓也同样面临着移民的选择，只不过略有不同的是，这种迁移并非从中原向蛮荒，而是从京城附近抽调向京城方向转移。为何南北之间存在这么大的差异？元末明初，太祖朱元璋与陈友谅、张士诚决战之后，自南（南京）向北一路北上直灭元大都，将元朝的傀儡政权驱逐到大明北部的草原。然而，草原粮食稀缺，生活用品不足，习惯了奢华生活的北元贵族不得不化身骑兵匪徒南下掠夺，给大明北方的百姓带来深重的灾难。此外，明初四大案自上而下牵连无数，朱棣自封地"靖难"，从北京南下达到南京，在北直隶地区发生了几场大的战役，夺位一路刀光剑影，附近百姓无不受其害。此外，封建帝制时期农业生产饱受自然灾害的影响，其中蝗灾常光顾秦岭淮河略靠北一带，北方又多发旱灾，而地震、瘟疫等对于百姓生活而言更是难以提防。为了应对可能袭来的天灾人祸，必须建立起以大城市、市镇为中心的城乡体系，通过中央集权的力量庇护一方百姓。

建国之后，随着官府体系的完善和民生恢复需求亟待满足，大明对地方安置流民发展生产提出了一定要求，一些地方官吏和中央巡察、监察使官被要求加强对地方荒田、农田的保护和开垦力度，并将田地无偿分发给流民用于谋生，政府提供政策支持。太祖和成祖期间对流民问题比较严重的地方实行减税降税的政策，地方福利机构提供农具生产的支持帮扶（不同于王安石改革的官方贷款，而是地方自主发挥的救济）。由于我国粮食产地大部分分布在南方土地平阔、肥沃之地，南北产粮的质量、规模差异较大。永乐十九年（公元 1421 年）迁都北京后，周边地区对粮食的需求急速膨胀，一度需要南粮北调，粮价飞涨社会动荡，统治者要求从今山西、河南等地迁移百姓充实京都附近农田，鼓励开垦，这实际上是官府自发地分流农产地的人力配置，从而达到政治中心迁移的目的。

迁移民众必然涉及民众安置、资源调配等关系民众民生的众多方面，对于洪武、永乐年间的流民迁移尤其如此。永乐年间，成祖将太祖设立的北京布政使司改为北直隶，标志着这一地区经政治中心迁移（迁都北京）后地位上升。从山西、山东及南方迁移的移民素质、质量不一，除了迁都所携带的官员家眷，多为受蒙古铁骑攻扰、地处沙漠荒地或投献执政者欲扩大产业势力的基层群众。此外，成祖特意要求携带一批南方籍贯手工业者向北，迁至北京附近，为官府打造铁器用具。山东地方沿海，交通尚算便利，多产鱼盐且儒家文教盛行于此，迁移者多为受地形影响耕种不便的农民，或者看到官府分配土地而被利诱者。

此外，从山西迁移中原的百姓众多，是大移民迁民群体的主体。永乐前期曾被下诏三次迁民，后又要求将具有特定职业的工种逐渐向京都聚集，一些受灾的群众主动要求被迁，也得到了应允。今天，在山西洪洞大槐树附近仍然有对明初山西大迁移的相关记载，山西的其他一些地方如太原（县）、岳阳、高平、临汾、晋中等也出现了大量的迁移手续遗留证明、民史民谣。大量山西移民填充到中国各地，不忘祖居的同时为中国广袤平原上的农业生产恢复立下了汗马功劳。这些在家族、官办条令中保留的历史记录成为河北直隶等周边居民追溯山西洪洞大槐树为祖居所在的证据，也正因为这一群体的庞大使一些人直接将明初的迁移民众行动称为明朝洪洞大移民。

北直隶地区的大迁移在明初的大移民行动中规模最大，历史记录最全，也最引人关注。这其中既有政权对抗所需，又有经济社会求稳所配套，由于大多受封建王朝统治者和富户地主所支配，因此可以看作是一场自上而下的大迁移。

通过这场浩浩荡荡的大迁移，北京周边的居民数量大幅增加，成为护卫京都的一扇门户，所迁移的军户家眷为周边部队的战斗力提供了保障；北京地区的土地荒田被一抢而空，获得新土地的家族开始扎根于此并不断传承，成为地方稳定经济的一部分力量；一部分低素质的农户进入市镇充当廉价劳动力或受雇佣的耕种者，提高了生产生活的效率和田亩的使用效率，这也符合封建土地制度的一般规律；从南方、山东迁移的农户将生产技术和桑蚕养殖带入北方大户，使棉花种植、纺织产业等相关行业在北方盛行，由此带来的产品外溢吸引了相当多的商户入驻，又进一步带动经济发展，很大程度上补充了北京附近的税收，北京也成为明朝唯一的经济、政治中心；最后，由于迁出地原本的人口和土地配置的不合理在元末明初达到高潮，明初的大迁移还为土地兼并所引发的田亩分配不均等问题的解决提供了方案，缓解了明清时期的人地矛盾，也将迁出地百姓对生态环境的负面影响降低了许多。当然，明初之后随着北直隶人口逐步增加也出现了相当严重的土地与农户之间的争端和矛盾，受到了官方学者和地方官吏的进一步关注。

3. 湖南：产粮重地

从"荆楚之地，地广人稀"到"湖广熟，天下足"，湖北湖南地区作为中国新的产粮大省取代了原先的"苏湖"，正是发生在明代出现。而这一巨大改变的发生得益于元末明初的大移民。

　　明清以前，湖南作为临近巴蜀地区的未开发地区，在教育、经济方面落后于其他州府，落户于此的居民在籍人数较少。太祖设湖广布政司后，湖南地区人口急速膨胀，远超历史，洪武二十四年（公元1391年）达到193万余户，这当然有明初加强居民登记这一举措的功效。由于开发较晚，湖南人口一直没有达到饱和，这其中主要是因为人口不足劳动力欠缺导致土地资源荒废。太祖和成祖意识到湖南作为长江流域的重要关口具有极大的粮食生产潜力，加大了对这一地区的开发力度，从江西向这里迁移了大量的移民，对湖南的粮食生产起到了巨大的作用。这一迁移实际上一直在进行，直至清朝，湖南真正作为中国的"粮仓"存在。

　　农业生产有人的因素，也有天时地利之因素。古人很早便意识到农业生产中所涉及的天、地、人之间的关系，并将之加以运用，移民正是对这一理论的运用和阐释。明初，湖南空有广袤的肥沃田地有待开发，地貌荒芜，人口稀少。而在周边平原地区，却出现了人满为患的现象，急需一个闸口放缓人口增速。地方的官吏在采取各种措施后发现湖南气候宜人，常年较高的气温为农业生产提供了充沛的热量，虽然人迹罕至，但如果开发得当仍然潜力极大。

　　然而在古代，湖南作为长江黄金水道的江边大省常受到水涝灾害，农不保收，鲜少有人敢去开垦（有点类似埃及的尼罗河流域）。明代较为发展的水域工程将长江作为粮食运力的一部分，真正达到"人定胜天"的目的，不仅解决了南粮北运等粮食外运的困难，改善了蓄水排洪能力，而且水利措施的普及使得以水灌溉成为湖广地区的一大优势。在此基础上，地区的粮食生产规模快速扩大，以太仓等为例，耕种区域超过居住区域，在这里有元代兴建的海运仓收集储备周边地区的粮食以备不时之需，并借海运和部分陆地运输输送给京城周边，而这一巨仓甚至在明代还有所扩大，明代产粮之大、规模恢宏可见一斑。

　　此外，粮食相关行业，如酿酒等对米粮要求价高的产业得以发展，湖南米稻的质量、产量远超全国其他地区，为高质量的米酒提供了可能。当地农户和富商也借助这一地利换得大量货物，由此带来地方商行的兴盛和市镇的繁荣。在明清之际，湖南一度成为中外物资交流的重要城市，吸引了大量外国友人久居于此，新的思想文化、手工业技术从西方传来。今天我们的主要食物品种之一的红薯、玉米也正是在明朝出现，由外国传来。当然，这种粮食的大量外流可能会损伤当地市民的切身利益，作为粮食核心产地的民众竟然无法获得平价粮食，这无疑有些讽刺。

明代，随着湖南地区人口比例上升，文化教育行业也逐渐兴盛，如"岳麓书院"等历史上著名的教育机构在较为安定的环境下快速发展，也受到了官府和乡绅的支持。尽管在这一时湖南的人才储备略逊于周边，但对比过往增幅巨大，这可能与迁移农户主业为开垦种植而非转向以读书为出路有关。湖南移民来源广，交杂形成的特色方言流传至今已经与其他地区形成了鲜明对比，这种巨大变化同样于明初集中爆发。文化的相对保守及略微的排外使得这一地方社会矛盾稍显突出，尤其是在新迁入的汉族和其他民族之间。这一点在明代中后期仍难以得到解决。

4. 祖先的脚步

如何看待明朝初期出现的大移民呢？这其实是在当时的特殊时代下，通过国家强制干预，将人口稠密地区的人口迁移到人口稀疏地区，达到互补效应，这既解决了人口稠密地区的耕地不足，又解决了人口稀疏地区的劳动力不足，这一大的移民行动基本覆盖了全国。今天的许多不同地方，都有着对于明初移民的部分记忆，这其中尤其以山西洪洞大槐树、山东、贵广等地区最为显著，而他们也终将是在这场庞大的人口流迁中受益匪浅，劳动力资源和土地资源进行极大优化配置升级。对于时代而言，这只是一个种族自我调配、自我适应的过程；而对于那个观念尚旧、生产发展落后的年代，每一个小的改变都应该看作是对生命的挑战和追求。

参考文献

一、古籍、资料汇编

[1]〔清〕张廷玉等.明史 [M].北京：中华书局，1974.

[2]〔清〕谷应泰.明史纪事本末 [M].北京：中华书局，1977.

[3]〔明〕谈迁.国榷 [M].北京：中华书局，1958.

[4]〔清〕傅维鳞.明书 [M].济南：齐鲁书社，1996.

[5] 大明会典 [M].北京：中华书局影印本，1989.

[6] 明实录 [M].上海：上海书店出版社，2018.

[7] 御选明臣奏议 [M].台北：商务印书馆，1983.

[8] 明纪事文编 [M].北京：中华书局影印本，1962.

[9] 皇明经济文录 [M].北京：全国图书馆文献缩微复制中心影印本，1994.

二、专著、论文

[1] 李渡.明代皇权政治研究 [M].北京：中国社会科学出版社，2004.

[2] 张彬村.明朝纸币崩溃的原因 [J].中国社会经济史研究，2015（03）.

[3] 陈昆.宝钞崩坏、白银需求与海外白银流入——对明代白银货币化的考

察 [J]. 南京审计学院学报，2011（02）.

[4] 吴士勇. 明代内阁制之形成 [D]. 上海：华东师范大学，2004.

[5] 王广军. 试析明朝内阁制的政治效能 [J]. 辽宁大学学报（哲学社会科学版），1999（04）.

[6] 韦占彬. 明代洪武时期北部边防的战略规划 [J]. 赣南师范学院学报，2007（04）.

[7] 谢贵安. 从朱元璋的正统观看他对元蒙的政策 [J]. 华中师范大学学报（哲学社会科学版），1994（01）.

[8] 余同元. 明太祖北部边防政策与明代九边的形成 [J]. 烟台师范学院学报（哲学社会科学版），1991（01）.

[9] 陈忠海. 明朝经济发展为何由兴至衰 [J]. 中国中小企业，2017（02）.

[10] 黄波. 胡惟庸："反臣"，还是"棋子" [J]. 江淮文史，2019（06）.

[11] 朱忠文. 胡惟庸案与李善长死因新探 [J]. 贵州文史丛刊，2016（01）.

[12] 赵轶峰. 明代皇权转移之际的合法性博弈 [J]. 史学集刊，2020（01）.

[13] 张佳佳. 浅析明太祖马皇后的历史作用 [J]. 法制与社会，2015（23）.

[14] 崔靖. 明朝后妃研究 [D]. 天津：南开大学，2014.

[15] 杜永娇. 藩王与明朝政局研究 [J]. 佳木斯大学社会科学学报，2019（04）.

[16] 梁曼容. 明代藩王研究 [D]. 长春：东北师范大学，2016.

[17] 赵现海. 明初分封制度渊源新探 [J]. 中国史研究，2010（02）.

[18] 勾利军，汪润元. 明初分封藩王的原因与历史作用 [J]. 河南师范大学学报（哲学社会科学版），1989（03）.

[19] 李庆勇. 建文帝在靖难之役中的败因探析 [J]. 新乡学院学报（社会科学版），2010（01）.

[20] 孙志江，何荣芝. "靖难之役"中建文帝失利探因 [J]. 渤海学刊，1991（Z1）.

[21] 孙林 . 明建文帝逊国之谜 [J]. 文史春秋，2007（10）.

[22] 成建三 . 历史记载：建文帝的下落 [J]. 贵阳文史，2017（01）.

[23] 陈昌旺 . 明成祖朱棣的军事思想研究——以靖难之役为中心 [D]. 昆明：云南师范大学，2013.

[24] 杨杭军 . 评永乐帝的五次北征 [J]. 河南师范大学学报（哲学社会科学版），1995（02）.

[25] 蒋重跃 . 朱棣对蒙古各部的均势政策与五次北征 [J]. 浙江学刊，1990（02）.

[26] 吴晗 . 明代靖难之役与国都北迁 [J]. 清华大学学报（自然科学版），1935（04）.

[27] 李英来 . 试论明成祖迁都北京的原因 [J]. 黑龙江教育学院学报，2006（04）.

[28] 梅恺 . 简述明成祖迁都北京及其影响 [J]. 华章，2010（15）.

[29] 郑梅 . 解缙年谱 [D]. 南昌：南昌大学，2018.

[30] 唐宝民 . 才子解缙的不归路 [J]. 文史春秋，2016（05）.

[31] 赵中男 . 朱棣与朱高炽的关系及其社会政治影响 [J]. 湖南科技学院学报，2005（03）.

[32] 季秀 . 明仁宗朱高炽研究 [D]. 哈尔滨：黑龙江大学，2017.

[33] 杨志华 . 试论杨士奇对明初社会政治的贡献 [J]. 江西师范大学学报，1998（04）.

[34] 李伟敏 . 明代仁宣时期的用人与“仁宣致治”[J]. 西安政治学院学报，2004（05）.

[35] 赵毅，刘国辉 . 略论明初“三杨”权势与“仁宣之治”[J]. 东北师大学报（哲学社会科学版），1997（01）.

[36] 宫春科 . 杨士奇何以能救太子而保身 [J]. 领导科学，2016（01）.

[37] 张健 . 明仁宗死因考 [J]. 安徽史学，1991（02）.

[38] 王伟 . 明前期士大夫主体意识研究（1368—1457）[D]. 长春：东北师范大学，2011.

[39] 陈尚胜 . 论宣德至弘治时期（1426—1505）明朝对外政策的收缩 [J]. 山东大学学报（哲学社会科学版），1994（02）.

[40] 李庆勇 . 明宣宗平定高煦之乱原因探析 [J]. 温州大学学报（社会科学版），2011（01）.

[41] 廉超 . "高煦之叛"再认识 [J]. 珞珈史苑，2014（00）.

[42] 毛佩琦 . 从郑和下西洋看明成祖视野下的天下格局 [J]. 故宫博物院院刊，2005（03）.

[43] 王冬青 . 论郑和下西洋与明成祖的威慑外交战略 [J]. 江苏社会科学，2005（01）.

[44] 齐书深，龚江红 . 论明太祖、成祖时期对蒙古的政策 [J]. 史学集刊，1995（03）.

[45] 孙阳，卢薇 . 论明朝锦衣卫制度 [J]. 安阳师范学院学报，2019（06）.

[46] 李云波 . 锦衣卫与东西厂的异同 [J]. 中学历史教学参考，2005（04）.

[47] 周家明 . 论明代货币的运作——铜钱、宝钞与银 [J]. 西部学刊,2016(12）.

[48] 郇蕾 . 明朝宦官制度的特点及作用研究 [D]. 西安：西北师范大学，2009.

[49] 易彪 . 明代宦官权力扩张及原因 [J]. 文教资料，2007（24）.

一看就停不下来的明朝史

时拾史事 著

中

哈尔滨出版社
HARBIN PUBLISHING HOUSE

图书在版编目（CIP）数据

一看就停不下来的明朝史 . 中 / 时拾史事著 . 一哈
尔滨：哈尔滨出版社，2021.1
　　ISBN 978-7-5484-5612-4

Ⅰ . ①一… Ⅱ . ①时… Ⅲ . ①中国历史—明代—通俗
读物 Ⅳ . ①K248.09

中国版本图书馆CIP数据核字（2020）第199484号

书　　名：**一看就停不下来的明朝史 . 中**
YI KAN JIU TING BU XIALAI DE MINGCHAO SHI. ZHONG

作　　者：时拾史事　著
责任编辑：赵　芳　王　健
特约编辑：曹　月
责任审校：李　战
封面设计：杨　龙

出版发行：哈尔滨出版社（Harbin Publishing House）
社　　址：哈尔滨市松北区世坤路738号9号楼　　邮编：150028
经　　销：全国新华书店
印　　刷：天津中印联印务有限公司
网　　址：www.hrbcbs.com　　www.mifengniao.com
E-m a i l：hrbcbs@yeah.net
编辑版权热线：（0451）87900271　87900272
销售热线：（0451）87900202　87900203

开　　本：710mm×1000mm　　1/16　　印张：60.5　　字数：891千字
版　　次：2021年1月第1版
印　　次：2021年1月第1次印刷
书　　号：ISBN 978-7-5484-5612-4
定　　价：168.00元（全三册）

凡购本社图书发现印装错误，请与本社印制部联系调换。　服务热线：（0451）87900278

引 子

宣德十年（公元 1435 年），明宣宗的驾崩，将年仅九岁的朱祁镇推上了皇帝宝座。少不更事的他，有祖母张太后的悉心教导，又有贤臣"三杨"的全力辅佐，安然度过了懵懂的少年时代。然而，当一根根拐杖全部倒下后，土木堡之变发生了。明军尸横遍野，血流成河，上演了一出人间惨剧。堂堂大明天子，竟然也沦落为蒙古人的战俘。

长城告急！九边告急！京城告急！大明江山已经到了最危险的时刻。生死抉择间，皇弟朱祁钰挺身而出，"粉身碎骨浑不怕，要留清白在人间"的于谦也站出来了！上下齐心，中外协力，挽狂澜于既倒，扶大厦之将倾。瓦剌兵退，北京转危为安，朱祁镇也顺利归来。可是帝王家的亲情，却早已被权力腐蚀。南宫森森，禁锢了朱祁镇的躯体，却锁不住他复位的希望。夺门之变，明英宗再度登基，忠臣于谦含恨而死，山河同悲。

时间静静流淌，俯仰之间，八载已逝，朱见深坐上了龙椅，他钟情于姐弟恋，最爱的人是年长自己十七岁的万贵妃。有强人坐镇，后宫岂能安宁，皇子们纷纷罹难，大臣们忧心忡忡。死里逃生的明孝宗励精图治，开创"弘治中兴"。本以为帝国从此步入正轨，谁能想却出现了两位"折腾"的新皇帝。明武宗开豹房、战边塞、下江南，忙得不亦乐乎；明世宗议大礼，炼丹药，喋血左顺门，个性十足。天下并不太平，宁王的军队在江西起事，倭寇的贼船在沿海横行；一百年后，蒙古人的铁骑再度驰骋京畿，耀武扬威。而庙堂之高的阁臣们，你争我夺，互不相让。嘉靖嘉靖，家家干净。永陵的地宫徐徐关闭了，江山留予后人愁。谁能重整惆怅的帝国？这位大神，好像就在眼前！

目 录

一 | 皇帝兄弟

少年天子，主少国疑 _003

大明第一代权阉登场 _013

御驾亲征：飞龙骑怎么会输 _024

不想当皇帝的王爷不是好监国 _033

朱祁钰是一个合格的皇帝 _042

由来百代明天子，不肯将身做上皇 _049

太上皇要翻盘 _059

朱祁钰——迈向"正统"之路 _068

于谦：要留清白在人间 _076

朱祁镇或许不是一个好皇帝，但是一个好人 _086

二 | 成化时代

平凡的岁月 _101

流民的泪水 _112

恋母专一也是种长情 _124

汪直：威震朝野和边关的大太监 _132

三 | 子不类父

泥石流中的一股清流？ _143

一夫一妻制的先行者 _151

刘瑾：玩死明朝的第三个宦官 _156

头号玩家朱厚照 _165

立德、立功、立言 _174

四 | 嘉靖嘉靖，家家干净

天上真的会掉馅饼 _193

名义大礼，实为争权 _203

用生命渡劫 _213

一入玄门深似海 _224

内阁能有多乌烟瘴气　_238

号外！号外！京城告急！　_258

嘉靖终于驾崩了　_277

大明王朝的刚峰　_287

功过自有后人言说　_298

参考文献　_309

一

皇帝兄弟

少年天子，主少国疑

明英宗朱祁镇，在历史上是一个颇具争议的人物。人们提起他来，大概想到的应该不是一般圣明君主常见的丰功伟业和文治武功，而是宠幸阉宦、土木堡丧师、屈身为俘虏和杀害功臣等并不光彩的负面形象。

而这些负面形象大多来自他的前半生。朱祁镇为什么会有如此不堪的前半生，因为他的皇位得来得太容易了。朱祁镇是明朝的第六位皇帝，在他之前的五位皇帝，有刀口舔血登上皇位的（朱元璋），有造反起家的（朱棣），有被父亲死死压制了一辈子导致心力交瘁的（朱高炽），而朱祁镇比起他们真的是太幸运了，而这源于其父的早逝。

宣宗睿哲，惜不永年

大明宣德十年（公元 1435 年）正月，明宣宗朱瞻基病逝于乾清宫，年仅三十八岁。他在位时间不足十年，却和父亲一起开创了历史上著名的"仁宣之治"，享有极高的声誉。明仁宗朱高炽仅仅当了八个多月的皇帝，就因病猝死，故而"仁宣之治"的功劳绝大部分就都算在朱瞻基头上。

清代名臣张廷玉在他编撰的《明史》中是这样评价他的："仁宗（朱高炽）还是太子的时候，并不被成祖（朱棣）信任和宠爱，因为皇太孙全力支持，才转危为安。宣宗登上皇位后，任用的官吏都很称职，施政治国明智而公平，法律政令得到了有效的贯彻执行，国家储备的粮食财富充足，百姓们都安居乐业，就算发生自然灾害也不会对百姓的生活造成太大的影响。到此时大明已经建国六十年了，社会矛盾得到了缓解，形势蒸蒸日上，有了太平盛世的景象。就算是经历了强横的藩王突然起来作乱，也很快就被平定下来。扫除边患，使狡诈的敌人都被其震惊与慑服。他的高瞻远瞩和雄才大略，几乎可以和英明神武的先祖相媲美了，这对一个帝王来说，应该是非常高的评价了。

不过，朱瞻基的早逝还是给刚刚开始的盛世抹上了一丝浓重的阴霾。太子才刚刚年满八岁，能担得起这泰山压顶般的重任吗？

明宣宗朱瞻基之死，确实是来得太突然了一些。因为他正当盛年，身体强健，按《明史》记载，在去世前三个月，他还亲自带着部队去巡边。对于巡边的目的，他是这样解释的："国家虽然安定，也不能忘记保持武装训练，现在农业种植的季节已经结束，朕将亲自率领六军，到边疆去巡视，以整饬武备！"天子出行，仪卫煊赫自不必说，就是率领的军队也绝不在少。统率着大队的人马去巡边真的是个体力活。古代没有现在这样便利的交通条件，出行全部靠走，就算朱瞻基可以骑马和乘坐畜力拉运的车辆，也是一个相当劳累和消耗体力的漫长行程。

而从《明史》的记录来看，朱瞻基于宣德九年（公元 1434 年）九月十二日从北京出发，三天后经过居庸关，第二天到岔道还打了一场猎，这也是朱瞻基精力充沛的表现。过了十天他又来到洗马林检阅了城堡的兵备情况。六天后，可能是上次出猎没能够尽兴的缘故，朱瞻基又在洗马林组织了一场更大规模的狩猎演武，其体力的强健可见一斑。

当晚，在大军的营帐中，朱瞻基与随驾的阁臣杨士奇和杨荣促膝长谈，他问："人君控驭天下的权柄，采用哪种方法最为重要？"杨荣回答道："不外是褒奖有德之士，征讨有悖逆行为的罪人吧！"朱瞻基道："你说得对，这二者就是制衡天下手段啊！大舜一下子提拔了十六位贤臣，又诛杀过四凶，而天下之人莫不臣服，因为大舜是以天下人的好恶为标准行事！齐威王烹杀了阿邑的大夫，而重赏了即墨大夫，是不受左右之人的蒙蔽啊！"在这里他引用了两个典故，其一，是舜帝提拔素有贤名的"八元""八恺"为相，又诛杀了恶名昭著的"四凶"，从而天下大治。其二，是阿邑大夫贿赂了齐威王的左右侍臣让他们为自己美言，而即墨大夫不愿奉承他们。左右侍臣就在齐威王面前诋毁即墨大夫，并说阿邑大夫的好话。齐威王派人视察阿邑和即墨时，发现阿邑治理混乱，百姓困苦，而即墨政治修明，百姓安居乐业。齐威王察明实情后，烹杀了阿邑大夫和曾为他美言的侍臣，重赏了即墨大夫，齐国因而大治。朱瞻基以此来表明自己实现命德讨罪的决心和政治理想，得到杨士奇和杨荣的肯定和褒扬。

朱瞻基这样转了一大圈，行程将近千里，历时一个多月，于十月下旬回到北京。回京后，他还接见了暹罗、占城、琉球、苏门答剌、哈密、瓦剌进京朝贡的使臣。瓦剌顺宁王脱欢献上了故元朝的玉玺。朱瞻基认为，国家的长治久安跟是否持有玉玺没有直接关系，就没有接受他的朝贡。十月中旬到十一月上旬，他还处理了一系列的政务，如松潘蛮人叛乱的平定、停止陕西的马匹买卖、调运南京和临清仓的粮食赈济两畿、浙江、湖广、江西灾荒、免除被灾的四川税粮等。到此时为止，朱瞻基都没有表现出任何异常的症状。

时间到了十二月，情况就急转直下了。十二月初一，一直精力充沛的朱瞻基突然"不豫"，也就是生病了。这次的病势似乎相当严重，连祭祀太庙的大典都不能出席，由卫王朱瞻埏代理他完成祭祀太庙的仪式。宣德十年（公元 1435 年）正月初一，朱瞻基已经不能出席朝会了，下令群臣在文华殿拜谒皇太子。两天后这位雄才大略、德迈先祖的年轻帝皇，崩逝于乾清宫。

明宣宗朱瞻基在位期间，各个方面都取得了不小的成就。政治方面，削夺藩王势力，树立皇权的权威；任用贤臣、改革政治制度和行政流程；推行仁政，减免赋税，勤俭爱民，这些做法大大缓和了当时的社会矛盾。军事方面，惩治军中腐败，北击蒙古，撤兵安南，弘扬国威的同时减少了军事支出。财政方面，改革财税制度提高了国家收入。文化方面，编写《帝训》和《官缄》，誊录各种古籍的副本，保存在宫中，建造"通集库""皇史晟"收录古籍，藏书高达二万余册。他自己则工于翰墨书香，书画作品达到了极高的造诣。外交方面，继承了永乐大帝的遗志，组织郑和第七次重下西洋。他在位期间，先后有数十个国家来朝进贡，国势之隆，直追汉唐。可以说，他的种种作为，将大明带入一个全新的盛世。

他的英年早逝，是大明乃至整个中国历史长河中的一个极大损失，直到今日还经常有人遐想，朱瞻基若是再活二十年，十一世纪的中国，将是怎样一个繁荣壮丽景象！但是，历史是不容假设的，生命就像一杯无法续杯的咖啡，没了就是没了，只能选择下一杯，大明的未来，又该何去何从呢？

太子身世，颇具争议

朱瞻基的长子朱祁镇出生于宣德二年（公元 1427 年），据《明史》说，他的母亲是当时的宣宗宠妃孙氏宫中的宫女。这个孙氏就是热播电视剧《大明风华》中孙若微的历史原型。

孙氏是邹平人，自幼就有美艳之名。父亲孙忠，官居永城县主簿。明仁宗朱高炽还是太子时，太子妃张氏的母亲是永城人，常常进宫看望太子妃。有一次，她闲聊中提到孙忠家的女儿美艳无比，引起了太子妃的兴趣，就将孙氏召入宫中。孙氏入宫时，年方十来岁，明成祖朱棣就让太子妃抚养她。后来，朱瞻基被立为皇太孙，朱棣安排让他大婚，"童养媳"孙氏却不是大婚的另一个主角，朱棣下诏封济宁的胡氏为太子妃，而封孙氏为嫔。朱瞻基即位后，封孙氏为贵妃。按照明朝的制度，皇后册封时有金质印玺和金册，贵妃只有金册而无印玺。宣德元年五月，朱瞻基请求皇太后同意，制作了金质的印玺赐给孙氏，可见朱瞻基还是非常宠信她的。

孙氏当了贵妃以后，一直没有生下儿子，心中很是着急。有一天，她听说有一个宫女被宣宗临幸怀孕了，不觉大喜过望。她偷偷把这个宫女接到自己宫中，细心调养，自己则对外宣称已经怀孕，并瞒过了所有的人。不多时宫女产子，孙氏便将她的孩子夺过来，据为己有，对外宣称是自己的孩子，这个孩子就是朱祁镇。而那个宫女生下孩子后就死了，没有人知道她的名字和死亡的原因。关于这个标准的宫斗剧剧情一样的过程，一直存在着很多的疑问。明代宫禁严格，像这样李代桃僵的事，操作起来应该存在着巨大的困难，实际上近乎不可能。那么，事件真相究竟如何呢？

可能性不外乎有两个，一个是不存在什么"狸猫换太子"之类的阴谋，朱祁镇实际上就是孙氏的亲生儿子；另一个就是孙氏这样做其实是出于朱瞻基的授意，不然她如何才能瞒得过包括御医、侍女、宦官以及宫中无时无刻不在争风吃醋的近百位妃嫔的眼睛。明史作为严谨的正史，应该不至于随意胡编，既然说朱祁镇不是孙氏的亲生儿子，应该是有明确的证据。那么，真相就只剩下第二种可能了，就是孙氏的做法是朱瞻基的意思，这只是为找到一个废黜胡皇后，让孙氏上位的理由而已。

朱祁镇出生四个月后被朱瞻基正式册立为太子。朱祁镇出生后一直被晋封为皇后的孙氏抚养，孙氏并非他的亲生母亲，因而对他可能也没有什么感情。每日里对他的抚养教育，可能只是例行公事，缺少感情上投入。一个幼小的孩子，刚出生就失去了自己的母亲，生活在一个陌生环境。在他最需要母爱的时候，他名义上的母亲却对他漠不关心，不会给他拥抱，不能让他依靠，这是怎样一种恐怖的事情啊！因此，年幼的朱祁镇开始将目光和感情的依托，转向了围绕在他旁边的宫女和宦官们，这时候，一个叫王振的人出现了。

王振在朱瞻基时期就得到了皇帝的信任。后来，朱瞻基设立内书堂，让翰林学士入宫教宦官们读书，可能也是受他的启发和影响。朱祁镇出生后，朱瞻基任命他为东宫局郎，负责照顾太子的生活起居。

凭着王振的聪明才智，哄一个缺乏母爱，孤苦无依的小孩，简直易如反掌。王振很快就让朱祁镇将感情全身心地投入到自己身上。在朱祁镇眼中，这个人整天陪着自己，照顾他，关心他，陪他玩，分享他的喜怒哀乐，是自己最亲密的家人。当王振得到了朱祁镇全部的亲情和信任，他还会甘心于做一个低三下四，被人鄙视，只能给人踩在脚底下，永远都无法出人头地的宦官吗？

国赖长君还是嫡子继位，太后宸衷独断

宣宗朱瞻基在病中，召杨士奇、蹇义、黄淮、杨荣由思善门进宫。他强撑病体，命令杨士奇当面书写敕书，然后，在他们的帮助下完成了遗诏的撰写。这时候他已经深染沉疴，牵缠多日了。遗诏是由他口述大概，让诸臣记录下来，再加以点染润色，最后敷衍成文的。遗诏书成后要呈他御览，确定无误后再收藏起来，因此，遗诏中的主要意思还是他自己的，这一点，大臣们是不敢更易的。

遗诏中说：朕以平庸的资质，能够继承祖宗传袭下来的皇位，兢兢业业，倍感压力，不敢有所懈怠。在位已经有十一年了，而恩德还未能泽及天下，心中常常怀着愧疚。现在深染沉疴，病势一天比一天差，已经快到了弥留之际。大概生死本是大自然的规律，人的生命长短自有定数，唯独对不能弘扬光大祖宗的伟业和继续奉养皇太后，耿耿于心，心中挂念，就算死去也不能安宁。皇太子朱祁镇天性纯朴厚道，聪明仁慈，刚强正直，我命令他继承皇帝之位。你们文武大臣要尽心辅佐，务必以安定休养军队和人民为宗旨，不要自作聪明，违反现有的规章制度。凡是国家的重要事务，都要禀报皇太后、皇后，然后再施行。……

遗诏中载明让太子即位，皇太后、皇后参与政务的处理。这样的安排，在宣宗和他的大臣看来，应该是考虑得面面俱到了。但有人却不是这样想的，此时宫中突然有传言，国赖长君，当此危亡之际，如果继位的嗣君年龄过小，会把持不住局面，导致东汉末年董卓、曹操之祸。这些议论也不能说完全没有道理，却让

忠于宣宗的大臣们感到分外刺耳。另外，宫中还传出谣言，太后可能会召襄王朱瞻墡进宫。

朱瞻墡是明仁宗朱高炽嫡三子，与明宣宗朱瞻基是真真切切的一母同胞。朱瞻墡为人庄重，聪明机警，颇具美名，加上他年龄刚好二十一岁，也符合长君的条件。一时之间，人言汹汹，有沸反盈天之势。

为避嫌疑，安抚人心，张太后当机立断，紧急召大臣们进宫。她叫出朱祁镇，当着众人的面，一边哭泣一边指着他说："这就是新的天子啊！"，明确了朱祁镇的继承人身份。群臣同时山呼万岁，至此流言才平息下来。

宣德十年（公元1435年）正月，明宣宗病逝。太子朱祁镇即位，大赦天下，改元正统，因为朱祁镇年幼，宣布下午不再上朝。二月初五，尊封张皇太后为太皇太后；二月初七，尊封孙皇后为皇太后；二月初八，封自己的弟弟朱祁钰为郕王。

朱祁镇的即位，张皇太后出力良多。按当时的情况，无论立长还是立嫡，于她而言，利益并不受到多少影响。甚而言之，要是立长的话，她仍是皇太后，而立嫡的话，她就成了太皇太后，与皇帝的关系还要疏远一些。在这种情况下，她权衡利弊，最终还是选择了立嫡。事后，众位大臣请求她垂帘听政，被她拒绝，但仍保留着对重大事件的决策权，大明的朝政还是由太皇太后主持。她时时刻刻敦促朱祁镇学习，并重用宣德年间的大臣，保持政治格局不发生大的变化。朱瞻基去世后，大明朝政能保持相对的稳定，没有发生大的动荡，张氏皇太后功不可没。

三杨辅弼，正色立朝

朱祁镇即位后，因为年龄还小，太皇太后主政，她任用仁宣旧臣杨士奇、杨溥、杨荣入阁执政，对他们非常信任。这三个人，在历史上被称为"三杨"。太皇太后对"三杨"非常信任，达到了推心置腹的程度，有重要的事情就派宦官到内阁向他们咨询后，再做决定，而"三杨"也自信满满，正色立朝，勇于任事。

按《明史》记载，太皇太后在宣宗去世后，对"三杨"安排说："要遵循祖宗留下来的法律制度，必须把所有不急用的事务都停下来，让老百姓休养生息。要时时刻刻鼓励皇帝向先代贤明君主学习，委任得力的大臣，尽心辅佐皇帝，让他不要做错事情！"

有一天，太皇太后坐在便殿中，召见英国公张辅、"三杨"以及尚书胡濙，朱祁镇脸朝向西面站着相陪。太皇太后对他们说："你们都是老臣，皇帝年幼，请你们齐心协力，共同安定社稷！"之后她又叫杨溥上前对他说："仁宗皇帝常常挂念着你的忠诚，屡次为你叹息，没想到今天还能再看见你！"杨溥感动得老泪纵横，太皇太后也跟着哭了起来，左右侍奉的人都悲恸不已。仁宗朱高炽当太子时，被朱高熙与朱高遂诬陷，身边的属官大多被逮捕进诏狱受刑而死，杨溥和黄淮都坐了十年牢，好几次都是差一点就死了，却还是咬牙坚持了下来。当时朱高炽在东宫时，常惦记着各位臣僚。太皇太后也对他们心生怜悯，故而这样对他说。太皇太后又回头对朱祁镇说："这五位大臣都是三朝元老，先帝特意留下来辅佐你的。皇帝在处理政务的时，要与这五位大臣共同商议，以策万全！"

还有一次，太皇太后召见五位大臣谈论政事，她让女官召王振前来跪在殿前。见了王振，太皇太后突然变脸厉声说道："你侍奉皇帝的起居时，多行不法之事，今天就赐你死！"。这时女官立刻拔刀架在王振脖子上。朱祁镇见了，连忙跪下替他求饶，众位大臣见状也纷纷跪下。太皇太后说："皇帝年纪小，哪里知道这种人会祸国殃民，败坏朝纲。现我听皇帝和众位大臣的劝，饶了你，今后不允许你再干预国家之事！"

由于张太皇太后当国之时，任用贤能，制约宦官，倚重"三杨"等仁宣老臣，严格限制宫廷对朝政的影响，放手让大臣们处理政务，在"三杨"等老臣的维持下，没有出现过失政的情况，大明国势平稳，政治清明，人民安居乐业，延续了仁宣以来的盛世。

专宠阉宦，王振弄权

不久以后，太皇太后因病去世，杨荣也老病而终。杨士奇因为儿子曾杀过人，避嫌不能多言，不久也去世了。杨溥年迈加上势穷力孤，不能对王振有所制约，王振借朱祁镇的恩宠和信任，渐渐开始走上前台，干预朝政。

英宗朱祁镇继位后，为答谢王振在自己最无助的时候对自己的关爱和帮助，直接越级提拔王振当了权势滔天的司礼监掌印太监。因为感情上的依赖，他对王振口口声声称先生，而不直呼其名。王振在此位置上开始大量培植私党，扩张自己的势力。

正统元年（公元 1436 年），趁众大臣正在开会讨论开经筵之事的时候，王振领着朱祁镇去观看阅武台。阅武台在朝阳门外的近郊，当时正聚集京营以及各个护卫的武职人员考试骑马和射箭。参加考试的人中间有一个人叫纪广，是守卫居庸关的卫卒，投奔到王振门下，颇被器重。王振就对朱祁镇说纪广是考试第一，破格提拔了他，他的干政，便是自此事而始的。

正统元年十月，朱祁镇又一次来到阅武台，命令诸将演练骑射，每人射出三箭。参加比赛的有一万多人，驸马都尉井源跃马而来，张弓搭箭，竟然三发三中。朱祁镇大喜过望，拿自己的酒杯赐他喝酒，但没有升迁他的职位。围观的人都说："去年王太监来阅武，纪广被破格提拔。现在天子自己前来，难道只赏赐一杯酒吗？"小皇帝在不知不觉中，已经被王振狐假虎威了一回。

正统七年（公元 1442 年）十月，太皇太后驾崩，王振没了制约，加上小皇帝对他无比的信任，开始更加有恃无恐。他偷偷将洪武年间，明太祖朱元璋所立的刻有"内臣不得干预政事"八字的铁碑移出了宫外。十二月，王振伪造朱祁镇的旨意，将一个姓徐的私党任命为兵部尚书。于是朝廷各部门以及在外的官员，都竞相拿着银两去贿赂他。进见的人送上一百两以上白银的都很常见，送给他一千两白银的人才会被留下吃饭，得以醉饱而出。

自此开始，只有争着给王振送礼的人才会被晋升，其中不乏许多读书人，像都御史陈镒、王文都曾为了擢升俯首跪在王振门前，斯文扫地。王振的侄子王山，从未读过书，一下就被任命为锦衣卫指挥同知，不久还被派到给皇帝讲解儒学经义的经筵上陪读。王山作为陪读最大的作用怕是有助于提高朱祁镇的自信心，让他知道，自己的文化水平还是很高的。这后门走得让天下读书人都大跌眼镜。

侍讲刘球上书请皇帝自己亲自处理政务，被王振所恨，将其关入监狱。王振私下安排其死党锦衣卫指挥马顺在狱中将刘球暗杀并将其肢解。王振想拉拢大理寺薛少卿，被拒绝后恼羞成怒，诬陷他判案出错，下狱问成死罪。南京国子监祭酒陈敬宗为人清高，王振让人以求字为名拿着钱到他家，想拉拢他。陈敬宗没有收王振的钱，也没去王振家回拜。王振大怒，陈敬宗也因此十八年未得到升迁。王振到国子监去，国子监祭酒李时勉没有理会他。王振怀恨在心，找了个借口把他用枷铐起来示众，过了好长时间，才放了他。

如此作为，可见王振弄权已经到了无以复加的地步，而这一切，都是朱祁镇无底线纵容造成的。朝臣中只要有说王振不对的，他一律认为是诽谤，予以重责。这样一来，朝臣三缄其口，百姓苦不堪言。

张太皇太后辅政以来，取得安定平稳的政治局面，被朱祁镇和王振明目张胆地破坏与颠覆，"仁宣之治"取得的政治成果和经济成就也被肆无忌惮地挥霍。一叶落而知天下秋，朱祁镇在"作死"的路上越走越远，大明的国势也渐渐开始走向衰微。大明的天下还能有救吗？

大明第一代权阉登场

讨论评述历史人物时，最直接也是最多人采用的办法就是阅读史料，从历朝历代的记述中拨开层层迷雾去了解历史。可这种由前人所记述的历史的真实性，往往需要花费大量的时间进行证明。尤其是涉及古代士大夫集团集体抵制的宦官们的时候，士大夫的笔下几近羞辱之能事。对于这些被士大夫们排挤的一类人，他们的历史往往需要更加翔实的求证才能探究一点真相。

不过掌握了言论话语权的士大夫们也不全是对宦官深恶痛绝的，《明实录》中就对金英、覃吉、怀恩进行了褒奖，称他们在关键时刻对国家政权有积极影响。在《明史》中也专门有宦官一章，其中受到赞扬的有怀恩、李芳、陈矩。对宦官的批判，一般最多的无外乎"勾结外臣""结党营私""干涉朝政"等词。可那些得到褒奖的宦官，他们能做出贡献，能影响到国家政局，必然也进行了"干政"，只是这些事情符合士大夫集团的利益，符合时代价值，这些宦官便得到了很高的评价。

终明一朝，被士大夫们斥为"阉竖、权阉"的干政太监不知凡几。在影视作品中经常登场的魏忠贤无疑就是代表，在他前面出现的还有陈洪、刘瑾、汪直之辈。而在明朝第一位被文官集团定为"干政"典型的就是使明英宗被俘的王振。一个人的发迹之路，往往是必然中带着偶然，王振的发迹史同样如此。

王公公入宫谜团

传统史学界的观点一般认为王振是读过书，并且在其早年是立志于科举进入仕途的。可因为任教职时"考满无功"，这才净身入宫。这种说法最早是在《闲中今古录》中提到，说是在永乐年间，王振任教职，因考满无绩遂净身入宫。这种说法迅速为史学家所接受，并多次出现在之后的私人所著的史书中。

不过相比于私人所著，官方的史料则认为王振是入宫后就学，研究明朝必然逃不开的《明史》就有记载。《明史·王振传》中对于王振的生平记载为其年少时就进了宫，被选入内书堂，后来学成被挑选到宣宗朱瞻基身边，侍奉宣宗。这段记载先不论其真伪，单从这段史料我们可以看出，王振和其他许多从小入宫的太监一样，是因为某种不为人知的原因进了宫，然后因为机灵被教以诗书。关于他的生平，最客观也是最有参考价值的应该是他在正统年间，智化寺落成时亲自撰写的碑文。

他在碑文中写道，自己以前出身卑贱，幸好生在了一个盛世，在早些年获准进入了皇宫，受到太宗文皇帝（朱棣）的喜爱，这才有了学习的机会。这段写在《敕赐智化禅寺报恩之碑》的话，很全面地描述了王振的生平。不过可能有人会认为，这篇碑文是写在智化寺落成时，而智化寺是王振为了给自己祈福才修建的，那肯定会极尽粉饰包装自己，挑一些媚上的话写进去。这种说法不无道理，不过我们还有其他史料可以证明。《明英宗实录》里有一段记载可以算是当时官方对王振身世的盖戳。正统十一年（公元 1446 年），明英宗朱祁镇赏赐了一些太监，包括王振、高让、曹吉祥等人，并且专门颁布了敕文赞扬王振。其中对于王振的生平有一段描述"昔在皇曾祖（朱棣）时特以内臣选拔事我皇祖（朱高炽），深见眷爱，教以诗书，玉成令器……"这段由当时皇帝英宗亲自下诏的敕文，无疑是最可靠的史料，而那些由明中叶时才开始兴起的"考课无绩，自宫入宫"的说法，很有可能是出于当时的时代需要的一个对王振的评价。

权阉的养成

明英宗朝的王振，可谓是权阉的代名词，不过他的干政，还要分成两个阶段进行叙述。

第一阶段是从英宗继位到正统七年（公元 1442 年），这个阶段因为内有太皇太后张氏的约束，外慑于"三杨"的威望，王振这段时间对朝政的干预还比较收敛，有所顾忌。在这段时间，有次甚至因为张太皇太后的觉察，王振差点被处死，幸得英宗和一干大臣求情这才得免，但太皇太后还是责令王振不得干政。从这之后，王振确实收敛了很多，不过他也看出了朝中的风向，凡事察言观色，处处讨好朱祁镇和皇太后孙氏，不断为自己在朱祁镇心中增加分量。

但就算是有太皇太后限制的这段时间，因为王振而下狱的六部大臣还是多达九人，其中为我们所熟知的有名将王骥和名臣于谦。虽然史书记载这全是王振所为，但考虑到当时的情况，如果没有得到张太皇太后的首肯，王振很难扳倒这么多大臣，可见张太皇太后一方面严格管控王振，但另一方面也由于当时明朝孤儿寡母的格局，不得不借助宦官制约朝臣。后来因为福建的一起杖死驿丞的案子，王振的圆滑处置得到了太皇太后的认可，重新获得了信任。之后很多大臣在对国事陈叙事建议时偶尔会询问王振的意见，甚至是直接交由他来裁决。

在《明史·王振》一卷中记载，杨士奇曾有言，内阁阁老虽然看上去权力很大，但实际上已经被王振有意排挤，一旦内宫中有意见递出来，就得任命谁为阁臣，而现在的阁老只能束手就擒。杨士奇的话语中满是无奈。

一个出身卑微之人一旦掌握了权柄，便很容易目空一切，为所欲为。如果他还是丧失了一部分正常人的生活行为，在之后的人生轨迹中，难免会有很多自大出格的做法。

随着王振权力的增加，身份地位的提高，圣眷日隆。正统六年（公元 1441年）十月，奉天、华盖、谨身三殿落成（朱棣时期被雷击焚毁，此时重建），朱祁镇为此大宴百官，本来这种级别的宴会宦官是不能够参加的，然而此时王振气焰嚣张，竟然以周公辅成王自居，公然破坏明朝礼制，以内宦的身份参加外廷的宴会。而朱祁镇不但不加以制止，反而为他大开方便之门，打开东华门让王振能够参加宴会。如此待遇，让当时宴会中的百官都躬身迎候。

种种迹象都能看出王振在正统七年前就已经获得了足够大的权力，不仅能够影响英宗，还能影响到内阁的选任委派，大有一人之下万人之上的态势。虽然能看出王振此时已经能够为所欲为，可在太皇太后和内阁"三杨"的制衡下，王振还是略有收敛，当然这种收敛只是相比正统七年后的行为而言的。

为何说到王振的权阉之路分成两个时期，以正统七年为分界线？那就要从正统七年时太皇太后去世这件事说起。

英宗时期的太皇太后就是明宣宗朱瞻基的生母，是明仁宗朱高炽的原配，是明初"仁宣之治"的见证者，她很清楚什么样的皇帝是好皇帝，什么样的政策会于国有利，于民有惠。可以说在英宗继位的前七年，在太皇太后还在世的时候，这位了不起的女人才是大明王朝的实际控制者。但她却没有以辅政之名行武后之实，而是和内阁"三杨"一起尽心辅佐英宗。王振的权力欲望也是由于太皇太后的存在而受到了打压。可是太皇太后一死，有足够的身份地位去约束王振的人也就不存在了，至少在当时的皇宫，再没有人会去公然对抗王振。肆无忌惮的王振便盗毁了太祖时设立在宫内的"内臣不得干预政事"的铁碑，除去了客观上的证据，为自己之后可以更好地为所欲为打下了基础。

王振有如此大的胆子，是因为他有两点优势。

首先是英宗朱祁镇的信任。能在内宫皇城上下通吃、手眼通天，首先需要得到的就是皇帝的信任，毕竟在一个中央集权的社会，在一个封建帝王都着重加强专制统治、强化皇权的时代，一旦权柄下移，皇帝身边的近侍将能获得远超前朝的权力。这也是如今历史学界对于明朝宦官专政频出的一个重要论断。可以说，因为朱祁镇与王振从小相处，王振朝夕侍奉，深得信任，甚至能得到英宗尊称一句"先生"，这就不得不提到王振的第二个优势。

王振确实是真的有才。前文花了大篇幅去讨论王振的入宫前的生平，尤其着重于王振是在进宫前就已经有了相当的学识，还是在进宫后才有了学习的机会。甚至在明朝中叶开始产生了许多"王振中过举人"的说法，虽然种种说法不能统一，但能说明的是王振确实读过书、通文墨、晓古今。古代中国少有不识文墨的皇帝，他们长期居于皇宫中的权力巅峰，在他们年少之时便会有精英文人来教习经书。这些能够被选为太子侍讲的人对于古今诸事可谓知之甚详，而朱祁镇在见识了这许多优秀文人后还能尊称王振一声"先生"，足可见王振的才学不浅。王振也就凭着这两点优势，终于在太皇太后去世后，脖子上的枷锁尽去，走上了他人生的最巅峰。从此开始，王振大肆打压异己，培植自己的党羽，贪财受贿，直至怂恿英宗亲征，最终导致他自己死在了土木堡。

纵观王振的一生，我们甚至感觉他没有遭受什么挫折，因为他在朱祁镇小时候就作为侍读陪伴，得到了朱祁镇最大的信任和授权，王振得到权力后也没有让权力空置，一直都亲身参与到政局当中，这中间就得分成三个部分分别论述了。

权势熏天

第一回合：王振 VS 皇亲国戚

王振在内廷的时间很长，这段时间也可以算是他最兢兢业业、老实本分的时候，这期间与王振关系最为密切的无疑就是朱祁镇。王振能成为朱祁镇东宫时的侍读，和他在宣宗朱瞻基时的勤诚益至有莫大的关系。在侍奉朱祁镇时的本分，为他赢得了侍奉小朱祁镇的机会，"近朱者赤近墨者黑"，朱祁镇每天和王振朝夕相伴，自然变得亲近有加，王振出色地完成了这次"任务"，终于在朱祁镇登基后走上了自己人生的辉煌。

王振和正德年间的刘瑾不同，王振在朱祁镇小时候就担负起了教官的职责，不仅对朱祁镇沉迷玩乐及时进行制止和劝谏，对其他内侍太监行为的处理上，王振也能以朱祁镇的教育为首，力求给朱祁镇创造一个尚学的环境。正是因为对英宗的种种行为，这时候的王振得到了太皇太后和阁臣"三杨"的高度赞扬。相比对待皇帝与太皇太后的谦恭谨慎，王振对待其他皇亲贵族的态度则要差得多。王振甚至在驸马都尉责骂王振的家奴后，将驸马下了狱。

从王振对朱祁镇生活学业的态度上，能看出王振在年幼的皇帝心里埋下了理想治国的种子。在英宗亲政之后，王振也没有放弃身为教职的责任。他不断纠正英宗的不端行为，与英宗共同面对来自外廷的不信任，积极协助英宗回收权力。所以就算发生了土木堡之变，英宗重新恢复权力，仍然为王振立祠纪念。因为对于英宗来说，王振多年悉心教导毫无私心，王振的"忠"更是只忠于英宗本人。

王振虽然只是一介宦官，可因为他的外在人格已经与英宗的合二为一，在勋贵眼中王振就有了一层特殊的身份，这也是勋贵称呼王振为"翁父"的原因。

第二回合：王振 VS 内阁

朱元璋撤去了丞相，之后的明朝君主逐步发展出内阁制。明宣宗时期的内阁，便已经有了"三杨"，只不过在那时，这三位还不如原来那般名声大噪。宣宗朱瞻基去世后，"三杨"被宣宗钦命为辅国重臣，他们三位也特别受太皇太后张氏的赏识，所以在正统朝时，这三位终于合三为一，并称为"三杨"。三位中，杨士奇有学行，杨荣有才识，杨溥有雅操。三人在宣宗时先后进入内阁，因为政见统一，精诚合作，也逐渐成了朝臣领袖。加上宣宗和太皇太后的信任，"三杨"可以说是明正统初期政治力量的绝对核心。

王振和这三位的关系博弈，也就能看出王振能否真正掌控朝局，影响整个国家了。

在宣宗时期，王振初掌司礼监。此时的司礼监虽然已经是内廷中最有权势的机构，但和外廷相比实在是不够看，区区四品衙门哪里能入内阁大臣们的法眼。

加上王振是借着东宫旧侍的身份才越级上位，地位并不牢固，对比此时的"三杨"，却是深得信任，乃柄国重臣。在这种时候，王振和他所代表的势力都非常愿意与"三杨"合作，任何能够让杨士奇决断的事情，只要杨士奇没有回话，一律不议。

如此融洽的关系，后来是为何发生了变化呢？

按照历史的发展来看，应该是王振与"三杨"在政治上的分歧，不过或许还有另一种可能，这就要从明朝的皇室教育说起。朱元璋对于皇子的教育一向非常上心，给皇子请的老师更是当世精英。这些老师给皇子讲习经传，而在位的天子则对储君进行军事方面的锻炼，甚至还会将储君带在身旁，问他对国事的看法，然后两人一起讨论。这种文武双全，言传身教的做法确实给明朝前期带来了数位英明的皇帝，明朝的国力开始蒸蒸日上。可是朱祁镇在继位的时候才不过九岁，正是一个少年需要全方位成长的时候，按明朝的惯例他应该效仿的榜样就是他的父亲明宣宗朱瞻基。可是朱瞻基突然去世了，朱祁镇只得以冲龄即位，而这时的朱祁镇甚至还没有接受过多少启蒙教育。皇帝连字都认不全，那还了得？"三杨"是正统儒学的拥趸，宣宗驾崩，也让宣宗原本计划好的教育方式付之东流。"三杨"则希望英宗只学习儒学，努力成为一个"治世明君"，那些打仗的、军事的东西不学也罢。

可王振却不这么认为。按他的想法，英宗是一定要懂军事的，所以除了固定的讲学，王振还提议英宗携文武百官在点将台点将，以刺激英宗尚武的品质。这种做法无疑是与正统儒学有所不同。事情的真正恶化发生在正统三年（公元1438 年）时的麓川之战。王振希望英宗能对南疆用兵，建立武功。而"三杨"却是主张以和为主，对祸乱麓川官吏进行严惩，然后派遣新的能臣干吏去巡守麓川。英宗在王振一直以来的陪伴下，选择了王振的提议，调兵遣将进攻云南。

自此以后，王振和"三杨"终于走向了对立。杨士奇不想看到王振坐大，便在太皇太后面前挑拨，暗示太皇太后劝英宗一起疏远王振。而王振也没闲着，同样借着"三杨"的缺点进行攻击。这个平衡在正统四年（公元 1439 年）被打破了，这一年的十月福建按察佥事廖谟因为公务纠纷，打死了一个驿丞。这本来并不是一件大事，但因为驿丞是杨溥的老乡，所以杨溥要廖谟以命抵命，但廖谟是杨士奇的同乡，所以杨士奇不同意处死廖谟。就这样二人争执不休，最后官司打到了太皇太后那里。太皇太后征询王振的意见，王振认为之所以争论不休是因为两位阁老都偏袒乡里，不过这个案件确实抵命的话惩罚太重，不处罚的话又难以服众，因而建议给廖谟贬官的处罚。这个提议得到太皇太后的赞同。

廖谟案本身并不重要，可这件案子却将杨士奇和杨溥同时牵扯了进去，最后完美解决案子的居然是"三杨"当时的对头——王振。王振的处置不可谓不妥当，更是借机暗示杨士奇和杨溥先前的处置不公，在太皇太后心里留下了阴影。这些事情发生在一起，王振在宫中的威望终于超过了"三杨"。之后王振以靖江王贿赂杨荣为借口对杨荣发难，杨荣只得从地方上返回京师申辩，最终无奈在途中病逝。"三杨"去其一，余下两人又被宫内猜忌，内阁的势力已经渐渐式微。正统七年，随着太皇太后的离开，内阁失去了最大的依仗，再也无力与王振互斗。这时王振却抓住杨士奇的儿子为祸乡里的不法事迹攻击杨士奇，迫使杨士奇只能致仕还乡，"三杨"去其二，独留的杨溥彻底失去了与王振对抗的能力。

王振在与"三杨"的关系上，从最开始的唯命是听，到自己羽翼渐丰后在政见上提出反对，最后抓住一切机会将"三杨"斗倒，从而掌控了内阁，稳固了自己对外廷的影响。

第三回合：王振 VS 六部诸司

明太祖废相之后，外廷职能部门失去了最高领袖，六部地位迅速提高，成为皇帝直属衙门。

出于处理行政事务及完善行政体制的需要，明初诸帝不断探索尝试，直至仁宣时期，内阁体制成熟。内阁在"三杨"的带领下地位迅速提升，力压六部，成为事实上的外廷领袖。可内阁压六部的形势并不稳固，一方面是这种形势实际是

"三杨"三人的个人威望，三人一旦失去宠信，内阁也将丢失话语权；另一方面，内阁的职责并没有改变，还是只能作为"顾问"的身份出现在决策层面。英宗冲龄即位时，正是历经四朝的"三杨"朝中威望最高之时，国事的决策都提前拟好，朱祁镇只是程式性地背诵的情况不可避免。随着朱祁镇年龄的增长，心智的成熟，"三杨"却没有适时调整自己的做派，朱祁镇想摆脱这种控制，想将权力实际控制在自己手上，王振便利用朱祁镇的这个心态，提议用重典治理外廷。

我们都知道朱元璋时期的明初也是重典治国，但朱元璋的重典只是对真正违法乱纪者进行严厉惩罚。而英宗时期的重典则完全是对外廷的朝臣进行打压，小错大惩，使外廷人心惶惶。被王振下狱的许多人中，就有后来土木堡之变死守京城的于谦。王振也利用外廷朝臣惶惶不安的心态将权力重新集中到了朱祁镇手上。王振在打压六部时同样辖制了言官系统，甚至因为王振的行为都是为了加强皇权，恢复朱祁镇对国家的掌控，许多言官反而会对王振表示支持。王振也利用言官的反应，将言官变成了皇帝的工具。通过影响外廷来干涉朝政，王振的权力并没有完全铺开渗透出去，此时朝中还是有许多异己虽敢怒却不敢言，如果阳奉阴违，王振自己也很容易阴沟翻船。这时培养自己势力的重要性便凸显了出来。

明初选官主要是四种途径，分别是荐举、学校、科举和荐选。这四种方法中学校效率低，难以发现高质量人才，科举培养周期太长，耗时太久，荐选一般是在职官员升迁所用，而荐举不仅能让朝廷快速获得人才，并且因为这些人才相对成熟，颇受明初诸帝的喜爱。所以王振和英宗便利用荐举的办法，为自己在外廷快速培养了一批属于他们的政治骨干。如果单纯批评王振此举是"任人为私"那可就太小看王振和英宗了。王振荐举的许多人中不乏政绩突出之辈，这些人在地方上时都做出了非常好的成绩。比如江西的石璞在任时严肃整顿，使江西的风气蔚然一新；还有在任陕西的王文，也获得了"在陕五年，镇静不扰"的高度评价。

成也战争，败也战争

可以说为王振的一生最后盖棺论定的主要依据就是他经历的两次战争。前文说到了麓川之战，王振与"三杨"在战事上产生分歧，最后因为对王振的宠信，朱祁镇最后决定力排众议，发兵卫疆。麓川之战的直接后果就是守卫了南疆的安宁，但这是用国库的空虚换来的。

而之后的土木堡之变，则是王振参政的顶峰，也是王振对朱祁镇进行"武治"教育最后的尝试。中原和蒙古关系一直是明朝的心头难题，从明朝建国开始，朱元璋为了对抗蒙古的残存势力，就制定了严密的策略。永乐时期，朱棣一改洪武朝的守备政策，五次亲征，展示了明朝强大的武力，也确实将蒙古势力逼退到了漠北。

可到了正统三年（公元 1438 年），不过十二岁的英宗没有受过自己父亲在军事方面的教育，朝中势力又是正统儒教，对外用兵并不积极。从正统三年一直到正统十四年（公元 1449 年），瓦剌不仅统一了蒙古，还形成了巨大的向外扩张的势力，并且终于在明朝统一中原后开始南下。在王振鼓吹英宗效仿成祖御驾亲征后不过一月，英宗亲征的部队在土木堡遇袭，朱祁镇被俘，王振被英宗护卫所杀。

王振能"荣登"明朝第一位权阉，根本上就是这次土木堡之变，王振挟帝亲征，导致英宗被俘。

虽然御驾亲征对于明初的皇帝来说并不是件稀罕事，但在英宗时期却应该区别对待。朱元璋和朱棣本就在马背上征伐一生，他们也确实具有雄才大略，有超人一等的胆魄。朱高炽虽然骑不得马弯不得弓，但他在靖难之役时，死守北平的表现，同样可圈可点。之后的朱瞻基更是曾多次随朱棣远征漠北，有朱棣这个祖父的悉心教导，朱瞻基又并非愚钝之人，宣宗朝时的亲征也是取得了瞩目的表现。

可朱祁镇和他的长辈们有很大的不同，他并没有受过长期的军事教育，也没有马背上征战的经历。再加上王振之前对朝臣的打压，将许多将才下狱不用，也为英宗亲征留下了隐患。可我们同样应该看到，明英宗时期军队的战斗力实在不堪一击，瓦剌军南下时，明军就像纸糊的一样，一触即溃，几次交锋几乎全是不战而逃。所以客观来说，王振在土木堡之变中应负责任，但绝不应该把所有的责任都推到他身上。

再见王振

王振一生并非像我们平常所认识的宦官那样，只为一己私利罔顾法纪，王振对于权力的欲望更多的是和朱祁镇重新集权捆绑在一起，这从朱祁镇复位后对王振的评价也能看出来。王振的存在，他的行为对于文官集团，对于士大夫来说是需要批判和立为反面的，但他对于朱祁镇来说无愧是自己的大伴。

如果没有"土木堡之变"，王振的一生或许会很完美，而朱祁镇的皇帝生涯也会顺风顺水，但是历史没有"如果"，这一切全都在土木堡破灭了。

御驾亲征：飞龙骑怎么会输

明朝立国 276 年，是朱元璋从蒙古人手里打下的天下。但是少数民族长久以来都是封建王朝的心头大患，所以在明初朱元璋前前后后进行了八次北伐，也只是将北元打得元气大伤，却不能完全消灭蒙古。原因其实很简单，首先蒙古几乎都是骑兵，并且是全民皆兵，根本消灭不完，这一批被消灭后，很快他们就能组织起新的骑兵力量而作战；再者就是明军深入大漠，古代不像现在，那时的交通相当不便，打仗其实打的就是后勤，运输不便意味着粮食、器械这些后勤物资不能按时按量地供应，所以根本无法在边疆同少数民族长期作战。

因此后来在洪武后期朱元璋将北元元气大伤之后，北元内部出现了矛盾，分裂成鞑靼和瓦剌这两个政权。永乐初期，瓦剌首领马哈木为了争取到明政府的力量来实现他吞并鞑靼统一蒙古的想法，向明成祖朱棣称臣。永乐十六年（1418年），马哈木的儿子脱欢打败了鞑靼，占据了漠南，此后数年转战蒙古各地试图统一大漠，意图不小。明英宗正统四年（1439年），脱欢的儿子也先继位。也先继承了父亲和祖父的遗愿，几年内就将整个蒙古统一。这样一来实力强大的瓦剌盘踞在明朝北部，严重影响到了明朝的安危，并且由于瓦剌对于大明财富的贪婪，导致双方矛盾不断。正统十四年（1449年），瓦剌大军兵分四路向大明边境进攻，掀起了一场举国大战。

土木堡之战的偶然与必然

前面提到了自永乐年间开始，瓦剌统一蒙古的脚步就从未停止。而当瓦剌统一蒙古草原后，虽然对大明边疆造成了极大的威胁，但是仍旧保持君臣之礼、朝贡贸易，因而麻痹了大明。在这期间，大明朝的皇帝从明成祖、明仁宗、明宣宗到了现在的明英宗。英宗继位之后，先是朝政被太皇太后张氏和前朝大臣（三杨为首）把控着，亲政之后又宠信太监王振，并且穷兵黩武，造成国力疲惫，使得瓦剌入侵有了可乘之机。

宣德十年（1435年），明宣宗朱瞻基驾崩，儿子朱祁镇继位，即为明英宗。当时的朱祁镇刚刚九岁，主少国疑，自然不可能让他亲政，所以大臣们就上疏请求朱祁镇的祖母太皇太后张氏垂帘听政。但是张太皇太后不愿意开大明后宫干政之先河，所以就通过看管孙子朱祁镇的学业从而教导他为人为君的道理，以及任用像"三杨"这些仁宣旧臣辅理朝政。在这期间的明朝廷借着仁宣之治的余劲继续向上发展着，使得明朝国力不断提升。

但这时不和谐的事情开始出现，朱祁镇的贴身太监王振，永乐时期就入宫，自幼陪伴朱祁镇长大，朱祁镇对其有很深的感情，甚至到了言听计从的地步，而王振也借此想要干预朝政。但一开始王振的弄权遭到了阻碍，当时实际掌握大明权力的是英宗的祖母太皇太后张氏，其对王振严格限制，并不时打压，因而张氏在世时，王振都不敢过分张狂，再加上外有三杨辅政，因而正统初年，王振还算老实。但是好景不长，随着太皇太后张氏和三杨重臣的陆续去世，王振开始蠢蠢欲动想要干政。正统七年（1442年）以后王振依仗着英宗的宠信，很快就独揽大权，祸乱朝政。

朱祁镇对王振的所作所为不仅不制止，而且还全部赞同，不仅如此，朱祁镇还称呼王振为"先生"。王公贵族为了讨好英宗和王振，纷纷称王振为"翁父"。所以这一来王振就更加肆无忌惮了，对内狐假虎威祸乱朝纲、对外投机取巧不顾大局。前面讲瓦剌统一草原后和明朝一直保持着朝贡贸易，当时的明政府往往是根据外藩进贡上来贡品的数量来给予回赐，通常来讲回赐的东西价值要远远高于贡品，并且还按人头来赏赐使臣，一方面是为了彰显宗主国的气派，另一方面则是为了拉拢人心巩固边疆。但是这个规定就让瓦剌高层看见了商机，他们为了贪图大明的赏赐一次次地增加使团人数，正统四年（1439年），瓦剌使团人数从最初规定的五十人猛增到两千人。因为瓦剌的贡品大多进了王振的腰包，因此他也就不管人数多少，来多少给多少，这就导致了大明的财政压力大大增加，加上后来的麓川之役更是几乎掏空了大明国库，这也使得瓦剌大军压境时明朝后勤保障严重不足。

前面提到随着太皇太后张氏和首辅三杨的陆续去世，明朝廷的大权几乎都握在了大太监王振的手中。而当时南方又出现了叛乱，明朝云南地方酋长（被明朝册封为麓川宣慰使）思任发率军在麓川发动叛乱，不服从明政府的管辖，想要在云南割据称霸。当时朱祁镇正值青年正是热血沸腾的时候，加上从小受到父辈的影响，对这种叛乱岂能容忍，因而下令平剿思任发。因此从正统四年到正统十三年（1448年），近十年间四征麓川，虽然沉重打击了麓川部落分裂势力，但是却没有彻底消灭思任发，明朝廷考虑到长期作战得不偿失，最终被迫与思任发议和，以盟约的形式结束了这场战争。此时的大明朝廷已经被这场长达九年的平叛之战弄得元气大伤，按理来说当务之急就是休养生息，然而却由于太监王振的一项举动直接导致了瓦剌大军的南侵，掀开了土木堡之变的序幕。

御驾亲征

上文提到瓦剌为了获得更多的大明回赐，在使臣人数方面不断地增加。正统十四年（1449年），瓦剌太师也先派遣了两千人的庞大使团，并且也先耍小聪明谎称来了三千人，想要获得更多的赏赐。出人意料的是这次王振并没有像之前那样大方地给赏赐，反而十分严格地对待使团，不仅查清实际人数，还借此缩减了很多赏赐。王振此举倒不是由于他重视国家利益，而是因为此前瓦剌给的回扣不足以满足其胃口，因而怀恨在心，想要报复瓦剌。但他的这一举动惹恼了也先，于是这一年七月，也先所立的傀儡大汗脱脱不花跟随也先兵分四路分别进攻辽东、甘肃、宣府和大同，侵入大明朝。其实也先早就想入侵大明，只是一方面想要继续贪图赏赐，另一方面没有合适的机会，这一次正好提供了时机。

由于朱祁镇亲政后，王振把持朝纲，多次对麓川用兵，而北方的边境则疏于管理，人马疲惫，所以很快大同沦陷，守将吴浩战死，消息传到京师那是满朝震惊。朱祁镇就紧急召集群臣商议，大臣们建议派遣驸马井源率军平叛。而井源率军刚离开不久，朱祁镇便在王振的鼓吹下打算御驾亲征，率军清扫叛逆瓦剌。邝埜、王直等大臣们纷纷劝阻，他们认为瓦剌来犯只是一场边境冲突而已，皇帝御驾亲征的话事情的性质就不一样了，并且大臣们很清楚朱祁镇的军事水平，就他那两下子上去就是送人头啊，所以极力劝阻。但是朱祁镇一味地听信王振的话，根本听不进大臣们的忠言。王振当时想要英宗御驾亲征其实是为了自己的成就名声，能够让后人记住他王振的功勋，而他在国内已经是一手遮天了，所以想在史书上留名只有大败瓦剌这条路。

得知消息后的大臣们，像兵部尚书邝埜、兵部侍郎于谦等人虽然极力劝阻，但是朱祁镇意念很坚定，一意孤行。朱祁镇令弟弟郕王朱祁钰（后来的明代宗）留守京城，然后他亲自率领临时凑起来的二十多万大军（号称五十万）浩浩荡荡地杀向宣府、大同方向。满腔热血的朱祁镇将大军指挥权全权交给王振，但是一个天天琢磨着怎么专政独权的宦官根本就不懂如何带军打仗，而真正懂军事的像张辅、朱勇这些人的话英宗根本不听，于是数十万大军正在一步步走向死亡陷阱。

土木堡之变

正统十四年（1449 年）八月一号，明军到达大同，从前线败逃回来的太监郭敬添油加醋地对朱祁镇和王振描述前线战场的残酷，死伤无数，并且从宣府到大同这一路上王振也都看见了尸骸遍野，终于认识到原来打仗真的会死人。所以王振一改当时出北京时的气势，马上改口劝说朱祁镇撤退，他只是贪图个名声并不是真的想要平叛，看见死伤这么多后怎么可能还愿意继续行军。而朱祁镇这时候也害怕了，他从小到大生于深宫之内，长于妇人之手，从来没有见识过这种场面，看着王振给自己摆好了台阶，立刻同意撤退。

如果当时大军按照计划原路返回，那么就不会有后来的土木堡之变，朱祁镇也不会遭到囚禁，顶多就是带着大军公费旅游了。但是王振这时候又出了个幺蛾子，他的老家在河北境内的蔚州，所以他心想都走到这儿了，不如就带着皇帝回老家转一圈吧，算是衣锦还乡，让老家的人看看他王振现在多么尊贵，成为了皇帝最信任的人。于是，想得非常美好的王振就劝说朱祁镇，朱祁镇也是个不靠谱的家伙，一听王振还有一个附加活动，欣然地同意了。所以王振带着朱祁镇和二十多万人马就奔着自己老家去了，其实就算现在这样走，也是能够平安顺利到达北京的。因为经过王振老家蔚州这条路，是可以穿过长城通过紫荆关到达北京，本来也是没有什么问题的。

但事情又发生了变化，王振走了没多久后突然想起来现在是八月份正好是秋收的时候，浩浩荡荡的大军进入蔚州，定然会践踏破坏成熟的庄稼，而蔚州最大的地主就是王振，于是越想越不是账的王振再次下令改变路线，原路返回还是走大同到宣府，顺着来时的路再回去。三番两次的变换道路使得将士们是身心俱疲，满肚子怒火却不敢发泄只能暗骂：你们到底是来打仗的还是春游的，就算是春游也应该有个固定地点吧。就这样连续的来回折腾使得大军士气极其低落，好不容易走到了宣府，正准备休整休整继续赶路回北京，可是此时也先的大军竟追来了。

本来双方大军压根是碰不着的，但是来来回回这一折腾，瓦剌军队就是用走的，也都赶上了，就别说骑兵了。所以朱祁镇赶紧派从蒙古归化的吴克忠、吴克勤兄弟俩断后，朱祁镇和王振带着大部队就朝东跑。没想到也先也不是一般人，很有两下子，很快吴氏兄弟就兵败被杀，之后朱祁镇又派成国公朱勇率领三万骑兵断后，不料朱勇很快也因为寡不敌众而惨遭屠戮。不过这样一来虽然吴氏兄弟和朱勇都被击溃了，却为朱祁镇争取到了足够的时间去逃跑。大军很快就跑到了土木堡这个地方，但是这里是个孤城不好守，所以大臣们劝说朱祁镇趁着也先还没追来，跑到怀来然后通过长城进入居庸关，那时候咱们就安全了，届时再调兵遣将征讨也先，自然大事可定。朱祁镇其实也不反对这个意见，但是王振王先生很不高兴，原因是他随行的两千多辆辎重车还没到账呢，怎么能走呢？这些多年搜刮而来的财物被王振视为心头肉，所以大骂邝埜等人，并且下令不准走，等着他的辎重车来了之后一起走。

无奈之下大军只能在土木堡扎营，但是土木堡这个地方没有城墙，更没有什么防御工事，就只是个堡而已，地势又很高并且周围没有水源。试想，二十多万大军走了将近一天一夜，人困马乏，再加上没有水，大军的命脉算是被掐住了。所以王振只好下令打井挖水，但是那个地方处于干旱半干旱地区，地势又高，打了两丈多根本打不到水。后来听说军营南边十五里的地方有条河，将士们气喘吁吁跑过去，又气喘吁吁跑回来。那里确实是有条河，但是早被瓦剌军给占领了，所以二十万大军就在怨声载道中度过了一夜。很快，明军断水被困在土木堡的消息被也先得知，所以就派遣使者假装和明军议和，并且做出撤军的样子，知道明军口渴难耐所以将南边的河流让出，企图在明军慌忙而出的时候趁机一网打尽，团灭明军。王振丝毫不加怀疑，天真地就以为瓦剌军要撤军了，所以下令移营就水，渴了一天一夜的明军看见水源后疯狂地扑过去，这样一来整个大军就处于无序状态。早就埋伏好的瓦剌大军见机，蜂拥而上，一边杀一边用汉语大喊："放下武器者不杀"。那时候明军早就没有什么士气可言了，一听缴械不杀，纷纷放下武器。这样一来二十万明军很快被杀了一部分，大部分都成了瓦剌的俘虏。

战场上顿时一片混乱，朱祁镇身边的护卫队也都不见踪影了，逃跑无望的他干脆就不跑了，从马上下来两腿一盘坐在地下，等着被俘，这可真是前无古人后无来者的举动啊。大明皇帝的打扮定然是不同寻常，坐在那儿明眼人一看就知道不是普通人，瓦剌士兵看着这么一个显眼的家伙不敢轻易处置，就报给了也先。也先得知后是又喜又忧啊，喜的是把大明皇帝朱祁镇给抓着了，真的是捡了天大的漏；忧的是他一时不知该怎么处置朱祁镇，杀了不好，留着也不大合适，所以就只好将他先好生安置着，决定留着要挟大明换取钱财。而王振，在朱祁镇被俘之前，就被将军樊忠抡圆了大铁锤照着他的脑门就砸了下去，直接给砸了个脑袋开花，至此这个祸国殃民、直接导致土木堡之变的王振就丧命于此。罪魁祸首王振虽然死了，但是这种国乱并没有到此结束，明英宗朱祁镇被俘，大明战败，立国以来最大的危机到来了。

前面讲朱祁镇这一被俘虏，瓦剌就想借此来要挟明朝廷，招摇撞骗，痴心妄想地要重回中原，再创大元朝的辉煌。这一系列的变故导致北京城内大乱，地主豪强纷纷带着家人、金银财宝就要朝南跑，眼看着国家就要变天，这时候皇太后孙氏站出来马上令留守北京的郕王朱祁钰总揽大权。

而此时的朝中大臣分为两派，一边认为此时大明打不过瓦剌，如果要困守北京城的话，援军一时赶不到，大明基业就会面临危险；另一边认为区区瓦剌不值一提，当年太祖（朱元璋）、太宗（朱棣）把蒙古鞑靼打得重新回归部落式的生活，所以不需要怕他们，兵来将挡，水来土掩。这时翰林院的侍讲徐珵为了劝说南迁，搬出来一套神五神六的天象理论，说他夜观天象只有南迁方可避免血光之灾，护住大明政统。在那个"天人合一"的时代，他一搬出老天爷的"意思"，大臣们就有点动摇了。但是有一个人突然大骂徐珵，他说你难道忘了当年北宋南迁的教训了吗？你难道想让大明龟缩在南方一隅吗？他主张现在就应该死守北京城，如果撤退了，那么宗庙社稷、黎民百姓怎么办。朱祁钰一听十分同意他的话。这人就是于谦。刻不容缓，朱祁钰封于谦为兵部尚书，提督各营兵马全权负责防守北京的任务。很快于谦便展开了一系列稳民心、备战争的措施，先是诛灭掉王振的余党，然后又请立监国朱祁钰为帝，尊朱祁镇为太上皇等等举措。

这样一来很快就做好了准备，后来也先率领大军多次攻城惨遭失败，死伤惨重，最终只能议和，重新称臣，自己跑回了大漠，后来又将朱祁镇送回，这一场耗时近一年的国乱到此结束。后来由于英宗和代宗为了皇位的争执，再加上朝中大臣的分流，发生了夺门之变，从此明朝国力开始走下坡路，虽然后来的皇帝也曾努力尝试扭转这种局面，但整体来讲土木堡之变以后的明朝是国势日蹙。

难忘土木堡

我们从大明朝的国情和当时瓦剌的情况来详细地分析了为何国力强盛的大明朝在对战瓦剌时遭遇了惨败，并且皇帝还被人家给俘虏了。土木堡之变后，上文提到从此明朝国势日蹙，此言非虚。要知道土木堡之变中不仅是皇帝被俘，跟随英宗亲征的五十多位大臣几乎全部战死，他们一部分是开国勋旧，另一部分就是靖难功臣，他们的战死严重导致了大明朝廷军政大臣的断层；并且后来朱祁镇夺门之变复位之后，又将景泰年间的功臣于谦、王文等杀了一波，导致发生了第二次军政大臣断层。这样一来朱祁镇之后的皇帝失去了足够与文官集团抗衡的力量，只能动用太监集团，导致明中后期太监干政严重，直到后期东林党和宦官集团的严重冲突，这也是大明灭亡的直接原因。并且土木堡之变使得大明精锐部队几乎全部沦陷，永乐年间留下的三大营全军覆没，这也导致明朝从此之后的军事力量大为降低，边疆战乱不止，也成为大明灭亡的一个重要原因。

所以土木堡之变对大明朝的恶劣影响是长久深远的，如果朱祁镇当时并没有那么多次听从王振的，大明朝的历史可能真的会发生改变。只可惜，历史没有假设，一饮一啄、皆是定数，我们只能回顾往昔，扼腕慨叹！

　　前面说到朱祁镇虽然被俘，但明朝在监国朱祁钰和主战派大臣于谦的坚持下打赢了北京保卫战。战争的胜利提高了朱祁钰的威望，使得他坐稳了皇位，但无上的皇权却也是他悲剧生涯的开始。

不想当皇帝的王爷不是好监国

朱祁钰，明朝的第七位皇帝。若用什么来形容他的一生，大约只能是"福祸相依"吧！因为朱祁镇"作死"的御驾亲征，让他捡来了一个皇位。然而，上天似乎对他并不仁慈，这个皇位他仅仅坐了八年，就又回到了朱祁镇的手中。

不管他在位期间如何任用贤臣，铲除奸佞，抑或励精图治，渐开中兴，随着他的驾崩，这一切也就只是过往。他也成了明朝迁都后唯一一个没有葬在明十三陵的帝王。

那么，他到底怎么从一个王爷走到了帝王，又从一代帝王变成了史河中的一抔土呢？

身世坎坷的王爷

关于朱祁钰的身世，在历史当中其实有很多争议。他是明宣宗朱瞻基的次子，母亲则是朱瞻基的贤妃吴氏。《明史·后妃传》中记载吴氏乃是朱瞻基为太子时的侍女。宣德三年（公元 1428 年）吴氏生下朱祁钰，母以子贵被册封为贤妃，但母子两人长期久居于宫外。直到朱瞻基过世之期，母子二人才被接进宫，病榻上的朱瞻基将其二人托付于孙皇后（明英宗朱祁镇母亲），让她妥善照顾母子二人。

然而，这之中便存在了一个疑问。吴氏既是妃子，又诞育皇子，为什么还要住在宫外。这不论是在明朝，还是别的朝代都是属于一件比较罕见的事情。故而很多人猜测可能是吴氏的身份较为特殊，才造就了这样的情形。

那么，吴氏的身份究竟如何特殊呢？《罪惟录》中便给出了答案。《罪惟录》中，这样交代了吴氏的身世，吴氏本是汉王朱高煦府中的宫人。因为明宣宗朱瞻基御驾亲征生擒了朱高煦父子，汉王府中的女眷，按照宫规也就被充入了后宫为奴。而后朱瞻基宠幸了吴氏，并赦免了吴氏的罪责，将其安置在宦官陈符家中居住。宣德三年，她为朱瞻基生下了朱祁钰，但是直到朱瞻基过世她才被承认，得以进入宫廷。

或许不熟知历史的人会看得云里雾里，这时，我们便要说说这个关键人物——汉王朱高煦。

朱高煦，是明成祖朱棣的次子，也是明仁宗朱高炽一母同胞的弟弟。按照这种血缘关系来看，朱高煦便是明宣宗朱瞻基的叔父了。然而，朱瞻基这个叔父却是一个狠角色，他不仅高大威猛且骁勇善战。这样一个拥有谋略又善于打仗的人，怎么会安于只是做一个皇子，甚至王爷呢？所以，朱棣在世时，他便对太子之位虎视眈眈，曾多次不肯就藩。朱棣在得知他的图谋后曾意欲将他贬为庶人，但奈不过太子朱高炽的苦苦哀求，而后作罢。朱棣病逝后，朱高煦便又卷土重来，准备谋夺皇位。然而，明仁宗比较短命，所以他便准备抢自己侄子朱瞻基的皇位。

但是，朱瞻基与朱高炽不同。朱高炽心慈手软，顾念兄弟之情，而朱瞻基则比较高瞻远瞩，有筹谋。所以在朱高煦起兵造反后，朱瞻基便御驾亲征将朱高煦生擒。而后被俘的朱高煦还对朱瞻基不尊，故而一怒之下，朱瞻基便将朱高煦杀了。

由此，我们可以看出，吴氏曾是逆臣朱高煦府中的人，也算是朱高煦的女人，然后没入宫廷后被朱瞻基看中，得以承宠。但是，在古代不管哪朝哪代，谋反都是重罪。更何况朱瞻基宠幸的女人还曾是自己叔父的。故而，将吴氏储在宫外的说法便可得到了解释。

朱祁钰在宫外一住便是五年。想来他的童年相比大明别的皇子应该也算是比较快乐的。母亲可以时常陪伴在他身边，父亲闲暇时也会来探看他，最重要的是没有禁宫的层层宫墙，以及烦琐的宫规约束。他虽生在天子之家，却反倒有了平常人家的快乐。

然而，这种"天伦之乐"在朱瞻基病逝后便荡然无存了，他被接回了宫中，被当成了一个皇子抚养。不过，或许是因为自小便没有兄弟。朱祁镇对于自己这个多出来的弟弟倒是很疼爱。两兄弟相依相伴，一起读书玩耍，倒也是度过了一些快乐的时光。朱祁镇即位后将弟弟朱祁钰封为郕王，奉藩京师。

到这里，朱祁钰的命运也就是既定的了。

一个罪奴之子，本就与皇位无缘。而后因为父亲的疼爱，得以进宫。因为哥哥的相护，得以成为王爷，这似乎已经是属于他最好的结局了。只要他安分守己、不问朝政，自然能做到兄友弟恭，安享晚年。然而，命运却好像跟他开了一个天大的玩笑。因为"土木堡之变"他的人生走向了另外一个变数。而后由大幸转为了大不幸。

从上可以看出，吴氏作为汉王府的女眷，姿容应该是十分出众的，不然也不可能得到朱瞻基的宠爱。朱祁钰作为朱瞻基的儿子，自然也得到了朱瞻基为数不多的宠爱。即使碍于吴氏的身份，朱瞻基在临死时仍不忘给朱祁钰正名，给了他原本该属于他的皇子之位。然而，若是朱瞻基没有那么做。那么朱祁钰一生的走向，或许就是另外一番光景了吧！

天上掉下来的皇位

正统十四年（公元 1449 年），"土木堡之变"发生，震惊了明朝朝野。举国震荡下，北京保卫战就此打响。朱祁钰或许怎么也没想到，自己会成为这次事件的主角。也因为他，原本兄友弟恭的局面就此打破。这一切，都要归功于朱祁镇给予他的"监国"身份。

监国在明朝是一种非常成熟的制度。一般帝王在迫于无奈，或者出于权宜之计之时，便会出动监国的身份。监国一般要代使天子之责，而人选必然也是要有能力维持国家运转的。故而，这个人选必然是要经过深思熟虑的。明初"太子监国"盛行一时，朱标、朱高炽都曾监国。

正统十四年，面对瓦剌的突然来犯，朱祁镇在宦官王振的怂恿下决意"御驾亲征"，皇帝虽然离京，但朝廷政务还得有人处理。这个时候就需要有人监国，按理来说依照明朝惯例可以由太子监国。但由于朱祁镇太年轻了，这时根本没有立太子，而且当时朱祁镇唯一的儿子朱见浚（后改为朱见深）虚岁还不到三岁，这样的娃娃显然难当大任。于是经过仔细思考之后，朱祁镇便将监国的任务交给了自己信任的弟弟手中。

然而，令人预想不到的事情（土木堡之变）就此发生了。御驾亲征的朱祁镇，在多次听信奸臣王振的谏言下，全军覆没不说，还把自己"作"成了俘虏。

皇帝被敌人生擒了，无异于大明朝的天要塌了。待到朱祁镇被生擒的消息传回京城，举国震惊，整座宫城都慌成一团，甚至有怕事的大臣因为惧怕瓦剌大军压境，甚至提出了迁都。

朱祁钰这个监国就此被推到了风口浪尖上。一边是瓦剌挟着朱祁镇这个强有力的俘虏步步压进的大军，在朱祁镇的"帮助"下，大明已经先后丢掉了两座城池；另一边是慌做一团的朝廷与后宫。

孙太后与英宗的钱皇后，甚至还筹措了大笔资金去换回朱祁镇，然而钱银落入瓦剌人手中的同时，却带来了愈加过分的要求。面对后宫嫔妃的日日啼哭，以及前朝大臣的日日争吵，朱祁钰便感觉是一团乱麻无从下手，这个监国身份瞬间成了烫手山芋。然而，无论他们怎么满足瓦剌的要求，如何想要换回朱祁镇。瓦刺人的胃口，却因为背靠了朱祁镇这座大山越养越大。他们甚至打起了以朱祁镇作为"肉票"，一路"敲诈"到北京的主意。

那时年仅21岁的朱祁钰似乎经历了人生中最大的抉择。

这时候，一个关键的人物出现了，那便是兵部尚书于谦。在参照大宋朝的靖康之难下，为了守卫好北京城，保卫好大明朝，他力排众议推举朱祁钰为皇帝，并遥尊明英宗朱祁镇为太上皇来缓解因英宗成为俘虏而造成的僵局。众大臣一合计下，倒也觉得此计可行。而后，朱祁钰便被"赶鸭子上架"成了大明朝的第七任皇帝。当然，这其中也有朱祁钰的骨气在里边。遥想明太祖朱元璋以及明成祖朱棣的种种功绩，作为朱家的子孙，天潢贵胄般的存在，朱祁钰此时自然也不能袖手旁观。甩手掌柜他做不来，亡国臣他也做不来。

那么，为什么于谦不推选彼时已经被册为太子的朱见浚即位，由孙太后与钱皇后垂帘听政呢？

其实，他也是从大局进行了考量。其一，太子朱见浚年幼，仅两岁余，即位不即位反正都是一个"傀儡皇帝"，毫无用处。其二，孙太后与钱皇后在朱祁镇被俘后整日里只知哭哭啼啼，即使向瓦剌奉上了钱银，也仅是做了无用功，所以可以得见孙太后与钱皇后并无辅政的才能。其三，朱祁钰已在朱祁镇的受命下成了监国，成了此时大明朝除朱祁镇外拥有最高权势的人。而随着朱祁镇的被捕，最高者就只剩下了朱祁钰了。若此时贸然让朱见浚即位，那么若是朱祁钰反噬，后果不可设想。故而，多番思量下，朱祁钰即位便成了最妥善的安排。

因此，当了这么多年王爷的朱祁钰，原本与皇位毫无瓜葛的他，就这么因为朱祁镇的"作死"，"平白无故"地捡了一个皇位。

谁是明君，谁是圣主

随着朱祁钰的皇位加身，以及于谦等一众大臣的运筹帷幄下，击退瓦剌，京城保卫战才得以获得全面的胜利，避免了迁都的命运，也避免了将明朝变为"南明"的结局。

之后随着朱祁钰的励精图治，以及启用一众良臣，将王振余党尽数斩杀后，原本在明英宗朱祁镇已经有些许蒙尘的朝局倒变得一片清明了起来。

然而，摆在这个明主面前的，却是一道天大的难题。

因为朱祁钰的即位，朱祁镇这道原本十分有效的"捞钱符"居然不起效了。无论瓦剌人如何威胁，如何叫喊，朱祁镇恍如成了一个弃子。这让手握朱祁镇的瓦剌人有一种"食之无味，弃之可惜"的感觉。所以，为了向明朝示好，以期利用朱祁镇最后一点残余价值来换取好处的瓦剌人，有了将朱祁镇放回去的打算。

朱祁镇作为前任君主，现在的太上皇，他是被俘了，却不是被杀了。置他于何地便成了一个令朱祁钰头疼的问题。听取瓦剌人的要求，将朱祁镇赎回，那么他这个皇帝又将被摆在什么位置，难道是做回他的闲散王爷吗？若是不迎回，那么又将明朝的脸面置于何处。这让他犯了难。

而后，在大臣于谦的再三保证下，认定皇位已经固若金汤地在他朱祁钰头上之后，他才听从了诸大臣的要求，将朱祁镇赎回。时隔一年后，朱祁钰再次见到了朱祁镇。然而，此时已是人事全非。摆在这对曾经兄友弟恭的兄弟面前的，只剩下皇位被夺后无尽的凄凉。然而，该做的表面功夫，朱祁钰依旧是做足的。《明史》中记载"帝迎见于东安门，驾入南宫，文武百官行朝见礼。"仍旧是兄友弟恭的一派和谐景象，然而，以此作为交换的是朱祁镇被囚禁于南宫无尽的命运。

如果不是朱祁镇自己"作死"，非得要御驾亲征的话，那么这个皇位决然是落不到朱祁钰头上的。但在临危受命下，朱祁钰凭借其自身的足智多谋，任人唯贤，力挽狂澜，将原本已有颓唐之势的朝局，开拓出了另一番景象，不得不说朱祁钰的表现实不愧为一代君王。这样一看倒是比他的哥哥更适合继承皇位，颇有其父明宣宗朱瞻基之风。

"土木堡之变"倒是成了一个分水岭，让更多的人认清了谁是明君，谁是圣主。

预见般的悲惨结局

朱祁镇这么一关就是七年。从一个帝王到阶下囚，而后又经历被监禁的太上皇生涯，只能靠自己的皇后贩卖绣品来维持生活，可谓是十分凄凉。这些导致了他对那个自己曾经最疼爱的弟弟的恨，从而也奠定了朱祁钰的悲惨结局。

古来，对于皇位的追逐都是激烈的，都是残酷的。若是说有哪个皇子不觊觎皇位，不艳羡皇位，那么必然是假的，朱祁钰也不例外。随着皇位越坐越久，越坐越稳，盘桓在朱祁钰心中不安的种子便渐渐地放大，那便是太子之位。

朱祁钰即位的条件中，包含了一条保全朱见浚的太子之位。然而，朱祁钰自己也有儿子。他是皇帝，他的儿子为什么不能成为太子呢？为什么要把太子之位拱手给自己的侄子呢？若是等到自己的侄子即位，难道还会善待他的子嗣吗？这么一盘算，随着帝位的稳固，朱祁钰便有了易太子的准备。

但是易太子哪有说的那么容易，这可是影响国家命运所在的。另一方面，朱见浚的太子之位是朱祁镇授意的，也是朱祁钰即位的条件，若是朱祁钰推翻，那么将朱祁镇的脸面放在何处，又将自己曾经的誓言放在何处。所以，朱祁钰易太子的打算一经说出，便遭到了群臣的反对。

朱祁钰无奈之下，便动起了贿赂内阁的打算，而且还将此付诸行动。皇帝贿赂大臣，真是闻所未闻，见所未见。但是，朱祁钰为了自己儿子的太子之位，还是这么做了。《明史》中这样提到"上意既定，恐文武大臣不从，乃分赐内阁诸学士金五十两，银倍之，陈循、王文等遂以太子为可易。"所以，在重金的贿赂之下，大臣们终于松了口，同意废太子，立朱祁钰的儿子朱见济为太子。然而，朱祁钰囚禁太上皇在前，废掉朱见浚太子位在后的举动，让更多人看到了朱祁钰觊觎皇位，不惜一切代价的手段。朱祁镇的复辟集团因此也悄悄建立了起来。

朱祁钰费尽心机地废了朱见浚，又立了自己的儿子朱见济做太子。然而，上天好似跟他开玩笑一般，朱见济这个太子之位只坐了一年未到，便夭折了。朱见济作为朱祁钰唯一的儿子，他的死对于朱祁钰来说无疑是巨大的。然而，摆在朱祁钰面前更现实的问题是，江山无人能继。太子之位一日不定，那么朝臣心中也是忧心忡忡。故而，此时复立朱见浚为太子的声音便络绎不绝地传来。

这简直是给朱祁钰当头棒喝。若是没有废朱见浚的太子位还好，但是朱见浚的太子位已废，他与这个侄子之间唯一留下的情分也就荡然无存了。若是他复立了朱见浚，那么他的结局怕是更落不得好。

所以，在消除一众复立为朱见浚为太子的"声音"后，太子之位也就久而空悬了。

或许朱祁钰心中还是有打算的。毕竟他还年轻，子嗣问题之后应该能得到解决。若是不行，也可以从宗室中过继别的孩子来成为自己的继承人。无论哪种结果，都比复立朱见浚这种选择好。因为在朱祁钰看来，朱祁镇父子对于他的皇位来说无疑是定时炸弹一般的存在，让他已然到手的皇位变得岌岌可危。

或许是上天觉得对于朱祁钰的惩罚还不够，朱见济死后的三年余，朱祁钰也因为重病，病倒在了床榻前。帝王重病，随即带来的便是飘摇的朝局，更何况是在朱祁钰没有继承人的情况下。然而，朱祁钰或许没有想到的是，带给他悲惨结局的不是别人，正是他最信任的宠臣石亨。因为推举朱祁钰登位有功，而后又因有才得到朱祁钰的重用，在朱祁钰的全然信任下，石亨不仅加官晋爵，甚至到了封侯拜相的地位。朱祁钰重病在床时，宣了石亨进宫。然而，就是朱祁钰让石亨代理朝政期间，却出现了纰漏。石亨虽靠着朱祁钰起家，但对朱祁钰他却没有半分感念之恩。在朱祁钰重病期间，石亨已经对自己的人生早做规划，甚至投靠到了以孙太后为首的复辟集团中。

石亨与于谦不同，在石亨看来谁做皇帝并不重要，重要的是谁能够给他高官厚禄，让他拥有享不尽的荣华富贵。朱祁钰病倒了，那么显然他已经不是那个人了。石亨这么一把握朝政简直让复辟集团如虎添翼，"夺门之变"顺势而行。朱祁钰就这么悄无声息地被赶下了皇位，而在南宫中被关了7年的朱祁镇终于再次夺回了原本属于他的皇位。

然而，这个皇位的代价，却是以斩杀了一众"土木堡之变"后参与皇城保卫战的功臣换来的，其中包括了拥有大局观的功臣于谦。朱祁镇再次成了皇帝。对于自己那个不顾兄弟情谊的弟弟，他自然也便没有了半分仁慈。不久后，朱祁钰便病逝了。

当然，朱祁钰是否真的病逝，这其中一直存在着一个谜题。然而，他的命运停在了他30岁那年，却是一个既定的事实。之后，朱祁镇为了"恶心"自己弟弟，居然还给他取了一个恶谥为"戾"，将他葬于了西山的景泰陵，让他成了唯一一个迁都后，没进帝王陵的帝王。当然，站在朱祁镇的层面，这样做确然也是无可厚非的吧！

朱祁钰和朱祁镇从原本的手足至亲，到最后的拔刀相见，自然是权力在其中，让他们迷失了方向。而若是将朱祁钰和朱祁镇相比，自然后世的人，对朱祁钰的评价更高。他任人唯贤，励精图治，改革除弊，在做帝王方面，真可谓是一代明君。而反观朱祁镇，他先是听信奸臣谗言，将自己"作死"到做俘虏的局面，而后即使再次复辟为皇，他仍旧是毫无作为，甚至不惜斩杀一众功臣来"泄愤"，真是辱没了他的"英宗"之名。

若是，朱祁钰的出生能够再好些，若是一开始便是朱祁钰做皇帝，那么大明朝或许就会有更好的光景了吧！可惜，没有如果可言。

朱祁钰是一个合格的皇帝

俗话说"英雄造时势，时势造英雄"，此话实在不假。历史浩瀚如斯，从来不是一个人书写的传记，这其中有枭雄大盗，也有英雄豪杰，有名臣武将，也有平民百姓。作为中国封建时代最高权力和君权神授的崇高存在，高高在上的皇帝仿佛遥不可及的存在，在历史中更多是作为年号和大事记的主持者而存在，甚至将舞台交给了那些台前独当一面、自娱自乐的"主角"。然而，在历史的帷幕缓缓落下后再回首，我们应该认识到历史中的皇帝不过也是生于帝王家、久居宫中的普通人。今天，我们即将细说的便是一个在历史中默默承担平凡，将辉煌留给他人的合格皇帝——朱祁钰。

一代郕王，临危受命

宣德三年（公元 1428 年），朱祁钰诞生，他是明宣宗朱瞻基的第二个儿子，也是明宣宗的最后一个儿子。朱瞻基驾崩后，哥哥朱祁镇登基，作为皇帝的弟弟，朱祁钰得到了郕王的封号，并在京城有了一座王府，居住近七载光阴（就藩北京），母子得以入宫，但仍不受宫中内外待见。如果不出意外，这个不受宠爱的次子将成为历史云烟中暗淡的尘土，与无数平民百姓、小官小吏一同埋没在史书中不被世人所知。

　　然而历史却并不总像世人所熟知的那样发展，正统十四年（公元 1449 年），朱祁钰的哥哥明英宗朱祁镇在司礼监掌印太监王振的鼓动下决定御驾亲征，迎战入侵的瓦剌，结果大败被俘，二十万大军埋尸土木堡。

　　此刻皇帝朱祁镇被俘，其唯一的儿子朱见浚又太过年幼，因此作为宣宗朱瞻基唯一留存在京师的正统子嗣，朱祁钰成了这座孤城最高的精神领袖和皇室象征。国难当头，这位从不被看好的藩王被朝廷上下认定为此时最适合登基以对抗南下瓦剌的人。郕王朱祁钰原本只是奉朱祁镇命令留下来监国的，且城外大敌当前，国家处于风雨飘摇之间，哪敢轻易接受任命？根据明史等记载，朱祁钰在朝臣请求即位之时确实曾坚决推辞。无奈百官苦口婆心劝说，而被朝臣请出的孙太后也要他承担责任，执掌大明神器保国家社稷之重，朱祁钰这才接受大臣们的推选，于当年九月初六成为大明新皇，年号"景泰"，尊"北狩"的长兄朱祁镇为太上皇。上任伊始，受命应对国难的他重用于谦、石亨等主战派，亲自下令调集周边备操军队自带干粮、武器入京御敌。战斗打响后，朱祁钰坐镇宫中，停止上朝紧紧关注城外形势。在听闻战争小胜后朱祁钰大喜，下令犒赏三军、嘉奖百官，使身边亲信入军营协同军务。此间朝廷有人以天象为由请求迁都南京以躲避也先之军锋，实则是保守派想逃向南方与也先画河为界。朱祁钰坚决不允，表示要将大明京都作为守卫大明南北的最后一道防线，与大明京城同生死。大敌当前，当时端坐在大殿上的朱祁钰临危不乱，可想而知这是何等的气魄！

　　正是有这样意志坚决、有明君风范的帝王坐镇其中执掌社稷神器，稳定军心民心，京城内外明军不敢松懈，拼命死守，朝中百姓勇上城墙犒劳防务，北京这座恢弘巨城才得以在十月的战役中屹立不倒，挫败了来自蒙古的大敌瓦剌，悍勇守卫大明北方疆土不失。北京保卫战作为镇守大明北方的重要战役，在君臣一心、八方支援下获得了最终的胜利，维护了边疆的安宁，避免了宋钦宗时期靖康之耻的悲剧。而出身卑微的朱祁钰在这样特殊的时机一举获得皇帝宝座，那个原本懵懂无知的王储也逐渐被皇权的尊贵遮住了双眼，未来，他将用手中的权力维护自己所获得的一切。

英明君王，内外无忧

在其位者，自当谋其政。英宗朱祁镇在任期间佞臣王振祸害四方，导致朝中上下吏治腐败，宫中内外深受其害。地方屯田、逃税者甚多，臣子要么被剥削，要么入伙打压忠臣，明朝建国八十二年来未有此乱党重创。景泰帝朱祁钰登基后，除了将朝中的王振同党定罪诛杀以告土木堡之逝者外，还注意吸取前朝经验，登基之初便提出了对外攘敌、对内发展的目标，力求恢复大明的经济。对于南下的瓦剌和也先，朱祁钰在战后也未曾放松军备，对草原与中原之间边关的贸易加以限制，并派兵增援大同府、宣府等兵家重镇以防也先再次南下。

在这场战争中所覆灭的隶属于大都督府的明初"三大营"编制几近颠覆。战后，朱祁钰令于谦、石亨等人积极组织军事演习，以团营编制重组军队，加强军队将领与士兵之间的熟练度（此前都是尽量避免双方常驻以免将领异心引发叛乱），他还选定善战者十五万交由于谦、石亨等名将，日夜操以严格的训练，使军令如山无敢不服。此外，朱祁钰大力发展军中火器，三大营专有的火铳成为新设兵营的标配，以此专门针对草原民族的游骑兵。明代宗的军事管制和改革在明代历史上产生了深远的影响，将大明的军事实力提高多个档次。明末对火器几乎未再发展，因此明中期对于火器炮铳等火力的研究几乎达到了明清的巅峰水平。他在位期间，也先率领的瓦剌再未侵犯大明内地，北方百姓重新获得了喘息和发展的机会。此外，他还对西南的民族叛乱分子予以打压，令两广总督镇压贵广地区的起义，巩固中央和地方的政权。

大概是对战前朝廷上的暴乱印象深刻，朱祁钰严厉打压朝中的党争，对大臣之间的结党营私毫不留情，但凡有苗头便苛责惩戒。朱祁钰在位期间，御史言官上书最为积极，即使经内阁分流后仍有不少呈给景泰帝，朱祁钰也来者不拒，对上书的意见非常重视，并主动派人下去调查。朱祁钰对曝光出来的贪官污吏、违规乱纪者处以重刑，一视同仁，丝毫不手软。包括他身边的亲信太监金英（朱祁镇在位时便陪伴其左右，且由他宣布朱祁钰即位）在执掌司礼监大权后，对于地方盐铁多有沾手而不入国库，朱祁镇得知后立即废其职位另起用他人。太监本是皇帝最亲近的群体，在朱祁钰的震慑下，这些他身边的红人无不颤颤巍巍谨慎从命，何谓王朝之奇景。此外，朱祁钰缩减锦衣卫的管辖权，这个权力外溢、深受大臣厌恶的情报机构在朱祁钰在位期间也相当老实本分，显示出一代明君对大局的掌控程度相当不凡。

大明科举承隋唐之风，是大多数基层读书人和百姓上升的唯一渠道。朱祁钰将其作为执政治世的重点，严厉打击任人唯亲的乱象。有人提出在地方上存在保举制直接当官（类似于清朝的保举当官），这种凭主观升职的体系外聘任实为某些人的权力滥用，影响朝廷吏治和察举监察的正常运行，应该按照明初之范例停掉这些错误的做法。景泰帝深以为然，遂下令公示官吏任用不得唯私，且督促中央地方的监察机关下到百姓间积极反馈，并裁撤冗余官员减少内耗。同时，对于科举制中存在的培养人才过慢、晋升渠道狭窄等问题，他也放权吏部唯才是举。这种从底层人民和精英人士中抽取人才，在科学合理的选才制度培养的做法深得朝廷内外的称赞，为朝廷填补了人才空缺、人手不足的漏洞，也激励中低官品的臣子积极上进，朝廷风气焕然一新。

对于有功之臣，如在北京保卫战中立下赫赫战功的于谦，景泰帝在战前战后都予以信任和尊重。于谦也成为景泰年间的重臣之一，虽未入阁且拒绝了朱祁钰对他的封赏，却也出任兵部尚书一职。在朱祁钰当政期间，于谦推行的一系列军政改革都顺利实施，这背后当然有朱祁钰的一份功劳。尽管在选聘人才的过程中遭到质疑，朱祁钰仍然坚持唯才是举，不听信谣言，使得一批具有真知灼见的大臣进入权力中心，为国家治理立下了汗马功劳，这不得不说是景泰帝的伯乐之功啊！

景泰帝朱祁钰作为明朝第七位皇帝，尽心竭力治理国家，力图扬国威、涨国力、震慑四方，由此周边诸国如朝鲜、越南等地的政权主君纷纷遣使表忠心。他虽然身为九五之尊高高在上，但并不骄傲放纵，而是广开言路听取百官意见。曾经被废除的午朝重新被树立，这当然对御史言官而言是一个巨大的激励。朱祁钰在位期间多自主处理政务，除了收权尽归中央提高中央集权力度外，也减少了政务处理的中间流程，加速行政事务处理速度，使得大事小事不至于拖延变化。对于提出的意见多多纳谏，并不一己之见否定之，博得历史好评（当然，后来朱祁镇对此多有抹黑）。

景泰皇帝，大明英主

民生同样是明代宗朱祁钰所关注的重点领域。与父皇、祖父一样，朱祁钰实行平稳经济、推动农业生产的措施，并将产业链的末端——粮商、官商加以监控，要求地方官吏控制粮价平稳，防止贱价伤农。此外，对于地方滥用权力伤农的现象，朱祁钰及时止损，废除不合理的征税征粮制度，反对土地兼并，责令违背官府命令擅自争抢滥收土地的达官贵族、乡绅地主退田退地，并在执政期间以政府的力量尽可能将多余的农田匀给农户。

此外，朱祁钰十分注重发展军屯，这一举措成为大明军队在非战时的主要工作，朱祁钰令监察官吏巡察军屯储备，令军士日常耕田自备军粮以减少朝廷靡耗。人民生活富足且受官府压迫较少，成为大明历史上鲜少的宽待农民的时期。在朱祁钰执政的年间，曾下令命御史徐有贞（就是曾经建议迁都的徐珵）前往今天的山东地区治理黄河入海处的沙道。徐有贞不负重任，多次勘探后上书建议疏通河道设立闸门以备泄洪等方法。朱祁钰认可了他的意见，派工部携重兵前往治理河沙，用时两年便完成治理黄河的大工程。后其他地方堤坝溃烂，再遣徐有贞设闸，明朝期间此地没有遭受到大的自然灾害。

提到景泰帝，不得不提起历史上著名的景泰蓝，这是一种金属工艺技术，起源于元朝而在景泰年间趋于成熟。因为当时以蓝绿众多，朱祁钰便将这种"铜胎掐丝珐琅"的工艺品称之为"景泰蓝"。当时的宫中作坊已经具备了较为完善的制作工艺，上绘制大明莲花，极具民俗特色和时代特征，曾作为 APEC（亚洲太平洋经济合作组织）会议后我国领导人赠送给友邦的国礼。朱祁钰执政期间还下令编撰地理图录，如记载周边政治辖区的《寰宇通志》。此书虽然编撰完成，却恰逢政权交割，因此未能发行，被后世收入丛书中以做参考。

身前身后，死而后已

尽管登基于战乱之中符合"兄终弟及"的自由裁量，景泰帝却并未将皇位传承下去，虽然通过"贿赂"等方式将孝恭孙太后制定的继承人换成了自己的儿子朱见济，但太子仍于四年后逝世。景泰八年（公元 1457 年）二月，朱祁钰被从南宫走出的朱祁镇废黜皇帝之位，之后仍被称为郕王，且于十八日在西苑逝世。令人吃惊的是，朱祁钰死后并未葬于明代皇家陵园——明十三陵，而是葬在了北京西郊的一座山上，后世称为景泰陵。四年后，其被降了品级的生母吴贤妃于后宫悄无声息地离世。自此，景泰帝一脉于宫中烟消云散，朝中上下亦不敢提起。重新上位的朱祁镇废除帝号而保留年号，谥"戾"以示恨意，后来明宪宗朱见深才恢复了这个叔叔"景泰"的帝号。

受历史英雄主义的影响，人们所熟知的朱祁钰大部分生活在于谦的光辉下，鲜少有人真正注意到这个代政而登基的皇帝。他对大明的功绩如同被历史抹杀一般，几近不被世人谈起，而他真正执政的时间也不过短短八年。作为大明皇帝中平凡的一位，他充分完成了皇帝的使命，北京保卫战证明了他的能力和斗志，疆土上经济平稳、人民安居乐业，世间一片祥和。无论是建国期间还是登基之后都力图维护大明王朝和平民百姓的利益，尽管得罪了一些固有的利益集团并遭到了反噬抗议，但却为黎民百姓带来了福音，这也佐证他性本善的责任感。而史料中关于他勒令减少宫中靡费、办公经费，加大财政对地方百姓农业生产补贴等的记载所透露出的点点滴滴更能看出他的节俭和宽以待人。

平心而论，他应该算得上是一个好皇帝，至少应该得到世人的尊重，尤其是那些得到昭雪和垂青的臣子（包括于谦、石亨等）。其在位期间，四方来客无有不服，前朝所遭迫害者尽得平复，犯罪违法者都受到应有的惩罚，可以说尽职尽责，虽称不上盛世，却也不落于其他皇帝之后。

作为明代皇帝中比较特殊的一员，明代宗朱祁钰有他功绩显赫、为国为民鞠躬尽瘁的一面；在面对帝王权力斗争的时候，他也有为达到目的不吝惜骨肉亲情，甚至行为举止幼稚的一面。当然，他最后的下场确实令人惋惜，子嗣断绝，后宫不振，这也是他作为明代最高统治者不被外人所知的一面。他本是一个身世不足为外人道也、无人问津的郡王，历史将他推上皇帝的宝座，他也从善如流地做到了皇帝的本职。历史向来应理性、全面、科学地评判，无论是前朝史官、近现代文人墨客还是平民百姓，想来都可以理解这位以沉默开头、以悲剧结尾的皇帝吧。

当然，在面对可能危及其皇位的朱祁镇时，他也曾心狠手辣处处为难，迷失于权力的旋涡之中不能自拔，这当然不符合中国传统的价值观。有人谓之曰"视天位也过于重，而视天亲也过于轻"，如果说景泰帝朱祁钰最对不起的人，大概也只有他的长兄，英宗朱祁镇了。

由来百代明天子，不肯将身做上皇

何谓"太上皇"，理论上是退休的皇帝或者是皇帝的前任，他们可能是现任皇帝的父亲（常见）、兄弟（少见）、晚辈（罕见），从理论上来讲，太上皇地位十分尊贵。但这只是一个理论，这个理论是有一个大前提的，那就是太上皇要有实权或者现任皇帝十分孝顺，否则太上皇的日子就会很惨。

有一首诗写得好"南内凄凉西内荒，淡云秋树满宫墙。由来百代明天子，不肯将身做上皇！"这首诗是形容唐玄宗晚年凄惨的太上皇岁月的，但也基本上概括了中国古代历史上大部分失势的太上皇凄凉的境地。唐玄宗李隆基是唐肃宗的亲生父亲，晚年尚且这么悲惨，而作为明朝唯一的一位太上皇——朱祁镇，他只是皇帝的哥哥，他的境地该怎么样自是不言而喻的了。

土木堡之变后明军死亡惨重，数百名从征的文武大臣战死，老臣耆旧、功臣宿将荡然一空。财产损失不计其数，朱祁镇本人也被也先所擒，成了俘虏，就此开始了他的太上皇生涯。

高贵的俘虏

土木堡兵败之时，明军全军溃散，各自逃生，朱祁镇骑马狂奔，与众人走散。他身边的太监喜宁投降了瓦剌，将朱祁镇行踪泄露给也先。也先派弟弟赛刊王带兵按喜宁指的方向穷追不舍。朱祁镇见无法平安突围，心中绝望，索性翻身下马，拼命压抑着心中的恐惧和慌乱，盘脚坐在地上休息。

瓦剌追兵赶到，有兄弟两人发现了朱祁镇。弟弟见他衣甲鲜亮，就向他讨要，被拒绝后，陡起恶念，拔刀想杀了他。其兄相对老练一些，马上制止了他，并说："这个人穿戴打扮与言行举止都与别的明军不一样，不如把他押回去请赏！"他们押着朱祁镇来到雷家站，这里是也先的弟弟赛刊王的营帐。朱祁镇见了赛刊王，没等他发话，便开口问道："你是也先、伯颜帖木儿、赛刊王和大同王中的哪一个？"赛刊王闻言大惊，顾不上和朱祁镇多说，让人把他看管好，自己策马急驰来到也先帐中禀报。

也先找了两个投降的明军让他们辨认，两人见了朱祁镇，吃惊地告诉也先说："这位正是大明皇帝陛下！"。也先闻言后高兴地说："我经常向上天祷告，乞求让大元能够一统天下，今天蒙上天护佑，果然赢得了这样的大胜！"他兴奋地问手下众人该如何处理此事，一个叫乃公的部下大声叫道："这是上天把仇人赐予我们啊！不如马上杀了他！"也先的另一个弟弟伯颜帖木儿大怒，他站起来对也先说"那颜怎么把这样蠢的人放在身边！"说罢，狠狠地打了乃公一巴掌，把脸都打破了，之后将其赶出帐去。伯颜帖木儿口中的"那颜"，是"大人"的意思，是对也先的尊称。

过后，伯颜帖木儿极力劝谏说："两军交战时，明军大败，人马或中刀箭而死，或被乱军踩踏而亡。现在唯独大明皇帝完好无损，而且从容淡定，询问我们姓名时，脸上也没惊恐、怨恨和愤怒的表情。我们以前也曾拿了大明多年的赏赐，大明对我们是有恩泽的。现在大明得罪上天，上天惩罚他们，就像把人推倒在地上一样让他们挫败。但是，上天虽然让大明的天子蒙尘，却没有让他去死，我们怎么敢违背天意呢？那颜如果派人报告大明，让他们迎回自己的天子，就会有万世好男儿的名声啊！"

也先的手下听了，都点头不已，口中称"者"，表示赞同。在瓦剌语中，

"者"是同意的意思。也先见众人都无异议，就同意了伯颜帖木儿的意见，他吩咐将朱祁镇送到伯颜帖木儿营中，让伯颜帖木儿负责保护他。

明英宗朱祁镇刚愎自用，昏聩糊涂，信任太监王振，不听臣下劝谏，应对土木堡丧师负有主要责任，这个毋庸讳言。抛开这些不谈，仅从他在被俘后的表现看，还算是从容淡定。正因为如此，他才赢得了伯颜帖木儿和也先的尊重，让他的瓦剌俘虏生涯，过得不至过于艰辛。

颠沛流离的生活

为避免被瓦剌要挟，群臣纷纷上书，请求朱祁钰继位为君，以重新提振人心士气。正统十四年（公元 1449 年）九月，朱祁钰以太后旨意继位，遥尊落入瓦剌手中的朱祁镇为太上皇，并改元"景泰"。再说说朱祁镇的情况，自从他被俘后，一直在伯颜帖木儿营中，只是不知道自己已经成了太上皇。伯颜帖木儿对朱祁镇颇为礼敬，所以他倒没有吃太多的苦。因为言语不通，伯颜帖木儿找了三个被俘的军校来服侍他，分别是袁彬、哈铭和沙狐狸。太监喜宁投降了瓦剌，也常来朱祁镇帐中探听消息。

正统十四年九月二十三日，也先胁持朱祁镇来到大同关前，声言让守将以金帛换回皇帝，想乘守将开关，一举破城。大同守将名叫郭登，看穿了也先的诡计，闭门不纳，只是派使者拜见太上皇。朱祁镇对使者说："庄稼还没有收获，瓦剌士兵们吃不饱，想进城吃饭！"这当然是也先的意思。

朱祁镇见在场的蒙古人听不懂大明的语言，便又悄悄告诉使者说："也先说是要送我回来，真伪难测，你们要加强戒备！"使者献给朱祁镇蟒龙袍等礼品和朱祁镇皇后凑出的约万两金银，也先收下礼品后，却没有做什么回应。郭登本来想乘朱祁镇进城后，突然放下城门劫夺朱祁镇，不过可能被也先发现了，没有进城就退兵去了。九月二十八日，朱祁镇被送到黑松林，来到也先的营地，这也是他第一次见到也先。也先对他行跪拜之礼，设宴款待，并让自己的妻妾出来载歌载舞，以示尊荣，事后仍让他回去住在伯颜帖木儿的营帐。伯颜帖木儿和妻子待朱祁镇也是和也先一样的礼节。

之后也先几次想加害朱祁镇，正好有天夜里大雷雨，一道雷电突然震死了也先平时所骑的马。也先大惊失色，认为朱祁镇有上天护佑，再也不敢动杀他的念头，反而对他更加礼敬了。袁彬、哈铭、沙狐狸也对他比较忠心，劳苦备至。后来也先以送朱祁镇还京为名，与脱脱不花一起攻破紫荆关，杀守将指挥韩清、都御史孙祥，以太监喜宁为向导，直奔北京城而来。朱祁镇随也先出了紫荆关，恰逢一路雨雪。朱祁镇乘马踏雪而行，走得分外艰难。幸亏袁彬、哈铭忠心耿耿，竭力护持，保得平安。也先来见朱祁镇，他拔刀杀死一匹战马，割下肉来，烤了烤递给朱祁镇，对他说："不要担忧，你一定能回去的！"吃完饭才走。战马是草原民族的宝贵财产，轻易不得宰杀，而也先款待朱祁镇竟然要斩杀战马为食，可见瓦剌平日的生活也并不富裕，朱祁镇也渐渐明白他屡次向明朝索要财物，也不是没有原因的。

后来，也先在北京战败，又退回了塞外，朱祁镇经过小黄河苏武庙时，伯颜帖木儿的妻子阿挞剌阿哈剌让侍女搭好帐篷欢迎他，宰羊把盏殷勤地服侍他吃饭。过了几天，到了朱祁镇的生日，也先设宴为朱祁镇祝寿，送给他蟒衣貂裘，这可能是此前郭登献给朱祁镇的，被也先扣留，这时又拿了出来。

朱祁镇随瓦剌大军来回迁徙，颠沛流离，在游牧民族这是很常见的事，但对于自幼娇生惯养的朱祁镇来说，还是过于艰难了些。不过，也先和伯颜帖木儿还算是比较厚道，总体上对他还是不错。虽然瓦剌物资并不是很充裕，还是竭尽所能来供养朱祁镇，也没有折磨和虐待他。在这一点上，朱祁镇也比北宋的徽、钦二帝要幸运得多。

苦中作乐

朱祁镇在伯颜帖木儿营中，整天都待在帐篷里，平时饮食不是羊肉就是奶制品，膻腥刺鼻，令人难以下咽。财产只有一辆牛车，是作为迁移时使用的。平时侍奉他的不过袁彬和哈铭两人，生活条件比起北京不啻天壤之别。因为帐篷里地方狭小，三人睡觉时是挤在一起的。塞外冬天非常寒冷，朱祁镇冻得睡不着只能让袁彬用身体给他暖脚。朱祁镇有时晚上郁闷，睡不着觉，就走出帐篷，仰头看天象，他指着天上的星星对袁彬和哈铭说："从天上的星象来看，我一定能够回去！"

有一天早上起来他对哈铭说："你知道吗？晚上你的手压着我的胸，等我醒来才把你的手拿开的。"哈铭连忙顿首谢罪，朱祁镇引用汉光武与严子陵共卧的典故宽慰他。从这里能够看出，朱祁镇这个人，其实本质还是不坏的。

他还让哈铭对伯颜帖木儿的妻子致意，请他劝说伯颜帖木儿送自己回去。阿挞剌阿哈剌说："我只是一个女人，做不了什么！不然等到官人（伯颜帖木儿）回来，我服侍他洗濯的时候，帮你说一声吧！"不过，这种事情估计伯颜帖木儿也做不了主，最后也就不了了之了。伯颜帖木儿后来拿着一只打猎得到的野鸡和一坛酒送给他，表达了一下微薄的歉意。

太监喜宁投降瓦剌后，凭借着会说瓦剌语的优势，得到了也先的重用。也先需要通过他和朱祁镇的沟通了解明朝的情况。喜宁知道一旦朱祁镇返回北京，自己也就失去了存在的价值，因此，一心一意帮也先出谋划策，让他侵扰明朝边境，加深两方的矛盾，想方设法地阻碍朱祁镇的回归。另外，因为袁彬向朱祁镇说过喜宁不可靠的事，他还对袁彬很是忌恨，曾诱袁彬出营，想要杀掉他。幸亏朱祁镇感觉到不对，追出营去及时制止了他，才保住了袁彬的一条命。朱祁镇很厌恶他，却又不能把他怎么样。

景泰元年（公元1450年）二月，也先几次遣使到明朝都被拒绝，没有得到一点财物。朱祁镇乘机向也先说，只有派自己贴身的太监喜宁去才能得到朱祁钰的信任。也先信以为真，下令使者带着喜宁出使。朱祁镇写了一封信，信中交代大明守将见信后处死喜宁，派袁彬私下里偷偷交给随行的军士高盘，让他小心藏好，等到了大明地界后，再取出交给当地守将。高盘将信绑在腰间，随使者一起出行。使者到达宣府时，高盘秘密找到守将杨俊，把信交到他手中。杨俊见信后，想出一个办法。他带着酒肉美食请喜宁和高盘到城外喝酒，酒酣之际，高盘抱住喜宁大声呼叫。杨俊提前布置的伏兵冲出，把喜宁捆起来送到北京，杀掉了他。就这样，朱祁镇除掉了喜宁这个叛徒。

朱祁镇自幼锦衣玉食，享受荣华富贵，肯定不能适应塞外的艰苦生活，应该是吃了不少苦头。他可能在很早就知道朱祁钰已经继位的消息，也清楚这对自己意味着什么。不过，朱祁镇的心态还是不错的，积极地做着归乡的准备，尽管他知道希望很渺茫。他始终保持着一种积极的心态，能够苦中作乐。有叛徒想阻碍他回归，朱祁镇就坚决地想办法除掉了他。他并没有被恶劣的环境和糟糕的生活待遇所压倒，时时刻刻让自己把事态往好处想，千方百计地维持着自己归乡的希望，那么，他的愿望能够实现吗？

迎驾之争

景泰元年七月，也先派完者脱欢等五人到北京议和，提及送还朱祁镇之事。许多大臣主张奉迎太上皇回归，朱祁钰都不予批准。瓦剌使者到京第二天，朱祁钰召集大臣讨论此事，朝会之上众说纷纭。吏部尚书王直建议派使者迎回太上皇，惹得朱祁钰大为不满。他不高兴地说："我不是贪图这个皇位，当时你们硬要让我当，今日又来说要派人出使，迎回太上皇！"此言即出，众人面面相觑，不知该说什么才好。于谦从容地说："皇位已经定了，谁敢再有别的议论！派使者出去，只是为了缓解边境压力罢了！"朱祁钰稍稍意转，连声说道："听你的！听你的！"，至此决定派人出使瓦剌。

不久，礼部右侍郎李实被派出使瓦剌，按照朱祁钰的意思，出使的诏书只说是议和，并没有提及迎归朱祁镇的话。李实与瓦剌使臣完者脱欢一起来到也先驻地，向他宣读国书后，见到了太上皇朱祁镇。朱祁镇见了李实，了解到自己已经身为太上皇的事实后，他情绪激动地说："若能回归，情愿当个老百姓守着祖宗的陵墓，于愿足矣！"两人又聊起土木堡之事，朱祁镇说："朕是为江山社稷才御驾亲征的，并不是为出去游猎，落到兵败丧师的地步都要怪王振！"李实问起他宠信王振，导致兵败土木堡之事时，朱祁镇却说："朕虽然没有发现王振的奸恶，但是王振没死的时候，群臣没有一个人向我进言，现在有事却都归罪于我！"

朱祁镇身在塞外，常有思乡之情，回归的欲望非常强烈。只有吃了苦头的人，才会记起从前的好，想念家乡。不过，朱祁镇并没有对自己进行反思，只是为了能早日回家，暂时低头罢了。此时，脱脱不花也派使者来到北京，右都御史杨善请随出使回访。朝廷同意了他的请求，派他出使瓦剌，但给他的任务，仍然是只谈议和，不提迎驾之事。李实在返回的途中遇到杨善，告诉他朱祁镇归来之意非常殷切，只是自己未奉诏书，不敢答应。杨善说："就算是没有诏书也可以权宜行事！"，说罢，不顾而去。杨善到了瓦剌，与也先相见后，直言自己是来迎驾的。也先问朱祁镇回归后，是否重新复位，杨善回答说："皇位已经定了，不可能再有变化！"。

杨善迎接太上皇回京，到达宣府时，派人到北京送信。朱祁钰得知后，也无可奈何，只得顺应大臣的意见，派太常少卿许彬前往奉迎。七月二十七日，朱祁镇在瓦剌漂泊一年多后，终于回到了他日思夜想、魂牵梦绕的北京。朱祁钰引百官到安定门迎接，两人装模作样地推让良久，最后，朱祁钰送朱祁镇到南宫安歇。从此，朱祁镇开始了他的幽禁生活，七年之中再也没能走出南宫半步。

关于迎回太上皇朱祁镇这件事，景泰帝内心肯定是不情愿的。因此，他在迎驾问题上始终持不合作的态度，这也在情理之中。奇怪的是群臣的态度，朱祁镇在位时荒唐胡闹，丧师辱国，对待大臣们残忍酷烈，昏庸暴虐，是个地地道道的昏君。而朱祁钰则在危难之际，定国安邦，在施政上又能笃贤任能，从谏如流，是一位货真价实的有道明君，中兴之主。但是，从群臣的态度上来看，他们对朱祁镇的忠心却远大于朱祁钰。明代文官集团，真是一群让人无法理解的奇妙生物。

南宫上皇

朱祁镇被接回来，是出于杨善的所谓的"权宜行事"，并非出于朱祁钰的本意。因此，当朱祁镇归来之后，朱祁钰的心态便发生了奇怪的变化。他开始变得敏感而多疑，行事也变得有些神经质，对待朱祁镇严防死守，苛刻到了刻薄的程度。

景泰元年十月，朱祁钰下令让靖远伯王骥把守南宫，严禁任何人出入，这个任何人，当然也包括太上皇朱祁镇。景泰元年（公元 1450 年）十一月，朱祁镇生日，礼部尚书胡濙上书请求让群臣向太上皇行朝贺之礼，被朱祁钰严词拒绝。不久又奏请次年正月初一，百官在延安门朝见太上皇，又未被允许。另外，荆王朱瞻堈上表请求，同朱祁镇见面，一叙家常，也被朱祁钰下诏书制止。

景泰三年（公元 1452 年）五月，朱祁钰废黜朱祁镇的长子朱见浚的太子之位，贬为沂王，将他赶出宫去，立自己的儿子朱见济为皇太子。景泰四年（公元 1453 年）十二月，皇太子朱见济夭折。景泰五年（公元 1454 年）四月，御史锺同以及礼部仪制郎中章纶先后上疏请求恢复朱见深的太子之位，朱祁钰也不手软，命人将他们逮入诏狱。

朱祁钰此时已充分展示出了自己的态度，其贪婪与残忍出乎所有人的意料。这种心态表现得如此明显，连市井小人都看得出来，于是，不断有人前来投其所好。景泰三年七月，太监阮浪手下有个宦官王尧到卢沟桥做监守。当时阮浪正在南宫侍奉朱祁镇，就将朱祁镇所赐的镀金绣袋和一把裁纸用的束刀送给他。王尧闲来无事，到朋友锦衣卫指挥卢忠家中喝酒。酒酣之际，他脱下衣服和卢忠一起玩起了蹴鞠。卢忠发现王尧佩带的刀袋是朱祁镇御用的形制，便和妻子一起灌醉了他，偷了他的刀袋与刀连夜进宫，告发说："太上皇图谋复位，赠送东西给外人，以求里应外合！"朱祁钰大怒，当即杖杀了阮浪和王尧，还想继续深究。卢忠见状也害怕了，就装作发疯，开始胡言乱语。学士商辂与司礼监太监王诚乘机上书说："卢忠是个疯子，他说的话不可相信！"这件事才得以了结。因为不断有人言之汲汲，朱祁钰索性将南宫大门的锁用铜汁浇灌，并将南宫里的树全部砍掉。时值盛暑，朱祁镇在南宫内经常靠着树乘凉，忽有一天发现宫内的树全部被砍光了，心中奇怪，不免向人询问，得知原因后，大惊失色，心中后怕不已。

唯一能让朱祁镇感到一点欣慰的，是他的妻子钱皇后。钱氏是海州人，正统七年（公元 1442 年）被立为皇后。朱祁镇怜悯钱皇后的亲族过于寒微，想加封其家族，钱皇后坚决不肯。朱祁镇陷没在土木堡，钱皇后把自己在宫中所有的财物全部拿出，让太监带到大同，想赎回他，但是，也先收了财物后，并没有回应。钱皇后在朱祁镇流落瓦剌的一年多时间，每天夜里都在哭泣着祈祷，乞求上天保佑朱祁镇的平安。困了就睡在地上，寒气侵袭导致关节麻痹，瘸了一条腿。又因为长时间哭泣一只眼睛又看不到了。朱祁镇被幽禁在南宫，心情郁闷，无法排解，钱皇后就反复开导他，陪他说话解闷。钱皇后的陪伴，是他心灵的寄托，让朱祁镇度过了梦魇般的七年。

朱祁镇在南宫过着囚徒般幽禁生活，但心中的郁闷还是可想而知的。虽然有家人的陪伴，这种折磨还是让他痛不欲生。回归时的庆幸和兴奋在慢慢地消失，取而代之的是对朱祁钰刻骨的怨恨。他与朱祁钰之间的兄弟之情，正在被时间一点点地磨蚀，最后就只剩下仇恨了。

太上皇不高兴

明英宗朱祁镇在被俘后的从容淡定，恐怕是他到目前为止唯一的高光时刻，而他之前的表现，可以说是乏善可陈。朱祁镇远在塞外，回归的欲望非常强烈。他自幼锦衣玉食，享受荣华富贵，不能适应塞外的艰苦生活，应该是吃了不少苦头。也先和伯颜帖木儿总体上对他还是不错，虽然瓦剌物资并不是很充裕，还是竭其所能来供养他，没有折磨和虐待。这一点上，朱祁镇要比北宋的徽、钦二帝幸运得多。回到北京后，朱祁镇在南宫过着囚徒般的幽禁生活，还不如在瓦剌自由，心中的郁闷是可想而知的。他后来表现出对朱祁钰的刻骨怨恨也就不难理解了。

郕王朱祁钰临危受命，打赢了北京保卫战，于国于家，功不可没。但是，在迎回太上皇朱祁镇这件事上，朱祁钰内心是不情愿的，在迎驾问题上始终持不合作的态度，也表现得不够厚道。在群臣不遗余力的推动和杨善的当机立断的处置下，朱祁镇最后还是回到了北京，等待他的是长达七年的幽禁生活。

朱祁钰因为舍不得放弃到手的皇位，心态变得极为扭曲。他猜忌心强，做事刻薄刁钻，让朱祁镇与他之间仅存的兄弟之情一点点地被磨蚀，最后就只剩下仇恨了。朱祁镇心中仇恨的星星之火，在不断燃烧。他在等待一个时机，让心中的仇恨，轰然爆发，形成燎原般的惊天巨焰。这一时刻能够到来吗？

太上皇要翻盘

明朝一共有十六位皇帝，而这十六人中有一位很特殊，他两次在位，前后二十二年的时间，他就是明英宗朱祁镇。朱祁镇在正统十四年（公元 1449 年）的土木堡之变中被瓦剌俘虏。为了大明皇统的传承，在北京监国的郕王朱祁钰临危受命，继位称帝，是为景泰帝。随着北京保卫战的胜利，瓦剌也发现留着朱祁镇也没什么用，就直接把他放了回去。但是"天无二日，国无二君"，此时的朱祁钰已经不是当年那个温良恭俭让的弟弟了。为了防止哥哥朱祁镇夺位，朱祁镇一回到北京，朱祁钰就将其囚禁在南宫之内，尊为"太上皇"，不允许任何人私自觐见太上皇。这一系列的变故导致兄弟俩离心离德，然而事情到这里还没结束，后来在一群投机主义者的撺掇下，趁皇帝朱祁钰病重之时，朱祁镇发动了宫廷政变夺回皇位，史称"夺门之变"。

夺门的前因

其实在当时瓦剌南下的危急时刻，朱祁钰是不愿意继位的，因为当时摆在他面前的是一个烂摊子，京城的大军几乎全被朱祁镇带走了，各地的勤王大军一时半会儿赶不回来，所以这个时候当皇帝，是福是祸，说不准。但当时的局势必须要求大明有一个主政者，而这个人绝不能是被俘的朱祁镇，于是于谦、王文这些大臣硬将他架到了皇位上。朱祁钰虽不是主动登基的，但权力确实很迷人，时间一长，朱祁钰似乎也就真的心安理得地坐着皇位不想下来，以至于后来先是想方设法阻拦朱祁镇还朝，还朝之后又将哥哥严格封锁囚禁七年。这一切的一切使得兄弟俩早就没有什么情义所在了，种种原因加在一起就导致了后来的政变。

正统十四年，朱祁镇在太监王振的误导下是一步错，步步错，最终在"土木堡之变"中兵败被俘。随后瓦剌又想挟持朱祁镇，趁机南下劫掠一番，甚至有重新入主中原的野望。面对前所未有的危机，以于谦为首的坚定派请求监国的郕王朱祁钰继承皇位，遥尊朱祁镇为太上皇，其后诛奸邪、稳民心，做好了充分的守城准备。最终大明上下一心取得了北京保卫战的胜利，使得瓦剌不仅退兵还再次向大明称臣，并表示愿意释放朱祁镇回国。虽然朱祁钰十分不愿意迎接朱祁镇还朝，但是于公于私都说不通，加之迫于朝臣的压力，最后也只好同意了。不过还朝归还朝，但皇位朱祁镇就不要再奢望了，朱祁钰一点权力都不打算放手，不仅如此还将太上皇朱祁镇"安置"在南宫，随后宫门上锁、墙外伐木，严格监视着朱祁镇的一举一动，如同对待犯人一般。朱祁镇心里虽然非常不甘，却无可奈何，毕竟现在他的生死大权掌握在别人的手里，自己就只能做出低姿态，让弟弟朱祁钰认为自己没有威胁，也不想重新夺回皇位，只有这样才能保得自己和妻儿的性命。就在朱祁镇和一家老小在南宫熬着的时候，朝堂上的朱祁钰也有了新的动静，而就是这样让一部分小人抓住了机会。

易储风波，朱祁钰危机

朱祁镇还朝后被朱祁钰囚禁在南宫长达七年，虽说不至于忍饥挨饿，但被软禁的滋味肯定不好受。与此同时宫墙之外的朱祁钰也正在为了保住自己的皇位进行着一系列举动。

朱祁镇被软禁的时候，朱祁钰一方面严加监视着南宫以防生变，另一方面在朝堂上大力地打压宦官集团。他认为土木堡之变出现的最大原因就是宦官王振，所以刚继位的时候就诛灭掉像马顺这样的王振一党。国家安定之后，他对东厂、锦衣卫这种皇帝的耳目机构也加以打压，所以在景泰年间东厂和锦衣卫强劲的发展势头得到了遏制。朱祁钰并不是十分信任这两个机构，当时像高平、徐正都等特务机构的头领多次向朱祁钰汇报石亨、曹吉祥等人有异心，但朱祁钰对此表示怀疑，最终忽视了这一重要情报。虽然朱祁钰打压宦官和特务集团是好事，有利于国家的发展，但是一味地打压而不去利用，最终导致他在面对政变之时一无所知。明朝史学家王世贞曾说过一句话："景帝不假内竖如此，南城之祸所由构也"。

在位期间的朱祁钰不仅是打压宦官集团，而且还废黜了侄子朱见浚（后来的明宪宗朱见深）的太子位，改立自己儿子朱见济为太子，想要让自己的血脉取代朱祁镇这一支，永远坐稳皇位。朱祁钰最初表现出想要改立太子时，大臣们多是表示反对的，更何况此时太后孙氏还健在，而当年孙太后允许朱祁钰继位的条件之一就是其百年之后要将皇位传给朱见浚，当时的朱祁钰也是一口答应了，现在想要食言确实不占理。

有一次朱祁钰询问太监金英东宫太子的生日，其实朱祁钰想要让金英说出自己儿子的生日，那样的话就证明他们默认自己改立太子的举动，但是不承想金英还是坚持说了朱见浚的生辰。看来此时的时机还不成熟，无奈之下的朱祁钰只能作罢。景泰三年（公元 1452 年），这时候朱祁钰的皇位已经坐得很稳固了，因而可以进一步行动了。朱祁钰通过对朝臣进行了贿赂拉拢，终于如愿以偿地废掉了朱见浚，立儿子朱见济为太子。但是刚被立为太子没多久，朱见济就夭折了，这令朱祁钰大为难过，丧子之痛加上长期的精神紧张使朱祁钰在景泰八年（公元 1457 年）突发重病，眼看着就要不行了。更为关键的是直到此时朱祁钰仍没有解决继承人问题。朱见济是朱祁钰的独子，他在景泰四年（公元 1453 年）夭折后，朱祁钰就没有其他子嗣了，这时候别有用心之人就有了想法。

朝臣密谋，迎立朱祁镇

当朱祁钰病重时曾将石亨叫来嘱咐一些事情，石亨明面上答应着朱祁钰，出门之后就有别的想法。他看着朱祁钰的身体病得很严重，都说一朝天子一朝臣，他想要飞黄腾达就必须另谋出路。所以石亨找到了前府右都督张𫐄和太监曹吉祥，三人商议决定拥护太上皇朱祁镇复辟，这样一来他们就是大功臣，自然前途光明。决定之后三人分兵两路，一边由宦官曹吉祥入宫去同孙太后商议，孙太后是支持朱祁镇的，只是这几年朱祁钰一直严防死守令她没有机会，所以当曹吉祥和孙太后说明来意之后，她立马表示同意；另一边石亨和张𫐄去寻求元老重臣许彬的支持，许彬向石亨他们推荐了徐有贞。徐有贞就是当初北京保卫战时力主南迁的翰林院侍讲徐珵，后来由于被于谦痛斥后，徐珵这个名字遭到世人唾弃，他就改名为徐有贞。

常年不得志的徐有贞得知石亨他们的主张后觉得终于时来运转了，马上就投入到了密谋大业之中。为了给这次的行动增加法理依据，也为了给众人壮胆，徐有贞再次"夜观天象"，他表示发现紫微星移动了，这意味着天意显示皇位近日将要转移。张𫐄等人一听大喜，所以就打算在景泰八年正月十六这天晚上动手。其实密谋政变这种事情不可能不走漏风声，当时的兵部尚书于谦早就已经知道了石亨等人想要政变，并且手握兵权的他此时也有足够的力量消灭石亨、徐有贞，制止政变。但是于谦这个人，十分忠厚，不愿意发动内斗，如果他派兵镇压的话那么刚刚稳定下来的大明王朝又会陷入动荡，所以他选择了默不作声，即使政变成功之后自己会面临杀头之灾，他也甘愿如此。

夺门之变

别看石亨、徐有贞、曹吉祥等人商量政变热火朝天，但此时被关在南宫的这个主角朱祁镇却一点也不知情，他甚至不知道朱祁钰已经病入膏肓了。所以后来当石亨等人率军进入南宫见到朱祁镇时，他刚开始甚至以为是朱祁钰终于忍不住派人来杀自己了。

正月十六晚上，徐有贞既激动又紧张地换上朝服，并且嘱咐家人说，今天晚上我可能就会成为大功臣了，那样的话从此我们家就走向巅峰了；但是如果失败的话，等待我们家族的将会是满门抄斩。徐有贞出门之后并没有直接去往与石亨、张軏约定的地点，而是又去拉拢王骥和杨善等大臣。王骥就是正统年间平定麓川之变的人，当时他已经是古稀之年，得知后也是十分兴奋，带着儿子、孙子一家老小披甲上马；杨善时任礼部左侍郎，曾担任使者出使瓦剌迎接朱祁镇回朝，出力颇多。所以这样一来，石亨、徐有贞和曹吉祥等人率领着数千京营兵，并且在中途又拉拢了王骥、杨善等人，浩浩荡荡由长安门进入皇宫，进入紫禁城之后就直奔朱祁镇所在的南宫方向。这些人能够顺利地进入皇宫，一方面是张軏掌握了一部分京城守军，另一方面石亨当时掌管着皇城的钥匙，再加上曹吉祥得到孙太后的谕旨，一路之上几乎没有遇到什么阻挡。

而就在此时天色大变，晴朗的夜空突然变得阴沉沉的，这些人就很害怕，认为是不是叛变被老天爷发现了，打算惩罚他们。但是那个懂得观察天象的徐有贞宽慰大家不要害怕，此刻的乌云便是黎明前最后的阴霾，马上就能看见胜利的曙光了，况且已经到这一步了，难道还能退缩吗。就这样一行人壮着胆子来到了南宫外，破墙而入见到了朱祁镇。朱祁镇得知这些不速之客是为了拥护自己复位的之后，欣喜异常，当场表示事成之后一定会重赏有功之臣。众人就这样护卫着朱祁镇一路到达东华门，在这里他们遇到了守卫阻挡，此刻在南宫沉寂多年的朱祁镇终于不再沉默了，厉声呵斥守卫道"朕太上皇帝也！"这样一来自然无人敢挡，政变团队顺利进入奉天殿，时隔七年，朱祁镇再一次登上了皇位。

紧张刺激的政变令时间好像过得非常快，朱祁镇坐上皇位时天已经蒙蒙亮了，于是他下令直接击鼓召见群臣。文武百官还带着睡意来到了皇宫，但当他们看见眼前的景象后顿时清醒了，昨天上朝的时候皇帝还是朱祁钰，怎么睡了一觉就变成太上皇了。正在众臣纳闷的时候，徐有贞大喊"太上皇复位了，众位大臣官职不变，正常工作"。心知生米已然煮成熟饭，无奈之下的百官只好参拜朱祁镇。而当时的朱祁钰在后宫听到晨鼓还以为是于谦率军叛变了，得知是朱祁镇复位后心如死灰，连说三声"好"后便静默不语了。

朱祁镇复辟之后立刻改元"天顺"，想要消除朱祁钰的"景泰"痕迹，而他复位后第一件事就是清算旧账，将于谦、王文等一帮拥护朱祁钰称帝的大臣全部下了大狱。接着他又分封了石亨、徐有贞等一大批拥立自己复位的官员，这就是历史上有名的"夺门之变"。到此夺门之变的余波尚未结束，其实如果就此打住，没有后来的事情，那么夺门之变的危害尚且不大，只可惜被仇恨蒙蔽了双眼的朱祁镇当时是意识不到这点的。

夺门后记

朱祁镇复位后，清算旧账、分封拥立功臣，这本来也是应该的。不过当时的朱祁镇其实并没有想杀死于谦，他也知道于谦有功于国家，在他看来贬官免职就行了。但是石亨、徐有贞等人不能接受，他们都与于谦有着深仇大恨，必要置其于死地。于是他们编造说由于朱祁钰没有子嗣，所以其一旦病逝后，于谦就想要迎立外地藩王来继承皇位，借此把持朝政，因此于谦、王文等人犯下了谋逆大罪应该处死。朱祁镇还是有些犹豫，毕竟当年北京城是于谦守下来的，如果就这样杀死难以服众啊。但是徐有贞这个忘恩负义的小人告诉朱祁镇说，于谦是拥立朱祁钰称帝的功臣，现在陛下您复位了，如果不杀掉于谦，那么您的皇位则名不正言不顺。朱祁镇听到这话以后才下定决心，天顺元年（公元1457年）正月二十二日，于谦、王文被处死。朱祁镇杀掉于谦等人之后做的第二件事就是废黜朱祁钰的皇帝身份，贬其为郕王。为了报复七年软禁之苦，他将郕王朱祁钰囚禁在西内。不久郕王朱祁钰病逝于西内，他的死因一种说法是病重而亡，还有一种说法是朱祁镇暗地里施毒手害死的，总之无论如何做了八年皇帝的朱祁钰就这样草草结束了一生。

朱祁镇复位之后重用以李贤为代表的贤臣，并且事无巨细均向李贤报备。有一天朱祁镇和李贤聊天的时候，李贤就告诉朱祁镇，其实当时石亨等人发动夺门之变是完全没有必要的，因为当时郕王朱祁钰并没有子嗣，孙太后尚在人世，所以朱祁钰驾崩之后，诸臣肯定会迎陛下为帝的。至于"夺门"一事，就是徐有贞、石亨他们为了自己的利益而做出来的事情。朱祁镇一听恍然大悟，意识到自己被石亨他们给骗了，于是下令罢免众多借着夺门事件升迁的官员。而石亨、徐有贞、曹吉祥等人虽然在朱祁镇继位之后都被委任高官，但是下场却不同。先是徐有贞疏远石亨和曹吉祥，并且多次举报他们二人恃宠作恶，后来徐有贞遭到石亨、曹吉祥的报复，落得流放云南的下场，此后一生未得起复。后来石亨仗着是拥立头号功臣，在大明皇城中摆下了曹操的排场，渐渐地就遭到朱祁镇的厌恶，随后石亨的侄子等人意图谋反，数罪并罚，最终石亨死在了大狱中。而宦官曹吉祥更是荒谬，试图起兵造反让天下姓曹，适逢当时正要率军出征的孙镗尚未离开，很快就将曹氏叛变给镇压了，曹吉祥本人也落得凌迟处死。至此，"夺门之变"算是画上了句号。

天顺八年（公元1464年），复位八年的朱祁镇病重驾崩。回顾他的一生，有悲惨也有幸福，有昏庸也有明智，正统时期的土木堡之变导致大明从此国势日蹙，而景泰时期的夺门之变又导致大量功臣名臣被处死，加剧了党争。所幸天顺年间他重用李贤等人，并且在死前废除了宫女妃嫔的陪葬制度，算是及时挽救了一些鲜活的生命。

"夺门之变"实际上就是原本能够合法重新掌握权力的朱祁镇，被投机分子诬骗后发动的一场宫廷政变，此事给大明朝廷带来了很大的负面影响。虽然复辟后的朱祁镇相比正统年间有了一定的觉悟，也有一定的作为，但夺门之变带来的影响却是不能抹除的。夺门之变后朱祁镇杀害了于谦等名臣，使得仅剩不多的能臣再次减少，以至于天顺年间只有李贤、王翱等少数人能够为朱祁镇所用，造成了明代军政大臣的第二次断层。

并且由于夺门之变是臣子的举动，使得原本就政敌争斗不已的朝堂，矛盾更加激烈，这也直接导致了后来愈演愈烈的党争问题；此外，景泰年间被朱祁钰严厉打压的宦官集团和特务机构也在天顺年间再次兴盛起来，由于经历坎坷的朱祁镇复辟之后迫切地想要掌控朝堂内外的事情，所以东厂、锦衣卫再次派上用场，而这次的兴盛一直持续到天启年间；更重要的是，忠臣于谦的死使得当时士大夫的心性发生了重大变化，士大夫们此前一直坚持着"忠心为国，死而后已"的信念，但于谦死后，他们的心态发生了变化——原来"尽心尽力，为国为民"最后就是这么一个下场啊！此后明朝士大夫的心态发生了转变，不再考虑为国为君，更多的是考虑自己的前程，投机、政治斗争等活动也逐渐加剧。

此后大明朝虽然后来有过弘治中兴和隆万革新这种短暂的国力上升期，但是整体上来讲之后的大明朝日渐地走向了下坡路。外有少数民族的侵犯不断；内有宦官干政、祸乱朝纲，大臣党争不断、政权混乱，再加上由于管理不当导致的地方上的不稳定因素等等，种种原因造就了明中后期逐步走向灭亡的下场。这一切最初就是从朱祁镇土木堡之变开始的，而后的夺门之变更是加剧了这种颓势，强大如此的大明王朝也从此正式迈向了毁灭的道路，只是时间早晚的问题。

随着"夺门之变"的结束，朱祁镇与朱祁钰这两兄弟的身份又再次发生了翻天覆地的变化。正所谓"成王败寇"，景泰帝既然在这次政变中失败了，那么就要为此付出代价。虽然景泰帝在被软禁了一个月后就离奇去世，但是在古人看来杀死一个人并不是最好的报复，最好的报复是要让他遗臭万年。于是，景泰帝就成了明英宗诏书中"不孝、不悌、不仁、不义，秽德彰闻，神人共愤"之人，帝号不仅被废，甚至死后都被赐谥号为"戾"。何谓"戾"，"不悔前过曰戾；不思顺受曰戾；知过不改曰戾"。除了给自己的亲弟弟赐个恶谥外，明英宗还下令不得将景泰帝葬入将帝陵，按亲王礼葬在北京西山，将其原在十三陵修建的陵寝（今朱常洛庆陵）废弃。事实上，朱祁镇的这种行为完全是出于个人恩怨的打击报复。但是朱祁镇的这种行为可以在一时起效，但不可能永久起效。随着朱祁镇的去世和时间的流逝，朝中大臣们也开始为朱祁钰鸣不平，最终引发了关于朱祁钰的庙号之争。

朱祁钰——迈向"正统"之路

北京昌平区一带坐落着十几座皇陵，这就是大名鼎鼎的"明十三陵"。明朝有十六位皇帝，但为什么只有十三陵，因为这一片皇陵是后来朱棣迁都北京之后才开始陆续修建的，明朝开国之后定都南京，开国皇帝朱元璋死后葬在南京紫金山的"明孝陵"，而二代皇帝朱允炆则因为朱棣发动靖难之役，丢了皇位，不知所踪，所以他也没有陵寝。而从朱棣之后，明朝的历代皇帝基本都在昌平修建了自己的陵墓，比如长陵（永乐帝）、定陵（万历帝）、昭陵（隆庆帝）等等。之所以说是基本，是因为确实有一个倒霉蛋没有陵寝，他就是口碑还不错的景泰皇帝——朱祁钰。没有陵寝的原因很简单，因为朱祁钰不是明朝的正统（不是朱祁镇的庙号）皇帝，自然也就不能享受皇帝的待遇。

有罪过的王爷

景泰八年（公元 1457 年）正月十六日，这是明朝历史上不普通的一天，这一天曾经被囚禁在南宫的太上皇朱祁镇发动夺门之变重新登基，并改年号为"天顺"，以显示自己复辟是顺应天意的。而原来的皇帝朱祁钰，因为此时已经病重，只能眼睁睁地看着，根本无法阻止朱祁镇，就这样成了皇兄的阶下囚。迎接他的将会是什么命运，此刻的他并不知道。不过这一天很快就到来了。

天顺元年（公元 1457 年）二月十七日，这一天离明英宗朱祁镇复辟刚刚过去一个月，也就是在同一天，曾经执掌大明天下八年的皇帝朱祁钰薨于西宫，享年三十岁。

之所以用"薨"，而不是皇帝死亡的专有名词——驾崩，乃是因为朱祁钰死的时候已经不是皇帝了。

他的皇帝身份自然是被朱祁镇罢黜的。关于这件事还有个小插曲，朱祁镇刚复辟的时候因为要处理的事情太多，还顾不上朱祁钰，便将其搁置在了一边，但不承想这却闹出了一个笑话。因为朱祁镇虽然宣布复辟，但朱祁钰既没有死，也没有被公开废黜皇帝的身份，理论上来讲此时的朱祁钰还是皇帝，只是不管政务了而已。就这样过了十几天，也没人跟朱祁镇说这事，这就导致这段时间内大明同时存在两位合法皇帝的奇观。后来还是朱祁镇自己想起来这件事，连忙补救，天顺元年二月初一，朱祁镇以皇太后的名义下诏废朱祁钰为郕王。郕王是朱祁钰登基之前的爵位，转了一圈，朱祁钰又回去了。

朱祁钰被废为王以后，朱祁镇心里的一块大石头才算落地，再不会有人跟自己抢皇位了。尽管后来在上朝的时候朱祁镇还在群臣面前虚假地表现出关心弟弟，说什么弟弟的病好多了，可以喝粥了，其实他本来跟朱祁钰没什么矛盾，都是有小人在从中挑拨啊，巴拉巴拉说了一大堆。但在他说完此话后，群臣的反应是默然应对，没有一个人开口说话，甚至是迎合皇帝的都没有，可见大臣们明白这件事是朱祁镇心里的一根刺，惹不起就不要提了。

事实上朱祁镇的内心对这个将自己足足软禁在南宫七年的弟弟是十分不满的。这一点从他草拟的太后诏书中便可以看出，诏书中称朱祁钰"不孝、不悌、不仁、不义，秽德彰闻，神人共愤"。老实说朱祁钰当时已经快死了，再多的指责对他来说已经毫无意义了。但是朱祁镇是不会轻易放过朱祁钰的，哪怕他死了也逃不过惩罚。这不朱祁钰这边刚死，那边朱祁镇就开始运作起来了。古代没有什么唯物思想，因此对这个生死看得很重，权力越大越是这样，尤其到了皇帝这一级别，对身后事格外重视。

前面说过明朝皇帝在北京昌平地区有一片专属陵寝，也就是今天的十三陵，但是这里面却没有朱祁钰的陵寝。其实不是没有，因为古代有规定，皇帝一登基就要开始为自己预备陵寝了，而朱祁钰曾经做过皇帝，所以陵寝是早有准备的。朱祁钰在登基之初就为自己在此地的天寿山区域内规划了一块地方，作为自己日后的万年福地。现在朱祁钰死了，朱祁镇表示这个地方不能葬，因为朱祁钰已经不是皇帝了，没有资格葬在这里。也因为朱祁钰已经不是皇帝了，所以不能用天子葬礼。最后明英宗经过仔细考虑以亲王之礼将朱祁钰葬在了今天的北京市海淀区玉泉山北麓，称"郕王墓"。从皇帝陵寝到亲王陵墓，规格一下子就不知道掉了多少。

但是这还没完，按照规矩朱祁钰死了以后该给他上个谥号。本来明英宗不复辟的话，朱祁钰是能享受皇帝待遇的，但是现在既然已经被废为"王爵"了，就只能享受亲王的待遇。亲王就亲王吧，其实以朱祁钰在位的作为来看，他还是一个很有能力的人，因此一般来说他的谥号应该还不错。但经过哥哥朱祁镇的精挑细选，最后给朱祁钰选择了"戾"这个谥号，称为"郕戾王"，《谥法》有云："不悔前过曰戾"，没错，这是一个恶谥。这就是说，朱祁镇认为朱祁钰是有污点的，故意选了个恶谥，想要恶心恶心已经死去的朱祁钰。

古人最注重身后之名，而朱祁镇打压朱祁钰死后应有的待遇，追赠一个恶谥，他想要的就是让这个"不孝、不悌、不仁、不义"的弟弟遗臭万年。

朱祁镇这样贬斥朱祁钰的名誉，从历史的经验看来，除非日后朱祁钰的后代能够逆天反杀回来，重新夺取江山，那这样作为祖宗的朱祁钰自然能够跟在后面沾光，恢复皇帝的身份。但悲催的是朱祁钰只有一个儿子，就是怀献太子朱见济，而且在朱祁钰去世之前就已经夭折了，也就是说随着朱祁钰的过世，他这一脉已经绝了。这么来看，朱祁钰想要翻身是一点机会都没有了。然而历史就是这么有趣，朱祁钰却在死后两百年内，机缘巧合之下，一步一步重回正统地位，最终恢复了自己的皇帝身份。

侄儿还是不错的

明英宗朱祁镇复位后又做了八年皇帝，在这八年间，朱祁钰是朝廷不能提及的禁忌，大臣也都心知肚明，所以能不提就不提。但有些事不是不提就能当没发生过的，不管朱祁镇怎么想要消除朱祁钰的事迹，但朱祁钰毕竟当过八年皇帝，这是事实，谁也抹杀不了。其实在朱祁钰之前明朝还有一位被抹去存在的皇帝，他就是建文帝朱允炆。朱棣称帝后为了塑造自己的合法性，压根不承认他的正统地位，连朱允炆的"建文"年号都被朱棣改回了"洪武"。

但朱祁钰不比朱允炆，朱允炆在位四年，就只干了一件事——削藩，最后还失败了，除此之外再无大的功绩。然而就算是朱允炆这样一位主儿，明朝后世大臣主张承认其皇帝身份的都不在少数。朱棣在世时还能压住这些"异端"，而当朱棣过世后，这一主张越发强烈。朱允炆都能有这待遇，何况朱祁钰呢？朱祁钰在位期间，知人善任，启用于谦等正直之人，励精图治，选将练兵，赢得了北京保卫战，击退了瓦剌的入侵，使得江山社稷转危为安；又对政治、经济、军事等方面进行了整顿和改革，使当时的明朝社会由乱而治渐开中兴，可谓英明之主。所以虽然迫于明英宗的威权，大臣不敢说，但是私下不少人都认为朱祁钰受到的待遇太不公了。而朱祁镇想要一味强压是压不住的。

只是没想到反转来得这么快，朱祁镇驾崩后其子朱见深继位，是为成化帝。成化十一年（公元 1475 年）十二月朱见深下诏恢复郕王朱祁钰的帝号，上谥号"恭仁康定景皇帝"，并改"郕王墓"为"景泰陵"。

按理来说朱祁钰的事是朱祁镇一手安排的，朱见深作为人子却推翻自己父皇的决定，看上去好像有些不孝，但其实这里面有多方因素作用的结果。原因有三。其一是承认客观事实，朱祁钰毕竟做过八年皇帝，而且政绩不错，这是谁也抹杀不了的，与其一直争论不休，不如大大方方承认算了；其二，土木堡之变后，朱祁钰重视文官制度建设，并压制武官，使得文官集团成长到可以跟皇权抗衡，并且他在位期间能够虚心听从文官集团的劝谏，实行良好的政策，这一点是朱祁镇做不到的。因此文官集团无论出于公心还是私心，都该承认朱祁钰的皇帝身份，而当时的文官集团有这个能力敦促皇帝做这件事；其三，明宪宗朱见深性格宽厚，虽然朱祁钰当年为了保住皇位，囚禁太上皇，废了朱见深的太子之位，但毕竟没有威胁到他们父子的生命安全，除此以外在其他待遇方面朱祁钰对朱见深还是不错的，而这也使得年幼的朱见深（当时叫朱见浚）对这个叔叔印象还不错，基于此也该给已逝的朱祁钰一点安慰。不过为了不打父亲朱祁镇的脸，朱见深在下诏时特别提到"先帝旋知其枉，每用悔恨，以次抵诸奸于法，不幸上宾，未及举正。朕敦念亲亲，用成先志，可仍皇帝之号，其议谥以闻。"就是说朱祁钰恢复帝号这件事是先帝朱祁镇在位时期就已经决定的，只是先帝来不及做就去世了，因而自己只是完成父亲的遗愿罢了。这样一来既保住了朱祁镇的面子，又满足了恢复朱祁钰帝号的要求，可谓一举两得。

此后我们终于可以称呼朱祁钰为景泰帝了，但老实说，明宪宗这次对景泰帝的平反是不彻底的。首先是这个谥号"恭仁康定景皇帝"，只有七个字，而明朝其他皇帝的谥号除去皇帝两个字外，一般都是十七个字。比如朱瞻基"宪天崇道英明神圣钦文昭武宽仁纯孝章皇帝"，朱祁镇"法天立道仁明诚敬昭文宪武至德广孝睿皇帝"，朱厚熜"钦天履道英毅神圣宣文广武洪仁大孝肃皇帝"，看出来了吧，一般的格式都是以"X天X道"开头，中间一大堆赞扬词，什么文，什么武，最后结束，看起来十分霸气。而景泰帝的这个谥号既没有"天"，也没"道"，字数上面也严重缩水，跟其他皇帝在一块儿看着很别扭。

其次，景泰帝还没有庙号，这一点更是显得景泰帝不是正规皇帝。唐朝之后庙号大规模泛滥，除了亡国之君以及特别不上道的皇帝外，每位皇帝身后都能有庙号。景泰帝没有庙号，没有就不能入太庙。吃不到冷猪头肉，受不到祭祀，归根到底朝廷还是不承认他是正牌皇帝。然而毕竟明宪宗朱见深已经做了很大让步，推翻了老爹的决定，总不能一直啪啪打老爹的脸吧，所以大臣们也就没有继续坚持下去。虽然看上去不太正规，但"恭仁康定景皇帝"总比"郕戾王"强多了吧。此后近两百年，景泰帝就保持着这样尴尬的皇帝身份，历代皇帝也没有再想为其翻案，毕竟已经过去这么久了，翻不翻也没什么意义。这期间只有嘉靖帝在为自己老爹盖皇陵的时候，想起来还有点边角料没用完，因此为景泰陵改建陵寝。本来景泰帝陵寝上的瓦片是绿瓦，到这时候改成黄瓦，使之符合帝陵规制。

话说回来，嘉靖帝那位一天没做过皇帝的老爹，最后庙号"睿宗"，谥号"知天守道洪德渊仁宽穆纯圣恭俭敬文献皇帝"，不光进了太庙，牌位竟然还排在正宗皇帝明武宗之上。当了八年真天子的景泰帝待遇还不如这么一位假皇帝。

有了庙号也没啥用

直到南明时期，弘光帝才为朱祁钰加上庙号"代宗"，并增加谥号到17字——符天建道恭仁康定隆文布武显德崇孝景皇帝。弘光帝为什么要彻底恢复明代宗的正统地位，原因有很多。其实不光是明代宗，弘光帝还给建文帝平反正名了，并为在靖难之役中忠于建文帝一方的大臣追赠谥号。弘光帝之所以这么做，是因为有自己的考量。明末不少大臣的"忠君爱国"之情如何，大家都是有所了解的，崇祯帝死的时候，殉葬的只有一个老太监。有时候一个朝代的气节真的很重要，弘光帝本人不过是权臣拥立的一个傀儡，相比之下明代宗北京保卫战时，以于谦为首，满朝文武，何其英烈，因此弘光帝希望以此来唤起大臣们的忠义。

此外，出于实际需要，弘光帝也必须为朱祁钰平反。明代宗死后那么多年之所以没能恢复名誉，就是因为明朝中后期的皇帝全是明英宗后代，平反明代宗，关乎英宗一系的正当性。而弘光帝虽然也是英宗后代，但他继承帝位，实际上也是走的小宗继承大宗这条路，况且当年的国本之争，弘光帝的父亲老福王落得人人喊打的境地，现在一味强调正统，会使自身的合法性遭受质疑，毕竟还有个不知真假的崇祯太子在那儿呢。弘光帝自己本身先是依朱祁钰即位的故事，先监国后称帝，如果不将朱祁钰身份合法化，那这个仿效旧事必然大打折扣。此外，这件事与明末文官东林党也有很大关系。

就这样死后近两百年，朱祁钰终于完成了从废帝到皇帝再到明朝正统皇帝的身份跨越。但你以为朱祁钰成为明代宗就不惨了吗，大错特错。朱祁钰为什么被尊为明代宗，因为南明君臣认为他是"代替"朱祁镇做的天子，所以上庙号"代宗"。比如当时的一部名叫《幸存录》就这样介绍道："景皇帝庙号称代，以其类唐代宗，且代为天子也。"看起来好像合情合理。

但明末清初的大学者王夫之对此却嗤之以鼻，认为这是南明君臣不学无术的体现。因为"代宗"这一庙号，除了明朝只有唐朝用过，唐代宗在安史之乱中立有大功，所以后代决定永世纪念，这样就要为其上庙号"世宗"。但唐朝要避李世民的讳，不能用"世"，所以就取"世世代代"之意，为其上庙号"代宗"，因此"代宗"实际上就是"世宗"的意思。然而到了明朝这边，曲解其意，在已经有明世宗的情况下，再尊一个明代宗，真的很尴尬呀。

既然这样那就将就点吧，反正好不容易有庙号能进太庙了。对不起，进不去。南京太庙在嘉靖年间失火被烧毁了，之后南京太庙就没有进行重建，所以南明弘光政权建立后，是没有太庙的。因此弘光帝一朝一直在奉先殿祭祀历代皇帝。然而就是奉先殿，明代宗也进不去，因为弘光帝与明代宗的关系已经十分遥远，实际上崇祯朝时期的太庙就已经排到睿宗了，而朱祁钰已经到了"亲尽而祧"的地步。所谓"亲尽而祧"，就是皇家有太庙，皇帝的前任们一般供奉在这里，供现任皇帝挨个祭祀。但这导致了一个问题，就是数代以后，太庙中供奉的先祖太多了，皇帝根本祭祀不过来，因而想出了"亲尽而祧"，就是将与现任皇帝血缘关系比较疏远的祖宗（一般太庙中保留与现任皇帝关系最近的九位皇帝）迁移到特别建立的祧庙之中，由皇帝合祭，这就减少了皇帝的负担。所以朱祁钰刚被追尊为明代宗，就直接进了祧庙。怎一个惨字了得。

提到朱祁钰必然就要提到于谦，这一君一臣可以说在历史上被紧紧绑在了一起，景泰帝失势以后，等待于谦的下场自然也就不言而喻了。

于谦：要留清白在人间

"千锤万凿出深山，烈火焚烧若等闲。粉身碎骨浑不怕，要留清白在人间。

——《石灰吟》

一首以物喻人的《石灰吟》抒发了一代忠臣的一生所求，这首诗作于于谦十六岁时。当时的于谦因为从小耳濡目染岳飞的英雄事迹，所以也立志要做一个无愧于家国之人。巧合的是，于谦几乎重走了一遍他偶像的路，于谦和岳飞两人同封少保，同样因为抵御外敌入侵而名扬四海，同样因为忠诚而获罪，最后都是因此而死。

我们每每读到这两位民族英雄的事迹，都会感慨一句"忠臣不得好报"，他们因为自身忠诚而身居高位，为国为民做出了卓越贡献，也因为忠诚最后都没有得到善果，在他们本应施展才华的最好年华时，离开了我们。

对于于谦的一生，我们随便找一找就能获得非常翔实的资料。单从史书的记载去看一个历史人物未免过于无趣，所以今天准备和大家从于谦的文学作品以及一部明朝的小说《于少保萃忠全传》，结合于谦的生平来聊聊这位民族英雄。

文天祥转世

我们普通人出生，都是母亲十月怀胎，一朝呱呱坠地。作为民族英雄形象出现的于谦，在以他为主角的小说中，自然是要异于常人，进行一些艺术加工的。这些加工不仅是作者的想法，同样也是那个时代的百姓对于谦的幻想。所以我们可以从这部明朝万历年间的小说《于少保萃忠全传》中，看到当时民间对于谦的一个想象。

据说于谦是文天祥的转世。民族英雄文天祥死后成了神，一直受到中华儿女的敬仰，而于谦的祖父就是这许许多多的人中的一个。于谦的祖父不仅是在心里崇敬文天祥，更是把文天祥供奉起来。也因为这一层关系，在于谦的母亲身怀六甲时，文天祥托梦给谦的父亲，说他愿意作为于家的子嗣。于父梦到自己父亲的偶像，哪还有不答应的，在梦里便答应了下来，之后于谦便出生了。

在这部小说中，不仅是开头的描述，在文章的回目中也能看出作者的寓意，作者的这种想法，其实也是百姓的想法。小说中的于谦就是应百姓的愿望而生的。

这不仅和于谦生前的行为相关，也是百姓对万历年间社会问题申诉无门的一种愿景。

小说中把文天祥塑造成了死后成神的形象，然后由神降生为于谦，这其实就是把于谦当成当朝的文天祥，是当朝百姓对于谦最真实也是最客观的综合评价。

如此人物是如何长成的呢？

民族英雄的早年

于谦祖上世代官宦，据于谦之子于冕《先肃愍公行状》及于谦同僚王直《侍郎于公墓表》记载，于谦祖上从八世祖开始，直到四世祖于爕，均在今山西、河南等地做官，五世祖于伯仪和四世祖于爕分别被追封为河南郡侯、河南郡公。曾祖父于九思曾拜杭州路总管，但到了父亲于仁之时，"幼孤贫流落"，隐德不仕，于是作为长子的于谦，便承担起了重振门楣的重任。

只是这些书并不是以写史见长，许多事情也是作者道听途说，所以事实到底是不是如此，谁也不知道。但我们能从这些书中看到，于谦在整个中国都是有足够高的人生境界。许多年后，于谦在《忆老婢》的诗中，也写到了自己少时求学的经历。而后在十五岁时考取了钱塘县儒学生源，进入吴山三茅观潜心学习，开始接受正规的儒学教育。

除了正规的学校教育，于谦还拥有良好的家庭教育，特别是他从小就以古代的仁人志士作为学习的榜样。于谦特别崇拜"宋末三杰"之一的文天祥，甚至将文天祥的画像悬挂于房内。在其同僚叶盛的《水东日记》中就有相关记载，说是郎中张遂有一幅文天祥的画像，后来将这幅画送给了于谦，听说于谦数十年如一日地将这幅画像挂在屋内。可以说，于谦之所以如此珍视这幅画像，其实客观地反映了他是以文天祥作为自己的目标去努力的。

另外像诸葛孔明这种被后世文臣所敬仰称颂的忠贞名臣，也同样是于谦欣赏和羡慕的对象。对于于谦一生的评价也可以称得上是"鞠躬尽瘁，死而后已"。在于谦自己写过的一篇《过南阳挽孔明》中，于谦就曾表达了自己对诸葛亮的高度评价。甚至可以说，明代整朝对诸葛亮的评价都非常高，于谦受此影响，也成了万千迷弟中的一人。

于谦在多年儒学的教育和这些优秀知识分子的人文传统浸润下，形成了高尚的人格和品质，成了儒家经世致用学说的贯彻者，隐含着强烈的社会责任感和积极入世的意识。他做官三十余年，从监察御史到地方大员，直至成为朝廷支柱，一直夙兴夜寐，忠于职守，对百姓具有宽厚爱民的仁心。

鞠躬尽瘁

于谦的政途开始于宣德初年的监察御史一职，因在位时言谈举止皆为上上品，时任都御史的顾佐对于谦钦佩不已。在朱高煦谋反时（史称"高煦之乱"），于谦跟随宣宗朱瞻基亲征乐安。朱高煦出城投降后，宣宗命于谦数落朱高煦的所有罪状，事后得到了宣宗的奖赏。

于谦因为在"高煦之乱"中的优异表现，被任命为河南、山西巡抚。在任时他为官清廉，秉直不阿，对当地的水灾、旱灾皆据实上报。于谦的清官形象在小说《于少保萃忠全传》中被有意地夸张进行了许多艺术化的处理。这些艺术上的处理方式，也可以从侧面反映出于谦出任地方官时政绩卓著，在百姓心中留下了非常好的印象。

于谦仕途真正的开始正是在出任地方官时，因为同时期的各级官员都以国家利益为先，以百姓社稷为先，才有了后世对这段时期"仁宣之治"的评价。

正统年间，他曾上疏谈论关于地方贫困户发放粮食补助的问题，英宗朱祁镇采纳了他的建议。在地方上水灾治理方面，于谦也是出力甚多，对于河南靠近黄河附近的堤坝决口问题，提出了实用的解决方式。正统初年，以"三杨"为首的官员对于谦非常器重，对于谦上报的奏章，当天就能批复许可。可于谦"两袖清风"的做派与当时的官场格格不入，也得罪了不少人，但因为朝中有"三杨"的照拂，再加上于谦的政绩斐然，当时朝中并没有人会公然与于谦对立。

可"三杨"陆续离开后，内阁王振开始干政，朝中没有能与之抗衡的朝臣。王振对朝臣实行了高压政策，以一点小事为由头就能将朝廷大员下狱。于谦原本就是刚正不阿的性子，一直以来不愿自甘堕落，得罪了许多阿谀奉承、贪赃行贿之辈。得罪了这些人，无论于谦有没有过错，都不可避免地会被安上"莫须有"的罪责，于谦便因此下了狱。但王振察觉到这次事件实在出师无名，牵强附会，便很快将于谦放了出来，但总不能直接官复原职，所以将于谦贬为了大理寺少卿。

可这一决定惹得当时许多官员不满，甚至传到地方，地方百姓也不愿意他们的"青天大老爷"受此不白之冤，便有许多官员得知此事后上疏谏言，希望能让于谦官复原职。甚至明朝朱氏宗亲中也有许多人持有这种想法。在巨大的压力下，于谦还是官复原职，再任巡抚。

北京保卫战

于谦一生最高光的时刻，也是成就其身后名的时刻，便是"土木堡之变"后的北京保卫战。

正统十三年（公元 1448 年），因为边防吃紧而调入京师的于谦，出任兵部侍郎。这时距离土木堡之变不过一年的时间，边关将士多年未得训练，军饷又发不出来，在蒙古瓦剌的铁骑下，明朝军队一触即溃，完全不是蒙古铁骑的对手。

正统十四年（公元 1449 年），在王振的一意孤行下，发生了土木堡之变，皇帝朱祁镇被俘。当时京师的留守官员大为震惊，一时间竟无任何办法。负责监国的朱祁钰召集群臣商量对策，一种观点是放弃北京南迁。毕竟当时的明朝在南京也有一套完整的官员体系，所以赞同这种观点的官员不在少数。并且这些官员都或多或少知道明军如此不堪一击的缘由，所以也不认为死守北京能有好下场。在他们心中，国家的利益始终不如国之根本重要。可当时参与决议的于谦认为那些持"南迁"想法的官员都应该被斩首，他举出宋朝南迁国家国力江河日下的例子进行反对。朱祁钰听后，采纳了于谦的意见。

可是"巧妇难为无米之炊"，再有雄心壮志，再想力拒蒙古铁骑，没有兵将如何能敌？当时明朝北京的精锐部队都被英宗带往了前线，随着土木堡之变，英宗被俘，精锐部队十去其九，京师中剩下的这点兵力哪里是蒙古铁骑的对手？再加上皇帝都被抓了，将士们的士气也是跌到了谷底，就算有最精良的兵器战甲，未战先怯，哪里还能上阵杀敌？

于谦的策略则是"搬救兵"，他请求朱祁钰发檄文给附近的顺天府、应天府，还有河南、山东、南直隶，请求当地组织力量支援京师，于谦甚至请求将运粮军也纳入北京保卫之中。朱祁钰没有更好的办法，便同意了于谦的策略，并且为了方便于谦统筹全局，当即就将于谦升为兵部尚书。

这边在紧急调兵时，另一边发起了对王振党羽的清洗。这不仅是官员间借势打压异己，同样也是树立个人威望的时刻，所以有很多官员都站了出来，声讨王振及其党羽。时任锦衣卫指挥使的马顺是当年王振一手提拔的官员，在这种时候，见群臣都在对自己这些人进行声讨，便站出来叱责百官。那种国家存亡的危难关头，个人情绪很容易就被激发起来，户科给事中王竑带头冲了上去，众人将马顺及毛贵、王长三人活活打死在朝堂。朱祁钰吓得面如土色，生怕这些暴怒的朝臣一个没控制住，就对自己动手。这时又是于谦站了出来，大声劝阻各位同僚，现在正是国家危难之际，也是需要用人之际，马顺三人是罪无可恕，理当受死，但就不要再牵连更多了。百官在于谦的安抚下，便停手没再有什么过激举动。

"国不可一日无君"，在朱祁镇被俘的消息传来后，对于一个中央集权制的国家来说最大的问题就是皇帝由谁来做。而兵部尚书于谦，作为当时的实权派人物（北京仅剩不多的军队基本上全归于谦统领了），他属意谁至关重要。于谦对当时的两个候选人做了一下比较，一个是监国的朱祁钰，另一个就是朱祁镇之子后改名为朱见深的朱见浚。这两人各有优劣，先说朱见浚，他是明朝正牌皇帝朱祁镇的儿子，而且是朱祁镇唯一的儿子。根据明朝皇位传承的祖制，朱见浚登基本不应该有问题，但朱见浚最大的劣势就是实在太小了，才两岁多，即使强行册立也不过是一个傀儡；再说朱祁钰，他是皇帝的亲弟弟，先帝朱瞻基仅有的两个儿子之一，此时他已经成年，最重要的是他已经监国了一段时间，处理政务的能力还不错。所以于谦思索再三还是觉得这种情况下，国有长君是社稷之福。

于谦想得很好，但朱祁钰这边却出幺蛾子了，朱祁钰不想当皇帝，不是装的，是真心的。在朱祁钰看来这时候做皇帝就是往火坑里跳。首先，瓦剌大军压境，北京保卫战结果如何还很难说，一旦城破，自己这个皇帝的下场必然很惨；其次，如果运气好打赢了，那么朱祁镇回来，皇位还得还回去（注意这个时候的朱祁钰还没有品尝到皇权的滋味），到时候皇兄能容得下自己这个做过皇帝的皇弟吗；最后，孙太后当时已经抢先册立朱见浚为太子，也就是说即使自己当了皇帝，皇位最后还得还给朱祁镇一系，自己只是给朱祁镇打工的。所以无论怎么考虑，在朱祁钰看来这时候当皇帝都是一个赔本买卖。

对于朱祁钰的这个想法，于谦是十分明白的，但所谓形势逼人，已经不是朱祁钰个人想法所能左右的了。因而于谦多次联合上书，晓以大义告诉朱祁钰以及不愿意朱祁钰登基的孙太后，为什么在这种情况下朱祁钰是唯一合适的人选。最后于谦更是在朝会之上发出那句振聋发聩之音，他大声告诉朱祁钰以及众大臣，"现在已经到了国家危急存亡之秋，举国上下都应当以国家大义为先，哪里还能有个人的小九九，国家要是都亡了，大家如何有面目下去见列祖列宗"。正是这临门一脚，踢醒了所有人，朱祁钰在半推半就之下答应登基，为景泰帝。

随着蒙古的步步紧逼，如何防守就成了当时的最大问题。已经再次晋升为提督的于谦命各路将领统率十二万兵马分守北京九个城门，他自己则和石亨，带着副总兵守在正对蒙古大军的德胜门。如此奋勇当先的胆魄，鼓舞了三军士气，之后下达军法，规定"临阵将领不顾部队先行退却的，斩将领；军士不顾将领先退却的，后队斩前队"。又在纪律上断绝了将士临阵脱逃的想法。

民心所向

这次保卫战最终以蒙古撤出关外而获得胜利。于谦作为这次保卫战中最大的功臣，被加封为"少保"，官至从一品，能协助皇帝处理国事政务。于谦虽然想拒绝，但朱祁钰并没有应允。

在之后迎回朱祁镇时，景泰帝内心其实是不愿意的，于谦劝景帝，不要担心，既然你已经坐上了这个位置，那就不会再发生什么了，迎接朱祁镇只是为了道义。朱祁钰只能点头称是，同意了迎接朱祁镇回朝的想法。这段话是史书记载，史书是后世所写，至于是不是为了给之后于谦身死找一个借口，那就不知道了。毕竟从后来的事情来看，朱祁钰登上皇帝宝座后，坐得越来越有滋味，即使在朱祁镇回来后，贪恋皇权的朱祁钰依然不愿还位于朱祁镇，甚至将其囚禁起来，后来还废去了朱见浚的太子之位，皇位似乎再也跟朱祁镇一系无关了。对于这件事，当朝的大臣都迫于压力，同意了朱祁钰的决定。于谦一向秉公办事，朱祁钰曾经为了换太子贿赂过大臣，但不包括于谦，可见朱祁钰也知道于谦是不可以收买的。但于谦也没有反对这件事，因为朱祁钰根基已稳，如果在这件事上坚持下去，以于谦当时的地位，或许能够产生影响，但无疑会使好不容易安稳下来的明朝重新动荡。另外朱祁镇本人与于谦也没什么交情，朱祁钰治国能力不错，又懂得重用于谦，多方考虑下于谦也犯不上为朱祁镇出头，于是迫于压力，在这场"皇位保卫战"中，于谦做出了利于自己的选择。

可是这件事毕竟名不正言不顺，后来朱见济过早夭折，一批官员便劝朱祁钰恢复朱见浚的太子之名。有人支持，必然就有人反对，可于谦在这种大是大非面前却犹豫了，他既没有支持，也没有表示反对。如此摇摆的心态，也为之后被政敌攻击他留下了口实。皇位的诱惑不仅是对景泰帝，对朱祁镇也是如此。曾经风光无限，现在只是名义上的"太上皇"，两相对照，朱祁镇根本不愿面对这种局面。朱祁镇的复辟也就成了必然。

我们说过很多次，历史不容假设，朱祁镇并没有等到朱祁钰的死亡，就在石亨和曹吉祥等人的簇拥下发动了"夺门之变"。朱祁镇重登帝位后，赏功罚过，石亨和曹吉祥等人诬陷于谦，称他要另立太子，图谋不轨，于谦的名字就这样被摆在了英宗的面前。

朱祁镇毕竟还算清醒，他知道于谦于社稷是有大功的，因此朱祁镇一时很是犹豫，迟迟不能下定决心。最终在徐有贞的建议下，朱祁镇接受了如果不处死于谦，不清算拥立朱祁钰登基的主要官员，自己的复辟则名不正言不顺的观点，才痛下决心同意处死于谦。

给于谦定的罪和岳飞的"莫须有"很像，只以"意欲"二字便定了罪，判了凌迟。于谦死后，他的妻子被流放，儿子于冕被发配至山西龙门。于谦被杀，天下人都认为是冤案，都督同知陈逵为于谦收敛遗骸，第二年安葬于杭州。朱祁镇的母亲孙太后听说后，也是悼念数日。

在小说《于少保萃忠全传》中，于谦和王文受刑时高喊出"以莫须有效奸贼秦桧之故套，诬陷某等于死。天乎昭鉴！"在史书中对于这件事，也是以类似的口吻"死之日，天日如骤变，阴霾四塞，天下并冤之。"来表述百姓对于谦屈死表示的不满。朱祁镇造成的后果，自己不愿更改，于谦的平反便落到了他的继任者朱见深（朱见浚后来改名）的身上。随着陆续有官员上疏，于谦案在成化年间得到了昭雪。于谦的儿子于冕、于康获释回到了老家，恢复了于谦生前的官职，故宅也得御笔亲题"忠节祠"。

弘治年间，追赠于谦为特进光禄大夫、柱国、太傅，谥诰祠额，谥号"肃愍"，并为于谦雕塑铜像，春秋两祭。

嘉靖年间，又将于谦配享功臣庙，与开国功臣刘基等一起祭奠。

万历年间，认为"肃愍"不能彰显于谦的忠贞功德，改谥号为"忠肃"，子孙世袭。

后世对于谦多为赞誉，称颂他的清廉，正直。于谦的品格确实值得我们所有人学习，但他身死的遭遇也同样值得我们所有人思考。虽然在宪宗即位后便为于谦沉冤昭雪，但无论是谁，都会为于谦的下场感到不值和惋惜。

于谦的能力毋庸置疑，临机应变的反应也是当世罕见，能在国家危亡之际顶住层层压力，稳住百官，调兵遣将，严肃纪律，整顿军防，种种表现都能说明于谦是一个忠臣，还是一个能媲美文天祥、岳飞这样有能力挽狂澜于既倒的大忠臣。

但他对于自己的遭遇实在是认识不足。

这可能吗？

其实，于谦的能力和他的政治嗅觉，不至于让他完全没发觉身死前政敌对他的敌视，但如果于谦真的提前出手，率兵镇压徐有贞等人的政变，然后呢？朱祁钰的身体注定无论有没有朱祁镇复辟，他都活不长了，等他一死，大明的皇位怎么办？朱祁镇复辟，复立朱见浚，还是迎立外地藩王，甚至于谦成为把控大明的权臣，无论是哪种选择，都会导致一场新的腥风血雨。后世更倾向于认为于谦在最后是舍生取义，为了国家的平稳，担下责任，以一己之躯，成明朝太平。

如果站在这个立场去看于谦，则只剩下敬佩。

可于谦的很多决定又并非一意谋国，在最后立储的问题上，他选择了妥协，选择了保护自己的性命，选择了眼前的安稳。

如果站在这个角度看，于谦又是一个活生生的人，是一个和我们一样，会摇摆、会纠结的一个人。

于谦的功劳是极大的，他本人则是极伟大的，"切扶大厦之将倾"这种前朝文天祥都没能做到的事情，他不仅做到了，还做到了尽善尽美，这种能力和取得的功绩，是之后那些瑕疵所不能掩盖的。

于谦死了，朱祁钰也死了，该死的不该死的都已经死了。重新登上皇位的朱祁镇会何去何从，这一次他还是会像以前那样昏庸吗？那些苦难是否成就了他呢？

朱祁镇或许不是一个好皇帝，但是一个好人

景泰八年（公元 1457 年），"夺门之变"爆发，朱祁镇复辟，再一次登上了皇位。距离他上一次坐上皇位，之间相隔了八年的时间。朱祁镇，即明英宗。他短短三十七年的人生或许只能用"传奇"二字来形容。八年太子，二十二年帝王，七年幽禁；做过皇帝，也做过俘虏；风光过，也落魄过。改变他人生轨迹，甚至改变他为人处世与性情的，还得从那件举国震惊的"土木堡之变"事件讲起。

人生的分水岭

宣德十年（1435 年），明宣宗朱瞻基驾崩，年仅八岁的太子朱祁镇继位了，即为明英宗。因为父亲朱瞻基子嗣单薄，所以朱祁镇出生不久便被册立为太子。作为嫡长子的他，一直过着顺遂的生活。就算做皇帝，也一直在太皇太后张氏（诚孝昭皇后）以及"三杨"（杨士奇、杨荣、杨溥）三位老臣的辅佐下，将大明朝打造出了一番欣欣向荣的景象。然而，随着"三杨"与张氏的相继离世，朝局也跟着急转直下。

朱祁镇原本顺遂的人生路，因为自己那少年不知愁滋味的意气用事，付出了惨痛的代价。正统十四年（公元 1449 年），一场举国震惊的"绑架案"发生了。

被绑架的人不是别人，正是大明朝的最高统治者——朱祁镇。因为听信奸臣王振之言，贸然出征。然而一通误操作之下，这个年仅二十二岁的前途无量的皇帝瞬间就变成了阶下囚。成为俘虏本已经是一件极为羞耻的事情，结果，国家因为不堪瓦剌的一味索取，他这个皇帝居然被抛弃了。弟弟朱祁钰临危受命下，"抢"了他皇帝的位置。他变成了太上皇。

之后，他虽然被弟弟"救"回了他的北京城，然而，等待他的却是永无止境的监禁生涯。这么一关就是七年。或许是因为人生太过顺遂，所以才让这个不经世事的帝王显得太过于天真。

年少气盛，宠信奸佞，肆意北征，天子为俘。他的前半生，怎一个"傻"字可以形容。"土木堡之变"无疑成了他人生中的一个分水岭。而幽禁南宫的太上皇生涯，也算是他为自己前半生犯下的错误的一种救赎。

不是好皇帝

朱祁镇本以为自己就该这么被囚禁着度过一生，然后，似乎上天又开始照顾起了这个看起来有些许凄凉的太上皇。

景泰八年，做了八年皇帝的朱祁钰，因为一场重病以及错信他人，被赶下了皇位，之后，便"被"病死了。在南宫被关了七年的朱祁镇，再一次登上了皇位。然而与上一次登基相比，经历种种后的他，此时的心境也变得大不相同。

明代宗朱祁钰死后，朱祁镇为了"泄"愤，展开了一系列的清算活动：斩杀少保于谦、名将范广等一众拥立朱祁钰称帝的忠臣、良将。而后改元天顺，寓意着新的开始。

虽然，诛杀忠臣在后世的人看来，他必然是一个昏庸的、无能的君主。然而，这件事在当时却充满了现实意义。站在一个身为俘虏被取而代之，而后又复辟的帝王层面，于谦、范广之流无疑是践踏了一个帝王的尊严。更甚至，于谦等人还枉顾了他的安危，册立了新君。虽然，这一切都是为了明朝，为了国家。但，在朱祁镇看来，于谦等人即使再忠心，这股忠心也不是给他朱祁镇的。他们的死是必然的。

一切清算结束后，朱祁镇这才舒了一口气，这才是属于他的江山。与上一次做皇帝没有经验相比，经历俘虏、幽禁生涯之后的朱祁镇反倒给人一种焕然一新的感觉。

重新上岗，整装待发

忠奸不分的朱祁镇成了过去式，第二次做皇帝的他，变得敬业了起来。首先他懂得开始任用李贤、王翱等贤臣。让李贤担任内阁大学士，并着手开始修复明朝中期的政权。李贤得朱祁镇重用后，也对这个赏识自己的皇帝推心置腹，大力举荐人才，包括年富、轩輗、耿九畴、姚夔、崔恭、李绍等人，都成了当时的名臣。李贤简直成了行走的"贤臣识别机"。

时任吏部尚书王翱也很得朱祁镇重用。王翱此人十分刚正不阿，在朝野中有很高的声望，故而朱祁镇对他很是敬重。李贤与王翱通力合作下，一鼓作气，担负起了拯救明朝危局的重任。

在南宫多年囚徒般的生活，使朱祁镇养成了早睡早起的习惯，即使在复位之后，也没有重新养尊处优起来。"国之大事，在祀与戎"，祭祀先人是古人的头等大事，因而历朝历代开国后必建太庙，以示对祖先的隆重纪念。然而太庙是很神圣的，四时岁月，何时祭祀，贡品等级，大典规模都有着严格规定，因而一年只有在个别时刻皇帝会亲临祭祀。明初太祖皇帝朱元璋为了展示他的孝道，特地在皇宫内建立"奉先殿"作为皇帝的家庙，因为是家庙所以制度就不是那么严格了，只是为了方便后世皇帝能够经常去朝拜。当然这个"经常"也只是相对太庙而言，譬如明仁宗朱高炽在位期间由于体弱多病，除了重大时节外很少去参拜，而朱祁镇第一次在位期间更是连奉先殿的路怎么走都忘在了脑后。

然而复位之后，朱祁镇变了，他每天早上五更天就早早起床，做的第一件事就是去奉先殿朝拜各位祖先。复位八年，他就坚持了八年，拜完祖先后，简单用过早点就去上早朝了。早朝结束后他又去批阅奏章，正统年间那种所有政务都委派王振的现象一去不复返。批阅时若有疑难，便送到内阁处，与众大臣一起商议对策。

若是遇到国事不忙的时候，他也不像之前那样整日里只知道吃喝玩乐，而是选择通过读书来增长自己的阅历。这样克己的生活，连亲信大臣李贤都看不下去了，时常劝着朱祁镇要保重龙体，切勿太过劳累。朱祁镇长叹一声说，若是再像以前一样只知道吃喝玩乐，荒废朝政，只怕到最后，后悔了却连后悔药都没地方去找。

可见，俘虏以及被囚禁的生涯，对他的影响有多大。那些被关着的日子里，大约都充满着悔恨与自省吧！

平定曹石之乱

因"夺门之变"有功的曹吉祥与石亨，得到了朱祁镇嘉奖的同时，也被委以重任。然而，此番嘉奖却助长了两人的气焰。

石亨本是朱祁钰一朝的宠臣，有拥戴朱祁钰称帝之功。然而，朱祁钰因病倒下，让他代理朝政之际，他却选择了倒戈朱祁镇。在他的眼中没有永久的帝王，只有永享不尽的荣华富贵，于他而言效忠谁都是一样的。所以，在他的相助下，朱祁镇很快便再次夺回了皇位。而他，也因此被朱祁镇大加赏识。

但石亨此人特别狂妄自大，仗着自己深受朱祁镇的宠信，越发膨胀起来。"夺门之变"后朱祁镇大肆封赏"有功之臣"，而石亨从这里面发现了门道。所谓"一人得道，鸡犬升天"，石亨觉得不能光自己享受这份荣誉，一开始石亨将自己的亲人"包装"成夺门之变的功臣，请求朱祁镇封赏他们，发展到后来，但凡是跟石亨沾亲带故的，都能凭借"夺门"之功得到官职。《明史》记载："其弟侄家人冒功锦衣者五十余人，部曲亲故窜名'夺门'籍得官者四千余人。"

因为有功，所以朱祁镇复辟之后不光是官职上对石亨加官，物质赏赐也少不了，比如赐予了他大量庄田。所谓庄田是明朝一种独特的土地制度，是由皇帝赐给属下或亲王的田园，庄田是不需要向朝廷交纳赋税的。但石亨并不满足，当时北京周边有大批的良田，石亨很想要，于是他伙同夺门之变的另一大功臣曹吉祥，或者直接宣布农田是"无主荒地"，肆意夺取田产，或者以极其低廉的价格强迫农民出售土地，强取豪夺，总之没过多久，石、曹二人就成了京郊有名的大地主。

天顺二年（公元1458年）三月，石亨的心腹兵部尚书陈汝言，因贪污罪被揭发。其家中查没的钱财多到令朱祁镇咋舌的地步。想起于谦被抄家时的家徒四壁，仅做了一年兵部尚书的陈汝言居然能聚敛如此多的财富，朱祁镇不禁痛心疾首。随后，大同总兵石彪因贪污行贿被抓，并供出了石亨的罪行。朱祁镇大怒之下却顾念着石亨的功绩，仅让他告老归田，以此作罢。

可惜，石亨并没有领会朱祁镇的好意，居然准备起兵造反。朱祁镇无奈之下，抢先一步将石亨关入了大狱。石亨惨死于狱中，石彪也被当众处斩。石彪、石亨一死，曹吉祥便觉得自己的死期也不远了，便开始四处网罗武士，以备不时之需。

天顺五年（公元1461年）六月，曹吉祥起兵造反，准备废黜朱祁镇。因密谋被泄露，曹吉祥的党羽很快便遭到了朱祁镇大军的追捕。曹吉祥的同党，有投井自杀的，有被杀的，有判处流放的，可以说曹吉祥之死祸连全族。当年曹吉祥得势的时候，通过依附他而升官的亲友故旧不比石亨少，史称"门下厮养冒官者多至千百人"，而正是当年的一念之差，现在这帮人都要给曹吉祥陪葬了。当然曹吉祥的下场比这些人要惨多了，他成为明朝第一位被凌迟处死的著名太监。

曹石之乱平定之后，因朱祁镇的励精图治，朝局倒也有了一番清明的结果。然而，他很想做一个好皇帝，也想做一个有功绩的皇帝，但是他天生并不是一个做皇帝的料。

他虽然敬业着，也努力着，但是，励精图治了几年的他，有些旧态复萌，又开始了忠奸不分的"恶行"。袁彬曾经在朱祁镇流落瓦剌的时候忠诚护驾，并多次挫败也先想要逼降朱祁镇的阴谋，正是患难见真情，因此朱祁镇与袁彬这对君臣结下了很深的友谊。朱祁镇复辟后十分眷待袁彬，袁彬所请之事无不听从，并时常召袁彬入宫，回忆当年在瓦剌患难的岁月。但就是这样的一位忠臣，却因为不肯屈从朱祁镇在锦衣卫内的心腹逯杲和门达（袁彬本人也是锦衣卫领袖，但为人比较正直），而被二人诬陷贪赃枉法，并和石亨、曹吉祥等逆党有联系。偏听偏信的朱祁镇此时全然忘了袁彬当年的大恩，将其贬去南京，直到成化朝，袁彬才又被启用。

江西的弋阳郡王朱奠壏是朱祁镇的堂叔，因为得罪了锦衣卫指挥同知逯杲，竟然被其诬陷与亲生母亲乱伦。事关皇族声誉，朱祁镇派驸马都尉薛桓和逯杲一起前往江西调查，但本来就是捏造的事情，哪里会有真凭实据呢？然而逯杲不管，坚持认定弋阳王"乱伦"一事千真万确。一边是自己的心腹，一边是远房堂叔，朱祁镇最终竟然颠倒黑白，将错就错，认定此案是真的，下令处死朱奠壏母子，并焚烧了二人的尸骨。可见其糊涂到什么地步。

这几个案件中都有一个共同点，那就是都涉及了锦衣卫，这是朱祁镇后来烂政的重要因素。朱祁钰在位期间重用文官，打压锦衣卫、东厂等特务机构，使得这些特务机构一时黯淡下去。然而朱祁镇在经过八年的囚徒生涯后，变得生性多疑，不信任任何人，总感觉底下的大臣、宗室在搞什么阴谋。为了能让自己放心，他第二次在位期间十分重视特务机构，以特务统治来威慑百官，厂卫制度就是在这一时期进一步完善和扩大的。前面提到的逯杲和门达就是两名参与了夺门之变的锦衣卫，其后便成了朱祁镇最信任的耳目和鹰犬。正是特务机构的大行其道，让原本有些政绩的朝局又变得晦暗起来。

仁德的帝王

若说朱祁镇是一个英明的君主，那么自然是假话。但若说他是一个"仁"君，倒是相得益彰。第二次登位的他，做了三件大事，将他的"仁"体现得淋漓尽致，也受到了后世的褒奖。

首先是释放"建庶人"。据《明实录·英宗实录》中记载："丙辰，释建文君子孙，安置凤阳。敕太监雷春等曰：'朕眷念宗室至亲，虽在不愿，亦令得所。今遣太监吴昱管送吴庶人及其母杨氏等共一十八名，日前去凤阳居住。'"

此中的文君子孙便是建文帝的次子朱文圭。靖难之役后，建文帝朱允炆失去了踪影，其皇后马氏跟长子朱文奎相继死在了火海中，只有次子朱文圭得以侥幸生存，但却落入了永乐帝朱棣的手中。那时的朱文圭，年仅两岁。朱棣念其为朱氏子孙，并没有杀害他，但却将他幽禁于中都的广安宫中。因此，朱文圭也被称为"建庶人"。

朱文圭这么一幽禁便从永乐朝到了英宗朝，足足55年。朱祁镇或许在朱文圭的身上看到了自己的影子，感同身受下便起了将他释放的心思，而后也付诸了行动。

随着朱祁镇的一纸旨意，被关了55年的朱文圭也终于得见天日。朱祁镇出于同情，不仅赐他奴仆，还为他修建了府邸，供他安享晚年。

然而，两岁便被幽禁的朱文圭，年过半百才有了与外界接触的机会，连牛与马都不懂得区分，被释放后的第二年，便过世了，结束了他悲凉的一生。

其次是给"胡皇后"上谥号。胡皇后，乃是明宣宗朱瞻基的原配胡善祥。但是，朱瞻基一点也不喜欢这个原配，立她为后也是迫于自己母亲张氏的压力。出于对朱祁镇生母孙嫔的喜欢，尤其是在孙嫔生下朱祁镇被封为贵妃后，朱瞻基想立孙氏为后的想法日渐强烈。

　　然而，胡善祥其人和善，除了无子并无大过。故而，朱瞻基想到了让胡善祥主动逊位的办法，最后再以"无子多疾"为由，将其废掉了。胡善祥虽然无辜被废，但一直被保护在太后张氏的羽翼下。孙氏虽然后来被册立为皇后，但是每遇设宴，孙氏都在张太后的暗示下，屈于胡善祥的下座，可见张太后对胡善祥的呵护。

　　当然，这也导致了孙氏的愤愤不平。正统七年（公元 1442 年），太皇太后张氏病逝了，胡善祥很是哀伤，一年后，便也随着张氏去了。明英宗以嫔礼安葬了她，并赐谥号"静慈仙师"。胡善祥无过被废，而后直到去世也没有一个名分，这让天下人为之深感同情。曾有人想过为胡善祥正名，然而碍于孙太后的颜面，纷纷作罢。

　　天顺六年（公元 1462 年），帮助朱祁镇复辟的孙太后过世了。而后，朱祁镇的皇后钱氏便向他提出为胡善祥恢复位号的建议。这个建议也得到了内阁大臣李贤的同意。李贤认为此举可以体现明英宗的仁孝。故而，在钱皇后以及李贤的建议之下，朱祁镇不仅恢复了胡善祥的位号，且亲自为其上谥号为"恭让诚顺康穆静慈章皇后"，并为胡善祥修陵墓，将她与她的女儿永清公主葬在一起。

　　作为孙太后的儿子，帮既不是自己生母，又是被先帝宣宗皇帝亲自下诏废黜的胡善祥恢复位号，并为其修陵墓，对朱祁镇来说确实是一件难得的事。正是因为胡善祥被废，孙太后才得以成为宣宗朱瞻基的嫡妻，而现在恢复胡善祥的皇后身份，孙太后成什么了，"小三上位"吗？这相当于在打自己母亲孙太后的脸。但是，朱祁镇思虑再三还是接受了这个建议。可见，他确实是一个仁德之君。当然孙太后的颜面也不能不顾，所以虽然恢复了胡善祥的皇后身份，但是朱祁镇没有让其升祔太庙，和朱瞻基牌位供奉在一块儿的还是孙太后。

　　而最让明英宗朱祁镇为后世所称赞的还是废除殉葬制。明朝自朱元璋建朝以来，就有比较严格的殉葬制度，其中尤以人殉最为残酷。关于殉葬的制度规定，也有详细的划分。哪些嫔妃要殉葬，哪些嫔妃不用殉葬也有明确的规定。

其中有两种嫔妃可以免于殉葬。一是，被封为贵妃等高位份的嫔妃，或是生育过子嗣且儿子已经就藩的可以不殉。二是，娘家有功勋，在恩免的范围内，可以不殉。其余的皆要殉葬。

因为这种残酷的殉葬制度，不知有多少嫔妃在青春的年华，便被活生生埋进了高高的陵墓内。自朱元璋以来，受此殉葬制度之苦的女子不在少数。光朱元璋一朝，便有 38 个妃子为其活生生殉葬。就连最为仁善的明仁宗朱高炽死后也有 5 个妃子为其活殉，可见此制度的残忍。

在朱祁镇废除殉葬制之前，便有近百名嫔妃死于这种残酷的制度之下。然而，这种残酷的制度，虽然被认为泯灭人性，但也得到了一些人的推崇。因为殉葬制度的背后，还包含着一系列的抚恤制度。被活殉的嫔妃的家族往往在新皇继任的时候，会因为家中妇人被活殉而得到一些额外的恩赏。恩赏的一般会是女子的父亲或者是兄弟。恩赏有时会以钱财表示，有时也会许以官位表示。

故而，有这样一首明宫词："掖庭供奉已多年，恩泽常忧雨露偏。龙驭上宾初晋爵，可怜女户尽朝天。"此中的"女户尽朝天"便是受到抚恤或者优待的殉葬者家属。据《明史·后妃传》记载："太祖崩，宫人多从死者。建文、永乐时，相继优恤。如张凤、李衡、赵福、张璧、汪宾诸家，皆世袭锦衣卫千百户，人谓之'太祖朝天女户'。历成祖、仁、宣二宗皆然。"这也恰恰证实了殉葬者家属受到优待的说法。

那么，明英宗在复辟后为什么执意要违背祖制，废除殉葬制度呢？其实，可以解释为以下两点：一是因为他前半生的人生经历。少年得志后，历经土木堡之变，成为俘虏，被囚于南宫。尤其是那七年的被囚生涯，身处在被朱祁钰的监视中的他，真心待他的唯有他那些后宫的嫔妃。

钱皇后为他哭瞎了眼，却还要带着一众嫔妃做女红来维持日常的生活。在所有人都抛弃他，放弃他的时候，一众嫔妃还是陪在他的身边，照顾他，对他不离不弃。这让这个苦情的帝王，感知到了人间仅存的温情。患难与共之下，让朱祁镇明白了何为最真的情。而后，他也将这种情谊一直记在心里。

二是因为这种殉葬制度本身是残暴的，是不仁的。明英宗八岁的时候，便经历过这种惨绝人寰的人殉制度。所以当他复辟后，每每想到自己所爱的人在自己死后，也要为这种残酷的制度所苦，便很是不忍。故而朱祁镇临死时，便下诏废除了这种殉葬制度。

有人说，朱祁镇废除这种制度是怕自己深爱的钱皇后也被殉葬，因此才在自己弥留之际，做出了废除殉葬制度的决定。然而，钱皇后作为皇后，虽无子，但也高居皇后之位。若是朱祁镇不想她殉葬，便可直接赦免她，无须废除祖制来保护她。故而，可以看出，朱祁镇内心是真心觉得这种制度残忍，不可留于世间的，于是不顾祖制，废除了它。

太子朱见深即位后，也遵从自己父亲的遗诏，宣布无须殉葬。自朱元璋以来，历经六朝（含建文帝），葬送百余人性命的殉葬制度便在英宗朝终结了。对于朱祁镇废除殉葬制度的这种行为，《明史》中给出了"盛德之事可法后世者矣"的高度赞扬。足见，在这方面朱祁镇确实是做了一件大大的好事啊！

自省的君主

俘虏以及监禁的生活，潜移默化间也对他的生活起居与为人处世产生了一定的影响。虽然说这些对他执政生涯的政绩没有多大的帮助，但是，与他第一次做皇帝相比却是一种莫大的进步。

在《皇明通纪》中记载道"今在位五年矣，未尝一日忘在南城时，既能进膳，饮食随分，未尝拣择去取，衣服亦随意，虽着布衣，人不以为非天子也。"或许是南宫的日子过得太过清苦，抑或是朱祁镇感念以前的自己太过贪图享乐，铺张浪费，所以，复辟后的朱祁镇完全像换了一个人一般，吃穿用度方面他则是能省就省。例如原本宫中按照规矩，每到年节都要举办各种大小宴会，花费不小的同时也无形间造成了浪费。故而，朱祁镇觉得有必要改革。所以他将一岁四宴改成了一岁两宴，以此来节省开支。

此前他因为听信奸臣的谗言，不问群臣的意见，才导致了土木堡之变。这成了朱祁镇心中永远的痛与耻辱。所以，若是必要的外出，朱祁镇都会询问群臣的意见，而后听取群臣的意见之后再行事。

八年的囚禁生活，也让朱祁镇对民生有了了解，而不是像之前那般"两耳不闻窗外事"。复位之初，朱祁镇便下诏昭告天下"吾当体天以行，处人心好善恶恶，吾当顺人以正名。"大有要体恤民情，做一个仁德的皇帝的意思。后来，朱祁镇也确实一直按照自己的诏言行事。

天顺年间，太监阮忍建议朱祁镇按照旧制在苏杭织造缎匹七千。但是这个建议一经提出，便遭到了朱祁镇以人民生活太过窘迫，不应再压迫而驳回，并废除了这个旧制。之后光禄寺请敕工部，要制作龙凤花样的瓷器万余件，朱祁镇也以太过劳民伤财为由驳回了这个意见。不铺张浪费，不贪图享乐，体察民情，这便是复辟后朱祁镇的做法。

据《明史》记载"三月免南畿被灾米粮，五月免畿内，浙江，六月免湖广，八月免天下因灾所欠税粮，九月免江西。"在天灾为祸下，朱祁镇也体恤百姓的艰苦，致力于赈灾的同时，大力减免百姓的税赋，以此来减轻因受天灾所苦的百姓的负担，解救百姓于水火之间。

虽然，他不一定是一个好皇帝，但是，在"仁心"方面，朱祁镇一直做得很好。这大概便是他早年吃苦之后，乃至后来再次荣华的"忆苦思甜"吧！

明英宗朱祁镇

朱祁镇的一生，年少轻狂过，也灰心丧志过；做过俘虏，也做过"囚犯"；宠信过奸臣，也诛杀过忠臣。若说他是一个好皇帝，那么怕是鬼神都不信的。但他在逆境中，依然可以做到镇定自若，即使作为俘虏，也能够跟抢劫他、俘虏他、看守他的瓦剌人成为朋友，可见，他是一个和善待人的好人。

然而，一个好人并不一定能成为一个好皇帝。复辟后的日子里，他虽然试图改过自新，励精图治，然而，他并不具备一个做好皇帝的条件。废除殉葬制，释放"建庶人"，上谥胡皇后的仁政，施仁政，让他被世人所知是一个好人的同时，怕也是他在位期间为数不多的闪光点了。

二

成化时代

平凡的岁月

在 21 世纪的吃瓜群众眼里，朱见深同志这辈子，让后人印象深刻的举措真心不多，但还是有一些的，比如平反于谦、处理荆襄流民问题、威宁海子之战等等，让我们一起来重温一下那段平凡又激情燃烧的岁月吧。

平反冤案

当初明英宗夺门之变后重新当上了大明天子，明代宗朱祁钰就成了个失败者。朱祁镇把弟弟废为郕王，死后上谥号为"戾"，骂他死不悔改，是个极富贬义的评价。朱祁镇还把弟弟耗费巨资修建的皇陵给毁了，在西山重新找了块地皮安葬。由于事件敏感，天顺年间，大臣们都不敢提，更不要说为朱祁钰争取点什么待遇了，他们生怕被封号，不敢触碰政治禁区。

朱见深登基后，终于有人敢开口说话了，湖广荆门一个叫高瑶的，此人于景泰年间中了举人，会试没考上，成了一名光荣的乡村教师，为了大明王朝的基层教育事业添砖加瓦。成化三年（公元 1467 年），高老师给朝廷写报告，为朱祁钰喊冤，他说，正统末年先帝已经被蒙古人抓起来了，皇上您还小，在东宫嗷嗷待哺。江山社稷命悬一线，要不是郕王挺身而出，继承皇位，使国家有了长君，真不知道这场劫难能不能平安度过，英宗还有没有机会顺利回来。再说朱祁钰在位的六七年间，天下太平，田里的稻谷屡屡丰收，功劳实在是不小呀！可惜某些贪功之人，横加诬陷，使郕王没有好下场。希望当今天子能够明察，追加庙号。

高老师这番话相当有官场水准，明明是朱祁镇故意整朱祁钰，以报被囚南宫之仇，高瑶却说是徐有贞、曹吉祥他们贪图功劳，蛊惑圣上，导致朱祁钰没有好下场。帮领导甩锅的本领简直是在血液流淌的，不服不行呀！先帝怎么错也是先帝，也是朱见深的亲爸爸，不管怎样都是要留面子的；徐有贞他们就不一样了，是做臣子的，还是些罪臣，当然可以把责任都往他们身上推。既然高老师的报告已经交上来了，朱见深就让大臣们讨论讨论，头脑风暴。大家一看涉及先帝，触及宫廷斗争，都不怎么愿意发表意见。最后汇报皇帝：郕王以前做过什么事，实录里面都记载得很详细，他的庙号不是我们这些臣子可以妄议的，还是请皇帝自己决定吧！朱见深一看，好小子，把皮球又踢给了朕！没过多久，一个叫黎淳的官员也上奏，要求平反朱祁钰。朱见深刚刚当上领导，还没有做好否定先帝决策的准备，他决定缓一缓、压一压，于是放话：景泰皇帝以前的过失，朕不是很介意，但他的功过，也不是你们这些臣子可以评价的。

之后的几年，依然有大臣提到这件事情，套路也都相似，就是说整朱祁钰不是明英宗的本意，而是石亨等人蛊惑的结果，希望朱见深同志看在叔叔为大明立过功的分儿上，给朱祁钰恢复名誉，至少不能给个恶谥。成化十一年（公元1475年），明宪宗的态度彻底改变，他下定决心给叔叔平反，可是，这个决策是先帝做出的，如何既不损害父皇的威望，又给叔叔翻案呢？他实在是太聪明了，诏书上说：朱祁镇生前已经意识到了自己的错误，但没有及时纠正便去世了。你看，把责任都推给曹吉祥他们，朱祁镇也是"受害者"；接下来又把母亲拉过来做伪证，说自己询问过皇太后，皇太后也说先帝有类似的意思。我身为儿子，要听从母亲的慈训，也要考虑景泰皇帝与我血浓于水的亲情，以及打赢北京保卫战，对社稷的功劳。总而言之，恢复朱祁钰皇帝尊号，谥号也由礼部重新议定。

虽然同意平反了，由于考虑到自己的父亲，朱见深对叔叔的待遇也有所保留。一般皇帝死后有庙号也有谥号，朱祁钰只有谥号，没有庙号，"代宗"是南明弘光政权给他追封的，朱祁钰泉下有知，定会感谢一番。谥号也只有可怜的四个字：恭仁康定，其他皇帝都有十六个字。不过仔细想想，能够给一个相对正面的评价就不错了。朱见深在奉天门为叔叔举行加谥典礼，规格并不高，也没有大肆宣传。礼部说：皇上！咱们把这件事情诏告天下吧！朱见深摇摇头说，算了吧！当年他废掉我太子的事情，我现在还记得呢！他是有功于社稷，但对我们父子也的确有对不住的地方。

平反了皇帝，还有一个大功臣于谦也要平反。这件事情做得比较快，成化初年就已经办好了。用的还是同样的配方，同样的套路，说于谦被石亨等人诬陷，蒙受了不白之冤，现在石亨等人阴谋败露，应该正视于谦的功绩，洗刷他的冤情。当时全天下都知道于少保是被冤杀的，朱见深当然也清楚，他对于谦还有一种仰慕之情，曾命令翰林院写祭文，称颂他功劳很大、力挽狂澜，当初被奸臣谋害后，先帝已经知道他是冤枉的，现在朕十分怜惜于谦的忠心。朱见深做的这两件事情，可以说是顺应民意，顺应人心，为自己加分不少，让天下臣民充满希望。

规律的生活

朱见深当领导后，平时工作、生活都非常有规律。正常情况下，每天都上朝面见大臣，不管是炎热的夏天，还是被迫穿上秋裤的冬天，莫不如此。有官员称赞领导：古代的圣君明君，都比不上您这么勤奋，数十年如一日啊！朱见深听见了笑笑，说"是"或者"照例"。这是他的口头禅，熟悉朱见深的人都知道，如果他认可某位大臣的意见，一般只会说这三个字，不会讲其他内容。为什么呢？皇帝比较高冷？惜字如金？非也！其实是因为心虚！朱见深同志有口吃的毛病，话说得比较多，便容易暴露，让群臣笑话。因此他尽量少说话，把字数控制在最少，只说一个字，别人就听不出来了。

后来为什么改成说两个字了？唉！说出来都是泪，悄悄告诉你一个小秘密：朱见深的舌头烂了，没有保养好，连说个简单的"是"都有难度。一个叫施纯的大臣很体谅领导，出了个主意，建议他说"照例"两个字，朱见深练了几次，别说，还真管用！不错不错，施纯甚得朕心，提拔为礼部侍郎，没过多久，又提拔为礼部尚书，加太子少保。别人写万言书都不一定能得到提拔，施纯仅仅用两个字就当上了正部级干部，很快，这件事就出名了，人们打趣说："两字得尚书，何用万言书"，讽刺成化皇帝用人的随意。

领导开会，常常要做很久的讲话，朱见深同志如此口吃，不得讲得磕磕巴巴？那你就猜错了，他老人家竟然朗朗上口，一气呵成，完全没有违和感。有道是：台上一分钟，台下十年功，为了登台时的潇洒，朱见深常常要把讲话内容准备好，在前一天晚上多加练习，读熟、读顺，虽然用不了十年的磨炼，但也需要花费一定时间。要把最好的发挥留在朝会上，不丢老朱家的脸。假如他看过《国王的演讲》，一定会对英国国王乔治六世产生强烈的共鸣。

除了上朝，朱见深同志长期坚持的事情还有好几件。比如说郊祀，每年正月跑到南郊祭祀天地，皇帝是天子，在人间无法无天，却要接受老天爷的监督，地震了，洪水了，都是上天在对你的工作表达不满，所以皇帝要按时祭天，与"爹"搞好关系。再比如经筵，身为皇帝，也要听文官们给他上课，讲讲儒家经典、治国道理什么的，小时候要上学，长大了还要听课，把终身学习的理念很好地贯彻下去。朱见深算是个比较守规矩的皇帝，祖制要求参加的活动，他都会参加，不像正德皇帝和嘉靖皇帝那样另类。参加是参加了，可对于经筵的内容，朱见深不是很感兴趣，老学究念经，枯燥乏味，浪费朕宝贵的时间，你们这帮文官简直是"谋财害命"！明明不喜欢，又要朕参加，上有政策，下有对策，来个消极应对，无论讲得是好是坏，朕就是不发表意见，无论你说什么，我就这样静静地看着你，让你们自己都觉得尴尬。辛辛苦苦准备的讲义，皇帝什么态度都没有，老师们自找没趣，久而久之，他们自己都变得消极了。臣子老师和皇帝学生一起相对无言，敷衍了事。

在传统的孝道上，朱见深做得也不错，按时看望两位母亲大人。一位是亲妈，周太后；还有一位是钱太后，是他礼法上的母亲。父皇朱祁镇在位时，钱太后是皇后，英宗皇帝的正妻，地位比周太后还要高呢！后来钱太后去世了，葬入了天寿山皇陵，朱见深只要问候亲妈就可以了。上朝、祭祀、请安，皇帝的本职工作都按部就班地参与，但有一件事让朝臣们很有怨言：朱见深几乎从来不单独召见大臣。有什么问题，要不上朝解决，要不奏章解决，要不让太监传个口谕，想要单独面对面汇报工作，实在是太难了。假如某位太监居心不良，在口谕里夹几句私货，你都不知道。而且，没有单独见面的机会，大臣们深深感受到自己失去了皇帝的信任，殊不知朱见深只不过是超前得了一种现代社会的通病：社交恐惧症。

成化七年（公元 1471 年）十二月，天空出现彗星，如果发生在今天，将有成千上万的天文爱好者欣喜若狂，参与观测，但在大明，按照"天人感应"的理论，这是大凶之兆，预示着将有噩运发生。当时的人们深信天象变化与我们人类的命运息息相关，都是老天给我们的密码信，宫廷上下，庶民百姓，个个惊惶不安。照例，朱见深狠狠地做了自我批评，同时也要求各位大臣好好反省，想想究竟做错了什么，让老天爷如此震怒。大学士彭时、商辂要求面见皇帝，共商国是，君臣上下共同克服此次危机。国家都到这步田地了，朱见深还能说什么呢，再社交恐惧症，这时候也只能破天荒地答应下来，因为实在是找不到拒绝的理由呀！

退朝后，成化皇帝来到文华殿，命令太监传唤彭时、商辂、万安三位重臣过来面君。三个人就往文华殿走去，太监对他们说：话不要太多，朝廷的弊病也不要揭露得太深刻，让皇帝下不了台。领导这是第一次单独召见大臣，没有这方面的经验，最好和谐一点。双方正式见面了，彭时最先开口，说彗星实在是太可怕了，我们要审慎对待此事。朱见深说知道了，我们的确应该如此，你们身为国家的高级干部，更要尽心尽力。彭时又说了第二句话："昨天有御史上书，老天爷对朝廷的工作不满意，请求扣在京官员的工资，我看还是别扣了吧！"朱见深点了点头，准奏！没想到刚汇报完第一项工作，领导同意了，旁边的万安突然跪下磕头，高呼："万岁"。商辂、彭时听见了，也只好跟着喊"万岁"，三个人就退下去了。"万岁"是跟皇帝告辞的礼节，好比现在的"再见"，彭时才说了一件事，万安就来了个"万岁"，真是让人无语。他的光荣事迹很快就流传开了，太监们戏谑道：平时总说皇帝不召见你们，现在召见了，你们又只会喊万岁，不知道脑子里成天想的都是些什么。

自此以后，万安就多了个绰号："万岁阁老"，就是讽刺他这件事的。虽然召见大臣的次数屈指可数，朱见深奏章还是要看的，全国上下发生了什么事情，都得心中有数。对于绝大多数公文、请示，这位领导不发表意见，常常批示转交相关部门，该怎么办就怎么办，按照制度、惯例，由专业的人做专业的事，偶尔遇到感兴趣的，还会批示批示。虽然很少发言，但每当朱见深自己提出某项政见了，内阁首辅万安、大学士刘珝、刘吉都没有什么意见，即使皇帝做得再不靠谱，他们都不会去反对领导的指示，点点头执行而已。舆论给这三个人起了个外号："纸糊三阁老"。而吏部尚书尹旻、户部尚书殷谦、礼部尚书周洪谟、兵部尚书张鹏、刑部尚书张蓥、工部尚书刘昭则被称为"泥塑六尚书"，平时上班就喝喝茶，迟到早退，皇上有什么做得不对的，也不提出，咱们开心就好。这种从上到下的佛系心态塑造了成化一朝奇特的风气，所有人都习惯了慢节奏的生活，官场风气都堕落了，有的大臣竟然连朝都不上。文武百官，人数太多，往往高级官员才能看到皇帝的容貌，品级不高的官员就站在殿外，根本不知领导长什么样。由于人浮于事，部分官员就不上朝了，朱见深得知后非常不爽，就跟我们老板晚上十二点从办公室出来发现全公司都没有人加班的心情一样愤怒。朱见深心里不平衡了，我都照常上班，你是皇帝我是皇帝？连班都不上！不行！必须严格约束考勤制度，没来的，一律扣三个月工资！要让这些老油条知道疼！他们真的疼吗？一点都不，都当中高级干部了，各种灰色收入自然应有尽有，谁还靠死工资过日子？这条处罚，表面上看是惩戒了，实际上没有达到预期的效果。

泛滥的传奉官

朱见深的职业是皇帝，上完朝，阅读完奏章，不召见大臣共商国是，他能干什么呢？那当然是做他感兴趣的事了，像作画、听戏、看表演、品段子、烧香拜佛等等，只要不是上班，都是他喜欢做的。因此，成化朝的宫廷常常会有画家、演员、高僧、道长、文人骚客等专业人士出现，让皇帝、后妃感觉满意的，就直接封个官职，不用经吏部考核、重臣商讨。在人们眼中，这种官职好像不是朝廷的，而是皇帝个人的，只要他觉得满意，就可以给。朱见深同志领导大明二十三年，封了几千个这样的官员，称之为"传奉官"。

通过科举进入仕途的官员对传奉官极为鄙视，要求领导赶紧醒悟过来，把这些人都给裁员。士大夫们为什么对传奉官不满意呢？第一，官职并非皇帝的私人物品，他也是朝廷的，是天下的。现在皇帝和嫔妃们开心了，就直接封某某为官，连最基本的考核都没有，降低了官府的声望与公信力，使老百姓都感觉荒唐。比如你通过高考考上了211，而有的人因为和教育局局长一起去唱了歌，玩得很高兴，特批不用参加高考，直接进了985，你是不是也会觉得很失望，自己的努力像个笑话？第二是感觉不公平，我们辛辛苦苦，读圣贤书，寒窗十几甚至几十年考取功名，为朝廷做出贡献，换来了身上的官服。有的传奉官连字都不认识几个，有的就会写点搞笑的荤段子，就与我们同朝为官，实在是太耻辱了。第三，在明朝，唱戏的、变魔术的、画画的，等等，都是被士大夫们看不起的下九流，他们认为，这都是与国家民生关系不大的雕虫小技。皇帝居然亲近这种人，私底下却连见都不愿意见官员，现在他们伺候好了皇帝，官职甚至比某些通过科举上来的官员还要高，让这些自恃身份的士大夫觉得非常憋屈。

反对声源源不断传入朱见深的耳朵里，他都没有特别当回事。抗议的分贝高了些，就免掉一批传奉官的职务；过一段时间，就旧态复萌，反正对他来说，侍奉官就是逗自己开心的，开心了就封，不开心了就免，也不会影响什么。太监梁芳推荐了不少奇能异士给领导，朱见深十分受用，给他们封了官职。陕西巡按郑时上疏皇帝，说梁芳做得不对，官职不能随便封；朱见深不开心，把他给贬了官。他离开西安当天，老百姓哭着喊着，送别郑巡按。消息传到北京，朱见深感觉自己错了，赶走了十个传奉官，还规定以后传旨授官，有关部门必须复奏，要谨慎一点，不能因为冲动就把官位送人了。成化二十一年（公元1485年），天象又一次出现异动，按照老规矩，皇帝让大臣们提意见，到底是哪里做得不好。文官们眼前一亮，抓住机会痛批传奉官，朱见深被官员们一把鼻涕一把泪地说动了，命令吏部列一个清单，哪些人是传奉官，应该被罢免的。后来吏部总结了五百多人，皇帝仔细看了看，留下六十七人，其他一律裁员，作为向老天爷的交代。实际上呢，两者并没有任何联系，官员们不过是借题发挥罢了。

传奉官的确有不合理的弊端，朱见深为什么不把他们通通罢免？道理很简单，这些人很多都是有真本事的，能够满足皇帝的某些需求。你一个文官说他们都是垃圾，有本事你也画个画，表演一段戏剧？怂了吧！就会乱叫，又没有人家的水平。

朱见深还十分笃信佛教，请来的高僧，既有中土的，也有番地的，外来的和尚会念经嘛。他们的名字十分生僻、拗口，有一个叫劄巴坚参，佛学知识渊博，被封为"万行庄严功德最胜智慧圆明能仁感应显国光教弘妙大悟法王西天至善金刚普济大智慧佛"，还有些名字叫劄实巴、锁南坚参、端竹也失、劄失坚参、乳奴班丹、锁南坚参、法领占之类的。朱见深封他们为法王、西天佛子、大国师、国师、禅师等等。平时朝廷用锦衣玉食供奉他们，出门了，还有皇家卫士做保镖，小日子过得可舒服了。

为了祈福，保佑家人与大明江山，朱见深还派人修建了不少庙宇，其中有些是他知道的，有些是他不知道的。继晓是江夏的僧人，通过太监梁芳见到了朱见深，被封为通元翊教广善国师。他天天劝皇帝礼佛，造寺庙，曾于北京西市建造永昌寺，逼迫数百户居民搬走，耗费资金数十万，被员外郎林俊弹劾。

有一天皇帝视察内帑，发现之前辛辛苦苦积攒的七窖黄金全都没了，空空如也，让他心痛得生不如死，于是质问梁芳和韦兴："都是你们这两个败家子，将内帑里的钱都挥霍殆尽了！看看，这下朕的裤兜比脸还干净！"见状，韦兴吓得哑口无言，梁芳却说："这些钱用在了显灵宫和其他祠庙的建设上，做工程款了，竣工后，可以为陛下求万年福啊！"好一个万年福，朱见深都不好反驳，钱是为我花的，用于祈福，又不是给他们自己花的，都不好降罪。修建寺庙、宫殿这种事，都需要工匠出马才能做好，为了鼓励他们卖力干活，朱见深常常会授予官职，作为激励手段。

而医生，救死扶伤，解除病痛，朱见深就更需要了。天顺八年（公元1464年），皇帝给御医施全、郑全、李平、李瑞等人升官，在明英宗去世前夕，这些白衣天使表现得尤为卖力，尽管没有救回朱祁镇的生命，但敬业精神可圈可点。成化十一年（公元1475年），朱见深封太医院院使方贤为通政司左通政，通政司九卿之一，已经突破太医院系统的范畴了。做皇帝的，都巴不得自己长生不老，或者健康长寿，医生便是主要的伙伴。由于个人原因，加上万贵妃的毒手，朱见深即位初期皇子不多，中晚期开始大幅增长，背后当然也有医生的作用。

还有些人是靠特技让朱见深同志产生了兴趣，比如李孜省。他是江西南昌人，以布政司吏员的身份待选京职，没想到在江西贪赃枉法的事情被揭露出来了，他就躲在京城里，不敢回去。常言道："楚王好细腰，宫中多饿殍"，听说当今圣上喜欢方术，李孜省不知道在哪报了培训班，学会了五雷法，据说通晓这种法术的人，可以让老天爷打雷下雨，还可以祛除身体病痛，真是厉害了。那怎么让皇帝知道我很牛呢？得找个人帮忙引荐引荐，于是托关系找到了太监梁芳、钱义，送了很多礼物，意思意思，求他们把符箓给皇帝看。借着"钞"能力，符箓来到了皇帝面前，朱见深看完觉得不错，封李孜省为太常丞，赐金冠、法剑，准许上密折。李孜省的法术肯定是灵验的多，失败的少，否则朱见深也不会封他官。他以前做过吏员，算是在官府里混过，如今又有秘密奏事的特权，就开始参与起朝政来。

有的官员看到李孜省颇得圣宠，就主动巴结他，希望他可以替自己在圣上面前多多美言。还有的看不惯他，上书弹劾，要求皇帝予以辞退。成化二十一年（公元 1485 年）天象有变，许多奏章的矛头直指李孜省。涉及政治利益，李孜省当然不会心慈手软，就跟朱见深告状，把主事张吉、员外郎彭纲都给逐出京城，其他官员如江西巡抚闵珪、冼马罗璟、兵部尚书马文升、顺天府丞杨守随也都受过他的打击。

除了五雷法，李孜省还掌握了扶鸾术，能够让皇帝与神仙沟通，占卜吉凶。有一次上天发出了指示："江西人赤心报国"，朱见深就大力提拔江西人，礼部郎中黄景、南京兵部侍郎尹直、工部尚书李裕、礼部侍郎谢一夔都因此受益。对于公认的、声望高的优秀官员，李孜省还会主动给皇帝推荐，比如学士杨守陈、倪岳，少詹事刘健，都御史余子俊、李敏，朱见深也知道这些人比较好，因此认为李孜省没有私心，公忠体国，为国荐贤。从职位上看，从功劳上看，李孜省都不突出，但他深受皇帝信任，官员的升迁、罢免，如此重要的事情，他都可以左右。

除此之外，传奉官还有很多，比如万贵妃的兄弟，邵贵妃的家人，高级宦官的干儿子，通过种种关系，也可以不经考核，直接获得职务，弄得朝廷里鱼龙混杂，三教九流都有。纵观成化一朝，朱见深始终没有放弃传奉官，只是数量多多少少的变化。等到太子朱祐樘继位，一朝天子一朝臣，文官们纷纷上书罢免传奉官，朱祐樘也感觉父皇太过分了，于是大手一挥，准奏！当年红极一时的李孜省等人顷刻间成了过街老鼠，人人喊打，很快就失去了职务，被赶去戍边，老婆、儿子被流放两千里。由于无法忍受严刑拷打，李孜省很快就死了。僧人继晓被科臣林廷玉弹劾，斩首于闹市。其他道士、番僧，地位高的降级，地位低的直接赶回老家。朱见深慷慨赠送的诰敕、印章、玉器等也都由朝廷收回。

流民的泪水

明朝中期，流民是一个很严重的社会问题，他们携家带口，远离自己的家乡，跑到外面寻找栖身之所，就像雨中的浮萍一样，漂泊无靠，卑微可怜。当年朱元璋闹革命成功了，在全国推行户籍制度，每个人在哪个县哪个乡，都要登记好，不准自由迁徙。什么？你想到一线城市去发展？门都没有！乖乖在家里待着。可他怎么也不会想到，几十年后，会有上百万的老百姓成群结队地逃走，任凭官府如何阻拦，就是收效甚微。面对滚滚人流，大明的地方官员傻眼了，人都跑光了，多如牛毛的赋税、徭役摊派给谁呀？没有财政收入、劳动力，官府如何运转，重要的工程谁去干苦力？另一方面，人员流入地的官员也慌张，突然拥入那么多流民，四面八方都有，会不会产生治安问题？同乡同族的会不会组织起来闹事？这些人连户口都没有，怎么管理？怎么找他们收税？

流民各地都有，为明朝基层统治带来了巨大挑战。收纳人数最多的，当属荆襄地区，准确来说，应该是今天湖北省的西北部，与河南、陕西交界的山区。三省交接的地方，官府的统治力量往往比较薄弱，又是山区，交通不便，有利于藏身。元朝末年，朱元璋消灭了陈友谅的势力后，下令把这里清空，禁止老百姓入内。当时战乱频繁，户口锐减，劳动力急缺，发展农业，当然是平原地区更方便，把山里的人迁出来，到平原上耕作，有利于发展农业，增加粮食产量。从政治角度看，山区容易成为敌对势力的根据地，居高临下，易守难攻，冷兵器时代，想要剿灭殊为不易，为了防止白莲教和陈友谅的残余势力进入这里，也需要采取封禁措施。

流民从哪里来

明知官府禁止，为什么会有如此之多的民众来到这里？都说中国人安土重迁，这回怎么就能狠心离开家了呢？说多了都是泪，接下来让我们表一表流民的伤心往事。

明朝是农业社会，大部分人的职业是农民，什么风流才子，那都是极少数人。在农村里，平时男耕女织，由于生产力水平有限，不像现在有良种、化肥、农药，亩产普遍不高，遇到风调雨顺的好年景，一家老少齐上阵，种出来的粮食也只够家人吃饱而已。官府会派人过来收税，本来就不富裕的收入，还要缴纳一部分给他们，此外，还要承担指派的徭役，就是干体力活，比如要修堤坝、修路、修桥、修宫殿等等，就要让每家每户出一个壮劳力，到工地干活。

这样的生产模式比较脆弱，抗风险能力很差，遇到天灾人祸，连最基本的生存都是问题。天灾主要有旱灾、洪灾、蝗灾三种，一个地方，不可能年年风调雨顺，一旦大幅减产或者绝收，底层农户就有可能破产；人祸有官府的剥削，豪强势力的掠夺等等，即使是比较富裕的家庭，突然遇到疾病或意外事故丧失了劳动力，也可能会瞬间返贫。因为缺钱不得已变卖土地的，因为豪强逼迫不得已让出土地的，这些人失去了田产，还要缴纳赋税，重压之下，要么逃亡，要么给地主打工。因为豪门大户势力强劲，往往与官府多有勾结，隐瞒田数，每次交税，他们只交很少的一部分，而没关系没势力的农民，却要足额缴纳甚至多交，每次朝廷加税，最可怜的就是这些"韭菜"。等征发徭役了，地主家出点钱，雇人替他们去，贫农却无法推托，必须亲自前往，这样田里又少了劳动力，收入又要减少。有手有脚有胆量的人，可以逃走，官府见赋税总数少了，为了完成任务，只能把缺额摊派给没有逃亡的老实人，使得留下的百姓更加不堪重负。本来还可以勉强维持，谁承想逃亡的邻居越多，生活压力越大，最后自己也不得不跑了。官府的损招，无益于解决流民问题，反而扩大了流民规模，逼迫更多老百姓成为流民。

正统景泰以来，北方发生的自然灾害非常多，导致更多农民破产，背井离乡，踏上流浪之路。这在《明史》的《五行志》有记载，我们先看蝗灾的：

正统二年（公元 1437 年）四月，北畿、山东、河南蝗。五年夏，顺天、河间、真定、顺德、广平、应天、凤阳、淮安、开封、彰德、兖州蝗。六年夏，顺天、保定、真定、河间、顺德、广平、大名、淮安、凤阳蝗。秋，彰德、卫辉、开封、南阳、怀庆、太原、济南、东昌、青、莱、兖、登诸府及辽东广宁前、中屯二卫蝗。七年五月，顺天、广平、大名、河间、凤阳、开封、怀庆、河南蝗。八年夏，两畿蝗。十二年夏，保定、淮安、济南、开封、河南、彰德蝗。秋，永平、凤阳蝗。十三年七月，飞蝗蔽天。十四年夏，顺天、永平、济南、青州蝗。

景泰五年（公元 1454 年）六月，宁国、安庆、池州蝗。七年五月，畿内蝗蝻延蔓。六月，淮安、扬州、凤阳大旱蝗。九月，应天及太平七府蝗。

天顺元年（公元 1457 年）七月，济南、杭州、嘉兴蝗。二年四月，济南、兖州、青州蝗。

成化三年（公元 1467 年）七月，开封、彰德、卫辉蝗。九年六月，河间蝗。七月，真定蝗。八月，山东旱蝗。

再看洪水：

景泰元年（公元 1450 年）七月，应天大水，没民庐。三年六月，河决沙湾白马头七十余丈。八月，徐州、济宁间，平地水高一丈，民居尽圮。南畿、河南、山东、陕西、吉安、袁州俱大水。四年春夏，河连决沙湾。五年六月，扬州潮决高邮、宝应堤岸。七月，苏、松、淮、扬、庐、凤六府大水。八月，东、兖、济三府大水，河涨淹田。六年六月，开封、保定俱大水。闰六月，顺天大水，滦河泛溢，坏城垣民舍，河间、永平水患尤甚。武昌诸府江溢伤稼。七年六月，河决开封，河南、彰德田庐淹没。是岁，畿内、山东俱水。

天顺元年（公元 1457 年）夏，淮安、徐州、怀庆、卫辉俱大水，河决。三年六月，谷城、景陵襄水涌泛伤稼。四年夏，湖北江涨，淹没麦禾。北畿及开封、汝宁大水。七月，淮水决，没军民田庐。五年七月，河决开封土城，筑砖城御之。越三日，砖城亦溃，水深丈余。周王后宫及官民乘筏以避，城中死者无算。襄城水决城门，溺死甚众。崇明、嘉定、昆山、上海海潮冲决，溺死万二千五百余人。浙江亦大水。六年七月，淮安大水，潮溢，溺死盐丁千三百余人。七年七月，密云山水骤涨，军器、文卷、房屋俱没。

最后是旱灾：

景泰元年（公元 1450 年）畿辅、山东、河南旱。二年，陕西府四、卫九旱。三年，江西旱。四年，南北畿、河南及湖广府三，数月不雨。五年，山东、河南旱。六年，南畿及山东、山西、河南、陕西、江西、湖广府三十三、州卫十五皆旱。七年，湖广、浙江及南畿、江西、山西府十七旱。

天顺元年（公元 1457 年）夏，两京不雨，杭州、宁波、金华、均州亦旱。三年，南北畿、浙江、湖广、江西、四川、广西、贵州旱。四年，济南、青州、登州、肇庆、桂林、甘肃诸府卫夏旱。五年，南畿府四、州一，及锦衣等卫连月旱，伤稼。七年，北畿旱。济南、青州、东昌、卫辉，自正月不雨至于四月。

成化三年（公元 1467 年），湖广、江西及南京十一卫旱。四年，两京春夏不雨。湖广、江西旱。六年，直隶、山东、河南、陕西、四川府县卫多旱。八年，京畿连月不雨，运河水涸，顺德、真定、武昌俱旱。九年，彰德、卫辉、平阳旱。

一系列天灾人祸，使流民现象愈演愈烈，他们走向何方？荆襄地区无疑是个很好的去处，这里面积广阔，长期以来不允许百姓迁入，因此存在许多没有开发的土地，流民在此能够开辟农田，养家糊口。起伏的山峦有利于躲避官府缉拿，保护财产；数省交接的位置，朝廷的统治势力不强，三个省的长官，你推我，我推你，互相踢皮球，管控的效率也低了。到朱见深同志刚刚坐上领导岗位时，这里已经有了几十万流民。

老百姓不在老家待了，朝廷怎么办？朱元璋说：反了反了！竟然敢违背朝廷的命令，只要抓到流民，一律遣返回原籍，不得在外地滞留。这种办法是治标不治本的，逃亡必然事出有因，谁会无缘无故地离开自己的家乡。老朱说不管，反正你就得回去，赋税交不出来，徭役没人出，那是你的事！说穿了就是一种简单粗暴的懒政。到明英宗正统年间，流民规模更加庞大了，日甚一日，朝廷没有办法，只好向现实低头，规定流民可以免掉处罚，罚了只能诱发暴动，得不偿失。如果愿意在迁入地就业、定居，可以发放户口；如果还是想回家，官府也不为难，免除以前拖欠的赋税。这样做还是有点人性，朝廷的宗旨是普天之下，莫非王土，老百姓无论流窜到什么地方，都要纳税，这是躲不掉的。

多年来，荆襄地区汇集了数十万流民，成分复杂，大部分人都是老实本分的农民，实在是交不起官府的赋税，还有地主那数不清的驴打滚的账，因此逃难过来，就想解决一下生存问题，没有别的目的。还有的是逃役而来的，比如官府要你去边关打仗，怕死，不愿去，就跑到荆襄山区，和流民一起；还有的做生意破了产，为了躲避债主，也来这里避难。最恶劣的是犯罪分子和野心家，在老家杀了人，被官府通缉，在此亡命天涯。对官府不满的人，想发展自己的势力，取而代之，流民就是炮灰的重要来源，他们生活不如意，反抗的意识较强，不论是拉拢还是洗脑，都比较容易。渐渐地，这个流民聚集地就出现了治安问题，有人开始聚众闹事，让朝廷十分紧张。

荆襄烽火

天顺八年（公元1464年），朱见深派河南布政使王恕去安抚流民，宣传朝廷的英明政策，让他们稳定下来，不要拿生命开玩笑。事情交代下去后，过了一段时间，朱见深又问：王恕工作办得怎么样了？回答说：压根没怎么办，人都不在那里上班，回陕西老家给母亲守孝了！这么大的事儿交给你，你就这么回家守孝去了？朱见深满脑袋问号，却也不能说什么，儒家最重"忠孝"二字，朝廷规定守孝也是官员的基本义务。成化元年（公元1465年）十一月，兵科给事中袁恺奏报说：湖北荆襄的流民有的组织在一起，四处游荡，打家劫舍，内阁首辅李贤的家就在邓州，很有可能也被游民给抢了。虽然没有杀人，但游民们拒绝向官府自首，气焰十分嚣张。据可靠情报透露，首领是一个叫刘通的人。刘通何许人也？朱见深感到很好奇，赶紧把他的情报拿来看看！

刘通是河南西华人氏，从小力气就特别大，能够和项羽、李元霸媲美，大家给他取了个威风的外号："刘千斤"。因为天赋异禀，对于官府、朝廷，刘通一向是不满的，不屑的。有一次，大家想见识见识刘通的实力，你不是说力气大吗，到底可以举起多重的东西，坊间的传说，是不是吹牛的？刘通拍了拍胸脯，绝对没吹牛，不信举给你看！众目睽睽之下，来到衙门前，将石狮一把举起，连官府的东西都敢动，还是在众人面前，其中的挑衅意味相当明显了。有权又怎样？我刘通照样可以轻松拿下！可以说一直是拥有"鸿鹄之志"，相信王侯将相宁有种乎。其他对朝廷不满的人，得知刘通的不凡之处，都愿意追随他，做出点事业。

正统、景泰年间，刘通和他的弟兄们流亡到房县，和白莲教徒相识，一拍即合，以烧香拜佛组织流民，打家劫舍，挑战并征服了其他领袖。经另一位白莲教徒石龙和尚的策划，刘通在大木厂挑起黄旗，自称"汉王"，建元"德胜"，以梅溪寺为王府，还封了总兵、国师、国老、将军、军师等小说中常见的官职，用于激励属下。汉王是当年陈友谅的称号，一百年过去了，又一次在这片土地上出现。这说明白莲教这些人还是动了脑筋，认真造反的，至少了解过历史和政治，不是简单的土匪。

这厢守孝期满，王恕总算可以复工了，他四处了解，得知刘通与石龙和尚已经搞得轰轰烈烈，"汉王"已经发展部队几千人，大碗喝酒，大口吃肉，日子过得相当潇洒，入伙的流民越来越多。三年前朝廷是让王恕招抚，现在已经不可能了，不打一仗，抓住首领刘通以及精神领袖白莲教徒，是解决不了问题的。于是王恕上疏朝廷，请求派大军征讨。成化二年（公元1466年），朱见深批准了军事方案，命抚宁伯朱永任总指挥，金事鲍政、都督同知喜信充左、右参将，统率京营旅与山东班军15000人，太监唐慎、少监林贵奉监军，工部尚书白圭提督军务，会同巡抚湖广都御史王俭、抚治荆襄都御史王恕、湖广总兵李震等，合力讨伐。

一月二十二日左右，朱永到达襄阳西南的南漳县，得知刘通等人的巢穴在豆沙河一带，正要前进，身体却出了问题，只好留在南漳，由工部尚书白圭指挥官军，分四路围攻豆沙河。刘通见官兵人多势众，自知难敌，就分两路突围，但一直没有成功。四月上旬，刘通被俘虏，石龙很快也寡不敌众，被部将刘长子抓起来，献给白圭。为了震慑民众，朱见深下令把刘通、石龙以及其他首领凌迟处死，也就是千刀万剐。刘长子虽然有立功表现，但不足以将功赎罪，他们的家属也都受到牵连。

称王建元，那就是谋反，诛九族的大罪。虽然有地形的加成，面对大军，这几千人还是不堪一击。捷报传入京城，朱见深论功行赏，封工部尚书白圭为太子太保，抚宁伯朱永为抚宁侯。白圭还报朝廷许可，在房县、均州、安远县各设千户所，在谷城县石花街、房县板桥山、襄阳油房滩、南漳七里头、当阳漳河口设巡检司，在竹山、郧阳、高彰、上津、枣阳、谷城、宣城、光化、安远、当阳增设县丞各一员，专门设置捕盗人员。增设暴力机构，说明白大人的思路还是以武力镇压为主，要让流民害怕，不敢造反。这显然是没有抓住流民问题的根源，刘通是死了，但是难保以后没有王通、赵通、李通等其他"通"出现。

成化四年（公元1468年），兵部报告说剿灭石龙后的一年多来，在荆襄一带，四方流民不顾禁令再次聚集，达二三十万人。荆襄和南阳毗邻，又都是"寇盗"出没之地，不加统摄，一旦有变，难以防御。于是朝廷让王信兼提督南阳军务，控制流民防止动乱。又改户部右侍郎杨璇为都察院右副都御史，控制荆襄、南阳处的流民。他们的办法是清查人数、发放口粮、遣返原籍。流民说我太难了，在老家没有土地、没有房子，根本无法生存，官府发放的口粮，在路上就吃完了，回老家没几天，还不是要去荆襄继续做流民，否则就得饿死。成化五年、六年，各地灾害频发，破产农民继续逃亡，荆襄地区已聚集百万以上，这真是个沉甸甸的数字。

想要基本解决问题，唯一的办法就是采取英宗时制定的流民政策，但这个时候没有人记得，或者人微言轻，即便提出了也不受重视。给事中张宾上书说，流民是为了逃避灾害来到了这里，我们免除他们的赋税，就不逃了，户部认为有道理，于是蠲免钱粮。这条建议的确减轻了农民负担，减少了流民数量，但那些没有土地的、难以为继的还是要逃，在荆襄地区，他们才有可能获得土地，长久地坚持下去。

山东博兴知县陈文伟给朝廷上了道《抚安流民疏》，他说荆襄流民不是蒙古人，只是一群生计无着落的穷苦百姓，我们对他们严防死守，根本没有必要。长久的办法是加强对流民的管理，恢复经济秩序，让流民也能够安居乐业。朝廷要选派才能卓越的知县、县丞去荆襄任职，免除一定数量的赋税、徭役，给予他们土地，而不是简单粗暴地将其赶回原籍。

朱见深收到这份《抚安流民疏》，并没有重视起来，只是转交给户部让他们分阅。户部有关领导看了，也没有任何反应，他们认为皇帝如果认可，肯定会交代办理的，他只是说看看，户部也就看看，看完就丢到了脑后。这时，朝廷又收到了巡抚杨璇的奏疏，说湖北房县一带的流民又成千上万地组织起来，竖起了代表皇权的旗帜，要自立为王，还到处攻打监狱，袭击官兵，如果朝廷不再次派兵，肯定是不能剿灭的。谋反，直接关系到朝廷的安危，皇位的稳固，朱见深因此重视起来了，兵来将挡，水来土掩，那就派兵继续征讨吧！成化六年（公元

1470 年）底，朱见深任命都察院右都御史项忠总督河南、湖广、荆襄军务，会同湖广总兵官李震，率领 25 万大军，浩浩荡荡前往荆襄。

上一回闹事的叫刘通，这一回官府根据情报，得知首领叫李原，是河南新郑人，之前还是刘通的部下。刘通在石岸山被官军俘虏时，他与王彪等人趁乱逃走。白圭班师后，他们又开始在流民中活动，往来于河南内乡、襄阳南漳、陕西渭南之间，准备东山再起。成化六年夏秋之际，在荆襄一带，流民越聚越多，李原便与王彪、小王洪等人竖起黄旗，自称"太平王"，设立了总兵、先锋等职位。

项忠和李震分兵八路，向李原部和小王洪部的屯驻地合围。对付一群临时聚集的流民，训练有素的官军打得不要太轻松。成化七年（公元 1471 年）八月，朱见深收获了捷报：王洪、李原已经被逮捕，他们的武装人员已经溃散，官军仅仅阵亡 18 人，受伤 15 人，却斩首敌军 1000 余人，俘虏 28000 人。成化皇帝十分高兴，升项忠为左都御史，李震为左都督。负责传达捷报的李升、项绶也各升一级。这两个人是谁呢？没错，此二人正是李震、项忠的儿子，报捷这种事情，一般人轮不上，肯定要照顾自家人，肥水不流外人田。

李原是被抓起来了，可一百多万流民还在这里，如果朝廷不出台相应政策，难保以后没有第三次、第四次征讨，劳师远征，府库虚耗，没完没了。随后，项忠提出几条建议，在他看来是治本之策：一是流民如果要回原籍，可以免三年劳役，以前欠下的赋税也不用还了，反正兜里也没钱；第二是严格执行禁令，湖广荆州、襄阳，陕西西安、汉中，河南南阳，所属 47 个州县山场，不允许流民进入，如敢违反，不管出于何种目的，都要在山口戴枷示众一个月，全家人到边关充军；第三是在荆襄集结重兵，防止后患。

从几条措施可以看出，项忠还是在执行明太祖制度的政策，他就是要清空荆襄山区，逼迫流民返回原籍。有的流民已经在这里安了家，有了房子、田地，娶妻生子，扎根当地，项忠非要人家回去；有的爷爷辈、太爷爷辈就已经迁过来了，连老家都不知道在哪儿了，祖宗也没说过，项忠说不行，必须离开。不愿意走的，就强拆，把你的房子给烧了，再不走就拿刀砍死，遇害者的尸体填满了整个山谷。许多流民好不容易有了稳定的生活，却被官军残忍地驱逐，他们扶老携幼，惨不忍睹。被赶往贵州充军的那部分流民，有的在半路上染了瘟疫，官差就把尸体扔在江边，也不安葬。久而久之，臭气熏天，附近居民都不敢靠近。面对蛮横无理的官府，流民们就像砧板上的鱼肉，任人宰割。他们手无寸铁，面对 25 万士兵，根本没有反抗的能力，只能暗暗地诅咒项忠：天若有眼，你必遭天谴。

随着一拨拨流民离开，荆襄山区的人越来越少，项忠十分得意，他找来工匠，把自己的丰功伟绩都刻在"平荆襄碑"上，希望后世子孙永远记住他的功劳。那碑文上的每一行字，都充满了流民的鲜血与泪水，以及刽子手的自娱自乐。项忠认为这是一块功德碑，但流民们把它称为"堕泪碑"。

流民问题解决，可施政者却没有好报

前面我们说过，项忠的暴政是起不到效果的，流民回家没有土地，没有工作，生计问题得不到解决，还是要返回荆襄谋生。成化十一（1475 年）至十二年（1476 年），不过三四年的时间，驱赶的流民又聚到了一起，荆襄地区的流民又达数十万。任凭官兵怎么阻挡，大家还是要回来，因为人都有求生欲，为了生存，再困难的事情也做得出来，与其等死，不如抗争。荆襄当地的官员身心俱疲，惴惴不安，这群不怕死的怎么又回来了？赶紧上报朝廷，把责任推干净：都是迁出地的官府管理不善，与我们无关，我们迁入地也是受害者！

朱见深实在是没有办法了，白圭去了一次，项忠又去了一次，虽然消灭了所谓的谋反分子，但没有解决流民问题。第二次征讨期间，官军仅仅伤亡 33 人，说明实际情况未必有地方官员上报得那么严重，自立为王的现象也许有，但追随者不是很多。流民们聚集，实际上是为了抱团取暖，在陌生的山区里更好地生存下去。镇压、驱逐是彻底失败了，不如用李宾等人的提议，既来之，则安之，只要流民不谋反，正常纳税、服徭役，在哪里定居不都一样吗？为什么一定要纠结回原籍呢？于是朱见深任命都察院左副都御史原杰前去荆襄，负责对流民进行疏导。

原杰，字子英，山西阳城人，历任巡按、监察御史、山东左布政使、江西按察使、山东巡抚、户部左侍郎等职务。此人行政经验丰富，擅长处理社会问题，得到同事们一致称赞。见大臣们一致推举，朱见深立刻拍板，决定就派他去。原杰本来想推辞的，自己年事已高，又刚刚娶了个新老伴儿，一点儿也不想去山遥路远的湖广，可同事们都推荐他，圣旨也发下来了，盛情难却，只能收拾包袱，出发。原杰到荆襄后，把河南、湖广、陕西三省的巡抚、巡按都叫过来开会，确定了应对流民问题的主要方法：

第一步，对荆襄地区的流民全部登记在册，到底有多少人，来自哪里，都要心里有数。这是个浩大的工程，流民怎么样也有个几十万吧，基层官员挨家挨户地排查，耗费了许多时间精力。最后经统计，共有流民11万多户。第二步，根据流民意愿妥善安排，要么遣返原籍，要么就地入籍。其中16663户愿回原籍，96000户就地入籍。当然，不管是选择哪种，都要遵守法律，按期缴纳赋税。第三步，将郧阳县城拓广，建为府治，定名郧阳府，下辖郧、房、竹溪、竹山、郧西、上津、白河、保康八县，其中竹溪、郧西、白河、保康为新置县。同时，湖广行都司设在郧阳府，立郧阳卫，辖前、左、右三所。另外，析陕西西安府商县地设山阳县，析河南南阳府南阳县地设南召县、析唐县地设桐柏县、析汝州地设伊阳县。

人口多了，管理压力加大，设立郧阳府，有利于提升效率。改革后的第一任知府，必须是个有能力的人，否则无法确保新政策顺利落地，原杰就推荐河南邓州知州吴远任郧阳知府。流民问题就这样解决了，没有动用一兵一卒，采取和平手段，顺利摆平，与此同时，也为其他地方流民问题的处理积累了宝贵经验。消息传到京城，有人欢喜有人愁，高兴的是朱见深，终于把老大难的问题给处理了，江山社稷又少了一大隐患；不开心的人当然是项忠，他现在恨不得找个地缝钻进去。有些人自己工作虽然做得不好，但是他不觉得是自己的问题，反倒觉得是做得好的同事的问题。之前他在荆湘地区滥杀无辜、简单粗暴的做事方法已经让人议论纷纷，现在原杰做得比他好太多了，孰优孰劣，一目了然，假如原杰顺利回京，项忠担心自己这兵部尚书的位子有可能不保，所以必须活动活动。

　　活干完了，原杰想回北京与家人团聚，没想到朝廷却任命他为南京兵部尚书。接到命令后，原杰十分不满，要求朝廷改变安排，却没有获得批准。前往南京的路上，他在南阳一病不起，猝然长逝。立下大功，却因为排挤，未能得到应有的赏赐，这不得不说是原杰人生的一大遗憾。但他的功绩早已埋在流民们的心里，为了感谢原杰，荆襄地区有人为他立庙，四时祭祀，与项忠留下的"堕泪碑"形成鲜明对比。

恋母专一也是种长情

成化二十三年（公元 1487 年）秋天，北京城落叶满地，充满肃杀的气氛。深宫大院内，太医们个个忧心忡忡，眉头紧锁，好像有万斤重担压在肩上。百官瞧了瞧医生们的表情，大致猜出来了：陛下恐怕撑不过这几天了。大明王朝，连续四位皇帝活不过五十，如今这尴尬的记录又得延续。病榻上，明宪宗正经历身体与精神的双重折磨，他的时间不多了，尽管他知道：这一天迟早会来的。虽然已经一病不起，可在朱见深内心深处，无时无刻不在怀念那个女人。为了她，他辍朝七日，将其风光大葬。毕竟，两人相遇四十年，深爱二十余载，情已断，泪难收。

在外人看来，明宪宗朱见深所谓的爱情十分搞笑，他难以忘怀的，竟是一个年长他十七岁，又丑又胖的老妒妇。天涯何处无芳草，何况质量还不好，为什么非在一棵树上吊死呢？其他几棵也可以试试嘛。你是皇帝，富有四海，选择的余地岂不更大？执着于一场姐弟恋真的好吗？

风风雨雨

然而朱见深心中却不这么认为，明宪宗说：走自己的路，让别人说去吧，他在用生命谈一场不分手的恋爱。男主是大明天子，女主是谁？怎么会有如此大的魅力？女主叫万贞儿，出身于草根之家，没读过什么书。贞儿几岁的时候，父亲犯了事，被发配边疆，不光自己倒霉，家里还跟着受累。四岁的小贞儿因此没入掖庭为奴，人生一片黑暗。小小的宫奴，还指望什么？若是遇到个寡恩的主子，分分钟就有性命之忧。

幸好，万贞儿顺利长大了。命运似乎早已注定，可万贞儿绝非等闲之辈。长大后的她，不光颜值一流，还非常乖巧懂事，善于揣摩皇太后的心思。很快，太后就喜欢上了这个机灵的小丫头，什么事都让她办。万贞儿清楚自己没有任何背景，家里人是死是活都不知道，更不可能提供什么帮助了，若想在险恶的皇宫生存下去，就必须找更大的靠山。太后算是紫禁城里最高的靠山了，有她罩着，自己至少能安全无忧。

某日，太后忽然交给万贞儿一个天大的任务：照顾只有两岁的皇长子。万贞儿高兴坏了，这可不仅仅是一个襁褓中的婴儿，这简直是成功的天梯呀！大明的接班人制度是有嫡立嫡，无嫡立长。钱皇后不育，说明没有嫡子，皇长子极有可能是将来的皇帝，皇帝的保姆会得到什么样待遇呢？想想都期待。手握潜力股，万贞儿照料得极为用心，生怕有半点闪失。

岁月蹉跎，红了樱桃，绿了芭蕉，皇子渐渐长大，万保姆也由一个少女变成了风韵犹存的老阿姨。朱见深默默发现，自己爱上了眼前这位姐姐。

天顺八年（公元1464年），明英宗驾崩，皇长子即位，是为明宪宗，新帝继位的同时还要册封皇后和嫔妃。皇后是先帝选好的，不能改动，但令人惊讶的是，万贞儿被封为贵妃。这一年，朱见深17岁，万贵妃34岁。朱见深和万贞儿怎么就走到了这一步呢？这与他的成长经历息息相关。

朱见深两岁那年，瓦剌军队犯境，父皇明英宗实在是太年轻，被太监王振怂恿，非要御驾亲征，想成为第二个明成祖。可在深宫长大的皇帝哪里是将帅之才，平生第一次作战，就交了巨额学费，土木堡一役，明军全军覆没、尸横遍野，英宗本人也当了俘虏。瓦剌人做梦都没想到，中原军队如此不堪一击，得意之余，擦干战刀上的血迹，向京城出发。眼看大明江山岌岌可危，关键时刻，太后为稳定局势，宣布立只有两岁的皇长子为太子，并让皇弟朱祁钰监国。很快敌军兵临城下，好在于谦等人挺身而出，赢得了北京保卫战的胜利。事后，朱见深的叔叔朱祁钰登上皇帝宝座。

叔叔既然当上了皇帝，换太子的问题肯定会考虑。没过多久，朱见深这个太子就被废了。地位一落千丈，原来那些对他友好的人态度都变了，虽然只有几岁，不知道太子是什么，但他可以觉察到某些人对他越来越冷漠。一番讨论后，明英宗归来，住的地方不再是奢华的乾清宫，而是寂寞的南宫，那里的日子非常清苦，没有人身自由，甚至还缺衣少食。为了补贴家用，英宗皇后每天熬夜做针线活。前皇帝的待遇尚且如此之差，前太子的生活便可想而知了。年纪小小的朱见深甚至时刻处在有生命危险的境地。

落寞的时刻，万贞儿不离不弃，天天照顾朱见深，既像一位姐姐，也像一位妈妈。世事无常，接踵而来的变故让朱见深缺乏安全感，性格变得软弱，恋母情结也应运而生。母亲不会经常出现在皇子身边，最亲近的人非万贞儿莫属了。万贞儿心里明白，这个落难的王子与她很像，由于自己的父辈，失去了本该拥有的快乐与幸福。但和朱见深表现出来的脆弱不同的是，她很要强，不愿意对命运做出妥协，更不愿看到别人超越自己。两人一强一弱，形成了互补。《明史》记载："帝每游幸，妃戎服前驱"，朱见深每次出门，万贵妃都穿着军装走在前面，完全是个女汉子的形象。谁要是敢欺负小朱，万阿姨准让你吃不了兜着走。在她心目中，朱见深永远是那个需要她保护的孩子。朱见深还有个毛病：疝疾，需要万贵妃给他按摩，否则心里难安。他对妈妈周太后说："彼抚摩，吾安之，不在貌也"，万阿姨年龄大了，颜值大幅下降，凭借一手按摩功夫，也可以把皇帝伺候得舒舒服服。

废后风波

几年后，形势又为之一变，叔叔朱祁钰是个短命的主儿，年纪轻轻就病入膏肓，他的太子早已夭折，一旦发生变故，不知又是谁当皇帝。悬念没有持续太久，幽居南宫的明英宗在夺门之变的喊杀声中复位，废太子朱见深重新看到了生机，再次被立为太子。等待八年后，他顺利登基。又过了七个月，大臣们收到一则爆炸性的消息：吴皇后被废了！

如果天顺八年八月二十二日，中国有 UC 浏览器，那标题肯定是这样的：震惊！皇帝竟然对皇后做出这样的事情……吴皇后是羽林前卫指挥使吴俊的女儿，之前明英宗给朱见深选太子妃，经过初赛、复赛、决赛，有三位大家闺秀进入最后的选拔，分别是王小姐、柏小姐以及吴小姐。据说朱祁镇对王小姐比较满意，但没有确定名分，后来孙太后去世了，明英宗也一病不起直至驾崩，这件事就悬而未决。等到太子继位，皇后人选就由皇太后来牵头决定，司礼监太监牛玉就推荐吴小姐，太后同意了，诏告天下，立吴氏为皇后。

吴小姐出身官宦家庭，知书达礼，多才多艺，上任仅仅一个月，就被废黜，官方给出的理由是："不意太监牛玉偏徇己私，朦胧将先帝在时退选吴氏于母后前奏请，立为皇后。朕初观吴氏，轻浮粗率。"

第一个原因是出在牛玉身上，先帝本来是想立王小姐为太子妃，可吴俊为了让女儿当上皇后，贿赂牛玉，让他在太后面前多多美言，结果吴小姐当上了皇后。因此，吴氏后位得之不正，应该撤换。

第二个原因是吴皇后轻浮粗率，怎么个轻浮法？诏书又不说。根据《罪惟录》《明史》等资料记载，吴皇后最大的过错其实是得罪了万贵妃。当时万贞儿得宠于天子，让年轻貌美、地位崇高的皇后嫉妒不已，一有机会，就仗着身份责骂万贵妃，让手下用棍子打。朱见深本来就不满意这个不合他心意的皇后，这一看，朕跟贵妃是什么交情？你吴氏当了皇后就了不起了？于是就以牛玉为突破口，把吴皇后给废掉，立父皇看中的王小姐为皇后。王氏上任后，吸取前任的教训，小心翼翼，不敢得罪人，朱见深对她没有什么兴趣，结婚二十多年，同房不超过十次。册立她为皇后，只是为了顺应父皇的心意，满足弄垮吴皇后的需要而已，并非真心喜欢。

万贞儿有天子宠幸，小日子过得十分滋润，三千宠爱于一身，简直是杨玉环曾经的待遇。她当上贵妃没几年，肚子里传来好消息，有喜了！要当妈妈了！十月怀胎，一朝分娩，顺利产下皇长子。明宪宗高兴得不得了，朕和万姐爱情的结晶啊！不仅封万贞儿为皇贵妃，并且许诺：以后这个小孩就是咱大明王朝的太子了。俗话说：理想很美满，现实很骨感。天不遂人愿，这个孩子连名字都没取就夭折了。万贵妃忧伤不已，费了九牛二虎之力想生个二胎，试了许多方法，就是怀不上。"奔四"的人了，受孕概率越来越低了。

随着儿子夭折，万贵妃开始忧虑起来，母凭子贵，自己没有皇子，在宫中地位就不稳，现在徐娘半老，风韵犹存，但岁月不饶人啊，年老色衰的那一天不远了。男人都是见一个爱一个，靠不住的，哪天出现一位才貌俱佳的女人把皇帝吸引过去，自己就失宠了！万贵妃本质上是一个暴发户，由最底层爬到了高位，这样的人大多有一个特点：心狠手辣，他们不愿意回到过去的落魄，为了巩固得之不易的权势，往往会不择手段。

无奈的结局

万贵妃也不例外，为了守住来之不易的胜利果实，她怎么办呢，在宫中到处安插眼线！一旦有嫔妃怀孕，立即派宫女逼迫堕胎，此计虽毒辣却十分奏效，宪宗许多尚未出生的孩子都受到了迫害。对此，皇帝竟然无可奈何，他对贵妃又爱又怕。可是万贞儿千防万防，还是有漏网之鱼。成化五年（公元 1469 年）四月二十八日，柏贤妃生下皇次子朱祐极。

两年后，大臣们联合上表，请求朱见深立皇次子为太子；朱见深认为孩子年龄尚小，没必要这么早就册立，实际上是在等万贵妃，希望她能够再度生育，到时候立她的儿子，再扶上后位。朱见深的母亲周太后也要求儿子立太子，她与万贵妃的年龄相仿，十分不理解这个女人是怎么俘获儿子的心的，以后要是她当了皇后或太后，与自己差不多大，岂不尴尬？面对内外夹攻，朱见深顶不住了，宣布立朱祐极为太子。没想到，人算不如天算，仅仅两个月，太子便夭折了，人们纷纷猜测，是不是万贵妃下了毒手，因为朱祐极患病一天就去世了，实在是太突然。

太子夭折，朱见深特别焦虑，大明江山后继无人，对不起列祖列宗。某年某月某日，他照着镜子，看到自己已不再年轻，又一次感慨膝下无子。站在一旁的太监张敏上前告诉皇帝：陛下！您有儿子呀！什么？朕有皇子？朱见深大吃一惊。朕怎么不知道？难道隔壁老王混入了后宫？给真龙天子戴绿帽？张敏连忙跟皇帝解释。原来，有个皇子侥幸逃脱了万贞儿的魔爪。他的母亲是宫女纪氏，曾被宪宗临幸，有了身孕。当时万贵妃气急败坏，马上熬制堕胎药，让宫女端去。纪氏反复哀求，宫女动了恻隐之心，手下留情，纪氏肚里的孩子才幸免于难。

皇子出生后，迫于万贵妃的淫威，纪氏想把孩子处理掉，保个平安。这个艰巨任务交给太监张敏了，张敏一想：皇上没有龙子，怎么能痛下杀手呢？连忙劝说纪氏留住婴儿，还天天送菜送饭，抚养他长大。听完这个故事，朱见深开心得不得了，连忙派人把儿子接回来，取名为朱祐樘。嫉妒心极强的万贵妃怎能咽下这口气，不久之后，太子生母神秘去世，张敏也吞金自杀。周太后、明宪宗都知道幕后凶手是谁，但又无可奈何，只好反复叮嘱太子：如果那个姓万的狠心后妈给你送吃的，你千万别吃！在家长的谆谆教诲下，太子警惕心极强。有一次，万贵妃真的请太子吃东西了，小朋友，吃块饼吧！太子说：我吃过了；吃过啦？没事！喝杯茶！太子蒙了，这个问题事先没排练过啊，愣了半天，小孩直截了当地回答：担心里面有毒。

　　小小年纪，就知道防着我，长大以后，我还有立足之地吗？万贵妃思虑再三，下定决心：不能让朱祐樘做太子，哪天皇帝驾崩了，一朝天子一朝臣，第一个清算的就是她呀！杀母之仇，不共戴天。可问题来了，皇帝只有他这么一个儿子，不立他立谁呢？意识到这个问题后，万贵妃罕见的大度起来，请求宪宗广选美女入宫，为老朱家绵延子嗣。宪宗几乎不敢相信自己的耳朵，这真的是贵妃说的吗？她什么时候变得如此温柔可爱了？好，朕准了，有如此好事，皇帝当然求之不得。于是乎，从1476年到1487年，11年的时间，宪宗生了11个皇子，平均一年一个，效率极高。当然，跟宋徽宗、清圣祖比，还是要甘拜下风。十年过去，朱祐樘的弟弟们长大了，万贵妃便开始怂恿宪宗废掉太子。宪宗实在经不起贵妃的百般请求，想要准奏。太子一方闻讯，惴惴不安，想要劝谏，考虑到万氏在皇上心目中巨无霸的地位，又有些懊恼，难道太子之位真的保不住了吗？

　　危急时刻，天无绝人之路，老天爷赶来帮忙了。某日，经大明地震台网测定，泰山一带发生特大地震。古人都相信天人感应，明宪宗急忙召见专业人士咨询，钦天监的占星者一致认为：地震与东宫有关，老天爷是在告诫皇帝，最好不要在太子问题上有什么小动作，否则必遭天谴。大臣们听说后，也跟着附和，他们不愿意国本因为一个女人而动摇。

　　这场地震来得太及时了，如同汉朝的商山四皓，挽救了朱祐樘。宪宗见太子顺应天命，又有群臣支持，只好打消废立念头。万贵妃见太子难以撼动，十几年的努力付之东流，心灰意冷，对未来彻底绝望，郁郁寡欢，身体越吃越胖，脾气更加喜怒无常。这一日，万奶奶又爆发了，拿着鞭子，对宫女就是一顿猛打。由于情绪过于激动，一口气没上来，竟然猝死了，享年59岁。

　　宪宗闻讯，悲伤不已，他这辈子，从有记忆开始就从来没有离开过贵妃，万贞儿已经成为他生命中不可或缺的一部分，如今这个支柱倒了，宪宗还能支撑多久？不过数月，朱见深驾崩，追随他的心上人去了。历史上也有类似的例子，比如唐玄宗和高力士，玄宗晚年被囚禁后，高力士被迫离开长安。高力士不在身边，玄宗感到莫名的凄凉与孤独，没多久便绝食而死。高力士在回京路上听闻噩耗，竟也吐血而亡。

朱祐樘继位后，是为明孝宗。御史曹璘上书，请求皇帝追查当年母妃的死因，寻找医务人员，对万贵妃开棺夺谥。没想到新皇帝拒绝了，作为最后的胜利者，他不愿再提这些伤心往事，也不愿惊扰先帝，一切就这样过去吧，就让父皇和他爱的人以及那些往事一起埋葬吧，放眼未来才是正解。在明孝宗的励精图治下，大明王朝出现了"弘治中兴"的良好局面。

汪直：威震朝野和边关的大太监

朱见深虽然不喜欢单独召见大臣，却爱好广泛。有一天，他正在津津有味地欣赏中官阿丑表演的诙谐剧，只见阿丑扮成一个醉汉，迷迷糊糊、踉踉跄跄地走在舞台上。旁边有人对他说："某某大官过来了！正部级干部！"阿丑假装没听见，还是老样子；又有人对他喊："皇上驾到！"阿丑仍然不动声色，该怎么样还怎么样，天王老子来了都无所谓。突然听见一声："汪太监来了！"阿丑迅速清醒。旁人问他："你连天子都不怕，怎么就怕汪公公呢？"阿丑答曰："我只知道有汪太监，不知道有天子！"朱见深看了什么反应？他微微一笑，什么话都没说。

崭露头角

阿丑以自己擅长的方式，把汪公公飞扬跋扈的姿态表现出来，看来也是一个有操守的从艺人员。这个让成化年间许多官员惧怕的太监，全名叫汪直，出身嘛，其实一点都不高。成化初年，朝廷在广西大藤峡用兵，抓获了一个瑶族小伙，因为聪明伶俐，就把他阉割了，送到皇宫里任职，他就是汪直。在紫禁城当差的岁月，汪直伺候过皇帝的另一半万贵妃，也在御马监里管理过御马。按理说，皇宫里的小太监非常多，怎么朱见深偏偏器重起汪直了呢？这还要从某些诡异的事情说起。

　　成化十二年（公元 1476 年），朱见深主持一年一度的郊祀。活动刚刚开始，突然刮起了大风，天昏地暗，气温骤降，在场人员冻得瑟瑟发抖，心里十分惧怕。由于风力过大，祭坛上的蜡烛都被吹灭了，有的工作人员衣衫单薄，竟然被活活冻死了。在今天看来，这只是气候反常，可是五百多年前的天朝，那就是不祥之兆。老百姓议论纷纷，不知皇帝老爷哪里得罪了上天，要用这种方法来警告他。

　　仅仅过了半年，京城里又有传闻，说一种黑色的西域怪兽跑到了天子脚下、首善之区，它看起来很像狗，总是在晚上跑出去咬人。这下可好，老百姓晚上都跑出来，拿着棍棒、菜刀，准备擒拿怪兽，折腾了好几个月，也没有发现怪兽的踪影。谣言就是谣言，怎么可能会出现呢？这件事就慢慢平息下来了。没过多久，有一个名叫李子龙的妖人勾结太监韦舍，私自闯入大内，图谋不轨，被人告发，朝廷把他们都给斩首了。

　　接连发生那么多诡异的事情，朱见深忐忑不安，怀疑是有人在搞鬼。但锦衣卫和东厂都没有相关的报告呈上来，皇帝很不高兴，觉得这帮人办事效率比以前下降了许多。这时，朱见深想要派一个宦官作为自己的耳目，外出了解情况。之前在万贵妃那里，他认识了太监小汪，感觉此人特别能干，于是召到跟前，配上一两个助手，穿着布衣小帽，出宫刺探民情官情。由于办事得力，官场、民间没有人察觉到汪直的存在，出了几趟紫禁城，小汪也的确侦知不少鲜为人知的秘密，让领导大呼过瘾。既然能力那么强，不妨继续干吧，于是朱见深让汪直率领一百多个锦衣卫官校，在皇城西边（西安门）审讯犯人，因此称为"西厂"，是锦衣卫、东厂后面又一个特务机构。

　　西厂开张后，很快就做成了第一笔业务：拘捕杨华。杨华的祖上赫赫有名：已故大学士杨荣，可是他与父亲杨泰都不是什么好货色，在老家横行乡里，残害百姓，受害者纷纷写下举报信，闹着要上访。刑部在皇帝同意后，派人前往查验。杨华知道大事不妙，就偷偷跑到京城的姐夫家里，让他想办法，托托关系，走走后门，摆平此事。姐夫心想，我和锦衣卫百户韦瑛不是有交情吗？求他帮帮忙，疏通疏通关节，应该能保小舅子逃过此劫。韦瑛听说此事，大义灭亲，没有帮好友，反而告诉了汪直。汪直如获至宝，命令西厂的工作人员抓获了杨华，当场搜出准备行贿的官员名单。仔细一瞧，个个都是沉甸甸的人物，什么大学士商辂、司礼监太监黄赐，都名列其中。由于行贿之事尚在萌芽阶段，杨泰的礼物都没准备好，也没有去商辂等人的府邸拜访。西厂校尉就用刑，往死里打，逼迫杨泰赶紧招供，说出用于贿赂的钱财到底藏在哪里。杨泰不堪折磨，屈打成招，说藏在叔父杨仕伟那里。虽然在兵部当了个主事，但杨仕伟的确没有行贿用的钱财。最终杨泰被判处死刑，杨仕伟被贬官，杨家在福建的财产也被官府查抄了。

南京守备太监覃力朋，来北京进贡后，返程途中携带了上百船私盐。经过山东武城的时候，有人例行盘查，覃力朋嚣张惯了，一拳过去，把人家牙齿打掉了好几颗，又用弓箭射死了一名工作人员。西厂校尉打听到此事，反映给老大，汪直就向朱见深报告，还把覃力朋给逮捕了，准备问罪。但是因为上面有人，覃公公没有被绳之以法，但皇帝对汪直更加满意了。在之后的一段时间，不断有官员因为各种各样的事情，被汪直领导的西厂抓获，使用各种酷刑拷打，要是不屈打成招，估计连小命都保不住。甚至连浙江左布政使、刑部郎中这些有一定分量的官员都无法逃脱。民间犯了一些鸡毛蒜皮的小事，被西厂发现了，都要处以重刑，扔个垃圾，随地大小便，都会被打得半死不活，放谁头上也受不了。

西厂的行径，让广大官员十分不满。他们完全不按照证据、程序抓人，非常随意，有时候行李东西放多了，看起来鼓鼓的，西厂校尉就可以把你抓过去，看是不是有反动的材料；有时被别人恶意举报了，连证据都没有，他们也可以抓人。看谁不舒服就逮谁，容易形成冤假错案，他们还滥用私刑，肆意凌辱，弄得京城内外人心惶惶。大学士商辂、万安、刘吉等人上奏，要求革去西厂，罢免汪直。他们说：京城三品以上官员，何等尊贵，汪直敢擅自查抄，眼里还有我们这些人吗？宣府、大同，边关重地，守备片刻都不能空缺，结果西厂一天抓好几个守备，使手头上的工作都没有人做。南京是大明的故都，南中国的政治中心，留守大臣，西厂想动就动。如果不罢免汪直，官员们无法安心于政务，商人们无法安心于经商，老百姓都无法安居乐业，生怕哪天得罪了西厂校尉，编个莫须有的罪名，便会将你活活整死。

朱见深收到商大人的奏章，十分不理解，这汪直侦破了好几个大案，有什么不好的，非要把西厂给撤掉，把本人给免职。于是他派司礼监太监怀恩去内阁，厉声传旨，责问汪直到底有哪点不好？这份奏章，谁是幕后主使？商辂没有被怀恩的气势吓倒，大声说，汪直违背了祖宗家法，他的行为使朝廷失去了民心，文武百官黎民百姓人心惶惶，我这样做是为了给朝廷除害，没有什么主使同谋。万安也连忙表态说，这份奏章是我们共同的意见，完全出于忠心，如果要罚，把我们一起罚了。司礼监太监怀恩也对汪直不满，此次前来，只是因为领导指派，并非心里也站在皇帝一边。于是大家一起反对汪直，六部的尚书也站出来声援。舆论压力下，朱见深宣布废掉西厂，汪直还是回御马监上班，但对他的信任并没有丝毫下降。

有个监察御史，名叫戴缙，仕途遇到了瓶颈，他想得到提拔，又没有办法，于是将希望寄托在皇帝身上。在分析过形势后，他发现朱见深对汪直仍然器重，就上疏替汪公公鸣不平，说大臣们都不作为，尸位素餐，近年来，没听说他们推荐了哪些人才，革除了哪些弊政。反倒汪公公抓了杨华等奸邪之人，有利于拨乱反正、警示人心，他们却嫉贤妒能、诬陷汪公公。朱见深对这份奏折十分满意，立刻下令恢复西厂，恢复汪直的岗位。商辂等人心灰意冷，纷纷提出退休，他与户部尚书薛远、刑部尚书董方等多名高官相继离开了中央。

正因为有天子庇护，汪直的态度特别傲慢，下面那些官员大老爷，平时虽然鱼肉百姓、官威十足，却不敢在汪公公面前造次。汪直每次在外地出差，县令会跑过来伺候，好好巴结一番，毕竟是皇帝的大红人，再怎么样也不能得罪了。如果有事情不符合他的心意了，汪直总爱问一句："你头上的乌纱帽是谁家的？"

被问者总是哑口无言。有一次，汪直又用这句话质问沛县县令，这个县令颇有些急才，回答说："某纱帽用白银三钱，在铁匠胡同买的"，话音刚落，汪公公哈哈大笑，没有把县令怎么样。

虽然西厂拿人往往简单粗暴，缺乏事实依据，但也的确是处理过一些犯人恶人。江西人杨福路过南京时，遇到一位老朋友，说他长得像汪直，不如就假扮成汪公公，过一过潇洒日子。他们两人就南下，经过苏州、宁波、温州等地，官员们纷纷跑出来献媚，好吃好喝招待着，争取给汪公公留个好印象。老百姓拿着状子前来喊冤，希望汪公公能够给他们平反案情。最后，这个行骗二人组被福州镇守太监给识破了，因为他们没有符验，这种东西就跟公章一样，比较有权威性，你没有，说明有问题。冒牌事件传到京城，朝野震惊，杨福爽了一段时间，终于被送上了断头台。西厂恢复后，汪直虽然重新干起了老本行，继续帮皇帝维护专治统治，但他的心思已经不在京城了，他想去边关大干一场。

边关立功

汪公公是成化三年以幼童的身份入宫的，成化十三年（公元 1477 年），朱见深建立了西厂。因此，汪直的年龄不可能很大，他只是一个十几二十岁的小伙，年轻人嘛，血气方刚，想来点金戈铁马，体验一下战场的风沙。明宪宗年轻的时候也喜欢舞枪弄刀，每每看到万贵妃身着戎装，心里更是喜欢得不得了。对于汪直提出去边关立功的想法，他是力挺的，有个被俘虏过的爹，他自然不敢轻易出动，但自己信赖的汪直若能沙场立功，也算圆了他的心愿。当时如果要打仗，有四个地方可以大展拳脚，第一个是正北方向的蒙古，对手实力最强，战斗力爆表，属于王者级别的对手；第二个是东北方向，女真人生活在白山黑水之间，各部互不统属，常常打群架，做做杀人放火的勾当，属于铂金级别的对手；第三是西南山区，那里的少数民族擅长利用地形与官军周旋，对中原王朝的威胁不大，属于黄金级别；第四个就是各地的农民武装、流民，他们的战斗力最弱，属于青铜级别，可是青铜多了，成千上万，再厉害的王者也不是对手。

汪直打的第一仗是在东北，巡抚辽东右副都御使陈钺向朝廷报告：建州女真大举入侵，请求派兵讨伐，同时鼓动汪直赴东北作战，建功立业。朱见深收到汪直的请示，壮心不已，命令他和抚宁侯朱永以及陈钺一起出征。建州女真之前受到过打击，元气还没恢复，汪直、朱永又率领五路大军杀到，本来就是残血，现在又挨了个大招，别提有多惨了。此役明军斩杀七百多人，俘虏将近五百人，打了个大胜仗。朱见深论功行赏，加封朱永为公爵，陈钺由副都御使转为正职，担任右都御史，汪直嘛，是个太监，不太好赏，朝廷大员哪有宦官当的？给加点收入吧，于是汪直每年可以多领三十六石禄米。

成化十六年（公元 1480 年），延绥守将报警：蒙古亦思马因部渡过黄河，准备进犯。兵部尚书王越和汪直是铁哥们儿，先前陈钺在辽东杀敌，升了官，发了财，让他心里直痒痒，于是劝汪直来西北打一仗，打败蒙古人，才能算真正的英雄好汉。汪直听了王越的建议，便向皇帝申请出战。朱见深一看，汪直可以呀，虽然是个太监，却比某些满口忠义的士大夫还要勇敢，于是准奏了，命令朱永为总兵，王越提督军务，汪直做监军。怎么又有朱永的事，王越和汪直有些郁闷，这要是立了功，朱永是总司令，他的赏赐肯定最大，想要立功，必须支开他才行。一出北京城，王越就上奏天子，建议兵分两路，一路由王越率领，一路由朱永率领，双方在榆林会师，朱见深准奏了。

就这样，王越、汪直带兵昼伏夜行，冒着暴风雪，向敌人老巢进发。当时天色昏暗，又是黎明时分，蒙古人根本没有想到会有明军突袭。他们被斩首四百多人，被俘虏一百七十多人，明军缴获的牛羊盔甲等物资更是多达上万件。取得了胜利，汪直赶紧派人去给皇帝报捷。有这等好事，当然首先考虑关系户，汪直派了养子汪钰，王越是正正经经走仕途的，就派儿子王时去北京。朱见深收到威宁海大胜的捷报，内心十分满意，愈发信任汪直，封汪钰为指挥金事，封王时为锦衣卫千户，封王越为世袭威宁伯。汪直在宦官系统已经封顶了，职位无法提升，只能继续涨工资，每年再多四十八石禄米。

君恩难测

赴边关打仗，看起来是个好事，赢得了胜利，也获得了其他太监一辈子都无法企及的荣耀。看看明英宗宠幸的那个王振，打的是什么仗。可是从另一方面想，长期待在边关，离皇帝的距离更遥远了，之前抓这个抓那个，得罪过那么多人，一旦找点事，连解释的机会都没有。东厂太监尚铭曾经与汪直有矛盾，汪直扬言：他回来后，一定要尚公公好看。尚铭就急呀，汪直立了这么多军功，又掌管着西厂，整他似乎很简单。为今之计，必须趁着汪直没有回来，把汪直给整倒，于是向朱见深报告：汪直泄露宫廷机密，把你和嫔妃们的秘密都说出去了。皇帝闻讯大怒，逐渐疏远汪直。官员们察觉出这个苗头，大喜过望，赶紧上疏要求朱见深革除西厂，汪直都在大同镇守了，留着西厂还有什么用呢？皇帝一想，的确是没什么用，废了吧！

消息传出，头上的一把利剑被去除，士大夫们纷纷庆祝，这样只要提防锦衣卫和东厂就行了，少了个心腹大患。但汪直不除，鲁难未已，又死灰复燃了怎么办？忘记当年被西厂支配的恐惧了？官员们又上疏弹劾汪直违法乱纪的事情。随着时光流逝，两人许久没有见面，在朱见深心中，汪直已经不是那个围着他转的机灵小太监了。朱见深对汪直的感情冷淡了不少，加之泄密事情的影响，此次又揭露出不少影响恶劣的行径，他终于下定决心，将汪直调往南京御马监，后来又降为奉御。从此，汪直呼风唤雨的时代结束了，与他在一起的兄弟也遭了殃。

尽管汪公公品评不佳，但也有许多可爱之处。他每次巡边，都趾高气扬，地方官员知道汪直是天子面前的红人，便努力讨好，可是河南巡抚秦纮却与之分庭抗礼。对此，汪直非但没有整秦大人，反而以礼相待。秦纮十分厌恶汪公公，毫不领情，还参了他一本，说汪直带的旗校过多，骚扰地方。回京后，朱见深问汪直，各位大人表现怎么样，是不是很贤能。汪直对秦纮大加赞赏，夸其清贫、有能力。

成华十六年（公元 1480 年），兵课给事中孙博上奏皇帝，说西厂那些工作人员常常因为鸡毛蒜皮的小事刁难大臣；假设他们做得对，的确是大臣有问题，这种做法也不是很可取，假如是无中生有，那影响就更加恶劣了。汪直听说孙博批评西厂，怒不可遏，立即把他叫过来诘问，谁知孙博到他面前却侃侃而谈，毫无惧色。见孙博不为所动，汪直奏请皇帝派孙博随军出征，想吓吓他，出点洋相。孰料孙博从容进入沙场，一点胆怯的样子都没有，汪直反倒心生敬意，竖起了大拇指。而与蒙古人的战争结束后，孙博也上奏皇帝，夸赞汪公公的厉害之处。

三

子不类父

泥石流中的一股清流？

成化二十三年（公元 1487 年），朱见深的身体可能不行了。四十一岁的他，也曾经幻想长生不老，试用过好几种偏方，可是从实际情况看，都没有太大效果，被坑了一把。正月，庆成宴结束后，太监报告一个犹如晴天霹雳的消息：万贵妃去世了。朱见深哀叹道："万侍长去了，我亦将去矣。"八月十三日，大臣们忽然收到一则消息：皇帝身体不适，想调理几天，所以就不能上朝了，有事情需要汇报，可以写在奏折里。此时大臣们也没有往坏的方面想，皇帝号称天子，其实也是人，谁没有个感冒发烧的时候，于是纷纷请皇帝保重龙体。

八月十七日，朱见深又发了一则敕谕，大意是身体已经渐渐恢复，但还是要再请几天假，命令皇太子朱祐樘在文华殿视朝。内阁大学士万安、尹直、刘吉上了道奏章，礼节性的，希望皇帝安心养病，及时吃药，早日痊愈。朱见深看到后，回了句："朕已服药，疾已渐减"。五天之后，人们明白了，这不过是句谎言，因为朱见深同志就此过早地离开了，不惑之年而已。遗诏要求皇太子继位，敬天法祖、勤政爱民。

既然皇帝已经驾崩了，也要求太子赶紧接班，文武百官就建议朱祐樘登基。没想到他拒绝了，刚刚失去了父皇，心里过于悲痛，此时此刻，怎么能提接班的事情呢？过个几天，原来还是熟悉的"三辞三让"程序，好借此名利双收。

兴利除弊

回首成化皇帝的一生，有四个地方最让人无语；第一是宠信佛道、方术，将大量钱财用在修建佛堂、供养僧人，对国计民生没有太大的帮助；第二是设立西厂，任用汪直，不经正规程序便四处拿人，滥用私刑，导致人心惶惶；第三是内批授官，打乱了干部选拔的流程，造成部分不公平现象；第四是官员庸碌，不作为，什么纸糊三阁老，泥塑六尚书，听起来都丢人。朱祐樘登基后，需要着手解决这些问题。其中汪直已经失宠，西厂也已被废，还剩另外三个问题需要解决。

首先是李孜省，之前我们说过了，他会落雷术，还会装神弄鬼，假传上天的指示，朱见深正好又相信这套把戏。当时朱祐樘是太子，拿他没办法，登基后第六天就开始收拾，将其谪往边疆戍边，不久便被逮捕入狱。李孜省平时养尊处优，哪里受得了严刑拷打，直接死在了狱中。太监梁芳，成化年间也是红极一时，得到万贵妃的宠信，把前人积攒的金银财宝都用在寺庙上，朱见深当时就表示：后人会找你算账的。现在不就来了，梁芳被勒令到南京充净军，不久又被收监审查。

纸糊阁老大学士万安，对成化皇帝的种种不良行为听之任之，不去进谏，还把自己喜欢的"房中术"献给领导，以此邀宠。朱祐樘上台后，一不小心，发现了一箧奏疏；一不小心，稚嫩的小脸就红了，里面写的是关于男女之事的"房中术"。原来我爸好这口呀！朱祐樘发现了成化皇帝的另一面。再看，有三个字："臣安进"，于是命令太监怀恩拿着这些材料去内阁找万安，训斥说："这就是大臣应该做的事？"万安羞愧难当；后来又有其他大臣弹劾万安，朱祐樘又派人找他，当面宣读奏折，看看，都是批评你的！怎么处罚呢？当然是罢官了，要求他赶紧退休。没办法，就像歌里唱的："相爱没有那么容易，每个人有他的脾气"，万安很对朱见深的脾气，却无法被朱祐樘接受。

回老家的路上，万安还不时仰望星空，看看代表三公的星辰有什么变化，都七十多岁了，他还幻想着能不能复出，重回政坛呼风唤雨。万安进献这些东西，说明朱见深的确喜欢，否则为什么不像弘治皇帝一样，痛斥万安，把书籍通通退回，反而留在宫里细细阅读呢？另外一位纸糊阁老尹直，也被屡屡弹劾，成化二十三年十一月，朱祐樘批准他退休。硕果仅存的刘吉倒坚挺了一段时间，直到弘治五年（公元1492年）才离去。

对于那些供养在京城里的番僧、道士，朱祐樘也予以精简，该降级的降级，该回家的回家。官府里的冗员也要裁撤，传奉官被罢免两千多人，并对触犯刑律的官员一一论处。臃肿的官僚机构也需要瘦身，弘治皇帝用降级、罢免、勒令退休等方法，使整个行政队伍减少了许多冗员。面对财政危机，大臣们希望朱祐樘可以节俭，先帝喜欢造寺庙，那都是真金白银换来的，赶紧停了吧；梁芳这些人喜欢买珍宝，进献给皇帝、万贵妃，现在少买一点，杜绝肯定是不可能的；以前逢年过节，赏赐有功人员，朝廷出手往往阔绰，甚至滥赏滥封，得到好处的人是高兴了，国家的财政却越来越糟了，一些不必要的赏赐还是停了吧。

罢免不称职、不作为的官员后，弘治皇帝提拔了不少能人异士，让他们身居高位，辅佐自己振兴大明江山。如果论内阁大臣、六部尚书的质量，弘治朝的确要高于成化朝。重要的名臣有王恕、马文升、刘大夏、刘健、谢迁、李东阳、王鏊等。朱祐樘对刘健等几位大臣非常信任，称呼为"先生"。一开始，他们提的建议，皇帝还有些不能接受，后来基本上都能听取。每次召见，天子都要让左右退下。太监偶尔偷听，发现皇帝说得最多的是"善"字。

清洗过官僚队伍，朱祐樘还有其他举措。

首先是继续开经筵。皇帝一个月参加多少次经筵呢？大讲一个月三次，小讲天天都有，必须亲临文华殿听课，如果对这方面感兴趣也就罢了，要是感觉无聊，还要在那坐着，真是痛苦极了。我们不妨换位思考，假如你是某位家族企业的董事长，天天日理万机，工作之余，还必须接受传统文化教育，听一帮手下高谈阔论，其中还有些喜欢一边讲课一边夹私货推销自己，你会不厌烦吗？恐怕难说。朱祐樘登基后，表示他愿意开经筵，也算是学习了。在大臣们眼里，积极、准时参加在职教育的皇帝才是好皇帝。

朝臣们还经常建议朱祐樘注意节俭。弘治十四年（公元 1501 年）八月，军队缺饷，朝廷连工资都发不出来了，你说这钱到底都用到哪里去了。大学士刘健一针见血地指出原因："天下之财，其生有限。今光禄岁供增数十倍，诸方织作务为新巧，斋醮日费钜万。太仓所储不足饷战士，而内府取入动四五十万。宗藩、贵戚之求土田夺盐利者，亦数千万计。土木日兴，科敛不已。传奉冗官之俸薪，内府工匠之饩廪，岁增月积，无有穷期，财安得不匮？今陕西、辽东边患方殷，湖广、贵州军旅继动，不知何以应之。望陛下绝无益之费，躬行节俭，为中外倡，而令群臣得毕献其诚，讲求革弊之策，天下幸甚。"钱都去哪儿了，还不是你们这帮姓朱的吸血鬼给挥霍掉了，做高档的服装，从事道教活动，土地兼并，大兴土木等等。对此，朱祐樘的态度是"嘉纳"。

在军事方面，因为国库空虚，弘治君臣主要采取防御的大政方针，不像明太祖、明成祖时期常常越过长城，与蒙古人浴血奋战，因为实力根本不允许。当时承平日久，国家没有经历过大规模的战争，西北的蒙古部落常常在边关耀武扬威。马文升严格考核将领，罢免三十位贪婪、懦弱的将校。饭碗被砸了，这些人当然痛恨马文升了。有的晚上拿着弓箭在门口埋伏，想等马大人出来，将他射死；有的写了举报信，罗织罪名，想使马文升下台。朱祐樘赶紧派十二个骑兵贴身保护。弘治末年，大同有敌人进犯，皇帝听了太监苗逵的话，准备派军队出塞，好好杀一杀蒙古人的锐气，于是把刘大夏召过来，问他："当年苗逵在延绥直捣敌人巢穴的事，你听说过吗？"刘大夏回答："听说过！不就俘虏了几十个妇女、小孩嘛，多亏朝廷人品好，大军才能平安归来，否则还不知道怎么样呢。"朱祐樘仿佛受到暴击，沉默良久，又问："当年太宗皇帝怎么能出塞杀敌呢？"刘大夏给皇帝留了点面子，说："陛下的英明神武不差于太宗，可将士们、战马都差远了，当初淇国公丘福曾率领十万大军出塞，稍稍违背太宗的旨意，结果全军覆灭。没有优秀的将领，现在最好的方法就是防御。"朱祐樘感慨一句："多亏有爱卿，否则将酿成大错。"

明朝是农业社会，水利建设对日常生产影响极大。弘治年间，朝廷主要是治理三个地方的水利设施：四川的都江堰、河南伊、洛等渠，江南苏、松河道。这些举措有利于减轻水患，保护沿岸老百姓的生命、财产，为农业灌溉提供稳定的水源。如果的确遭受了洪水或者其他自然灾害，朱祐樘会下令减免税粮，弘治年间，往往一年减免的税粮就有八九百万石，远远超过之前的成化皇帝，以及后来的正德皇帝。

鲜克有终

唐朝名臣魏徵说得好："善始者实繁，克终者盖寡"，有一个好的开始的确不难，想要长久地坚持下去，那就比较难了。明孝宗即位初期，曾经把许多番僧、术士赶走，但是没过几年，因为健康原因，他自己又走上了笃信佛道的老路，开始大规模地建坛设醮，靡费国库。像那些华丽的衣服，奢侈品也让人继续制造、采购。传奉官又一个一个地封起来，完全根据个人喜好，不经吏部考核。皇帝是满意了，买单的却是国家财政，或者说是老百姓，朱祐樘刚驾崩，马文升就奏请淘汰传奉官七百六十三人。弘治初期好了一阵子，到中期形势就逆转了，鲜克有终。

有一个太监叫李广，与某位汉朝名将同名同姓，他摸透了明孝宗的心思，为了讨主子欢心，把一些道士、僧人偷偷地引进宫中。朱祐樘十分满意，这个李广挺会办事的嘛，深得朕心，对他信赖有加。

李广有了当朝皇帝撑腰，便肆无忌惮，任意向他人索取贿赂，甚至在京城之内侵占大量民田，由此暴富起来。为了炫耀，他动用大量人员修建府第，甚至还把玉泉山的水引了下来，在自己修建的府第之外绕了一圈。给事中叶绅、御史张缙向孝宗皇帝上疏，弹劾李广，皇帝都不理不睬。

李广发现皇帝庇护自己，做的事情越来越出格，却没想到自己会因为一座亭子而丧命。他劝说孝宗皇帝在万寿山上建一座毓秀亭，便于修炼、祈祷，朱祐樘最初没有这个意思，经李公公反复说明，终于答应了，下令在万寿山上择地建亭。没想到亭子刚刚建完，有一位小公主突然夭折，百姓议论纷纷，是不是亭子修得不好，破坏了风水，导致小公主去世。实际上两者毫无关系，这回真的是冤枉人家了，但当时的人就信这些。

弘治十一年（公元 1498 年），太皇太后周氏居住的清宁宫"走了水"，被大火烧得一干二净。李广再次出来背锅，受到了大家的谴责，说他鼓动皇上修建毓秀亭犯了忌，老天爷降下了惩罚，先是小公主，再是太皇太后。清宁宫被焚毁，周太后只能到其他宫殿居住了，她愤怒地说："天天说李广，没想到竟说出事端来了，如果不是太监李广鼓动皇上修建毓秀亭，这些灾难也不会发生。"本来就得罪了大臣，现在又得罪了太后，李广越想越怕，精神崩溃，绝望地上吊自杀了。

李广生前引导孝宗皇帝从事斋醮、修炼等道教活动，他驾鹤西去后，明孝宗始终认为李广家里会藏有奇方异书。结果异书没收到，却发现了一个更特殊的本子，许多文官武将的姓名被写在上面，还备注了：黄米多少石，某某文官赠送，白米多少石，某某将军赠送。朱祐樘看了，感觉很迷惑："李广是大胃王吗？这么多黄米、白米，他怎么吃得完？"皇帝毕竟是皇帝，不懂下面的潜规则，一位太监如实告知：黄米指的是黄金，白米指的是白银，这不是一个送粮食的本子，而是贿赂钱财的名录。明孝宗听完，如梦初醒，骂道："李广竟敢如此收贿，他要不死，朕也会宰了他。"赶紧把本子交给刑部，对上面的人要仔细调查，为什么要贿赂李广，贿赂的钱财是否为贪污所得？

朱祐樘的决定，吓坏了那些贿赂李广的官员，领导都发火了，自己也的确是送了礼，操守也不那么干净。要是刑部查完案子，怪罪下来，那可如何是好？想来想去，他们只好向张鹤龄求救，他是皇后的兄弟，皇上一向对外戚听之任之。果然，经张大人一活动，这件事情便不了了之了。官官相护，朱祐樘担心打击面太广，于是睁一只眼闭一只眼，震慑震慑，发完火就结束了。

在历史上，不少人对弘治皇帝的评价相当高，说明朝除了太祖、成祖，最有作为的就是仁宗、宣宗、孝宗。如果和其他朝代的皇帝比，朱祐樘可以比肩汉文帝与宋仁宗。他的政绩，主要集中在这几个方面，就像查继佐说的："帝业几于光昌矣。群贤辐辏，任用得宜，暖阁商量，尤堪口法。斥妖淫，辟冗异，停采献，罢传升，革仓差，正抽分。"但这些只存在于即位初期，到中后期，他之前废除的弊政又死灰复燃，这在刘健等重臣的奏章中屡屡可以看到。

像土地兼并、军政败坏等重大的问题，朱祐樘没有解决，也没有能力解决，只能听之任之、小修小补。他曾经命人清查土地，收回勋贵势力侵占的庄田。表面上看很不错，有壮士断腕的决心，实际上呢，清查的都是已故太监的土地，或者是权力不大、背景不深的官员的土地，有权有势的他就不敢动，因为涉及的利益面太广了，不愿造成统治集团内部的矛盾。利益集团内部的自我清查，怎么可能会有好结果？

在军政方面，那更是百弊丛生，比如虚报人数，名单上有五千个士兵，实际上操练的也就一千人，多出来四千人的军饷去哪儿了，猜都能猜到；军队将领又贪婪又怯懦，克扣部下军饷、指挥部下替自己干私活，口气大得很；一遇到蒙古人，就怂得不敢出战，全指望兄弟部队，大家你看我，我看你，谁都不作为，放任敌军烧杀抢掠。弘治十五年（公元1502年），朱祐樘命令刘大夏管理兵部，刘大夏说身体不好，不愿意接手。皇帝纳闷了，你为什么要推辞呢？刘大夏表示现在民穷财尽，兵部是个烫手的山芋，怕管不好要担责任；最后皇命难为，该做还得做。

后来朱祐樘又问："您说天下民穷财尽，可是祖宗不也是按时征税吗？他们在的时候怎么就没有这样呢？"刘大夏回答："正谓不尽有常耳。如广西岁取铎木，广东取香药，费固以万计，他可知矣。"皇室额外的要求太多了，铎木、香药两项耗费的资金就上万，再算上其他的，索取过多，老百姓怎么能不穷？皇帝又问军队，刘大夏说和老百姓一样穷，军饷都被长官克扣了一半以上，拿什么养家糊口？朱祐樘长叹一句："朕临御久，乃不知天下军民困，何以为人主！"当了十几年皇帝，却完全活在自己的臆想中，不知基层的辛酸。

一夫一妻制的先行者

在许多人的印象中，古代皇帝都有三宫六院、成百上千的女人，就算每天临幸一个，要把所有人都临幸完，恐怕也要花上好几年的时间。可是在明朝，弘治皇帝朱祐樘却是"一夫一妻"的践行者。天寿山其他皇帝的陵寝，往往有几个、几十个嫔妃陪葬，他的泰陵却显得比较冷清，因为只有张皇后一个配偶。

一夫一妻

张皇后何许人也？到底叫什么名字？史书上并没有记载。她出生的地方叫兴济，隶属于河北省沧州市。父亲叫张峦，秀才出身，以乡贡名义进入国子监。张皇后的娘家有文化底蕴，权势不算很大，正符合朱家人的设想。要是娶了朝廷重臣的女儿做皇后，外戚的势力比较大，容易对皇权产生威胁，娶这种小门小户的反倒安全。张皇后的母亲姓金，名什么也不知道，据说她怀孕的时候，曾经梦见月亮飞入自己的腹中，这也是中国历史上常用的炒作手段，用于给名人贴金，为张皇后的出生赋予神秘色彩。成化二十三年（公元1487年），张峦之女被朝廷选中，册立为太子妃；仅仅过了八个月，她的丈夫朱祐樘便当上了皇帝，也就是明孝宗。

既然太子已经登基，就应该广纳嫔妃，为皇家绵延子嗣。中官郭镛建议皇帝立即选良家女子入宫，却被左庶子谢迁劝阻了，他说："山陵未毕，礼当有待。祥禫之期，岁亦不远。陛下富于春秋，请俟谅阴既终，徐议未晚。"明宪宗刚刚驾崩，连坟地都没准备好，皇上身为孝子，应该安心守孝，怎么可以想选美女的事情呢？所以要再等几年，待丧事彻底结束了，才能选妃。朱祐樘接受了谢迁的建议。可是谁能想到，这一耽搁，就是十八年，明孝宗驾崩了，也没有给自己选。朱祐樘为什么要这样做呢？这个私人情感问题，后人主要根据他的经历、行为，进行一些推测。

"杯具"的童年。明孝宗的母亲出生在遥远的广西，姓纪，是个蛮族土官的女儿。成化年间，广西瑶民闹事，朝廷派大军征讨，取得胜利，纪姑娘作为战利品之一，被押送到北京，在内藏库担任女史。有一天，明宪宗来到内藏库，见到了纪氏，两人相谈甚欢，皇帝一时没忍住，就把纪姑娘给临幸了，怀了孩子。当时后宫是万贵妃的天下，她妒忌心很强，担心其他嫔妃怀孕，夺了她的龙宠。听说纪氏有孕，她赶紧派宫女拿着堕胎药，逼其服下。为了保住胎儿，纪氏苦苦哀求，最后只喝了一点，大部分都被倒掉了。皇子出生后，没有头发，身体也比较虚弱。

明宪宗曾经照镜子，看到零零散散的白发，感慨自己年老，没有子嗣。太监张敏趁机说："陛下有子。"宪宗眼前一亮，此话怎讲？张敏就把先前的事情全盘告知，皇帝听说大喜过望，赶紧把儿子接回来，赐名"朱祐樘"，封纪氏为淑妃。可是没过多久，纪淑妃就不明不白地去世了；张敏自知劫数难逃，也吞金而死。母亲的离去，使朱祐樘感到失落，他登基后到处找亲戚，希望能抚慰一下先姚的在天之灵，无奈找到的全是冒牌货。后宫女人越多，是非就越多，深受后宫争斗之苦的朱佑樘非常有感触，所以他只娶一个皇后，没有人，看你们怎么撕！

夫妻情深。朱祐樘与张皇后感情比较融洽，情投意合，不需要其他女人。《彤管拾遗》记载："孝宗即位，立为后。笃爱，宫中同起居，无所别宠，有如民间伉俪然者。"两个人十分恩爱，连起居都在一起，就像民间的伉俪。古代皇帝不像现在的夫妻，嫔妃侍寝完毕，是不能在皇帝寝宫过夜的，但张皇后可以。有一次，皇后口里生疮，太医院的男医生把药熬好了，不方便近距离接触皇后，就让女医生上前通报。朱祐樘看见了，挺身而出，都走开！让朕来！于是他亲自给张皇后喂药，还帮张皇后端漱口水。张皇后睡着了，朱祐樘感觉喉咙很痒，赶紧跑出去。如果在房间里咳出来，很有可能会吵醒张皇后，就连现代许多丈夫也做不到这么贴心。

对于皇后的家人，朱祐樘更是照顾有加。弘治五年（公元 1492 年），封岳父张峦为寿宁侯，岳父去世后，又追封为昌国公，他陵墓的规格超过了制度标准，成千上万的军民为他修坟，苦不堪言。神道碑上的文字是皇帝亲自题写的，整个明朝，只有三人享此殊荣，分别是徐达、姚广孝和张峦。徐达是著名将领，开国功臣；姚广孝辅佐明成祖靖难，立过大功；唯独这张峦平平庸庸，完全依靠女儿得到了不应有的待遇。明孝宗又在兴济为张氏立家庙，修得富丽堂皇，用了好几年才竣工，浪费不少民脂民膏。张皇后的两个弟弟也都受到了优待，张鹤龄继承父亲寿宁侯的爵位，张延龄被封为建昌伯，弘治十六年（公元 1503 年），晋升为建昌侯。兄弟二人对国家没有什么贡献，都封为侯爵，有关系就是好。

除以上原因，还有身体问题、性格问题等其他说法。明孝宗出生时，没有得到很好的照顾，长大后体弱多病，没有能力亲近太多女人，他迷信道教、佛教，也有养生的诉求在里面；张皇后的性格比较强势，而朱祐樘相对软弱，想纳妾得不到正妻的认可等等。

问题不断

明孝宗专宠张皇后，尽管被现代人津津乐道，却衍生出了不少问题。溺爱张鹤龄、张延龄就是其中之一，纵容俩小子干了不少坏事，弄得民怨沸腾，朝廷的声望也随之下降。某年，二张兄弟家奴侵占民田，太监萧敬与刑部侍郎屠勋一起处置了他。张皇后闻讯大怒，痛批萧敬道："外朝的官员我管不了，太监是我的家奴，竟然欺负到我们张家头上了！"明孝宗知道张鹤龄的确有错，可皇后正在气头上，便假装发火，也骂了萧敬几句。一段时间后，皇帝又把萧公公偷偷叫过来，塞了些银子，语重心长地说："之前朕发火其实是迫不得已，不想伤皇后的心，这点银子你拿回去，治愈一下受伤的小心灵。"

弘治十年（公元 1497 年），张氏兄弟到宫里拜见姐姐、姐夫，趁明孝宗上厕所的时候，竟然把皇冠戴在自己头上。侍立一旁的宦官何鼎看见他们如此胆大妄为，立即火冒三丈，拿起金瓜锤就要砸他们，还说张氏兄弟"大不敬，无人臣礼"。皇冠那是皇帝才有资格戴的，哪里是你们可以碰的？朱祐樘没有把这件事放在心上，两个小孩而已，不懂事，准备把何鼎放到牢里关几天，再放出来。狱中，审讯何鼎的人问他主使是谁，回答说："孔子、孟子也。"大臣们听说何公公摊上事了，纷纷营救，给事中庞泮、御史吴山、尚书周经、主事李昆、进士吴宗周上书喊冤。面对巨大压力，张皇后不依不饶，派太监李广将何鼎杖杀。

弘治十八年（公元 1505 年），李梦阳上疏朝廷，揭露寿宁侯张鹤龄的劣迹，要求皇帝予以惩治："寿宁侯张鹤龄招纳无赖，罔利贼民，势如翼虎。"遭受弹劾，张家人想方设法要把李梦阳整死。于是张鹤龄上奏折诬陷李梦阳，孝宗的岳母金夫人打感情牌，在女婿面前痛哭，要求皇帝为张家"做主"。朱祐樘知道张家人的确有问题，可碍于皇后的脸面，不能治罪，于是把李梦阳抓起来，关到锦衣卫的牢房里，没过多久，又把他放出来，扣了点工资意思意思。金夫人又向女婿施压，希望替自己"做主"，重罚李梦阳，明孝宗不听。有了皇帝撑腰，李梦阳胆子大了不少，有一次在路上遇到张鹤龄，两人冤家路窄，直接打了起来，张鹤龄被打掉两颗牙齿，却一声都不敢吭。

明孝宗专宠皇后，还造成子嗣太少的后果，影响了皇位传承。张皇后给朱祐樘生过两个儿子、一个女儿。大儿子叫朱厚照，也就是后来的明武宗正德皇帝；小儿子叫朱厚炜，很早就夭折了。孝宗登基前几年，张皇后没有生下儿子，朝野内外都很着急；弘治四年（公元 1491 年），宫中突然宣布皇长子出生，大家都很意外。有人怀疑朱厚照不是张皇后所生，其实是抱来的。正德年间宁王谋反，罗列的罪状之一便是皇帝的身世，质疑朱厚照不是朱家子孙，没有当皇帝的资格。

女儿叫朱秀荣，享年四岁，去世于弘治十一年（公元 1498 年）九月十六日亥时，和万岁山上毓秀亭落成的时间接近。这座亭子是太监李广提议建造的，此人飞扬跋扈、违法乱纪，早已被大臣们诟病。有心人把两件事情联系起来，说亭子破坏了风水，导致小公主去世。如此一说，李广心理压力特别大，没过多久，太皇太后的清宁宫发生火灾，周太后也将其归咎于李广："今日李广，明日李广，果然祸及矣"。重压之下，李广自杀了。可见朱秀荣的死间接影响了其他人的命运。

正因为儿子太少，明孝宗的接班人别无选择，只有朱厚照。可惜造化弄人，朱厚照三十岁就去世了，膝下无子，没有健在的亲兄弟，皇位都不知道传给谁。大学士杨廷和根据祖制，选了安陆兴王朱厚熜继承皇位，也就是嘉靖皇帝。为了追尊生父，他与大臣们进行了艰苦卓绝的斗争，史称"大礼议"，最后以皇帝的胜利而告终。明孝宗只是嘉靖的皇伯，并非皇父，已经贵为太后的张氏身份尴尬，与皇帝剑拔弩张，最后在凄凉中死去。她的两个弟弟也没有好下场，平时作威作福，目无法纪，正好授人以柄，想治他们的罪不要太轻松。张家之所以气焰嚣张，那是因为有皇权的庇佑，等到孝宗、武宗都驾崩了，没有了保护伞，倒霉的日子也就不远了。

刘瑾：玩死明朝的第三个宦官

弘治十八年（公元 1505 年），明孝宗溘然长逝，享年三十六岁。他的儿子朱厚照坐上了龙椅，是为明武宗。在明朝的皇帝里面，朱祐樘属于"禁欲"系，他的祖先、子孙个个嫔妃成群，唯有他只留恋皇后张女士，他的父亲对万贵妃可谓长情，却也有邵贵妃、王皇后、柏贵妃等女人，这实在是太难得了，许多吃瓜群众将他与隋文帝并列，两人都被贴上了"一夫一妻"的标签。

生死时刻

朱厚照是明孝宗与张皇后的长子，他还有个弟弟，不幸夭折了。所以明武宗既是嫡长子，也是独生子，从小被溺爱、纵容。史书说他"性聪颖，好骑射"，聪明是聪明，还喜欢骑马射箭。明孝宗没有特别在意，骑马打猎，这可以强身健体，以后当了皇帝，免不了要处理边关战事，会点武功没什么不好。而朱厚照并非单纯尚武，他将骑射用在了打猎上，实际上是一种娱乐活动。对于老婆孩子，朱祐樘爱之太深，没有太多办法，外戚张鹤龄等人骄横跋扈、欺压百姓，弘治皇帝慑于张皇后的淫威，不敢重罚，只能偷偷地教训一下，让他们好自为之；儿子贪玩好游，虽然知道，但也不能下狠手彻底纠正，反而自己骗自己。临终时，他对重臣刘健说："东宫聪明，但年尚幼，好逸乐。先生辈常劝之读书，辅为贤主。"我儿子年龄小，贪玩，以后我不在了，先生要帮我好好教育他，辅佐成贤主。

朱厚照登基后，父皇的担心立即成了现实，不得不说，知子莫若父还是有道理的。在此之前，刘瑾、谷大用等八名宦官天天跟在朱厚照身边，知道他以后肯定是皇帝，想尽办法讨好。朱厚照喜欢玩游戏，那就使出浑身解数陪他玩，主子高兴了，奴才们方能高兴，所以这源头还是在朱厚照身上。他要是喜欢读书，刘瑾他们不得个个努力成学霸呀。现在正德皇帝登基，没有了父亲的约束，就像一匹脱缰野马，想怎么玩就怎么玩，刘瑾等人奉陪到底，就像网络游戏里的陪练一样。每天都给主子安排倡优杂剧、宫女歌舞、角斗游戏，当然，老本行不能忘了，那就是骑马打猎。由于玩得忘乎所以，朱厚照连本职工作都懒得做，就是上早朝，接见大臣，处理政务，疯玩的皇帝也根本没把这些事放在眼里。官员们苦等半天，就是不见领导的影子，一打听，皇帝昨夜玩乐辛苦，还在补觉呢。等到他醒来，常常说个几句话就结束了：同志们辛苦了！同志们下班吧！人家是充电三分钟，通话两小时；朱厚照是倒过来的，待命八小时，接见两分钟。

早朝不怎么上，经筵就更不用说了，全是之乎者也，圣人云，枯燥、无聊，哪里有斗鹰走犬有意思，一开始他还可以勉强容忍，到后面根本就心不在焉了。当朝重臣刘健、马文升、李东阳、谢迁自然要规劝了，朱厚照更加反感，这帮老头儿实在是烦人，打扰朕游玩。"正人"都被正德皇帝放在一边，就信任从小玩到大的"八虎"，也就是刘瑾、马永成、谷大用、魏彬、张永、邱聚、高凤、罗祥这些人。弘治十八年，明孝宗驾崩的时候，刘健等人想以先帝孝宗遗诏方式，趁机革除弊政，比如裁汰冗官、传奉官，减少各地的守备太监。毫无疑问，这些都是得罪人的事情，利益受损的那些人，肯定不满意，比如太监。

从六月到八月，北京城一直在下雨，这是很反常的，刘健等文官抓住机会，向皇帝建议："陛下登极诏出，中外欢呼，想望太平。今两月矣，未闻汰冗员几何，省冗费几何。诏书所载，徒为空文。此阴阳所以失调，雨旸所以不若也。"

陛下刚刚坐上领导岗位的时候，大家都很开心，以为有盼头了，结果两个月来，先帝遗诏中提到的事情全变成一纸空文。之前说要把皇家动物园里的珍禽走兽都放归大自然，把可怜的宫女都放出紫禁城，把那些只领工资不干活的官员都给裁撤，把画师、工匠们滥封得到的官职都给撤销。结果呢，一个都没少，反而还越来越多，财政压力越来越大。

刘健、谢迁对朝政十分不满，他们觉得皇帝一定是好的，现在不好都怪"八虎"蛊惑皇帝，必须铲除"八虎"，他们的主张才可以推行下去。给事中陶谐、户部尚书韩文等人接连上奏弹劾刘瑾，谢迁等人都非常赞成，率领文武百官跪下，指责八虎只知道蛊惑皇帝，谋取私利，根本不管江山社稷的兴衰，如果不赶紧收拾他们，肯定会祸国殃民。由于积累了较多怨气，奏章里的用词越来越激烈，气势汹汹，必欲杀之而后快。朱厚照当皇帝没多久，根本没有见过这种阵势，直接吓哭了，连吃饭都没心情，他立刻传司礼监太监到内阁商量议事。思来想去，朱厚照打算向文官们妥协，把刘瑾贬到南京去，刘健等人不愿意，托宦官王岳告诉皇帝，必须把刘瑾杀掉，否则遗祸无穷，要是不能如愿，我们这些老臣实在是对不起先帝，哪天死了都没有脸面见孝宗皇帝。王岳虽然也是个太监，也痛恨刘瑾等人，现在有大臣发难，他便顺水推舟，把托孤大臣的诉求禀告主子。没想到，消息走漏，被依附于刘瑾的吏部尚书焦芳知道了，他连忙把消息告诉了刘瑾。

刘瑾吓得半死，刘健等人咄咄逼人，要求皇帝除掉自己，怎么办？全世界除了皇帝，没有第二个人有实力挽救他们。于是他带着另外七人连夜去见朱厚照，大打感情牌，咱们跟了您这么多年，可谓尽心尽力，主子是看在眼里的。如果把我们杀了，您更加势单力孤，若按照刘健等人的要求做，按时参加早朝、出席经筵，想过骑马娱乐的生活，根本就不可能。八虎以头触地，环跪在朱厚照身边，痛哭流涕，场面令人动容。刘瑾乘机告了王岳一状，说王岳与官员们沆瀣一气，不但要害他们，而且要借司礼监之权，控制皇帝，使你乖乖地任凭他们摆布。

朱厚照大怒，立即命令刘瑾掌司礼监，下令把王岳逮捕，发配南京。刘瑾为除后患，秘密将王岳在半路上杀掉。刘健、谢迁等人次日上朝，韩文倡议九卿抗争到底，刘健说胜利的曙光就在眼前，同志们再坚持坚持！本以为胜券在握，却发现局势已不可挽回，一口气就散了，请求告老还乡。刘瑾等唯恐除之不速，假借皇帝谕旨，允准二人回乡。在这场宦官与官员的斗争中，还是八虎笑到了最后。这些人虽然被阉割了，却长期追随皇帝，是朱厚照的心腹，而且政治主张与领导高度契合，能够陪吃陪喝，满足娱乐的需求；面对精明的官场人士，朱厚照也需要依赖宦官平衡政治势力。自古以来，有权臣篡位，自立为帝的，比如王莽、杨坚；有哪个宦官取而代之，坐上龙椅的吗？从来没有。太监再嚣张，名声再差，那也只是皇帝的奴隶，成不了大事的。

刘健、谢迁走了，朱厚照的耳根清净了许多。他是一个顶级玩家，对新游戏的追求从来没有间断过。听说老百姓很会做生意，常常与顾客讨价还价，非常有意思，他就命令宦官们把一处宫殿布置成集市的样子，皇帝、太监一起穿上老百姓的衣服，搞起了情景扮演的游戏，开了间店铺，"朱老板，你好呀！恭喜发财！""啊！刘老板！恭喜发财！恭喜发财！"交易过程中，还煞有介事地讨价还价，每当买到折扣商品，便开心得不得了。后来他又让太监们开酒楼，除了吃吃喝喝，里面还有人杂耍，还有宫女弹琴跳舞。朱厚照待在里面饮酒作乐，好不快活，喝醉了，倒头便睡。堂堂大明天子，竟然在皇宫里面开店铺，嬉戏打闹，成何体统？受过儒家文化教育的大臣们无法接受，感觉自己的底线都被挑战了，又纷纷上书劝谏，皇帝会不会听，结果可想而知。

炙手可热

做了一段时间生意，朱厚照同学又想出了新花样。正德二年（公元1507年），他命人在太液池西南岸，靠近西华门的地方，修建了一个新建筑。中间是宫殿，东西厢之间有两排密室，名为"豹房"，里面有虎、豹等各种动物，还有乐工演奏。大明朝已经建立一百多年了，宫里各项制度十分完善，清规戒律也很多，朱厚照不是很满意，有种被束缚的感觉。于是他索性搬到外面居住，想怎么玩就怎么玩，受到的制约少很多。在正德年间，豹房实际上是帝国的权力中心，因为皇帝在这里起居，在这里决策，并非只是一个单纯的娱乐场所。

在之前的政治斗争中，托孤大臣们失败了，刘瑾得势，皇帝平时忙于游戏，许多朝政没时间处理，就交给刘瑾。刘瑾得到了授权，当然很高兴，他常常趁朱厚照玩得正高兴时，去找他汇报工作。这样的场合，领导当然不高兴了：你自己看着办就行了，什么事都要朕做主，那要你何用？刘瑾虽然被骂了，心里却非常暗爽，这意味着他在某些事情上可以独断专行。不过，刘瑾也有自己的苦恼，他没什么文化，奏章大部分是文官们写的，他们个个饱读诗书、引经据典，面对文绉绉的文字，刘公公这个学渣无法理解其中的大义，他常常苦恼：就不能写得通俗一点，照顾照顾我们小学生？为了明白其中的意思，他把奏章带回家里，让侄女婿孙聪及他的朋友张文冕帮忙解释，再给出个意见，然后由内阁学士焦芳代为润色，内阁首辅李东阳没有权力，只能鼓鼓掌，点点头。各部门上奏章，都要先具红揭交给刘瑾，称为"红本"，然后通政司拿到副本，称为"白本"。红本是决策的依据，而白本只是例行的手续。

在朱厚照的默许下，刘瑾排除异己，打击文官集团中反对自己的人。之前尚书韩文号召九卿向皇帝施压，除掉自己，现在直接罢免，回家带孩子去吧！给事中吕翀、刘郤及南京给事中戴铣等六人，御史薄彦徽等十五人，上疏皇帝请求留下谢迁、刘健，说明他们也支持托孤大臣，通通打屁股，予以杖责。南京副都御史陈寿，御史陈琳、王良臣，主事王守仁等人看不下去，想要营救戴铣，触怒了刘公公，也被暴打一顿，贬到穷乡僻壤。

正德二年（公元1505年），为震慑百官，刘瑾以皇帝的名义下发敕书，将刘健、谢迁、尚书杨守随、韩文、林瀚，都御史张敷华，郎中李梦阳，主事王守仁、孙磐、王纶、黄昭，翰林院检讨刘瑞，给事中徐昂、戴铣、陶谐、刘郤、艾洪、吕翀、任惠等几十人的名字榜示朝堂，称之为"奸党"，还让群臣跪在金水桥边，听鸿胪寺官员朗读这份名单，要求群臣以此为戒，不要向这些"大奸大恶"之人学习。那些听刘公公话的人，才是"忠臣"。

为了打击反对派，刘瑾可谓不择手段。人总会有点毛病，他就鸡蛋里挑骨头，稍微有点过错就大做文章，排挤不服从自己的人。如此细微的过失，刘瑾怎么会知道呢？别忘了锦衣卫、东厂、西厂都是什么人在负责，那些校尉的鼻子比狗还灵。《通鉴纂要》是翰林院的文人编写的，刘瑾早就看这些人不爽了，就以誊写不认真为由，把纂修官们贬职，命令文华殿书办官张骏等人誊写，事成之后，给他们提升职务。给事中吉时，御史王时中，郎中刘绎、张玮，尚宝卿顾璘，副使姚祥，参议吴廷举，都因为比较小的过错遭受处罚，先经历过肉体的摧残，再让他们去戍边，体会精神的孤独。欲加之罪，何患无辞，只要与刘瑾作对，就别想有太好的下场。

正德三年（公元 1508 年）七月，朝会结束后，一份揭露刘瑾罪行的匿名文书在御道被人发现，刘瑾看过之后火冒三丈，里面对他的种种不法之事做了深刻揭露。这是谁写的？没有署名。为了找出这个人，刘公公勒令百官跪在奉天门外，找不到作者，大家都别想起来。当时天气很热，百官们从早晨一直跪到傍晚，主事何釴、顺天推官周臣、进士陆伸都因为身体扛不住暴晒，直接死了，太监李荣拿来了冰块、西瓜，供各位大人解暑；太监黄伟怒批说："文书里写的事情都是为了国家，有什么不敢承认的，如果站出来，那还是个好人，何必让其他官员也被你连累呢？"这两位太监支持匿名者，使刘瑾颇为不满，命令李荣在家闲住，黄伟从北京被赶到南京。但最终还是没有结果。于是刘瑾把五品以下的官员全部收监。第二天，大学士李东阳上疏援救，这时刘瑾从其他渠道得知，匿名文书不是官员们写的，而是出自宦官之手，有些太监也对刘公公不满，写下了这份"举报信"。既然是这样，就把无辜的官员们都放了吧。

明朝的言官喜欢上疏弹劾，刘瑾觉得这些人很讨厌，总弹劾自己，就定下一个规矩：六科给事中必须寅时上班，酉时下班，一天上班16个小时，把他们都锻炼成工作狂。每天都早出晚归，绝大多数官员疲惫不堪，不想再反抗了。有一次，都察院奏报审录重囚的意见，把"刘瑾传奉"四个字多写了一遍，刘瑾发觉后，怒骂一通，吓得都御史屠庸连忙跪在刘瑾的脚下叩头求饶。从此以后，科道官、部属官见了刘瑾都行跪拜礼。名义上，公务员地位高，太监地位低，可是皇帝赋予了后者某些权力后，形势就发生了变化。明朝人有过感叹："全国官员，见王振而跪者十之五，见汪直而跪者十之三，见刘瑾而跪者十之八。"刘瑾在正德初年的权势，已经超过王振，远远甩开汪直。

前面提到的折磨方式主要是政治上的、生理上的，刘瑾灵机一动，想出来一个罚米的办法。为防止主管粮仓的官员渎职，朝廷颁布了罚米法，有罪的要缴纳一定数量的米运到边关去。边储不足是国防的一大软肋，尤其是屯田被侵占，开中法被破坏之后。刘瑾就将它的范围扩大化，以前是管粮仓的罚米，现在改为得罪过他的官员要罚米。数额几百至上千石不等。被罚者要在一个月内把米足额足量地运抵指定的粮仓，否则就会被送入监狱判刑。

此法对贪污受贿的官员影响不大，反正他们有的是钱，拿出一部分也没什么；可那些清廉，或者油水少的官员就很难受了，对于他们来说，连生存都是问题。为了减少经济损失，他们自然得慎重，掂量掂量要不要得罪刘公公。

有了权，给刘瑾送礼送东西的人越来越多了。地方官到北京办事，或者京官出差回京，都要给刘瑾进礼，否则官位难保。给事中周钥勘从外地回来了，因为没钱，买不起高档礼物，走投无路之下，竟然自杀身亡。能力不强，又想得到晋升的官员纷纷贿赂刘公公，希望他关照关照，帮忙提拔提拔。刘瑾收到礼物后，在条子上写一个："某某某授某某某官"，交到吏部或者兵部，都不用考核，直接就可以上任。当然，这是针对中低级官员的，像礼部尚书、工部尚书这种级别的肯定要皇帝过问，刘瑾再牛再厉害，也决定不了。吏部尚书张彩曾经对刘瑾说："百官送给您的礼品，往往是从富豪家里借钱买的，等他们回去以后，再用国库的公款报销还债。说穿了，您最后收到的其实是朝廷的钱，不是官员自己的。请问您为什么要贻患国家呢？传出去名声多不好听！"刘瑾认为很有道理。正好御史欧阳云等十余人出差回京，按照潜规则，要给刘公公送礼，刘瑾就告发他们，使欧阳云等人大吃一惊：怎么不按规则出牌？此后，刘瑾又派给事中、御史14人到各地盘查库存情况，地方官们赶紧敛财，弥补国库的亏空。有人因为数额过大，来不及，而被告发了。浙江盐运使杨奇因为亏欠盐课被判死刑，为保住性命，他把孙女卖了。

刘瑾手中掌握着锦衣卫、东厂、西厂，但他还是不放心，缺乏安全感，正德三年九月，又成立一个新的特务机关——内行厂。内行厂无法无天，不受其他部门的制约，随时可以把他们认为有问题的人予以监禁、逮捕、刑讯逼供、没收财产，严重的甚至连命都没有了。各级官员、平民百姓都要受他的监控，这种生活实在是战战兢兢，尤其对于上层。

千刀万剐

任何事情都是有终点的，刘瑾叱咤风云了五个年头，终于到了落幕的时刻。起因竟然远在宁夏，安化王朱寘鐇很有野心，想要复制太宗皇帝"靖难"的老剧本，正德五年（公元1510年）五月，发表檄文声讨刘瑾，以"清君侧"的名义，竖起了造反大旗。当地巡抚将安化王的檄文和反叛的消息报告给朝廷，刘瑾一看，针对的是自己，赶紧把檄文压下来，安排都御史杨一清、提督京营太监张永，率领京军征讨。京军还没到，地方官仅用18天就平息了叛乱。张永虽然也是八虎之一，但是和刘瑾的矛盾渐渐多了起来。他的很多要求，都被老大给驳回了，心里很不舒服。对于刘瑾的很多行为，他其实也看不惯。刘公公愈发感觉双方不是同路人，想把张永赶到南京去，张永不愿意，跑到主子面前诉苦，说刘瑾陷害他。朱厚照命令两人当场对质，吵着吵着，都要干起来了。为了缓和矛盾，正德皇帝让人端来美酒，大家都是兄弟嘛，罚酒一杯，以后不要吵了。可嫌隙已成，两人的恩怨，不是杯小酒能化解的。

张永、杨一清到了西北，聊着聊着，知道大家都对刘瑾不满。杨一清说："平定一个藩王是很容易的，如果能把国家的内患给消除，就更好了。"张永不解其意，问杨一清什么意思，杨一清用手比画出"瑾"字，就明白了。张永有些为难，这厮耳目甚多，又有许多党羽，想要除掉实在是不容易。杨一清却说："皇上很信任您呀，讨贼的事情都不交给别人，就交给你，现在我们打了胜仗，凯旋面圣的时候，趁机把刘瑾的罪状都揭露出来。皇上何等英明，肯定会听您的！""要是不听，怎么办？"杨一清又教他："只要跪在圣驾面前，不断地哭，表明自己的忠心，天子肯定会同意的！"张永也是受够刘瑾了，听完之后，精神振奋："嗟乎，老奴何惜余年不以报主哉！"于是上奏朝廷：我们平息了叛乱！准备在中秋节献俘。

刘瑾知道后，让人传旨拖延几天，不着急！张永担心有什么变故，提前将安化王押解到了北京。献俘完毕，朱厚照让刘瑾等人坐在一边，设宴犒劳张永。喝得正尽兴时，刘瑾离席，回内值房。张永认为时机已到，于是拿出安化王檄文，一口气背出刘瑾的 17 条罪状。朱厚照当时已经有点喝醉了，点头说："刘瑾有负于我！"张永劝他赶紧动手，拿下刘公公，此事耽误不得。马永成等几位与刘瑾有矛盾的太监一齐参与，说他图谋不轨。群众的眼睛是雪亮的，刘瑾被抓了起来，关在东华门内的菜厂里，又派人查封其私宅。第二天，朱厚照下谕旨，把刘瑾发往凤阳闲住，降为奉御，亲自带人去抄他的家。搜寻结果让人大开眼界，里面有堆积如山的金银珍宝，还有伪造的玉玺一颗，穿宫牙牌 500 件，以及弓弩、哀衣、玉带诸违禁物品；而刘瑾常常拿在手中的扇柄中，竟藏着两口利刃。假如他想要干掉皇帝，那实在是太方便了。朱厚照愤怒地说："刘瑾这个死奴才果然要谋反，"来人啊！把他凌迟处死。族人都杀掉，朝中的党羽，像阁臣焦芳、刘宇、曹元，尚书毕亨、朱恩等共六十余人，都被贬官。

头号玩家朱厚照

刘公公虽然被千刀万剐了，朱厚照同学贪玩的初心一如既往。他派人扩建了豹房，让各地的太监们抓来老虎、猎豹供他寻欢作乐，否则人生实在是太无聊了。就像古罗马的斗兽场，朱厚照喜欢在豹房里观摩勇士与野兽搏斗，不是你死，就是我亡，看得血脉偾张，令他觉得非常欢愉。在这段时间，有两个人得到了他的宠信，先是钱宁，这个人擅长射箭，又十分狡猾。天天跟最高领导在一起，谁若是得罪了他，随便找个机会就能把你给暗算了；所以官员们都巴结他、讨好他，希望钱宁在圣上面前讲几句好话，至少不要落井下石。被人吹捧的感觉实在是太妙了，钱宁有点飘飘然，没想到半路又杀出个江彬，从此朱厚照"移情别恋"，对钱宁没有以前那么热情了。

新游戏、新玩法

江彬尽管名声不大好，但也是有两把刷子的。他是宣府人，曾经担任过蔚州卫指挥佥事，正德六年（公元1511年），首都周边有百姓暴动，京军是一帮草包，根本打不过，朝廷就调边防部队平乱，江彬就是其中之一。在路过蓟州的时候，江彬杀了一家二十多口人，向长官报告，这些都是敌人，冒功请赏。后来真和敌人相遇了，江彬脸上中了一箭，从耳朵上拔出来，他非但没有畏惧，反而继续作战。这件事传进了朱厚照耳朵里。他听说江彬的英雄事迹，不禁感慨：这就是我梦寐以求的猛人啊，赶紧召入豹房，以后不用回边关了，就在这里上班吧！日常工作就是与朕玩乐。

江彬凶猛有力、擅长骑射，常常练习武功、谈论兵法。久而久之，朱厚照愈发感觉此人靠谱，是个可以带他打怪升级的资深玩家。有一天，朱厚照看腻了别人与猛虎单挑，自己的手反而越来越痒了，勇士们个个像武松一样，能打虎，朕为什么就不行呢？朕也要试一试，让别人见识见识什么叫真龙天子。没想到刚一上场，情况便岌岌可危，老虎可不管你是不是皇帝，凶狠地扑过来，明显占了上风。朱厚照随时有性命之虞。危急时刻，他连忙呼唤钱宁过来救驾，钱宁自己也吓得不轻，根本不敢上前；千钧一发之际，江彬挺身而出，三拳两脚，就把猛虎打趴在地。朱厚照得救，尽管出了洋相，还逞强，怪罪江彬说，谁要你过来的，朕一个人完全可以对付！嘴上说着不要，身体却很诚实，心里不知道多感激江彬。钱宁嘛，徒有虚名，关键时刻不给力，从此朱厚照就疏远了他。

有了皇帝的宠信，江彬感觉春风得意，可是回头看看钱宁，又感觉势单力孤。他是从边关调过来的，之前没有在北京城里工作过一天，人都不认识几个，更不要说班底、团队了。钱宁就不一样了，在朝廷有党羽，先前又有那么多人巴结，两人真要是干起来，江彬未必是钱宁的对手。为今之计，必须把宣府的兄弟们调过来，壮壮胆，震慑敌对分子。于是他对朱厚照说：京军实在是太差了，连老百姓都打不过，怎么能保卫京城呢？不如把边防部队调过来吧，这样能增强安全感。朱厚照一听，觉得有道理，调就调吧！大学士李东阳上疏劝阻，正德皇帝却不予理睬。辽东、宣府、大同、延绥四镇的一些兵马出现在京城。

朱厚照又选拔宦官中擅于射箭的人，组成一营，号为中军，由自己统领。每当带兵打仗的瘾又犯了，皇帝就穿上铠甲，跨上战马，率领麾下中军与江彬的部队"交战"。一千多年前，汉光武帝勤于政事，乐此不疲；正德年间，朱厚照热衷于"战争"，也不知疲倦，常常从早上打到晚上，整个宫殿里都是穿着黄罩甲的健儿，喊杀声、呐喊声，整个北京城都能听见。老百姓也别工作了，就听听朱厚照及其小伙伴们的打斗声就行了。江彬见皇帝如此器重自己，就把好友推荐给朱厚照，增强势力，比如万全都指挥李琮、陕西都指挥神周。既然是江彬推荐，那肯定没问题，朱厚照命令他们也来豹房上班，满足自己对武功的追求。平时阅兵，李琮、神周还戴个遮阳帽，上面有天鹅翎。等级比较高的人，天鹅翎数量是三，等级低的人，数量是二。

　　除了本职工作，一个人有点兴趣爱好也不是什么坏事，明宣宗喜欢斗蛐蛐，明宪宗喜欢画画听戏什么的，但他们好歹上早朝，尽尽皇帝的本分。朱厚照连最基本的都做不到，跟个颓废少年似的，晚上，在豹房里和武林高手们喝酒，品尝人间美味，常常喝着喝着就呼呼大睡了。早上本来说好要上朝，大臣们左等不来，右等不来，朱厚照终于醒了，已经到下午了，都这个时候了，还上什么朝，命令太监传口谕，让大臣们都散了吧。苦候一天，就这么个结果，真是一言难尽。

　　正德九年（公元1514年）正月，由于安全工作不到位，乾清宫燃起熊熊大火，朱厚照身为全天下最阔的土豪，豪宅被烧了，却一点都不心疼，还饶有兴致地观看，不时还赞叹几句，真是美妙浪漫的火呀！作为紫禁城的核心建筑之一，想要重修它并不容易，需要耗费巨额资金。钱从哪里来，还能从哪来？朱厚照只会享受，不会干活，肯定是底层百姓出。赶紧增加赋税，赶紧扩大皇庄规模，兼并土地，收取更多的佃租。更奇葩的是，皇帝竟然还派人开店做生意，赚的钱上交供其挥霍。什么普天之下，莫非王土，那都是虚的，只有把钱攥在自己手里，那才是实的。

边塞风情

　　朱厚照在北京待久了，感觉十分无聊，天天玩打仗，打的都是自己人，那有什么意思。只有跟蒙古人较量才算英雄好汉。江彬尽管增强了势力，京城毕竟不是他的老巢，钱宁虎视眈眈，想要取而代之，重新获得皇帝的好感。因此，江彬常常给朱厚照推荐宣府，跟个导游似的：我们宣府那个地方有多好，有许多美丽的乐工，个个颜值一流，赛西施，胜貂蝉。再说宣府靠近草原，又在边关附近，常常可以看见胡骑的身影，还有那风吹草低见牛羊的独特风光。不管是打仗、还是旅游，宣府都是陛下的不二选择。说着说着，朱厚照的心开始蠢蠢欲动，是啊，北京城有什么好的，天天面对一帮大臣，说我这不对，那不对，赶紧去宣府逛逛，效仿太宗皇帝征讨漠北，留名青史。

正德十二年（公元 1517 年）夏天，朱厚照与江彬一行人准备出发，临走时制定了策略：悄悄地离开。皇帝外出，那可是朝廷大事，非同小可，如果出个意外、闪失，谁担待得起。大臣们肯定不会同意的，到时候想走就难了，所以悄无声息地去，先到昌平，再经居庸关到宣府。可惜世界上没有不透风的墙，更何况你还是皇帝，多少双眼睛盯着。大学士梁储听到消息，赶紧跑去追赶，朱厚照微服出行，来到了居庸关，传令开关，朕要出去！朕要出去！御史张钦知道是皇帝来了，不愿意把他放出去，拒不开关，手里还拿着"敕印"、宝剑，坐在关门下面，说自己受天子之托在此守关，有私自开门者斩。

朱厚照闻讯大怒，你姓张的算老几？连朕的路都敢当！命人把张钦抓起来问罪。由于耽误了时间，梁储等人赶上来了，好言相劝，朱厚照十分扫兴，算了算了，回京城吧！大家松了一口气，没想到仅仅过了几天，朱厚照又溜了，跟捉迷藏似的，大半夜秘密出京，又来到了居庸关。张钦呢？对不起，您拨打的电话不在服务区，张大人巡察白羊口了。天助我也！强行开关，以最快的速度前进。上回被大臣们追上了，这回吸取教训，命令宦官谷大用代替张钦守居庸关，负责断后工作。

经历两次跑路，朱厚照一行终于来到了宣府。江彬提前为皇帝修建好了"镇国府第"，里面有豹房的玩物、野兽、乐女及巡游中抢来的民女，正德皇帝住得相当惬意，都乐不思蜀了，一直说这里是他家，逍遥快活，简直是人间天堂。每当夜幕降临，朱厚照同学还会跑出镇国府，寻找特殊的刺激与快乐，比如硬闯民宅，把老百姓家有姿色的女儿抢走，带回行宫。官兵、捕快都不敢作为，那是皇帝呀，中国有哪部法律可以逮捕皇帝？天下都是他们家的，人治高于法治，怎么可能让自己被法条束缚呢？

不久，朱厚照又离开宣府跑到阳和去了，当时蒙古人正在骚扰阳和、应州一带，皇帝接到报告，开心得不得了，养兵千日，用兵一时，如今总算找到杀敌立功的机会了！是时候展现真正的技术了！他自封为"总督军务威武大将军总兵官朱寿"，亲自率领宣府部队，出击迎敌。朱厚照也的确有意思，放着好好的皇帝不当，非要给自己弄个总兵官做做。土木堡之变以来，明朝皇帝已经六十多年没有上过战场了，大臣们都害怕天子亲征，担心土木堡之变重演，而朱厚照全然不惧，他想尝试更多的角色，使人生更加精彩。

战斗打响了，正德皇帝亲自披挂上阵，与好哥们张永、江彬率领部队冲杀，将士们看到皇帝也在身边，士气高涨，跃跃欲试。这一战，蒙古兵被击退，阵亡16人，明军这边伤亡几百人。朱厚照亲自斩杀一人，但险些被俘，多亏士兵们拼死护驾。撤军后，朱厚照相当满意军事生涯的处女秀，厚着脸皮派人去京城报捷，还在宣府载歌载舞，大肆庆祝。玩了几个月，实在是玩不动了，下令起驾回京。

次年正月，朱厚照正式踏上了返京之路，他提前打好招呼，命令群臣在郊外欢迎"威武大将军朱寿"凯旋。朱寿是什么鬼？大臣们面面相觑，哭笑不得，就当是皇帝与我们开玩笑吧，迎接时，只称他为"威武大将军"，把名字省略，皇帝名讳，不是大臣们可以称呼的。当时雨雪霏霏，又值隆冬季节，天气寒冷，大家在寒风里苦苦守候"大将军"回来，左等右等，终于在晚上等到了。人群疲惫不堪，朱厚照却兴致勃勃，精神好得不得了。他骄傲地对群臣说：朕亲自斩杀了一名敌军！帅不帅？大臣们知道皇帝的心思，来个商业吹捧：帅！实在是帅呆了！放了一阵子彩虹屁，朱厚照的虚荣心才得到了满足，他立即进城，当晚又睡在了豹房，没有回大内。

过了一段时间，正德皇帝又开始怀念宣府的生活，比北京实在是快乐多了！不行！朕要回去！北京城还是太无聊了。在江彬的力挺下，朱厚照同学来到了大同。可是，突然传来噩耗：太皇太后薨了！如此重量级的人物逝世，朱厚照不得不回京，他是皇帝，不主持太皇太后的丧礼实在说不过去。流程的最后，梓宫要葬在天寿山，朱厚照决定亲自前往，美其名曰孝顺，实际上是为了游山玩水。祭祀过天寿山诸陵，他又跑到黄花、密云等地，四处劫掠良家妇女，用车载着，就像战利品一样。有的官员实在是看不下去了，就弹劾江彬，说他是奸臣，蛊惑皇帝。朱厚照何尝不知，矛头实际上对准自己，江彬不过是个三陪，真正做决策的是他。于是永平知府毛思义、典膳李恭都被贬官、下狱。

一个月后，葬礼办完了。朱厚照再次准备巡视西北，并借口边关遭蒙古兵侵扰，命内阁草拟圣旨："特命总督军务威武大将军总兵官朱寿率军出征。"如此荒唐的圣旨，内阁大臣都不愿拟写，朱厚照就把大学士梁储等人召至宫内，当面催促，并拔剑威胁。老头儿，你写不写？不写剐了你！梁储趴在地上哭着劝谏，宁死不从。朱厚照无奈，总不能真把内阁大臣给砍了，既然你们都不愿写，那朕自己写！

七月份，朱厚照和江彬又开始旅游了，他先来到宣府的"家里"住了一个多月，骚扰骚扰周围邻居。山西、陕西、河南等地的百姓听说朱厚照要来了，争相转告，逃入山谷，就像在躲避瘟神。皇帝喜欢强抢良家妇女，如果有待字闺中的女儿，赶紧找媒婆帮忙嫁了吧，否则被皇帝糟蹋了，这辈子就毁了。但是把女儿嫁人就安全了吗？也未必。十月，巡游大队西渡黄河至陕北榆林，江彬令边吏进献虎豹犬马和金银珠宝；十一月，南到绥德州，武宗住在总兵官戴钦的家里，娶了他的女儿。延绥总兵官马昂由于犯罪被免，他听说朱厚照是个好色之徒，便把已经出嫁的妹妹叫回来，让江彬献给皇帝。此女能歌善舞，会武功，还会说外语，虽然已经怀孕了，但非常契合朱厚照的胃口，于是纳入豹房，好好地宠幸。

马昂因为进献美女有功，官复原职不说，还升为右都督。没过多久，朱厚照又听说马昂的小妾长得很漂亮，让他叫过来；马昂也是个男人，皇帝想临幸自己的小老婆，这怎么行，当即拒绝。朱厚照大怒，你给不给？考虑清楚！马昂只好把小妾杜氏送给皇帝，又进献美女四名，投其所好。尽管失去了爱妾，他的仕途却因此而光明。十二月回山西太原时，朱厚照又纳了乐户刘良之女，刘女士能歌善舞、楚楚动人，只是已经嫁人。皇帝说朕不管，朕连孕妇都不介意，更何况有夫之妇，于是赶紧霸占过来，令人强行带回宣府。此后，刘女士经常侍奉朱厚照，得到的宠爱明显比别人多，江彬等人称她为"刘娘娘"。

江南烟雨

领略过了黄土高坡、塞外风情，朱厚照开始把注意力向南转移，江南的杏花春雨是什么样的呢？朕想欣赏欣赏，择日南巡！消息一出，群臣再次反对，大学士杨廷和等人跪求皇帝，希望收回成命。几天后，大臣们集体上疏劝谏，在宫门外长跪不起。朱厚照烦透了这帮士大夫，尽给朕捣乱，朕想做的事情从来都不配合，你们要跪就跪着吧，朕病了！要休息，没时间管你们。大臣们就是不买账，跪在午门外面央求皇帝，千万不要南巡了，老百姓听说您老要来，跑的跑，藏的藏，已经民不聊生了！朱厚照要他们赶紧走，再不走就武力镇压。

正德末年，南昌的宁王起兵造反了，很快攻破九江，直奔南京而去。消息传到京城，朱厚照不仅不担忧，反倒心里窃喜，总算可以名正言顺地南下了：逆贼来势汹汹，朕必须亲征，才可以消灭敌人，当年汉王造反，宣宗皇帝不也是御驾亲征，很快消灭了对手吗？本来朱厚照就喜欢打仗，现在不光可以过战争的瘾，还可以游山玩水，品味江南风光。于是他传旨，命大学士杨廷和草拟敕令："令总督军务威武大将军镇国公朱寿统各镇兵征剿"。杨廷和上疏力谏，并反问皇帝："陛下亲征，谁敢发令差遣？"皇帝不听，自称威武大将军；再敢上疏反对的，通通处以极刑。眼看劝谏无效，大家实在没有办法，只好认了。正德十四年（公元 1519 年）八月，大军从京城出发，浩浩荡荡地南下。

车驾刚到离京城一百多里的涿州，牛人王守仁已经把朱宸濠之乱平定了，捷报送到御前。朱厚照很是无奈：该死的宁王，这么不经打，你看看，这让朕如何南下？于是他把捷报悄悄藏起来，秘不示人，大部队继续南征。十二月初，到了扬州。自古以来，江南多美女，朱厚照又是个喜欢美色之人，老百姓纷纷把女儿嫁出去。太监派人白天暗访，看看哪家的妇女颇有姿色，做好记录，等到夜晚，赶紧入室抢人。一时哭声震天，家里有钱的可以贿赂，把女性家属买回来；没钱的只能干着急，眼睁睁看着女儿入了魔窟，"威武大将军府"全是美女，满足朱厚照的需求。正德皇帝在扬州玩了好一阵子，没有叛军，他就在城郊打猎，过过瘾。接下来又转战南京，自朱瞻基走后，好像再也没有明朝皇帝来过了，可以参观参观太祖皇帝的陵寝。

南下的部队由张永等人率领，先期来到了杭州。他们为了讨好皇帝，准备让王守仁逢场作戏，等朱厚照领着大军来江西了，立即把朱宸濠释放，由正德皇帝把他重新抓起来，然后诏告天下，当今天子英明神武，亲手抓住叛乱藩王，就问你服不服！对于宁王是被谁抓住的，王守仁不是很介意，他担心的是朱厚照要是来南昌，百姓岂不是要遭受二次伤害？之前与叛军交手的时候，战火洗礼了南昌城，需要休养生息，恢复经济。朱厚照这个混世魔王再来一次，大家都别活了，不知道哪年才能恢复战前水平。为了挽救百姓，王守仁前往杭州拜见张永，希望把朱宸濠提前交出来，并重新写捷报，注明是在皇帝陛下的指导下，我们才以迅雷不及掩耳之势把叛乱平定了，朱厚照的那些亲信，个个都是大功臣，名字附在捷报上。这回满意了吧？张永同意了，江西百姓这才躲过一劫。

朱厚照没能亲自捉拿朱宸濠，心里闷闷不乐，为了不留遗憾，他在南京一本正经地搞了个受俘仪式，命人在受俘广场中间树立威武大将军旗帜。敌酋朱宸濠卸掉刑具，周围站着满副武装的士兵。皇帝身穿铠甲，随着击鼓声冲入场中，与朱宸濠格斗，将其擒拿，然后令其重新戴上镣铐。过不了多久，全国人民都知道正德皇帝亲手抓获了宁王。

叛乱已经结束，瘦西湖、牛首山都已经玩过了。是不是该回京了？朱厚照想了想，的确该回去了，就下令班师。北返途中，皇帝十分流连江南水乡的美景，来到一个叫清江浦的地方，索性驾驶小船，玩起了捕鱼，万万没想到，船说翻就翻了，朱厚照跌落水中，被手下救起。本来落水只是伤寒，但太医们惊奇地发现，仅仅三十出头的皇帝，身体健康却已趋于崩溃，从此以后朱厚照缠绵病榻。常年的纵欲、奔波，摧残了他的肌体，表面上看风风光光，"帝东西游幸，历数千里，乘马腰弓矢，涉险阻，冒风雪，从者多道病，帝无倦容"，实际上已经江河日下。好不容易回到北京后，按照制度要举行祭祀典礼，朱厚照突然呕血，瘫倒在地，没有把流程走完，只得草草收场。正德十六年（公元1521年）三月，朱厚照病入膏肓，在豹房里咽下了最后一口气。这回，他终于消停了，长眠在天寿山脚下，再也不用折腾了。

立德、立功、立言

大家好，我是王守仁，因为曾经在绍兴城东南二十里的地方筑阳明洞，所以人们都叫我"阳明先生"或者"王阳明"。从嘉靖八年算起，我离开人世将近五百年了。其间潮起潮落，花谢花开，不知有多少英雄豪杰就像流星一样，划过美丽的夜空。曾经有人总结，中华上下五千年的历史，总共出现过两个半圣人，一个是敬爱的孔老夫子，半个是清朝的曾国藩，还有一个就是我了。能够飞上天，与圣人肩并肩，实在是惶恐、惶恐。我为什么被称为"圣人"呢？据说是因为做到了"立德、立功、立言"，俗称"三不朽"。在实现这个目标的征途上，可以说惊心动魄、一波三折，恐怕连电视剧都不敢这样拍，欲知详情，让我从头说起吧。

圣人的追求

明宪宗成化八年（公元 1472 年），我来到了这个世界，投胎在一个姓王的家族。我的爷爷叫王天叙，号竹轩，是位热爱读书的知识青年；父亲叫王华，字德辉，曾在龙泉山读书，因此被人们称为"龙山公"，他更是一名了不起的人物，成化十七年殿试，斩获全国第一名的成绩，状元及第，这是多少读书人梦寐以求的事情。他是个优秀的学霸，也是位慈祥的父亲。听家里的老人说，当初母亲生我的时候，竟然怀胎十四个月，正常人十个月就出来了，我非得多待四个月，真是耐得住寂寞。他们肯定怀疑过：夫人肚子里怀的，不会是哪吒吧！我的奶奶姓岑，因为是女人，她的名字并不为后世所知，母亲快分娩的时候，她老人家梦见一位神仙，在仙乐的伴奏下，把一个孩子送到了她的手里。等到睡醒了，她正好听见房间里传来了啼哭声，那个嗷嗷待哺的婴儿就是我。

原本怀胎一年多已经让大家惊奇了，接下来发生的事，更加深了所有人的看法。正常人家的小孩，出生一两岁就会说话，叫"母亲""父亲"什么的。我都五岁了，竟然还不能牙牙学语，大人们急得像热锅上的蚂蚁，却束手无策，他们不止一次地怀疑：王云是不是一个痴呆儿。直到五岁时，有名得道高僧从我家门前经过，对爷爷说："好一个孩儿，可惜被道破了"。在我们那个时代，"道"和"云"是近义词，都有"说"的意思，而家人给我取的第一个名字恰好是"王云"，爷爷立即明白过来，高僧是要我们给孩子改名呀！不能道破了！于是改名为王守仁。没过多久，我突然开口说话了，背出不少儒家经典，爷爷十分震惊，话都没说过一句！怎么会背文言文的！我回答说："以前爷爷朗读的时候，我默默背下来了。"

我十一岁那年，我的父亲考上了状元，以后要去京城发展自己的事业。为了让我有一个更好的教育环境，爷爷带着我从余姚北上。繁华的京城到底是什么样的呢，想想都激动。路过金山寺，爷爷遇到了老朋友，大家喝得都很高兴，他想写一首诗助助兴，可怎么落笔都想不出来。而我，突然有了灵感，在旁边赋诗一首："金山一点大如拳，打破维扬水底天。醉倚纱高台上月，玉箫吹彻洞龙眠。"客人们都大吃一惊，小小年纪，却有如此才华，敢不敢再来一首！我勇敢地接受挑战，几乎脱口而出："山近月远觉月小，便道此山大于月；若人有眼大于天，还见山小月更阔。"虽然文笔有些稚嫩，但十一岁，相当于小学六年级的孩子，有这样的水平已经很棒了。爷爷的朋友纷纷点头称赞，对我一顿猛夸。

在京城读书的日子，对于父亲来说，我并不是一盏省油的灯。除了学习，舞刀弄棒也是我常常做的事情，因为我想"为万世开太平"。父亲却十分反感，他是个传统的读书人，看不上习武之人，在他的心目中，我最应该做的事情就是读书，像他一样考取状元；习武之事不应发生在我身上，当时官场普遍重文轻武，认为学习武艺是没有前途的。我却想成为文武双全的社会精英，甚至想当圣人。

有一天我问老师："什么是最重要的事情？"老师告诉我："读书考取功名啊！"我当场质疑他：读书考科举并非最要紧的，努力学习当上孔子那样的圣人，才是最优秀的。老师把我的奇谈怪论告诉了家长，父亲呵呵一笑：你小子也想当圣人？尽管不被父亲看好，可我仗剑走天涯的志向并没有改变。十五岁那年，家里人都被吓坏了，他们四处托人找我，怎么找都找不到。因为我独自一人，离家出走，来到了居庸关，了解边防情况、塞外风情。研学了整整一个多月，我总算回到了家里。但激动的心情始终无法平复，连做梦都是拜谒伏坡将军马援。当时天下并不太平，石英、王勇在京畿地区发起了反政府暴动，荆襄地区的流民也揭竿而起，我常常想把自己的军事主张上报给朝廷，都被父亲阻止了：你十几岁的小屁孩，懂什么国家大事！

十七岁那年，宪宗皇帝驾崩了，朝廷改元弘治。我的人生也迎来了转机。家人让我到南昌娶媳妇，为什么是南昌呢？因为这是一座英雄的城市？并非如此，由于我的岳父大人诸养和在南昌担任江西布政司参议，他与我父亲在很久以前就约定了这桩亲事，后来父亲考上了状元，岳父担心我们家反悔，不娶诸氏的女儿了，可我们王家怎么可能出尔反尔？圣人教导我们："言必信，行必果"。能够有状元郎的公子做女婿，岳父乐得合不拢嘴，感觉是祖坟冒青烟了。

他邀请我到南昌成婚，什么彩礼都不用带，只要人来就成。夫人的娘家张灯结彩，好像过年一般，岳父忙着招呼客人，比我这位新郎还要忙。父母之命，媒妁之言，说是这样说，可是，婚后的生活能幸福吗？带着这样的思索，我来到了铁柱宫，与一名道士侃侃而谈。岳父发现新郎没了，带着大家一起找，总算在第二天凌晨发现了我的身影。好好的典礼不参加，竟然与一个道士度过了新婚之夜。与洞房花烛相比，道家的养生之说明显更吸引我。有的人甚至都怀疑我病了，脑子有问题，谁让我从小身体就不大好呢？

真是一场难忘的婚礼，我要带上新娘诸小姐，也就是王夫人，回老家余姚去了。当时没有火车、汽车，坐的是小船，路过广信时，我又把王夫人一人留在船上，兴奋无比地前往娄谅家里拜访，他是我们大明的著名学者、儒学大牛，老夫子告诉我：圣人并不是遥不可及的，只要认真念书，肯定是可以达到的。对于从小立志成为圣人的我来说，他的话实在是令人振奋！我一定要加倍努力，争分夺秒，早日实现少年时代的理想，或者说毕生的追求。

程朱理学告诉我们："众物必有表里精粗，一草一木，皆涵至理"，通过"格物"这个方法，就可以"致知"，成为圣贤。我们是大户人家，院子里种了很多竹子，我和小伙伴相约"格"竹子，想要以此打开通往圣人世界的大门。我们从屋里搬来小板凳，坐在上面，聚精会神地"格"着，没有一丝一毫偷懒。可是圣贤没做成，小伙伴三天就病倒了。我比他还厉害，坚持了整整一星期，眼里突然一片漆黑，也病倒了。本来就是晚产儿，身体不太好，格竹子的经历使我落下了病根。对于朱熹夫子的学说，我也产生了疑问。

次年，我父亲王华回到了余姚，让三个从弟与一个妹婿跟我一起读书。我总算是想通了，要做到立功、立德、立言，首先要有一个舞台供自己发挥，如果连登上舞台的机会都没有，怎么可能出人头地。在大明王朝，这个舞台就是官场，想要登台必须通过科举考试。为了打败竞争对手，我白天和亲戚们上课刷题写文章，晚上他们都休息了，我书桌上的蜡烛直到半夜都还亮着，经史子集，常常看到两三点才罢休。从弟们见我成绩一天好过一天，都自愧不如，说道："王守仁已经把心思全放在了科举上，我们比不过他的！"我也说："以前太放松自己了，现在知错就改，一心要当上学霸！"考试结果很快就出来了，我成功通过浙江乡试，成了举人。下一步是会试，要与全国的学霸们争个高低，要是能过，进入官场就不是梦想。

可放榜后，我名落孙山了，有位同窗也没有考上，心里特别郁闷，当作耻辱。我安慰他说："世以不得第为耻，吾以不得第动心为耻"，有见识的人听见了，都为我竖起大拇指。弘治十年（公元1497年），边境一点都不太平，孝宗皇帝在群臣的建议下采取守势，蒙古人耀武扬威，大明却没有什么办法。当时朝廷让各地推荐将才，没有合适的人选；武举吧，选出来的人，身体素质不错，但统筹指挥方面却不成熟。我常常阅读武经七书，努力研究里面的思想。每次客人回家，我都要把他们吃剩下的果壳利用起来，假想成一个个士兵，摆在桌子上"布阵"，不知道你们小时候有没有玩过这样的游戏。

转眼到了二十七岁，那年我依旧住在京城，情绪比较低落。感觉自己写八股文的水平还是不行，想找几个志同道合的朋友吧，又找不到。郁闷久了，旧病复发，偶尔遇见道士，会探讨养生之学，我甚至都有远离尘世、在大山修炼的想法了。幸好我没去，因为天道酬勤，第二年，我考上了进士，赐二甲进士出身第七人，全国总排名第十。父亲特别开心，虽然没有状元及第，有这样的成绩也很了不起了，说明王家后继有人，再创佳绩。考试结束后，我被分配到了工部，第一项任务就是给威宁侯王越修坟墓，他虽然是个文人，却曾经取得过赫赫战功，我对他钦佩不已，视为偶像，曾经梦见王大人送给我一把宝剑。施工过程中，有许多工人参加，我操练他们，布置八阵图。竣工后，王越的家属送来金银珠宝，想要感谢我，这哪里好意思呢？他们又送来了老人生前用过的宝剑，这回我接受了。因为这与梦里的情节不谋而合。

接下来的六年，我先后担任刑部云南清吏司主事、兵部武选清吏司主事；曾游览九华山，筑室阳明洞，还主考了山东乡试。这段时间，我对佛道之学有了更加深刻的理解。弘治十八年（公元1505年），三十四岁的我开始收徒讲学，我告诉弟子们，不要只知道背诵文章、刷题，首先要确立成为圣人的志向。目标高远，才有实现的可能；如果你连想都不敢想，又谈何实现呢？就在这一年，孝宗皇帝驾崩了，他只比我年长几岁而已，可谓英年早逝。皇太子继承了帝位，也就是正德皇帝，他是我人生中经历的第三位天子，也是印象最深的一个。

人生的锤炼

武宗皇帝几乎比我小了二十岁，最宠信的人就是以刘瑾为首的"八虎"，刘健、谢迁、李东阳等前辈看不惯太监们的胡作非为，纷纷要求陛下罢黜刘瑾。本来距离成功只剩一步之遥，没想到剧情来了个大反转，顾命大臣失败了，被迫告老还乡，声援他们的同事也相继挨整，比如戴铣、薄彦徽等人，我上疏援救他们，触怒刘瑾，被拖到锦衣卫监狱里，狠狠打了四十棍。在孝宗皇帝时，我们文官很少挨打，要打也是可以穿防护用品的，可正德年间，廷杖可都是货真价实的。我身受重伤，疼得生不如死，处理结果很快就下来了，组织决定给我换岗，调到贵州一个叫龙场的招待所做所长。

当时我对龙场几乎一无所知，也管不了那么多了，保住性命，就是不幸中的万幸，锦衣卫监狱真不是人待的地方。在南下途中，刘瑾还是不愿意放过我，竟然派出杀手，走到钱塘，我把鞋子、衣服扔在江边，让杀手误以为我跳江自尽，实际上，我坐着商船，往舟山方向驶去。半路上突然刮起了大风，我登岸后，来到了福建境内，奔走几十里路，来到一座大山。见天色已晚，山里又有一座寺庙，我敲门请求借宿一晚，没想到僧人不愿意。没办法，我只好在附近的破庙里将就将就。第二天，当我醒来，听见僧人惊讶的声音，问我是人是鬼，我觉得莫名其妙，好端端的人，怎么会是鬼呢？他告诉我，附近常有老虎出没，破庙正是老虎的家，以前有路人经过了，会被大虫咬死，他每次早上过来，总能不劳而获，得到死者的盘缠。今天他又来找盘缠了，结果我却没死。出家人如此不厚道，见死不救，还贪恋别人的财物，我也是无语了。僧人把我带到寺庙里，说有个人想见我，仔细一瞧，不正是新婚之夜，我在铁柱宫里遇见的道士吗？

故旧重逢，人生的经历却大不一样。我把之前的经历全部告知，打算远走高飞，离开这伤心的尘世。道长奉劝我慎重：你的确可以躲起来、藏起来，可有没有替家人想过？刘瑾完全可以诬陷你叛国，投奔了蒙古人，并以此问罪，到时候该如何应对？在他的劝说下，我放弃了逃避的想法，去南京见我的父亲王华。他明显老了，见儿子还活着很欣慰。他希望我服从朝廷的安排，去贵州龙场做驿丞。想来想去，孝顺的我最后答应了，于是从钱塘出发，跨越千山万岭，奔赴云贵高原。

《荒野求生》很多人可能都看过，节目中，贝尔每一集都会去一个自然条件极其恶劣的地方想方设法让自己生存下来，最终找到返回文明世界的路，可以说是惊险又刺激，让人惊叹。

其实大约在 500 年前，我也上演过一次惊心动魄的荒野求生，只是年代久远，没有视频记录，只能通过对文献资料的整理，体会当初的艰险与不易。假设 21 世纪的人穿越到了过去，真的拍了一部这样的电影或者纪录片，我想该片的基本信息应该是这样的：

片名：大明荒野求生

国家：中国

年代：明武宗正德初年

主演：王守仁

出品人：刘瑾

拍摄地点：贵州省修文县龙场驿站

影片时长：两年半

南京与龙场相隔千里，我走了几个月才到，当年苏轼被贬往惠州，路过大庾岭，曾感慨自古以来，被贬的士大夫们，过了大庾岭就很难再回，大多客死他乡，魂魄不散。如今我被贬龙场，也不知道能待多久，朝廷没有明说，也许几月，也许数年，也许永远，如果是后一个，这辈子也就如此了。反正，刘公公没想我回来。

正德三年（公元 1508 年）春，我们一行人抵达目的地，能够平安到此也属不易，当时没有高铁、飞机，完全靠两条腿。在长江航行，可能会遇到龙卷风，在山上，可能会遭遇土匪强盗，而且路途特别遥远，更考验体力，此外，对盘缠也有要求，钱不是万能的，没钱是万万不能的，路上很难有资金来源。本来我身体就不好，小小年纪就身患肺病，安然无恙到达龙场也挺不容易的。

到了以后，我和同伴们都惊呆了，这个地方实在是过于原生态，"龙场在贵州西北万山丛棘中，蛇虺魍魉，蛊毒瘴疠。"荆棘丛生，百草丰茂，到处都是毒蛇巨蟒，猿猴野兽，一不小心就有可能误入虎口。这里的很多生物，在别的地方，一辈子可能都见不到一次。而且龙场开发程度较差，沼泽密布，空气稀薄，瘴气弥漫，瘟疫横行。我本来就有呼吸系统的疾病，现在越发艰难了。本来朝廷的意思是让我当个驿站管理员，到了才发现，所谓的驿站名存实亡，只是挂名而已。当初官府在这里设置驿站，是为了防止不测，想在用兵打仗的时候发挥作用，可多年没打仗，也就选择性地无视了。

这里没有遮风挡雨的房子，甚至连露宿街头的机会都没有，因为根本没有"街"。但是在不远的地方，有一个聚落，是苗民居住的小村子。这些少数民族同胞不会说汉语，对汉人也十分鄙视，因为总有汉族官员倚仗手中的权力欺负他们，不做好维稳工作，还放大民族矛盾，这些天朝大老爷平时对上级奴颜婢膝，对下级、百姓颐指气使，别说苗民，中原百姓也讨厌他们。如今见到我们几个人来了，一看穿的是汉服，一听说的是汉语，印象自然就不会太好：万一跟前面见到的人一副德行呢？这里有没有汉族人呢？有的，但"皆中土亡命"，都是些亡命之徒罢了，想想也对，要不是犯了罪、杀了人、跑了路，谁会来这个地方？

真正的求生开始了，我带了些食物、书籍、银子，还有两个随从。生存暂时不是问题，关键是要有住的地方，于是我搭建草棚，用来遮风避雨。毕竟是学文科出身的，专业不是土木工程，也没有什么实践经验，搭的草棚还没有人高，一下雨就可以体会到杜甫《茅屋为秋风所破歌》里写的那种感觉："床头屋漏无干处，雨脚如麻未断绝。"因为条件太恶劣，水土不服，两个随从都病倒了，本来还指望他们照顾我呢，这下完了，变成我照顾他们了。可这又有什么办法呢？无奈之下，我找到附近一个山洞，把行李、队友都送进去，用石头搭了几张床，生火取暖，驱逐野兽，时光仿佛倒退了近两万年，咱们的祖先山顶洞人过的日子。为了照顾随从，我要砍柴做饭，有时又担心他们心情不好，便给他们吟诗，哼哼家乡的越曲。

仅靠江南带来的一点食物是不够的，迟早坐吃山空，想要持久的话，必须自己动手。我没有种过地，就模仿苗人的生产方式。当地的耕作方法比较原始，还停留在刀耕火种的时代，在耕作过程中，我一开始也不熟练，就像陶渊明一样，"草盛豆苗稀，"可不断地研究后，就入门了，甚至还可以总结出很多的农业经验。

这样的生活简单而又寂寞，身处蛮荒之地的人最渴望见到中原人氏。正德四年（公元 1509 年）秋季某月初三日，我偶然在篱笆中望见一个汉族书吏投宿苗家，好像还带着他儿子和一个随从，像是要去上任的。我几乎不相信自己的眼睛，好久没看到中原来人了，也不知道北京现在的政治状况，便想去问问，可天色已晚，就打算翌日再说。熟料第二天，这三个人早早上路了，中午时分，有人告诉我，死人了！死人了！蜈蚣岭有个老人去世了，我大吃一惊，心想肯定是那个书吏。到第二天，又有人对我说，三个人都死了，可能是旅途劳累，亦可能是被毒蛇袭击，或者水土不服等原因。

我带童仆去安葬他们，顺便还带了一只鸡，三碗饭，童仆听说是收尸，不愿意去，我说："我和你们，本像他们一样啊。"没准我们死的时候，连埋葬的人都没有，暴尸荒野了。葬罢，我给死者读祭文，其中一句是："呜呼伤哉！纵不尔瘗，幽崖之狐成群，阴壑之虺如车轮，亦必能葬尔于腹。"翻译成白话文是："纵然不葬你们，那幽暗的山崖上狐狸成群，阴深山谷中粗如车轮的毒蛇，也一定能够把你们葬在腹中。"墓中人的今天极有可能就是我们一行人的明天。

　　生存上的事或许更容易解决，但心理问题就不是那么简单就能解决的了。我本来是状元之子，封建社会的状元意味着什么，不用多说，你懂的。身为官二代，可以衣食无忧，在天朝这个看脸拼爹的时代，我已经赢在了起跑线上。父亲不忘对我严格要求，后来我再接再厉，虽有些波折，终究还是考上了进士，本来要大展宏图的，没想到被刘瑾贬到了这个地方，非但踢出了公务员编制，还拖累了两个随从，他们也上有老下有小啊。这里远离故乡，环境恶劣，孤独异常，不知道什么时候能离开。我可以选择死亡，但也不是完全没有生的希望。要知道世界上最痛苦的不是死亡，而是等待死亡，死亡那一下有什么可怕的，一了百了，就是那种等待的过程最折磨人。当年唐中宗被赶下台后，降为庐陵王，迁均州、房州，每天都受尽精神折磨，因为武则天可能会杀他，也可能会重新立他，处境堪忧，但又不是完全没有生机。每次一听有神都的人来，就一哭二闹三上吊，韦后问他你到底怕什么，李显说怕是母亲派来赐死的，既然是赐死我，还不如自行了断。

　　我每天晚上都躺在自己搭建的石棺材里思考人生，没事还读读带来的《易经》，几十年来，一直有一个问题困扰着我：怎样成为圣人？程颐、朱熹说理在万事万物上，格物致知就可以获得理，可为什么当年我们格竹子一个礼拜却一无所获呢？苦思冥想，不知所以然，终于，在某一天，我突然跳起来哈哈大笑，随从都以为我疯了，其实是我想通了：心即理也，理不在外，就在每个人的心里。从这一刻开始，我的圣人之路产生了巨变。

　　渐渐地，苗族同胞发现我们这几个汉人并不是坏人，只是些失路之人、他乡之客，和他们一样惨，于是纷纷伸出援助之手。龙场经济落后，拖累了文化发展，人们基本上都没有读过书，更别说参加科举考试，走出大山了。于是在农闲之余，我就教苗族的小朋友读书认字，他们的父母都非常感激，特地为我修建了龙岗书院。几百年才来一个大儒啊，千万不能委屈了王老师。由于我学识渊博，很多外地人都慕名而来，拜在我的门下。现在我摇身一变，成了当地民办学校的教师。现在也有很多人去贵州山区支教，做着和我当年一样的事情。有一次思州府的小吏侮辱我，站在旁边的苗族同胞直接把他暴打了一顿。

起初贵州当地的官员也不喜欢我，但跟我有过几次接触后，产生了敬意，他们说我这位大神待在龙场那个小庙不是屈才了嘛，来我们省城的书院讲学吧！于是我就去贵阳书院任教，这样前来求学的人就更多了。正德五年（公元 1510 年）三月，朝廷下诏重新启用我，升任庐陵知县，终于，我度过了人生最艰难的时刻。五个月后，刘瑾倒台，被千刀万剐。

武侠小说里有这么一个说法，那些武林大师往往要闭关修炼几十年，出来后，方可纵横江湖，天下无敌。在贵州龙场的那一段时间就相当于我的闭关修炼了吧。离开贵州后，我推行十家牌法、选拔民兵，平定了赣南匪患，又在十分仓促的情况下，歼灭了宁王的叛军。后人将我称为军事家，就是因为我在正德末年、嘉靖初年的赫赫战功。尤其是平定宁王，可以说是我最得意的作品。

沙场与政坛

当年太祖皇帝登基时，在各地分封王爷，赋予他们兵权。假如朝廷出了奸臣，王爷们可以清君侧，诛杀奸佞，保住大明江山。洪武二十四年（公元 1391 年），太祖封十七子朱权为宁王。两年后，朱权在大宁就藩。靖难之役中，太宗皇帝用计策要挟朱权加入靖难大军，并约好事成之后，两人平分天下。结果真正打入南京后，太宗皇帝便将此事忘得一干二净。于永乐元年（公元 1403 年）将宁王改封南昌。宁王从此专心读书、娱乐、学道，不过问也没有机会过问政事。正统末年，第一代宁王去世了，享年七十岁，他的孙子朱奠培继承了爵位，天顺年间因为获罪而被革去护卫。弘治四年（公元 1491 年），朱奠培去世，他的儿子朱觐钧嗣位。弘治十年（公元 1497 年），朱觐钧去世，儿子朱宸濠嗣位，于正德十四年（公元 1519 年）六月发动叛乱，他就是我最大的敌人。

当年刘瑾最嚣张的时候，朱宸濠就心怀不轨，常常贿赂刘瑾，正德二年（公元 1507 年），银子到位后，他成功恢复了护卫，有了谋反的资本。朱宸濠还喜欢招纳江湖术士，有个叫李自然的，通过揣摩上意，知道宁王有谋反的意图，便声称自己可以知"天命"，说宁王有皇帝之相。当时的人大多迷信，野心勃勃的朱宸濠相信了这些莫名其妙的说法。没想到刘瑾垮台后，宁王的护卫又被削夺了。他想方设法希望恢复。正德八年（公元 1513 年），与宁王关系很好的陆完被升为兵部尚书。他曾经在江西担任按察司，朱宸濠见两人有交情，极力拉拢，陆尚书同意了，为朱宸濠恢复护卫出谋划策。同时，朱宸濠还私下里勾结皇帝的亲信钱宁、张锐等人。在大家的帮助下，他终于在正德九年（公元 1514 年）三月恢复了护卫。

宁王的野心能不能实现呢？看看他的品行便知道了，他四处抢夺土地、钱财，强抢民间女子，就连官府也不敢过问。对于江西的地方官，能够拉拢的便竭力拉拢，实在是不愿意投靠的便想方设法除去。随着时间的推移，他的野心终于被朝廷查到了。正德十四年（公元 1519 年）五月的一天，太监张忠对皇帝说："钱宁、臧贤常常称赞宁王。陛下以为如何？"皇帝回答："推荐文武百官也就罢了，推荐藩王是什么道理？"张忠说："他们称颂宁王，是在图谋不轨，陛下难道没有觉察到吗？"武宗皇帝于正德十四年，派驸马都尉崔元、太监赖义等人前往江西调查朱宸濠，并革除护卫。

正德十四年六月十三日，朱宸濠过生日，潜伏北京的密探林华把情况告诉了他。宁王一听大惊，当即决定发动叛乱。第二天，江西地方官给他祝寿，他就趁机发难，将不听话的通通除掉，官府群龙无首，指挥中枢被破坏，谋反第一步就实现了。第二天早上，他聚集党羽刘养正、李士实等人，说："皇太后有密旨，命令我起兵入朝监国。"孙燧是江西巡抚，之前多次向朝廷报告朱宸濠的谋反意图，现在宁王果然叛变了，他马上质疑："密旨在哪里？"朱宸濠回答："这你不必多问，我现在去南京，你肯保驾吗？"孙燧和按察司副使许逵当即大骂"反贼"，宁王见两人都不愿意跟随，立即下令处死。许逵骂道："今日贼杀我，明日朝廷必杀贼。"参政王纶、布政使梁宸等人归附朱宸濠。朱宸濠任命李士实、刘养正为左右丞相，参政王纶为兵部尚书总督军务大元帅，号称有十万大军，向哪里进攻呢？准备前往南京，也就是中国排名第二的政治中心。于是向北挺进，攻打南康，知府陈霖已经逃跑；又攻打九江，知府汪颖也消失得无影无踪。接下来，就是顺流而下，经安庆直取南京了。

当时我奉朝廷命令，正赶往福建，处理士兵哗变。走到丰城，听说宁王已经谋反，我赶紧坐船南下，否则要被朱宸濠派出的杀手逮住。不巧的是，江面正刮南风，我是逆风而行，速度特别慢，有利于敌，不利于我。当时我心急如焚，只好焚香祷告说："如果老天爷可怜我，允许守仁匡扶社稷，就请刮北风吧！如果不考虑百姓的死活，只刮南风，那我活着也没什么意思了。"很快，风停了，我们的船只可以走了。杀手们紧追不舍，我们又潜入渔船，换上便装，才彻底摆脱追兵。宁王的谋反可以说非常突然，从九江到南京，所有的城池都没有防备。我必须延缓他们的脚步，否则南京沦陷，划江而治，会有更多无辜老百姓死于宁王的野心。危急时刻，我伪造了兵部咨文，以他们的名义，命令两广狼兵四十八万以及杨旦率领的八万军队、陈金率领的六万军队，从各地纷纷驰援江西，剿灭叛贼；又写下密信给刘养正、李士实等人，说知道他们对朝廷的忠诚，盼望早日擒获敌酋，报效朝廷。然后我又找了许多群众演员，帮忙把这些信送出去，故意被叛军抓获。

宁王截获这些假消息，将信将疑，不知道是该出兵呢，还是按兵不动：假如这些都是真的，他应该据守南昌，保住大本营；如果都是假的，应该毫不犹豫地发兵安庆，直捣南京。保守的宁王最终选择了按兵不动，十天后，才开始进攻安庆，并流下悔恨的泪水。安庆方面听说朱宸濠要来，已经做好了防御准备，任凭叛军怎么攻打，就是无法破城。双方僵持住了。

虽然拖延了宁王的脚步，但那是权宜之计。如今南昌、九江等赣北地区都沦陷敌手，安庆能否守住前途未卜，我命令江西各地赶紧组织义兵，向樟树集结。来的人虽然很多，毕竟都不是正规军，有战斗力的不过两三万人，情急之下能有这样规模的部队，已经很厉害了。接下来就是进攻路线，有人建议我发兵安庆，因为那里正在作战，一旦沦陷，后果不堪设想。我仔细思考，发现这是不可取的。如果直奔安庆，必须越过九江，相当于退路被断了，要是叛军主力再掉头进攻我们，届时首尾难顾，恐怕要全军覆灭。为什么不直接进攻南昌呢？那是敌人的老巢，只有一万人防守，市民们也不愿意接受宁王的统治。围魏救赵，安庆之危不就迎刃而解了？

说干就干，我们在樟树庄严誓师，一定要打败敌人，平定叛乱。有间谍告诉我，敌人在新旧厂这个地方设伏，我就派奉新知县刘守绪带兵从小路突袭，打败了他们。本来南昌城的防守是很严的，新旧厂溃败的士兵逃回后，整座城都震惊了。我们的部队架起云梯，奋勇前进，终于攻破了南昌城。我赶紧安抚居民，释放被胁迫的人员，封锁仓库，保管好公章，有趁机烧杀抢掠的，都被我军法从事。

朱宸濠听说大本营被攻破，王府人员已经自焚，赶紧掉头，准备与我决一死战。敌人来势汹汹，大家都有点害怕，想着避开锋芒。我却主张针锋相对，因为敌人自起兵以来，没有遇到过什么劲敌，九江、南康那是不战而胜，唯一有过激战的安庆，还迟迟拿不下来。如今士气低落、疲惫不堪，加之老巢已经失守，想必战斗力也强不到哪去。于是我集中精锐，在黄家渡大败叛军，晚上，宁王军船停泊在黄石矶，听见手下有人报告"黄石矶"三个字，他误以为是"王失机"，立即把人杀害，心虚到了这个地步。第二天，宁王又败了一次，退保樵舍，还把船只都用铁索连在了一起。我暗自好笑，当年太祖皇帝是怎么打败陈友谅的？三国时期的周瑜又是怎样打败曹操的？朱宸濠竟然都不知道，人还是要多读书呀，否则最基本的历史教训都吸取不了。于是我命令部下采取火攻，朱宸濠大败，死伤惨重，宁王本人以及世子、郡王、仪宾，还有李士实、刘养正、王纶、吴十三、凌十一等骨干都被将士们活捉。

既然已经失败，朱宸濠心如死灰，只有一个愿望希望能满足他。宁王妃娄氏，从嫁给朱宸濠开始，就不断地劝谏，希望丈夫能够放弃谋反的想法。最后一战后，她投水而死。朱宸濠十分伤心，悔不当初，希望我可以收葬他的爱妃。多年前，我回乡成婚的路上，曾路过广信，求教于大儒娄谅，娄妃便是他的孙女。别说有劝谏宁王的历史了，看在这层关系上，也应该好好收葬。于是我命人苦苦搜寻，总算在江面上把她的尸体打捞上来。

本以为事情到这里已经结束了，没想到武宗皇帝来了个强行加戏。他在江彬等人的鼓动下，决定御驾亲征，自称"奉天征讨威武大将军镇国公朱寿"，随行人员有亲信江彬、许泰，宦官张永、张贵等。当征讨大军行进至良乡时，我的捷报已经送达。这令圣上不大满意，因为他还想趁此机会游玩一番，于是将捷报秘而不宣，一路游玩过去，不是捕鱼、打鸟就是闯入百姓家中。江彬等人还想等武宗皇帝到江西后，把宁王给放了，让天子再抓一次。可是赣北地区经此一战，元气大伤，京城的大军如果来此，必然对黎民百姓造成二次伤害，于是我到杭州面见宦官张永，把朱宸濠交给他，并重新撰写捷报，声明是在陛下的英明指导下，我们才可以平定叛乱，江彬、许泰等人都是大功臣。知道真相的人都清楚，我是在说谎，可只要能够挽救百姓，我受点委屈也没什么。

正德十六年（公元 1521 年），皇帝陛下的车驾总算离开了江南，没过多久，便传来驾崩的噩耗。武宗皇帝没有儿子，也没有弟弟，大学士杨廷和在张太后的支持下，拥立兴王朱厚熜为新皇帝，改元嘉靖。这一年，我五十岁了。天子非常认可我平定宁王的功绩，封我为新建伯，进光禄大夫柱国，还兼两京兵部尚书，岁支禄米一千石；还想把我召入京城，委以重任，可是杨廷和等内阁大臣并不愿意，走到钱塘时，突然又有了旨意，说现在刚刚国丧，不宜有人事变动。过了几年，杨廷和在大礼议之争中下台了，新上来的张璁、桂萼也不认可我，他们更加信奉程朱理学，对我的才能也十分忌惮，嘉靖皇帝的想法也变了，他站在维稳的立场上，也更加支持程朱理学，而不是我孜孜以求的心学。从正德皇帝驾崩到去世，我再也没有机会前往北京。

不去也罢，我在江南专心讲学，也是乐在其中。嘉靖元年（公元 1522 年）二月，龙山公病逝了，我的内心受到巨大打击，五十年来，没有父亲的谆谆教诲，没有他为我提供的物质条件，我怎么会有今天的成就呢？举哀之日，我痛苦不已，原有的病情更加严重了。四年后，我的夫人诸氏也走了，我将她葬在徐山。礼部尚书席书向朝廷推荐我，说："生在臣前者见一人，曰杨一清；生在臣后者见一人，曰王守仁"，最后杨一清入阁办事，而我却没有北上。

嘉靖六年（公元 1527 年），朝廷突然又想起了我，但不是入阁辅政，而是去广西的思州、田州收拾烂摊子，好事果然都轮不到我，什么招待所所长、剿匪、平乱都需要我带头。最早的时候，广西田州一个叫岑猛的人造反，朝廷派提督都御史姚镆征讨，过了一段时间，姚御史上奏说岑猛已经成功抓获，天子降下旨意论功行赏。没想到他的残部卢苏、王受等人再次作乱，姚镆征集四省的官兵，都没有打下来。我这个时候身体已经很差了，肺病日甚一日，再说姚镆只是偶尔失利，没必要把他给替换掉，要是还不行，可以让尚书胡世宁、李承勋等人出马，他们个个都比我优秀。朝廷收到我的奏报，下令姚镆立即退休，我必须前往广西出差。

到达目的地后，我采用招抚的方法，顺利打消卢苏、王受等人的疑虑，使他们归降朝廷，免去了一场血光之灾。之后我又派兵剿灭了八寨和断藤峡的土匪。可是长途跋涉、日夜操劳，彻底摧毁了我的身体，我多次上奏朝廷，请求回家养病，都没有得到批准。眼看肺病一天比一天严重，甚至咳出了鲜血，到广西后水土不服，又患上痢疾，不停地拉肚子。

在没有得到官方同意的前提下，我踏上了归途。走到南安时，周积前来探望，我勉强坐下，对他说："病势危亟，所未死者，元气耳。"第二天，我彻底不行了，弟子问我有什么遗言，我说："此心光明，亦复何言"，遂溘然长逝。广东布政使王大用是我的门人，提前为我准备好了棺材。灵柩顺流而下，来到南昌，又经过赣东北的弋阳、广信等地，最终回到家乡。沿途父老痛哭流涕，如丧考妣。嘉靖九年（公元 1530 年）十一月，我被安葬在洪溪，离王羲之撰写《兰亭集序》的地方不远，这是我生前亲自给自己选定的。葬礼当天，有一千多人参与，王安石曾说："生有闻于当时，死有传于后世，苟能如此足矣，而亦又何悲"，有生之年，我做到了"立德、立功、立言"，尽管人生苦短，有了这些成绩，也的确没有什么好遗憾的。三十多年后。隆庆皇帝登基，追赠我为新建侯，谥"文成"。

四

嘉靖嘉靖，家家干净

天上真的会掉馅饼

正德十六年（公元 1521 年），朱厚照过早地离开了我们，享年三十岁。

伴随他的离去，一个尴尬的问题留给了张太后与内阁首辅杨廷和。虽然朱厚照风流成性，喜欢拈花惹草，宫里宫外有许多女人，甚至连孕妇都不放过，却从来没有生下过一男半女。这是谁的问题呢？一个嫔妃不生，可能是女方的问题；这么多女人都不生，那当然是朱厚照的问题了。正德十一年，内阁首辅请求皇帝立太子，朱厚照不予理会。朕才二十多岁，没有儿子，要立太子只能立其他宗室的孩子，难道是要让朕承认自己"不行"？朕还年轻，以后没准会有孩子的，要对自己有信心！结果而立之年，朱厚照没等到一个属于自己的儿子，却等到了死神的召唤。若朱厚照泉下有知，知道我们在这里戳他的痛处，没准会托梦给我们送个律师函什么的。

尴尬的现实

皇帝不孕不育，没有儿子，愁坏了那些穿官服的大臣，国不可一日无君啊！明朝的国家机器，没有皇帝这个零部件，怎么能运转？朱厚照可以一死了之，躺在陵寝里，享受后人的祭祀，再也没有任何烦恼，可是活着的人还是要承担现世的烦恼。

从朱元璋到现在，大明王朝已经挺过了一百五十多年，从来没有遇到这样的情况。怎么办呢？幸好太祖皇帝留下了祖训：父死子继，兄终弟及。洪武二十五年（公元1392年），懿文太子朱标去世，朱元璋悲痛之余，立他的长子朱允炆为太孙，后来朱棣继承了皇位，也是把江山传给自己的嫡长子，仁宗、宣宗、英宗都是这样即位的；正统十四年（公元1449年），土木堡之变，朱祁镇被瓦剌俘虏，由于形势危急，国赖长君，才破了例，让皇弟朱祁钰登基，特事特办嘛。景泰八年（公元1457年），朱祁钰病重，太子早亡，他的哥哥明英宗复辟，如果没有夺门之变，坐上龙椅的仍然是朱祁镇，因为兄终弟及，更何况人家之前当过皇帝。从宪宗驾崩到武宗即位，皇位的更迭仍然遵循父死子继原则，皇帝至少能生出儿子，把他们抚养成人。

朱厚照既然没有儿子，那就立他的兄弟吧。他老人家有没有弟弟呢？还真有，叫朱厚炜，只是很早就夭折了，孝宗皇帝追封他为蔚悼王。而且夫妻恩爱的孝宗两口子就生了这么两兄弟，现在哥俩在阴间相会了。亲儿子没有，亲兄弟也没有，那只能找孝宗皇帝的弟弟了。不得不说，朱见深的生育能力的确比他的儿子强太多，总共有十四个儿子。老大是万贵妃生的，只活了几个月就挂了；老二是柏贤妃生的，享年三岁，呜呼哀哉；老三就是明孝宗了，已经没有后代；老四兴献王朱祐杬，寿命还可以，活了四十三岁，刚刚去世没多久，否则皇帝就是他当了，造化弄人啊。幸运的是：他有个儿子，也是独苗，叫朱厚熜，仍然活在这个世上。根据太祖皇帝的意思，目前宗室中的皇位第一顺位继承人就是这位少年了。

既然朱厚熜是最合适的人选，那就把他的名字汇报给领导吧！杨廷和把这个意见告诉了张太后，太后听说符合祖宗家法，而且大学士梁储、蒋冕等人也没有意见，虽然非常悲伤，非常不情愿，却也只能同意。赶紧派宦官谷大用等人前往湖北，迎接兴王朱厚熜来京。

安陆少年

这一年，朱厚熜十四岁，还很年轻。据《明世宗实录》记载：正德二年（公元1507年）他出生的时候，王府里全是红光，人们都十分惊讶；与此同时，北方的黄河也清了；种种迹象表明，有一个重要人物诞生了！为了吹捧皇帝，编撰实录的大臣也是拼了，连黄河水清都能写得出来，如今看来，虽然我们能体谅史官不容易，但也只能当个故事听了。

朱厚熜的父亲朱祐杬出生在北京，十二岁被哥哥明孝宗封为兴王，弘治五年（公元1492年）与蒋小姐结婚，也就是朱厚熜的母亲；弘治七年（公元1494年），朱祐杬带着王妃来到了封地——湖广安陆州，从此再也没有离开过这里。江汉平原的生活怎么样？既舒适又无聊。身为亲王，朱祐杬不用工作，不用上班，便可以获得优渥的待遇，每年领取一万多石粮食，大臣们见到他，还要恭恭敬敬地行礼、拜谒；虽然躺着也可以拿钱，但藩王们不能插手政务，更不能有觊觎皇位的想法。和太宗朝的王爷们不一样，"娱乐至死"，是如今朝廷对他们的期望。在这样的背景下，朱祐杬只好多多培养自己的业余爱好，比如吟诗作对、研究医术、和道士探讨仙术等。

对于儿子的教育，兴王非常重视，就一个心肝宝贝，不疼爱他又疼爱谁呢？他亲自上阵教育朱厚熜读书。小时候的朱厚熜也挺有天分，一篇文章，常常读几遍就可以背诵了。除了书本知识，父亲还给朱厚熜讲民间疾苦，稼穑之难；朝廷里的是是非非，偶尔也会聊个几句。尽管子嗣不多，兴王的生活过得十分安逸，一家三口其乐融融，享受着老百姓羡慕的神仙日子。月盈则亏，水满则溢，正德十四年（公元1519年），身体健康的朱祐杬突然中暑了，仅仅过了半年，他就撒手人寰，享年四十四岁。父亲的突然离去，对于十三岁的朱厚熜来说是巨大的打击，他五内俱焚，哭得肝胆俱裂，悲痛了好一阵子，才稍稍缓过神来。按照朝廷制度，亲王去世，世子守孝三年，才能继承王位。朱厚熜就一边管理着兴王府，一边为父王守孝，等待朝廷的册封。正德十六年（公元 1521 年），母亲蒋女士上奏朝廷，请求让儿子提前接班，朱厚照批准了。于是朱厚熜正式接过父亲的爵位，成为湖广地区的一个王爷。

本以为这辈子就是个王爷了，没想到等来了梁储、谷大用等人。朱厚熜站在门口，恭恭敬敬，候着诸位大人。梁储他们来了，见到朱厚熜本人，纷纷夸赞："帝王自有真也"，气度不凡啊，一看就是当皇帝的人。然后进入承运殿，宣读大行皇帝遗诏："朕绍承祖宗丕世十有七年，深惟有孤先帝付托，惟在继统得人，宗社先民有赖。皇考孝宗敬皇帝亲弟兴献王长子聪明仁孝，德器夙成，伦序当立。遵奉祖训兄终弟及之文，告于宗庙，请于慈寿皇太后与内外文武群臣合谋同词，即日遣官迎取来京嗣皇帝位。"朱厚熜听罢，脸上维持着悲痛的表情，但心里乐开了花，谁说天上不会掉馅饼的，现在不光掉下来了，还刚好砸在他的头上，你说巧不巧。感谢父王的养育之恩，感谢太祖皇帝定的好制度，还要感谢先皇没有儿子，让他白白捡了皇位。高兴之余，他心里又有些忐忑，这么大的国家，我一个十四岁的小屁孩能管好吗？宫廷里的生活不比王府，我能适应吗？从出生以来，朱厚熜始终在湖北生活，在朝廷里没有半点根基，那些大臣、官僚能不能驾驭住？想到这些，感觉压力山大，仿佛有千斤重担压在肩头。诏书宣读完毕，朱厚熜朝南而坐，接受朝廷大员、安陆地方官的跪拜。看着地下跪拜的人群，人生第一次，他尝到权力的甜头。

在接受遗诏这个过程中，还发生了一个小小的插曲。宦官谷大用，先行离开了南下大部队，想要单独面见朱厚熜，把好消息提前告诉他卖好。面对谷公公的一番好意，朱厚熜怎么做呢？他十分聪明，坚决不见！谷大用不是一般的宦官，人家是"八虎之一"，很不受文官待见，跟他扯上关系，传到朝廷里，大臣们会怎么看？怎么想？自己的皇位还不是板上钉钉，拒绝他的请求，对于准皇帝来说非常明智。

遗诏宣读完毕，朱厚熜要告别安陆，回到他父亲出生的地方——北京，是不是有点寻根问祖的感觉呢？临行前，带着喜悦与不安，他拜谒了父王陵墓。此次远行，不知道余生还有没有机会回到这里，在陵前烧一炷香，表达孝子的哀思。朱厚熜趴在地上痛哭流涕，侍卫们都特别感动，小心翼翼地把他搀扶起来。要和母亲暂时分别了，蒋女士告诫儿子要小心谨慎。一路上，朱厚熜特别低调，拒绝入住"总统套房"，拒绝藩王、地方官献上的奇珍异宝，他的所作所为，让人们看到了希望，未来大明王朝的中兴之主，似乎就在眼前。《明世宗实录》讲的这个地方，又开始吹捧他们的皇帝了，说朱厚熜路过黄河的时候，浑浊的河水突然清澈了，老人们都欢呼雀跃，为什么呢？传说圣明天子出来的时候，会有三百里的黄河水变清，持续三日。如今河水又清，说明朱厚熜就是圣明天子再世，咱们老百姓能生活在这样的好时代，三生有幸啊！正史中记载这么肉麻的故事，现在读起来，感觉还有点可爱。

斗争的开始

长途跋涉了二十多天，朱厚熜抱着激动的心情，来到了北京郊外，再过一段时间，这就是朕的江山了！礼部官员赶紧呈上策划书，详细规划了进宫行程以及需要用到的礼仪。朱厚熜非常高兴，仔细阅读，不禁火冒三丈：竟然要本王按照皇太子的礼仪登基为帝！我是皇太子吗？我是谁的皇太子？明武宗的？他跟我平辈！明孝宗的？那我父王是什么？他就我一个儿子，岂不绝后了？再说，遗诏写得很清楚：我就是皇考孝宗敬皇帝亲弟，兴献王长子，一个藩王的儿子，绝不是什么皇太子！

朱厚熜命令随行的兴王府长史袁宗皋，把礼部的策划书退回去，重新拟定即位礼节。杨廷和对准皇帝的要求并没有放在心上，他和朝臣们一起请求，希望朱厚熜按照皇太子的礼节登基，可朱厚熜就是不答应，双方僵持在这里了。杨廷和万万没有想到，这位十四岁的少年竟然如此执着，换了别人，哪里会在乎礼节呢，早点把皇帝当了才是真的。张太后听说大臣们很为难，就派人询问杨廷和，能不能退一步，改成劝进，朱厚熜接受群臣劝进，不用立为皇太子，杨廷和同意了。准皇帝由大明门入宫，先拜谒武宗灵柩，再朝见张太后，最终出御奉天殿，即皇帝位。

新君即位了，接下来就要确定年号，明朝皇帝除了明英宗，基本上只有一个年号，不像汉武帝、唐高宗、武则天，每隔几年就要把年号换一换。大臣们已经为新皇帝想好了，改元"绍治"，继承治世之道，效仿明孝宗，传承明孝宗的功业，也隐含了朱厚熜继统继嗣的含义。接过先皇的帝位，也要给先皇当儿子。朱厚熜小时候的书没有白读，你们这帮老狐狸的小算盘，他岂能不知。坚决反对用这个年号，要求改元"嘉靖"，《尚书》有言："嘉靖殷邦，至于大小，无时或怨"，意味天下安定，国泰民安。这个年号非常文雅，寓意也不错，估计来北京的路上，朱厚熜就已经在思考这个问题了。见皇帝已经有了明确意见，大臣们只好尊重，以领导为准。因为朱厚熜只用过一个年号，所以后人又叫他"嘉靖皇帝"。

从安陆到京师，嘉靖皇帝与文官们摩擦不断，先是要他当皇太子，后来又在年号的事情上产生了分歧，现在要颁布登基诏书了，双方又撕了起来。新皇帝上台了，要向全国人民颁布诏书，就像美国总统的就职演说一样。这回又有什么分歧呢，我们读一读诏书便清楚了："奉慈寿皇太后之懿旨，皇兄大行皇帝之遗诏，属以伦序入奉宗祧。"称呼朱厚照为"皇兄大行皇帝"，朱厚熜是朱厚照的皇兄，不就等于承认自己是明孝宗的儿子吗？要不要抗争？这一次，嘉靖皇帝思考再三，还是隐忍了下来，但却把事情放到了心里，先当上皇帝再说，以后再找他们算账。

正德十六年（公元1521年）四月二十二日，朱厚熜正式登基，第二年就是嘉靖元年了，正德年号彻底退出历史舞台。朱厚照的灵柩还在宫里，需要在天寿山脚下找块风水宝地，把他给埋了。陵寝修建之前，嘉靖皇帝命令寿宁侯张鹤龄、建昌侯张延龄、驸马都尉崔元祭祀其他六位先帝的陵寝，命工部尚书祭祀后土司工之神，命武定侯郭勋祭祀天寿山之神，并负责督造明武宗的陵寝——康陵。

龙袍穿好了，血气方刚的朱厚熜想要大干一场，成为明君圣主。谁年轻的时候没有点梦想呢？老天爷为嘉靖皇帝提供了那么大的舞台，足够他好好表现自己了。俗话说"一朝天子一朝臣"，每当新领导上位，往往就会出现人事变动，朱厚熜把矛头对准了先皇的亲信。在正德年间，他们是朱厚照的得力助手，文官们无法容忍的行为，许多都是这些人推波助澜的；皇帝想要清除政敌时，通常也是他们出手执行。十几年来，双方积累了太多恩怨，现在朱厚照死了，亲信们失去了保护伞，离被彻底清算的日子不远了。

早在朱厚熜来京之前，朱厚照信赖的江彬就已经落网了。他见皇帝已经驾崩，杨廷和等人对他也有意见，就称病不出，还在衣服里面穿了软甲，作为防身的道具。江彬的党羽都督金事李琮知道形势危急，就劝江彬赶紧造反，咱们先下手为强，后下手遭殃，如果失败了，大不了逃到长城外边去，投奔蒙古人，总比坐以待毙强啊！江彬犹豫不决，万一杨廷和他们并没有整我的意思呢？谋反毕竟是诛九族的，要慎之又慎。于是他就派另一个党羽许泰去见杨廷和，想要试探一下杨大人的意思，摸个底。许泰去了之后，发现杨廷和说话的语气非常温柔，好像对江彬没有什么意见，许泰回来后，江彬悬着的心稍稍放了下来。

事实上，这不过是杨廷和的障眼法，他巴不得早点除掉江彬呢，但作为一个合格的政客，掩盖心思，等待时机，是他必备的能力。他暗中与蒋冕、毛纪还有司礼中官温祥三个人谋划，怎么除掉江彬。思来想去，他们想到了一个好办法。当时坤宁宫的兽吻坏了，需要装个新的，皇宫的修缮，关系到皇帝皇后的安危，是个非常重要的事情，动工之前，还要专门找人祭祀。让谁来祭祀呢？江彬和工部尚书李鐩。等两个人入宫了，就把江彬给拿下。来参加祭祀，必须穿祭祀专用服装，江彬的保镖没资格穿，通通不准入内，这样就能一举拿下小心谨慎的江彬。杨廷和把计划报给了张太后，张太后说没问题，就这么办吧！

祭祀当天，江彬、李鏻如期而至，事情进展得非常顺利，兽吻可以开始安装了。宦官张永留下两个人，请他们吃饭，吃着吃着，江彬感觉不对劲，拔腿就跑。先跑到西安门，门是关的；又往北安门跑，守门的人说："得到旨意，要把您留住。"江彬觉得纳闷，回答说："现在还有什么旨意？"因为皇帝死了，新的还没来，是谁的旨意？守门卫士一拥而上，把江彬擒获，很快，他的党羽李琮也被抓了，心里后悔不已，嚷嚷道："你要是早点听我的话，怎么可能会被擒拿呢？"老百姓得知江彬落马，都非常高兴。朱厚熜上台后，下令把江彬千刀万剐，他的党羽全部斩首，老婆、女儿发配到功臣家做奴隶。朱厚照另一位宠臣钱宁，在正德年间已经被抓了，从他家里搜出玉带两千五百束、黄金十余万两、白金三千箱、胡椒数千石。嘉靖皇帝登基后，把他也给凌迟处死，十一个干儿子全部斩首。江彬行刑时，《明史》记载："时京师久旱，遂大雨"，没想到杀江彬还有求雨的功能。这是"天人感应"的老套路了，把久旱逢甘霖与江彬之死联系起来，凸显政治正确；你看，连老天爷都认可此事，说明杀得对、杀得好！天空下雨虽然只是巧合，但嘉靖皇帝通过此事平息了民愤，瞬间积聚了空前的民众支持度和自身威望，这个意外得来的皇位也稳当了几分。

对于朱厚照生前其他几位一起的"朋友"，大臣们也得好好"关照"。御史王钧弹劾司礼监太监魏彬、御马监太监于经、张忠；给事中杨秉义、徐景嵩、吴严弹劾谷大用、张永等宦官，说他们依附刘瑾，又与罪人江彬有来往。对于这些民愤极大的公公，嘉靖皇帝不能心慈手软，要用他们的落马抚慰群臣之心，以前朱厚照活着，拿他们没办法，现在可得出口恶气。于是朱厚熜下旨：魏彬、张永免职，勒令居家闲住；谷大用之前来安陆迎接过皇帝，算有点功劳，就降为奉御吧，赶到南京居住；对于这些处理措施，有些官员感觉太轻了，继续上疏，请求严办。嘉靖皇帝把谷大用从南京叫回来，送到康陵，去给明武宗守坟，十年后，把他的家给抄了。其他为非作歹、中饱私囊的太监或多或少也被处分，轻则降职免职，重则人头落地。嘉靖君臣这波猛如虎的操作，表达了对正德年间朝政的不满，他们不能公然批判先帝，只能说朱厚照本性是好的，不小心被奸佞蛊惑了；至于留下来的亲信，当然可以大开杀戒了。

朱厚熜烧起的第二把火：裁员，因为地主家也没有余粮了。当时水旱灾害频频发生，农民起义愈演愈烈，明武宗兴趣广泛，四处折腾，哪里都要花钱，可朝廷哪有钱呢？杨廷和说："欲征之于民而脂膏已竭，欲征之于官而帑藏已空"，民脂民膏都被姓朱的"吸血鬼"抽干了，国家财政困难；边关将士的薪水不能及时发放，屡屡找朝廷要钱，这样的军队，战斗力如何保障？眼看国家形势不容乐观，嘉靖皇帝十分无奈。他想改变现状，经常天还没亮就上朝听政了，刮大风、下大雪，人家照常上班。冬日的京城，昼短夜长，凌晨时分的光线比较黯淡，朱厚熜让太监点亮蜡烛，好处理公文，听大臣们汇报工作。

怎么缓解财政危机呢？无非两种：开源节流。首先说开源吧，之前不是抓了许多宦官，还有先帝的宠臣吗？抄家！把他们捞的黑心钱通通没收，搬到国库去。之前查抄江彬的时候，发现："黄金七十柜，白金二千二百柜，其他珍珠不可数计"，注意，单位是"柜"，不是"两"。

再说节流，明武宗生前有许多业余爱好，都是很费钱的，比如他喜欢野生动物，老虎啊、狗熊啊什么的，上有所好，下面的官员就投其所好，看看自己辖区有没有野生动物，抓过来给皇帝送去。捕捉、运输、饲养，都要花钱。朱厚熜把这项活动给停了，朕对野生动物不感兴趣，你们别送了。先帝还喜欢到处巡游，大兴土木，嘉靖皇帝也给叫停了，告诉各地，除非特别重要的工程，否则一律停工。豹房里面的番僧、教坊乐人，各地进献的女子，通通遣散。养这些人，朝廷要耗费不少银两。让他们离开，节约经费不说，还能体现新皇帝是个不求贪图享乐的好领导。

此外，朱厚照还特别豪爽，封官跟儿戏似的。一场应州战役，杀敌十五人，赏赐的有功人员高达九千多名，级别提高了，朝廷要给予相应的待遇。这些人原本没有多大功劳，得到了与能力不匹配的收入，亏钱的是官府。对于那些靠非常手段吃国家俸禄的人，必须加以辞退，国库的压力实在太大了，没钱，朝廷还怎么维持下去。《明史·杨廷和传》记载了杨大人裁员方面的狠劲："裁汰锦衣诸卫、内监局旗校工役为数十四万八千七百，减漕粮百五十三万二千余石，其中贵、义子、传升、乞升一切恩幸得官者大半皆斥去。"在他的提议下，嘉靖皇帝裁掉了十四万八千多人。

既得利益者丢掉了饭碗，对杨廷和恨之入骨。每次杨大人出行，就有人怀揣利刃，在队伍周围候着，想要报复。朱厚熜知道了，赶紧增派一百名士兵，保护朝廷命官的安全。多年后，嘉靖皇帝问大学士李时："太仓里面的粮食还有多少呀？"李时回答："可以吃好几年呢！都是陛下执政初期，裁汰冗余人员取得的光辉成绩。"皇帝被夸得不好意思了，老脸一红，说："此杨廷和功，不可没"。

正当嘉靖皇帝兴利除弊、拨乱反正，朝廷内部却发生了一场"大地震"，君臣关系顿时剑拔弩张，降至冰点。矛盾的核心，竟然是"朱厚熜的父亲到底是谁？"

名义大礼，实为争权

大礼议事件的发生，与嘉靖皇帝特殊的身世脱不了干系。之前明朝皇帝的权力交接，有没有不正常的？有！但没有像嘉靖皇帝这样，极为不常规的。

第一个不正常的是建文帝，他的父亲朱标没干过一天皇帝，朱元璋直接把皇帝传给了孙子。朱允炆登基后，追封父亲朱标为皇帝，群臣没有什么意见。按照制度，朱标是太子，本来就应该当皇帝的，只是运气不大好，英年早逝。他死后被追封为皇帝，也没有什么大不了的。

第二个不正常的是明成祖朱棣。通过四年靖难战争，他篡夺了侄儿建文帝的江山。但是，对于父亲的尊号问题，他没有任何疑难。朱元璋生前就是皇帝，驾崩过后，还是皇帝，已经入葬皇陵，不需要再做什么文章。

第三个不正常的是明代宗朱祁钰，他的哥哥被瓦剌人俘虏，为了稳住局势，孙太后让王爷身份的朱祁钰登基。至于父皇的名分，他根本用不着操心，因为朱祁钰与朱祁镇都是明宣宗的儿子。

正方观点

等到嘉靖皇帝这里就不一样了，他的父亲朱祐杬从来没有当过皇帝，就连太子都没有做过，孝宗皇帝的太子之位一直都很稳固，朱祐杬从生到死就是个藩王的命。现在儿子有出息了，君临天下，这位亲生父亲的名分应该如何确定呢？正德十六年四月，朱厚熜刚刚上台没多久，便给礼部出了个大难题："议兴献王主祀及封号以闻"，我父亲究竟往里摆，请礼部给个明确说法。经过一番思考，有大臣提出：当今天子应该尊明孝宗为皇考，"考"就是死去的父亲；也有大臣反对这个观点，认为"父亲"不能乱叫。让我们进入辩论现场，请双方辩友发表各自的观点。

首先出场的是正方辩友，一辩：内阁首辅杨廷和，二辩：礼部尚书毛澄。他们是这样理解的：明孝宗与兴献王是兄弟，孝宗继承了明宪宗的皇位，生下了明武宗，按照礼法，孝宗、武宗这一支是大宗，兴王和其他同辈兄弟是小宗；现在武宗没有儿子，也没有兄弟，这一支延续不下去了。现在嘉靖皇帝继承了明孝宗的皇位，入嗣大宗，按照"继统继嗣""为人后者为之子"的原则，必须放弃原来小宗身份：兴献王朱祐杬之子，改称明孝宗朱祐樘为皇考。以后亲生父亲朱祐杬就是皇叔考，母亲蒋女士就是皇叔母。可是，兴献王只有朱厚熜一个儿子，你杨廷和把他过继给了明孝宗，兴献王不就绝后了？在古代，断子绝孙是大不孝的行为，因为个人原因，让祖宗断了香火，没有人祭祀，沦为孤魂野鬼，简直不为人子。杨廷和说没事，给兴献王也过继一个，益王儿子多，就把益王朱祐槟的儿子崇仁王朱厚炫过继给朱祐杬，以后他就是兴王了。

为了证明此策划的合理性，杨廷和还举了两个例子。一个是西汉的定陶王刘康，他的哥哥汉成帝刘骜生过四个儿子，不幸全都夭折了，为了保证皇位顺利传承，他把弟弟刘康的儿子刘欣过继给自己，立为太子。成帝驾崩后，刘欣顺利继位，是为汉哀帝。定陶王只有刘欣一个儿子，过继给了汉成帝，刘康岂不绝后？汉成帝就让楚王的儿子刘景当定陶王，这样刘康就不会没有后代了。

第二个是宋朝的案例。宋仁宗在位四十年，虽然生过几个儿子，却没有一个长大成人。绝望之下，他把濮王赵允让的儿子赵宗实过继给自己，赵宗实即位后，父亲的名分问题同样产生了争议，司马光建议给濮王封高官大爵，称王伯；

程颐更是说："为人后者，谓所后为父母，而谓所生为伯、叔父母，此生人之大伦也。然所生之义，至尊至大，宜别立殊称。日皇伯、叔父某国大王，则正统既明，而所生亦尊崇极矣。"

综上所述，嘉靖皇帝应该认明孝宗为皇考，改称兴献王为"皇叔父兴献大王"，母亲蒋氏为"皇叔母兴献王妃"。对于此番论述，杨廷和引经据典，自认为天衣无缝，扬言道："有异议者即奸邪，当斩！"谁敢不同意，就是奸邪之人，老子宰了他！可谓气势汹汹，不留余地。

朱厚熜看到这份奏折，鼻子都气歪了，愤怒地说："父母可更易若是耶！"我是谁生的，就是谁生的，怎么能换来换去！让文官继续讨论。明明了解领导是什么态度，杨廷和与他的队友蒋冕、毛纪依然坚持，他说："前代入继之君，追崇所生者，皆不合典礼。惟宋儒程颐《濮议》最得义理之正，可为万世法。至兴献王祀，虽崇仁王主之，他日皇嗣繁衍，仍以第二子为兴献王后，而改封崇仁王为亲王，则天理人情，两全无失。"宋朝大儒程颐的观点最为正确，我们应该借鉴；考虑到陛下对父王感情很深，如果以后生下了皇子，可以让嫡长子继承皇位，次子继承兴王的爵位，延续他的香火嘛！崇仁王相当于暂时给朱祐杬当儿子，等嘉靖皇帝有了次子，再把兴王的位置让出来，给朱祐杬的亲孙子。首辅的态度并没有太大改观，朱厚熜更加不高兴了，再议！再议！

没问题，议就议呗！观点不变！杨大人继续发表意见："三代以前，圣莫如舜，未闻追崇其所生父瞽瞍也。三代以后，贤莫如汉光武，未闻追崇其所生父南顿君也。惟皇上取法二君，则圣德无累，圣孝有光矣。"小皇帝，你就从了老夫吧！连英明的汉光武帝都是这么干的，你好意思例外？

反方出场

从朱厚熜登基前，杨廷和要他按照皇太子的礼仪入宫开始，双方就结下了梁子，现在冲突大规模爆发了。嘉靖皇帝和自己的父亲感情很深，是不想当明孝宗的儿子的，现在大臣们非要他当，这令他郁闷至极。正方一辩、正方二辩，旁征博引，论据充分，似乎无懈可击。怎么驳倒他们呢？孤身一人没有队友，年轻的朱厚熜茫然了，就在此时，反方一辩闪亮登场。

大家好！我是反方一辩张璁，字秉用，永嘉人氏也。我的科考之路那叫一个辛酸，连续考了七次，复读了六次，都没有成为进士。成绩公布后，我完全是崩溃的。知道范进为什么会疯吗？因为他几十年的追求总算实现了！正当我准备放弃时，擅长星术的御史萧鸣凤鼓励了我，他说："从此三载成进士，又三载当骤贵。"兄弟，再坚持坚持！老夫夜观星象，再过三年你肯定能考上了，媳妇熬成婆；再过六年，你就可以大富大贵。我想了想，自己都年近半百了，写了一辈子八股文，突然放弃治疗了，回到家，我连自己学了一辈子的八股文都做不好，又能干什么呢？就继续考，果然，正德十六年榜上有名。现在，我要代表反方，开始陈述自己的观点。

嘉靖皇帝：璁哥辛苦了，请开始你的表演。

张璁提出了五个理由，反对杨廷和。第一，对方辩友列举了汉哀帝、宋英宗的案例。可是当今天子的情况，与两位古代皇帝并不相同。此话怎讲？汉哀帝、宋英宗都是老皇帝生前，就已经过继给了他们，亲属关系早就确定了。明武宗生前，或者明孝宗生前，有没有对兴献王说，把你们家的朱厚熜过继给孝宗当儿子呢，并没有。所以说正方借鉴汉朝、宋朝的案例，实际上是生搬硬套，并不可取。第二，"遗诏直曰'兴献王长子'，未尝著为人后之义"，明武宗的遗诏说得很清楚，嘉靖皇帝是以"皇考孝宗敬皇帝亲弟兴献王长子"的身份继承皇位的，不是以"皇兄"的身份，正方要求当今天子认孝宗为皇考，与遗诏精神不符，纯属无中生有。第三，礼法也说过："长子不得为人后"，兴献王只有陛下一个儿子，他不算老大算老几？正方口口声声说按照礼法办事，现在又要违背礼法，把当今天子过继给别人，真是自相矛盾。第四，蒋女士的身份太尴尬了，本来朱厚熜是她的亲生儿子，现在心肝宝贝去给别人当儿子了，怎么称呼她呢？叫"叔母"。来北京以后，她明明可以当太后，与明武宗的生母张太后并驾齐驱，现在好了，只是皇帝的叔母，反倒低人一等。第五，为什么当今圣上必须继承明孝宗的皇位呢？他也是朱家子孙，说他是继承太祖的行不行？

嘉靖皇帝听完，大喜过望，盛赞此观点遵守祖训和古礼，正方那些"谬论"完全是在误导他，并要求司礼监太监把张璁奏折拿到内阁去，好好地看看。杨廷和读完，不屑一顾："书生焉知国体！"把奏折退回去！嘉靖皇帝反而视若至宝，又仔仔细细读了一遍，感慨道："此论出，吾父子获全矣！"张璁的论点一经提出，我还是我，我父亲还是我父亲。他又把杨廷和、毛纪、蒋冕这些正方人物都叫过来，要求尊生父为兴献皇帝，母亲为兴献皇后，奶奶邵太妃为康寿皇太后。杨廷和反应冷淡，婉言拒绝。朝中其他支持正方的文官纷纷写奏折，弹劾张璁，请皇帝处罚。朱厚熜自己就是个反方，怎么可能处罚队友，所以完全当作没看见。

就在双方僵持不下的时候，快马来报：朱厚熜的母亲蒋女士从安陆过来了！她乘坐的交通工具是船，先顺流而下，到达扬州；再沿大运河北上，目前已经抵达通州了！听说杨廷和要把儿子过继给明孝宗，蒋女士怒不可遏："安得以我子为人之子！"并且让人带话到北京，不解决尊称问题，老娘决不入城！朱厚熜听说母亲被气得不肯入城，放声大哭，对张太后以及正方代表说：我要退位，陪母亲一起回安陆老家。言外之意是：你们不让步，老子不干了！张太后与杨廷和一合计，还是退半步吧，同意把兴献王尊为兴献帝，蒋女士尊为兴献太后，注意，不是皇帝和皇后，只是帝与后，有区别的。那个张璁，必须离开京城，到南京做官。消息传来，蒋女士炸裂的心情总算得到了一点儿平复，这还差不多，进京吧！张璁被任命为南京刑部主事，与蒋女士的行程正好相反。

母亲终于来了，母子相见，感言颇多。父亲母亲总算当上了帝、后，可朱厚熜并不满足，他还是要让父母成为皇帝、皇后，杨廷和等人听到后，坚决反对，之前都说好了，怎么现在又变卦了，没完没了！要是真给兴献帝加上了"皇"字，他不就和其他先帝一样了？问题是，他生前从来没有做过一天皇帝，拔得过高了。你看看人家汉宣帝，登基时，父亲已经死了好多年，宣帝不过是尊父母为悼考、悼君，哪里会尊为皇帝的？我不管！你皇帝就是不能这样做，如果不听，我就辞职！别以为只有你会撂挑子！老夫也会！

号外！号外！首辅大人要辞职了！与正方立场一致的官员们赶紧写奏折，请皇帝挽留。朱厚熜的脾气十分倔强，就是不屈服，抗争到底！突然，清宁宫发生了火灾，有人乘机上书说：陛下，这都是您给兴献帝求名分惹的祸呀！现在连神灵都看不下去了，弄点火灾出来，警告陛下。嘉靖皇帝不怕大臣，对神灵还是敬畏的。那就从了大臣们吧，尊孝宗皇帝为皇考，称兴献帝、兴献后为本生父母，不加那个"皇"字了。杨廷和舒了口气，这还差不多，不闹辞职了。

嘉靖皇帝可算明白了，只要强势、不听话的杨廷和在朝廷里一天，他尊父亲为皇考的诉求便难以实现。自己一开始信任他、挺他，是为了坐稳位子，现在要把自己的主张贯彻下去，就必须清除这块巨大的绊脚石。"当是时，廷和先后封还御批者四，执奏几三十疏，帝常忽忽有所恨"，皇帝的批示，杨大人一而再，再而三地退回来，不予执行，简直是逆天，朱厚熜早就对他不满了。嘉靖二年（公元1523年），两人又因江南织造的问题争吵，朱厚熜让宦官去江南督办织造，也就是给皇家特供的丝织品；杨廷和说灾荒严重，不应加重老百姓负担。意见说出来，皇帝就是不听，还是要办。杨廷吐槽说："臣等与举朝大臣、言官言之不听，顾二三邪佞之言是听，陛下能独与二三邪佞共治祖宗天下哉？"满朝大臣的逆耳忠言你不听，只听两三个奸佞的想法，靠奸佞之人，陛下就可以治理好祖宗的江山吗？之前闹辞职这招管用，于是又写辞职信，我这首辅实在是做不下去了，提出来的合理建议，皇帝都置若罔闻，爱谁当谁当！见皇帝对杨廷和很不满，言官史道、曹嘉趁机弹劾，朱厚熜把两人治罪，但明眼人都知道，皇帝只是做做样子罢了，杨大人不会干很久。嘉靖三年（公元1524年）正月，皇帝正式批准杨廷和的退休申请，回家养老，爱谁干谁干？有的是人干！至于正方二辩：礼部尚书毛澄，他在一年前就已经退休了，当时病得很厉害，恳请皇帝允许自己回家，叶落归根。毛大人都这样了，朱厚熜当然得成全，准奏准奏，快走吧！结果毛澄在返乡途中就去世了。

左顺门的鲜血

作为两派斗争的失败者，张璁来到了南京城，结识了同为刑部主事的桂萼。桂萼字子实，安仁人，正德六年进士，曾在丹徒当过知县。他为人比较刚，常常把领导惹毛，是个刺头人物。他听张璁讲述了在京城的遭遇，认为这是个机会。皇帝想要尊父亲为皇考，朝中官员大多不同意；如果我们俩支持皇帝，事成之后，不得不加官晋爵、封妻荫子。再说，我们反方的理由并非强词夺理、胡编乱造，虽然与主流观点不同，在古礼中还是可以找到依据的。于是桂萼就上折子，要求称明孝宗为皇伯考，明武宗为皇兄，兴献帝为皇考，还要在大内给朱祐杬立庙，供奉他老人家的牌位，并按时祭祀。除了张璁和桂萼，还有席书、霍韬、黄宗明、方献夫等人支持皇帝，形成了一股力量。

反对派实力锐减，拥护者越来越多，此消彼长，形势逐渐乐观！嘉靖皇帝命令张璁、桂萼进京，并要求尊父亲为本生皇考，母亲为章圣皇太后。"本生皇考"四个字有两层含义，第一，兴献帝已经成为兴献皇帝，杨廷和的反对无效；第二，朱祐杬成了皇考，也就是嘉靖的父亲。之前发出去的诏书，尊明孝宗为皇考，朱祐杬已经不是嘉靖皇帝的父亲，现在又说他是了，但加了"本生"二字，没有否认过继给明孝宗的说法。也就是说，朱厚熜曾经是兴王的儿子，兴王是朱厚熜的亲生父亲，后来朱厚熜过继给了明孝宗，现在是明孝宗的儿子。接替杨廷和、毛澄，担任正方主辩的是礼部尚书汪俊、内阁首辅蒋冕，他们对本生皇考还是能接受的，毕竟皇帝还承认是明孝宗的儿子，至于在大内给兴献皇帝立庙，无法苟同。朱祐杬就是个藩王呀，怎么能在大内给他立庙？他有资格吗？嘉靖皇帝说就凭他是我父亲，就有！蒋冕、汪俊坚决不从，以辞职退休相要挟，得到皇帝批准。在官员的护送下，朱祐杬的神主从安陆来到北京，反方的诉求再次成真。

张璁、桂萼接到命令，正赶往京城，走到凤阳，突然来人告诉他们：不用北上了。皇帝生父已经成为本生皇考。内阁大臣不想让他们来京，增强反方的实力。张璁、桂萼认为权力中枢在北京，自己一直待在南京，怎么能大红大紫？再帮皇帝一回吧！于是二人上奏折要求去掉"本生"二字，尊朱祐杬为皇考，蒋女士为太后，而不是本生太后。嘉靖皇帝决定按照此意见执行。消息传出，持正方立场的官员都炸开了锅。这与他们从小接受的理念完全不一致，是离经叛道的行为，他们要卫道；尊兴王为皇考，明孝宗就断了后嗣，许多官员都侍奉过孝宗、武宗两代皇帝，感情上无法接受。他们把张璁、桂萼视为眼中钉、奸佞小人，准备在两人来京后活活打死。张璁、桂萼吓死了，躲了好几天，赶紧避风头。

七月十五日，杨廷和的儿子杨慎与诸多正方官员一起，跪倒在左顺门外，之前他们送上许多奏折，明确反对去掉"本生"二字，说三年前，嘉靖皇帝已经发布诏书，承认自己是明孝宗的儿子，现在又改口说是兴王的儿子，君无戏言呀！改来改去，诏书的权威性何在？因此质问皇帝，要他打消非分之想。朱厚熜看了奏折，留中不发，朕不理你们！你们继续叫啊！吵啊！双方矛盾已经白热化，杨慎说："国家养士百五十年，仗节死义，正在今日！"另一位文官何孟春说："宪宗朝尚书姚夔率百官伏哭文华门，争慈懿皇太后葬礼，宪宗从之，此国朝故事也。"在宫门外哭诉、抗议，是有先例的，当初朱见深就屈服了，我们也要哭一哭，给当今皇帝施加压力。总共有两百多人跪在左顺门，高呼孝宗皇帝，分贝可大了，直震云霄。

嘉靖皇帝听见外面有呐喊声，大吃一惊，这场面，从来没见过啊！让太监传谕百官：赶紧回府。一连劝了好几回，文官们就是不听，他们不达目的，誓不罢休，简直是赤裸裸的威胁。没办法了，当矛盾冲突无法用和平手段解决时，只好靠武力了。朱厚熜下令：把闹事官员通通逮捕下狱，听候处理。为首8人发配边境充军，四品以上扣工资；五品及以下廷杖，用棍子往死里打！俗话说："刑不上大夫"，现在士大夫个个屁股开花，血肉模糊，对于饱读诗书的人来说，不仅仅是身体上的摧残，更是心灵上的煎熬。据统计，有编修王相等180多人挨打，其中裴绍宗、毛玉、胡琼等17人被活活打死或伤重不治。

杨慎被贬到云南永昌卫戍边，当初杨廷和裁撤冗员，砸了好多人的铁饭碗，他们听说杨慎倒大霉了，跃跃欲试，想要干掉他，报一箭之仇。幸好杨慎提前知道了这件事，有所防备；永昌卫距京城千里之遥，杨慎身体情况不佳，又经长途颠簸，到永昌卫已奄奄一息，几乎都要死了。嘉靖皇帝对杨廷和父子厌恶至极，有时候他会问内阁官员：那个杨慎在云南，情况怎么样啊！阁臣说惨兮兮的，又老，又有病。皇帝说：好！很好！活该！心里特舒服。

左顺门事件震惊朝野，看到血淋淋的尸体，被断送的仕途，大多数官员都不敢再反对嘉靖皇帝。活着不好吗？功名利禄不香吗？即使不认同，他们顶多也是口服心不服，表面上不会提反对意见。但也有硬骨头的，南京祭酒崔铣上奏说："议礼一事，或摈斥，或下狱，非圣朝美事。"皇帝读完，好你个崔铣，都这个时候了，还敢对议礼说三道四。念你是老同志了，退休吧！崔铣就回家享清福了。嘉靖皇帝宣布：尊父亲为皇考恭穆献皇帝，孝宗为皇伯考，张太后为皇伯母。朱祐杬既是皇帝，又是皇考，享受的待遇是不是也得提一提？虽然他已经去世了，躺在安陆的王陵里。

朱厚熜萌生一个大胆的想法，把父王的陵墓迁到天寿山，与列祖列宗们葬在一起。这又得折腾好久了，工部官员感觉压力很大，未来一个月，肯定要天天加班、累死累活，赶紧劝皇帝收回成命吧："太祖不迁皇陵，太宗不迁孝陵，愿以为法。"这是用祖宗来压朱厚熜，你看，朱元璋称帝的时候，没有把父兄的坟墓从凤阳迁到南京吧，太宗皇帝迁都北京，也没有把孝陵搬到天寿山。各位同事都很体谅工部的难处，纷纷劝谏皇帝：你父亲都安息好几年了，不能惊动他老人家呀！朱厚熜想想也是，那就不给父亲搬家了，祭祀的礼仪要提高。以前是按照藩王的标准祭祀的，现在要按皇帝的标准，跟天寿山其他帝陵一样。礼部尚书只好照办，工部没事了，到头来还是礼部的活。

通过大礼议，朱厚熜取得了全面胜利，他命令席书等人把反方的文章、奏疏编成了一本书，叫《明伦大典》，作为此次斗争的理论成果。后世子孙要努力学习，积极领会，按照书中要求严格执行，不要像正方官员那样"犯错"。杨廷和、汪俊、蒋冕这些人，存在很严重的政治问题，虽然他们已经退休了，下台了，仍然不能宽恕，全部革职；毛澄死了，也不能放过，革去生前职务。多年后，嘉靖皇帝又追封兴献皇帝为睿宗，入太庙，位在武宗之上。到这个时候为止，争论总算是结束了。明朝统治集团吵了二十年，总算有了结果。朱祐杬泉下有知，是该高兴呢？还是惶恐呢？抑或愤怒呢？

通过"我父亲是谁""我父亲能不能追封为皇帝"两个问题，朱厚熜扫除了反对势力，使各部官员得到换血，政治主张能够贯彻。反方为什么能获胜呢？因为反方的支持者朱厚熜，不仅仅是一个辩手，他还是整场辩论会的裁判员，掌握了最高权力。正方官员除了上折子、闹辞职、哭诉，还能做什么呢？在最高权力面前，在暴力机器面前，这些反抗实在是太无力了。而这场大礼议真的只是因为朱厚熜太爱他的父亲吗？我们不得而知。

用生命渡劫

假如你穿越到明朝，有没有快速发财的好办法呢？当然有了，你可以假扮成一个道士，去给嘉靖皇帝算命，说他这辈子，肯定会遇到两次劫难。若不注意，就有可能遭遇灭顶之灾。嘉靖皇帝肯定会追问，到底是哪两次呢？你可以先装一波，就说天机不可泄露，等到赏赐黄金万两，才勉强说是冒着天谴的危险给天子透露一点小小的细节，毕竟如果一下子全说出来了，以后不就没钱赚了嘛！

烈火的考验

朱厚熜人生第一道劫，还要从他的母亲蒋女士说起。嘉靖十七年（公元1538年）十二月，蒋太后病危，势将不起，临终时，她对唯一的儿子说自己非常幸运，能够嫁给你的父皇，服侍了他将近三十年；后来你登基了，当了皇帝，又尊我为太后。自我生病以来，你日日夜夜都为我忧虑，派人在全国各地寻访名医，实在是太孝顺了。这一切，天地神人都看在眼里。现在我马上就要走了，请皇帝务必保重龙体，不要忧伤过度。你自己身体也不好，祖宗的江山社稷还需要你呢！至于葬礼嘛，以前怎么办，现在也怎么办。虽然是国丧，但不要禁止老百姓娱乐、嫁女儿，外地的王爷们也不必千里迢迢跑到京城来奔丧了，派个代表，上上香就行了。

母亲去世，刚刚度过而立之年的朱厚熜，仿佛受到一万点暴击。这么多年来，是谁守护在他的身边，默默支持，不离不弃？特别是在兴献王去世，到大礼议成功这段时间。刚刚经历丧父之痛的朱厚熜还不是很成熟，一个十几岁、不谙世事的少年而已，是蒋太后鼎力相助，上奏明武宗让儿子提前继承了兴王爵位。后来朱厚熜当上了皇帝，由安陆前往京城，蒋女士又叮嘱儿子要小心谨慎，不要得意忘形，教导他该如何行事。大礼议争端爆发后，她更是坚决支持皇帝，两人是一条绳上的蚂蚱。如果朱厚熜认了明孝宗为父，蒋女士便变成他的伯母，地位在张太后之下，永无出头之日。她既是为儿子、丈夫争口气，也是为了自己。

太后薨逝，一个问题随之而来，安葬在哪里呢？有两个选择：一个是安葬在湖北安陆，现在叫承天府，朱厚熜不是从这个地方上来的嘛，为了感谢，特地升格为府。将近二十年前，兴王朱祐杬病故，被就地安葬，现在蒋太后也死去，可以把灵柩运到湖北，夫妻二人同穴而眠，也算尽善尽美。另一个选择是葬在昌平，与明成祖等先皇做邻居，相当于再造一座陵寝，完工后，把朱祐杬从显陵挖出来，运到北京，与蒋太后合葬。

朱厚熜想来想去，感觉第二种方案比较靠谱。当初我父亲去世的时候，还是个藩王，陵寝规模自然是无法与明仁宗、明宣宗他们相比的。现在自己贵为天子，当然不能委屈了先父，要给他修一座更加气派的阴宅。而且江汉平原距京城千里之遥，嘉靖皇帝想上个坟都很困难，只能派官员替他去，否则每年都要南巡，老百姓吃不消，国库吃不消，他本人也吃不消。把显陵搬到昌平，能够大大缩短路途上的时间。对于他来说，清明时节，去父母陵前上一炷香，尽尽孝道，就不是奢望。说干就干，朱厚熜马上给礼部、工部下发旨意，说明成祖长陵的西南方向，有一座大峪山，那里草木茂盛，是个难得的风水宝地，朕想在这个地方修建陵寝，把皇考迁葬过来。

事关重大，朱厚熜决定亲自前往大峪山考察，看看情况如何，于是率领大队人马，浩浩荡荡向昌平走去，命令靖远伯王瑾、户部左侍郎李如圭留在京城看家。来到大峪山后，朱厚熜的心情十分低落，想到这里即将成为父母的陵寝，他痛哭起来，呼天抢地，随行官员都十分感动。他还把迁葬的事情祭告长陵，让朱棣了解了解。回京后，朱厚熜的思绪久久无法平复，思来想去，感觉迁葬父皇的计划还是有问题。朱祐杬都入土为安二十年了，现在又要挖出来，暴露在风尘之中，会不会惊动他老人家呀！再说了，我上坟有困难，成祖皇帝就没有困难吗？他也没有把朱元璋的棺材从孝陵里挖出来，迁葬到北京呀！难道敢说朱棣不孝顺？

难！真是太难了！葬个父母都那么纠结。不如，亲自到承天府看看，实地考察，根据调查结果，再决定太后的棺材到底要不要南迁。消息传出，朝廷上下立即炸开了锅。这得花多少钱，消耗多少人力物力呀！从京师到承天，途经北直隶、河南、湖广三省，不巧的是，这三个地方今年都遭了灾，那是饥民遍地、饿殍遍野，惨不忍睹。皇帝车马要从这里经过，万一他们聚众闹事，袭击皇驾，岂不尴尬，安全压力很大。所有路过的地方，道路得整修吧，桥梁得架设好吧，牌坊等路障要通通清除，工部官员有的忙了。天子出行，随行人员众多，有负责安保的，还有服务的，每到一处，皇帝要住行宫，得修建一所；其他人员也要有住的地方，吃喝拉撒都得有着落，又是一笔巨大的开支。值此特殊时期，蒙古人会不会趁机南下，攻打京城？谁都没有把握。

虽然接到了许多劝谏奏折，但嘉靖皇帝就是不为所动。为了父母，也为了回老家看看，他一定要南巡，如今朝堂上再也没人敢跟他拼命对着干了。诏书一下达，京城有关部门，还有北直隶、河南、湖广三省，全都如临大敌、鸡飞狗跳，被折腾得够呛。该修的修，该造的造，忙得不亦乐乎。户部上奏，说湖广等三省连年遭灾，地方财政入不敷出，根本难以接待皇帝的銮驾，请允许户部右侍郎高公韶及郎中等数人从太仓拿出白银二十万两，北直隶给三万，河南给七万，湖广给十万，用于招待，朱厚熜准奏。

二月十六日，嘉靖皇帝终于要启程了，临行时，他把京师交给了太子，并安排大学士顾鼎臣辅佐。他对顾鼎臣说：老顾啊！远到边疆，近到宫廷，大大小小的事情都托付给你了，朕此次南巡，是为双亲的万年吉地，这个问题一天不解决，朕心里就若有所思，不像某些人说朕是为了游山玩水。如果南巡期间，有重大的决策需要拍板的，就让人快马加鞭送来。交代完毕，朱厚熜就要出发了。随行人员浩浩荡荡，好不威风，共有旗校八千人，护卫官兵六千人，远远望去，旌旗招展，令人生畏。大部队从宣武门出发，文武百官前来欢送，朱厚熜北漂将近二十年了，总算踏上了回家之路，可惜母亲已经不在人世。怀念之余，他吟诵诗文，吐露真情。

天子出行，属于国家大事。身为地方官，要遵守朝廷规定，乖乖地恭迎圣驾。顺天府治中潘璐，在皇帝路过其辖境良乡时，竟然不去接驾。连天子都不放在眼里，这还得了？御史胡守中便上疏弹劾，狠狠参了潘璐潘大人一本。嘉靖皇帝勃然大怒，命令锦衣卫把潘璐抓起来，严加办理。你说这潘璐也是，得罪谁不好，偏偏要得罪全中国的一把手，现在仕途遭遇危机了吧。

在如此重要的时刻，地方官员玩忽职守，让朱厚熜相当郁闷。没想到更加郁闷的事情还在后面，路过赵云老家时，大部队来到了赵州城，天色已晚，皇帝要休息了，突然听见行宫外面有人在高呼："冤枉"。派人查看，原来是有老百姓在外面喊冤，希望万岁爷给做主。这就是传说中的告御状吧，背后肯定有不白之冤，祈求皇帝能够帮忙。如果是勤政爱民的好皇帝，肯定会把告御状的人带过来，仔细了解情况。

嘉靖皇帝是怎么处置的呢？赶路一天，坐车坐得屁股都疼，骨头架子都酥了，告什么御状，哪有朕好好吃个饭睡一觉重要，朕明天还要赶路呢！于是他命令都督同知陈寅，去把那个老百姓抓起来。孰料陈寅也失职，没有站在皇帝身边随时听命，导致朱厚熜的口谕迟迟没有执行。那个告御状的一直在外面喊，搅得嘉靖皇帝不得安宁，火气越来越大。陈寅后来知道了皇帝的旨意，赶紧把人拿下。朱厚熜将其怒骂一顿，并扬言道："以后谁再敢冲突法驾，不用等口谕，直接擒拿！"堂堂一国之君，以这样的态度对待臣民，有多令人心寒，可想而知。

车驾离开了赵州、临洺镇，突然有人来报，两处行宫纷纷起火。幸亏嘉靖皇帝已经走了，否则后果不堪设想。这说明什么？地方官玩忽职守，竟然连皇帝的安保都不能周全，要他们还有何用？于是嘉靖皇帝命令巡按御史把相关责任人都抓起来，好好问罪；知州范昕，监管不严，扣半年工资。如果不满意可以辞职，有很多人想接你的位子。

大部队进入磁州，赵王朱厚煜前来迎驾。不愧是朱家子弟，迎接皇帝比那个潘璐积极多了。朱厚煜慰劳说："王爷远道而来欢迎朕，足见你对朕的忠心，朕心里特别高兴！"命令礼部尚书严嵩、英国公张溶送赵王回去。当车驾离开朱厚煜所在封地的辖区时，嘉靖皇帝又向他表达感谢：朕此次前往承天府，是为了二老，也是为了千秋大业；王爷屡屡上表，请求离开封地，提前来欢迎朕；又常常对朕说路途遥远，平日要好好休息，注意饮食起居，不要累坏了身子。如此关怀备至，朕心里特别感激。由于行程匆忙，没有请王爷好好吃一顿，现在已经命令户部，每年给王爷加三百石米的俸禄，不成敬意。朱厚煜接到旨意，心里估计乐开了花。

离开京城十二天，嘉靖皇帝来到了河南卫辉境内。突然不知从哪儿刮来了一股旋风，绕着车驾久久不肯散去。随行人员都很惊讶，报告给嘉靖皇帝。皇帝心里也是忐忑不安，问道士陶仲文：道长，莫名其妙刮了旋风，您看是主吉还是主凶呢？陶仲文掐指一算，坏了，主凶呀！大凶之兆！过不了多久，火灾就要降临，夺走一些人的性命。朱厚煜连忙询问：该如何化解呢？陶仲文摇摇头，说天意如此，无法化解，到时候要多多注意皇上的安全，及时把圣驾解救出去。

陶仲文的预言有鼻子有眼，大家将信将疑。汝王朱祐椋赶来拜见皇帝，朱厚煜一看，与父亲平辈的藩王过来欢迎自己了，心里同样很高兴，双方寒暄一阵，派驸马都尉邬景、礼部尚书严嵩把汝王送回王府，每年加禄米五百石。长辈嘛，待遇要比平辈的高一些。

后半夜四更天，在毫无征兆的情况下，行宫燃起了熊熊烈火。有人说，是因为宫女乱扔蜡烛，酿成了大祸。因为火势凶猛，人们又不知道皇帝具体在什么位置，顿时乱作一团。许多宫女、太监被活活烧死。嘉靖皇帝平时养尊处优，哪里见过这种场面，不知如何是好，幸亏锦衣卫指挥陆炳站了出来，他冲进火场，把岌岌可危的皇帝背出来，脱离险境。京城带来的法物、宝玉，许多都被烧毁了，可谓损失惨重。受到巨大惊吓，又出了丑的朱厚熜，当然是恼羞成怒，需要惩罚一批官员，发泄心里的怒气。河南巡抚右副都御史易瓒、巡按御史冯震、左布政使姚文清、按察使庞浩、左参政乐鑊、佥事王格等众多官员，都被免职为民，说他们办事不力，消极应对，险些酿成大祸。一场火灾，竟然使河南官场大地震，实在让人始料不及。陶仲文精确预言皇帝即将遇到的灾祸，实在是太厉害了，法术高强得有些恐怖。

经历长途跋涉，嘉靖皇帝总算回到了湖广承天。十八年前，朕还是一个乳臭未干的少年；十八年后，故地重游，已经是高高在上的大明天子了。多少风风雨雨，多少人情世故，化为一缕青烟，飘散在昨天的岁月里。重新站在父亲墓前，举办一系列祭祀活动，并针对显陵目前的情况，安排好了施工计划，修缮、扩建，两者缺一不可。此外，朱厚熜还接见了当地的士民乡绅，发表了重要讲话：你们，都是我故乡的人！当年我父母被朝廷分封到这里，积攒德行，累积仁义，最终好人有好报，让我这个做儿子的当上了大明皇帝。现在朕为了二老重新回到这里，你们有的是我的长辈，有的与我同龄，我没有太大的德行，父母又去世了，心里苦啊！你们知道吗？希望你们做儿子的，要好好孝顺父母；做父亲的，要好好教育儿子；做哥哥的，好好照顾弟弟。总之，要做个好人。听完皇帝陛下谆谆教诲，承天府各界纷纷表示：要把当今天子的重要讲话铭记于心，反复学习；做到理论与实践相结合，父慈子孝、兄友弟恭，成为真正的好百姓。

经过实地考察，嘉靖皇帝感觉还是把父亲的棺椁留在承天府比较好，没必要迁到昌平去。正事办完，就要回京了，一路走来，给沿途百姓造成了很大损失。

于是他下旨免除承天府三年田税，免除湖广明年田赋的三分之二，京畿、河南的三分之一。四月十五日，銮驾返回北京，上千名官员竟然没来接驾，有没有把皇帝放在眼里？这让朱厚熜再一次郁闷，通通扣工资。到京师不久，他又跑到长陵西南的大峪山反复权衡，最终下定决心，父亲母亲都不葬在这儿了！全部安排在湖广。蒋太后的灵柩被拉到船上，沿运河、长江抵达承天府，与丈夫在地下相会。

回顾嘉靖皇帝南巡的整个过程，可谓劳民伤财、费时费力，这样做的目的，竟然是为了给父母看坟地，和国计民生毫无关系。在此期间，朱厚熜看到了许多紫禁城里看不到的东西，比如哀鸿遍野的饥民；皇室成员的锦衣玉食。贵族们根本看不上的食物，却是灾民们哄抢的对象。登基十八九年了，想象中的嘉靖盛世，竟然就是这个样子，对皇帝自信心的打击得有多大呀。辛辛苦苦，就是这么个烂摊子。返京途中，嘉靖皇帝实在是过意不去，拨出几万两银子，吩咐地方官赈济，哪怕喝碗粥也行呀。

然后是各级官员处事不利，效率低下，造成大火，险些殃及天子安危。仔细数一数，三场火灾，前两场损失不大，第三场烧死了不少宫女，教训何其深刻。从此以后，嘉靖皇帝再也没有大规模出巡，顶多在京郊走走，老百姓能松口气了。后来传出嘉靖再次南巡的谣言，一下子人心惶惶、不可终日，幸好不是真的，否则河南、湖广等处的百姓都得大暴动。

宫变的考验

这只是朱厚熜度过的第一劫，嘉靖二十一年（公元 1542 年），第二劫很快就来了。杨金英、苏川药、杨玉香、邢翠莲、姚淑翠、杨翠英、关梅秀、刘妙莲、陈菊花、王秀兰等十六名宫女，竟然在皇帝熟睡之际，准备把他活活勒死。是不是很不可思议？

在封建社会，皇帝是什么人？谋杀他，十恶不赦的死罪。不光本人身首异处，还会殃及家人，落个诛九族的下场。方孝孺被明成祖诛了十族，他也没有亲自拿刀与朱棣拼命。杨金英等人的行为，从某种程度来说比方孝孺还要激烈。这十六位宫女地位低下，难道不清楚弑君会带来杀身之祸吗？她们绝对知道，即使谋杀成功，把嘉靖皇帝送上了西天，这些人还是要被杀头的。她们宁愿放弃自己的生命，也要把朱厚熜勒死，内心深处是何等的绝望。"啖其肉，寝其皮"，痛恨到了极点。

朱厚熜到底做了什么事情，让卑微的宫女置生死于度外？首先，是态度上不够友好，根本没有把宫女当人看，平时喜怒无常，动不动就责罚、谩骂，稍微有点过错，让他不满意了，就拖下去毒打。十几岁的女子，体质都比较弱，一不留神就给打死了。看到姐妹们血淋淋的惨状，活着的宫女都很害怕，担心哪天自己也被打死了。嘉靖皇帝还做了一件很奇葩的事情：用宫女的经血炼药。身为一名笃信道教的皇帝，他听道长说，用十几岁宫女的经血炼制丹药，能够长生不老。既然如此，那就炼呗。于是宫女就成了皇帝的药材，平时只能喝喝露水、吃吃桑叶，以保证"药材"的纯净。这真是人干出来的事情？没错，就是这个九五至尊，号称老天的儿子：天子。

在一个月黑风高的夜晚，杨金英率领她的姐妹们来到了乾清宫，看到嘉靖皇帝正在熟睡，心里窃喜，招呼大家分头行动，将朱厚熜的身体完全控制起来。有的宫女按住脚，有的压住双手，有的掐住脖子。都准备妥当，杨金英拿出早就准备好的绳子，套在朱厚熜的脖子上，拼命拉，使劲拉，希望皇帝赶快奔赴黄泉。遗憾的是，紧要关头，操作不当，绳子打了个死结。这该怎么办，又没有备用的。姐妹们只好干着急，又没有什么切实可行的办法。

正当大家急得像热锅上的蚂蚁时，有人动摇了。眼看谋杀失败，一个叫张金莲的宫女承受不了心理压力跑了出去，把姐妹们的意图告诉了方皇后。咱们换位思考，假如你是张金莲，正在谋杀国家元首，心里得有多大的压力。如今见计划不成，想到即将面对的结局，她吓得双腿发软，于是希望主动投案，把皇帝援救出来，至少是重大立功表现，没准还不用被千刀万剐，获得点奖赏什么的。方皇后一听张金莲的告密，惊得目瞪口呆。这种事情，本宫想都不敢想，你们竟然敢做，立功的机会到了！方皇后赶紧往事发现场跑。宫女姚淑翠见皇后来了，大事不妙，一拳打了过去。王秀兰叫陈菊花把蜡烛吹灭，干扰救兵的行动，古代没有电灯，用的是蜡烛照明。

张金莲这个叛徒看到宫里一片漆黑，立刻将总牌艾芙蓉找来，把灯给点上。杨金英她们又把蜡烛吹灭，很快，艾芙蓉叫来了大部队，十几名宫女哪里敌得过宫廷卫士，全部都被擒获。蓄谋已久的谋杀计划，到这里算彻底失败了，非常可惜。她们主要有两个地方没有做好，第一是手法不成熟，打了死结，又没有备用的作案工具，这是最致命的。第二是出了叛徒张金莲，出卖了众位姐妹，把皇后和总牌叫过来了；如果没有她，也许宫女们会有更多的时间，急中生智，想出别的方法干掉嘉靖。

虽然皇帝没有被宫女杀死，但也被勒得不轻，众人赶到时，他昏迷不醒，情况不容乐观。赶紧传太医吧！太医们连忙跑过来，面面相觑，谁都不敢开药。为什么呢？万一药开得不对，使朱厚熜病情加剧，甚至驾崩了，那也是诛九族的事情。与其冒杀头的风险，还不如作壁上观。大家都保持沉默，这时掌管太医院的许绅站出来了。他是领导干部，必须带头履行职责，否则皇帝驾崩了，第一个追究他的责任。许绅仔细分析皇帝的病情，写好了药方，命人熬制，给皇帝服下。七八个小时后，朱厚熜吐出紫血，又过了两小时，可以开口说话了。许绅和属下们松了口气，千斤巨石总算落地，想想都后怕。此事过去不久，许大夫便身患绝症，他对别人说：我这个病，用药是治不好的，当年宫变后让我治疗，由于紧张过度，落下了病根。

皇帝转危为安，开始打击报复了。杨金英、苏川药、杨玉香、邢翠莲等十余人，图谋不轨，丧心病狂，谋害当朝皇帝，罪无可赦，通通凌迟处死，也就是千刀万剐。刑场上，这些十几岁的小姑娘在众目睽睽之下，被刽子手一刀一刀地折磨着，血肉模糊，惨不忍睹。她们绝望地哀号，无能为力。方皇后平时对曹端妃十分不满，这个贱女人，竟敢和本宫争宠，现在遭遇变故，正好把她也牵连进去，一起处决。于是她就把曹端妃也报告给皇帝，说宫女们其实没有胆量谋害圣上，她们的后台正是曹端妃。嘉靖皇帝早就被吓怕了，凡是有嫌疑的，他宁可枉杀一千，也不肯放过一个。既然曹端妃参与了谋反，那也给杀了吧。过了一段时间，朱厚熜醒悟过来了，曹端妃谋害朕，图什么呢？朕那么宠信她，她肯定是被嫁祸了。可惜斯人已去，香消玉殒，只能默默地遗憾了。

最高统治者被行刺，放在哪朝哪代都是大新闻。四百多年前要是有电视、网络什么的，肯定传遍了全世界，吃瓜群众都想了解前因后果。由于发生在宫闱禁地，又是见不得人的丑闻，知道的人比较少。但一传十，十传百，京城上下议论纷纷，老百姓都特别焦虑。嘉靖皇帝顺利康复后，派成国公朱希忠告谢天地、宗庙、社稷及神祇，感谢他们显灵，保佑自己渡过难关。对此，天地、祖宗都感觉很奇怪，这小子感谢我们干什么？大学士严嵩上疏嘉靖皇帝：现在满城风雨，都在传宫变的事情，人心已经不稳了，请陛下颁布诏书，以定人心。朱厚熜认为有道理，那就下诏吧！看到官方文件，人们的疑虑总算得到了释放，原来这是真的！但一切都已经过去了。

从嘉靖十八年（公元 1539 年）到嘉靖二十一年（公元 1542 年），朱厚熜前后三次感悟到了死亡，他的人生态度也从此改变。哪三次呢？第一次：母亲蒋太后病故。好不容易当上了太后，成为全天下最尊贵的女人，只享受十几年荣华富贵就走了，留下孤零零的儿子；第二次：南巡途中，险些被火烧死，看到宫女太监在烈火里挣扎哀号，被烧得面目全非，朱厚熜无处可逃，心如刀割；第三次：壬寅年间爆发的宫变，他最应该感谢的不是社稷、神明，而是皇后、许绅，如果不是运气不好，杨金英她们的计划没准成功了，历史就要改写。

三次经历，让嘉靖皇帝深刻感受到：活着，是多么了不起的事情。自己原本就是个普通的藩王，阴差阳错当上了皇帝，站在金字塔的顶端。这么好的生活，这么优渥的待遇，他想要永远保持下去，不要跟母亲一样，撒手人寰，躺在冷冰冰的地宫里，什么都享受不到了。如何做到长生不老？根据当时说法：服用丹药可以延年益寿、永葆青春。

嘉靖皇帝索性搬出了大内，移居西苑，那是朱棣以前做藩王的地方。永乐以来，多少皇帝死在紫禁城，里面操办过多少次丧事；而西苑从来没有死过皇帝、妃嫔，是个吉祥的好地方。至于上朝，嘉靖皇帝很少再去了，修炼重要还是上朝重要？朱厚熜认为显然是前者。君臣虽然不见面了，政务还要处理，嘉靖皇帝会留出一定时间批阅奏章，对国家大事发表意见。权力牢牢攥在手里，一刻也没有放松。祭祀典礼嘛，那就更不去了，以前祭了那么多，旱灾、水灾、蝗灾还不是照样发生，派官员代表一下不就得了，反正也没什么用。一面相信修道能长生不老，一面不相信祭祀神灵可以天下太平，嘉靖皇帝的信仰也是相当双标。

一入玄门深似海

从嘉靖皇帝驾崩到现在，已经有四百多年的历史了。时间可以冲淡人们的记忆，如果现在走上街头，随机采访路过的行人："你好！请问你对嘉靖皇帝是什么印象？""嘉靖？就是天天炼丹的那个吧！"十有八九得到的答案会是这样的。修仙问道，是朱厚熜一辈子的追求，他为什么要这样做呢？唐朝有这么多位皇帝死在的丹药上，他就一点都不吸取教训吗？古代皇帝的事情，他当然是再清楚不过了。但人都有侥幸心理，万一下一个成功的就是我呢？好不容易投了个好胎，成为朱明皇室的一分子，偏偏运气又特别好，莫名其妙当上了皇帝，这么养尊处优的日子，谁不想持续下去？人的出生虽然不公平，但终点却很公平，那便是死亡。再有钱，再有地位，也无法青春永驻，也不能长生不老。每次嘉靖皇帝想到这里，就十分难受，他想打破自然规律，永远统治脚下这块土地。

厉害的道长们

朱厚熜是什么时候开始接触道教的呢？最早应该追溯到安陆时期，当时他还不满十五岁，看到父王朱祐杬与道士们有来往，就特别好奇，仔细询问，才知道父亲搞这些东西是为了什么。至于作用，好像不大好，朱祐杬四十多岁就命丧黄泉了，根本没有长生不老。后来朱厚熜进京当了皇帝，他开始对道教有了点兴趣。世界上没有无缘无故的爱，也没有无缘无故的恨。他老人家怎么会崇尚道教呢？那是因为现实的需要。朱厚熜自幼在湖北长大，对北京的气候不是很适应，有点水土不服；身体也不是太好，多年来大病小病不断；加之白天过度劳累，晚上劳累过度，健康状况不容乐观。嘉靖元年（公元 1522 年）秋天，朱厚熜生病好几次，不能上朝，颇为郁闷。他希望身体康复起来，最好百毒不侵，至少把现在的病痛给治愈了。

一个叫崔文的太监擅长察言观色，见朱厚熜闷闷不乐，马上猜出皇帝的小心思：陛下！道教神仙要不要考虑一下？可以消灾除病哟！嘉靖皇帝正对太医感到失望，神仙嘛！虽然没见过，宁可信其有，不可信其无，那就试试呗。很快，宫里盛行起斋醮活动。斋醮，就是俗称的"道场""法事"，道士们在道观里面，穿好道服，手持法器，哼唱着莫名其妙的小曲，跳着旁人看不懂的舞蹈，祈求消灾或者超度亡魂。乾清宫、坤宁宫、五花宫、西暖阁、东次阁，都在搞这些活动，有时日夜不绝，有时隔一天举办一次，还有时一天举办好几次。嘉靖皇帝还命令几十个太监学习道经，念来念去。弄得紫禁城似乎已经不是皇宫，而成为朱厚熜的高级道观了。

大学士杨廷和、九卿乔宇等官员看不下去了——刚刚送走了混世魔王朱厚照，现在又跑来一个修仙求道的朱厚熜，咱们大明朝的天子怎么都如此奇葩——赶紧上疏，要求皇帝赶走僧人、道士，停止一切斋醮活动。杨廷和尖锐地指出：所谓道教、佛教，都是极其荒谬的东西，以前南北朝的梁武帝崇尚佛教吧，建了多少寺庙，足够虔诚吧！可最后呢，活活饿死在台城。北宋倒数第二位皇帝宋徽宗，也非常喜欢道教，结果靖康之变，被金国人俘虏，死在荒凉的塞外。从前人的教训可以看出，崇尚道教根本就不能消灾避祸、长生不老，皇帝为什么还执迷不悟？

给事中郑一鹏也上疏，怒批斋醮："臣谓挟此术者，必皆魏彬、张锐之余党。曩以欺先帝，使生民涂炭，海内虚耗。先帝已误，陛下岂容再误！陛下急诛之远之可也。伏愿改西天厂为宝训厂，以贮祖宗御制诸书；西番厂为古训厂，以贮《五经》、子、史诸书；汉经厂为听纳厂，以贮诸臣奏疏，选内臣谨畏者司其钥，陛下经筵之暇，游息其中，则寿何以不若尧、舜，治何以不若唐、虞哉！”我认为向陛下推荐求仙问道的人，肯定都是魏彬、张锐的余党，他们以前欺骗先帝，致使国家元气大伤，老百姓受苦受难。先帝已经犯过错误，陛下怎么能再犯呢？希望您好好阅读儒家经典，还有我们这些大臣的奏章。能做到这些，寿命肯定可以比肩尧舜。

文官们的态度如此坚决，朱厚熜有点怂了。他刚刚登基没多久，业务还没熟练，许多事情还得依靠杨廷和他们办理。那就退一步吧，于是嘉靖皇帝下旨，说各地都在闹旱灾，宫里搞斋醮活动不太合适，停了吧！皇帝迷途知返，大臣们都比较满意，圣上还是听得进逆耳忠言的！可是朱厚熜心里不是这样想的，他对道教仍然有想法，只不过斗不过大臣们，暂时退却了。

转眼间就到了嘉靖三年（公元1524年），那个气势汹汹的杨廷和退休了。皇帝挪开了绊脚石，又要放开手脚，追求自己感兴趣的爱好。听说龙虎山上清宫道士邵元节法术高强，在业界比较有名气，朱厚熜一纸命令，把邵道长招入了紫禁城。邵元节是江西贵溪人，师从范文泰、李伯芳、黄太初等大师，把他们的法术全都学了过来。正德年间，宁王朱宸濠想要邵道长去南昌为他服务，邵道长推辞不去。现在皇帝的命令来了，邵元节这一次没有推辞，他决定北上，与年轻的皇帝交流交流。

当时正闹旱灾，嘉靖皇帝十分忧愁。老天爷怎么还不下雨啊！没有水，粮食就要绝收，明年老百姓又要造反了！真是气人！邵元节知道皇帝的烦恼，连忙说：我有办法！稍微施展点法术，上天便会降下甘霖，挽救苍生。朱厚熜将信将疑，这道长不会是故弄玄虚吧！求雨？怎么可能？于是邵元节就开始作法，没想到很快就大雨倾盆。人们大喜过望，邵道长真是神呀！法术灵验得很！于是嘉靖皇帝下旨，封邵元节为清微妙济守静修真凝玄衍范志默秉诚致一真人，统辖朝天、显灵、灵济三宫，总领道教，还赏赐金、玉、银、象牙印各一个。

尽管降下了雨水，缓解了旱情，但真的是邵元节作法的效果吗？显然不是！东亚这个地方，不可能永远干旱下去，旱久了，总有一天会天降大雨的。邵元节不是一个求雨的专家，却是一个懂得气象常识的道人。他预判到天空要下雨了，赶紧去作法，故弄玄虚，迷惑百姓，等雨水降下来了，大家才能以为是邵元节做的好事。虽然有了邵元节这位道长，嘉靖皇帝对道教的痴迷仍然是有限的。登基前十年，他血气方刚，想干出一番事业，忙着搞大礼议，改正祀典，非常忙；毕竟年轻，身体条件没有太坏，对于长生不老的追求还不是很迫切。

从前文提到的史实我们可以看出，嘉靖皇帝喜欢的并非道教本身，而是它延年益寿的效果，即身体健康、降下甘霖，道士的法术不过是手段而已，如果达不到目的，手段再多也没意义。嘉靖十年，朱厚熜登基第十个年头，二十五岁的他，仍然膝下无子。这可愁坏了皇帝与蒋太后，先皇明武宗就没有儿子，他驾崩后，便宜了朱厚熜，现在轮到嘉靖皇帝没有皇子了，心里非常着急，不知道是自己的问题还是嫔妃的问题。无助之时，他又想起了道教，赶紧帮我跟神仙说说，让他们赐给我一个皇子。为表郑重其事，朱厚熜命礼部尚书夏言为醮坛监礼使，侍郎湛若水、顾鼎臣为迎嗣导引官，文武大臣都去进香。活动开始、结束那两天，嘉靖皇帝还亲自行礼，足见内心有多么虔诚。

对于朱厚熜率领重臣，从事毫无意义的道教活动，不少大臣都有意见。编修杨名写了篇《修省疏》，怒斥郭勋等迎合皇帝求仙问道的大臣，说他们是奸臣，还希望皇帝停止祈祷、祭祀等活动。奏折上达，嘉靖皇帝与这些被怒斥的大臣都很气愤，皇帝认为，道教活动有助于生下皇子，杨名反对，实在是用心不良，想让皇帝断子绝孙；郭勋等人对道教不见得感兴趣，上有所好，下必甚焉！领导热衷什么，他们也热衷什么；附和领导，积极响应领导的号召，对于升官发财大有裨益。看破不说破，杨名批评他们是奸臣，把这批人想要借此巴结皇帝的意图曝光出来，自然要被嫉恨。于是嘉靖皇帝下旨惩罚杨名，给朕往死里打，差点把人给打死了。

嘉靖十二年（公元1533年）八月十九日，阎贵妃终于生下了皇长子朱载基，嘉靖皇帝大喜过望，二十六七岁的人了，总算当了父亲，看来明武宗不孕不育的毛病，没有被他传承下去。只是人算不如天算，仅仅两个月后，皇长子便夭折了。古代医疗条件不佳，婴儿夭折不是什么稀奇的事情。朱厚熜也没有什么办法，只好把他葬在西山。嘉靖十五年到嘉靖十六年，皇帝突然多了三个儿子，分别为皇次子朱载壑，皇三子朱载垕，皇四子朱载圳，个个身体健康。朱厚熜这下放心了，江山后继有人，总不能三个皇子全夭折了吧，朕怎么可能这么倒霉。

从膝下无子到皇子迭出，朱厚熜的父亲之路也挺奇怪的，大婚后几年没有生出孩子，十几年后突然生了好几个？嫔妃那么多，总不会个个都有问题，肯定是朱厚熜自己的原因。现在不孕不育突然好了，要么是太医治疗得当，要么是邵元节有什么偏方。嘉靖皇帝却认为这是道教的功劳，邵元节法术高强，为朕绵延子嗣，重重有赏，拜礼部尚书，拿一品官员的俸禄，赏一品官员的衣服。之前还给他在贵溪修了座道院，赐名仙源宫，赏赐庄园三十顷。劳动收入不用给国家交税，每年还额外给粮食一百石，作为特殊津贴，又派了四十个校尉专门为邵道长服务。待遇之好，令许多大臣都眼红。寒窗苦读几十年，还不如人家做点法事。

碰上朱厚熜这样的皇帝，邵元节才能大红大紫，要是换一个不相信的，哪里轮得到他富贵，可见专业水平是一方面，机遇也是一个重要的因素。嘉靖十八年（公元1539年）八月，邵元节病危，当时朱厚熜南巡去了，临终时，邵道长对徒弟说："我马上就要仙逝了，如果能到行在去见皇帝最后一面，那就好了。"朱厚熜听说道长永逝，悲伤不已，命令有关部门按照伯爵的礼仪安葬。到这个时候，嘉靖皇帝还是没能醒悟，邵元节连自己的命都救不了，怎么可能让朱厚熜长生不老呢？人事有代谢，往来成古今，生老病死，自然规律，皇帝也无法免俗。可惜朱厚熜就是不信，对道教的痴迷愈演愈烈。

皇帝迷信道教，与道教有竞争关系的佛教就成了被打压的对象。双方的教义天差地别，部分道士对和尚十分不满，如今最高统治者站在了他们这一边，是得好好整整这帮和尚了。嘉靖六年（公元 1527 年），皇帝命令拆除京城内外的两座皇姑寺，明武宗的生母张太后听说了，立即表示反对，这是孝宗皇帝修建的，而且佛祖可以顺天保明。她知道皇帝不会听自己的，就去游说蒋太后。蒋太后虽然与张太后有矛盾，可听说是先皇建造，加之宫里也有不少嫔妃、宫女信仰佛教，拆除皇姑寺会涉及先帝，影响人心，感觉不大妥当。朱厚熜对蒋女士特别孝顺，母亲都发话了，他也不好不听，但心里的怒火还是要发泄。皇帝就说：什么顺天保明？明是我们的国号，一个妖尼怎么能保佑我们大明呢？皇姑这个说法也有问题，皇姑并非皇家的女人，只是个封号，不明真相的群众会以为是皇家的女人。最后朱厚熜虽然没有把皇姑寺给拆了，但下令把匾额收回，那上面写有"敕赐"，表明为皇家所赐。

嘉靖十五年（公元 1536 年），朱厚熜又对宫里的大善佛殿感觉不爽，命令手下把它给拆了，在其原址修建慈庆宫和慈宁宫，表达对母亲的孝顺。他还亲自带着武定侯郭勋、大学士李时、礼部尚书夏言到殿里参观，看到了许多用黄金制成的鬼神雕像，还有一些玉匣，里面藏有佛头、佛牙等，总共一万三千多件。夏言知道皇帝对佛教特别不满，就建议朱厚熜把这些都埋了，皇宫，多么神圣高贵的地方，怎么可以容纳这些东西？而朱厚熜认为掩埋这样的处罚太轻了。他说：智者看见邪恶的东西，会主动避开；愚蠢的人不辨是非，以前没见过，心里害怕，会把它们供奉起来。现在把佛像都埋到野外，难免有愚者会将其挖出来，放家里供奉。不如把它们都给除掉吧！一劳永逸！在世俗权力的推动下，佛教损失惨重；此消彼长，道教的实力获得相应提升。

邵元节安详地走了，享年八十岁，高寿，但没有长生不老。朱厚熜又宠信起了另一位道长，他叫陶仲文，与邵元节是老朋友了。有一年，宫里莫名其妙出现了黑色气体，一连几天都没有消散，嘉靖皇帝认为这是妖气，是不祥之兆，让邵元节做法祛除。邵元节哪里有这种本事，硬着头皮做法，可一点效果都没有。朱厚熜纳闷了，这妖气也太强了吧，连邵道长都无能为力！于是邵元节就把陶仲文推荐给皇帝，这位道友的水平也不错，请陛下让他试试吧！朱厚熜同意了，请陶道长作法吧！陶仲文心里也虚呀，我哪里有这水平，只能硬着头皮做着。不过此人运气极好，这股黑气凑巧消散了。嘉靖皇帝两眼放光，了不起，真的了不起！留下吧，为我服务！后来皇次子生病了，朱厚熜担心他夭折，又让陶道长为儿子祈福。太医比较给力，把朱载壑的病治好了，皇帝又很高兴，认为是陶仲文的功劳，从此更加信赖。最让朱厚熜刮目相看的还是南巡途中，陶仲文通过盘旋在天上的旋风，判断出晚上会有火灾，结果一语成谶，嘉靖皇帝险些被烧死。事后，皇帝封陶道长为神霄保国弘烈宣教振法通真忠孝秉一真人。

　　同时期活跃在皇宫里的道士，还有一个叫段朝用的，他的特技比较高端，叫点物化银，经他的点化，比较寻常的物件能变成银器。更神奇的是，这些银制品都是仙物，用它们吃饭、喝水，能够长生不老。武定侯郭勋听说了段道长的法术，就把他请进侯府，好吃好喝，还为他安排了一间工作室，里面有柴火之类的，希望他能为自己点化些银器，第一用来挣钱，第二可以长生不老。段朝用接受了邀请，来到府邸，可他哪里会什么点物成银，那是完全违背化学常识的。于是他就偷，武定侯家里有钱，银子多的是，他偷来了一部分，制作成各类银制品。时间到了，郭勋跑到工作室一看，我的天！道长法术高强，真的能点物化银，赶紧把仙器留下一部分，其他的都献给嘉靖皇帝。

修道与朝政

　　朱厚熜乐呵呵地摸着仙器，爱不释手，把段朝用招进宫来，封为紫府宣忠高士，命令他继续施法，你不是会点物成银吗？现在国家财政困难，请道长多多施法，变出更多的银两。段朝用听说朱厚熜又怕死又贪财，就给他建议：只要皇帝宅在深宫，不和外人接触，那么黄金就能得到，不死药也没有问题。皇帝十分满意，下令让太子监国，自己安心休养，等一两年后，再满血复活。此议既出，小伙伴们都惊呆了，这是什么逻辑？正值壮年的皇帝在深宫修炼，让幼儿园都没上的太子去监国，他怎么监国？靠什么监国？荒谬至极。

震惊归震惊，没有人站出来反对，毕竟这个皇帝比较凶悍，干扰皇帝修仙是会打屁股的。还是一个叫杨最的官员不怕死地站了出来，坚决反对："陛下春秋方壮，乃圣谕及此，不过得一方士，欲服食求神仙耳。神仙乃山栖澡练者所为，岂有高居黄屋紫闼，衮衣玉食，而能白日翀举者？臣虽至愚，不敢奉诏。"皇上您才三十多岁，春秋鼎盛，听道士蛊惑，下发这种谕旨。在这个世界上，神仙是有的，修仙也是没问题的，但别人修仙，都是在深山老林里，最后成功了。哪有在皇宫，吃着山珍海味，穿着高档服装修仙的？我虽然不是很懂，但这点事理我还是明白的，您老的命令，我实在是不敢执行。朱厚熜大怒，可恶！又来阻挡我修仙，赶紧抓起来，关进大牢，狠狠地打，打到一半，杨最气绝而亡。嘉靖皇帝想了想，太子监国的确不妥，他这么小，朕又何必退下来？于是他就放弃了，但他好面子，不会说是因为杨最的建议改变了想法。杨最尽管死了，但目的达到了，没有白白牺牲。

皇帝放弃太子监国的打算，文武百官都松了口气，唯独一个叫刘永昌的官员上折子，说皇帝退居幕后是盛事，有什么不可以？请朱厚熜一定要让太子监国。刘大人的想法是：皇帝仍想幕后修仙，只是迫于压力，做了让步，现在我提出来，言天子不能言，以后剧情反转了，肯定给我加官晋爵。这份奏疏被皇帝看到了，勃然大怒，因为他老人家的想法真的扭转了，朕都说过了，太子不监国，你小子又来炒冷饭，存心气朕是不是？抓起来，拷打！

太子不监国了，没多久，段朝用的法术也露馅了。让他交银子出来，他就是不交，因为没地方偷了。徒弟王子岩把师傅的手段揭发出来，朱厚熜震怒，下令有关部门审讯。一问才知道，当初献上来的仙器都是郭勋家的，武定侯识人不明，间接蒙蔽了皇帝，也不是什么好东西，此后，朱厚熜越来越疏远郭勋了。

嘉靖皇帝崇信道教，这是个相当烧钱的活动，每年宫里修建的宗教场所，往往金碧辉煌，需要花费大笔资金；举行宗教活动，要烧黄蜡、白蜡，每年各十几万斤；道士作法，皇帝会给他们优厚待遇，也是花费。钱从哪里来？当然是老百姓身上来，不知浪费多少民脂民膏。大臣也不劝谏，要么不敢，忍气吞声，怕打击报复；要么支持皇帝，迎合他，以谋取高官厚禄。嘉靖十九年（公元1540年），从夏秋季节开始，京畿地区就不下雨，庄稼都枯死了，人畜饮水困难。元日下了场雪，时间不长，雪量也不大，老百姓都很失望，本来还指望缓解旱情呢！没想到大学士夏言、尚书严嵩等高官竟然向皇帝祝贺：天降瑞雪，都是陛下领导有方，能生活在天朝实在是太幸福了。朱厚熜忙说：不敢当！不敢当！都是大家的功劳。

有一个叫杨爵的大臣，工作之余，常常深入民间，了解百姓疾苦，不像皇帝老爷那样高高在上。有一次他巡视南城，发现一个月的时间里，有八十几个人被活活冻死。加上东城、西城、北城，又会有多少老百姓冻死？如果政府肯花钱，给他们置办棉衣，也许悲剧就不会发生了。可皇帝陛下疯狂炼药，把钱都花在了虚无缥缈的修仙上。朱门酒肉臭，路有冻死骨，多么痛的领悟。

杨爵实在是看不下去了，把前面提到的情况都向嘉靖皇帝汇报，对严嵩等阿谀奉承的大臣予以怒斥："翊国公勋，中外皆知为大奸大蠹，陛下宠之，使谗恶肆毒，群狡趋赴，善类退处。此任用匪人，足以失人心而致危乱者"，所谓的朝廷重臣，都是些大奸大恶之人，全国人民都知道，皇上却宠信他们，实在是用人不当！直指朱厚熜是昏君，因为明君用贤臣，昏君才用奸臣。

对皇帝执着的道教活动，杨爵也进行否定："陛下诚与公卿贤士日论治道，则心正身修，天地鬼神莫不祐享，安用此妖诞邪妄之术，列诸清禁，为圣躬累耶！臣闻上之所好，下必有甚。近者妖盗繁兴，诛之不息。风声所及，人起异议。贻四方之笑，取百世之讥，非细故也。此信用方术，足以失人心而致危乱者"。你皇帝迷信的道术，连三岁小孩都不信，什么长生不老，什么点石成金，老百姓都觉得好笑，陛下却深信不疑，实在是让人无语。

对于朱厚熜躲在西苑，不上朝，不见朝臣，不参加祭祀活动，杨爵也发表了意见："陛下即位之初，励精有为，尝以《敬一箴》颁示天下矣。乃数年以来，朝御希简，经筵旷废。大小臣庶，朝参辞谢，未得一睹圣容。敷陈复逆，未得一聆天语。恐人心日益怠媮，中外日益涣散，非隆古君臣都俞吁咈、协恭图治之气象也。"身为您的臣子，您的属下，却从来没有见过您的真容，也没有听过您一句的指示，古往今来，有几个皇帝是这么另类的，久而久之，恐怕人心都要散了。

杨爵的上疏切中时弊，针对性极强，绝大多数领导看见了，心里都会不舒服，更何况吃药吃得愈发暴躁的朱厚熜。他马上下令，把杨爵投入诏狱，好好整一整，杀杀傲气。杨爵顿时血肉模糊，被折磨得死去活来，本来都没有生命迹象了，第二晚突然又活了过来。司法部门请皇帝允许他们给杨爵定罪判刑，朱厚熜不许，关着就行了，也不给个说法。主事周天佑、御史浦鋐上疏救杨爵，也被投入诏狱，不堪酷刑，都死了。

嘉靖二十八年（公元1549年），皇帝迷信上了扶乩，这是一种占卜之术。扶乩时，一个人拿着乩笔在细沙上写字，嘴里不停地念着某某神灵附身，此时写下的字，就是神灵的旨意。朱厚熜特别相信这些。八月份，占卜结果显示：神仙要求释放杨爵，皇帝想了想，既然是神仙的意思，我一个人间的皇帝怎么能违背呢？于是下令释放杨爵。还没过一个月，尚书熊浃上疏皇帝，说扶乩都是假的，咱们不能被旁门左道骗了呀！朱厚熜恍然大悟，我就说嘛！神仙怎么可能会让我释放杨爵？赶紧抓回来，牢里蹲着。东厂派人又去抓杨爵，当时杨大人正在吃饭，东厂的人说："要不要把家里的事情安顿一下，咱们再走？"杨爵说安顿什么，朝廷抓我，现在就走呗！周围的人看到了，都默默流下眼泪，心里控诉皇帝的暴行。

又过了两年，大高玄殿发生火灾，嘉靖皇帝隐约听见有人在火里大呼：杨爵是忠臣！杨爵是忠臣！朱厚熜被吓傻了，这回肯定是神仙的要求了，朕亲耳听见！下令再一次把杨爵释放了。这回算好的了，没有抓回去，杨爵在家住了两年。突然有一天早上，院子里飞来了许多大鸟，杨爵感叹一声："伯起之祥至矣"，三天后安然死去。魏收，字伯起，南北朝时期的大臣，无疾而终。在杨爵看来，这是一种很好的事情，人固有一死，死得没有痛苦不是挺好的嘛！所以叫"伯起之祥"。

与杨爵一起蹲监狱的还有两个人：给事中周怡、工部员外郎刘魁，朱厚熜喜欢道教，总是在宫里修建道观，搞得工部鸡犬不宁，财政压力也越来越大。嘉靖二十一年（公元 1542 年）秋天，朱厚熜采纳了陶仲文的建议，要在太液池西边建造什么国康民雷殿。这么多项目都没完工，又要上马新的项目，对国计民生又没有什么益处。刘魁上疏说："顷泰享殿、大高玄殿诸工尚未告竣。内帑所积几何？岁入几何？一役之费动至亿万。土木衣文绣，匠作班朱紫，道流所居拟于宫禁。国用已耗，民力已竭，而复为此不经无益之事，非所以示天下后世。"国库没钱了，老百姓也筋疲力尽，造国康民雷殿有什么意义呀！

嘉靖皇帝当然不听，把刘魁抓起来给杨爵做伴，第一次释放杨爵时，皇帝把刘魁也给放了，不过很快又抓回来了。当时刘魁不在家，东厂就抓了他弟弟，兄弟俩长得像。走在路上的刘魁听说了此事，主动站出来，不想家人替自己坐牢。三年后，大高玄殿发生火灾，刘魁再度被释放，可是监狱里的折磨严重损害了他的身体，出来没多久便去世了。由此可见，嘉靖皇帝迷信道教已经到了走火入魔的地步，对大臣的处置，不看有罪无罪，全凭神仙旨意。对于官员的任用，有时候竟然也取决于道玄，而非才能、学问。

无锡人顾可学，进士出身，担任过浙江参议一职，后来被人举报，说他在职期间盗窃官府财物，于是就被开除了。他在家闲居二十年，无聊透顶，想复出。听说朱厚熜喜欢追求长生不老，当朝重臣又是自己的同年严嵩，于是他就去找严阁老，咱们当年可是一起考上进士的！兄弟我想复出，严阁老能不能照顾照顾？帮帮忙？严嵩就问他有什么本事，顾可学说我用童男童女的尿液可炼制长生不老药！严嵩一听，不错！果然有本事，就去向嘉靖皇帝引荐"人才"。朱厚熜知道了，果然很喜欢，派人赏赐金币给顾可学，还封他为礼部尚书，加太子太保。因为顾大人的乌纱帽是用尿换来的，老百姓都觉得很好笑，士大夫都以之为耻。

饶平人端明同样为进士出身，在当时与顾可学齐名。他以前担任过右副都御史，在南京城管过粮食储备，后来犯了错，被人弹劾，在家中赋闲了十年。他也听说朱厚熜追求长生不老，就去找陶仲文和严嵩，说自己懂医术，能炼制长生不老药。嘉靖皇帝倒是来者不拒，马上任命他为礼部右侍郎。名义上是省部级高官，实际上根本不管礼部的事情，挂个职而已，每天的工作就是炼药，帮助皇帝永葆青春。同僚们都看不起他，说他是个没有真本事的小人，端明自己也害怕，万一哪天谎话被揭穿了，皇帝、同僚会如何处置自己，就主动要求隐退，最终死在了家里。朱厚熜又一次自欺欺人、掩耳盗铃，给端明赐祭葬，谥号荣简。端大人自己都做不到长生不老，又怎么可能帮你如愿？

在斋醮活动上，需要焚化写在青藤纸上的祝文，以实现凡人与神仙的沟通，名为青词。朱厚熜一开始让道士们给他写，这些人文化水平不高，写出来的青词往往不符合他的心意，于是就要求大臣们给他写，写得满意，当然可以加官晋爵、封妻荫子了。但朱厚熜的要求可高了，第一：质量要好，对仗工整、文辞华美；第二：符合嘉靖皇帝的心思，你是为朱厚熜写青词，上面的祝文是以皇帝的口吻写的，最后的成品，当然得完全符合嘉靖皇帝的意思；第三：速度要快，有时候半夜了，皇帝突然哪根筋不对，要求大臣赶紧写青词，把某某想法告诉神仙，给神仙解释清楚。做属下的，半夜两三点被领导喊起来上班，还不能抱怨，否则富贵不保，真是无语极了。就是在这样的背景下，有一批官员脱颖而出，成功上位，被时人称为"青词宰相"，他们分别是袁炜、李春芳、严讷、郭朴。

他们都考上过进士，饱读诗书，对传统文化有一定了解，能够写出优美的语句；还擅长察言观色，能够准确揣摩嘉靖皇帝的需求。他们写出来的青词，又快又好，准确无误地表达出了皇帝的意思，朱厚熜被伺候得舒服，肯定不会亏待他们的。

严讷由于青词写得好，被皇帝破格提拔为翰林学士，后来又历任太常少卿、礼部左、右侍郎等职务。礼部尚书郭朴改任吏部尚书，朱厚熜立即下令严讷担任礼部尚书。李春芳和严讷一样，也因为工作做得好，皇帝喜欢，破格将其提为翰林学士，没过多久，也担任太常少卿、礼部右侍郎。后来严讷又去吏部了，李春芳跟在他后面，当上了礼部尚书。

袁炜是嘉靖十七年的会试第一名，殿试第三名，身为探花，帮皇帝写青词当然没什么压力了，朱厚熜对他的作品最为满意。内阁大臣提议派人到南京管翰林院，嘉靖皇帝首先想到了袁炜，想把这个好机会送给他。袁炜也是个人精，推辞不去，在皇帝身边多好，一直享受恩宠，跑到南京去了，职务虽然提高，实际地位却下降了。朱厚熜了解袁炜的想法后，非常感动，高官厚禄也不要，就留在朕的身边，这是舍不得朕呀！马上将其提拔为侍讲学士。两月后，亲笔写下诏书，封袁炜为礼部右侍郎。第二年，又加封为太子宾客兼学士，赐一品服。这些人固然是有才华的，但提拔的理由却与国计民生毫无关系，完全是因为善于舞文弄墨，满足皇帝修道的需求，给人一种感觉：吏部尚书、礼部尚书不是为国家服务的，是皇帝想给谁就给谁的私人物品。

对于拒绝为他写青词的大臣，朱厚熜还要打击报复。驸马都尉邬景和，娶了嘉靖皇帝的姐姐永福公主为妻。朱厚熜不是找人写青词嘛，就想起了这位姐夫。来来来！姐夫帮朕写个青词！邬景和说他不了解道教，写不出来，拒绝了。朱厚熜非常不满意，有一次赏赐大臣，给了邬景和一份，驸马爷感觉很奇怪，不能无功受禄，欠皇帝一个人情，立即上折子，说以后要马革裹尸，报答天子。朱厚熜看后大怒，说什么马革裹尸，太不吉利了，立刻下令免除邬景和职务，滚回原籍。朱厚熜怎么对姐夫如此无情？因为姐姐在嘉靖四年就去世了，时间一长，对姐夫的感情和对普通大臣的也没有什么区别。嘉靖三十五年，邬景和上疏说自从回老家昆山后，离京师太远，祭祀你姐姐很不方便，希望能让我到京师住着。朱厚熜有点感动，同意了。

　　嘉靖皇帝的修玄在即位之初便有苗头，南巡火灾、壬寅宫变后迅速增长，直至最终去世。在他眼里，斋醮、炼丹不过是手段，最终的目的还是身体健康、发财、长生不老，显然，这些诉求靠道长是无法实现的。许多投机分子看透了皇帝，纷纷站出来欺骗他，蒙蔽他，献上所谓的不老药，闹了不少笑话。可是他未能长生不老，仍然遗憾地离开了人世。

内阁能有多乌烟瘴气

之前我们说过嘉靖皇帝的名声，四百年后，许多人对他的印象就是修仙、炼丹、差点被宫女勒死，是个不务正业的皇帝。他的内阁首辅严嵩，往往就是奸臣的代名词，可与秦桧、李林甫他们并驾齐驱。假如严嵩六十岁去世了，在当时也算高寿吧，世界上也没有人会把他写进《奸臣传》，因为严阁老人生最辉煌的日子，是从六十岁到八十二岁，简直是大器晚成的典范，比他更牛的，也只有唐朝的张柬之了。

早年生活

严嵩出生于成化年间，明宪宗朱见深的时代，比嘉靖皇帝大了二十五六岁，这个年龄差，给他当父亲都绰绰有余。严嵩的籍贯是分宜，江西老表一枚，祖籍在福建邵武。父亲叫严淮，屡试不第，在科举考场上缺乏能力，但他满脑子想的都是权力、飞黄腾达，自己飞不起来，他就让自己的儿子飞，把家族的未来都寄托在严嵩身上，从小悉心栽培，不像有些穷人家的孩子，父母没有意愿，也没有能力把儿子培养好。弘治十八年（公元 1505 年），严淮的付出总算有了回报，严嵩高中进士，名列第二甲第二名，总成绩排行第五。朝廷任命他为庶吉士，后来又授予编修。严嵩年纪轻轻，春风得意，正要大干一场时，突然生了一场大病，不得不回到原籍，在家里又读了十年书。当时人们对他的印象非常好，又高又瘦的一位才子，眉毛稀疏，饱读诗文，还写得一手好字。"颇著清誉"四个字，就是史书对他的评价。万万没想到，所谓的奸臣，早年还有美好的一面。

正德十一年（公元 1516 年）严嵩复出，后来又担任过侍讲、国子祭酒等职务，其间并没有什么值得大书特书的事情，按部就班而已。嘉靖七年（公元 1528 年）晋升为礼部右侍郎，朱厚熜在位初期做过议大礼、更正祀典等大事，都与礼部息息相关。严嵩在礼部任右侍郎，在领导面前表现的机会就多了一些。朱厚熜命令严嵩到江汉平原，祭告他父亲的显陵，回来后，严嵩报告领导说："臣恭上宝册及奉安神床，皆应时雨霁。又石产枣阳，群鹳集绕，碑入汉江，河流骤涨。请命辅臣撰文刻石，以纪天眷。"大意是说他祭告显陵的时候，发生了许多祥瑞，希望皇帝把这些经历刻在石头上，永远地纪念。朱厚熜本来就是个迷信祥瑞的人，听了严嵩的谎话，开心得不得了，连忙表示：我父亲的功劳、德行感动了上天，故有此吉兆，严侍郎说要刻在石头上，那就准奏吧！很快，严嵩的官运又亨通了，先是调到吏部任吏部左侍郎，又升为南京礼部尚书、南京吏部尚书。在南京待了五年，朝廷要重修《宋史》，严嵩就被叫回北京任礼部尚书兼翰林学士。

嘉靖十七年（公元 1538 年），有人提出嘉靖皇帝的生父应该追封为睿宗，神主应该进入太庙，得到后世子子孙孙的祭拜。消息传出，官员们都很不满意，朱祐杬算哪根葱？没有做过一天皇帝的人，也配与孝宗、宣宗他们摆在一起？就因为他是现任皇帝的生父？大家都反对皇帝的想法，严嵩也站在他们一边，感觉实在是太荒谬了。听说大臣们有意见，朱厚熜不开心了，当年杨廷和都挡不住朕追尊生父，你们这些人还敢来找死？写了个《明堂或问》送给大家，看看吧，这就是朕最终的态度，你们好自为之！想到左顺门事件中，杨慎反对皇帝的下场，严嵩便不寒而栗，他屈服了，马上改口：臣完全同意皇帝陛下的意见。为了表现自己是真心赞同，他还把相关的礼仪都设想好，报告给了嘉靖皇帝。朱厚熜当然很开心了，三言两语，就让严嵩认识到了错误，乖乖顺从，于是赏赐金币若干，以资鼓励！

经过此事，严嵩渐渐明白，皇帝喜欢听话的人。你没有原则地跟随他、奉承他，虽然会被有骨气的同僚看不起，却可以为自己赢得实实在在的利益，比如钱财、官职等等。此时的严嵩已经年近花甲，人越老，权力心越重，他不满足礼部尚书的位置，想要位极人臣，当上内阁首辅，成为所有官员们的一把手。自从张璁去世，嘉靖皇帝对夏言信赖有加，严嵩若要上位，必须想方设法把夏言给拿下，只有挪开了绊脚石，严嵩才能到达人生巅峰。

钩心斗角

夏言也是江西人，贵溪的老表，和严嵩还是一个省的老乡。他正德十二年（公元 1517 年）中进士，嘉靖皇帝刚刚登基，夏言就给朱厚熜提建议，要他每次上完朝，到文华殿阅览奏章，召集内阁大臣面议，尤其是那些关系到国计民生的，不能想做什么就做什么，要广泛听取官员们的意见。他还联合御史郑本公、主事汪文盛给亲军裁员，共让三千二百多人丢掉了饭碗，有利于改善朝纲。嘉靖十七年（公元 1538 年）冬，内阁首辅李时病故，夏言接替他成为首辅。对于这位小自己两岁的领导，严嵩表现得恭恭敬敬，不敢有丝毫怠慢。夏言是一个非常自信的人，他认为严嵩这样做是应该的，是下级对上级正常的态度。实际上严嵩才不会乖乖给夏言当下属呢，他只是在麻痹对方，等时机成熟了，就可以采取反制措施。

嘉靖十八年（公元 1539 年），为了给父母看坟地，朱厚熜下令南巡，内阁首辅夏言、礼部尚书严嵩都随驾前往。从这个安排，可以看出皇帝对二人的宠信。当大部队抵达承天府，朱厚熜祭拜完父亲，严嵩请求皇帝允许大臣们上表称贺，皇帝十分满意，朕准了！夏言却认为有点早，人都在外面，有什么好称贺的，不如回京城再说吧！朱厚熜听到夏言的话，心里很不痛快，现在称贺有什么不可以？严嵩准确揣摩皇帝的意思，一而再、再而三地请求，说："礼乐自天子出可也"，朱厚熜对夏言有点不满意了，认为还是严嵩乖巧懂事。

回北京后，嘉靖皇帝又跑到大峪山视察坟地，他在反复对比，究竟哪一处更适合安葬父母，最后还是认定承天府的显陵。夏言这个人过于随意，竟然没有按时呈进居守敕，朱厚熜于是大怒，说他怠慢不恭。夏言意识到问题的严重性，赶紧上疏谢罪，皇帝还是很愤怒，勒令夏言退休，回家养老去吧！夏言没办法，只好离开，几天过去，朱厚熜的怒火总算是熄灭了，又想起了夏言的好，让他回来继续当官。这一进一出，简直跟儿戏似的，说退休就退休，说复职就复职。没想到，过了没几年，夏言又被皇帝赶回家了，原因是他太有个性，连朱厚熜的话都当耳旁风。当时嘉靖皇帝住在西苑，要求来西苑的大臣只能骑马。夏言一想：我堂堂内阁首辅，怎么能骑马上班呢？于是他坚决坐轿子。有一次朱厚熜看见了，心里很不是滋味，怎么？看不起朕？左耳进右耳出！嘉靖皇帝还喜欢穿道士的服装，他想让夏言也换上，便赏了香叶束发巾。夏言对这种东西是抗拒的，坚决不穿："非人臣法服"，不是大臣应该穿的东西。这也让朱厚熜感到不满，我赐的道服不穿，是不是心里看不惯我信道？

日积月累，朱厚熜对夏言的不满越来越强烈了，严嵩看准时机，一改往日做法，向皇帝揭发夏言的种种劣迹，一边说，还一边抹眼泪，好像受到了天大的委屈。朱厚熜又气又恼，夏言真不是好东西，把严嵩欺负成这样，亲自写下诏书，怒批道："言官为朝廷耳目，专听言主使。朕不早朝，言亦不入阁。军国重事，取裁私家。王言要密，视等戏玩。言官不一言，徒欺谤君上，致神鬼怒，雨甚伤禾。"夏言连忙请罪，乞求退休，皇帝恩准了，让严嵩顶替夏言进入内阁。

真是太不容易了，严嵩总算打败了夏言，站上职业生涯的顶端。朱厚熜任命他为武英殿大学士，入直文渊阁，依然掌管礼部。这一年严嵩已经六十多岁了，但是在外人看来，一点都不显老，反而精神矍铄，权力是最好的保养品，让人精神振奋，身心愉悦！严嵩进入了内阁，人生价值得到了满足，越活越有滋味。他常常一整天都住在西苑，也不回家睡觉、洗漱了，皇帝需要严嵩了，吼一声，马上就过来，提供24小时全方位贴心服务，用心之处堪比内侍。对此，朱厚熜特别满意，经常夸奖严嵩是个勤勉的老同志，并送给他"忠勤敏达"四个字，以示认可。

　　能够获得最高统治者的肯定，严嵩自己也有些飘飘然了，开始露出庐山真面目。他虽然入了内阁，但不是首辅，前面还有资格更老的翟銮，以及吏部尚书许赞、礼部尚书张壁，严嵩想当首辅呀，必须给他们点颜色看看。怎么拿下翟銮呢？他私下里委托与自己关系好的言官上疏弹劾，朱厚熜相信了，翟銮获罪离开。至于许赞、张壁，严嵩根本不让他们俩参与票拟，内阁官员的权力，都被严嵩一个人行使了，弄得许赞很有意见："何夺我吏部，使我旁睨人"，只能看着你票拟，我跟个观众似的。严嵩为了表现自己关爱同事，上疏皇帝，请求每次召见时，他能与成国公朱希忠、京山侯崔元及许赞、张壁一同进来。朱厚熜虽然没有接受，心里却更加赏识严嵩，又把他的职务调整为吏部尚书、谨身殿大学士、少傅兼太子太师。

　　没过多久，朱厚熜了解到严嵩专权的行为，又开始怀念起了夏言，内阁的权力都被严嵩行使了，他这样排斥异己，久而久之，会对皇权形成威胁。还是应该把夏言叫回来，好好治一治严嵩，保证内阁权力的平衡。嘉靖二十四年（公元1545年），夏言又一次回到熟悉的岗位，嘉靖皇帝让他官复原职。他一上任，就对严嵩下手了，把严嵩安插在各部门的亲信都给赶走，同时还掌握了严嵩儿子严世蕃的罪状，想要弹劾他。严氏父子得知后，吓得惶惶不可终日，赶紧跟夏言求饶，夏言懒得理他们，装病不见。严嵩花重金买通了夏府的仆人，直接来到夏言面前，痛哭流涕，百般求饶，希望夏大人高抬贵手。严氏父子卑微地跪在膝前，夏言总算满意了，你也有今天！大人不记小人过，你们放心吧！与此同时，锦衣卫都督陆炳也不干净，被御史弹劾，夏言要求他说明情况。陆炳怎么说都无法掩盖自己的罪行，也跑到夏府跪求，同样，夏言饶过了他。但陆炳和严嵩都感觉很羞耻，必须报一箭之仇，于是他们结成了政治同盟，想要联合起来扳倒夏言。

俗话说："江山易改，本性难移"，夏言被勒令退休好几次，时间有长有短，却从来不反思自己的原因，既放不下脸皮，也狠不下心肠，不会处理好上下级和同事关系，对政敌还心慈手软，尽量减少反对派的数量。每次朱厚熜派小太监去传召夏言，夏言的态度都非常傲慢，我堂堂内阁大臣，你只是一个宦官，所以总是颐指气使，特别盛气凌人。小太监的内心不平衡了，他可不是一般的宦官，他是与嘉靖皇帝朝夕相处的服务人员，于是逮到机会了，不就得在皇帝面前说夏言的坏话。朱厚熜听多了，对夏言的印象自然得打些折扣。反观严嵩严大人，不仅对皇帝的心腹太监以礼相待、嘘寒问暖，还主动把银子送到他们手上，公公辛苦了！公公买点好吃的，不成敬意！没有对比就没有伤害，两人差距那么大，说什么也得给严嵩美言几句。

嘉靖皇帝赏识夏言，还有一个地方：文笔好，写出来的青词文笔优美，又能够准确反映出皇帝的意思。当然，严嵩写得也非常好，两人年轻时的书都没有白读。可是久而久之，夏言对青词这个事越来越不上心了，他常常让手下代写，写出来也不检查，直接就交给皇帝。之前我们说过，青词虽然没什么实际作用，但创作的时候也很考验水平的，下人写出来的东西，肯定没有夏言本人写得好，无论是在速度、质量还是对皇帝心思的把握上。因此，朱厚熜常常发火：夏言写的是什么乱七八糟的，糟糕极了，有些交上来的青词还是重复的，根本没有动脑筋，完全是在敷衍朕，要你何用？反观严嵩，六十多岁的人了，写青词依然那么认真，为了完成好工作，经常挑灯夜战，凌晨两三点还在琢磨某一句青词该如何修改。而夏言呢，早就呼呼大睡了。谁"不务正业"，谁兢兢业业，嘉靖皇帝能不知道吗？日积月累，朱厚熜对夏言的不满逐渐上升，就像烧开水一样，达到沸点，就变得一发不可收拾。

嘉靖二十五年（公元 1546 年），总督陕西军务的曾铣上疏朝廷，请求出兵收复河套。河套地区在哪儿呢？就在黄河"几"字形的最上面，那里水草丰美，地势居中，被蒙古人占领后，成为他们侵犯边疆的主要基地。向东可以进犯山西、京畿，向南可以劫掠陕西，向西可以威胁宁夏、甘肃，已经成为大明帝国的心腹大患。曾铣提议派兵收复河套，驱逐蒙古人，固然是勇气可嘉，然而，此时明朝军队的战斗力太低下了，粮饷无法得到有效保障，不可与秦始皇、汉武帝时期的国力相提并论。曾铣刚刚上书时，嘉靖皇帝脑子一热，举双手双脚赞成。蒙古人嚣张好多年了，边境狼烟四起，身为天子，朱厚熜却没有治本之策，心里早就想发泄发泄了。夏言十分认可曾铣的主张，假如河套的确能够收复，作为支持者，不世之功也会有夏言的一部分，他在政坛的地位，以及身后的评价，都可以写上浓墨重彩的一笔。

正当人们高呼收复失地时，嘉靖皇帝来了个一百八十度大转弯，极力反对进攻河套的军事行动。因为口号喊完了，朱厚熜过热的大脑也冷却了。就凭目前的军力、国力，就想收复河套，打败强悍的蒙古人，简直是痴人说梦。真要开打，明军大概率是失败的，到时候嘉靖皇帝的面子一定挂不住。所以他的态度就变了，开始斥责曾铣。严嵩仔细揣摩朱厚熜的意图，极力主张不应该收复河套。夏言看出了严嵩的意图，吐槽道：之前你对收复河套没有任何异议，现在突然把锅都砸在了我的头上。嘉靖皇帝认为这是在暗讽他反复无常，勃然大怒，下令罢免夏言的官职，勒令其退休。夏言这回又可以回家抱孙子了，恐怕他自己都数不清是第几次被贬了。

严嵩再一次击退政敌，当然是很高兴的，可他不想就此罢手。他对朱厚熜的反复无常算是彻底怕了，万一哪天皇帝又想起夏言的好，念及旧情，又把他给启用了，不是又要花时间把他给斗倒？最根本的办法，应该是杀掉夏言，斩草除根。当时大街小巷有许多流言蜚语，说夏言临走的时候，对皇帝多有抱怨，不满意朱厚熜的处理结果，这些话传到了宫廷，让皇帝知道了。严嵩联合曾经被曾铣处罚的将领仇鸾，上疏弹劾夏言，说夏言的岳父苏纲，与曾铣来往甚密。以前曾铣打了败仗，为了掩盖罪行，通过苏纲牵线搭桥，贿赂夏言，最终免于处罚，还克扣了上万军饷。

这一回，嘉靖皇帝忍无可忍，他已经到了"沸点"，下令把曾铣斩首，妻子流放两千里，又派校尉去抓夏言。夏言此时刚到通州，听说曾铣的遭遇，直接从马车上掉下来，死定了！死定了！在狱中，夏言上疏皇帝为自己辩解，揭发严嵩的阴谋："鸾方就逮，上降谕不两日，鸾何以知上语，又何知嵩疏而附丽若此？盖嵩与崔元辈诈为之以倾臣。嵩静言庸违似共工，谦恭下士似王莽，奸巧弄权、父子专政似司马懿。在内诸臣受其牢笼，知有嵩不知有陛下。在外诸臣受其钳制，亦知有嵩不知有陛下。臣生死系嵩掌握，惟归命圣慈，曲赐保全"，仇鸾与严嵩串通陷害我，大臣里面，有的人只知道严嵩，而不知道陛下，他的权势快要盖过您了，希望皇上能保全我一条性命。但朱厚熜还是没有放过夏言，这一年十月，将他处死，享年六十七岁，妻子流放广西，从子主事夏克承、从孙尚宝丞夏朝庆，都贬为庶民。严、夏之间的斗争，以前者的胜利告终。

屡遭弹劾

击垮了政敌，严嵩当然十分开心，但他还要保住自己的位置，不能让皇帝对他不满，就像对夏言一样。当时内阁只有严嵩一个人，按照惯例需增派人手，大家就推举了六位官员。嘉靖要严嵩挑选，你是内阁首辅，看看这六个人，想和谁搭班子？如果是其他人，肯定会深思熟虑，选出两个人，向领导汇报。可严嵩宦海沉浮多年，何等精明，知道这是朱厚熜在考验自己呢！内阁官员那么重要的岗位，天子的左膀右臂，是你严嵩有权力选的吗？要选也是皇帝选。于是，严嵩就坚决推辞，请朱厚熜下主意，朱厚熜就让南京吏部尚书张治、国子祭酒李本入阁。

没过多久，皇帝又想加封严爱卿为上柱国，嘉靖十八年（公元1539年）的时候，夏言被封为上柱国，现在想要把这个荣誉给严嵩。面对巨大的诱惑，严嵩又是怎么表态呢？他说："尊无二上，上非人臣所宜称。国初虽设此官，左相国达，功臣第一，亦止为左柱国。乞陛下免臣此官，著为令典，以昭臣节。""上"这个字，只能皇帝用，我这个做臣子的何德何能，怎么可以在荣誉称号中有"上"字呢？再说了，一百多年前太祖皇帝开国的时候，功臣们最多也就是左柱国，没有上柱国的，我严嵩再厉害，功劳再高，可以比开国功臣的荣誉还要高吗？朱厚熜得知严嵩的态度，对其更加认可，认为他能够摆正自己的身份，不敢凌驾于皇帝、开国功臣之上，这是有自知之明；再看看夏言，心安理得就接受了，根本没有像严嵩一样，一点都不知道谦虚。

再低调，再谦让，那也是装出来的。严嵩的权力欲望也很强，希望自己一个人说了算，处处排挤内阁其他官员，不让他们行使票拟职权。各个重要部门，他也安插了自己的亲信，形成一个集团，大家都是一条绳上的蚂蚱，平时呼风唤雨，依靠政治地位谋取各种利益。不管权势多大，严嵩始终还是嘉靖皇帝的臣子，必须得到皇帝的支持。朱厚熜不是在修仙嘛，传下来的旨意越来越玄幻，根本不知所云，可严嵩又要完成皇帝交代的工作，这让他很为难呀。这时他就要倚仗儿子严世蕃。严世蕃特别能够领会皇帝的意图，猜得往往八九不离十，每有旨意，严嵩就让儿子先翻译，写成他可以理解的语言，再去执行。嘉靖皇帝听说交代的工作都已做好，对严氏父子更加满意了。

吏部尚书李默，对严嵩插手人事任免特别不满，工作都被你严嵩做了，还要我这个吏部尚书干什么？严嵩嫌他事多，不听话，想换一个人，把升迁任免部分官员的权力掌握在自己手里。当时辽东巡抚这个岗位有空缺，朱厚熜让大家商量，推荐几个人选。李默就推举布政使张臬、谢存儒两个人。朱厚熜又问严嵩感觉这两个人怎么样，到底行不行。严嵩知道是李默举荐的，说：得了吧，根本就胜任不了。皇帝一听，感觉李默不称职，看人没有眼光，举荐不到位，将他给罢免了，换成万镗。万大人对严阁老很是感激，遇到事情都附和，比较听话。没想到第二年，万镗也被罢免了，政敌李默重新当上了吏部尚书，他和严嵩在用人方面产生了新矛盾。怎么整倒他呢？严阁老与亲信赵文华一合计，有办法了！李默以前在选人策问中说"汉武、唐宪以英睿兴盛业，晚节用匪人而败"，他们把这件事告诉皇上，参他借古讽今，污蔑嘉靖皇帝老而昏聩。朱厚熜看了果然不满，于是李默被关进监狱，最后死在了里面。他在吏部的职务，就被严嵩的心腹给拿下了。

为了扩大权势，严阁老把吴鹏、欧阳必进等心腹安插进了吏部，他们是靠严嵩上来的，自然很听从严嵩的指挥。这在古代是很正常的，一个人当上了显赫的高官，必然会提拔自己的亲信，安排下属在重要部门。一来是为了方便工作的开展，都是自己人，推行政令、主张比较方便；二来是抱团取暖，大家互相支持，捍卫权力等既得利益。如果仅仅是一个人，没有任何帮手、朋友，想在险恶的官场活下去，实在是太难了。所以我们经常发现，一位高官的落马，倒下的往往不是他自己，而是整个利益集团，各个层级的支持者都要被清除。严嵩斗倒了夏言，在各个单位、各个层级安排自己的亲信，亲信自己也有亲信，一级一级地安排下去。有些大员之前并不属于严嵩一派，现在严嵩是首辅，级别比你高，按照制度应该听领导的，假如你不听从他的要求，他会想办法把你给整倒，换成自己人。为了保住权位，兵部尚书许论就向严世蕃妥协，军官的升迁，部队的换防，凡是兵部能够行使的权力，都要听从严氏父子的意见。你不听，位子就不保，他们会想办法撤掉你，再安排个听话的。

严嵩的权力虽然很大，也有一套班底，毕竟大不过皇帝，但一般的事情，严嵩还是可以搞定的，他毕竟是内阁首辅。嘉靖总不能全天下的事都要管吧，他专心修道，哪里管得过来。一些有野心、想谋取更高职位的人，就过来找严氏父子，送送礼，托托关系。至于标准，那都是明码标价，州判，三百两；通判，五百两。中低级的职位严嵩交代几句还是有用的，他管着吏部，也就是组织部；高级别的岗位就不一定了，至少得让朱厚熜知道，不是严嵩想让谁当就让谁当，天下到底姓朱还是姓严？由于严氏父子权力大，一些皇室成员竟然也要找他开后门。永寿王病死了，他的嫡孙与庶子争王位，按照制度，有嫡立嫡，无嫡立长，王爷既然有嫡孙，当然要让嫡孙接班了。庶子就不乐意，送给严阁老三千两银子，朝廷马上就下令，批准庶子继承王位。永寿王的王妃看不下去，派人到京城击鼓鸣冤，朱厚熜却并没有惩罚严嵩，不予治罪。看到路子行得通，于是那些有野心、不服从规章制度的朱家子弟都来找严嵩，给他送钱财，希望严阁老为自己打破规则，谋取更多的利益。

通过手中的权势为自己谋利，那就是腐败行为。严嵩的家产得到一定程度增长，在南京、扬州等大都市购置了不少良田、豪宅。俗话说上梁不正下梁歪，内阁首辅都买官卖官，下面的风气变得更加恶劣。通过金钱上任的官吏，会变本加厉地搜刮民脂民膏，首先要回本，再挣取更多的收益。严嵩不仅赚了钱，也扩大了自己的势力，你们都是通过我升职加薪的，以后还得靠着我，否则乌纱帽未必能保住。

对于严氏父子的种种行径，许多大臣上疏皇帝弹劾。有些人比较耿直，是真看不惯严阁老的所作所为，希望朝廷能治治他，有点起色；还有的人是眼红，希望能取而代之，由他们呼风唤雨，收受贿赂，位极人臣。对于弹劾奏章，朱厚熜早就习惯了，一般都不会同意，甚至会对上书弹劾的大臣进行处罚，比如廷杖、流放、罢官，最严重的甚至处死。既然严嵩如此喜欢权力，并借此谋取钱财，助长腐败，嘉靖皇帝怎么就听之任之呢？一来是他比较需要严嵩，他常常修道，朝廷的一般事务需要严阁老帮忙管理，撰写青词也需要他的文笔，换一个人，还真不一定能做好；二来，皇帝自己也不干净，严嵩应对弹劾有方法，把自己和皇帝进行捆绑，把官员们对他的不满，引申为对皇帝的不满，朱厚熜一看，明为抨击严嵩，实为批判皇帝，他当然不会容忍了；第三，你就算把严嵩换掉，新来的首辅未必不会像严嵩这样，安插心腹，收受贿赂，这在此时的大明官场，早已是心照不宣的潜规则，杜绝不了的。明朝官员俸禄那么低，不允许各级官员拿点黑色收入，谁为你皇帝拼命干活？大部分官员卖力工作，不就是为了钱和权。你要是一分钱都不贪，守住清贫，反倒成了异类，很难混下去。

嘉靖二十四年（公元 1545 年），御史何维柏上疏弹劾严嵩，说他是奸臣，奸诈程度可与唐朝的李林甫一较高下，他还把顾可学推荐给当今圣上。顾可学之前我们讲过，用童男童女尿炼丹那位，何御史将此事作为严嵩的罪状，至少侧面说明，他对顾可学炼丹事情是不认可的，感觉很荒唐。严嵩看到奏章反而很高兴，何维伯的官职要不保了。果然，嘉靖皇帝下令将何维伯抓进监狱，挨板子，除名回家。你弹劾严嵩没问题，但是手段不高明，竟把皇帝拖下水了。顾可学实际上是嘉靖皇帝认可的人，官职也是他封的，将炼丹视为罪状，等于把朱厚熜也给否定了。所以皇帝很不满，非但没有惩罚严嵩，反而将提出问题的人给处理了。

沈炼，字纯甫，会稽人，嘉靖十七年（公元 1538 年）中进士，曾任溧阳县令。他为人刚直不阿，疾恶如仇，眼里揉不得沙子，看到不良现象，他敢于揭发直言，因此得罪了不少人，一些既得利益者对沈炼十分不满。蒙古俺答进犯北京，明朝军队大多畏葸不前，沈炼上疏皇帝，请求拨给他十几万兵马，其中一万人保护祖宗陵寝，一万人调往通州保护军粮，还有十几万人蓄势待发，等蒙古人抢东西累了，就一鼓作气教训他们。这份请示交上去，嘉靖皇帝没有批准。

对于严嵩在朝廷里的所作所为，沈炼也是愤愤不平，外面有俺答兴风作浪，内部有严嵩肆意妄为，国家怎么能好。有一天，他与尚宝丞张逊业一起喝酒，聊着聊着，就聊到了严嵩，气不打一处来，借着酒劲，准备好弹劾严嵩，一共总结出了十条罪状。到底是哪些罪行呢："纳将帅之贿，以启边陲之衅，一也。受诸王馈遗，每事阴为之地，二也。揽吏部之权，虽州县小吏亦皆货取，致官方大坏，三也。索抚按之岁例，致有司递相承奉，而闾阎之财日削，四也。阴制谏官，俾不敢直言，五也。妒贤嫉能，一忤其意，必致之死，六也。纵子受财，敛怨天下，七也。运财还家，月无虚日，致道途驿骚，八也。久居政府，擅宠害政，九也。不能协谋天讨，上贻君父忧，十也。"主要针对严嵩擅权、收受贿赂，以及应对蒙古不力等方面。

但是在朱厚熜看来，这些都算不上什么大事，即使把严嵩给撤了，新来的首辅估计也会做这些事，风气如此，体制如此。皇帝非常生气，把沈炼贬到保安去。到了目的地后，因为有文化，沈炼就在保安教小孩读书，严阁老的行径，老百姓多多少少知道一些，就当着沈炼的面批判严阁老，沈炼很是开心，经常痛批严嵩。为了教学生们射箭，他还准备了三个稻草人，一个代表李林甫，一个代表秦桧，还有一个代表严嵩。这些都是奸臣，同学们要记住，射死他们！

后来蒙古人又进犯了，总督杨顺是严嵩的党羽，应对不力，被敌人打得落花流水，被攻破的堡有四十多座。杨顺很害怕，打了败仗，朝廷是要追究责任的，必须得将功补过才行。怎么办呢？打又打不过人家，于是就派人去杀逃难的老百姓，骗朝廷说这些是蒙古人。沈炼听说杨总督干的好事，上疏朝廷检举，还写了篇文章悼念无辜百姓。坏了杨顺的好事，他恼羞成怒，于是想要除掉沈炼，听说他在保安教一群人射箭，就诋毁他想要聚众造反。蔚州人阎浩是个白莲教徒，他经常率领信徒进出长城内外，把明军的情况告诉蒙古人，后来他被明朝士兵抓住了，严刑拷打之下，交代了许多同谋。杨顺便把沈炼也放进去，说阎浩与沈炼也有来往，曾经拜沈炼为师。严嵩知道后特别高兴，总算可以把沈炼拉下马了，就以此为罪名，在宣府把沈炼斩首了。

朱厚熜尽管器重严嵩，时间长了，总看着那张老脸，心里也有点厌烦。嘉靖二十九年（公元1550年），将军仇鸾在蒙古入侵时通过特殊手段，立下了"战功"，得到朱厚熜的信任。但严嵩仍然以子辈对他，令仇鸾十分不满，两人互相攻讦，都想把对方整下去。嘉靖皇帝看了严嵩弹劾仇将军的报告，似乎不大感兴趣；仇鸾对严嵩的举报信，朱厚熜反而看得津津有味。那段时间，严嵩深深地感受到：领导对自己有意见了，渐渐疏远了。本来应该轮到严嵩去西苑值班的，皇帝都不要他来，而是传唤了别人。"红颜未老恩先断，斜倚薰笼坐到明"，严嵩不是后宫的妃子，却也担心皇帝的龙宠会不会中断。他看起来很有权力，气焰熏天，但这一切都是朱厚熜赐予的，哪天不要自己了，他说滚就滚。严嵩做惯了内阁首辅，又得罪了那么多人，哪天下台了，会有什么苦日子可想而知。因此，他常常回到家里，与儿子严世蕃对泣。

幸好，仇鸾这个人也没有真本事，他那些所谓的功劳都是虚假的、伪造的，真相揭发出来，嘉靖皇帝怒不可遏，下令把他开棺剐尸。至于严嵩，嘉靖皇帝对他的态度缓和了许多，就像之前一样信任：朕听信了仇鸾的谗言，实在是对不住。严嵩心里稍稍安稳了些。恰在此时，发生了另一起弹劾严嵩的大案。发起人叫杨继盛，字仲芳，容城人。他很小的时候就失去了母亲，后妈对他很不好，让他放牛。有一次杨继盛看见有人在私塾念书，心里很羡慕，就去求他的哥哥也让他去上学，兄长不大愿意："小屁孩，读什么书？"杨继盛反驳道："小孩子可以放牛，为什么就不能读书？"家里就同意他上学了，但要求他不能误了放牛工作。长大后，杨同学果然是个学霸，嘉靖二十六年（公元 1547 年）考上进士，被任命为南京吏部主事。

仇鸾得宠的时候，杨继盛对他很是不满，批评仇大将军就知道议和，不敢与蒙古人硬碰硬。仇鸾当然要辩解，说你小子连敌人的面都没见过，瞎嚷嚷什么！朱厚熜就将杨继盛下狱，贬为狄道典史。和沈炼一样，杨继盛也做起了老师，教孩子们读书。当地有一座煤山，被少数民族占领了，汉族百姓不得不跑到两百里外砍柴，杨继盛就去找少数民族同胞，请他们允许汉民取煤生火。对方同意了，他们很信服杨继盛，就算把我们的帐篷给你都可以，更何况煤炭。

过了一段时间，仇鸾的劣迹被曝光了，杨继盛的好日子就来了，先起复为诸城知县，又调任南京户部主事，再升任刑部员外郎。严嵩对仇鸾特别愤恨，杨继盛弹劾过仇鸾，让严阁老十分满意，想要重点提拔他。可是在杨继盛眼里，严嵩也不什么好东西，甚至比仇鸾还要恶劣，于是上疏弹劾严嵩，说他有十大罪状，主要内容和沈炼的差不多。他最后要求："愿陛下听臣之言，察嵩之奸。或召问裕、景二王，或询诸阁臣。重则置宪，轻则勒致仕。内贼既去，外贼自除。虽俺答亦必畏陛下圣断，不战而丧胆矣。"对于杨继盛的指控，嘉靖皇帝并不采纳，把他关进监狱，就是不判刑，事情活活拖了三年，也没个结果。

朱厚熜没有杀死杨继盛的打算，这可急坏了严嵩党羽。胡植、鄢懋卿两位严党人士，就对主子说："留着杨继盛，不除掉他，就是养虎遗患呀！"那怎么除？正好都御史张经、李天宠犯了大罪，皇帝大概是要判他们死刑的，于是杨继盛的名字就被附在死刑名单后面，朱厚熜在不注意的时候，签了同意，可以把杨继盛铲除了。消息传出来，杨夫人跪在皇宫门前，上疏朝廷，请求替丈夫死。可惜这份文件没有传到皇帝手里，而是落入了严嵩的手里，他就压着，不上报。嘉靖三十四年（公元 1555 年）十月，杨继盛在西市殒命，临刑时赋诗一首："浩气还太虚，丹心照千古。生平未报恩，留作忠魂补。"天下争相传诵，以此表达对严嵩、对朝廷的不满。

奸臣末日

到了嘉靖三十七年（公元 1558 年），朱厚熜已经年过半百，他对严嵩的态度越来越冷淡了。当了十几年内阁首辅，严氏父子权势逐渐扩大，就像一棵树，以前是小树苗，拔起来比较容易，现在越长越大，枝繁叶茂，如果再不根除，就会威胁到皇帝的权力。放眼全国大大小小的官员，有多少人是通过严嵩提拔起来的，在他们心目中，深居西苑炼丹的皇帝，不一定比严嵩更加重要。再说这些年来，那么多大臣弹劾严嵩，对他的名声、劣迹，朱厚熜多多少少知道一些，是时候杀鸡给猴看，平息民愤了。

严嵩虽然位极人臣，却没有像许多官员三妻四妾，逛窑子、喝花酒，他对爱情比较忠诚，夫人姓欧阳，在嘉靖末年去世了。按照礼制，严世蕃应该回江西老家安葬母亲，可严嵩离不开东楼呀，没了他，谁来揣摩皇帝的心思，帮助他票拟意见？就让孙子护送奶奶灵柩南下，把严世蕃留在京师。因为有孝在身，严世蕃不能入直房，只能待在家里。皇帝有命令下来了，大臣有折子上奏了，严嵩只能自己票拟，但写出来的东西往往不能让朱厚熜满意。还是得靠东楼！于是他就派人回家让严世蕃拟旨，可是严世蕃沉溺于声色之中，不能及时作答。等了半天还不来，嘉靖皇帝不耐烦了，八十多岁的老臣了，越来越不顶用，本来就对他们不满意，现在更加不满了。

嘉靖四十年（公元 1561 年），一场火灾，把朱厚熜居住的永寿宫烧毁了。皇帝住哪儿呢？是个值得思考的问题。严嵩没有猜透皇帝心思，建议他住到南城斋宫去，引得龙颜大怒。那是什么地方？是明英宗朱祁镇做太上皇时住的南宫呀，关押阶下囚的地方，朱厚熜会愿意住到那里去？这时内阁次辅徐阶建议皇帝重修永寿宫，永寿的寓意让朱厚熜很满意，真是深得朕心。宫殿建好后，改称为万寿宫。严嵩更加失宠了，有军国大事，都不怎么找他，全问徐阶去了。

徐阶字子升，是松江华亭人氏，和严阁老一样，南方汉子一枚。他小时候就与众不同，曾两次死里逃生，一次是在周岁时，不小心掉井里去了，家人赶紧把他捞上来，抢救了三天，徐阶才苏醒；第二次是在五岁时，从高高的山岭上掉下去，本以为难逃一死，没想到衣服挂在了树枝上，安然无恙，只是受了点惊吓。当地老百姓听说徐阶的遭遇，都感觉很神奇。俗话说：大难不死，必有后福，徐阶真的有后福吗？

长大后，徐阶个子短小，皮肤白皙，俨然一副书生模样，嘉靖二年（公元 1523 年）中进士，被封为翰林院编修。早年的徐阶年轻气盛，仗义执言，不畏官场险恶。嘉靖皇帝准备采纳张璁的提议：除去孔子王号，简化祭祀礼仪，于是就让儒臣们讨论讨论。大家都没有意见，唯独徐阶坚决反对。张璁气得火冒三丈，我的主张，你小子也敢反驳？徐阶根本不怕张璁，和他针锋相对。张璁愤怒地说："你背叛我！"徐阶感觉很好笑："背叛的前提是依附，请问我什么时候投靠过你了？"此时张璁通过大礼议上位，成为皇帝面前的红人，徐阶得罪了他，没有好果子吃，被贬为延平府推官。在地方期间，徐阶捕捉盗贼，兴办学堂，政绩卓著，官升得也很快，从黄州府同知、浙江按察佥事，再到江西按察副使，最后回到京城，担任礼部右侍郎、礼部尚书。

嘉靖皇帝对徐阶十分满意，他青词写得特别好，能够满足朱厚熜修道的需求，而且严嵩做首辅太多年了，也需要一个人制衡他。严嵩对徐阶十分忌惮，不是自己人，没准哪天就取代自己了。杨继盛弹劾严嵩，严嵩怀疑是徐阶指使的。赵锦、王宗茂弹劾严嵩失败，徐阶说不要罚那么重。给事中吴时来、主事董传策、张翀弹劾严嵩，又失败，被关进监狱里，更让严嵩满腹狐疑。这董传策，不是徐阶老乡吗？吴时来、张翀，都是徐阶的门生呀！严阁老多次向皇帝汇报，徐阶在背后算计我，他是大后台，朱厚熜却不接受，就算是徐阶干的，也不能治他的罪，少了他，严嵩不就无法无天了。徐阶虽然想扳倒严嵩，但时机不成熟，他表面上对待严嵩还是很谨慎的。

永寿宫被毁后，对于严阁老来说，目前的形势岌岌可危，只要有个风吹草动，朱厚熜就会让他卷铺盖走人。突破口在哪儿呢？竟然是一个没有什么地位的小道士。蓝道行，是个擅长乩仙的道人，有一天嘉靖皇帝问他："现在国家为什么治理得不好？"蓝道行就去问神仙，得到的结果是：贤能的大臣没有得到重用，比如徐阶；奸恶的大臣没有被罢免，比如严嵩。皇帝又问：既然神仙都知道严嵩不好，为什么不直接把他除掉呢？蓝道行解释说：上天想给皇帝一个机会，让您自己把奸臣除掉！这番话当然与神仙无关，全是蓝道行自己的主意。他不过是狐假虎威，借神仙之名，行倒严之实。因为这次神仙的说法和嘉靖皇帝的心意相同，他就相信了。

邹应龙，字云卿，长安人，嘉靖三十五年（公元 1556 年）中进士。当时他正担任御史，观察到严嵩已经逐渐失宠，朱厚熜有除掉他的想法后，与沈炼、杨继盛一样，上书弹劾："工部侍郎严世蕃凭借父权，专利无厌。私擅爵赏，广致赂遗。使选法败坏，市道公行。群小竞趋，要价转钜。刑部主事项治元以万三千金转吏部，举人潘鸿业以二千二百金得知州。夫司属郡吏赂以千万，则大而公卿方岳，又安知纪极？

平时交通赃贿，为之居间者不下百十余人，而其子锦衣严鹄、中书严鸿、家人严年、幕客中书罗龙文为甚。年尤桀黠，士大夫无耻者至呼为鹤山先生。遇嵩生日，年辄献万金为寿。臧获富侈若是，主人当何如？

嵩父子故籍袁州，乃广置良田美宅于南京、扬州，无虑数十所，以豪仆严冬主之。抑勒侵夺，民怨入骨。外地牟利若是，乡里又何如？

尤可异者，世蕃丧母，陛下以嵩年高，特留侍养，令鹄扶榇南还。世蕃乃聚狎客，拥艳姬，恒舞酣歌，人纪灭绝。至鹄之无知，则以祖母丧为奇货。所至驿骚，要索百故。诸司承奉，郡邑为空。

今天下水旱频仍，南北多警。而世蕃父子方日事掊克，内外百司莫不竭民脂膏，塞彼溪壑。民安得不贫？国安得不病？天人灾变安得不迭至也？臣请斩世蕃首悬之于市，以为人臣凶横不忠之戒。苟臣一言失实，甘伏显戮。嵩溺爱恶子，召赂市权，亦宜亟放归田，用清政本。"

邹应龙在奏章中，批判了严氏父子卖官鬻爵、贪污受贿、不孝先妣、勒索无度等劣迹，要求嘉靖皇帝处死严世蕃，把他的人头挂在闹市区，教育贪官，安抚百姓。至于严嵩，已经耄耋之年了，押到刑场处死，好像有点不太合适，应该免去一切职务，放回老家。收到邹应龙的弹劾奏章，朱厚熜终于下定决心，与共事多年的严嵩一刀两断了。严嵩八十多岁了，精力不济，已经不那么"好用"了，是时候退出官场了；担任内阁首辅多年，又喜欢擅权，在各部门安插自己的亲信，久而久之，树大根深，对皇权已经产生了威胁；在写青词、领会皇帝意图等方面，也越来越力不从心。天下没有不散的筵席，君臣之谊，就到此为止吧。

嘉靖四十一年（公元 1562 年），朝廷下旨：内阁首辅严嵩退休还家，每年财政拨款一百石大米，作为养老之用。严世蕃，还有严嵩的孙子严鸿、严鹄，门客罗文龙，都抓起来，由司法部门定罪。这一天总算是来了，年迈的严嵩没有办法，但是想保住儿子，就上疏请求皇帝把严世蕃他们给放了，朱厚熜不允许。很快，判决结果出来了，严世蕃、严鹄、罗文龙发配边疆，特赦严鸿，让他照顾严嵩，养老送终。严家的奴仆严年被判监禁。邹应龙弹劾有功，升任通政司参议。

这一回，严嵩是真的垮台了，他收拾好行李，回江西老家。朱厚熜毕竟与严阁老共事多年，突然没了他，心里有些空落落的，若干年来，严嵩已经成为他生活中非常重要的一部分。无可奈何花落去，过去终究是过去了，人应该向前看。他把徐阶召了回来，表达出传位太子，自己深居西苑安心修玄的想法。徐阶知道皇帝话里有话，肯定不是真的想退休，便极力反对，朱厚熜顺水推舟，道出了真实想法："卿等不欲，必皆奉君命，同辅玄修乃可。严嵩既退，其子世蕃已伏法，敢更言者，并应龙俱斩。"以后你们要更加尽心地辅佐朕，乖乖听话，严嵩已经倒台了，他的儿子严世蕃也得到应有的惩罚，你们也不要再穷追猛打、斩草除根了。如果有人敢这样做，朕就把他还有邹应龙一起处斩。

南昌城里，一位八十多岁的老头儿下了车，他的内心是凄凉的，当年是何等的叱咤风云，现在又是何等的悲哀。盛衰无常，自古皆然。回首此次垮台，有三个人发挥了巨大作用，一个是蓝道行，一个是邹应龙，还有一个是徐阶，严嵩想报复他们。蓝道行虽然揭发了严阁老，自己也不检点，严嵩就贿赂皇帝身边的人，告发蓝道行怙宠招权等种种劣迹，皇帝大怒，把他抓到监狱里。严嵩悄悄派人告诉他：只要你揭发是徐阶指使你的，就保你没事。可是蓝道行死活不肯，宁愿被杀，也不愿意帮严嵩把徐阶拖下水。在南昌铁柱宫，听说有个叫蓝田玉的道士，会用符术召鹤，严嵩就把他的符箓还有祈鹤文托人带到北京，转呈给嘉靖皇帝，还请求朝廷把严世蕃、严鹄给放了，助他颐养天年。朱厚熜没有答应，虽然你已经八十四岁了，但朕已经给了恩典，把孙子严鸿无罪释放，给你养老送终，怎么，一个人还不够，非要三个才行？

严世蕃、罗文龙被朝廷发配雷州、寻州，严世蕃走到一半就逃跑了，回江西老家。罗文龙刚刚到寻州没多久，也偷偷溜掉，去了徽州，经常去江西与严世蕃来往。他们强迫老百姓四千人给他们修建豪宅，还收容了许多江洋大盗。御史林润视察长江防务，了解到严世蕃等人的实际情况，就上疏给朝廷："臣巡视上江，备访江洋群盗，悉审入逃军罗龙文、严世蕃家。龙文卜筑深山，乘轩衣蟒，有负险不臣之心。而世蕃日夜与龙文诽谤时政，摇惑人心。近假名治第，招集勇士至四千余人。道路恟惧，咸谓变且不测。乞早正刑章，以绝祸本。"告发两人蛊惑人心，意图造反。嘉靖皇帝闻讯大怒，让你们去戍边，你们不去，还跑到乡里为非作歹。赶紧抓起来，给他们定罪。逮捕令是从北京发出的，严氏父子在锦衣卫还有人，就通风报信，请严世蕃赶紧去雷州，不要在家待着。谁知信还没送到，林润已经到了，严世蕃猝不及防，被抓了个现行。

刑部尚书黄光升与大理寺官员以及御史们商议，怎么把严世蕃置于死地，思来想去，决定弹劾他们陷害杨继盛、沈炼等人的事情。消息传到严世蕃耳朵里，他反而特别高兴：这下没有性命之虞了。黄光升把奏折交给徐阶，请徐大人指点指点，徐阶说："你们是想让严世蕃活下来吗？"大家疑惑不解，怎么可能！我们是要让他死！徐阶又说："沈炼、杨继盛等案件，虽然是严嵩下的手，但拍板的是当今圣上，你们用这些罪名弹劾严世蕃，从侧面说明皇帝的决策是不对的。这份奏章要是真的交上去了，严世蕃可以出狱，你们都要倒大霉！"那怎么办？把涉及皇帝的内容全部删掉，以阴谋造反、勾结倭寇的罪名起诉。刑部尚书恍然大悟，原来如此呀！高！实在是高！严世蕃听说黄光升修改了罪名，感觉大事不妙，绝望地说："这下完了！"果然，嘉靖皇帝批准了三法司的审判结果，将严世蕃斩首并抄家，搜出黄金三万余两，白金二百万余两，还有价值数百万的珍宝、古玩、高档服装等等。

严嵩失去了至亲，也失去了所有财产，一个八十多岁的老人，又没有谋生手段，还能活多久可想而知。为了生存，他不得不徘徊于坟地，哪家人祭祀完祖先，离开墓园，他就跑过去偷吃坟前的祭品。嘉靖四十五年（公元1566年），曾经煊赫一时的严阁老在贫病交加中死去，没有精雕细琢的棺木，也没有浩浩荡荡的悼念者。同年，嘉靖皇帝也驾崩了。君臣二人在黄泉路上倒是有个照应。

号外！号外！京城告急！

论明朝与蒙古的关系，那可真是一部血泪史。朱元璋派兵北伐，推翻蒙古人建立的元朝，开启属于自己的时代；明成祖亲征漠北，最终死在榆木川。明英宗御驾亲征，在土木堡全军覆灭，大明江山也险些葬送。可以说自明朝开国以来，自始至终没有彻底解决蒙古问题。他们一次又一次地南下，烧杀抢掠，无恶不作，不仅给边关百姓造成了巨大损失，也给蒙古人自己造成了伤害，因为每一个阵亡士兵的背后，就是一个家庭。

小修小补

想要保证中原内地的安全，朝廷必须在边关集结重兵，防御蒙古。从东边的鸭绿江，到西边的嘉峪关，数千里的边防线上，明朝政府设置了九个边防重镇，即宁夏、固原、榆林、宣府、大同、蓟镇、辽东、甘肃、太原，简称"九边"。为了保证边境安宁，朝廷耗费不计其数的人力、物力。别忘了，北京离长城的直线距离也不远，捍卫边境，也是在保证统治者自己的安全。

自天顺、成化以来，明朝吏治逐渐败坏，国防力量也不断下滑。蒙古人渐渐进入河套，成为明军的心腹大患。河套这个地方三面临河，土壤肥沃，水草丰美，是发展畜牧业、种植业的好地方。占据这里，可以提高经济实力，保证后勤供给，还可以作为骚扰内地的前沿阵地。河套南方是陕西，东部是宣府、大同，西部则是宁夏、甘肃，可谓四通八达。三个方向，蒙古人愿意骚扰哪个就骚扰哪个，明军必须时刻保持警惕，防止敌人进犯。

朱厚熜上任后，边防形势依然很严峻。身为明朝军队的三军总司令，他常常吃不好饭，也睡不好觉。这么漫长的边防线，鞑靼人屡屡进犯，他们只要集中军队，攻其一点，就可以深入内地，造成经济、人口损失，大明军队真的有能力捍卫国门吗？为了提高九边的防御能力，朱厚熜新官上任三把火，首先要把城墙给修一修。城墙是守军保卫国家的屏障，是蒙古人前进路上的阻碍，边墙都破破烂烂的，敌人打进来不是很轻松？成化初年，宁夏巡抚徐廷璋修筑边墙二百余里，延绥的余子俊也把边境修得固若金汤。蒙古人知道这里的明军守备森严，二十多年没来进犯。正德年间，右都御史杨一清建议朝廷修缮边墙、堑壕，增加卫所，连具体方案都策划好了："延绥安边营石涝池至横城三百里，宜设墩台九百座，暖谯九百间，守军四千五百人；石涝池至定边营百六十三里，平衍宜墙者百三十一里，险崖峻阜可铲削者三十二里，宜为墩台，连接宁夏东路；花马池无险，敌至仰客兵，宜置卫；兴武营守御所兵不足，宜招募；自环庆以西至宁州，宜增兵备一人；横城以北，黄河南岸有墩三十六，宜修复。"哪里要修补，哪里要派兵，说得一清二楚，明武宗十分认可杨一清的建议，掏了几十万两白银给他修墙。可刘瑾刘公公不愿意，杨一清不是他的人呀，就整他，关到了锦衣卫监狱，多亏了大学士李东阳、王鏊努力营救，才保住了一条命，最后不得已退休回家，颐养天年。

早在安陆当兴王世子的时候，朱厚熜就听父亲讲，楚这个地方有三杰，分别是刘大夏、李东阳还有杨一清。上台后，嘉靖皇帝就把杨一清喊回来，您老别退休了，继续为朝廷效力吧！封为兵部尚书、左都御史，总制陕西三边军务。当初杨大人提议的修墙，也可以开始做了。延绥的、辽东的、宣府的、大同的，边境的墙都得到了修缮，边关防御力自然提升了。嘉靖二十五年（公元 1546 年），巡抚谢兰、张问行等上奏，延绥这个地方，与河套敌人挨得很近，自定边营到黄甫川这一段，更是连年入侵。当务之急，就是赶快修缮边墙，可边墙实在是太长了，一口气修不完，那就分段吧。从定边营到安边营是上段，从安边营到龙州堡，总长四百四十余里为中段；从双山堡东到黄甫川，长五百九十余里为下段。咱们每年给它修一段，最好三年竣工。请求皇上发帑银做工程款，就像以前宣府、大同、山西一样。

朱厚熜第二把火是发钱，边关地区，饱受战火摧残，经济往往凋敝；像西北地区的宁夏、甘肃等，自然环境恶劣，粮食产量低，戍边将士常常吃不饱饭，遇到国家财政不好的年份，连基本工资都保证不了。这样的军队，怎么能与蒙古抗衡，守卫江山社稷？对此，嘉靖皇帝也明白，钱给够了，解除官兵的后顾之忧，战斗力自然可以提高一大截。所以他刚刚上任就给九边的将士们发奖金，每人赏银二两；九边总共有三十多万将士，朝廷仅此一项就花费了七十多万两白银，虽然平均一下，每个人领到的不算太多，但也是一番心意。

对于军粮问题，丰收之年还好说，大体能够满足；饥荒之年就很难说了，粮价飞涨，士兵吃不起饭，蒙古人又不会专挑丰年的时候进犯。为了保住后勤供给，嘉靖皇帝常常运输银两给相关边镇，用来购买粮食，解决将士们的吃饭问题，使他们好有力气打仗，通常都是给个十几万两，救救急。边镇如果减员严重的，要早日进行补充。陕西按察使陈九畴曾到甘肃巡视，说账面上有七万士兵，实际上连一半都不到，还有很多是老弱病残，请求朝廷征兵，得到了批准。

第三把火是引进新式武器。朱厚熜听说葡萄牙人的佛朗机特别厉害，可以远距离杀伤敌军，朱厚熜又派人去引进，将其运用在边关守备上。

蒙古人产业结构单一，许多生活物资需要由中原买入，否则无法满足日常需要，比如粮食、金属、纺织品。每当遇到大灾之年，旱灾、雪灾、蝗灾，蒙古人的经济很有可能会崩溃，牛羊马匹都死了，靠什么生活呢？此时他们很需要中原的小麦、大米。打猎时用到的兵器、烹饪时用到的铁锅，对他们来说也是很急需的，明廷对金属出口比较谨慎，担心蒙古人用作军事，成为南下的利器。纺织品主要是在夏天穿，冬天可以穿羊毛大衣，在帐篷里烤火，夏日天气炎热，动物皮毛哪里穿得住，不得热死了。像 21 世纪的我们，不开空调尚且热得要命，他们穿着大衣怎么活下来。

为了缓解经济困境，蒙古人多次要求明廷开展边境贸易，承诺事成之后，牧民在塞外游牧，汉人在塞内耕作，彼此互不侵犯，这些要求都被嘉靖皇帝拒绝了。我们是天朝，怎么能和胡虏做生意，有损圣朝威望，而且嘴上说是要互通有无，鬼知道心里打着什么算盘。没准是在打探虚实，让边关将士放松警惕，或者趁贸易之时发起突然袭击。谁知道卖过去的小麦、大米是不是被牧民吃了，万一是给那些叛徒享用呢？他们在草原上吃不惯羊肉，想要老家的食物了！退一万步说，就算真的同意互市了，蒙古人就一定不犯边了？双方频繁的战争，加之个人理念、性格的影响，使嘉靖皇帝根本不相信蒙古人的诚意。

边关许多将领也不相信蒙古人真的想弄互市贸易，他们经常把使臣抓起来，送到北京邀功领赏，还骗朝廷说是他们设计抓获的。嘉靖二十一年（公元 1542年），俺答派石天爵求贡，大同巡抚就把石天爵绑起来，押送京师，处以极刑。嘉靖皇帝还给"有功人员"升官，提拔了十几个。这可把俺答惹火了，他大举进犯山西，杀死了二十多万军民，劫掠的金银珠宝更是不计其数。过几年，俺答又向朝廷求贡，明军又以相同的手段回应，蒙古再攻击，如此恶性循环下去，为两族人民带来了深重灾难。

收复河套

面对蒙古人的挑衅，朝廷里的有识之士特别清楚，仅仅靠防御是无法解决问题的。边境线那么长，从辽东一直绵延到甘肃，蒙古人又那么多，只需集中一点，就可以大杀特杀。那怎么办呢？要主动出击，消灭敌人的有生力量，摧毁他们的桥头堡河套地区。如果真的能北击蒙古，顺利收复河套，一来可以缓解三面之险；二来可以获得肥沃的土地，屯田戍边，节省内地运粮成本，提高国力。嘉靖十七年（公元 1538 年）十一月，巡按山西御史何赞上疏说："河套为吉囊所据，外连西海，内构大同，宜急剿除。其策有二：一曰计以破之，二曰势以走之。而其要在于久任抚臣，以责成效；兴复屯法，以裕边储"，建议朝廷对河套下手，大家讨论后感觉不行。嘉靖二十四年（公元 1545 年）正月，巡按山西御史陈豪又提议收复河套："乞下延臣集议万全之策，期于必战，尽复套地。庶可弭其内扰之患，而边境无虞矣"。朱厚熜看到此奏章，下发到兵部，让他们研究研究。平心而论，以明军现有的实力，能够抵挡住蒙古人的进攻已属不易，让他们主动出击，收复河套，实在是有些强人所难了。可是边患紧急，生灵涂炭，又使边境省份的地方大员们不得不思考治本之策。随着时间推移，收复河套的呼声越来越高，二十五年秋八月，从河套出发的三万蒙古骑兵进犯延安府，至三原、泾阳，杀掠人畜无算。总督三边侍郎曾铣请求对河套用兵。曾总督开篇第一句，就点明了收复河套的重要性，不把这块土地收回来，我们大明的灾祸就会没完没了。怎么收复，有没有详细的计划？曾铣有！他说当今之计，应该训练六万大军，再加上山东的两千枪兵，多准备弓箭、石头；每年秋夏之交，携带五十天粮食，水陆并进，趁蒙古人没有防备，直捣巢穴，给他们来个突然袭击。可以想象，在我们明军的猛烈打击下，敌人必然无法招架。咱们每年都给他们来一下，渐渐地，敌人的势力必然会衰落，争先恐后地逃出河套。

　　驱赶敌人的目的完成后，我们还需要派兵防守，毕竟是祖宗留下来的地方嘛。防守的方法比较传统，修建墩隍，设置卫所，安排戍卒，颁布屯田政策。河套本来就土壤肥沃，粮食产量较高，在这里发展生产，可以节省陕西运粮的费用，还可以鼓舞军心、民心，实现大明的中兴。之前修筑边墙，完善防御设施，那只是几十年的小计；把蒙古人赶出河套，临河防守，那可是国家万年的大计，请陛下好好想想，做出圣裁。收到曾铣的汇报，朱厚熜心里有些小激动，让兵部，也就是国防部的参谋们一起讨论，给出明确的意见。

一段时间后，兵部的讨论结果出来了：曾大人，您的计划好像不切实际。此话怎讲？修筑边墙与收复河套，哪一个更简单？其实都不简单，非要比一下，还是收复河套更难。你曾铣说要率领几万大军，携带五十天的粮草，跑到又远又险的地方去打仗，想要驱逐盘踞在河套几十年的蒙古人，谈何容易？几乎是不可能完成的事情。先前巡抚谢兰、张问行提议在延绥修边墙的事情，曾铣也有份，兵部也认为可行性太差，荒凉之地，人都没有几个，想要在三年之内，修好一千五百里的防御设施，特别困难，哪怕是修好了，恐怕也守不住。

反馈意见报给了嘉靖皇帝，皇帝非常不开心。他批示道：蒙古人占据河套已经很久了，是朝廷的心腹大患。每年边关都被这些敌人荼毒，想到这里，朕晚上常常睡不好觉，边关那些大臣也不帮皇帝分忧。现在曾铣提出要收复河套，真是豪言壮语，请他再和兵部的官员们好好商讨此事。至于延绥修边墙的事情，如果那里的自然环境的确与宣府、大同有很多区别，那就在相对重要的地方修建。请兵部拨款三十万两白银给曾铣，用来给士兵发工资、打造兵器、修缮防御设施，为明年的战事做好准备。

嘉靖二十六年（公元 1547 年）春天，曾铣主动率军出战，失败而归，但他没有上报朝廷，给瞒下来了。夏天，他又主动出兵袭击河套的敌人，这回赢了，斩首二十六人，把他们的耳朵都给割下来，视为立功的依据，当时总共有二十六只耳朵，知道杀了这么多人。弓箭射死的、石头砸死的敌人更多，但没有割下耳朵，所以不知道具体人数。还缴获了马牛驼橐九百五十只，械器八百五十三个。敌人把营寨往北迁移了一点，派轻骑兵出来掠夺财物。曾铣又督促士兵们驱赶，使蒙古人不敢接近边塞。取得了战绩，他赶紧向朝廷报喜。朱厚熜听了十分欣慰，盘踞在河套的敌人连年进犯，如入无人之境，咱们大明朝的脸已经丢尽了。现在曾铣敢率兵出塞，拿下一两场胜利，已经很不错了，送给他金币，并涨工资。

十一月，曾铣又与陕西巡抚谢兰、延绥巡抚杨守谦、宁夏巡抚王邦瑞及三镇总兵，再次上书要求收复河套，他们总共列出十八条措施，包括修筑边墙，选择将才，选练士卒，买补马骡，进兵机宜等等，还有《选锋车战》，《骑兵迎战》，《行营进攻》，《变营长驱》，《获功收兵》等排兵列阵的示意图。嘉靖皇帝再次表达赞许，送到兵部，尚书王以旂和其他大臣共同商议，这一次，他们认为方案可行。朱厚熜十分欣慰：敌人占据河套，兴风作浪那么多年，没有几个大臣可以为朕分忧，现在爱卿们都觉得曾铣方案可以，那就好好谋划吧，有成果赶紧报上来。从这两年嘉靖皇帝的态度看，他似乎已经下定收复河套的决心，明朝军队马上就要付之行动，予以最猛烈的还击了。

曾铣自认为已经取得最高统治者的认可，北击河套，扬名立万的机会就在眼前。如果成功，他就是明朝的卫青、霍去病、李靖了，事成之后，与诸位先贤并列武庙，站在大明军界之巅。可是，正当出兵的时间越来越近的时候，陕西的山峰出现崩塌、移动的现象，北京城更是风沙大作，能见度极低。种种自然灾害，让迷信的朱厚熜心中焦虑。老天爷什么意思呀？是不是在警告朕，不要出兵河套，否则没有好果子吃？思来想去，嘉靖皇帝发热的脑袋终于冷却下来：我们不能攻打河套！军队的战斗力太低了！以前蒙古人入侵中原，各地军队尚且无力抵抗，任凭敌军四处掳掠，满载而归，现在跑到敌人的根据地去，能有几成胜算，可想而知。主场作战、有群众基础尚且失利，更何况跑到客场，深入对方的腹地。不战则已，战则必败，到时候噩耗传来，对皇帝的声望、大明的国威将是断崖性的滑坡。

没过多久，兵部尚书王以旂把收复河套的详细计划呈给朱厚熜，得到的回复让人大吃一惊："今逐套贼，师果有名否？兵食果有余？成功可必否？一铣何足言，如先民荼毒何？"连发四问，一百八十度大转弯。你王以旂要收复河套，师出有名吗？军粮够吗？胜算大吗？区区一个曾铣有什么了不起的。从他对曾铣的语气看，收复河套已经变成政治错误了。当时内阁首辅夏言是支持曾铣的，严嵩得知皇帝的态度已经改变，就抓紧迎合，想利用这个机会扳倒夏言，他说："曾铣开边启衅，误国大计所致。夏言表里雷同，淆乱国事，当罪。"兵部尚书王以旗得知皇帝的立场，也赶紧说河套难以收复。就这样，收复河套的机会还没行动便夭折了。以前支持曾铣的人都受到一定程度的处罚，有的扣工资，有的打板子。当时俺答正准备进犯延绥、宁夏，气势汹汹，严嵩为了激怒皇帝，好让他惩罚曾铣、夏言，就来了句："俺答合众入套，皆曾铣开边启衅所致"，这个曾铣太坏了，他提议收复河套，引来了蒙古人的报复，他要不说，我们也不会遭受损失。最后的结局我们前面介绍过了，夏言、曾铣双双人头落地，严嵩、仇鸾成为最大赢家。

曾铣这个人十分有胆略，擅于用兵，有一年将军们都在喝酒，曾铣突然命令出动，大家都很不情愿，又没有敌情，为什么要出动呢？酒还没喝尽兴呢！谁知曾铣的态度特别强硬，必须出动，而且是立刻、马上！将军们不得已，披上铠甲前行，没想到真遇上了敌人，因为有所准备，大败之。第二天庆功，大家都问曾铣是如何预判敌情的，曾铣说："乌鸦在不该叫的时候叫了，所以清楚"，敌人的动作惊动了乌鸦，乌鸦又以叫声暗示给了曾铣，观察得太仔细了。此外，他为人廉洁，不像许多军官喜欢克扣军饷、虐待手下、中饱私囊，操守非常不错，遇害之时，家里没有剩余的钱财。他的死亡，对于明朝来说是个很大的损失。嘉靖皇帝死后，他的儿子隆庆皇帝追封曾铣为兵部尚书，谥襄愍。万历年间，皇帝又听从御史周磐的请示，在陕西为曾铣建祠堂。

庚戌之变

河套没能收复，蒙古铁骑还是像往常一样，出入各边防关口，杀人放火，咄咄逼人。在中原不可一世的嘉靖皇帝，对蒙古人反而一点办法都没有，虽然恨得牙痒痒，但每次想起来也只能长叹一声。嘉靖二十九年（公元1550年），一个又足以让他牢记一辈子的年份，俺答骑兵长驱直入，杀到了京城脚下。面对烽烟战火，天朝大军竟然束手无策，让朱厚熜更加理解现实的残酷。

这一年六月份，俺答骑兵攻打大同，突破边墙，进入内地。他们十分狡猾，将精兵藏在沟壑里，不让你知道，而派些老弱残兵在队伍前面走着。明军的侦察人员看见了，赶紧回去报告，说敌人其实很弱。总兵张达也是名猛将，轻信了哨兵的信息，下令集合各军队，一起出击。士兵还没有集合完，张达就率领麾下部队攻击，这一打，傻眼了，哪里冒出这么多精锐，激战过后，张达同志壮烈牺牲。副帅林椿得知张达被围，领兵援救，同样战死沙场。俺答割下两位名将的首级，耀武扬威地离开边关。

败报传入京师，嘉靖皇帝痛心疾首，立即追究领导责任。把总督侍郎郭宗皋、巡抚都御史陈耀抓起来，下狱。陈耀被活活打死，郭宗皋被贬到辽东戍边。同时追赠张达为左都督，林椿为都督同知，给他们修建祠堂，每年春秋都要祭祀。

八月，俺答又来进犯，此时边关上层已经换人了。朱厚熜起用翁万达为总督，赵锦为巡抚，仇鸾为宣大总兵。翁万达在家里接到命令，还没有赶到，命令侍郎苏佑先替他管着。俺答率军直逼大同，仇鸾急得直跳脚，他没有什么过硬的军事才能，靠贿赂严阁老的儿子严世蕃坐上了这个位置。现在蒙古人打上门来了，仇鸾一点办法都没有，要是打了败仗，城池沦陷，郭宗皋、陈耀的下场就在眼前。他的亲信对主子说：别急，我们可以为您分忧！哦？有什么好办法呢？有钱可使鬼推磨！俺答抢来抢去，不就为了钱，您的命他们不稀罕，不如就给他们钱，请刀下留人，进犯别的边镇。仇鸾一听有理，就送了一大笔钱财给俺答，俺答笑纳了，以箭囊作为信物，与仇鸾盟誓，不进犯大同，于是绕过大同向东走去，攻打京师门户蓟镇。

兵部尚书丁汝夔知道皇帝最讨厌边关告急的文书，喜欢求仙问道。于是听说俺答从山西那边过来了，他没有报告皇帝，只是要求蓟州各级官员严阵以待，准备应敌，还调遣了边兵一万二千兵、京营兵二万四千骑，分布在各隘口。京营兵都是从市场上雇来的，因为有钱，把他们聚在一起比较容易，有利可图嘛，但想要他们在战场上发挥作用，却十分困难，稍微有点常识的人都知道京营兵是靠不住的。

八月份，草黄马肥，俺答来到古北口，命令数千骑兵猛攻。都御史王汝孝把所有部队都给压上，又是弓箭，又是石头，全力阻击。万万没想到，俺答只是在佯攻，另一支精锐部队从黄榆沟突破边墙，杀到了王汝孝的后方。明军大吃一惊，还能这样操作？都处于混乱状态，京营兵被吓破了胆，丢盔弃甲，争相逃入大山之中。蒙古人顺利进入内地，在怀柔、顺义烧杀抢掠，又开始了常规操作。老百姓不得不为明军的孱弱买单，有的被杀，有的破产。顺天御史心里清楚，凭借手里的这点兵力，根本打不过俺答，他跑到通州城里，把老百姓都召集起来，准备作战；漕运船只也都集中管理，避免被敌人使用。赶紧派人去京师向朝廷求援。消息传到北京，整座城市都炸开了锅，蒙古人近在咫尺，这要是打进来，靖康之变就要重演了。

在求生欲的推动下，朝廷命令赶紧整军备战。之前京营兵已经被调出去了，都是年轻力壮的，目前已经溃败，不是战死，就是在深山老林里逃命。留下来的只有四五万人，一半是老弱病残，还有一半跟家奴差不多，整天回不了军营，在总兵、提督、太监家里做保镖、搬运工，平时没太当回事，现在国家有难了，才发现账面上的数字都是虚的，实际就这点人，还没有多少战斗力。打仗需要用兵器吧，士兵们就来领，结果更搞笑了，仓库管理员是太监，想取兵器是吧？交钱！否则别想领！国难当头呀！兵器又不是你家的！不行！没钱就是不给。都这样的形势了，还出现这种情况，该如何是好。

丁汝夔原本不想让嘉靖皇帝知道，但现在敌人兵临城下，再不报告，皇帝亡国了都稀里糊涂。正在修仙的朱厚熜看到紧急军情，一口老血吐出来，国家都要亡了，你兵部尚书才让朕知道！事已至此，也没什么办法，命令吏部左侍郎王邦瑞、定西侯蒋傅管理京师九门，文武百官落实责任制，都去防守城门，每十三人负责一座。又派都御史商大节招兵买马，民间能打的男人都召过来，作为有生力量。所有参加武试的人也都集合起来，有上千人，听各位守门大臣的指挥。还让锦衣卫都督陆炳管理各皇城城门，保卫皇室安全。都御史商大节巡查城内，防止不轨之徒趁机作乱。太子太保、礼部尚书徐阶上奏，请求把参将戴纶、欧阳安从牢里放出来，戴罪立功，现在国家正是用人之际！与此同时，蒙古人在京郊四处杀人放火，到处都是尸体与焚毁的房屋，惨不忍睹。

当初仇鸾贿赂过俺答，两位军师就给他提建议：赶紧上奏皇帝，请求增援京城，雪中送炭，皇帝肯定会感激你，以后前途一片光明。仇鸾听罢，感觉很有道理，就给朱厚熜打报告：臣听说蒙古人进犯蓟镇，担心京师安全，请允许我前来增援，或者在居庸关驻防。朱厚熜得知仇鸾的一片忠心，命令他到居庸关防守。等到俺答真的快到城下了，不得不佩服仇鸾仇将军料敌如神，把敌人的行军路线都给摸透了，要求他率兵进京。

仇鸾接到诏书，与副总兵徐珏、游击张腾等率领两万军队赶来，驻扎在通州河西。保定都御史杨守谦带领五千骑兵赶到，延绥副将朱楫率领三千骑赶来，人们悬着的心总算是安稳下来。没过多久，河间、宣府、山西、辽阳的将领也率军勤王，加起来共有七镇五万余人。朱厚熜心里乐开了花，有了些安全感。将军们不辞辛苦，远道而来，赶紧赐玺书褒奖，赏赐金帛，命令他们出战迎敌。咸宁侯仇鸾表现最为优异，任命为平虏大将军，其他勤王兵马都归他指挥。嘉靖皇帝还御赐他袭衣、玉带、黄金千两，以及密奏特权，这是把身家性命都交给了仇将军。几万人过来了，走得仓促，没带多少粮草，人家是保卫你的，朱厚熜不得不表示表示。下诏书给户部，让他们出酒出肉，赏赐大明将士，结果命令发出去两三天，士兵们才领到少许烙饼和馒头，有的没被敌人杀死，饿死了，还有的抢劫老百姓，和蒙古人没什么区别。嘉靖皇帝大怒，你户部是怎么办事的？不要求你上阵杀敌，连军粮都安排不好！责令尚书李士翱戴罪办事。非常时期，不好轻易撤换大员，要算账，也得等敌人退了再说。

蒙古骑兵继续杀人放火，老百姓都往城里跑，想进去避难，守门的士兵不允许，因为上面有命令，绝望的民众就苦苦哀求。由于人数太多，喊声太大，就连西内的嘉靖皇帝都听见了，让老百姓进来吧！总算是有点人性。仇鸾虽然有几万人，但他了解蒙古人的实力，真要硬碰硬，根本没有胜算，所以就畏葸不前，像个观众似的，坚守不出，任凭敌人烧杀抢掠、奸淫妇女。兵部尚书丁汝夔问计于严嵩，严阁老，大敌当前！怎么办啊！严嵩说在边关打了败仗，我们还可以掩盖过去，要是在京城输了，皇帝肯定不会放过，为今之计，只有坚守，蒙古人把东西抢够了，就会走人的。许多高官在京郊有宅院，现在都被蒙古人给洗劫了，他们就去找嘉靖皇帝，要求丁汝夔派兵出战，朱厚熜就去督促，却没有任何效果。他登上城楼眺望，只见京郊火光冲天，一片狼藉，却没有一位将军敢于上前，保卫黎民百姓，养这帮人有什么用呀！

混乱中，俺答抓获了皇家厩舍里的马夫，没有加害，让他们拿着书信回去见嘉靖皇帝。里面的言辞比较强硬，要求朱厚熜开启边境贸易，否则，攻入北京，灭掉朝廷。皇帝赶紧把大学士严嵩、李本，礼部尚书徐阶叫到跟前，商量应对之策。首先问严嵩，你是内阁首辅，你说怎么办？严嵩是个老滑头，来了句这是礼部的事情，因为礼部管礼仪和外交，把皮球踢给了尚书徐阶。徐阶说虽然是我岗位职责内的，但比较重要，应该由皇帝亲自决策，又把球传给了皇帝。朱厚熜十分不满，国难当头，还互相推诿，命他们赶紧发表意见。徐阶又说："敌人近在咫尺，我们一点办法都没有，不如暂且给他们钱，但就怕以后贪得无厌。"朱厚熜说："如果有利于江山社稷，送点钱没问题！"徐阶又说："能用钱解决的事当然不是事，就怕他们要的不仅仅是钱，他们送来的书信是用汉字写的，真假难说；而且也没有兵临城下胁迫朝廷允许互市的礼节，应该让他们退到塞外去，通过大同守将上奏诉求，那个时候，我们其他地方的军队都赶来了，筹码就更多，谈判的底气就更足。"

由于形势危急，吏部尚书夏邦谟上疏皇帝，请陛下上朝接见文武百官，否则无法安定危局，朱厚熜已经许久没上过朝了，尽管内心是抗拒的，现在也只好答应下来。群臣都十分开心，这么多年总算是可以看到皇帝了，大家等到太阳都快落山了，嘉靖皇帝才出现在奉天殿里。他没有说一句话，只是让徐阶拿着敕谕到午门，由其他官员宣读，责备大臣们不负责任，渎职懈怠，以后要是再敢如此，必定严惩不贷。骂完人，他老人家就回西苑了。群臣跪在午门外听旨意，个个战战兢兢，皇帝的口气如此之重，心里当然害怕了。

虽然明朝没有同意俺答互市的要求，但他们实际上也没有攻下京城的打算。财物抢够了，就开始退兵，先从巩华城进犯天寿山诸陵寝，再抢掠西山、良乡以西等地。敌人走了，嘉靖皇帝要开始算账了，兵部尚书丁汝夔御敌不利，让他当替罪羊，平息王侯将相、庶民百姓的愤怒。大家的财产都被蒙古人抢走了，妻离子散，家破人亡，早就不满，需要一个人作为发泄对象。丁汝夔向严嵩求救，严嵩说包在我身上，决不让你死。结果一听皇帝的咆哮声，严嵩就吓得不敢吭声，丁汝夔难逃被杀的噩运，临行时还说，是严嵩误了他。妻子被流放到三千里外，儿子到东北铁岭卫戍边；另一位按兵不动的兵部左侍郎杨守谦，也被嘉靖皇帝给处分了，身首异处。此战中，京营士兵表现得一塌糊涂，京营提督太监高忠、成国公朱希忠都被罢免。派户部侍郎骆颙到蒙古人强掠过的城市进行慰问，掩埋死者，赈济困难群众。

俺答率军一路向西，带着金银珠宝还有男人女人，满载而归，准备从白羊口这个地方出塞。当地明军将领据险扼守，蒙古人出不去，就调转行军方向，正好在昌平以北遇到尾随的仇鸾大军。双方厮杀一场，明军惨败，阵亡几千人，仇鸾自己险些被俘虏，多亏戴纶、徐仁两位将军努力营救。俺答获胜后，来到天寿山，里面是明朝皇帝的陵寝，总兵赵国忠严阵以待，准备殊死一搏，捍卫先帝英灵。俺答不敢进去，就从古北口故道撤军离去，京师总算是解除了戒严。仇鸾吃了败仗，又干了缺德事，杀了八十多个平民百姓，割下人头，说自己打了胜仗，这些首级都是敌人的。嘉靖皇帝竟然相信了，下诏书慰问：仇将军，辛苦了！赏赐金币，加太保。明军虽然有十几万人，但战果都不行，完全失去了太祖、成祖时期的军威。大同游击王禄，斩十七级，缴获马十二匹；山西游击在昌平夺回男女二百四十二人，就这点成绩。

蒙古铁骑暂时走远了，朱厚熜的内心却远远没有平复。堂堂天朝首都，被外敌如此蹂躏，国家苦心经营建设的边防部队，是那么羸弱、不堪一击。这一年是庚戌年，以后呢？蒙古人会不会再次进犯？会不会攻破京城？不把边防力量整顿了，就无法保护帝国的京师。嘉靖皇帝下令，改十二团营为三大营，把那些吃空饷的、老弱病残的、在王侯将相家里当保镖的，好好整顿整顿，由咸宁侯仇鸾负责此事，王邦瑞当副手。每年秋天时，临时借调山东、山西、河南等地的士兵来京师附近驻防，保护皇帝安全，等危险期过去了，再让这些人回去。仇大将军还建议朱厚熜调其他边镇的精锐官兵护卫京城。拆东墙补西墙，九边的防御力不就下降了？不管，中央的安全高于一切！嘉靖皇帝也是被吓怕了。从长城沿线，精挑细选了六万八千人入京。一波操作猛如虎，京城内外增加了十几万武装人员，就算十几万头猪，俺答也得抓一阵子，更何况是人。有了这些精锐、常规力量，朱厚熜的心稍稍平复了一点点。

艰难的仇鸾

庚戌之变是土木堡之变后，明朝对外战争史又一次奇耻大辱，让统治者脸上无光。嘉靖皇帝虽然不像太爷爷那样被俘虏了，可他是个很强势的人，不容许别人骑在他的头上。你看那些反对他追尊生父的人，都是些什么下场。对内可以，对外就怂了，孱弱的国力，让他束手无策，但脑子里还是想效仿成祖皇帝出击漠北，打败敌军。此时仇鸾正受宠，炙手可热，让严嵩都感觉到了压力。朱厚熜便把出征的诉求告诉了仇鸾，暗示他立功的机会来了，就看你能不能抓住。仇鸾心里清楚，领导正在气头上呢，憋着一股劲，想要教训教训蒙古人，挽回一点颜面。于是他就迎合嘉靖皇帝，说来年三月要率领兵马主动出击，为皇上消除北边的忧患。朱厚熜很高兴，让群臣们讨论，大家都知道皇帝什么意思，纷纷附和。兵部左侍郎史道、户部尚书孙应奎、工部尚书胡松等人都上表力挺："俺答犯顺，深入郊圻，震惊陵寝，荼毒元元，罪在不赦。皇上深怀大计，欲兴问罪之师。而复有敌忾御侮如鸾者，身任其事。臣等金谋，俱如鸾议。即今整齐士马，臣道等之职；预储军饷，臣应奎等之职；利精器械，臣松等之职。"皇上和仇鸾将军的主意太好了，我们都支持，军饷、器械的筹备，包在我们身上！虽然各部门从上到下都在紧锣密鼓地准备着，大家都清楚，皇帝说的是气话，先前收复河套的事情，好像还没有过去多久吧！礼部尚书徐阶劝谏朱厚熜，列出北伐难成的各项原因，皇帝才稍稍不再坚持了。

此刻朝廷里，最紧张的莫过于仇鸾，大话都说出去了，总得有点战绩吧。期限越来越近，这可如何是好？拿什么"交作业"？嘉靖皇帝信赖他，不就是喜欢他的忠诚、能干，可以为主分忧、扬眉吐气，现在你都做不到，失宠的命运就在眼前，加上政敌的攻击，这个岗位还能坐多久？之前仇鸾上疏请皇帝调整部分边将的职务，大同总兵调任易州，宣府、蓟镇总部对调，朱厚熜恩准，使兵部非常不满。以前调整边将，都是兵部牵头与其他部门讨论，决定人选，再交皇帝裁决。现在仇鸾换了好几个边关负责人的职务，把我们兵部往哪里摆？嘉靖皇帝得知后，站在仇鸾一边，说这样做没问题。有领导撑腰，大家也没什么办法，但矛盾算是结下了。

沉重的压力凝聚在仇大将军的心头，该怎么办呢？刘邦的口头禅："如之奈何？"每到仇鸾最困窘的时候，两个狗头军师就会出主意，时义说为什么不考虑马市呢？蒙古人入侵，主要是因为经济问题，假如在边境设立马市，他们卖马，我们卖粮食、布匹，彼此就可以相安。不打仗，我们对皇帝的承诺当然就可以不兑现了。仇鸾眼前一亮，实在是太聪明了，我怎么想不出来呢？于是他赶紧托关系，联系上俺答汗，由他们提出设立马市。兵部尚书、吏部侍郎，还有内阁首辅严嵩都支持设立马市，因为可以减少外敌入侵，为边防设施的修缮赢得时间。犹豫不决的朱厚熜听过大臣的汇报，终于批准了。消息传来，杨继盛大呼不可，写下了不应该设立马市的十条原因，以及它荒谬的地方，合称"十不可""五谬"，原文如下：

互市者，和亲别名也。俺答蹂躏我陵寝，虔刘我赤子。天下大雠也，而先之和。不可一。往下诏北伐，天下晓然知圣意，日夜征缮助兵食。忽更之曰和，失信于天下。不可二。以堂堂中国，与之互市，冠履倒置。不可三。海内豪杰争磨砺待试，一旦委置无用。异时欲号召，谁复兴起？不可四。使边镇将帅以和议故，美衣媮食，驰懈兵事。不可五。往时边卒私通境外，吏率裁禁，今乃导之使与通。不可六。盗贼伏莽，徒慑国威不敢肆耳，今知朝廷畏怯，睥睨之渐必开。不可七。俺答往岁深入，乘我无备故也。备之一岁，以互市终。彼谓国有人乎？不可八。或俺答负约不至；至矣，或阴谋伏兵突入；或今日市，明日复寇；或以下马索上直。不可九。岁帛数十万，得马数万匹。十年以后，帛将不继。不可十。

议者曰："吾外为市以羁縻之，而内修我甲。"此一谬也。夫寇欲无厌，其以衅终明甚。苟内修武备，安事羁縻？曰："吾阴市，以益我马"。此二谬也。夫和则不战，马将焉用？且彼宁肯予我良马哉？曰："市不已，彼且入贡"。此三谬也。夫贡之赏不赀，是名美而实大损也。曰："俺答利我市，必无失信"。此四谬也。吾之市，能尽给其众乎？能信不给者之无入掠乎？曰："佳兵不祥"。此五谬也。敌加己而应之，何佳也？人身四肢皆痛疽，毒日内攻，而惮用药石可乎？

在对待蒙古人的态度上，杨继盛是位主战派，坚决不同意设立马市，认为马市就是和亲的别称。以前汉朝的时候，匈奴强大，汉高祖刘邦率领三十万大军征讨，结果被包围在白登山七天七夜，侥幸逃脱后，开始施行和亲政策，把公主嫁给匈奴，并附上大量财物，之后的几十年皆是如此，受尽了屈辱。杨继盛把马市比作和亲，认为朝廷不应该向蒙古让步，丢天朝上国的脸面。之后又提出了马市的具体问题，比如打击中原热血男儿的斗志，削弱边防官兵的士气，让他们疏于防备；俺答狡猾异常，互市未必能够保证他们不进犯等等。朱厚熜收到杨继盛的报告，心里有点触动，这和他之前想的一模一样。但仇鸾坚决要求推行，大臣们也说朝廷负责此事的官员都派出去了，召回也来不及了。他最后还是同意了仇鸾的意见，把杨继盛贬为狄道典史。看过《三国演义》的朋友对狄道可能有点印象，在今天甘肃省定西市，遥远的大西北。对于杨继盛来说，这当然是人生的挫折。但是他和如日中天的仇鸾唱反调，赢得了一些仇鸾政敌的敬意，比如严嵩，嘴上没有说什么，心里却给杨继盛默默点了赞。

嘉靖三十年（公元 1551 年）四月，马市在大同开张了，总体还算顺利，朝廷又准备在宣府等其他边境城市开展马匹交易。上半年，边关还算稳定，但不愉快的事情也有发生，有的蒙古人卖的马是很瘦弱的，却要很高的价格，不同意就用武力威胁；有的蒙古人穿上汉族的服装，奸淫妇女；还有部落乘交易之时，在边境杀人放火、抢夺老百姓的财物。对于治安问题，仇鸾没有办法遏制，实力不允许。

到下半年，俺答与明廷之间的矛盾增多了，双方就贸易的规则、时间、地点等许多问题无法达成一致。蒙古人说贫困的牧民家里没有马，能不能用牛羊换谷物？除掉已经开市的几个地方，辽东能不能也安排一下？朝廷认为俺答的要求太多了，能允许你在大同卖卖马匹已经是天恩浩荡了，没想到还那么多要求，真是贪得无厌。见北京当局者没有采纳自己的要求，俺答就派兵进犯，用武力逼迫你同意。设马市果然没有保证和平，原先就有意见的大臣纷纷站出来，指责马市，朱厚熜的立场也变了，倾向于之前的主战。嘉靖三十一年（公元 1552 年），俺答上万人进犯大同、怀仁，气愤之下，朱厚熜于九月下旨取缔马市。

仇鸾的计划失败了，他赶紧迎合皇帝，表示要主动出击，给蒙古人一点颜色看看。他率领军队出镇川堡，与敌人遭遇，结果大败而归，伤亡四百多人，仅杀敌五人。班师后，他还向嘉靖皇帝报喜，通过这件事，朱厚熜终于知道仇鸾的实力了，这个人靠不住。次月，把仇鸾召回京城，虽然给予了赏赐，**但不允许他再**调动边境的军队。人被控制在京城，兵权又被剥夺，仇鸾意识到前景堪忧，失宠了，请求将自己罢免，朱厚熜没有批准。八月份，蒙古人又来进犯，此时仇鸾得了背疽，请求带病作战。兵部尚书赵锦听说仇将军卧床不起，请皇帝批准代仇出征，朱厚熜于是派人收回仇鸾的帅印。眼睁睁看着自己失势，又无能为力，急火攻心的仇鸾直接去世了。

死去元知万事空，但仇鸾的故事并没有因为他的死就结束了。他生前倚仗皇帝的信赖，得罪了许多大臣，自己的操守也有问题。徐阶就上奏皇帝揭发仇鸾的罪行，朱厚熜大惊，命令心腹锦衣卫陆炳暗中调查。陆大人以前查到过仇鸾的罪行，但证据不足，未敢上报；时义、侯荣担心之前通敌的事情败露，为自己带来杀身之祸，就准备投奔蒙古，在居庸关被抓获。审讯之后，他们把仇鸾之前的罪行一五一十地交代出来。嘉靖皇帝接到报告，气得火冒三丈，这个无能的大骗子，蒙蔽了朕那么久，实在是可恨。虽然已经死了，但还是不可以放过，他又派人把仇鸾的棺材劈开，砍下头颅，传首九边，让大家都看看，这位奸恶之徒是怎样的下场。时义、侯荣被斩首，仇鸾父母、正妻、儿子被斩首，小妾、女儿、孙子给功臣之家做奴仆，没收所有非法所得。兵部尚书赵锦被弹劾是仇鸾的党羽，朱厚熜将其罢免，发配边境充军。

一位皇帝的宠臣垮台了，严嵩感觉压力小了许多，朱厚熜对待自己更热情了，杨继盛也可以从苦寒之地归来。可是，边疆的战火不会因仇鸾的死去而停止，蒙古人继续不断入侵，明军则疲于应对。嘉靖四十二年（公元1563年），鞑靼骑兵从墙子岭突破边防，在三河、顺义大肆劫掠，几乎就是庚戌之变的翻版。明朝军队一如既往，尾随着，不敢打，像个观众似的，等蒙古人杀完、抢完，又注视他们离去。五十七岁的朱厚熜心如死灰，看见了火光，知道敌人不远，可将军们就是不去截杀。这些贪生怕死，又没有本事的官兵让朱厚熜彻底失去了信心。长时期的战争，给两族人民带来深重灾难，也使朱厚熜变得毫无脾气。三年后，他"羽化成仙"了，愿天堂没有金戈铁马。

嘉靖终于驾崩了

很久以前，人们都以为皇帝不是凡人，是天子，是上天派来统治老百姓的。随着科学技术的发展，大家才明白，所谓的君权神授不过是骗人的把戏，是统治者和御用文人们编出来的谎言。在生理角度，皇帝也是普通人，也有七情六欲，也会生老病死。秦始皇、汉武帝、唐太宗、宋太祖，那么多厉害的帝王，现在不都是一抔之土？他们引以为豪的大帝国，也早已灰飞烟灭。嘉靖皇帝虽然喜欢修仙、爱好丹药，但是他毕竟不是神仙，也有烦恼，也有家庭。我们从他的妻子开始说起吧，古代有钱有权的男人都有许多配偶，正妻只有一个，小妾有许多。皇帝的正妻是皇后，地位崇高；其他的妃嫔都是妾，地位差了很多。嘉靖皇帝生前共有三个皇后，下场都挺凄惨的，她们虽然获得了地位，获得了荣华，却得不到一个幸福的人生。

皇后个个薄命

朱厚熜第一位皇后姓陈，是在嘉靖元年娶的，当时皇帝刚刚从安陆来北京，只有十五岁。陈皇后是元城人，年龄与朱厚熜相仿。两人之前认识吗？谈过多久恋爱？有没有约过会、一起喝过奶茶？对不起，通通没有。那个年代从皇帝到奴隶，婚姻大事从来都不由己。父母之命，媒妁之言，老百姓的婚姻尚且是父母包办的，更不要说九五至尊的皇帝了。当时后宫的主人是张太后，武宗皇帝的母亲，孝宗皇帝的正妻。皇后人选，当然是她操办的。之前我们也讲过，朱厚熜对张太后很是不满，她给自己安排的皇后，自然是很不满意的。

有一天，帝后两人坐在一起，方妃、张妃进来献茶，嘉靖皇帝看了看两位嫔妃的纤纤玉手，忍不住拉过来抚摸一番。陈皇后心里嫉妒了，特别不满，放下手中的茶杯，站起来就要出去。见到此情此景，朱厚熜龙颜大怒。朕爱宠信谁就宠信谁！当时陈皇后已经怀有身孕了，经此一吓，不仅胎儿不保，连生命都已垂危。临终时，她特别想见母亲一面，父亲陈万言就向皇帝上疏，希望满足母女俩小小的愿望。朱厚熜的怒火还没有熄灭，断然拒绝岳父的请求，说丈母娘入宫会窥伺朝政，泄露国家机密，所以不行。嘉靖七年（公元 1528 年）十月，两人七年的夫妻情分就此断绝，皇帝没有丝毫伤心之处，他降低了葬礼规格，给陈皇后取了个难听的谥号：悼灵，还草草埋葬在袄儿峪。给事中王汝梅感觉皇帝做得太过分了，上疏劝谏，朱厚熜不接受。事情过了八年，礼部尚书请嘉靖皇帝改一改谥号，这回同意了，因为时间可以冲淡仇恨，于是改为"孝洁"。

孝洁皇后驾崩，一尸两命，但中宫之位不可久虚。没过几个月，顺妃张氏戴上凤冠，成为大明王朝的新皇后。之前那个陈皇后是张太后选的，朱厚熜不喜欢，他在立第二任皇后时，就特别在意候选人的来头。这个顺妃是蒋太后选进宫里的，算是自己人，皇后之位给她坐，才能放心。此时朱厚熜已经取得了大礼议的胜利，蒋太后就是蒋太后，张太后只是皇帝的伯母而已。顺妃张氏的上位，也可以反映后宫权力斗争的结果。张皇后上任后，率领其他嫔妃去北郊亲蚕，为天下妇女做表率，还每天引导六宫学习蒋太后的《女训》，非常懂规矩，会讨好丈夫、婆婆，充分完成了身为皇后的职责。可是谁能想到呢，嘉靖十三年（公元 1534 年）正月，张皇后被废了，两年后死去，葬礼参照明宣宗废后胡善祥的标准办理。仅仅五年多，朱厚熜就对第二任皇后下手了，原因何在？竟然还是与张太后有关。朱厚熜不是对外戚张氏兄弟不满嘛，就把建昌侯张延龄抓起来，准备处死。张太后急得要命，就去求张皇后帮她说说情，饶建昌侯一命。在某次宴会上，皇后就借机稍微提了提此事，岂料嘉靖皇帝大怒，立即下定了废后决心。虽然当了几年皇后，张氏却没有摸透皇帝的思路，触碰敏感话题，最终丢掉了自己的地位。当初立张氏做皇后就因为她不是某人选上来的，现在反倒为政敌说情，朱厚熜肯定反感。

朱厚熜的第三位皇后姓方，她于嘉靖十年（公元 1531 年）三月进宫。当时朱厚熜已经登基十年了，就是没有儿子，可把他急坏了，面子上过不去，江山社稷还没有人继承，武宗皇帝的噩运，似乎要降临在他的头上了。张璁就建议皇帝赶紧选美女入宫，古代皇帝都是几十个老婆的，你没有儿子，还不多选女子入宫，增加怀孕的概率。在这样的背景下，方小姐来到了紫禁城。嘉靖十三年，张皇后被废，方氏上位入主中宫。

在方皇后的一生里，经历过最大的历史事件就是壬寅宫变了。杨金英等十几名宫女趁皇帝熟睡之际，想把他活活勒死。到实施阶段，谋杀进展得不顺利，绳子打了个死结，怎么弄都杀不死皇帝。见状，个别宫女就动摇了，张金莲跑出去报告皇后，皇后赶紧带人过来解救，总算是保住了嘉靖皇帝的小命。由于圣上惊吓过度，已经昏迷。查案子的事情就由皇后负责。当晚侍寝的人是端妃，方皇后早就对端妃不满了。平时找不到机会弄死你，现在总算让我逮住机会了。于是她诬陷端妃，说她是杨金英的同谋，把她也给处死了。嘉靖皇帝刚开始不知道，以为端妃的确背叛了自己，后来琢磨过来了：皇后尽管救了朕，但她公报私仇，也不是什么好人。

嘉靖二十六年（公元 1547 年），宫里发生火灾，方皇后被困在里面，情况十万火急。太监、宫女们正要营救，被朱厚熜制止。当年端妃是怎么死的，皇帝还记在心里，这就为死去的爱妃报仇。大火熄灭了，方皇后没有被烧死，却受到很大的惊吓，没过多久便去世了。方皇后香消玉殒，朱厚熜又念起她的好来，当年如果皇后不救朕，朕也许已经驾崩了，如今皇后有难，朕却间接谋杀了她，实在是问心有愧。下旨！方皇后追封为孝烈皇后，葬礼要办得热热闹闹的！"皇后比救朕危，奉天济难，其以元后礼葬"，方皇后救过朕的性命，以元后标准安葬她！之前陈皇后尽管不讨朱厚熜喜欢，可她才是元后，再怎么不认可，至少皇后的名位没有被褫夺。现在把方皇后当元后，安葬到皇陵里，你把陈皇后往哪里摆呢？文官们很有意见，朱厚熜就是不听，元后，朕只认方皇后！

往后的十九年，紫禁城里再也没有皇后，嘉靖皇帝说空着就空着吧。大臣们不同意，他就以退位来要挟，你还敢坚持吗？你不敢！皇后是没了，嫔妃却越来越多，朱厚熜一边喊着要修仙，要长生，要清心寡欲；一边又不断地临幸妃子、宫女。皇帝临幸了某位女子，不能亏待了人家，要给名分，于是宫里这妃那妃多了起来，有的人还没有等到册封的消息，就已经魂归九泉了。在朱厚熜六十岁的时候，他还纳了个十三岁的小女生做妃子，赐号"寿妃"，因为有新鲜感，嘉靖皇帝对这个小丫头挺宠爱的，只是没过几个月，他就驾崩了。皇帝的女人又不可以改嫁，十三岁的太妃，从此只能在后宫独守空房，等待与皇帝在地下重逢的一天。

子女大多短命

皇后个个红颜薄命，朱厚熜的子女大多也很悲哀。嘉靖皇帝共有八个儿子，五个女儿，儿子中，共有五个夭折，寿命最长的是皇三子，活了三十五岁。女儿里面，只有宁安公主享年最久，万历年间依然在世，其他几位姐妹都没有活过嘉靖皇帝。当朱厚熜气息奄奄，行将就木的时候，回首一生，已经送走了十一个子女，白发人送黑发人，心里是什么滋味不用多说。

用一句话，形容嘉靖皇帝的第一个孩子，必须以悲剧性结尾。答案是：他还没出生就死了。陈皇后与朱厚熜结婚七年，腹中有了胎儿，却因为妒忌其他嫔妃，惹怒了丈夫，惊悸小产而死。要说责任，朱厚熜这个当父亲的难以推卸。

嘉靖皇帝的皇长子生于嘉靖十二年（公元 1533 年）八月，母亲阎贵妃，因为是"载"字辈，父皇给他取名为朱载基。当时朝野上下都特别高兴，认为国家后继有人，可惜只开心了两个月，就高兴不起来了。讣告：皇长子朱载基于十月十日夭折。家属情绪稳定，皇帝陛下要坚强！

皇次子到皇四子出生时间比较接近，集中在嘉靖十五年到嘉靖十六年（公元 1536 年—1537 年），以前生不出来，现在战斗力怎么突然那么好了？很有可能是某位道士给朱厚熜吃了什么药，暂时治愈了不孕不育。不过好景不长，接下来的皇五子到皇八子都没有活得很久，让嘉靖皇帝有些郁闷。总体来说也不错了，至少有三个活到了十岁以上，有两个活到了成年，朱厚熜的帝位，有三个亲儿子可以继承。他们分别是皇次子朱载壑、皇三子朱载垕、皇四子朱载圳，都和土结缘。

朱载壑是嘉靖皇帝的第一个太子，蒋太后病故，朱厚熜决定南巡给母亲看坟地，皇上走了，京城需要有人镇守，他就册立朱载壑为太子，命令他监国。三岁小孩怎么能治国？这不是儿戏吗？对！这就是儿戏！实际上镇守京城的肯定是大臣。嘉靖二十八年（公元 1549 年），太子已经十四岁，在古代算是要成年了。朱厚熜决定给他加冠礼，以后好好培养他，接替自己的位子。礼仪都排练到一半了，突然传来太子病危的消息，嘉靖皇帝吓得脸都绿了，赶紧派御医整治，结果毫无效果。只见太子忽然北面而拜，说："儿去矣"，正坐薨逝。皇帝追封他为庄敬皇太子，葬于西山。

载壑走了，皇子就剩下了朱载垕、朱载圳，可是嘉靖皇帝迟迟不册立太子，也不与仅存的两个儿子见面。陶仲文陶道长曾对他说过，太子不是一般人，二龙不能相见，否则没有好的结果。皇帝是真龙天子，太子是未来的皇帝，也是龙，两人不能见面的。之前朱厚熜给太子加了冠礼，还常常见他，不就导致了悲剧。嘉靖皇帝笃信道教，对此深信不疑。嘉靖三十年（公元 1551 年），礼部尚书徐阶奏明皇帝：皇子已经十五岁了，到了出阁讲学、结婚娶亲的年龄了，但是做这些事情之前，应该把名分定一定，立裕王朱载垕为太子，因为有嫡立嫡、无嫡立长，裕王只比景王大一个月，就算大几天也是大，应该立他为太子。可嘉靖皇帝并不同意立太子，他只同意出阁讲读，在宫外建造王府成婚。

国本问题没有解决，文官心里就不踏实。为了让大家放心，嘉靖皇帝在没有立太子的前提下，做了几个暗示。他命令翰林院编修高拱为讲官，按照惯例，亲王的讲官一般是侍读，太子的讲官才能是翰林院编修，给裕王配这么一位先生，不就在告诉人们他是未来太子吗？嘉靖皇帝还给两个儿子的前途做了规划，裕王以后留在京城，景王调往德安府就藩。一个明确说要当藩王，另一个不就是大明天子了吗？

裕王尽管有了太子的某些待遇，成为人人皆知的准太子，可他毕竟不是太子，景王说要就藩，人还在京城没有南下。嘉靖三十三年（公元 1554 年），裕王生母去世了，礼部认为她是裕王的母亲，葬礼应该稍微隆重点，朱厚熜说不行，没必要为她刻意提高。裕王的儿子出生了，礼部想要昭告天下，让文武百官都祝贺，朱厚熜又说不行，这是皇太孙出生时用的礼仪，裕王不是皇太子，不合适，就没有让百官称贺，更没有诏告天下、普天同庆。裕王母亲死了，在后宫便失去了一位帮手，景王的生母仍在，枕边风这个因素，景王更有优势。

嘉靖三十九年（公元 1560 年），一个丧失职务、在家闲居的官员郭希颜上疏皇帝，要求封裕王为太子，让景王就藩。朱厚熜勃然大怒，在奏章中挑了些词句上的毛病，把郭希颜给杀了。人虽然已死，立太子的事情又一次摆上台面，嘉靖皇帝来了个欲擒故纵，责问严嵩等内阁大臣：景王府邸在德安完工那么久了，怎么还不让景王入住呀？明明是朱厚熜把他留在京城，现在反倒问责起官员，说是他们的责任。严嵩多精明的人，知道皇帝面对舆论压力，不得不说这番话，实际上还是要留景王的。于是他一边把谕旨发给有关部门，督促他们执行，一边又暗示礼部尚书吴山，让他提议挽留景王。熟料吴山根本不合作，他早就希望立太子了，于是上疏皇帝，天下盼望这天很久了，并附上景王就藩的各项礼仪。

事已至此，嘉靖皇帝只好顺水推舟，要求景王赶快到德安府报到。吴山支持了裕王，没有按照领导的思路走，礼部尚书干不长了，第二年，朱厚熜找了个其他理由，让吴山闲住，以后礼部的事情和你没关系了！劲敌远去，裕王的日子好过了许多，但他始终没有得到太子的名位，因为二龙不能相见，只能继续苦熬。嘉靖四十四年，朱载圳死于德安王府，享年二十八岁，膝下无子，没有后代继承，这个藩就给撤了。到此为止，裕王已经是嘉靖皇帝唯一的儿子了，不立他又能立谁？对此，朱厚熜内心是凄凉的，哪天自己走了，只剩下皇三子与皇三女披麻戴孝。嘉靖四十五年（公元 1566 年），朱载坖总算继承了皇位，是为明穆宗，如果二哥没有去世，这个位置也轮不到他坐。身体是革命的本钱，笑到最后的，才是最成功的那个人。你看看三国时期的司马懿，熬死了多少竞争对手，什么曹操、曹丕、曹叡、诸葛亮，本领再强，能力再高，死了就是死了，一切归于沉寂，笑到最后不还是司马家族。

最后的日子

有一首歌是这么唱的：越长大越孤单，如果要为嘉靖皇帝谱写一首，应该叫越长大越烦恼。之前我们说到的子女问题只是一方面，起初是没有小孩，怎么生都生不出来；之后是儿女频频夭折，挖空心思想怎么让他们长寿；到晚年时，已经见惯了白发人送黑发人，望着为数不多的两三个儿女，有多少凄凉、苦楚只有自己知道。另一个比较大的烦恼是经济方面的，国库没钱了，财政赤字越来越大，这是一个致命的问题，官员、士兵为你干活到底图什么？没有足够的资产，又怎么能够保证大家的积极性？保证国家机器正常运转？每次想到这件事情，朱厚熜就一个头，两个大。

他登基之初，大明的朝政状况还不错，朱厚熜曾经问时任首辅的大学士李时：太仓的存款情况如何？李时回答说：陛下！您放心，可以用好几年呢！多亏了陛下早些年大搞裁员，把那些只领工资不干活的闲人都给优化掉了。听完汇报，朱厚熜想起了让自己痛恨许久的杨廷和，当年是他振臂一呼，砸碎了许多人的铁饭碗。利益受损的人多恨他呀！但缓解了财政赤字，如今，不正享受着当年杨廷和当时铁腕的成果吗？从这个角度看，他还是有值得肯定的地方的。

然而，到嘉靖中期、后期，国库存款日益减少，户部尚书这个岗位越来越难当了。嘉靖三十年（公元 1551 年），亏空接近四百万两；嘉靖三十三年（公元 1554 年），亏空二百五十多万两；看见这些吓人的数字，朱厚熜大吃一惊，要求户部严控费用支出，每隔两月，就要把财务报表交上来给他御览。即便如此，嘉靖四十三年（公元 1564 年）国库还是亏空一百一十多万两。王铮亮唱了：时间都去哪儿了？朱厚熜也得唱一句：银子都去哪儿了？这还用问，当然是被花掉了。到底是哪几个吞金兽花了呢？

第一个：军队。打仗就是在打钱！招兵要钱，护具要钱，武器要钱，粮草要钱，修缮城墙要钱，工资也要钱。朝廷每年收入两百多万两，各边防要地共需花费六百多万两，想尽了一切融资办法，就是填不上这个巨大的窟窿。蒙古人连年进犯，战线又长，打完仗还得重新修复，花钱的地方的确很多。但也有许多是冤枉钱，比如军官克扣的，高级官员中饱私囊的。有人举报首辅严嵩：银子早上从库房里出来，晚上就到了严府，输边者四，馈嵩者六。表面上看，朝廷为国防建设投入巨大，实际上呢，真正落到实处的却不多，蒙古人破边入塞，损失最大的还是手无寸铁的老百姓。

第二个：宗室。在明朝，宗室及其子孙不用工作，就可以从国家财政领取俸禄，可以说是特权阶层、寄生阶层，专门喝老百姓的血，又不为社会做出贡献。当年老朱闹革命，打下锦绣江山，享受这些特权的还是小众群体，几十个人。等到嘉靖年间，将近两百年过去了，和当皇帝的操心的事儿多，宫斗厉害不同，宗室有钱有闲，没事儿干就和女眷造娃，如今宗室这个群体呈几何倍数扩张，已经达到三万人，而且势头仍在增长。他们就像一只只卡比兽，不计成本地侵蚀大明王朝的肌体。各地每年向朝廷缴纳四百多万石粮食，宗室就要消耗八百多万石，几乎是两倍，放到哪个王朝也吃不消呀。身为皇帝你怎么办？把待遇都取消了？宗室不都得造反？皇帝本身也是这个利益集团的一部分。

第三个：皇室。嘉靖皇帝自己就是挥霍大军中的一员，宫殿、南巡就不用说了，坟墓就修了两座，一个是父母的显陵，还有一个是自己的永陵。明成祖之后，帝王陵都比较节俭，规模不大，可是从嘉靖皇帝开始，奢侈之风盛行，陵园面积浩大，建筑雕梁画栋，给孙子万历皇帝做了一个不好的榜样。

为了缓解财政危机，朱厚熜还有他的户部必须想办法，见效最快的就是加税，嘉靖三十年，一次就加收了一百一十五万两白银，割韭菜割得最多的是苏州府，增加了八万五千两，谁都知道你有钱，皇帝也仇富啊，多出点！这一两两白银背后，就是底层农民、商人的汗水。另一个高效的方法是卖官鬻爵，没文化又想当官？可以呀！掏钱就行！富甲一方的巨贾最喜欢买官，因为他们只富不贵，就需要官职提高自己的地位。他们差的不是钱，是身份。当然，朝廷卖的一般都是闲职，没什么实际权力的。在嘉靖二十九年（公元 1550 年），只要交三百多两，就可以买到五品文职散官。由此可见，严嵩父子二人也是上行下效。国家的公务员被朱厚熜如此买卖，政府的公信力越来越低。

嘉靖皇帝的修仙之路也不平坦，五十多岁的人，经常服用道长炼制的丹药，稍微学过化学的人都知道，那里面都是些对人体有害的物质，长期服用非但不能长生不老，身体还会越来越糟糕。嘉靖三十九年（公元 1560 年），一向小心谨慎的道长陶仲文去世了，享年八十多岁。他的死亡再一次告诉朱厚熜，所谓的长生不老只是骗局，陶道长自己都成不了仙，更何况你呢？可朱厚熜信了大半辈子，死不悔改，继续让下面的人推荐道士进京，许多人的道术都很虚妄，他也知道，却仍然乐此不疲。

由于长期患病，身体不见好转，嘉靖皇帝又萌生了重返故里的想法，他想回承天看看，速去速回。那是他出生的地方，来到这块福地，病情应该很快就会好转。得知体弱的皇帝有这样的打算，徐阶赶紧加以劝谏：陛下距离上一次南巡已经二十七年了，您老人家想想自己身体如何，能不能经受长途跋涉？答案肯定是不行的。现在蒙古人屡屡犯境，边关很不太平，万一又打到了京城边上，该怎么办呢？综合各方面因素想了想，朱厚熜还是放弃了南巡的打算，但是时不时仍然会怀念起江汉平原的山山水水。

病痛折磨，生活没有了盼头，皇帝变得跟小孩似的，就喜欢听好消息。有一天他正在宫里发呆，突然发现身边多了个桃子，哪来的呢？太监忽悠他说是天上掉下来的，老天爷赐给我们皇帝陛下的！朱厚熜竟然相信了，赶紧举办典礼，恭恭敬敬迎接上天的恩赐。更搞笑的是，宫里的小兔子、小鹿生了幼崽，他老人家都视为祥瑞，要礼部去感谢苍天、去庙里祭告，他的行为已经无法用正常人的思维理解了。

嘉靖四十五年（公元 1566 年）十月，朱厚熜带病祈祷，半路上突然下雨。回宫后，口吐白沫，胸闷，还吐出清水，从此他的身体每况愈下，卧床不起，根本就不能出行了。两个月后，见皇帝圣体垂危，侍从赶紧把他抬回大内，中午时分驾崩在乾清宫，享年六十岁。

大明王朝的刚峰

在明朝的历史上，海瑞是一个响当当的人物。他的所作所为，不仅出现在历史书上，还常常出现在中小学生的作文里。只要题目是清贫、不畏权贵、高风亮节什么的，大家总会想起海刚峰，以他为例子，作为文章的论据。屈原、苏轼也常常能够获得类似的"待遇"。每次周考、月考，屈原要跳几百万次江，苏轼被贬的经历被一次又一次地提起，真是扎心。海瑞这辈子干过最轰烈的事情，莫过于上《治安疏》了。敢秉笔直书，抬着棺材，怒怼皇帝的人，实在是不多见。他在《治安疏》里都说了什么呢？

震惊官场的奏折

首先，海瑞痛批朱厚熜是个不称职的皇帝，不称职的父亲，不称职的丈夫。二十多年，工作态度一点都不积极，从来没有上朝接见过大臣。那他在干什么呢？躲在西苑专心修道，大兴土木，建造道观等对国计民生毫无意义的建筑。由于不作为，导致天下贪官污吏横行，盗贼遍地，民不聊生。老天爷都看不下去了，降下水旱灾害以示惩罚。由于轻信"二龙不相见"的鬼话，朱厚熜几乎不见自己的儿子，毫无亲情可言，是个不称职的父亲；壬寅宫变后，待在西苑尽心修炼，而嫔妃们大多住在紫禁城，嘉靖皇帝不与她们生活，不是个合格的好丈夫。

皇帝看到这鼻子都得气歪了,朕的夫妻生活你也管?

接下来又说,最近几年陛下罢免了严嵩,我本以为日子能过得更好,没想到还是和以前一样糟糕。斋醮活动一如既往,祥瑞依然轻信,宫殿一座座修起来,靡费民脂民膏;奇珍异宝四处托人采购,浪费国家钱财。假设世界上真的有长生不老,为什么尧舜禹这些贤德的君主都没有活到现在?为什么汉朝、唐朝、宋朝那些所谓的道长也没有活到现在呢?近一点的,就拿您信任的陶仲文来说吧,他自己都救不了自己,怎么可能让皇帝长生?已经被无数次证明的问题,您还这么执迷不悟,真是可笑。至于天书、仙桃、仙药,那更是无稽之谈,昔日宋真宗也得到了这几样东西,孙奭就说:天哪里会说话,哪里可能会写字?所谓的仙药、天书不过是奸邪之人提前做好的,用来骗陛下。

海瑞最后奉劝朱厚熜赶紧醒悟过来,重新上朝,不要再轻信那些虚无缥缈的东西。你追求了一辈子,最后不还是一事无成吗?海瑞还批评官员们的不作为,不能站出来纠正皇帝的过失。说那些级别高的大臣,领着优厚的待遇,只会阿谀奉承、拍马屁,讨领导欢心;级别低的大臣,感觉自己人微言轻,怕被问罪,都三缄其口。我实在是看不下去了,冒死直言,希望陛下能听一听!

嘉靖皇帝什么态度呢?想想都知道,哪个领导看了,都得怒不可遏,更何况是全中国最有权力的领导。朱厚熜追求一辈子的东西,被海瑞完全否定了,那种失落、痛苦,是我们无法体会的。他把《治安疏》重重地摔在地上,大喊一声:"赶紧把这个人抓起来,别让他跑了!"站在一旁的宦官黄锦回答说:"这个人大家都知道,是个痴汉,他也明白这样做的后果,所以提前跟妻子告别,买了口棺材,在外面等候发落呢!家里的童仆也都解散了!"过了一会儿,朱厚熜又把《治安疏》捡起来,读了好几遍,感动、叹息。海瑞被捕后,关在锦衣卫的监狱里,刑部根据他的言行,判了个死罪,奏请圣上批准,嘉靖皇帝不同意;户部司务何以尚猜测皇帝会放了海瑞,于是上奏折建议,结果他也被抓到锦衣卫监狱,打了一百棍子,昼夜审讯。杀又不杀,放又不放,也不给个痛快话。朱厚熜曾说："海瑞与商朝的比干有一比，可惜朕不是纣王那样的昏君"。意思是这是个忠臣，虽然我看他不爽，但若真的杀了他，岂不是成了彻头彻尾的昏君。

艰难的成长史

海瑞为什么敢于批判皇帝呢？他从哪里来的自信？有着怎么样的人生经历？让我们从"天涯海角"说起。

海瑞生于正德九年（公元 1514 年），是海南琼山人，祖父当过县长，伯父担任过监察御史。父亲叫海翰，是个廪生，喜欢读书，深明大义，在海瑞 4 岁的时候去世了。他的母亲谢女士也有一点文化，常常言传身教，用圣人的标准要求自己的儿子。平时节衣缩食，靠祖上的家业把海瑞抚养成人。海瑞从小就树立了高大的目标，不追求荣华富贵，也不追求妻妾成群，他刚正不阿、不慕荣利、立志为民。这些思想的产生，与谢女士的家教，还有在海南受到的教育是分不开的。

嘉靖二十八年（公元 1549 年），35 岁的海瑞参加乡试，靠一篇《治黎策》中了举人，当时海南的黎族人常常闹事，成为岛上的社会问题。海瑞站在解决问题的角度出发，认为治理琼州应该开通道路、设置州县。这个建议显然获得了主考官的青睐，最后海瑞也收到了好消息。

嘉靖二十九年（公元 1550 年），中举不久的海瑞跃跃欲试，奔赴千里之外的京城，参加会试。乡试嘛，只是与同省的才子们一较高下，而会试，则是与全国的才俊们比个高低。海瑞写了篇《平黎疏》，向朝廷阐述治黎策略。然而，考试的结果令他失望了，没有能够更进一步，他落榜了。这么大一个国家，海南只是其中的一小部分，海瑞的平黎方法很难引起阅卷官的兴趣。四年后，嘉靖三十三年（公元 1554 年），不服输的海瑞第二次参加会试，结果仍然是名落孙山。科举就是一个不断淘汰的过程，有人连读书的机会都没有，有人只有举人的水平，筛选到最后，才是佼佼者。海瑞的水平在举人这一档，比范进强多了，因为他没有考很多次，中举后也没有发疯。既然考不上，那干脆不考了吧！直接参加工作！在大明朝，想要做高官的话，进士身份是块敲门砖，就像现在许多岗位的要求是本科、研究生一样。够不到这个门槛，只能做一些要求相对较低的工作。

嘉靖三十三年，上面的安排下来了，海瑞被封为福建延平府南平县教谕。按照现在的话说，海瑞是在南平县的公办学校里当校长，权力不算很大，只能管管学校里的老师，以及寒窗苦读的学生。为了让南平县城里祖国的花朵们有一个美好的未来，海校长制定严格的校规校纪：要求学生必须按时到教室上课，不能迟到早退；没有特殊原因一律住校，方便学校统一管理；学生必须在规定的时间完成作业、参加考试等；而老师，要专心教学，不要总想着与官府里的人打交道，升官发财；如果家长送来了东西，老师决不能收下，否则后果自负……海瑞想通过制度的准绳，提高学生与老师的效率，让大家都能安心学习、安心上课，日后成为对国家有用的人。

正当海校长干得有声有色的时候，上级领导下来检查工作了，延平府督学官来学校视察，在明伦堂召见校领导及各位老师。看见督学官来了，大家齐刷刷地跪下，只有海瑞一人站在中间，就是不跪拜，只是长长地作了个揖。督学官心里很生气，别人在我面前，都恭恭敬敬地跪下，唯独你不跪，是什么意思？海瑞认为这里是学堂，不应该向地方官下跪，非要跪的话，也只能跪天、跪地、跪皇帝、跪孔老夫子。只不过跪地方官成了风气，大家习惯了，不跪反倒成了异类。后来，朝廷里的御史也来视察工作，副校长、教导主任等全都跪下，海瑞又不跪，见状，御史非常恼火，领导、同事都非常尴尬。海瑞实在是受不了了，想辞职，假如通过了，他这辈子与官场基本告别，朝廷几乎不会再任用他。这时，海瑞遇到了生命中的贵人：福建按察司提学副使朱衡。他十分欣赏海瑞的才能，了解他在学校里的业绩，再三挽留，总算说服了海瑞。

嘉靖三十七年（公元 1557 年），海瑞当校长已经四年了。他作风硬朗，办学成绩优异，虽然严格，但也能够被同事、学生理解。考察过后，组织决定给他升官，提拔为浙江严州府淳安县知县。以前只管一个学校，现在可是淳安的一县之长了，父母官，要替老百姓着想，否则还不如回琼州卖红薯。海瑞抵达淳安县后，一方面平反冤狱，将犯罪分子绳之以法，被称为"海青天"，另一方面赴各辖区调研，深入基层，了解民众疾苦。渐渐地，他发现了两大问题，第一是富有的地主兼并土地，隐瞒田产，偷税漏税现象严重，贫苦农民没有什么土地，缴纳的赋税却多得离谱。为了生存，他们不得不东躲西藏，甚至拖家带口地成为流民。第二是公务接待费用居高不下，淳安位于新安江的下游，常常有官府人员经过，接待他们，需要提供优质的饮食还有居住条件，这成为县财政的一大负担。

既然查出了问题，当然要着手纠正。海瑞派人清丈土地，改变不合理的纳税情况。地主们当然不满，海瑞触动了他们的既得利益。公务接待标准也必须下调，不准再大吃大喝，浪费老百姓的血汗钱。想法是好的，可是公理遇到了强权，还能够坚持下去吗？有一次，总督胡宗宪的儿子路过淳安，对驿站提供的饮食、居住条件极为不满，这就是你们招待我的东西？看不起人是不是！知道我爹是谁吗？于是他让随从把驿站的工作人员抓起来。

海瑞知道后，当即下令把胡公子抓起来关禁闭，身上带的银子银票全部没收。胡宗宪那里怎么应付呢？派人去给总督大人打报告：前些天，有一个问题青年，来我们县里混吃混喝，蛮横无理，还口口声声说是您的儿子。我们就想呀，您这么高风亮节，怎么可能生出这样飞扬跋扈的儿子，因此，我们判断，这个人是冒牌货，假借总督大人的名义招摇撞骗。现在淳安县官府已经帮您处罚了他，特意前来向您汇报。胡宗宪哑巴吃黄连，有苦说不出。儿子理亏，他也没有办法把海瑞怎么样。嘉靖三十九年（公元 1559 年），严嵩的干儿子、总理盐政都御史鄢懋卿奉命巡查盐务，要经过淳安县境。此人到处收受贿赂，如果他来了，对淳安绝对是一个灾难。海瑞于是写了封信给鄢大人，说我们县条件不好，没有足够的能力招待您，请到别的地方吧。鄢懋卿知道海瑞不是好惹的，只好绕道走，不跟他纠缠。

嘉靖四十一年（公元 1562 年），海瑞在淳安任上颇有政绩，组织决定再次提拔，升他为浙江嘉兴府通判。但因为他得罪了"中央"的领导，也就是鄢懋卿，受到他的党羽弹劾，于是被取消任命。没过多久，喜大普奔的好事传来，严嵩下台了，鄢懋卿这位严党人士也没有好下场。嘉靖四十三年（公元 1564 年）十月，海瑞被调到北京任职，担任户部云南清吏司主事。多年的基层管理经验，使海瑞对民间疾苦多有了解，而人治社会中，百姓所遭受的苦难，都与大明最高行政长官——嘉靖皇帝有很大关系。如果皇帝可以放弃修玄等不切实际的想法，励精图治，也许国家的形势能有转机，老百姓的苦难也能够得到缓解。

与官场为敌

他写好了《治安疏》，找到一位关系要好的朋友，掏出毕生积蓄 20 两白银，将一家老小都托付给对方了。明朝公务员收入低，想要过上更好的生活，必须掌握一定的实权，弄些见不得人的钱款。海瑞向来清贫，不愿意贪污受贿。他家里吃的菜都是自己种的，一年吃肉的次数屈指可数。某年，胡宗宪突然对部下说：有个大新闻，你们知道吗？海瑞买肉了！他竟然买肉了！因为他母亲谢女士过生日，大孝子海瑞不得不破例。这位朋友刚开始很奇怪，没病没灾的，怎么突然就托孤了，看完了《治安疏》，不禁感叹一声：何至于此！妻子知道海瑞在地摊上买了副棺材，也感觉很纳闷，丈夫这是哪根筋搭错了！仔细一问，哭得死去活来，好好的日子不过，官也不当，非要去怼皇帝，世界上还有比你更"傻"的人吗？

海瑞被捕后，嘉靖皇帝反复阅读《治安疏》，有"感动"的表现，说明他对于海瑞的某些陈词还是认可的。徐阶非常了解朱厚熜的心理，他对皇帝说：海瑞上这道奏折不过是在沽名钓誉，想博取一个忠臣的名声，假如陛下真把他给杀了，那他的奸计就得逞了，您的名声就要万劫不复了。用这种方法忽悠朱厚熜，想让他不杀海瑞。不能杀，也不能放，嘉靖实在是咽不下这口气。如果真放了，不是变相承认自己错了吗？以后会不会有更多人效仿？

两个月后，监狱管理员突然端来丰盛的饭菜，请海瑞享用。海瑞想了想，心里全明白了，这是断头酒，皇帝准备把他送到西市斩了，让京城百姓都看看，怼皇帝是什么下场。死刑犯最后一顿，当然得好一点，吃饱了上路，开开心心见阎王。管理员知道海瑞的想法，呵呵一笑，这哪是什么断头酒，这就是庆祝的饭菜呀！皇帝驾崩了，你马上要自由了！没想到海瑞闻讯后并不开心，他失声痛哭，他流下的不是激动的泪水，每一滴眼泪，都装满了忧伤。他把先前吃进去的食物全部吐了出来，场面相当感人。他是一个忠君爱民的人，上《治安疏》不是为了怼皇帝，而是真心为他好，事君如父，现在皇帝走了，好比是父亲没了，心里无法接受，只能用眼泪来表达。

裕王登基，改元隆庆，颁布先帝遗诏，大赦天下，海瑞、何以尚都出狱了，自由的空气，是那么的新鲜。重返工作岗位后，海瑞担任户部主事，不久，又调往兵部任武库司主事。隆庆元年（公元 1567 年）升职为尚宝司丞、大理寺右侍丞。当时内阁首辅徐阶与隆庆皇帝的旧部高拱，打了起来，双方你争我夺，你来我往，场面十分炸裂。高拱命令他的学生监察御史齐康弹劾徐阶。而海瑞决定站在徐大人一边，说：徐大人之前为了保住乌纱帽，没有劝谏皇帝，使他从修仙、大兴土木等弊政中醒悟过来，是有问题；但是他执政以来，勤于政务，值得称赞的事情非常多；高拱这个人，狡猾凶狠，齐康无中生有，黑白不分，诬陷忠良，安心做权臣的爪牙，他的罪过比高拱还要大。于是他请求罢免高拱，对齐康严加处理。其他同事也纷纷上疏，请求挽留徐阶，惩罚高拱。最后齐康发配边疆，高拱不得已辞职。

经过此事，高拱对海瑞十分忌恨。没过多久。徐阶顶不住压力，黯然退休，高拱因为皇帝的信任，重新回到朝廷，进入内阁。当时江南土地兼并严重，各方面问题层出不穷，需要一位能臣前往治理，高拱看中了海瑞。为什么派他去呢？因为要利用他，好好整一整曾经的政敌。徐阶是前任内阁首辅，也是江南的大地主，手里掌握着几十万亩田地。别看他以前劝说皇帝，把景王霸占的土地还给农民，他自己也不干净，倚仗手里的权势侵占其他人的农田。隆庆三年（公元 1569 年）夏天，海瑞晋升都察院右佥都御史，巡抚应天十府，终于离开了北京城，回到南方做官。

应天十府的达官显贵听说海瑞来了，一个头，两个大，紧张得不得了。有些平时为非作歹的官吏，主动要求辞职，怕海瑞追究他们的过错；世家大族赶紧把红色的门弄脏点，显得不那么气派、奢侈、光鲜亮丽，否则海大人肯定会批评。那些喜欢讲排场的权势者，赶紧减少身边的随从，自觉保持低调。海瑞来到南京后，做了好几件大事。

第一件：整顿官场风气，刹住请客送礼、公款吃喝等不良风气。官员们要严格遵守纪律，杜绝各种灰色收入，清清白白做官，干干净净做人。命令一下，所有官员都沉默了，有的跑到其他地方暂避风头，有的赶紧收手。他们心里都十分讨厌海瑞，因为既得利益少了，该收的红包不能收了，可以享受的福利不敢要了。在他们眼里，海瑞就是个瘟神，自己不懂得享受，还不允许别的同事享受。

第二是清丈土地，推行一条鞭法。明朝建立已经两百年了，土地兼并越来越严重，大户人家上下其手，和官府沆瀣一气，隐瞒田产，尽量少纳税甚至不纳税。徭役有的被直接免除了，有的花钱雇人去做。小门小户就没有办法，该交的税得交，该出的人得出。江南赋税标准很高，为了避税，不少老百姓把土地投献给了大地主，依附他们，平时按期交佃租，付出的代价比依附官府少了许多。随着时间的推移，朝廷掌握的土地、人口越来越少，为了确保财政收入，只能向农民加税，导致民怨沸腾。海瑞想要改变不合理的现象，准备清丈土地，把被侵占的土地归还农民。此事没有人可以例外，哪怕是徐阶，他们家侵占的二十多万亩都吐了出来，两个儿子发配充军，一个被免为庶民，帮助徐家为虎作伥的家奴大多被遣散。失地农民重新得到了土地，对海大人敬佩不已，这段时间，海瑞的民调飞速上涨，地主、官僚则伺机报复。

第三是兴修水利。江南河湖众多，是全国有名的鱼米之乡。辖区里的吴淞江，流经苏、松两府，穿过吴县、吴江、昆山、青浦、嘉定，因为长期得不到治理而淤塞。前任地方官多次疏通，都没有什么实际效果。每当雨季，这里的江水就如脱缰野马，淹没周围农田、房屋，老百姓深受其害。由于水深不够，大型船只无法正常通航，影响了交通运输、经济发展。海瑞通过民间走访与实地勘察，决定疏浚河道，正好此时受灾，有许多饥民，他们聚集在一起，连生存都是问题，很有可能铤而走险。海瑞灵机一动，想出三百多年后罗斯福用过的"以工代赈"，既找来了劳动力，又解决了赈灾问题。隆庆四年（公元 1570 年）正月初三日至二月二十日，海瑞整修吴淞江八十余里；二月初九日至三月底，又带领大家治理白茆河。此次工程消耗银两仅五六万，都来自贪官污吏的赃款，或者爱心人士的捐款。老百姓没有增加负担，便解决了水患。

海瑞的改革触动了权贵利益，他们为了自己的特权、财产，纷纷上书弹劾海瑞，要求朝廷把他给罢免。刑科给事中舒化指责海瑞是个奇葩，建立的制度都"非人情""创新奇之法""出寻常之外"，建议让他当个闲职就可以，不应该掌握实权，否则"祸害百姓"。史科给事中戴凤翔受徐阶指使，弹劾海瑞"庇奸民，鱼肉缙绅""勾结倭寇，攻陷城池"，这都哪跟哪啊，戴凤翔口中的奸民，就是那些告发地主侵占土地的农民，被鱼肉的缙绅，是那些清丈土地后，利益受损的地主；而所谓的勾结倭寇，更是子虚乌有。海瑞向来刚正不阿，列举大量事实，反驳戴凤翔的胡说八道。

此时，远在北京的高拱见徐阶已经被整，复仇的目的已经达到，便示意吏部，批准戴凤翔的奏疏，以海瑞"志大才疏"为由，将应天巡抚职务罢免。消息传来，江南百姓纷纷痛哭，为海瑞打抱不平。隆庆四年二月，海瑞改任总督南京粮储。即将赴任时，朝廷又下令罢黜其南京粮储都御史职务，该岗位职责由南京户部侍郎兼任。这不是玩人吗？前脚把海瑞调过去，后脚又说这个岗位取消了，愤怒之余，无处可去的海瑞写下了《告养病疏》，请皇帝允许自己辞职。隆庆皇帝没有意见，都听高拱的，准了！于是海瑞离开南京，重新回到自己的老家琼州，很快，高拱也下台了，但新上任的首辅张居正也不喜欢海瑞，中央的、地方的官员常常推荐他，可张大人就是不用。

转眼十几年就过去了，万历十二年（公元 1584 年），张居正已经去世。明神宗突然想起了海瑞，这位曾经怒怼我爷爷的人，为什么不用一用呢？张居正不用的，我倒想试一试，反其道而行之。旨意传到组织部，大家很为难，给海瑞安排什么职务呢？他这么异类，与官场格格不入，无论到哪里，都会与同事打起来。想来想去，拟任命为左通政。万历皇帝从小就听过海瑞的英雄事迹，决定让他回南京工作，担任右佥都御史，半路上又改为南京吏部右侍郎。当时海瑞已经七十二岁高龄了，半入土的人，再次承蒙朝廷宣召。他给年轻的皇帝上疏：希望能严刑峻法，好好治一治贪官污吏，当年太祖皇帝在的时候，规定贪污八十贯钱就要判死刑，贪污数额更多的，要剥皮揎草，现在我们应该重新拾起这些手段，治理贪污，老祖宗留下的光荣传统不能丢呀！整个官场听到这个消息，都很害怕，感觉太过了，御史梅鹍祚因此弹劾海瑞，万历没有接受，认为他完全出于一片忠心。

到南京上任后，老百姓翘首以待，官员们惴惴不安。不能贪污，不能奢侈腐化，你说当官还有什么意思？寒窗苦读十几年，岂不成了无用功？有位御史在家里看戏，吃喝玩乐，被海瑞抓住了，以太祖皇帝制度的管理办法进行杖责。整个南京官场都很讨厌海瑞，纷纷上书，要求将他罢免。提学御史房寰、给事中钟宇淳是其中的代表。海瑞受到污蔑，义愤填膺，主动要求辞职，都不被允许，最后死在了任上，享年七十四。因为没有儿子，他的丧事由都御史王用汲主持。王御史走到海家，只见葛布做的帷帐、破破烂烂的竹器，没有一件像样的家具。连最贫寒的读书人，也无法忍受如此恶劣的居住环境，这么多年来，海瑞到底是怎么扛下来的！

刚峰先生的老家在海南，他的灵柩要用船只运回琼州，移灵当天，码头附近聚满了老百姓。他们穿着白色衣服，戴着白色帽子，不停地哭泣，就像失去了某位至亲。地主、贪官们则弹冠相庆：海瑞总算走了，终于不会有人再坏他们的事了。

功过自有后人言说

嘉靖四十五年（公元 1566 年），对裕王朱载垕来说，这是个喜大普奔的年份。因为他总算熬到了出头之日，从王爷直接晋级为大明天子。那些年，和他竞争皇位的弟弟朱载圳，以及坚持"二王不相见"的奇葩父皇朱厚熜，都已经奔赴黄泉了。以前的小日子总是战战兢兢，如今失去了悬在头上的几把利刃，除了喜悦，还有一种莫名的寂寞。对手都走了，没有人管得住我，可以肆无忌惮地放纵自己，开心之余，又多了那么一丝丝负罪感。

新皇帝，新政策

老皇帝驾崩了，新皇帝登基，有一份官方文件是无论如何都少不了的！到底是什么呢？当然就是遗诏。之前弘治皇帝的遗诏、正德皇帝的遗诏，除了写清楚由谁继承皇位，与此同时，还有拨乱反正的作用。以先帝之名，把前朝做得不好的地方进行纠正。稍微有头脑的人都明白，那真是先帝的意思吗？他既然知道某些政策不对，怎么在世的时候不整顿，非要驾崩了才愿意痛改前非？实际上很多都是后代皇帝的意思，不过以前任的名义讲出来罢了。新领导不能一上台就明确反对先帝，影响不好，所以要遮掩一些。

当朝野上下看过《嘉靖遗诏》的全文，有的流下感动的泪水，有的干脆放鞭炮庆祝，还有的心里五味杂陈。原文是这样说的：

朕以宗人入继大统，获奉宗庙四十五年。深惟享国久长，累朝未有。乃兹弗起，夫复何恨！但念朕远奉列圣之家法，近承皇考之身教，一念惓惓，本惟敬天助民是务，只缘多病，过求长生，遂致奸人乘机诳惑，祷是日举，土木岁兴，郊庙之祀不亲，明讲之仪久废，既违成宪，亦负初心。迩者天启朕衷，方图改彻，而据婴仄疾，补过无由，每思惟增愧恨。

盖愆成昊端伏，后贤皇子裕至。仁孝天植，睿智夙成。宜上遵祖训，下顺群情，即皇帝位。勉修令德，勿遇毁伤。丧礼依旧制，以日易月，二十七日释服，祭用素馐，毋禁民间音乐嫁娶。宗室亲、郡王，藩屏为重，不可擅离封域。各处总督镇巡三司官地方攸系不可擅去职守，闻丧之日，各止于本处朝夕哭临，三日进香差官代行。卫所府州县并土官俱免进香。郊社等礼及朕祔葬祀享，各稽祖宗旧典，斟酌改正。

自即位至今，建言得罪诸臣，存者召用，殁者恤录，见监者即先释放复职。方士人等，查照情罪，各正刑章，斋醮工作采买等项不经劳民之事悉皆停止。于戏！子以继志述事并善为孝，臣以将顺匡救两尽为忠。尚体至怀，用钦末命，诏告天下，咸使闻之。

在遗诏中，皇帝说我以宗室的身份继承大统，坐了四十五年天下，超越了所有祖宗，现在即使驾崩，也没有什么遗憾的。然后深刻检讨了自己，对登基以来的种种弊政进行忏悔、补救。朱厚熜，多么强势的一个人，真的会在遗诏中把自己否定了？当然不会！这篇遗诏根本就不是他写的，作者是两个人：徐阶、张居正。至于隆庆皇帝，他对这份遗诏是认可的。反正嘉靖年间，他一直居住在王府，一天政事也没管过，诏书中提到的坏事和他没有关系，否定弊政，可以为他赢得人心，还可以顺便发泄三十年来，压抑于心中的怒火。

其实在严嵩垮台后，身为内阁首辅的徐阶就已经在兴利除弊。嘉靖四十四年（公元1561年），景王朱载圳死了，徐阶奏请皇上将景府侵占的数万顷田地、湖陂还给农民，此举有利于缓解土地兼并，减少当地老百姓的生活负担，使耕者有其田。第二年，他又请求取消鄢懋卿增加的盐税四十万金，恢复旧有的赋税制度，给盐商减负。嘉靖皇帝病入膏肓后，还幻想着再回一次承天，看一看老家的山山水水，见一见阔别已久的显陵。徐阶听说后立即制止，否则又要劳民伤财，鸡飞狗跳了。

嘉靖遗诏的第一项内容是翻案。翻谁的案？当然是被嘉靖皇帝定性过的案。比如杨继盛、沈炼、郭希颜、杨允绳、杨爵等人。有的是因为反对权臣；有的是因为反对皇帝修仙、大兴土木。朝廷给他们恢复名誉、官职，给予谥号，并照顾健在的子女，给他们安排工作。杨继盛被追赠为太常少卿，谥忠愍，赐祭葬，他的一个儿子被朝廷任命为公务员；后来又接受御史郝杰的建议，在保定为杨大人修建祠堂，让子子孙孙都以他为榜样。沈炼、杨允绳追赠光禄少卿，朝廷也任用他们的一个儿子为公务员。随着平反活动的深入，隆庆皇帝还下旨给杨廷和、曾铣等人平反，很久以前，杨廷和是嘉靖皇帝的死对头，一辈子都无法原谅的罪人，现在朝廷给平反了，恢复官职，赠太保，谥文忠；给事中辛自修、御史王好问为曾铣打抱不平，说他也是一片爱国之心，应该平反，于是追赠为兵部尚书，谥襄愍。

如果朱厚熜泉下有知，看到自己的儿子和信任的内阁首辅如此作为，鼻子恐怕都要气歪了。隆庆皇帝这样做，有利于抚慰人们心里的创伤，减少天子与文官集团的对立，缓和统治阶层的内部矛盾，使文官们更加支持自己、认同自己。像害死沈炼的宣大总督杨顺、严嵩的党羽鄢懋卿、用童男童女尿换来尚书之职的顾可学等，都受到了惩罚。一朝天子一朝臣，帮助嘉靖皇帝修仙、排除异己的人都被处理了。

第二项内容是整顿道教活动。朱厚熜爱好修仙，邵元节、陶仲文、段朝用、龚可佩这些人就去迎合，用所谓的神仙之术把皇帝骗得团团转。所谓的长生不老、仙术都是假的，道长们没有一个长生不老，尽管个别几位的确会养生，活到了八十多岁，可距离万万岁还有九千九百多年呢！给人的感觉，就像烧烤店里贴的"本店距离百年老店还差九十九年"。邵元节去世时，嘉靖皇帝正在南巡，他流下了眼泪，要求礼部为邵道长拟定谥号。第一次拟定为"荣靖"，朱厚熜不满意，要求重来，礼官又写了个"文康"，嘉靖皇帝还不满意，把四个字放在一起，叫"文康荣靖"。隆庆初年，朝廷宣布将谥号收回。陶仲文死在嘉靖三十九年（公元 1560 年），离隆庆初年不过六七年，他的谥号"荣康惠肃"也被剥夺。像靡费国库、毫无意义的斋醮活动，也被新政府果断叫停。在嘉靖时期，这可是皇帝的最爱。京师、各省修建的风坛、云坛、雨坛等道家建筑，也全部都要拆毁。当年兴致勃勃地建造，现在又义无反顾地拆掉，不知道的还以为是在刷 GDP（国内生产总值）。全天下不是很有必要的土木工程也要停一停，纵观隆庆年间，上马大型项目的频率的确低于以前。

第三项内容是把睿宗朱祐杬的明堂配享给撤掉。为了追尊生父，朱厚熜与大臣们开展了你死我活的议礼斗争，凭借手里的强权，他最终取得胜利，把父亲朱祐杬追封为睿宗，放到太庙里，和其他祖宗并列。几十年来，文官集团口服心不服，这朱祐杬生前没有当过一天皇帝，怎么能和武宗、孝宗等人一样呢？隆庆元年（公元 1567 年）正月，朝廷免除睿宗的明堂配享。吏科给事中王治建议：把睿宗的牌位移除太庙，得到的反映是"报闻"，知道了，不敢做。要是在嘉靖年间，王治要被弹劾谋大逆了，现在没有被处罚已经很好了。可见在爷爷的问题上，隆庆皇帝是有限地让步，不可能把先帝取之不易的成果抛弃。

除了以上措施，隆庆皇帝还蠲免了部分赋税，停止了部分珠宝采办、征办织造的事情。一定程度上减轻了老百姓的负担，但不可能在根本上逆转帝国的颓势。假如你是徐阶，最头疼的问题恐怕莫过于财政，一方面是土地兼并严重，自然灾害频发，收到的赋税越来越少；另一方面是朱家人的奢侈无度、寄生阶层（宗藩）的欲壑难填，还有虚报人数、克扣军饷的将领，有这些人在，官府的财政不可能好转。隆庆元年，皇帝命令户部尚书马森汇报国库情况，马森说：

"太仓存银只有一百三十万余万两，而国家一年的开支是五百五十三万两，现有的储备只够用三个月；粮食方面，库存有六百七十八万石，每年官兵需求是二百六十二万石，只能用两年多"，最后的结论是，大明财政已经"匮乏至极"，一旦遇到特殊情况，恐怕就要见底了。

离北京不远的边关也不太平，隆庆元年三月，土蛮进犯辽阳，指挥王承德战死；九月，俺答入侵大同，攻陷石州，杀知州王亮采，并在交城、文水一带烧杀抢掠。土蛮又进犯蓟镇，在昌黎、卢龙、滦河掳掠。皇帝命令宣大总督侍郎王之诰驻防怀来，巡抚都御史曹亨驻兵通州。总兵官李世忠率军援救永平，与敌人在抚宁大战，京师戒严。十月份，敌人退走，北京城解严。可见蒙古问题仍然是老大难。

国事艰难，亟须中兴之主带领臣民，重振前朝积弊。朱载坖是什么样的皇帝呢？可以给他贴上这些标签：懒散、好色、宽厚，用人不疑，疑人不用。

隆庆皇帝和他的父亲朱厚熜一样，不喜欢上班，常常请假，就算真的上了班，也不怎么说话，好像心思根本没放在这里。尚宝宝丞郑履淳质问皇帝："陛下御极三祀矣，曾召问一大臣，面质一讲官，赏纳一谏士，以共画思预防之策乎？"下班之后，从来没有单独召见过大臣；经筵时，从来都是保持沉默，从不就讲官阐述的内容进行讨论，像个菩萨似的，坐在那里，就像例行公事，到点了，就可以下班；有人给他提意见了，说的有价值，他也不去奖励。总之，就是懒，不作为。隆庆二年（公元1568年），祭祀太庙，朱载坖连祖宗都不想拜，让成国公朱希忠替他去，大学士徐阶就劝：陛下啊！从皇宫到太庙，就这点路，不远的；祭祀的礼仪也不算烦琐，可以尝试一下。当皇帝，治理国家，这么累的事情，您都愿意做，更何况不累的呢？好说歹说，隆庆皇帝才答应下来，亲自到太庙祭祀列祖列宗。

不喜欢上班，朱载坖喜欢什么呢？男儿本色，他当然最爱女色了。以前做裕王的时候，心理压力大，他尽管好色，却只能压抑自己，不能让竞争对手抓住把柄。现在登基了，要好好释放释放。他每次选宫女，都要选好几百人，年龄在十一岁到十六岁之间，正是少女发育、适婚的年龄。江南百姓听说他要选宫女了，吓得赶紧把女儿嫁出去，一时之间，街上全是婚轿，没钱的人家，就用两条腿，让新娘徒步走到新郎家里。因为纵欲过度，朱载坖的身体越来越差，不断有大臣劝他节制。敬爱的皇上啊！您要"进御有常"！比如一天一次，两天一次，形成规律，不要一天来个好几次，太伤身体了。隆庆皇帝当然是置若罔闻，朕都是皇上了，这种事，你们还管！登基后的第六年，他的身体健康已经亮起了红灯，但临幸嫔妃还是经常做的，都快死了，一不小心，又册封了四个妃子。某些事情做过了，就要负责任，给小姑娘名分。

朱载坖还喜欢跑出去玩，打打猎，隆庆二年去天寿山上坟，他又要借机游玩一番，被大臣们制止：陛下是来祭祀的，追忆先人；结果一出陵寝就跑去玩，这不是自欺欺人吗？让臣民们怎么看你呀！此外，隆庆皇帝还喜欢采购黄金、高档服装、瓷器，把登基之初的承诺都抛之脑后。臣下纷纷劝谏：国家没钱了，老百姓苦不堪言！有的地方都人吃人呀！皇帝就是无动于衷，百姓的死活，关朕什么事，反正我用的东西一样都不能少！贪图享乐，少问政事，朝廷遇到问题，就让大臣们解决，比如徐阶、高拱、张居正。这三个人，为了权力，常常要撕起来。

内阁的倾轧

之前起草《嘉靖遗诏》，徐阶只与张居正商量，没有问过高拱、郭朴的意见。高拱对此很不满意，这么大的事情，我们都不知道，徐阶眼里还有我们吗？我必须好好地整治他，取而代之。当年高拱入内阁还是徐阶推荐的，一来高大人的确有本事，二来他是裕王的人，全国人民都知道裕王极有可能是未来的皇帝，示好高拱，就是在示好裕王，与下任领导搞好关系。现在两人为了争权，也顾不得什么推荐不推荐了。徐阶有什么把柄呢？他的儿子，倚仗父亲的权力，不光放高利贷，还横行乡里，在苏松地区侵占土地24万亩，数量之多，令人瞠目结舌。老百姓纷纷告发，控诉老徐家的禽兽行径。但由于徐阶实在是太有权了，根本告不动。

隆庆元年，高拱委托御史齐康弹劾徐阶，将他儿子横行乡里的罪状全部报上来。郭朴也以徐阶草拟遗诏，诽谤先帝为由，向他进攻：所谓的先帝遗诏，根本就不是先帝的意思，徐阶只是在给先帝招黑，让他老人家自己打自己的脸！面对压力，徐阶赶紧上疏辩解，支持他的人特别多，毕竟是多年老臣了，树大根深，九卿以下纷纷弹劾高拱。在强大的舆论压力下，高拱顶不住了，只好请病假，递上辞职报告：对不起，我身体不太好，无法胜任工作，请组织允许我回家休息。皇帝准了；齐康、郭朴也随之离开了中央。

事情结束后，朱载垕心里很不是滋味，这么多大臣，如此卖力地为徐阶说话，假如国家有难，他们会不会挺身而出，为朕赴汤蹈火呢？裕王府的旧臣也对高拱的离去感到伤心，部分官员对徐阶当年奉承严嵩的事不满，虽然是韬光养晦的政治手段，但这些没怎么经历过官场黑暗的人就是不理解，认为徐阶真的就是那样的人。隆庆皇帝命令中官李用等人分别监管团营，遭到徐阶极力劝阻，认为不妥，此事得罪了宦官。后来南京振武营兵屡次发生哗乱，徐阶命御史将他们遣散，并惩处了为首者，又一次把宦官给得罪了，因为振武营是他们管的。《明史》记载："阶所持净，多宫禁事，行者十八九，中官多侧目"；隆庆二年春，朱载垕想要去南海子游玩，徐阶又劝，使皇帝更为恼火，出去玩玩你也管，管得也太宽了吧！当给事中张齐以私人恩怨弹劾徐阶时，徐阶请求退休，隆庆皇帝早就有这个想法，批准了；徐阶从此离开政坛，回老家当起了他的地主。

第二年，张居正与太监李芳合谋，上疏朝廷重新起用高拱。朱载垕与高拱是什么关系，当然同意了。高拱接旨后，在严冬腊月，日夜兼程，回到北京出任大学士，并掌管吏部。许多官员以前与高拱不和，他们支持徐阶，现在徐阶走了，"高汉三"又回来了，有些人特别紧张，这么一位强势的领导，以前又得罪过他，自己肯定不会有好下场了。胡应嘉听说高拱复出，直接吓死了，欧阳一敬也在辞职回家的半路上郁闷而亡。高拱赶紧派人放话，他愿意和大家齐心协力，把各项工作做好，不会搞大规模报复。

话虽如此，高拱对徐阶以及帮助徐阶弹劾他的海瑞仍然不满，专门找机会和徐阶作对，一定要好好地整一整他。徐阶退休后，在江南兼并土地，还放任子弟横行乡里，引起当地百姓憎恨。高拱亲自上疏批判徐阶，说徐阶既然退休了，那就是老同志，应该好好颐养天年。可是他倚仗自己的名望，管教不严，放任族人鱼肉乡里，掠夺民财，他家里的钱估计和皇帝的金库差不多了。这样的人，不处罚怎么行呢？

隆庆五年（公元1571年），高拱起用原苏州知府蔡国熙为苏松兵备副使，因为蔡国熙与徐阶有矛盾，徐阶的三个儿子都被整治，以前侵占的土地也都还给了农民。一个退休的人，没有权力，哪里斗得过炙手可热的高拱，无奈之下，只能向高拱低头，在困境中上疏，言词充满了哀求之情。高拱见徐阶写好了检讨，之前被赶出朝廷的一箭之仇，总算是报了，再追杀下去，把徐家给整垮，实在是没有必要，别人会说高拱残忍，赶尽杀绝；更关键的是，以后自己会不会在政治斗争中失败呢？谁都不敢保证。假如真有那么一天，胜利者也来个赶尽杀绝，后果不堪设想。于是高拱大度起来，修书一封送给徐阶，愿意不计前嫌，重归于好。同时又给地方官员写信：徐大人是老同志了，他的家人要好好关照关照，惩罚嘛，意思意思就可以了，不要过重。这一难过去后，徐阶后来活到了万历年间，明神宗曾经派使者慰问，送给他玺书、金币。

高拱重返中央做上了领导，当然要推行自己的改革意见。他每天上午到内阁上班，下午又要去吏部上班，一天跑两个办公室，的确是日理万机。组织部的权力掌握在他的手里，他强调因事设岗，不能因人设岗，要根据官员的能力、业绩决定其是否升迁，不要使用昏庸、滥竽充数的，所以部分冗官被裁员，丢掉了饭碗。兵部的领导层当时是一正两副，即一位尚书，加上两名侍郎，从明朝建立以来都是如此。高拱说不对，应该再增加两名副职，达到一正四副，为什么呢？因为国家的战事比以前多了，忙的时候，根本就管不过来，造成许多事情积压，得不到解决。而且侍郎必须常常出差，了解边关的地形、兵马的部署、将领的能力等，哪天要是尚书调走了、去世了，侍郎就可以顶上来；平时地方上的总督有空缺，找不到合适的人员，也可以让侍郎暂时接手。他还提出：选拔土生土长的边塞人入兵部工作，因为他们熟悉当地的风土人情、语言习惯，更有利于开展日常工作。

在嘉靖年间，俺答汗始终是明朝的心腹大患，庚戌之变更是让人们心有余悸，害怕北宋灭亡的教训重新在大明上演。尽管多次求贡，渴望恢复边境贸易，但朱厚熜都没有诚意。短暂开放的马市，没多久便关门大吉了。等到隆庆年间，双方的转折点总算是来了，因为鞑靼上层爆发了矛盾。

俺答汗与孙子把汉那吉为了争夺"三娘子"出现了纠纷。三娘子原本是把汉那吉的妻子，因为颜值高，被爷爷夺走，成了自己的奶奶。连这种事都做得出来！一怒之下，把汉那吉来到长城，请求归顺大明。王崇古将军认为这是一个千载难逢的机会，可以利用俺答汗之孙做筹码，与蒙古人谈判。尽管有不同声音，高拱、张居正还是同意了王崇古的设想，与鞑靼人接触，双方全面议和，恢复朝贡和边境贸易，封俺答汗为顺义王，放回把汉那吉；但蒙古人也必须把明朝的叛徒赵全交出来，他多次帮助俺答汗规划进攻路线，数典忘祖，毫无良心。最终双方谈妥了所有条件，从此边关战乱减少，贸易往来不断增加，长城内外的社会经济也得到发展。万历九年（公元 1581 年），顺义王去世，三娘子继续主张与明朝修好，所以自封贡之后，"四十余年再无用兵之患"，边关比以前安宁了很多，隆庆五年的这件事史称"俺答封贡"，也称为"隆庆和议"。

北虏问题得到一定程度解决，南方的倭寇在戚继光、俞大猷等人的打击下，逐渐销声匿迹，不复为患。福建巡抚请求开放海外贸易。隆庆皇帝同意了，宣布解除海禁，允许老百姓远贩东西二洋。虽然开放的漳州府月港规模有限，办理的手续也比较烦琐，但私人海外贸易总算合法化了，大家再也不用偷偷摸摸地走私。中国制造的茶叶、瓷器远销海外，大受欢迎，白花花的银子不断流入，促进了商品经济的发展，也加强了中国与世界的联系，史称"隆庆开关"。

除了以上措施，高拱还下令兴修水利、照顾商业、清丈土地、试行一条鞭法等。这些主张有利于缓和明朝的统治危机，减少阶级矛盾，增加财政收入。由于朱载坖对自身的放纵，隆庆时代在整个大明王朝只是很短的一瞬，加起来不过六年而已。他的前任明世宗，在位四十五年，后继之君明神宗，在位四十八年，他们爷孙俩恰恰是明朝在位时间最长的两位皇帝。随着朱载坖的病重、驾崩，高拱的命运开始急转直下，张居正取代了他的位置。

张居正与高拱原本是故交，两人的关系也还过得去。隆庆年间，高拱位高权重，性格强势，常常与同事们发生冲突。张居正都不介入，但他也不会安于现状，心里何尝不想取而代之，开启属于自己的时代。隆庆五年，有传言说张居正收受徐阶三万金贿赂，帮助他解救三个儿子，高拱不辨真假，以此指责张居正，两人产生隔膜。于是，张居正暗结太监冯保，借中馈力量想除掉高拱。

高拱和冯保早就有矛盾了，当年司礼监的掌印太监出现空缺，按照惯例应该由冯保当。高拱察言观色，知道皇帝不喜欢冯保，就推荐了陈洪；后来陈洪被罢免，该岗位再次出现空缺，高拱又推荐了孟冲。更让冯保无法接受的是，孟冲以前是在尚膳监的，按理来说不应该到司礼监任职。高拱宁愿打破惯例，也不让冯保坐这个位子。假如你是冯公公，看到某人挡了你的仕途，侵犯了你的利益，心里能不恨吗？

隆庆六年（公元 1572 年）五月，朱载坖病危，召高拱、张居正等人入内。皇帝握着高拱的手说："我走后，天下之事就烦劳先生了"。太子朱翊钧只有十岁，年少无知，冯保倚仗太后的势力，挟持幼帝。他把孟冲给免了，取而代之，还伪造先帝遗嘱，说要让冯保与内阁共同辅政。这还得了，高拱要求惩办冯保，不要让他干预朝政，司礼太监的权力也应该归于内阁，还指使六科给事中程文、十三道御史刘良弼等人弹劾冯保。高拱想和张居正一起干这件事，就托人给张居正带信，张居正得到消息，立即通风报信。冯保得到消息，游说太后、皇帝。高拱有一次说："十岁太子，如何治天下"，冯保在太后面前，改为"十岁孩子，如何作人主"，还举报高拱欺负太子年幼，想谋反，拥立周王。权衡之下，太后决定拿下高拱。

　　第二天，皇帝召见群臣宣读诏书，列举高拱罪状，将其贬为庶民，回家养老。高拱本以为被赶走的肯定是冯保，没想到却是自己，简直晴天霹雳。六十岁的人了，政治风浪见得虽多，内心还是很难过，伏在地上不敢起来。

　　从此，大明王朝的历史，翻开了崭新一页。

参考文献

一、古籍、资料汇编

[1]〔清〕张廷玉等 . 明史 [M]. 北京：中华书局，1974.

[2]〔明〕谈迁 . 国榷 [M]. 北京：中华书局，1958.

[3]〔清〕谷应泰 . 明史纪事本末 [M]. 北京：中华书局，1977.

[4]〔清〕夏燮 . 明通鉴 [M]. 北京：中华书局，2014.

[5]〔清〕查继佐 . 罪惟录 [M]. 杭州：浙江古籍出版社，2000.

[6] 明实录 [M]. 上海：上海书店出版社，2018.

[7]〔明〕沈德符 . 万历野获编 [M]. 北京：北京燕山出版社，1998.

[8]〔明〕王守仁 . 王阳明全集 [M]. 上海：上海古籍出版社，2012.

[9]〔明〕陆容 . 菽园杂记 [M]. 北京：中华书局，2007.

二、专著、论文

[1] 李渡 . 明代皇权政治研究 [M]. 北京：中国社会科学出版社，2004.

[2] 褚莉萍 . 试论朱祁镇的人格魅力 [J]. 读与写（教育教学刊），2010（12）

[3] 何孝荣 . 太监王振与明英宗 [J]. 南开学报（哲学社会科学版），2013（02）.

[4] 陈时龙 . 北狩皇帝——朱祁镇小传 [J]. 紫禁城，2009（05）.

[5] 熊剑平 . 把自己折腾成阶下囚的明英宗 [J]. 文史天地，2017（12）.

[6] 晓乔 . 明代的宦官专权——王振、刘瑾、魏忠贤三大权宦剪影 [J]. 炎黄春秋，1993.

[7] 李华文，王鹏 . 北狩南宫之后明英宗心理变化之初探 [J]. 邢台学院学报，2016.

[8] 刘丹 . 石亨新探 [D]. 天津师范大学 2009.

[9] 王龙 . 于谦与大明王朝 [J]. 同舟共进，2020（02）.

[10] 陈时龙 . 过渡皇帝——朱祁钰小传 [J]. 紫禁城，2009（06）.

[11] 斯彦莉 . 明景泰帝易储事件考——兼论于谦失语的历史评价 [J]. 杭州文博，2017.

[12] 王水凤 . 明英宗与景帝之争 [J]. 政府法制，1999.

[13] 尹选波 . 试论景泰帝朱祁钰 [J]. 明史研究，1993.

[14] 陈学文 . 略论于谦的悲剧历史命运 [J]. 天中学刊，1998.

[15] 尹选波 . 试论太上皇朱祁镇的迎还及复辟 [J]. 中国人民大学学报，1995.

[16] 贾永恒 . 明英宗天顺年间政局转变探究 [D]. 西北师范大学，2013.

[17] 朱阿宝 . 明英宗天顺年间政治上的成熟 [J]. 沈阳教育学院学报，2010.

一看就停不下来的明朝史

下

时拾史事 著

哈尔滨出版社
HARBIN PUBLISHING HOUSE

图书在版编目（CIP）数据

一看就停不下来的明朝史.下／时拾史事著.—哈尔滨：哈尔滨出版社，2021.1
ISBN 978-7-5484-5612-4

Ⅰ．①一…　Ⅱ．①时…　Ⅲ．①中国历史—明代—通俗读物　Ⅳ．①K248.09

中国版本图书馆CIP数据核字（2020）第200376号

书　　名：**一看就停不下来的明朝史.下**
YI KAN JIU TING BU XIALAI DE MINGCHAO SHI. XIA

作　　者：时拾史事　著
责任编辑：赵　芳　王　健
特约编辑：朱若兰
责任审校：李　战
封面设计：杨　龙

出版发行：哈尔滨出版社（Harbin Publishing House）
社　　址：哈尔滨市松北区世坤路738号9号楼　　邮编：150028
经　　销：全国新华书店
印　　刷：天津中印联印务有限公司
网　　址：www.hrbcbs.com　　www.mifengniao.com
E-mail：hrbcbs@yeah.net
编辑版权热线：（0451）87900271　87900272
销售热线：（0451）87900202　87900203

开　　本：710mm×1000mm　　1/16　　印张：60.5　　字数：891千字
版　　次：2021年1月第1版
印　　次：2021年1月第1次印刷
书　　号：ISBN 978-7-5484-5612-4
定　　价：168.00元（全三册）

凡购本社图书发现印装错误，请与本社印制部联系调换。　服务热线：（0451）87900278

引 子

六十多年前的北京城郊，一扇沉重的石门缓缓移动，伴随着众人的惊叹，神秘的明定陵向世界打开了！作为当时新中国政府主动挖掘的唯一的一座帝王陵，定陵有着非同一般的意义。这座陵墓的价值不仅在于墓中文物珍宝的旷世绝伦，更在于它们背后藏着的一个时代的剪影。这个时代，就是随着墓主人生前第一次登临宝座开始的，晚明时代。

晚明，囊括了整个大明王朝日落的全过程，一抹余晖虽是红得惨淡，又未尝不是一个朝代在生命尽头竭力留下的一朵绚烂，一段往事虽是混乱不堪，却也值得后世翻书人花费几两心思去寻味。现在，就让我们把目光投向那里，看看朱明王朝的夕阳是怎样淡去的吧。

故事就从定陵墓主开始讲起。

万历皇帝，明神宗朱翊钧，关于他可谓众说纷纭、褒贬不一。很多人说，他是个荒淫无道的祸国昏君，不仅因为他大肆挥霍不知珍惜张居正改革的胜利果实，导致国用大匮，更重要的是他"怠政"，荒于统治近三十年，使得前朝混乱瘫痪，党争纷起，直接催化了大明的灭亡。这些纠结的事儿都凑在一起，万历大哥最终被《明史》送了个"明亡自神宗始"的五星好评，倒也算是为孙辈崇祯分担些亡国之名的辛苦！但也有人说，他胸有城府，行不苟合，在关键决策上并不昏庸，说他是昏君未免有失公允。

几百年来，多少人将万历的履历翻了又翻，却终究没人能看透这个复杂多面的君王，或许他自己都没法读懂自己，明明在张居正的帮助下，他在开局拾起一把王牌，却又亲手将王牌撕毁殆尽，张居正仿佛在天色逐渐黯淡下去的时候给他突然放了一个灿烂而短暂的烟花，梦幻绚烂却转瞬即逝……

明亮散尽，恍而抬眼，便发现原来日头已是西斜，残阳如血，万历拖着沉甸甸的大肚子还想在城门上宣一声国威，但很快被萨尔浒的马蹄声压去了风头，他那在东宫待机了许久的太子终于即位，然而激动和雄心用力过猛，仅三十天就在春药的药力之下极乐登天。天启在匆忙之中登临九五，却常常是在阉宦与言官的争吵背后一丝不苟地做木工，木屑飘飞掩盖了天空的颜色，再定睛时却是崇祯年轻的脸庞上挂着困惑的泪水，伴着最后一抹余晖隐去在紫禁城孤独的檐角。夜幕降临，大明宫阙比夜色还要深，环绕着京畿皇心的帝都城其中万家灯火明明灭灭，街道纵横，酷似一盘巨大的棋局铺延在天地之间，没人能看透赢家是哪一方。史笔如刀，可再尖利也刻不尽所有真相，岁月沉重，那一刃最真实的色彩永远在光阴的掩盖下隐藏起难以捉摸的面容……

目　录

一 | 荒淫怠政　圣明君王

从童年开始的悲剧　_003

昙花一现的"万历中兴"　_011

前功尽弃，人亡政息　_016

"名嘴"的口水，万历的苦水　_025

万历人生的失意："国本之争"　_029

从此君王不早朝　_037

万历怠政的真相　_045

万历三大征之一：平蒙古人哱拜叛乱　_051

万历三大征之二：万历抗日，大明援朝　_060

平定西南土司叛乱的播州之役（万历三大征之三）　_075

懒皇帝的英明 _083

光亮越强的地方，影子也越黑 _087

自古未闻粪有税，而今只有屁无捐 _093

"萌而不芽"的资本主义 _100

女真，永远的梦魇 _105

萨尔浒，万历带不走的泪水 _112

定陵几度夕阳红 _121

有明一朝，百态万象 _125

二 | 光怪陆离 晚明乱象

皇帝中的躺枪弟——明光宗泰昌 _135

被纵欲和补药三十天折磨死的皇帝 _140

晚明三大案之移宫案 _146

东林党：从愤青公知到党争祸国 _152

魏忠贤的逆袭：用阉割换来真爱和大权 _161

晚明东林与宦官党争，究竟是非何辩？ _170

大明门外的努尔哈赤 _176

第一个问题，袁崇焕是谁？ _182

第二个问题，袁崇焕会接受命运怎样的毒打？ _188

第三个问题，凌迟袁崇焕到底是奇冤还是必然？ _196

三 | 黄昏尽染，大明日落

崇祯的十七岁那年　_207

大明王朝的"世界末日"　_214

李自成是怎样的一个汉子　_221

洪承畴，如果是你，会怎么选择？　_229

"八大王"张献忠　_236

大明末路上的悲壮英雄　_243

崇祯皇帝的朝廷　_248

掠影·崇祯的后宫生活　_255

李自成破京梦魇，崇祯帝身殉恨长　_259

陈圆圆：明末乱世的柔媚红线　_267

李自成慌忙败走，清军入主京城　_273

南明遗梦，水月镜花　_279

日落梦醒，明辉何寻　_284

番外　世界眼中的大明王朝　_288

参考文献　_292

一

荒淫怠政　圣明君王

从童年开始的悲剧

我们的故事还是要从明神宗的童年说起。在他既传奇又狗血的人生档案首页，是一段不怎么美好但还算正能量的楔子。

1. 明君的潜质

万历的童年经历是比较坎坷的，虽然投胎到了皇家，但从生下来开始就一直不得重视。这是因为他的爷爷嘉靖皇帝长年扎在炼丹本子里面虔诚问道，还被各种修仙之路的研发者忽悠得不可自拔，从此一丝不苟地求长生不老之法，进而开发出可持续发展的无限续杯功能，关于包括万历在内的后代教育问题就被嘉靖远远抛在脑后。更倒霉的是，一个名叫陶仲文的大忽悠，极得嘉靖信任，他告诫嘉靖说"二龙不可相见"，否则会相克。嘉靖果然信了这糟老头子的歪理，竟真避着，不与儿孙见面，一避就避了长达二十年。就这样，作为孙子的万历也一直没有能获得皇祖起名，可怜孩子直到修仙修到上头的怪爷爷死后、即太子之位时才拥有了自己的名字。所幸这个名字倒是非常好听：朱翊钧，意在强调他未来将如制陶用的转轮"钧"一般关键。

然而没过几年，万历的父亲隆庆皇帝也被酒色生活掏空了身体，早早地晏驾了。年仅十岁的小朱正式君临天下，年号万历。历史的经验告诉我们，幼年登基的皇帝有可能会因为耳濡目染治国理政之道，在可塑性最强的年龄接触到独此一份的教育和实践机会，童子身练功，从而成为一个早熟惊人、深谋远虑的成功君王，比如后来清代的康熙，还有隔壁印度的阿克巴大帝。那么，小朱翊钧会长成这样一个基本功扎实的业界翘楚吗？

如果翻开人生履历前几页，朱翊钧还真的很有成功的潜质。朱小朋友虽年幼，但是聪明、有主见，当年他还做皇子的时候，父亲隆庆帝出于贪玩独自策马，刚巧被年仅六岁的小朱撞见了，话说一个刚刚懂事的娃，口齿还未必伶俐呢，撞见父皇贪玩的行为，竟然如同一位语重心长的老臣一般，劝诫隆庆帝说："陛下作为天下的君主（一举一动都牵系苍生），独自做这种危险的策马游戏，要是有个三长两短可怎好呢？"隆庆帝当下感到愧喜交加，愧的是自己尚不如幼子懂事，喜的是此子聪颖过人，主动下马抚慰，小朱翊钧也坐稳了太子的宝座。隆庆帝短命，刚立了太子不足五年便驾鹤西去，幸好后宫还算安稳，太子之母李贵妃母凭子贵，改变了卑微的出身，皇后陈氏久病无子，和李贵妃相处融洽，将太子视如己出，倒也没发生改朝换代时常见的夺嫡之争。

朱翊钧即位次年（公元1573年），改元万历。就在他刚刚当上皇帝时，依然处处表现出过人的聪慧和稳健。有个故事记载，先帝的一名妃子，在宫里犯罪了，因为她偷偷让人带着一只金壶出宫，在当时皇上赏赐的东西是要记录在案的，有使用权但没有所有权，更别提据为私有带出宫去了。但是作案者毕竟是先帝的妃子，无论如何也要顾及皇家颜面。面对此事，万历的处理是：不仅不予治罪，并且还主动赏银与她救急，但同时也叮嘱她，缺钱我可以给你，但是先帝赏的器物可是万万不能带出宫的呀。——看得出这孩子很有思想！在同龄人大都处在"一是一二是二"的一根筋水平时，他已经知道处理问题要做到法与情两不误，还为自己博了温厚仁德的名！有这样一位这么小就聪慧而明事理的君王，根据民间"三岁看大七岁看老"的理论，实乃大明之幸事。

2. 三位一体的捆绑教育

既然是人才，必须要得到好的培养才对得起他至尊的大脑和身份！于是，登基后的万历立刻受到三位一体的捆绑教育，分别来自母亲李太后、太监冯保和首辅大臣张居正。

首先是母亲，万历的母亲李太后就不是一个简单的人物，无论是宫斗、教子还是垂帘辅佐，都堪称顶尖选手，因此在大明浩如烟海的历史当中，这位本来出身卑微渺小如粟的女子，也拥有了一个宝贵的"贤德"之名。隆庆帝在做裕王的时候，李太后本来只是一名普通的宫女，出身不怎么样，家境更不怎么样，十五岁便被送入王府的她什么都不是，而龙椅上的嘉靖皇帝只顾着专心致志搞长生不老的药学研发，又深信不疑儿孙相克的说法，所以连她的主子裕王也是个不知未来几何的冷板凳皇子。但是命运就像过山车，李氏许是样貌出众、聪明知人，竟得了机缘被裕王临幸，一夜之间从宫女升格成了主子，这还不是最要紧的，嘉靖四十二年（公元 1563 年），这位李氏肚子相当争气，直接给裕王生下了一个大儿子，众所周知，宫斗必杀技就是母凭子贵，有了儿子的李氏可谓保了一世的荣华富贵，更不用说，后来她又为隆庆帝生了一子多女。又过了不久，嘉靖皇帝在宫中病危，这一次不论是太医院还是他的神棍团队皆束手无措，仅仅拖了数月便驾崩西去，这也意味着他投入了大半辈子的药学实验彻底完败。因被神棍团队以"克爹"名义忽悠一直坐冷板凳的裕王一时间身价大涨，多年的委屈在朝野拥护之下一吐为快，裕王府也跟着全体升职，正妃陈氏册为皇后，育有子嗣的侧妃李氏则成为仅次于皇后的李贵妃。贵妃在隆庆后宫的日子并不艰难，由于皇后体弱无子，性情温良，对她和小万历都还不错，后妃二人被小万历同视为自己的两位母亲，每日不仅向亲娘请安，也会及时向陈皇后汇报日常学习情况。李贵妃在儿子幼年时期便相当重视学前教育，每日晨起、念书，都要进行严格的把控，儿子是她唯一的希望与寄托，在培养这未来独步天下的大明天子之事上，这不一般的女人怎可能马虎呢？小万历能够在御前语出惊人、受到父皇关注和偏爱，与母亲平日悉心的教诲自然是分不开的。

李氏大概深谙"慈母多败儿"的客观规律，为了避免万历长成一个飞扬跋扈的妈宝男，她对儿子采用严厉的虎狼教育法，万历对他这个亲娘简直怕到骨子里去了。随着他十岁正式登基，李贵妃变成了李太后，虎妈却依然是那个虎妈，这个女人深知幼子寡母组合在朝堂之上步步荆棘，为了让自己和儿子免遭架空之灾，她便亲手把控万历所倚仗的重臣人选，后来为"万历中兴"立下汗马功劳的张居正便是由李太后扶植上位。身为上届后宫冠军选手，李太后没有什么宫斗压力，能够将有限的精力全部投入到无限的教子大业中，万历每日起居饮食、上朝功课、游戏休息，李太后都要严格检点，有时候孩子贪睡，赖床不起，李太后都要和寻常人家的母亲一样，跑到儿子床前把他拎起来按时上朝，课后也不能不用功和宫人们过分戏耍，一旦万历稍有违拗，则要承受长时间的罚跪之苦，一边跪着还要一边挨着母亲诛心的训斥，可怜孩子经常被骂得鼻涕眼泪一起流，所以但凡他敢冒出来一点少年家叛逆的念头，膝盖能比闹钟还要准时地条件反射，提醒他深刻的皮肉抗议。不过，李太后的威严仅在后宫发挥，到前朝辄止，她一直谨记后宫不得干政的祖训，国家大事都让负责的大臣去商讨，虽与朝臣有所来往，却始终没有越过雷池遭到寡后乱政之名，这不得不说为万历打造了一个良好的大后方。这个女人对万历产生了非常重要的影响，总之，母亲在万历的成长过程中，是个轴心，是个坐标，极为严格地约束着他每一个走向成熟的足迹。最起码李太后在世的时候，万历的行为都稳步向业内标杆迈进着。

那么李太后是怎样知道儿子的表现而管教他的呢？那便是来自照顾皇帝起居生活的太监冯保。冯保于嘉靖年间受阉割入宫，到了隆庆帝在位的时候已经位居司礼监秉笔太监、提督东厂兼御马监，有这样高的地位，在宦官圈子里可谓相当得宠信了，只差一点就可以完全掌印司礼监。但是当司礼监论资排辈刚好排到冯保的时候，内阁首辅高拱却以冯保品行不佳为由举荐了别人，这让冯保怀恨在心。隆庆帝驾崩之后，冯保便与同样伺机上位的张居正密谋，合力对付高拱。高拱可还不知道冯保与张居正已经穿上了一条裤子，正打算因为冯保借着先皇驾崩之际为自己谋专权的理由上疏参奏，嘱托张居正，一定要支持他的上疏呢，张居正表面上含糊应了高拱的托付，却很快就偷偷告诉了他暗结的密友这一消息。情报的时效性在这时候就体现出来了，冯保一听说高拱要出手告他的状，赶紧马不停蹄地先发制人，他跑去了李太后那里，磨磨叽叽半天才一把鼻涕一把泪地向太后委屈道：高阁老因为我只知道孝敬皇上太后，没有及时向他献媚，就要告发我把我赶走呢，唉，我被赶走不要紧，就是再也没有伺候您老的福气了，实在是舍不得啊，如今只求太后能够开恩，留奴才一条贱命……凄凄哀哀的样子说得李太后也难过起来，冯保悄悄抬头，看见太后似是动容，随即追加列举了高拱做首辅时位高权重，言官皆为他所号令之事，甚至自恃功高对年幼的皇帝就要君临天下而有所不满，发妄言称十岁的孩童如何能治国呢！——听到这儿，李太后从动容直接变得恼怒异常，当即表示让冯保放心，自己自会惩罚气焰嚣张又大逆不道的高拱。

第二天，一无所知的高拱还带着必胜的决心来到朝堂上参奏了冯保，没想到收到的诏旨居然完全相反，冯保无事，他自己却遭到了驱逐，高拱心下愤恨无奈，不得不垂头丧气地辞了官。冯保就此爬上了心心念念的宦官之巅，为了报答李太后的庇护之恩，他又与张居正合作，给李太后加上了本该仅属于先皇后的尊号，让两位太后并尊。这一系列事后，李太后对冯保信任有加，也让他顺利晋升成了对小皇帝监事督察的第一负责人。万历喊他作"大伴"，这个"大伴"可是名副其实，成天形影不离地伴在万历左右，以此密切观察他的一举一动。一有不合适之处便向李太后汇报，所以太后总能在短时间内获知儿子的表现。冯保对太后教子的风范完全继承，虽然私下为人贪财阴暗，但侍奉皇帝却还尽职尽责，每当万历懒怠贪玩之时，他必出面制止，否则便立即报与太后。然而对于万历来说，身边总是甩不掉这样一个"监控器"，他可是早已经心存怨恨，只是碍于李太后的威严，又不敢直接造次，只得保持面上恭敬，但偶尔有机会宣泄私愤，皇帝也能皮一下，《万历野获篇》中就记载了一个很著名的故事，小万历书法功夫了得，在一次为大臣们挥毫题字时，不知出于什么样的心理冲动，顺手甩了冯保一身的墨汁，在众人尴尬愣神之际，小皇帝却淡定自如地把字写完了。这事可见万历对他这"大伴"大概早就心生不满，更重要的是，这个还是孩子的君王看似未解世事，可已有颇深的心机，以及对权力和自主的渴望。

最重要的学习与工作，则是精明强干的首辅大臣张居正亲自管理，张居正，历史上大名鼎鼎的"救时宰相"，明神宗朝初的内阁首辅大臣，大刀阔斧为行将就木的明王朝创造了一场奇迹般的"万历中兴"，堪称史上一代名相。这样一位能干的贤臣做万历的老师，教辅到位之外，也不难想象对其要求之严、督诲之细。张居正年仅二十三岁便高中进士，之后带着满怀抱负入朝为官，然而嘉靖皇帝时上奏了一套精心策划的改革建议却未被重视，到了隆庆帝时又一直被高拱所压，不得皇帝倚重，一直甚是苦恼。直到后来，张居正遇上了冯保，恰好这冯保也是不得隆庆帝待见，视高拱为死敌，本着敌人的敌人就是朋友的原则，这两位一拍即合，当隆庆帝驾崩、新主登基之际，就联手去太后处活动，把高拱给扳下了台，冯保荣升为新皇帝万历身边最重要的监视器，张居正也升职加薪，取代高拱做了内阁首辅，不仅一腔政治抱负得以实现，更是成了李太后和万历母子最为仰仗的阁臣。虽然冯张二人一通勾结扳倒高拱的手段并不算高明，但是在步步荆棘的伴君之道上，朝中互相碾压之事常有发生，只有做笑到最后的人才是王道。幸而张居正此人学识渊博、精明强干，并非单纯奸猾贪婪之徒，在教导万历的过程中也可谓尽职尽责，用尽毕生所学授他治国之道、统治之术，为了让理解力尚为有限的小万历能听懂博大精深的理政精神，张老师还亲自为万历编撰了独家教材——《帝鉴图说》，以图例和故事形象地向年幼的万历传达治乱兴衰的强国之道。例行的经筵讲学课，作为首辅日理万机的张老师也都亲自督导，对这位皇帝学生可谓尽心尽力、耐心教育。万历呢，对于老师也是格外尊敬，虽有君臣之别，但也始终以"先生""元辅"称之，从不敢直呼其名，就连李太后和陈太后，也随着万历喊张居正一声"先生"，一旦万历念书不仔细、上朝有所懈怠，张居正都可以随时"叫家长"，太后也全力配合，即刻就对万历做出惩戒。对于这个凶巴巴的班主任，万历是又敬又畏，既仰慕他的学识和才干，也提心吊胆着被他斥责告状，为时刻提醒自己反思学习心得，小朱翊钧还让随从帮他在宫中挂了一块牙牌，上书"谨天成、任贤能、亲贤臣、远壁佞、明赏罚、谨出入、慎起居、节饮食、收放心、存敬畏、纳忠言、节财用"十二事，时刻提醒自己要做个励精图治的好皇帝。但是，张居正对他的要求只高不低，万历还是会常常因为达不到要求而遭到批评，见到张居正的时候难免产生条件反射的紧张感，这种幼年时埋下的畏惧之情如同一根硬刺在万历的心中扎下，跟着他成长的步伐一起渗透到了骨髓之中，最终有一天这根刺要长成一棵巨大的仙人掌，然后给对方以致命的一击，这是后话，我们暂且按下，目前张居正在万历成长的路上，还是一个相当重要的灯塔式存在。

在这样强大的团队管理下，万历逐渐长成一个谨听教导、熟知礼法的好少年。

3. 难以忽视的性格缺陷

然而，以李太后为首的虎妈型教育法培养出来的孩子，也会有肉眼可见的缺陷。看似乖乖好少年的万历在学会听长辈话的同时，也形成了一种内敛、柔韧的性格，母亲、先生长年的捆绑式教育使他在外表上修炼成一个不愠不火中庸安然的淡定哥，这决定了他在亲政之后能够采取长期忍让温和的态度。但是从容淡定的性格并不代表有个简单软弱的内心，顺从虎妈和严厉班主任的背后，是一颗隐忍着强烈叛逆的心，教育团队把万历完全当成了一个需要修剪枝丫的孩子，忽视了他作为天下独一无二的孩子——少年君王的身份，万历明显意识到了自己万人之上无人忤逆的至尊地位，可在他的教育团队面前又不得不毕恭毕敬，这种强烈反差令他感到不爽，李太后也就罢了，对张居正和冯保怎能是始终如一的敬畏呢，他的骄傲和叛逆之心怕是早晚会冲破淡定的外表。万历这个人，一直都是个腹黑深沉的主儿，他的心机深不可测，没有人能猜出他在想什么，所以后来，他才干出了那么多令人匪夷所思、捉摸不透的事儿，前朝后宫，甚至后人，一代代史学家评论者，都在为他的举动和动机吵得唾沫横飞、面红耳赤的时候，他依然若无其事地做自己，偶尔瞥一眼乌烟瘴气的臣民朝政，嘴角挂上一抹似有似无的颜色，他愿意理的事，出手就是 666，哪怕一时办不成无法出手，他也会默默记着放到可以出手的时候再一举完成，可他不愿意理的事呢，那就任天下风起云涌狂澜万丈，至少他的宫里还有一角可躲，就够了。这种收放自如、随心所欲的心态倒是令人羡慕，也只有他屁股下面的龙椅能给他提供这种稀有的任性条件。

眼前风平浪静，心里海阔天空。

昙花一现的"万历中兴"

《明史》中有这样一句话形容某个时期的国情："中外乂安，海内殷阜。"乍看应是出现在王朝早期的太平恢弘的景象，而事实上，这是描述晚明万历年间的一句话。是的，在明末暮气沉沉的最后生命里，还有过这么一段辉煌灿烂的"回光返照"，让行将就木的朱明王朝又奇迹般地矍铄了一把。可惜是回光返照，并没有起死回生，这场发生在万历年间昙花一现的短暂繁荣，就称为"万历中兴"。

1. 改革的准备工作

万历年间大明得以这番"中兴"，必须要归功于张居正改革。张居正是万历朝初的内阁首辅大臣，同时也是前文提到的年幼登基的万历小皇帝学习与工作的严师，《明史》评价此人"勇敢任事，豪杰自许，然沉深有城府，莫能测也"，就是说他精明能干，且城府极深——乃一代政客的必备素质。张居正是凭着自己如此的精明和过人的才智，得到了小皇帝的敬畏和皇帝母亲李太后的尊重与支持，小万历即位后，随着高拱的倒台罢官，雄心勃勃而强悍能干的张居正正式登上内阁第一把手的首辅大位，因为年幼的皇帝还无法亲政，作为天子之师、文官之首的他便掌控了朝廷政治中心的运作大权。针对明末国库空虚、政治废弛、朝政混乱的无数弊病，他，迫不及待地开始了一场大刀阔斧的改革。

张居正改革，是中国古代历史上最著名的改革之一，单放到明代，恐怕就能作为首屈一指的重要改革了，如果可以一直推行发展下去，也许会让中国历史的走向都发生变化。张居正在年纪尚轻时便对明王朝里里外外的状况产生了极大的不满，意欲在整个国家范围内自上而下进行改革，可惜嘉靖、隆庆两朝他都没能得志，虽然有官有职，但是权力距离他想要随心所欲实现理想还隔着好几个高拱，几番上疏呕心沥血之大计却是无一得到重视，满腔的治国抱负在微薄的力量之下实在难以施展。不过到底皇天不负，万历帝即位之后，张居正就得到了皇帝和太后的信任，荣登内阁首辅，幼主寡母几乎没什么主张，运筹帷幄的大权便悉数落入张居正手中，这位早已野心勃勃的大臣终于有机会一展他按捺了大半辈子的宏图壮志，对他细心观察总结过无数次的"国之病变"进行大刀阔斧的改革。这一改，就从经济改到政治，从政治改到边防，如脱胎换骨一般将大明王朝的弊病洗了个彻底，也给小万历开局就拼下一个来之不易的"中兴"美评。

2. 经济基础决定上层建筑

张居正这场改革最有建设性的地方在经济领域的改革。彼时的明王朝财政方面出了很大问题，万历爷爷和万历爹在位的时候，北方少数民族侵扰不断，饷银年年爆表，然而收上来的实物税（以麦和米为主）却一年不如一年，比起老祖朱元璋那会儿，竟是减少了四分之一不止，老朱家的国库常常入不敷出，一国之君总为钱的事情愁得皱眉头，稍有不备这朝廷就有可能得吃散伙饭。那到底是什么让赋税减少得这么厉害呢？答案就是"土地兼并"。朱元璋统治时期，为了保证国家税收、掌握全国农业水平，就曾在全国大举丈量土地，还绘制了大名鼎鼎的"鱼鳞图册"作为税收标准，然而随着时间推移，民间土地买卖转手极为频繁，许多大地主通过兼并早已获得了比朝廷记录上多几倍的土地，可交税的时候却隐瞒不报，到了万历上台的时候，已经不知道有多少在税册上"隐身"的土地了，如果仿效朱元璋在全国重新丈量土地，让这些隐身地暴露在赋税的阳光下，一定能大大缓解国库捉襟见肘的压力。

不过，身为老狐狸的张居正很清楚如此举措会引来多大的反对之声，历代先皇何尝不知清丈土地能创收，只是骇于广大靠兼并偷税漏税的地主豪强势力，始终未能成功。可挑战性也是动力，一旦真的做到了，那定是剔除宿弊的壮举。为了减少阻力，避免一刀切，张居正选择了如今最流行的"试点法"，先在远离京城的福建试点，遇到刺头集中力量精准打击，然后吸取经验总结教训，逐步推行到全国，清丈工作终于如火如荼地展开了。这一清就是三年，三年之后，正是万历十一年（公元 1583 年）丈量工作到达尾声，新的"鱼鳞图册"如实编制出来，若有豪强违抗、官员庇护的情况一律严惩，这一番大动作，让全国查出来一百八十多万亩隐身土地，大大增加了国家的财政收入，也让普通的小农减轻了不少负担。不过，因清丈土地而不得不补齐税赋的大地主们却是叫苦连天，对张居正恨之入骨，只等着有个机会能让他翻倒下台，回归从前逍遥富足的好日子。

殊不知清丈土地仅仅是张居正进行经济改革的第一步，重头戏放在后面，那就是教科书里面常作为重点难点考点的"一条鞭法"。这条鞭法简单来说，就是将部分徭役都摊入田亩，然后田赋连带各种名目诸项简化，条鞭征收，统一计亩征银，既提高了行政效率，也减轻了百姓负担，还增加了政府收入，可谓顺应时代发展之举。此法自嘉靖时期便初见端倪，只是掌权者逡巡不决，畏惧各方阻力而迟迟不得普及，张居正凭着过人的胆识和难得的机会，将这条具有划时代意义的创举一口气推行了下去，赋役方式从实物和劳役向白银的转变，让中国完成了白银货币化的转变，也建立了一套全新的货币财政体系，这一切无不迎合商品经济迅速繁荣的明王朝大势，是最具有历史深远性的明智之举，如若坚持推行继续完善，中国能够自主完成现代化转型或是可期待的。这一场洗髓式的经济改革之后，明王朝面貌焕然一新，万历不靠谱的爷爷只顾着修仙导致月光年光的国库，终于又见到了久违的"充溢"模样，有人以"最称富庶"一词来形容万历十一年

（公元 1583 年）前后的国家状况，一时间虚耗尽补，回血成功。

3. 人事与军事工作的调整

张居正推行经济改革之所以能够如此顺利，还要得益于之前政治方面的大动作。几位先皇对政事关心有限，态度潦草，整个官场都弥漫着一股怠懒敷衍、得过且过的不良风气，张居正要带队伍显然会被这种散漫的气氛拖后腿，为了严整工作环境，万历一登基，张居正就迫不及待地推行起"考成法"。这个法度就是给上上下下的官员订立严格的考察机制，日常监督由六科负责，监督结果直接上报；而内阁也会对层级衙门进行定期的考核，工作任务完不成便立受处罚。几年后，浑水摸鱼者和不作为者便显露原形，更有贪污受贿者，统统绳之以法。就这样，在考成法的高压之下，被裁撤的废柴多达十分之三，且不能说万历初期的官场都清朗如镜，最起码在张居正的勇敢清理下，行政工作效率高了几倍，这才保证他在财政方面进行脱胎换骨式动作时，能够得心应手，上行下效速度极快。

不仅如此，明王朝一直头疼不已的边患，张居正没有忘记着手治理，按照考成法注重人才的原则，抛去资历、裙带关系的影响，大胆启用有才能的将领。名将戚继光就是在张居正的提携之下走上巅峰，大放异彩，这二人关系格外亲密，戚继光为了巴结张居正获得重用，做了不少阿谀奉承的小动作，就为这，战功赫赫的戚将军常在操行方面被人戳脊梁骨，然而他的才干和功绩也是世人有目共睹的，这一点倒和张居正也相似。总是瑕不掩瑜，为国家的国防事务立下汗马功劳，与考成法一并，将明朝军政两方革得焕然一新。

如此一来，我们可以看到，这番脱胎换骨一般的诊治，疗效很不错。官员队伍更新，官僚系统升级成功，强大的 CPU 带动国库的积银呈几何级数增长，有钱了的大明帝国出门第一件事就是挺直腰杆，把以前欺负自己软弱而常来门口抢剩饭的邻居强盗一脚踹回蜗居。朝政又清明起来了！社会又繁荣起来了！张大人的所作所为用"力挽狂澜"来形容绝对不过分，从正德到隆庆，长达几朝的积弊在万历初年尽清，张居正，他将一个萎靡困顿的帝国整出了一个崭新的辉煌时代。

4. 物极必反，乐极生悲

张居正大人经过不懈的努力，终于看到了自己期待了半生的成就真的实现了。当他从焦头烂额的忙碌中慢慢抬起头来，脸上新生的皱纹仿佛都在闪着骄傲的光芒——这都可以理解，谁干了这么多力挽狂澜的大事不得由衷地感慨一句"我真的是有点厉害啊！"带着这种得意走路都是洋溢着盎然的春风。试问谁能看不出来，权倾朝野的张首辅傲气满满的劲儿呢，官场上又最是不乏察言观色之辈，早有人迎上前去，搜刮出来满嘴的阿谀之词敬献给张大人。正在骄盈头上的张居正感到受用无穷，很快沉浸在满眼的奉迎之中忘了形，一时间似乎这天地之间倒没有人能束得着他了，就连金龙椅上那个全国最大的小青年，都得毕恭毕敬地喊一声先生。

俗话说"树大招风风撼树，人为名高名丧人"，张居正在前所未有的权力面前失了自我，逐渐在专断的危险路上越走越远，若有人提出一点不同意见，张居正就会相当反感，哪怕那些意见中肯正确、值得借鉴。这样一来，敢在他面前提反对的人自然越来越少，机敏一世的张居正，不仅忽视了那群目前看似力量处于下风的反对势力，好像也逐渐忘却了自己的权力究竟是老朱家给的，他只顾着欣赏自己一生最向往的局面得以实现，心想着只要是为国家办事出力，就一定是没错的吧。且别忘记了，他身边尽围绕着虚与委蛇的谄媚者，可是在改革当中对他恨之入骨的大有人在，这些人就如同伺机在暗夜里的土狼，等着时机成熟之时便要群扑上去给张大人以致命一击。

这个时机，就要到了。

前功尽弃，人亡政息

1. 清官难断家务事，自古忠孝难两全

正当首辅大人热火朝天地奋战在改革第一线时，他家里出事了。万历五年（公元 1577 年），张居正的父亲去世了。

在当时封建传统思想的背景下，"孝"字是一切的首位，如果官员任上父母去世，是需要回家守孝服丧三年的，这个制度自汉朝以来就有，被称为"丁忧"，张居正按规定也必须辞去职务，回家守制。可是他走得了吗？改革大业正进行得如火如荼，作为总指挥的他一旦回家丁忧三年，国家还不知道会成什么样子。而他想走吗？好不容易奋斗来的内阁首辅之位，绘制起的大明中兴图也很有可能付之东流，于公于私他都走不得呀！思前想后，只有一个办法可以解决，也就是"丁忧"的反义词——夺情。

顾名思义，"夺情"就是中央要剥夺你回家尽孝之情，硬要你留在朝中办公。在宣德、成化年间曾有过夺情的先例，虽然夺情的官员受到不孝的各种骂名，但至少算是个能把张居正留下来的办法。张大人怀着这样的心思，给万历上了一封奏疏，态度暧昧不明，左右为难，一方面表示自己必须要辞职回家，毕竟百善孝为先，父丧如天大，希望皇上念及旧情，容臣处理家事；可另一方面则无比忧心"我走了你怎么办"的问题，一条条一件件摆在万历面前的全都是"我走了你就

要完蛋"的结局。所以，张大人一提辞职，不知道是不是提前安排好的，立刻就有官员上奏建议要夺情，紧接着很多奏疏跟着上来，都是劝皇上留下张大人的。群情如此，不能不顾念大局，于是，万历的指示很快就下来了，话是这样说的："朕元辅受皇考付托，辅朕幼冲，朕深切倚赖，岂可一日离朕？……准过七七，不随朝，你部里即往谕著，不必具辞。钦此。"这指示意思就是，朕还年幼，国家大政重如泰山，实在是离不开你啊，你辞职回家朕的江山社稷怎么办？至于你的丁忧，可以过了"七七"丧日，不用来上朝，以尽孝心。嗯，就这样。

是的，就这样。身负重托的张大人"不得不"留下来继续为帝国鞠躬尽瘁，但"夺情"显然是把双刃剑，地位保住了，名声却臭了，和前朝夺情的官员一样，张居正也背上了违背纲常、不敬不孝的坏名，支持他留下的有，骂他的更是大有人在。不要以为张居正官大就没人敢骂，明代的言官，一大特长就是为了"道义"冒死上疏，骂张居正算什么，骂起皇帝来都毫不含糊！一本又一本反对的奏折送上来，还好位高权重的张首辅早已见惯了这种小场面，挨骂怕什么，敢逆流而上进行改革的时候，他就做足了心理准备，对比改革得罪人的程度，一个小小的夺情不过是零头。张居正冷笑着，把骂他的奏折根据言辞的过分程度依次排开，分别给予其主人数量不等的杖责，有一个叫邹元标的，勇敢地骂张大人是禽兽，被送了豪华套餐一百六十大棍，拖着被打烂的屁股贬到南方受罪。这里要提一句，请读者朋友们记住这个倒霉的挨打者，我们的故事之后还要提到他。

虽然张居正靠夺情留在了政府工作的第一线，继续热火朝天地忙着丈量土地、推行条鞭法，看似影响不大，但这件事却真的为他后来的悲剧埋下了伏笔。

2. 艰难苦恨繁霜鬓，死去元知万事空

张居正的改革大业进行了十年之久，十年有多长呢？它可以让一个苟延残喘、弊病丛生的封建王朝成功续命；十年又有多短呢？它可以让一个意气风发的

壮年能士转眼间青丝白雪、剑老无芒。十年之后的张居正，面对着他曾经梦寐以求的目标——实现，也终于在自负和强势之下感到了掩藏不住的疲惫。这些年，繁重的公务和本身就急躁易怒的性格，给首辅大人的身体造成了巨大压力，只是要强的他从来没有将身体上的不足重视起来。

万历十年（公元 1582 年），案牍劳形的张居正陈疾发作，卧床不起。张大人这是得了什么病呢？经过太医诊断，症状是"肠胃受伤，浊气淤血，结积生块，易生便血"，说白了估计就是肠胃炎一类的病，并且引发了痔疮便血等症。在今天来看，这貌似也不是什么要命的大病，只要静养休息或许就可以恢复。但改革一线宵衣旰食的张大人怎能让痔疮这么一点小病阻碍了他的步伐呢？所以，勇毅而敢于冒险的他令医生给他割除病根。放到现在，这也没什么，不过就是个很小的外科手术而已，但在当时，由一个望闻问切的中医操刀上了手术台，割掉痔疮，临床经验如何还未可知晓，此决策确实太冲动。手术结果应该是不太理想，因为他术后一直没能如愿痊愈，疼痛让他不得不卧床休养，直到去世。而时刻操心着国家大事的张大人，不顾自己已是重疾缠身，依然放不下肩上的担子，在病床上仍旧不加停歇地处理各类政务，到了后来，实在是体力不支，来不及处置的问题积压如山，张居正望着他再也看不完的积案，不由得悲从中来，想他一生期盼改革复兴，刚见得一点起色，竟被这短暂的人生束缚了理想。根据仅有的史料记载，他的病到了后期可能就不是痔疮那么简单了，应该是最严重的肠病，现在也有医学界的研究者猜测是十二指肠癌之类的重症，让张居正多病齐发而送了命。

呜呼！一代名相陨落，万历十年（公元 1582 年），大明举国哀痛。赐祭十六坛，赠上柱国，谥"文忠"。

首辅大人的威权轰然倒塌，张居正的死就像水库闸门突然崩裂，针对他个人、更多是针对改革内容的批判如同洪水一般一泻千里。作为一个改革家，一个脾气暴躁的内阁首辅，张居正不可避免地结下了很多仇家，他活着人们多少都忌惮这权倾天下的大人物，现在他死了，无数怨恨开始疯狂清算，举国上下揭发的奏折雪片一样飞向大权眼看着收回的万历。反攻是从张居正的盟友——万历的监督太监冯保开始的，冯保此人说白了，不过是仗着在君之侧而近水楼台，除了日常监督实在算不得有什么大功，依靠张居正的势力肆无忌惮地搜刮钱财，张居正一死，冯保就如同失了线的风筝，迅速丢了原有的地位。揭发的奏折指出冯保贪污受贿、欺君罔上等十二条罪名，铁证如山，罪罪当诛。冯保且还只算个过渡，多少人参奏冯保，真实的矛头是为了指向张居正，这两人一向勾结在一起，冯保的罪名进而就能扯出张居正的各种小辫子。这就只能怪张居正为人还不够居正，仅冯保这一名同党就牵扯出来不少事端，加上之前"夺情"的软肋，张居正在满朝大臣的笔伐口诛中从万民敬仰的救国宰相，一下成了罪恶深重的乱臣贼子，凡是曾受张、冯二人提携的官员，大大小小尽被牵连，就连被张居正重用的戚总兵戚继光，也在这场清算中被揪出来与张居正关系暧昧，本来镇守蓟地重镇的戚总兵，很快被远调广东，后来始终没能走出郁郁寡欢，直到生命尽头。而这对于张居正来说，并不是最关键的，惹了一群人而已嘛，又不是第一次得罪人了！最可怕的是，他还得罪了一个人。

这个人是万历。

3. 金满箱，银满箱，转眼乞丐人皆谤

我们好像好久没有顾及这位小皇帝了，他在我们讲张居正红火改革的时候已经悄悄长大了，我们忽略了倒不要紧，可张居正也忽略了，他的皇帝学生已经走出幼年，进入到一个新年龄——"青春期"，按照科学的教育方法，这个年龄的孩子最容易叛逆，需要鼓励和沟通，张老师显然不是师范专业，没考过"中学生心理教育"，没能注意宽严相济，仍旧以严厉约束的方式管教万历，稍有不慎便要"叫家长"，与李太后夹击批评。李太后呢，若在后宫发现万历有不检点之处（主要信息来源是冯保），也会差人叫来张居正，让老师配合管教。最出名的是在

一次"日讲"课上，这个课翰林院学士和内阁学士也是要在场参加的，少年万历在讲官的引领下读论语，有一句"色勃如也"的"勃"字，这个字应读入声，而万历读成了"悖"，这时有个严厉的声音破空响起："当作'勃'！"敢这样大庭广众斥责皇帝的，非张老师莫属，虽然老师批评学生的错误是正常的吧，但这也太不给人面子了，众目睽睽之下，人家还是一国之君呐，在臣子面前如此丢脸，万历肯定心存羞愤。这只是其中一件事而已，说明张居正已然把训斥皇帝当成习惯，更不用说日常教导又是怎样繁复恼人，老家教用苦行僧一般的"皇帝行为守则"把万历同学管得死死的，这在青春期逆反又贪玩的小皇帝心里，不能说不留下了巨大阴影。宝贵的成长期留下的心理阴影，往往就会伴随一生，万历深不可测的心腹内，早已种下了对铁三角教育集团浓浓的不满，李太后作为生母，儿娘就算断了骨头也连着筋呢，没有办法，他的不满只能向另外两个人发去，他对监视器冯保和五指山张居正那是恶意满满，仇恨必报的，只是曾经大明江山的日常运转都要以张居正作为中枢运筹帷幄，张居正因病过世，哪怕平日对老师再有逆反之心，一日朝夕相处、指引方向的导师离开了，万历一时也难免心慌意乱——当然，这仅仅是我个人的揣测，事实也经常证明万历的心思并非常人能够揣测……唯一能够确定的是，后来，当满朝都充斥着对冯保和张居正清算的言论时，万历也按捺不住由来已久的不满，想要顺水推舟过一把摆脱张居正的君王之瘾了。

这场清算是酝酿已久，还是一时顺势为之，只有万历自己知道了。冯保、戚继光等人遭罪只是个前兆，当众人发现皇帝正在倾向于剪除张居正在世时的威权，攻击这老功臣的本子便越发多起来，甚至要撤去张居正死后给的一并荣耀，就连曾经最信任张居正的李太后也在猛烈的耳旁风中失了声，万历更是将张居正包庇冯保贪污藏私等罪添油加醋地上报，太后心中五味杂陈，儿子大了究竟是由不得娘，最后也不得不默许了对张居正追责。终于，在朝野纷杂的吵嚷背景下，本就对折磨束缚自己的张老师怀恨在心的万历在各种弹劾声中下令查抄张居正家，张居正一家下场十分悲惨，在查抄队伍来之前，府邸就被当地官员所封，昔日荣光尽显的相府，一夜之间如同天堂堕入地狱，张居正全家上下十几口人在仓皇和恐惧中被饿死，长子在拷问中被逼得走投无路而自尽，余子皆革去官职，发配戍边，唯留下一老母，年事已高不再受牵连，一家子结局实在惨不忍睹。就连已经西去了的张居正本人，都差点被万历开棺戮尸，他呕心沥血培养的皇帝学生，最后送给他的是这样的一番定义："钳制言官，蔽塞朕聪，专权乱政，罔上负恩，谋国不忠。念其效劳有年，免于斫棺戮尸。"看着这段话字字诛心，再回想张居正十年的鞠躬尽瘁，颇令人心酸啊。而张大人一生的心血、改革大部分措施也逐渐被废怠，这一场可能会拯救大明社稷的"万历中兴"啊，果然没能进一步发展成为"万历之治"，终是未竟的遗憾。

4. 千古江山，英雄无觅孙仲谋处

直到四十年后，时间证明了张居正的改革措施对大明王朝具有怎样重要的意义和作用，为他喊冤平反的人才重新回忆起这位被抄家痛骂的改革家无法磨灭的功绩，重新给了他合理客观的评价。读者朋友们还记得上文中我们说到被张居正杖责了一百多棍的愣头青邹元标了吗，到了邹元标晚年，彼时已是万历的孙辈天启皇帝即位，张居正改革好像是很遥远的事了，看到国家腐败，经济凋敝，上下一片萧条之相，他更加怀念起了当年被他骂作"禽兽"之人改革时的繁荣景象，他虽然攻击张居正不为父守孝大逆不道，但愿意肯定张居正在改革方面的伟大，邹元标拖着被张居正废掉的残腿，大声呼吁恢复万历初期所进行的改革内容，但那个时候，距离张居正死后被抄家批判，已有几十年之久了。还记得张居正的，竟然是在他的专断之下跛了一辈子的邹元标。

张居正此人，正如海瑞对他的概括："工于谋国，拙于谋身。"这个说法恰如其分，论起才干能力以及对社稷国家的贡献，张居正功过千秋，但若看到他为人处事的细节，过失可就大了。不仅因为他办事力度太大，操之过急，更是因为他忽视了最不起眼却也最致命的为人之道，人生，其实用不了太多的大道理，起作用的总是一些被人忽视的小哲学。后期的张居正情商急速下线，日理万机的他没时间关注细节这也情有可原，不过情商下线的后果也必须要他一个人来承担。他只看到了大方面的成败对错，殊不知铁腕的力量震得住一时却在群众中埋下了毁灭未来的定时炸弹，更重要的是，一心投在工作上的首辅大人难免忽略了"位置"的重要性，他功高盖主、武断强势，就算他权倾朝野，贵为天子之师，也只是朱氏集团的雇员而已，他错就错在忘我地将皇帝学生的权威抛在脑后，虽然自以为怀着一颗耿耿丹心为朱明社稷操劳了一生，却在死后落得如此悲惨的结局，万历的孙子辈上来才获平反。那时候，他一心想拯救的明王朝，也是差点给他开棺戮尸的明王朝，已经马上就要断气了，张居正若地下有知，不知是该冷笑还是该悲伤呢。

呵呵。

张居正大人怕是没仔细读过历史，但凡多看几页历代功臣传记也不至于放飞自我到这个程度。这也是为人不易之处啊，老祖宗留下的中庸之道是多少先辈血一般的教训总结出来的，你有了过人的能力胆识，如果没注意到自身修养、做人哲学，也会不慎侧翻，千万不要忽略个人和身边的重要性，指点江山做大事之外，尽量少地留给反对你的人致命把柄，这是张居正的教训、为人的巧妙，却也是人生的难题。

而每一场改革的艰难，不是光有领导人的能干就可以成功的，历史告诉我们，它的进步受太多方面制约，如履薄冰，万分不易。

5. 高处不胜金銮殿，天子高居临世间

现在让我们回到这件事的中心，也是我们关注的重点上来——万历。万历在

张居正改革从头至尾的过程中都没有什么特别突出的表现，似乎就是在官员们的操纵建议中完成对事情的处理的。但事实上，这就是他最特别又可怕的地方，看上去平静，暗中却用力使得事情朝他希望的方向发展。

母亲、冯保和张居正对他的束缚，无疑在他幼小的心灵上留下了阴影，待其成长到十几岁走向成熟实际还很青涩的阶段，对自主、独立的渴望却达到了前所未有的程度，他的内心强烈地自我暗示，我本是一国之君，可我为什么没有独断的权威。但想归想，被约束惯了的万历还不敢直接顶撞老师甚至母亲，传统圣哲之道的长年教诲熏陶也让他养成温良恭俭让的作风，愤愤不平的同时，只是在忍让守礼的外表下，萌芽了一颗阴暗的种子。这种子伴随了他一辈子，成为他清算他的教育团队，以及后来许多事件错误处理的根源，在他本就老成精明的心中植下更深的沟壑，这颗种子，就是万历不能忽视的严重的性格缺陷：自私、贪婪、散漫。他越表现得大智若愚、不动声色，越有着明白不过的计较，他的精明在那颗阴暗种子的导航下很可能带给他的统治南辕北辙的效果。而万历所谓的精明，仅仅是停留在自私腹黑层面上，于治国理政的大智慧他可是毫无兴趣，他不是一个好的领导者，更不是一个高瞻远瞩的统治者。

就拿这一场"万历中兴"来看，他对于张居正等人的不满，很快殃及改革，使得改革功绩随着对张大人的查抄逐步灰飞烟灭，这只能说明在万历一马平川的脑子里，压根就没能理解他老师拼上老命忙活到底是为个啥，没办法，这也是张居正自己教出来的学生。同样的剧情，我们不妨回顾一下战国时期秦国著名的改革——商鞅变法，重用商鞅的秦孝公死后，秦惠文王即位，因为秦惠文王还是太子的时候与商鞅有过怨仇，同时也忌惮他权重仇多，将他车裂处死，而最关键的是，秦惠文王虽因恨杀了商鞅，却很清楚变法对于国家大势的意义，故而杀了他个人的同时完整地保留、维持了他变法的内容，使秦国不断强大，最终统一天下。时过境迁，千年以后的万历小哥则完全由着自己的性子来，否定了恩师不说，压根没有珍惜这千古难求的名臣倾尽全力给他创造的宏伟大业，这一点倒和张居正类似，他显然也没有认真研读过历史。明神宗的自私散漫在其深重心机的辅助下，让明王朝与一个续杯的机会擦肩而过。

由此可见，万历虽然有过治平的聪明，但在成熟的过程中并没有培养出一个帝王长远沉稳的胸怀大略，他只记住了三角教育团对他的压力，忍耐中把心思都花在怎样冲破藩篱上了。这最终影响了他整个统治生涯，以及他整个人的成型。

摆脱张老师管教的万历得意万分，他要独立了。独立之后接着就要独自面对复杂的朝政，各种各样的官员，千奇百怪的世事。没有了张居正，铺天盖地的治国理政压力就要直接向万历冲压过来了，刚刚成年的青年皇帝能够应对得了吗？新的开始又会给万历带来什么样的变化呢？

"名嘴"的口水，万历的苦水

张居正的死给万历带来的是真正的亲政，大权在握的他享受帝王无限荣光的同时，也被繁重的国事压得烦恼异常，最最令人讨厌的，是庞大的官员队伍汹涌的"口水"，晚明的言官是朝廷上一道不可不看的特色风景线，他们就像是现在键盘侠的升级版，喷朝政，喷皇帝，更多的是互喷，以前有张居正挡着，现在万历只有左躲右闪地自我消化。关于这群"名嘴"，大概能算到起源于远古，历史悠久，而且不可或缺。下面，就我们从头讲起这些"名嘴"的点滴。

1. 不怕喷子规模大，就怕喷子有文化

单观有明一朝，光怪陆离而异彩纷呈，辉煌灿烂却也饱受争议，先说明代那十几位性格各异的君王，他们的生活轶事被一代一代人津津乐道，宣宗斗蟋蟀、成化恋阿姨、正德一生游龙戏凤，还自封了个大将军的名号，嘉靖痴迷悟道、炼丹以求长生不老大业、万历大哥死活不想上班，最感兴趣的就是给自己修坟墓，天启沉浸在做木匠活的旋涡中不可自拔……似乎明朝的大部分皇帝，若让他们选择他们宁可做点别的什么。这样一个天子不敬业的朝代，却也一步一步走过了三百年的历程——这是为什么呢？简单来说，一方面大明天子虽然表面看起来特别不靠谱，但实际上还是一群很精明、很有心机的领导，不然在大明君主

专制极盛的时代，皇帝真的啥也不管是不大可能的；另一个重要方面就是，明代强大坚固的文官系统的支持，也就是那帮"名嘴"的作用。中国古代中央集权的官制到明代的时候就已经很完善了，中国大一统社会的官僚组织在经历了上千年的探索升级之后轻易不会崩溃，各个部门的配合使得强大的国家机器可以正常运行。

在明代，朝堂之上，那一个又一个天才的文臣都不是好惹的主，放到现在，那是各地高考状元的水准啊！他们不仅才华横溢，熟知理学，更重要的一点是，他们中有不少同志惊人一致地秉承了前唐名臣魏征大人"直言敢谏"的优良品质，大概是宋明理学的成熟教育，使他们形成了一种讲政治、讲正气、讲名节的官场文化（不管过不过得好这一生，起码道理还是懂不少的），为了国家社稷敢于不顾一切诤谏与君王，且晚明更盛。这就为明朝培养了这样一批会说、敢说、能说的"名嘴"大臣。

我们的万历皇帝受"名嘴"之折磨是十分深的，跟他自幼形成的软弱性格也有关，他越软，大臣们就越是"猖狂"地向他进言提议，尤其是在张居正死后，没人管的万历懒得就像一摊烂泥，而没人管的朝政也变得愈发乌烟瘴气，从"国本"之争到万历怠政，从三大征战到矿监税使，加上后来党争纷起，前朝就和菜市场一样，越吵越乱，大臣们都是有文化的"名嘴"啊，口水像箭一样射向看似无辜的万历，被处处针对挑问题的皇帝还不敢随意处置，这种疯狂的口水暴力是很可怕的，更可怕的是有文化的喷子喷出来的口水还总是正中要害，气死人还不偿命。有人可能会说，万历是皇帝啊，干吗不使用权力、暴力强行使他们闭嘴呢？第一，万历，他是个有素质的领导，这一点从小张居正教得还算到位，不可做暴君以塞忠谏之路也。第二，就算使用暴力这些大臣也不怕，这些"名嘴"会无所畏惧地前仆后继，他们维护正义的精神是很执着的，最终倒霉的还是万历。皇帝很郁闷，但是没办法。

2. 言官制度就是复活道具

大明臣子有这样无下限唠叨皇帝的勇气是有制度保障的，那就是发展完备的言官制度，若是打开关于明史的教材，关于言官的制度就有好几十页。"言官"，顾名思义就是靠"言"为主要职责的官员，他们负责监察、上书提议，说白了也就是挑毛病的，明朝的言官主要是都察院御史和六科给事中，御史主要负责的是监督官员、机构、一般决策等，监督范围较广，面大，六科给事中则是专门针对六部监督，专业性强一些，不过在实际工作中二者常有交叉，也没太大分别。御史同时要负责监察地方，又被叫作"道官"，六科主管六部，也就是中央的监察，还有，给事中有封驳的权力可以否认皇帝的决策，又叫作"科臣"，我们通常知道的言官又称为"科道"就是这么来的。这么强大的言官制度是怎么出炉的呢？是明代开国老祖朱元璋在对前朝的监察制度取其精华去其糟粕之后，创立出的，这位苦心孤诣的老祖废了丞相大权独揽，可以专制的同时却导致一旦皇帝决策失误会使大政方针错误，他不可能保证自己的子孙后代能和他一样宵衣旰食雄才大略，所以创立了这样的言官制度，鼓励大臣们直言进谏，哪怕皇帝笨，广大的辅佐队伍也会帮他调整好路线，毕竟人多了，"群众"的眼睛是雪亮的嘛，保证皇帝若有错误了能及时纠正。他还不放心，又立了《祖训》，告诫后代不可随意处死言官，这个力量是很大的，理论上言官可以大胆地抱着《祖训》向皇上进谏。

3. 功名只作无时看，气节须从险处留

除了客观条件的保证，明代官员还有主观因素的动力，那就是明朝那个时代十分讲求的"气节""名誉"，宋明理学在那个时代已达到鼎盛，靠科举走上官位的学子们，自然是受这样"富贵不能淫，贫贱不能移，威武不能屈""浩然正气留清风"思想的熏陶很深，这些明朝"名嘴"，现在看来一些行为似乎有些迂腐

愚蠢，也常会提出不合理的意见给朝政添乱，而且真的让万岁爷很火大，但不可否认的，是他们的气有浩然，正义十足。单论精神，我个人倒十分钦佩明代这士气之盛、死节之盛的风貌。他们不怕受罚，不怕丢官，甚至不惜自己的生命去维护内心执念的"正义"，著名的廉官于谦就曾以"粉身碎骨浑不怕，要留清白在人间"的诗句作为誓死的捍卫。这些官员，他们执着倔强得惊人，却真的以一身不可磨灭的浩然之气代表着华夏民族特有的气节，在青史上画下一笔气贯长虹的精神曲线。

不过，凡事都要一分为二看待，除却名嘴们刚正不阿精神值得称赞，我们还是要回过头思考这些同志的行为对本职工作有没有意义。所有倔强的名嘴都是海瑞和于谦吗？当然不可能！有些官员正直是正直，忠心是忠心，但他处事能力有限，拼命主张的玩意儿压根就是错的，他们的坚持只会给国家带来麻烦。更有甚者，当忠谏之道被广为传颂，时间长就会不可避免地"变味儿"。试想万历的朝堂上站着一大群这样的名嘴，就像现在网上的"喷子"，但他们是文化程度很高的"喷子"，是现实生活中眼前的"喷子"，训你夹枪带棒不带脏字却直踹心窝，皇帝怎能不烦！怨不得崇祯帝在亡国的最后时刻，写下一句"文臣个个可杀"——是有多怨愤啊！名嘴们的口水化作万历心底的苦水，憋着倒不出去。

这大概是万历一辈子最大的噩梦吧，他本身就懒得像一坨泥，贪图享受，性子又内敛深沉，在平日受了文官们不少的欺负，就是有过一丝励精图治的决心，也能被大臣们的吵闹搞得瞬间消失。有人说万历的荒诞是被逼出来的，因为在名嘴的骚扰中失望透顶，也许也有一部分原因。

憋在肚子里的苦水得吐出来啊，前朝行不通，那就去后宫吧。接下来，咱们就来瞧瞧万历大人的后宫生活，在宫闱脂粉间，软玉温香，他能找到放松的出口吗？

万历人生的失意:"国本之争"

1. 这是一个青春期躁动的小皇帝

万历九年(公元 1581 年)的某一天,平淡得像白开水一样的一天。慈宁宫。

像往常一样,万历皇帝来这里向他的母后请安。可是碰巧李太后不在宫里,跑去慈庆宫那里和陈太后聊天去了。万历就坐在一边歇息等候,百无聊赖之下,只看见一个年轻乖巧的宫女来给万历请安倒茶,十九岁的万历,正是青春期下半身躁动的时候,长久以来张居正对他管教严格,李太后更是如泰山压顶一般,万历满脑子都是克己谨慎、勤勉戒色的恼人条框,从来也得不到一点欲望上的满足。而那时那刻,就在慈宁宫看到这个宫女的一刹那,万历体内压抑了很久的原始冲动如同岩浆爆发一般崩裂开来,突然下体的一阵暖流,让万历盯着宫女竟入神片刻,想来那宫女应该面容也不至于差劲,否则怎能令万历一时就失了分寸呢,回过神来,脑海中张居正和李太后的严厉早已飞到了九霄云外,年轻的万历只想着要图身体的现下快活,宽衣解带之前还好理智尚存,一回头将随侍左右的太监挥手驱走。

那宫女心里也猜出来万历此举是要做什么了,面对皇帝的欲望,大概不敢也不能推辞,要说这万历性子上来了也还真不管不顾,两人竟然就借着太后慈宁宫的贵土,在万历从小到大不知道被罚站罚跪多少次的苦行地,干了一场极具反转色彩的勇敢挑战，将多年以来压抑在内心的本能诉求化作一股浊流一吐为快。

爽翻的过程多么短暂，万历很快迎来了理性至上的贤者时间，眼前诱惑满满的姑娘很快变回了慈宁宫的普通宫女，张居正和李太后怒气冲冲的脸立刻又出现在万历脑海中，这小子提心吊胆地穿好衣服，幸好李太后聊得热火朝天还没有回来，万一步伐快一点，正好撞见这不堪入目的云雨之景……万历顿时吓出了一身冷汗，安也不想请了，逃命一般灰溜溜地离开了慈宁宫。

此事过后，万历自知亏心不已，生怕太后知晓自己在她的地盘上干出来这种龌龊事。而那个被万历一次临幸的宫女呢，自古浪荡公子拔腿无情，万历也一样，事后只是让身边的随从赏了那宫女一点首饰便算是潦草完事，还叮嘱他们谁也不能把此事说出去。宫女人微言轻，又不敢去给太后告状得罪皇上，只好自认命苦空空承受。然而，上天就是这么奇妙，这小宫女只知皇帝薄情自己命苦，却没想到，她的福气还在后边呐！

不负责任的万历紧张了一阵过后，发现李太后并没有什么异常，除了他再次进出慈宁宫之时心中多了一分别样的心虚以外，一切似乎照旧。万历只当自己是偶尔放纵，在母亲处遇见那小宫女也装作无事发生，便渐渐放下心来。然而小宫女的身体却一日一日起了变化，一举一动分明是有孕迹象，在慈宁宫伺候的她发生变化很快就入了太后的眼耳，李太后是过来人，一看便猜出了七八分，一面将女子私下细问，一面查阅皇帝近期的"起居注"（起居注是源自汉代的一种专门记录皇帝起居详细细节，尤其是后宫生活具体日期的资料，在史学研究中也有较强的可信度），虽然根据万历的指示，这件小丑闻没有人声张，但却按照规矩被随行太监一板一眼记录在了起居注上。多方盘查之后，李太后基本确定了这宫女肚子里的确实是帝王血脉。好在太后深明事理，并没有难为那宫女，更看重这来之不易的龙种，便给她安排新的食住标准，让她好生歇息。

太后心下也许已有了更长远的计较，这一胎若是个公主还罢了，若是个皇子，那就是明神宗万历的长子，甚至可能是大明王朝未来的储君呢！

2. 冲动是魔鬼，后患颇无穷

当本次事件的男主角——万历知道了宫女怀孕的消息，并没有被准当爹的喜悦填满，而是满心都是后悔，因为这事实在不怎么地道，时间是在他向母后请安的当儿，地点在慈宁宫，随便找了个卑微的宫女，干的是淫乱之事。这让从小熟读圣贤书的万历很是羞愧，关键他真是一时冲动，并不是真心喜欢那宫女才临幸她的，所以非常不愿意承认这桩尴尬的喜事。不过李太后对儿子在自己宫里做下的这荒唐事倒没怎么生气批评，也许是经历惯万历他爹隆庆帝的荒淫，哪个皇帝不是三宫六院呢，这点小冲动在她眼里属于基本操作范围；又也许是看到小宫女想到了自己当年在裕王府也是靠着肚子从侍女翻身成为侧妃的经历，感同身受，太后反而是理智大于生气，只管一直催促着儿子给这个宫女一个合适的名分，让她光明正大地在后宫拥有地位，为皇室血脉养胎。

男主角万历可实在是郁闷！给了这个宫女名分，就意味着这等阴暗之事要被公诸天下，女主还就是个普通的小宫女，属实配不上他九五之尊的身份。但是不承认也不行，老娘在背后像鬼眼一般死死盯着呢，再怎么样，后宫之事也是要听妈妈的话的，况且这破事全赖自己下半身管不住，白纸黑字记着时间地点，怎么推也推不掉。于是，万历只好不情愿地按照礼制册封了这个幸运的宫女，赐号恭妃。而恭妃娘娘的福气到这里还没有结束，虽然没有万历的偏爱，但却有命运的眷顾，八月，出身卑微的恭妃终于不负众望，为万历生下了一个男孩。这个男孩正是明神宗的皇长子，起名为朱常洛。

皇长子的降临给大明上下都添了不少喜气，可谁也没有想到，朱常洛的诞生也将给万历朝带来一件相当棘手的麻烦事——"国本之争"。

要想了解"国本之争"的始末，还要从渣男万历说起。关于恭妃和他生下的长子，万历始终不大欢喜，只是因为他并不喜欢这个恭妃娘娘。他的内心深处，跟一个普通男生一样，期待一个自己喜欢的女孩。终于，那个"她"出现了。

那是那段日子里不爽的万历唯一一件开心事，他找到了他的真爱！这年三月，一名年仅十四岁的姑娘郑氏被选入宫，走进了万历的生活。这个女孩不仅聪明漂亮，而且能歌善舞、通文晓墨，在生活上给了万历充分的精神陪伴，相比起后宫大多数唯唯诺诺谨慎小心的嫔妃，郑氏大胆活泼，甚至敢像寻常情侣一般挑逗嘲笑万历，这让长期受捆绑教育、从来不知人间欢乐的万历有着耳目一新的感觉，他可以和郑氏像普通的夫妻那样平等地交谈，诉说他在前朝无法倾吐的苦水，共享前所未有的闺房之乐。有了妻子理解的万历实在是格外舒心，他们幸福地共度美好生活。

郑氏一入宫，万历的全部注意力都放在了她的身上，有了郑氏在身边，不用说本就不受待见的恭妃了，就连正妻王皇后都难得青睐。到了万历十四年（公元1586年），郑氏终于也生下了他们的皇子，起名朱常洵。这个儿子降生，万历特别高兴，比起长子朱常洛那次意外的冲动，常洵可是真正的爱情的结晶。喜不自胜的万历不知如何优待他的大宝贝才好，略一思忖竟打算立刻封郑氏为皇贵妃，这一决定不出意外遭到了一致反对，想当初恭妃怀有皇长子，都没能得到皇贵妃之尊在册，过后也再无大封，这郑氏育的是三子（所出二子早亡），怎能跃居长子母之上呢？王皇后尚未能生育，那么按照祖制，恭妃生下的皇长子朱常洛理应被立为太子，可按照万历这专宠郑氏的节奏，摆明了想要偏爱的小儿子来入主东宫嘛，如此颠覆礼制、无视祖例的趋势绝对不可放任其继续发展，于是，满朝战斗力爆表的言官非常整齐地出动了。

3. 早知如此绊人心，何如当初莫相识

朝廷上的"名嘴"就仿佛一架一架不知疲倦的机关枪，昼夜不停地引经据典、苦口婆心劝导万历听话。那是万历十四年（公元1586年）二月，朱常洵奶还没吃几口，围绕他的争吵便迅速展开。曾几何时能够稳控大局的张居正已然驾

鹤西去，内阁资历最老的申时行虽远没有张居正的强势铁腕，一般依靠见风使舵驶得万年船，却也是个正经之人，尤其擅长软实力进攻。他牵头直接向万历上疏，要求皇上为稳固朝纲（以免废长立幼之事发生），立刻册立皇长子为太子，满朝文武也纷纷响应，指责万历专宠郑氏，不顾大局，就这样，拉开了"国本之争"的帷幕。

所谓"国本"，即立谁做太子的问题，因关乎到以后国家的最高领导的根本大事，引起了大规模的"国本之争"。万历对群臣的攻击采取敌进我退的策略，他在朝堂上遭过言官的厉害，吃一堑长一智决定直接装傻，避而不谈，先以长子年幼为由一味推脱，以后再随机应变，顺势而动。大臣一看，这下完了，万历可能真的想玩废长立幼的事了。前一章我们已经见识到了大明这些不惜死的名嘴有多凶猛，这时候又是他们一展风采的大好机会！读者朋友们且看——

户科给事中（听这官位就知道是老喷手了）姜应麟出场，吏部员外郎随即配合，他们给出的奏疏大致是说，皇上你要立郑氏为皇贵妃，这实在是不合理啊，皇长子他娘还没有这位分呢，你再想给郑氏荣宠，也得要先册立恭妃再册立郑氏，毕竟皇长子才是国之根本啊；再者说长子年幼就不立太子了？没这先例！襁褓之中就立为储君的多了去了，皇上还是弄清道理为妙！

万历看见了这陈词十分火大，直接把上奏本丢在了地上，大呼道"科臣奈何讪朕！"（你个小言官算哪棵葱啊，居然敢骂我），老子优待侍奉得好的妃子还要你来指责嘛！然后一挥手就把姜大人贬到地方去了，连配合出演的员外郎也被降了职。首战宣告失利，刑部主事孙如法再上，这货更硬，直接质问皇帝，恭妃生长子这么久了也不见给她封赏，郑氏生了幼子你就要给她皇贵妃之尊，你这是按祖法办事吗？不怀疑你的动机简直都会遭雷劈！——这话着实狠了点，万历阴笑着说，遭雷劈啊，潮阳雷雨倒是挺多的呢，你不如就滚去那里思过吧！一句话将孙如法也贬得远远的。眼看几位前人都败了，言官们不仅没有退缩，反而愈挫愈勇，带着视死如归的勇气接连催促万历立储，万历的倔脾气也上来了，凡是逆着圣意接连上书的，不是削职就是扣工资，因为立国本之事被处罚的官员越来越多。

但是万历没想到的是，明明一系列的言官都被清理，却不仅没让前朝安宁，反而激起了大明士大夫"粉身碎骨浑不怕"的刚烈精神，前朝沸腾了！名嘴奋起了！他们携着一身的浩然正气跟万历不屈不挠地抗战，一个言官倒下了，千万个言官站起来了！满朝上下口水飞溅喷出一条标语：马上立太子！万历看着不断飞到自己眼前的奏本，像三年没洗头生出来的头皮屑一样洋洋洒洒，这才意识到皇帝的艰难，作为一国之君的他居然怎么也做不到完全按自己的意愿行事，还常常被训斥得狗血淋头，他的心里实在郁闷得要死，后宫里头郑氏渴求的娇颜浮现眼前，美人关饶是英雄都难过，更何况耳根子软的万历。他起初就是想给心爱的女人一个荣耀的名分，或许还有给二人的宝宝自己最好的衣钵，但那已是后话，在他内心深处，确实藏着大臣们最反对的按自己的偏爱立储的小算盘，但看这言官们不要命的架势，立国本反而变成了次要矛盾，万历一股不想服输的暴脾气倒成了他和言官闹对立的重点。

失意万分的他同时病魔缠身，又胖又懒不想动弹，更不想搭理前朝那堆嘴巴。也许换个暴君会直接砍了所有反动臣子，诏告天下朕就是爱郑氏，要立她的儿子做太子！别问为啥，因为老子是皇帝！可万历不可能，从小的教育和天生的性格决定了他的软弱，他不敢也不能贸然与满朝文武作对，一件不符礼法、一点理都不占的事情，他还是无法坚持。无奈烦闷之际，他选择了彻底消极应对，龟缩在后宫一天到晚睡觉，大臣闹去吧，我不理你们就是了。

4. 前后围追堵截，皇帝被迫妥协

前朝躲了，后宫难防啊，大臣可以不予理睬，老妈得面对呀！李太后也在催促儿子赶紧办事，一方面太后喜欢恭妃，这个儿媳妇一直不受宠，听话老实，又是从自己宫里出去的老熟人，而郑氏呢，活泼迷人，万历最爱，专宠后宫，是太后讨厌的"狐媚子"典型范例。另一方面呢，恭妃还有着与李太后相近的身世，她们一样的出身卑微，依靠偶然的机会得主子临幸，又生下儿子母凭子贵翻了身，见到恭妃，李太后就犹如看到了自己年轻时的影子，看到自己一生坎坷辛苦的足迹，更是对这儿媳妇多了一分理解和疼惜。万历却没能感知到母亲这番五味杂陈的心路历程，有一次搪塞不立长子时，双商同时下线，直接在太后面前说自己不待见的长子朱常洛"彼都人子也"，意思就是他是宫女的儿子（出身微贱），直接贬低到了常洛生母身上，同样出身侍婢的李太后一听火冒三丈，立刻怒气冲冲地怼了万历一句："尔亦都人子！"（你忘了你小子也是宫女生的吗？）嘿，伤害面太广，直接反噬到了自己身上，万历犯忌了吧？连你亲娘都敢鄙视，然后顺便自己骂了自己？万历自觉失言，面对气头上的母亲只能赶紧跪下来认错，稍后太后平息了怒火，却依然对万历与满朝作对不立长子为储之事耿耿于怀，万历虽然当日靠认错罚跪囫囵过去，但也自知太后的意志是断断不敢违拗的。

久而久之，在老母亲恨铁不成钢的目光下，在满朝锲而不舍催促立储的节奏下，万历的心理防线无限趋近于崩溃，而他最爱的郑氏不仅没能在国本之争中给予他足够的理解，反而一再撒泼耍赖要万历承诺将常洵立为太子，女人的嗔怒比言官的口水更让万历心烦意乱，他和敷衍大臣们一样敷衍郑氏，两面夹击就像逃不出去的五指山，万历只觉得疲惫不堪。其实关于国本，他自己也没有特别坚定的意志，他个人的初衷仅仅是宠爱郑氏这么简单，谁知道绵延了十数年后，已经发展成为几个权力中心错综复杂的乱斗，而当年那个活泼美好的郑氏，也在争国本的浪潮中悄悄老去，逼迫起万历来竟与乡野村妇别无二致，就连在大事上也不晓得给自己省心，郑氏的母族仗着她在宫里得宠，行事过于嚣张，给了言官啰里吧嗦的绝佳把柄，郑氏的父兄，更是处处想要特权逾制，甚至想追求与皇家同等的标准，颇有外戚壮大威胁皇权之势，苗头实在危险。万历累了，唯一能给他安全感的只有床和被子，他一眼都不愿意再看言官们文采斐然的批斗条款，也不愿意再面对郑氏一家贪得无厌的索取，当他从倦怠和痛苦中抬起头来，意外地发现了在床边尽心服侍、面容凄哀的恭妃，这个一辈子都活在自己一时冲动的恶果之下的女人啊，万历脆弱的小心灵一下子动摇了，他想起了凶残的言官，想起了殷切的母亲，想起了自己童年时候被老道爷爷冷落的点滴，细细数来，这滴沥不尽的国本之争，已经持续了十几年了……

长子朱常洛在不知不觉之间已经长成了一个年近弱冠的青年，想当初万历没管好下半身，给恭妃种下了朱常洛，也是在这个年龄。朝廷上臣子们永不掉血的战斗依然在进行，立国本的奏折从朱常洛降生那一刻起就不曾断过，临近他弱冠之礼，这类上疏的数量又一次攀上了峰值。这一回，万历终于下定决心了，不管是言官的攻势让他放弃抵抗，还是郑氏家族的庞大让他心生怀疑，总之，他结束了逡巡不定，给这事做了一个最后的了结。

万历二十九年（公元 1601 年），恭妃之子皇长子朱常洛正式入主东宫，漫长的十五年"国本之争"尘埃落定，此事起因很小，却引发了无穷后患，比如万历烦心而长期"怠政"，比如大臣以争国本为由党争迭起……

溯源到故事的最开头——万恶淫为首，年轻人用下半身思考的冲动真是魔鬼啊！

从此君王不早朝

　　我们的万历大哥被国本之争搞得失意至极，他喜欢的女子没有如愿上位，他偏爱的皇子也没有入主东宫，这不得不说酿成了他人生中的一大遗憾。而国本之争长达十数年之久，虽然最后在万历的妥协下有了一个结果，但它引发的一系列朝官内斗问题可并没有因为长子朱常洛被立而解决，反而顺势愈演愈烈。前朝官员汹涌的唾沫仿佛天来之水，取之不尽用之不竭，这些才华横溢的大臣上了瘾似的奋战在口诛笔伐抨击各种朝政的第一线，吃了兴奋剂一般根本停不下来。神烦啊！

　　万历自亲政以来，失去了张居正当挡箭牌，精神上本来就愈发沮丧，而争国本的事一出，被这些名嘴不断逼迫折磨就临近崩溃了。同时崩溃的还有他的身体，这家伙明明才三十岁，就算放在人均寿命悲观的古代，也得算是个精力正旺的宝贵劳动力，然而他却处处表现出来与实际年龄不符的沉沉暮气，仿佛因为幼年即位过早，让他稚嫩的肩膀提前承担了不该承担的压力，透支了他余生所有的活性。

1. 卖惨永远是最好的借口

　　万历生命力最大的杀手就是肥胖。据记载，后来的万历大腹便便，如同一头身有残疾的大象，需要一群太监帮他抬着肚子才能蹒跚前行。这得有怎样优秀的"保养"习惯才会养出那么大的肚子！不好意思，虽然很惨但我实在忍不住想笑，要是张居正泉下有知，他殚精竭虑培养出来的好学生放纵自己肥得路都走不动，完全不在乎形象管理和君王包袱，大概会气得想把他带走。可是万历并不是一个因为心宽所以体胖的傻白甜，相反，他腹黑、自私而且心机重重，唯一能解释他体重的，可能就是思虑过甚而导致过劳肥了。当时的万历，真的是：

吵声骂声唠叨声声声入耳，

家事国事天下事事事烦心。

万历身心俱疲，他想逃避，想休息，这位机智的天子找到了一个很不错的理由，就像我们小时候不想上学就跟家长说肚子疼、胳膊疼、大脚趾钻心疼一样，早在万历十四年（公元 1586 年），他就认认真真地告诉内阁，朕病了，哎呀整日的头晕力乏，所以不能起那么早上朝了。

原来有冯保和李太后拖他起床，简直比闹钟还要准时，可随着万历长大亲政，没人管得了他以后，他首先给自己争取到的便是睡懒觉的权利——这一点上我充分理解他，看着那些勤政自觉的皇帝几十年如一日晚睡早起，实在是我这种底层草民无法想象的酷刑。虽然万历身体可能真的虚弱，很多史料都有记载他的一些病症，不过肯定没有差到长年卧床不起、彻底不能料理政事了，他给内阁提出的请假原因，一小半是真的不适，一大半则是为懒惰找的借口。

睡懒觉的权利一开，就像撕裂了怠惰的口子，起初放了匆匆赶来早朝的大臣们鸽子，万历还有些惭愧心虚，面对言官的批评还狡辩几句，到了后来就连狡辩都懒得狡辩了，直接将旷工形成了常态。万历就像自己给自己办了个带薪长假，一边坦然地睡懒觉，一边陆续推掉了享太庙、祈天祈福、接见大学士、处理奏疏等完全属于他分内的一系列工作，龟缩在紫禁城最里面醉生梦死、不复出焉。

这明显就是故意的了！有学者这样描述当时的情景："奏章投进去如同投进死人的坟墓，得不到任何轻微的回应，遍地的诟骂声和反抗的革命，明神宗都无动于衷。"

明朝最厉害的言官们都快骂累了，万历还是岿然坚持。尽管他并不是不看奏章，但不批不回是底线；尽管他暴躁的脾气经常被言官犀利的话语点燃，但是生气归生气，上朝是不可能上朝的，（如果有可能）这辈子都不会上朝的。他再也不想坐在看似风光的金殿上听大臣絮絮叨叨说他的不是，或是被迫在最讨厌的经筵讲座上忍受那些老学究的之乎者也，抑或下了朝还要接见跑过来烦我的大臣。

我在张居正当首辅的时候已经把这辈子的骂都挨完了。万历躺在床上气鼓鼓地想。我以后再也不要挨这群苍蝇念经一般的训诫了。

这就是历史上著名的"万历怠政"。

2. 再难再险就当自己是二皮脸

我们可以根据记载试想当时的情景，时任首辅的沈一贯大人写道："今（议论朝政）则通衢闹市唱词说书之辈，公然编成套数，抵掌剧谈，略无顾忌。所言皆朝廷种种失政，人无不乐听者，启奸雄之心，开叛逆之路。"明朝所谓的"市民文化"很发达，但是大多也是以影射、反讽等方法批评时事（比如大家都熟知的《西游记》），到了万历怠政的巅峰时代，讥讽朝政却已经是街头巷尾、老少咸宜了，在那样一个封建保守的朝代，如此"民主自由"蔚然成风，貌似不是什么正常的好现象。士大夫阶层气急败坏地往严丝合缝的紫禁城塞奏疏，苦口婆心地告诉万历你的国家如何民变、兵变，一片残破，这位皇帝却只是从容地与满案文牍相顾无言，熟视无睹，这出奇的镇定也是着实令人佩服。

这就是传说中如假包换的"淡定帝"吧！？我真讶异万历的耐性，他怎么这么有韧劲！无数大臣痛心疾首地呼唤大明集团的朱翊钧总裁"尊重一下你的职业！"，万历基本上万事面瘫——这里我们之所以用了一个"基本"，是因为有个人还是扇起了万历巨大的怒火，这一感人的举动让本来默默无闻的他一下子青史留名，我们必须要来讲讲这个人的神奇操作，他就是大理寺左评事，雒于仁。

那是在万历十七年（公元1589年），正好是国本之争吵得天翻地覆、万历开始消极应战的核心时期，这个勇敢刚直的官员雒于仁向皇帝上了本奏折，就万历大人拒绝上班的事件发表看法，这本来没什么特别的，自清算张居正以后，言官们奏疏的画风就完全偏向了"万历很讨厌"的风格。可雒于仁同志的奏折还是在老套路中出了特别之彩，这特别就特别在内容极其大胆、用词极其犀利、打击极其精准，直逼万历命门，一改众人常规的欲抑先扬、措辞谨慎的文风。这千载难逢的奏疏唤作"酒色财气疏"，给常年病病恹恹的皇帝开了一张一针见血的病例分析，只见雒于仁大人写道："皇上之羔，病在酒色财气者也，夫纵酒则伤肠，好色则耗精，贪财则丧志，尚气则损肝……四者之病缠绕于心，系累其身，圣羔何时而可也！"。雒大人给万历的"病"直接定性为"酒色财气"四大源头：

首先是嘴馋喝酒无节制，您是夜夜笙歌，美食美酒，喝得您醉生梦死昼夜颠倒，这能不有病吗？其次是淫乱好色，您宠溺狐媚郑氏，美色面前分寸全无，简直不顾节制、竭泽而渔，这能不有病吗？再有是贪财无度，挥金如土，身为皇帝，连身边当差的随从都要雁过拔毛，实在闻所未闻，这能不有病吗？最后是暴躁易怒，时常动气，宫人们稍有不慎便被杖责处罚，臣子们明明忠言逆耳却个个惨遭贬谪，您这狭窄心胸和猥琐气量，这能不是有病吗？

一封奏疏倒是看得人心潮澎湃、大呼过瘾，可遭骂的主人公万历读来却只觉怒气冲天，是可忍孰不可忍，再好的耐性也被这小子妙语连珠的阴阳怪气怼得烟消云散，万历当即做出一个简单粗暴的阅后决定：我要杀了他！

可是雒于仁不怕。他敢上这么一封大逆不道的奏折必定是下了必死的决心的，要知道他一个大理寺评事，在万历眼里真不过是个芝麻大的官儿，这样毫不客气地揭露皇帝明明是懒筋抽个没完还不要脸地装病的真相，甚至从私生活角度指责他人品奇差，贪财好色——这丢脑袋是分分钟的事，而雒大人呢，却还正是希望以这样玩儿命的方式激起君王的脾性，像楚庄王一样奋发而起、一鸣惊人。

第一步，他成功了，言官们的口水虽然密集，却还没人敢这样对皇帝冷嘲热讽的，长期以来植物人一般的万历被他气得直接大发雷霆，死水一样的皇宫里总算泛起了一点情绪上的波澜。可是第二步，雒于仁便没能如愿以偿了，万历发怒归发怒，可还是有理智的，曾经张居正给他长年累月的训诫起了作用，为君之道的底线让他没有立刻一刀宰了雒于仁，一是顾忌老祖爷爷朱元璋曾定下不许任惩言官的祖训，二是前朝的喷子们反应迅猛的劝解求情让他一时间难以下手。

但是，这事肯定也不能就这么算了，万历努力地把脏话往肚子里咽了咽，给我一点时间，毕竟张居正的大仇我都能报，雒于仁？我可以。

3. 二皮脸底线是什么？

万历十八年（公元 1590 年）元旦，万历破天荒地召见内阁大学士们开会了，突然出来营业的皇帝就像打西边出来的太阳，让大学士们惊讶得有点不适应，一时间搞不清楚万历这次非正式会谈主题是什么。其实呢，这会议的内容很有意思，万历也是精心编排了一番才邀请这群帝国肱骨齐聚一堂。嘿，我们这就来看看万历说了点啥：

会议伊始，万历先长叹一口老气，继而像个病入膏肓的患者一样忧心忡忡地缓缓道出：朕，身子不好啊……近来不仅足疾严重，就连头晕目眩的老毛病，都愈发厉害了呢！……如此看来，就说患了不治之症也不一定啊。唉！……说到哀伤处愁云满面，还真是一副病体孱弱、令人担忧的样子。大臣们面面相觑，您老人家请病假也不是一天两天了，怎么好端端地又提起来这档子事了呢？虽然一时间不知道万历葫芦里卖的什么药，但看到皇上伤心若此，也只能连忙顺着话锋安慰说，皇上您洪福齐天，眼瞅着您可还年轻呢，一点小病好好养养一定就会好了。

万历又叹了口气，说，是啊，前不久确实是好点了呢，不过呢……不过谁知道，突然就出现了一个叫雒于仁的小官，他居然胆大包天地上疏骂我，那奏折上的字眼每一个都把我气得半死，他的行为简直严重背离了君臣之道，丝毫不知自己身份，所以，被他这样一气，我刚见好转的病又加重了！……说着话，万历就把雒于仁那封逆天的奏折拿出来给大臣们看，委屈地指着折本上的条条责问一一辩解：他说我嗜酒，可是这世间谁不喝酒嘛，既然大家都喝，他怎么能偏偏就骂我一个人呢；他还说我好色，专宠郑氏，可郑氏她就是很勤劳地侍奉我，那样顺从可爱，我喜欢也不是没有理由的呀；他说我贪财，我犯得着吗？普天之下，莫非王土，我要多少钱不行，怎么会克扣身边人的钱财！他说我脾气暴躁，我是因为宫人犯错才惩戒的，难道大臣不惩戒家里的仆人吗？

万历越说越委屈，气性随着辩解又涌上心头，当即就决定下令让大学士票拟，准备严惩这厮欺君罔上之罪。

这剧情奇特得让大家看来都觉得啼笑皆非，万历就像个受了欺负的小孩，噘着大嘴去给人告状，有个胆大包天的人，他如何如何骂我，骂我的理由又莫名其妙，因为我本来就没错……一阵碎碎念。这可是大明宫廷啊——

天子，向内阁学士，撒娇一样地状告一个八品小官，他骂我懒！但我就没有！你们得给我出气。

笑死人了。

笑归笑，皇帝毕竟是受委屈了，为了维护主子无上的尊严，这事内阁也得管啊。内阁首辅申时行是个著名的"太平宰相"，正如前文所说，他最擅长软实力攻击和见风使舵和稀泥，见过张居正铁腕治国的下场之后，但凡有点敏感度的就都该学会了大事化小、小事化了式"无过处事法"，更不用说在宦海沉浮数十年的老油条申大人了。

关于这件事，申时行心里和明镜一般，知道雒于仁是出于忠诚直言，所言虽然过分，却不无道理，若由着万历的任性杀了雒大人，怕不是冒天下之大不韪、助纣为虐之举，要被后人戳着脊梁骨骂。而皇帝的面子呢，也不能不顾，怎么说也要给万历一个说得过去的交代。在这进退两难的境地，申大学士的大招化骨绵掌便展现出了真正的实力，他经验丰富的大脑里迅速规划好了调解方案，稍一组织语言，便开始耐心地劝导万历：

你看，姓雒的这小子区区一个芝麻小官，胆敢上疏如此妄言天子，绝对是有其他目的的。他是想趁这样一个机会引起皇上的注意，取得扬名立万的捷径，说白了不过是一沽名钓誉之辈罢了，您可是大明朝的天子啊，要真的跟他计较不仅让您至尊的身份掉价，还会中了他的圈套，给了他沽名钓誉的机会，这样看来，皇上您理他干啥呢？再者，反过来说，他这样目无尊长、大逆不道，皇上如果还可以不予深究，不正显得您虚怀若谷、高瞻远瞩嘛，那样天下都会将您宽宏大量的德行传为美谈的！出气和名誉孰重孰轻，圣上可要三思呀。

万历一想，哦！有道理，严办了这厮虽然能够获得一时痛快，但难免又要多个固不纳谏、枉杀忠臣的黑料。那群言官正饿鹰一般等候着皇帝小辫子，如此一来不正给了他们求之不得的吐槽实锤吗？这一桩大料最起码又要让朝堂沸腾大半年。而且，若当下要坚持令大学士票拟严惩雒于仁，就还要通过六科审阅才能下达，六科那帮久经沙场的老键盘侠可不是好惹的，想想也能猜到他们一定会有一车软刀子等着往万历肺管子上扎，杀一个雒于仁，怕是要先自损一大半呐。

于是，万历在申时行唐僧一般的劝慰中渐渐平息了怒火，申时行眼看皇帝脸色渐缓，又一单"杀了么"订单拦截成功，不由得也松了半口气。万历默默咽下了这口呼之欲出的苦水，默许了申时行把这窝囊事一点点和成稀泥。

申时行一面在万历面前给雒于仁争取回来一条小命，另一面也加紧处理雒于仁给万历一个面子。大理寺在获得授意后，逼迫雒大人自己递上辞呈，再顺水推舟将其革职，削为平民，雒于仁直接被赶回了老家，也算是给皇帝报了挨骂之仇。申时行一手稀泥和得两边都好，总算平息了这件不大不小的波澜。

雒于仁大人丢了官职，激将法计划也彻底失败了，因为这事儿过后，万历并没有被"酒色财气疏"激得发愤图强，而是继续优哉游哉地回到深宫练他的幽闭大法。对于他自己的臣民在面前背后各种各样的讽议，也逐渐产生了抗体，随着脸皮日臻坚固，万历也开始成功免疫嘲讽技能，获得升级。

那这万历怠政一路留下的是什么？这么多大臣在骂他，他的王朝究竟变成了什么样子？而且，为什么会有人说，万历怠政还是一种高明，这位缩在宫墙后面的神宗，到底是个什么模样呢？

万历怠政的真相

1. 上班是不可能上班的

就像现在的我们，一星期总有那么五天不想上班，皇帝也不例外。万历就是个典型中的典型。

万历十四年（公元 1586 年）九月的一天，他诏告大臣，我足疾严重，头晕目眩，一直在服药，不能见外人，要休养一段时间。于是，这一休养就休养得十几天不露面，逐渐不上朝、不享太庙、不接见大学士，待在他无比眷恋的宫中"养病"，相当于做了一个长达二十年的"月子"。在这个君主高度专制的国家，皇帝突然不上班了，意味着很多事情会瘫痪的！一朝大臣送进一波又一波奏疏请求，基本上杳无音讯。不知是"国本之争"让他太烦心太失望，还是抵挡不住言官的口水火花四溅，前朝送来的请求皇帝露面的奏本，换来的就是，万历十五年（公元 1587 年），皇帝正式宣布"静摄"，与恶心死人的群臣淡然地说"拜拜"了。这些绝望的大臣气得捶胸顿足，高叹"一事之请，难于拔山，一疏之行，旷然经岁"。而万历面对痛心疾首的满朝文武，还有像雪花一样飞进宫里的奏疏，平静神色，一笑呵呵。

大家为他这一段漫长的翘班生涯定了个义，叫作"怠政"。

关于万历怠政，众人看法不一，有说他是个地地道道荒淫无道的昏庸天子，有说他其实是个高明的幕后老板，这也是万历一生的争议，是我们这篇东西要讨论的。那么万历怠政的真相到底是什么？他究竟是个荒唐昏君，还是个统治高手呢？

以《明史》为代表的传统主流思想将万历定位为一个懒惰昏庸荒淫无度的皇帝，并给出"明亡，实亡于神宗"的著名结论。毛主席也曾说万历"酒色财气都好，极度奢侈腐败，长期怠政，他是明亡的种子，是个无道昏君"。虽然《明史》作为正史，历来被当作研究万历乃至全明王朝最权威的史料，但事实上，绝对真实的史料收集难于上青天，尤其是清朝所撰的《明史》从来被人们所诟病，清朝推翻了汉族的最后一个封建政权，在修史的时候自然会强调大明政府的昏庸无道，以证明自己取而代之的合理性，这点前朝在修史方面都有体现，不过《明史》体现得格外明显。因而，我们不能排除它在描述万历怠政史实的时候，随之发表的观点有所偏颇，不够客观。更有一种观点，多见于万历朝的臣属，还有至今一些研究者也支持，就是觉得万历托病不朝是完全是淫懒所致，而其真正的"病根"就是"酒色财气"，贪婪荒唐。（代表人物，雒于仁大人）然而，随着定陵考古挖掘工作不断深入，我们拥有了关于当时最可靠的证据资料，将万历皇帝的尸骨复原后，考古工作人员发现，他的右脚要比左脚萎缩短小一大截，而且其身体最后的姿势也十分扭曲痛苦，这说明万历真的患了很严重的足疾，他没有撒谎。若把他不上朝的原因完全归于他的"嗜酒好色、贪财易怒"，是有失公允的，谁没个小灾大病呢，生病了没法工作嘛。要是个普通人，请个大假休息调养是情有可原的，而作为一国之君的万历，一分钟不在就会有堆积如山的国事无法处理，这得怪他的祖宗们，为了大权独揽事必躬亲，殊不知多少代之后的朱翊钧可没有朱元璋那么强的精力啊。

除了生病不假，万历大哥还有话说：我是不上朝，但我说过我不理政吗？

2. 但是事情我还是要说了算的

这一点是必须为万历大哥澄清的，他虽然懒，也挺荒唐，但绝不是混乱昏庸，他有着一个十分清醒的大脑，运转着关于他的江山的一切。万历不上朝，却和不理政是两个概念。他虽然躲着大臣们的口水不愿出来，却是在静静关注着前朝的一举一动，在大事上关键处点一下决策性指示，他也将国家命脉走向画在心里了。这一点，我们在之后讲的"万历三大征"中会看得很清楚。他换了一种方式，用圣旨和谕令来完成对国家的最高指示，偶尔在暖阁接见一下首辅大臣等部分高管（比如给雒于仁告状那次），就算是接"地气"了。

要说万历这处政方法，有些类似我们现在政府或企业施行的小范围、不定时政策会议。省去了每日一早的例会，其实不过少了大臣奏报吵嘴的机会而已，一些定时的接见朝见，很多都没什么实质性效果，万历赖着不去，只时不时给个最高批示，倒是提高了不少工作效率。对于他不批奏疏，不见大臣——嘿，就像刚在名嘴那里描述的，那时的官员和现在有些单位的有些同志一样，时不时想在领导面前露一把脸，说点有的没的，写点无关痛痒的。我查证过明朝部分的奏本，倒有很多是那些言官没事找事的废话，更有白痴的主张建议充斥其间，不看也罢。重大的事宜，万历大哥还是会处置的。比如耀亮青史的"三大征"，万历的表现更像个运筹帷幄的远方遥控者，决胜于千里之外。三大征的战功也成为支持"万历怠政并不昏庸，实际很厉害"的观点的最重要的证据。由此，有人会说，万历的翘班不是"怠政"而是一种很高级的太极手段，他躲在幕后操纵着大明朝廷的生命线，运用类似道家"无为而治"的方针，行使他的统治之术。这种说法不能说全无根据，万历的爷爷嘉靖因为痴迷道教、黄老之学的无为而治就践行得相当认真，万历也受到一定影响。而自朱元璋以来完善的、强大紧密的文官系统，哪怕最高领导不称职，一定时间内下面各部门也基本上可以按部就班，配合正常，这给万历的"无为"创造了基础条件。凭此，一部分人就认为他是个很聪明很厉害的君王，甚至"功过康乾"。

万历聪明，这必须承认，但要说就此判断他是个智慧明君，则又走了另一个极端了。因为他的怠政确实给朱明社稷捅了不小的破洞。最直接的一点就是官员缺席。皇帝执政不负责任，中央疲软，人事调配自然会出问题，我们之前讲过，明朝这帮大臣的刚烈脾性让他们对这草包皇帝失望透顶后，很多都选择了辞职，加上被万历炒了的，士大夫的工作热情大大减退。后来大明的官僚系统就变成了，谁不想干了，把官印一挂，走人就行，不用上报，因为上报不上报都没人管。皇帝还不管吏部纳新的活，这种"鸡毛蒜皮"的事他懒得处理，结果新员也补充不上。一开始只有那些用处不大还净帮倒忙的言官走人，可越发展就不仅仅是言官了，《明通鉴》给了我们这样一组数据："[万历二十八年（公元1600年）]中央缺尚书三，侍郎十，科道九十四，地方缺巡抚三，布按监司六十六，知府二十五。"言官缺员近百，就连尚书、巡抚都不够。到了万历四十一年（公元1613年），已经严重到南北二京缺尚书、侍郎这样的高管达十四名。幸而自老祖朱元璋定下的牢固紧扣的文官制度，有的人身兼数职，才使国家系统不至于彻底崩溃。此时已是"九卿强半虚悬，甚至阖署无一人，监司郡守亦旷日无官"。如此萧条凋敝，还像一个方圆百万的大帝国应有的统治集团吗？无为得真叫一个彻底啊！

比缺员更可怕的是党争。皇上不出门，骂他他听不见，那就只有互骂了。大臣的口才文化就展现在前朝拉帮结伙地互喷，东林党、齐党、宣党、昆党……光数得上名的党派就一堆，他们斗得兴致勃勃面红耳赤，整个帝国的统治环境可谓乌烟瘴气浑浊不堪。这样的背景下的CEO朱总，估计在后屋里乐得轻松了，你们对骂去吧，正好快别扰乱我。他也许没有想到，吵架重心的转移换得了他的轻松，引发的党争事件几乎毁掉了他祖宗打下的朱姓江山，到以后他孙辈天启的时候，已经完全不可收拾了。

还是说万历，他可以远征三次，可以放手不管，强大的支持就是他老师张居正发起的那场伟大改革，给他留了一场"中兴"的辉煌，一个盈裕的国库，能容得他折腾这么久。可惜的是，这场本可扭转明亡的改革万历他并没有珍惜，随着张居正死后被抄家，他的政敌抓紧反攻，改革措施便逐渐被废除，积累的财富也被万历耗空，导致明朝真的没有死而复生的力气了。就凭这一点，万历就不是个明智的君王，他的怠政也真的是为明亡起了催化作用。

3. 万历怠政究竟如何来看

看了上边罗列出的史实，我们来总结一下"万历怠政"的讨论。这一场史上著名的皇帝翘班事件，万历呢，既不是被人骂得体无完肤的荒淫昏君，托病享受完全不理政事，也没有一些人说的高黑神秘、独特操纵国家，更不是什么功盖康乾的皇帝，事实上他就是个多病又怠懒的人，性子偏于软弱，不幸生在帝王家做了一国之君，国事令他忧郁烦恼、心力交瘁，对大臣的管理又万般困难，本着节能减排的理念，就躲一时算一时吧，不得不处理政务或者遇到他愿意管的事情的时候就出来干干。不过不可否认的是，万历的能力应该是不差，他骨子里依然蕴藏着洪武永乐的细胞，精明和心机让他牢牢紧握着属于他朱氏的帝国集团。况且，大明的官僚机构也着实牛气，万历怠政数十年居然撑着没垮。这常常让人震惊刮目，忽略了他那些真正的黑点，而只一味着眼于他的能干了。

至于前文提到的万历怠政的种种益处，也是确实存在的，只不过那一点好处盖不住它带来的负面影响，历史研究有时会夸大这些巧合一样出现的好处，而忽略掉事情的本质，把他的想法说得好像特别高大上，计划得多么复杂多么有远见。万历其实就是因为懒，还有病，不想去干活而已，没了，哪渗透出那么些个深谋远虑呀。更有意思的是，看上去他的做法挺像差不多同一时期英国的君主立宪，放手发动内阁，走自由民主之路——这也只能是看上去像了，实际把万历怠政看作中国可能走向立宪的标志，未免可笑。英国能建立君主立宪，最基础的就是西方快速发展的资本主义经济，明末仅有的资本主义萌芽和强大的封建顶峰制度，无论如何"带不起来"，万历大哥也绝对没先进到想把自己"立宪"了，让大明的内阁靠向大英那种内阁。反而他比谁都看中君王的权力，因为这个时代的特殊，一点点变化就被猜测成历史转折的拐角，上纲上线，今天再放开大局的眼光回头去看，几乎是不可能的。历史的循序渐进之理，在时代的大背景下，变化太快是消化不了的。

万历的怠政，公平一点来说，没有传统评价得那么荒唐无道，这个精明的领导不会让他的天下彻底崩溃。但由于他的自私怠懒，留给国家更多的还是漏洞和创伤，那种"无为"与"幕后操控"在今天看来不管有多么先进合理，在当时那个大臣要上疏、皇帝要勤政的常识影响下，只会让他的大帝国一口吃不消，连一步一步的改革都多有艰难，不小心就会失败，更别说他这个变化是突然的怠政了。他的懒惰让他的统治阶级松动了，此时的松动不能不说给他孙辈儿的亡国谱了序曲，他的年号也被后人传成了"晚明"的题目。

可能有人会问了，如此看来，万历除了有点小聪明外，基本上还是个是荒懒无道的昏君，那究竟还有什么事能让万历得到一些后人"圣明"的评价呢？凭什么说他怠政还能把控着国家大方向大方针？这个缩头缩脑的瘪三一样的皇帝，精神都到哪去了？除了睡觉休养，他对什么有兴趣呢？下一段，大家就将看到一个高智商、高水平、强势果断的明神宗了，与逃避早朝的那个怂病秧子简直判若两人，我们要讲的，就是耀亮史册、大明边防记录上相当浓重的一笔大事，也是万历一生最大的成就与骄傲——万历三大征！

万历三大征之一：平蒙古人哱拜叛乱

提到蜿蜒万里的长城，大家可能首先想到的是秦始皇。而事实上，到了我们现在所看到的长城遗址，大多是明朝修复和再建的，因为边事在明代一直是个很大的忧患，北方蒙古各部的重重矛盾，西北一些少数民族的不安骚乱，东南沿海倭寇进犯，还有后来星火燎原的辽东，最终取代了大明政权的女真等，明王朝三百年的历程一直是边患迭起，较前朝颇甚。到了万历一朝，军事问题尤为棘手，有一大半都是不靠谱爷爷和不争气老爹的遗留障碍，这位似乎对什么都提不起兴趣的皇帝却高度重视起来，于是，就有了"万历三大征"。

万历领导发起的这三场规模巨大的军事行动，分别是平蒙古人哱拜造反，即宁夏战役，逐倭援朝之役和平苗土司杨应龙叛变，即播州之役。这三场战役皆以大明的胜利告终，成为晚明在军事斗争上为数不多的重大成绩，这三笔胜仗使万历名震青史，也成为众人给万历怠政平反的最重要的证据。接下来，就让我们回到万历二十年（公元 1592 年），看一看万历指点的这三场惊心动魄的大征战。第一场，平蒙古人哱拜叛乱的西北大战——

1. 了却君王天下事，可怜白发生

故事还要从嘉靖时候讲起。嘉靖年间，西北蒙古鞑靼部成员哱拜，因为家族的矛盾争端，得罪了部族首领，为了活命，就带着自己的亲信部下投降了明朝，被封了个都指挥的官职，为明军效力，后来因为骁勇善战、屡建功绩，受到重用，从都指挥提升成为参将。自此来看，哱拜向明投诚之后，一切都按照和谐而美好的节奏进行，但问题偏偏就出在了明代边境管理的漏洞上——

因为西北边塞远离中央，明政府没有精力严加约束，自明中期以来边军之中就开始盛行一种豢养家丁的习惯，有势力的将领为了在征战中拥有一支绝对信得过的"敢死队"，往往要用自己的私财屯养数量可观的家丁。这个哱拜也不例外，随着军功卓著、地位上升，哱拜手里的家丁规模也水涨船高，他就逐渐在中央睁一只眼闭一只眼的默许下积累成了一支战斗力不容小觑的武装队伍，到了万历五年（公元 1577 年）前后，哱拜拥有的家丁人数已逾千，这些家丁可都是地地道道的蒙古汉子，可以说是拥兵一方、声势浩大了，他们仅受哱拜本人调控，当哱拜忠于大明时，这群家丁就是明政府对外的利器，可一旦哱拜起了逆反之心，他们也就会立刻将矛头对准明政府。故而，哱拜手中拥有的这支独立色彩浓厚的私兵，在效力的同时也造成了宁夏一带的兵变隐患，成为后来叛乱的基础力量。

万历十七年（公元 1589 年），自感年老力衰的哱拜告老退休，将自己已经坐热乎了的宁夏副总兵的位置交给了儿子哱承恩。

一切看似还很平静。直到万历十八年（公元 1590 年）。

这一年，蒙古族鞑靼俺答首领以去青海拜佛为借口，进犯洮河，明政府随即派出大将郑洛前往前线镇压，当时的宁夏巡抚名叫党馨，他本来只是负责给郑洛调兵援助的一个配角，但就是这个人却偏偏要加戏，最后成了哱拜叛乱的引信。党馨派出的援助队伍由一名叫土文秀的将领带头，土文秀虽然不是第一次上战场，却还不算一个能够独当一面的老将，问题就出在这，退休了许久的老头哱拜突然冒出来了，他带着上面的理由直接去找了郑洛，向郑洛表示，土文秀能力不足，还没那两把刷子打这一仗，他不行。那么谁能有这个能力呢？那当然是老朽我啦，我虽年老，但依然有报国之心，愿出马一战。

哱拜为什么此时出现要求率兵征战青海？历史学家们说法不一，很多历史学家都认为，他是心怀异志，以此作为拥兵叛乱的起点，也有历史学家认为这时的哱拜还没想着造反，他顶多是个拥据一方的小土豪，靠着一身蛮力积累下一些势力，是后来被党馨逼迫和无能的明军刺激才起了二心。具体这老爷爷是怎么想的，只有他自己知道了。

现在呢，反正怎么看都是老将觉得报国之心未泯，打算再挂帅亲征，为政府效力。郑洛一听，好个宝刀未老的蒙古汉子，一把年纪了还不忘精忠报国！便高兴地答应了哱拜的请求。郑洛是高兴了，但是哱拜这一行为却得罪了推荐土文秀的巡抚党馨，哱拜否定土文秀的行为在他看来就是和自己过不去，驳了他的面子。党馨这个人是个十足的小心眼，正如张居正对他的评价：虽有些小才，但性格刻薄且暴躁，纵观整个宁夏之变，这货的私人情绪为叛变爆发起了不可磨灭的"卓越贡献"。他觉得你哱拜老都老了，明明滚回家养老不就罢了吗，如今又冒出来是何居心！是想显着你立功心切吗？我推荐了一个土文秀吧，嘿！你个老不朽还蹿出来说不行，这不是明摆着说我没眼光吗！

2. 宁为百夫长，胜过一书生

但党馨毕竟就是个打辅助的巡抚，连郑洛都表示同意，党馨就没权利干涉了。然而，想做好事儿不容易，想做坏事儿还不简单吗？心里塞着一股怨气的他便在后勤做手脚，对哱拜是百般刁难。出战之际，这个阴险的巡抚发给哱拜一群病马，哱拜自然不能骑着这些病马出征，搞不好还没杀敌自己就先倒了，可是没有巡抚的批示是不能调军马的，哱拜明白党馨是在故意给他穿小鞋，心中怨愤十足的他暂时不好发作，只好领着自己多年积累下的私人武装部队开向了战场。

这一开战不要紧，老年哱拜本还担心自己不如年轻时候骁勇，结果一上实战，差点笑出声来。明军的作战水平被老头一览无余，他看到各镇的军队能力平平，基本都在他的部队之下，回来时取道塞外，那些地方的游勇队伍也都很畏惧他。老头自个儿一琢磨，嘿！原来老朽这么厉害啊！心里那个得意那个骄傲，扬着一路风沙颠回宁夏。

然而骄横的心还没有在胸腔之中跳动个够，回到老家的哱拜却立刻挨了巴掌，就是那个心理比较阴暗的党馨，平乱结束后，他不仅没有表彰劳苦功高的哱拜，而是立刻给了哱拜一个下马威，以报之前的"一箭之仇"。事情的起因是有人（还不知道到底有没有这个人）指控哱拜在战中曾冒领钱粮，指控报告给了郑洛那里，郑洛并没有当回事，因为在当时边地将领冒领钱粮之事比比皆是，朝廷大都睁一只眼闭一只眼对待，也算是作为慰劳军士的隐性宽抚。然而党馨却将这件事作为了整哱拜的大好机会，一定要将冒领钱粮的事追查出来个所以然。哱拜深知党馨一定会找机会故意整他，但是因为自己出身"蛮夷"，哪怕战功卓著却也始终被朝廷质疑和防范，不得不处处抑制求全。本着息事宁人的态度，他这次依然准备退一步海阔天空，想着用花钱消灾的办法，派人去贿赂党馨。可是本以为党馨是借机敛财才挑事的哱拜却会错了意，"刚正不阿"的巡抚大人不仅没有被哱拜的贿赂堵住嘴巴，反而把前去送礼的人给打了，连冒领钱粮的事都比之前更严重了。

哱拜低姿态求和解却反吃了对方一记打脸，心里别提有多窝囊了，对于大半辈子都在马背上度过的哱拜来说，手里的刀比什么都有发言权，而党馨就是一个借着朝廷"以文制武"的政策自以为是的垃圾，恨不得能立刻将他手刃以解心中的怨气。

哱拜这边和党馨的关系越发紧张，他的儿子还不给他省心。原来继承哱拜职位的其子哱承恩，又因为强抢民女做妾被党馨抓住了实锤，遭到了严厉的处罚，虽然此事本身的确是哱承恩犯罪应当受罚，但是与党馨宿怨颇深的哱拜难免心中恼怒，认为是对方借题发挥、公报私仇。积累了很长时间的怨愤只等着有一个发泄口就能喷薄而出了。

这个发泄口早已在宁夏的军中为哱拜一家子准备好了。原来，在宁夏对党馨有怨言的并不止哱拜一家子，还有宁夏军队里的普通士兵们，因为党馨此人脑子僵硬、行事风格严苛，这样的人若要只做个言官应该还不至于生什么事，但是在边地的士兵之中依然采取说一不二的苛责态度，就很容易引起士兵的不满。如若有士兵的赋役在规定时间内缴纳不上来，党馨就会直接克扣其月粮，甚至还找借口拖欠士兵们的军饷和过冬的冬衣，西北地区一旦入冬，天寒地冻，没有足够的冬衣和口粮简直难以活过几天，这彻底激怒了宁夏的士兵们，军心涣散，逆反的情绪很快散播开来。而万历年间，军队因不满待遇发生哗变的情况并不罕见，几乎几年就会发生一次，所以当军饷和棉衣难以保障的时候，士兵们自然而然就会想到用最直接的反抗方式寻求活路。

这群军心动荡的士兵私下里早已进行了集结，领头的起义者叫刘东旸，他虽然没有哱拜那样一呼百应的影响，却也拥有了一支甘心随之的小敢死队。他和哱拜的儿子哱承恩共同商议策划了谋反之事，双方有意相互推动士兵们的怒火，为兵变做准备。而哱拜起初还保有着对明朝的忠诚之心，毕竟是自己年轻时曾经为之战斗过的东家。但是随着哱承恩和刘东旸谋反的计划越发成熟，哱拜自己也难以脱身在外，加之对党馨的怒火实在是是可忍孰不可忍，最后和士兵们一同加入到了叛乱的队伍中。

起义的队伍首先也是最重要的事情就是处理那个众怒所归的党馨。在兵变队伍愤怒的呐喊声中，党馨的罪责被一一清算，这个作为整场乱事的祸首，不仅在众目睽睽之下被杀，还被杀红了双眼的士兵们曝尸肢解，身上的骨肉被割下喂了牲畜，脑袋则挂到了城楼上展览，告诉所有大小官员，这就是克扣军队用度的下场。

党馨这个搅屎棍被弄死，兵变的序幕才刚刚拉开。随后，懦弱无能的宁夏总兵张维忠被揪住，反叛军让他给朝廷带话说，因为军饷不发的问题，宁夏的士兵们不要再给大明朝廷卖命了。不过呢，这个理由说不说、怎么说也随你便，我们并不在乎，只是把你作为传话筒，通知你背后的大明朝廷一声，老子今天就反了！——这开场真是率性。硬核。

于是就在万历二十年（公元1592年）二月，哱拜率部怒举反旗。

3. 一夜西风凋碧树

消息传到中央，万历竟然一改凡事不管的态度，对打这一仗十分重视，圣意坚决，万历要举全国之力尽快平了这撮反动武装。

最初领导镇压叛乱的是三边总督魏学曾，但这人在平叛之初表现并不突出，领导下的明军正如哱拜当初所见，涣散无能，哱拜一方蛮悍的叛乱队伍压根没把魏大人的平叛力量放在眼里，一时间哱拜军势如破竹，连下中卫、广武、玉泉等镇，势力越发强大。万历一看大西北打半天了，这打得什么破玩意儿啊，再照这个情形打下去，我屁股下面的龙椅就要换成牢底了。

屁股下面发凉的万历赶紧重新调兵遣将，四月，调原总兵李成梁之子李如松出任宁夏总兵，浙江道御史梅国桢为监军，调集辽东、大同、浙、苗等多路队伍，平叛队伍重振士气，认真作战。与此同时，那个一直师出无功的总督魏学曾则带着一支实在庸碌的军队久攻宁夏不成，绝望之际，他竟想到了"和平招安"的馊主意。正不遗余力注视战况、希望一举大振国威的万历听到魏学曾的战报犹如五雷轰顶，差一点气炸了肺，不久就把这不争气的家伙调了回来，直接扔进了牢房——让朕冒着坐牢底的风险陪着你在宁夏不干正事，那不如你先来尝尝牢底的滋味吧。

魏学曾下课，原甘肃巡抚叶梦熊接替重任，叶梦熊可是个狠角色，平生打仗最爱的方式就是大炮轰之，想他当年攻打灵州的时候，便是直接靠大炮猛攻，一时间让明军军威大振，名扬西北。这次正是叶梦熊接了魏学曾留下的烂摊子。叶大人上任并没有立刻急着找大炮，他首先是认真观察了一下，认为之前的失败之所以会发生，军纪不严是最首要的问题，纪律涣散，军心不齐，还有就是军饷供应依然不能保证，经验丰富的叶大人深知，行军打仗最重要的就是后勤补给，给将士们吃饱穿暖，才有足够的人愿意替你打仗。哮拜本就是因为这个反了的，我军要是再不吸取教训，士兵再被逼得向敌方倒戈，那就完蛋了。万历这时候倒是表现出了相当大的果断和支持，圣旨予叶梦熊"尚方剑"，准违令者就地问斩，并且亲督军饷，犒赏将士。同时，兵部尚书石星为前线献计一条，这条计策其实前面那个倒霉的魏学曾就想到过，一直准备付诸实践：因为哮拜所占的宁夏城地势较低，而附近又有黄河流经，如果可以引水而过，放水淹城，应该效果会不错。万历就捎话给叶梦熊，要是敌人太凶残，那我们就不承诺放弃"水淹七军"的策略。

叶梦熊得了圣旨谕令，估算了一下硬攻难度太大，便毫不含糊地选择了水淹七军的损招。之前哮拜攻城略地，叛军成绩斐然，让明军一方士气大减，叶梦熊急着放个大招，也是为了尽快提升明军方面的激情。在叶梦熊的领导下，明军夜以继日筑堤引水，终于在最短的时间内占据主动权，一举开闸之际，只见黄河水裹挟着无数淤泥沉沙向叛军盘踞的城内涌去，直接给哮拜及其部下上演了一幕黄河浊流滚滚的实况报道。

君不见黄河之水天上来，奔流到宁夏城里不复回，面对城中汹涌的黄河水，哮拜一众非常紧张，但是紧张还没有让他们完全失去分寸，毕竟是一群见过真刀真枪的汉子，兵变的几位首领临危还是保持沉着地坚守。因为他们相信，吃水仗只是暂时的，后援军很快会到——哮拜已经联络好了来自套部蒙古的兄弟，他们一定会及时出现，前来援救。

然而，他想太多了。

宁夏总兵李如松早在黄河咆哮之前就到了城南，切断了哮拜老头的援军。先锋将麻贵等人也以迅雷不及掩耳之势捣毁了套部骑兵，把哮拜信心满满的最后王牌轰出了贺兰山。这样，只留下孤零零的哮拜跟拎着大刀的叶梦熊在宁夏城口深情对望。

胜负似乎已经明辨，但是哮拜依然坚持着最后的抵抗。他哮拜是谁，那是曾经威名赫赫、战功数不胜数的西北传奇啊，戎马一生却在最后晚节不保走上叛途，结果却还未走出宁夏就输给了一众他暗暗鄙视过的明军将领。这本身已经是一种奇耻大辱，如若在败军之后再选择投降，那简直是把鞑靼汉子最后的尊严按在地上摩擦，所以他决定，要战斗到最后一刻，就算叶梦熊的大刀逼到他的眼睛前面，也决不投降。

哮拜虽然一根傲骨铮铮，但叛军的其他成员可没有那么齐心了，尤其是主谋哮承恩和刘东旸，随着反叛事业越发不顺，他们之间的嫌隙也日益增大，这些叛乱的士兵，压根就是因为军饷不发的问题，激起蛮悍的鞑靼人血性的愤怒，大家一拍即合，越说越气，一个冲动就造反，本身也没有什么安排预谋，更别提科学的权力分工了，一把义气维持着，打到最后，义气用光了，最容易出现的就是分裂（参看太平天国运动，那场农民起义最后也是这样失败的）。在反叛军营内出现裂痕之际，明军一方的监军御史梅国桢梅大人抓住了机会，给哮拜集团玩了一出反间计。在最危难的时刻，梅国桢派人去那边传了些挑拨离间的话，说是某位将领想要背叛兄弟接受朝廷招安。加上叛军首领之间本身就已是互相不满，猜忌重重，哮拜军营内部发生了严重火并，刘东旸、哮承恩都认为对方要将自己作为筹码向明军投降，争吵很快上升为残杀，哮拜的义子哮云也搅入其中，叛军一片混乱，不久，明军借乱发起总攻，宁夏城下，哮拜在绝望中选择了自尽了断，一家其余也被处决，这场不大不小的叛变终于被明政府圆满平息。

万历二十年（公元 1592 年）十一月，叶梦熊率大明军凯旋归来，举国同庆的同时，朱氏集团的老账本上也悄悄减去了二百余万的存款。战争总是最烧钱的，而万历总裁并没有太心疼，他更享受这场炫耀国威后阔别已久的骄傲感觉，自张居正死后他终于干成了自己主导的一场大业，这位心机极深的皇帝似乎很在意武战之功，他对内懒得和朝堂上的文臣纠缠，却把才智都放在了对外的刀剑沙场上，关于这一时期明中央和军务的分析，以及万历出奇优异的表现，我们讲完三大征的故事再说。

万历三大征之二：万历抗日，大明援朝

讲起明朝打得最解气的一场对外战争，也是"万历三大征"中最为惨烈的一场，便是万历年间的这场大战了。说得经推敲一点，应该是"逐倭援朝"之役，因为那时候的明朝政府管日本还叫"倭国"（必须声明这并不是专门发明的侮辱性的字眼，而是古有称呼）。日本这个国家，在唐朝还极虚心学习，把我们当成天堂一般的存在，几乎是复制了大唐的一切。但自从自身强盛一些之后，它吞并华夏称霸东方的念头似乎就没有断过，直到今天。

1. 小筑暂高枕，忧时旧有盟

甲午战争之前，中国这边对于这位野心惊人的邻居印象仅停留在"弹丸倭夷耳"，所以，当万历皇帝得到这个"弹丸"国将要入侵他庞大的大明帝国的消息时，是十分诧异和不屑的，对于东北烧来的战火也并没有太当回事。然而过了一年，万历却意外收到了朝鲜国王李昖发来的求救信，信中可以看出，朝鲜国王感到格外焦虑，他说，日本军已经占了我的都城以及大半个国家，他们还打算一路杀进大明，你最好有所准备。

当时的朝鲜力量衰微，而这个国王李昖偏偏也没什么本事，是一个优柔寡断的文艺青年，在他的带领下朝鲜国内重文轻武，军事废弛，朝廷内官员也是矛盾交错，政局动荡。而日本呢，则刚刚在丰臣秀吉的强势武力下结束了长达百年的战国乱局，跃跃欲试地想要对外扩张获得更多的土地资源。相比之下，朝鲜就像一只受了惊吓的绵羊，把全部的希望寄予强邻大明，只盼着大明政府能够出兵帮他们处理倭患、尽快复国。

万历一看，原来隔壁的丰臣秀吉玩儿真的啊，惊讶之后不得不细细思索对策，这才正视起逐倭的大事来。

彼时的日本，就是那位丰臣秀吉主掌大权，因为国内武士始终因为分封资源不平而矛盾重重，想要平息各方势力的办法，就是获得更多的土地。于是乎这家伙认真规划了一张吞并大明的蓝图，由朝鲜作为跳板侵入中国东北，扩张到中国全境，进而占领整个东亚，甚至连迁都北京、北京周围的土地怎么分都规划好了。而且，他自己还打算以后就住在宁波府附近，理由是宁波离印度比较近，占了大明下一步就要灭印度，他住的近点方便指挥战争。为了激励自己，丰臣秀吉在发起进攻之前就高调立誓，他要在头发变白之前征服中国。不管怎么样，这一规划清晰、细节丰满的梦想还是相当吓人的，当时面对这样一份详细的未来展望书和已经崩溃的朝鲜政府，万历不得不认真思索出战的事情了。

一开始，朝廷中有大臣比较反对参战，他们怀疑朝鲜突然求救，战报频繁，怕是其中有诈，可能会和日本联合陷害中国；即便不是陷阱，不蹚这浑水也是应该的，反正日本还没打到咱们的领土上来嘛。战与不战之争在朝廷上纷扰不休，就在这时，一直看起来又懒又馋得过且过的万历却表现出了相当的英明和理智，这是让我对他刮目相看的一件大事，他对这些大臣的言论表示大怒，一方面，李昖怕万历生疑，已特地将丰臣秀吉送给他的恐吓信转交到了万历的手里，信中日本给李昖下的通知是：我们要攻中国，从你这取道。直接放话表达了未来的行军路径，丰臣秀吉的字里行间都明显地是瞄上大明这块肥肉了。另一方面（也是让神宗最为恼怒的地方），他这样说："（朝鲜）人民离散，驰章告急，请兵往援。朕念朝鲜称臣世顺，适遭困厄，岂宜坐观！"就是说朝鲜对我大明世代朝贡，恭敬顺从，他们遇到危险了，我哪有袖手旁观的道理呢？——没想到连早起上朝都痛如割肉的万历还有这担当精神。

要知道，朝鲜当时和我们的关系，是封赏与朝贡，属于古代中国朝贡体系中不可分割的一分子。

2. 呼樽来揖客，挥塵坐谈兵

说归说，明朝这边对待日本的态度显然不够端正。万历二十年（公元1592年）四月，日军登陆釜山，第一批调自辽东的明军同时跨过鸭绿江配合朝方作战，压根没把"弹丸"放在眼里的辽东军比较松懈，他们常年跟女真、蒙古等少数民族的队伍交锋，自以为很能打，日本军在他们眼里不足挂齿。这支队伍只有两千人，一支地方驻军，领队的也是个不大的军官。这支队伍带着打酱油的心贸然进了朝鲜，结果运气还差，遇上一场大雨，雨中道路泥泞，队伍无法前进，撒手铜火炮筒也因为雨天而失效，全队如同待宰的羔羊一般被敌军团团围住，就这样，辽东军被打得全军覆没。而不久又开过来的副总兵祖承训的队伍由于轻敌冒进，不熟悉地形也不幸大败，手下几员将领都在混战中牺牲，连祖承训自己都险些被俘，明军首战几乎惨不忍睹。

然而这两个美好的开头却令丰臣秀吉信心倍增，曾经传说中强大富庶的大明国也不过如此嘛，那么统一亚洲岂不是指日可待了！而首战吃了个狗啃泥的大明则上下一片震惊，紧急讨论后决定重整将领，点齐兵马，必须跟丰臣秀吉干场大的了。

此番被御笔钦点挂帅出征的武将不是别人，就是前面讲过在宁夏平乱战功赫赫的李如松，由他出任东征提督，李如松先祖曾与朝鲜有渊源，提起那片土地也是感慨颇深，他亲口对朝鲜来的陪臣讲起自己对朝鲜的情感，以表达对出征朝鲜志在必得的信心。上战场前，李如松还以一首壮志凌云的诗作为纪念：

提兵星夜渡江千，为说王韩国未安。明主日旋挂节报，微屋夜释酒杯欢。

春来刹气心犹壮，此去妖氛骨已寒。谈笑敢言非胜算，梦中常忆跨征鞍。

将领已定，其所率入朝军队也由明军中的精锐组成，一部分是由李如松亲自抽调、出自李家嫡系的辽东铁骑，他们不仅作战专业程度高，还配备有当时世界最领先的军火武器（在以后的故事中，辽东铁骑还会发挥更出色的表现）；另一部分是抗倭界大名鼎鼎的戚家军，戚家军纪律严明，有丰富的对倭作战经验，是大明军队中最优秀的一支步兵。这两支队伍强强联手，几乎是把明王朝的压箱底都掏出来了，可见万历对抗倭援朝战争的重视。

早在李如松到达前线开战之前几个月，眼见东北日军攻势凶猛，明政府的准备却并没有完备，万历一面在朝廷上打与不打的争吵中举棋不定，一面也对这场远征战争心里没底，朝鲜已经彻底趴窝了，连个辅助都打不了，哪怕行军最重要的粮草都得大明从国内想办法，前线交战两次失利不得不让明政府好好反思一下战略布局。

所以，对万历来说，想要做好充足的战前准备，时间就成了最宝贵的东西。为了争取时间和更多的主动权，兵部尚书石星派了一个他自己从民间招募来的使者去前方交涉，顺便刺探军情。这个人名叫沈惟敬，出身市井，毫无政治外交经验，只因为对日本情况比较熟悉、看起来为人机敏而被石星启用。沈惟敬最早前往东北是为了帮助大明刺探日朝两方战斗的实际情况，后来却收获了意料之外的和谈结果，为明军备战争取到了时间。

当时日方将领小西行长看似攻势极猛，但打到朝鲜腹地后已是疲惫不堪，兵粮运输紧张，朝鲜境内气候偏寒，越是接近秋冬越是让日军士兵难以忍受，所以当沈惟敬带着"谈和"的诚意出现在小西行长面前时，那位日本将领便表现出来了比较玩味的态度。加之，小西行长本出身于商人家庭，转战沙场之后也依然没有洗去身上"唯利是图"的铜臭气息，在为丰臣秀吉卖力之余，还想着能利用战场之便接触到大明官方，获得更加通畅的经商之路。这二人在谈判桌上各怀心思，但唯一一致的地方就是都一定程度上想要促成至少是眼前的和平往来，这沈惟敬也算是胆大机智，在敌我力量悬殊的情况之下依然敢势单力薄深入日方军营，连蒙带骗地以"天朝上国"的姿态指责日本不知好歹、背信弃义，居然敢擅自把大明的小弟朝鲜给欺负了，明军正在集结你想象不到的大规模队伍，准备让你看清大东亚谁是老大。要是识趣的话，就赶紧退出朝鲜，我们皇上或许还能饶你们一次，甚至许你和平通商。

一方面沈惟敬的威吓也有些作用，一方面日军疲顿，小西行长也有自己的计较，两方在平壤竟达成了暂时的和解，议定在五十日之内，双方以江为界不得发起进攻，一直心惊肉跳又无力抵抗的朝鲜官员虽然不太满意明政府屈于讲和的态度，但既没什么办法与大哥硬刚，也没什么办法单挑倭寇，不管怎么样至少有了片刻的喘息之机，只得接受了这五十日安宁的结果。沈惟敬议和的结果说大不大，说小不小，但可以肯定的是，在平壤战役当中他起到了不可忽视的辅助作用。

所以当李如松从宁夏战场千里挥师辽东，抵达御倭前线时，看到的就是这么一团暧昧的外交成果，作为一名一向用刀剑说话的武将，李如松自然对沈氏蒙诈谈和不屑一顾，坚决反对沈惟敬再谈妥协议和之事，何况三军已至，伐倭心切，大战实在是一触即发。李如松到达朝鲜时已是万历二十年（公元 1592 年）十二月，隆冬时节的朝鲜正是严寒，有四万余众明军"临鸭绿江，（只见）天水一色，望得朝鲜万峰，出没云海"，身后是家国百姓，朝廷重托，烈烈寒风像一双无情的大手，随时准备拉开平壤大战的序幕。

3. 短剑随枪暮合围，寒风吹血着人飞

万历二十一年（公元 1593 年）正月初六，李如松挥师抵达平壤城下，两日后，正式攻城的号令便在明军阵营中高高吹响。平壤自古以来就是军事重镇，依

山傍水，易守难攻，而日军虽然有所疲惫，但依然戒备森严。整个平壤城尤以北门外的牡丹峰最为险峻，攻陷艰难，牡丹峰是平壤城的"屏障"，一边是平壤城门，另一边则是悬崖峭壁。主攻牡丹峰的是抗倭老将吴惟忠，他仅带领着三千余名戚家军士兵向这块坚硬的骨头啃去，此部队抗倭经验丰富，临阵勇猛无畏，且戚家军带来的都是来自南方丘陵山区擅长攀爬的士兵，他们能够出其不意地从峭壁上攀援而上。李如松深知牡丹峰必久攻不下，不宜在此处浪费太多实力，只希望吴惟忠能够为主战场吸引开大部分敌军，为其他城门争取时间，因此，在整场战役当中，牡丹峰战斗最为惨烈，许多将士甚至在受伤流血之际仍奋不顾身杀敌，老将吴惟忠也在战斗中不幸受伤，然而他未曾退缩，胸口鲜血汩汩还是在勇猛督战，城北的明军队伍虽不能立即攻破，但有效地为主战场分流，用极大的牺牲换来了最后的胜利。

而位于平壤城西的七星门，是明军主攻的战场，这是整场战役中战斗最为激烈的一个战场，主帅李如松便在此战场亲自督战，他身先士卒，带头攻城。当时战场上"弹丸如雨，刀矛向外齐刃，森如猬毛"，敌人们在城墙上借着高低之差，把沸水和石块不断砸下来，明军进攻的速度不得不有所减慢，有一些士兵因为害怕而临阵退逃。危难之际，为了鼓舞士气，李如松一边喊着"先登城者赏银五千两，敢退缩者当下斩首"，一边亲自冲向战斗的最前线，手起刀落，毫不含糊地将退却士兵斩首，进而拍马先行，直面敌军，所到之处杀敌甚众。看到主将如此英勇，竟能不顾安危镇定自若地与普通士卒并肩战斗，明军顿时士气大振，更有赏金和军令当前，将士个个奋不顾身，明军势不可当。日军看到明军风头大劲，感到格外惊恐，他们大概也对李如松这位骁将有所耳闻，只得迅速调集精兵集中在七星门主场疯狂抵抗。

相对于应对李如松亲督的七星门，南边日军防御较为薄弱，防守在此的是一支投降了的朝鲜军队，且不说朝军本身战斗力就差强人意，当了伪军的朝军就连原本拥有的战斗力也要打折。为了和守城的这些朝鲜伪军保持一致，李如松命在此攻城的明军也悄悄换上了朝鲜军的衣服。当换衣完成的明军出现在南门之外时，无论是伪军对于自己的同胞、还是日军对于昔日的手下败将都表现出了相当的不屑一顾，这里的守军们几乎是吊儿郎当、无所畏惧地等待着化装后的明军兵临城下——但是！来不及了，就在马上接近城门时，这群"朝鲜士兵"突然撕去军衣，露出闪亮的明军铠甲，晃瞎了城中守军们的眼，这支队伍的将领正是首战失利的副总兵祖承训，他带领将士假扮的朝鲜军实际上是一支辽东军的精锐部队，剥去包装登时气度非凡。当日军反应过来赶紧调兵抢救，显然为时已晚，带着之前战败耻辱、憋着冲天怨气的祖将军已经神速攻下了南边的含毯门，这里也成为明军在平壤大战中首先攻下的突破性缺口。

含毯门高调宣布易帜，可李如松这边的七星门战场却进入到了胶着状态，指望祖承训从南边含毯门穿城而来增援也尚需时间。望着坚如磐石的城墙和日军丝毫未减的势头，李如松感到越来越焦急，明军战士虽然勇猛，但靠着一具又一具肉身与城墙上的敌军赤膊，实在是惨烈而且低效，眼看明军伤亡数字不断攀升，李如松决定重换攻城思路，由用人登城改为用炮轰城。

李如松曾在神机营做过副将，神机营专管火器，丰富的专业经验让他在热兵器应用方面基本功比较扎实。李如松的大将军炮十足拉风，但重达百斤，光炮弹就有五六斤重，不到危急时刻不轻易出镜，此时僵持不下的平壤城西便正是大将军炮发挥威力的时候。

果然，当李如松命人把这个庞然大物抬到城下时，战局便开始向明军疯狂扭转。第一声炮响，硝烟中七星门的城门就摇摇欲坠，第二声炮响，城上的门楼便轰然倒塌，随即四分五裂，在大火、硝烟、毒气、箭矢密密麻麻交织蔽日之下，明军如同破了闸口的洪水一般向平壤城内一拥而入，大刀纷纷向鬼子们的头上砍去！保家卫国的理念，还有五千两赏银的光芒，让明军战士的大刀挥得格外爽利，在硝烟还未消散的时候。攻城已经结束了。

城池大门已破，但战斗却还没有结束，残余在城内的日军非但没有放弃，反而有条不紊地和明军开始了巷战，颇有寸土必争的武士道精神，就连身经百战的李如松也不得不承认日军严明的军纪和战斗到底的军人素质。面对这群准备奋战到死的愣头青敌人，若要减少明军牺牲就只能痛下死手，李如松最后下令直接放火烧城，负隅顽抗的日军士兵便在一片熊熊燃烧的烈焰中纷纷亡命，尸骨无存，只剩下为首的小西行长和些许幸存的将士还在仅存的据点固守。自古兵家讲究"穷寇莫追"，为了防止日军做困兽之斗，让本已损失不小的明军再损兵折将，李如松命明军开了一条活口，放小西行长一众退走逃命，日军溃逃过程中阵脚大乱，在渡江之时又有不少士兵失足溺水而死，但小西行长最终逃走保住了性命，这也是李如松在平壤战役中最大的遗憾。

日军从平壤全部消失。然而昔日宏伟壮观的平壤城内，却已是积血成泊，灰烬成片，尸骨腥臭之气传至十里外仍似不绝，未散的硝烟间依稀可见疮痍满满、触目惊心，战后的整个城池在隆冬刺骨的寒风中定格成一组悲壮的图景，惨烈异常，令人胆寒。

4. 朝来道上看归骑，一片红冰冷铁衣

就这样，经过一日激战，明军歼敌过万，终于收复平壤，日军在此役中可谓气焰大减，不敢再狂妄地规划明天在北京哪个王府前喝绿茶的事了。然而李如松却在平壤处杀得眼红，一路轻骑狂奔，直直地杀向朝鲜国都汉城，可是之前平壤的胜利让他过于轻敌，在快到汉城的碧蹄馆，明军意外遭到伏击，一路奔波疲惫的李如松率部仓促应战，结果因为敌我力量实在悬殊，明军伤亡比较惨重，究竟有多惨重呢？中朝日三方史料记载不一，不过综合来看，碧蹄馆失利应该并不至于让明军元气大损，可这场不算太要紧的小败却成为抗倭援朝大战第一个转折点。

碧蹄馆失利以后，影响最大的是主帅李如松。李将军随后竟给万历递了一

份辞职报告，表示这场战败让他十分愧疚，战况不容乐观，以末将短才恐怕难以胜任主将之职，望皇上批准。胜败本就乃兵家常事，要仅仅是碧蹄馆一次偶然败绩，久经考验的李如松应该不会如此受挫，问题就在于，碧蹄馆背后，还有着李如松不好解决的大问题。首先就是最无聊也最能出事的人际关系矛盾，李如松虽为一军主将，但按照明代以文驭武的传统，他也不得不受到随军文官的制约，在朝鲜战场上，经略宋应昌就和李如松形成了文武不和的尴尬局面，二人从排兵策略到战后赏罚都各持己见，分派明显，由于宋应昌阻挠，李如松调兵遣将困难，李如松居功自横，也让宋应昌下不来台，一来二去，军中将帅内斗，实在影响整体战斗力；其次，平壤战役后，明军开始出现粮草短缺、战马不足的现象，大明后方补给路途遥远，朝鲜国王又各种不靠谱，李如松常常不敢恋战，只能靠短暂突进完成进攻，实乃持久战之大忌，大后方空虚的武将就如同被束缚住手脚的舞者，完全施展不上力气。故而，无论是队友失和还是后勤太次，都让李如松烦恼不已，刚好又遇上了碧蹄馆之败，李如松觉得心态要崩，难以提起如平壤那般的士气，便向万历请辞主将之位。

这封辞职报告万历当然不会批，放眼望去若李如松都打不了，怕是没有谁更适合了吧。不过呢，在复杂多变的朝鲜战场，李如松担心的问题也确实存在，碧蹄馆败绩虽不算大伤元气，但主将心态都崩了，暴露了明军内部不小的隐患，朝中关于停战议和的声音也始终没有落下，万历难免不受到影响。眼前中日双方都打得精疲力竭，或许休战倒能成为一个不错的选择。

5. 精通小语种的重要性

一提到休战议和，就是文官一展身手的舞台。在朝鲜战场上与李如松关系已经颇为紧张的经略宋应昌成了这幕大戏的主角，除了宋应昌，当然也少不了我们前文中讲到的那位出身市井、巧舌如簧的外交小天才沈惟敬。沈惟敬带着明方的建议去见小西行长，小西行长正带兵与明军对峙，虽然看起来军容尚且齐整，但是实际日军内部也是一地鸡毛，李如松棘手的粮草不足、军心不稳的问题，小西行长也同样面临。所以沈惟敬的谈判过程还算顺利，他带着"中日各自退兵后中方派使者去见丰臣秀吉、日归还朝鲜人质俘虏"的结果圆满复命，宋应昌一看也比较满意，便打算回头向万历邀议和之功。整个谈判过程中日两方都没有太意外的抵触情绪，然而夹在中间的朝鲜却格外窝火，本以为长期的马仔没有白当，一朝后院起火全家老小都等着天朝来救，却不承想好不容易请来的大明靠山居然也是个靠不住的纸老虎，朝鲜上上下下都弥漫着对谈和的反感情绪，甚至违背明朝的意思想要与倭寇抗争到底，因此，虽然宋应昌和小西行长表面上已经将和，但在此期间日朝两方依然有交战发生。

可惜朝鲜力量的确衰微，再怎么抗争也没能改变明方的决策，宋应昌还是派了两个人和沈惟敬一起去了日本参加和谈，在新的议和桌面上，又体现出来外交官熟稔外语的重要性。沈惟敬虽出身卑微，但凭借着语言优势和小西行长再次成为主导谈判节奏的中心人物，这二人各怀鬼胎，都希望中日可以尽快停战、恢复通商，所以在交流翻译的时候都暗戳戳地把节奏向有利于谈和的方向引，小西行长向日方表示明朝对丰臣秀吉的要求基本无异议，沈惟敬却告诉一起来的小伙伴丰臣秀吉愿意向大明称臣，最后两方或许都以为是对方慑于自己的威力退了一步，外交已获得重大进展。

事情发展到这里却并没有结束，关于要不要对日本进行册封之事朝廷中风波再起，主战派与主和派互喷得口水横飞，最讨厌听言官吵架的万历觉得脑子都要炸掉了，在争论中比较关键的两个人态度对万历产生了不小的影响，一个是经略宋应昌，他一直想着只要日本称臣态度良好，就可以化干戈为玉帛，而另一个兵部尚书石星更是全力支持议和，不过，问题就出在他们最可靠的信息来源居然是毫无外交经验的沈惟敬，沈惟敬和小西行长在谈判桌上的交流左右了整个战局，任何一个虚假信息都有可能成为战争复发的导火索。

万历二十三年（公元 1595 年）一月，万历派使臣前往日本，册封丰臣秀吉，丰臣秀吉在面子上还是比较正式地迎接了大明使者。然而，中国从来自诩天朝上国，地位至尊，加上沈惟敬一直忽悠朝廷倭方态度谦卑，使者带来的册封诏书语气便是一贯地居高临下，俨然天朝上国不屑蕞尔小邦的傲慢态度，诏中将丰臣秀吉侵略朝鲜、继而吞并东亚的宏图野心直接贬低为"……崛起海邦，知尊中国……北扣万里之关、恳求内附"，那么看在你"情既坚于恭顺，恩可靳于怀柔"，就"封尔为日该国王，赐之诰命"，意思就是，你大老远地跑到我家后院敲门，求着当我马仔，这份孝心也是不容易，看在你如此恭敬诚意的份上，大哥就收了你做小弟吧，这次正式通知你，以后你就是这一片区的小霸王了吧，要记着听大哥的话就行了，怎么样惊不惊喜意不意外。这封牛哄哄的封赏诏书到了丰臣秀吉手里简直是惊喜透了，想自己怀着吞并亚洲的豪情壮志，与大明交战也算是互有胜负，明朝皇帝居然以完胜者的姿态跑来"封赏"，是有多大脸？火冒三丈的丰臣秀吉顿时杀心再起，虽然碍于军备缺乏，当下并没有撕破脸反攻朝鲜，但是内心早已埋下了复仇的种子，约定好撤军的事情显然也兑现不了了。

眼看着日军态度反复，说好的撤军丝毫不见动静，万历有点恼火，不得不催促使节和督察提醒日方践行约定。结果万历不仅没等来日方乖乖撤退的消息，还得知大明派去册封的使臣竟然在这困难重重的节骨眼上逃跑了！本来中日和谈就诸多不顺，出了此等丑事更让人大跌眼镜的是，这位逃跑的使者，他究竟是因为洞悉了沈惟敬擅自隐瞒丰臣秀吉野心的真相感到此地不及久留，还是因为自己私人恩怨无法容身，我们不得而知，无论如何，使臣临时脱逃都令大明结结实实蒙了一回羞。

万历虽然气得挠墙，但是也不能因为他一个人改变已经谋划了很久的册封谈和之事，在众大臣的劝慰下，他重新派了一组使臣前往日本，行册封大典，以期再次申明封贡之恩，暗示丰臣秀吉见好就收，息事宁人。这次那位胆大包天的外交鬼才沈惟敬也在其中，一行人又一副天朝上国的高姿态出现在丰臣秀吉面前，但是这一次沈惟敬的瞒天过海大招却不再灵验了，丰臣秀吉看到明朝所谓册封诏书一句都没有提到实现他之前提出的要求，反而还是高高在上的主子做派，怒而拍案，直言"吾掌握日本，欲王则王，何待髯虏之封！且吾而为王，何以对天皇！"（我在日本早已说一不二，想不想当王是我一个念头的事，你明朝不过是个大胡子强盗，轮得到你来封我？何况我只任关白，上有天皇我怎可为王）盛怒之下的丰臣秀吉不仅把明使赶回了老家，还扬言要再次入侵。整个事件的始作俑者小西行长和沈惟敬，一个差点被丰臣秀吉砍死，一个吓得不敢回国，企图伪造一份日本谢恩信了事的计划也很快被戳穿。当万历得知日本始终没有归顺之意，都是主和派鼓动他一厢情愿地圣母心大发时，比丰臣秀吉还要愤怒，他当即把主和首领、兵部尚书石星撤职并下狱，连带蓟辽总督也被革职查办，主和之声顿时销匿，日本即将卷土重来的消息迅速传入，漫长的议和终究还是以无效告终，大战的气息不胫而走，硝烟似乎又笼罩在中日朝三国的上空了。

6. 一年三百六十日，多是横戈马上行

万历二十五年（公元 1597 年）夏，辽东已然是剑拔弩张，气氛颇紧。有人说万历抗倭援朝第二次战争爆发都怪石星一味促成议和的狗屁主张，激得丰臣秀吉大怒再起战心。这个想法不免有些幼稚了，要说丰臣秀吉真的愿意放弃战争，从此和平相处，我绝对不信，不仅是他，全日本直到现在依然对侵略和占领有着难以抑制的热情，他不过是为战斗积累精力和时间，韬光养晦去准备新一轮的侵略。在领土和资源日益紧张的情况下，日本整个民族侵略称霸的心都只可能愈加疯狂。所以要把第二期战争根源都归在主张和谈的大臣身上，我们就把日本和丰臣秀吉想得太简单了。主张大臣只是为复战制造了导火索，让丰臣秀吉可以以此慰藉自己，将自己埋藏于心底统一东亚的大梦付诸实践罢了。

鬼子再度进村，第二轮交锋正式开始，虽然议和之事仅仅拖拉了几年，可辽

东战场上却是全无旧貌，物是人非：曾几何时在平壤战功赫赫的大将李如松，却很不幸地在之前抗击蒙古之战中遭遇伏击，以身殉国，沙场未还，可惜啊，一代名将就此终结！而与李如松水火不容的经略宋应昌，后来也因为力主议和失误被弹劾革职。

主干将有杨镐、麻贵、李如梅等，新上任的总指挥杨镐显然跟李将军不是一个水准，他领导的第一次蔚山战役本来可以是和平壤战役一样大胜的，却因队伍不整、军心不齐而战斗力减弱，加之后来日方援军赶到，胆小的杨镐匆忙撤军，阵脚大乱，使得这次战役明军伤亡巨大。不过好在一场激战下来，日方也损失不轻，双方各自守着半格残血在紧张中对峙。万历一怒把杨镐调回，换上了邢玠，而这位邢玠呢，之前一直在播州处理杨应龙叛乱（我们下一章会讲到）的事，那边事态平稳以后，万历就将邢玠调到了辽东。邢玠后来接替石星做了兵部尚书，还兼任蓟辽总督，是一个比较具有深谋远虑和军事才干的人。不过，辽东战场复杂，日军实力不可小觑，虽然邢玠自从带上队伍以来一直想方设法认真部署，但战局依然胶着顽固，输赢反反复复，始终也没有出现什么决定性的大进展，这就让中日双方开始了长达一年的可怕消耗战。和每一场侵略一样，日本资源匮乏、后备不足，丰臣秀吉希望速战速决，一旦进入持久战的泥淖，岛国的有限实力是撑不住太久的。更有利于明朝的是，明与朝鲜的水军相对发达，他们在日军供给必经的对马海峡直接截断了来自日方本土的后勤力量。而邢玠上任以后，也时刻谨记碧蹄馆战役李如松马失前蹄的重要短板——粮草，多次向万历强调物资补给的重要性。补给充足的明军与缺衣少食龟缩的敌人就以这样无限循环的抗衡模式持续下去，一直拖到了万历二十六年（公元 1598 年）。

虽然老朱家账面上的银子在几场大战的消耗下已经快见了老底，但是到了那个时候，日本在明军不断的打击下力量更是已经越来越弱，眼看就撑不下去了。丰臣秀吉快要没有办法了，对外战争的失利使他在国内名声大损，又不甘心就此放弃，眼中钉德川家康趁着他在朝鲜战场上脱不开身，暗中积累了巨大实力，丰臣秀吉生怕自己一归天，丰臣政权就会不保，会被德川家康取而代之。

然而思虑过甚终究是对于身体健康无益，终于在万历二十七年（公元 1599年）八月，又急又气的丰臣秀吉在伏见城病死了。丰臣秀吉的死给遥遥无期的中日战场带来了巨大转机，日方军士大概早就想回国了，首领都死了还打个毛线，急于离开战场的日军顿时阵脚大乱，在群龙无首的状态下匆匆撤军。看到日本方面一团混乱，万历同志满意地笑了，历史告诉我们，笑到最后的人永远是活得最长的人。

7. 凭将志译传番语：看尔来生敢再来

于是，万历的最高指示随之下达：群龙无首的敌人，我们一个都不要放过。明军整军追击，斩敌无数，痛打落水狗，一路把侵略者赶回了他们的弹丸老巢。同时朝鲜复国，万历将完整的政权交还给李昖，不曾借机占其领土废其主权，并告诉他，我中华乃礼仪之邦，帮你打仗是大哥的义气，你放心回家吧。复国成功的国王李昖握着邢玠的手泪眼婆娑，仿佛送别亲人，情景倒着实感人，后来为了感激大明哥哥再造之恩，李昖还给邢玠建了一个生祠纪念。

明朝逐倭援朝后的表现，常被认为是大明之信，华夏之德，也是日本侵略怀野心者不能、也不可能理解的道理。

万历二十七年（公元 1599 年）四月，大明军队撤出朝鲜归国，整整七年之久啊，逐倭援朝大战终以明朝胜利告终。这一年的重阳节，万历为庆祝抗倭胜利大宴群臣，宴后凡是对战争有功之臣皆加官晋爵，封赏丰厚，除了石星等失误重大者不得宽恕，其他如杨镐等罪责不重者，后来都复职启用，也算是对此事圆满的交待。

逐倭援朝战争胜利后，万历皇帝在怠政 n 年之后罕见地走出深宫，接受四方拜贺，亲自下令处决战犯，并向天下发布胜利之后的诏书：

"……若使弱者不扶，谁其怀德，强者逃罚，谁其畏威！况东方乃肩背之藩，则此贼亦门庭之寇，遏阻定乱，在予一人。……鸿雁来归，箕子之提封如故，熊罴振旅，汉家之德威播闻，除所获首功，封为京观，仍槛致平正秀等六十一人，弃尸稿街，传首天下，永垂凶逆之鉴戒，大泄神人之愤心。于戏！我国家仁恩浩荡，恭顺者无困不援，义武奋扬，跳梁者虽强必戮。"

这一篇诏书，无法全文复制，此处摘录一小节，每每读之都令人心潮澎湃，抛去其他不谈，只字里行间的大气威严就唤起心底一种崇高的敬意，这也许是炎黄儿女骨血中永恒的共鸣吧。最后一句，倒让我想起了汉武帝伐匈奴时说的"明犯强汉者，虽远必诛"，以及唐灭东突厥记载的"突厥以失德抗有道…（我必）伐暴取乱"，千年以来，华夏民族沧海桑田，不变的却是这份睥睨四方、强而不霸的气度，自有非凡强大的国力，却愿以友好尊重的态度对待友邦，本不恃强凌弱，怀德对之，但若有暴乱者来犯，任其强大或是奸猾，我也必会匡正扶弱，全力征讨。正所谓不恃人不攻我，但恃我不可攻。

这种古老民族自强厚德的文化，是时间历史锻造出来的，威武不可亵犯，傲然而不霸横，带着一分从容淡定的气度，一种宁静致远的心境，隐藏着柔中有刚的力量，在春去秋来的漫长历史间屹立不倒。虽说自居天朝一贯自负的背后有其负面影响，但是单这场逐倭援朝之役中展现的，是整个华夏不可侵渎、骄傲坚韧的精神，是一个大国俯仰千年海纳百川的伟大胸襟。

平定西南土司叛乱的播州之役（万历三大征之三）

万历三大征的最后一役，是平定西南苗疆土司杨应龙叛乱的"播州之役"。播州大约位于我们今天贵州省遵义市附近，此地地理位置优越，有大楼山的天然关口，还有赤水河为天然护城河，地域内物产丰富，尤其盛产优良木材，无论是经济水平还是自然条件都可称为西南之最，所以蠢蠢欲动之态发生在播州，也就不令人奇怪了。

1. 幸得祖宗荫庇，安居代代相传

在开始细述这一次征战之前，我们首先解释一下该战役中，叛乱的中心词——"土司"，土司是自元朝以来所设置的地方官职，最初是为了安抚、封授西北、西南部分少数民族首领，给他们在这些边陲地区一定自治权力的安排，但"土司"和我们现在意义上的少数民族自治区可不一样，这些土司，世代袭位，世代受封，关键是可以保留部分掌兵之权，名义上是在中央的委托下，作为一方维稳力量的。但是历史的教训告诉我们，这一旦拥兵就不是什么好事，伟大领袖毛主席曾说，枪杆子里面出政权。特别是山高皇帝远的偏远地区。于是万历年间在四川南、贵州一带的播州任宣慰使司的杨应龙就折腾出了一场巨大的动荡，酿成"万历三大征"的最后一场——播州之役。

溯源杨应龙祖上，可一直追到唐朝。唐僖宗在位时，他的先祖杨端因扫荡西南边陲骚乱有功而受命在此镇守，转眼七百年过去了，历朝历代管制不同任职不一，但没变的就是杨氏在这片川黔之地上起伏多少代仍居一门望族。到了明朝，正是杨应龙袭土司之位，任了播州的宣慰使司一职，明代对于土司的统治相比前朝稍微从严，从前这些土司只要逢年过节给宫里送一点土特产尽尽孝心就可以了，明代则给他们加上了赋税的要求，不过杨应龙在对老朱家表忠心的问题上非常积极，朝廷为了嘉奖他的忠心，没有给他规定严格的赋税红线，说白了只要看着交点钱就行了，话虽这么说，朝廷毕竟不能糊弄，所以比起从前，到底是改变了只送土特产就能过关的好日子。

杨应龙最初对大明政府是很拥戴的，万历这个人爱好面子工程，喜欢大兴土木，建造他的定陵就是个巨大的项目。恰好杨应龙驻守的贵州特产上好的木材，这个川黔边区的头目便充分发挥地方特色优势，经常给皇帝砍上好的木头进奉，佳木特供就成了杨应龙在帝心的突出特长。而进献过程中，杨应龙总是态度恭顺，谨慎有加，就连申时行都愿意为他说几句好话，可见在叛乱之前杨应龙还是个典范性的三好学生。因在献木行动中表现良好，杨应龙就想问万历要一点赏赐，他说以前的土司曾经得到过蟒衣的封赏，他也想要一件。这一请求最终被万历拒绝了，但是作为不能满足请赏的弥补，朝廷又加封给他一个"都指挥使"的头衔。也许是为了感激朝廷的恩德，杨应龙后来又主动奉上了好几次名贵的黔地特产，看起来地方与中央的关系似乎一直都还不错。

2. 溪云初起日沉阁，山雨欲来风满楼

表面上杨应龙对明朝廷恭敬非常，一切相安无事，但是在他的老家川黔一带，却是矛盾重重、纷争迭起。在杨应龙的势力地区播州，除了杨氏一族最大的宗主，还有其他五个长官司及其下七个影响力比较大的家族部落，被称为"五司

七姓"。虽然说按照明朝订立的官制杨应龙应在五司七姓地位之上，但是这其他几个家族却并不是都承认与杨应龙的上下属关系，他们常在当地因各种仇怨互相不满挤兑，当然，也因为长期共存而有着难以分割的姻亲关系。杨应龙本身也是个贪婪残暴、自负非常的人，别看他对明朝廷态度恭敬，在地方上却是名副其实的霸王，这导致他和地方土司乃至当地巡按关系都不是很和谐，因为树敌过多，来自播州内部向朝廷告发杨应龙的声音一直不绝。对于播州的动静，朝廷起初并没有太在意，毕竟西南遥远，杨应龙进贡的态度还算良好，但是杨应龙自己却不知收敛，面对告发他的人，杨应龙采取了残酷的暴力手段，引得声讨之呼更甚，后来有人说杨应龙是因此遭到了地方其他土司的嫉恨，被陷害、逼迫后不得不走上造反之路，他本身是一个"深得苗人拥护"的首领。不过我并不赞同这种观点，虽然并不能断定在杨应龙与其他土司交恶的过程中到底谁是谁非多一点，但就凭他能给皇帝大兴土木提供坚实的货源赞助，应该就不会给当地的百姓什么轻松和谐的生活环境。而且正史对其的记载也是"骄横跋扈，作恶多端"，所以他应该是一个不怎么受当地人喜欢的土司，哪怕他是名义上的最高领导。

万历十七年（公元 1589 年），杨应龙"伐木—上贡"的安分彻底打破，因长期的烧杀作恶，又难掩野心被地方的其他家族告发叛乱，但因为这叛乱位于西南边陲，川、黔交界处，两地官员向朝廷报告、建议的态度也截然不同。杨应龙与四川关系比较密切，也许还存在收受贿赂的交易，所以四川方面的意见是杨应龙罪不当剿，主张安抚息事宁人；而贵州态度完全相反，告发杨应龙者也都是去贵州告状，这里是事发地，主事的头儿是我们前文讲过的宁夏平乱中勇猛异常的将领叶梦熊，叶的暴脾气把杨应龙的罪责列了整整二十四条，一力劝进万历出兵剿灭这家伙。川黔双方主张不一，而更重要的是，大明正在宁夏和朝鲜（万历三大征的其他两场战争）战场焦头烂额，没工夫专门管这个小骚动，杨应龙的问题至少在眼前还是属于地方土司内部矛盾，西南之地川兵又一贯较弱，镇守的兵力还是要仰仗土司世世代代的士兵。而杨应龙这厮也是看准了朝廷急着用人的时机，借着拥兵一方的势力上演了一幕浪子回头负荆请罪戴罪立功的苦情大戏，在洮河事变中替明朝廷出了力。

事变过后，杨应龙的问题再次引起了川贵两地官员的争论，争论时间已拖延了很久，重点无非就是杨应龙的存在是否会对明王朝的统治产生威胁。四川方面一味包庇宽宥，恐有受贿之嫌，而贵州方面咬死了要剿灭然后改土归流，也有垂涎播州富庶优越的成分，无论如何川贵官员的相互倾轧之词都不能作为贸然下决定的依据，万历也犯了难，最后决定先派人去实地考察一下杨应龙在西南的具体表现，再做打算。万历二十年（公元1592年），杨应龙在重庆被调查后竟判了个"当斩"的结果，不过这结果还没有最终确定，朝鲜的战争就大规模爆发了，杨应龙赶紧上疏搞表现，说要带兵为国分忧，直捣离他十万八千里的前线战场。杨应龙在西南角，朝鲜在东北角，满怀激情隔着一整个中国去参战的杨应龙还没走到一半就毫不意外地被叫回去了，回到家屁股还没有坐热，又收到了四川的提审令。原来四川的官员换了人，新上任的官员对杨应龙态度一百八十度大转变，杨应龙感到恼火，之前要为万历征战朝鲜，万历都答应了，怎么四川巡抚又要查我！于是他违抗了来自四川的调查令。这就使得杨应龙"不服听勘"有了实锤，川贵意见达成一致，万历的注意力又基本放在紧张的朝鲜战场上，剿灭杨应龙的决策便很快就下达了。

万历二十一年（公元1593年），明朝廷军第一次进西南发起了对杨应龙的征剿。出乎意料的是，这一场战役打得朝廷颜面扫地，杨应龙手下的士兵竟将明军打得惨败，万历虽然不爽，但是朝鲜战场的压力显然更大，实在无暇顾及西南丢掉的面子，最后双方各退一步，杨应龙乖乖接受调查，朝廷革了他宣慰使的职位，但允许他儿子杨朝栋接任，次子杨可栋则必须要抵押在四川替他缴纳一大笔钱以示惩戒，播州原本所辖土地划出一部分归贵州接手，和他一同把朝廷军打得屁滚尿流的随从要交出来听凭发落。

本以为如此结果就能将西南发生的动荡彻底平息，然而，事情却又向诡异的方向转去。杨应龙留在四川缴纳赎金的次子杨可栋，竟然在全额银两还未到位的时候，就突然死在了当地。儿子的死讯犹如晴天霹雳，给杨应龙巨大的震动和打击，悲痛之余他想要立刻领回儿子的遗体安葬，可是与杨可栋之死脱离不了干系的重庆府非但没能给杨应龙一个合理的解释和交代，反而以没有调查清楚、赎金没有缴足的借口一再拖延遗体返还之事，杨应龙被激得大怒，连要重庆府还他儿子命来，才会交剩下的赎款。人死自然无法复生，杨应龙也就自然不会再乖乖听从明朝廷的话，之前商议好的妥协方案就此破裂，杨应龙知道朝廷随时有可能以此为凭据对他进行再一次的征剿，所以自万历二十四年（公元 1596 年）夏天起，他便彻底开始着手具有反叛性质的自卫大业，招兵买马、排兵布阵的同时，播州一带曾与杨应龙有仇怨的家族、个人，都被悉数屠杀，有钱的大户也被杨应龙肆意劫掠，钱财用来作为战争的准备。

杨应龙的表现被万历尽收眼底，如果说他一开始被贵州巡抚垂涎领地、重庆府不公对待是无辜，那后来的屠杀劫掠之举却是无法洗地，叛心昭然若揭，只不过朝鲜战场正是胶着，万历只得暗暗攥紧了肉乎乎的拳头，心想，你给朕等着。

3. 蜀道之难，难于上青天

万历二十七年（公元 1599 年），朝廷终于从抗倭援朝的战场上缓了一口气，最擅长记仇的万历把小眼睛和肉乎乎的拳头立刻就转向了胆大包天不断搞事情的播州。杨应龙叛乱的初衷如何似乎并不是人们关注的重点，重点是如何将这个祸患从西南根除。征剿开始之初，官军表现实在差劲，杨氏一族在西南拥兵盘踞数百年，势力可谓经久不衰，贵州巡抚江东之接旨征剿杨应龙后，派都指挥杨国柱上阵带兵，官军本在贵州境内的飞练堡夺占大片土地，以为敌人不强，势如破竹。却不成想杨应龙很快在前方的天邦屯就以诈败引得明军轻敌上前，等明军得意扬扬赶到时，播军一举伏击成功，俘虏杨国柱，明军全军覆没。因为这次惨败，江东之也随之被罢官，郭子章接替他在西南继续指挥坐镇。

都说人不会在同一个地方摔倒两次，但官军就连续两次因为被杨应龙的诈降计骗而满盘皆输，这真是一件格外丢脸的事。为了找回之前丢失的场子，类似李如松当年被调往鸭绿江一样，万历再次号召将领发挥连续作战的伟大作风，这次被圈到的是朝鲜战场表现出色的一位将领，刘綎。刘綎外号叫"刘大刀"，他用的大刀据说比小说里关羽的青龙偃月刀还重，咱也不知道那刀究竟是有多大，但至少能猜出来刘綎是个勇猛异常、力量无穷的壮汉，这次，组织要他从东北赶赴西南，镇压播州之乱。此次总统领是前四川巡抚，还任过都御使的李化龙，他督川贵湖三地的军事，兼兵部侍郎，万历还赐予他尚方宝剑，发了狠心打算一举歼灭这个无法无天的小土司。

朝廷毕竟是朝廷，大明全国范围内可调集的官军再怎样不济也足够在一个地方土司的面前呈现压倒性优势。之前的失败正好给了朝廷足够重视的机会，在李化龙的调集下，浙江、福建、广东、云南的兵力迅速向贵州集结。与此同时，打了多次胜仗的杨应龙不免气傲，行为也越发放肆暴虐，在占领綦江一带之后，他不仅在当地残忍屠城，还公然打下播州的标志，一系列操作将叛乱的罪名锤得死死的，抠都抠不动。

杨应龙在作死的边缘疯狂试探，明军也有条不紊地集结之后兵力大增，无论是军心还是气势，都比最初来征剿的队伍强了太多。朝廷的军队分为八路进行作战，每路三万，共计二十多万开向贵州战场，其中大将刘綎直攻向杨应龙所在的核心地綦江，杨应龙的土部队在跟刚抗日回来的正规军一交锋就溃不成军，四下哄逃，短短一个月内，播州军占领的地方就纷纷失守，杨应龙不得不一路逃回了身后老窝娄山关，娄山关虽然易守难攻，作战艰难，但是刘綎却毅然决然带头冲锋，刘大刀势不可当，明军将士深受鼓舞，在官军猛烈的攻势下，杨应龙很快被击垮。

4. 行人莫问当年事，故国东来渭水流

万历二十八年（公元 1600 年）五月，杨应龙带着为数不多的苗兵在最后的一处海龙囤，用滚石和木头做垂死抵抗，为了争取更多的缓冲时间，杨应龙又一次使出"必杀技"诈降，但是这一次没有那么幸运，跌倒过多次的明军识破了他的诡计，对海龙囤发起总攻。最后的日子里，八路明军总计二十多万终于胜利会师，威风凛凛地围在城下，给杨应龙做了一场隆重的送别会。杨应龙看着大势已去，手中的刀无力垂下，哀声与妻妾道，以后我就不能再照顾你们了……这人到最后应该是追悔莫及了吧，因为他的折腾，上万士兵战死，他自己也落了个走投无路的结局，如果这一切重来，他做人收敛些、做事谨慎些，也许一辈子都还是风景如画的川黔地界上一个幸福的小土司，守着祖先世代的封荫显赫一方。

想归想，面前的事实是，刘綖已率军攻破最后的防线，杨应龙本想背水一战，招募敢死队突破重围，但是不管他提出多高的酬金，都没有人应战了，杨应龙别无选择，在明军冲到眼前之前与他放不下的宝贝妻妾一同自杀了。

播州之役宣告结束，明军大胜，世世代代盘踞在播州的杨氏一族盛势随着杨应龙叛乱失败而宣告终结。万历下令将已经自杀的杨应龙挫骨扬灰，长子杨朝栋、兄弟杨兆龙在集市大卸八块，以儆效尤。次年正月，万历又正式将平叛全胜的结果昭告天下，他头也不晕了，脚也不疼了，比起抗日之后"虽强必戮"的威武魄力，这次内部平乱就显得万历是在纯属享受这种淡然冷笑贼子的感觉。不过也许对于作为大明天子万历来说，日本丰臣政权，和贵州小土司犯上作乱没什么大区别，弃义小国，乱臣贼子，一律必诛。

而杨应龙的叛乱，让明政府意识到了土司们世袭权力的隐患，更加认真重视地进行了历史上著名的"改土归流"之措，最终在后来的清朝完成大规模统一，以加强中央对地方的控制。杨氏一族盘踞的播州，被一分为二，划为川贵管辖，土地分配和赋税制度也随之改变，而曾经与杨应龙恩怨交织的其他家族，则受到

比较良好的安抚，播州一带隐患重重的关隘被挨个拔掉，叛乱之火彻底熄灭了。

万历三大征讲完了，平杨应龙叛乱三月余，耗银四百万。再加上之前耗费在宁夏和朝鲜的，万历花了千万余银激扬国威，横扫西北、东北、西南，爽得连怠政都顾不上了，他参加了每一场战争胜利的庆功大会，似乎是在以实际行动，向否定过他的天下示威。

懒皇帝的英明

三大征的胜利带给大明的，不仅是边防的巩固和国威的大振，更重要的是给那个每天不上班的怠政皇帝"平反"了，在这个君主高度专制的政权下，三场战争能胜利不得不说有万历正确领导的功劳，本来以为这个只会逃避奏折和大臣的皇帝是个昏庸的白痴，现在大家才发现，原来万历不上朝是不上朝，他在幕后却一直暗暗注视着朝政的大势走向，牢牢把握着他的手下甲乙丙丁……各个管理者，所以在国难当头之时，这个领导可以第一时间站出来，发挥他隐匿已久的能力，带着大伙打了三场漂亮仗。这不上班照样操控着大局方针，荒唐的万历让人们刮目相看，于是，惊奇加上钦佩，人们开始对他由黑转粉了。

因为《明史》观点的偏向性比较出名，它带起来的"明亡自神宗始"的节奏自然引起大众的怀疑，仔细看看万历大哥的从政生涯，其实确实没有传统观点贬得那么渣。这里，我们就来讲讲这个懒皇帝在大征之中所表现出的可圈可点的英明之处。

1. 懒归懒，骨头并不软；差归差，眼睛并不瞎

最初，是关于战事最明确的判断和果断的反应。据大明一贯的"铮铮硬气"，遇到叛乱、侵袭等事件，常常最先考虑的是镇压、平息，所以从建国之初到末代

亡国，大明似乎是战火不断，这也为这个坎坷多舛的王朝赢得了历史上荣耀的"无汉唐之和亲，无两宋之岁币"的口号式高度赞誉。万历显然是秉承了老朱家这一优良传统，到他怠政怠到深刻处，此君越发脾气暴躁、怒气冲冲，每每面对朝廷上"招安""议和"等观点总是倾向于否决，皇帝的态度很快为战争赢得了主动权。这是一个决策者应有的果决。特别是在抗日援朝一战上，万历显然是做了"情面"与"安危"的双重考虑，如果因为贪图一时的安逸任由日本人胡来，历史将会怎样重写就不知道了。

其次，是在战争将帅任命上的慧眼和坚持。老话说得好"三军易得，一将难求"，万历选将的眼光还是蛮不赖的。最突出的，就是任用在宁夏之役和平壤战场都立下赫赫战功的李如松。李如松是曾经名震辽东的大将李成梁之子，将门之后，一家从戎，李如松的弟弟李如梅、李如柏等也是出色的将领，《明史》给他的描述是"少从父，谙兵机"，毫无疑问，这样家庭出来的孩子，多半是要跟随长辈走上金戈铁马的路的，李如松可谓是继承了他父亲的将帅之才，而且官二代的身份也给了他迅速拥有统兵高位的机会，这个骁勇的少年年纪轻轻便坐到了总兵的位置上，和他的父亲、兄弟一起掌握了大明国防系统最强悍的几支力量。这时候，朝廷上最善于观察和挑事的言官如约登场，他们开始喷李氏家族，手握重兵、担心其有不臣之心一旦拥兵自立后果不堪设想云云。而万历似乎一直很信任李氏父子，没有重演史上"莫须有"的冤案。在宁夏哱拜叛乱，有人推荐李如松领兵平叛时，万历毫不犹豫就答应了，还给了他陕西总兵的职位。当时朝廷一片反对之声，说万历此举无异于引狼入室，李家的势力太大了，皇上三思啊等等。皇帝大人此时却表现出了少有的坚持和强硬，冒朝堂之大不韪力挺李如松，更授予他做"提督"，给了他辽东、宣府、大同等重镇兵马随意调遣。我们猜想李将军此时的心情，该是很感动圣上这沉重的信任吧，之后便率军直赴西北，在宁夏战场踏平了骚乱的风沙尘埃，成就了一番丰功伟业。在宁夏还未打完，便接到中央将他派到东边朝鲜战场的调令，这位骁将即刻调转马头，携卷着大漠未散的烽火长烟，转战千里再赴逐倭一线，在第一阶段的大战中又立战功。他没有辜负万历的信赖，一直忠心耿耿地带兵征战，直到最后在蒙古平乱时不幸遭袭，以身殉国，他没有有辱圣上信任，没有有辱家门，一辈子都用尽全力为大明的安危战斗，最后以马革裹尸的悲壮圆满地给皇上交上一片丹心。万历这番坚持和重用，为三大征的胜利起了关键作用，不仅是李如松，还有叶梦熊、麻贵、刘綎等一干勇猛将帅，都能算是万历识人惜才的成果，这是一个领导最重要的能力，而用人不疑则是他最可贵的精神。与上述战功斐然之将相反的一干错误决策者，万历则表现出来相当的无情，比如在朝鲜战场上力主议和的兵部尚书石星，这位官员不能说怀着多么反面的心思，只是在沈惟敬的引导下努力错了方向，但是万历最后面对石星时却丝毫不顾念旧情，逐倭援朝战争以胜利告终，有人趁着万历封赏功臣心情不错，请求他将石星等"罪臣"加以宽恕，但是万历拒绝了这些请求，石星结局悲惨，在狱中孤独死去。

2. 权力的掌控者

还有，就是万历对战场进度和彼我实力的理智把控。回顾整个三大征的过程，大明打得可着实不轻松，最初都是以惨败开始的，也不能全怪明军态度不端正，实在是这不同地方的队伍实力差别太大。而面对战局，商量对策的时候，朝廷上那帮名嘴扯着一把老胡须苦思冥想，也不知道从哪行古典经书上找来些大道理，万历说听听意见吧，众口不一千奇百怪，永远都有吵不完架的朝堂上，往往一争、一拖就是几年的时间转瞬即逝。体会过这种黑洞一般的争论旋涡的万历总是会走向一个结局：得了，还是自己拿主意吧。虽然自己怎么样去做决定肯定会遭来反对，但万历已经习惯了。他开始用他那不凡的头脑思考，这位懒洋洋的君王智商一定不低，当他开始密切注视战况，惨败的开始也恰恰意味着明军的转折点，这就是万历的过人之处，他可以在轻敌忽视的错误之后迅速反思，重新布局，实际上，在大事面前，万历是会理性地站出来控制局面的，他始终用他那精明的脑袋思索着，用有力的双手抓紧了国家的大政方针，这从战争的点滴中都可以轻易地发现。

最后，万历总体来看是一个比较有主见的人。这个主见之下的决策水平虽然说忽高忽低，但是一个高度集权的君王有主见也不能说肯定是个坏事。神宗之所以怠政，很大程度上是因为他前朝的言官实在太心烦，不管什么时候都会有至少三拨人站在完全对立或者不完全对立的角度上争论不休，若是个优柔寡断、耳根子还软的人，怕是会在光阴流转中一事无成。而万历始终能够表现出来独立自主的思考能力，张居正在他童年时期的强势带给他的并不是欠缺自主性，反而是一种高度渴望凡事自决的傲慢，他反感被人操纵，反感依赖，反感束缚，所以在张居正死后，万历一朝并没有出现权臣当道、倾于朝野的状况，更没有外戚擅权、宦官干政的反例，从这一点来讲，他起码能让老祖朱元璋欣慰一番，能够把君王之权牢牢把握在手里，也是非常不容易的一件事。看似万事不操心的万历，大概只是在形式上面懒得抽筋，但是大脑却在他沉甸甸的肥脑壳中，像一个小马达一样飞速运转着。

最可贵的是，三大征打赢了，边境就宁静了，虽然花了很多力气很多钱，但客观上有利于国家的统一和社会的稳定，战争让西北在一定时期内兵变之势有所收敛，与朝鲜的关系更加亲密、抑制了长期困扰明朝的倭患，也让西南边疆更加稳固地团结在明中央周围，改土归流之后，中原先进的文化、教育、技术更加畅通地进入到西南各地，起码创造了一段时间的欣欣向荣。有人说是这三场战争拖垮了明朝，在后来女真趁机兴起辽东时再也打不动了，所以征战后不到五十年就断送了朱姓江山，但是此时用光力气也是为了打跑日本人，经此一役，令日本三百年不敢贸然犯边。而趁此空虚灭明入关的满清政府，三百年后的甲午战争，倒却再也没有了万历"虽强必戮"的坚强。当这个取而代之的政权用台湾和琉球换来日本撤军的时候，有没有想到过这个他们批判反思的"亡国之君"面对日本入侵，是怎么表现的呢？

光亮越强的地方，影子也越黑

我们讲完了万历三大征的过程，胜利的结尾还是十分欢喜的。万历三平西北、东北、西南的巨大魄力解决了相当大一部分棘手的国防问题。在这样一个边患迭起的时代，朱氏集团的一代又一代总裁虽然各有各的手忙脚乱，但是总体上来看，皇帝们好像一致地养成了"专治各种不服"的暴脾气，这个朝代一直为后人所称道，它不仅是个成绩，更重要的是代表了种不可侵犯的尊严——因此，万历三大征之后，骄傲而满意的万历皇帝不厌其烦地莅临处死战犯的现场，让自怠政以来受过的气一吐为快，让天下都朝贺他这位全胜的帝王至高无上的威严——无限风光啊！

可是光亮越强的地方，影子也越黑。风光的背后，总是会有伤口。

打赢三大征后的万历在为他空前的军事里程碑洋洋得意的时候，有没有记得冷静地回望一下大战之后，他千疮百孔的社稷，有没有记得谦虚地思考一下这场战争我们有多少漏洞呢？

他显然没认真想过。就连他的大臣们，还有很多后人也没有认真想过，大家都被这所谓"远迈汉唐"的闪亮成果所吸引，很难看到这风光背后难以愈合的伤口，就算有人提几句冷静反思的话，按照万历那好大喜功又痛恨批评的性格，也一定会以扫兴之名不理不睬。如今，我们就来分析看看，除了胜利的喜悦，这三大征究竟还给明王朝留下了什么？又暴露出了怎样的"旧疾"呢？

1. 捉襟见肘的国库

先说经济，给大家一个数据，《明史》记载："（万历）二十年。宁夏用兵，费帑金二百余万。其冬，朝鲜用兵，首尾八年，费帑金七百余万。（万历）二十七年，播州用兵，又费帑金三四百万，三大征踵接，国用大匮。"（帑金，指的就是国库中的钱。）计算一下，三场战争花去了一千多万的国库存款，相当于横征暴敛情况下的明末政府抵上一年的全部收入，都无法完全覆盖。这个数字是比较可怕的，若不是万历小时候他老师张居正为他积累下的雄厚财政基础，这仗是肯定撑不下来的。但是张居正已经去世很久了，再也没有一个那样强大的首辅给他来一场"中兴"了，经济已经到了很吃紧的阶段，但是国家依然到处都需要用钱啊，明末自然灾害奇多，赈灾的钱哪来？灾荒年月民变就多，镇压民变的军费又从哪来？都是大问题！更有后来，女真崛起，辽东军饷又要出……三大征留下的经济危机不容小觑。根据史料记载，明神宗亲政之初，国库丰盈，积蓄可观，而抗倭援朝战役打完以后，国家最重要的几个国库太仓、太仆寺以及存粮的京通等仓都捉襟见肘、入不敷出，国库空虚是非常严重的大事，张居正处心积虑为万历改变了困扰他祖、父两代的财政问题，没想到这完蛋孩子让整个事态一夜回到解放前，如此大的亏空窟窿要想补上，直接影响的就是万历统治下的百姓，充盈国库皆有赖于民，战时百姓面临的赋税就如同吹了气的气球一般膨胀了数倍，世人评论三大征结束以后的社会赋税："频直四夷之警，连兴倾国之师，车殆马烦，行赍居送，按丁增调，践亩加租，此时赋税之额，比二十年前不啻倍矣。"赋税加重，农民不堪重负，就连生活安乐的小康家庭也相比于十年前减少了一半。

可光增加赋税还不足以弥补万历在战争中烧掉的银子，这位腹黑又贪婪的君主想出来更损的招儿来为自己创收，那就是开矿山、派矿监，征税收、派税使，该损招他的爷爷嘉靖曾经使用过，就是因为太损到他父亲的时候不得不废止，万历起初还在大臣的劝阻下遏制住了这个想法，但是战争过后，摆在眼前的贫穷让他放弃了最后一点仁慈，毅然决然地重启了矿监模式，这一模式究竟有多损我们在后文中会给读者朋友们细讲，用这招儿解决经济问题简直就是饮鸩止渴。财政上面的消耗亏空间接为女真崛起创造了条件。尽管战争相当烧钱，国库日渐空虚，但是纵观整个战争过程，万历似乎仗着自己财大气粗，并没有很刻意地节约下点滴费用，设身处地地思考一银一钱皆取之于苍生，相反，他是带着一种炫耀，甚至调皮的报复心理去打仗的，至于战争背后将会有多大的疮口，他思之甚少。究其原因，还是我们曾经说的，这体现出的万历本身责任感的缺乏，每场战争都是以惨败为开始的，接着调换将领、重新重视才得以胜利，这其中固然有官员无能的问题，但作为一个帝国的决策者，万历没有为国用支出精打细算的本能，是他的失职。如果这场战争更谨慎一些的话，应该不至于费这么多钱。肉疼啊！经济的内伤是万历三大征很突出的后遗症。

2. 外强中干的军队

再说军事，虽然这三场战争都赢了，却并不能说明明军是强大的，因为每一场都打得用尽全力、精疲力竭，是勉强撑下来的。平哱拜，最后不得已用了下策，若不是借着地势优势，放黄河水淹了人家，要想赢得战争怕是还要多费些功夫，逐日本，是在战争与议和的界线上来回反复，拖啊拖啊，拖得丰臣秀吉死翘翘了，才趁机反攻奸敌的，就连收拾一个西南山区的小土司，都是两次输惨了以后，举全国之兵力，把在外作战的大将调回来才胜利的，所以虽然三场战役都以胜利画上句号，但是战争细节反而暴露出明军作战能力的疲软，而且不同的地方水平相差太大。曾经戚继光、李成梁等良将训练出的军队是很硬，但其他地方草包就很多了，比如哱拜就是因为看见宁夏的明军跟自己差太远才坚定了造反的念头，杨应龙也是在遭遇了川军的软弱以后信心倍增。

更令人感到脊背发凉的是，明朝的官军并不是组成国防力量的全部基础，在明朝的边疆地区，常常会依赖当地拥兵盘踞的土霸，或是长期驻守的将领私自组织的"家丁"作为防御力量，这些人无疑构成了明朝军事安全的严重漏洞，哱拜如此，杨应龙亦如此，格外讽刺的是，明朝用来平息两场叛乱的军队重要组成部分，依然是"并未谋反"的私人家丁军或当地土军，与"已经谋反"者性质完全相同。

除此以外，频繁发生在军队中的哗变问题也从未得到过足够的重视，据不完全统计，万历即位以来发生过的兵变数量就达到七次，而如此多的兵变发生的原因不外乎补给不足、待遇太差，可张居正变法的条令被逐渐废弛之后，万历也并没有拿出什么实质性的举措来解决这个问题，当宁夏充分暴露出兵变的态势后，万历依然没有看到平叛的成功背后，是多么巨大的蛀洞。

明军的战斗力衰弱，还有一个原因是"以文制武"之风盛行，虽说文武制衡之举可以很大程度上减少武官拥兵坐大的危险，用文臣固有的"忠君"思想来左右武官的行动也能起到防患于未然的作用，但文官权重在战场上也常常会导致错误决策，明末文官的风评也不怎么乐观，不切实际、瞎指挥是严重的问题，还是回到万历三大征的背景中，哱拜反叛导火索是党馨的狭隘，李如松的无奈辞呈也是因为和宋应昌的矛盾，文官不晓得战局而一味以冥想凌驾于武官之上颐指气使，武官不甘受指挥轻于文官但权力有限，战场上就往往会出现文武不和、将帅争权的困境，这对于军队战斗力实在是无谓的消耗。

综上所述，一个庞大帝国的国防能力这么脆弱，万历注意到了吗？存在于明朝军事上的种种隐患，万历反思过吗？如此勉力完成的大型征战，明军要休整多久才能恢复战斗力？如果还有第四场战役，他们还撑得住吗？当女真的铁蹄踏燃辽东新的烽火之后，外强中干的军事就要暴露它真正的不足了，而且刚刚打完十年大仗的军队，也疲惫得厉害，没力气再战了。这，也是三大征无法忽视的大创。

3. 乌烟瘴气的朝政

还有中央朝政。战争让我们发现，明朝的政府里还真是不缺白痴，一个比一个会说，说的都是错的，尤其是文官，理论家遍地都是，能实际作战的寥寥无几，代表人物：党馨、石星、曹学程、江东之等。这反映出的是万历他手下的官僚队伍真的很低效而且腐败，他长时间躲在紫禁城怠政，这官场能干净得了吗？官场不干净，直接影响的就是上一条——军队的战斗力。腐败，贪污，万历年间军饷不足、将士哗变的事情不在少数，那么重视边事的万历皇帝的确不至于按着粮草不给供应，只能说是官员谋取私利，底层士兵苦不堪言，试问打仗何来动力？而这些还没有人及时管，最高领导长期罢工，他只去操心他想要操心的，却完全不了解这前朝有多乌烟瘴气，或者说了解也懒得整治，也就任由底下该贪污贪污，该涣散涣散去吧。

拿最后一场平播州土司叛乱之战来说，这其实是一场本来可以避免的战争，杨应龙之所以会走上叛乱之路，有很大程度上是因为明神宗的中央王朝平庸无能，官员各怀心思、倾轧明显。杨应龙事件发生的源头不过是土司家族势力内斗的小事，而贵州方面一直想方设法将事情挑大，不能不说有自私垂涎播州财富的成分，后来对杨应龙调查之后要求削减播州所辖土地，被削部分转给贵州管理，便坐实了贵州巡抚为私心争夺播州而利用朝廷改土归流的目的。川贵两地的官员相互倾轧、争权夺势，是导致杨应龙最终走上叛乱之路的推手力量之一，这一点，中央政府并没有认识到位。而杨应龙怒举反旗的导火索，则是重庆府的腐败，丧子之痛何其无辜，重庆府的表现无疑是明政府的一个腐败缩影，正是此时杨应龙才真的把反叛的决心下好。如果万历及其王朝政府能够再清醒明智一点，播州之役并不是必须发生，在诸多偶然和必然相互碰撞之下，无论是明王朝还是杨应龙，都走上了一条自损一千的不归路。

可是万历到底也没有意识到，他没有一个统治者总揽大局的眼光和远略，君王是天下权力最大的人，可一个合格的君主也是天下牺牲最多的人，万历不想牺牲，他心里更多的是他自己懒惰自私的本性。万历三大征，他没有百分之百怀着巩固边防的目的去战，尤其是后两场，还是带着一丝所谓"天朝上国"皇帝的傲慢炫耀的心理，不是很在乎过程是不是最合理，效果是不是最好，他更关心结果，试想一个几十年不愿迈出宫门一步的皇帝，两次登上城门欣赏处死战犯的场面，你不是脚疼得不能下床吗？你不是心悸头晕不能见人吗？砍人这么血腥的场合你倒是见得了啊？……所以，万历对于这场征战，竟放了乐趣在里面，他享受这种俯视败将的快感，他陶醉于这种几乎变态的成就感。万历能领导三大征胜利说明他很精明很有能力，可这并无法让他配得上一些研究者给他的"功过康乾"的评价，只能说明他对这个感兴趣愿意管了。我们客观理智地品读这个受争议颇大的皇帝，会发现事实才是最公允的评价证据。

这个皇帝，有着识人用将的慧眼，也有把握大权的心机，却太缺少了一个统治天下的帝王应有的胸怀大略，太缺少了一个高度专制政权的君王必要的责任感，也太缺少了一个庞大帝国的决策者关键的忧患意识。作为皇帝，万历不够称职。这是胜利背后最大的阴影，对比看来，也是人们突然发现这天天睡觉的头儿其实是握紧了大政方针，惊讶佩服下，而常常忽略掉的事实。

话说回来，万历三大征有这么多问题在里面，那它该打吗？——除了播州之役情有可原，无论是兵变还是外侮，都毋庸置疑，当然要打！尤其是逐倭援朝之战。只不过历史给了我们许多教训，胜利的背后，往往有更多漏洞需要我们思索。它隐藏着明王朝无数的新疾旧患，因为没有及时发现而埋下更可怕的种子。这也就是为什么《明史》说"明实亡于神宗"了。

之后的日子还得过啊！三大征的风光能满足精神，可造不出来饭吃。留下的巨大财政赤字要补啊，怎么补呢？神宗盯上了潜力无限的"采矿业"，他准备从这里下手了。

自古未闻粪有税，而今只有屁无捐

1. 没有钱是万万不能的

"采矿业"，是从古至今，从中到外都承认的一块"肥肉"。而在当年的那个时候——

当战争打得酣畅淋漓，而国库都快见底儿时，当热爱进行的大工程项目置办经费不足时，当商品经济的高度发展让金银货币闪耀着空前迷人的光辉时，当撩人心弦的财富计划送到眼前时——大明王朝的万历皇帝也不禁随之开启了"求福理财"心动之旅。万历二十四年（公元 1596 年）六月，他收到了一份奏折，来自驻京府军前卫千户仲春，这家伙是个小机灵鬼，在奏折中，他首先说道最近战事频发军费吃紧啊，国库如何空虚啊，等等，使劲渲染铺垫了一番，然后告诉皇帝，这还不是最要紧的，最要紧的是，给你装修宫殿和修建陵寝的钱可不够了啊。万历看到军费吃紧、国库空虚还不是很担心，但是一听到修他那几项大工程的钱可能不够了，立马急了，可能是因为自知活着干了太多人神共愤的坏事，为防止身后被挖坟扬灰，万历对自己的陵墓建造工程是十分重视的，如果要说皇帝的坟墓是至尊版配置，那万历皇帝的定陵可谓至尊版中的 plus，钱不够怎么能行呢！还有，因为那些天雷雨天气频发，把宫里好几个宫殿给劈坏了，雷火蔓延，烧毁的宫室重修也需要大批银子。怎么办呢？之后那本奏疏便很"贴心"地送上了解决攻略，即废禁开矿、从中收税。

万历一开始挺矛盾的，因为采矿业是暴利行业，又难管理，一旦民间放手开矿，很容易引起社会动荡，所以在万历爷爷辈的时候就严厉禁止，更别说允许开矿，而且从中征税了。但是不采纳吧，三大征真的花了不老少，最近还有一大拨儿事需要用钱。犹豫了一阵，万历还是被那本奏疏描写的开矿后财源滚滚的迷人图景所打动了，他御笔一挥批了这本奏疏，开始筹措开矿征税的新计划。这个新政策要出台的消息传出后，大明朝廷那些激动的"名嘴"又蜂拥而至地反对，首先提出异议的就是户部，户部认为一直以来保持的"矿禁"突然要打破，太欠考虑了，还有就是怀疑这建议开矿的人，是怀着钻空子发财的目的去的。但是这么多年了，万历已经对这些反对声免疫了，他干脆利落地给户部批了一条"国家多艰，官民两竭"，意思很明显，作为财政之门的户部你不清楚现在经济多紧张吗？而你呢也拿不出来钱补救这种状况，我不得想别的办法吗？你还好意思反对……至于其他反对意见，万历就更懒得搭理了，他知道从这些夫子中找到与他完全志同道合的"忠臣"，是不太可能的。和历史上很多同行（皇帝）一样，万历大哥寻求到了近在身边最可靠的慰藉——宦官。

2. 与太监的结盟

自古以来，宦官当道就是祸国殃民、政权衰亡的标志。这些一直练习伺候人的特殊官吏，最擅长的就是讨主子欢心，历史上因宠信宦官而荒废朝政的皇帝数不胜数，于是有了"亲佞宦而亡天下"的说法。万历倒不在乎这个诅咒一般灵验的定论，他什么都喜欢由着性子来。这次，带着强国富民的美好愿景，万历开始派遣自己愿意信任依赖的宦官奔赴各个可能有矿的地方，征集当地矿工，疯狂开挖。在之前开矿禁止的时候，也有个把以身试法的分子偷偷采矿，他们往往拥有很娴熟的技艺，而此番万历下令开矿后，这些曾经偷偷摸摸的倒矿盗贼，一下子成了合法的高级技工，在中央来的太监大人的引领监督下，升为贯彻落实国家政策的骨干力量。这些监督开采的宦官，就叫"矿监"。这挖的矿是什么矿呢？金属。说得更具体些就是金银铜等可以转化为货币的金属。一时间各地响应该政策的人争先恐后地露头，怀着一腔"拥护中央的热血"报告哪里可能有银矿，实则摩拳擦掌准备以此大捞一笔。这些热情的人多是地方官员或者是宦官本身，他们嗅到了这个政策散发出的浓浓的钱味儿，这其中，有说不尽的肥油水。苦了的，只有天下黎民百姓。从这里的矿监开始，上演起大明王朝空前的灾祸。

万历让宦官们去监督开矿收税，应该只是想走个小捷径多赚点的外快的。但他没想到，没有成熟的制度和法律做基础约束，什么样的好意都会走偏。何况他的出发点也不怎么善良。从中央出发的矿监们，带着浩浩荡荡的随从到达各地，他们以圣谕为借口，趾高气扬地命令当地官员和百姓配合开矿，然后开出高得离谱的税率，勒令百姓上缴。在这监督引导的过程中，不可避免地会发生点特别的交易，比如矿监会在当地寻找配合的分遣官，这些肥差谁来接？所到之处就总得有些"人之常情"的红包外快来决定吧；还有的人家房子下面、田地下面甚至祖坟墓地都被报告者一口咬定有矿源，如果不想让矿监刨开，不也要真金白银地塞进去嘛。所以，这一路矿监们捞得盆满钵溢，当地百姓则被逼得家破人亡，苦不堪言。只是抹干净嘴边的油，矿监们带着巨额的收上来的矿税向皇帝报喜。躲在深宫里怠政正欢的万历当然不清楚这过程是多么残忍暴虐，他只是看着这看起来很容易得来的钱开心。

3. 健儿无粮百姓饥，谁遣朝朝入君口

但是金银矿多稀少啊，怎么可能说有就有呢。那些报告可能有矿的地方，很多都是个坑。有的地方为了开矿把农田、民居都毁了，结果好久了连个银粒都没挖出来，负责的矿监急啊，挖不出矿就收不上税，贪不上钱，更没法和皇帝交

差。于是，这些机智的大人想出了另一条殊途同归的馊主意，皇上不就是想要钱嘛，那有矿的地方可以征矿税，没矿的地方，那就有什么征什么呗。这是一个叫陈增的矿监为万历找到的新点子，他在他的领地征到了比矿税还丰富的"店铺税"。万历一看，钱更多了，绝妙啊。便趁热打铁地向全国大力推广，并派去了新的队伍，他们的任务就是在各地寻找适合征税的项目，然后不择手段搞钱，这支队伍的成员被称作"税使"。万历大哥这是钻钱眼里了吗！这些敬业专心的税使在各地折腾出五花八门的项目，在此过程中竭尽全力地敛财揩油。史料记载当时"大珰，小监，纵横绎骚，吸髓饮血以供进奉"，到达了这种横征暴敛的程度。甚至有的地方，卖肥料的挑粪都要征税。奇景啊！真是——

千古未闻粪有税，而今只有屁无捐！

吏部尚书李戴字字泣血地上疏："今闾阎空矣，山泽空矣，郡县空矣，部帑空矣。国之安危如秋木脉液将干，遇风则速落；民之穷困如衰人气血已竭，遇病则难支。"

矿监还有税使，他们像强盗一般掠夺着苍生黎民的血汗钱，中饱私囊的同时向主子万历大人谄媚献宝。而他们可以到处横征暴敛的接应保障就是与他们狼狈为奸的贪官污吏，背后靠山就是他们的"发源地"——后宫，这样的一条"后宫—前朝—宦官"的关系网环环紧扣，盘根错节，庞杂成朱明王朝核心处一颗难以割除的毒瘤，不断膨胀，以致后来根本难以去除，越长越深。而我们的神宗陛下，正忘乎所以地数着滚滚而来的财富陶醉不已，几年之间，矿税为他带来了几百万两的外快收入。我们说这个精明的皇帝不知道他这个决议多么糟糕吗？不可能。整个江山社稷命脉都在他的把控之下，他心里明白这不是什么惠民政策，只是，国家和他、主要是他都很需要钱，宫殿和定陵的修建要因为穷而停工，他会难过得睡不着觉的，在失眠和百姓受难之间他选择了后者，择此下策也是作为一个自私无比的人的无奈啊。关键，我更觉得是他不完全清楚他的矿监税使四处为非作歹有多么黑暗，这个没出过紫禁城的皇帝只是从大臣的上疏字句中了解到天下疾苦、苛政猛于虎也云云，没接过地气、天真烂漫的他想不到下面会有多可怕。而且他对大臣们的反对起了逆反心理，言官们经常小题大做、言过其实的问题让万历觉得这次也不过是"狼来了"，其实一切都还好。有人上奏说因为矿监税使作恶民变暴乱严重，而刚打完三大征的万历大哥自负地一笑，我平叛就是。何况他看到税使给他掠来的钱够再打一溜鞑靼了。于是这个傲慢的君王一意孤行地坚持敛财，张居正交给他的"民为贵，君为轻"的思想早就踢到爪哇国了吧，他的《帝鉴图说》也早跟着张居正进了坟墓。

遍地肆虐的矿监税使激起了人民最原始的愤怒，暴动四起，反抗频发。著名的有山东、苏浙等较为富庶、工商业发达的地区。我们之前提到的那个发明店铺税的陈增，就是山东矿监，同时跟他一个地区征税的税使，叫马堂。如果说税使大都是混蛋的话，马堂就是混蛋中的原子弹。他在山东临清征税，率领着一群瘪三流氓，形似鹭鸶腿上劈肉，蚊子腹内揩油。临清人民对他是恨之入骨，路边所有油炸类的食品，统统叫"炸马堂"。群众曾因为受不了马堂的欺压打进衙门反抗，却被马堂下令放箭射死好几个百姓。从此更是群情激奋，矿监、税使让全国人民咬牙切齿地骂不绝口。

4. 兴，百姓苦；亡，百姓苦

万历此举，是《明史》送他"明亡于神宗始"的评价最直接也是最有力的证据。甚至那些坚信万历其实是"功过康乾"的明君的人，也无法驳斥神宗派出矿监税使之举是多么荒唐无道。我一度很钦佩这个特别的天子，也曾挖过史书想为他找到"平反"的依据，但万历这个祸国殃民的混蛋举措实在是人神共愤，司马迁都救不了他。而其实，像我们分析过的，这个君王只是骨子里太过贪婪，他并不昏庸，对这勒索一样的征税行为他不了然于胸也心里有数。只是这钱啊钱，美好得让人上瘾一般难以割舍，该停的时候我会停的，现在还不到时候。

万历四十八年（公元 1620 年），一直病魔缠身的明神宗突然病重，预感自己大去之期就是分分钟的事了，人之将死，其言也善，而且也担心挂了之后可能会遭报应吧，万历开始认真反思自己做过的无良事。首要的一件就是这个派矿监税使的事情了吧，当时他就快死了，宫殿也没什么必要修了，定陵呢，就要躺进去也不用大动，抢再多的钱自己无福消受，该适可而止了。似乎是猛然良心发现的万历挣扎着召见了当时的首辅大臣沈一贯，他有气无力地说，朕在位几十年啦，身体一直不太好，现在病已经十分严重，大概撑不了多久了。请先生一定好好辅佐太子，劝谏引导。说到此处，不免伤感动情，毕竟是在托孤安抚发表临终遗言了。沈一贯一听也是悲从中来，泪水滚落，只能唯唯地劝皇上不要多想，洪福齐天啥的。万历缓了一会儿，道，这些年，朝廷上下都在反对矿监税使，朕也知道这么做的弊端，但是宫殿要修户部拿不出钱，也是没办法才出此下策的啊。这临了最重要的一件事，就是请沈大人拟旨，撤回矿监税使，废除这项举措，因反对设矿监而被贬的言官，一律官复原职，朕知道他们也是一片好意。说到这里君臣相顾，气氛凄哀，多年来的怨气也瞬间抛下。沈大人带着对皇上不久于人世的哀伤和将要废除矿监税使的兴奋，回到内阁马不停蹄地整理上谕，票拟，起草圣旨，只待天明诏告天下，皆大欢喜呢！

可事情却在第二天没来得及发通知时，变了。万历估计是一觉醒来觉得精神又抖擞起来了，貌似一时半会儿还死不了，想起让沈一贯撤回矿监税使的旨令，十分后悔，居然派了一个宦官去找沈大人。

这位首辅大臣带着喜悦和期待一早起来准备告诉天下矿监税使要撤的好消息，却等来了宫里的宦官，张口就要沈大人收回圣谕，沈老先生一下就懵了，收回？收什么回？宦官一脸冷酷地说，就是撤回矿监税使的谕令，皇上改变主意了，要收回。这真是晴天霹雳啊！大喜过后的大悲，皇上金口玉言，发出的就是圣旨，怎么能说收就收呢！可是宦官不管那么多，皇上就是让我来收回的，沈大人赶紧吧。

沈一贯死活不想交啊，撑了半天却还是徒劳，皇上亲自要反悔，你有什么办法？都说天子之口说一不二，我们的万历大人啊，可真是为了贪图敛财征税变成无赖了啊！沈一贯百般不情愿地把拟好的旨令交给宦官，转身却受到了同僚们的百般唾骂，后来，尤其是东林党成员，因此对沈一贯评价极差，因为他"为什么不坚持一下"废了这个该死的玩意儿呢。其实我们想想就明白，这不怪沈大人，万历由着性子祸害苍生，不是首辅坚持一下就能改变的啊。

"萌而不芽"的资本主义

关于万历外派矿监税使的行为，有人拿它跟张居正的一条鞭法做比较，因为矿监税使是从工商业下手，是因明末工商业迅速发展而应运而生的举措，而一条鞭法也是因为当时商品经济发展、货币流通加快而产生的。从经济角度看，似乎都是合着进步的节拍，但是从历史的角度来想，这是截然不同的。张居正的一条鞭法是很温和的，他利用了生产逐渐商品化的规律，简单来说，无论是农还是工商，货币都要比实物更加方便，这样的改革虽然也会造成一定的颠覆，但是基本上是社会可以接受的，它本身的经济改革度不是非常大。

1. 矿监税使与商品经济

而万历的矿监税使可就不是这样了，他的尺度要大得多。有人说万历这样拿工商业开刀，是为了弥补明代税收的畸形，因为明代税收规定依然倚重农业，在工商业方面很欠缺，万历大哥正是注意到了这一点，才高瞻远瞩地准备把国家从倚靠农业的大坑中向工商业（类比下西方近代的情况）的光明方向引去，却受到了满朝尤其是东林党的猛烈抨击，只有宦官朋友不离不弃地陪伴着他在这条孤独高冷的路上走着，一个叫田口宏二郎的学者甚至说："宦官们在征收各种税目时的态度，与其说是暴虐恣睢，不如说是作为官僚的负责努力。"

我记得有一句话说，和众人想法步调一致的是普通人，比众人的想法晚一步的是蠢材，比众人想法早一步的是天才，但若比众人想法早两步，那就是神经病了。万历在明末就能用以税收的方式刺激经济改革，从倚重农业转到倚重工商业发展，开启我国近代化历程，不得不说是早了两步。而且居然还带领着一批"忧国忧民"、同样高瞻远瞩的宦官天才进行经济改革大业！呵呵，如果他不是穿越过去的话，无论如何也说不通。

一些经济学家为万历喊屈，说他的增收矿税其实是总体商业税的增收，是有利于社会进步的，因为在商品经济发展、资本主义萌芽的明末，改倚农而重工商是大势所趋。这样所谓的重视工商的行动，在经济角度似乎是正常的，但是人类社会、人文环境，并不是像公式化一般单一。记得有位历史研究者曾经评论很多经济学家"不懂历史"，因为他们在改革经济措施的时候，没有把人文和社会整体因素考虑在内，这也就是为什么历史学家大多对万历的矿监税使采反对意见了。事实上，作为一个长期怠政、连张居正改革都能说扔就扔的君王，这家伙真的不大可能有"增值商业税"这种意识，最多有一些模糊的感觉，也是建立在看到工商业兴起、比农业更加有利可图的不正当出发点上。

我可以试着为大家分析一下当时的史实，我们就知道他的矿监税使究竟是福音还是灾难了。明末是一个重要的转型时期，因为生产力高度发展，生产产品除了供给生活需要，还有结余可以作为商品来交易，这就推动了商品经济的发展。甚至在一些更发达的地方，出现了专门为生产商品而运作的部门，典型的就是东南苏浙一代的纺织业，明代著名小说系列"三言二拍"里就体现了这种部门，因为纺织技术纯熟，逐渐扩大规模，并雇用人员来为其生产，形成"机户出资，机工出力"的现象，这种雇佣关系和生产现象，就被主流历史学家定义为早期的"资本主义萌芽"。另外，因为航海业的进步，我国沿海一带也常有前来做生意的外国商人，有了外来的交易。因为这些变化，就连农村也不是"鸡犬之声相闻，老死不相往来"的古老状态了，相互交流变多，货币也在社会上扮演着越来越重要的角色。君子爱财的利益概念也更加盛行，商人不再是一个末等地位的少数人群，手工业、商业，跻身入行，这样的大势之下，就连皇帝也忍不住萌生几分对金钱的热情。他就是在这个时候派出矿监税使，为他在这些新兴的矿业、工商行业开辟新大陆。这样看来，蛮符合资本主义经济发展的需求的，我们的万历大哥还是很有远见卓识呢。

2. 经济归根结底是为了国计民生

不过，万历应该不是穿越回去的，他脑海里不可能有资本主义发展的概念，他只是带着一点隐约的感觉，觉得民间这些变化应该是可以给他的财政收入做些贡献的，他也没敏感到用什么改革手段给他的庞大帝国脱胎换骨，不然就不会派一群宦官折腾百姓去了，这些只晓得捞金告密心理扭曲的宫奴，就更不可能是抱着社会转型的目的去做变法大计的。看似顺应时代潮流的举措，顺应了时代的只有对金钱的贪婪和热情，而缺失了的是最重要的经济根本转型、市场活跃，那份贪婪和自私恰好又发生在一个高度集权的专制君王身上，这样一来就变成了我们上文提到的人神共愤的景象了。

不是说出发点还是很有远见的嘛，这具体是怎么回事呢？如果这样不对，那万历应该怎样才有可能带动大明走向社会升级的康庄大道呢？

其实我们给大家展现的明末的新变化，仅仅是对比从前完全农业、工商比例极小的状态，有了很大发展，但是如果想做到以经济基础带动上层建筑转型，还差得很远很远。资本主义萌芽，顾名思义，所谓"萌芽"是多稚嫩的样子啊，商品经济虽然进步，但是并没有形成市场，没有集聚效应。明末的工商业发展比例十分不协调，基本只集中在东南，一些大城市才有，而且门类单一，规模有限，归根结底只能说是"萌而不芽"，广大的内地农业还是占有相当大的比例。明代百姓的观念也只停留在传统封建意识上，虽然对商人的鄙夷不那么过分了，却依然保持着"士农工商"的古老记忆，就连因工商发家的富人，也会想方设法广置良田，尽早摆脱工商身份。我们可能都曾经接触过一个著名的历史课题，叫作"李约瑟难题"，大致就是疑问，为什么古代技术一直领先世界的中国没有率先走进近代化，这个问题的解释有一个很重要的点，令我印象十分深刻，就是外国人甚至说今天的中国人都很难想象，农业自然经济在中国古代的地位是多么顽固有力，而因这种自然经济创造的上层建筑，也同样难以撼动。可以想象明末的经济发展，有类似于资本主义近代化的变化，在强大的传统社会下是多么微不足道！而此时利用这样稚嫩的新型生产状态增加什么商业税，开始促进什么资本主义进步，无疑是天方夜谭。这个社会接受不了，发展压根没到那个水平，皇帝也没那么神话。不要用现代的眼光去思考当时的事情，我们需要还原一个合适的历史背景，才能给事件一个公允的评价。

如此稚嫩的萌芽，遇到皇帝派出的宦官队伍抢劫一般的征税，无论如何都受不了，这可不是我们今天日渐成熟的商品市场，而且下到民间就又与初衷相背离很多，难保农民、官员不受害。正所谓"兴，百姓苦；亡，百姓苦"。在这疯狂的矿监税使之风下，山东临清原有的三十八家商帮有三十六家都破产，其中有绸缎商三十二家，倒闭了二十一家，各种商家只剩下个别苟延残喘。而工商发展最欣欣向荣的天堂城市苏杭，也因税使的大肆压迫而民变突起，暴动频发。本是怀德治国的万历皇帝，却不知民间疾苦，一味用暴力坚持着他祸国殃民的荒唐搞钱计划。

万历的错，就错在他不明白，不清楚，靠着自己的想象下旨，虽说他的"怠政"并不是完全不管朝政，却无疑失去了一双真正洞察世事的慧眼，他的大臣言官因为经常夸大其词，小题大做，也让他失去了对官员们起码的信任。我愿意相信万历不是一个一心以祸害苍生为目的的君王，他是怀着给自己修宫殿造陵墓的私心，也准备从商业税下手搞一个新局面，但绝不是打算放任宦官去毁了他朱家的江山。但是事情下到基层，万历就控制不了了，他天真地以为一切还好，没有言官上疏得那么可怕，而且矿监税使带回来的银子实在是太可爱了，让他更不愿意放手。这个腹黑的皇帝拥有着老练精明，却被骨子里无法抑制的贪婪拖得不愿挪动。

要知道发展商业，资本主义进步的路必须循序渐进，充分考虑人民和历史因素，考虑经济发展的实际情况，慢慢推进，没有自然经济解体、小农的根本性转型，想要通过明末的"萌芽"就进军到西方近代化的状态，是不可能的。

他的矿监税使，留给后人的，就只有"而今只有屁无捐"的坏印象了。

女真，永远的梦魇

万历的税使对全国的祸害是很彻底的，包括烽火一直不断的辽东。辽东地区在中国古代一直被视为"边远地区"，这里地广人稀、气候偏寒，居住的大多是少数民族，这个地区民风剽悍，交友时热情好客，交战时暴躁易怒，所以当万历恼人的矿监税使影响到他们的生活之后，辽东的民心就无法挽回地涣散了，辽东驻军远离中央，受控有限，哗变事件格外频繁，就在万历统治的最后一段岁月里，东北这片广阔的土地已经以肉眼可见的速度逐渐笼罩着动荡的阴云。

1. 渤海龙护泉上京，长白山孕女真荣

这里聚集着的少数民族，以蒙古族、朝鲜族，还有女真为主。女真原是我国东北地区一个古老的民族，与唐朝时的"渤海"和宋朝的"金"政权建立者一脉相承，到了明代时，女真各部族已在东北牡丹江一代广泛存在聚居。明政府为了方便统治加强管理，在这个少数民族集聚的地方设了一个叫"奴儿干都司"的部门，专门控制和安抚女真各部。女真内部分为"建州女真""海西女真""野人女真"等不同的部族，明政府一直对其进行严格压制，同时军事上密切监视他们，一定程度上利用他们各部之间的关系相互牵制，维持稳定局面，尤其防止某个势力过于强大，破坏了平衡发展的良好局面。这样百年以来，辽东地区虽然偶有冲

突骚动，却也基本上相安无事。

直到万历用人神共愤的矿监税使，一举打破了辽东珍贵的宁静。女真的部族也开始蠢蠢欲动，随着三次大的征战掏空了大明最后一点家底，女真势力继而炸开了动荡的火花，后来，正是这不起眼的一群聚居部族出乎人意料地快速壮大，最终变成了大明王朝永远醒不来的梦魇。而开启这翻天覆地变数的关键人物，当时还只是建州左卫的一个指挥，他的名字叫努尔哈赤。

努尔哈赤家世代供职在建州左卫，受大明王朝封赏，按时向朝廷进贡，安分守己，忠心耿耿。有多忠心呢？万历十一年（公元 1583 年）的时候，努尔哈赤的祖爷爷经常带兵骚扰明朝边境，努尔哈赤的爷爷和父亲发扬大义灭亲的精神，带着时任辽东总兵的李成梁对祖爷爷发动总攻并杀之。但不幸的是，本是忠心的努尔哈赤爷爷和父亲也莫名其妙地被弄死了。对此明政府给的解释是，误伤，然后给了努尔哈赤一些财物啊、名头啊的安抚，但这件事在努尔哈赤心里却留下了深深的伤痕，这孩子也不是个想想就算了的小草寇，他利用矿税使辽东军民大乱以及三大征内忧外患严重的时机，积累实力，一点一点吞并建州女真，征服海西女真，成为东北最强大的力量。

早在公元 15 世纪以来，建州女真就开始在北方疯狂试探，后来干脆超出了试探的边缘，走上了吞并周边，甚至威慑明朝的不归路。建州女真单方面的崛起导致辽东一向靠着制衡维持安稳的状态突然被打破，正统后期，强大起来的建州女真屡屡挑衅犯边，而明军力量逐渐衰微，与女真交战过程中常常失利，这给了对方巨大的信心。成化年后，由于明政府军事实力难以对抗此起彼伏的边事危机，为了在辽东安抚少数民族，官军开始推行"以夷制夷"的策略。这一策略在当时一定时期内的确能看到成效，朝廷通过有意扶植海西女真，使其成为大明控制东北一带的代言人，倒是维持了五六十年的相安无事。但是长远来看此举却往往会养虎为患，以夷制夷的压制之法只得到了暂时的安宁，到了万历时期，来自建州女真的努尔哈赤就打破了这种安宁局面，他仅用了十年就将建州女真统一，虽然在这段时间内，努尔哈赤领导下的女真部族表面上还保持着对大明政府的恭顺忠诚，但是私下借着朝廷全力对抗日本之际，努尔哈赤已经开始悄悄积累财富，带着建州女真东征西讨，不知不觉就成了一股极具威胁性的强势力量。

他做的这一切明政府看不见吗？明政府应该比谁看得都清，但是怎么说呢，没工夫管，眼前的三大征都打不过来，女真内部互相厮杀就先由着他们去吧，万历二十三年（公元 1595 年），为奖励努尔哈赤在辽东"镇守忠顺"之功，朝廷还仿照当年对海西王台的优待，给努尔哈赤授予了一个龙虎将军的头衔，以期东北安顺。然而事与愿违，努尔哈赤之心早已不限于做一个有头衔的边地将军，他借助朝廷的威望显赫一方，建州女真的骚动之势已经破坏了整个东北亚的格局秩序，不仅是女真的其他部族，就连朝鲜也长期受到建州女真争夺资源的压力，常常因为抵抗无力而坐视对方蛮横劫掠。辽东问题越发棘手，不断有大臣上疏，要警惕女真的动向，但是万历没有力气去给他们像明成祖远征那样强有力的打击了，晚明国势衰微，战争又连绵不绝，他只能祈祷努尔哈赤像杨应龙一样，过不了几年就自寻毁灭。

2. 雪海茫茫一条龙，八旗漫卷海关风

这种祈祷显然是无效的。努尔哈赤的野心与心计要比明朝担忧的官员们估计得还要深，绝不是一般流寇草莽之辈。他一方面兼并了辽东的军队，一方面却对朱氏皇家表现出相当的尊敬恭顺，该进贡朝觐一样都不少，用温水煮青蛙的方式减弱中央政权的疑心，让忧心忡忡的文臣武将们在担心之外存有一丝"他或许也没有二心"的侥幸心理。实际上，努尔哈赤是怀着天大的志向与冤仇，最终拉着朱明江山给他的爷爷、父亲陪了葬。

契丹人曾经说："女真兵若满万，则不可敌。"足见这个民族不可小觑的战斗力。而野心勃勃的努尔哈赤，已在自己的地盘上大练兵马，最重要的就是有全民

皆兵的打算。他将女真传统的狩猎组织方式加以改造，发展成具有军事作战性质的组织形式，即以一定数量的人为单位编成一个小组，一定数量的小组再编成一个大组，以此类推，方便管理和训练。在这种管理方式之下，努尔哈赤将他所统率的辖区内所有能够作战的成年男子编成红、黄、白、黑四个旗，这就是清朝"旗制"刚确立时候的形态。

后来到了万历四十三年（公元1615年），因为努尔哈赤长期东征西战，原来统领的建州女真本部力量壮大了不少之外，又新添了被征服的哈达、辉发、乌拉三部的人马，这样一来队伍的人数膨胀了不少，原先只有四旗的容量显然不够用了。不久之后，海西女真和叶赫部的一部分势力也加入到努尔哈赤的大帐之下，四旗很快数量翻倍，努尔哈赤就将黑旗改为蓝旗，又在原本的正旗下各扩编出来一支"镶旗"，四旗数字便乘了2，成了八旗，这就是后来清朝著名的八旗军，努尔哈赤作为八旗军的最高统帅，有着绝对的军事指挥权，同时他在日常作战中还要亲自领正镶两黄旗。努尔哈赤的次子代善领正镶两红旗；第五子莽古尔泰领正蓝旗；第八子皇太极领镶白旗；长孙杜度领正白旗；其侄阿敏领镶蓝旗，按照这样的组织办法依次排开，八旗制度便成为女真军事上的独特创举，继而扩展到政治、经济、司法、部族管理等各个方面，成为女真社会最基本的组织形式，延伸到生活的基础编制上，对女真的发展、壮大具有非常深刻的影响。八旗制度不仅让女真极大程度上放大了其擅长骑射、勇猛善战的军事优势，也为这一支长久以来散漫落后的少数民族力量创造了比较科学的管理办法，正是八旗制度让努尔哈赤从一个寂寂无名的边疆小统领，一路成为威胁大明政权的强大力量，后来一直到数百年之后的清朝政权终结，八旗都是军队、贵族的象征。

3. 等闲变却故人心，却道故人心易变

军事力量壮大后，万历四十四年（公元1616年），努尔哈赤终于露出他的

狼子野心，在赫图阿拉即大汗之位，改国号为大金，并设置如朝廷一般的管理官员，正式改变了与北京的隶属关系，与朱明王朝分庭抗礼。刚刚即位的努尔哈赤想宣扬权威，可是大明虽然腐朽，但毕竟控制着整个国家的局势，大金还不能直接向万历示威，想来想去，只好先欺负一个软柿子伸张一下快感，于是他又派人去威胁了可怜的朝鲜国王，告诉他睁开眼看看辽东谁是真正的"爸爸"，要是以后再帮着明朝攻击女真（大金），就别怪八旗军的铁蹄不客气。

由此可见，朝鲜已经不止一次给明朝通风报信努尔哈赤的动向了，起初，万历和他的内阁都不太相信，这样一个一向很恭顺的部族怎么就会造反呢，到了后来事实让他们不得不相信自家后院起火，而一直在忌讳这骚动的武将文臣也只能难过地承认他们最害怕的事发生了，此时明王朝边境已是"无大将，无可战之兵"，军事衰弱，国库空虚，民心涣散，放纵辽东终于在今天养虎成患，可是有什么办法呢。朝廷只好先向这个造反头子发去类似"放下屠刀，早日归顺，不然天朝自会出兵讨伐"之类的警告通牒，期待努尔哈赤浪子回头，一心向明，然后象征性地安慰朝鲜，北方蛮夷向来野性十足，他们要是无礼你们就先忍一忍吧，实在不行不如你们自己想点招数在北方多多屯兵，以备不测——朝鲜指望大明再出兵平患，大明也指望着小弟能在背后帮大哥一把，两方只顾着相互推脱，谁也没有足够的底气去和风头正劲的女真一族决一死战。

4. 关山百战血犹热，铁骑千旅锋刀寒

然而真的是怕什么就来什么，大明几封象征性训斥震慑的文字在不断壮大的八旗军眼中是那么苍白无力。万历四十六年（公元 1618 年）四月，努尔哈赤发布了一份《七大恨》告天，大书特书与明朝不可化解的深仇大恨，大致集中在"杀我祖父、父亲""背信犯边""挑拨离间、扶持叶赫欺我"等几个方面，还说"夫列国之相征伐也，顺天心者胜而存，逆天意者败而亡。何能使死于兵者更生，

得其人者更还乎！"咬牙切齿之恨，女真仿佛一夜之间生长起来的民族之怒溢于字里行间，实在"欺凌实甚，情所难堪。因此七大恨之故，是以征之。"

讨伐檄文，何患无辞——要打仗，理由怎么写都充分啊，只要为动武找一个说得过去的政治借口，便能算作"师出有名"。眼看着万历三大征加矿监税使政策之后，辽东军心涣散，民心已失，战火就在眼前。

当明朝廷内部还没想出应对招数的时候，努尔哈赤就开始行动了。在两者领地交界的地方，曾经设有交换商品、做生意的市场，被称为"互市"。离女真很近的抚顺城，自古以来就是军事重镇，也是建州女真出入辽东与中原建立联系的关键门户。这一天，抚顺当地官员接到了女真族人要来做生意的消息，第二天便安排城里的军民准备好货物，根据惯例，当地人熟悉不过的"互市"要开了。抚顺人民和往常一样热热闹闹地出来做买卖，不想等到的却是女真八旗军的铁蹄，原来努尔哈赤在儿子皇太极的建议之下，把精锐将士化装成商人混进城里，当城外的主力突袭抚顺城时，城内精锐一秒变身，双方里应外合，市场在混乱中解散，而猝不及防的明军慌忙迎战，只有少量驻军的对抗毫无悬念地一败涂地。通过这一戏剧化的过程，抚顺城很丢脸地失守，游击李永芳投降，首战告败。

第一战，努尔哈赤把抚顺的城关彻底粉碎，为他之后进军内地铺平了道路。辽东巡抚李维瀚大惊失色，为了扳回一局给万历一个交代，他马上派出明军万人大力追击，然而不追击还好，一追明军的脸面比抚顺失守丢得还要彻底，这支追击的队伍过于轻敌，还没等反应过来就被努尔哈赤部团团包围，随后全部歼灭。而后，八旗军士气大振，他们又整装出门打下了辽东的会安堡、清河堡等据点，并且割下汉人俘虏的一只耳朵，捎给明政府一句话，要么给钱给物，要么一决胜负，你们看着办吧。

短短数月，努尔哈赤就像一阵狂风，把抚顺以东的大部分地区都占领了，意识到这些"鞑虏"的厉害，辽东官员不得不连滚带爬地带着惊慌上报朝廷，他的驻军，已经战死了一个总兵连带数名将领，八旗军势不可当，眼看就要杀进大明脚下了！

边境上不听话的"蛮夷"之军如此嚣张，内部近来也是灾祸不断乌烟瘴气。该怎么办呢？这样强大的压力之下，万历能否找回他三大征之时"义武奋扬"的霸气了呢？

萨尔浒，万历带不走的泪水

此时，已是万历四十六年（公元 1618 年），距离辉煌灿烂的万历三大征，已过了二十年之久了。当年张居正改革留下的中兴余晖已基本上消散淡去，当年那个充盈的国库，已被连年的烽火烧得所剩无几，后来再填入的，也是混杂着天下百姓痛恨咒骂的横征暴敛之帑，也有大部分被嵌进紫禁城富丽堂皇的重檐丽瓦、大明皇陵的砖石草木之中。当年战斗力还说得过去的明军队，此时也已腐败不堪，军心不齐，力量疲软。当年纵横漠北、远征朝鲜、扫平川黔的骁勇战将，或百战殉国，或垂垂老矣。如果你留意过也会发现，此时距离明神宗的四十八年统治结束，也只剩下两年了。女真的动荡，会给万历的执政生涯留下怎样的结尾呢？

1. 万里长城今犹在，不见当年秦始皇

虽然敌人很强大，但是硬气的大明继续保持着死不低头的传统，万历回复给努尔哈赤的，是"要钱坑物，想都不要想"的果断，暴脾气的万历很恼火女真给他找麻烦，下定决心要把努尔哈赤这一家子人赶尽杀绝。他也许还想像当年平哱拜一伙一样，很快平掉这个气焰嚣张的女真部落。只是，努尔哈赤不是哱拜，万历也不再是当年的万历了。

首先，最重要的总指挥就是一个麻烦，三军易得，一将难求，这么多年过去了，泱泱大明居然没有再培养出一个像样的将领，文武内斗，官员腐败，以文制武的风气使得晚明在面对边患时用人出现了极大的被动。这次出兵辽东，万历苦思冥想他手里能派出去的总指挥官，最后选定了曾经在抗日援朝战场上表现……嗯……反正表现过的，原兵部侍郎杨镐。虽然他上次在抗日战场上初期相对来说实在称不出有什么才能，后来纯属因为运气爆棚，丰臣秀吉挂掉了，明军趁机追击而勉强功成的，甚至因为在战场上决策错误被万历贬斥，战争胜利之后，他在别人的好言帮助之下才获得赦免，复官再用。不过杨镐好歹算是见过真刀真枪上过战场。哪怕，这个老头已经年逾古稀，哪怕他的水平只能说平平。

万历是慌不择路了吗？

杨镐拖着老残之躯再次踏上沙场，看到的却是懒懒散散的辽东军，压根拣不出一支像样的先锋部队。于是全国调兵，从甘肃到浙江，从陕西到山西，明军像搜刮老底一般，千里迢迢赶到辽东战场，倒是给杨镐大人在气势上补充了莫大能量。另外，从前受过大明莫大援助的朝鲜方面也派出了帮助明朝扫寇的援军，开赴大哥的前线。万历皇帝还给杨老头带上了一把尚方宝剑，给了他"将在外，君命有所不受"的特权安慰。安排上阵带兵的将领也大多是熟面孔，比如血战平壤时攻占城西的名将李如松的弟弟，李如柏，比如北上抗日、南征杨应龙的大将刘綎，大明名将之后马林等，阵容看起来很强大，只待一战。但是细看却知道，这番派兵有着极大的无奈和漏洞，将领虽个个战功不凡，但全无决策权，最重要的指挥官杨镐资质平庸，还和其中级别最高的将领刘綎曾有不合，到了战场上杨镐为了解决自己的疑心，竟私下派人盯着刘綎的举动，随时打算牵制，其下指将之间也矛盾重重，文武搭档互不领命。杨镐自己尚且如此，当然也知道明军之中漏洞满满，所以想着速战速决，免得夜长梦多，因而一切安排都显得格外急促，欠缺考虑。

万历四十七年（公元 1619 年）二月，大明整理出的征讨努尔哈赤的大军正式誓师开拔，号称四十七万，实际二十万也没有的队伍，直逼女真老窝。杨镐是这么打算的，兵分四路——

北路军队，大约一万五，由开原总兵马林带领，主攻北面。

南路军队，大约一万，由辽阳总兵刘綎带领，主攻东南。

中路军左翼，也是主力军队，由时任山海关总兵的杜松带领，西面进攻。

中路军右翼，由辽东总兵李如柏带领，南面进攻。

这四路军队分别从四个方向进军努尔哈赤的老窝，分别打过去后，预计在二道关进行胜利会师，然后一举前进，共同拿下他最后的巢穴赫图阿拉。这个计划看似很完美，基本上是采用了当年逐倭援朝和平叛播州时的"万能模板"，但实际上这一安排在面对努尔哈赤时漏洞百出。第一，四路军队分别进击，人数不同，水平不一，难保路上不会遇到不一样的情况。出临时状况了怎么处理？第二，这一路各打各的，怎么可能那么精确地保证四路大军可以同一时间到达二道关？第三，就算几个人赶路都会出现这样那样的问题，他们大摇大摆杀进努尔哈赤部的心脏地带，难不成八旗军还会让他们走高速一样能够一路畅行？万一路上来个全军覆没啥的，断一个大口子可就是大麻烦了。不知道杨镐怎么想的，一个连普通人都能看出来的不可实行的计划，堂堂一个总指挥想不到吗？不难看出他当时阵脚慌乱，紧张不已，打仗最忌讳的分散、纸上谈兵、变数多发，在这全体现出来了，明军根本就是在拼运气，露出了一大把软肋似乎就是等着努尔哈赤各个击破。说好的会师还有可能实现吗？

再来看努尔哈赤方面的准备情况。虽然相比大明国土疆域的辽阔，后金的势力范围简直可以忽略不计，但是明军内部危机重重，官僚队伍腐败无能，统治者万历自私狭隘，胜负仅凭实力规模还真的难以预测。努尔哈赤带领的八旗军常年在辽东一带训练作战，积累了丰富的经验，还拥有充分的主场优势，而明军有不少是远程作战，对战场形势远不如八旗军熟悉，万历三大征之后国库又早已见底，军饷军衣都未必能供给充足，战争发生之际正值初春，辽沈大地可尚未回暖，寒天远距离作战乃大忌，所以杨镐对明军的后勤补给相当心虚，只求速战，这就给努尔哈赤创造了战斗的主动权。此外，努尔哈赤手下的将领都是与自己关系亲密的儿侄，忠心可鉴、团结紧密，相对晚明怨怼纷争突兀、互相猜忌不满的将领队伍，后金团队可谓占足了"人和"优势。对于早晚会到来的一战，努尔哈赤厉兵秣马，未雨绸缪，提前与蒙古改善关系，主动示好，与身后的朝鲜也采取收买、威胁并施的办法，朝鲜国王比较窝囊，虽然名义上受到明朝的恩惠，却因为和后金共用半个屋檐而备受欺凌，本着"好汉不吃眼前亏"的原则，他选择了两边讨好，躺平挨打，在即将到来的萨尔浒战役中，朝鲜出于良心原则选择了和大明哥哥站在一起，但是为防止凶巴巴的努尔哈赤秋后算账，国王特意叮嘱前往支援的朝鲜军"悠着点"，以便给自己留条后路。

2. 旌旗踏破万里程，满芒映燃华褪容

战局已明，官军队伍是从各地军中抽调过来的，纪律涣散，训练不足，加上军饷紧张，随时有断供可能，朝廷心虚不已，也不管前线准备如何，只一味地催促杨镐尽快发兵。在仓促之中，万历四十七年（公元 1619 年）二月二十九，明军主力便慌然出战，明军比计划的出战时间还要提早了半月，几路将领对指挥官杨镐的安排都颇有怨言，但是杨镐并未在意。作为一名"光明坦荡"的天朝征伐代表，杨镐充分发挥了高风亮节的君子作风，在发兵之前给努尔哈赤送去了一封文采斐然、气势如虹的战书以示通知。努尔哈赤远没有那么通晓文墨，他也不在乎别人认为他作风如何，只看到杨镐将发兵的消息知会与他，机不可失，给后金军提前防御创造了条件。与杨镐相反，努尔哈赤看到了多路分兵的弊端，所以打算采取集中力量、逐个攻破的策略，首先将关注重点放在了明军的主力部队上。

明朝的主力部队由杜松带领。三月初，杜松率领着中路军一路赶到了二道关附近的萨尔浒，中路军力量最强，也最自信，一心想着多多歼敌，在萨尔浒山东

边有一条河叫苏子河，而苏子河对面是界凡山，山后便是一马平川，易攻难守，战略地位可见，杜松听说界凡山上就是女真的一支小队伍，在修筑防御工事。见到敌人中路军很是兴奋，杜松很快决定，要轻袭这支女真工兵，然后把界凡山攻下来当营点，如果奇袭成功，攻破努尔哈赤的老窝赫图阿拉就轻而易举了。于是，这名勇敢的将领带着两万人过了苏子河准备攻山，剩下的士兵则驻扎在萨尔浒随时等待调遣，支援先锋队伍。

对于杨镐的四路大队，努尔哈赤没怎么理会，按照他"集中兵力、重点击破"的策略，八旗军主力立刻盯上杜松带领的中路左翼军，努尔哈赤提前猜到这就是本次出战的主力，早已暗中调兵遣将，将大量将士安排在杜松必经之路上等待。当杜松带着人去打界凡山时，以为山上只有有限的女真部队驻扎，完全不知道努尔哈赤派了一支精锐准备袭击他留在萨尔浒的后续部队，八旗军突然出现断了杜松的后路，明军被山和河流直接断为两截，难以集中兵力。杜松一看，先前判断失误，感到非常着急，一面加紧想把界凡山拿下来加以休整，一面暗自祈祷背后的大部队能够打败女真，尽快前来支援攻山。可是后备的大部队是努尔哈赤志在必得的重头，为了提高胜利几率，努尔哈赤派了将近四万人来攻打两万明军，起初明军靠着先进的火炮抵挡住了女真的攻势，然而火炮虽强，却笨重缓慢，女真士兵像浪潮一样迎着炮弹猛烈涌来，火炮毕竟不能像机关枪长期连续出弹，准备的间隙女真的铁蹄眨眼间便冲进来，近距离作战火器的优势尽失，而面对面作战女真的战斗力很快突显，骁勇无比的对手本着敢死的精神将明军士兵砍杀无数，战争很快从肉搏变成屠杀，转眼间明方便溃不成军，四下逃散。

背后全军覆没，杜松正面也惨遭围攻，他当时只知山上敌人集中，却不想被女真军从后面围攻，山上的敌人也尚未攻破，他们也依托有利地势阻碍了明军的攻击，杜松腹背受敌，虽然凭着惊人的毅力顽强坚持，但也没能撑过一天，就宣告全线崩溃，这个青史留名的优秀将领到最后一刻铠甲尽失，仍竭力战斗，遗憾的是，杜松最终在萨尔浒结束了他金戈铁马的传奇。中路主力的惨败快得像一场噩梦，他们虽然拥有明军最先进的装备、最顶尖的火器，却并没有想到辽东战场对战骑兵优势更大，远距离作战中火炮并没有什么用，除了能靠声音吓一吓对方没见过什么世面的马匹，实在指不上它们能扭转乾坤。

3. 谁成白驹过狭隙，谁叹今世若云泥

杜松已然大败。紧接着赶到的是马林，此时杜将军全军覆没的消息估计已经传过来了，最强的中路居然如此惨败，马林也很害怕，他决定先做一下调整，也许是想等援军到来。可是努尔哈赤会给他时间吗？这里就体现出杨镐排兵布阵的白痴之处了，因为距离不同路况不同，几路军队赶到的时间差给八旗军留下了充裕的机会"来一个杀一个"，马林还想着原地防守一下的事情时，努尔哈赤已带着刚灭了杜松的人马迅速集结到他面前，杀了他个措手不及，马林狼狈不堪地勉强突围，一溜烟逃回了开原老家。北路军也直接玩儿完了。

杨镐坐镇沈阳等着胜利会师的好消息，却是接连得到杜松、马林战败的噩耗，他急忙派人传令刘綎和李如柏停下谨慎待命，可惜当时没有手机，连电报都没有。刘綎没有收到这个重要的指令，这个在朝鲜和播州都立下赫赫战功的老将，居然千不该万不该中了敌人的计，那还是平壤之战时李如松曾用过的一招，很简单，骗。努尔哈赤命女真士兵化装成杜松的部下，让他们拿上杜松的令箭去见刘綎，说等他们会师，援军就在前面。刘綎显然不知道杜松已经战败殉职了，他一心想着早点会师，早点见到援军，这一路上，他打得可是精疲力竭，虽然努尔哈赤之子、勇猛异常的皇太极都被他击退数次。听到杜松就在前面等他们时，刘綎一路都士气大振，果然走了不远就看到"杜松"的队伍前来接应，明军欢欣鼓舞地准备拥抱友军之时，才发现那是女真伪装的假同志，顿时军心大乱，临阵脱逃者大有人在，混乱中被八旗军全歼，刘綎也竭力拼命之后，英勇战死，又一将星陨落，呜呼哀哉！努尔哈赤这个老奸巨猾的头目，他从来不嫌诈骗手段用得

太多不够光明正大，抚顺城如此，萨尔浒如此，还有之后的很多战役都如此，不过话说回来，兵不厌诈嘛，刘綎你一个多年在腥风血雨中摸爬滚打的老将领还这么不谨慎，又怨得了谁呢。

最后一路李如柏倒是和刘綎相反，他很谨慎，很小心，谨慎到比预计会师的时间晚了三四天，磨磨蹭蹭一路当然适时地接到了杨镐停止进军的指令，很软蛋地回头就撤，总算是保住一丝余力。关于李如柏在萨尔浒的表现，很多人都怀疑他的初心，如果他能够一力上前援救刘綎，也许刘綎不至于力竭而战死，正是他的拖延，使得刘大刀最后孤立无援，体力不支。因为李家世代驻守辽东，在长期驻守的过程中，很可能与努尔哈赤一部建立了很深的邻里友谊，更有人说其父李成梁就在辽东睁一只眼闭一只眼地放任努尔哈赤发展，虽然一开始也没想着他会去颠覆明主子的江山，但实为女真的做大做强做了贡献，李如柏这次也是专门慢腾腾给努尔哈赤创造时间，没有给到同僚友军及时的增援。到底真相是怎样的，我们只能凭猜想，猜的人多了，越来越离谱，人言可畏，李如柏最终被逼迫得于两年后含恨自杀。无论刻意助敌这事儿是真是假，作为一代忠心耿耿、父兄为国一生的将门之后，突然被扣上通敌叛国的黑锅，怎么也受不了吧。

再回到战争，现在我们看到了，杨镐杀气腾腾的四路大军已全部溃散，两个主将战死。萨尔浒之战其实只持续了不到一周，伤亡损失却极其惨重。《三朝辽事实录》中记载："……除丽兵（朝鲜军队）外，主客出塞官军共八万八千五百五十余名，阵亡道镇副协参游都司通判守备中军千把忌等官共三百一十余名，并印信一颗，阵亡军丁四万五千八百七十余名……"也就是说，因为来帮忙的朝鲜军和叶赫女真部就是充大头蒜的，除了朝鲜军队在国王的特意暗示下保存了力量，明军以清场的方式惨败，这个数字相当可怕，明军本部伤亡直接过半，仅有的几位精英将领、带兵骨干，都在萨尔浒沙场马革裹尸还，这让明朝整个国防力量元气大损。短短几天，就酿成了大明手足无措的失利局面。

4. 国破山河在，城春草木深

万历三大征辉煌背后的创伤，明帝国没有在意，导致在此时的辽东战场上全面显露，还有财政上，也已捉襟见肘，万历再也没办法继续陶醉在曾经的成就中不能自已，他和他的官僚队伍、他的庞大帝国上下一片震惊，在女真手里败得如此惨烈，而溃军的总指挥杨镐瞬间被扔进监狱，这个七十多岁的老人最终因败走萨尔浒而晚节不保，青史留得一笔耻辱的痕迹。无数研究者都很想不通，杨镐真的就那么傻，让四路军队带着几乎不可能的赌注去会什么师？也有的研究者推测过他可能是故意把这个计划透露出去，实际是打算让杜松和马林一路向二道关，而李如柏和刘綎直接偷袭夹击赫图阿拉去的。不过哪怕他的计划是这样，能证明的最多就是他没有表象显示的那么白痴，萨尔浒的不可挽回的痛是历史无法改写的事实。

然而萨尔浒一战却使女真首领努尔哈赤一举成名，后金强国基础从萨尔浒战役开始奠定，东北亚的政治局势完全改写，从此也正式开启了大明对战满洲决定兴衰存亡的对立状态。

在这场被称为"官夷"对垒的战争中，努尔哈赤的八旗军和日暮沉沉的大明政府形成了鲜明的对比，他们带着"七大恨"鼓舞的无限勇气，上下一心，也没有什么后顾之忧，所谓甩开膀子光脚的不怕穿鞋的，让女真军队在战争中有着巨大的优势。

回头再看看咱们的大明政府，看似疆域辽阔、权力巨大，然而老朱家的账本上却早已乌烟瘴气、混乱不堪，无论是经济上的凋敝，政治上的腐败，官场中的倾轧，军事上的软弱，还是皇帝的狭隘，将领的自私，盟友的软弱，人民的背离，都在战前就给出了一个答案明确的结果。万历无能，一群之乎者也的言官捻断了胡须也想不出什么对敌招数，只会患得患失地拼命开会，萨尔浒战役之前，他们商议、讨论，担忧侵扰的会议有百次之多，却只商量出启用杨镐的馊主意，恐怕连"杨镐老矣，尚能饭否"都没有问过吧。更可笑的是，当明军刚开到辽东战场，中央就一直在催促杨镐赶紧开战，是急着摆平这祸患吗？难道不知道用兵不能急，要等待合适时机吗？这样的后方实在起不了好的作用啊。

　　萨尔浒一战的大败，已是万历四十七年（公元 1619 年），这之后努尔哈赤更加肆无忌惮，横扫辽东如入无人之地，他为以后大明王朝的覆灭拉开了帷幕，也为眼前的明神宗万历皇帝敲响了晏驾的丧钟。这位在位创下大明记录、长达四十八年的皇帝，已经走进他生命的尾声了，萨尔浒是他看到的最后一场著名的大战，从东南到西北，从东北到西南，从戚继光抗倭到李如松战鞑，从抗日援朝到播州镇乱，万历一朝经历了这么多烽火烟尘血雨干戈，他成就过雍容神圣的中华威严，也收获过无上光荣的帝王骄傲，却在生命的尽头，被女真努尔哈赤的八旗铁蹄践踏了常胜的尊严。在这个平凡而特殊的山头，留下了这个皇帝抹杀不去的失望遗憾，不久之后他将撒手西去，再也看不到他朱明旗下大军重振雄风的英姿了。不管怎么样，是震惊还是悲哀，万历都没有时间再去过问了。萨尔浒，萨尔浒，这个曾经平平无奇的地名最终成了万历带不走的泪水。大明永恒的箴言。

定陵几度夕阳红

他再也没有力气去唤起天下跟着他大战一场了，连朝廷上下也开始忙着张罗太子要登基的事宜。虽然女真的肆虐让万历心里很是痛苦焦虑，但生老病死的自然法则是谁也改变不了的定数，萨尔浒的悲剧只能加快万历所剩无几的残血消耗，最后的时光似乎比以前荒废在偷懒那时过得更快，那是万历四十八年（公元1620年）七月，盛夏的风似乎与往年没有什么不同，而这个充满争议色彩的皇帝却终于驾崩了，享年五十八岁。

1. 闲云潭影日悠悠，物换星移几度秋

万历如愿以偿地睡进了他一丝不苟地修建了几十年之久的定陵，成为他朱氏一行天子里，陵寝最为奢华的一位。要说这个懒惰成性、最怕麻烦的皇帝，对自己可是真心不错，也许是亏心事办得太多，生怕死后被挖坟算账，他在给自己准备身后处所的问题上完全不见马虎懈怠，说来也好笑，万历活着有一半精力是用于给自己准备身后事。回头再看看他为他的江山付出，那简直赶不上对自己四分之一好，除了刚登基之初在张居正教育集团的强迫下，装了十年勤勉负责的劳模，张老师一走狐狸尾巴便迫不及待地露了出来，从那以后，后半辈子几乎都由着性子来，他荣登明朝皇帝在位时间榜首，讽刺的是漫长近五十年的天子生涯也

没让他长出来承担责任的肩膀，这宝贵光阴竟是给了他足够的工夫送老朱家上路。他走得匆忙，给身后儿子留下的，是堆积如山的外患，是冗杂沉重的军费，是怨气冲天的百姓，是空空如也的国库，还有凋敝废弛的官僚政治，和一个虎视眈眈的努尔哈赤。我猜这个自私随性的家伙，应该和法国的路易十五很谈得来吧——"我死以后哪怕洪水滔天。"

这个做皇帝的，长了一副好头脑，接了一个好衣钵，受了一番好教导，却实在没有发展好他应该发展的好事业，没有对得起所有人对他的美好希冀。概括来说，就是他身上从头缺到尾的责任感和上进心，也许是被官僚系统逼的吧，不是连汉武帝都起过"放弃朝政，歌舞酒肉享乐去也"的念头吗？然而汉武帝只是愤而发泄、故意为之，万历却认认真真去贯彻落实了酒色财气的反职业道德，做个普通人尚且不能凡事纵欲随心，何况是一个国家的最高统治者呢。天下多少人都在骂他，他已经全然百毒不侵，只是心里某个角落还时不时提醒自己一句，你还有个国家。万历的一生似乎都是在"做一天和尚撞一天钟"地混日子，若不是张居正给他开局打了一把好牌，他的败局或许会更加惨不忍睹。

万历抛下一切，整个人乐得逍遥的后果，就是他们朱氏一家辛苦打下来的江山，正在慢慢地移向万丈深渊，他带着这个熠熠发光的朝代走上了一条不归路，他不爱他的子民，不爱他的臣属。他的民间像是有默契一样也对他恶意满满，晚明时期灾荒人祸几乎不断，自然灾害之频繁让人不得不怀疑是世界末日到来前夕，因为坏事像商量好了似的一件接着一件。在国家最需要强有力的中央领导时，万历的团队始终用日渐腐败的官僚体系和废话连篇的案牍敷衍无数受灾的百姓，应急管理措施实在差劲得很。而在当时又正值经济转折关键期，社会转型的种子就在他一览无余下的土地上萌芽，上天派给他一个张居正手把手为他的宏图帝业铺设好了前途光明的轨道，他不仅没有足够敏锐的嗅觉感知一个新时代的气息，还出于个人私怨把通向进步的道路拆除。当蠢蠢欲动的边境要问鼎中原时，他已经没有力气再保护那脆弱的国门了。他把数不清的麻烦留给他的子孙，他也用这些麻烦画就了大明的日落图。

这个君王，控制了执政以来的基本平衡局面，他，或许有能力。

这个君王，却没有担当起掌舵天下的重任，他，着实不称职。

这个君王，也折腾得他祖宗传下来的天下走向悬崖，他，真的太荒唐。

一个荒淫怠政的圣明君王，一路上我们都在探讨他，看他的腹黑深不可测，看他的贪婪无底深渊，看他的懒惰四体不勤，看他的精明运筹帷幄。我想给他一个最公允的评价，却发现写到这里已经无法再定义什么，定性什么，看到万历这个闪耀着复杂光辉的字眼，莫名地会掠过一丝别样的惋惜。最后让人觉得，这只是个很"真"的人，一个普通而可爱的平凡人，有着数不清的缺点，人们批他，却是因为他对不起头上"明神宗"的皇冠。话又说回来，皇帝这个职业，也实在是太难做了，自古以来那么多干这一行的，有几个是像模像样的呢？我们不如在最后把神宗放下来，用朱翊钧的身份再做一次对话。

2. 雕栏玉砌应犹在，只是朱颜改

说他荒淫，或说他圣明，都是拿着一把支持自己结论的史事往这个人物身上安，所有另一面的东西避开不谈，我想说这不是历史。历史是什么？它不过就是发生过的故事，横看成岭侧成峰，我们在后来的时光里看看原来，从点滴中汲取今天需要的，这就是历史能送给我们最直接的礼物了吧。有的人用一辈子去纠结做什么是对的，做什么是错的，却在回头的刹那发现，怎么做都是对的，怎么活都是对的。而可悲的万历，在位的时候，被言官骂了几十年，突然发现自己怎么做都是错的，于是他选择了活出自己，随着性子活。

上面那句话，对于普通人来说可能是种"难得糊涂"的潇洒，可对于一国之君，则难以成立。他选择活出自己的后果，就是忘记了在那个位置上沉得吓人的担子，那是要他背起来的大明天下，他却搁置一旁。

万历的一生，应该是很累很累的吧，他没有朱棣那样对王位饱满的热爱，也没有正德游龙戏凤朔北江南的玩乐性质，他一直都待在金碧辉煌的帝都小圈圈里，辗转反侧，思来想去。不像是一个君临天下的帝王，更像个和大臣斗智斗勇的孩子。自私和贪婪，这个人性很常见的缺陷，在他的身上便会放大一万倍，变成荒唐怠政、横征暴敛的严重后果；而精明和强干，在他的发挥下也变成了华夏民族怒反侵略的代表。脱去了龙袍，才能卸下历史沉沉的定义，揭开一个真实的他。

我们讲万历皇帝的故事，从定陵开始，也将在定陵结束。

晚明本就时间短暂，万历却占据这个特殊时代的绝大部分篇幅。这四十八年，像一场颠沛流离的梦，一路上仆仆风尘坎坷不断，终于闪着黯然的星火走到了尽头。再多的纷纷扰扰，也都化作世俗的繁芜了，再也不用翻开那些恼人的奏折，再也不用忍受天下人的嘲讽，再也不用处理无尽的国事了。在那一段，他的年号最后命名的时光。

万历四十八年。七月二十一。

有明一朝，百态万象

明代是中国古代历史上一个重要的转型期，这个时候的中国社会，虽然远没有同时期的西方那样震动明显，自下而上翻云覆雨，却也呈现出前所未有的新鲜之态。无论是普通百姓的衣食住行，还是达官贵人的寻欢作乐，以及文人雅士的创作灵感，都有着别具一格、颇具明代特色的特殊浪漫主义情调。尤其是到了晚明时代，虽然朝纲废弛、国库空虚，但民间生活却并没有受到太大束缚，反而以"春色满园关不住"之势，形成了一幅色彩鲜明、引人入胜的奇妙画卷。接下来，就请读者朋友们暂时放下朝廷中纷繁复杂的烂事，来共同领略一下明朝普通人的日常生活。

1. 明礼仪，正人心，厚风俗

明朝成立之初，因太祖朱元璋一力主张推行刻板"教化"国民之道，使得社会风气在很长一段时间内比较严肃淳朴。朱元璋之所以如此行事，主要是为了清除元朝蒙古人统治留下的粗放遗风，彼时就连汉族的精英知识分子为了讨好蒙古上层显贵，都争相放弃谨言慎行的文化传统，抛掉唐宋盛行的礼节习惯，学着蒙古人穿上窄袖短衣，学习蒙古语，甚至练习骑马、梳起骑射民族的发型，朱元璋觉得这是一种恶劣的"伤风败俗"行为，当他再次建立汉人政权时，便立即下定决心要在全国"移风易俗""以正风气"，作为一个统治者，朱元璋和历代皇帝一样，都希望人民恪守本分，埋头苦干，按规纳税，按律服役，最好绝大部分人愚昧而不自知，不求享乐放纵，只求寿终正寝。这些人饱暖时感恩君王，命苦时不怨政府，是最为稳固也最好操纵的统治基础。

于是在朱元璋的努力下，蒙古遗风很快又被传统的汉族习惯代替，遵循礼制、不越规矩是民间推行的美德，无论是达官显贵还是平民百姓，都以正义、勤俭、懂礼为荣，一时间公序良俗井然，曾几何时攀比奢靡的生活风气受到抑制，若有军人或是官员忍不住欲望，去烟花巷陌寻求刺激，朱元璋发现了就会将他们打残或者干脆处死，哪怕幸运偶遇大赦，逃了肉体的惩罚，却再也没有机会担任官职。不过，朱元璋此举残忍却只能束缚想当官的知识分子，他再管得宽也不可能时刻盯着全国每一个人，这样一来勤俭禁欲之风对于民间家财可观的普通人影响并不大——普通人想到了这一点，本以为能钻了政策的空子，没想到朱元璋也想到了这一点。眼看着民间禁欲推行得不够彻底，尤其是在江南等商贾集中的富庶之地，依然存在着奢华享乐的恶劣之风。一想起来在江南风月极佳的河畔，众多富得流油的商人与乐伎优伶弹唱"淫词艳曲"的靡靡之音，朱元璋气得觉都不想睡了，他们或许还讲起从前风气开放时自由炫富多么爽快，抱怨刚立国的明朝皇帝过于严苛，不得人心……朱元璋越想越气，一个更加严厉、细致的社会生活细则在他的脑海中逐渐勾勒出来，朱元璋决定用行政命令来完整地规划他统治范围内每一个人的生活轨迹，做到等级森严，一目了然。如果可能的话，这些命令一定要深入到方方面面，没有任何人能钻得了国家的空子，若有人敢违拗，就用严酷的刑罚折磨他，杀鸡儆猴。

想到这里，朱元璋终于满意地睡觉了。很快，圣旨就是生命，皇帝的构想比春风还要迅速地吹遍了大明王朝统治下的每一寸土地，人们的生活内容逐渐像表格一样被严格地限制起来，最基本的衣食住行都有相应的细则参考。比如穿衣方面，明初的服饰规则相当繁琐，从皇帝到皇亲国戚，再到官员、士大夫，以及从事不同职业的普通百姓，细化到衣服的材料、式样、颜色、花纹图案，都有严格的规定，黄色、紫色、玄色皆为皇室特供，官员能够采用彩绣、绫罗作为点缀，而普通人则最多只能用绸纱，若是从事"末业"商业，那就连绸纱都不能使用了，若是从事连商业也不如的"贱业"（妓女、伶人），还要加上烙印一般的特殊配饰作为惩罚……以上规则仅仅是十之一二，如有僭越，就会引来祸端。

衣着和配饰的细化规定，会导致人们的身份地位一目了然，哪怕是大街上素不相识的陌生人，也可以根据对方的穿衣用度大致猜测出对方的职业地位高低，与之相适应的另一套礼仪规则便应运而生，为了更好地体现出社会等级差别，明初还规定在日常交往、婚俗嫁娶时也要遵循尊卑有序、见之习礼的繁文缛节，虽然这些规定中也革除了一些民间旧有的陋习，但是呆板苛刻的限制也让本来活跃的明初社会如同一潭死水，尽失活力。

朱元璋在明初推行的一系列严格教化风习被美化为"风尚淳朴"，实质上却反映出他束缚自由、抑制人性的狭隘本质，一定时期内民间创造力陷入低谷，无论是知识分子的创作还是下层平民的艺术，都平淡如水，毫无亮点。好在君王权力再大也逃不过做历史奴隶的命运，朱元璋的教化虽严苛，却难以锁住每一个人，时间一长，那套规则便逐渐形同虚设，随着人们欲望和追求的无限增长慢慢淘汰成一纸空文。

2. 奢靡之风，卷土重来

的确，朱元璋严酷刑罚的震慑力在他死后便减弱了许多，到了永乐年间更是宽松了不少。开国盛世环境优良，民间经济以肉眼可见的速度恢复了繁荣，技术的进步和城市的兴起，让从事工商业的人越来越多，与经济同步增长的，首先就是人们对物质和欲望的强烈追求，朱元璋那一套苛刻的简朴生活条例，显然没有什么人愿意遵守。到了明英宗时期，国家虽然也一再强调"不得僭越、遵循祖制"的命令，但收效甚微，因为就连做皇帝的英宗本人，也难以抑制玩乐享受的欲望，那些禁令一出，执行力甚微，与其说是治国的策略，不如说是单纯给老祖朱元璋留个面子，微微一禁，略表尊敬。

到了景泰、成化时期，民间的生活色彩可就明丽多了，比起明初，简直就是将黑白电影换成了彩色胶片。当时无论是手工制造，还是商业交流，都有突破性进展，朝廷的条条框框在发达的城市中早已被瓦解掉，市井之中常有士人流连忘返，被严格标签化过的娼妓优伶乐师，都因为收入颇丰而过上了奢华的生活，她们常常身穿缀有宝石金线的七彩绣衣，首饰有金有玉，极尽精巧。富贵之家宅院尤其讲究，雕梁画栋、窗帷屋檐之奢华，甚至能够比肩宫廷，由官到民，上行下效，官富之家有时还会故意攀比斗富，一旦市井流行某种打扮方式或玩乐趣味，就连朝廷里的高官大员都会争相效仿，紧随潮流，生怕自己落后。民俗难禁，奢侈之风简直欣欣向荣，哪还有顾得上什么礼制之分的工夫，要是朱元璋在天有灵看见，估计会气得七窍生烟。可惜哪怕他在世也无济于事，就连君王也不得不顺从历史和社会发展的大潮。天子脚下的京城正是奢侈享乐之风最为盛行的地方，作为全国的政治中心，北京聚集了来自全国，甚至异国的各色人群，他们争相效仿从宫廷、豪门传播出来的新鲜风尚，远在深宫高墙之后的皇帝后妃也同样好奇市井百姓的巧玩奇技，最具代表性的是成化、正德两位贪玩君王，尤其是成化皇帝，对民间新奇的珍宝器具格外感兴趣，为了讨好皇帝，自有宦官和谄媚之臣竞相献上各种珍玩。所以到了明朝中后期，尚朴崇俭的礼制已经名存实亡，在近代化萌芽的转折路口，既然生产力允许物质追求，那么谁能不想要获得美好幸福的生活体验呢？就连远离城市的乡村地区，有条件的妇女也穿上了色彩鲜艳的衣衫，梳起来高发髻，用精巧的首饰，富户人家甚至还会盖起高大的楼房住宅，远远望去，乡村也是小楼林立，社会风尚的变化在明朝民间渗透还是普遍存在的。

明中期尚且如此，到了我们关注的晚明时代，民间生活更是丰富多彩、花样百出。晚明虽然皇帝一个比一个不靠谱，国家向难以抑制的倾颓方向转去，但皇宫之外的社会却呈现出难得的多元化局面。这个时期万历长期怠政也不算全无好处，起码他不像朱元璋一天一个迫害妄想症反应，恨不得百姓吃饭嚼几下都要管。就在政府松散、官员腐败的烂摊子之下，晚明的民间社会却随着经济的深刻变化而逐渐沸腾起来，因为政府的管控减弱，民间团体的自发性和自主性就被调动起来，晚明时期各地随处可见地方乡绅、豪强主动承担社会责任，维护社会秩序。万历贪财，却不暴戾，所以晚明的舆论氛围还相对宽松自在，常有先进的知识分子批驳皇帝独断专行，就连街头平民也有人议论时政甚至万历本人，平民阶层的活跃让信息传递、思想交流变得更加便捷通畅，虽然不能期待在商品经济发展严重不平衡的晚明孕育出多么具有建设性颠覆性的理性思想，但最起码舆论氛围的自由能够让专制制度受到一定程度上的冲击，至于这种冲击能否持续性进行下去，那就是另一回事了。

3. 吴酒一杯春竹叶，吴娃双舞醉芙蓉

晚明时代的社会风尚，由江南地区引领潮流。江南地区是明王朝的经济中心，与北京附庸权贵的竞争之风不同，江南地区因经济发达而萌生出日新月异的"猎奇"之风。尤其是女性的衣着配饰，更是几年一翻新，时髦的新衣一出便被有钱人家的女子抢购一空，有时这个潮流才刚刚赶上，下一个新花样又问世了。江南地区的制造业尤其发达，手工业者为了赚取财富，更是绞尽脑汁迎合社会需求，尽可能快地创造出来让大众认可的新兴商品。晚明江浙一带不仅工商业是全国翘楚，经济带动文化，当地知识分子也是人才辈出，这些知识分子多少还都受着理学思想束缚，往往在追求物质生活的愉快时还要兼顾"君子风度"，这就让晚明的社会风尚中"高端雅趣"异军突起。追求俗中有雅的大都是读过圣贤书、心高气傲的士人阶层，他们不外乎就是在强调用度高档的同时，寻找一条更加艺

术化、文人化的途径。像市井之中一味钟爱色泽艳丽、珠光宝气的风格，常被这些江南士人嗤之以鼻，仅仅为了争奇斗艳而穿着繁复拖沓，实则是教养缺失、不上台面的行为，无论那身衣裳有多么贵重华丽，都只能暴露出主人是个头脑空空的暴发户。因此，士人阶层讲究穿着简洁优雅，用料高端，做工细致，日常把玩之物要精美雅致，最好做工细节能与诗书典故相呼应，体现出尚古精神和主人深厚的文化底蕴。

这种俗中求雅的新潮之风首先在苏州的士人阶层中兴起，随后便有大量人效仿，无论是商人还是小民，都喜欢学着读书人穿一领"苏样"服装，在家里置一方案台放置文房四宝，有时装模作样把玩一阵镇尺笔墨，不论是否通晓文墨，甚至不论是否能识文断字，都算是能紧随潮流，附庸风雅一番。但是中下层阶级因为受教程度有限，审美风格、气质仪态都难以效仿完全，常常被恃才傲物、向来自满的读书人讥讽为东施效颦，画虎不成反类犬。不过这并不能阻止士人倡导的清雅之风在晚明大肆盛行，江南地区的简洁雅素文化，甚至影响到了宫廷的装饰风格，江南特产的文人家具，以古色古香、细致优雅为名，晚明时代这种家具普遍见于京中达官显贵之府，与理学文化追求的格物穷理、清心致知理念不谋而合。

平民阶层的活跃使得晚明的文学艺术创作中心迅速下移，唐宋时期诗词创作格式要求复杂、追求精神享受更多限于上流人士，相比而言，晚明百姓的精神世界就要丰富得多了。专门服务于平民阶层的戏剧小说层出不穷，戏剧创作到了万历时期已经形成临川派和吴江派两大派别，临川派代表人物有汤显祖、冯延年，吴江派有沈璟、冯梦龙。这些戏剧大都反映了普通市民的美好生活，大胆歌颂爱情、张扬欲望、表达人性，倒是与西方同一时期的思想潮流有许多相似之处。如果说戏剧还有一定的条框约束，那么小说一定最能代表晚明市民文化的成果，明代小说内容广泛、笔触大胆，创作风格多样，作品异彩纷呈。最最能够反映时人内心追求的，莫过于世情小说《金瓶梅》。虽然《金瓶梅》名义上是以两宋之交为时间背景展开讲述的，但是反映的却分明是晚明时期的百态万象，内容尺度之大、揭露之狠让现代人都不得不叹为观止，由此可见晚明社会的多元形态和绚丽色彩。

4. 海内存知己，天涯若比邻

最后，晚明时期还是重要的中西方交流碰撞的关键点，在同一时期的西方，由于宗教改革发生，原本占据绝对统治地位的天主教权威不保，为了扩展教众，提高影响力，虔诚的天主教徒纷纷冒险来到海外，本着传教的目的成为中西文化友好交流的桥梁。在欧洲，西班牙和葡萄牙是天主教的大本营，所以明代来到中国进行"洋教"宣传的，也多是这两个国家的传教士。他们其中影响较大的要属来自耶稣会的利玛窦（然而他却是个意大利人），利玛窦开启了中西结合、中为洋用的先河。这位信仰坚定、思想灵活的传教士发现中国的情况和西方大不相同，便开始努力融入到中国文化中，再将天主教的相关内容与中国文化求同存异。他穿着特别定制的西式儒服，和中国知识分子充分接触，用中式作文法解释西方教义，一来二去，许多知识分子都觉得他和善、博学、易相处，也愿意多多了解他所极力推行的宗教原理。不过，宗教信仰对中国当时的士阶层来说并没有太大的吸引力，利玛窦带给明朝更重要的，是来自西方的科学思想。中国古代一向重文，数学、物理学、地理学等难以形成体系，利玛窦的到来让中国人接触到了全新的几何学原理，还有全新的西方地图，就连懒惰的万历都对这些东西极感兴趣，万历一高兴，利玛窦就能在皇城内有一套来之不易的住房，还能获得自由传教的权利。利玛窦死后，西方传教士并没有停止来华的步伐，虽然他们对中国社会转型并不能起到什么实质性的作用，却也为近代以来中西方的接触交流做出了贡献。

晚明的民间社会，就像一支惊喜不断的万花筒，等待我们不断去探索了解。

每一朵花背后，都是这个时代最具有代表性的颜色，王朝更迭、君王换代是不可逆转的大势，但是政治权力的轮转却改变不了民间社会的时代风貌，王谢堂前的燕巢终究会落下，朱雀桥旁的野草早晚会如盈，只有百姓最寻常的生活，才是最值得历史关注的最珍贵美妙的核心。

二

光怪陆离 晚明乱象

皇帝中的躺枪弟——明光宗泰昌

万历虽然驾鹤西去了，但是大明还没有完全日落，时间还得走，日子还得过。接下来出场的是谁呢？这货且不说在明朝，就是在秦朝以来的皇帝界也不得不说是个万里挑一的传奇——

他生在帝王家贵为皇长子，背景显赫，而母亲却是个出身卑贱的宫女，如此尴尬的身份让年幼的他卷进了一场立太子的"国本之争"；几十年风波甫定，艰难入主东宫的他又莫名其妙差点被一个疯子用棒子呼死；老爹万历在龙椅上磨蹭了快五十年终于晏驾，他却发现传给他的除了紫禁城还有党争复杂的前朝和乌烟瘴气的后宫；他决心阔步前行却陷在党争和宫斗的中心被一撮人抱着大腿；他想振翅高飞却连羽毛都没捋顺就驾鹤西去了；就连他驾崩后，都被无数人继续利用炒作，死都死不安生。

他是"国本之争"的中心，是"晚明三大案"的主角，总渴望着安宁平静，但一辈子莫名其妙地躺枪。

他是大明在位时间最短的皇帝，干了不到一个月就因纵欲和怪药送了命，短暂但风波奇多，终是写就一段复杂的传奇。

他的一生就是一个诡异的玩笑，皇帝中的躺枪弟——明光宗朱常洛，年号泰昌。

1. 梃击一案，事出蹊跷

如果亲爱的读者们还记得之前我们讲万历时，提到的争太子的故事的话，应该对"朱常洛"这个名字不陌生，他是万历的长子，诞生在他爹年少无知的性冲动下，但母亲恭妃出身卑微，连带他也一直不受老子万历待见，聪明漂亮的郑氏之子朱常洵才是万历心仪的储君人选。不过呢，满朝文武却是站在他这一边的，也不知道是幸还是不幸，无数言官秉持着"长子继承"的传统礼教观念为了他的太子地位前仆后继斗争了几十年，终于为他夺到了这一尊位。这斗争的几十年史称国本之争，无辜的朱常洛就这样神通广大地"导致"了一个帝国的统治集团久久不息的壮阔波澜，从此开启了他的倒霉躺枪模式，用生命诠释了"你不找事儿不代表事儿不找你"这句无奈的"格言"。

百般波折当上太子的朱常洛日子并没有因此好过起来。万历四十三年（公元 1615 年）五月，朱常洛居住的慈庆宫突然闯进了一个不速之客，此人手持凶器，打伤前门的守门老太监，直冲进内宫，乍一看这情景令人不由得想起武侠小说里面的蒙面黑衣人，江湖上武功盖世的刺客秘杀太子的桥段。而现实却是，这个人就是个普通瘪三，凶器就是根棒子，还没进内门就被一群太监七手八脚制服了。虽然剧情低俗搞笑，但毕竟是在东宫行凶的大事，这个肇事者即刻被送到了守卫指挥处受审。几天之后，经过从御史到刑部重重审查后，万历得到了这样一个解释：此人名叫张差，蓟州人，之所以会闯入慈庆宫是因为家里的柴草被烧了，他气得要告御状，受人指使误入太子宫殿，然后马上被抓住了。这么一段狗屁不通的调查结果说完，估计刑部的官员自己都觉得不好意思，所以，他们赶紧又补充了一个重要结论，皇上你别太生气，因为张差还是个疯子。这样一个条件给出来以后，看起来一切都解释得通了，有了万能的精神病历，一切事故皆可以"别问，问就是精神病"来处理。

可是，这个案子的报告依然可谓漏洞百出，疯子怎么了，疯子固然有通天的想法和胆子，他有通天的能力吗？皇宫是谁想进就能进的吗？众所周知，明朝皇宫把守格外森严，莫说一个无权无势的平头百姓，就连朝官也入不得紫禁城内，宫内外如同天与地一般完全阻隔，怎么可能让一个普通人进来。而且，这个人还好死不死就进了慈庆宫，从京城，到皇城，到宫城，再到太子面前，究竟是谁给他指的路，他又是怎么拿到一根棒子进来的？这个案子委实蹊跷，仅仅用一个"疯子"的结论解释像极了是推脱敷衍之词。

这个哄小孩一样的结论很快引起了刑部主事王之寀的怀疑，于是他亲自提审了张差，而这个敢闯皇宫的瘈三在王大人饿了他几顿饭后就开了口，他说有一个太监找他进京做一件事，做成会给他田地，让他过上衣食无忧的生活。张差答应了，然后就被领到了宫里，给了他一根棒子，叫他按照指定的路线前去打人，一旦出了事也不用害怕，因为到时候自有人会保他出来。王大人觉得这段话听起来要比告御状靠谱多了，赶紧带着这个宝贵的情报诉求公审，他认为，这件事绝没有"疯子发疯"这么简单，牵扯到的事情可能还大有乾坤。而就在公审之时，大概是害怕，为了保命，张差又有了新的供词，他直接说出了指使他的太监，正是郑氏手下的庞保、刘成，这两人还曾经许诺他："打死小爷（指太子），有吃有穿。"

2. 打破砂锅，疑窦丛生

这事情一下就变得复杂了！居然有人敢操纵太监打死太子，而那个人十有八九是为了儿子觊觎太子之位的郑氏。刚平息不久的"国本之争"又被拉出来说事儿，郑氏瞬间成了众矢之的，一石激起千层浪，大明系统汹涌的言官队伍又一次显出了他们非凡的力量，大众纷纷猜测是郑氏怀恨陷害，甚至有人连万历都怀疑在内，毕竟万历钟爱郑氏及其子，和太子的关系一直都不是很和谐。郑氏的哥哥急忙启动危机公关模式出面辟谣，可是越抹越黑。郑氏也急得四处奔走，号啕大哭，到万历面前哭完到太子面前哭，直陈不是她干的。

　　已经被朝政的嘈杂逼得躲居深宫的万历大哥根本没兴趣翻旧账，他既不惊讶也不愤怒，显然是不想牵扯太多人，不管是不是郑氏干的，他都不太可能对爱妾做出多么严厉的惩罚，反正太子好好地站在他面前，也没造成什么严重的后果。万历只想把这件乌龙案子速战速决，砍死几个主谋者报仇（背锅），有个说得过去的交代就算了。而本案的当事人，无辜躺枪的太子朱常洛，在郑氏决堤的泪水和老爹的烦忧之下，不得不体贴地表示，这事跟"国本"没关系，自己丝毫不怀疑父皇，不要闹大，息事宁人便好。万历也不失时机地出面，称太子着实懂事，朕相当信任，你们不要挑拨我们父子关系，我也从来没打算换太子。这件事情呢，总归还要有个结果，那就把那几个涉案嫌犯张差、庞保、刘成处死算了，完毕！

　　瞧——父慈子孝，兄友弟恭，皇家典范，天下太平。

　　这就是被称为晚明三大案的第一案，"梃击案"。

　　此案以此草草告终，弄死的肯定是替死鬼无疑，再是疯子也不会想到去宫里棒敲太子来发泄情绪吧！而且张差死的时候也是大呼冤屈，状如枉死。至于这闯东宫行刺一事到底主谋何人有何目的，就这样不了了之了，太子安全堪忧，疑团未解，躺枪的朱常洛竟只得忍气吞声，万历懒得彻查，更是唯恐将郑氏这个软肋再摆到台面上来，或者说，万历根本没办法查，因为这事彻头彻尾就是前朝那帮名嘴党争战斗的成果。现在看来，太子就是那场政治斗争的旋涡，是别人进攻或抵挡的工具，他没力量自己主宰自己的命运。不少人都认为，"梃击案"是郑氏主导的可能性并不大，全世界都知道太子最大的"敌人"是郑氏，她怎么会笨到用自己宫里的太监去找人行刺，这无异于实名制"谋杀"太子！莫说这个刺客拿着一根棒子杀不杀得了人，就在东宫门口作案，她是活够了吗？所以，这件事也许更有可能是党争的集团策划出的闹剧，目的纯粹是把气氛搅浑，转移斗争中心而已，而目标最大的，也是党争中最大最危急的一个集团，就是东林党。很多猜测都将三大案与东林党联系在一起，不可否认，因为他们是最大的受益者，也就成了最大的嫌疑人。

当然，还有一种观点是，梃击案可能是郑氏和万历联手策划的，因为帝妃二人对国本之争结果都不满意，郑氏担心万历死后自己无依无靠，有可能遭到太子秋后算账，所以铤而走险，想把隐患扼杀在襁褓之中。而万历在听到太子差点在慈庆宫被行刺的消息时，竟然人淡如菊，不嗔不怒，不追不查，众所周知万历并不是一个表情管理一流的好演员，所以有很大的可能性是他早已提前知道此事，默许了郑氏的放肆举动，也就不会让梃击案再继续追查下去，以免大家都陷入不必要的尴尬。

真相到底如何呢，众人只能纷纷猜测，这件事从开始到结束都布满了疑点和蹊跷，相关的史料被解读了无数次，遗憾的是没人能解读出唯一的真相，案子的来龙去脉永远都不可能水落石出了。

不过说到底，窝囊到家的，却还是我们的太子——未来的泰昌皇帝朱常洛。

被纵欲和补药三十天折磨死的皇帝

再好的东西也不能太急着享用。这大概是明光宗泰昌的人生教训，也是他短短一个月的皇帝职业生涯最直观的感慨。对于朱常洛，除了"悲催"，我想不到更合适的词来形容他。

不明不白的"梃击案"之后，虽然没有得到一个令人满意的交代，但朱常洛的生活总算平静了一点，直到万历四十八年（公元 1620 年）。这一年，他的皇帝老爹明神宗在龙椅上磨叽了四十八年终于驾崩了，朱常洛已经在东宫预备役预备了很久很久，快把屁股都坐平了，要是万历还能继续苟住，怕是东宫要比金銮殿先换人。

1. 登基艰难，登完基更难

不管怎么样，已经年逾不惑的朱常洛终于即位了，他的老爹刷新了大明皇帝在位时间最长的纪录，然而那时候他应该还不知道，他自己将会刷新并保持大明皇帝在位时间最短的记录——这真的是一个悲伤的故事。那时的他只是带着一分新奇还有九分的雄心壮志，登上了这个来之不易的皇位。老爹万历给他留下的"遗产"可谓壮观——堆积如山的外患，冗杂沉重的军费，怨气冲天的百姓，空空如也的国库，还有凋敝废弛的官僚政治，乌烟瘴气的前朝后宫，和一个虎视眈眈的努尔哈赤。

面对吓人的烂摊子，朱常洛起初并没有退缩，为了弥补老爹捅下的各种篓子，他还没来得及正式即位就迅速发布了一系列诏令：第一，发内帑银（即他自己的私房钱，之前抠门万历老是舍不得动这笔棺材本）百万安抚辽东军民，以免军队哗变，据说三军得知这一振奋人心的消息，纷纷欢呼，声如雷震；其二，彻底废除万历那人神共愤的矿监税使，所有因谏言而牵连官员官复原职；其三，弥补万历怠政期间各职位缺少的官员，曾经因言被革职的人纷纷召回启用，其中就有那个因为骂张居正被揍断了腿的邹元标。

是年八月，朱常洛在紫禁城举行登基大典，改元泰昌。他要改弦更张，他要励精图治，他在心里为自己的皇帝职业生涯规划了一张大好蓝图，决心干一番大业！

为君如此，业界良心啊！

新皇上任三把火，前朝政治泰昌处理得还算用心——起码比万历有诚意，他重新组织内阁，任用贤能官员，等等，呈现出一派如火如荼的太平景象。而后宫生活，怎么说呢，不知是幸还是不幸，他一样尽职尽责，鞠躬尽瘁。可能是做太子的时候不够自由，没有感受到生命一些方面有多么多姿多彩，朱常洛做了皇帝以后疯狂地弥补。也可能是因为我们的泰昌皇帝在做太子的时候受了很多苦，为人很善良，不忍心让庞大的嫔妃队伍受他当年受的冷落和委屈，故而竭尽全力牺牲自己，使这些姑娘尽受雨露。

而之前那个跟他有一些过节的郑氏，也因为害怕他记恨，发现朱常洛热衷于女色，便给他送了四个精心挑选的美女作为示好信号，为了给郑氏面子，泰昌帝依然奋不顾身地将已经很忙的自己奉献出去。这样，白天的政务本就压力山大，晚上后宫的任务又相当繁重，虽然刚上位但已年近不惑，皇帝这样没日没夜通宵达旦地"工作"实在很容易拖垮身体，加上皇宫里的夜生活过程，很多细节都相当神秘，热爱科技的妃子常常会搞个药学科研，开发几种新品和皇帝定点试验一下效果，或者从哪个神棍神医那里得到几粒仙丹促进夫妻生活也很正常。可是按照泰昌的高效率，常常一晚上一试就是好几种，各种没有经过临床试验的药物未知的副作用在他体内发生着复杂的化学反应，这可是相当危险啊！然而，泰昌帝委实精虫上脑，只顾着图一时开心的他显然没有在意身体健康，过量的激情药物让他自以为精力充沛、干活不累，久而久之涸泽而渔的严重后果就找上门了。

2. 衣带渐宽终不悔，为伊消得人憔悴

果然，还不到一个月，过度纵欲的泰昌便付出了代价。传说这位大叔还曾一夜接连招幸数人，这种高强度就是二十岁的小伙也受不住吧，所以，他本就不大健壮的身子被轮番轰炸的选侍嫔妃们几乎掏空，大臣们看到他憔悴的脸色，心下了然，不过碍于面子没好意思直接警告他有所节制，便像当年规劝他爷爷隆庆一样隐晦地告诫他要"养圣躬"，无论是大臣的劝阻，还是精力的匮乏，都让他不得不考虑身体健康的问题了。

皇帝身体欠佳，急需要诊治。可是来替泰昌看病的御医不知是急着立功还是医术不精，给这个身虚体亏的病人开了一大堆虎狼药，掌管御药房的太监崔文昇诊判结果是泰昌帝"火气过旺"，于是给他开了一包泻药泻火，我们有理由严重怀疑这个太监还不如江湖骗子，百病皆可"上火了"。殊不知这皇帝病人已不是"欲火难耐"渴望发泄，而是纵欲过度心力不足了。于是喝完这包泻药，跑了 n 趟厕所后的泰昌身体完全被掏空，彻底瘫倒在病榻上再也起不来了。此时距离他登基，不过二十天而已，之所以要强调这个数字，是因为泰昌此时已然不得不召见群臣，商量立储、寿宫等身后事了，可见这病情是多么凶险。

时任内阁首辅的方从哲正为皇帝的重病焦虑不堪时，有一个叫李可灼的大臣突然进献了两枚红色仙丹，说让皇帝试试。垂死挣扎的泰昌听说有仙丹，眼前一亮，十分欢喜，迫不及待要服用，眼见这"仙丹"通体血红，十分诡异，也不知道是什么做药引，怎样制成的，大家都觉得此药凶多吉少，还是不吃为妙。在大家的一致劝阻下，泰昌不得已将吃药的事情暂且搁下。

眼看泰昌一副病恹恹的样子怕是该预备上了，大臣们便顺水推舟先和皇帝谈起了未来安排，以备不测，这场具有遗嘱性质的会议，皇长子朱由校也参与在内。然而话还没有说几句，朱由校就被叫了出去，众人都听到，叫人者乃是泰昌最为宠爱的一名选侍李氏。李选侍在泰昌刚一即位就和万历的郑氏往来密切，她俩一个想当皇后一个想当皇太后，决定联合起来逼泰昌满足她们的要求。泰昌一直没有给积极的反应，眼看他命已须臾，李选侍格外着急，皇上还在时她尚可依靠专宠保存地位，皇上一驾崩，她一个小小的选侍就什么希望都没有了。李选侍在皇帝向大臣安顿后事之时把朱由校叫出去，竟是为了让他传话给泰昌，要记得赶紧封她为皇后，自己夫君在床头有气无力地宣布遗言，她却连装都不愿意装一下悲痛，只关心自己的荣华富贵，这毫无底线的吃相未免太难看，莫说皇帝，就连大臣们都感到一阵心寒。

又过了几日，泰昌自觉时日无多，再次召集重要的大臣议事，也许是李选侍逼迫太紧，泰昌帝首先安排了她的事情，皇后是不能让她当的，但是退而求其次还是让大臣册立她为仅次于皇后的皇贵妃。接下来，才谈论起最重要的接班人之事，长子朱由校宜继承大统，希望各位大臣尽心辅佐，让他成为一代明君。重要的事都说完了，泰昌顿了顿，又重新提到了前些天李可灼进献的那两枚红色仙丹，他对于"仙丹"念念不忘，执念颇深，怕是从前没少吃这类邪物。群臣一看，皇帝已经到这个份上了，横竖都是个死，当是满足他内心的愿望也可，于是干脆就死马当活马医给他吃了一枚"仙丹"。

不想"仙丹"一下肚，奇迹竟然真的发生了！泰昌自己居然立刻感觉"暖润舒畅"，甚至开始"思进饮膳"，直称赞李可灼忠心天地可表。接着，吃过饭后，他就要求再把另一枚"仙丹"也吃掉，这样见效快到奇怪的药连续进补，不论是太医还是群臣都觉得不妥，却拗不过皇帝自己执意要进，当时群龙无首，也没有更好的医疗办法，只好让他又吃了一枚。

谁承想，第二枚咽下去不久，没有预想的药到病除，差了一点，这次是直接药到"命"除。本以为皇帝已经脱离危险的群臣放心而去，却在猝不及防之时听到了宫内传出的急诏，皇上骤然驾崩了，大臣们慌忙入宫处理后事，谁也没想到事态转变会如此之快，泰昌死后一周，朱由校在匆忙中即位，他就是明熹宗。

其实今天看来，这所谓的仙丹，应该就是类似伟哥的刺激性产品，没啥好处，它带来的唯一后果就是——泰昌在他的皇位上仅仅坐了短暂的三十天，就因为过于贪图美色搞垮身体，又急着吃奇效的伟哥而最终送了性命。再好的东西也不能太急呀，身体三分靠医七分靠养，明光宗昙花一现的职业生涯貌似留下最有意义的就是这么条教训了。

可惜啊可惜！"国本之争"为了他的皇位争了几十年，这家伙好不容易坐上皇位居然不争气地连那时间的零头都没坐够，东林党众人为此操碎了心，没想到先报答后宫报答死了。想想都觉得窝囊！

说到底呢，泰昌真的不过是晚明顽固的党争背景下的牺牲品，他活多久都会被当成炒作的工具，他一出生就和党争分不开了，直到死去。导致他死亡的直接原因——那枚红色仙丹，便立刻被当作话题上升起来，前几天他做太子时差点被害的梃击案也再次成为热议中心，明光宗自国本之争开始就一直命途多舛，离奇众多，是不是背后有人在想方设法害他呢？是郑氏吗，先让张差拿棒子打死朱常洛，行刺未成，又故意送去一众妖媚女子蛊惑刚刚即位的他，在泰昌帝虚弱异常时派出崔文昇猛灌泻药，最后安排李可灼进献仙丹毒害成功。这一系列分析倒是在逻辑上说得通，但是除了进送美姬之事，并没有足够证据表明上述事件都与郑氏有关，何况与美姬夜夜放纵不知收敛只能怪泰昌自己色心太重，似乎并不能说明是有人暗中设局毒害他性命。这件事与梃击案一样疑窦丛生，难知真相，后来被渲染成晚明三大案之二——红丸案。

3. 横看成岭侧成峰，远近高低各不同

事实证明，跟泰昌有关的事情绝对不可能简单了，他本身就是政治旋涡的中

心，有人拿他当矛，有人拿他当盾，晚明轰轰烈烈的言官争执中，皇帝不明不白"暴毙"的红丸案，不利用做一番文章简直是损失。果然，泰昌时代早早结束，满朝话题的重点不在火烧眉毛的内忧外患，而在导致皇帝挂掉的责任人如何裁定上，有人居心叵测要加害圣上。那个进献红丸的李可灼首当其冲，接着就是按光宗意愿赏赐了李可灼的首辅大臣方从哲，还有开出来泻药的虎狼医生——太监崔文昇，无数官员汹涌的口水叫嚣着弹劾方从哲，追究李可灼误用御药害死皇帝的罪名，关键那个陷害皇帝拉肚子的崔公公，不知是巧合还是有意，他在郑氏手底下干过（无语……又扯回到"国本之争"了），嫌疑更是洗不清！这让人不得不怀疑，整件事情还是党争的那伙人在借题发挥，主张弹劾的多是东林党人，而目标最大的文官首领方从哲却不是东林党成员，泰昌已经死了，纠结这件事最大的意义好像就在于某些大臣借机带节奏从而打击政敌，最后，刚上位的明熹宗为平众怒，将崔文昇远发南京，李可灼革职充军，方从哲离任退休，红丸案才算有了一个结果。

其实理智分析一下，朱常洛更有可能是自己把自己折腾进鬼门关的，他本来年纪就不小了，身体又不好，再过度纵欲就很伤身了，历史上有多少皇帝是因为后宫之事送了命的，他应该知道收敛，若是稍微谨慎一些，应该也不至于这么快就送命。何况谁又知道他私下里有没有塞过什么辅助的大补药，万一有毒呢。病了又急着瞎吃什么仙丹，大家劝他又不听，真是……不作就不会死！所以，很多人认为三大案之二的红丸案，依然是党派斗争的产物，是东林党以此为噱头强势带节奏而已。

明光宗朱常洛一生都在起伏坎坷中度过，他从在娘胎里还没见到这个世界就注定了未来会麻烦缠身，而直到晏驾入土也没有得到安生，红丸案并不意味着围绕泰昌帝的纷争彻底结束，接下来的故事，我们将看到泰昌死后的又一大后遗症，晚明三大案之三，移宫案。在这之后，我们和刚上任的明熹宗也要一同迎来东林党，这一神秘复杂、充满争议的组织，历史又该如何评说它呢。

晚明三大案之移宫案

大概谁也没想到泰昌会死得这么仓促，其实引他回光返照的红丸，不过是一种烈性的春药而已。短暂的爽快之后，他给朱明帝国还有他的儿子留下的，除了万历身后完全没有解决的全盘烂摊，还多了一个诅咒一般的后遗症——党争，这是个困扰了他一生的枷锁，如今又要来折腾他的儿子了。

1. 挟天子以令诸侯

泰昌朱常洛的太子在历史上要比他稍微有名一点，他叫朱由校，因为皇老爹刚刚登基就以迅雷不及掩耳之势驾崩了，这个本该在储君位置上接受预备役待机的少年，甚至没来得及请老师入阁读书，更没有经历什么入主东宫的大典仪式，完全没接受过皇帝入职培训的他带着这个不尴不尬的"文盲"身份就一脸懵懂地跳过太子期光速晋级了。

朱由校并非老爹嫡妻所出，他的生母和嫡母去世都比较早，他便从小养在李选侍身边，有传言说，朱由校的生母王才人之死与李选侍有脱不开的干系，李氏仗着当时还是太子的朱常洛宠爱一直也没受到纠察。随着万历龙驭宾天，朱常洛登基，李选侍带着朱由校一同随驾，就住在了乾清宫。而今，泰昌也死了，乾清宫就剩下了李选侍和朱由校，朱由校束手无策，没什么主见，李选侍很快就将他控制在手中，准备"挟天子以令诸侯"。之前这个女人数度要求泰昌将她册为皇后，最后也没能如愿以偿，现在若能将新皇帝完全掌握，岂不是比先帝的一纸封令更为有利？李选侍怀着这样的心思挟新帝以自重，俨然皇后，将乾清宫牢牢守住。最后一案"移宫案"中的"宫"，指的便是这二人住的"乾清宫"了。

泰昌暴毙，错综复杂的权力争夺立刻暗流涌动，贯穿泰昌一生的东林党集团也转而投向新的依靠，和当年"国本之争"的目的一样，他们打算尽快扶植太子上位作为持续发展的重要保证。而彼时，法定继承人朱由校正和李选侍在一起。聪明的李选侍也深知，她只要和这个少年待在神圣的正宫大殿，就是无名但有实的"圣母皇太后"。此时她要防着别人把这个黄金筹码抢走。而我们的"猪脚"，多方势力争夺的香饽饽——那个还没来得及入职培训的太子朱由校只是整日和心机重重的李选侍相顾无言地蹲在乾清宫喝茶，他好像还没有什么山雨欲来风满楼的危机感，被李氏利用挟持着，被门外的大臣们警惕重视着，就如同一个台风眼，中心的他风平浪静，殊不知周围的一切已经被搅得天翻地覆。当然，他除了接受现状也别无选择，和他父皇一样，也是个无辜躺枪的牺牲品，只因为生来帝王家便注定是争斗的关键。

忍不住最先行动的还是朝廷官员，一干大臣在泰昌驾崩后火速赶到乾清宫，要求见太子，说白了就是要换主人，按照祖制，太子应该为先帝守灵，然后在灵柩前宣告即位。然而李氏把太子护食儿似的禁锢在身旁，想要胁迫群臣先满足她梦寐以求的皇后之位，再迎朱由校登基，这样她就能顺理成章地继续把控朱由校，甚至把控朝廷大权。如此打算之下，李选侍压根就不让朱由校与群臣有机会面见，她深知一旦太子离开了，她就毛线也不算了，那些权力啊、名分啊会瞬间灰飞烟灭。就这样，对峙持续了一段时间，太子迟迟不出现，群臣们议论纷纷，国不可一日无君，当务之急就是把太子赶紧迎出来登基。在大臣们不断地催促之下，事情终于发生了转折。

那天双方依旧在对峙，群臣虽猜到是李选侍阻止朱由校出现，但并不能直接闯入太子的被藏之处。一个名叫王安的太监深明大义，愿意帮助群臣将太子迎出。他和大臣们打过招呼以后，便入内劝说李选侍放太子出去一下，大臣们有要事紧急奏报，毕竟"天下不可一日无君"，在这群龙无首的当口，这选侍娘娘实在没什么理由不让太子出去见一下大臣，王安说好了，就露个面便可回来。于是李选侍犹豫再三后，勉强同意让太子露一下面。王安马上护送着太子快步穿过宫室，大门一开，朱由校迷茫的脸一出现，按捺了许久的群臣便像见了亲人一般兴奋地猛扑上去，山呼万岁，迫不及待地向新天子大表忠心，而困惑的朱由校反应异常奇葩，这位即将登临九五的准皇帝当时丝毫没有表现出睥睨天下的霸气，居然像个小小儒生一般，谦虚地拱手表示"不敢当、不敢当"。这货怎么会有此等表现，实在让人大跌眼镜，毕竟是皇家长大的娃，没见过猪跑还没吃过猪肉吗？——这么懦弱的表现，哪有一国之君的气质啊……失望。

而看到太监王安联合门外的群臣下手如此迅猛，李选侍也急了，赶紧又叫了一帮太监一哄而上要把太子拉回来，于是，好不容易见到太子的大臣，和李选侍宫里的公公拉扯着朱由校谁也不肯撒手，把这个单纯的少年弄得更加迷惘，也不知道该跟谁走，他大概想不到，此时的拉扯胜负，关系着日后帝国几个政治集团的利害，他早已不仅仅是他自己，而是代表整个大明帝国，拉扯他，就意味着是在争夺这个帝国的最高权力、荣耀和力量。

2. 沉舟侧畔千帆过，病树前头万木春

最后战斗结果出来了，实践表明，还是真正的男人更有力，拉锯战中大臣们胜出。一个叫杨涟的大臣厉声斥责阻止的太监，顿时吓退了那帮"师出无名"的公公——毕竟人家是有文化有身份的正经朝中重臣，迎新天子即位也是正当程序，战斗起来自然有底气得多。为防止夜长梦多，暂时胜利的大臣们一刻也没敢耽搁，这几位胡子比头发都长了的朝中大员竟亲自把太子用轿子抬进了文华殿接

受群臣见礼，也不知道他们哪来那么大的力气。文华殿见礼结束后，他们又马不停蹄地把太子送回慈庆宫安顿，安顿好才稍稍放下心来。这期间，李选侍不停地派人来接朱由校回她身边，大臣们哪里肯依，费了九牛二虎之力才让朱由校见了天日，怎可能前功尽弃。紧接着，九月初六就安排了登基大典，泰昌的时代还没开始就匆匆结束，朱由校正式君临天下，年号，天启。公元 1620 年注定是大明不平凡的一年，从七月到九月，它见证了明神宗、光宗、熹宗三代君王走马灯一样更替，一下子获得了万历、泰昌、天启三个年号，着实特别。

　　那个胆敢藏匿太子作为要挟条件的泼妇李选侍，自从没了太子做保护伞，地位便一落千丈，眼看着天启已经登基，继续厚着脸皮赖在乾清宫连她自己都不好意思了。东林党人左光斗在太子搬离的次日便上疏要求李选侍也赶紧搬出乾清宫（是为"移宫"），因为乾清宫本就是皇帝、皇后才有资格住的，你能进去是为了随侍先帝，本就不合礼制，如今先帝已逝，太子登基，你又算得上哪里来的小饼干呢。李选侍还幻想朱由校会帮助她，可是那个少年已然不是曾经需要她照料的孩子了，想要霸占他的人数不胜数，他的一举一动再不可能受她一个势单力薄的先帝妾室影响。况且，李选侍仅能称为天启的"庶母"，既不是嫡母，也不是生母，怎么论她都不可能再有机会见到那个马上要登临九五的少年，像以前一样命令他听话了。而她当前的敌人、自来以"浩然正气、死捍礼数"著称的东林党人怎会容得如此不成体统的事多发生一秒？不日后，群臣集结，浩浩荡荡地联名上疏奏请，令李选侍马上从乾清宫搬离，到留给太妃专门养老的哕鸾宫，搬走之后便可以任由她随意消磨余生了。在当前，李选侍不走的确不妥，群臣的理由也颇为充分，朱由校登基大典马上就要举行，乾清宫是天子的象征，新皇的一个庶母怎可赖在宫中不走，难道今后还要皇帝住在太子住的慈庆宫给她让位不成？杨涟甚至怒气冲冲地表示，今天李选侍要不移宫，他就死在这里！

　　群情激奋，实在难挡，朱由校在一边倒的舆论影响下迅速下旨，命令李选侍即刻搬离乾清宫。李选侍别无他法，只好放弃了控制朱由校的幻想，极不情愿地离开了乾清宫。移宫之争终于以李选侍的失败告终。

3. 东林党的胜利

天启即位后，有些大臣开始提出毕竟泰昌的情分还在，一力逼迫李选侍移宫的东林党团体如此决绝未免过分，无奈此等舆论自身很难站得住脚，更难撼动东林党的势力，老夫子们豁着老命抬轿子不是白抬的，朱由校记住了这些文人苦口婆心的教诲，从"不敢当"的白痴少年进步了，因为关于"移宫"的事件再次引发了言官互喷，杨涟请求天启出面解释移宫案的始末。天启便下了一封特谕，立场完全与东林党一致，他不仅表示杨涟等人逼迫移宫是正确之举，而且历数李选侍陷害他生母、霸占乾清宫、胁迫准天子、目无尊卑等 n 条罪状，说明他实在没必要看在先帝的面子上善待李选侍，直接把这个妄想母仪天下甚至"步尘武后"的女人赶到后宫某个角落了此残生已经是仁慈，李选侍不得终养天年也是事出有辜。

移宫案，与梃击案、红丸案可谓一脉相承，最终也逃不过政治集团为了争权夺利相互倾轧而借题发挥的命运，一直到明王朝结束，都是各派势力攻击敌人的宝贵谈资。到最后已经无所谓事实真相究竟谁是对的谁是错的。

就目前为止，根据事件结果倒可以说一句，恭喜东林党，他们着实赢了万历赢了泰昌以及最初的天启，在移宫案之后，如愿以偿的东林党众开始谋求新的成果，政治纷争的局面才刚刚开始。这个群体一向标榜着"正义""传统""清高"的价值理念，他们究竟是表里如一的坚持原则、傲骨铮铮，还是以卫道为借口，不过是为了自己势力的地位在折腾？若是以现代的眼光回头看看他们做的事情，东林党议影响究竟是利大于弊，还是弊大于利，他们毕竟身处大明王朝即将终结、转型路口中国与现代化的失之交臂的特殊时代，东林派结党对此应不应该负一点责任呢？

　　所以，东林党到底是一个怎样的集团，晚明轰轰烈烈的"东林党议"事件，用历史的眼光看，究竟该是个褒义词还是个贬义词?

　　下一段我们就来一起全面认识认识这个明末出镜率奇高的团伙，读读它的真实档案。

东林党：从愤青公知到党争祸国

自古学术讨论严肃谨慎，政治纷争复杂黑暗，二者似乎很少交集，甚至自诩高冷的学术界为了爱惜羽毛经常反感和政治搅在一起，陶渊明"不为五斗米折腰"就是这种现象最好的诠释。然而就在明末，有一个团体却成功地将二者有机结合到了一起，谈论学问间或讽议时政，将君子之道与报国之心同时作为人生理想。这个团体自从出现后就不断膨胀壮大，发展得欣欣向荣，势力强盛，天下闻名，这个团体就是东林党。

1. 众人皆醉我独醒，举世皆浊我独清

说起东林党，不管懂不懂历史的人应该都耳闻过他们这鼎鼎大名吧，有人说他们是民族浩然正气精神的代言人，有人说他们是喊着忧国忧民实则祸国殃民的伪君子。的确，发展到后来的东林党成员众多，组成复杂，他们的活动对社会各个领域都产生了直接或间接的影响，已经不能用简单的非黑即白来定义了。这个名字远远不止代表了一个政治团体，也代表了一种文化、一个时代，代表了自古以来褒贬不一的观念。对于大众来说，东林党也许是个很神秘的存在，说句题外话，我记得在我真正了解到他们是什么样一个组织之前，第一次听到"东林党"这三个字，竟然有种莫名的毛骨悚然夹杂兴奋的感觉（像是听到江湖上神秘的杀

手团伙之名号），不由得脑补了一出悬疑大剧，也是种奇特的第一印象。

追根溯源，东林党的创业史倒是很简单，最一开始，这就是一小部分士人为了发泄政治抱负、抒吐个人郁闷聚集起来的小圈子而已，比今天一个小知识分子的交流群大不了多少。他们的"鼻祖"名叫顾宪成。

顾宪成出生于嘉靖年间，南直隶无锡（今属江苏省）人，万历八年（公元1580年）进士，先后在户部和吏部担任过主事。这个人文采出众，饱读诗书，但是个性极强，为了坚持内心认定的原则，常会做出官场无法理解的、情商感人的意外之举。顾宪成的官方履历应该和"刚直不阿""天下正义"分不开吧，毕竟单论初心、品性，他一定算是个正面人物。而事实上，能搅起贯穿晚明全程政治纷争的英雄人物，光有正义之心是不够的，最一开始的顾宪成，心怀天下、壮志满满，走上仕途之后，他依然决定不畏官场上的不正之风，必须坚持原则，做个有气节的官员。然而这种一根筋刚到底的执着性格，也让顾宪成在其他人看来就是个不折不扣胆大包天的愤青。

顾宪成科举进士，入朝为官之时，正值张居正改革的关键时期，在那段激情燃烧的岁月，张居正独揽大权，只手遮天，朝中言论虽还是纷纷杂杂、冲突激烈，但相比以往力度已经弱了不少，因为当时一旦出现特别突出的反对声音，基本上都会被"铁血宰相"张居正用大棒和辞退令压下去。顾宪成初涉朝廷，个性鲜明，在他看来张居正靠着强权蛮横欺压群臣，实在是祸乱朝纲、倒行逆施，许多正义贤良之臣都在张居正的铁腕下被迫受罚，顾宪成看不下去，他便秉承着呼喊正义的精神跟独断专行的首辅张大人对着干，尤其是因为"夺情"引发的满朝告讦徇私、强权倾轧之风，让顾宪成极为不满，他和另外两位素称正气的慷慨之士魏允中、刘廷兰抱负一致，三人惺惺相惜，被称为"三元会"。三元会本意是将批判的矛头指向张居正怙宠独断、钳制言官的专横问题上，反感朝中谄媚首辅之徒皆受庇护的歪风邪气，但是实际上他们的攻击完全没有找到重点，直接把张居正本人全盘否定，甚至认为张居正这个人的存在就是世风日下的根本原因。至于张居正改革的主张对不对，那倒其次，顾宪成只关注到张居正当下的行事缺陷，他把对首辅独断的反感延伸到看不惯整个朝廷上的大部分人和事，望着天下布满张居正改革如火如荼的痕迹，只当是恶人得势、国家无望的表现，专注痛心疾首之余，却从来没怎么理性思考过"恶人"推行的改革措施对整个国家走向会产生怎样的影响。这种逆反的情绪最后干脆发展成了，凡是张居正做出的决策，顾宪成都坚决反对，凡是张居正的指示，顾宪成都要始终不渝地批判。

这样一股脑跟主流对着干的青年，逐渐在愤世嫉俗的路上越走越远，有人可能会有疑问，那么不留情面的宰相大人，怎么会允许这样一个坚定反对他的愤青存在呢？原因有点残忍，因为当时的顾宪成官位太小，人微言轻，不管怎样咬牙切齿地诅咒改革措施，对张居正来说也不过是千里之外某个人的自言自语罢了，骂他的人多了，顾宪成还排不上队。然而，夜以继日地用口水对着世道狙击的顾宪成也不算失败，在吏部工作的他有一根灵活巧妙的口条，一身超凡出众的才情，人脉打理得倒是相当成功。他的愤青情结在明朝廷中绝对不是个例，很快，就感染了一大批和他一样痛心现状、心气郁结的同胞，这些人有的是利益被张居正改革侵犯的，有的是在朝廷或多或少受了闲气的，还有的纯属倾慕顾先生无与伦比的个人魅力的，大家出于不同的起点，在针砭时弊的终点殊途同归，或因为见解相似而惺惺相惜，或因为互相欣赏才华而济济一堂。

张居正病重之时，满朝大臣组织起来皆为首辅祈福祝祷，顾宪成却丝毫不愿意因此折损风骨，有人出于热心把他的名字也写在了参与祈福的名单上，却被顾宪成严词拒绝，这种多余的"好意"，他坚决不需要。万历十年（公元 1582 年），张居正去世，张家及余党被万历抄底清算，改革也惨遭废弛，顾宪成感到格外高兴，四处欢呼张首辅呕心沥血推行的"秕政几至于尽"，看起来，顾宪成对张居正霸道专横的行事作风提出反对的确是正义勇敢之举，但消极情绪却完全蔓延到批驳张的有限缺点之外，连带对他的整体改革内容都不屑一顾、全盘否定，也实在暴露出他的目光狭隘、见识短浅、本末倒置的短处。相比于张居正改革为国民经济、整肃朝纲带来的实质性改善，顾宪成众醉独醒的偏激腔调就显得迂腐十足，单针对这一点来看，顾宪成该是个非典型的无脑喷子，喷不到点子上还自以为掌握真理。他不坏，但是蠢。

到了万历十二年（公元 1584 年），张居正已经去世了挺久了，又被万历反攻清算，抄家夺谥，改革项目也随之废殆，对张大人恨之入骨的顾宪成是不是可以如愿以偿、阳光灿烂了呢？遗憾的是并没有，顾大人的愤世嫉俗原来也是对事不对人的，他仅仅是认为自己肩负着直言忠谏、正化世风的重责，只要是被他认为有悖正义的不良现象，都要受到猛烈批判。至于是骂张居正还是李居正这不重要，重要的是顾宪成问心无愧。顾宪成，一直带着心怀天下的盾牌在战斗，似乎他的每一句话每一个动作，都是为了天下黎民苍生，对他来说，一个张居正倒下了，还有千千万万不合理的事情等着他去挑毛病，他不肯给自己借口休息，也不肯给朝廷一个安宁，生命不止，战斗不止——公知都是这个样子的。

很快，顾宪成就把挑剔的目光投向了新的内阁，新任首辅王锡爵荣升为他新的征讨目标，顾大人不遗余力地重新开骂，旨在批判朝廷的工作态度不佳，相比张居止改革时热火朝天的干劲，王锡爵展现的完全是一副碌碌无为的颓废样子。这一番政治争斗，王锡爵和铁腕张居正的水平可不在一个基本线上，阁臣的拥护派和反对派很快闹得不可开交，这场争论内斗，一般被视为晚明党争的序幕。

2. 风声雨声读书声声声入耳，家事国事天下事事事关心

紧接着，纷争达到了高潮。万历二十一年（公元 1593 年），明朝官员迎来了大明六年一度的"京察"。京察制度自弘治时期便制定成例，规定朝廷每过六年要大规模考察一次京官，根据考核结果决定奖惩、去留等问题，京察分为南察、北察两个场区，本意是对官僚队伍进行定时清洗、保持队伍的先进性建设。但是到了晚明时期，朝纲涣散、内政废弛，京察秩序已然混乱不堪，因为考量结束后

会发生大动作的裁员升职变化，所以京察制度就常常被许多心机深重之徒当作铲除对手、扶植友党的大好机会。发生在万历二十一年（公元 1593 年）的京察纷争正是党争形成的标志，也是晚明祸事的起源。这一年负责考察众官员的是吏部尚书孙鑨、考功郎中赵南星、吏部员外郎顾宪成等人，《明史》中有这样一句话："二十一年京察，吏部尚书孙鑨、考功郎中赵南星尽黜执政私人，宪成实左右之。"他们为官理念相近，追求刚正不阿、秉公办事的目的，而顾宪成更是这些"ETC"（自动抬杠机）中的佼佼者，在他的大力影响之下，此次考核吏部将一大批被认为靠私人关系攀附混进官僚队伍的人罢黜惩戒，这其中有不少和阁臣关系亲密的官员，所以京察结束后，阁臣便展开了对吏部"处理不公"的反驳，在阁臣的弹劾下，万历出面指责吏部结党擅权，顾宪成帮助孙鑨上疏辩驳，却不仅没有成功，反而让万历将孙鑨、赵南星引退、革职，一些支持吏部的官员也受到牵连，受到处罚支持吏部的一众将这笔账全部算在了被京察打击到的阁臣集团头上，尤其坚信，是王锡爵指使阁臣陷害，并私自票拟给吏部扣上了结党营私的罪名。作为吏部管理人事工作的顾宪成，在这一场京察斗法之中，虽然没有和孙鑨、赵南星一起遭到贬黜，却也坚定地站在吏部的阵营，努力炮轰王锡爵为首的阁臣，他的这种行为很快导致了万历的反感，然而因为他品级不高、目标不算大，且本人为官正直、支持率较高而保留住了官职，不久后又升了职，这就是积累人脉的重要性啊！不过，顾大人并没有珍惜这次升职的机会，仅仅过了一年，在一次推举阁臣的事情中，顾宪成就因为绝对坚持自己的原则而完全站在了万历的对立面，成功吸引了万历的注意，万历勃然大怒，果真将顾宪成革去了官职，驱逐回了老家。

回到故乡无锡，顾宪成过上了相对轻松的平民生活，但是他始终没有忘记自己作为知识分子背负的家国责任，虽不能居庙堂之高为君王扫清天下事，却也能处江湖之远而先天下之忧而忧，这个不甘沉寂的人在弟弟顾允成以及常州知府欧阳东凤、无锡知县林宰的帮助下，重新修筑了宋代遗址东林书院，成为一个靠讲学为主的先生，与他政见相同的高攀龙、钱一本等都来东林书院讲过学。他们讲学的内容并不仅仅限制在学术讨论和文化研究，更多的是针对现实，讽议朝政，提出自己的政治主张，从前在官任上不能细说的话题，在东林书院可以放开手脚，酣畅淋漓，所以被革职为民的顾宪成虽然离开了钩心斗角的官场，却没有结束他和那里的联系。久而久之，东林书院就吸引来一大帮志同道合的士人学者、富户乡绅，俨然一个中上阶层群英荟萃的政策研究所，虽然参与者身份鱼龙混杂，却有着求同存异的信仰，他们坚信自己是一个呼唤主流正直的群体，是这个时代的救世主，缭乱的人际关系却在朝堂之上体现出默契的一致，在言官吵架的时候划出明显的阵营，他们都是东林书院的忠实学子，他们需要团结争夺自己的权力。

顾宪成在东林书院将学术研究和时政分析开设成了公益课堂，书院开设的目的、理念，正如他自己为书院写下的那副著名的对联：

风声雨声读书声声声入耳

家事国事天下事事事关心

因东林书院倡导的浩然正气、刚直不阿精神与当时社会主流的价值观相吻合，讲学者提出的广开言路、仁爱百姓、减免税收的主张也备受朝廷官员推崇，东林书院的影响力就越来越大，发展到后来，虽然它只是一个讨论实学、发表见解的非官方平台，却实实在在地掌握了整个天下的话语权，天下自诩清流高洁的士大夫都想加入东林一派，而阿谀奉承、唯利是图之辈则被东林学派不屑一顾，很快，仅仅以学术交流平台自居的东林书院，悄悄变成了一个文化人的风向标，到了朝堂之上便逐渐有了个更霸道的名字——东林党。在朝中，但凡附庸东林书院主张、与顾宪成、高攀龙、钱一本等人政治志趣相同者，便都能算作东林党成员，他们以文人风骨、士大夫气节为自我约束目标，誓与离经叛道、祸乱朝纲者为敌。东林党成员在晚明朝廷中逐渐拧成了一股重要势力，自认为是混乱朝政中的一股清流，而与东林党成员政治意见相左者，便形成了其他小圈子，与东林党对抗，比如万历统治后期的首辅沈一贯、方从哲，就都是浙党成员，除此之外以为首官员籍贯命名的团体，还有宣党、楚党、齐党等，这些小众党派力量比较弱小，所以经常联合起来共同对付实力强大的东林党，为了在朝政中掌握更大的主动权，无论是东林党还是其他党派，都想方设法将自己人推举到重要的职位上，或是在具有争议的决策问题上联合起来把舆论往自己有利的方向猛带节奏，久而久之，便形成了党争的不良风气。

3. 从节奏大师到党争误国

后来万历年间长达数十年的国本之争，就让我们充分领略了文人党派星星之火可以燎原的气势，顾宪成，还有其他一批气势汹汹的言官跟皇帝斗争，互相斗争。其实在立朱常洛为太子这件事上，大家基本上是同仇敌忾跟万历在斗法，但是别忘了，万历为了躲避他们这些言官的口水，更多的时候是在怠政，朝臣们最主要的带节奏方式——上疏、奏议送进紫禁城，都像送进活死人墓里面一样，毫无回应。为了充实生活，他们只好展开了互喷行动，争论话题依然是马上立太子还是慢慢来。争论的主题没什么意义，完全没有面红耳赤争个十年的必要，但是争论什么并不是重点，重点是争，是吵，是宣扬话语权，只要能吵出来输赢就行，这样才能体现出来优势，才能搞到更多的权力——其实这就叫党争。

东林党人虽然一贯标榜正气凛然、文人风骨、不畏强权，看似坦荡，却也有着难以忽视的局限性。他们的君子品格、宁死不屈，都是在君王的绝对专制之下才存在，一旦争论的矛头指向君王本身，再强硬的东林党人都会露出谦卑之资，莫敢僭越。在顾宪成表现异常突出的京察风波中，事实上下令贬黜吏部孙鑨、赵南星的就是万历本人，王锡爵虽与他们有过嫌隙，但断然不敢越过皇上私自票拟，反而为了息事宁人几番上疏万历，求对吏部从轻发落，也多次致信与顾宪成解释他并无陷害之意，但是顾宪成等人还是将责任都推给了以王锡爵为代表的阁臣。对于万历来说，整治吏部之事的是非黑白并不重要，重要的是他最痛恨大臣抱团行事要挟他，此次执意发落赵南星等人只是为了抑制大臣们"圈地自重"，但是东林党人却不愿意面对和承认这一事实。到了后来，不管东林党人再怎么不满皇帝旨意，也会为其寻找一个"奸佞进谗蛊惑"的借口，只敢将口诛笔伐的攻势对准其他大臣本身，这种黑白不分的愚忠思想与其激浊扬清的道德理念委实相悖，对上卑微唯诺对下重拳出击，东林党驰名双标实锤。

不过，东林党的声名远没有停留在晚明朝堂之内，东林党集聚效应的出现，还给整个晚明社会带来了很多深刻影响，顾宪成讲学之初并没有想到会形成后来那般燎原之势，东林书院却出人意料地变为了主导朝野舆论的中心，这首先影响了晚明的政治局势。东林党议开晚明党争的先河，带动朝廷大臣形成组团行事、结党营私的风气，虽然顾宪成本身痛恨擅权行为，但后来的东林党人并不能做到事事两袖清风、舍身卫道，反而多次仗着人多势众支配朝纲，影响决策，这不仅破坏了晚明时期官僚系统的正常秩序，也破坏了主政部门各司其职、相互独立的健康状态，更是开了用舆论绑架朝廷政治之风，导致长期的政局混乱、官员队伍四分五裂。以至于后期，"东林党"已经变成了一个梗，只要是和东林党当年特点沾边的东西，都能拿它做代名词，无论知识分子有何是非，别问，问就是东林党，所以有人说，天下之亡，实亡于东林。此外，东林党本质就是明代愤青＋公知，擅长绑架舆论带节奏，人人坚信世人皆醉我独醒。但是在他们当中究竟有多少人的言论称得上客观有益、服务现实，那就不知道了，从东林党早年合力抨击张居正，到东林元老邹元标晚年痛哭祈求恢复张居正改革的诸多措施，还主动为张居正平反请谥，就说明用舆论带节奏绑架朝纲并不是什么好事。可惜东林党个个都是节奏大师，怕不知几十年带偏过多少头脑单纯的"小朋友"。这种披着正义勇敢的外衣逆天而行的行为看起来很酷，往往就会掩盖了它本质的过失，哪怕这些主张于国计民生根本无益，人们也会鉴于其精神可嘉而不忍苛责，这种人多了，公共思想文化很容易走上一条极端的不归路。

不过，东林党倡导的乾坤清朗、人心向古之风，还是有利于整肃朝廷、教化人民，东林党成员大都追求为人正派，为官清廉，能够互相监督、互相效仿，推行心怀天下的忧思情怀，这的确让晚明乌烟瘴气的朝政之中多了一抹难得的清丽之色，鼓励了自古以来中国士大夫精神的传承和发扬。东林书院讲学、议政的新风尚也引领了明清时期文化交流传播的潮流，带动起城市到乡村广泛思考、自由议政的先进氛围，在许多经济发达的南方城市，学术探讨、坐而论道蔚然成风，这不仅有利于知识分子队伍的壮大，还能促使社会文化向多样性、民间化发展，带动思想界的变革。

这是一个兼有正反两面性的复杂团体，东林党的出现是明朝士大夫阶层崛起的一个重要标志，也许他们一开始只是想给自己定一个道德模范的标杆，却不小心改写了一段难以言说的王朝末代时光。

魏忠贤的逆袭：用阉割换来真爱和大权

他，曾经在市井街头混吃等死，目不识丁，穷困潦倒；他，曾经是芸芸众生万千百姓中最卑贱的一等存在，靠着坑蒙拐骗只求混得一口吃食，却因为被追赌债而走投无路。无路可走的他选择了一种屈辱（他自己应该没觉得）的方式获得了新生，并在这时邂逅了与他狼狈为奸的真爱，从此开始重写权倾朝野、祸国殃民的第二人生——

史上最励志故事，人渣也能逆袭啊！这就是晚明天启年间的真实历史，阉党首领、司礼监秉笔太监魏忠贤的人生成功学。

我们也终于见到了"宦官玩死明朝"系列最后一位主角，明代四大奸宦已全部解锁。

1. 祸兮福所倚，福兮祸所伏

提起魏忠贤大家应该都不陌生，无论是正史野史，还是各种小说评书影视剧都少不了他的鼎鼎大名，他跟晚明的政治紧紧关联，是党争祸事、促使大明亡国的关键人物。而最初的他，不过是民间街头一个地痞无赖，穷得有上顿没有下顿还嗜赌如命，最擅长的就是对几个地头蛇大哥溜须拍马，有两个子儿就去赌场凑热闹。这样一枚垃圾中的战斗机，似乎本该在街角斗殴中结束他三俗贯穿的生命，然而一次躲债彻底改变了他原有的轨迹，我甚至觉得那个追他债的债主是他的贵人——也是大明的罪人。

那一次为了躲赌债，他易名改姓，半是冲动半是毅然决然地挥刀向自己的胯下。自宫成功让他获得了跻身宫廷的资格条件，成了一名光荣的皇宫工作者。虽然这个条件在正常人看来是不可容忍的屈辱，但可以接受，他甘之如饴。来到皇宫重获新生的他再也不怕仇家寻上门来，便大胆地把本姓改了回来，随后还给自己起了个附庸道学的新名字，就是"魏忠贤"。起初，魏忠贤只是个管理仓库的边缘奴才，后来通过行贿来到主子们居住的核心地带，干上了给天启的生母王才人准备饭菜的活。这段时间内，由于魏忠贤在王才人处活动还比较自由，常常就带进来一些珍巧玩意儿送给还是皇长孙的朱由校寻欢，这让朱由校对魏忠贤颇为喜欢。后来，光宗即位又迅速驾崩，朱由校立储几日后便登基为帝，魏忠贤也跟着在短时间内从服侍太子成了服侍皇帝的"顶级奴才"。你以为魏忠贤已经算是得到命运眷顾了吗？你错了，魏公公的福气还在后面呢！事业的起色仅仅是人生中的一小部分，爱情的美好才是最值得惦记的东西。谁说男人少了什么部件就没有爱的权利呢？我们的魏公公就在皇宫，用他残缺的身体和完整的信念找到了与他柏拉图式恋爱的女主角——

这个女人是天启皇帝的乳母，大家都叫她客氏。客氏原本嫁给了一个名叫侯二的定兴平民，这名字一听就知道是路人甲，所以侯二并没有在客氏的生命中发挥多大的存在感。客氏出嫁后没多久便入选进宫，为刚出生的朱由校做乳母，当时她也仅仅只有十八岁。俗话说娘胎情比不过吃奶恩，朱由校长大后对客氏一直感恩不忘，每每遇封赏，客氏所得都相当厚重。万历四十八年（公元 1620 年）朱由校登临九五，很快就给客氏封了一个"奉圣夫人"的头衔，特许逾越祖制，居住在主子才能居住的殿宇内。客氏蒙皇恩庇佑，用度本就多有僭越，但却丝毫不知收敛，整个人势力非常强盛。她当时不过三十多岁，正是风韵犹存、别有情调的年龄，不知是想要效仿成化的乳母万贵妃，还是单纯炫耀自己的恩宠，客氏个性浪荡、爱慕虚荣，每日进出皇宫都打扮得花枝招展，一众奴婢前呼后拥，比真正的嫔妃还要威风几分，到了宫外更是讲究排场，每每出行还要像天子一样令沿途百姓回避，若有躲闪不及者，便会遭到客氏随从的毒打。客氏的行为实在太过招摇，哪怕是对皇帝有哺乳之恩，也不能如此过分，因而朝内外大臣对此都颇有微词，几番上疏奏请将客氏逐出宫外，给事中侯震旸在上疏时直白地怼天启说，皇上已经不是小孩子了，怎么能磨磨蹭蹭的离不开乳母呢？客氏一个卑微妇媪，又怎么能和圣上关系如此亲昵？可是天启却对大臣们的意见并不以为然，对乳母强劲到荒唐的势头继续视而不见，纵容得她在宫门内外肆意妄为。

2. 乱条犹未变初黄，倚得东风势便狂

客氏自诩皇帝的八母之一（古有七父八母一说，就是将在亲生父母之外，堂表庶外等亲戚也算在内，客氏显然是把乳母也归到八母之内了），早已忘记了归根结底她只是个地位卑贱的宫女。进宫后没有几年，这个女人的原配丈夫就死了，可她年纪尚轻，便一直寻思着想要勾搭上一两个男人。然而一个乳母在宫里面能勾搭上什么好男人呢（成化的个案不具有普适性）？也只有把目光投向那些身残志坚的太监了。客氏之前经常来往的是一个叫魏朝的太监，魏朝因为得太监头领王安的宠信，在同行之中地位也很高，还是魏忠贤的入宫介绍人之一。而魏忠贤进了宫以后，靠着在市井练就的扎实的阿谀奉承基本功，想尽办法与魏朝保持密切的关系，还认他做了拜把子兄弟。这样，攀上了有权势的魏朝，魏忠贤很快就抓住了机会结识到空虚寂寞、水性杨花的客氏。嘴比蜜甜脸比墙厚的魏忠贤和客氏相遇，犹如干柴烈火、清水浓酸、十二级台风、八级大地震，两人一拍即合，情感迅速升温，而那个旧爱魏朝便遗憾地被客氏抛在了脑后。一夜之间被兄弟翘了情人，魏朝冒着一头绿光火冒三丈，不禁大骂魏忠贤无耻背叛，挖了他的墙脚。但是公公和宫女之间的"对食"感情，又怎么能有婚姻之实呢？没有婚姻

之实，更是难有契约精神。后来此事越闹越大，魏朝头上的绿光格外耀眼，把天启都惊动了，天启每天忙着享受人生乐趣，哪有工夫细问宦官儿女情长的来龙去脉，看在乳母与自己有养育之恩的份上，就直接去问了客氏，那两个"男人"到底谁才是她的真爱，正沐浴在爱河中无法自拔的客氏毫不犹豫地选择了魏忠贤。天启一向纵容乳母，也比较宠信魏忠贤，他即刻将此绿光案判定结果，把客氏和魏忠贤凑成了一对，不许魏朝再因为这个生事。为了让自己和客氏能够终成眷属免除后顾之忧，魏忠贤假借皇帝的名义，把倒霉的魏朝远远发配到了凤阳。就在魏朝上路的同时，抢了他"老婆"的昔日兄弟魏忠贤又派人暗杀他以绝后患，看到这里不禁让人脊背发凉，魏忠贤的心狠手辣实在不是一般人能够比拟的。从此，魏忠贤不仅找到了人生真爱，还在客氏这个贤内助的帮助下，进一步讨好皇帝，使尽一身虚与委蛇、吃喝嫖赌的解数，带着同样贪玩儿的皇帝走上一条荒唐无道的不归路。

天启呢，关于他的背景我们之前讲过，他老爹泰昌没一个月就纵欲加嗑药嗑死了，他没来得及入主东宫，更没来得及入阁读书，基本上就是大字不识几个的文盲（文盲都爱和文盲玩，怪不得跟魏忠贤玩儿得那么好），他生母去世得早，不得已寄养在李选侍那里，李选侍自私贪权，对天启并不是特别好。因此少年时的天启就比较依赖乳母客氏，长大后为了报答，他便听任这个女人和魏忠贤把后宫折腾得天翻地覆也睁一只眼闭一只眼的，没什么意见。天启唯一在乎的，就是手里的工具和玩具，这个皇帝不嗜酒不贪色，就是热爱奇巧玩意和油漆造房等木工活成痴！他设计制作的木工成果，精巧美观，设计精妙，连专业的能工巧匠都不得不叹服，堪称人间鲁班。可惜的是，天启投错了胎，偏偏生在了帝王家，人间真是白瞎了一个好师傅。所以，常常沉溺于手工制造业的天启皇帝根本不管魏忠贤把他的江山祸害成什么样了，以至于这个宦官在他不经意之间，已可以号令群臣，权倾朝野。

因为客氏的帮助，魏忠贤很快就从一个寂寂无名的小宦官，直升机一样爬到了司礼监秉笔太监这个位置。处在这个地位上的宦官，在晚明皇帝基本不管事的情况下，基本相当于掌控了指令天下的权力，后来的魏忠贤甚至可以代皇帝批阅奏折，可以擅自决定国家大事，当年奸雄曹操挟天子以令诸侯，也就这样了吧。

3. 才乘一线凭云去，便有愚儿仰面看

想象一个流氓突然获得了无上权力，怎能没有一大波流氓趋之若鹜呢？朝堂上一些才能一般又贪图富贵之徒，纷纷开始寻求这个大太监的庇佑。众所周知，天启是东林党人拼了老命扶植上去的，东林党在最初也是霸占了党争的决胜地位，但是这一优势地位并没有长久地保持下去。晚明朝廷官员相互倾轧，朝政腐败废弛，东林党人虽然口称正清风气、反对专权，但是身处党争的旋涡中心，他们其实根本无法实现有效的报国理想，反而间接成为干扰官僚系统健康运行的相反力量。其他党派的一些成员与东林党交锋多年，时常落败，正惆怅势单力薄总受东林党打压，现在朝中突然崛起来一个魏忠贤，颇受皇帝倚重，那些与东林党有嫌，或是正在寻求升官发财捷径者，就纷纷向魏忠贤抛去了橄榄枝，以求大太监庇护。魏忠贤也很愿意和朝臣结交，于是乎一大批受东林党排挤的散兵游勇，便自然而然靠到了一手遮天的魏忠贤旗下，准备在公公的帮助下走上人生的巅峰。起初依附在魏忠贤身边的忠实信徒，还是以宫中的宦官为主，到了后来，朝堂上的官员便越来越多，再后来，就连内阁的首辅都怕他，不得不低声下气替他办事。

魏忠贤的专横擅权很快就引起了东林党的不满，且不说魏忠贤作为宦官，本身干政就已经是大忌，他居然还想要拥有一手遮天、号令群臣的绝对力量，简直是滑天下之大稽！魏忠贤狡猾，他知道这天下只有一个主子，那就是天启，只要他能在天启处得到源源不断的宠信，就是来一万倍的东林党也不足畏惧。东林党人刚烈忠贞，向来以"圣贤君子"为榜样效仿，怎会把一个大字不识的宦官放在

眼里？于是靠着他们最为擅长的口诛笔伐向魏忠贤及其党羽展开猛烈的进攻。魏忠贤并不担心东林党人多势众，他首先将自己带领的一干众人论资排辈，分别赐予了他的文化水平能够想出来最威风的名号，他们分别是"五虎""五彪""十孩儿""十狗""四十孙"等，辈分清晰，队伍庞大。然后，魏忠贤还利用东厂特务机构把自己的爪牙伸向从中央到地方的各个角落，排除异己，无恶不作，这群以阉人魏忠贤为核心的党徒组织，就被称为"阉党"。

阉党和东林党很快就形成了对立之态，两个阵营旗帜鲜明，互相仇视，由于有天启在背后睁一只眼闭一只眼的默许，阉党在斗争中逐渐占了上风，魏忠贤丝毫不担心朝臣们会上奏揭发他，事实上，他已经采取完全公开的形式在朝野上下肆意妄为。魏忠贤的阉党成员为了得到他的青睐，不惜卑躬屈膝认他一个太监做祖父、做父亲，还争先恐后地跑到这位老祖宗面前表孝心，每当魏忠贤生辰之际，都会有数不清的大小官员奉上祝寿贺礼，不知是谁想出来的招数拍魏公公的马屁，直接尊称他为"九千岁"，仅次于皇帝的万岁，生辰日当天，"千岁千岁千千岁"的呼和之声便如雨点一般密集，不绝于耳。更有甚者，浙江巡抚潘汝祯，他为了讨好魏忠贤，竟然想到为他修建供奉生祠的奇葩舔法，要知道能够享有生祠的，莫不是功勋卓著、惠及万民的英雄，魏忠贤算个什么东西，他也配？他配钥匙去吧。可惜更奇葩的是，天启居然没有反对，还亲自给提了个名字叫"普德祠"。潘汝祯这个讨好的姿势相当标准，魏忠贤甚是满意，其他的地方官员一看魏忠贤喜欢为自己建生祠，赶紧连夜准备设计方案，生怕坐不上这一趟讨好大太监的特快列车。

一时间，魏忠贤的生祠就像雨后的毒蘑菇一样，一片接着一片在明王朝统治的领域内冒出来，遍地都是恶心人的毒瘤。生祠建得越来越多，魏忠贤就失去了新鲜感，官员们又开始攀比在生祠内打造，魏忠贤的塑像哪家做得更大更好，装饰细节哪家更用心为之，魏忠贤简直享受死了这种众星捧月的飘飘感，他开始不关心谁给他建造了生祠，而盯上了那些坚持不给他修祠供奉的臣子，有的地方官坚持原则，以空地不够、不愿意打扰民生为由拒绝为魏忠贤修祠堂，被魏忠贤怀恨在心，不久就找了借口治了罪。谁还能治得了魏忠贤呢？一个太监竟然能随便问朝臣的罪，这种骇人听闻的事情实在是妖异，必得及时扼杀才能还天地一个清明。魏忠贤在前朝俨然第二个皇帝，他的情人客氏则在后宫变成了主子，她因为妒忌帝后伉俪相得，就去挑唆天启说，皇后的娘家多行不义，想让天启废掉皇后另立魏忠贤的侄女为后，还好天启在这件事上头脑还算清醒，他并没有听从客氏伤害发妻。害皇后不成，客氏又频频对妃子下手，但凡妃嫔有妊，客氏必要想方设法让其滑胎，天启的裕妃在孕期孤立无援，竟被客氏活活饿死在宫里，在客氏处心积虑地陷害下，天启的后妃到最后总共只生下三子三女，但是却全都早夭，不得不由兄弟继承皇位。

4. 有心杀贼，无力回天

魏忠贤"夫妻"二人作恶多端，实在是天理难容。然而敢和阉党做斗争的，只有不怕死的东林党大臣，在他们坚持捍卫的正统之道中，魏忠贤连每一根头发都是挑战人底线的逆物。虽然知道天启故意纵容魏忠贤胡闹，时任副都御史的东林党人杨涟还是勇敢地带头上疏皇帝，他总结了魏忠贤二十四条大罪，细细论来罪罪当诛，请求天启公正裁决、尽快处罚。可是天启是个基本不认识字儿的文盲，登基前没念过书，登了基就更不可能念书了，凡有奏疏拿上来，都需要靠身边粗通文字的太监念给他听，负责读奏章的太监是魏忠贤心腹，他专门避重就轻、含糊其词，把杨涟义正言辞地告发美化成了一篇并没有多严重的意见，魏忠贤在一旁适时地添油加醋，竟将杨涟总结的罪状悉数狡辩了去，天启本来也没有治魏公公罪的打算，如此一来此事便不了了之。除了杨涟，还有数十位大臣都向天启告发了魏忠贤专擅之事，警告天启，如今的魏忠贤已然位同二圣，你若是再不提高警惕，总有一天魏忠贤会彻底取代你的权力。可天启还是不以为然，继续纵容着魏忠贤横行霸道，狐假虎威。

魏忠贤专权时，朝堂之上弥漫着诡异邪恶的风气，相比较言，东林党占上风时，最不济不过是一些公知用仁德忧虑、学术抗争带节奏而已，起码他们出发点还是为国为民，而阉党纯粹就是胡作非为祸国殃民了，他们用非人的手段大兴冤狱，无数东林党人被那帮跟着流氓耍流氓的阉党成员迫害，帮助天启即位立过大功的东林党人杨涟、左光斗，因为上书告发魏忠贤罪状，被他怀恨在心，背着天启将两位先后逮捕入狱，杨、左二人含冤被捕时，百姓竟哭声震天，无法挽留。无论这些对"正义"追求近乎病态的老夫子有没有做过迂腐愚蠢之事，必须值得一提的是，在和阉党斗争的过程中，他们从始至终坚持着那股固执的正气，梗着不肯低下的头颅维护自己的信念。这分不可抹杀的坚定，正是东林党执着秉承的博雅之风、浩然之气。

东林党人上疏无用，便将希望寄托于叶向高。叶向高时任内阁首辅大臣，魏忠贤还对他略有忌惮，最重要的是，他能够直接接触到天启，当面向他奏报魏忠贤种种罪责。可惜叶向高并没有杨涟左光斗等人的勇敢，他在魏忠贤强大的压力下胆怯了，只敢历数魏公公勤劳恭顺，却将罪行大而化小小而化无。然而魏忠贤并没有因此就放过叶向高，仅仅过了几月，叶向高就被魏忠贤逼得走投无路，不得不辞官回家。叶向高之后，首辅频换，直到阉党成员顾秉谦借机上位才止，顾秉谦很快成为魏忠贤的工具，他们相互勾结残害忠良。

魏忠贤代表的则是地痞无赖、寡廉鲜耻的精神。他对东林党人恨得咬牙切齿，除了政治上面的斗争，我觉得很大一部分原因也是出于嫉妒，他嫉妒东林书院深厚的学术底蕴，他嫉妒他们比他拥有高得多的精神领域，他嫉妒大臣们比他多一个人道主义功能，他还嫉妒……还有其他很多很多。他手下有官员特意参考时下流行小说《水浒传》的情节制作了东林党人的黑名单，有托塔天王、及时雨等，名曰《东林点将录》（简直白痴到令人匪夷所思啊）！点将录上魏忠贤用小圈圈按讨厌程度标注了等级，用来列清异己，残害时有所参考。

魏公公堪称独步天下的大权臣了，在天启专心致志做木头板凳的时候，他已然把朱明天下玩儿得朝不朝纲不纲，带着一溜"阉党子孙"贪赃枉法无恶不作。他还记得他做小混混时跟人抢馒头吃吗？一个流氓中的渣渣靠着阉割进宫，竟能翻覆天下——这个王朝果然是诡异得该断气了！

晚明东林与宦官党争，究竟是非何辩？

关于魏忠贤的逆袭故事，要是完全抛开政治影响，好像还是个感人至深催人奋进的励志传奇，但要是再仔细算一算这老贼干下的总账，刚才那句话就当我没说。可是再反过来看，魏忠贤不是好东西，他的敌人东林党集体也不能就说是个完全纯洁、兼济天下的伟大团队，这两方势力一个是彻头彻尾的小人专擅，一个是无力回天的书生意气，他们的斗争让晚明的政局更加浑浊黑暗，最终陷入不可挽救的危机穷途。

东林党和阉党的斗争，在天启一朝是以阉党的决胜告终，虽然东林党为了天启的即位做出了巨大贡献，不惜频繁折腾出"三大案"作为有力武器制造舆论氛围，最大程度上保证了天启老爹和天启自己的皇位。但是天启显然不太喜欢这群口称卫道、喋喋不休的老夫子，老夫子严厉无趣，自视甚高，严重压抑了他追求幸福生活的步伐，而魏忠贤就好多了，他从不多事，说话又好听，他心甘情愿把信任一股脑投给了魏忠贤带领的阉党。斗争是激烈的，结果是惨烈的，本来是政治上的争权夺利，却因为士大夫太过倔强执拗，明知局势不利还不晓得变通，偏要一味逆流而上，让忌惮演变为深深的仇怨，最后演变成赶尽杀绝的血案。东林党最终遭到的魏忠贤毁灭式的打击。

1. 苟利国家生死以，岂因祸福趋避之

魏忠贤有天启做保护伞，拥有着调用特务机构东厂和锦衣卫的高级权力，而特务机构直接对皇帝负责（一定程度上可以说对魏公公负责），是可以不通过正常的司法程序对一些谋逆之人做定点逮捕审讯的，这是杀人于神不知鬼不觉的最佳方式，魏忠贤利用特务机构大肆残害了不少东林党成员。天启五年三月，东林党人汪文言被捕入狱，理由是以他为代表的东林党成员曾经受贿捞罪犯，而负责审讯汪文言的则是当时北镇抚司指挥许显纯——魏忠贤忠诚的爪牙之一，审不审其实都不重要了，关键是魏忠贤要他死，许显纯自会想方设法满足魏公公的要求。过了不到两个月，汪文言就在狱中被活活折磨身亡，临死前还留下了珍贵的"供词"，供出了当时合谋受贿的其他东林党人。（这供词八成是魏忠贤伪造的）供词上杨涟、左光斗、顾大章、袁化中、魏大中和周朝瑞六个东林党核心人物赫然在列，魏公公堂而皇之地将其逮捕入狱，说是入狱，实际根本就没打算让他们活着出来。这几个人的名字大家应该并不陌生了，杨涟、左光斗这都是扶植新帝跟李选侍斗争时给天启那小子抬过轿子的大咖啊，他们向来秉公清正，嫉恶如仇，又因为先帝薨逝之际及时扶持天启登基有功，在朝廷中有举足轻重的地位！如今东林大势已去，几名国家肱股之臣竟在魏忠贤的迫害下，落得如此绝望境地。因为特务机构逮捕的过程暂不用移交刑部，阉党便在暗中对六人进行了非人的摧残折磨，最惨的要数骨头最硬的杨涟，他始终秉承着一身东林书院追求的浩然正气，坚持遵从本心认定的是非黑白观，至死都不向阉党低头，临终之前留下一封《狱中绝笔》：

仁义一生，死于诏狱，难言不得死所，何憾于天，何怨于人？唯我身副宪臣，曾受顾命，孔子云：托孤寄命，临大节而不可夺。……

大笑大笑还大笑，刀砍东风，于我何有哉！

涟即身无完骨，尸供蛆蚁，原所甘心

但愿国家强固，圣德刚明，海内长享太平之福。

这是何其绝望又何其畅爽的一纸自白，读来竟让人觉得如同刀绞肺腑，仿佛每一个字都能渗出鲜血来，心中已经分不清是该痛还是该恨。最后，杨涟被许显纯以钢针遍扫躯体，铜锤击胸肋骨尽碎，铁钉穿耳面目全非，身体被人用一堆沉重的土囊压得支离破碎，下葬前竟连全尸都难以凑齐。其他几人也在这般虐刑之下相继惨死，史称东林"六君子"。六君子死后，魏忠贤还没有放过他们的遗体，他丧心病狂地命令人把这六名大臣的喉骨剔出来，神气十足地望着这些曾经发声得罪过他的喉管道："诸公别来无恙，还能上书否？"这件事发生在乙丑年，被称为"乙丑诏狱"，或东林党"前六君子"冤狱。

在六君子之后，刚过一年，又有高攀龙、周起元等七名东林党人受到迫害，除了高攀龙在提前得知即将受害的讯息后，自己投水自尽，其他几人皆和六君子惨状相似，分别在狱中被酷刑折磨而亡，这件事被称为"后七君子"冤狱，因发生在丙寅年（天启六年），所以又叫"丙寅诏狱"。天启四年到天启七年，被阉党杀害惨死的东林党人有十几位，至于其他治罪充军、降级贬谪的则不胜枚举，这还不够，为了永绝后患，魏忠贤在地方还禁止公开讲学的书院存在，断了东林党起家的老巢。在这场斗争当中，东林党以毁灭性的方式惨败了。廷臣犀利，可面对有皇帝纵容的魏忠贤，也别无他法，忠君观念的束缚让他们难以将矛头指向悲剧真正的始作俑者，依然自欺欺人是奸宦蒙蔽圣听才至如此，只好求诸神仙显灵，严惩恶人。这种悲凉的无奈在第一位被魏忠贤杖责而死的东林党人万燝的绝命诗中体现得淋漓尽致——

自古忠臣冷铁肠，寒生六月可飞霜。漫言沥胆多台谏，自许批鳞一部郎。

欲为朝堂扶日月，先从君侧逐豺狼。愿将一缕苌弘血，直上天门诉玉皇。

东林党人固然清高可贵，但行事却实在迂腐莽撞，因不屑玩弄政治艺术、鄙视工于心计者而频频陷于绝境。其实如果在政治斗争中多讲究一点变通和谋略，也不至于牺牲如此惨重。既然阉党多行不义，内部全员恶人皆为利来各谋其私，彼此之间必然很快会因利益冲突而内讧，到时只要借力打力，巧用手腕，自能见到狗咬狗的场面发生。可惜东林党人自来崇尚光明磊落，只做坦荡君子，若有耍弄心机者，也会被其他人共同排挤，开除"东林党籍"，正如谢国桢先生对他们的评价："……我们不能不佩服东林党人人格的坦白和直率，因为他们全是一伙书呆子，实在是太老实了……"。书生气不适合官场，小人更容不下书生，所以杨涟、高攀龙、左光斗等典型的东林党卫士在遇到毫无底线的魏忠贤时，就只能靠一腔热血来表达内心的悲愤，这种理想主义的英雄情怀透着一股子浓浓的傻气，实在是让人万般无奈又心疼至极。

2. 这天下无论如何还是姓朱

看到这里，相信大家或多或少都会对粉身碎骨浑不怕、要留清白在人间的东林党抱有同情之心，再加上他们脱胎于学术气息满满的东林书院，自身非凡的修养和学识也让人们更加敬仰。而阉党虽然大部分成员也是科举及第的文官，却在那个目不识丁的宦官首领的威权下为了功名利禄丢弃原则，尽失士气风骨。东林党在大众点评中总是以绝对正面的形象出现。对这一段历史，大家普遍的感觉是天启昏庸不理朝政，任由阉党专权，而呼唤正义的东林党不畏强权敢于抗争忧国忧民心怀天下。实际上历史真的就像寓言故事一样善恶美丑界限分明，晚明最终因正不压邪有悖天理而走向灭亡了吗？进一步来说，晚明这一场党争，真的是东林党是绝对正义的化身，只有魏忠贤和他的"食死徒"要扛下所有罪责吗？

说实话，不尽然。历史这个东西，无法用非黑即白的方式去进行解释，就连一件简单的小事，不仔细考察始末，也很难定性哪里是对的哪里是错的，就针对党争这个事来说，也绝不可以完全划清个谁是谁非来。阉党之所以可以横行天下，根本不是只魏忠贤一人狡猾恶毒，欺上瞒下，恶人还有他背后的天启皇帝朱由校。说白了，魏忠贤能横行，还是因为天启默许，不然他魏忠贤算是个什么东西？就凭他在市井混出来的阿谀奉承之功，还达不到挟天子以令诸侯的地步，权力最终还是皇帝的。他呢，也就是天启的一条狗，冲谁吠叫几声那是因为他主子点头了，他的一言一行代表的全都是天启的意思。明朝的皇帝都腹黑，包括沉溺在木工活当中的天启。魏忠贤的崛起，深层原因是天启想要借力打力维持朝堂力量平衡，防止东林党一家独大，只靠掀起舆论就能轻松绑架皇帝。从万历时期顾宪成靠在远离政治中心的江南讲学，便能间接操纵天下士人思想的时候，东林党就注定了早晚会遭到来自最高统治者的弱化。每一个君王都有着天生对分权的抵制性，虽说东林党是扶植他上台的力量，但"狡兔死，走狗烹"从来都是皇帝行业公开的秘密原则，天启并不想长此以往地依赖他们，甚至在东林党人在泰昌驾崩之时表现出来集体性强势的时候，就让他心中警铃大作，若要尽快摆脱这群老夫子的道德绑架，就必须找到一个能制约他们的力量，那就是魏忠贤。

从皇帝的角度看，无论廷臣还是宦官，都有可能成为危及皇权的隐患。我们前几期讲东林党的时候说过，他们在为自己党派争取更多的主动权话语权的时候，虽然是以学术和正义为借口，但终究目的是自立，集体打击对手之时他们一样会反客为主，颠倒黑白。东林党和阉党党同伐异的区别好像就在于他们更擅长把自己做的事情高调美化，用一个个冠冕堂皇的圣贤典故给争权夺利罗织合理的解释，但从排除异己这一根本目的来看，他们和魏忠贤并没有什么本质性的不同，反而仗着满口天理纲常让人感觉他们是两袖清风的君子。因而不管东林党的清议浪潮如何师出有名，在皇帝眼里都是在行结党营私之实，他们仗着天启是他们一手扶持上来的，就敢明目张胆在朝堂之上呼朋引伴、扩充势力，官僚系统中的东林士人在数量上像滚雪球一样越滚越大，显然是早晚要把皇帝架空的节奏，天启看在眼里，怨在心里，他们依仗庞大的势力，庞大的言官舆论压力，甚至可以靠前仆后继的上书数量影响皇帝的决策和意志（参看万历朝的国本之争，那还是东林党尚不成气候之时），这是君权已经高度集中明朝所不能允许的。我们可以认为，天启为了摆脱党臣控制朝政，用默许内臣的方式与东林党抗争，至于魏忠贤怎么玩儿就由他去了，天启的暗暗纵容便如同在日渐沸腾的东林党人顶上兜头泼下一瓢冷水：紫禁城的主人只有一个，那就是皇帝。

3. 多败俱伤，玉石俱焚

若从国计民生的角度来看，二者党争行为则皆于国力发展有损无益。东林党与阉党政治纷争长达数年，两方所斗不过是权力流转、人事更迭，无论是对民生大计、国家秩序、国防实力，还是对朝纲整肃、人心集中、统治巩固，都没有起到任何积极作用，反而因为朝臣都忙于内斗，无暇关注最实际的社会问题，使得整个国家彻底走向失控，平民生活困苦，农民起义与城市民变此起彼伏，朝纲祸乱，政府基本职能几乎丧失，威权横行，法礼秩序如乱麻一般完全没有约束力，内忧外患交错，国防实力却在无人督管的情况下虚弱异常。党争让晚明政府从根本上失序，却给了强敌安心发展的黄金期，后金已经在两派鹬蚌相争竞相残杀的时候迅速膨胀，几年后，这个全无生命力的王朝便在重重危机的合力挤压下，毫无悬念地走向崩溃了。

总而言之，东林党虽有诸多缺陷，但毫无疑问东林党派大臣大都是一心报国、品性高洁的正义人士，不能因为他们存在不完之处就过分放大，否则就会如鲁迅所讽刺的那样"瑜中求瑕，屎里觅道"，失了公允。而阉党却实实在在是一帮为了富贵名利抛却廉耻之心的投机小人，他们的存在无论从哪一个角度来说都是反社会的。晚明的党争一段没有赢家，无论是东林党、阉党还是皇帝，都像是暮秋飘零的黄叶，只不过东林党是正面示人，魏忠贤是脸皮落地，翻开其内一样是被虫蛀出的斑驳。

大明门外的努尔哈赤

好了，东林党和阉党的互掐我们暂时放在一边，当然这并不意味着他们党争祸国的行径就此完结，只不过现在最重要的不是看他们彼此争斗，而是去了解一下门外火烧眉毛的危急——辽东。

我们好像好久没有关注这位"老朋友"了，而他在大明的门外也一直没有闲着。

努尔哈赤在萨尔浒的完胜之后信心倍增，与明军交手数次让他更坚信了这支队伍的可征服性，这个少数民族的首领个人的职业生涯规划也在悄然发生着改变，他慢慢不再满足于抢掠个把战利品，而是把目光完完全全地投向朱氏皇族光环下的领土，甚至是他们所拥有的权力。在大明内部的官僚场上斗得乌烟瘴气的时候，努尔哈赤则不遗余力地利用抢掠来的财物扩充着自己的实力，让前朝已经一团混乱的大明，辽东后院也战火纷飞。下面，我们可以大致来看一下萨尔浒之后努尔哈赤都打了些怎样的仗。

1. 一朝英雄拔剑起，又是苍生十年劫

万历四十七年（公元 1619 年）六月，萨尔浒大战刚过不久，努尔哈赤又整兵进犯，这一次他将目标定在了开原，于是明朝与后金在这里再次发生了大战，

史称开原战役。开原这个地方非常特殊，虽然因为地势险峻不适合农耕生产而长期地广人稀，但它却刚好处于两山一河的夹角处，东北环山、西面辽河，是一个绝佳的天然据点，易守难攻，非常适合建立军事要塞。而且，开原还位于明王朝统治区域内汉族与少数民族聚居地交接的过渡地带，再向东、向北分别有海西女真时常活动的足迹、兀良哈蒙古的势力范围，后来还有建州女真也不时进犯，所以，开原被称为"三面环夷""孤悬东北"的险要之地，历代明朝皇帝都非常重视开原的军事防御系统建设，生怕从这里开了口子，少数民族的马蹄就将会一发不可收拾地驰骋在老朱家的后院里面。在辽东，开原与辽阳、广宁并列为最重要的防御城镇，背负了大明国防安全的巨大责任。努尔哈赤把注意力放在开原，显然是想打破这个防御要塞，为自己今后更顺利地进攻大明铺平道路。然而明朝廷刚刚经历了萨尔浒战役的惨败，内心的震动和创伤还没有恢复，因为那一仗打得已经不能用丢脸来形容了，官军号称四十多万征夷大军主动出击，却在很短的时间内被他们一向轻视的女真部队打得毫无招架之力，损兵折将极其严重，给明方带来的打击不是一点半点。没有想到努尔哈赤打红了眼，回家屁股还没有坐热就又出现在了明王朝的后门口，在开原负责守城的大有参与过萨尔浒战役的原班人马，女真突然袭击开原，明军虽然慌乱但还是奋力抵抗，借着开原城特殊险要的优势暂时抵挡下来，双方僵持之下，战局开始胶着。然而令拼死御敌的明军没有想到的是，前方人人英勇，后方的开原城内却出了卖国求荣的奸细，在奸细的帮助下，后金士兵很快就攻破城门，努尔哈赤带领下的大部队顿时夺门而入，导致开原城遗憾失守。城门失陷之后，城内的明朝军民并没有立即投降，而是坚贞不屈地抵抗到最后一刻，据传说，眼看敌人已至，城中从垂髫小儿到耄耋老人为免受屈辱都纷纷自缢殉国，状势实在是凄惨又悲壮。这样一个同仇敌忾视死如归的气节之城，居然也会出奸细，果然是个别的老鼠粪可以坏一锅好汤。

与开原战役同一时期的还有铁岭战役。铁岭这个地方很是敏感，虽然现在说到它大家都会想到的应该是赵本山或者小沈阳，但在几百年前的当时，"国际大都市铁岭"是一个家族的宗根所在地，那便是赫赫有名的辽东将门李氏一族。李氏将军在大明史册中出镜率可不是一点半点，平女真有功的李成梁、三大征中所向披靡的李如松，还有其兄弟李如柏、李如梅、李如桢都是典型代表成员，一家战将几代人金戈烽火沙场征战，立下了汗马功劳。然而这一家保家卫国的战士，却在后金骚乱的辽东问题上有相当值得怀疑的表现。因为长期驻守辽东，李家难免和邻居努尔哈赤有着暧昧的和睦，李成梁和努尔哈赤曾经关系非常密切，少年时期努尔哈赤就给李成梁以半收养的方式当过侍卫，还跟他一起出去带兵打仗，了解明王朝的内情，二人关系情同父子，后来努尔哈赤的祖父被误杀，李成梁颇为愧疚，几次上书朝廷为努尔哈赤申请尽可能多的抚恤，后来李如柏还把努尔哈赤家族的一个女儿纳为妾室，两家有了姻亲关系，来往更加紧密了。因此，朝廷中有不少人指责努尔哈赤的崛起是李成梁在辽东"养虎为患"的结果，李成梁对努尔哈赤的培养照顾间接上助力了女真的壮大，所以李家对辽东战火负有不可推卸的责任。就在这一次铁岭战役中，主将杨镐依然任用了李家的儿子李如桢，一方面是因为明军实在找不出来几个能打的将领，另一方面是因为，他觉得既然努尔哈赤都打到李家的老窝了，你李家跟努尔哈赤关系再好，他在你家门前放火你总不会坐视不理吧。但是杨镐可能是错了，努尔哈赤带领的八旗军与李氏将军带领的明朝官军在交锋时，李氏似乎总也不愿意积极抵抗，到最后，李如桢真就没有回老家救火，看起来他就是这样淡定！跟努尔哈赤殊死搏斗的只有驻扎在当地的队伍和民间游击组织，虽然一时间内抵挡了敌军进攻，但是最后还是被一个城内叫作丁碧的副将背叛开了城门，后金军涌入，进而屠城。这般惨剧都发生了几天以后李如桢才带着兵士姗姗来迟，那时候铁岭早已失陷，他来不来都没什么意义了。

女真同年八月又歼灭叶赫部。至此，辽沈门户大开。

2. 夜阑卧听风吹雨，铁马冰河入梦来

开铁之战失利让那批将领全部下课。辽东混乱的局势换上了新的经略熊廷弼。《明史》记载这个人名声不太好，因为他不太文明，经常粗鲁地骂人，一路看来明朝的故事，经验之一就是做人千万不能槽点过多，熊廷弼那么爱骂人自然有更多的人骂他。在他干了不到一年就被言官给骂下来了，换上了新的经略袁应泰。一番人事调动勉强完成，就迎来了努尔哈赤对辽沈新一轮的进攻。这一场战争是可怖而悲怆的，沈阳主将贺世贤奋勇抵抗，终不敌。连满清人都对他的忠坚表示了敬佩，最后明军全军覆没，却也沉重打击了后金军队，损失极大的努尔哈赤为了泄愤，在沈阳整整屠城三天，彻底血洗了这座"顽抗"的城市。而攻克辽阳时，因为沈阳战役调取了大量驻兵，留下的士兵已经不多了，袁应泰袁经略亲自上阵，激战难分胜负。让战争转折的依然是努尔哈赤情报技术学校的优秀学员，几名内奸在辽阳城内夜乱放火，趁机打开城门放入大敌。辽沈陷落。

看到这里各位是不是发现一个重要问题？每一场战役都有些许猥琐内奸参与，并且发挥了转折性的巨大作用。这让我们不得不佩服努尔哈赤超前的情报系统了，若问奸细技术哪家强？首屈一指女真的努校长啊！辽东巡抚周永春就在给熊廷弼的书信中特意强调了关于努尔哈赤派出的奸细层出不穷的问题："奴之奸细无处无之，往往投入新兵中，更难物色。"那一句"女真不满万，满万则无敌"的传说倒是早就在近代碎成渣了。在当时，虽然八旗军的战斗力的确不可小觑，但兵不厌诈，后金靠着这种背后的阴暗手段也是巧取不少。

努尔哈赤最重要也是最微妙的关系，莫过于和铁岭李氏一家，虽然李成梁弄死了他父祖好几辈儿，二人并不能说没有因此结缘，李家既然对他睁一只眼闭一只眼，那李家盘根错节在辽东、在朝廷的势力成员怎么可能不给这货面子呢？后来除了李如松战死善终，李家兄弟也都因此牵连治罪。即使没有确凿的证据论断李家叛国，种种迹象也表明他们关系非一般。

大家可能还会有一个疑问，就是大明不是个相当重气节的时代吗？怎么还会有奸细存在？这样问有点天真了。事实上，越是这种看似追求名节风骨的时代，败类越是显眼，别看朝廷里那些扯着嗓子喊仁义的士大夫，其实有很多也都是道貌岸然之人，你就看投降了满清的有多少就知道了，这些人吹牛扯淡的时候一套一套的，其实满脑子就是为了自己明哲保身，虽然拿着老朱家给的俸禄，却时刻准备"弃暗投明"，而且文臣武将都有，前线的更是，为了自保他们随时可能给自己换个东家。在努尔哈赤攻城的过程中就是这类人起了不可磨灭的作用，即使大部分军民都坚强不屈不惜以身殉国，但这种人不用多，只要在关键时刻，一两个足以。足以帮后金作弊取胜。努尔哈赤的幕后英雄啊。

在节节败退的辽东战场，任是再淡定的统治者也淡定不了了，何况朱明王朝还是一个常操刚烈硬气人设的王朝。彼时的辽东已是一片残败，山海关外基本上都是后金的势力范围，一个曾经扬威西洋、远败倭寇的大国被逼到这个地步也是够了。兵部的官员叫苦不迭，他们拿什么去和努尔哈赤见面呢，军饷、军衣、军备无一不短缺，将领、战士、战马无一不疲惫，近些年来因为征战过于频繁，百姓们的赋税压力已经到了即将崩盘的地步，要再摊派下去战费，恐怕要和明军拼命的就不仅仅是努尔哈赤了。眼看八旗军压境的时间间隔越来越短，

大明那个残腐不堪的朝廷上，再次掀起热烈的讨论，一派主战的大臣（多是站着说话不腰疼的文官）怒喊着"此仇不报非君子""是可忍孰不可忍"要继续反攻；一派则是比较冷静的官员，主张暂时退回关内，坚壁清野，他们是了解形势的，后金风头正盛，可明军却漏洞满满，这个样子实在是不太好打。怎么办呢？天启心里也很烦恼，比起爷爷万历成天在后宫躺着还能获得三大征的胜利成绩，他当然也梦寐以求收复辽东洗雪国耻！但是看之前的战况，明军似乎毫无胜算，甚至连能督战的将领都没有，那些喊着死都要战的大都是走路都哆嗦的空想大战主义，窝里臣子打得不可开交，而后院努尔哈赤已经拆了围墙……

如此愁云惨淡下，看似一切都要完蛋，天启连做木头凳子的心情都没有了，

他就像一个无助的孩子，相当没有出息地拉着首辅叶向高的袖子哭了起来。但是，人往往在特别绝望的时候就会迎来事情的转机，所谓否极泰来是有一定道理的，黑暗中，竟然有一个身影向天启慢慢走近——

他说他愿意赴任辽东，以身报国。

天启抬起婆娑的泪眼，几乎不假思索地点头同意：

"袁崇焕！就你了！"

第一个问题，袁崇焕是谁？

有人说他是伟大的民族英雄，是百年难得的优良将领，最后却惨遭凌迟是千古奇冤；有人说他是个彻头彻尾的小人，为了功名不惜牺牲军民，实为大明的叛徒；有人说他是东林党的余孽，有人说他是投笔从戎的豪杰……无论如何，袁崇焕这个名字与"争议"和"传奇"是分不开了，自明末至今，关于他的话题真是没有断过。袁崇焕的故事也在百家之口中百折千转，没有一个人能计算得出来，关于这个名字有多少个版本的传说。

今天看来，多数的票似乎都投给了"民族英雄"的正面形象，因为最权威的《明史》是倾向于他的，无数叹惋歌颂之辞为其昭雪哀悼。而也有一些观点坚持说袁崇焕是个叛徒，清修的《明史》说服力好像是差了那么点，条条框框列举得也很理直气壮。阅读不同的观点时可能会或多或少受些影响。我记得在我初中时候，读了几篇类似"哭崇焕"这种的文字，立刻也唤起一丝悲怆矫情的共鸣，还为这个根本弄不清怎么回事的古人洋洋洒洒地作了一篇习作，被老师当作范文朗读。想起来都惭愧，其实那时的我只以为袁崇焕是明朝的一个将领，为大明抗清打了好多胜仗，却因为遭人陷害竟被千刀万剐，这昏庸的皇帝啊，可怜的袁大英雄！直到后来开始专门研究历史，认真去看史料去思考，才发现，历史的客观真相是很曲折的，从来不能用非黑即白来评价任何一件事。袁崇焕远远不是单纯的"叛徒"或者"英雄"可以概括，他是一个复杂矛盾的多面体，借个别例子一言即蔽之那应该说是文学艺术作品，要叫"历史"严谨性就不足了。

因此，一直以来在百口众说下的袁崇焕，夸张成分实在太多。那么真实的袁崇焕究竟是怎样的呢？我们先尽量撇去夸张虚构的成分，用客观分析还原这个传奇。

1. 策杖只因图雪耻，横戈原不为封侯

明军在广宁战役后，算是被努尔哈赤悉数赶进了山海关，我们那有种的天启直接急哭了，因为此时举国上下只有满口空言的言官，没一个能坐镇前线的武将。袁崇焕就是在这个时候华丽登场的，时任邵武令（从七品文官）的他果敢地站出来，表示愿意赴任辽东以身报国。这对于一筹莫展的天启来说无异于上主的福音，破格提拔他为兵部职方司主事（秩六品）。刚上任的袁主事为感知遇之恩，马不停蹄便赶去了山海关实地考察，不久后回来了，考察心得是："予我兵马钱粮，我一人足守此！"——这对于朝廷来说简直是一个太久没有听过的好消息，朝野上下谈辽色变，这小子不管是吹牛还是真有本事，敢说这话就是相当可贵的，巴不得赶紧有人接过辽东这个烫手山芋的朝臣们立即交口夸赞袁崇焕有胆有识，因而在众人的抬举之下，就为他这股逆天而行的勇气，朝廷立刻提拔他为兵部金事，给了他一笔银子，高高兴兴送去了关外。

口头附和称赞谁都会，但朝臣们心里怎么想的就不好说了，一介书生，小小文官夸下如此海口……有多少人暗暗嘲笑袁大人不知天高地厚，认定了他辽东之行是有去无回。

但是袁大人是打算自己回来，而且把辽东也带回来的，他花了很长时间研究辽东的实际。请大家回忆下上一章我们的内容，明廷在因为保守山海关还是扩击关外而争论。那些比较了解辽东危急形势的军官大都同意留守山海关，当时主事的王在晋就持这个观点，他主张在距山海关很近的八里铺修筑一道"山海重关"，

打个比方，就像我们家里木头门外面再加一道防盗门一样道理。但是他的属下袁崇焕不太同意，因为袁大人觉得山海关已是险要重地，根本不是什么"木头门"，这个防盗门加得相当没必要，而且关外的广阔领土就这般拱手相让，真是极窝囊的。于是袁大人以此反对意见上书弹劾他的上司王在晋，他说，驻守之地不应该在八里铺，而是应该在二百里以外的宁远。袁崇焕的想法非常大胆而且危险，关外土地固然诱人，但是后金的马蹄却更加令人畏惧，遭遇过关外险境的武官大都不敢考虑再向关外延伸。起初，袁大人的上奏没有得到朝廷的支持，首辅叶向高不知是不愿得罪人还是不愿担责任，始终没有给出一个确定的回答。不过幸好，袁大人后来终于赢了。因为他得到了一个大咖的支持。这个大咖叫孙承宗。

孙承宗是天启的老师，在朝中地位是很高的，身为东林党人的他，在魏忠贤横扫天下的时候竟可以独善其身没被扳倒，可见天启对他的看重。此次孙承宗注意到了袁崇焕的主张，当大家都对驻守办法举棋不定的时候，孙承宗认为袁有一定道理，便从内阁出面，主动要求去山海关考察实情再做最后定夺。当时辽东形势危急，孙承宗愿意勇挑重担天启感到格外欣慰，很快就批准了他的要求。孙承宗到达辽东以后，经过慎重的考察，得出了"袁崇焕是对的"的结论，他便将调研结果上报给朝廷，希望皇帝可以支持他们在辽东修筑以宁远为中心的"关宁锦防线"。天启果然答应了他的请求，天启二年（公元1622年），孙承宗就以兵部尚书兼东阁大学士的身份，调任辽东经略，督管从山东、天津一直到辽宁一条线上所有军务，孙承宗还得到了天启御赐的尚方宝剑，以便在当地见机行事。他十分欣赏袁崇焕固守宁远的看法，所以一到辽东就开始按照原定的计划着手修筑关宁锦防线。

关宁锦防线，顾名思义就是以山海关为后盾，宁远为中心过渡，锦州为前线屏障的一条线性防御工事。要想关宁锦防线固若金汤，最重要的中心宁远城就成了孙承宗们首先关注的重点，他首先派祖大寿领五千人在此一边驻守一边修葺城墙，又让袁崇焕和满桂亲自督办宁远城火炮安置工作。孙承宗和袁崇焕看上的宁远，这个地方地形很特殊，环山环海，易守难攻，不远处还有一个觉华岛可作为照应点，在这里筑城只要不是豆腐渣工程，防个四五次强攻应该都没什么问题。后来事实果然证明，关宁锦防线稳如泰山，清军直到进了北京城的时候都没破了这道壁垒（他们是绕过去的）。然而在宁远城修得热火朝天的时候，孙大人却有麻烦了。还是党争那摊子破事，因为他是向着东林党方向的，魏公公自然看他不顺眼，但是天启护着孙老师啊，魏公公一直也没什么办法。这次趁孙承宗远离中央，他命令他的党羽拿出一贯的党争策略对付孙承宗：那就是骂。要说晚明这言官是威力真不小，一波一波阉党党员轮番在中央讲孙大人的坏话，而能帮孙老师骂回去的东林同志早就被魏公公铲得干净了，虽然天启没具体表示什么，但是受到多方排挤的孙承宗在此逼迫下，不得不提出了辞呈，告老还乡。走的时候，他表示虽然他本人很相信袁崇焕能处理好辽东事务，但也有一分马蹄南去人北望的忧虑，毕竟从此这里就剩下袁大人了，一旦要是有人想要谋害他，他势单力薄怕是应付不过来。

2. 去往安危俱莫问，燕然曾勒古人名

天启五年（公元 1625 年），孙承宗辞官，带着不安离开了创业未半的辽东。新上来的辽东经略正是阉党的成员高第大人，高大人根本不会打仗，也不同意把战线拉到锦州这么远的地方，筑守高危的辽东，事实上他也根本不想来辽东，实在是迫于中央安排不得不赴任。孙承宗一走，刚来到东北的高第就毫不掩饰他的胆小，立即以"关外必不可守"为由，把孙承宗苦心安排好的宁远以内的据点能拔的拔掉，囫囵打包带走，像一个逃荒的老狗一样，夹着屁股一溜烟撤回了山海关。

高第的突然撤退自然带动了宁远的骚乱，宁远城的驻军人心惶惶，纷纷猜测朝廷下一步的动向。就在军心涣散、局势危急之际，袁崇焕出现了，他就像一个

灯塔般，高高地伫立在不知所措的将士们面前，望着宁远城上下黑压压的脑袋，一字一句掷地有声地向着城内喊出了他那句著名的宣言：

"我为宁前道也，官此当死此，必不去。乃一人，愿独卧孤城。"

我一定不会离开，哪怕只剩我一个人。袁崇焕这句话仿佛一针强心剂，听到的人们很快就安定下来。不过，他并不是一个人，宁远城毕竟还有一万士兵驻守，在那时，他们就是这个国家最有力的一道血肉长城。这里注定是一个孤独而危险地方，不仅因为高经略带着后备军资跑了，又丝毫没有给他提供援兵的打算，而且更关键的是，努尔哈赤要来了。

他们都知道，那家伙很快就要来了。秋风一过，东北就会迅速入冬，天寒地冻的辽沈大地就像一片沉睡的荒漠，没有任何生机，每到这时努尔哈赤必会蠢蠢欲动，缺衣少粮的女真部落只能集体出动，靠着武器和蛮力来抢大明地盘上的物资。

讲到这里，这一段史实就交代完了，下面我们可以试着分析一下，关于袁崇焕其人的评价。我个人持有的观点是，时值此，袁崇焕还真是一个一心想报国守土的有志青年，他固然有着作为书生文官的意气倔强，但是这倔强不是什么坏事。对袁崇焕持负面看法的观点是这样的——这种想法觉得重修八里铺退回山海关才是留得青山在的长远打算，而筑宁远城纯属袁崇焕和孙承宗急着要功名立业而劳民伤财的自私愚蠢，袁崇焕不过是一介书生，目光短浅，而孙承宗则这只老狐狸知道他修宁远是扯淡之举，他告老还乡不是魏忠贤逼的，是因为努尔哈赤要来了，他赶紧脚底抹油走为上计。并且后来的宁远大战也是袁崇焕为自己掩败为功的工具（这是后话之后再说）。

一开始我还有点信了。后来越看越觉得扯，因为这说法甚至没法自圆其说。我不懂军事，不太清楚当时那个战况下，退山海关好还是驻宁远好，但是我知道山海关是北京最后的防线，而宁远袁崇焕修得关宁防线坚守到了大明灭亡的时候。另换言之，以明朝那种宁折不弯的主流态度，是很难接受退到家门口不抵抗的，这种隐忍做法倒是让我想起清朝在甲午战争后把北洋水师都缩回威海卫的怂样，这对于大明是屈辱的，它选择了扩驻宁远才是正常。至于孙承宗和袁崇焕纯粹为了个人寻求建功立业的捷径，这说法太狭隘了，要知道当时全国也不过二十位总兵，在辽东挂掉的就有四分之三，危险至极，这俩人要就寻思着功名利禄这点胸怀，是不可能到那鬼地方玩儿命的。且不说袁崇焕，单说孙承宗，贵为内阁大臣天子之师，若早已认定宁远之举是错误而在努尔哈赤来之前跑路，他犯得着远跑到辽东往那浑水里再搅一把吗？难道是闲得去东北观光主要目的是调研锅包肉的十八种吃法？至于袁崇焕，我认为他能在高第撤离之时还愿意逆行回宁远，在那里说出"官此必死此"的话，就可以推翻了上文那种阴暗的推测了。

说到这里，我们有理由相信，袁崇焕是抱着一颗保家卫国的心走上辽东这个危险重重的舞台，他把希望寄托在宁远，他愿意用生命守卫这片属于大明的土地。在天启名下无数只会喷口水的草包子中，袁崇焕显得更为可贵，而且更因为他有着超乎寻常的勇气和决心，有"官此必死此"的精神，这是当时许多人只能停留在口头、但只有袁崇焕付诸实践了的承诺，就凭这点，我们应该敬佩他。

目前为止，袁崇焕充其量是个勇气非凡的修城工程师，还不足以称英雄或叛徒。很快我们就要迎来他的成就与败笔了，之后的袁崇焕会出现怎样的转折呢？

第二个问题，袁崇焕会接受命运怎样的毒打？

"……（高第）乃撤锦州、右屯、大小凌河及松山、杏山、塔山守具，尽驱屯兵入关，委弃米粟十余万。"

——《明史·袁崇焕传》

前次我们讲到，孙承宗走了之后，袁崇焕依然在宁远城坚持驻守。但是因为新上任的辽东经略高第毫不犹豫地选择了卷起铺盖卷缩回关内，因而出现了上面的史料记载的景象。当时高第跑得太急，右屯十余万的粮食来不及撤都扔下不要了。

高第，你够任性。够意思。

努尔哈赤应该就是这么想的。他兴致勃勃地带着八旗军继续在朱家的后院驰骋，一脚油门就开到了宁远，他觉得这次应该和铁岭、开原、沈阳一样，他们会杀得痛快而去，饱掠而回。所以当后金十余万大军兵临宁远城下时，他们无疑是相当自信的，毕竟明军一打就溃的本性已经在他们面前暴露了很多次，哪怕庞大如明帝国，军事也不过是这样外强中干。想到这，女真人都不由自主地笑了，为了迎合汉人们师出有名的传统，后金的将领也学着他们战前先下战书的样子，煞有介事地给宁远城送去一封抢劫通知。但是通知的内容就暴露了女真人的不屑和潦草，他们连负责守城的将领是谁都不在乎，应该在出发前就报足了必胜的决心。

1. 八百里分麾下炙，五十弦翻塞外声

袁崇焕站在新修好的城上沉着地望着辽东最厉害的骑兵，心里半是紧张半是兴奋。紧张的是就要第一次与后金交锋了，兴奋的是同样是要第一次与后金交锋。袁崇焕是很认真地做了准备迎战的，在交战开始之前，他又情不自禁地回忆起这段时间在宁远做出的努力来。首先，面对大明的老敌人，袁大人认为要学会吸取教训。还记得前几次努尔哈赤的胜负手奸细大队了吗？袁大人为此成立了一支专门的反奸队，严密注意城内动态，拒接降兵逃兵，且通告全城，叛逃宁远者，格杀勿论。其次是装备，此时和袁大人站在一起的是十座霸气十足的红衣大炮，这红衣大炮是占了咱们澳门的葡萄牙人带来的，应该是欧洲单子。宁远等待着几乎尚未开化的女真鞑虏的，便是此等高级进口大货，虽然在那个时候"进口"可能还不是个特别明显的褒义词，但这几门大炮造得真的算是业界良心，让努尔哈赤彻底领略了它们的魅力。

天启六年（公元 1626 年），正月二十三。当后金的战车再次信心十足地冲向宁远城时，他们受到了像过年一般热情的待遇。红衣大炮震耳欲聋的爆炸声像晴天里的惊雷，瞬间惊醒了他们得意的梦，彼时炮弹"至处遍地开花，尽皆糜烂"，女真军队虽然厉害，却从来没有装备过先进的火枪大炮，其实从 16 世纪开始，人类战争就已经进入到冷兵器向热兵器过渡的转型期了，凡是能提前认识到热兵器先进性的民族，就很有可能在战争中获得最大的主动权。于是，当女真士兵遇上开花的炮弹时，再健硕的肉体也受不了火药的攻击，先锋部队迅速折损了一大部分，让人不禁由衷地感叹再好的士兵也比不上现代化武器的力量，科学技术真是第一生产力。二百多年之后的清朝旗人面对闯进国门的欧洲人使用的新式枪炮，是不是会产生和他们祖先一样的惊恐呢？

后金的先头部队成了名副其实的炮灰，但是这些女真士兵没有退路，他们只能不断地冒着敌人的炮火硬着头皮前进。在女真士兵的尸体堆积越来越多的时

候，终于有一部分人到达了城墙下，城墙高大，他们一开始选择了比较传统的办法，架起云梯往上攀爬，但是很快发现这招效率太低，虽然城下已经是大炮射程的盲区，挨不着炮子儿，可头顶上又开始有人死命往下拍板砖，好不容易攒下没让轰死的几个幸运儿也砸死了。于是他们改变了策略，采取了更传统的方式——挖墙脚。

是的，正月里的辽东，鼻涕吸溜慢点都能冻住的天气，这些亡命之士竟徒手往城墙下面挖掘开来，在他们锲而不舍的努力下，竟然真的"凿墙缺二丈者三四处"！这太可怕了，再这么凿下去怕是祖大寿呕心沥血修筑的城墙就塌了！宁远城上的明军急中生智，推上了第二种新式武器，这个武器有个比红衣大炮更霸道的名字——万人敌！万人敌制作工艺很简单，就是用浸满燃料的被子裹上火药，点着了往凿墙脚的人堆里招呼，但是敢叫这么嚣张的名字，说明效果一定不容小觑，棉絮易燃，添加了燃料的棉絮简直就是火球，再被寒风一吹，估计就和美国大片里汽车爆炸时候"轰"那一下子差不多壮观。所以，当万人敌从城上被明军丢下来的时候，仿佛开启了地狱模式，但凡沾染者所到之处必定火焰冲天，后金士兵在这样的模式下，可能不烧死也吓死了。

然而，虽然后金被烧得相当悲惨，可其实袁崇焕也没舒服到哪去。努尔哈赤的八旗军都是喝血锻炼出来的，死了便罢，要是没死，那就一个人能顶六个强，因此明军伤亡也很惨重，尤其是祖大寿将军薄弱的侧方，连万人敌都不够阻止疯狂的后金人了，他们就像顽强的藤蔓，特别固执地往城墙上面缠。战斗一直持续到晚上，双方都打得精疲力竭，努尔哈赤感觉非常震惊而且耻辱，不堪一击的明军一夜之间不知道吃上了什么大力金刚丸，居然如此脱胎换骨，他的脑海中突然萌生出一个可怕的念头——他不会在一个小小的宁远输给一个不知名的守城官吧？这个念头一出，努尔哈赤自己就先吓坏了，"输"字是个极大的忌讳，说什么也不能认输。于是他带着不服，决定死战到底！

死战到第二天，不管努尔哈赤怎么想，后金的兵士是真的不想打了，面子诚可贵，性命价更高啊。也有说法是，因为第二天努尔哈赤不幸中弹了，战斗便无法继续下去。到底努尔哈赤是不是在这里中弹、受伤有多严重没有确切证据，我个人认为他很可能在此次战争中受伤了，而且心灵比身体受了更大的伤。总之，不管因为什么，这边的袁大人是终于看见炮火中后金逐渐撤退了，他长舒一口浊气，就算后金不撤退，他可能也要撑不住了。

战局虽然凶险，但是他的确赢了。他能赢的原因很简单，你觉得后金不打没有退路吗？袁崇焕不守住宁远就更没退路了。

退去的后金队伍带着输了战争和抢劫失败的憋屈，把可怕的戾气发泄到了不远处海上的觉华岛，因为天气严寒，海水冻住了，后金骑兵就踏着厚厚的海冰到达了岛上，他们憋着一股狠劲疯狂掠杀，当时"虏骑既至，逢人即碎……无一不颠越糜烂者"。觉华岛数千军民几乎全部遭到屠杀，他们无辜地承接了后金战败的怒火，死得十分悲惨。后金这种战后屠城的野蛮习性实在是惨绝人寰，他们手上沾染的鲜血是无论如何洗涤不干净的。

2. 荣华我已知庄梦，忠愤人将谓杞忧

虽然觉华岛的悲剧很沉痛，但宁远的战事还是个空前的好消息，毕竟这是萨尔浒之后卑屈的大明第一次激动人心的胜利！更让大明振奋的是，是在宁远大捷后不久，努尔哈赤居然死了，不知道是吃了炮子还是气的，他再也不能杀人了。袁崇焕一夜出名，立刻被提拔为右佥都御史，这是他第一次的战功，从当时到现在都非常惹眼。惹眼得争议不断。

现在我们再来了解一下有争议性的观点吧。反袁论自然是以觉华岛为据，其说认为，宁远非大捷，却大败：袁崇焕不撤回山海关是因为他想靠这战成名，他坚信人有多大胆地有多大产，所以敢于冒这种玩儿命风险来赌博相应的收益，他还知道努尔哈赤此次来犯纯属是为了抢点东西，觉华岛有粮草而且易得手的多，

后金便不会死磕宁远，他们去觉华岛吃饱就自然会放过袁崇焕所在的宁远了。所以袁崇焕是牺牲了无数的士兵，以宁远掩败为功。

这种说法显然很事后诸葛亮，就像历史是人商量出来的一样，完全由反推而成。袁崇焕不是穿越回去的，只要用几个问题就可以进行反驳：袁崇焕主张坚守宁远可不是临时决定的事，他难道能在几年前就预见到努尔哈赤要在这一天过来抢劫吗？如果努尔哈赤真的仅仅就是来抢点粮的，他至于带那么多军队，他又为什么不直接带人上觉华岛，非得来宁远死一死呢？抢粮抢得被大炮炸豁了（自己都死了）还坚持夜战？目的就是锁定觉华掠点物资还能"逢人即碎"，哪来那么大邪火啊？

所以呢，一码归一码，觉华岛虽惨但不是袁崇焕的错，当时能顾了辽东这边，守住宁锦防线就很不容易了。宁远大捷是一个成功，这无可厚非。垂头丧气的大明顿时又有信心了，甚至有人还幻想努尔哈赤的死会和丰臣秀吉的死一样，使后金混乱撤兵。可惜这种想一想也就仅仅停留在想的阶段，因为后金上来了一个更狠的角色，努尔哈赤的儿子皇太极。

宁远大捷和皇太极可谓袁崇焕的一个人生转折，宁远让袁有了资本，更让他有了成长，最初死不动摇死不妥协的誓言被这里严峻的局势打破了，袁崇焕突然决定要跟这个叫皇太极的新领导谈谈，诡异的是由头居然是给努尔哈赤吊唁，更诡异的是这种兔死狐悲的桥段皇太极接受了，并且开始了和袁大人书信往来的笔友生活。他们密谈了点什么我一个字都不知道，不过我推测内容可能不会完全光明，二人前后书信来往达十余次，要只是单纯的对骂应该不会这么意犹未尽，如果两人也不是在私通情书的话那肯定是有利益商量。最最关键的一点是，虽然袁大人提前跟朝廷报备过，可大明这边去谈判的，只能算是袁崇焕自己派去的代表，而不是中央空降的官方代表，这话就说不清了，给了揣度者无限的想象空间，袁崇焕到底是要干什么呀？

这时候的道理可能也不复杂，就和万历抗日那会儿挺像，后金输了一次有点虚，袁崇焕虽然险胜，但他无坚不摧的宁远城一次就被掏好几个大洞他更心虚，两者都不敢动，想把节奏缓一缓再说。袁崇焕此举又是备受争议，他这时候是准备叛变了吗？是瞬间要胁迫中央议和卖国了吗？我认为不是，就像皇太极接受他的吊唁也不是打算放弃"大业"一样，他们都是想利用周旋获得充足的缓冲时间，待到自己恢复实力（最好对方还没有），再一决雌雄。我这么说的依据，就是袁崇焕谈判后的表现，他加紧速度把关宁防线修整加固，还在关内屯田积粮，为的是一旦大战有基础保障（怎么看也不像议和卖国的节奏）。而皇太极方面也在准备，阿敏带兵袭击了皮岛和朝鲜这两块明方在后金屁股上的威胁，为的是防止一旦大战开始腹背受敌。这里怀疑又来了，当时朝中也有很多言官在骂，为什么袁崇焕没有去援救皮岛、朝鲜呢？你看，当时双方都在加紧备战，战争这东西，玩儿的就是心跳，不知道什么时候敌人就来了，这最危险的时刻，以为还是万历大哥有钱敢任性的年代啊？虽然后方的朝鲜沦陷少了一个支点，但总比袁大人去打阿敏时皇太极到宁远了强。袁崇焕是英明的，此时容不得马虎，因为大战在即，山雨欲来。

3. 才堪逐电三驱捷，身上飞鹏一羽轻

天启七年（公元 1627 年）五月，努尔哈赤的丧服还没结束，他儿子就迫不及待地又开杀戒了，仿佛欲以明军的血祭奠努尔哈赤死不瞑目的亡灵。后金六万八旗军浩浩荡荡开向了关宁锦防线的最后一站，锦州。当时的锦州守军有限，面对庞大的后金队伍准备不及，情况着实不妙。守城的老将名叫赵率教，他在一阵短暂的紧张过后，强迫自己镇定下来，经过仔细思考，赵率教认为现下唯一的办法就是依托住城池，竭尽全力跟皇太极拖，最好能一直拖到袁崇焕来救他，就算胜利了。八旗军虽然人多，但毕竟还是肉做的，锦州城和宁远一样，早已备好了大量黑黢黢的大炮管。熟悉的剧情再一次上演，只见炮轰的巨大威力

下，女真军队的步伐又停滞不前，城墙上的明军战士在大炮的掩护下向八旗士兵拼命射箭，冲锋队员躲过了大炮的威力，不一定躲得过随之而来的箭雨扫射。所以锦州城虽比宁远薄弱，但凭着地势和武器一时也攻不下来。皇太极只知明军战斗力有所改善，却也不知道明方究竟水有多深，城墙就像一道蒙在老虎眼前的迷雾，让皇太极纵有浑身力气也无处发泄，他只能软硬兼施逼赵率教开门决战，老赵怎么会听话开门呢，谁不知道八旗军在短兵相接时最为擅长。他跟皇太极打太极，半天吐出来一大堆废话，中心句却为"城可攻，不可说也"。

与此同时，满桂接到锦州危急的消息，已经从前屯带着人马不停蹄赶往锦州了。没想到在路上竟然还意外遇上了莽古尔泰的护粮队，双方一个对视确认过眼神是遇上了想要杀的人，二话不说就是一顿死掐，明方对这次遭遇的记述是"奴死甚众"，清方记述是"大战相当"，那估计就是大明赢了。

皇太极在锦州敲了很长时间的门也没能进去，最后不得不承认，看样子锦州这边是没戏了。人活着总是得有个目标，这个不行就换一个，所以皇太极很快就决定换个地方，换到哪里呢？他去了宁远。

正是宁远让努尔哈赤马失前蹄，命丧黄泉，皇太极一边往前走一变心里犯嘀咕，城墙搭配大炮简直就是女真难以突破的瓶颈，明军一直守着这个必杀技，也不知道八旗军什么时候能想出来攻破的办法。然而，出乎皇太极意料的是，这次在宁远城外，与后金见面的并不是城墙上的红衣大炮和万人敌了，而是意气风发的大明军队，他们主动放弃了必杀技，用最直接的方式明明白白站在他的面前，呀，袁大人要玩儿单挑。皇太极有点高兴了，他正愁明军躲在城池和大炮后面不出来，女真的作战优势就完全发挥不出来，这下连激将法都不用使，他们自己就出来了，谁都知道面对面拼命是八旗军的特长，攻城嘛我们确实攻不动你的大炮，但既然要打野战还怕你不成！

可是明军好像已经不是以前的明军了，碧血飞溅的战场，前将满桂、祖大寿等勇敢地率众厮杀，每一个士兵都毫无畏惧，稳如磐石，这是八旗军从没见过的明军，如此英勇决绝，奋不顾身，他们一瞬间恍然大悟，原来这才是那个三大征的队伍啊。而暂时安全了的锦州也没闲着，赵率教略作整顿，便带上人从背后猛赶过去，在皇太极屁股上结结实实给了一脚"窝心"踹，踹完回头就跑，当皇太极后知后觉地回头想反击时，他们已经麻溜地跑回城里了。后金发现自己竟然被夹逼了，十分愤怒，再次调转方向去攻锦州，可是锦州的城墙还是那个城墙，大炮还是那个大炮，打不动还是跟以前一样打不动。皇太极当时就是这样，锦州没攻下来，宁远也打不赢，锦州还趁着他不备跑出来踹了他，回头想打锦州，锦州又缩回去了……宁锦防线就像一个无限循环的黑洞，皇太极在宁锦防线上面来回兜了好几个圈子，就是进不去，八旗军如无头苍蝇一般在连续作战多日，已经伤亡惨重，皇太极一看没得到便宜反而折了许多兵马，最终不得不狼狈地撤退。

这一战，史称"宁锦大捷"，这也是袁崇焕高调推崇的关宁锦防线第一次展现出极为出色的御敌能力："十年之积弱，今日一旦挫其狂峰。"天启如是评价。

宁锦大捷是绝对没有争议的胜利，也是袁崇焕起伏的人生推向高潮的一章，可是人生的峰值到来，却也意味着马上要走向低谷，果然，宁锦也让袁大人的命运起笔了新的一章。随着人生舞台的聚光灯变亮，袁大人自身性格中的弱点要慢慢显出来了，人都有弱点，但袁大人背后的聚光灯太亮，他的弱点也比别人放大了太多。正是这些小弱点作祟，给他积累下好多败笔，最终致命，哪怕他现在闪耀得刺眼。之后的各种转折估计会让大家震惊，一个人飞得有多高，也能摔得有多惨。史实的发展方向一直都很让人捉摸不透，任何人、任何事在没看完全貌的时候，都是不可以急着定性的。

那"英雄"的他究竟会在哪里跌倒？袁督师被凌迟的结局是必然，还是崇祯皇帝一时脑残呢？历史应该给袁崇焕怎样的评价？下一章，就让我们一起来总结看看！

第三个问题，凌迟袁崇焕到底是奇冤还是必然？

1. 边衅久开终是定，室戈方操几时休

首先呢，我们知道，宁锦大捷之后，袁崇焕更出名了，这是比宁远的小胜意义更大的成功。但是有句老话说得好，人怕出名猪怕壮。老人的话往往是对的，宁锦大捷给袁崇焕带来称赞，也带来了无数质疑，比如为什么阿敏去打朝鲜的时候宁远没有支援、锦州为什么驻兵不够等等，这些问题我们上次分析过，长远看袁崇焕的抉择无疑是正确的，不过明朝这些言官嘛，高级喷手，很多人都是为了喷而喷，骂你无需解释。

天启七年（公元 1627 年），跟孙承宗当初一样，刚刚立功的袁大人就被朝臣以"暮气难鼓"的理由挤兑回了家。但袁大人并没有太沮丧，因为现在的他已经不是原来的他了，现在的他是一个有战功资本的他了，这让他成熟也让他开始骄傲，即使被挤对回家也坚信自己的能力，有能力的人朝廷是舍不得抛弃的。可是到了后来，这分骄傲却也无可避免地成为了他的败笔。

现实并没有让袁大人等太久，就在他暂时离休回家的同一年，天启皇帝就驾崩了，崇祯皇帝即位。崇祯面对天启给他留的烂摊子感到十分恶心，尤其是门口那个叫皇太极的威胁，辽东，依然是大明头顶挥之不去的阴霾。所以，当崇祯问起朝臣们关于后金的事情，有什么好的应对办法的时候，满朝文武都不约而同地开始思

念一个人，那个打破过后金不败神话的人，那个被赶回家现在还是个小平民的人。

然后，袁崇焕就接到了来自朝廷再次启用的聘书，职务是兵部左侍郎，比起他离休之前居然还升迁了不少。但是还没等袁大人上任，第二道聘书就又来了，这次的聘书告诉他，他直接官拜兵部尚书了，督师蓟辽。（我们常称他为袁督师，其实"督师"并不是个官职，而是代指总督管某地的意思，这里是让袁崇焕全权督管蓟辽军务，相当于皇帝之下最大的地方官。）哪怕自负如袁崇焕，当时面对这样迅速的升官法也惊愕得合不拢嘴巴，汉武帝时期主父偃因为一年连升四级就天下闻名，可他比起崇祯给袁崇焕的安排还是差了好多，见过升官快的，但实在没见过升得这样快，要知道之前袁崇焕也就是个辽东巡抚，从二品级，而这一下子突然被升为总督级大员，还加了兵部尚书衔，看来崇祯这是急疯了。

2. 故园亲侣如相问，愧我边尘尚未收

为了让皇帝安点心，袁督师立刻走马上任，结果上班还不到三个月，就被焦虑异常的皇帝喊回去身边谈话了。那是崇祯元年的七月，皇帝先是客套性地慰劳了几句袁大人在辽东的辛苦（上慰劳意），紧接着就赶紧询问起辽东局势："边关何日可定？"袁崇焕也不含糊，看似胸有成竹地回答说："臣期五年，为陛下肃清边陲。"——这段对话，就是著名的平台召对，袁崇焕张嘴的时候可能还不知道，这一句"臣期五年"成了他的人生谶言。

为什么呢？因为可怕的是他这句五年复辽的牛皮实在是吹大发了，更可怕的是崇祯那个急猴子居然信了！手足无措的崇祯只觉得袁崇焕就是大明的救命稻草，这种孤注一掷的痴信是很危险的，如果他突然意识到救命稻草就是一根草，并不是木船的时候，他会猛生出一种比先前更甚的绝望，然后在绝望和冲动下把稻草撕碎。但袁崇焕当时并没觉得有什么不妥，他倒是很清楚他在吹牛，当有人问他何以五年定边时，袁大人气定神闲地说："上期望甚，故以五年聊慰圣心

耳。"就是说，看他那手足无措的期待样子，我就随口编了个时间，不过安慰他一下罢了。那提问之人名叫许誉卿，是兵科给事中，他听到袁崇焕的说法后吓坏了，在皇帝面前都敢随意夸下海口，难道袁崇焕已然厉害到如此地步，不怕以后实现不了崇祯治他一个"欺君罔上"的罪了吗？欺君，这可是杀头的大罪啊！

经人一提醒，袁大人的梦醒了一半，回过神来一想，他也反应过来这牛皮吹得是有点太大了，到时候万一辽东局势恶化，他立下来的承诺覆水难收，可就真的麻烦了。于是他赶紧去旁敲侧击地向崇祯表示五年的目标有点过了，比如说现在国库空虚，钱粮啊武器啊就很有可能跟不上，这些客观因素拖后腿，我可就不能保证之前告诉你的时间能做到了。可是崇祯显然没听出来袁大人的真正潜台词，他只道袁崇焕是在向他真诚分析"五年复辽"的必备条件，那么凡是"救命稻草"提的要求一定要满足，崇祯当下便开口命令六部，以后只要袁大人提出来辽东所需要的东西，你们就是砸锅卖铁也要尽全力解决。话都说这份上了，袁崇焕实在也没词了，他只好带着他夸下的海口为崇祯的诚意磕头谢恩。直到离开北京，他也没有让皇上知道他一开始就是在说谎，一是因为不敢，二是因为不愿。

袁崇焕不愿坦白他是在吹牛，因为这是个面子的问题，是自尊的问题，谁想亲手打自己的脸呢。袁崇焕是出身万历四十七年的进士，说白了，就是通过科举考上来的文官，妥妥的书生一枚。自古以来书生文人就没有不好面子的，袁崇焕不幸还是个自尊心强的人，尤其是在这个时候，刚刚打赢了无敌战团八旗军，升了位极人臣的兵部尚书，大明上下都视他为救世之神，神怎么可以犯错呢？于是他宁可冒着跟皇帝违约的危险，也不愿出尔反尔，毕竟不是还有五年呢嘛。况且，我甚至怀疑，袁崇焕是暗抱着"我五年真能复辽"的决心的，当时朝野上下口耳相传袁大人的神话战绩，万人敬仰，这个爱面儿的文人肯定也有些头脑发热、得意忘形。不过呢，袁大人自己可不愿意承认自己是个书生，他对于"督师蓟辽乃文官出身"讳莫如深，因为明代虽是文制于武，但一直以来拜言官所赐，文人并不是什么褒义词，基本是代表了"迂腐、不解边事"，只会瞎嚷嚷的意思。

袁大人此时列位高官，又是将领之名，他最不愿意别人说他就是个耍笔杆的，不懂打仗，如果有人敢犯忌，袁大将一定会干死他，哪怕是总兵也一样。

3. 功名利禄皆尘土，自命清高终身误

这个被袁督师黑上的总兵叫毛文龙，此人不得不说也是个传奇，早年曾经供职于李成梁帐下，后来辽东陷落，他带着二百人奇袭后金镇江守兵，竟然收复了辽东半岛数百里领土，并在海上一个叫皮岛的小岛上开始了遗世独立的出世生活。为了嘉奖他，朝廷赐其将军印、还加了总兵衔（虽然只是管几个小岛）。之所以给毛文龙这么大荣耀，是因为他的作用是很大的，皮岛北岸与后金活动范围界仅隔八十里，当辽东正面战场紧张的时候，毛总兵就可以带着他的海岛奇兵在后金屁股上时不时来一脚，再者此人作战猛悍，连孙承宗都赞叹他："鸭江酷发，鹿岛苹开，谁是元功"。

既然都是为朱家打工的，毛总怎么就被袁督师黑上了呢？归根结底就是没文化真可怕，毛文龙属于野战出道，长年带着一队"星期五"在荒岛求生存，情商常年下线，什么人事关系、人际交往学基本不懂，也不屑于懂，史书多评价他"渐骄恣，上事多浮夸"，就是说他相当目中无人，还总虚报战功，因为岛上实在太穷，毛总时常多要几倍军饷，并利用地方资源倒卖点人参啥的，引得朝中大臣对其颇有微词。不过毛总不惧这些，冒领军饷一直在军队终是个被默认的错误，又不止他一个人这么做。他打心眼里看不起那些只会说嘴的文臣，也不在乎被告黑状，他觉得能管得了他的只有皇帝，别人都一边去——包括督师蓟辽的兵部尚书袁崇焕。

袁大人看他不爽不是一天两天了，以前官小奈何不了他，现在辽东属袁督师第一，毛文龙再扑腾也是个二等角色。让袁崇焕讨厌他具体有这么几点：一是毛文龙总是谎报战功，他除了头几年骚扰过后金几票后来就鲜有动态，如此便常常

会抢袁大人的风头，给袁大人"哪都有你"的反感，比如努尔哈赤死的时候，他插了一本说，是他在后方放枪让努尔哈赤更惊恐急死的，白白分了袁大人的荣誉；二是毛文龙多年自由在外，不服管束，有这么一个刺头，袁督师的辽东队伍会不好带的；三是最重要的，毛文龙一介武夫，在碧血横飞的战场是很看不上科举出身的袁崇焕的，这就戳了死穴了，当毛还嚣张地倒人参的时候，袁大人已默默在心里记住他了。早在袁大人去辽东时，首辅钱龙锡就问过，如果毛文龙不听你的怎么办，袁大人冷静地答："可用即用，不可用即杀之。"

崇祯二年（公元 1629 年），袁大人就感觉到毛文龙"不可用"了，他带着一群人直接到了毛的辖区。毛文龙看见袁崇焕前来宝岛做客，开始表现还是挺客气的，毕竟袁崇焕论品级比他要大，于是备下好多好吃的接待袁长官。袁长官起初也还算和气，亲切地问起毛文龙，出外征战这么多年，有没有想念老家杭州呢，并贴心地告诉他，杭州风景如画，空气清新，那里的条件相当不错，尤其适合养老。毛总兵越听越不是滋味，合着绕来绕去，其实是想让他卷铺盖滚蛋的意思啊，但是直接向袁长官发作也不太合适，只好半是顶撞半是隐忍地说了一句"（故乡虽好）但是我得在这里，为皇上牵制后金"。袁崇焕经过席间一番谈话，明白了毛文龙故意逆着他意思来，袁督师版的"杯酒释兵权"挑战失败，毛文龙的地位便岌岌可危。一天过后，袁崇焕借着犒赏岛兵的名义又喊来了毛文龙，毛文龙未知何故，还没等开口讲话，说时迟那时快，袁崇焕突然下令将毛文龙的官服扒掉，请出来前崇祯给他的尚方宝剑，面对着京城的方向，开始历数毛文龙十二大罪状，每条罪都很牵强，不过这不重要，重要的是袁崇焕要他死，他就必须得死。宝剑斩杀毛文龙之前，袁崇焕想让他死个明白，便大声喊出了那句足以暴露他最大弱点的话："你道本部院是个书生，本部院却是个将首！若臣五年不能平奴，求陛下亦以诛毛文龙者诛臣。"

然后理直气壮地就把毛文龙杀了。

陛下什么反应呢？史料载"上喜"，而实际上"上"一点都不喜，只不过忍了而已。崇祯对袁崇焕无视他的意见肆意处死一个总兵的行为感到非常不满，只是当时当刻，用人要紧，袁崇焕比毛文龙有用，所以崇祯就装出高兴的样子，忍了他一时罢了，当他觉得袁崇焕的诺言实现不了的时候，便毫不犹豫满足了袁自己当年的要求，即刻"诛之"。袁崇焕杀毛之举，是他人生中的大错，毛文龙纵使骄横狂妄，喜欢贪污走私，却绝对罪不至死。对于整个辽东局势来说，毛文龙在皮岛的制约作用，是不容小觑的，有他在后方蹲着，皇太极就不敢随意出门不看后面，就算出了门也不得不一步一回头。毛文龙一死，皮岛的制衡效用大大减弱，八旗军就敢撒着欢在辽东蹦跶。袁崇焕杀毛，纯粹是为了满足狭隘的自私心，他看似霸道的一句"本部院却是个将首"，恰恰暴露了他内心的软弱，此时的袁崇焕身处高位，比以前更警觉更虚荣，他说了很多吹牛的大话，都是在掩饰内心的不足。他靠嚣张的行为，张扬自己的强大，但这种不计后果的做法也断送了他的一切。

当然也有脑洞更大的说法是，袁崇焕和皇太极秘密通信过，因为他自己五年复辽的大话吹得太大，只好寻求与皇太极议和用来拖沓，希望皇太极可以配合他的演出。而皇太极开出的条件就是，袁崇焕得帮他杀了后金多年的困扰——毛文龙。正好袁督师也看毛不顺眼，故此举是在向皇太极"践约"。之所以会有这种说法，大概是因为袁崇焕杀毛实在有点突兀，虽然万事都不敢说彻底没有可能，但是脑洞实在太大，史料里面基本找不到可以支撑的证据，仅仅靠推测似乎很难成立。最最唯一怀疑的地方是，既然是袁崇焕和皇太极约定好了，袁崇焕按约杀了毛总兵，那皇太极是许给袁崇焕什么了呢？皇太极之后的做法显然不像是在实现诺言——

4. 不识庐山真面目，只缘身在此山中

崇祯二年（公元 1629 年）十月，可能是没有了毛文龙的威胁，皇太极大爷

就无所顾忌地带着一家老小十万之众开启了复仇模式。袁崇焕的关宁防线不是打不过吗，没关系，我们绕着走还不行吗？就这样后金军经过长途跋涉，绕过了长城关隘，一路顺风地直接到了遵化。遵化在哪里呢？正是在帝都的门口！崇祯估计当时就想剐了袁崇焕了，你跟我说，五年就能灭了皇太极，结果他们非但没有收敛，现在都到我鼻子底下跑马了！你到底是在干什么！但是崇祯只是想了想，他和袁杀毛文龙时一样，又忍了，所以当袁崇焕带着援兵从宁远风尘仆仆地赶回来时，就受到了崇祯和蔼的安慰："没关系，有你在，我放心。"此时袁督师绝对是属熊的，他书生的敏锐心眼去哪了呢，一点也没感到崇祯根本就不放心吗？

　　这就要说说袁督师一路是怎么过来的了，其实在蓟州就追上后金可以打了，袁大人愣是动都没动，就这样一路护送着后金军畅通无阻地逼向京城，满城上下大概把袁家祖宗都问候遍了，几乎所有人都认定袁英雄已经变成了叛徒，有时人编了民谣讽刺道："投了袁崇焕，东人跑一半。"就这样崇祯都能耐住，可见这个皇帝腹内春秋不简。那么袁崇焕为什么不打呢？他是叛徒吗？我认为不是，他不打的原因很简单，不敢打。跟八旗军玩儿野战胜算很小，若没有充足的准备，两方短兵相接只会让明军全军覆没，那时候北京才是真正的危险。根据袁崇焕一直以来的打仗经验，明军在女真的面前最具有优势的就是火炮装备，火炮不适合近距离作战，只有利用合适的地势差，才能够发挥出大炮的真正力量。因此，袁崇焕打算沿用他一贯最喜欢的"凭坚城用大炮"之法，打得皇太极抵挡不住，自会跑掉。而关宁锦防线已经远在背后，离着那儿最近的坚城就只有北京城了——于是他就一路到了北京城下。

　　但是这袁督师真是双商齐齐下线，他不仅狂妄，而且愚蠢，崇祯几句安抚的话外音他一点也没有听出来，只当首都还是他可以随意处置的宁远、作为老大想怎么用兵就怎么用兵，想在哪轰人就在哪轰人吗？他只顾着忙活自己的袁氏兵法，却忽略了作战场景已经改变，在这里，有这个天下真正、也是唯一的老大——皇帝。崇祯根本不想看见他不受约束地在自己眼皮底下实验，他若打输了肯定是不行的，若打赢了，便一定会背上功高震主的嫌疑。

你当紫禁城是你家炕头啊！

十一月二十七日，在明军的全力抗击下，皇太极终于又被大炮轰走了，虽然事态没有完全如袁崇焕所计划，但是终归北京保卫战又赢了一把，督师心里有点安慰，所以崇祯又喊他去平台召对的时候，他应该是挺高兴的，正准备好耳朵听奖励的话，但是，出乎他的意料，崇祯看见刚刚打赢了仗的他，却是一脸黑气，半晌才怒气冲冲地问："你为什么要杀毛文龙？"这足以看出，当年袁崇焕刚用尚方宝剑处决了毛文龙的时候，崇祯一点也不"喜"，他只是在忍；第二问："后金怎么能打到京城？"所以刚才的"我放心"也是在忍着；第三位："满桂为什么受伤？"是不是你故意指使的。看到了吧，崇祯完美继承了朱家腹黑高智商的特质，袁崇焕之前所有的行为他都不满，只有袁大人自己不知道皇上这不是无条件信任，而是有条件忍耐，当用完他赶走后金的部队，这些积压的不满便如同洪水决堤一般瞬间爆发。袁崇焕也无言以对，杀毛是他出于私心嚣张矫诏，京城是他自负导致玩忽职守，满桂跟他又有过节，他没法解释。当然，崇祯没给他机会解释，也没打算听他的解释，在崇祯心里已经认定袁崇焕是个满口大话、敢欺君罔上的骗子，绝望愤怒的他只想把"救命稻草"扯碎，以泄愤怒。袁大人就这样直接从人生巅峰一下被扔进了大牢。

这件事发生在己巳年，史称"己巳之变"。

5. 死后不愁无勇将，忠魂依旧守辽东

这一路上，袁大人都是自己在给自己挖坑，说到底就是他最敏感的那里——书生见识。他为自己的成功欣喜，喜得不知道姓甚名谁了，崇祯又猛给他扣高帽，他就和明朝其他文人一样，大胆胡扯，他渴望这种狂妄，却知道现实残酷，于是他的自负中其实包裹了自卑，为了掩饰内心便用力裹得更厚。但他忘了，滚

得太大领导会看着碍眼。

袁崇焕被认为是叛徒被杀吗？不。清朝编的反间计太侮辱崇祯的智商。崇祯知道袁崇焕没有叛国，哪怕他动过议和的小心眼。但是从他矫诏杀毛文龙那一刻起，就走上了一条不归路，你可以吹牛，但不可以不听话，当他理直气壮地要驻军京城下的时候，就到了鬼门关口。就算你是军事布局，敢让敌军到了首都门口还忽视皇帝圣威，袁督师已必死无疑。

袁崇焕并不是梁启超推举的"民族之隆替者，千古未始有之"的大将，他只是在人才寥寥的明末唯一能战辽东，才显得尤为可贵，更是因为清朝处心积虑的炒作，方传得神乎其神。不过他也不是叛徒，他真的是想报效祖国，只是因为本质的弱点和幼稚的行为断送了后路，无奈的悲剧，到最后一刻他都不知道自己错在哪里了吧，若可以明白，他会不会泣下一份苍凉呢？

可历史不适合后悔，更容不下眼泪。

崇祯三年（公元 1630 年）八月，曾驰骋辽东创下宁锦传奇的袁督师崇焕，以数罪被凌迟处死，身上的肉被一刀一刀片下，"皮骨已尽，心肺之间，叫声不绝……时百姓怨恨，争啖其肉，食时必骂。须臾，崇焕肉悉卖尽。"

你还记得吗。他曾说策杖只因图雪耻，横戈原不为封侯。

他曾说，死后不愁无勇将，忠魂依旧守辽东。

三

黄昏尽染，大明日落

崇祯的十七岁那年

1. 没有花季的少年朱由检

说到十七岁的男孩，大抵每个人想到的都是阳光下的单车、闪着汗珠的篮球和牛仔裤吧，也许还有一个梦里常出现的漂亮姑娘——

十七岁，真是人生最美的年龄——

每当我看到十七八岁正值青春年华的中学生扬着的年轻笑脸，就不禁会发出这样的感叹。但感叹完毕，却又总忍不住会想起他，那一年，他也是十七岁……

然而，他是永远不可能拥有那样无忧无虑的笑脸的，因为他有一个沉重的名字叫朱由检，还因为他的哥哥马上要驾崩了，他即将成为大明王朝皇帝——补充一下，是最后一任皇帝。

当朱由检怀着复杂的心情跪在天启弥留的病榻前时，他的哥哥伸出枯槁的手抓住他，有气无力地鼓励道："吾弟当为尧舜。"朱由检应该不知道，他的哥哥即位之前，老爹泰昌帝也是用同样的字眼嘱托群臣："……卿等辅其为尧舜。"年仅十七岁的他面对斯情斯景无疑是相当紧张的，那是与他的年龄不相称的惊恐，完全没有君临天下的兴奋，他只是不知所措地趴在地上，像个机器一样重复着口称"臣死罪。"这话也并不全是形式，因为天启给他留下的"天下"这池水太深，也太浑了。这些年，朱由检都在他"信王"的封号下低调地生存着，外传信王"衣冠不整、不见内侍、坐不倚侧、目不旁视、不疾首、不苟笑"，谨小慎微，就像一个木头人，才勉强躲去纷乱危险的政治旋涡。而今，没有子嗣的天启驾崩，即位的重担像晴天劈下的一个惊雷，砸得他脑袋嗡嗡响，他不禁在心里悄悄怪罪了一下这个不争气的短命哥哥，天启的死实在是把他苦心经营的安稳日子推向了风口浪尖。

朱由检的惶恐不是多余的，因为有人看不惯他。谁呢？那就是天启倚仗的"九千岁"大人，魏忠贤。魏公公在天启的默许下混得可谓风生水起，击败了东林党，整个人在朝堂上厉害到不行，他也知道他自己有多嚣张，天启一死，新上来的他弟弟可不一定也能由着他翻天覆地，所以他打的主意是，秘不发丧，然后找一个他亲手扶植的傀儡上台，再宣布这就是法定继承人，至于朱由检，滚还是砍不一定。总之，小朱很危险。

这么一个定时炸弹，天启似乎没为兄弟考虑到，甚至谆谆叮嘱那个可怜的年轻人"忠贤宜委任"。委任你个大头，小朱肯定这么想，那阉人准备干掉我呢！不过还好，天启还说了一句话："善视中宫（即皇后）。"

这句话看似无奇，不过是把妻子托兄弟照管，但是对于朱由检却至关重要，因为天启的皇后张氏，和魏忠贤是死对头，她曾向天启暗喻魏忠贤是赵高，魏公公对此十分怀恨，所以天启临终对小朱的要求基本是个矛盾的命题。为防止魏忠贤从中捣鬼，天启一归西，张皇后就发布了遗诏，召英国公入宫听令，迎信王朱由检登基。这下魏公公没辙了，他还没本事在这个节骨眼上狸猫换太子。天启七年八月二十二日，朱由检在群臣的恭迎下迈进象征大明王朝最高统治的紫禁城，带着未知的恐惧、十七岁的稚气，当然，还有朱家祖传的智慧、腹黑。他没有忘记，入宫之际他的皇嫂张皇后在他耳边的告诫："勿食宫中食。"他没有喝水也没有进食，有史料说朱由检入宫时是自带伙食的，将家里的大饼塞在袖子里，毕竟大内险象环生，也许一个不小心就成了魏公公的刀下鬼了。就这样，他战战兢兢地啃着大饼度过了几个难以入眠的夜晚，终于熬到了二十四日，登基大典。

2. 左手翻云，右手覆雨

紫禁城的皇极殿，是大明举行盛大仪式的主殿，在这里，他的父祖登基、祭典、受贺，默默见证了朱明王朝一页一页跌宕起伏的历史。此时，也正是在这个承载了无数岁月记忆的老地方，朱由检接受了群臣朝拜，正式即位，年号崇祯——这个老地方一定还不知道，这会是它记录的大明最后一个年号。这两个字将是大明甚至中华历史上一个难以磨灭的悲剧——当然，那时的朱由检本人也不知道。

刚上台的崇祯皇帝只知道，不能掉以轻心，那个姓魏的死宦官还对他屁股下没热乎的龙椅有非分之意。然而事实并没有像他脑补的那样，魏忠贤还没有谋逆的出息，他只不过是想控制这个新皇帝，就像东林党当年折腾出"三案"一样，扶植一个信赖自己的保护伞，以便继续胡作非为。但是这个大字不识两个的太监大概从来都没意识到，他是且只是天启的一条狗，天启利用他对抗东林党的扩张，他能组织一支阉党紧密团结都是狐假虎威而已，一旦坐大，必死无疑。不久，还幻想着换取崇祯同样待遇的他开始行动了。

国丧刚结束的那天，崇祯收到了一份大礼，来自魏忠贤。礼物是四位绝色美女，个个都能轻易唤起男性最迫切原始的冲动，在魏公公看来，这份礼物对于青春勃勃的崇祯来说是致命的，看看他爷爷万历，就这个年纪一个冲动有了他老子，再看看他老爹泰昌，连纵欲带嗑药三十天直接累死，按照遗传学原理和惯性思维，崇祯在这方面应该也免疫不到哪去。结果和魏忠贤料想得一样，十七岁的崇祯同学爽快地接受了，然而这个聪明的孩子可没有像他爹见了美女一样不管不顾地"一夜连幸七人"，而是将四个女子仔细搜身，结果在她们的裙带里各发现了一颗迷魂香，说白了就是迷情的春药，崇祯邪邪地一笑，把魏老大这些体贴之举通通扔了出去，那几个火辣美女他也目不斜视地赶走了。

啊！——魏公公大概惊得下巴都掉了，想说点什么，奈何其人没文化。喊完了之后便是无尽的恐惧，他万万没想到崇祯居然能抵挡住美女的诱惑，更没想到崇祯搜出了他下的迷魂药却不动声色，这个少年对他是什么态度，他没底。于是魏公公换了一种办法，他开始让自己那些十孩儿五虎什么的阉党党羽为他写好话，辞藻华美极尽褒扬，当他拿着这些文字给皇帝看时，崇祯认真拜读了，读完后说："呵呵。"这下魏公公彻底疯了，他不知道那些文人写了什么，有没有说服力，但他感觉得到崇祯的潜台词肯定不怎么乐观，这少年这种不温不火的态度就像悬在他脖子上的斧子，比直接砍下来更让人害怕。

九月，魏忠贤忍不住了，他开始抛出第一只探路标，以年老力衰为由向崇祯提出辞呈。崇祯自然是拒绝了。这个年仅十七岁的少年，却有着高度的冷静和心智，他不是要魏忠贤滚蛋，也不是要他听话，而是要这个死太监连带他的那群阉党"子孙"，都去死！现在时机显然还不成熟，魏忠贤权倾朝野，要扳倒他，崇祯需要用文火慢炖的方式，一点一点把他炖烂。

所以，魏公公接到的是皇帝诚恳的挽留，崇祯笑着跟他说，皇兄临终前说，要我重用您，您要是走了，我还真的应付不了啊！魏公公一听高兴了，自己人啊原来！他感动地走了，一直担心的事情终于没有发生。

但是魏忠贤毕竟是魏忠贤，他在朝廷混了这么多年，没那么容易就完全放心，他很快抛出了第二只探路标，他的姘头，客氏。客氏也向崇祯提出了辞呈，说天启都走了，她留在宫里也没什么用了。结果，崇祯批了。这一举动让魏公公再次警觉，他的一支得力羽翼就这样被剪去，不得不让他怀疑崇祯是假好意的。但是崇祯很无辜地说，她一个奶妈，连她喂的孩子都给她熬死了，她还留在这干吗？理由很充分，魏公公无言以对。

接下来的故事更加诡异，也相当精彩，魏公公开始试探，让阉党骨干司礼监掌印太监王体乾也提出辞呈，如果崇祯不是故意弄走客氏的，一定会留下王体乾。结果让魏公公很满意，崇祯驳回了王的退休申请。是我想多了，魏忠贤这样安慰自己。

　　然而不久后，又一个重磅炸弹下来，都御史杨所修突然上书弹劾了以崔呈秀为代表的几名阉党高官。多年以来，魏公公一手遮天，是没有人敢这样明目张胆跟他的爪牙对着干的，在这个时候杨所修如此上书，只可能是一个人指使的，崇祯。魏忠贤基本肯定了这个小皇帝肚子里的坏水了，而正当他准备下手整这小破孩时，崇祯却对杨所修的弹劾疏严肃批驳了一番，说他诋毁忠臣，居心不良，然后和颜悦色地对阉党高官说，没事没事，不怕不怕。魏公公又愣了，难道不是他预谋的？他看见崇祯年轻无害的笑脸，还是确信了这件事应该是个误会，天启的弟弟是不会反他的。

　　接着，崇祯一系列的举动让魏公公愈发放下警惕，他大规模封赏了阉党成员，还有魏忠贤全家上下，坏人弹冠相庆，认为崇祯是个"自己人"。"自己人"崇祯微笑地坐在暗处，看着魏忠贤疲惫地猜测他的心思，他却优哉游哉跟这个人打着太极，我就是要玩儿死你拖死你，九千岁。

　　终于，日子到了十月。崇祯慢慢地从阴影里站起来，他要出手了。二十三日，工部主事陆澄源上书弹劾阉党高员崔呈秀及其领袖魏忠贤，崔大人自上任以来受到的弹劾不胜枚举，他只当这次和以前一样，所以装模作样地递了一份自我批评书兼辞职报告，他知道皇帝一定会拒绝，最多提点两句。

　　但是这次，崇祯批了，让无恶不作的崔呈秀滚蛋了。

　　这下阉党上下一片慌张，他们最厉害的头头突然滚蛋，是不是意味着要变天了？这群乌合之众在大难临头之时立刻显出了真实嘴脸，他们为求自保，开始互掐、内斗，崇祯满意地看着这般如火如荼的景象，却依然没动魏忠贤，他还亲切地跟魏公公说，你是哥哥留给我的最宝贵的财富。魏忠贤在惊恐中好歹有了一丝安慰，他觉得崇祯还是没多大恨意的，崔呈秀滚蛋就当牺牲了一条狗，他是安全的就行了。于是他放任那帮儿孙内斗得死去活来，他觉得那只是他可以继续逍遥的"费用"。

3. 如今势去时衰也，零落如飘草

他又错了。几天后，皇帝就又收到了兵部主事的奏疏，弹劾魏忠贤数条罪名；紧接着，刑部员外上书，斥骂魏忠贤祸国殃民。崇祯阴笑着，继续等。见皇帝没有反应，阉党的子孙终于嗅到了变天的味道，大批大批的奏疏送上来，纷纷为自己洗白，踩踏昔日的同伙。真是墙倒众人推啊，崇祯耐着性子晃松了阉党牢固的根基，要的就是看到他们土崩瓦解的那个刹那。众叛亲离的魏公公彻底傻了，眼前这个十七岁的少年依旧那样温和地笑着，第一次，他在这笑容的背后感到了政治黑幕的阴冷，他低估了崇祯，也低估了他自己对皇帝权力的威胁，这个权倾朝野的老头再也不敢像以前那样看这个龙椅上的少年了，他用那双饱经沧桑的手充满诚意和畏惧地递上了辞呈。之后只听到崇祯漠然的声音，滚！滚去凤阳看坟。

这个处分还算不错，魏忠贤带着他醒来的大梦蹒跚在最后的路上。到了阜城县的一个小旅馆时，他听到了一段小曲，就着冬日里凄寒的冷风，唱曲人的声音清晰得瘆人：

"……梦才成，又惊觉，无限嗟呀；…如今势去时衰也，零落如飘草；

随行的是寒月影，吆喝的是马声嘶；似这般荒凉也，真个不如死。"

魏忠贤听得毛骨悚然，他在旅馆四下疾走了一番，悲从中来，也许是猛然大彻大悟，也许是明白崇祯不可能就此放过他，这个一生传奇的老太监，终究用一根绳子将自己吊死在房梁上。

听曲这一段因为它巧合得太像艺术虚构了，除非魏忠贤真是一个退场自带专属音乐的"迷人的反派角色"，但是历史不是舞台剧，这段描写充满了史家的浪漫主义精神，所以真假还有争议。我们不去计较这些细节了，总之魏公公是在穷途末路下，悲惨地领了盒饭，他的阉党余孽被铲除殆尽，当年被迫害的东林党人被重新任用，人们口耳相传着这年轻的皇帝大快人心的举措，似乎大明又迎来了

新的春天。

事实上呢？事实是，崇祯的行为并称不得高明，虽然他斗魏忠贤的过程很漂亮，但长远看，除掉阉党依然加速了他亡国的步伐。我们分析过，东林和阉党没有谁是谁非，他们所做的不过就是一件事——党争分权，天启是在利用阉党打击过分膨胀的东林以保证集权，崇祯倒魏也不过是压下过于旺盛的阉党寻求他的高度专制，在大明那个封建君主制鼎盛的时代，这并不稀奇。只不过他的倒阉计划不是拯救国家的良药，此时的大明，已成为一间摇摇欲坠的房屋，每一根残破的橡木却也同时是支撑它的力量，无论是阉党还是魏忠贤，虽然不是什么好鸟，但彼时的存在却让整个乌七八糟的王朝达到一种诡异的平衡，崇祯灭掉阉党，让东林党再次辉煌，实质上没什么区别，就像把左手的刺球换到了右手。不久之后，他就为解决东林党的党争分权问题，又不得不起用内臣了。

眼前的形势一片混乱，大明，好像真的气数将近，日薄西山了啊。这一切令人束手无策的末代场景，都镶嵌在属于崇祯的新一页剧目中，这个站在舞台中央的导演，仰起年华尚浅的脸孔，要正式开始了。

那年，他十七岁。没有阳光和单车，只有一个临近崩溃的天下。

大明王朝的"世界末日"

1. 风云天不测，祸及众生灵

我记得在 2011 年，大约年末那个时候吧，被传闻是玛雅人预言的"世界末日"很快就要到了。而不知是巧合还是真有蹊跷，2012 那一年，全球居然也很配合地发生了许多人为的非人为的灾难，就像大难的前言，更让人开始怀疑是不是人类的日历真的会在此终结。有不少人开始一本正经地忧心忡忡，说要造一艘诺亚方舟来应对世界末日的灾难，不过这样的宏图构想也只能停留在玩笑阶段，历史的真相很快就会戳破这个毫无依据的预言了："要是 2012 年发生的那些事情就算是世界末日的前兆，那早在明末，人类就该毁灭了。"

的确，明末真的是中国历史上一个灾害的高发期。根据现代一位宇航科学家的研究，明末的自然灾害和太阳黑子的变化有密切关系，就在明王朝即将走向灭亡的最后几十年，太阳黑子消失，同一时期的欧洲迎来了小冰期，而中国则出现了罕见的气候寒冷，直接导致农作物大规模歉收。历史资料向我们证实了这一点推测，从万历年开始，自然灾害的严重乃史上少有，据陈关龙先生的统计，明代农业自然灾害共有 575 次，而万历至崇祯朝就多达 150 次。万历朝一位官员冯琦曾经描述当时的情形，灾祸在西北地区先横行，人民不得不以吃土来果腹，河洛地区次之，人民开始吃候鸟的粪便，紧接着山东、湖北，乃至鱼米之乡的江南都连连遭灾，老弱病残的尸体填满了沟渠，身体稍微好点的也只能四处流离，却也不知该去向何处。如此可怕的景象，到崇祯朝达到顶峰。在这里，我给大家简单列一个表，可以感受一下崇祯在位短短十七年间，各种灾荒是多么频繁：

	水灾	旱灾	蝗灾	地震	雹灾	瘟疫	风沙
次数	51	31	33	78	23	13	22

更恐怖的是，这些水灾、旱灾、蝗灾、瘟疫，往往一个地区发生某一种灾荒，连锁反应就会带动另几种反复出现，接踵而至，不给人喘息的机会，破坏力极强。比如，以陕西为例，陕西省的地方通志记载，崇祯元年八月起，全省遭霜雪灾，庄稼冻死大片，紧接着第二年，米脂大旱，榆林大旱，西安大旱。这样的冻旱导致的结果必然是饥馑，人饿，其他生物也饿。七年秋，便是全省范围的蝗灾，漫天的蝗虫让本就已萧条死寂的西北大地更是饿殍遍地、惨不忍睹。而蝗虫刚平，冬月又遭地震，伤亡不计其数。尸横遍野，不及掩埋，于是瘟疫又起，彼时"草木俱尽，人相食"，死人压着死人，臭气熏天。

这还仅仅是陕西一地，当时全国四处是这般骇人的灾情，包括北直隶以及皇帝住的京师。再拿河南来举例，河南是明代最重要的人口集中地和粮食产区，河南承担着南北交易往来的重要通道作用，但是这里夏季降水集中，气候炎热，极易引发河水泛滥或蝗虫灾害，因而河南也是历朝历代抗击旱涝雹蝗等灾害的重点地区。到了明末，由于季候变化反常，全球气温普遍下降，给河南的农业生产造成了巨大问题，所以，从万历到崇祯统治时期，都不得不面对河南发生的严重自然灾害。起初，万历时期因国库还有所积蓄，一些地方精英也还有能力帮助遭灾百姓渡过难关，到了崇祯时期，内忧外患频发，国家自顾不暇，完全没有工夫去应对发生在各地的自然灾害，从崇祯七年到崇祯十五年，短短九年时间只河南一个省光是蝗灾就发生了八次，几乎每年一次，给当地人民造成了深重苦难，蝗灾与旱灾往往一同发生，多灾并发导致最直接的结果就是粮食短缺，饿着肚子的农民不得不寻找出路生存下去，崇祯年间相对于之前财政吃紧、朝政混乱，不仅没有精力对全国各地发生的频繁灾害未雨绸缪，更是在灾害发生之后没有足够的能力赈灾，发到地方用于救济灾民的款项越来越少。朝不保夕的农民一般会选择寻找当地有钱有势的大户借粮渡过难关，但是这些从事借贷生意的大户或商家，往往会趁着灾害提高利息，即发放给高利贷，高额的贷款虽然能让农民顶过一时，但是长期下去，一旦农业生产没有按期恢复，借贷者就会面临破产的危险，灾荒连年时，常见还不上债务的农民将妻子儿女作为抵押还债，甚至是在重如泰山的压力之下家破人亡。

这像不像"世界末日"呢？

显然，明末的老百姓不可能听过什么世界末日，他们只知道这日子过不下去了。如果实在走投无路，还有一些农民会走上背井离乡寻找机会的道路，按照中国古代小农安土重迁的思想，若非实在活不下去，是很少有人会选择流亡图存，因为在原本生活的土地上活不下去，换个地方很有可能更活不下去，但是到了崇祯时期，为了躲避灾荒，找点吃的，已经有大批大批幸存下来的饥民开始流窜到外地，甚至外省。那些流亡在外的破产贫民，就成了明末社会的巨大不安定因素，简称流民，他们的流通造成了动荡，大家想想，一大群饿得骨瘦如柴而且可能携带着不知名瘟疫的灾民到处晃悠，全国各地都在遭灾，逃到哪似乎都不是个头，所以一旦聚集成规模就会变成起义队伍，对明王朝政府构成直接威胁。

有读者肯定会问了，既然自然灾害及其后遗症对于明政府的统治有如此大的影响，那政府呢？明朝的政府就不管吗？不是不管，是管不了。崇祯和他的百姓一样捉襟见肘，国库少得可怜的存款，大部分又都派到辽东跟后金玩儿命去了，哪还有多余的钱呢。更何况，明末官僚体系腐败到极点，就算挤出来赈灾款，层层盘剥之后，也所剩无几了。如此看来，就算崇祯有心关爱他的子民，也是杯水车薪，心有余而力不足。

这样软弱黑暗的政府怎么还能存在下去呢？相当大一部分人都想不通，尤其是那些饥肠辘辘、无家可归的流民，他们带着同一种的愤怒集结到一块，这庞大的队伍怀揣着同一个梦想——填饱肚子。其实自明中期起，就已经有吃不饱的流民凑在一块闹事了，但是因为规模有限，都没成什么气候。不过到了明后期，灾害和愤怒已普遍成为全国范围内的问题，就不仅仅是"刁民"闹事，而成为团体性的大型农民起义，并最终真正送给大明王朝一个不折不扣的"世界末日"。

2. 流民走投无路，朝野兵变四起

背景介绍完毕，让我们再回到咱们的故事中吧。崇祯刚执政，饥饿导致的民变最严重的地方便是上文举例提到的陕西，因为灾害频仍，流民量大，绿林好汉一声号召，便有成百上千的饿汉响应，几天便可聚成一支数量可观的起义队伍。像这样的队伍零零散散分布在黄土高坡的各个角落，他们各有各的名号，什么"神一魁""一丈青""虎王"（参看明代畅销小说《水浒传》）比比皆是，他们劫杀衙门，哄抢粮草，各种疯狂报复社会。一时间朝野震动，连远在地方的县官都听说了这里"流寇猖獗"，时任陕西三边总督的武之望因无力镇压而畏罪自杀。陕西就像第二个辽东，谁都避之不及。

崇祯很生气，在他眼里流寇不过就是一群"刁民"，怎么说都是自家手底下的存在，怎么就治不了了呢？皇帝一发威，吏部不敢怠慢，赶紧找人填补三边总督的空缺，找谁呢？这个人叫杨鹤。

说杨鹤你可能不知道，不过他有个儿子，叫杨嗣昌，杨嗣昌在后来镇压农民起义的表现中相当突出，这是后话，现在我们先来看看他的父亲在剿抚大业中应对如何。

要说这杨鹤怎么就被吏部点击到了呢？不是因为他多能干，而是因为这个人性子太耿硬，得罪了不少人，如今有这么个没人接的鬼差使，杨大人自然成了吏部首选。所以同志们哪，平时做人一定要小心，不然就是这般光景。杨鹤接到调令时有点懵，他倒不是不敢去，而是不知道怎么做，从万历年起他就是干文官，哪平过什么农民起义呢？不过崇祯对这个安排倒是很满意，事实上安排谁他都满意，这年头，皇帝最大的着急就是人事的短缺，只要有人干，不管是谁都行。

崇祯对杨鹤安抚了一番，例行公事地做了鼓励，他还顺便问了一句，你打算怎么办。杨鹤倒是非常诚实，他直接说，自己是个文官，本来关于平叛之事没有什么经验，但是既然吏部把我安排到这个地方了，我也不能辜负陛下的信任，只能尽我所能一试了——一席话说了等于白说，不过崇祯也没有太难为他，毕竟陕西危急，人人都像避瘟疫一样不想应事，能有个杨鹤总比没有强，于是杨大人就带着满脑子问号，直接被送去了黄土高原。

杨鹤大人果然没有辜负他文人的高贵出身，面对残破萧条的陕西大局，他依然不忘用儒家"仁者爱人、以己度人"的指导思想作为行事方针，提出"清慎自持，抚恤兵卒"的战略，即招抚流寇，放其归农，经济嘛要顺其自然发展，现在灾害的影响下，百姓贫困、物资匮乏，所以急需要时间"与民休息，休养生息"，不可图一时之心急，应该待一切慢慢恢复。这文人只道是流民也是大明赤子，只要晓之以理动之以情，他们还是会从良的。他不知道，这些"赤子"早已成了从死人堆里爬出来的亡命之徒，你不给他生活的保障，对全家都死光的灾民讲一大把忠孝仁义，无异于放屁。而经济慢慢恢复、休养生息之策虽然听起来没什么毛病，但是也只是纸上谈兵，陕西危机的局势根本就容不得缓缓行之，杨鹤大人所期待的"元气"实在难以在短时间内回血，若要等百姓自愈，恐怕要花上几代人的时间。

不过这也不能全怪杨鹤，他不主张招抚好像也没别的办法，当时崇祯二年，三边的军队都在袁崇焕那边跟皇太极死掐呢，想动武都没力量，所以一开始杨鹤提出来能减少军事损耗的缓行之法，崇祯是同意的，只要能给他省钱，最好还能不惹事，那就再理想不过了，杨鹤的主抚少战、镇之以静的概念显然正中崇祯下怀。招抚工作一开始还挺奏效的，陆陆续续有农民起义军的首领来向政府投诚，领了抚恤粮纷纷解散。但是，不久之后杨鹤就惊恐地发现，那些本已答应回归良民的流寇首领，在回去几天后又重新集结起队伍，跟朝廷对着干了，如此"背信弃义"之举在儒学夫子杨鹤眼里简直是不可思议！你看，不是我说文臣百无一用，这么简单的道理，这些流寇就是要吃饱肚子，你今天给他一袋米他走了，可明天吃完了他还得造反，没有从根本上解决问题，自然无异于扬汤止沸。

杨鹤在陕西工作的失败令崇祯相当生气，当时杨鹤说的"宽为之地，图之以渐"的大道理似乎很诱人，只要采取宽仁平和的方式，就能换回陕西的安宁。但是他画的大饼很快就破灭掉了，确实，杨鹤没有料到的是，招抚容易，招抚之后的善后工作却是难上加难，起义军可以不参加叛乱，如果不是走投无路谁又会揭竿而起呢？杨鹤本以为将招抚后的流民安排在自然灾害比较轻的地方就可以分散压力，但是没有一个地方愿意接纳这些流民，为避免更大规模的叛乱，杨鹤只好停止了这个计划。如果不能将流民分散出去，就只能靠国家的力量进行救急，可是国家已经没钱了，崇祯在支援了杨鹤几次后发现他的招抚工作就好像一个无底洞，陕西民变的窟窿太大，要想让破产的贫民全部恢复到之前基本能维持生活的状态，需要的财力实在是太庞大了，崇祯给不起那么多钱，所以面对杨鹤一而再再而三地提出赈济款项时，他的耐心就越来越耗尽，"主抚、招安"这样的字眼也很快让他感到反感，当赈济链条断掉以后，民变卷土重来，崇祯便有了足够的理由处罚杨鹤，他直接将这个老官叫回了京城，怒气冲冲地责问他为什么这么久了，钱花了不少，民变却依然屡禁不止。当然，他并没有给杨鹤什么辩称的机会，而是随后就将其革职，差一点处死，幸好在他儿子的上疏请求下得以保命，然后被扔到了江西袁州。

杨鹤感到委屈，在上任之前他就已经说过自己做了大半辈子文官，不懂平叛，所以每行一步计划都会向崇祯仔细报备，崇祯也基本上没有什么异议。而今招抚成绩不佳，崇祯却将责任全部推到了杨鹤身上，实在是冤得很。但是崇祯是不会在乎杨鹤的，领导怎么会有错呢？这个年轻的皇帝再聪明也毕竟孩子心性，遇事急躁而冒进，在面对晚明一系列难以拯救的烂摊子时，越烂的地方他就越想赶紧改善，恨不得明天就仓廪充盈、政治清明，他从来都是不关心过程只在乎结果，当任何一个官员在他预期的时间内没让他看见预期的结果，崇祯变脸都会像翻书一样快。

只要是他感觉到风头不对了，哪怕曾经无条件信任过，也直接就立刻再见。对袁崇焕是这样，杨鹤也是这样，还有后来很多人都是。

陕西，像一只不断折腾大明后方的手，因为那里灾荒太严重了。还记得上文讲的一个遭灾地方叫米脂吗？听说米脂这个地方出美女。

不过这时米脂更出名的不是美女，而是一个如假包换的糙汉子。

一个叫李自成的汉子。

李自成是怎样的一个汉子

1. 李自成的履历

这个汉子不寻常啊，首先他生的年代就实在是不怎么普通：

大家看，明末赶上了世界末日一般的灾荒，而年轻的崇祯皇帝，在被关外折腾得焦头烂额之际，又迎来了因饥荒走投无路而揭竿而起的流民大军，这灾荒闹得最严重的地方，莫过于陕西，陕西造反的流民大队已是遍地开花，愤怒饥饿的人民经常去县衙闹事，崇祯三年，就在陕西米脂这个地方，一大群饥民又集结起来冲进了政府大院，他们干了一件与后来法国大革命时巴黎人民干的很相似的事，就是攻占了县衙官署的监狱，把那里关押的囚犯都放出来了。这些被放出来的犯人，其中一个在明王朝的命运中扮演了重要的角色。他的名字，就叫李自成。

这厮是因为在土豪家的门口小便而被扔进号子的，素质确实不太高。当然，当时人们不可能知道这个素质欠缺的小子将来会指挥着千军万马跟朝廷对着干，按理说只会把他当作侥幸提前获得自由的一个小瘪三。不过，事情却并没有"按理"发展，李自成在人群中做了一件非常勇敢的事，让大家的注意力成功地集中在了他的身上。他做了什么呢？——他当时振臂一呼。是的，就是一呼而已。不要觉得这个举动很普通，当处在人群中和周围的人一样茫然的时候，你敢不敢、会不会毅然站出来也俨然一个首领告诉大家，都来看这里，听我的我有办法？能这样做的肯定不是平庸者，绝大部分人在遇事时都是跟着别人起哄，麻木地随大众之流。因此，在一群无头苍蝇一般的饥民中像个灯塔似的招呼大家"起来啊起来"的李自成，便显得格外高大了。这一撮人，可以说是跟着李自成造反掀翻朱家老字号的鼻祖力量，就在这一个简单而又具有标志性的号召之下，他们（反正也没有别的办法，只好）雄赳赳气昂昂地出发了。

老话说得好，大树底下好乘凉，李自成这一行杂人单靠自己搞造反，力量显然是太薄弱了。不久，他们就找到了可以抱大腿的"大树"——名号"不沾泥"的造反头子张存孟。不沾泥的"反龄"已有两年，是造反界的前辈，李自成个人认为在他帐下供职前途无量，于是就毅然决然投靠了他，在张存孟这里，李自成做了一名小队长。不过不沾泥将军很快就让李小队失望了，他们的队伍与平叛明军遇上时，不沾泥完全没有表现出李自成认为一个领袖应有的勇猛气概，而是居然像一条落水狗一般向官军投降了。李自成一看，这棵大树大是大，可是根基不牢，必须另找一个规模既大、魄力又强的东家方是良策。于是，他带着自己身边残余的小队离开了不沾泥的大旗，一边逃窜一边物色新的靠山。不久之后，他终于又找到了一棵大树，那就是名号"闯王"的起义首领高迎祥。

现在提起闯王，大家第一反应应该就是李自成，其实这个名号最初是李的上司高迎祥的，李自成只是后来才继承了而已。当时，高迎祥的实力还是有点强，他带着一支庞大的流亡队伍，在陕西境内浩浩荡荡四处游窜，非常惹眼，基本上属于造反行业的精英人士。这样的一个严重不安定分子自然会引起明朝政府当局的高度重视，大明的平叛军队开始一波一波问候闯王的老巢，明军实力虽已大不如前，但说到底，闯王一众将士还是因为吃不饱肚子才聚集在一起的一群流寇，无论是纪律还是装备，到底也抵不住国家正规军的打击。于是，在遭到几次官军围剿后，这些被逼的无处遁逃的流民只好决定放弃起家的根据地，转战中原。

崇祯六年（公元1633年），天气非常寒冷，冷得黄河都完全冻住了，使这支造反的队伍得以踏着厚厚的河冰离开陕西，跨入河南地界。河南对他们来说真的是个好地方，因为这里灾荒也很严重，更多吃不上饭的灾民加入他们这个有组织有纪律的团体中来，而当地的地方官，面对如此骇人的十几万大队，能做、或者说敢做的便十分有限了，而且这些地方官也大都拥兵以求自保，避免惹祸上身。于是造反大队最初在中原大地上如鱼得水，像瘟疫一样自由肆虐，所到之处都有大批无家可归的破产农民加入进来，在明王朝统治的心腹地带形成了一股恐怖的大患。如此巨大的动作，如此嚣张的行为，无疑是在崇祯皇帝血红的眼里又揉进一颗沙子，是可忍孰不可忍，崇祯觉得他必须把其他的事情先放一放，重点对付这支给他眼睛里揉沙子的叛乱队伍。因为动荡如同癌细胞一样扩散飞速，已经进入到大明的内脏部位，必须要进行靶向治疗了。

崇祯七年（公元 1634 年）初，五省军务总督陈奇瑜率领各路集结起的朝廷官军挥师南下，按照崇祯的指示，专门前来平叛。事实证明，不管是高迎祥、李自成还是张献忠，他们的造反理念就是有一天饭吃算一天，官军打我我就跑，不打我就闹，一旦碰上硬碰硬的战役，就是一击就散的散兵游勇，就看朝廷有没有精力拿出来对付他们了。统一指挥下的平叛官军所向披靡，那看似庞大唬人的造反军很快就被打得溜回了老家陕西，跑到汉中一个峡谷中时，李自成被官军追上了，走投无路的他和他的同志别无选择，只能投降了，虽然李自成反骨并未减退，但是大丈夫留得青山在不怕没柴烧，为了换得陈奇瑜的信任，李自成通过贿赂和乞求来大力渲染自己的迫不得已，这样最坏的结果不过是抓起来关一阵，回头出来还是一条好汉。

而陈奇瑜对于李自成放下屠刀投案自首的觉悟感到很是欣慰，这个平叛将领最初采取的是"擒贼先擒王"的理念，认为将贼首歼灭，其他成员便会自然一哄而散，在他的努力下平叛初见成效，陈大人就将工作主要转向招抚，彼时处理农民起义的原则是降丁不杀，只要一心归农，就放他们一条生路。加上李自成当即痛心疾首地表示造反非我愿，实在是饿得不得已，陈大人便高兴地接受了这些土匪的投降。按照当时的社会情况，陈奇瑜的做法倒是完全在情理之中的（除了接受李自成贿赂），虽然后来剧情发展让他此番放虎归山的举动就显得很傻，但是，陈大人实在没长后眼，作为朝廷命官，或者说同为天下子民，相煎何太急啊，于情于理陈大人肯定都不愿意大肆屠杀这些可怜的农民，如果有一个权宜之计，必然会成为当下首选。

崇祯七年（公元 1634 年）六月，造反一行接受招安，跟着陈奇瑜的官军从峡谷中出来，准备被遣返回原籍。刚出汉中，意想不到的事发生了，昨天还痛哭流涕向大明表忠心的李自成突然率领他的人马砍死了来迎接招抚他们的官员，并顺手攻占了附近猝不及防的西安城。和杨鹤当年的感觉一样，陈奇瑜无法理解，说好的归顺呢！说好的一起玩耍呢！是的，李自成就是在逗你，肚子填不饱的时候你跟我讲什么仁义礼智信，不管谁说的，只要挡了我的路都有多远滚多远，反正我也不是什么君子，我就是一介草莽！

2. 起义军屡平不止，崇祯帝寝食难安

草莽再次逃脱，崇祯真的生气了，他再也不愿顾及这些人是不是他的赤子，他派出了一个很强硬的人出任兵部尚书，专力收拾民变，此人将会在之后的故事中有更高的出镜率，他的名字叫洪承畴。洪承畴的硬，就硬在绝对不和闯王部众废话，什么降丁不杀，什么勿扰民生，但凡敢造反直接大刀往上呼，呼得这帮流寇四下奔逃，从陕西先是逃到河南，在河南接纳了一批新的饿死鬼后，又很快被赶到了皖北。

一路上被追杀，起义队伍疲惫不堪，内心充满着浓浓的对官军的愤恨，是老朱家的明王朝统治不善让他们无家可归，又是姓朱的皇帝下令把他们追得毫无退路，他们想要报仇，最起码得让皇帝遭到一点报应。那天正是正月十五，起义军给崇祯包了一个"大汤圆"：他们杀进了凤阳。凤阳正是明王朝的开国太祖朱元璋的老巢，还有朱家的老皇陵在，是连皇帝都得恭恭敬敬下跪的地方，这些土匪

可一点也没有客气，他们直接刨了老朱家的祖坟，将起兵以来所有的委屈不满一吐为快，刨完之后还意犹未尽，为了过把足瘾，又把皇陵享殿烧了个精光。

崇祯知道这个消息的时候差点疯了，他感觉天都塌了，作为一个天子，居然能在自己统治的地方被刨了祖坟，这是多大的耻辱啊！挖祖坟之仇如同钻心剜骨之痛，出了这档子事，崇祯首先要做的是向先祖及上天承认错误，发布了罪己诏反复检讨自己治国无方，才使得社会动荡惊扰祖先安宁。接下来，他便立刻派出了新的硬汉——孙传庭和卢象升去对付那群无法无天的流寇，再加上洪承畴，这几个剿匪大将可谓顶尖专家，他们像一条皮鞭，毫不留情地抽向在帝国版图上折腾的造反队伍。到了崇祯九年（公元 1636 年），高迎祥的队伍终于支持不住了，他的手下本来就是些乌合之众，带着抢口饭吃的目的聚合而已，现在被朝廷打得四分五裂，基本上没什么心情追求宏图大业了。很快，起义的流民在明军的追击下纷纷投降。又过了一段时间，官军追击的力度实在太大，高迎祥被追得就差地遁了。终于，在马召原这个地方，因为部下背叛引来了大批明军，闯王非常悲惨地落网了。闯王被捕是一件大事，他这样一个旗帜鲜明的造反头子，带着人惊扰了皇帝几年的睡梦不说，更大逆不道地刨了朱家的祖坟，所以不可能像普通接受招安的贫民一样从哪来回哪去就行了，崇祯毫不犹豫地将他凌迟处死，不仅为了给一干老祖宗报仇，也是为了震慑天下，以儆效尤。

高迎祥死了，他的队伍也七零八落，眼看着轰轰烈烈的造反大业就要原地崩溃吗？有一个人当然不允许，这个人就是李自成。在高迎祥遭到处决后，李自成变成了一个坚决不投降派，反正以他当时在起义军中已成气候的影响力，投降估计也是被凌迟。因此，他强烈呼吁高迎祥的残部也不要放弃，我们不能扔下闯王的事业走人啊，回家面对一贫如洗的境况同样是个死，舍了这一条命不如做一番帝业宏图！

高迎祥身后剩下苟延残喘的部队大约还有七万，他们被李自成再一次的"振臂一呼"感动了，这些顽强的汉子立刻拥戴李自成为新一任的"闯王"，他们决定继续与朝廷作对。

3. 看内外忧患迭起，杨嗣昌临危受命

余孽未尽，崇祯还是睡不踏实，这时候需要出现一个更厉害的人物帮崇祯分忧，很幸运，他找到了，那就是前文中主招抚思路失败了的文官杨鹤之子，杨嗣昌。杨嗣昌虽然也是文官出身，但是比起他父亲思路要灵活得多，再加上他之前督管过辽东军务，积累了丰富的军事经验，在带兵作战上已有相当多的心得体会，御边之时便展露出比较出众的能力。此时农民起义军势力庞大，崇祯被扰得夜不能寐，百般焦急时便想起了杨嗣昌，但是杨嗣昌现下并不在任上，他的父亲杨鹤刚刚去世，他按照礼制回家守孝，即"丁忧"。丁忧之期漫长，若是等到杨嗣昌丁忧期满，崇祯怕自己坟头的草都三米高了，于是不顾礼制强行要求杨嗣昌离家上任，这一做法叫"夺情"，这一幕我们应该不陌生了，因为在前面张居正的故事里就见过"丁忧"与"夺情"的矛盾，权势大如张居正，在夺情之后都要受到满朝言官的批驳讽刺，更不用说小小的杨嗣昌了，深知"夺情"之苦的杨嗣昌连忙请求皇帝收回成命，表示自己一定要将孝道贯彻到底。但是崇祯不在乎言官的口诛笔伐，一意孤行要杨嗣昌出山工作，无奈之下，杨嗣昌丁忧不足两年就回到了京中，尽管此举又遭到许多人弹劾，但皇帝的旨意谁敢违拗呢？

杨嗣昌一回来就被提拔为兵部尚书，外督辽事，内平起义，如此大力度的重用是崇祯一贯的风格，杨嗣昌对皇帝的知遇之恩感到十分感动，只能尽平生之本事为崇祯扫尽烦忧。他首先提出了"安内方可攘外"的方针，认为辽东战局可以暂时放一放，后院不断起火的农民起义军才是当下应该关注的重点，农民军看似是内忧，但却活动在明王朝统治的核心地带，无异于天天掏皇帝的心窝子，要想对外能够调整最佳状态全面御房，就必须先集中精力解决发生在"心腹"地带的关键问题。崇祯觉得杨嗣昌的理论很有道理，便同意他确定了"先内后外"的作

战计划，将全部的军事力量放到对付农民军上来。

关于对内集中力量精准打击，杨嗣昌发明了一套名叫"四正六隅十面网"的剿灭方案：四正是陕西、湖广、河南、凤阳四地，这几处是农民军活跃的重点地带，当地巡抚应当主力剿灭，适当防守，六隅则是指延绥、山西、山东、江南、江西、四川六处，这些地方的巡抚则应当主力防守，严守农民军不得窜入，必要时也要出力剿灭，由此四正六隅如同一张十面埋伏的大网，将全国上下的农民军牢牢网住，不留任何余地。这等部署还是比较英明的，因为农民军最大的问题就是流动性太强，一打就跑，官军难以彻底剿灭，如若十面网可以有效工作，就能把农民军完全打尽，以绝后患。为了让十面网发挥出最高效率，杨嗣昌还大力清换地方将领，启用有能力者，当年的赋税因剿匪需要，比往年更沉重了不少，几乎是将明王朝上上下下的剩余价值全部榨干，崇祯咬咬牙都答应了，只要能在短时间内把农民军这个心头大患除去，就暂且再辛苦全国人民一番吧，大不了到时候再发一篇自我批评的罪己诏就完了。准备工作很快就绪，杨嗣昌信心十足，他对崇祯说，"三个月，给我三个月时间，我为陛下除掉十年以来的起义顽疾"。这个画面我们也很熟悉，袁崇焕在几年前也下过类似的承诺，而今尸骨已寒，杨嗣昌的诺言不知能否实现，会不会也和袁督师一样不得善终呢？

与袁督师自知吹牛不同，杨嗣昌对三月平叛的估测还是有一定把握的，不论如何，崇祯准许他涸泽而渔式征收剿匪的饷银，就意味着他必须速战速决。崇祯十年（公元1637年）十二月起，在杨嗣昌"四正六隅十面网"的方针指导下，如火如荼的剿匪活动迅速展开，由于官军实力强大，各地方按计划精准打击，包括张献忠在内的几大农民军势力纷纷投降，引得河南、湖广一带形成大规模的招抚之风，剿匪初见成效。然而，李自成领导的队伍却在四正六隅的天罗地网中游刃有余地穿梭，他利用各地官军信息不畅、配合不足的漏洞，先是从陕西逃进四川，在四川攻城略地直逼成都府，继而在官军到来之前全身而退，又从四川溜回了陕西。李自成就像一个狡猾的泥鳅，在杨嗣昌的十面网中灵活游走，眼看着时间到了崇祯十一年（公元 1638 年）三月，杨嗣昌的诺言大限到了，可李自成还在逍遥法外，杨嗣昌无奈之下只好向崇祯承认自己未能完成计划，主动要求辞职，听凭君王惩罚。好在崇祯这次比较宽宏，他驳回了杨嗣昌的请罪，允许他再延长期限，只要能尽快剿匪成功，就不会追他的责。

杨嗣昌得到圣允，便认真总结三月以来对战农民军的经验教训，写成了一份《据报近日贼情疏》交给崇祯审阅，他指出，剿匪不力最大的原因在于地方将领表现太差，尤其是在西北主攻李自成的洪承畴，竟然能让他逃离数次，所以必须追洪承畴的责任，给他降低官职，如果能在期限内剿灭李自成就算他将功折罪，若是剿匪依然不力，则要进一步责罚。洪承畴得知杨嗣昌在崇祯面前如此参奏，又被降了官，心中很是不满，从此心中格外记恨他，想方设法联合朝中大臣给杨嗣昌捅刀子。但是归根结底，旨意是崇祯下的，皇帝向杨嗣昌点了头，洪承畴也没有办法，只能带着兵马将满心的怒气发泄在李自成的身上。崇祯十一年（公元 1638 年）从六月到十一月，洪承畴等将领带领官兵对李自成进行了刮地皮式的围追堵截，李自成在如此强势的猛攻之下，终于损兵折将，力量日渐衰微，最后在一次突围中惨遭失败，李自成全军覆没，身边仅仅剩了不到二十个贴身追随者。为了逃命，他不得不丢妻弃子，狼狈地与十几个铁杆逃进了陕西的商洛山中，这个故事大家可能都听过，叫十八骑入商洛山。

历史上的李自成就是这样，一个吃不饱肚子的小农将军，并不像评书里说得那般所向披靡，他只是那个时代一个典型的产物，要说江山易主的谋略，这位李闯王差得还远。他一直是这样打打躲躲，就像毛主席说的，不时地"暴动"而已。他之所以能掀了老朱家的字号，更多的原因是其他客观因素的偶然促成，当然，还有这个人好到诡异的运气。

洪承畴，如果是你，会怎么选择？

李自成暂时消停了，但并不代表崇祯就可以消停了，那些把李自成赶得嗷嗷直叫的将领们也没有任何喘息的机会，因为辽东又不太平了，皇太极趁大明在家里忙着打孩子之际，带着人天天挠人家后门。崇祯十一年（公元1638年），皇太极闹得崇祯实在受不了，因为八旗军的铁蹄已经快要伸到京城脚下了。皇帝决定从平定造反的成功将领中挑一个去东北平后金，这个被御笔钦点的将领，就是在平叛中战功突出、曾经的五省军务总督、兵部尚书洪承畴。

当时，洪承畴被授予的官衔是蓟辽总督，这个词大家看着应该是面熟的，因为当年袁崇焕干的和这个类似，洪承畴的心应该跟袁崇焕也是类似的，他相信自己扫荡中原民变的魄力一样可以在辽东爆发骇人的光芒。

1. 君恩深似海，臣节重如山

洪督师抵达之时，正是皇太极围攻松锦防线之时。因为孙承宗和袁崇焕当初打造的这条铁壁长城太坚固，再加上大明王朝特产的大炮一路伺候，皇太极再攻锦州，十有八九会重演他曾经的噩梦，这次他学聪明了，准确来说是有人教他学聪明了，这些教他的人，是来自大明投降的汉将，他们深谙大明的软肋，也了解皇太极长处，他们告诉皇太极，要打持久战，留在锦州用长久的方式围困，这样虽然久攻不下，却也可以曲线取胜。于是八旗军在锦州附近扎下了新根，不仅修城驻兵，还搞起了"圈地运动"原地种粮，打的就是心理消耗战。时任锦州守将的是著名的祖大寿将军，祖大寿看见皇太极在他脚底下自己动手丰衣足食了，连忙向朝廷打报告求援，朝廷就让刚来的洪承畴去救锦州之急。

其实大家应该也看得出来，皇太极在锦州门口种地又能怎么样呢，让他种去呗，反正城池他一时半会肯定是打不下来，洪承畴也是这么想的，他打算跟皇太极慢慢耗，锦州他不可能围一辈子，静待时机，伺机而动才是上策。不过中央可不这么想，崇祯这个孩子见不得他家门口有人造次，他宁可把眼珠子一下子抠出来也不愿意一颗沙子在眼睛里慢慢揉揉出去，他给锦州下了一封谕旨："克期进兵。"意思就是你看着赶紧跟他们干吧！当时的兵部尚书陈新甲为充分响应皇帝号召，还制定了一份详细的出兵计划给洪承畴参考。虽说将在外军令有所不受，但崇祯显然没有这样的高觉悟，他不仅给了洪承畴不合适的最高指示，还给锦州派去了一个监军，即看着洪大人的监视器，逼他赶紧出兵进攻。

出还是不出呢？按照实际来，明军跟八旗军打野战赢的几率几乎是没有，这在万历时期已经有过惨痛教训了，更别说到了崇祯这会儿战斗力又下了好几个台阶，但是按照局势来，上上下下盯着洪承畴出兵的眼睛不下十双，如果不打就是抗旨不遵，他，别无选择。

崇祯十四年（公元 1641 年）七月，轰轰烈烈的松锦大战拉开了帷幕，洪承畴带着十万大军跟皇太极玩儿命去了。在松山大战前，洪承畴曾这样鼓舞将士："守亦死，战亦死，如战或许死中求生，不肖决意孤注一掷，明日望诸君悉力而为。"看得出此时这位将军是抱了必死的决心上的，他也清楚，此番跟八旗军死磕胜算太小，只有孤注一掷才有可能出现奇迹。

另一方面，多尔衮将信息第一时间报给了皇太极，皇太极率兵亲自督战。八月，八旗军将松山、杏山要道全部围堵，洪承畴陷入"瓮中捉鳖"的困境，一时间松山孤立无援，四面楚歌。而他手下的各路将士，临了思考的都是到底逃跑还是投降，军心涣散，局面濒临失控。首先逃了的总兵名字叫王朴，这个名字终将被历史唾弃，当大家都指责洪承畴叛降时，不妨先想想这个让明军彻底崩溃的始作俑者，因为紧接着其他总兵也跟着纷纷逃跑。

战争的结局毫无悬念，明军大败，将士死的死逃的逃，只剩下洪承畴光棍一般守着最后的城池防线，朝廷给他的指示是，坚持住！后援马上就到！其实哪有后援呢？不过就是让洪督师能撑一会儿算一会儿自求多福罢了。洪承畴在城里撑了半年，想尽各种办法突围，却一次次失败，一向无所畏惧、叱咤风云的洪承畴此时真的是束手无策，原地等死而已，到底能等多久，听天由命。

2. 史鉴流传真可法，洪恩未报反成仇

结束的日子不远了，崇祯十五年（公元 1642 年），是洪承畴为大明死守的最后日子，他手下一名副将叛变了，将梯子偷偷放下城，将皇太极引进去，并把他的领导洪承畴献给了敌方。洪承畴的战败看起来真的十分儿戏，没有马革裹尸的悲壮，没有以死明志的忠烈，整个是被掳走了。

但是大明内部并不了解真实的情况，他们只有来自前线各种版本的传闻，有说洪承畴逃了的，有说他叛国了的，不过最多的还是相信洪总督已经"殉节"了，有从辽东回来的报告有板有眼地说，洪大人临刑不惧，只求速死。崇祯听说洪承畴殉国了，十分悲痛，他亲笔批示："承畴节烈弥笃……速与优旌，以慰幽忠。"并且高规格设置祭坛追缅，痛哭泪下。

令人哭笑不得的是，洪承畴并没有殉节，而是被皇太极掳走，在八旗军中百般劝降。关于劝降洪承畴的细节，自清代以来就有无数版本流传，没有人知道当时发生了什么，洪大人究竟是在怎样的威胁引诱之下投奔了他曾经全力对战的皇太极。有人说皇太极是在已经投降了的汉人文官范文程、张存仁等帮助下，寻找到了洪承畴的弱点，一举将他拿下的，因为洪大人在被俘虏最初还是相当坚强，

口中直称感念皇上恩遇，绝不背叛朝廷，宁可以发覆面，也不投降女真，就连清兵的大刀架在他的脖子上，他都面不改色。但是这个人貌似是处女座有洁癖，皇太极在派范文程劝导他归顺时，洪承畴的衣服上沾染了一点灰尘，他发现后立即伸手细细掸去，这个举动被范文程看在眼里，便胸有成竹地告诉皇太极，此人连衣服都舍不得脏，肯定更是百般惜命，果然，皇太极利用了他这个"内心柔软"的致命弱点，去看望洪承畴时，特意亲手给他披上了一件衣服，如此关怀像是打破最后一根防线的压力，洪承畴誓死忠于大明的心理建设顿时崩塌了，他深深感叹了一句"真乃明主矣"，便乖乖投降了。皇太极唯恐洪承畴会反悔，马上要求他进行剃发归降仪式，根据清朝史料记载，洪承畴被皇太极的宽容厚待感动得泪流满面，唯有一心向清，才能报答如此知遇之恩。

除此之外，流传最广的一种说法，就是皇太极的妃子博尔济吉特氏（又名大玉儿）被派去劝说洪承畴投降，这个说法主要是为了凸显洪承畴对清朝的重要性，实际可能性实在不大。只是历史纷繁却单调，英雄的故事中间总得有美人的参与才算圆满，博尔济吉特氏的传说一直都是民间津津乐道的热点，将她与洪承畴的叛降联系在一起，一方面是讽刺皇太极自私无情，为了事业不惜牺牲自己的女人，一方面又羞辱了博尔济吉特氏风流轻浮，名节扫地，竟能将自己轻而易举献给敌方降将，实在有辱操行，另一方面也嘲笑了洪承畴毫无准则，身为明朝大将却是个无耻好色之徒，一个"夷女"就能将其征服，不得不说为人所不齿。所以，这个故事更多的是为了满足大众的吃瓜欲望而捏造出来的"爽文"，虽然这份无边风月的确大料满满，但本着尊重历史的原则，我们还是看看说说就罢了。

洪承畴的叛降，在历史上引来了铺天盖地的骂名，如果说袁崇焕还是个有争议的民族英雄，洪承畴基本是个没什么争议的叛徒，不过他在崇祯死之前确实没为大明的覆灭踹过窝心脚，他是在后来清军处理南明的时候才出了力。但是皇太极要的也不是洪承畴帮他打什么实战，对于忠贞正气的大明，一个洪承畴这样标志性的人物的叛变，对于其精神上无异于毁灭性的打击，这就够了！有一副著名的对联：史笔流芳，虽未成名终可法；洪恩浩荡，不能报国反成仇（承畴），赞扬的是重节死去的史可法，讽刺的是贪生怕死的洪承畴。包括洪督师归顺了的大清政权，在乾隆皇帝时期编的《贰臣传》，也毫不留情地将这位投诚于他们的好朋友拉入了"不忠"的黑名单。

那么多人骂洪承畴，他不冤。不过我有时也会想，洪承畴所处的环境，的确有其为难之处，那么如果你是他，你又会怎么做呢？

洪承畴并不是一个天生的狗腿，他也是懂得忠君爱国、文人气节的士大夫，是熟背过仁义礼智、温良恭俭的读书人，考中进士及第登科，才进入到大明王朝的官僚系统，曾几何时也是提携玉龙为君死的优秀将领。到底是什么让洪承畴放下名节，低下头颅，偏偏就做了遗臭万年的叛国之将呢？除了他个人的贪生惜命，大明朝廷的状况应该也是让洪承畴决定背弃的重要原因。老东家太让人失望了，那一个看似意义深远的"家国天下"背后，是明王朝惨不忍睹、乌烟瘴气的真实模样，皇帝朱由检急功近利，朝廷上下腐败无能，洪承畴在松锦大战中的失败，与中央贸然武断地下错误的开战指令有密切关系，老话说将在外君命有所不受，可洪承畴在外却要一直提心吊胆着朝廷的喜怒，朝廷一声令下，前线将士就只能将错就错地去送死，这实在让带兵之人感到心寒不已。反观皇太极，同样是一个带队伍的领导者，这位后金的领袖冷静、睿智、善于将兵用人，无论是军事调遣还是运用谋略，都体现出来一个运筹帷幄的真正帝王不可多得的优异品质，抛去所处阵营不说，洪承畴作为一个久经沙场的将领，一定能够看出来皇太极的过人之处，并且萌生出难以抑制的钦佩之情，少不得在心里嘀咕一句"这要是我的领导那就好了"。

想归想，说归说，洪承畴还是不得不回过头来面对自己手底下这帮越来越不好带的明军队伍，自万历以来，大明边事频发，在若干场抵御外患平息内忧的大型战役之后，明王朝的军事实力非但没有愈战愈勇，反而一日比一日颓丧涣散，财政危机难以保证上兵们的饷银军衣，将领在考虑如何排兵布阵之余，还要提心吊胆会不会后勤断供、军队哗变，这样子的队伍带起来真的窝心，而到了崇祯时期，所有人都看出来明王朝日薄西山，愿意给老朱家皇帝卖命的人越来越少，地方上的巡抚、总兵，这些督略一方的重要大员，都经常会在大敌压境之前就丢盔弃甲逃跑，总兵一跑，士兵怎么可能有心思打仗呢？因此，洪承畴对这样的军事惨状简直不忍直视，他何尝不想带领一支团结一心、勇往直前的优秀队伍，为凌云壮志、建功立业而奋不顾身战斗，可这种想法几乎不可能实现了，明王朝的军队从北到南、从内到外，基本上都是溃不成军的恶劣之势，指挥起来冥顽不灵，人人似乎都怠懒而又虚弱不堪，积弊多得连改革都改不过来。洪承畴远远地望了一眼与之对战的后金八旗军，他们整装待发，纪律严明，当攻势一起，几乎人人都无所畏惧、冒死前进，这样的队伍谁不眼馋呢？羡慕归羡慕，洪承畴不得不赶紧把目光收回来，那可是他要面对的敌人，洪承畴巴不得他们死才对。

话说回来，要是洪承畴他自己此番对战后金失败了会怎么样呢，洪大人在心中不由得打了一个寒战，自古兵事向来以成败论英雄，败兵之将无异于丧家之犬，要遭到众人指责，甚至会被追责惩处，前辈的鲜血教训仿佛让洪承畴看到了自己并不光明的未来：袁崇焕，熊廷弼，杨鹤，熊文灿……这些人的悲惨过去让洪承畴感到心惊胆战，如果他也败兵于此，很有可能就会重蹈以上几人的覆辙。可洪承畴心里委屈啊，目前看来战斗失败是大概率事件，他就必须要为此负责任吗？毕竟财政、制度、军改等方面的问题是导致军队积弱的根本存在，这些担子全都让洪承畴一个人来背，洪承畴不愿意。如今明王朝暮气难鼓，困境重重，不说有没有发展前途，最起码眼前胜算并不大的战事就让他感到十分忧虑，他为之而战的明王朝，真的值得为之而战吗？再一想到战事结束后，回到朝中，那些只知纸上谈兵参奏个没完的言官又要以此大做文章，官员之间的水火不容竟要比战场还要可怕几分，想到这，洪承畴居然都不想回去了。

这是一个非常矛盾的问题，有一点像你明知道你的老板不靠谱，公司即将倒闭，还必须陪着它一起战斗到死，不能跳槽。但是洪承畴面对的抉择与普通人跳槽公司性质又不同，他背后背负的，不仅仅是明王朝的烂摊子，更是一个意义深远的家国、民族概念，洪承畴并不是个一般人，他是当时唯一手握攘外与安内两边战局的最高统帅，他引领着朱明王朝岌岌可危的黄昏最后的精神，他的身上有许多人倾注的许多感情，这一点，他的叛逃就足以引起代代的骂名。

在当时观念下，后金政权的势力，还是具有很强的外族侵略性质，洪承畴的投诚，不仅意味着他对于"一臣不事二君"理念的违背，更是对于整个汉民族的背叛，这是让所有人，尤其是明朝遗民无法接受的。明代士大夫情结尤为严重，就连没读过书的人，也知道贫贱不能移，威武不能屈，而洪承畴这样一个明明饱读圣贤之书的知识分子，到头来却屈膝向外、卖国求荣，实在是折损了读书人应有的气节，尽失了中华民族传承千年未有断绝的道德精神，相比于前朝东林党数名坚持正义之士，面对阉党的迫害尚能不改初心、卫道而死，洪承畴的个人素质和胆略勇气，就差了太多太多。

当然，当时的"汉奸"也不是那么好当的，洪承畴在叛降之后，始终生活在唾骂和折磨当中，哪怕是他后来效忠的清王朝，也对他的半途改节感到不齿，清朝修史时，将包括洪承畴在内的这些个投降之士全部列入了《贰臣传》，描述其生平经历也是极尽轻鄙之词，可见无论是汉人还是满人，都认为背弃旧主之行为比较羞耻。虽然洪承畴在松锦之战后又获得了几十年的时间续命，但是这几十年他大概是倍感煎熬，心中苦楚，难有知己。到了后来康熙帝论功排辈，洪承畴也只排了一个三等轻都尉世职，比起他在崇祯时期受到的重视与皇恩，实在是差得太远，即便洪承畴后来也为清王朝扫平障碍、巩固统治做出了不小的贡献，康熙帝的论功不得不说有人品考量在其中。

历史的车轮早已碾过，古人的是非功过自有后人代代评说。关于洪承畴的选择，各种声音不绝于耳，臭名昭著的"汉奸"之名究竟是罪有应得还是道德绑架，洪承畴究竟应该被当作一个有血有肉的普通人，还是背负着中华民族精神包袱的代言人呢？大家不妨也想想，如果你是洪承畴，面对无力回天的颓势与难以舍弃的情怀，你会怎么做呢？

"八大王"张献忠

1. 长相特异，怒举反旗

说了李自成，不提他"兄弟"张献忠好像就有点不好意思了。咱得讲讲这个大活宝。

张献忠这个人的存在说大不大说小不小，整个晚明的故事，他就像一个难听的插曲，因为运气不错，在造反大军当中算是个坚持得挺久的头目，他跟李自成看起来是一根绳子上的蚂蚱，但是两个人也少不了在一根绳子上不遗余力地互掐。有人还把张献忠比作大明开国皇帝朱元璋，不知道这是哪门子扯上的比喻，除了二人都是造反起家外，基本上是难以同日而语的。张献忠的目光和见识，也就停留在打打闹闹上面，要上升到开国治平的能力，实在是没有任何可圈点之处。我个人不太感冒这个造反头子，不仅因为他对于杀戮和血腥有难以抑制的热情，（有时候简直就像个疯子）更是因为他这个人的人品和德行实在不怎么样。不过这个人确实存在过，也在历史舞台上扮演过一定重要的角色，尤其在最后，他是抱着联明抗清之心北上作战的，不得不说张献忠还是有着国家民族的意识，这一点比起背叛旧主的洪承畴来，当然是令人钦佩的精神。所以，我们还是要来看一看他的故事，权当是对这段纷杂历史的纪念吧。

张献忠和李自成是陕西老乡，这一点很正常，当时造反人士大都出自陕西，因为陕西闹灾荒闹得太厉害，人们吃不上饭当然要造反。张献忠最初是在延绥镇做过小吏，后来参军做了军人，因为杀人犯了法被逮捕，结果当时的主将官是个外貌协会的，还是个口味很重的外貌协会的，他觉得张献忠长得很有特色，就想去求上司饶他一命，或许他以后能成为一个出色的将士。这一件事让我一直很诧异，原来长得奇怪还可以杀人不犯法！大明律到最后已经这么没用了吗？大家不妨回忆一下《水浒传》的相关内容，是不是感觉情节很眼熟？文学创作的背景是现实，看看明史再看当时的小说，这体会就更深了。

那么这个张献忠到底长成了什么样子可以杀人不犯法呢？史料记载他"身长瘦而面黄，须一尺六寸，僄劲果侠，军中称其为'黄虎'"。就是说他这人瘦高，脸色很黄，还有很长的胡须，像老虎一样，大家都叫他"黄虎"。脸色黄应该是因为吃不饱饭或者肝有毛病，鉴于当时人都吃不饱，张献忠应该是黄比常人，而且他之后邪火极大，估计是肝火过旺的临床反应。我大概想象了一下，他长得瘦高，脸上还有长须，大概形状类似跳跳虎，感觉确实是挺奇特的。可就在外貌协会的主将官准备向上级禀报要不要将张献忠放了的时候，这位形态异常的"跳跳虎"已经跑了。崇祯三年（公元1630年），张献忠也在米脂走上了造反这条不归路，他首先带着一众追随者投奔了势力尚可的王嘉胤，表示愿意响应其造反理念，很快便被收入在编。张献忠勇猛善战，在王嘉胤旗下表现突出，很快就自成一军，他为自己起的霸气名号"八大王"也随之愈发响亮。八大王张献忠就这样带着一溜部众先后转战陕西、河南。因为此人格外勇敢、力大无穷，属实没辜负他那百年难遇的特异外貌，很快就拥有了上万的追随者，成为秦陕大地上赫赫有名的一支强大力量。

俗话说"英雄识英雄"，共同奋斗在造反一线的各个力量当然也会有交流学习，张献忠和李自成就常有交集，那时候李自成还算是就职于高迎祥帐下，他们带着自己的队伍共同转战，共成大业。其中最为著名的当然就是去凤阳做了一次相当不厚道的"考古"工作——三人共同战入安徽，到凤阳把崇祯老祖宗的坟给刨了。刨了皇帝的祖坟，绝对不可原谅，当然会受到最严酷的惩罚。崇祯九年（公元 1636 年），高迎祥在官军的精准打击之下彻底垮掉，这个昔日的闯王被崇祯下令千刀万剐，也许只有这种极厉的酷刑能够让皇帝发泄祖坟被扰的耻辱。

2."八大王"投降受抚，大丈夫能屈能伸

高迎祥的溃败只是一个开始，紧接着，朝廷启用杨嗣昌确定"安内方可攘外"的方针，把所有力量都用来对付流窜各省的起义军，张献忠队伍庞大，最引人注目，很快就成了"四正六隅"重点网罗的对象，主要对付他的是杨嗣昌钦点的将领熊文灿，以及在辽东战场和八旗军玩过命的左良玉。张献忠一直以来便是以打游击为主要战斗方式，他和他的部众专注于寻找明军守卫的薄弱环节，一旦得手便烧杀抢掠一番而去，不是在抢劫就是在逃跑，丝毫没有什么章法可言，所以，当遭遇熊文灿、左良玉领导的正规军队时，张献忠的农民军便瞬间溃败，就连他自己也在混战当中受了重伤，力量衰弱到极点。受到打击的并不仅仅是张献忠，全国各地的农民军都在杨嗣昌的大网之下纷纷败走，看到昔日的战友一个个被朝廷招安，走投无路的张献忠也决定屈尊投降。关于是否招降张献忠的问题，朝廷还起了一番争执，杨嗣昌充分吸取他父亲主抚失败的教训，深知起义军反复无信，投降之后随时可能东山再起，力主彻底剿杀，但是熊文灿却认为应当及时放下屠刀，招抚即可，随后熊文灿的想法被崇祯认可，张献忠就在官军的宽容下保住了性命。后来的事实证明，杨嗣昌的想法是对的，而熊文灿则为他错误的抉择付出了惨重代价。

既已投降的张献忠却并没有安分守己，除了顺水推舟帮朝廷招降了一支首领名号"曹操"的义军外，就借着熊文灿给他的保留旧势许可悄悄恢复实力，这一段时光应该是张献忠起兵以来过得最安稳的日子了，但是他天生好斗、野心勃勃，安稳的规律性生活根本拴不住他跃跃欲试的身心，接受招安只是一时的权宜

之计，在他的脑海里，依然挥之不去曾几何时惊心动魄的"流寇"时光。崇祯十一年，处于人生低谷的李自成来找他，张献忠乐呵呵地调侃道，李兄，不如随我降之，何苦仆仆奔走！然后二人心照不宣地笑了，李自成也再清楚不过，这家伙受抚就是临时选择的退路，他脑子里真实所想，一定满满的都是哪天东山再起。

3. 张献忠反骨再现，杨嗣昌含恨九泉

一年多之后，张献忠就缓过劲来了，这一年余的"宁静"并没有磨平他的反骨，而是让张献忠更加思念从前打家劫舍的刺激生活，虽然熊文灿接受了他的投降，但他毕竟起于草莽，又毫无背景实力，所以饱受明方文臣武将的欺凌，地方官贪得无厌的敲诈勒索让张献忠尽知朝廷腐败，他心怀无比坚定的信念，很快带着旧部重新走上了跟朝廷分庭抗礼的反叛之路。张献忠背信弃义，再次起兵之事传到了京城，崇祯惊怒交加，他立刻将罪责都归结到了当年招降张献忠的将领熊文灿身上，熊文灿后悔当年没杀了张献忠却为时已晚，他被暴跳如雷的崇祯下狱处死，下场极为悲凉。张献忠春风吹又生和熊文灿惨遭惩处让杨嗣昌感到十分后怕，张献忠复反意味着他曾经夸口的"十年之局可结"目标破灭，熊文灿则是他一力举荐"非此不可"的将领，不过崇祯对杨嗣昌格外爱惜，不仅没有治他的罪，反而将平叛的大旗权交由他手中，赐予尚方宝剑，鼓励他重整旗鼓，一举荡平流寇之患。

再说张献忠，在遭遇过明军的强力打击和受抚招安以后，"八大王"学聪明了，他看出官军虽力量强大，内部却矛盾重重，调兵遣将程序烦琐，而他的农民军却可以发挥灵活机动的优势，占据游击的主动权。虽然最初张献忠的队伍依然在杨嗣昌的打击之下抱头鼠窜，但是很快他就找到了对战官军的窍门，杨嗣昌与将领左良玉、贺人龙配合不佳，"十大网"出现了漏洞，张献忠便趁着这漏洞溜出了明军的包围圈，也是拜我们大明王朝奇葩的灾荒所赐，这期间总有数不清的

流寇队伍加入到新的作战行列中来，这让张献忠不仅保存了有生力量，还一路上收纳了不少新的士兵，势头越来越大，他们在杨嗣昌眼里就像一只恼人的蚊子，怎么也拍不死。不久张献忠带着队伍跑进四川，连取蜀中数地，并将这里作为了根据地准备转向集中作战，杨嗣昌就一路跟着张献忠跑到四川，比起之前十张大网坐等收敌的安然，此时的杨嗣昌已经全然丧失了优势地位，反而被农民军牵着鼻子跑，张献忠笑着讥讽他"好个杨阁部，离我三天路"，杨嗣昌也在平叛的路上越走越疲惫，不仅是张献忠，李自成也卷土重来，他们就像蝗虫一样，见缝插针地席卷着中原大地。

崇祯十四年（公元1641年），张献忠领兵出川，一众起义军直奔襄阳城。只因这襄阳城是杨嗣昌作为大本营的关键地，讨伐义军的后备力量都储存于此。张献忠的速度极快，还没等杨嗣昌反应过来就攻克了襄阳，可惜这最重要的后勤所在竟是这样薄弱，一击即溃，张献忠当时就将襄王朱翊铭及其子贵阳王朱常法作为战利杀害于城上，又将城楼尽毁，相当于将杨嗣昌处心积虑设计的"四正六隅十大网"彻底打破，襄阳一战是张献忠自起兵以来最傲人的一番成绩，他终于刷新了以前即抢即逃的流浪战术，给了大明朝廷结结实实的一记重击。

杨嗣昌在得知张献忠竟然攻破襄阳，还将襄王、贵阳王杀掉了时，一阵恐惧加绝望袭上心头，他最终还是在剿匪的大业中失败了，本以为三个月能够尽清流寇之患，没想到这么多年过去了，居然眼睁睁看着他们越坐越大。杨嗣昌感到异常疲惫，这几年的军务已经耗尽了他所有的精力，他辜负了崇祯帝一片殷切的期望，不知是出于惶恐还是愧疚，杨嗣昌在张献忠攻破襄阳之后就再也没能起来（有说因病而死，有说自杀而死），这位用尽半生呕心沥血设计平乱之策的大明功臣，最终没能看见四海升平海晏河清的情景。

有人说，崇祯一朝亡于流寇，这话说得其实也是比较有道理的，张献忠等人有着小强一样旺盛的生命力，像蛀虫一般啮咬着大明王朝内部的中枢结构，他们还不断将新的流寇吸纳进去，最终成为燎原之势，这是令朝廷苦不堪言的噩梦。

4. 起于青萍之末，止于草莽之间

虽然我们的八大王大人在襄阳杀了众多皇亲国戚非常畅爽，但是他的处境也更加危险了。崇祯急切地要给自己的叔爷报仇，很快找到了人代替杨嗣昌。张献忠为了防止接下来被官军再打得四分五裂，他开始准备借助外力了。此时是崇祯十四年（公元 1614 年），李自成经过一段时间的休整，也再度出山，而且势头比原先更加强劲。张献忠便想办法要和李自成借兵，估计是仗着自己曾在他落魄时请他吃过饭。可是李自成显然没感觉到当年的饭吃得有多愉快，他冷冷地回绝了张献忠的要求，并且还想干掉他，收走他的势力以自重。这对于火爆脾气的张献忠来说简直是耻辱，他忍着怒气回去略作整顿，随后便一举闯进李自成的地盘，占领了李觊觎已久的汉阳。自此，二人正式决裂，李自成以千金收购张献忠的脑袋，张献忠对于李自成也是恨得牙根痒了。

到了崇祯十七年，李自成攻入了北京，直接在北京称帝，居然还像模像样地定了国号，改了年号，煞有介事的样子真挺像那么回事。这让张献忠相当不服气，要论军事实力和影响力，他"八大王"可一直都在李自成之上，没想到眼光不够长远，谋略有所疏忽，竟然让这个家伙抢先一步获得了大势。于是，张献忠也打算安定力量，取一个能为长远作战提供大后方的基地，再慢慢攻城略地，直到一统天下。张献忠看上的还是四川，他不久就将四川全境基本攻下，像李自成一样，在成都也宣布称帝，改元大顺，国号大西。然而这个人称帝的含金量有多少呢？我给大家晒一篇张献忠下过的诏书：

"奉天承运，皇帝诏曰：咱老子叫尔不要往溪中，尔强要往溪中，果然折了许多兵马……钦此。"

言简意赅，通俗易懂，情感迸发，不拽文不矫情。好文采！

发这么样的诏书的一个造反头子，在四川称帝后能干什么呢？既是称帝，就要和以前做草莽头子有所不同，他首先给自己起了一个比八大王还要霸道的大号

"老万岁"，然后就在蜀中大建宫殿，仿照明朝宫廷一般富丽堂皇。"后宫"充盈了几百位抢掠而来的姑娘当嫔妃，还给自己的兄弟亲信都封了威风凛凛的大官，众人往"金銮殿"里面一坐，还真是"挺像那么回事"。不过，张献忠的"建国称帝"仅仅是如同儿戏，他的眼界、能力、谋略，均停留在土匪的水平上，难以支撑起一国之君的重量。在张献忠的侵占下，四川一地可谓遭了大殃，张献忠残忍暴戾，他一有不满便要屠杀泄愤。据记载，因张献忠治理能力实在有限，很快川地就陷于混乱，为了镇压不满于他的百姓，张献忠便在天府之国四处屠城，以此来发泄他排不完的肝火。他个人的无端情绪，还有对李自成的嫉妒不满，都成了他大开杀戒的理由，如此行径，无疑是个变态的疯子。不过现在也有一些证据表明，张献忠其实并没有屠川。事实究竟如何，我们很难知晓，但不用怀疑的是，张献忠此人起于草莽，最后也只能终于草莽，君临天下并不是任何一个能聚众起兵者就能做到的。

到了公元 1644 年，清军入关，大明王朝最终没有抵抗过女真的铁蹄，八旗军还是踏上了中原的大地。对于当时人来说，还没有"五十六个民族五十六支花"的概念，清军入关无异于外族入侵，张献忠骨子里的气节好像也苏醒了，他开始带着他的造反大军跟八旗队伍死磕。结果不用想也知道，他们毕竟是杂牌的队伍，连烂透了的明朝官军都打不过，又怎么可能抗得住辽东铁骑的攻势呢。公元 1647 年十一月，张献忠被雅布兰毙于凤凰山，结束了他传奇而疯狂的一生。值得一提的是，后来张献忠的"大西政权"还流亡了二十年之久，他的部众多加入反清复明的战斗中，他们曾经全力捣毁的大明，竟有一天又成了团结他们的旗帜，历史真是螺旋形发展的。

最后，再让我们回到尚在挣扎的大明王朝吧，而今局势已经相当严重，随着农民军的肆虐，清军的压城，大明还有多久的寿命呢？还有没有人愿意为这个苟延残喘的王朝做出牺牲呢？

大明末路上的悲壮英雄

　　的确是，崇祯一朝，似乎每一个迹象都在不遗余力地证明着这个时代即将"亡"的命运，每一件史实都像是临死前的回光返照。许多人都看出来了，他们左顾右盼地寻找着自己的退路，准备随时撤离，比如那些朝廷上一面敛财一面乱喷的言官；也有许多人失望了，他们选择了为自己的生活而不是为民族的气节，比如洪承畴。但是还有一部分人，他们用最后的余热固执地保卫着他们深深热爱的国家，和誓死效忠的君主，他们像飞蛾扑火一般试图阻拦历史滚滚向前的车轮，最后只剩得一身污血、一脸尘埃。他们是大明末路上最悲壮的英雄，是那个政权下无力回天的赤子，虽然不可能改变什么。但是我们最好铭记他们，那是一种精神和能量。

1. 男儿何不带吴钩，收取关山五十州

　　我要讲的这个人，不太出名，对历史不太感兴趣的朋友可能都没怎么听说过，因为他着实没能掀起什么转折性的大波澜，不是袁崇焕那样有争议的将领，也不是洪承畴那样无争议的叛徒，他只是个悲壮的末路英雄，牺牲在抗清沙场上的一名总督，卢象升。

　　卢象升很年轻，是天启二年的进士，虽然是文官出身，却爱好习武，骑射功

夫了得。正值明末各地战事吃紧，急需要上阵打仗的人才，因为农民起义军搞得陕西湖北等地十分不太平，当地的地方官性格又都以懦弱胆小为主，时任大名三府兵备道的卢象升就因为行事果敢、治行卓异被皇帝看中，去治理闹乱最严重的郧阳。卢象升接到调令后，在一月之内便完成了交接大名政务、赶往郧阳、完成对接工作等一系列复杂的手续过程，效率之高让人叹服。

卢象升在战场上最初崭露头角是在崇祯八年（公元1635年），我们应该还记得，在那年，高迎祥、李自成、张献忠闯到了凤阳崇祯的老祖坟所在地，刨了个倍儿爽后跑路，崇祯气得几乎吐血，立刻调集兵马剿匪，以报刨坟之仇，这被调集来的将领，一个是洪承畴，另一个就是卢象升。当时的兵部尚书要求洪承畴堵西北，卢象升管西南，合夹流寇，一举歼灭。卢象升接到命令的时候是很惶恐的，因为农民军的规模非常大，虽然作战水平不能和官军相比，但是气势和群众基础着实不能小觑。而他的搭档，洪承畴则是一名久经沙场的老将，他自感见识不及洪承畴的十分之一，才力精神更是不敢相比，这是去当"猪一样的队友"的节奏啊！不过崇祯显露出了一贯的慈祥，象征性鼓励了几句，还是赶鸭子上架了。和前辈们一样，卢象升士为知己者死，悲壮地去了。

眼看没别的选择，卢象升便全神贯注准备起剿匪的大事来。高迎祥一行从华阴过朱阳关，进入了河南，张献忠为迎接他也赶往河南，双方胜利会师，直逼重镇洛阳。卢象升瞅准了这个机会，先带人到汝阳守卫，彼时高迎祥等部已是百里行军疲惫不堪，官军一举出击，阵仗涣散的农民军一打即散，随之退却，卢象升赢得了首胜。这场胜利并没有让明军松懈，卢象升很清楚，农民军力量极大，兵源极广，高迎祥的势力不是他和洪承畴一下就夹逼得动的，他不断地鼓舞士气，在士兵中间不分你我，每每亲自上阵督战。崇祯九年，高迎祥出兵滁州，卢象升带人阻击，双方大战，战中农民军一些小首领被击毙，之后队伍就开始松散，卢象升乘胜追击，歼敌无数，据记载，当时河当中都堆满了尸体，以致水流受阻。农民军溃散逃离，折向河南，然而卢大人早料到他们的逃亡路线，布好口袋阵迎敌，大胜农民军。这一仗，高迎祥损失惨重，精锐耗尽，也使得卢象升初有成就，与洪承畴并肩在剿灭流寇"安内"的大战上获得了成绩。

官军势如破竹，卢象升本在安内的大业上聚精会神地跟流民们死磕，却被最新的局势改变了命运。这个最新的局势就是，皇太极又来串门了。这几年清军相对来说是消停的，袁崇焕关宁防线的坚固还是起了很大作用。不过这种安静肯定是暂时的，不提野心，就凭这些关外大爷贫瘠的物资，他们也得时不时来大明问候几声。崇祯九年，清军越过长城，直逼京师门下，崇祯皇帝这几年光顾着在家里打孩子，都快忘了还有这么一位难缠的穷邻居，他紧急戒严京城，然后把能调来的总兵都调来了。出了这等大事，中央什么反应呢？总不能皇帝一个人着急吧，中央的言官立即不负众望地骂了起来，首当其冲的便是兵部尚书张凤翼，不得不说这次言官骂得是有道理的，因为这个张凤翼本来就是个软蛋，他在漫天的骂声当中哆哆嗦嗦上了抗清战场，和他一起上的是比他还要软蛋的宣大总督梁廷栋，这哥俩听见八旗军的名字就已经尿裤子，更别说杀敌了。就这样，短短几月内，顺义、永清到定兴接连失守。

崇祯桌子上的弹劾奏疏已经像乞丐的头皮屑一样，纷纷扬扬了。

这哥俩也知道自己的前途，看看袁崇焕、杨镐也够了，他们都服下了慢性毒药，选择了一种相对舒服的方法等待死亡。

这一件事让崇祯意识到了边境的重要性，他马上将剿匪有功的卢象升调到宣大总督的位置上。要说崇祯这孩子也真不容易啊，手底下绝大多数都是草包，能用的人恨不得拆开。这一无奈之举却也导致卢象升苦心经营的安内良好之势就此流产，中原战局就此更加恶化。所谓明亡于流寇的悲剧由此注定。

2. 人生自古谁无死，留取丹心照汗青

崇祯十一年（公元 1638 年），多尔衮率领清军联合蒙古再次南下，中央不得

不再次戒严京师，召开大会。卢象升再一次表现了他果敢干脆的个性，直接甩出四个字："臣意主战。"这使得局面尴尬起来，因为当时的辽东监军太监高起潜一力主和，崇祯虽然做梦都想拍死那帮鞑子，却也心里没底儿，听到卢象升有主战的意思，他还是很高兴的，于是送了卢大人很多物资鼓舞其上战杀敌。

十月，清军临近通州，卢象升集结兵力夜袭敌营，他的鼓励誓词也是一贯的干脆利落：

"刀必见血，人必带伤，马必带喘，违令者斩！"

本是个很阳刚的计划，却被太监监军高起潜从中作梗，他很怀恨卢象升跟他唱反调，于是在夜袭的晚上暗暗调走了接应的指挥官，本来夜袭出战相当漂亮，却被这个死太监鼓捣了一下满盘皆输。不了解情况的京师又传出了流言，大家纷纷猜测，夜袭突然失败是辽兵倒戈叛变。

卢象升大概气得要喷火了，这才是真正的猪一样的队友啊！我们看看大明最后的故事，就是因为卢象升这样的将领太少，而"猪"太多，猪的存在却是国家存亡的胜负手——多么讽刺！

不过事实无可争辩，卢象升败了，崇祯一怒之下将其革职，换上了内阁首辅刘宇亮。兵部尚书杨嗣昌出面反对，他说卢象升依然可用，不然一时兵将不识，更要坏事，不如要卢大人戴罪立功任用。崇祯勉强同意，却降了卢象升的衔，并且还是让他和猪一样的高起潜搭档。

卢象升当时肯定要绝望透了，但是君命难违，他只能孤注一掷上路。那是崇祯十一年十一月。卢象升抱着必死的心由涿州前往保定，调集各路将领出兵，接着，他忍着巨大的恶心亲手给高起潜写了一封言辞恳切的信，希望他也能不计前嫌派兵增援。这个死太监不仅不配合，反而慢慢退去，明显是表示，他不打算合作。卢象升长叹一声，走出营帐，他认真地整好衣冠，向紫禁城的方向缓缓拜谒，最后向皇帝敬了一个完整的大礼，然后回首向将士们和群众大喊，"你我同受国恩，不患生死，只愿马革裹尸为国捐躯，余战数十，今食尽力穷，死在旦夕，不劳父老矣！"动情处涕泪俱下，群众亦哭声震天，送别这支注定有去无还的大明子弟兵。

崇祯十一年（公元 1638 年）十二月十一日，巨鹿县，卢象升带兵与清军做最后的鏖战，他们射光了最后一支箭，砍断了最后一把刀，卢大人身中多箭，身负重伤，依然在发出坚强的呐喊，直到他的喉咙发出最后一个音节，从他眷恋一生的马背上跌下，年仅三十九岁。

风雨飘摇的末世，有人说这时的历史总是英雄的历史，其实并不是说这个时候少数人可以操纵时间的进程，恰恰相反，他们是那样悲怆地无法力挽狂澜，只是在结尾苍凉的背景下，这些个别人的身世才更加凸显出格格不入的烈艳。

卢象升战死那时，正是黄昏日落，残阳如血。

崇祯皇帝的朝廷

讲了好久的人物故事，这次终于要回到咱们大明王朝中心的男主角身上了，亲爱的读者们，你们惦记那个年轻皇帝朱由检了吗？从前面的故事中，大家一定可以感受得到，崇祯的日子着实不好过，层出不穷的流寇和日益壮大的皇太极，世界末日一般的灾荒和岌岌可危的政权，任何一个都是挑战崇祯精神底线的大刺激，我真的觉得这个小伙子整个人没有崩溃是个巨大的奇迹。面对全国令人惨不忍睹的局势，崇祯和他的大臣官员们又是怎样表现的呢？

崇祯的朝廷和他的天下一样没有让大家失望，它相当对得起观众地呈现出了混乱到精彩的局面，将一个末世的萧条淋漓尽致地表现了出来。

先说小朱面对的整个摊子，他爷爷万历费了毕生的精力把国家整个系统整垮，他的哥哥携手魏忠贤把剩下的部分继续毁掉，他的任务就是把这一堆废墟用最快的速度恢复成广厦良殿，当然，这期间还有无数不断给他捣乱的外力。看起来这孩子基本上是做不到了，他能做的。就是尽力修补，延迟他的帝国灭亡的脚步。

1. 宵衣旰食求诸己，朝乾夕惕图焕新

崇祯帝的背水一战，从清算了阉党之后便轰轰烈烈地开始，企图在全面既倒的大明王朝力挽狂澜。起初，他对自己的要求是以古代贤君为榜样励精图治，所

以，自律和辛勤就成了崇祯首要追求的品格。他将万历和天启形成的怠懒、荒芜之风全面整改，彻底消除万历怠政时期的"三不"（不上朝，不见大臣，不祭祀天地、祖先）恶习，凡事只要有条件必要亲力亲为，散漫了几十年的朝廷突然之间就紧张起来了，崇祯把有限的时间全部投入到无限的救亡图存当中，他常常早上天不亮就起来准备上朝，晚上要到很晚还在批奏章，因为睡眠时间严重不足，他甚至在拜见太妃的时候过于疲惫，没坐一会儿就睡着了，大臣们仿佛看到了几百年前那个"百僚未起朕先起，百僚已睡朕未睡"的太祖朱元璋。而万历以脚疼为借口无限期停止的祭祀活动，崇祯则十分挂心，为缓解明末异常严重的自然灾害，他一面不断发布罪己诏，一面忙着到南郊祭祀天地，祈求风调雨顺，为显诚意，崇祯还亲自步行去，比起万历简直是良心到家了。除此以外，他还保留了在王府时勤俭节约的好习惯，金银器皿改为土陶器皿，后宫嫔妃的衣服也不能更换过于频繁，日常吃食但以果腹为标准，与他爷爷那个贪吃的胖子相比，光是御膳就省下来百分之九十九的开销。崇祯从自身开始，严于律己，他是真的发自内心想要成为一名好皇帝，最起码晚睡早起这一点对一个二十多岁的男青年来说，就是个相当艰巨的挑战。

人的努力最先感动的就是自己。崇祯的自律给了他自己莫大的信心，既然我做领导的都如此拼命了，下面怎么能允许混吃等死不干工作的闲人存在呢？于是，崇祯第二步就将人事调整作为改革的重点，他改革的关键就在于两个字"破格"，以往的祖制、先例、资格、科举，都能不作为崇祯用人的限制，后来他甚至到了为了破格而破格的地步，丝毫不考虑渐进性，只要是他看上的人，一夜之间官居高位都是有可能的，崇祯一朝光是从举人直接成为巡抚的就有十个，充分体现了大刀阔斧不受拘束的决心。于是崇祯统治时期的官僚系统，常常会因为他的好恶恩威而发生大的调整，虽然他破除旧制的出发点是好的，但是"唯才是举"的标准完全来源于皇帝本人的判断，同样有可能导致用人的失误。

最后，崇祯还在财政系统费了不少功夫，因为他的爷爷和哥哥在位的时候挥金如土，国库到他手里面的时候已经见了老底。一个没有钱的国家什么也干不成，崇祯早早就发现了这个问题，当他每每想要做点什么大动作的时候，总会因为缺钱而难以施展，大臣们送上来要钱的奏本堆成了小山，剿匪要花钱，赈灾要花钱，堵住门外要来抢劫的女真大盗要钱，就连养京城里那一帮无所事事的皇亲国戚也得花不少钱……崇祯恨不得把自己的一日三餐都省下来充盈国库，可是省能省出来多少呢？一场旱灾过后，十万帑金砸到灾区也不过是杯水车薪，还不够一个省的灾民填一个月肚子的。后来为了集中力量赶紧平乱，崇祯不得不加派了更重的赋税，顿时民怨四起、骂声不绝，让本就涣散的民心更加动摇；为了能从国家支出里面挤出来不必要的开销，他还下令裁撤驿站，驿站的钱是省下来了，可失了生计的驿卒们却怨声载道，在穷途末路之时便也加入叛乱的队伍中去，形成一条可怕的恶性循环链。仿佛是走进了无底洞，崇祯简直难受到心底里面去了，可是他有什么办法呢？钱、钱、钱，怎么什么都要钱呢，一国之君为了钱愁到这个份上也真是没谁了。后来为了尽可能为平乱赈灾筹措费用，他甚至低声下气去求那些富可敌国的皇贵亲族拿出来点私有财产共度国难，但是响应者寥寥无几，崇祯既绝望又无奈，毕竟有钱人比贫民更得罪不起，拿上流社会开刀无异于在自己身上割肉。

就这样，崇祯的确花了很大工夫想要改变现状，但是收效甚微，这个踌躇满志的年轻人在命运的毒打之下第一次认清惨痛的真理：只有真正努力过的人，才能知道并不是所有付出都有回报。朝政的重重弊病就像一杯辣酒，把崇祯呛得泪流满面，他想要让老朱家的烂摊子在他手里枯木逢春，他做梦都想，可惜的是，他没做到。他做的只是加速了这个时代的终结。

2. 一叶障目，不见泰山

毫无疑问，崇祯是个努力向好的辛勤皇帝，他甚至比明朝绝大部分的君主都爱岗敬业。用现在粉圈常说的一句话是"他真的已经很努力了"。但是也正是这份废寝忘食的奉献精神，让崇祯陷入深深的自我感动中，其实回过头来看，他所做出的努力收效都很有限，前辈挖的坑太深固然有原因，但他本身也并不是如他自己所认为的那样完美，明思宗的求治之路上，暴露了他难以忽视的性格缺陷。

首先，崇祯在改革救亡的过程中太急于求成，面对朝廷的困境，崇祯表现出来的是非比寻常的焦急。他的焦急确实不是不可以理解的，内忧外患像大山一样沉重，白天看完一车一车报忧的奏折，晚上估计是夜夜辽东入梦来，而且别忘了，他也还是个十七岁的孩子，搁在今天都是稚气未脱的未成年人，哪怕再具备出自皇家特有的早熟，也无法拥有颠覆时间的老辣，他带着刚刚走出青春期的稚嫩，大脑里是和同龄少年一样的冲动急切，虽然他做梦都想把事情处理好，但是强烈的渴望只会让他的内心比原来更为焦虑，这种焦虑表现在朝堂之上，就变成了一种急功近利的武断。崇祯自扳倒魏忠贤后，收到了朝野上下一致的五星好评，这个皇帝就像个小孩子一样，试图更快更好地向天下证明自己还能干出更好的事。比如他任用袁崇焕的时候，急得诏书一封接一封往袁老师家快递，恨不得袁崇焕马上就能披挂上阵、收复辽东，再比如洪承畴保卫锦州的时候，他猴急地给下了一封进兵的诏书，让洪承畴别无选择，贸然进兵，结果松锦战败，洪承畴还叛国了。他还是太缺乏一个君王应有的冷静和成熟，遇到事情靠着自己的直觉和想象，一个冲动就下令，然后要求他的朝廷以超能量的速度做完，做不完就发脾气。他的要求往往不考虑现实，这导致大臣们越来越不敢接手工作，生怕完不成目标就人头落地，古人云成大事者必得有卧薪尝胆、铁杵成针的忍耐力，崇祯帝道行未免太浅。

这样的焦急，给崇祯一朝的政治造成了比天启时期还乌烟瘴气的局面，在崇祯眼里，这帮大臣吃他给的俸禄就都应该是万能的，如果做不到万能，那就一定是无能，无能就应该挨罚。大臣们都发现，当崇祯决定任用一个人的时候，可以把他捧得很高很高，但是让他觉得你没有他想象中那么完美时，他会毫不犹豫将你摔得很惨很惨，崇祯在位时光是总督就杀了七个人，还有的因为恐惧皇帝清算提前自杀了，所以大部分官员开始采取一种庸庸碌碌不加作为的策略，明哲保身以求安宁。看着这些大臣日比一日的麻木，让急得跳脚的崇祯更加怒火中烧，他坚信这帮臣子都是傻子，于是比以前更为严苛地对待百官，如此恶性循环，崇祯剩下的，便只有一身完全无用的焦虑和狂躁。

3. 忙时心则乱，闲时心则空

王阳明的心学有一大讲究："忙时心不乱，闲时心不空。"可崇祯的表现却是完全相反，眼前大厦倾颓的困境让他阵脚大乱，与其说崇祯在尽力解救明王朝的统治，不如说他是在尽力解救自己。因此他的惶恐与不知所措，导致的下一个性格缺陷就是多疑。《明史》评价他的一句话相当合适："性多疑而任察。"多疑到他的世界只有他自己。干掉魏忠贤之后，他的朝廷并没有就此安宁，东林党卷土重来，党争问题只是换了一种形式，依旧如火如荼上演，不久之后，也就是在崇祯二年，朱由检就因为不信任朝廷官员而重新启用宦官了，是的，就在他咬牙切齿地发誓整死这些死太监后的第二年。他用宦官干什么呢？和以前一样，当眼线。因为他怀疑那些生理正常的官员背着他不好好干活，贪污军饷，于是他派出了太监做监军，就是监督军队的事宜。崇祯二年末，他让司礼监太监沈良佐、内官太监吕直任九门提督，那正是在皇太极兵临北京城下，袁崇焕挥师救急的时候。之后，太监就开始频繁地出现在各种任上。当年决心灭阉党的是他，现在重新用阉党的也是他，没什么矛盾，只是因为这个皇帝只相信他自己的直觉，他太多疑。

在崇祯一朝，对与错就在他的一念之间，他对于内臣的再度信任，让统治阶级内部引发了严重的危机，文官和太监的斗争，体现在对军务的干涉上面，这些太监多半没有文化，心理也比较扭曲，看看卢象升的死，就是典型的错误。

　　除此之外，因为地位的特殊，整个帝国都掌握在这个冲动的年轻人手中，崇祯的胡思乱想、无所适从直接后果就是整个天下的遭殃，他想着想着，感觉文武百官都是贱人，这些贱人没一个可信的。到了这种变态程度，崇祯只好用另外一种方式挑几个不太贱的人，什么方式呢？官方叫法是"枚卜"，大白话叫抽签，皇帝拜天祭祖后，摸出来几个写着官员名字的纸条，帝国高等公务员的挑选就算是完成了。任人之道求助于玄学，不要觉得扯，因为卜出来的人选并非儿戏，有个很出名的文人钱谦益就曾被这样枚卜过（如果您没想起来他是谁的话，提醒您一下，钱大人有个夫人叫柳如是）。然而因为党争，这个枚卜名单常常被操纵，所以整个过程比你想象的还要扯。扯淡的开始总会有一个更扯淡的结局，崇祯发现，他的官员还是那么不靠谱，于是他一遍一遍地让这些上任的大臣走人。

　　这个皇帝，他多疑到在短短十七年执政生涯中，把极为重要的内阁阁臣像走马灯一样换了五十次之多！后人调侃这叫"崇祯五十相"。国家宰相尚且如此，更别说六部乃至地方了，他换眼底下的文武比换袜子还勤，如此流水一般的统治集团，怎么能高效呢？可悲的是崇祯一直没发现自己的问题，他到死都在气急败坏地怨怼他的朝廷，将一切责任推在"诸臣误我"上。

4. 刚愎自用，文过饰非

　　虽然崇祯嘴上是一直在强调要效仿圣贤之君，走励精图治之路，但实际上他在行动上却是一个自负狭隘、不进良言的人。他深深地陶醉在自己焚膏油以继晷的努力之中无法自拔，在他眼中，自己无疑配得上自古皇帝行业典范人物的称号，每个人的精力都是一样的，还有谁能像他一样把每一秒钟都利用在治国理政上呢，崇祯的想法很容易就被朝堂上那帮深谙世事的老狐狸看出来了，立刻有数不胜数的阿谀奉承之辈上前，赞扬吾皇闻鸡起舞难能可贵、圣躬勤勉我辈楷模，溢美之词个个都像是钻进崇祯的心窝子里。如果有人敢对崇祯的决策提出一点质疑，那崇祯必定怀恨在心，但他的治国理政能力其实一般，如此刚愎自用后果便是蒙蔽视听、错误百出。诸臣慑于皇帝威严，都不敢直言进谏，万事必先试探崇祯的想法，与之谋合才敢提出，故而处事大都畏缩不前，生怕犯错，哪怕一切按照崇祯的要求来做，收效不理想照样要臣子承担责任，比如杨鹤，他在平叛时明明步步履冰、深合上意，但招抚成绩不佳还是差点被砍了脑袋。崇祯皇帝就像一个学习刻苦但天赋平平的孩子，每天忙着用心灵鸡汤感动自我，总是事倍功半、不得要领，可他还不愿意听从别人的劝说，只按照自己认为正确的道路一意孤行，最后成绩一出，灰心丧气，为什么学霸的付出得到的却是学渣的回报呢？思来想去，那只能是老师无能，家长无知，同学无用，反正想不到是自己固执己见，不听劝说。所以崇祯临死前都百思不得其解，为什么自己这样努力还是没能中兴明室，唯有留下一句"朕非亡国之君，事事乃亡国之象"来掩盖他所有的失误。

到了后来，崇祯越来越听不得逆耳之言，反而愿意重用温体仁、周延儒这样的虚与委蛇之辈为左膀右臂，朝廷之上本就污浊不堪的风气更加难以清正，贪污腐败几乎成了明面上的交易，国家内外交困、民生涂炭，广大官员们却专于敛财、中饱私囊。当时北京城有民谣讽刺温体仁就任首辅时的大明官僚队伍："内阁翻成妓馆，乌龟王八篾片。"简单粗暴的话语背后却是崇祯时代的真相——这朝廷，已经是腐败不堪，毫无操守，形同妓馆了。

掠影·崇祯的后宫生活

嘿嘿，要提起后宫，大抵人们最先想到的都是《甄嬛传》和《美人心计》吧。的确，影视文学作品中，"后宫"的出镜率越来越高，在这些故事里，后妃的钩心斗角，对权力地位的争夺倾轧，曲折的情节让人们越发对皇帝身后的私生活、对皇宫后面的神秘领域有着强烈的好奇。真正的历史当中，皇帝的后宫生活怎样呢？这一章看"大明的日落"图景，我们就先放下外面沉重复杂的忧患，一起来瞥一眼崇祯日常的个人生活。

1. 弯弓征战作男儿，梦里曾经与画眉

要说后宫，就不能不提女人。明末几个皇帝这方面的生活一直都很糜烂，从嘉靖，沉溺于床笫欢愉，让满朝文武都看不下去了，连连暗示他"养圣躬"（即注意身体），到万历，十九岁一个欲望冲动，便引起了数十载的国本之争，再到泰昌达到顶峰，因为连续缔造"一夜雨露幸多人"那样无解的传奇，不到一个月他就精尽人亡。按照这个遗传学原理和惯性定律，崇祯应该也难以逃脱这个叫作女人的诅咒。然而令人惊讶的是，从崇祯皇帝十七岁即位到三十四岁殉位，这人生最是激情四射的十几年，这个正值青春年华的小伙，后宫的生活却远没有他的长辈们那样丰富多彩，他认真秉承节俭制欲的理念，这种严格和自律渗透在每一

个生活细节中。他的确把精力都投在了治国理政上，执政水平怎么样抛开不说，这样的精神着实令人钦佩。

崇祯皇帝的皇后周氏，平民出身，幼年因家庭贫寒，早早操持家务，属于早当家的懂事女子。天启年间，还是信王的朱由检挑选王妃，周氏因温良貌端也在参选之列，虽然她在众多女子中并不出众，但负责监管王妃选拔的懿安皇后独具慧眼，一下就挑中了周氏，不久便册为信王妃。由于魏忠贤当时势力庞大，政治旋涡黑暗，周氏陪着朱由检在信王府过了很久低调谨慎的生活，虽说贵为皇亲，她却和普通人家的媳妇没什么区别，在最危险的时候因为害怕外人陷害，朱由检只吃周氏亲手做的食物。这样的日子持续了一年后，终于，朱由检成功登基，周氏也顺利地晋升为周皇后。

做了皇帝的朱由检下决心励精图治，第一就是要求后宫节俭朴素，而周皇后也非常支持老公的大业，不穿提花的衣服，不吃奢侈的食物，就和从前一样，自己动手纺织、浣衣，和农妇简直没什么区别。这个记载应该是有一定道理的，崇祯年间钱缺得厉害，有时不得不对外出卖贡品赚外快，皇帝自己的内帑都拿出去贴补军费，宫里的日子也不宽松。如此贤良的好女人，崇祯当然倍加珍惜，帝后感情一直很好，在历史上都传为佳话。

当然了，夫妻俩偶尔也会有吵架的时候，闹别扭了怎么办呢？有一次，因为一点小事两个人在交泰殿就争吵起来了，这周皇后不敢直接称天子之讳抱怨，便大呼"信王……信王"，一是不用负责骂着比较爽，二是在暗示夫妻多年开始的情分，你们还记得吗，在《甄嬛传》里面，那些老一辈的妃子总是喜欢提还在王府的时候怎样怎样，这是一种资本。当时崇祯气在头上，竟失手将周皇后推倒在地，皇后十分委屈，愤然绝食相抗，崇祯事后也是后悔不已，一看周皇后糟蹋自己的身体，立刻着急地亲自道歉探问，直到皇后开始吃东西。唉，我想说，其实夫妻之间，崇祯也是个好男人啊。

除皇后之外，崇祯最为宠爱的一个女人就是田贵妃。田贵妃美貌聪颖，体态婀娜，其母曾是民间的倡优，也就传授与她歌舞才艺之技，有诗称赞其才貌："丰容盛鬋固无双，蹴鞠弹棋复第一"，搁在今天绝对是样样精通的全能女神。这样的一个尤物，难怪崇祯会喜爱。不过这个漂亮姑娘并不是那种与之标配的红颜祸水，一方面崇祯对于后宫生活自律甚严，周皇后的淑德也是极好的榜样，另一方面田贵妃也比较明理，在她娘家人仗着她的地位胡作非为时，她亲自告诫家人不可如此，否则自己只有自杀明志了。田贵妃和周皇后关系一直很融洽，皇后容人，贵妃恭谨，所以崇祯的前朝不管再怎么乌烟瘴气，后宫却一直风平浪静，家和万事兴。

这样相敬如宾的皇族生活，一直都是历朝历代向往的状态，崇祯一个亡国之君竟然践行得如此模范，实属罕见。这不仅要归功于这个年轻人的毅力，更要给他懂事的女人点赞。

然而，毕竟是亡国之运，毕竟是末世之年，崇祯的后宫注定不会有善终的结局。但如果你要以为她们仅仅因为一个"死"就是全部悲剧的话，那是远远不够的，事实上，她们做的要更令人震惊、哀婉以及钦佩，她们用超乎寻常的勇气和力量，给历史添了一笔浓浓的苍墨。

2. 由来巾帼甘心受，何必英雄是丈夫

先说周皇后。农民军攻破北京城后，崇祯为保气节精神，坚决放弃南逃，只求以身殉国。他在自尽之前，命令家中眷属先行了断，他对着结发之妻周皇后哀恸地说，大势已去啊。周皇后痛哭着回应，臣妾侍奉陛下十八年，现在为社稷而死，死而无憾。二人相顾无言，潸然泪下。之后，周皇后从容地诀别儿女，然后接到了崇祯命其自尽的诏令，这位贤淑的皇后毫无畏惧地在坤宁宫悬梁自缢，依然带着凤仪天下的雍容气质，带着一国之母凛然殉国的决绝之心，带着她贵为坤极的责任和肩膀，那种壮烈，竟为须眉叹服！

除了皇后（田贵妃去世较早），其他宫人也表现出了惊人的勇气。有一个姓魏的宫女，看到后妃公主纷纷自尽，亦不愿受反贼玷污，纵身跃入御水河中了断。而随之效仿她自杀的人有上百个。

还有一个姓费的宫人，本来选择了投井，却被起义军士兵捞救上来。这些士兵看到费氏姿色出众，都想抢夺奸污她。危急时刻，费氏很机智地大喊"我乃长公主"，众贼并不知道长公主什么样子，当下不敢进犯，将她送到了李自成面前。李自成拉过来几个投降的狗腿子辨认，认出她就是个小宫嫔，并不是公主。不过因为她貌美，李自成顺手就把她赏给了一名部校。而费氏却说"我好歹也是宫里出来的女子，将军要用礼节迎娶我才好"。这个部校看见她的美貌很高兴，就按礼置办了酒席正式相待。费氏趁部校酒醉之际，怀揣匕首将其毙命，她感慨着说，我一个弱女子，能抵杀一个贼子的将领，也算是对得起大明和皇上了！接着泰然地自刎而死。而这个忠贞刚烈的女孩，当时才刚刚十六岁。

这是崇祯帝简朴而淑良的后宫，这是坚定而壮烈的后宫，不仅是涓涓细川般的悠悠女儿情，亦不乏巍巍高山般的铮铮男儿骨，末世苍白的血泪下，崇祯一朝的悲壮被他身后殿宇的主人们演绎得，比沙场更多了一份痛彻心扉的凄婉，纵然后人千般指责晚明数不尽的黑暗，在读到这段史料的时候，也难以不为这份情怀动容吧……史卷不过寥寥数页，却压缩了多么厚重的过往。

这是这个王朝浸透骨髓的襟怀气度。

风过，吹香。

李自成破京梦魇，崇祯帝身殉恨长

讲了几次都是点滴的琐碎事，大家是不是很期待关键部分了呢？在那么多量变事件的积累基础上，质变终于要发生了！这个将引起质变的牵头人物，就是被我们"遗忘"了快一个月的闯王，李自成。

1. 流寇四地蜂拥起，大势渺茫去已极

上回我们见到他的最后，正是他被平叛大军追打到走投无路，和十几个死党逃进了陕西商洛山，创造了"十八骑入商洛山"这一在曲艺作品中上镜率很高的事件。在深山老林的艰苦岁月里，这些死党表示，他们愿意为李自成的造反事业奋斗终生，永不叛主，而表达的具体方式就是，纷纷跑回家把自己的妻子杀掉了。（——虽说是为了扫去家庭牵挂，但是这种动不动就杀妻杀子自诩英雄豪杰的人，实在很难让我生出敬佩之意来）。

不过李自成对这样的脑残粉感到十分欣慰，他发誓有一天要和这些兄弟们东山再起。而值得高兴的是，皇太极又来叫门了，朝廷追杀农民军的队伍一时间都被派到辽东跟八旗军干架，这给了李自成喘息的机会。

过了一段时间，李自成歇过气来了，他带着身边的死忠弟兄出山，进入了河南。那段时间河南灾荒又厉害了很多，所以闯王这杆老字号大旗升起在中原大

地上时，十余万灾民便热情地聚集在了他的身旁。而且最为关键的，这次来的有几个文化人，有李岩、宋献策等，这几个文化人为李自成的造反实践策划了相应的科学理论支持——首先便是明确他们的战争性质，这不是造反，而是具有正义性的抗争，是农民在无良统治者的压迫盘剥之下，无奈走上反抗之路的勇敢与悲壮。其次便是根据当时大众迫切的需求，提出来"均田地，免粮税"的口号，并制定了一系列相应的改革政策——这几点有文化的措施一执行，档次看着就上来了，比起以前随打随跑的游击战就有效多了，再加上朝廷没精力多搭理他，李自成总算在河南立住了足，所谓知识改变命运真是没错。

力量壮大的李自成又开始四处征战，崇祯十四年（公元1641年），这是农民军由衰转盛的关键一年，西南部张献忠几次出川，攻克襄阳，杀了襄王贵阳王，李自成也不甘落后，他将活动的重点范围依然定在流民遍地的河南，这一年他带着大军把洛阳给打下来了，洛阳不仅是有着重要后备物资的关键城市，还住着一个比襄王还著名的人物，那就是福王朱常洵。朱常洵这个人大家应该都还记得，是万历与郑贵妃所生的儿子，当年万历在位时与大臣们搞了一场拉锯漫长的"国本之争"，就是为了想将他立为太子，最后万历在言官和太后的压迫之下不得已将皇长子朱常洛立储，内心却还是偏向他和郑贵妃的这个"爱情结晶"，于是朱常洵在被封为福王定居洛阳之后，万历便想方设法把他搜刮来的财富往洛阳塞，把他这个儿子养得只知酒色，不解世事，还没过中年就和万历一样胖成了一头营养过剩的大象。李自成自然也听说过福王颇受万历偏爱，故而洛阳城的福王府邸格外富有，甚至超过了京城的皇宫，所以他毫不犹豫地冲往福王所在地，很快就打破了地方官和福王自己匆匆拼凑出来的防御线，那个体重超过三百斤的大胖子福王目标太大，被起义军抓起来要处死，李自成怒气冲冲地诘问他，为什么明知道河南灾荒严重，你自己拥有这么多的钱粮却不想着开仓赈灾？福王被李自成问得紧张兮兮，哑口无言，很快就成了李自成的刀下鬼。据一些民间故事传闻，李自成在杀掉福王之后，还把他那三百多斤的大肥肉和鹿肉一起炖煮，称为"福禄宴"以儆效尤，但事实上李自成虽莽，却并没有把福王遗体烹煮，在劫掠完洛阳之后，仅仅是俘虏了三千余官兵，带走了洛阳所贮藏的大量武器装备，很快调转马头去攻占南阳、开封等地了。

当崇祯听说自己的胖叔叔被李自成差点炖了吃，再次气得暴跳如雷，可是他别无他法，杨嗣昌当年为他定下用"四正六隅十张大网"三月了结十年危局的诺言，随着张献忠和李自成等人东山再起而彻底破灭，就连杨嗣昌本人也在惊惧交加中离开了人世，安内尚且没有做到，关外与八旗军的议和也没有成功，皇太极如同不散的阴魂一样又来了，崇祯不得不将心腹之地用来剿匪的队伍分到辽东救火，可是心腹之地一空虚，农民军便趁机翻江倒海，崇祯还有什么办法呢？他只能眼睁睁看着李自成蚕食鲸吞他的帝国，从河南到湖广，从黄河到长江，等到崇祯意识到家贼要比皇太极还可怕的时候，李自成已经带着他的智囊团和起义军横扫了陕西、河南、湖广大片土地。

在局势危困、人才奇缺之际，崇祯不得不启用了曾因忤逆上意获罪的前兵部尚书傅宗龙。傅宗龙曾经平定贵州民乱而受到重用，后来因为情商经常下线被崇祯罢免，这一次又因农民军势头太大走上平叛的岗位，然而当时的李自成已经不是起兵时的李自成了，陕西河南湖广等地的流民都认李自成这个招牌，几个有文化的军师出谋划策，让李自成迅速从毫无章法的打家劫舍，成为有理论指导的正义性起义了，那几年河南旱灾蝗灾一场接着一场，无家可归的贫民对李自成的呼声也一浪高过一浪，傅宗龙所带领的官军终是无法抵御广大的人民战争，他在浩浩荡荡的起义军之中败下阵来，于项城被李自成彻底击溃，傅宗龙本人也在这场战役中牺牲。接下来替代傅宗龙征讨农民军的官员也一个一个宣告失败，汪乔年、孙传庭、左良玉，这些在明廷当中曾经立下赫赫战功的将领却没有人能帮助崇祯对付得了日益壮大的农民军。

活跃在全国各地的流寇头目看到李自成的成功，也纷纷前来投奔，他们把"均田"和"免赋"作为两杆大旗，不管是对苦于兼并流离失所的破产者来说，还是对深受税赋压迫时刻游走在破产边缘的小农户来说，均田和免税的吸引力太大了，不管今后李自成有没有可能兑现，最起码在现阶段，就足够代表怨声载道的民众之心，他们把对政府的不满高高地扬起，李自成的蜂起便是把扬起的民怨狠狠地甩在了崇祯脸上。

2. 冲天香阵透长安，满城尽带黄金甲

崇祯十七年，公元1644年，对历史大事年表熟悉的朋友一定会对这个数字有感——改朝换代的大事年。这一年正月初一，李自成在西安宣布建立政权，国号大顺，他的军队也从无名的流寇变成了师出有名的"大顺军"，紧接着，大顺军就要向大明帝国的心脏地带北京进发了。

同年二月，李自成过完了年，从从容容地渡过黄河，进入山西，一路上遇到对国家万分怨恨的穷百姓，都在喊着那段我们依然熟悉的民谣："吃他娘、穿他娘，开了大门迎闯王，闯王来了不纳粮。"闯王的队伍如入无人之地，很快就占领了太原，在太原他略作整顿，发布了一份《永昌元年诏书》，诏书中已然出现"咨尔明朝，久席泰宁，寖弛纲纪……朕将加惠前人，不吝异数"这样子的字眼，李自成俨然一名顺应大势取而代之的新君，以振振之词敲打崇祯及其穷途末路的大明帝业，理直气壮、义正词严。消息传到北京，崇祯急得焦头烂额，当下决定想要御挂亲征，与李自成决一死战，他的冲动很快被大学士李建泰劝阻下来，李建泰表示自己愿意代替崇祯上阵，以求皇上不要以万岁之躯犯险。然而这位满口豪情的大学士却并没有他说的那么勇敢，事实上，还没有和大顺军队正式交锋，他的出征队伍便如一盘散沙四下溃退，李自成甚至都没有见到他的有效抵抗，便一路畅通地渡过了山西全境，途中宣府总兵直接投降，之后居庸关防守也迅速投降，大顺军势如破竹，直接闯进了崇祯最在乎的地方——明十三陵，把他祖宗的陵寝又是一通折腾，昭陵、定陵等都受到了严重损坏，可是崇祯已经完全没有力

量去为祖宗的不安恼怒了，他如同一只待死的困兽，不知是否在幻想能来一阵惊雷霹雳将李自成劈死。

经过短短月余，崇祯十七年（公元 1644 年）三月十七日，这支起义军就到达了北京城下，这之前除了昌平州城将领李守铄誓死效忠大明未肯屈服外，其他就没有遇见什么像样的抵抗了。为了给起码还是明朝天子的朱由检一个面子，李自成象征性地给崇祯送了一封信，表示如果皇帝能主动让贤，或是允许大顺军为官方许可的话，李自成愿意受封听命。这样的"妥协"不过就是屁话，有明一朝，天子大多硬气，崇祯本来就是个硬骨头，他是谁，他是实实在在的大明天子，怎么可能答应这种丧权辱国的不平等条约！哪怕做亡国之君，也要做得体体面面，不能为了一时苟活而向草寇低头。与此同时，崇祯还抱着一丝期望，在关外，他还有一员大将吴三桂手握着重兵，他早已发了急诏调吴三桂率兵回京师救火，不管怎样国家好歹还握有最后一张底牌，如果顺利的话，他也许还能等到吴三桂前来救驾的喜讯。毕竟，这个北京城在近百年之内已经接待过好多次北方蛮族的凶悍骑兵了，朱由检心存侥幸，从前连面对瓦剌、女真都能够化险为夷，这一次或者也可以和以前一样接待一下这个陕西汉子。

但是崇祯错了，这个陕西汉子，成了他朱姓的京城接待的最后一位来客。

没有得到崇祯的回应，于是，三月十九日，李自成的大顺军就攻破了这个大明帝国的心脏——过程简直顺利到诡异！甚至连李自成自己都不敢相信，按理说应该无坚不摧的首都城池，居然比个地主老财的院子还好进。这是为什么呢？首先，大明是真的没有像样的军队能跟大顺军抗衡了，那个崇祯翘首期盼的吴三桂到皇宫改姓的时候都没磨叽回来。这几年李自成在迅速壮大，而崇祯的朝廷从内到外在迅速腐化，除了崇祯自己，城里的大家似乎都已经接受了李自成要改朝换代的事实，所以为什么要反抗一个既定的结果呢？第二，那年北京城闹了鼠疫，整个都城像个死气沉沉的鬼蜮，人心惶惶，自然无人抵抗；第三，大明的群众基础基本是没有了，它的黑暗腐朽让人早已绝望，没有谁还会发自内心地去维护明王朝的统治，农民巴不得闯王来了不纳粮，士大夫全部袖手旁观事态发展，皇亲国戚虽然惶恐，但也保持坐视的态度……

于是，李自成带着他新的政权，新的官军大摇大摆地进了北京城，士兵身上的盔甲微微翕动，整个队伍就像一条缓缓蠕动的蛔虫。

3. 胭脂泪，相留醉，几时重，自是人生长恨水长东

彼时，有一双眼睛在望着这条蛔虫的行径，仿佛眼睁睁看着它啃噬着自己的五脏六腑。这双眼睛的主人，就是大明天子，朱由检。崇祯皇帝并不是一直盯着李自成走进来无动于衷，在此之前没有人比他更着急更发愁，他几乎每分钟都在召集群臣商量对策，然而临头一刻，只有庸庸草包还留在朝堂，能干的都因为崇祯这小子的疑心送进了监狱，或者天堂。

此刻，绝望的一国之君在龙椅上泪流满面，愤恨至极，在李自成进城之前，他曾试着最后一次鸣响陈钟，意为君王要召集群臣入内，然而没有任何回应，不久前还伏在地上高呼圣上的人，瞬时便都坦然地离他而去了，原来事到临头竟能看出人心如此凉薄，原来泱泱一个大明王朝真的要全剧终了。

当然，就到了这个时候，崇祯也并没有打算反思自己犯了什么错误，他脑海里只是再次委屈地闪过了他执政十七年来，十七年如一日宵衣旰食日理万机的辛苦，不想最后等待他的结局，竟然是眼前这一片苍白的亡国之恸，和一帮各自打算、分道扬镳的大臣，他终于喊出了内心积攒了好久的怨愤：

"朕非亡国之君，事事乃亡国之象，祖宗栉风沐雨之天下，一朝失之，将何面目于地下？朕自登基十七年，逆贼直逼京师，虽朕薄德藐躬，然皆诸臣之误朕也！"

他的意思就是，我明明一直辛辛苦苦治理国家，怎么说都不该亡国的，现在走到这个地步，都是你们这帮废物朝臣给害的！但是骂得再狠又有什么用呢。已经没有人能力挽狂澜了，所有人都在盘算自己家的后路怎么办，根本没空搭理紫

禁城上那个光杆司令。只有崇祯，他从前有着天下最高贵的家，可现在，唯独他要没有家了。他唯一能做的，就是去亲眼看看到底外面怎么样，当他谁都不愿意相信了的时候。

然后，他就看到了那条蛔虫。一切都结束了。

崇祯镇定地回到乾清宫，开始处理善后事宜，我想他应该预料过这番画面，也思考过自己要做出什么选择。曾有许多大臣劝他放弃北京，迁都南方，毕竟北京不过就是个符号，陷落了也不会彻底改变什么，南迁，还有很大的机会，江东子弟多才俊，卷土重来未可知。就连周皇后都隐晦地暗示过他，我们家南方还有一处房子呢。但是，这个一根筋的年轻人相当倔强，他咬定了不会南迁的决心，南迁意味着什么？像宋高宗那样灰头土脸地跑回先祖起家的地方吗？那是多么屈辱的一件事啊，崇祯必是不愿，因为他朱氏祖训里曾明确提出，君王当与社稷同生死，到最后一刻，朱由检依然坚定不移地走向了他"君王死社稷"的结局。

在自己殉国前，他先要求家眷通通自尽，免得落入贼手遭尽侮辱，上一章节我们讲了他的后宫妃嫔们贞烈的表现，就是那般决绝淡定。而皇室后代，皇子被换装送出宫外，到外戚家中躲避一时，算是为朱家留了一脉香火，而女儿则一样要自尽了断。当崇祯走进已故周皇后的寝殿时，看到长女长平公主，这个少女正是花季，又贵为皇女，若被掠走定会受到难以想象的凌辱。崇祯长叹一声：汝奈何生于我家！便举剑向女儿刺去。常有人批驳崇祯此时多么残忍，我却觉得应该换位思考一下，其实没有人比他更心痛，没有人比他更苦，然而他此时肩上有比丈夫、父亲更重的责任，他是一个国家的君王，一个亡了国的君王，一个充满愧疚和绝望的败军之将。

当夜，春寒料峭的北京，怎一番凄凄惨惨戚戚！大明帝国最后一位皇帝，年仅三十四岁的崇祯帝朱由检，背负着朱明王朝近三百年的尘埃，慢慢爬上皇宫后面的煤山。据说当时是午夜一点左右，万籁俱寂，陪在他身边的是司礼监太监王承恩，这个曾经响赫一时的宦官，而今也只是伴着他的主子，悄悄走上殉节之路。二人在山上的树上上吊自尽，走得安静而神秘，悄无声息，没有人知道崇祯是怎样与他的天下告别的，也没有人知道他到底都想了些什么，曾落泪否，只有一封衣上以指血写就的遗书，和满头用来掩面的凌乱长发，风干了他最后的温度——

"朕无颜见先皇于地下，将发覆面，任贼分裂朕尸，可将文官尽杀，勿坏陵寝，勿伤我百姓一人。"

也实在是字字泣血，句句苍凉。孰忍责过耶？孰忍讥讽耶？

祖宗给他留下了一个如此多娇的如画江山，他却没有能守得住。他真的想用自己的生命，为这个天下负责——哪怕依然是这种贯穿他一生的蠢得没用的方式——这是他骨子里埋藏的属于这个王朝的刚烈，这是他选择履行责任的权利。

一个勇敢又懦弱得令人啼笑皆非的悲剧。

可惜历史从来都不同情悲剧。

陈圆圆：明末乱世的柔媚红线

纷扰乱世，常是铁马金戈，歌尽血泪。而在这样瞬息万变的时光里，总是不乏那么一两张倾城的容颜，一个回眸就惊动了整个岁月。看看明末，敢让如此风云变幻的天下黯然失色的容颜，那必定该是陈圆圆了吧。自明亡清兴起，关于这个女子的风月传说不胜枚举，甚至连历史要说明末，不提她都觉得少了点什么，陈圆圆的一颦一笑为大明的日落图景勾勒出一条柔媚的红线，实际从未影响全局，却是每个看客不愿忽视的颜色。

1. 鼎湖当日弃人间，破敌收京下玉关

陈圆圆原名叫陈沅，本是吴越（今江苏）地的歌伎，因容貌绝色、才艺双全而名扬四方，我们常听的"秦淮八艳"中，就有她一席之位。这样出众的香艳，自然会引得无数英雄好汉竞相采撷，这其中的桃闻轶事，各路野史集本记载得五花八门，大家看个热闹就够了。我们这里只讲一个比较可信的说法，那就是当时一个外戚，叫作田弘遇，他是田贵妃的家人，在乱世当中花重金买下了陈圆圆，并将其带回北京，藏在府中。然而，田弘遇不辞辛苦买下陈圆圆，并不是为了占为己有慢慢享受，他是有所打算的。因为那个时候，已然天下大乱，人心惶惶，作为皇亲国戚的他更是提心吊胆——

崇祯十七年三月，随着崇祯帝以身殉国，李自成的大顺军大队进了城，当时北京城内一片静寂，百姓们照样出门，在街道两旁看着那些骑着战马挎着刀剑的农民军人疾驰而过，他们对于改朝换代并没有什么特别的感觉。而相比之下，那些曾经显赫一时的达官贵人，则显得十分忐忑，他们还不知道李自成将会以怎样的方式对待他们，也不知道他们几代积攒下的万贯家财会不会顷刻间荡然无存。而大顺军的反应，果然没有让他们白担心，这些凭着饿肚子起家的战士们突然闯进了这个国家的心脏，见了许多这辈子梦都梦不见的东西，他们疯狂了。

起初，大顺军的成员们还听从了丞相牛金星的告诫，进入北京城后要善待城中百姓，不得干扰其生活，不得残暴抢掠，为了体现高素质的决心，有两名小兵抢劫了一家绸缎铺，李自成立即下令将这二人抓为典型，当着全城众百姓的面把他们凌迟处死。人们看到大顺军纪律严明，不扰百姓，便纷纷放下心来，更加愿意拥护李自成这个新君的政权。

然而，这种严律并没有能坚持太久，大顺军毕竟起于草莽，见到全国最富丽堂皇的北京城怎能忍得住饱掠一番的冲动呢？其实，李自成和他的随从们是一样的，他也对这里的金山银山有着难以抑制的热情，于是进京之后的短短几天里，他从强行禁止兵士们骚扰百姓，逐渐就放宽了军纪要求，到后来干脆默许了军纪暂息。这个举动意味着数十万疯狂的士兵开始肆无忌惮地烧杀抢掠，他们逼着富人把家里的钱财交出来，逼着千金闺秀给他们做小妾，普通女子有的被在胡同里轮奸，有的被掠走当婢女使唤，更可怕的是李自成认为他这么做是在替天行道，在北京的暴行并不与他之前掠袭河南陕西有什么不同，他依然在用从前那种土匪进村耍流氓的方式对待这个帝国的首都，也根本没有体会到紫禁城这个符号背后有着怎样神圣特殊的含义。

不过话又说回来了，我们的李闯王其实也没打算过在北京干点什么大事，他一心想的是这样一件事："陕，吾之故乡也。富贵必归故乡，即十燕京岂易一西安乎！"——可笑死了！原来这家伙一点也没进步过，哪怕他已坐在君临天下的高位之上，满脑子惦记的还是春运返乡的硬座票！这注定了李自成自流寇起家，永远也摆脱不了小富即安的狭隘，他彻头彻尾也只是个流寇，固然坐得稳老婆孩子热炕头，却无论如何撑不起一个庞大的天下异常沉重的皇冠。他进入后的北京城，不久之后便兵荒马乱，哭声震天，他的士兵到处搜罗值钱的东西，他手下的大将直接把京中有钱人家的宅邸据为己有，家中的姬妾优伶也尽为霸占。当时，国家是真的捉襟见肘，皇家国库的钱，大都被崇祯砸到军队上了，连皇后穿的都是普通的素服，真正手中握有厚底儿的，都是那些龟缩在京城各个深宅大院里的贵族官员。

我们在文章一开头就提到的那位田弘遇，就是其中的典型代表。你说，他能不着急吗？

着急归着急，总得有处理的方法。田弘遇买下来陈圆圆是有目的的，经过一番打扮训练，田弘遇就将她像一个礼物一样，送给当时唯一一个还有可能可以保护他们的人，掌宁远兵权的将帅吴三桂。

吴三桂看到陈圆圆时的反应，大家可以根据金庸的《鹿鼎记》相关情节随意想象，也有可能是像薛蟠见了林黛玉"一看那美貌风流婉转，登时便酥软下去"……因为紧接着他就拍着胸脯和田老丈说，你把陈圆圆给我，我便尽力保证你的安全！

从此以后，陈圆圆就变成了吴三桂房中娇羞，可是二人还没来得及享受新婚喜悦，吴三桂就被崇祯赶回了宁远，在辽东的日子里，他除了面对清军，就是给家里写信，要家人好好照顾陈圆圆，这么看来，吴三桂对待陈圆圆绝对不是普通的小妾，这个"桂圆"组合还是相当甜蜜的。

到了李自成进京的时候，崇祯连忙得给吴三桂下了急诏，让他从宁远撤回来打北京保卫战，而诡异之处出现了，吴三桂这家伙并没有马不停蹄地往回奔，他甚至连袁崇焕当年且追且赶的诚意都没有，直到崇祯的尸体在歪脖树上都快干掉了，他也没回来。这人在想什么呢？有人说他已经归降了清军，有人说他是想拥兵自立，而通过他的一系列行为，我推测，他对崇祯的烂摊子有怀疑是肯定的，对清军也不敢贸然投靠，而大顺政权的建立以及李自成在北京城势如破竹的畅通，让吴三桂起了一个新的念头，是不是可以寄希望于这个新的靠山——李自成，更重要的是，他的一家老小都在北京，包括陈圆圆。

那么，对于李自成来说呢？李自成对吴三桂这把兵权有着同样的忌惮，于是在占领北京后，他随即派出了降将唐通带着饷银北上招降吴三桂，当时，吴三桂同意了，并且很快就带着部众往北京走，路过河北卢龙时，还专门张贴告示说明，自己是为了去北京归顺新主，所以大军暂时路过此地。

但是，也就在吴三桂带着兵马直奔京城之际，不知发生了什么，刚过了河北玉田，他忽然转变了策略，不仅调转马头回了山海关，还袭击了李自成派去的新守将，明摆着一夜之间就跟刚谈好协议的大顺政权反目成仇。这其中发生了的事，谁也不知道究竟，但是大众口耳相传最为广的一个理由，就是李自成的手下刘宗敏强占了吴三桂的爱妾陈圆圆，这段故事就称为"冲冠一怒为红颜"。

2. 恸哭六军俱缟素，冲天一怒为红颜

无论正史野史，对于这一段记载几乎都莫过于，吴三桂听说李自成的农民军在北京残暴抢掠，连他的家都没有放过，他的父亲吴襄被绑架，而他一心挂念的夫人陈圆圆，也被李自成手下的大将刘宗敏据为己有，这个手握关宁铁骑的汉子瞬间暴怒，大呼"大丈夫不能保一女子耳！"便一鼓作气挥师退去，瞬间全歼了唐通的劝降部队，与李自成正式决裂。为了防止李自成对山海关进行反扑，他无力阻挡，吴三桂便跑到关外去寻找到了另一支能够与大顺军队抗衡的力量以求庇护，这支力量就是后金的八旗军。清军对中原地区觊觎已久，只是苦于关宁防线固若金汤，大明的后门难以快速攻破，现在驻守山海关的前明将领吴三桂居然主动投诚，这正中大清下怀，正是在这件事的契机之下，吴三桂放八旗军杀进了从

努尔哈赤起就梦寐以求了数十载的山海关。

看到这里，古今之人都不免一阵唏嘘，吴三桂这铁血柔肠，或是陈圆圆这红颜祸水，时人有诗云："妻子岂应关大计，英雄无奈是多情！全家白骨成灰土，一代红妆照汗青。"在我小的时候，第一次看到陈圆圆的故事，是相当感动的，彼时的我大概正沉浸在琼瑶奶奶的作品中无法自拔，完全相信和理解他为了她有这样的冲动。而今细细想来，哪怕是正史的笔墨痕迹（《明史》在客观程度上确实饱受争议），也不乏夸张渲染成分，仅仅将满清入关的责任推到一个女子身上，未免太扯，吴三桂的震怒，当然不仅仅因为一个歌伎被占，更多是着力于他自己的前途，以及纲常伦理思维的束缚。

吴三桂之所以放弃投靠李自成，是因为他听到了崇祯自杀的消息，以及李自成这个流寇头子在北京的流氓行为。当时，他向劝降来的唐通提出投降的条件是，把朱家的太子给我，这么说吴三桂依然心存君臣的伦理观念。而李自成在北京安稳下来后，便一任部下烧杀抢掠的行为，也不能不说让吴三桂对这个目光短浅的"新主儿"大失所望，他看出的是李自成做的是自毁长城事情，这样的一个人，未来无论如何也不可能建立得起具有可持续发展性的稳固政权，如此一来，如果贸然投靠与他，将来李自成若兵败如山倒，吴三桂必然也会遭到"二次投降"的尴尬。这样还不如借着光复大明、兴兵讨伐的由头，从我亲自做起，将李自成这个配不上龙袍的草莽汉子送回老家。至于他引清兵入关究竟打着什么算盘，我们也可略猜一二。虽然吴三桂最初打的是借兵的旗号，嘴上喊的是迎接前明太子圣驾回归，但是他应该也深知，满清早已窥探中原甚久，他们的野心怎可能止于借兵便不再向前？难道多尔衮还会乖乖出兵打了李自成再乖乖回关外吗？吴三桂作为降清总兵祖大寿的外甥、降清尚书洪承畴的学生，自己又是辽东一带的常客，难保没有计较过跟随舅父、老师步伐之事，也许崇祯尚在时他还坚定着一丝忠君爱国理念（祖大寿写信劝过吴三桂一起降清，吴三桂拒绝了），崇祯一死断掉了大明最后的希望，那么大顺和清朝让他挑一个的话，似乎是清朝更像个靠谱的靠山。所以，后来的故事我们就都知道了，不久之后，吴三桂抢回了他日思夜想的夫人陈圆圆，为感激清军援助之恩，吴三桂就毅然决然地换了发型，脑后一条光滑的大辫子，好似编起来了他千折百转的前半生。

明亡，是从万历（或许更早）就埋下的伏笔；清兴，也不得不说是历史的选择。我们只是在回看往事的时候，加入了许多主观的想象，变成了大伙儿口耳相传的无边风月，陈圆圆就是这样的产物，什么故事少了女子总会少了点色彩。她始终沉默，却以一段绝美的风华串联了明末乱世风雷激荡的全程，无情冰冷的历史也因为这样的伊人的闯入而略显动人，因为很多后人的猜测而线条柔和。在山河动荡之后，陈圆圆与吴三桂倒也着实情深相昵了数载。不过之后陈圆圆逐渐老去，吴三桂便再纳新妾，这个曾经被称为颜倾天下的女子并无心争宠，虽出身倡优，但实际性格却是恬静淡然，她选择了离开王府，出家为尼——

法号，寂静。寂静、寂静而已。要什么冲冠一怒为红颜的传奇，要什么且以深情共白首的承诺，到头来还不是寂静——一场寂寞，一片宁静。不过如此。

她是这样一番乱世的柔媚红线——

曾倾城倾国，宠辱跌宕，惊艳了一方岁月；

终洗尽铅华，去留无意，柔情过一段时光。

李自成慌忙败走，清军入主京城

吴三桂的抉择也不是完全没有道理的，大顺政权在北京落定脚跟以后，并没有给百废待兴的国家带来什么令人振奋的变化，以李自成为首，这个新政府的表现实在令人失望透顶。

1. 人无远虑，必有近忧

按理说，新官上任还要点三把火，一个国家经历了改朝换代这样的大事，新的统治者更要拿出来一点万象更新的气势来，可是李自成似乎把占领北京当作了他人生大业的终点，完全没有"万里长征只走出了第一步"这样的长远目光。他和他的一干文官武将，都把主要精力放在了吃喝享乐上面，纸醉金迷的北京城就像一个巨大的无底洞，李自成等人一钻进去就再也没有出来，起初定立下勿扰百姓、严于律己的准则，早已在各种虚荣欲望的引诱之下被抛到了九霄云外，李自成首先占据了皇宫，宫中所有的宫女都成了他和他的将领们"选秀"的对象，李自成带着刘宗敏、牛金星、宋企郊等若干亲信像瓜分战利品一样，把宫女们依次排开，每人按照级别、喜好分别挑选了几位、十几位或几十位女子占为己有，往下的次等将领则去皇亲国戚府中挑选侍女作为姬妾，再往下的普通小将或末等士兵，就依次在娼妓、优伶中挑选，后来渐渐连一般人家的少女都难以幸免，所有被大顺军队杀掉的明廷文武大臣，他们的家眷便直接被分配给普通将士作为奖励，至于分配到的女子是貌若无盐还是年轻出挑，就要全凭运气。李自成尚且公开霸占宫中侍女尽情享乐，下面的兄弟们也就放开了胆子纷纷强行掳占京中女性，起初只是在妓女中间寻欢作乐，后来渐渐就有人把脏手伸向了良家妇女，一时间大顺士兵暗做奸淫龌龊之事越来越多，李自成在上并无过分约束，他和一众"功臣"整日忙着饮酒聊天，在宫中便赫然开摆酒席，喝到尽兴时甚至大呼小叫，嬉笑怒骂，全然不顾君臣之礼、殿前仪态，和做草寇土匪时别无二致，与其说李自成是改天换日、一统天下的开国之君，不如说他是换了个大点的地方自立山头的土霸王。

这大顺政府的朝堂简直就是一个糙汉子聚会的水泊梁山，自从进入北京以来，除了草草给帮助他打天下的一众将士论资排辈封上了官，李自成似乎就没有再进行过任何治国理政的工作，财政、赋税、官制、法令，这些亟需按部就班推行下去的政策措施没有一项得到落实，李自成大概也不懂，他手下那几位粗通文墨的军师，也只能在打家劫舍的时候给他出出主意，真正面对一个庞大国家的政治系统，他们怎么可能应对的来呢？所以，大顺政权在确立之初，国家似乎是一种半无政府的废弛状态，李自成也许都压根没想过，夺取政权以后该如何运行这个千头万绪、万事待举的新王朝，原来明亡时留下的复杂腐败的官僚体制、漏洞满满的财政系统、矛盾尖锐的土地关系，都等着他一一面对，可李自成却并没有意识到，战争结束后治理国家是一件这么难的事情，他以为的皇帝生活大概就是躺在富丽堂皇的殿宇之内为所欲为，殊不知封建王朝的君主才是这个世界上最难做好的职业。

2. 目光狭隘，自毁长城

所有的大明遗官都在眼巴巴地等着新皇帝下达政令，以便能在全新的政府当中尽快抢占先机，崇祯最后一次召集百官已经无人响应，他们大概都在家悄悄琢磨好未来的前途了。然而李自成的反应却让广大翘首以盼的知识分子百般失望，从他踏上北京的土地那一刻起，便已经有准备好满脑子阿谀奉承之言的官员等在路旁，恨不得把心都掏出来给李自成看看，他早在大几年前便准备好要为大顺江山鞠躬尽瘁死而后已了，崇祯帝刚愎自用亡国是必然，而新皇帝一定能功过尧舜，开万事太平。但是李自成并没有将这群处心积虑的知识分子放在眼里，连接见他们都一再推迟，这些官员毫无怨言地站在外面等候，哪怕李自成只是在和宫女作乐而耽误了召见，他们也能找出来理由安慰自己。与此同时，一些头脑灵活的大臣开始想方设法接触到李自成身边的军师，通过贿赂、攀友求得对方在李自成面前说几句好话，让他能够有可能在新朝廷混到个一官半职，李自成的"丞相、大学士"牛金星在这项活动当中收益颇丰，牛金星虽然读过书，但在前朝科举中最高不过中了举人，然而一朝竟然成了百官之首，许多崇祯时期进士及第的高官都争相与这个草头军师结交，可见世态炎凉，正所谓天下熙熙皆为利来，天下攘攘皆为利往，有时候文人的骨头是最硬的，但更多时候文人的骨头却是最软的。

然而李自成的任免名单出来以后，那些急得头发都快掉光的待业公务员却大失所望，原来李自成早已准备好将明王朝的"遗官"大部分排除在大顺政权之外，那些绞尽脑汁引经据典向李自成表达诚意的大臣完全白费力气，李自成根本就没相信他那一套"前朝遗官依然能为新朝肝脑涂地"的鬼才理论。被大顺朝廷接纳了的明朝官员只有不到 200 人，然而削尖了脑袋想再次加入公务员队伍的官员实际多达 4000 多人。虽然李自成此举有利于他净化官僚队伍，但是那些没能入选的大量知识分子却对新政权产生了极大的不满，这无疑让尚未稳固的国家朝政失去了一大部分应有的支持力量。

3. 茫然不通政务，腹内原来草莽

虽然在起兵时呐喊着"免除赋税"口号吸引来了不少支持者，但李自成在

进入北京之后，并没有急着对全国的赋税体系进行根本上的改革——更有可能就根本不懂怎样能确立有利于国计民生的经济举措，他那几位基本也没有实践经验的左膀右臂一点也没帮上忙，大顺政权的决策者们从始至终对国家事务管理方面都是一无所知，这充分暴露了靠蛮力与偶然成功的农民起义，哪怕推翻了上一个政府的统治，也一定会在不久的以后自动终结。但是钱粮这个东西是没有办法不面对的，为解决燃眉之急，李自成就在北京施行了简单粗暴的"追赃助饷"政策，即通过强迫官吏富户按照规定等级向国家缴纳"助饷"，如果被认定为是"赃官"，则还要追收赃款，上缴不及时或不够数都会遭到严刑拷打，这种政策说白了还是没走出聚义土匪的思维局限，只是将"打家劫舍"的目的换成公权力进行施压，在追赃助饷的举措之下，走投无路破产的官富之家比比皆是，甚至还有人拿不出足够的钱就被活活折磨死。这些追收来的"饷银""赃款"并没有被投入到社会建设经济恢复的事业上去，而是被李自成及其部众瓜分，大都变成了他们的私有财务，如此鼠目寸光之为，怕不是市井小民才能做出来的，这种狭隘之人实在配不上做天下的君主。李自成推行的这一馊法子让本来对他抱有希望和期待的人们顿时好感尽失，甚至有不少人开始思念起崇祯来，不管明朝政府如何腐败无能，最起码尚有章法可循，大顺统治下的天下，就像李自成私人的玩具，管理国家仅凭一人所欲，毫无法理规矩，这样一个流氓草寇能到北京当几天"统治者"，就已经是非常偶然的奇迹了。

4. 北京城外决生死，山海关内易乾坤

正当李自成在北京的表现一日比一日被市民不满时，吴三桂突然反悔归降，回头又向山海关退去，不少朱明王朝的遗老遗少突然嗅到了希望的气味，他们满心欢喜地以为吴三桂要带着明军硕果仅存的军事实力与李自成决一死战，到那时明室再次光复或许也指日可待了！然而，包括李自成都没有想到的是，吴三桂已

经在关外同清军打好了招呼。自负满满的李自成和刘宗敏带着同样大意轻敌的农民军与吴三桂在山海关附近交锋，吴三桂兵力有限，很快就被李自成占了上风，眼看着大顺军队势头越发强劲，吴三桂连忙向清军发出了求救信号。

　　始终在谨慎观望的清军恐怕有诈，一直到吴三桂与李自成打到危急时刻，八旗军才决定整装出击。李自成万万没想到，明明战局已经初见胜负，山海关城内却突然冲出来了大量女真士兵，大顺军队已经与吴三桂激战了一日之余，早已疲惫不堪，而刚加入战斗的清军却是满血满状态强势出击，战局在一瞬间急转直下，八旗铁骑如同出鞘的利剑，眨眼间便冲到了大顺军面前肆意砍杀，大顺军的将士们被突如其来的"天兵降临"冲撞得不知所措，阵脚大乱，李自成心中仿佛有洪水奔腾而过，他到死也想不到吴三桂会选择这种引狼入室的虎狼之法来对付他，来不及细想清军出现在山海关会让天下格局发生怎样的剧变，他便匆匆命令大顺军立刻撤退，这一战李自成元气大损，他的大将军刘宗敏都在战场上受了伤，这一切都拜那个背信弃义出尔反尔的吴三桂所赐——李自成恨得牙根都痒痒，在逃回北京的路上，他就毫不犹豫地下令将之前绑架了的吴三桂之父吴襄杀掉以平怒火，后来回到京城，李自成又追加将吴三桂全家上下几十口人悉数杀尽，这也让吴、李二人结下不共戴天之仇，永无共处的可能。

　　山海关一战结束后，李自成急需带着他苟延残喘的伤病残部找个地方缓口气，北京城是待不下去了，这里虽然繁华，但并非长久之计，北京城的百姓对李自成这不到一个月的"统治"已经颇有怨言，此时听说吴三桂要从山海关回来了，不少人都期待他能把明王朝"带"回来，所以大顺政权在北京已失了民心。更何况，李自成在北京城孤立无援，并没有太大的把握能和吴三桂加八旗军对抗，经过这一段时间的体验，他已经有点厌倦了北京的宫廷生活，李自成想家了，这一点他和楚霸王项羽非常相似：在外征战的赫赫功绩如果不能回家乡炫耀一番，那无异于锦衣夜行，再厉害的成就也是白搭。在李自成的眼中，天下之大都不如陕西美丽，他现在做了皇帝，不如趁这个机会回老家好好休整一番，等机会成熟，再如当年一般重出江湖，无论是吴三桂还是清军，都一举荡平！

5. 农民军队仓皇退遁，清朝铁蹄逐鹿中原

崇祯十七年（公元 1644 年）四月二十九，李自成带着他的大顺朝廷准备撤离北京，不过在离开之前，他还是匆匆借用紫禁城的便利，给自己登基加冕，虽然因为时间紧迫，一切程序只能从简，但必要的仪式感还是要有的。离开北京之前，李自成还不忘喊一句豪言壮语。

我一定会回来的。

我一定会把清军赶走的。

李自成喊完口号一走了之，京城们的遗老遗少就像炸开了锅一般开始议论纷纷，既然李自成跑了，那北京之后会落入谁手呢？会是吴三桂吗？那吴三桂能不能带着太子回来呢？朱明王朝是不是有希望复兴啦……在结果真正出现之前，所有的猜测都不可能停止，在日月轮转、王朝更迭的历史路口，普通的百姓能做的也就只是多议论几句了。

结果没有让北京等太久，五月二日，李自成前脚刚走，清军就在多尔衮的带领下光顾了。明室的遗民没有等到吴三桂光复前朝的喜讯，反而见到了来自辽东的不速之客。八旗子弟将旗帜迅速插遍了北京的每一个城门，红白黄蓝，像一个陌生的场景突然闯入不安的梦境，那些怀着前朝情结的百姓们幻想破灭了，本以为大顺政权就已经是最坏的结果，没想到清军花花绿绿的铠甲，才是大明最深的噩梦，那时候他们还不知道，从此以后，北京的故事要彻底换一种写法了。

南明遗梦，水月镜花

崇祯帝朱由检之死实在匆忙，这个自尽时才刚逾而立的年轻人性子过于急进焦躁，自登基那一刻起，他就开始提心吊胆，生怕"亡国之君"的黑帽子扣在自己头上，然而命运仿佛就在和他开玩笑，怕什么便来什么，朱由检的政权还是被农民军颠覆了，他实在无法面对这个惨痛的现实，立刻就带着悔恨和愤怒以身殉国了。尽管在他走向终点时境遇悲凉得令人心痛，可他不知道的是，在他的身后，还有无数为他、为朱明王朝深深不平的前朝遗子，尤其是在后来代表着"鞑虏入侵"的清朝力量统治了整个国家后，这种挥之不去的"思旧"情怀便在许多汉人中间播撒开来，虽然崇祯愧然自缢，但朱明王室的血脉并没有在此终结，这些骨子里流淌着汉族皇室鲜血的宗藩们，就像风雨飘摇的亡国背景下一个个代表前朝情结的鲜明旗帜，让朱明王朝的遗老遗少不断燃起光复明室、恢复汉家的希望。从崇祯皇帝朱由检在京中殉国之后，先后有多位朱姓宗亲在中国南方建立企图复明的小政权，史称南明政权。他们将矛头主要对准了取代明王朝统治了中华民族的清政府，虽然力量微不足道，但一直尽力坚守，如长明之烛火一般，延续到康熙帝时期才渐渐熄灭。这些政权从来未被清代所修编的官方史书所承认，所以正史始终着墨有限，但它们却是存在于明清交替、鼎革乱象之下的特殊印迹，值得我们认真关注和思考。

南明政权包括弘光政权、鲁王监国、隆武政权、绍武政权、永历政权等几个重要阶段。

1. 困局捉摸不透，乱象覆水难收

弘光政权是清军入关进入北京后第一个作为回应出现的"复明"政权。它本来的初衷是要将颠覆了明王朝的农民军做掉，但是清军入关也是打着这个旗号，这就显得弘光朝廷有些迟钝和被动。不过这并不能影响弘光政权想要恢复明室、再见大明光荣的伟大理想，按照父死子继，兄终弟及的继位传统，福王朱由崧被多数前明遗臣推举出来，成为弘光政权第一个皇帝，也就是弘光帝。起初，清政权还是假装给了这个分庭抗礼的政权一点面子，表示只要愿意共同抗击反贼（李自成），便可以通力合作，和平共处。毕竟讲道理的话，连努尔哈赤也曾算是受过老朱家恩遇的"大明臣子"，更重要的是，清军事实力虽强，但出身"北蛮"，一时间尚未在全国站稳脚跟，在明王朝刚刚寿终正寝之时，还有大量人民对它怀有思念之情，清如若对朱明宗藩太过强硬的话，必然会遭到多数人民的反感。

可惜清政权的权益与客气并没有被弘光政权的臣子读懂，以史可法为代表，他们天真地以为清政权是真的想要与明室遗宗携手共创美好未来，还认认真真规划了与清议和、合作的蓝图。清政权没有让这种天真维持太久，当多尔衮认为清人已经在中原的土地上足够安稳的时候，便立刻着手将这个碍眼的"弘光朝廷"彻底铲除，史可法这才意识到清政权压根就没有让晚明遗宗存留下去的意思，迫不得已匆匆组织兵力与前来镇压的清军对抗，可惜明王朝尚存之时都难以敌过女真的攻势，更不用提残缺版的弘光小朝廷了。在清军咄咄逼人的压力之下，弘光帝无力抵抗，忠心耿耿的史可法在战斗中牺牲，弘光帝也很快被清军逮捕，押送到北京，第二年就被处死，弘光政权仅仅存在了一年便被扼杀在襁褓，然而拼命为其而战的人却出人意料的多，在清军南下逼近弘光核心地带时，有大量普通民众自发地集结起来为晚明遗室做人肉防御线，他们的一片忠心与赤诚，不单单是给南明朝廷或是弘光帝朱由崧的，更是为了满足自己内心未曾泯灭的民族精神与家国情怀，他们把生命和尊严寄托在了南明政权之上，虽然这个政权势单力薄，但却是无数仁人志士向强敌勇敢反抗的方式，是一种具有鲜明时代特色、荡气回肠的民族气节。

2. 鹬蚌相争，渔翁得利

弘光政权的终结并没有让反清复明的浪潮减弱，反而在中国长江以南的广大地区，更加坚定了光复汉室、思旧故明的信念。鲁王监国与隆武政权就是在这样的背景下诞生的。鲁王朱以海在绍兴被拥戴为监国，带领一干反清之士为光复明朝而努力，而与此同时，在不远的福建建宁，唐王朱聿键也在众人的拥立之下称帝，是为隆武帝。不管是鲁监国还是隆武帝，他们的力量相对于清军来说都太过弱小，如果能相互合作，互通有无，让星星之火成燎原之势，才有可能将反清事业做大做强。当他们在无意中听到彼此的消息时，第一反应确实也是要进行合作，但是鲁王监国和隆武皇帝要合作就有一个致命的尴尬问题，谁才是说了算的哪一个呢？按照血缘亲疏来论，朱以海和朱聿键都不算是正统帝系的核心亲王，只是旁系斜支中一个较远的宗室成员，但经过复杂的辈分推算，朱聿键应该给朱以海当叔叔，由此一来，隆武政权一方就理直气壮地认为，鲁监国应该给他们做下属支脉，一切行动听从隆武帝的命令。此论断一出，鲁监国觉得非常匪夷所思，莫不说哪里突然多出来一个素不相识的叔叔上来就要他听话，就是集结抗清也是他与拥立之臣共同努力独立进行的，凭什么突然就被你收编了呢？于是隆武政权就和鲁王监国互相看对方不顺眼，哪怕目标和主要矛盾全都一致，也都不愿意低下头来和对方合作共赢——这一点矫情劲儿倒是完美继承了晚明文人的突出特点。清政府自然乐得见到敌人内讧纷起，互相争执的局面。不到一年，鲁监国与隆庆帝就在与清军的交锋中先后失利，力量大衰，即便如此，二人依旧形同陌路、水火不容，清军各个击溃他们易如反掌，浙江与福建明明唇齿相依，相互照应配合应该会事半功倍，但却因为一点权力之争形成鹬蚌相争之态，最后惠及的，还不是共同的敌人清军。

隆武政权存在了不到两年便快速覆灭，朱聿键被俘虏后杀害，鲁监国同样在清军的围攻下走投无路，不得不逃亡海上躲避追捕。这两个政权从立到终都如儿戏一般可笑，如此弹丸之力，不想着如何韬光养晦、壮大自持，反而因为争执谁说了算而反目成仇，实在是本末倒置，可惜又可悲。

3. 绍武政权与永历政权的手足相残

隆武政权和鲁王监国的相继败亡让南明遗臣失了主心骨，他们不得不在宗嗣当中进行扫荡式的搜寻，终于搜到了桂王朱常瀛的第四子朱由榔。朱由榔在京时便被封为永明郡王，算是万历一脉的合格继承人，于是南明的抗清臣子们纷纷向朱由榔靠拢，准备择吉日拥立他为新帝。结果事出意外，因臣下之间固有矛盾，有一位前隆武朝的大学士就离开了朱由榔的支持圈，转而去投奔了已故隆武帝的四弟朱聿𨮁，并且抢在朱由榔之前将朱聿𨮁立为南明皇帝，改号绍武。朱由榔这边的臣子们感到惊讶且愤怒，赶紧拥戴朱由榔也建立政权，是为永历帝。这样，一个绍武皇帝，一个永历皇帝，两个朝廷相距还不到两百里，就连以抗清为主业的大臣们都觉得实在滑天下之大稽。为了一争正统，这两位本自同根生的朱氏宗子，居然不顾明亡清兴的危机态势，自相残杀起来，永历帝派遣兵部侍郎带兵"平叛"绍武帝，绍武帝也不甘示弱地奋起对战，就在两个小政权战得正酣之时，一直在旁边观战的清军趁机出兵突袭，这老朱家的两位竟然都没有想到背后的清军才是真正的大敌，主要力量都集中在自残骨肉上，清军自然立刻得逞。绍武帝朱聿𨮁在清军的压力下不得不自缢，而永历帝朱由榔虽然暂且保住一条性命，却完全失了势，像一个丧家之犬一般惊恐地四处躲藏。自此以后，永历帝就开始顶着一个至高无上的君王名头过上了朝不保夕的流亡生活，他懦弱、胆小、毫无主见，虽然在立国之初和那些反清复明大臣们一起喊了不少壮志凌云的口号，但是没有一句被他付诸实践，永历皇帝和他的永历朝恰似整个南明政权的缩影，在一个模模糊糊的家国精神引导之下就要追求建功立业，实际上连自己想要什么都没有搞清楚。

永历政权出乎意料地"长寿"，直到康熙元年（公元 1662 年），永历皇帝朱由榔才在吴三桂的扫荡之下被捕，随后即惨遭死刑，结束了他动荡而又波折的一生。

南明政权就像是一场漏洞百出的滑稽剧，虽然规模不大，每一个政权却都有说不尽的内斗戏，这些不必要的内耗让本就复国希望渺茫的南明更成了一个啼笑皆非的悲剧，它明明承载了那么多英雄志士大义凛然的壮烈悲歌，细究起来却是个彻头彻尾的内斗烂剧。南明终究是一个不可能重现的故国遗梦，如同水中取月，镜中看花，恍然一顾才知都是自欺欺人的虚假幻境，那个令人怀念的大明终究已是日落西山，她昔日耀眼的光彩也早已写进厚重的时间簿册当中，踪迹难寻。

日落梦醒，明辉何寻

1. 日出之前最冷，日落之时最疼

从我初中时第一次走进历史学的课堂，老师就讲，学历史不要掺杂任何你个人的情绪，也不要对已经发生过的事情有什么悔恨同情，更不要想着如果怎样怎样就会改变结局。历史，换个方式讲就是时间，没有人可以改变时间，历史需要人永恒的敬畏。

然而，我们在这里讲述大明的日落故事，讲着讲着我就不由自主地对这些碎片一般的往事产生了难以名状的感情，对于整个晚明时代，倾入了多到自己都觉得离谱的情绪，从万历，到泰昌，天启，崇祯，袁崇焕甚至魏忠贤，这一年以来，他们像熟人一样伴在我的身边。写到现在，我必须承认，我好像已经把自己融入了这段充满矛盾又异彩纷呈的时光，这一个时代一路的起伏跌宕，一直到最后完整地薄暮西山，日落梦醒，我彻彻底底地体会到了什么是真情实感研究历史，这一百多年发生的所有事距离我并不遥远，仿佛置身其中，感同身受，有时候会为晚明社会黑暗腐朽的弊病痛心疾首，有时候会对民间生活的丰富多样感到格外好奇，有时候会因为边事战局的重重危机一同紧张不已，有时候也会为大明王朝末路上的点滴悲壮动情，它就像是一个鲜活多面的生命体，引得人看到也看不懂，看懂也看不透，或许，对你来说，有没有那么一个时代，会让你心疼呢。

对于大明最后的衰亡，原因有很多说法，比如明亡于神宗，明亡于党争，明亡于流寇，明亡于灾荒……实际上呢，任何一个重要的历史事件发生时，都像是漂浮在海面上的冰山，看似只有事件本身，但海面以下的绝大部分才是导致它发生的原因，这些原因可能来自方方面面，彼此关系错综复杂，所以我们不能无端地断定，是某一个原因导致了最后的结果，它一定是个长期积累的过程。所以当朱由检最后气急败坏而百思不得其解地喊出"朕非亡国之君，事事乃亡国之象"之时，倒也不能说文过饰非，因为若把亡国的耻辱担子硬要推到他身上，那他确实冤得厉害，这个十七岁就登临九五的年轻人，明明一走上工作岗位就拨乱反正、励精图治，在工作态度上甚至再现了太祖朱元璋当年风范，他日日焦劳，寝食难安，比起他万历爷爷几十年如一日的怠政，我们的崇祯宝宝简直是业界良心！

然而说一千道一万，朱家的天下却恰恰就是在他的手上断送了，他背着亡国之君的巨大压力走投无路，就连最后殉国的遗体，都只能用门板潦草地抬进一个妃子的陵墓勉强掩埋，崇祯皇帝下葬当日，只有一个被俘的皇子和两个亲王在场，就算是有亲人送行了，朝中遗臣竟然没有一个主动站出来前往扶柩，作为一个皇帝的葬礼悲凉冷清如此地步，也实为罕见。直到今天，我们去十三陵所看到的，依然是其他恢弘庄严的陵墓（以万历的定陵为最）丛中，崇祯的思陵异常简陋而荒凉地蜷曲着，在其中显得格格不入，就仿佛是他本人因为亡国耻辱处在众多祖先面前而无颜以对的样子，又像是一个呼应着他执政生涯的凄惨象征，斯情斯景在曲曲折折的十三陵中十分耐人寻味。

2. 君王是历史的奴隶

《战争与和平》中有这样一句话：君王是历史的奴隶。在中国古代社会专制集权达到极盛的时代，这句话甚至更为准确，我们看了一路关于明亡清兴的故事，应该会体会得很深刻了吧——没有人能和历史作对，没有人能和时间作对。每个人看似都在按自己的意愿生活，但是每个人其实都是历史舞台剧上被摆弄的傀儡，冥冥中受着既定进程的指挥在走，你所认为的翻江倒海、改天换日，在整个史事大背景下不过是一个异常渺小的点往左拐一点、往右倾一下的动作，实在碍不到大局。而再回到明末，所谓"事事乃亡国之象"也不是一朝一夕形成的，那是至少从嘉靖开始的几代人不懈的努力，才把朱家这把沉甸甸的百年龙椅推到悬崖边上。临近王朝末日，这龙椅的重心已经悬在半空外，挨一下都会毫无悬念地翻下万丈深渊——而此时坐上去的，恰恰就是崇祯。

然而，悲催的是他自己并不知道屁股底下是这么一个无法挽回的死亡开关。关于亡国之君的故事，从小我们就听过很多很多，比如夏桀、商纣、周幽王，他们有一个非常明显的共同点，那就是荒唐，因为亡国之君不是暴虐就是好色，最起码也是懒惰无能，反正总是会被贴上一个贬义的标签。可是朱由检呢，朱由检又是为什么，他明明是那样一个拒绝黄赌毒、温良恭俭让的正能量四有青年，怎么会摊上这样悲曲的恶名呢？的确，所有人，包括他的敌人都承认，崇祯好像不该是亡国之君。但承认归承认，现实归现实，无论这个勤俭的君王怎样委屈窝火，现实踏碎他的三观理解——他是逃不过的、历史的奴隶。不知道这个年轻人怒气冲冲地骂大臣们不是玩意儿的时候，有没有在心里悄悄问候一下他那始作俑者的兄长父祖呢？毕竟这笔恶心人的烂摊子遗产，着实是他的祖辈荫蔽的绵长"福泽"。当然，也不少人说过，崇祯其实是掩盖在勤勉之下的无能，他多疑、武断、刚愎自用，然而纵使他缺点再多，最多可以说他只是个"守成"之君，轮不到亡国，同等条件下我们看看清王朝的乾隆皇帝，乾隆的缺点要是数一数绝对不比崇祯少，这货开始好大喜功、闭关锁国，负面影响难以估测，但是他却拥有了"康乾盛世"的赞誉，崇祯则背上了末代君主的包袱。原因很简单，乾隆的爷爷是康熙，崇祯他爷爷是万历。这也是没办法的事，总不能骂祖宗吧。小朱到死都不肯南迁，最大的顾虑不就是他八辈先人的陵寝还坨在北京城郊吗？他爷爷用这个帝国的根基修了几十年的豪华版坟墓啊！

曾经有一个朋友跟我说，遇到问题，"尽人事、听天命"就好。刚刚听这句话的时候我就很想笑，因为这话听起来非常被动，如今看来，人事尽到何等地步似乎都免不了听天命啊！崇祯的最后，改朝换代的压力如雷霆万钧势不可挡，我们不必在今天叹息什么如果怎样怎样就好了，一切都是偶然中的必然，如果只能是如果。来者可见，往不可追。

还是那句话，历史不适合后悔，更容不下眼泪。

无论当午明辉怎样耀亮，日落黄昏也终将到来。大明，大明！一个硬气铮铮的王朝起承转合了近三个百年后，还是在无数内忧外患中跌宕到了最后的一抹夕阳红。

这里再也唤不起洪武治盛，唤不起永乐的繁荣；唤不起天子守国门的传奇旧梦，也唤不起了君王死社稷的北京紫禁城。

常识告诉我们日出之前最冷，日落的时候是不是最疼呢。

大概，是的吧。

番外　世界眼中的大明王朝

14—16 世纪的世界，正孕育着一场惊心动魄的大戏，这是大航海即将改变人类交往和游戏规则的时代，也是生产力即将颠覆历史步伐和行走速度的时代。这时候的世界风起云涌、山雨欲来，日月交换、经纬纵横无不紧张地等候期待着史册全然重新起笔——这时候，在中国的土地上统治着的，正是大明王朝。

明王朝就像是一个没怎么经历过世事的富家小姐，坐在一肩挂满了幔帐的轿子里面，走过未知的街道。她有时候会因为好奇悄悄掀开帷帐一角看看外面的世界，却总是匆匆瞥一眼就因为紧张收回了目光。有时候，会有同样好奇的外人扯开她身侧的帷帐探进头来看她，这小姐却被偷窥者的无礼人惹得嗔怒起来，满脸羞红地让轿夫帮她把幔帐钉死，轿门锁住，这才放下心来继续赶路。帷帐外面的世界小姐基本一无所知，她虽然感受到了比原来幅度要大的晃动，而且晃动出现得也越来越频繁，透过薄薄的帷幕，她似乎依稀看到了外边光影交错，伴随着喧闹的吵嚷声，起初，她抬起了手想要再拉开帷幕看外面到底在发生些什么，犹豫了一番却又放下了手，因为光影并不刺眼，喧闹的嘈杂和颠簸带来的不适感也尚在可承受的范围内，就最终选择了放下好奇，由它而去。殊不知她所乘坐的轿子其实刚刚通过了一个转弯非常剧烈的路口，只是在帷幕的遮挡之下，她没有能目睹太多细节，外面的光影、声响、颠簸都是路上其他同行者因为遭遇了转弯带来的巨大刺激做出的极端反应，而她错过了外面发生的变化，帷幕的遮挡对她来说不知道意味着善意保护，还是闭目塞听……

的确，明王朝也许有过机会和西方世界一同走上竞争海洋的现代化通道，但是她遗憾地错过了。我们还记得，郑和的船队也曾经载着明王朝向世界走去过，世界认识了大明，但是大明却未曾认识世界，大明太过自负，她只在乎自己身上的光芒有没有吸引来足够多的注意，却不屑于分一点注意力给身边过往的他人，当她认为自己已经赚足了她需要的眼球，便像个高傲的公主一样回到她的闺阁再也不愿出门了。也许是当时的家境太过优越，她竟然都不像其他走出国门的人那样，留意着从家门外的广阔天地去寻求一点收获，正如黑格尔所惊诧的那样："大海邀请人类从事征服和贸易，可是，太平洋所邀请来的中国人，竟然是所谓的'正其义不谋其利'的谦谦君子"。然而发生在明成祖时期的郑和下西洋，却也是现代以前中国人的身影最后一次出现在蔚蓝的大海上，从此以后便彻彻底底地销声匿迹，郑和的船队恰如明王朝给外面的世界留下的匆匆一瞥，中国没有记住世界，而世界同样没有记住中国。与之相反的是发生在亚欧大陆另一端的剧变，伊比利亚半岛的小国西班牙与葡萄牙，就在那里刚刚经历过艰难的恢复故国的征战，精疲力竭的人们急需要做点什么给接下来的生活打打基础。伊比利亚人很快将目光投向了蔚蓝的海洋，几乎与郑和是同一个时期，只是他们与世界的交往远远不只是一个蜻蜓点水的眼神，而是将整个身体都扑向了蔚蓝色大海之外的广阔天地。明王朝是伊比利亚走进世界寻求的一个重要目标，虽然她对世界的惊鸿一瞥相当短暂，但是从此以后的风里都留下了有关她的故事，据说有幸看到过她面容的人都深深为之倾倒，没有人能逃过魔咒，只想要永远把身体沉入她迷人的眼睛。所以，伊比利亚人特别想要去看看，那个随便一个回眸便倾倒了许多人的明王朝究竟有多美，他们又能否抓一个时机，把那份美夺一分永远地带回故乡。

伊比利亚人成功了。明嘉靖三十六年（公元 1557 年），葡萄牙顺利在明王朝的领地上争到了小小的一块当作自己的据点，那一块地方叫作澳门，虽然明王朝内部对于是否允许葡萄牙在澳门获得居住权争论不休，但是最后还是允许了他们在通商时可以在管控下居住。葡萄牙就以澳门为中心，开始了如火如荼的商业经营，他们的活动范围远不在中国内部，而是从遥远的母国到东南亚周边，久而久之，葡萄牙把熟知的明王朝状况传播回了母国，整个伊比利亚慢慢都认识了中国，可明王朝对伊比利亚却一无所知，只要在此居住的商人按时缴纳地租，就没有多少人想要去问他们从哪里来，为什么来。伊比利亚人并不是唯一，紧接着，荷兰人也沿着伊比利亚的船只走过的路线来到了明王朝治下的土地上，他们仿效葡萄牙的样子，在台湾设置了据点，荷兰人野蛮，并没有老老实实从事经商活动，他们不仅利用据点的地势劫掠船只，还总是试图将据点范围向外扩大，明王朝反感荷兰，与之对战多次以后，将此类动荡完全归咎于往来的异乡商船，是海洋带来了商船，也是海洋制造了麻烦，于是明王朝不想再和海洋对视了，那一片蔚蓝的颜色终究被抵挡在了帷幔之外，任由异乡的桅帆竞相活跃在大洋之上，把世界最前沿的先声用取之不尽的浪头席卷到各个角落，可是明王朝的帷幔挡住了外面的声音，她免遭了更多聒噪的商船打扰，却也错过了通向下一条街道的路口，错过了加入广阔世界最珍贵的那张入场券。许多年以后，当人们向往当初那个能够改变命运的路口的时候，人们为丢失的门票惋惜的时候，都会不约而同地回忆起明王朝放下帷幔的那一个动作，一抬手的工夫结局便已改写，时间如白驹过隙，转眼间窗外瞬息万变，而一张帷幔遮住的，又何止是几个百年。

明王朝之所以会以视而不见的方式错过首先加入现代世界的机会，是因为中国历来认识世界的方式便与西方不同。自秦汉以来，古代中国便形成了独具特色的"朝贡体系"，这种体系观念源于商周时期"周边服于王畿"的传统形态，继而发展成为以大一统王朝作为中心俯视其他朝贡国家的朝贡体系，这种体系的形成让古代中国始终以居高临下的方式审视他者，朝贡体系下的世界观将世界分为了三个等级：中央之国—朝贡国—其他，其他国家若想要成为朝贡国，还需要请求通过方可，这种狭隘的"华夷观"很大程度上蒙蔽了明王朝认识世界的眼睛。非常遗憾的是，远距离的航海活动自郑和之后几乎再无痕迹，明王朝加入世界的方式主要是全球贸易中的"丝—银对流"，特别是江南地区完全商品化的手工业制品，是明王朝参与世界的重要载体，虽然江南产业规模有限，但交易量却足以映射整个中国，在明王朝无意识的参与"丝—银对流"交往，正是世界在带动中国艰难走向近代化。

尽管明王朝时期的中国也一定程度上加入进了早期全球化的洪流，却远没有在 16 世纪转型的大舞台上表达出与之实力规模相适应的表现力，反而是欧洲的张力大大超越了其他任何地区，以绝对的优势领跑了区域走向全球的转折点。

世界眼里的明王朝，就像一个反应非常迟钝的有钱人，他太久没有出门，无论如何也猜不出，太阳正在打西边出来了。

参考文献

一、古籍、资料汇编

[1]〔清〕张廷玉等.明史 [M].北京：中华书局，1974.

[2]〔清〕谷应泰.明史纪事本末 [M].北京：中华书局，1977.

[3] 赵尔巽等.清史稿 [M].北京：中华书局，1998.

[4]〔明〕谈迁.国榷 [M].北京：中华书局，1958.

[5]〔明〕李贽.焚书·续焚书 [M].北京：中华书局，2009.

[6]〔明〕沈德符.万历野获编 [M].北京：北京燕山出版社，1998.

[7]〔明〕茅瑞徵.万历三大征考 [M].上海：上海古籍出版社，1996.

[8]〔明〕徐学聚.国朝典汇 [M].北京：书目文献出版社影印本，1996.

[9]〔明〕余继登.典故纪闻 [M].北京：中华书局点校本，1981.

[10]〔明〕章潢.图书编 [M].上海：上海古籍出版社影印本，1992.

[11]〔明〕袁崇焕.袁崇焕集 [M].上海：上海古籍出版社，2014.

[12]〔明〕熊廷弼.熊廷弼集 [M].北京：学苑出版社，2011.

[13]〔明〕孙传庭.孙忠靖公全集 [M].上海：上海古籍出版社，2014.

[14]〔明〕史可法.和议不成请励战守疏 [M].上海：上海古籍出版社，1984.

[15]〔明〕张煌言.张苍水集 [M].上海：上海古籍出版社，1985.

[16]〔明〕高岱. 鸿猷录 [M]. 上海：上海古籍出版社，1992.

[17]〔明〕徐霞客. 徐霞客游记 [M]. 北京：中华书局，2009.

[18]〔明〕王世贞. 弇州山人四部稿 [M]. 济南：齐鲁书社，1997.

[19]〔明〕王夫之. 永历实录 [M]. 长沙：岳麓书社，1982.

[20]〔清〕黄宗羲. 明夷待访录 [M]. 长沙：岳麓书社，2011.

[21]〔清〕顾祖禹. 读史方舆纪要 [M]. 北京：中华书局，2005.

[22]〔清〕全祖望. 鲒埼亭集 [M]. 上海：上海古籍出版社，2000.

[23]〔清〕顾炎武. 天下郡国利病书 [M]. 上海：商务印书馆，1936.

[24]〔清〕计六奇. 明季北略 [M]. 北京：中华书局，1984.

[25]〔清〕夏燮. 明通鉴 [M]. 北京：中华书局，2014.

[26]〔清〕傅维鳞. 明书 [M]. 济南：齐鲁书社，1996.

[27]〔清〕徐鼒. 小腆纪年附考 [M]. 北京：中华书局，1957.

[28]〔清〕徐秉义. 明末忠烈纪实 [M]. 杭州：浙江古籍出版社，1987.

[29]〔清〕查继佐. 罪惟录 [M]. 杭州：浙江古籍出版社，2000.

[30] 明实录 [M]. 上海：上海书店出版社，2018.

[31] 御选明臣奏议 [M]. 台北：商务印书馆，1983.

[32] 明纪事文编 [M]. 北京：中华书局影印本，1962.

[33] 皇明经济文录 [M]. 北京：全国图书馆文献缩微复制中心影印本，1994.

[34] 大明会典 [M]. 北京：中华书局影印本，1989.

[35] 清世祖实录 [M]. 台北：华文书局，1970.

二、专著、论文

[1] 樊树志. 明史讲稿 [M]. 北京：中华书局，2011.

[2] 李渡. 明代皇权政治研究 [M]. 北京：中国社会科学出版社，2004.

[3] 樊树志 . 万历传 [M]. 北京：人民出版社，1993.

[4] 黄仁宇 . 万历十五年 [M]. 北京：生活·读书·新知三联书店，2015.

[5] 顾诚 . 南明史 [M]. 北京：中国青年出版社，1997.

[6] 顾诚 . 明末农民战争史 [M]. 北京：中国社会科学出版社，1984.

[7] 孙文良、李治亭 . 明清战争史略 [M]. 北京：中国人民大学出版社，2012.

[8] 宋应昌 . 经略复国要编 [M]. 南京：国学图书馆，1930.

[9] 吴晗 . 朝鲜李朝实录中的中国史料 [M]. 北京：中华书局，1980.

[10] 容肇祖 . 明代思想史 [M]. 济南：齐鲁书社，1992.

[11] 方志远 . 明代城市与市民文学 [M]. 北京：中华书局，2004.

[12] 樊树志 . 晚明史：公元 1573-1644[M]. 上海：复旦大学出版社，2003.

[13] 孟森 . 明史讲义 [M]. 北京：中华书局，2006.

[14] 吴晗 . 明史简述 [M]. 北京：中华书局，1980.

[15] 汤刚、南炳文 . 明史 [M]. 上海：上海人民出版社，1985.

[16] 陈旭麓 . 近代中国社会的新陈代谢 [M]. 北京：中国人民大学出版社，2012.

[17] 傅衣凌主编 . 明史新编 [M]. 北京：人民出版社，1993.

[18] 傅衣凌 . 明代江南市民经济试探 [M]. 上海：上海人民出版社，1957.

[19] 阎崇年 . 明亡清兴六十年 [M]. 北京：中华书局，2006.

[20] 王天有主编 . 明朝十六帝 [M]. 北京：紫禁城出版社，1999.

[21] 白寿彝总主编、王毓铨主编 . 中国通史 [M]. 上海：上海人民出版社，1999.

[22] 蔡美彪等著 . 中华通史 [M]. 北京：人民出版社，1994.

[23] 王天有、高寿仙 . 明史——多重性格的时代 [M]. 北京：中信出版集团，2017.

[24] 张德信 . 明朝典章制度 [M]. 长春：吉林文史出版社，2001.

[25] 万明等 . 晚明社会变迁：问题与研究 [M]. 北京：商务印书馆，2005.

[26] 陈宝良 . 明代社会生活史 [M]. 北京：中国社会科学出版社，2006.

[27] 樊树志 . 晚明大变局 [M]. 北京：中华书局，2009.

[28] 许苏民 . 李贽评传 [M]. 南京：南京大学出版社，2006.

[29] 阎崇年 . 袁崇焕传 [M]. 北京：中国书局，2005.

[30]〔美〕牟复礼、〔英〕崔瑞德编 . 张书生等译 . 剑桥中国明代史 [M]. 北京：中国社会科学出版社，1992.

[31]〔朝鲜〕柳成龙等著 . 郑诚整理 . 惩毖录 [M]. 上海：上海交通大学出版社，2019.

[32]〔美〕司徒琳 . 南明史：1644—1662[M]. 上海：上海人民出版社，2017.

[33] 郇蕾 . 明朝宦官制度的特点及作用研究 [D]. 西安：西北师范大学，2009.

[34] 易彪 . 明代宦官权力扩张及原因 [J]. 文教资料，2007（24）.

[35] 晓乔 . 明代的宦官专权——王振、刘瑾、魏忠贤三大权宦剪影 [J]. 炎黄春秋，1993（02）.

[36] 许文超 . 明末名臣孙传庭研究 [D]. 西宁：青海师范大学，2018.